BIBLIOTHÈQUE

HÉRALDIQUE

DE LA FRANCE

PARIS. — IMPRIMÉ CHEZ BONAVENTURE ET DUCESSOIS, 55, QUAI DES AUGUSTINS.

BIBLIOTHÈQUE
HÉRALDIQUE

DE LA FRANCE

PAR JOANNIS GUIGARD

DE LA BIBLIOTHÈQUE IMPÉRIALE

Multi pertransibunt, et augebitur scientia.

BACON.

PARIS

E. DENTU, ÉDITEUR

LIBRAIRE DE LA SOCIÉTÉ DES GENS DE LETTRES

PALAIS-ROYAL, 13 ET 17, GALERIE D'ORLÉANS.

1861

Multi pertransibunt, et augebitur scientia.

BACON.

Il est évident, pour quiconque réfléchit, que le progrès
ne peut se faire qu'à la condition de s'appuyer sur le
passé : l'homme a besoin de savoir d'où il vient pour
savoir où il va. La continuité est la loi nécessaire du
développement de la raison, et les grandes découvertes
dans les sciences, les arts et l'industrie; les grandes
révolutions dans l'ordre politique, social et religieux,
—étapes de l'humanité,—formulent la synthèse des
faits, des idées qui les ont en quelque sorte préparées.

Si l'on veut avancer d'un pas plus sûr vers la perfection, ouvrir à l'activité de l'esprit des horizons plus certains, il importe donc de connaître les œuvres où nos
aînés ont déposé le fruit de leur expérience et de leurs
méditations.

L'intelligence humaine, d'autant plus avide qu'elle

A

découvre davantage, gravite sans repos vers les cimes de l'inconnu. Depuis l'atome insécable jusqu'aux mondes qui se balancent dans l'espace, depuis l'humble monade jusqu'à l'être conscient, dernière expression de la puissance créatrice, rien ne semble aujourd'hui avoir échappé à son ardente investigation.

La presse multiplie d'une manière prodigieuse les travaux de l'esprit. Chaque jour elle émet des milliers d'ouvrages qui vont porter dans l'immense corps social la vie et le mouvement intellectuels. L'imagination est effrayée quand on cherche à se rendre compte de tout ce qui a paru depuis le berceau de l'imprimerie, c'est-à-dire depuis quatre siècles seulement [1]. La production actuelle peut seule en donner une idée. En France, le *Journal de la Librairie* accuse en moyenne dix mille ouvrages par an, sans compter les journaux,

[1] Un curieux s'est amusé à chercher ce qu'on peut appeler la pierre philosophale en fait d'histoire typographico-littéraire, c'est-à-dire le nombre (présumé) de livres qui ont été mis sous presse depuis 1436, ou plutôt 1450, jusqu'en 1816 : après avoir compulsé des milliers de bibliographies, de catalogues en tous genres et de journaux littéraires, après de longs calculs établis par progression de 25 ans en 25 ans, sans négliger les événements civils, politiques et religieux, qui, de temps en temps, ont pu donner plus d'activité à la presse; enfin, après un travail considérable et plus pénible qu'utile, notre calculateur a trouvé que les quatre siècles typographiques ont pu produire un total de 3,641,960 ouvrages imprimés tant en Europe qu'ailleurs; ensuite il suppose que chaque ouvrage est composé, terme moyen, de 3 volumes (ce qui me paraît trop fort), et qu'il a été tiré à 300 exemplaires. D'où il résulterait qu'il est sorti de toutes les presses qui ont existé jusqu'à ce jour, 3,277,764,000 volumes... Je donne ces résultats pour ce qu'ils valent, et je les crois très-exagérés; cependant quand on considère qu'il a été imprimé plus de 36,000,000 d'exemplaires d'un seul ouvrage, la Bible, et plus de 6,000,000 d'un autre ouvrage, l'Imitation de Jésus-Christ, il faut convenir que le nombre de livres est immense, et je dis plus, tout à fait incalculable. (G. Peignot, *Traité du choix des livres*; 1817, in-8°.)

revues et autres publications périodiques. L'Angleterre,
l'Allemagne et l'Amérique présentent respectivement
à peu près le même chiffre. Dans les autres États, la
production, quoique moindre, ne laisse pas que d'être
fort considérable aussi. C'est partout un bouillonnement
étrange, fabuleux, innomé. Or, dans cet insondable
pêle-mêle, comment l'homme qui veut s'instruire trou-
vera-t-il les documents qui peuvent le mettre au niveau
de la science? Quelle est l'Ariane qui lui donnera le fil
propre à le guider dans ce labyrinthe qui s'étend et se
complique toujours? Sans méthode, sans la connaissance des livres, sans la bibliographie, disons le mot, il
lui faudra passer de longues et pénibles heures dans des
recherches pour la plupart du temps complétement in-
fructueuses, et pourtant que de travaux utiles restent
ignorés, que de pensées fécondes gisent perdues sous la
poudre des bibliothèques! Est-ce à dire qu'une bibliographie universelle soit nécessaire? Non. Du reste, l'im-
possibilité matérielle de mettre à exécution une telle
œuvre demeure démontrée pour tous. Il n'y a de pos-
sibles, et de réellement utiles à la fois, que les bibliographies spéciales; elles seules sont appelées à rendre de
grands et incontestables services; et le champ nous
semble assez vaste, assez difficile, assez beau même,
pour exercer la patience et la sagacité du savant.

Au milieu de cette innombrable quantité de livres que
la machine de Mayence a lancés de par le monde, tout
n'est pas également utile, mais tout a son utilité médiate
ou immédiate, même ce qui est mauvais, dès qu'il est
reconnu pour tel Chaque manifestation de la pensée

dans son mouvement particulier concourt au mouvement général. C'est dans le bouquin le plus humble que se trouvent parfois les idées les plus heureuses. La bibliographie, d'ailleurs, ne dédaigne rien et ne doit rien dédaigner. Elle embrasse indistinctement dans leur ensemble tous les travaux de l'esprit. La première de ses attributions consiste à les recueillir et à leur donner en quelque sorte un état civil, afin de constater leur existence et les faire retrouver au besoin. On se figure généralement dans le public, et quelquefois dans le public lettré, que cette science se borne simplement à une nomenclature où l'exactitude et la minutie de la compilation constituent le seul mérite. Certes, indiquer un ouvrage par son titre et l'indiquer exactement est bien le point principal, la base nécessaire; mais cela ne suffit pas. Il faut encore classer cet ouvrage, suivant son espèce, à la place qu'il doit occuper dans la hiérarchie philosophique de nos connaissances. Il faut aussi le décrire de manière que son identité soit nettement accusée, mentionner toutes les éditions qu'il a pu avoir et les changements que ces éditions comportent; déterminer autant que possible le nom de l'auteur, le lieu et la date de publication, si l'énoncé reste muet à cet égard. Ensuite le livre peut être rare ou commun, curieux ou insignifiant, bien ou mal fait, soit sous le rapport du style, soit sous le rapport du fond; être une œuvre originale ou simplement un plagiat; renfermer des idées utiles ou sans valeur. Voilà quelques-uns des nombreux objets rentrant dans le domaine de la bibliographie.

Du reste une nomenclature pure et simple, mais disposée dans un ordre logique d'idées, aurait encore un avantage bien précieux, qui consisterait à établir avec certitude, selon nous, les tendances morales, politiques et religieuses d'une époque. Ce serait le critérium le plus sûr pour juger avec équité cette époque sous ces trois points de vue. Les titres d'ouvrages ont, en effet, leur éloquence propre ; ils ont cela de particulier, qu'ils concrètent l'idée et lui donnent une forme et une vie. Que l'on suive avec attention la série des ouvrages qui parurent pendant tout le xviii⁰ siècle ; n'y sent-on pas tout l'effort que fit l'esprit humain pour s'affranchir de la tutelle cléricale ? Et dans une période de ce même siècle, toutes les brochures politiques publiées de 1776 à 1789 ne laissent-elles pas entrevoir dans leur unité collective, pour l'œil le moins exercé, un immense besoin de rénovation sociale ? Sans chercher si loin nos exemples, n'est-il pas évident, par toutes les publications actuelles au sujet de la question romaine, la plus grave des temps modernes, que le libre examen nous est définitivement acquis ? La bibliographie est la mesure du progrès !

II

Parmi les bibliographies spéciales impérieusement réclamées en France par le mouvement de critique et d'investigations historiques particulier à notre siècle, il faut mentionner celle qui a pour objet la science des armoiries. L'Angleterre, l'Allemagne, l'Espagne même, ont depuis longues années leurs *Bibliothèques héraldiques* : les œuvres savantes de Th. Moule, de Ch. Arnd et de Franckeneau sont entre les mains de tous les amateurs et connaisseurs de livres. On ne pourrait rien citer d'analogue chez nous, à part quelques essais de peu d'importance dont nous parlerons plus bas ; et cependant, s'il est un pays fertile en travaux héraldiques, c'est à coup sûr le nôtre : c'est dans cette vieille France que le blason commença à prendre une forme déterminée et à recevoir des règles précises.

Bien qu'aujourd'hui, après l'honnêteté, c'est-à-dire après le respect de soi-même et l'élévation des sentiments, il n'y ait plus d'autre aristocratie possible que celle de l'intelligence, on doit le reconaître, l'aristocratie de race, de sang, de robe et d'épée a existé : l'histoire est là. L'art héraldique a eu sa raison d'être. Les inégalités sociales, les priviléges,—emportés sans retour par le flot toujours montant de la démocratie,—dans la grande évolution humanitaire, ont répondu à un état de la civilisation : c'est encore de l'histoire ; et l'on se trouverait bien loin de la vérité si l'on voulait apprécier une société par la manière de voir ou de penser d'une autre. « Transporter dans les siècles reculés, dit Montesquieu, toutes les idées du siècle où l'on vit, c'est des sources de l'erreur celle qui est la plus féconde. A ces gens qui veulent rendre modernes tous les siècles anciens, je dirai ce que les prêtres d'Égypte dirent à Solon : *O Athéniens ! vous n'êtes que des enfants !* »

Entre la France d'aujourd'hui et la France d'autrefois, il y a une telle différence dans les mœurs, dans les habitudes et dans les idées, qu'on se demande s'il n'y a pas eu juxtaposition de deux peuples distincts dont l'un aurait absorbé l'autre. C'est que la tradition historique fut brusquement interrompue en France par l'effort ascensionnel de 89. Il y eut, en quelque sorte, scission complète, radicale, entre le monde qui passait et le monde qui venait, et de l'antagonisme de deux principes, qui ne s'excluaient pourtant pas d'une manière absolue, surgit un droit public nouveau sur les débris de l'ancien. La souche conquérante avait fui emportant son blason, palladium désormais impuissant. La société, comme le vieil Éson, renaissait sous des formes jeunes et viriles, avec des aspirations plus larges et plus élevées. Pendant toute la période ascendante des idées nouvelles, on ne s'inquiéta guère du passé, et l'on avait raison : il fallait avant tout consolider le présent. Au milieu des tourmentes, la voile de l'humanité s'étendait sous le souffle puissant de l'avenir. Mais quand le calme se fut rétabli, quand à l'action succéda le recueillement, comme un voyageur fatigué, l'esprit humain jeta, non sans inquiétude, un regard en arrière. Il voulut se rendre compte de tout le chemin qu'il avait parcouru, et s'assurer avant d'aller plus loin s'il n'avait pas fait fausse route. Alors on chercha à renouer la trame de nos traditions historiques ; tout notre passé devint l'objet d'actives et persévérantes études. Le blason, qui recèle sous une forme symbolique et légendaire, l'une des plus singulières et des plus émouvantes phases de l'humanité, devait naturellement attirer l'attention des esprits sérieux.

D'un autre côté, la noblesse a jeté un tel éclat, elle a exercé une influence si grande et si décisive sur les destinées de notre pays, que l'on ne saurait traiter un point de notre histoire nationale sans rencontrer cette institution dont les ruines, pour le dire en passant, attestent encore sa force et sa grandeur passées. Plus l'on pénètre dans notre vieille organisation politique et sociale, plus l'on s'avance dans la nuit de la féodalité, et plus l'on sent combien serait utile la connaissance des ouvrages concernant la noblesse et le blason pour approfondir l'histoire de France, qui reste encore à faire malgré d'éminents travaux et le talent incontestable de leurs auteurs. C'est donc dans la pensée de faciliter, au point de vue historique, l'étude de ces ouvrages que nous avons entrepris de donner au public une bibliographie héraldique, qui lui faisait défaut, et de combler par là une lacune regrettable dans le domaine de l'érudition française

III

Sous le titre de BIBLIOTHÈQUE HÉRALDIQUE, le travail que nous livrons à la publicité comprend la nomenclature systématique et raisonnée des ouvrages qui ont paru sur le Blason, les Ordres de Chevalerie, la Noblesse, les Fiefs, la Féodalité et les Généalogies relatifs à la France.

Il comprend aussi celle des ouvrages analogues concernant les Pays-Bas, la Belgique et la Suisse française.

Les Familles nobles de ces contrées se mêlent et se pénètrent avec celles de la France, à tel point qu'il devient impossible d'établir entre elles une ligne de démarcation bien tranchée. A chaque instant nous voyons, par exemple, une Maison sortir de la Belgique et venir s'implanter en France, et réciproquement. D'ailleurs, la plupart de ces pays faisaient partie intégrante de l'ancienne Gaule. Ils furent, en outre, compris dans le vaste empire de Napoléon I". Et qui sait ? hier encore la Savoie et Nice n'étaient pas françaises ! Nous nous sommes donc cru suffisamment autorisé, et par les faits et par l'histoire, à réunir en un même faisceau toutes ces Familles, en suivant, du reste, dans notre circonscription géographique, le précédent consacré par la *Bibliothèque historique* et le *Gallia Christiana*.

Il comprend encore, en APPENDICE, le catalogue des ouvrages publiés en français sur les mêmes matières intéressant les autres Etats de l'Europe.

Comme la Bibliographie s'applique à des êtres réels, nous avons dû indiquer toutes les sources où nos titres d'ouvrages ont été pris. De plus, à l'aide de signes conventionnels, dont on trouvera ci-après et la liste et la clef, nous avons indiqué, chaque fois que cela était en notre pouvoir, surtout pour les ouvrages anciens et peu communs, les bibliothèques publiques où ces ouvrages se trouvent. Quand de ce côté nos recherches nous ont fait défaut, nous nous sommes contenté, alors, d'inscrire à la souscription le nom de l'imprimeur ou de l'éditeur, nom que nous avons systématiquement supprimé partout ailleurs, excepté pour les livres rares.

La Bibliothèque impériale, qui possède la majeure partie des magnifiques collections de d'Hozier, de Clairambault, de Chérin, de Lacroix et autres généalogistes célèbres, a été de notre part l'objet d'une attention spéciale. Nous avons mentionné, avec la plus scrupuleuse exactitude, tous les ouvrages qu'elle contient rentrant dans notre cadre. De sorte que, sous le point de vue héraldique, généalogique et nobiliaire, et en ce qui touche la France, notre travail représentera donc le Catalogue complet de cette immense bibliopole.

Nous avons adopté le classement par ordre de matière. Selon nous, c'est le seul logique et le seul approprié au but que se propose la bibliographie.

Loin de nous la pensée ambitieuse d'avoir atteint la rigueur mathématique dans notre classification, malgré cependant tous nos efforts à cet égard. Si la Théorie a ses lois, la Pratique a ses exigences. Nous avons particulièrement recherché la clarté et la simplicité, en suivant, autant qu'il nous était permis de le faire, l'enchaînement et l'analogie.

Comme nous l'avons déjà fait remarquer, nul travail de ce genre, du moins aussi complet, n'avait été entrepris avant nous en France. Car l'on ne peut guère considérer comme tel ce que renferme la *Bibliothèque historique*, et les bribes bibliographiques que nous ont laissées Palliot et Durey de Noinville. En 1668, Th. Gore, et J. Hübner en 1729, publièrent chacun une Bibliographie héraldique générale; toutes les nations s'y trouvaient représentées. Mais ces œuvres, quoique estimées et peut-être complètes pour leur temps, comme on le comprend sans peine, sont loin de répondre aux exigences du nôtre ; aussi, si nous en parlons, n'est-ce que pour mémoire. De nos jours, M. Bernd a exécuté le même travail. L'ouvrage du savant allemand se recommande sans doute par de longues et profondes recherches. Toutefois, nous devons le dire, sans parler des erreurs nombreuses qu'on y trouve et de la confusion qui y règne, il est malheureusement trop incomplet, du moins en ce qui touche la France, seule partie dont nous sommes juge, pour satisfaire sous ce rapport l'activité inquiète du public.

Ce n'est pas que les travaux que nous venons de citer soient à dédaigner, au contraire : ils portent avec eux leur lumière ; les premiers ils ont frayé et aplani la route dans laquelle nous sommes entré. Et puis toute œuvre consciencieuse appelle l'indulgence et demande que l'on tienne compte à l'auteur des difficultés sans nombre qu'il a rencontrées dans l'accomplissement de sa laborieuse tâche. Puissions-nous obtenir pour nous-même ce que nous osons réclamer pour nos devanciers !

Chaque ouvrage a été décrit par nous avec la plus grande fidélité, soit que nous prissions les titres sur les ouvrages eux-mêmes, soit que nous fussions obligé de les prendre dans les nombreux catalogues que nous avons consultés.

Nous avons fait tous nos efforts pour retrouver les différentes éditions d'un même ouvrage, afin de satisfaire par là, autant que possible, le goût légitime des bibliophiles et des amateurs éclairés.

La critique, sans laquelle toute bibliographie est in-complète, a été traitée par nous avec tout le soin, toute la circonspection que demandait cette partie si délicate et si importante en même temps de notre travail. Nous ne nous flattons point cependant d'avoir toujours rencontré juste dans nos appréciations ; on pourra peut-être nous reprocher des jugements erronés ou trop sévères, mais ce que nous pouvons affirmer, c'est que nous avons été toujours consciencieux.

Enfin, la méthode que nous avons suivie ; l'exactitude de nos renseignements ; le nombre d'ouvrages cités ; les anonymes, dont nous avons en grande partie décou-vert les véritables auteurs ; les productions rares, cu-rieuses, intéressantes que nous avons signalées ; les er-reurs échappées à nos devanciers et que nous avons rectifiées ; les notes critiques, bibliographiques et litté-raires qui accompagnent la plupart des articles : tout nous fait espérer, si nous ne nous abusons, que notre livre, dans sa spécialité, deviendra un manuel biblio-graphique pour l'homme du monde, le généalogiste et le bibliophile, et qu'il ne paraîtra point déplacé dans la bibliothèque du savant.

JOANNIS GUIGARD.

TABLE DES DIVISIONS DE L'OUVRAGE.

LIVRE I.

LIVRE II.

LIVRE III.

LIVRE IV.

LISTE DES ABRÉVIATIONS

ET DES SOURCES CONSULTÉES.

---

*......... Bibliothèque impériale.

A .... Archives du bibliophile....(1re—2e années, 1858-1859.)—
Paris, Claudin, in-8°.

A. A...... Librairie d'Auguste Aubry.:. Catalogue de livres.—Paris,
1855, in-8°.

A. B...... Le peintre graveur, par Adam Bartsch.—Vienne, 1803-
1818, 18 vol. in-8°.

A. D..... Bibliothèque des Avthevrs qui ont escrit l'Histoire... de
la France..., par André du Chesne....—Paris, 1627,
in-8°.

A. D. T.. Relation des principaux événements de la vie de Salvaing de Boissieu..., par Alfred de Terrebasse.—
Lyon, 1859, in-8°.

Al........ Recherches sur la vie et les œuvres du P. Claude-Fran-
çois Menestrier...(Par Paul Allut). — Lyon, 1857,
gr. in-8°.

A. R..... Guy Allard, historien et généalogiste du Dauphiné. Sa
vie et ses ouvrages, par M. Adolphe Rochas, avocat. —
Paris, 1854, in-8°. Pièce.

B. A..... Bibliothèque de la ville d'Aix.

B. Ab.... Bibliothèque de la ville d'Abbeville.

B. A. L... Bibliothèque de l'Athénée royal grand-ducal de Luxembourg.

B. Am.... Bibliothèque de la ville d'Amiens.

B. Anv... Bibliothèque de la ville d'Anvers.

Bar....... Dictionnaire des ouvrages anonymes et pseudonymes,
par Barbier.—Paris, 1822-1827, 4 vol. in-8°.

B. Ars.... Bibliothèque de l'Arsenal.

B. B..... Bibliothèque de la ville de Besançon.

B. Ba.... Bibliothèque publique de Basle.

B. Bo.... Bibliothèque de la ville de Bordeaux.

B. Bru.... Bibliothèque royale de la ville de Bruxelles.

B. Bu.... Catalogus Bibliothecæ Bunavianæ...—Lipsiæ, 1756, 3 vol.
in-4°.

B. C..... Bibliothèque de la ville de Caen.

B.C. F... Bibliothèque de la ville de Clermont-Ferrand.

Bd .... Cabinet de M. Paignon Dijonval. Etat détaillé et raisonné
des dessins et estampes dont il est composé..., rédigé
par M. Benard.—Paris, 1810, in-4°.

Bc . . . . . .   Allgmeine Schriftenkunde der gesammten Wappenwissen-schaft, mit beurtheilenden, und andern zur Bücher-und Gelehrtengeschichte gehörenden Bemerkungen und Nachweisungen, von CHRISTIAN SAM. THEODOR BERND,...—*Bonn*, 1830-1841, 4 B. in-8°.

B. F. . . . . .   Catalogus Bibliothecæ publicæ univ· Francof., edit. J. C. Becmanno.—*Fred.*, 1706, in-fol.

B. G. . . . . .   Bibliotheca G. GEBAUERI.—*Gœtting.* 1773-1774, in-8°.

B. Gre. . . .   Bibliothèque de la ville de Grenoble.

B. H . . . . .   Bibliotheca Hulsiana...—*Hagæ comitis*, 1730, 4 vol.. in-8°.

B. L. . . . . .   Bibliothèque de la ville de Lyon.

B. Lil . . .   Bibliothèque de la ville de Lille.

B. Lim . . .   Bibliothèque de la ville de Limoges.

B. Lou. . . .   Bibliothèque impériale du Louvre.

B. Lux. . . .   Bibliothèque du Luxembourg.

B. M. . . . .   Bibliothèque Mazarine.

B. Mus. . .   The British Museum.

B. N. . . . . .   Bibliothèque de la ville de Nîmes.

B. Na. . . .   Bibliothèque de la ville de Nancy.

B. N. V . . .   Bibliothèque de la ville de Napoléon-Vendée.

Bois. . . . . .   Catalogue de la bibliothèque de M. Boissonnade...—*Paris*, 1859, in-8°.

Boul . . . . .   Catalogue des livres de la Bibliothèque de feu M. A. M. H. Boulard..., rédigé par J. A. BLEUET...—*Paris*, 1830, 4 vol. in-12.

B. P. . . . .   Bibliotheca Pisanorum Veneta. — *Venetiis*, 1807-1808, in-8°.

B. R. . . . . .   Bibliothèque de la ville de Rouen.

Bru . . . . . .   Manuel du libraire et de l'amateur de livres..., par JACQUES-CHARLES BRUNET.—*Paris*, 5 vol. in-8°.

Brul. . . . . .   Catalogue raisonné des estampes du cabinet de feu M. le baron d'Aretin, par BRULLIOT. *Munich*, 1827, in-8°.

B. S. . . . . .   Bibliotheca Slusiana...--*Rom.*, 1690, in-4°.

B. S. G. . .   Bibliothèque de Sainte-Geneviève.

B T. . . . . .   Bibliotheca Thomasiana...,—*Norimbergæ*, 1765-1770, in-8°.

B. To. . . . .   Bibliothèque de la ville de Tours.

B. T. C. . .   Catalogues et armoiries des gentilshommes qui ont assisté à la tenue des Etats généraux du duché de Bourgogne. (Par DE BROSSES DE TOURNAY, THESUT DE VERREY et LE COMPASSEUR DE COURTIVRON.) — *Dijon*, 1760, in-f°.

B. U. . . . .   Biographie universelle.

B. Z. . . . . .   Bibliotheca ZOCHIANA.—(*S. l.*) 1752, in-8°.

C. . . . .   CALMET. Bibliothèque de Lorraine... — *Nancy*, 1751, in-f°.

C. A . . . . .   CAROLI ARNDII. Bibliotheca politica-heraldica...—*Rostochii et Lipsix*, 1705, in-8°.

Cat. . . . . . .   Catalogue d'une vente de livres anciens, rares et précieux...—*Paris*, *Potier*, 29 mars 1859, in-8°.

Catal..... **Catalogue de livres et manuscrits précieux et d'ouvrages sur la noblesse, la plupart à figures, dont la vente se fera le lundi 21 décembre 1857...—*Paris, Tross*, (1857), in-8° Pièce.**

C. D...... **Bibliothèque choisie des livres de Droit..., par CAMUS, cinquième édition..., par DUPIN aîné. — *Paris*, 1832. in-8°.**

Co........ **Généalogie de la Famille de Coussemaker et de ses alliances. (Par CHARLES-EDMOND-HENRI DE COUSSEMAKER.)—*Lille*, 1858, gr. in-4°.**

Col ...... **Études sur les historiens du Lyonnais, par F. Z. COLLOMBET.—*Lyon*, 1839-1844, 2 vol. in-8°.**

D .... **Catalogue de livres et documents sur la noblesse et l'art héraldique ; en vente... chez J. B. DUMOULIN, libraire. — *Paris*, 1858, in-8°.**

D. B..... **Bibliotheca Duboisiana, ou catalogue de la bibliothèque de feu le cardinal DU BOIS.—*La Haye*, 1725, in-8°.**

D.-C ..... **Bibliothèque curieuse, historique et critique ou catalogue raisonné de livres difficiles à trouver, par DAVID CLÉMENT.—*Gœtting et Leipsick*, 1750-1760, 9 vol. in-4°.**

D. Co .... **Catalogue des livres et documents historiques... faisant partie de la Bibliothèque de M. DE COURCELLES...—*Paris*, 1834, 2 vol. in-8°.**

D. D..... **Histoire littéraire du Poitou, par DREUX-DURADIER .. et continuée jusqu'en 1849, par M. LASTIC-SAINT-JAL, t. III (ou t. VIII de la *Bibliothèque Poitevine*).—*Niort*, 1849, in-8°.**

D. E ..... **Catalogue raisonné des estampes du cabinet de feu Mme la comtesse D'EINSIEDEL, par J. G. A. FRENZEL. — *Dresde*, 1833, 2 vol. in-8°.**

Deb...... **Bibliographie instructive ou traité de la connaissance de livres rares et singuliers, par GUILLAUME-FRANÇOIS DE BURE jeune.—*Paris*, 1764-1768, 7 vol. in-8°.**

D. M..... **Catalogue des livres composant la bibliothèque de feu M. le marquis de MARTAINVILLE...—*Paris*, 1859, in-8°.**

D. V...... **La bibliothèque d'ANTOINE DUVERDIER, seigneur de Vauprivas...— *Lyon*, 1585, in-8°.**

E .... **Extrait du mémoire généalogique et historique de la Maison de Gibon....—(*Paris*, 1817.) In-4°. Pièce.**

E. B...... **Catalogue des livres rares et précieux de la bibliothèque de M. E. B***.—*Paris*, 1850, in-8°.**

E. B. M.. **Esquisses biographiques..., par le chevalier L'EVÊQUE DE LA BASSE-MOUTURIE... 2e édition.—*Paris*, 1837, in-8°.**

E. G. R.. **Bibliotheca Rinckiana sive supellex librorum, quos collegit E. G. RINCK.—*Lipsiæ*, (1747), in-8°.**

E. M..... **Librairie d'EUGÈNE MEUGNOT. Ve catalogues de livres anciens et modernes...—*Paris*, avril 1859, in-8°. Pièce.**

Ers....... { **La France littéraire contenant les auteurs français de 1771-1796, par J. S. Ersch.—*Hambourg*, 1797—1798, 3 vol. 8°. Supplément jusqu'en 1805.—*Hambourg*, 1802-1806, 2 vol. in-8°.**

F. A. E...   Allgmeine bibliograsphiches Lexicon von F. A. Ebert. — *Leipsick*, 1820-1830, in-4°.

F. B......   Index bibliothecæ qua F. Barberinus..., suæ fam. ædes magnificenciores reddit.—*Romæ*, 1681, in-8°.

F. H.....   n° 21.—Août 1859. Extrait du catalogue de livres... qui se trouvaient... chez F. HEUSSNER, libraire... à Bruxelles. —(*s. l. n. d.*), in-8°. Pièce.

     Catalogue d'une belle collection de livres...,dont la vente aura lieu... au domicile et sous la direction de F. Heussner...—*Bruxelles*, 1859, in-8°.

F. M.....   Catalogue des livres rares et curieux de FRANCISQUE MICHEL...—*Paris*, 1858, in-8°.

G........   Supplément à la Bibliothèque instructive ou catalogue des livres du cabinet de feu M. L. J. GAIGNAT.—*Paris*, 1769, 2 vol. in-8°.

G. D.....   Geo. Draudii bibliotheca exotica...— *Fred.*, 1625, in-4°.

G. E.....   Histoire du blason et science des armoiries, par G. EYSENBACH.—*Tours*, 1848, in-8°.

G. H.....   Bibliotheca Hohendorfiana, ou catalogue de la bibliothèque de feu M. GEORGE GUILLAUME, baron de Hohendorf.—*La Haye*, 1720, in-8°.

G. J. M..   Bibliotheca Mermanniana, sive catalogus librorum quos colleg. G. et J. MEERMANN. — *Hagæ Comitis*, 1824, in-8°.

G. J. S...   Catalogue des livres de la Bibliothèque de G. J. SERVAIS. —*Malines*, 1808, in-8°.

G. S......   Armorial du Bourbonnais, par le comte GEORGES DE SOULTRAIT.—*Moulins*, 1857, gr. in-8°.

H........   Nouvelle biographie générale .. publiée... sous la direction de M. le docteur HOEFFER. T. 23.—*Paris*, 1858, in-8°.

H. G. F..   Catalogus librorum HENR. GOTTL. FRANCKII. — *Graizæ*, 1784, in-8°.

Hs.......   Bibliographie des Pays-Bas avec quelques notes. (Par HOYOIS.)—*Nyon en Suisse*, 1783, in-4°.

H. W. L...   Handbuch für Bücherfreunde und Bibliothekare von HEINRICH WILHELM LAWAKZ.—*Halle*, 1788-1795, in-8°.

I. C......   Catalogue de M*** IMBERT DE CANGÉ.—*Paris, Guérin*, 1703, in-8°.

J. B. M...   Bibliographie de la ville de Lyon, par J.-B. MONFALCON. — *Lyon*, 1851, gr. in-8°.

J. D......   Bibliotheca Devoniensis. A catalogue of the printed books relating to the County of Devon. By JAMES DAVIDSON.—*Exeter*, 1852, in-4°.

J. F.-C...   Catalogus bibliothecæ Christiæ a...J.F. Christio.—*Lipsiæ*, 1858, in-8°.

J. G......   Catalogue raisonné d'une collection de livres... relatifs aux arts de la peinture, sculpture, gravure et architecture... réunie, par M. JULES GODDÉ, peintre, avec des notes du collecteur...—*Paris*, 1850, in-8°.

J. G.-M...   J. G. Meuselii Bibliotheca historica...—*Lipsiæ*, 1782-1803, 11 vol. in-8°.

J. H...... Bibliotheca genealogica... von Joh. Hubnero...—Hamburg, 1729, in-8°.

J. J. B... Bibliotheca librorum rariorum quos collegit J. J. Bauer. —Norimbergæ, 1770-1772, 4 vol. in-8°.

J. L. A. C. Catalogue des livres rares et précieux de la bibliothèque de feu M. J. L. A. Coste...—Lyon, 1854, in-8°.

J. N..... Catalogue d'une nombreuse collection de livres en tout genre, lesquels se vendent dans Berlin, par Jean Neaulme. — Amsterdam, 1763, 5 vol. in-8°.

J. P. L... Catalogus librorum J. P. de Ludewig; digessit J. D. Michaelis cum præfatione C. Wolfii. — Halæ, 1745, 4 tomes in-8°.

J. S..... Histoire littéraire de Genève, par Jean Sennebier. — Genève, 1786, 3 vol. in-8°.

J. Sa..... Le Journal des Savans pour l'année MDCXCIX.—Paris. 1699, in-4°.

L .... A general cat. of books now on sale, by Lackington... —London, 1817-1818, in-8°.

Lam...... Catalogue des livres rares et précieux de la bibliothèque de feu M. Pierre Philippe Constant Lammens. — Gand, 1839, 2 vol. in-8°.

L. C. M... Bibliothèque du S. de la Croix du Maine... — Paris, (1584?)

L.-D ..... Méthode pour étudier l'histoire, avec un catalogue des principaux historiens et des remarques sur la bonté de leurs ouvrages, et sur le choix des meilleures éditions, par M. l'abbé Lenglet du Fresnoy.—Paris, 1735, 4 vol. in-4°.

L. F..... Bibliothèque historique de la France..., par Jacques Lelong..., nouvelle édition revue, corrigée et augmentée, par Fevret de Fontette...—Paris, 1768-1778, 5 vol. in-f°.

L. L..... Les gloires municipales de la France. Armorial des maires de la ville d'Orléans..., par H. Lambron de Lignim...—Tours, 1851, gr. in-4°.

L. M..... Le grand dictionnaire historique..., par M. Louis Moréri...—Paris, 1759, 10 vol. in-f°.

L. T..... Catalogue des livres en partie rares et précieux composant la bibliothèque d'un amateur (M. L. T.)... [Léon Tripier].--Paris, Potier, 1854, in-12.

L. V..... Catalogue des livres de la bibliothèque de feu M. le duc de la Vallière.—Paris, 1783-1788, in-8°.

M .... Code de la noblesse ou recueil de loix et de monuments pour servir de preuves au traité de politique et historique de la noblesse, par Maugard, généalogiste. —Paris, 1789, in-8°.

M. A. F. G Études historiques sur le Rouergue, par M. A. F., baron de Gaujal...—Paris, 1859, 2 vol. in-8°.

M. C..... Catalogue de livres rares et précieux de la bibliothèque de feu M. le comte de Mac-Carthy Reagh.—Paris, 1815, 2 vol. in-8°.

M. D. H. Catalogue d'une belle et nombreuse collection d'estampes, œuvres et recueils, qui composaient le cabinet de M. MICHEL, noble DE HELD.—*Vienne*, 5 vol. in-8₀.

P .... Catalogue des livres rares... composant la bibliothèque de M. P***, dont la vente aura lieu le 22 mars 1859, *Paris, Potier*, 1859, in-8°.

P. A. C. . Catalogue raisonné de la collection des livres de M. P. A. CRAVENNA.—1776, 6 vol. in-4°.

Pap ...... Bibliothèque des auteurs de Bourgogne, par M. l'abbé PAPILLON.—*Dijon*, 1745, 2 vol. in-f°.

P.-D.-V.. Catalogue de bons livres anciens et modernes... composant la bibliothèque de feu M. P.-D. V***.—*Paris*, 1785, in-8°.

Piq....... Mémoires pour servir à l'histoire littéraire des dix-sept provinces des Pays-Bas, de la principauté de Liége et de quelques contrées voisines, par PIQUOT.—*Louvain*, 1765-1770, 3 vol. in-f°.

P. M ..... Catalogue des livres en partie rares et précieux, manuscrits et réimprimés, composant la bibliothèque de feu M. le marquis de Pins-Montbrun...—*Toulouse*, 1861, in-8°.

Q .... La France littéraire, ou Dictionnaire bibliographique des savants, historiens et gens de lettres de la France, ainsi que des littérateurs étrangers qui ont écrit en français, plus particulièrement pendant les XVIII° et XIX° siècles..., par J. M. QUÉRARD.—*Paris, Didot*, 1828-1839, 10 vol. in-8°.

R .... Catalogue de livres et manuscrits rares et précieux ayant formé la bibliothèque de feu M. Rymenans...—*Gand*, 1842, in-8°.

R. F..... Catalogue de livres anciens et modernes provenant des bibliothèques de M. Rostan... et de M. Pompeo Ferrario.—*Paris, François*, 1860, in-8°.

S. A...... Catalogue des livres et des manuscrits composant la bibliothèque de feu M. DE SAINT-ALBIN.—*Paris*, 1850, in-8°.

Sc........ Catalogue des livres rares, curieux et singuliers de M. SCALINI...—*Paris, François*, 1859, in-8°.

S. l. n. d.. Sans lieu ni date.

T........: Catalogus bibliothecæ Thuanæ..., edit. a JOS QUESNEL. —*Hamburgii*, 1704, in-8°.

Tec ...... { Bulletin du bibliophile, publié par TECHENER.—*Paris*, 1834-1856, 13 vol. in-8°.

Description bibliographique des livres choisis en tout genre composant la librairie de J. TECHENER.—*Paris*, 1855, 1 vol. in-8°, t. I.

T. G..... Catalogus... alphabetico ordine concinnatus.. authorum... qui de re heraldica latine, gallice, hispanice, germania, Anglice, scripserunt... à THOMA GORE, armig.— *Oxon., R. David*, 1674, in-4°.

Th .... Catalogue de la Bibliothèque de feu M. le Docteur THERRIN..—*Paris*, 1859, in-8°.

Thot ..... Catalog. bibliothecæ Thottianæ...—*Haun.*, 1789—1791. 5 vol. in-8°.

T.-M ..... Bibliotheca heraldica Magnæ Britanniæ... by THOMAS MOULE.—*London, printed for the author, 1822, gr.* in-8°.

V.-B ..... Catalogue de la bibliothèque de VINCENT BACALLAR Y LANA, marquis DE SAINT-PHILIPPE. — *La Haye*, 1726, in-8°.

V. D. Z.. Catalogue de la bibliothèque de feu M. Van den Zande...— *Paris*, 1854, in-8°.

V.-P ..... Catalogue des livres imprimés sur vélin de la bibliothèque du roi, par VAN PRAET, tome cinquième. Histoire.— *Paris, De Bure frères, 1822*, in-8°.

V. V ..... Catalogue des livres rares et précieux, au nombre de 14,435 lots, de la bibliothèque de feu M. JEAN FRANÇOIS VAN DE VELDE. Rédigé d'après le catalogue manuscrit du défunt, par M. P. F. DE GOESIN.—*Verhæghe*, 1831, 2 vol. in-8°.

Z. C. U.. Bibliotheca Uffenbachiana universalis, sive catalogus librorum quos collegit Z.-C. ab Uffenbach.—*Franco-furti ad Mænum*, 1729-1731, in-8°.

Nota.—Les ouvrages ou catalogues qui figurent dans cette liste se trouvent en grande partie à la Bibliothèque impériale.

Nous appelons *Pièce* tout ouvrage de 48 pages et au-dessous.

ERRATA.

Nos 328, au lieu de Barjon, lisez : Borjou.
375, au lieu de Pièces, lisez : Précis.
461, au lieu de Barbentante, lisez : Barbentane.
541, au lieu de Bady, lisez : Bardy.
551, au lieu de 1854, lisez : 1654.
637, au lieu de Pouthier, lisez : Ponthier.
799, au lieu de Bocquillon, lisez : Bocquillon.
999, à la note, au lieu de voyez ci-dessus n. 714, lisez : voyez ci-dessus n. 717.
1991, au lieu de Cousen, lisez : Cousin.
1565, Ajoutez : (Par Victon de Saint-Allais); ajoutez aussi après le format l'astérisque.
1578, au lieu de Altestein, lisez : Altenstein.
2211, au lieu de Achnet, lisez : Achmet.
3197, au lieu de Leurier, lisez : Levrier.
3286, supprimez les mots : *Pièces* et *lettre A, c'est tout ce qui a paru.*
3590, au lieu de 'Sheerenberg, lisez : 'S Héerenberg.
3739, au lieu de Caloma, lisez : Coloma.
4065, au lieu de indéces, lisez : indices.
4593. Le P. Lelong et Barbier attribuent ce travail à Dom Colmet. Devant ces deux autorités nous nous sommes incliné. Cependant, comme Dom Calmet dit lui-même dans sa *Bibliothèque Lorraine*, page 514, qu'il est du P. Louis-Ch.-Hugo, abbé d'Estival, nous avons donc cru devoir le faire entrer aussi à la table dans la série des ouvrages du P. Hugo.

BIBLIOTHÈQUE
HÉRALDIQUE
DE LA FRANCE

LIVRE I

SCIENCE DU BLASON

§ I.

Histoire et traités généraux.

1. Le Blason de toutes armes et ecutz tres necessaire utile et prouffitable a tous noble seigneur et pêcheurs pour icelles blasõner figures en sept sortes de manieres.—*Ce present blason d'armes a este imprime a paris par Pierre le Caron imprimeur et libraire demeurant en la rue neufue Saint Marry apres lenseigne des ratz ou au palais empres la porte le xxiij iour de nouembre lan mil quatre cens quatre vingtz et quinze.* Petit in-8° goth. de 40 ff. [Bru.] Avec blasons coloriés.

2. Le Blason de toutes armes et ecuz très necessaire utile et profitable a to'nobles seigneurs et prescheurs pour icelles blasonner, figure en sept sortes de maniere.—(S. l. n. d.) Petit in-8° goth. de 40 ff. [Bru.]

   Même ouvrage que le n° précédent.

3. Le Blason des armes auec les armes des princes et seigneurs de France.—(Au r° du d. f.) : *Cy finist le blason des armes. Imprime a Lyon par Claude Nourry le xv° iour de nouembre mil cinq cens et trois.* Petit in-8° goth. de 28 ff. [Bru.] Avec blasons coloriés.

   Même ouvrage que les 2 n°° précédents.

4. Le Blason des armes auec les armes des prices et seignrs de Frāce.—(A la fin :)*Cy finist le blason des armes. Imprime a Lyon par Claude nourry. Le IIII iour de Iuillet Mil cccc et xi.* Petit in-8° goth. de 28 ff. non chiff. [B. S. G.]

   Même ouvrage que les 3 n°° précédents.

5. Le Blason des armes, avec les armes des Princes et Seigneurs de France.—(A la fin:) *Cy finist le blason des armes. Imprime a Lyon sur le rosne par Claude nourry dit le Prince Lan de grace Mil. cccc. xxvij.* Petit in-8° goth. de 22 ff. [B. Am.] Avec fig. sur bois.

   Même ouvrage que les 4 n°° précédents.

6. Le Blason des armes nouuellemt iprime.—(A la fin où se trouve la marque P. C. [Pierre Caron] de l'imprimeur :) *Imprime a Pa-*

ris par *Guillaume Nyuerd demourât en la rue de la uyfrie a lenseigne de la Rose.* Petit in-8° goth. de 26 ff.* Avec blasons coloriés.

Même ouvrage que les 5 n°ˢ précédents.

7. Le Blason des armes. Auec les armes des princes et seigneurs de France. Et des dix sept Royaulmes de France. — *Ilz se vendent a Paris en la rue neufue nostre Dame a lēseigne Sainct Nicolas.* Petit in-8° goth. de 28 ff. non chiff.*Avec blasons coloriés.

Même ouvrage que les 6 n°ˢ précédents.

8. Le Blason des armes auec les armes des prices et seignrs de Frāce. Et des dix sept royaulmes chrestiens.—(A la fin :) *Imprime nouuellement a Paris pour Pierre Sergent libraire demourant en la rue neufue nostre Dame a lenseigne Sainct Nicolas.* Petit in-8° goth. de 28 ff. non chiff. [B. M.]

Même ouvrage que les 7 n°ˢ précedents.

9. Le Blason des armes auec les armes des princes et seignrs de Frāce. Auquel est de nouueau adiouste les armes des empereurs et roys chrestiens. — *On les vend a Lyon en la maison de Claude nourry dict Le prince.* (A la fin :) *Cy finist le blason des armes nouuellement imprime a Lyon par Claude nourry dict Le prince demourant pres nostre Dame de Confort.* Petit in-8° goth. de 24 ff. non chiff.* Avec blasons coloriés.

Même ouvrage que les 8 n°ˢ précédents.

La Bibliothèque Impériale possède encore de cet ouvrage une autre édition différente de celles que nous venons de citer, mais incomplète : le titre et les derniers feuillets manquent. Elle commence par : « Sensuit le blason des armes nouuellement imprime », et se termine ainsi : « Sensuyent les armes des empereurs et roys chrestiens... » En tout 16 ff. petit in-8° goth. Avec blasons coloriés.

M. Brunet dit que dans le prologue, l'auteur est nommé SICILLE, héraut d'armes du roi Alphonse d'Aragon. Des neuf éditions cidessus mentionnées, six ont été décrites par nous *de visu*, et aucune des six ne renferme ni le prologue ni le nom de l'auteur. Nous pensons que le savant bibliographe aura peut-être confondu cet ouvrage avec le suivant, auquel il se trouve ordinairement joint, et qui contient bien en effet ledit prologue et le nom de Sicille pour auteur.

10. Le Blason des couleurs en Armes Liurees et deuises. Liure tres utile et subtil pour scauoir et congnoistre dune et chascune couleur la vertu et propriete. Ensemble la maniere de blasonner les dictes couleurs en plusieurs choses pour apprendre a faire liurees deuises et leur blason. Nouvellemēt imprime. (Par SICILLE herault du roi d'Aragon.) —*On les vend a Lyon pres nostre dame de Confort cheulx Oliuier Arnoullet.* (S. d.) Petit in-8° goth. de 4 ff. non chiff. et de 48 ff. chiff.* —(Autre édition.) *Lyon.* (S. d.) Petit in-8° goth. de 4 ff. non chiff. et de 48 ff. chiff. [B. S. G.]

11. Le Blason des couleurs en Armes Liurees et Deuises. Sensuyt le liure tres vtille et subtil pour scauoir et congnoistre dune et chascune couleur la vertu et propriete. Ensemble la maniere de blasonner les dictes couleurs en plusieurs choses pour apprendre a faire liurees, deuises et leur blason. Nouuellement Imprime A Paris vij —*On les vend a Paris, en la rue Neufue nostre Dame a lenseigne sainct Nicolas.* Petit in-8° goth. de 4 ff. non chiff. et de 53 ff. chiff. Avec figures coloriées.*—(Autre édition.) *Paris.* (S. d.) Petit in-8° goth. de 4 ff. non chiff. et de 54 ff. chiff. [B. M.]

Même ouvrage que le n° précédent.

12. Le Blason des couleurs en armes: liures et deuises tres utile et subtil pour scauoir et congnoistre dune et chascune couleur la vertu et propriete. Item pour apprendre la maniere de blasonner les dictes couleurs en plusieurs choses. Et pour faire liurees : deuises : et leur blason. Nouuellemēt imprime.—(S. l. n. d.) Petit in-8° goth. de 47 ff. chiff. [B. Am.] Avec figures coloriées.

Même ouvrage que les 2 n°ˢ précédents.

13. Le Blason des coyleurs en armes liurces et deuises. Liure tresvtille et subtil... Ensemble la manière de blasōner lesdictes couleurs... Nouuellement imprime.—*On les vend a Lyon cheulx Germain Rouze. Et cheulx Oliuier Arnoullet.* (A la fin :) *Cy fine le blason des couleurs nouuellemēt Imprime o Lyon par Oliuier Arnoullet. Et fut acheue le xvij de Iuing Mil. cccc. xxiij.* Petit in-8° goth. de 5 ff. npn chiff. et de 52 ff. chiff. * Avec figures coloriées.

Même ouvrage que les 3 n[os] précédents.

14. Le Blason des covlevrs, en armes liurces et deuises, pour sçauoir et cognoistre la vertu et propriété des couleurs. Auec la manière de faire Deuise, à toutes personnes, portans Armes et Couleurs, en leurs Escus, Enseignes, et Habitz.—*A Paris, Pour la vefue Iean Bonfons, demourant en la rue neuue nostre Dame, à l'enseigne S. Nicolas.* (Vers 1560.) Petit in-8°, caract. ronds. Avec fig. coloriées et les armes de France sur le titre et au r° du 4° feuill.*

Même ouvrage que les 4 n[os] précédents.

15. Le Blason des covlevrs en armes, livrees et deuises. Liure tres-utille et subtil pour scauoir et congnoistre d'vnê et chacune couleur la vertu et propriété. Et la maniere de blasonner, et faire liures, deuises et leur blason. — *Paris, Ant. Houic*, 1582. Petit in-8°* avec figures.—*Paris, Pierre Ménier*, 1614, in-8.* Avec figures.

Même ouvrage que les 5 n[os] précédents.

Selon M. Brunet, cet ouvrage serait, à *quelques différences près*, le même que celui compris sous les n°s 1-9. Ces *différences* nous ont paru assez considérables pour constater que ce sont deux livres complétement différents, quoique dans le même ordre d'idées. Cette erreur nous fait présumer que l'auteur du *Manuel*, d'ordinaire si exact dans ses descriptions bibliographiques, n'aura pas eu sous les yeux les ouvrages dont il s'agit.

Nous ferons observer que *Sicille* n'est pas le nom du véritable auteur de cet ouvrage. Les hérauts d'armes avaient la coutume de changer de nom. Tantôt ils prenaient celui d'un animal fabuleux, comme *Dragon-Rouge* en Angleterre; tantôt c'était celui d'un ordre de chevalerie, comme *Toison-d'Or* en Espagne et dans les Flandres; tantôt aussi c'était un cri de guerre comme *Montjoie* en France. Mais plus particulièrement ils prenaient le nom d'une ville, d'une province ou d'un royaume, que par ce fait ils représentaient dans les pompes chevaleresques du moyen âge. Si nous l'avons porté à ce nom d'auteur, c'est tout simplement pour nous conformer à l'usage qui, depuis près de quatre cents ans, veut que le *Blason des couleurs* soit représenté par le nom de *Sicille*.

Cette production singulière n'a, selon nous, d'autre mérite que sa rareté et son ancienneté. Il y a des livres moins prisés, sous ce rapport, et qui cependant sont plus anciens et n'ont pas autant d'éditions connues. Quoiqu'il fût très-populaire en son temps, il ne paraît pas toutefois qu'il ait offert alors tout le degré d'intérêt que les siècles semblent lui avoir donné aux yeux des bibliophiles modernes. Rabelais, qu'on ne sera guère tenté d'accuser d'ignorance, s'exprime ainsi sur ce livre et sur son auteur anonyme. « ... Qui vous meut? qui vous poinct? qui vous dict que le blanc signifie foi, et bleu fermeté? Ung, dictes-vous, livre trepelu, qui se vend par les bisouarts et porteballes au titre : le *Blason des couleurs*. Qui l'ha faict? Quiconques il soit, en ce ha esté prudent, qu'il n'y ha point mis son nom. Mais au reste, je ne sçai quoi premier en lui je doibve admirer, ou son oultrecuidance ou sa besterie.

« Son oultrecuidance, qui, sans raison, sans cause et sans apparence, ha ausé prescripre de son autorité privée, quelles seroient dénotées par les couleurs : ce qu'est usance des tyrans, qui veulent leur arbitre tenir lieu de raison; non des sages et scavants, qui, par raisons manifestes, contentent les lecteurs.

« Sa besterie, qui ha existimé que, sans aultres démonstrations et arguments valables, le monde régleroit ses devises par ses impositions badaudes... »

Tout ce que nous venons de dire et de citer était sous presse lorsqu'eut lieu la publication suivante:

16. Le Blason des Couleurs en armes, livrées et devises, par Si-

CILLE, hérault d'Alphonse V, Roi d'Aragon, publié et annoté par HIPPOLYTE COCHERIS. — *Paris, Aug. Aubry*, 1860. Petit in-8°.

Cette charmante édition, qui forme le XVIII° vol. de la collection du *Trésor des pièces rares ou inédites*, a été tirée à 350 exemplaires, dont 310 sur papier vergé, 20 sur papier vélin, 9 sur papier chamois, 8 sur papier de Chine et 3 sur peau de vélin. Elle est accompagnée de remarques judicieuses et d'une préface intéressante. Toutefois nous regrettons de n'être pas d'accord avec le savant éditeur au sujet du mérite intrinsèque du livre.

17. Trattato de' Colori nelle Arme, nelle livree et Divise, di SICILLO, araldo del re Alfonso d'Aragona. — *Vinetia, Giorgio de' Cavalli*, 1565. Petit in-8°. [B. R.]

Traduction fort rare de l'ouvrage précédent par BARTHOLOMEO CABAMPELLO, dont Brunet ne parle pas, et que le P. Lelong croyait être l'original.

18. Lhonneur des nobles blason et propriete de leurs armes en general blasonnees et comprinses soubz vng seul escu darmes cy desoubz pourtraict Inuention tressinguliere auecques vng petit liure de bonne grace tresexquis le tout nouuellemēt compose par dadonuille. — (S. l. n. d.) Petit in-8° gotb.*

Ce livre, en vers d'une grâce et d'une naïveté charmantes, est selon nous, touchant le blason, l'ouvrage sinon le plus ancien, du moins le plus rare qui ait été imprimé en français. Nous croyons même qu'il est resté à peu près inconnu jusqu'à ce jour, d'après le silence des bibliographes à son sujet. La Croix du Maine et Brunet, qui citent d'autres ouvrages du même auteur, ne font pas mention de celui-ci.

L'exemplaire que nous avons eu sous les yeux, et qui se trouve à la Bibliothèque Impériale, est incomplet : la fin manque. Il est divisé en deux parties, ayant chacune un frontispice particulier, et se compose en tout de 27 ff. non chiff., sign. a-giii.

Au v° du premier titre on lit : *Prologue. A lhonneur des nobles soubz se present escu dazur a trois fleurs delys dor tour dargent, semee de vaires et hermines carnelee de gueulles sable sinople et pourpre* est comprins le blason d'to' metaulx, couleurs et pennes que generallement lon peult mettre en armoyrie...

L'écu dont il est ici question figure sur le titre. A la fin de la 1° part., f° 20, v° :

Cy fine la presente epistre
Puis du traicté ensuyt le tiltre
Lequel aux nobles transmectz
Que de par moy on leur faict mectz
Faict a Paris cite et ville
Par leur serviteur dadonuille.
— *Mieulx qui pourra* —

Le titre de la 2° partie est ainsi conçu :

« *Les biens aymez par bonne grace et bien venus entre les nobles.* »

19. Le Blason des Armoiries auquel est montré la manière de laquelle les anciens et les modernes ont usé en icelles. (Par HIÉROSME de BARA.) — *Lyon*, 1511, in-4°. [L. F.] — *Lyon*, 1579, in-f°.* — *Lyon*, 1580, in-f° [T.] — Revu, corrigé, amplifié par l'auteur. *Lyon*, 1581, in-f°.* — *Lyon*, 1590, in-f°. [L. F.] — *Paris*, 1581, in-f°. [L.] — *Paris*, 1587, in-f°. [C. A.] — *Paris*, 1597, in-f°. [T. G.] — *Lyon*, 1604, in-4°. [R.] — Augmenté par B. R. D. E. L. R. *Paris*, 1628, in-f°.* — *Paris*, 1638, in-f°. [B. H.]

20. De la Primitive Institution des roys héraultz et poursuivans d'armes, par maistre JEHAN LE FÉRON, aducat en la cour de Parlement à Paris. — *Paris, Ménier*, 1555, in-4°.*

21. L'Estat et Comportement des armes, contenant l'institution des armoiries et methode de dresser les généalogies.... Par JEAN SCOHIER, beaumontois... — *Bruxelles*, 1597, in-f°.* — *Bruxelles*, 1629, in-4°.* — *Paris*, 1630, in-f°.* — *Paris*, 1638, in-f°. [A. A.] — *Bruxelles*, 1697, in-f°. [A. A.]

22. Origines des Chevaliers, Armoiries et Héraux. Ensemble de l'ordonnance, armes et instruments desquels les François ont anciennement usé en leurs guerres. Recveillies par CLAUDE FAUCHET. — *Paris*, 1600, in-8.*

Imprimé à la suite des « *Origines des Dignitez et Magistrats de France* » par le même. Voyez ci-après LIV. IV., Sect. II, § 3.

23. Le Tableau des Armoiries de France, auquel sont représentées les origines et raisons des armoiries, hérauts d'armes et les marques de noblesse, par PHIL. MOREAU, bourdelois. — *Paris*, 1600, in-f°. [T. G.]—*Paris*, 1608, in-f°. [D. B.]— *Paris*, 1609, in-f°.*

24. Le Tableau des Armoiries de France, auquel sont représentées les origines et raisons des armoiries, héraults d'armes, pavillons, escus, tymbres, couronnes, ordres, supports, cottes d'armes, armoiries quarrées, littres, ceintures funèbres et marques de noblesse par PHILIPPE MOREAU, bordelais.—*Paris*, 1630, 1633, in-f°.*

25. Le Théâtre d'Honneur et de Chevalerie, ou Histoire des Ordres militaires.... de l'institution des armes et blasons; roys, héraulds et poursuivants d'armes,... par ANDRÉ FAVYN... (1620.)
Voyez ci-après LIV. II, § I.

26. Le Gentilhomme parfaict, ou tableau des excellences de la vraye Noblesse. Avec l'institution des jeunes gentilshommes à la vertu. Un Traicté des armes, armoiries, leur origine et à qui elles appartiennent. Ensemble les alliances de plusieurs Familles de France non encore imprimées par L. P. M. (le P. CLAUDE DE MAROIS).—*Paris*, 1631, in-8°.*

27. Introduction au Blazon des Armoiries en faveur de la Noblesse françoise, où elle peut apprendre à discourir comme il faut, des armoiries de leurs cimiers, suppôts, couronnes, timbres, plumes naturelles et panaches, lambrequins: Ensemble, des pavillons, mantelets et cordelières, marques d'honneur des femmes, et pareillement des pompes funèbres; avec les armes de plusieurs Maisons de France et de toutes les provinces. —*Paris*, 1631, in-4°.* Avec un grand nombre de figures.

28. Origine et pratique des Armoiries à la Gaulloise, qui est la première partie du formulaire des arts, en françois et en latin, par PHILIBERT MONET, de la compagnie de Jésus. — *Lyon*, 1631, in-4°.*
Ce livre a reparu sous le titre suivant.

29. L'Origine et vraye practique de l'Art du Blason, avec le Dictionnaire armorial; ou explication des termes latins de l'art, L. R. P. P. M. D. L. C. D. J. (le Révérend Père PHILIBERT MONET, de la compagnie de Jésus). —*Lyon*, 1659, in-4°. [B. Am.]
Ouvrage où l'imagination a plus de part que la science.

30. Le Roy d'Armes, ov l'art de bien former, charger, briser, timbrer, et par conséqvent blasonner tovtes sortes d'Armoiries.... Le tovt enrichi de discovrs, d'antiqvitez, d'une grande quantité de blasons des armes de la pluspart des illustres Maisons de l'Europe et spécialement de beaucoup de personnes de condition qui sont en France; par le R. P. MARC GILBERT DE VARENNES.—*Paris*, 1635, in-f°.*—Seconde édition, reveue et augmentée de plusieurs pièces par le mesme autheur. *Paris* 1640, in-f°.*

31. Indice Armorial, ov sommaire explication des mots usitéz au blason des armoiries. Par LOVVAN GÉLIOT, advocat au parlement de Dijon. — *Paris*, 1635, in-f°.*

32. La Vraye et Parfaicte Science des Armoiries, ou l'Indice Armorial de feu M. LOVVAN GÉLIOT, advocat av parlement de Bovrgongne, apprenant et expliquant sommairement les mots et figures dont on se sert au blazon des armoiries et l'origines d'icelles. Avgmenté de nombre de termes, et enrichy de grande multitude d'exemples des armes des Familles, tant françoises qu'estrangères, des institutions des Ordres et de leurs colliers, des marques des dignités et charges, des ornemens des escus; de l'office et des roys, des hérauds, des poursuivants d'armes et autres curiositéz despendantes des armoiries. Par PIERRE PALLIOT, parisien, imprimeur du roy... —

Dijon, 1660, in-f°.*—*Dijon*, 1661,
in-f°. [Pap.] — *Dijon*, 1664, in-f°.
[J. J. B.] — *Paris*, 1661, in-f°.
[B. C. F.]

    L'ouvrage de Louvan Géliot,
avec les augmentations de Pierre
Palliot, est très-estimé : c'est encore de tous les ouvrages de ce
genre celui qui est et qui mérite,
même aujourd'hui, d'être le plus
consulté. — Malgré les différentes
souscriptions que nous venons de
citer, il faut savoir que c'est toujours l'édition de 1660, dans laquelle on a, par esprit de spéculation, fait varier et la date et
le nom de lieu.

33. L'Armorial, dans lequel est
sommairement compris tout ce
qui dépend de la Science du
Blason, divisé en quatre parties,
avec les figures nécessaires...
Dédié à M. le maréchal de Bas-
sompiere.—*Paris*, 1638, in-4°.*

    Cet ouvrage est le même que
celui cité par le P. Lelong, sous
le titre de : « *Sommaire armorial* : » Titre qui est le faux-titre
du nôtre. De là l'erreur de ce savant qui, bien certainement, n'a
pas eu l'exemplaire sous les yeux.
L'Allemand Bernd renchérit sur
le P. Lelong; il attribue cet ouvrage au maréchal de Bassom-
pierre! Il suffisait pourtant de lire
le titre pour éviter cette bévue.
Ce qu'il y a de singulier, c'est que
dans le catalogue d'Uffenbach,
d'où il l'a extrait, ce titre figure
bien sans nom d'auteur.

34. Recueil de plusieurs pièces et
figures d'Armoiries, obmises par
les autheurs, qui ont escrit jusques icy de cette science. Blasonnées par le sieur (Marc)
VULSON DE LA COLOMBIÈRE, dauphinois, suivant l'art des anciens roys d'armes. Avec un
discours des principes et fonde-
mens du Blason et une nouvelle
methode de cognoistre les métaux et couleurs sur la taille
douce.—*Paris*, 1639, in-f°.*

    Voici le premier ouvrage que
nous rencontrons sous le nom de
Vulson de La Colombière. Nous
dirons de suite, une fois pour toutes, que tous les ouvrages héraldiques qui portent ce nom pour
auteur sont considérés aujourd'hui
comme étant de Denis Salvaing
de Boissieu, premier président en
la Chambre des comptes de Dauphiné, ainsi qu'il appert du con-

scieucieux travail de M. de Terrebasse, catalogué plus bas à l'article de la généalogie de la maison de Salvaing, auquel nous ren-
voyons le lecteur.

    Après l'épître adressée à Denis
Salvaing de Boissieu, on trouve
une planche portant pour titre :
« *La généalogie de la maison de
Salvaing en Dauphiné*, » contenant les blasons gravés des ancêtres de Salvaing depuis l'an
1012 jusqu'à lui.

35. La Science héroique, traitant
de la noblesse, de l'origine des
Armes, de leurs blazon et symboles, tymbres, bourlets, couronnes, cimiers, lambrequins,
supports, tenans et autres ornemens de l'escu, de la devise, du
cry de guerre, de l'escu pendant;
des pas et emprises des anciens
chevaliers, des formes différentes de leurs tombeaux, et des
marques extérieures de l'écu de
nos roys, des reynes et enfans
de France, et officiers de la couronne et de la Maison du Roy.
Avec la généalogie succincte de
la Maison de Rosmadec en Bretagne. Le tout embelly d'un
grand nombre de figures en
taille douce, sur toutes ces matières. Par MARC VULSON DE LA
COLOMBIÈRE,... — *Paris*, 1644, in-
f°.*— 2e édition, revue, corrigée
et augmentée des armes de plusieurs illustres Maisons.— *Paris*,
1669, in-f°.*

    La 2e édition est préférable à
la première.

36. Le Palais d'Honneur, contenant
l'origine et l'explication des armoiries, devises, tournois, des
Ordres militaires, des cérémonies aux sacres, entrées, obsè-
ques des roys, et l'origine et
progrès des Maisons de France,
de Lorraine et de Savoye. [Par
le P. ANSELME (PIERRE GUI-
BOURS).] — *Paris*, 1644, in-4°.
[J. J. B.]

37. Le Palais de l'Honneur, contenant des Généalogies historiques
des illustres Maisons de Lorraine
et de Savoye, et de plusieurs
nobles Familles de France. Ensemble l'origine et l'explication
des armes, devises et tournois ;
l'institution des Ordres militaires

et des principales charges et dignitez de la couronne ; les cérémonies qui s'observent en France aux sacres des roys et reynes ; leurs entrées solennelles,... avec un traité fort curieux pour apprendre parfaitement la Science du blazon, enrichies des armes et figures en taille douce. (Par le P. ANSELME.) —Paris, 1654, in-4°. [H. G. F.]—Paris, 1663, 1664, in-4°.*

> Même ouvrage que le n° précédent.

38. Le Palais de l'Honneur, ou les Généalogies historiques des illustres Maisons de France et de plusieurs nobles Familles de l'Europe. Ensemble un traité particulier pour apprendre facilement la Science du Blazon... (Par le P. ANSELME.)—Paris, 1668, in-4°. [J. G. M.]

> Même ouvrage que les 2 n° précédents.

39. Le Palais de l'Honneur, ou la Science héraldique du Blazon, contenant l'origine et l'explication des armoiries, l'institution des Ordres de Chevalerie, avec les armes gravées en taille douce, pour en donner l'intelligence. Ensemble les Généalogies historiques des illustres Maisons de France et autres nobles Familles du royaume ; les cérémonies observées en France aux sacres des roys et des reynes, leurs entrées solennelles, les baptesmes des fils et des filles de France, et autres choses très-curieuses pour l'histoire. (Par le P. ANSELME.) — Paris, 1686, in-4°. [B. S. G.]

> Même ouvrage que les 3 n° précédents.—Voyez encore ci-après LIV. IV, Sect. II, § 3 : « le Palais de la Gloire.... »du même.

40. De l'Office des Roys d'armes, des Hérauts et Poursuivans, de leur antiquité, de leurs privilèges et des principales cérémonies où ils sont employés par les roys et par les princes ; avec le nom et les armes de tous les roys et princes souverains de la Chrestienté et de la plupart des provinces qui relèvent d'eux ;

par MARC VULSON DE LA COLOMBIÈRE.—Paris, 1645, in-4°.*

41. Carte méthodique et introduction à la connoissance des premières règles et termes du Blazon,... Par M. (MARC) DE VULSON, sieur DE LA COLOMBIÈRE.—Paris, 1645, in-f°. [G. J. M.]

42. Abrégé methodique de la Science héraldique ; par J. CLAUDE FAVRE, seigneur des Charmettes, conseiller d'Estat du duc de Savoye. — Chambéry, 1647, in-4°.*

43. Le Mercure armorial enseignant les principes et les élémens du Blazon des armoiries selon l'ordre et les termes qui se pratiquent en cette science,... Par (CHARLES) SÉGOING, orleanois, advocat en parlement. — Paris, 1648, in-4°.*—Paris, 1649, in-4°. [R.]—(S. l.), 1650, in-4°. [B. Ab.] —Seconde édition revue, corrigée et augmentée.—Paris, 1652, in-4°. [D. Co.]

44. Trésor héraldique ou Mercure armorial, où sont démontrées toutes les choses nécessaires pour acquerir une parfaite connoissance de l'Art de blasonner. Enrichy de figures et du blason des Maisons nobles et considérables de France, et autres Royaumes et Estats de l'Europe. Avec deux tables fort amples, à l'aide desquelles on peut trouver d'abord le nom et les armes de chacune Famille, par M. CHARLES SÉGOING.... Paris, 1657, in-f°. *— Paris, 1670, in-f°.—Retouché par (JEAN) ROYER, sieur DE PRADE.— Paris, 1672, in-4°. [L. F.]

> Même ouvrage que le n° précédent.

45. Briefve description de l'Armoirie pour apprendre promptement l'intelligence d'icelle.— (S. l. n. d.) In-4° sur vélin. [B. B.]

46. Le Miroir armorial,... avec une manière de connoistre et faire connoistre par la graveure les métaux et couleurs qui les composent... par le sieur P. NOLIN (1650).

> Voyez ci-après LIV. IV, Sect. II, § 7.

47. Le Trophée d'armes héraldiqves ou la Science du Blason, auec les figures en taille-douce. (Par JEAN ROYER DE PRADES.)— *Paris*, 1650, in-4°. *—... et les armoiries de plusieurs Familles qui n'ont point esté encore imprimées. Seconde édition. Reueue, corrigée et de beaucoup augmentée par l'autheur. *Paris*, 1655, in-4°.*—Troisième édition. *Paris*, 1659, in-4°. *—Quatrième édition. *Paris*, 1672, in-4°. [B. S. G.]

> L'auteur commence l'application de ses principes par les armes de JÉSUS-CHRIST! Il est à remarquer que la description qu'il en donne ne se trouve que dans la 1re édition, pag. 47.

48. Les Oracles divertissans, ... avec un Traité des couleurs aux armoiries, aux livrées et aux faveurs des dames, par MARC VULSON, SIEUR DE LA COLOMBIÈRE. —*Paris*, 1652, in-8°.

49. Première partie du Promptuaire armorial, traitant particulièrement du Blason et des observations pour bien blasonner, des mots et termes usités en ce noble art ; les émaux, leurs nombres, noms et significations ; les figures et targes, boucliers ou écus tant anciens que modernes... les blasons et figures des colliers des Ordres militaires et des marques et enseignes des principaux officiers de la couronne de France... Par JEAN BOISSEAU.— *Paris*, 1657. —La seconde partie du Promptuaire armorial, où sont représentés les armes... des princes et principaux seigneurs du royaume de France... *Paris*, 1657. — Troisième partie du Promptuaire armorial, contenant les noms des hommes illustres qui ont paru sous chaque règne depuis le roi Pharamond jusqu'à présent... Avec une table alphabétique contenant leurs noms et les blasons des armes figurées sous chaque roi... *Paris*, 1657. — Table contenant les chapitres, qualités, noms et surnoms et armes de tous les chevaliers de l'Ordre du Saint-Esprit depuis le jour de sa première institution jusqu'à présent. (*S. l. n. d.*)—Les noms, qualités, armes et blasons de tous les chevaliers de la Toison-d'Or... *Paris*, 1657.—Les noms, armes et blasons des chevaliers de la Jarretière... Par JEAN BOISSEAU... *Paris*. (*S. d.*) Le tout en 1 vol. in-f°. [B. Lim.] — *Paris*, 1658, in-f°. [B. B.]—*Paris*, 1659, in-f°. [L. D.]

50. Discours sur l'Origine des armes ; par CL. FR. MÉNESTRIER.— *Lyon*, 1658, in-4°. [Be.] Avec figures.

51. Le Véritable Art du Blason, où les règles des armoiries sont traitées d'une nouvelle méthode, plus aisée que les précédentes : les origines expliquées et establies par de solides raisons, et de fortes authoritez : les erreurs de plusieurs autheurs corrigées, la pratique de chaque nation examinée ; et les causes de leur diversité fidellement rapportées. (Par le P. MÉNESTRIER.)—*Lyon*, 1658, in-24. [Col.] — *Lyon*, 1659, in-12.* — *Lyon*, 1672, 1675, in-12. [Col.]

> M. Allut, dans son savant et intéressant ouvrage sur le P. Ménestrier, dit que cette production est la première de ce Père sur cette matière ; il faut donc en conclure que M. Allut, malgré ses recherches les plus scrupuleuses, n'a pas eu connaissance de celle qui précède.

52. Additions et corrections du Véritable Art du Blason. (Par le P. MÉNESTRIER.) — (*Lyon*, 1660.) In-24. [Al.]

> Selon M. Allut, cet ouvrage serait « considéré comme rarissime, sinon unique. »

53. Discours de l'origine des Armes et des termes reçeus et usités pour l'explication de la Science héraldique, orné et enrichi des blasons des Roys, Princes et autres Maisons illustres de la Chrestienté, par C. L. P. de L. B. (CLAUDE LE LABOUREUR, prévôt de l'Ile Barbe.) — *Lyon*, 1658, in-4°. *—*Paris*, 1684, in-4°. [B. C. F.]

> Critique de l'ouvrage précédent. C'est là le point de départ de cette querelle qui divisa si longtemps l'ancien prévôt et le P. Ménestrier.

54. Discours sur l'origine des armes, contre le P. Menestrier et une épistre apologétique de C. L. L. (CLAUDE LE LABOUREUR) pour le Discours de l'origine des armes, contre les lettres de Cl. Fr. Menestrier: in-4°, par CLAUDE LE LABOUREUR, ancien prévost de l'Isle Barbe. — (*S. l. n. d.*) In-4°. [B. B.]

55. Epistre apologétique pour le Discours de l'origine des armes, contre quelques lettres de M. C.-F. Ménestrier cy-devant professeur d'éloquence et maintenant estudiant en théologie de Lyon par L. L. A. P. (LE LABOUREUR, ancien prévôt de l'Ile Barbe.) — *Valence*, 1660, in-4°. [B. L.]

56. Le Dessin de la Science du Blason par C. F. MÉNESTRIER. — *Lyon*, 1659, in-12. Pièce. *

> C'est dans cet opuscule que l'auteur a tracé les grandes lignes de ce vaste travail sur le symbolisme en général, auquel il consacra son existence tout entière.

57. Origine du Blazon. — *Lyon*, 1659, in-4°. [L.-F.]

58. Le Blason ou explication des armoiries pour en faire l'application sur les plus nobles Maisons de France par L. D. C. — *Paris*, 1659, gr. in-4°. Avec 14 planches gravées, et environ 270 blasons.

59. Cartes d'Armoiries de l'Europe à S. A. R. de Savoye par C. O. F., (CLAUDE ORONCE FINÉ DE BRIANVILLE) C^er et ausmonier du roy. [A. R.]

> Ce travail, assez rare, se compose de 52 cartes, sur lesquelles on a remplacé les figures ordinaires par une ou plusieurs armoiries de souverains et princes de l'Europe.

60. Jeu d'Armoiries de l'Europe; pour apprendre le Blason, la géographie, et l'histoire curieuse. Par C. F. DE BRIANVILLE MONT-DAUPHIN. Dédié à M. d'Hozier. — *Lyon*, 1659, in-32. [B. Am.] — Jeu d'Armoiries des Souverains et Estats de l'Europe... par ORONCE FINÉ dit DE BRIANVILLE. 2e édition, revue, corrigée et augmentée. *Lyon*, 1660, in-12. *

— 3e édition, revue et augmentée. *Lyon*, 1665, in-12. [B. S. G.] — *Lyon*, 1672, in-12. [A. R.] — 4e édition, revue, corrigée. *Lyon*, 1676, in-12. [Bc.] — 5e édition, *Lyon*, 1681, in-12. * — 8e édition, augmentée. *Amsterdam*. (*S. d.*) In-12. [D.]

> Cet ouvrage a été traduit en italien sous le titre suivant :

61. Giuco dei Sovrani e Stati d'Europa per apprendere l'armi... di C. ORONCE FINÉ, detto BRIANVILLE, tradotto dal Francese in Italiano e accresiuto... da BERNARDO GIUSTINIANI, veneto. — *In Neapoli*, 1677, in-12. *

> Le jeu de cartes est intercalé dans le texte.

62. L'Art du Blazon justifié, ou les preuves du véritable art du Blazon établies par diverses authoritez, et par plusieurs exemples tirez de la pratique universelle des armoiries depuis six cents ans dans toutes les nations de l'Europe, avec la méthode abrégée des principes héraldiques, par le P. CL. FR. MÉNESTRIER. — *Lyon*, 1661, in-12. * — *Paris*, 1671, in-12. [L.-F.] — *Lyon*, 1672, in-12. [B. Bru.]

> Réplique à l'*Épistre apologétique* de Le Laboureur.

63. Abrégé méthodique des Principes héraldiques, ou du Véritable Art du Blason par CL. FR. MÉNESTRIER. — *Paris*, 1661, in-12. [B. S.] — *Lyon*, 1661, in-12. * — *Lyon*, 1663, 1669, in-12. [B. T.] — *Lyon*, 1670, in-12. [B. Bu.] — *Lyon*, 1672, 1673, 1677, in-12. * — *Lyon*, 1680, in-12. [L.-F.] — *Lyon*, 1681, 1723, in-12. * — *Bordeaux*, 1683, in-12. *

> A partir de l'édit. de 1677 inclusivement, les titres portent la formule : *revu, corrigé et augmenté.* — Ouvrage différent du n° 51.

64. Les Noms, Qvalitez, Charges, Blazons... des Chevaliers de l'Ordre dv S. Esprit... Ensemble un Traité d'armoiries tiré d'vn manuscrit ancien anonyme, avec l'explication des termes et contenus; et tout ce qui concerne les assortissemens et dépendances des armes,... par le sieur DELAVT MARIOLET... (1666.)

> Voyez ci-près LIV. II, § 2, Ordre du Saint-Esprit.

65. De l'Art héraldique par PIERRE LE MOYNE.—*Paris*, 1666, in-4°. [Be.]

66. Instruction des termes vsitez av blason des Armoiries selon l'ordre alphabétique avec le nombre des émavx, levrs significations et représentations des Ecus et pièces plus difficiles, que l'on admet ordinairement en cette Science Héraldique, et ne pourroient estre comprises d'vn chacun, sans les Figures cy-après.—*Rennes*, 1667.— Petit in-f°.*— (Autre édition) *Rennes*, 1667. Petit in-f°.*—*Rennes*, 1681. Petit in-f°.*

Imprimé à la suite de l' « *Armorial Breton,...* » ou de l' « *Armorial de Bretagne...* » de GUY LE BORGNE.—Voyez LIV. IV, Sect. II, § 6.

67. Méthode très-facile pour apprendre le Blason, par CLAUDE LE CELLYER.—*Paris*, 1669, 1678, in-f°. [Be.]

68. Le Jeu du Blason,... par NICOLAS BERET. — *Paris, Jaillot*, 1670, in-f°. [Be.]

69. Le Véritable Art du Blason ou l'usage des armoiries, (Par le P. C.-F. MÉNESTRIER.)—*Paris*, 1670, 2 vol. in-12. [Be.]—*Paris*, 1673, 2 vol. in-12.*

Le second volume a pour titre: « *Les Recherches du Blason, seconde partie de l'usage des armoiries.* » — Ouvrage différent des n°s 51 et 63.

70. Le Véritable Art du Blason et l'origine des armoiries. Par le R. P. CL. FRANÇOIS MÉNESTRIER,...—*Lyon*, 1671, in-12.*

Ouvrage différent des n°s 51, 63 et 69.

71. Le Véritable Art du Blason et la pratique des armoiries depuis leur institution, par le P. C.-F. MÉNESTRIER, . . . — *Lyon*, 1671, in-12.*—*Lyon*, 1672, in-12. [Be.]

Ouvrage différent des n°s 51, 63, 69 et 70.

72. La Méthode royale, facile et historique du Blazon, avec l'origine des armes des plus illustres États et Familles de l'Europe, composée pour Monseigneur le Dauphin.—*Paris*, 1671, in-12.*

C'est de ce traité dont se plaint si amèrement le P. Ménestrier, comme étant extrait de deux de ses ouvrages.

73. Methode royale du Blason, par (GILLES ANDRÉ) DE LA ROQUE. —*Paris*, 1671, in-12. [D. Co.]

Cet ouvrage a reparu sous le titre suivant :

74. Traité singulier du Blason, contenant les règles des Armoiries de France, et de leur blason; ce qu'elles représentent et le sentiment des auteurs, qui en ont écrit; par GILLES-ANDRÉ DE LA ROQUE.—*Paris*, 1673, in-12.* —*Paris*, 1681, in-12. [A.]

Voyez aussi dans le LIV. III, § 1, le *Traité de la Noblesse* du même auteur (1734.)

75. L'Art héraldique, contenant la manière d'apprendre facilement le Blason, enrichi de figures nécessaires pour l'intelligence des termes par M. (JULES) BARON, écuyer, avocat en parlement. — *Paris*, 1672, in-12. [V.-B.] — *Paris*, 1678, in-12. *—*Paris*, 1680, in-12. [V.-B.] — Dernière édition plus ample d'un tiers. *Paris*, 1681, 1682, 1684, 1687, in-12.*—4° édition augmentée par l'auteur... *Paris*, 1688, in-12. [L.-F.]—*Paris*, 1689, in-12. [E. G. R.]—Nouvelle édition revue et corrigée par (AMBROISE) PLAYNE,... *Paris*, 1692, 1695, in-12.* —*Paris*, 1697, in-12. [L.-F.]—*Paris*, 1705, in-12. [Be.] — *Paris*, 1717, in-12.*

Dans l'édit. de 1717, le nom de l'auteur disparaît du titre. L'éditeur Plaigne y avait fait de tels changements, qu'il crut devoir y substituer le sien.

76. La Méthode royale du Blazon ou l'abrégé de cette méthode.—*Paris*, 1675, in-f°. plano. [L. F.]

77. Le Blazon en plusieurs tables et figures avec des remarques et deux alphabets ; l'un des termes de cet art les plus difficiles, l'autre des principales armes du monde; par P. DU VAL.—*Paris*, (1677), in-12.*

78. Jeu d'Armoiries des quatre principales nations de l'Europe pour apprendre le Blason.—*Paris*, 1677, in-16. [I.-C.]—*Lyon*, 1681, in-12.*

SCIENCE DU BLASON.

Imbert de Cangé attribue cet ouvrage au P. Menestrier : il se trompe; le travail de ce Père, cité plus bas, n'a rien de commun avec celui-ci, que le titre.

79. Origine des Armoiries et du Blazon, par le R. P. C.-F. Ménestrier,...—*Lyon*, 1679, in-12. [Al.]—*Paris*, 1680, in-12.*

Cet ouvrage, bien distinct et du suivant, et de celui porté ci-dessus n° 50, peut être considéré, dit M. Allut, comme une deuxième édition, revue, corrigée et augmentée du *Véritable Art du Blason et l'origine des armoiries.*

80. Origine des Ornemens des armoiries; par le R. P. C.-F. Ménestrier,...—*Lyon*, 1680, in-8°.*—*Paris*, 1680, in-8°. [L. F.]—*Paris*, 1682, in-12. [B. S.]

Ce livre, un des plus rares de l'auteur, contient des choses curieuses et intéressantes sur les parties accessoires du blason; et sur l'origine des noms des grandes Familles.

81. Traité de l'origine et de l'usage des Quartiers pour les preuves de noblesse, par le P. Ménestrier. (1683.)

Voyez ci-après Liv. IV, Sect. II, § 1.

82. Nouveaux Desseins pour la pratique de l'Art héraldique de plusieurs armes des premiers de l'Estat, ornées de leufs couronnes, supports, chiffres, etc., le tout inventé dessiné et gravé par Mavelot. — *Paris* (s. d.), in-4°. [L. T.] — *Paris*, 1696, in-4°.*—Nouveau livre de différens cartouches, couronnes, casques, supports et tenants dessignez et gravés par C. Mavelot,...—*Paris* (s. d.), in-8° obl.*

Le privilége de cette dernière édition est daté du 9 juillet 1685.

83. Armorial général des Estats du Languedoc enrichi des éléments de l'Art du Blason... par Jacques Baudeau. (1686.)

Voyez ci-après Liv. IV, Sect. II, § 6.

84. La Méthode du Blason par le P. C.-F. Ménestrier,...—*Paris*, 1688, in-12.*—*Lyon*, 1688, in-12. [B. Br.]—*Lyon*, 1689, in-12. [Al.]

Ouvrage différent des n° 51, 63, 69, 70 et 71.

85. Nouveau Traité de la Science pratique du Blazon avec l'explication des armoiries des princes, ducs et pairs, maréchaux de France, et autres grands seigneurs et principaux officiers de la couronne, par S. Trudon, graveur.—*Paris*, 1689, in-12.*

86. Thèses des Principes du Blason, ou de l'art héraldique lesquelles sous la présidence de Jean Christoffle Wagenseil,... soutiendra Jean Jacques Sturm, l'autheur à Altdorf. —(*Altdorf*.) 1690, in-4°. [A. A.]

Réimprimé en 1719.

87. Nouvelle Métode pour apprendre la géographie... enrichi de cartes, armoiries, figures des nations et de plusieurs tables cronologiques. Par le sieur (Phérotée) de La Croix, (Lyonnais, maître de langues).—*Lyon*, 1690, 4 vol. in-12. [Q.]—Seconde édition... *Lyon*, 1705, 5 vol. in-12.*—*Lyon*, 1717, 5 vol. in-12. [J. N.]

88. La Science de la Noblesse, ou la nouvelle methode du Blason, par le P. C.-F. Ménestrier; augmentée des principales familles du Païs-Bas, d'Hollande, d'Allemagne, d'Italie et d'Espagne, par M...—*Paris*, 1691, in-12. [Al.]—*Lyon*, 1691, in-12. [Be.]

Ouvrage différent des n° 51, 63, 69, 70 et 71.

89. Jeu de Cartes du Blason, contenant les armes des princes des principales parties de l'Europe; par le P. Ménestrier.—*Lyon*, 1692, in-18. [A. R.]—Jeu de cartes de blason. (Par le P. Ménestrier.)—*Lyon*, 1692, in-12.*

90. Méthode nouvelle pour apprendre l'Art du Blason, ou la science des nobles, par dialogues. Avec un discours sur les devises, supports, cimiers, lambrequins, et tombeaux. Enrichi des pavillons et des enseignes que chaque nation porte en mer, et des figures nécessaires pour leurs explications, en français et en flamand; par Daniel de La Feuille. — *Amsterdam*, 1695, in-4°. [B. Am.]

Le même, avec le titre suivant :

91. L'Art du Blason, ou Science des nobles, par dialogues....—*Amsterdam*, 1695, in-4°. [B. Bru.]

92. La Nouvelle Methode du Blason, pour l'apprendre d'une manière aisée réduite en leçons, par demandes et par responses; par le P. C.-F. MÉNESTRIER.—*Lyon*, 1696, in-12.*—*Bordeaux*, 1698, in-12. [Al.]—Nouvelle édition augmentée. *Lyon*, 1701, in-12. [Al.]— Nouvelle édition, revue, corrigée et augmentée.—*Lyon*, 1718, 1723, in-12.*—*Lyon*, 1725, in-12. [Be.] — *Lyon*, 1728, 1734, 1750, 1754, 1761, in-12.*—*Lyon*, 1784, in-12. [B. Lim.]

    Cet ouvrage, différent des n°s 84, 87 et 88, a reparu sous le titre suivant :

93. La Nouvelle Méthode raisonnée du Blason, ou de l'Art héraldique du P. MÉNESTRIER, mise dans un meilleur ordre, et augmentée de toutes les connoissances relatives à cette science; par M. L*** (LEMOINE, archiviste du chapitre de Lyon). — *Lyon*, 1770, 1780, in-12.*

94. Le Blason de France... Avec un Dictionnaire des termes du blason ; par le sieur CADOT. (1697.)

    Voyez ci-après LIV. III, § 1.

95. Traité du Blason.—(*S. l. n. d.*) In-4°.* Sans frontispice.

    Cet ouvrage, entièrement gravé, se compose de 15 planches d'armoiries et de 9 ff. de texte. La 1re page commence ainsi : « *Blason. Les armoiries sont les signes de noblesse, qui nous est acquise, ou par nostre vertu, ou par celle de nos Prédécesseurs....* » Du reste peu commun.

96. Carte méthodique pour apprendre aisément le Blason en jouant, avec les règles du jeu héraldique. (Par SILVESTRE.)— *Paris* (*s. d.*), in-f°. plano. [D.]

    Ce travail, rare et très-curieux, a été composé pour l'instruction du duc de Bourgogne.

97. Abrégé nouveau et méthodique du Blason pour apprendre facilement et en peu de jours tout ce qu'il y a de plus curieux et de plus nécessaire en cette science. (Par LAURENT PIANELLI

DE LA VALETTE, président des trésoriers de France à Lyon.)— *Lyon*, 1705, in-12. *— Nouvelle édition. *Lyon*, 1722, in-12.* Avec un grand nombre de figures gravées en taille douce.

    La dédicace de l'édit. de 1705 est signée : G. F. R.

98. Principes du Blason en qvatorze planches,...Chacune de ces planches est accompagnée d'une explication. (Par LOUIS DE COURCILLON DE DANGEAU, de l'Académie française.) — *Paris*, 1709, in-f°.*

99. Principes du Blason.—*Paris*, 1711, in-f°. [B. H.]

100. Principes du Blason, où l'on explique toutes les règles et tous les termes de cette science. —*Paris*, 1715, in-4°. [D. Co.]

101. Le Tableau de l'Honneur ou Abrégé méthodique du Blason; par J. CHEVILLARD.—*Paris* (*s. d.*), gr. in-f°. plano.*

    On trouve encore des exemplaires de cet ouvrage avec le nom de DUBUISSON pour auteur. C'est exactement le même travail, quant au texte, mais avec quelques différences dans les blasons.

102. La Science de la jeune Noblesse, par le P. J. B. P. (JEAN-BAPTISTE) DUCHESNE, de la compagnie de Jésus. — *Paris*, 1729-1730, 3 vol. in-12.* Avec figures et cartes.

103. Le Grand Théatre profane du duché de Brabant, avec une dissertation sur l'anneau qui servait de sceau et sur le temps où les surnoms et les armoiries ont commencé à devenir héréditaires aux Familles nobles, et un examen des armes de Pepin, composé par M. JACQUES LE ROY. (1730.)

    Voyez ci-après LIV. IV, Sect. II, § 6. PAYS-BAS ET BELGIQUE.

104. Dictionnaire héraldique ; par LOUIS CHASOT DE NANTIGNY.

    Voy. ci-après LIV. IV, Sect. I, § 3, la 6e partie des *Tablettes historiques...* du même. (1748-1757.)

105. Traité historique et moral du Blazon, ouvrage rempli de recherches curieuses et instructi-

ves sur l'origine et les progrès de cet art, par J. B. DUPUY DEM-PORTES. — *Paris*, 1754, 2 vol. in-12.*

106. Le Noble Jeu de Cartes, ou le jeu de cartes des nobles. 52 pièces. [R.]

107. Recherches sur les Armoiries; par J. B. DUREY DE NOINVILLE. (1757.)

> Voy. ci-après LIV. IV, Sect. II, § 7, le *Dictionnaire généalogique et héraldique...* par LA CHESNAYE DES BOIS. 1re édition, tome 1er.

108. Observations particulières sur les noms anciens et modernes, avec un Traité sur l'explication du Blason; par CARPENTIER. (1768.)

> Voyez ci-après LIV. III, § 1.

109. Dictionnaire héraldique, contenant tout ce qui a rapport à la Science du Blason, avec l'explication des termes, leurs etymologies et les exemples nécessaires pour leur intelligence. Suivi des Ordres de Chevalerie dans le royaume et de l'Ordre de Malte, par M. G. G. L. T***. (Monsieur DENYS-FRANÇOIS GASTELIER DE LA TOUR). —(*S. l. n. d.*), in-8°. — Nouvelle édition. *Paris*, 1774, in-8°.*—*Paris*, 1777, in-8°. [V. D. Z.]

110. Le Parfait Jeu d'Armoiries, pour apprendre le Blason,... à l'usage des princes; par LOUIS CHARLES DE WAROQUIER de Comble. (*S. l. n. d.*), in-8°. [Q.]

111. Origine du Blason, par M. DELACROIX, ancien généalogiste de l'Ordre de Malte. (*S. l. n. d.*)—In-8°. Pièce.

> Cet opuscule de 7 pages parut sous le premier empire, lors du rétablissement des titres honorifiques. L'auteur, sans doute pour compléter l'œuvre de l'empereur, demande, en terminant, qu'on fasse revivre l'office de *Roi d'armes*. « La place de *Roi d'armes* ou *chef de la partie héraldique*, dit-il, semblerait donc convenir à celui qui connaît cette science, et qui joint la théorie à la pratique. » Voici un généalogiste qui nous semble bien proche parent de M. Josse! Au reste, cette pièce est peu importante, mais excessivement rare.

Nous ne l'avons vu figurer dans aucun catalogue, et il n'est pas que nous sachions un seul bibliographe qui en ait parlé. L'exemplaire que nous avons en notre possession nous a été donné par un bibliophile de goût, M. Firmin Maillard, le spirituel auteur de l'*Histoire critique et anecdotique de la Presse parisienne*.

112. Dictionnaire encyclopédique de la Noblesse de France. Cet ouvrage contient : 1° l'*Art héraldique, ou la Science du Blason, a l'usage des gens du monde* ; cette partie contient seule plus de neuf cents termes, la plupart nouveaux ou approfondis, et plus de huit mille exemples d'armoiries des Maisons nobles existantes; 2° les lois, arrêts et ordonnances rendus sous les divers règnes de nos rois, concernant la noblesse; 3° le cérémonial qui s'observe au sacre du roi, et en outre tout ce qui concerne le service de sa maison;... 4° l'institution, les droits et prérogatives des grands officiers de la couronne; 5° l'état actuel de la maison du roi; 6° la création, les droits et priviléges des charges civiles et militaires qui donnaient la noblesse : 7° les règlements et arrêts rendus sur les armoiries et sur les diverses recherches ordonnées contre les usurpateurs de la noblesse; 8° enfin tout ce qu'il importe à la noblesse de connaître sur son ancien état. Par M. (VITON) DE SAINT-ALLAIS. — *Paris*, 1816, 3 tom. en 2 vol. in-8°.*

113. Manuel héraldique, ou Clef de l'art du Blason, renfermant les éléments de cet art, suivi d'un Vocabulaire de motifs, qualités morales, dignités et fonctions auxquelles on peut appliquer des emblèmes de la science héraldique, et d'une Définition générale, en forme de dictionnaire, des principaux attributs des pièces ou figures appartenant au blason; orné d'une planche où sont gravés 159 écussons élémentaires, et terminé par une nomenclature des divers ordres de chevalerie établis en France; par L. F. D. (FOUQUE DELANOS.)

— *Limoges*, 1816, in-8°. [Tcc.] —
Limoges, 1817, in-8°.*

114. Quelques mots sur le Blason
à propos d'un article de M. Granier (de Cassagnac) inséré dans
la *Revue de Paris* (numéros des
9 et 16 septembre 1838); par
M. A. VALLET DE VIRIVILLE. —
(*S. l. n. d.*) In-8°. Pièce. [D.]
    Extrait du *Mémorial de la no-
blesse*, ann. 1839. Tom. I.

115. Cours abrégé de Blason, suivi
d'une Notice détaillée sur les
Ordres de Chevalerie. — *Paris*,
1840, in-12.*

116. Manuel du Blason; par BOREL
D'HAUTERIVE.—*Paris*, 1840, in-12.
[G. E.]
    Cet ouvrage, annoncé, n'a ja-
mais été publié.

117. Manuel élémentaire de l'Art
héraldique, mis à la portée de
tout le monde... Traduit de l'anglais, augmenté d'un grand nombre de faits nouveaux et de la
comparaison du Blason français
avec le Blason anglais, orné de
60 figures et suivi d'une histoire
abrégée des principaux Ordres
de Chevalerie; par madame M.
(MOBREN.)—*Bruxelles*, 1840, in-18.
[B. Anv.]

118. Du Blason, principalement
dans ses rapports avec la Belgique; par M. DE REIFFENBERG.—
(*S. l. n. d.*) In-8°. Pièce. [D.]
    Extrait de la *Revue de la no-
blesse*, année 1841. Tom. II.

119. Manuels Roret. Nouveau Manuel complet du Blason, ou Code
héraldique, archéologique et
historique, avec un Armorial de
l'empire, et une Généalogie de la
dynastie impériale de Bonaparte
jusqu'à nos jours ; par J.-F.
PAUTET DU PAROIS.—*Paris*, 1843,
in-18.*— Nouvelle édition, revue, corrigée, augmentée et enrichie de figures. *Paris*, 1854,
in-18.* Avec une Notice sur la
vie et les ouvrages de l'auteur.

120. Armorial universel, précédé
d'un Traité complet de la Science
du Blason ; par M. JOUFFROY
D'ESCHAVANNES. (1844.)
    Voy. ci-après LIV. IV, Sect. I,
§ 3.

121. Nouveau Traité historique et
archéologique de la Vraie et
Parfaite Science des Armoiries :
par M. (C. DRIGON), le marquis DE
MAGNY.—*Paris*, 1846, 2 vol. in-4°.*
Avec de nombreuses planches
de blasons tirées sur couleurs.
    Fort bel ouvrage, au point de
vue typographique.—Contient en
tête une introduction concernant
la *Noblesse en général* et l'origine
et le développement de la Noblesse
française en particulier. — Voyez
ci-après n° 131.

122. Histoire du Blason et Science
des Armoiries ; par G. EYSEN-
BACH. — *Tours, A. Mame et C°.,*
1848, in-8°. Avec figures, blasons,
et une planche d'armoiries tirée
en couleurs.
    L'auteur, l'un des collabora-
teurs du *Mémorial de la noblesse*,
a su rajeunir cette vieille question par des aperçus nouveaux et
curieux.
    On trouve à la fin un *Diction-
naire héraldique* assez complet.

123. Principes du Blason.— *Nancy*
(*s. d.*), in-8. [B. A. L.]

124. REIFFENBERG (de), DE RAM et
GACHARD, sur l'Origine des ar-
moiries. — (*S. l. n. d.*) In-8°.
[B. Bru.]
    Extrait du Tom. XV, n° 8, du
*Bulletin de l'Acad. roy. des scien-
ces, lettres et arts de Belgique.*

125. Dictionnaire héraldique, contenant l'Explication et la description des termes et figures
usités dans le Blason, des Notices sur les Ordres de Chevalerie et les marques des charges
et dignités, les ornements et
l'origine des armoiries, les rois
d'armes et les tournois, etc.
Avec un grand nombre de planches et d'exemples des armoiries
des Familles, villes et provinces
de France ; par M. CHARLES
GRANDMAISON... Suivi de l'abrégé
chronologique d'édits, déclarations, règlements, arrêts des rois
de France de la troisième race,
concernant le fait de la Noblesse,
par L.-N.-H. CHÉRIN, publié par
M. l'abbé MIGNE.—*Paris*, 1852,
gr. in-8°.*
    Formant le tom. 13° de l'*Ency-
clopédie théologique.*

126. L'Art de composer les Livrées au milieu du XIXᵉ siècle, d'après les principes de la Science héraldique, précédé d'une Notice historique; par M. de SAINT-ÉPAIN.—*Paris,* 1853, in-12.* Avec 6 planches contenant 40 dessins.

127. Recherches sur l'origine du Blason et en particulier sur la fleur de lis; par ADALBERT DE BEAUMONT.—*Paris,* 1853, in-8°.*

128. Lettre à M. l'éditeur de la *Revue archéologique* sur la valeur des Hachures dans l'art héraldique. (Par DUCHESNE, aîné.)—*Paris,* 1853, in-8°. Pièce.*

Extrait de la *Revue Archéologique*, xᵉ année. — L'auteur de cet opuscule attribue l'ingénieuse invention d'exprimer les émaux par des hachures en sens différents à Vulson de la Colombière.—Voy. ci-après nᵒ 133, la réfutation de cette opinion.

129. De la Gravure du blason; par E. IMBERT DE LA PHALECQUE.—*Lille,* 1855, in-8°. Pièce.*

Selon l'auteur, le premier ouvrage dans lequel on aurait adopté le système des *hachures* appliquées au blason serait : *Recherches des antiquités et noblesse de Flandres,*... par PHILIPPE DE L'ESPINOY, porté ci-après LIV. IV, Sec. II, § 3 ; PAYS-BAS ET BELGIQUE.

Il paraît ignorer la discussion qui eut lieu à ce sujet entre MM. Duchesne et Douet-d'Arc; et, comme ces derniers, il n'a pas connu l'intéressant *ouvrage* de *Kœller,* touchant l'origine des hachures.—Voy. les nᵒˢ 128 et 133.

130. La Clef du Blason, ouvrage élémentaire, avec figures d'après la méthode du P. Ménestrier; par QUESNEVILLE. — *Paris,* 1857, in-8°.* Avec planches.

131. Résumé des Principes généraux de la Science héraldique; par OSCAR DE WATTEVILLE. (Extrait du *Complément de l'Encyclopédie moderne,* publié par MM. Firmin Didot frères, fils et Comp. — *Paris, Didot,* 1857, in-12.* Avec 4 planches de blasons.

Traité peu étendu, mais substantiel et curieux.

132. Grammaire héraldique, contenant la définition exacte de la Science des Armoiries, suivie d'un vocabulaire explicatif; par H. GOURDON DE GENOUILLAC.—*Paris, E. Dentu,* 1854, in-12.* — Nouvelle édition. *Paris, E. Dentu,* 1858, in-12.*—3ᵉ édition aug. d'un traité des Livrées. *Paris, E. Dentu,* 1860, in-12.*

Avec blasons dans le texte.—Ce petit traité se recommande par une simplicité de méthode et une clarté d'exposition peu communes aux travaux de ce genre.

133. Un Traité de Blason du XVᵉ siècle, précédé d'une Introduction; par M. L. DOUET D'ARCQ. —*Paris,* 1858, in-8°. Pièce.* Avec blasons gravés sur bois intercalés dans le texte.

Extrait de la *Revue archéologique*, xvᵉ année. — Publication d'un manuscrit de la Bibliothèque Mazarine contenant en partie le traité de blason que nous avons catalogué sous les nᵒˢ 9-15.

M. Douet d'Arcq fait précéder cette publication de considérations fort neuves sur l'origine du blason, et surtout sur l'invention des hachures, qu'il attribue contrairement à l'opinion de M. Duchesne au jésuite Silvestre de Petra-Sancta.

Il est remarquable que dans cette discussion, ni M. Douet d'Arcq, ni M. Duchesne ne font mention du savant ouvrage intitulé : <Jo DAV. KOELLERI programma de inventoribus incisurarum, gallice *les Hachures* dictarum quibus metalla et colores in tesseris gentilitiis absque pigmentis indicantur.>—*Götting,* 1736, in-4°.

134. La Science du Blason, accompagnée d'un Armorial général des Familles nobles de l'Europe; publié par M. (ACHILLE-LUDOVIC DRIGOS) le vicomte DE MAGNY.—*Paris, Aubry,* 1860, 2 parties en 1 vol. gr. in-8°. Avec un grand nombre de blasons gravés intercalés dans le texte.

Cet ouvrage, différent de celui porté sous le nᵒ 121 ci-dessus, malgré les nombreuses inexactitudes qui le déparent, ne laisse pas que d'être intéressant.

La 2ᵉ partie, tout entière du chevalier HENISSART, contient les *Devises* des principales Maisons nobles de l'Europe.

135. Noblesse, Blason,... Manuel héraldique ; par E. DE TOULGOET. (1859.)

Voyez ci-après LIV. III, § I.

136. Éléments de l'Art héraldique. *Paris* (1859), *Basset*, in-f°. plano.

> Planche de blasons coloriés, avec légende explicative pour chacun.

137. Éléments généraux du Blason et Armoiries des principales puissances du globe. *Paris*, L. *Turgis* (1860), in-f°. plano.

> Planche contenant 117 figures coloriées.

138. Abrégé méthodique de la Science des Armoiries, suivi d'un Glossaire des attributs héraldiques, d'un Traité élémentaire des Ordres de Chevalerie et de notions sur les classes nobles, les anoblissements, l'origine des noms de famille, les preuves de noblesse, les titres, les usurpations et la législation nobiliaires; par W. MAIGNE, avec figures gravées par DUFRÉNOY. — *Paris*, 1860 (octobre 1859), in-8°.*

> Pour complément de ce §, voy. ci-après, Liv. IV, Sect. II, § 2: « Les Blasons des armes de la royale maison de Bourbon... » par le sieur de la ROCQVE (1626). Dans les mêmes LIV. et Sect., § 3 : « Dictionnaire héraldique contenant les armes et blazons des princes, prélats, grands officiers de la couronne,...» Par J. CHEVILLARD... (1722.)
>
> On peut consulter encore 1° le « Mercure galant.» Ann. 1679, tom. VIII, p. 154. 2° le « Mercure, » oct. 1790. 3° « Nouv. Mém. de l'Acad. roy. des Sciences et B. lettres de Berlin. » Ann. 1775. 4° « Mélanges historiques... » Par SAINT JULIEN. 5° «Mémoires de l'Acad. des Inscr. et B. lett. » tom. XX, p. 579. 6° Le tome III, col. XXXI-XL de l' « Histoire ecclésistique et civile de Lorraine...» Par AUG. CALMET.

§ 2.

Devises, emblèmes et autres symboles héraldiques.

139. Livret des Emblèmes de maître ANDRÉ ALCIAT, mis en ryme françoise par JEHAN LE FÉVRE. — *Paris*, 1536, in-8°. * — *Paris*, 1540, in-8°. [Be.] — *Paris*, 1542, in-8°. [Be.] — (*Paris*) 1550, in-8°.* — *Paris*, 1561, in-16 *. Lat.-fr.

> Voyez le n° suivant.

140. Emblèmes d'ALCIAT, translatez en françois, vers pour vers, avec brieves expositions et figures, par BARTH. ANEAU. — *Lyon*, 1549, 1558, in-8°. * — *Paris*, 1570, in-8°. [Be.]

> L'original latin a paru en 1522.

141. Devises héroiques par M. CL. PARADIN. — *Lyon*, 1551, in-12. [J. F. C.] — Devises héroiques, les unes portées par les antiques, les autres par les princes, prélats et grands seigneurs modernes,... par CL. PARADIN. *Lyon*, 1557, 1567, in-8°. * — *Lyon*, 1597, in-8°. [F. B.] — *Anvers*, 1562, 1563, in-12. [J. N.] — *Anvers*, 1583, in-8°. [F. B.] — *Douay*, 1563, in-8°. [L. C. M.] — Devises héroiques et emblèmes de CL. PARADIN, reveuës et augmentées de moytié. — *Paris*, (1614), in-8°.* — Augm. par FRANC. D'AMBOISE. *Paris*, 1620, 1621, in-8°.* — *Paris*, 1622, in-8°. [A. A.] — *Anvers*, 1662, in-12. [B. T.]

> Cet ouvrage, à peu près oublié aujourd'hui, a joui pourtant d'une célébrité que n'ont pas eue bon nombre d'ouvrages bien autrement importants et à coup sûr bien plus dignes de l'estime et de la considération publiques. Il fut traduit très-souvent en latin, et l'on en trouve des éditions dans presque toutes les langues modernes, surtout en italien.
>
> Nous remarquerons que le privilége de l'édition française qui porte la date de 1614 indique que les additions mentionnées sur le titre sont d'un sieur Dancry, conseiller et maître des requêtes ordinaires de l'Hôtel; tandis que dans toutes les éditions suivantes elles sont attribuées à François d'Amboise.

142. Dialogue des Devises d'armes et d'amour de H. PAUL JOVE, avec un discours de M. LOYS DOMINIQUE sur le mesme subiet. Traduit de l'italien par le S. VASQUIN-PHILIEUL. Auquel auons adiousté les Devises héroiques et morales du S. GABR. SYMÉON. — *Lyon*, 1561, in-4°. *

> L'édition originale a paru en 1555.

143. Les Devises héroiques de CL. PARADIN, du seigneur GABRIEL SYMÉON et autres aucteurs. —

Anvers, 1566, in-8°. [P.] Avec figures.

Assez rare.

144. Les Emblèmes d'ADR. LE JEUNE; traduit en vers françois, par JAC. GREVIN.—*Anvers*, 1570, in-8°. *

145. Discours des Hiéroglyphes, ou sculptures sacrées des Ægyptiens, ensemble des Emblèmes, Devises et Armoiries. Et outre cela de 54 tableaux hiéroglyphiques, pour exprimer toutes conceptions à la façon des Ægyptiens. Par PIERRE L'ANGLOIS, sieur de Bel-Estat.—*Paris*, 1583, in-4°. *

146. La Devise des armes des Chevaliers de la Table ronde... avec la description de leurs Armoiries... (1590.)

Voyez ci-après APPENDICE, § 2.

147. Discours ou Traicté des Devises, où est mise la raison et différence des Emblèmes, Énigmes, Sentences et autres. Pris et compilé des cahiers de feu messire FRANÇOIS D'AMBOISE, ... par ADRIAN D'AMROISE, son fils, ... —*Paris*, 1620, in-8°. *

148. Devises royales, par ADRIAN D'AMBOISE.—*Paris*, 1621, in-8°. * Avec figures gravées en taille douce intercalées dans le texte.

Peu commun.

149. L'Art de faire les Devises, où il est traicté des hiéroglyphes, symboles, emblèmes, énygmes, sentences, paraboles, revers de médailles, armes, blasons, cimiers, chiffres et rebus, par HENRY ESTIENNE escuyer sieur DE FOSSEZ.—*Paris*, 1645, in-8°. *

150. Eloges et vies des Reines, des Princesses et des Dames illustres en piété, en courage et en doctrine qui ont fleuri de notre tems et du tems de nos pères, avec l'explication de leurs Devises, Emblèmes, Hiéroglyphes et Symboles, par F. GIL DE COSTE.—*Paris*, 1647, 2 vol. in-4°. *

151. Devises héroiques et morales, par PIERRE LE MOYNE.—*Paris*, 1649, in-4°. *

152. Devises et Emblesmes d'amour moralisez, par A. FLAMEN. —*Paris*, 1658, in-8°.* Avec figures d'ALBERT FLAMEN.

Très-rare.

153. Art des Emblesmes héraldiques; par le R. P. FRANÇOIS MÉNESTRIER.—*Lyon*, 1662, in-12.*

154. De l'Art des Devises, et divers recueils de devises; par PIERRE LE MOYNE.—*Paris*, 1666, in-4°.* *Paris*, 1688, in-4°. [B. H.]

Ouvrage différent du n° 151.

155. La Philosophie des Images composée d'un ample Recueil de Devises et du jugement de tous les ouvrages qui ont été faits sur cette matière; par le P. C.-F. MÉNESTRIER,...—*Paris*, 1682-1683, 2 vol. in-8°.* Avec figures.

Le tome II porte pour titre : *Devises des princes, cavaliers, dames, savants et autres personnages illustres.*

Ces deux volumes se trouvent rarement ensemble. La différence des titres, et le Ier volume n'étant pas tomé, a pu faire croire que c'étaient deux ouvrages distincts.

156. C.-F. MENESTRERII.... Philosophia Imaginum, id est silloge symbolorum amplissima,... E lingua Gallica in Latinam translata, figurisque elegantioribus ac antea ornata. — *Amstelodami*, 1695, in-8°. *

157. L'Art des Emblèmes, où s'enseigne la morale par les figures de la fable, de l'histoire et de la nature; ouvrage rempli de près de 500 figures; par le P. MÉNESTRIER.—*Paris*, 1683, in-8°. [B. U.] —*Lyon*, 1684, in-8°. *

Ouvrage différent du n° 153.

158. Recueil des Emblèmes, Devises, médailles et chiffres avec l'explication et figures; par AUBERT VERRIEN.—*Paris*, 1685, in-8°. ҂ [Be.]

Voyez le n° suivant.

159. Recueil d'Emblèmes, Devises, médailles et figures hiéroglyphiques au nombre de plus de 1,200, avec leur explication, accompagné de plus de deux mille chiffres fleuronnez, simples, doubles et triples; d'une manière nouvelle et fort cu-

rieuse pour tous les noms imaginables, avec les tenants, supports et cimiers servant aux ornements des armes...., enrichi de 250 planches en taille douce; par le sieur VERRIEN, maître graveur.—*Paris*, 1696, in-8°. [J. N.]—*Paris*, 1698, in-4° et in-8°. [M. C.]—*Paris*, 1724, in-8°. [J. G.]

Avec portrait de Nic. Verrien, gravé par Edelinck.

160. La Science et l'Art des Devises dressez sur de nouvelles règles, avec six cents devises, sur les principaux événements de la vie du Roy, et quatre cents devises sacrées, dont tous les mots sont tirés de l'Ecriture sainte, composées par le P. MÉNESTRIER.—*Paris*, 1686, 2 vol. in-8°.*
Avec figures.

Le P. Ménestrier avait promis une seconde partie, qui n'a pas paru.

161. Devises et Emblèmes anciennes et modernes tirées des plus célèbres auteurs; par DANIEL DE LA FEUILLE. — *Amsterdam*, 1693, in-4°.*

162. La Philosophie des Images énigmatiques où il est traité des oracles, prophéties, talismans, sorts, loteries, énigmes, hiéroglyphes,.... par le P. MÉNESTRIER.—*Lyon*, 1694, in-12°.*
Ouvrage différent du n° 155.

163. Supports et Cimiers pour les ornements des Armes; gravés par DANIEL DE LA FEUILLE.—*Amsterdam*, 1695, in-4°. [B. Bru.]

164. Traité des Hermines en armoiries; par M. GEOFFROY LE SEC, avocat en parlement. — (*S. l. n. d.*) In-4°.*

165. De l'usage et de l'emploi de l'hermine dans les armoiries.—(*S. l. n. d.*) In-4°. [D.]
Rare.

166. Explication du mot d'hermines en armoiries.—*Paris*, in-4°. [T.]

167. Traité sur les Devises héraldiques, de leur origine et de leur usage; avec un recueil des Armes de toutes les Maisons, qui en portent, etc. Ensemble un Précis sur leur origine et un recueil des faits qui leur sont

particuliers et qui ne sont point encore connus; par LOUIS CHARLES DE WAROQUIER DE COMBLES.—*Paris*, 1784-1785, 2 vol. in-12. *

168. Iconologie, ou Traité complet des Allégories ou emblèmes; par CHARLES ETIENNE GAUCHER. — *Paris*, 1796, 4 vol. in 8°. [Q.]

169. Des Couleurs symboliques dans l'antiquité, le moyen âge et les temps modernes; par FRÉDÉRIC PORTAL. — *Paris*, 1837, in-8°.*

Ouvrage devenu très-rare.

Pour complément de ce paragraphe, voyez ci-dessus les n° 35, 87, 90 et 134; et ci-après, LIV. IV, Sect. II, § 6, le « Nobiliaire de Bretagne. » par M. POL DE COURCY,... (1846.)

On peut consulter encore : 1° Les Dissertations I et XXIX de DUCANGE, insérées dans son édition des Mémoires de sire de Joinville. 2° Le tom. III, col. XXXI-XL, de l' « Histoire ecclésiastique et civile de Lorraine... ,» par AUG. CALMET. 3° Le « Mercure Galant,» ann. 1682, tom. XVII, p. 187; tom. XVIII, p. 235; tom. XIX, p. 3; tom. XX, p. 3. Ann. 1683, tom. XXI, p. 313; tom. XXII, p. 3; tom. XXIII, p. 9 et 276; tom. XXIV, p. 230. 4° « Continuation des Mémoires de littérature de SALLENGRE, » tom. X, p. 357-384. 5° « Histoire de l'Académie des inscriptions et belles-lettres, » tom. II, p. 440-445.

Nous avons rencontré bien d'autres ouvrages sur les Devises et Emblèmes, mais comme ils ne se rattachaient pas à l'art héraldique nous avons dû les rejeter. Au reste, soit dit en passant, dans ce cas comme dans les autres cas analogues, nous avons même forcé la lettre afin d'être rigoureusement complet.

§ 3.

Enseignes, bannières, cris de guerre.

170. Méthode nouvelle pour apprendre le Blason... Enrichi des Pavillons et des Enseignes que chaque nation porte en mer... Par DANIEL DE LA FEUILLE. (1695.)
Voyez ci-dessus n° 90.

171. Les Pavillons ou les Bannières que la plupart des nations

arborent en mer, comme sont ceux d'Angleterre, d'Ecosse et d'Irlande, des Provinces unies des Pays-Bas, de l'Espagne, du Portugal, de l'Italie, de France, de Dannemarc, de la Suède, de la Pologne, de Russie, de l'Allemagne, de Moscovie, de Turquie, de Barbarie et des Indes Orientales.—*Amsterdam*, 1718, in-4°. [Be.]

172. La Connoissance des Pavillons ou Bannières que la plupart des nations arborent en mer sur leurs vaisseaux.—*La Haye*, 1737, in-4°. [B. R.] 28 pages de texte et 90 planches, la plupart coloriées.

173. Traité des Marques nationales, tant de celles, qui servent à la distinction d'une nation en général, que de celles qui distinguent les différens rangs des personnes, dont cette nation est composée, et qui les unes et les autres ont donné origine aux armoiries, aux habits d'ordonnance des militaires et aux livrées des domestiques ; par M. BENETON DE MORANGE DE PEYRINS.—*Paris*, 1739, in-12.*

174. Commentaire sur les Enseignes de guerre des principales nations du monde, et particulièrement sur les Enseignes de guerre des François ; par ET.-CL. BENETON (DE MORANGE DE PEYRINS). (1742.)

Voyez ci-après LIV. IV, Sec. II, § 2.
Voyez aussi le *Mercure de France*, ann. 1733, févr., p. 261, et juin, p. 1050.

175. Tableau de tous les Pavillons que l'on arbore sur les vaisseaux dans les quatre parties du monde. —(S. l.), 1770, in-12. [Be.]

176. De la gloire de l'Aigle, emblème, symbole, enseigne militaire et décoration chez les peuples anciens et modernes ; Remarques historiques, critiques, héraldiques et littéraires ; par M. CHAZOT.—*Paris*, 1809, in-8°.* Avec une planche.

177. Tableau des principaux Pavillons actuellement en usage chez les puissances maritimes et des Cocardes de différents États; par P. G. DE MASSARELLOS. —*Nuremberg*, 1824, gr. in-f°. [Be.]

178. Cris de guerre et Devises des Etats de l'Europe, des provinces et villes de France, et des Familles nobles de France, d'Angleterre, des Pays-Bas, d'Italie, de Belgique, etc., des Abbayes et Chapitres nobles, des Ordres civils et militaires, etc.; par le comte de C... (COHEN DE VINKENHOEF).—*Paris, E. Dentu*, 1852, in-18.*

179. Pavillons des principaux États du globe. Tableau dressé par F. COURTIN et VUILLEMIN, géographe. — *Paris, Turgis*, (1860), in-f°. plano, colorié.

180. Pavillons et Cocardes des cinq parties du monde.—*Paris, Basset*, (1860), in-f°. plano, colorié.

Pour complément de ce paragraphe, voyez ci-après le LIV. IV, Sect. II, § 2.
On peut encore consulter : 1° Le tom. III, col. XXXI-XL de l' « Histoire ecclésiastique et civile de Lorraine..., » par Aug. CALMET. 2° Les Dissertations XII et XXIII de DUCANGE, insérées dans son édition des Mémoires de sire de Joinville.

§ 4.

Tournois et autres pompes chevaleresques.

181. Le Pas des armes de Sandricourt.—(*Paris*, 1493), in-f°.* Vélin, caract. goth. Avec initiales peintes en or et en couleurs et 10 miniatures.

Cet ouvrage, rare et curieux, porte au v° du titre : « *Ce sont les armes qui ont este suictes au chasteau de Sandricourt pres Pontoise, le sexiesme iour de septembre mil quatre cens quatre vingtz et treze, lesquelles ont este par moy Orleans herault de monseigneur le duc d'Orleans veues ... et rediges et mises escript...* »

182 (Recueil d'Estampes historiques: Chevalerie, Tournois, Carrousels, Joutes, Naumachies, faits d'armes anciens, fêtes et divertissemens divers.)—Grand in-f°. [B. R.]

Ce recueil factice contient entre autres pièces rares et curieuses : 1° la tapisserie, du xv° siècle, représentant l'*Entrée, à Reims, de Charles VII et de la Pucelle*, grav. par J. Poinssart, vers 1628; 2° les 15 pièces des *Tournois du roi René*, grav. en Italie, vers 1620, d'après les peintures originales, par les soins du célèbre Peiresc ; 3° diverses naumachies, joutes, carrousels exécutés à Florence et à Rome à la fin du xvi° siècle et dans le siècle suivant, grav. par Cantagallina et autres; 4° la grande eau-forte du carrousel de la Place-Royale, 1612; 5° les fêtes et jeux chevaleresques de Versailles, grav. par Israel Silvestre et Le Pautre, 1664-78.

183. (Supplément à la Collection des figures de Chevalerie, faits d'armes et divertissements anciens). [B. R.]

184. (*Dessin au bistre* d'un ancien Tournoi, représenté dans toutes ses circonstances. 8 pièces de 20 pouces de larg., sur 14 de h.) [B. R.]

185. Débat des héraulx darmes de france et d'engleterre—(A la fin:) *cy finist le débat des héraulx darmes de france et dengleterre autrement dit passe temps. nouuellement imprimé à Rouen par Richard auzoult pour Thomas laine libraire.* (Vers 1500.) In-4° de 21 ff. [B. L.]. Caract. goth.

186. La Publication des Joustes publiées a Paris a la Table de Marbre par Monioye p̄mier heraulx darmes du roy de france. Le mardy xv iour de Januier mil cinq cens et xiiii.—(S. l.) In-16 de 4 ff. non chiff.* Caract. goth.

Cet opuscule fort rare, dont la Bibliothèque impériale possède deux éditions différentes, n'est pas mentionné dans le *Manuel* de M. Brunet.

187. Les Gestes romaines et les statuz et ordonnances des heraulx d'armes, translatés de latin en françois par maistre Robert Guaguin.—*Imprimé à Paris, mil cinq cens et xv, par Michel Lenoir.* In-f°. goth. à 2 col. Avec figures en bois.

188. Le Messaige du herault dengleterre faict au treschrestien Roy de France.—(A la fin:) Imprime à *Rouen (s. d.).* In-8° de 4 ff. chiffr.* Caract. goth.

189. Lordonnance et ordre du tournoy, ioustes et combat a pied et a cheual,.. Le tresdesire et plusque triumphant rencōtre, entreueue, assemblee, et visitation, des tres haultz, et tres excellens princes, les Roy de France, et de Angleterre. Et des Roynes leurs compaignes. Et aultres princes et princesses. Les festins et lordre qui y a este obserue. Les noms de ceulx qui ont iouste et combattu, Et de ceulx qui ont le mieulx fait. Les ditz et deuiz des Roys et aultres personnages mis et apposez audessus des portes du festin fait a Calaix, a lentreueue du roy catollicque et du roy dangleterre et aultres choses singulières.—(S. l. n. d.) In-4°.* Caract. goth.

On trouve au v° du 2° feuillet un privilege accordé à *Jean Lescaille*, imprimeur, pour un an, à compter du dernier juillet 1520, ce qui donne la date de l'impression de ce livre rare et curieux.

190. La Manière de la défience faite par les héraults des roys de France et d'Angleterre à l'empereur et la réponse de la même impériale maiesté aux dits héraults en 1527.—*Anvers*, 1528, in-4°. [Be.]

191. L'Ordre et les articles du Tournoy entrepris pour la solennité du tresheureux couronnement et triumphante entrée du treschrestien Roy Henry, second de ce nom,... et de la Royne son épouse,... enuoyez de par sa maieste, à messeigneurs de la Court de Parlement de Paris, et publiez par les Héraux de France, sur la pierre de Marbre du Palays dudict lieu, le premier iour du mois d'Avril, 1548.—*A Paris, on les vend chez Ponce Rofet,... et Iacques Rofet,...* (s. d.) In-4°. Pièce. * — *Paris*, (s. d.) *P. et R. Rofet*, in-8°. Pièce.*—*Paris*, 1548, 1549, in-8°. Pièce.*

192. La Publication des Emprises du Tournoy qui doibt estre faict a Paris, ville capitale du royau-

me de France, pour la solennité des tresheureux mariages du Roy Catholique, auec madame Elizabeth, fille aisnée du Roy Treschrestien, Et du Duc de Sauoye auec madame Marguerite de France...—*Paris*, 1559, in-4°. Pièce.* — La Publication des Emprises du Tournoy qui doibt estre faict à Paris... Publié audict lieu par les Heraux d'armes de France. *Lyon*, 1559, in-8°. Pièce.*

193. Excellent Tournoy du vertueux chevalier de la Racine, gentilhomme bourbonnois. Ledict tournoy fait à Turin, le xxvi° du moys de seurier M. D. LXXVI, imprimé pour la seconde fois. — *Paris, Mamert Patisson*, M. D. LXXVI, in-12 de 16 ff.

> Cet opuscule, assez rare, contient non pas la description du tournoi de Turin, mais seulement la copie (en italien) du cartel qui en fut la cause.

194. Pandectæ triumphales sive pomparum et sestarum ac solemnium apparatuum, conviviorum, spectaculorum, simulacrorum bellicorum, equestrium et pedestrium, naumachiarum, ludorum denique omnium nobiliorum, etc. Accesser. peculiares libelli duo: alter de duellis et singularibus ex provocatione certaminibus, alter de augustissimo Velleris Aurei Ordine, et paribus sive patriciis duodecim Franciæ; itemque de equestribus Ordinibus regiis S. Michaelis in eod. Francia, et S. Georgii s. cruralis fasciae in Anglia. Praeterea de sodalitate S. Stephani Florentiæ et annunciatorum apud Allobroges. Opus ex variis linguis in lat. conversum et hoc ordine digestum a FRANC. MODIO. Insertis su's locis selectissimis figuris. Cum familiarum omnium præcipuar. et imprimis Germaniæ, Galliæ, Belgicæ, Poloniæ, Hungariæ, Bohemiæ, etc. — *Francof. ad M.*, 1586, in-f°.* Cum figuris.

> Livre rare et qui recèle des choses curieuses et singulières, qu'on chercherait vainement ailleurs.

195. Le Hérault de la guerre ; ensemble son élection, prééminence, dignité et offices parmi les armées, avec le devoir du chef de la guerre, colonels, capitaines, gentilshommes et soldats. — *Paris*, 1610, in-12. [D.] —*Paris*, 1616, in-12. [L. F.] Rare.

196. Ordonnances de la iouxte royale. Cartels de deffy des cheualiers de gloire. Responce d'Armorat le grand, estranger et d'Aristée, aux cheualiers de gloire. Aduis de M° Guillaume audit Armorat. Ensemble les triomphes royaux, faicts à Paris au Par Royal, en faueur du mariage du roy et de l'Infante d'Espagne. — *Troyes, Iouxte la coppie imprimée à Paris* (1615), in-8°. Pièce.*

197. Cartelz des princes de Scythie.—(S. l. n. d.) In-8°. Pièce. *

198. Description d'un tournoy fait à Stutgard en 1616; dessiné par Es. HULSIUS, et gravé par MÉRIAN. In-f°.*

199. Le Théatre d'Honneur et de Chevalerie, ou Histoire des Ordres militaires, duels, joûtes et tournois,... par ANDRÉ FAVYN. (1620.)

> Voyez ci-après LIV. II, § I.

200. Combat à la Barrière, faict en Covr de Lorraine le 14 febvrier, en l'année présente 1627. Représenté par les discours et poésie du sieur HENRY HVMBERT. Enrichy des figvres dv sievr IACQVE CALLOT, et par luy-mesme dédié à M° la duchesse de Chevvrevse. — *Nancy*, 1627, in-4°.* —*Nancy*, 1627, in-f°.* Avec dix planches gravées.

> Opuscule rare et recherché.

201. Le Vray Théâtre d'Honnevr et de Chevalerie, ov le Miroir héroïque de la Noblesse; contenant les combats ov ievx sacrez des Grecs et des Romains, les triomphes, les tournoys, les ioustes, les pas, les emprises, les armes, les combats à la barrière, les carrousels, les courses de bague et de la quintaine, les machines, chariots de triomphe, les cartels, les devises, les prix,

les vœux, les sermens, les cérémonies, les ordres, et autres magnifiques exercices des anciens nobles durant la paix; avec le formulaire d'un tournois tel qu'on pourroit le faire à présent. Le tout enrichi de figures. Par MARC DE VULSON, sieur DE LA COLOMBIÈRE.—*Paris*, 1648, 2 vol. in-fol.*

Ouvrage : C'est le plus curieux livre et le plus complet en même temps que l'on ait sur les pompes chevaleresques du moyen âge.

202. Tournois, joustes, courses de festes et de bague, faits par Louis XIV en 1662 et décrits par PERRAULT.—(*S. l. n. d.*). Gr. in-f°. [B. Lux.]

203. Traité des tournois, joustes, carrousels et autres spectacles publics. (Par le P. MÉNESTRIER.) —*Lyon*, 1669, in-4°.*—*Lyon*, 1674, in-4°. [B. U.]—*Paris*, 1694, in-8°. [L. F.]

Ouvrage curieux, et qui coûta à l'auteur, dit M. Collombet, quinze années de recherches.

204. Joutes et tournois tenus par le roi et S. A. R. M. le duc de Sudermanie à Stockholm, le 29 et 30 mai 1777.—(*S. d.*). In-4°. [Be.]

205. Recherches sur les Carrousels anciens et modernes, suivies d'un projet de jeux équestres à l'imitation des tournoys de l'ancienne chevalerie. (Par DU VERNOIS.)—*Cassel*, 1781, in-8°. [B. B.]

Ouvrage peu connu, quoique curieux et bien écrit.

206. Les Tournois du roi Réné, d'après le manuscrit et les dessins originaux de la Bibliothèque royale, publiés par MM. CHAMPOLLION-FIGEAC, pour le texte et les notes explicatives ; L.-J.-J. DUBOIS, pour les dessins et les pl. coloriées ; CH. MOTTE, lithographe, éditeur de l'ouvrage. —*Paris*, 1826, gr. in-f°.* 29 pages de texte et 21 planches, la plupart coloriées.

Voyez ci-après le n° 215.

207. Le Combat des trente Bretons contre trente Anglais, publié d'après le manuscrit de la Bibliothèque du roi , par G.-A. CRAPELET.—*Paris*, 1827, in-8°.* Avec *fac-simile.*

Tiré à 250 exemplaires.

208. Le Pas d'armes de la bergère, maintenu au tournoi de Tarascon, publié d'après le manuscrit de la Bibliothèque du roi, avec un *Précis de la chevalerie et des tournois*, et la relation du carrousel exécuté à Saumur, en présence de S. A. R. Madame, duchesse de Berry, le 20 juin 1828 ; par G.-A. CRAPELET.—*Paris, imprimerie de Crapelet*, 1828, in-8°.*

Cinquième vol. de la *Collection des anciens monuments de la langue française*, par CRAPELET.—Réimprimé à Paris, chez Crapelet, en 1835, et dans le même format.

209. Recherches historiques sur les Croisades et les Tournois, les Duels ou combats judiciaires ; par le chevalier JACOB,... (1828.)

Voyez ci-après LIV. II, § 1.

210. Cérémonies des Gages de bataille selon les constitutions du bon roi Philippe de France ; représentées en onze figures, suivies d'instructions sur la manière dont se doivent faire empereurs, rois, ducs, marquis, comtes, vicomtes, barons, chevaliers, avec les avisements et ordonnances de guerre, publiées d'après le manuscrit de la Bibliothèque du roi ; par G.-A. CRAPELET.—*Paris*, 1830, gr. in-8°.*

211. Les Tournois de Clauvenci, donnés vers la fin du treizième siècle, décrits par JACQUES BRETEX (1285), annotés par feu PHILIBERT DELMOTTE et publiés par HENRI DELMOTTE son fils.—*Valenciennes*, 1835, in-8° goth. [B. Lil.] Avec figures.

212. Des Nobles rois de l'Epinette, ou Tournois de la Capitale de la Flandre française ; par LUCIEN DE ROSNY,...— *Lille*, 1836, in-8°. Avec planches. [B. Lil.]

Voyez le n° suivant.

213. L'Epervier d'or, ou Description historique des joutes et des tournois qui, sous le titre de Nobles rois de l'Epinette, se célébrèrent à Lille au moyen âge. Nouvelle édition, considérable-

meht augmentée, ornée de plus de 360 blasons, de 16 lithographies calquées sur les manuscrits originaux et enrichie d'une Notice inédite sur la fête des Forestiers à Bruges; par LUCIEN DE ROSNY.—*Paris*, 1839, in-8°.*

Même ouvrage que le n° précédent.

214. Le Combat des Trente, chronique du XIV° siècle. —*Nantes*, 1838, in-8°.*

215. Les Œuvres complètes du roi RENÉ, publiées par le comte de QUATREBARBES. — *Angers*, 1845, 4 vol. gr. in-4°.* Avec un grand nombre de planches.

On trouve dans cet ouvrage une étude savante et curieuse sur la chevalerie et sur les pompes chevaleresques du moyen âge, dont le roi Réné s'était fait le naïf et intéressant historien.
Voyez ci-dessus le n° 206.

216. A la gloire de Bretagne. Le combat des Trente, épisode héroïque; par M. C.-F. SAILLARD. —*Nantes*, 1846, in-8°. Pièce.*

En vers.

217. Camp du Drap. Entrevue d'Henri VIII et de François I°ͬ. Historique du tournoi donné à cette occasion.— (*Paris*, 1847.) In-4°. Pièce.*

‹ Extrait des *Mémoires du temps*, par un étudiant en droit. ›

218. Le Combat de trente Bretons contre trente Anglais; par P. POTTIER DE COURCY.—*Saint-Pol de Léon*, 1857, in-4°. [D.] Avec blasons et planche coloriée représentant le combat.

———

219. Mémoires de ce qui s'est passé à Creil, en Beauvoisis, pendant le séjour de M. le Prince. — *Paris*, 1615, in-8°. [B. R.]

Description des joutes et fêtes des Chevaliers de l'Arquebuse.

220. La Marche observée, à la montre des Chevaliers de l'Arquebuze, de toutes les villes, venus au prix général faict à Reims le 15 juin 1687. Eau-forte du temps; par COLLIN. Gr. in-f°. [B. R.]

221. Recueil des pièces qui se sont faites pour le prix général de l'Arquebuze, rendu à Reims et tiré le 15 juin 1687.—*Reims*, 1687, in-4°. [B. R.]

222. Lettre de M. Bricarstif Aldermanfurt à M. Etfriderigelpot, touchant les grands prix (de l'Arquebuse) de Châlons-sur-Saône, suivie de l'Histoire du double Osea du jeu de l'arquebuze de Cassien Bro.— *Dijon*, 1700, in-8°. [B. R.]

Pièce singulière et rare.

223. Explication et recueil des pièces concernant le prix général (des Chevaliers de l'Arquebuse) rendu à Meaux et tiré le 29 Août 1717.—*Paris*, 1717, in-4°. Pièce.*

224. Statuts et règlemens de l'exercice des Chevaliers du jeu de l'Arquebuse de la ville de Joigny. — *Paris*, 1720, in-12. [L. F.]

225. Chevaliers de l'Arc de Montpellier. —(*S. l.*, 1730.) In-8°. [B. R.]

226. Recueil de pièces concernant le prix général de l'Arquebuse royale de France, rendu par la compagnie de la ville de Saint-Quentin, en Septembre 1774.—*Saint-Quentin*, 1774, in-12. [B. R.]

227. Recueil de pièces concernant le prix rendu par les Chevaliers de l'Arquebuse de Meaux, en Septembre 1778.—*Meaux*, 1778, in-12. [B. R.]

228. Institution d'une Compagnie des Chevaliers de l'Oiseau-Royal dans la ville de Chartres (1724-1774). Par M. EM. BELLIER DE LA CHAVIGNERIE.—*Chartres, Garnier*, 1856, in-8°. Pièce.*

Opuscule curieux, tiré à 30 exemplaires. — Extrait des *Mémoires de la Société archéologique d'Eure-et-Loir*, tom. I.

Pour complément de ce paragraphe, voyez ci-dessus les n°ˢ 36-39, et ci-après Liv. II, § 1, le ‹ Théâtre d'Honneur... ›, par ANDRÉ FAVYN (.1620.)
On peut consulter encore : 1° L' ‹ Histoire de France...,› par ROBERT GUAGUIN. 2° Les dissertations VI et VII de DUCANGE, insérées dans son édition des Mémoires de sire de Joinville. 3° Histoire l'Académie des inscriptions

et belles-lettres, tom. XVIII, p. 311. 4° Le tom. II de la « Bibliothèque du droit françois, » p. 259.

§ 5.

Combats singuliers.

229. L'Ordre du combat des deux gentilzhommes faict en la ville de Moulins, accorde par le Roy nostre sire.—(*S. l. n. d.*) In-4° de 4 ff. non chiff. * Caract. goth.— Avec la triomphante réception de Monseigneur le connestable de France.—(*S. l. n. d.*) In-8° de 8 ff. non chiff., dont un blanc. [L. T.] Caract. goth.

Les deux combattants étaient le seigneur de Sarzay d'un côté, et Fr. de Saint-Julien, seigneur de Venyères, de l'autre.—Opuscule rare.

230. ANDREÆ ALCIATI de singulari certamine liber: ejusdem consilium in materia Duelli.—*Parisiis*, 1541, in-16.* — *Lugduni*, 1543, in-8°.*

231. Le Livre du Duel et combat singulier faict par le seigneur ANDRÉ ALCIAT; traduit du latin en françoys par I. D. L. F. — *Paris*, 1550, in-8°.*

232. Point-d'Honneur. Les Dialogues d'honneur de mess. J. B. POSSEVIN, esquelz est amplement discouru et résolu de tous les pointz de l'honneur entre toutes personnes; mis en franç. par CL. GRUGET, parisien.—*Lyon*, 1557, in-4°.*

L'original italien a paru en 1553.

233. Information du différend entre Scipion Vimercat et Ludovic Birague. — *Lyon*, 1561, in-4°. [L. F.]

234. Le Combat de (GIROLAMO) MUTIO, justinopolitain, avec les responses chevaleresses, auquel est amplement traicté du légitime usage des combats et de l'abus qui s'y commet, traduict d'italien en françois par ANTOINE CHAPUIS, dauphinois. — *Lyon*, 1561, in-4°.*—*Lyon*, 1582, in-8°. [Bru.]—*Lyon*, 1604, in-12.*

L'original a paru en 1558-1560.

235. Exhortation à la Noblesse pour la dissuader et détourner des duels; par ARNAUD SORBIN. *Paris*, 1578, in-12. [L. F.]

236. Confvtatio Pvncti qvem vocant Honoris, svper qvo contentionvm, monomachiarvm, siue duellorum suorum fundamenta Christiana hodie nobilitas iacit, in quo de vero falsoque disputatur honore. Authore R. P. CHRISTOPHORO DE CAPITEFONTIUM.— *Coloniæ*, 1585, in-8°.*

237. Chrestienne confutation du Poinct d'Honneur sur lequel la Noblesse fonde aiourdhui ses querelles et monomachies ; par F. CHRISTOPHLE CHEFFONTAINES, dit PENFENTENYOU... — *Paris*, 1586, in-12.*

238. Traitez et advis de quelques gentilshommes françois, sur les Duels et Gages de bataille, assçavoir de messire OLIVIER DE LA MARCHE, de messire JEAN DE VILLIERS, sieur de Lisleadam, de messire HARDOUIN DE LA JAILLE, et autres écrits sur le mesme suiet non encor imprimez.—*Paris*, 1586, in-8°.*

239. Discours des Querelles et de l'Honneur. (Par le sieur CHEVALLIER).—*Paris*, 1598, in-8°.*

240. Discours de la Vaillance, ou est monstré exactement en quoy elle consiste ; par le sieur CHEVALLIER.—*Paris*, 1598, in-8°.*

Voyez ci-après le n° 251.

241. Discours du Point d'Honneur touchant les moyens de le bien connoître et pratiquer; par DAVID DU RIVAULT, sieur DE FLURANCE.—*Paris*, 1599, in-12. [L.F.]

242. Le Combat au vray d'entre le seig. Dom Ph. de Savoye et le Sr. de Crequy : avec la copie du cartel de Deffit, etc.—*Paris*, G. Lombard, 1599, in-8°. [Tec.]

243. Discours des Duels, avec l'Arrest de la Cour de Parlement de Tolose faict sur iceux...(signé G. D. T.)—*Tolose*, 1602, in-8°.*

244. Les Loix militaires touchant le Duel; par SCIPION DUPLEIX.— *Paris*, 1602, in-4°.*—2e édition. —*Paris*, 1611, in-8°.*

245. Avis sur la présentation de l'Édit du Roy, contre la damnable coutume des Duels.—*Paris*, 1604, in-8°. [L. F.]

246. Discours notable des Duels, de leur origine en France, et du malheur qui en arrive tous les jours; ensemble du moyen qu'il y aurait d'y pourvoir; par JEAN DE LA TAILLE, chevalier seigneur de Bondaroy lez Pluuiers.—*Paris*, 1607, in-12.*

247. Le Combat de seul à seul en champ clos, avec plusieurs questions propres à ce sujet; ensemble le moyen au gentil-homme d'éviter les querelles et d'en sortir avec honneur; par MARC DE LA BERAUDIÈRE, seigneur DE Mauvoisin.—*Paris*, 1608, in-4°.*

Cet ouvrage, assez rare, est l'expression de l'esprit de l'aristocratie nobiliaire à la fin du xvi° siècle.

248. Avis au Roy touchant le rétablissement du Gage de bataille en champs clos et du Duel et combat libre entre la Noblesse; par PAUL DE MONT-BOURCHER, S°. DE LA RIVAUDIÈRE.—*Paris*, 1608, in-12.*

249. Traicté des cérémonies et ordonnances appartenant à Gage de bataille et combats en camp clos : selon les institutions de Philippes de France. Donné au Roy par PAUL DE MONT-BOURCHER, S°. DE LA RIVAUDIÈRE.—*Paris*, 1608, in-8°.*—*Paris*, 1612, in-8°. [L. F.]

250. Advis sur les Duels.—*Paris*, 1609, in-8°.* Pièce.

Ouvrage différent du n° 261.

251. Les Ombres des défunts sieurs de Villemor et de Fontaines. Au Roy. Discours tres-notable des Duels ou est monstré le moyen de les arracher entièrement; par le sieur DE CHEVALIER.—*Paris*, 1609, in-12.*—Seconde édition reueüe, corrigée, et augmentée. *Paris*, 1609, in-12... * — Avec le discours de la Vaillance (du même)... Troisiesme édition reueüe, corrigée, et augmentée. *Paris*, 1610, in-12.*

Pour le discours de la vaillance, voyez encore le n° 240 ci-dessus.

252. Recherches sur les Duels; par PIERRE DE BOISSAT, sieur de Licieu.—*Lyon*, 1610, in-4°.*

253. Instructions touchant le Point d'Honneur ; par DU TILLET.—*Paris*, 1610. in-12. [L. F.]

254. Traicté contre les Duels. Avec l'Edict de Philippes-le-Bel, de l'an M.CCC.VI. non encores imprimé ; par Maistre JEAN SAVARON, S°. DE VILLARS... — *Paris*, 1610, in-8°.* — ... Et les Ordonnances et Arrests du Roy St. Louis. *Paris*, 1614, in-8°.*

255. Discours abrégé avec l'Ordonnance de Saint-Louis, contre les Duels ; par JEAN SAVARON.—*Paris*, 1614, in-8°.*

256. Le Gentilhomme; par NIC. PASQUIER. — *Paris*, 1611, 1619, in-8°.*

257. Anti-duel, ou discours pour l'abolition des Duels, contenant deux remontrances, l'une à la Noblesse, recueillie des derniers propos du sieur de Balagny, et l'autre à Sa Majesté. (Par GUILLAUME JOLY.)—*Paris*, 1612, in-8°.*

258. Conjuration contre les Duels. (Par GUILLAUME JOLY.)—*Paris*, 1613, in-8°. [L. F.]

259. Advis et moyens pour empecher le désordre des Duels; par LOUIS DE CHABANS, sieur DU MAYRE.—*Paris*, 1615, in-8°.*

260. Le Euphème des François, leur Homonoée, c'est-à-dire, leur renommée et concorde, ou l'observation de l'Édit du premier d'Octobre 1614;... par JEAN DE LOYAC, conseiller au parlement de Bordeaux. — *Bordeaux*, 1615, in-4°.*

261. Avis sur le fait des Duels, à Messieurs des Estats. — *Paris*, 1615, in-8°.* Pièce.

Ouvrage différent du n° 250 ci-dessus.

262. Remonstrance au Roy contre les Duels, prononcée au nom du clergé durant la tenue des Estats le 26 janvier 1615; par messire PIERRE DE FENOILLET, évesque de Montpellier.—*Paris*, 1615, in-8°.*

263. De Duellis controversia, in

qua forensi ritu, ex conciliis æcumenicis, patribus,... de iis inquiritur et statuitur ; par J. RUALDUM, constantiensem.—Parisiis, 1615, in-8°.*

> Recueil de documents sur le duel, dans lequel on trouve plusieurs thèses pour et contre le duel, soutenues par des élèves de Ruault, avec des pièces à l'appui. —Avec les armes de Davy Du Perron, auquel il est dédié.

264. Tractatus duo juris Duellici universi, quorum prior de duello proviso, posterior de duello improviso; auctore Aug. Vischer, Dresda – minisco.—Ienæ, 1617, in-8°.*

265. Le Vray et ancien usage des Duels, confirmé par l'exemple des plus illustres combats et déffys qui se soient faits en la Chrestienté. Au roy ; par le sieur D'Audiguier.—Paris, 1617, in-8°.*

> Traité curieux où l'auteur fait l'historique des plus célèbres combats singuliers.

266. Discours contre les Duels ; par Charles Bodin.—Paris, 1618, in-8°.* [L. F.]

267. Antonius Massa Gallesius, civis romanus, contra usum Duelli, nunc primum in Germania editus curante Christoph. Besoldo.—Tubingæ, 1620, in-8°.*

268. Le Combat des Seigneurs d'Aguerre et de Fendilles, accompli à Sédan par la permission du Roy, en 1549.—Sédan, 1621, in-8°. [B. B.]

269. Lettres-Patentes du Roy, du 26 Juin 1624, portant défenses à tous princes, seigneurs, gentilshommes et autres, de favoriser, assister et retirer les contrevenans aux édits des Duels ; avec injonction à tous bourgeois des villes,... de prester main-forte aux officiers de justice pour se saisir des coupables. — Paris, 1624, in-12.*

270. Remède des Duels, au Roy.—Paris, 1624, in-8°. [L. F.]

271. Remontrance au Roy, contre les Duels ; prononcée à Fontainebleau au nom de l'assemblée générale du clergé de France, le 19 Juin 1625; par M. Roland, archevesque de Bourges.—Paris, 1625, in-8°. Pièce.*—(S. l. n. d.) In-4°. Pièce.*

272. Tractatus de prohibitione Duelli, in quo quidquid à Clemente VIII, de duello sancitum est explicatur; auctore F. Bonaventura Colonnensi de Florentia,...—Florentiæ, 1626, in-4°.*

273. Invective, ou Discours satyrique contre les Duels ; par J. Gassion Bergeré.—Paris, 1629, in-8°.*

274. Discours des Duels.—Paris, 1639, in-8°. [L. F.]

275. Pauli Voet,... de Duellis licitis et illicitis liber singularis.—Ultrajecti, 1646, in-12.* — Editione iterata auctus et emendatus.—Ultrajecti, 1658, in-12.*

276. La Destruction du Duel, par le jvgement de MM. les Mareschaux de France, sur la protestation de plusieurs gentilshommes de marque, avec les résolutions des prélats et l'avis des docteurs en theologie,... par le P. Cyprien.—Paris, 1651, in-4°.*

277. Raisons chrestiennes et morales contre les Duels; par M. Vantadour, chanoine de l'Eglise de Paris.—Paris, 1653, in-4°.*

278. Lettre du Roy sur le sujet des Duels, escrite à Monseigneur l'archevesque de Lyon,...—Lyon, 1658, in-4°. Pièce. [B. L.]

279. La Beauté de la valeur et la Laschelé du Duel,.. par le comte De Druy.—Paris, 1658, in-4°.*

> Singulier traité de combats singuliers.

280. Recueil des Édits, Déclarations et Arrets contre les Duels publiés depuis 1599 jusqu'à présent.—(S. l. n. d.) In-4°.*—Paris, 1660, in-4°. [L. F.]—Paris, 1669, in-12. [A.]—Paris, 1689, in-12. [D.]

281. Edicts du Roy contre les Duels et rencontres. 1651-1653.—Pésenas, 1661, 2 pièces in-4°. [A. A.]

282. Recueil de diverses pièces touchant les Duels et rencontres.—Paris, 1663, in-4°. [L. F.]

283. MICH.-FRID. LEDERERI,... De jure belli privati libri duo. — *Wittebergæ*, 1668, in-8°.*

284. Preuves et Véritez des preuves sommaires du pouvoir de MM. les Mareschaux de France sur les Gouverneurs, principalement dans l'exécution des Edits de Sa Majesté contre les Duels : par PINSON DE LA MARTINIÈRE.—*Paris*, 1676, in-8°.*

285. Édit du Roy, portant règlement général sur les Duels. — *Dijon*, 1679, in-12. [D.]

286. Mémoire pour perfectionner la police contre le Duel. (Par l'abbé DE SAINT-PIERRE.)—(S. l.) 1715, in-4°. — Avec addition. (S. l.) 1717, in-4°. [L. F.]—(S. l. n. d.) In-4°.*

287. Dissertation historique sur les Duels et les Ordres de chevalerie; par M. B.(BASNAGE DE BEAUVAL.)—*Amsterdam*, 1720, in-8°.*

  Réimprimé dans l'*Histoire des Ordres militaires ou des chevaliers...* (1721), du même. Voyez ci-après LIV. II, § 1.—Cet ouvrage a reparu sous le titre suivant :

288. Dissertation historique sur les Duels ; par M. B. (BASNAGE DE BEAUVAL) ... Avec un Discours préliminaire où l'on entreprend de montrer que le Duel , fondé sur les maximes du Point d'Honneur, est une vengeance barbare, injuste et flétrissante : par PIERRE ROQUES.—*Basle* , 1740 , in-12. [B. V.]

289. Memoires touchant les Duels: par BRANTOSME. — *Leide* (à la sphère), 1722, in-12. [D.]

290. Essai sur le Point d'Honneur; par le chevalier BLONDEAU. — *Reinnes* , 1748, in-12. *— (Autre édition)... Par le chevalier de BLONDEAU. *Rennes*, 1748, in-12.*

291. L'Honneur considéré en lui-même et relativement au Duel, où l'on démontre que l'honneur n'a rien de commun avec le duel et ne prouve rien pour l'honneur; par M. DE C***. (CHAMP DE VAUX). *Paris*, 1753, in-12.*

292. Traité des Combats singuliers, par le P. GERDIL.—*Turin*, 1759, in-8°. [B. B.]

  Traité des mieux faits et des plus complets sur ce sujet.

293. Le Duel considéré dans tous ses rapports historiques, moraux et constitutionnels, et moyens de l'arracher radicalement. Par FRANÇOIS GORGUEREAU.—*Paris*, 1791, in-8°.*

294. Essai sur l'Honneur ; par G. DESPRADÉS.—*Paris*, 1805, in-12.*

295. Mémoire sur le Duel; par JEAN-SIMON LOISEAU, jurisconsulte.—*Paris*, 1819, in-8°.*

296. Discours contre le Duel, ou Moyens efficaces de l'extirper en France ; par le baron DE SAINT-VICTOR. — *Paris* , 1820, in-8°.*

297. Apologie du Duel, ou quelques mots sur le nouveau projet de loi ; par ALPHONSE SIGNOL.—*Paris*, 1829, in-8°.*

  L'auteur fut tué en duel l'année suivante.

298. Conséquence de l'abolition du Duel en France, ou Observations contre le projet de loi de 1829 sur le duel ; par A. J. L.—*Nimes*, 1829, in-8°. Pièce.*

299. Du Duel et de ses causes et de ses effets, des Moyens de le prévenir ou de le réprimer. — *Paris*, 1829, in-8°. Pièce.*

300. Du Duel considéré sous le rapport de la morale de l'histoire, ouvrage dédié aux chambres; par CH. BATAILLARD. Suivi du combat et du duel des seigneurs de La Chasteneraye et de Jarnac, raconté par SCIPION DUPLEIX.—*Paris*, 1829, in-8°.*

301. Lettre sur les Duels judiciaires dans le nord de la France ; par ANDRÉ-JOS. GHISLAIN LE GLAY.—*Valenciennes, imp. de Prignet*, 1829, in-8°.*

  Extrait des « *Archires hist. et litt. du nord de la France.* »

302. Histoire des Duels anciens et modernes, contenant le Tableau de l'origine, des progrès et de l'esprit du duel en France et dans toutes les parties du monde;

avec des notes et éclaircissements sur les principaux combats singuliers , depuis l'antiquité jusqu'à nos jours; par M.
FOUGEROUX DE CAMPIGNEULLES.
—Paris, 1835, 2 vol. in-8°.*

303. Essai sur le Duel, par le comte
de CHATEAUVILLARD. — Paris ,
1836, in-8°.*

304. Combat en champ clos de
Gerard d'Estavayer et d'Othon
de Grandson, à Bourg-en-Bresse,
le 7 août 1398, d'après les nouveaux documents publiés par
M. L. CIBRARIO. — Belley, 1837,
in-8°. Pièce.*

305. Du Duel sous le rapport de la
législation et des mœurs ; suivi
de l'Ordonnance de Louis XIV,
en 1651 ; du Réquisitoire de
M. Dupin, et de l'Arrêt de la
Cour de cassation du 22 juin ;
par AUGUSTE NOUGARÈDE DE
FAYET.—Paris, 1838, in-8°.*

306. Du Duel et de sa législation.
Mémoire couronné par l'Académie de Châlons-sur-Marne, dans
sa séance publique du 1er septembre 1838 ; par JULES JOLLY.
—Paris, 1839, in-8°.*

307. Du Duel ; par PINTE... Dissertation en cinq parties : 1° Réfutation de la brochure de M. Augustin Chabo ; 2° Michel de
Bourges provoqué en matière de
duel ; 3° Critique de l'opinion
Dupin ; 4° Des moyens de réprimer le duel; 5° Conclusion.—
Paris, 1839, in-8°.*

308. Le Duel. Discours par A. VER-
MEIL, pasteur de l'église réformée.—Paris, 1839, in-8°. Pièce.*

309. Du Duel. Mémoire à la Cour
de cassation, et plaidoiries, avec
le réquisitoire de M. le procureur Dupin et l'arrêt de la Cour,
dans l'affaire des sieurs Gilbert,
Deroy et Robin, plaidée en l'audience solennelle du 2 février
1839, par M. MIRABEL-CHAMBAUD,
avocat à la Cour de cassation....
—Paris, 1839, in-8°.*

La couverture porte : Question
de duel.

310. Du Duel, considéré dans ses
origines et dans l'état actuel des
mœurs ; par EUG. GAUCHY.—
Paris, 1846, 2 vol. in-8°.*

311. Duel, suivi de mort, entre
M. Rosemonde de Beauvallon
et M. Dujarrier. Accusation
d'homicide volontaire. Acte d'accusation... Arrêt.—Paris, 1846,
in-16.*

312. Duel. Défense de MM. Tho-
massin, Meunier et de Bonne,
élèves de l'Ecole spéciale militaire, présentée devant la Cour
d'assises de Seine-et-Oise,... le
samedi 20 novembre 1847, par
Me EDOUARD ALLOU, avocat....
—Paris, 1847, in-4°. Pièce.*

313. Le Duel, paroles de GUSTAVE
LEROY. — Paris, 1850, in-4°.
Pièce.* (Poésie.)

314. Essai sur le Duel ; par THÉO-
DORE-AUGUSTE MENDEZ.—Paris,
1848, in-8°.

Cet ouvrage a reparu sous le
titre suivant :

315. Le Duel, depuis les temps les
plus reculés jusqu'à nos jours ;
par THÉODORE-AUGUSTE MENDEZ.
Deuxième édition.—Paris, 1854,
in-8°.*

316. Histoire des Duels célèbres,
par ALEXANDRE DE SAILLET. Illustré de magnifiques gravures
d'après les dessins de nos meilleurs auteurs.—Paris, 1857, in-8°.
Tome I et unique.

317. Rapport sur le Duel ; par VA-
LETTE. — Paris, 1858, in-8°.*
[E. M.]

Pour complément de ce paragraphe, on peut consulter : 1° Le
tom. IV, p. 391-405 de l' « Histoire de la Monarchie françoise, »
par GUILL. MARCEL. 2° La 4e partie de l' « Arbre des Batailles..., »
par HONORÉ DE BONNOR. 3° Le
Liv. IV, chap. I des « Recherches..., » d'EST. PASQUIER. 4° La
partie III du « Rosier Historial. »
5° La « Salade » d'ANTOINE DE LA
SALLE, p. 59. 6° Le tom. I, p. 301,
des « Mémoires » de RIBIER.

LIVRE II

ORDRES DE CHEVALERIE

§ 1.

Histoire des ordres en général.

318. Lordre de cheualerie. (Par SYMPHORIEN CHAMPIER.) (Au premier feuillet après le titre :) Cy commence le liure intitule Lordre de cheualerie auquel est côtenuee la manière côment on doit faire les cheualiers et de lhonneur qui a eulx appartient et de la dignité diceulx. Compose par ung cheualier lequel en sa vieillesse fut hermite.— (A la fin :) *Cy finist lordre de cheualerie ou on peult facilement congnoistre et entendre la noblesse de cheualerie sa manière de creer et faire les cheualiers et la signifiance de leurs harnoys et instrumens de guerre. Lequel liure a este nouuellement imprime a Lyon sur le rosne et acheue le vi. iour de iuillet lan de grace mil cinq cens et dix pour Vincent de portunaris de trinc libraire demourant audict lyon en la rue merciere.* In-f°.* Caract. goth.

Cette œuvre, l'une des plus rares de l'auteur, a été imprimée pour faire suite à un autre ouvrage du même, intitulé : « Le Recueil ou Croniques des royaulmes Daustrasie. »—*Nancy*, 1510, in-f°.

On la trouve encore à la suite de : « Le jeu des eschez (par JACQUES DE CESSOL). »—*Paris, impr. pour Antoine Verart, 1504, in-f°.*

319. De l'Origine et Institution de divers Ordres de Chevalerie, tant ecclésiastiques que profanes; par M. P. DE BELLOY, advocat.—*Montauban, 1604, in-8°.* [L. F.]—*Paris, 1604, in-12.*—*Paris, 1613, in-12.* [L. F.]—*Tolose, 1622, in-12.*

320. AUBERT LE MIRE, Histoire des Chevaliers et des Ordres militaires.—*Anvers, 1609, in-8°.*

L'original latin a paru à Anvers la même année.

321. Deliciae Equestrivm siue militarivm ordinvm, et eorvndem origines, statvta, symbola et insignia, iconibvs additis genminis. Hac editione, multorum ordinum, et quotquot extitere, accessione locupletata, serieq. temporum distributa; studio et industria FRANCISCI MENNENII, antverp. — *Coloniæ Agrippinæ, 1613, in-8°.*—Militarivm ordinvm origines,... (Edente FRANCISCO MANOLESSIO.) — *Coloniae Agrippinae, 1623, in-4°.*

Cet ouvrage se trouve aussi dans la « *Chronique des chroniques de J. GAULTIER.* » 1611, in-8°.

322. Art de Chevalerie, par JAC-
QUES DE BAUHAUSEN.—*Francfort*,
1616, in-4°.[L.-F.]. Avec figures.

323. Le Théatre d'Honnevr et de
Chevalerie, ov l'Histoire des Ordres militaires des Roys, et Princes de la Chrestienté, et leur
généalogie : De l'Institution des
Armes, et Blasons; Roys, He-
rauds, et Poursuivants d'Armes;
Duels, Ioustes, et Tournois: et
de tout ce qui concerne le faict
du Chevalier de l'Ordre. Avec
les figures en taille douce naïue-
ment représentées. Deux Tables:
l'Vne des choses remarquables:
et l'Autre des Armes des illustres Familles de la Chrestienté;
par ANDRÉ FAVYN, Parisien, advocat en la Cour de Parlement.
—*Paris*, 1620, 2 vol. in-4°.*

324. The Theater of Honour and
Knighthood. Or a Compendious
Chronicle and Historie of the
Whole Christian World. Con-
tajnjng the Originall of all Monarchies, Kingdomes, and Es-
tates; with their Emperours,
Kings, Princes, and Gouernours;
Thoir Beginnings, Continuance,
and Successions, to this present
Time. Tne First Institution of
Armes, Emblazons, Kings, Ho-
ralds, and Pursuiuants of Armes:
With all the Ancient and Moderne Military Orders of Knighthood in euery kingdome. Of
Duolloes or Single Combates,
with thoir Originall, Lawes, and
Observations. Likowise of Ioustes, Tourneyes, and Tourna-
ments, and Orders bolonging to
them. Lastly of Funerall Pompe,
for Emperours, Kings, Princes,
and moaner Persons, with all
the Rites and Coremonies fitting
for them. Writton in French, by
ANDREW FAVINE,.... MDCXX.—
*London : printed by William Iag-
gard*, 1623, in-f°.*

325. Les Estats, Empires, Royaumes,... représentez en ce livre
par la description et situation
des pays,... Ensemble les Origines de tous les Chevaliers et
Ordres militaires institués par
les empereurs, roys et princes
chrestiens avec leurs blazons et
devises; par le sieur D. V. T.

Y. (DAVITY).—*Saint-Omer*, 1621,
1622, 2 vol. in-4°. [Be.]—*Paris*,
1625, in f°. [Be.] — *Paris, 1626*,
in-f°. [B. U.]

Cette compilation médiocre et
sans intérêt a reparu sous le titre
suivant.

326. Le Monde ou la Description
générale de ses quatre parties...
et la Généalogie des empereurs,
roys et princes souverains ; par
PIERRE DAVITY. — *Paris*, 1635, 5
vol. in-f°.[Be.]—2° édition revue,
corrigée et augmentée au tome
de la France; par F. RANCHIN.
Paris, 1643, 5 vol. in-f°.*—Edition nouvelle ; par J. B. DE RO-
COLLES. *Paris*, 1660. 6 vol. in-f°.*

L'édition de 1635 est préférable
aux deux autres.

327. Origines de tous les Ordres
militaires et de Chevalerie de
toute la Chrétienté, leurs statuts, armes et devises; par le
sieur D.V. T. Y.(PIERRE DAVITY).
—*Paris, Jost*, 1635, in-f°. [L. F.]

328. Recueil de tous les Ordres de
Chevalerie et de leurs Colliers,
et du tems de leur Institution,
avec un Sommaire de leur Histoire; par JEAN BOISSEAU.— *Paris*, 1636, in-f°. [L.-F.]

329. Le Palais de l'Honneur, contenant l'Origine et l'explication
des armoiries, l'Institution des
ordres de chevalerie... (Par le P.
ANSELME.[1644.]

Voyez ci-dessus les n° 36-39.

330. La Haute Chevalerie françoise.—*Paris*, 1660, in-4°. [L.-F.]

331. La Vraye et Parfaicte Science
des Armoiries, ou l'Indice armo-
rial de feu M. LOUVAN GÉLIOT...
Augmenté... des Institutions des
Ordres et de leurs Colliers; par
PIERRE PALLIOT (1660.)

Voyez ci-dessus n° 32.

332. Le plvs illvstre de la Noblesse
les Ordres de Chevallerie insti-
tvés par les roys et princes souverains. Recveil redvit en abrégé
et divisé en devx livres ; par
ROBERT LVYT,.. Ouvrage traduit
en cinq langues estrangères ; par
l'Autheur.—*Troyes*, 1661, in-8°.*

333. P. ANDRÆ MENDO lucronen-
sis,... de Ordinibus militaribus,

disquisitiones,... Secunda editio ab ipso auctore addita. — *Lug-duni*, 1668, in-f°.*

334. Histoire de tous les Ordres militaires ou de Chevalerie, contenant leur Institution, Cérémonies,... avec leurs Vêtemens, leurs Armes et leurs Devises; gravées en cuivre par A. SCHOO-NEBEEK. — *Amsterdam*, 1699, 1700, 9 vol. in-8°.* — *Amsterdam*, 1719, 2 vol. in-8°. [Be]

L'original en hollandais a paru en 1669.

335. De la Chevalerie ancienne et moderne, avec la Manière d'en faire les Preuves pour tous les Ordres de Chevalerie. Par le P. C.-F. MÉNESTRIER,.... — *Paris*, 1683, in-12.*

Voyez ci-après le n° 338.

336. J. N. J. De Ordine equestri veterum romanorum dissertatio ex analectis venerandis sui parentis magnam partem hausta et edita CHRISTIANO WILHELMO EY-BENIO. — *Francofurti*, 1684, in-f°.* Pièce.*

337. Abrégé chronologique de tous les Ordres militaires et de Chevalerie du monde chrétien. Où l'on pourra voir l'excellence de celui de Malthe au-dessus des autres; par C. FLORIOT, SIEUR DE BOISFEY. — *Marseille*, 1685, in-12°.*

338. Des Dignités temporelles où il est traité... de tous Ordres de Chevalerie; par BARJON (1685).

Voyez ci-après LIV. IV, SEC. II, § 3.

339. Traité de l'Ordre de Chevalerie, de son Origine, de ses Droits, Prérogatives et Marques d'honneur: De ses Preuves, de ses Emplois et de ses Diverses espèces: par le P. C.-F. MÉNES-TRIER. — *Paris*, 1689, in-12. [L. F.]

Ouvrage différent du n° 334.

340. Projet de l'Histoire générale des Religions militaires et des Caractères politiques et séculiers de la Chevalerie; par NICO-LAS BLEGNY,... administrateur de l'Ordre Hospitalier de Saint-Esprit. — *Paris*, 1694, 2 vol. in-12. [L. F.]

341. Histoire des Religions ou Ordres militaires de l'Eglise et des Ordres de Chevalerie de tout l'Univers; par M. HERMANT,... — *Rouen*, 1698, 1708, in-12. * — *Rouen*, 1708, in-12. [L. F.] — Augmentée. *Rouen*, 1725, 4 vol. in-12.* — *Rouen*, 1726, 2 vol. in-12. [B. B.] — *Rouen*, 1708, in-12. [Th.]

Cet ouvrage, malgré ses défauts et son ancienneté, est encore le meilleur à consulter sur cette matière.

342. Histoire des Ordres monastiques, religieux et militaires, et des Congrégations séculières de l'un et de l'autre sexe, qui ont été établies jusqu'à présent; contenant leur Origine leur Fondation, leurs Progrès. (Par le P. HIPPOLYTE HELYOT, continuée par le P. MAXIMILIEN BULLOT). Avec des figures gravées en taille douce représentant tous les différens habillemens de chaque ordre en particulier. — *Paris*, 1714-1719, 8 vol. in-4°.*

343. Histoire abrégée et Costumes coloriés des Ordres monastiques, religieux et militaires de l'un et l'autre sexe, établis depuis l'origine du christianisme, concernant l'histoire abrégée de ces divers ordres; d'après le R. P. HÉLYOT. Nouvelle édition, revue, corrigée et disposée dans un meilleur ordre. — *Paris, Parent-Desroches* (1837), in-4°.

Titres et faux-titres. C'est tout ce qui a paru.

344. Histoire complète et Costumes des Ordres monastiques, religieux et militaires et des Congrégations séculières des deux sexes; par le R. P. HIPPOLYTE HELYOT,... Avec notice, annotations et complément; par V. PHILIPPE DE LA MADELAINE. — *Guingamp*, 1840, 6 vol. in-8°.*

345. Dictionnaire des Ordres religieux ou Histoire des Ordres monastiques, religieux et militaires... contenant leur Origine, leur Fondation, leurs Progrès,... par le R. P. HÉLYOT,... mise par ordre alphabétique... corrigée et augmentée... par MARIE-LÉANDRE BADICHE,... Publié par M. l'abbé MIGNE,... — *Paris*, 1847-

1859, 4 vol. gr. in-8°.* Avec figures.

> Formant les tom. 20-24 de la
> collection, intitulée : « *Encyclo-
> pédie théologique.* »

346. Dissertations historiques et
critiques sur la Chevalerie ancienne et moderne, séculière et
régulière; par le P. HONORÉ DE
SAINTE-MARIE (BLAISE VANZELLE).
—*Paris*, 1718, in-4°.* Avec figures.

> Ouvrage intéressant et plein
> d'érudition.

347. Histoire des Ordres militaires
ou de Chevaliers, des Milices
séculières de l'un et de l'autre
sexe, qui ont été établies jusques
à présent,... avec des figures,
qui représentent les différens
habillemens de ces Ordres. Nouvelle édition, tirée de l'abbé
Giustiniani, du R. P. Bonami,
de M. Herman, de Schoonebeek,
du R. P. Helyot, du R. P. Honoré de Sainte Marie, et d'autres,... Et un traité historique
de M. BASNAGE (DE BEAUVAL) sur
les Duels (et les Ordres de Chevalerie).—*Amsterdam*, 1721, 4 vol.
in-8°.*

348. L'Ordene de Chevalerie (poëme de HUES DE TABARIE) avec
une dissertation sur l'origine de
la langue françoise,.... (Par
BARBAZAN). — *Paris*, 1759, in-8°.
[B. Bru.]

> Réimprimé dans l'édition des
> fabliaux donnée par Méon.

349. Mémoires sur l'Ancienne Chevalerie ; considérée comme un
Etablissement politique et militaire; par M. DE LA CURNE DE
SAINTE-PALAYE,...— *Paris*, 1759,
2 vol. in-12.*—Nouvelle édition
augmentée d'un volume. *Paris*,
1781, 3 vol. in-12.* — ...Avec
une introduction et des notes
historiques par M. Ch. NODIER.
Nouvelle édition. *Paris*, 1826,
2 vol. in-8°.*

> Imprimé d'abord dans le Re-
> cueil de l'*Acad. des inscr. et bell.-
> lett.*, tom. XX, p. 693-817.—Sui-
> vant M. Quérard, les notes de la
> dernière édition, attribuées à
> M. Ch. Nodier, seraient de M. Alex.
> Barginet.—Le troisième vol. a été
> donné par Ameilhon.
> M. Leber dit que cet ouvrage
> est un livre de boudoir. Nous

sommes loin de souscrire au jugement de ce savant si judicieux,
si délicat d'ailleurs dans ses critiques bibliographiques. Le travail
de La Curne de Sainte-Palaye est
une œuvre savante, pleine de
recherches curieuses sur nos
vieilles institutions, et où l'on
trouve de nombreux extraits des
monuments de notre ancienne littérature, dont la langue n'a rien,
que nous sachions, qui puisse in-
téresser les personnes auxquelles
M. Leber fait ici allusion.

350. Dictionnaire Héraldique,....
suivi des Ordres de Chevalerie
dans le Royaume et de l'Ordre
de Malte; par M. G. D. L. T**.
(Monsieur GASTELIER DE LA TOUR.
(1774.)

> Voyez ci-dessus n° 109.

351. Abrégé historique des Ordres
de Chevalerie ancienne et modernes.—*Bruxelles et Paris*, 1776,
1778, in-12.*

352. Recueil de tous les Costumes
des Ordres religieux et militaires avec un Abrégé historique
et chronologique enrichi de notes et de planches coloriées par
M. BAR.—*Paris*, 1778-1779, 6 vol.
in-f°.*

> Le faux-titre porte : « Œuvres
> de JACQUES CHARLES BAR... »

353. Fastes militaires ou Annales
des Chevaliers des Ordres royaux
et militaires de France au service
ou retirés, et des gouverneurs,
lieutenans de roi, et majors des
provinces et des places du royaume, Contenant le temps de leurs
services, leur grade actuel ou celui de leur retraite; la date de leur
réception dans l'ordre ; le nombre des affaires de guerre où ils
se sont trouvés; le nombre et la
nature des blessures qu'ils y ont
reçues, ainsi que les grâces
qu'elles leur ont méritées de la
part du Roi; des précis généalogiques et historiques ; des notes,
des anecdotes relatives aux grandes actions guerrières, civiles
et morales des Chevaliers, de
leurs ancêtres, ou d'autres militaires; enfin tous les détails qui
pourront consacrer légitimement
leur gloire, ou y ajouter un nouvel éclat. Présentés au Roi et à
la famille Royale, par M. DE LA

FORTELLE,...—*Paris*, 1779, 2 vol. in-12.*

> Ouvrage disposé par ordre alphabétique.

354. État des Cours de l'Europe comprenant... le Tableau des Ordres de Chevalerie ; la Liste des Chapitres nobles de l'un et l'autre sexe... par PONCELIN DE LA ROCHE — TILHAC. (1783-1787.)

> Voyez ci-après LIV. IV, SEC. I, § 3.

355. La France chevaleresque et chapitrale, ou Précis de tous les Ordres de Chevalerie et des Chapitres nobles actuellement existant dans le royaume, avec les preuves exigées pour y être admis ; par le vicomte de G***. (DE GABRIELLY.) — *Paris*, 1785, in-12.*—*Paris*, 1786, in-12. [P.]

356. Essai historique sur les Anciens Ordres de Chevalerie, institués dans les Pays-Bas ; par VAN THIELLANDT WESTREENEN.— *La Haye*, 1807, in-8°. [B. A. L.]

357. Abrégé chronologique de l'Histoire des Ordres de Chevalerie, depuis l'Ordre de St. Jean de Jérusalem ou de Malte en 1113 jusqu'à l'Ordre Royal de Hollande, en 1807. Ouvrage dédié à S. Exc. Mgr. le Grand Chancelier de la Légion d'honneur, et enrichi de 28 planches gravées au trait, représentant la marque caractéristique des différents Ordres ; par ÉTIENNE DAMBREVILLE. — *Paris*, 1807, in-8°.*

358. Tableau chronologique et historique des Ordres de Chevalerie institués chez les différents peuples depuis le commencement du IV⁴ siècle, par J. LABLÉE,...—*Paris*, 1807, in-12.*

359. Histoire générale des Ordres de Chevalerie civils et militaires existans en Europe. Contenant l'Origine de leur fondation, les Statuts principaux qui en sont la base et la Nomenclature officièlle des Chevaliers français et étrangers qui en sont décorés ; avec des gravures en taille douce.. Par VITON (DE SAINT-

ALLAIS).—*Paris*, 1810-1811, 2 vol. in-4.*

> (Tom. I) 1810.—Ordre de l'*Aigle d'Or*.
> (Tom. II) 1811. — Ordre de la *Légion d'honneur*.
> C'est tout ce qui a paru.—Les vol. ne sont pas tomés : c'est ce qui fait qu'on les trouve rarement ensemble.

360. De l'Ancienne Chevalerie et des anciens romans, par le C. DE CAYLUS. — *Paris*, 1813, in-8°. [B. R.]

> Imprimé d'abord dans le tome XXIII, pag. 236, des « *Mém. de l'Acad. des inscr. et belles-lettres.* »

361. Histoire de la Chevalerie française, ou Recherches historiques sur la Chevalerie depuis la fondation de la monarchie jusqu'à Napoléon-le-Grand ; contenant : 1° L'Origine de la Chevalerie, ses statuts, et toutes les cérémonies observées, tant à la réception qu'à la dégradation, et aux funérailles des chevaliers; 2° Les Différens Ordres auxquels elle a donné lieu, depuis Clovis jusqu'à nos jours ; 3° Une notice descriptive des joutes, lices, pas d'armes, tournois et carrousels ; 4° Un abrégé historique sur les chevaliers troubadours, les chevaliers errants, et ceux de la Table Ronde ; 5° Les Rois, les Hérauts, les poursuivants d'armes, le blason, les devises, et le cri de guerre ; 6° L'Explication et symboles des couleurs, dans les livrées anciennes, armoiries, étendarts et bannières. Par J. M. GASSIER.—*Paris*, 1814, in-8°.*

> Ouvrage peu connu et qui renferme pourtant des choses curieuses et intéressantes.

362. Quelques Idées sur plusieurs Ordres militaires et civils de la Monarchie française; par LOUIS-ALEXANDRE DUWICQUET,...— *Paris*, 1814, in-8°. Pièce.*

363. Les Chevaliers normands en Italie et en Sicile, et Considérations générales sur l'histoire de la Chevalerie, et particulièrement sur celle de la Chevalerie en France ; par madame V. de C*********. (VICTORINE DE CHASTENAY.)—*Paris*, 1816, in-8°.*

364. Codé dès Ordres de Chevalerie du Royaume, dédié au Roi; ouvrage rédigé sur les documents authentiques conservés dans les archives et bibliothèques publiques, contenant les statuts fondamentaux des Ordres existans actuellement en France, les lois, ordonnances, avis du conseil d'État, règlements et autres actes administratifs qui les concernent, une Notice historique sur chacun d'eux et un exposé analytique sur leur état actuel, orné de gravures représentant les décorations. (Par VITON DE SAINT-ALLAIS.) — *Paris*, 1819, in-4°.*

365. Chartrier général de la Gloire et de l'Honneur ou Mémoriaux historiques et nécrologiques des Chevaliers français et étrangers, membres de l'ordre de la Légion-d'Honneur et des autres Ordres; contenant leurs titres, dignités, décorations, armoiries et généalogies, et généralement les généalogies de toutes les Familles nobles du royaume et des Cours étrangères qui auraient obtenu la faveur de porter les décorations d'Ordres chevaleresques reconnus en France; par MM. SAVALETTE DE FORTAIR... et DE LACROIX... Prospectus. — *Paris, décembre* 1820, in-8°. Pièce.*

C'est tout ce qui a paru.

366. Collection historique des Ordres de Chevalerie civils et militaires existans chez les différens peuples du monde, suivie d'un Tableau chronologique des Ordres éteints, par A. M. PERROT. Ouvrage orné de 40 planches gravées en taille-douce et coloriées avec soin, rassemblant les plaques, croix, médailles, rubans,... et généralement toutes les décorations des Ordres anciens et nouveaux.—*Paris, Aimé André,* 1820, in-4°.*

367. Supplément à la collection historique des Ordres de Chevalerie civils et militaires existant chez les différents peuples du monde. Ouvrage publié d'après des documents authentiques et suivi d'une Nomenclature des Ordres étrangers reconnus en France, et qui peuvent être portés après avoir obtenu l'autorisation de la Grande Chancellerie. Par L.-T. FAYOLLE.—*Paris*, 1846, in-4°.*

Supplément à l'ouvrage précédent.

368. La Chevalerie française, par Madame AMABLE TASTU, née VOIART.—*Paris*, 1821, in-18.*

Charmante production, où l'auteur a su allier aux réalités de l'histoire les riantes fictions de la poésie.

369. Recherches historiques sur les Croisades et les Templiers, l'Origine de la Noblesse et de l'ancienne Chevalerie, les Cours d'amour, les Tournois, les Duels ou combats judiciaires, les Tribunaux secrets; suivies de la description de l'ancien musée ou dépôt central de l'artillerie de France à Paris; par le chevalier JACOB, avec planches.—*Paris*, 1828, in-8°.*

370. La Chevalerie ou les Histoires du moyen âge, composées de la Table-Ronde, Amadis et Roland; par CREUZÉ DE LESSER.—*Paris*, 1839, gr. in-8.*

371. Histoire de la Chevalerie; par J.-J.-F. ROY.— *Tours*, 1839, 1841, 1842, in-12.*—4e édition. *Tours*, 1844, in-12.* Avec gravures.

372. Cours abrégé de Blason, suivi d'une Notice détaillée sur les Ordres de Chevalerie. (1840.)

Voyez ci-dessus n° 115.

373. Manuel élémentaire de l'Art héraldique,... suivi d'une Histoire abrégée des principaux Ordres de chevalerie; par madame M. (MORREN.) (1840.)

Voyez ci-dessus n° 117.

374. Histoire des nobles et vaillans Chevaliers au temps de l'empereur Charlemagne (786-814).—*Paris*, 1842, in-18.*

375. Pièces historiques des Ordres de Chevalerie, Décorations militaires et civiles, reconnus et conférés actuellement par les Souverains régnants en Europe et dans les États des autres par-

ties du monde. Orné de 106 planches dessinées sur les modèles officiels et représentant tous les insignes, plaques, croix, rubans, colliers d'ordre, etc. Par JACQUES BRESSON,... — *Paris*, 1844, in-8.*

376. Ordres de Chevalerie et marques d'honneur, histoire, costumes et décorations. Publié par AUGUSTE WAHLEN. *Bruxelles*, *Wahlen*, 1844, gr. in-8°.—Supplément. Décorations nouvelles et modifications apportées aux anciennes depuis 1844. *Bruxelles*, *Wahlen*, 1855, gr. in-8°.—Le tout en 2 vol., avec un grand nombre de planches.

377. Traité sur les Ordres de Chevalerie français et des Décorations en général; par GONVOT,... —*Paris*, 1845, in-12. Pièce.*

378. Roland ou la Chevalerie; par DELECLUSE.— *Paris*, 1845, 2 vol. in-8°.*

379. Notice historique sur les Ordres militaires et religieux de la ville de Metz. (Par A. HUGUENIN.)—*Metz*, 1852, in-8°. Pièce.*
  Extrait de « *l'Union des arts*, » 2° année, 1852.

380. Histoire et statistique des Ordres de Chevalerie de l'Europe; par H. DE CORMETTE,...—*Paris*, 1853, in-4°.*

381. Ordres. Fastes biographiques de tous les Ordres civils et militaires de l'Europe; par M. AIMARD.—*Paris*, in-4°.* Avec portraits par MM. AIMARD et JULES DUVAL.
  En cours de publication.—La 1re livraison du tome premier a paru en 1853.

382. Chronique de tous les Ordres et marques d'honneur de Chevalerie accordés par des souverains et des régences, avec les dessins des décorations; par le lieutenant H. SCHULZE En allemand et en français. — *Berlin*, *Moeser*. 1855, in-f°. Avec 33 planches lithochrom. et un titre lith.

383. La Légion-d'Honneur. Histoire et fastes de tous les Ordres français et étrangers, institués jusqu'à nos jours, ou le Livre

d'Or du XIX° siècle, et biographie universelle des membres morts ou vivants de tous les Ordres français et étrangers... (Par M. E. PASCALLET.)—*Paris*, 1855, in-8°.*
  Tom. 1er. C'est tout ce qui a paru.

384. Histoire de la Chevalerie de France; par J. LIBERT.—*Paris*, 1858, in-8°.*

385. Dictionnaire historique des Ordres de Chevalerie; par HENRI GOURDON DE GENOUILLAC.—*Paris. E. Dentu*, 1857, in-12.*—2° édition, corrigée et augmentée. *Paris, E. Dentu*,1860, in-12.* Avec planches gravées intercalées dans le texte.
  50 exempl. de la 2° édit. ont été enluminés.

386. La Chevalerie française. Histoire des Ordres religieux et militaires; par A. MIGNAN. — *Rouen*, 1857, in-12.*

387. Tableau général des Croix des Ordres français et étrangers.—*Paris, Basset* (1859). In-f° plano.

388. Noblesse,... Ordres de Chevalerie;... par E. DE TOULGOET. (1859.)
  Voyez ci-après LIV. III, § 1.

389. Abrégé méthodique de la Science des Armoiries, suivi d'un Traité élémentaire des Ordres de Chevalerie;... par W. MAIGNE. (1860.)
  Voyez ci-dessus n° 138.

§ 2.

Histoire des Ordres en particulier.

Ordre des Hospitaliers de Saint-Jean de Jérusalem, dits ensuite de Rhodes, et aujourd'hui de Malte.

Institué en 1048.

390. Gulielmi Caorsin Rhodiorū uicecancellarii : obsidionis Rhodie urbis Descriptio. — (S. l. n. d.) In-4°* de 18 ff. non chiff. de 26 lignes à la page. Caract. ronds.
  Exemplaire des plus rares d'un ouvrage qui a été traduit dans toutes les langues de l'Europe. Imprimé aussi à *Padoue* en 1480.

391. Guillelmi Caoursin Rhodiorum vicecancellarii : obsidionis Rhodie urbis Descriptio. — *Impressum vlme per Joannë Reger. Anno dñi Octob', Mccccxcvi. Die xxiiij, etc.* In-f°.* goth. Avec 36 figures sur bois.

Même ouvrage que le n° précédent, augmenté de plusieurs autres opuscules relatifs à l'Ile de Rhodes.—La Bibl. imp. possède trois exempl. de cette édition.

392. (F° 1. v° :) Prohemium in volumen stabilimentorum Rhodiorū Militū Sacri Ordinis hospitalis Sancti Jobannis Hierosolymitani. (F° 15. r° :) Primordium et origo Sacri Xenodochii atque Ordinis militie Sancti Joannis Baptiste hospitaliarum hierosolymitani. (A la fin :) Guillielmus Caoursin Vicecancellarius et secretarius manu propria ssz.— *Stabilimenta militum hierosolymitanorum diligentissime Ulme impressa per Joannem Reger de Kremnat. Anno ab incarnatione Dominica, Millesimo quadringentesimo nonagesimo sexto. Die xxiii Augusti.* In-f° * de 46 lignes à la page ; 92 ff. non chiff., sign. a. ii.-m. iiii. Caract. goth. Avec 19 grandes planches gravées sur bois, intercalées dans le texte.

M. Brunet cite de cet ouvrage rare une édition de *Venise*, 1495.

393. Exordium in volumen stabilitmētorum Rhodiorū militū Sacri Ordinis Hospitalis Sācti Iobañis iherosolimitani. (F° 19:) le fondement du saint hospital de l'Ordre de la Cheualerie des Hospitaliers de saint iehan baptiste de iherusalem.—(*S. l. n. d.*) In-f° * de 125 ff. non chiff. de 36 lig. à la page. Caract. goth.

Traduction française de l'ouvrage précédent; l'exorde, daté du 15 août 1493, est seul en latin. M. Brunet indique de cette traduction deux éditions, l'une de 1507, qui serait citée par Duverdier; l'autre de 1499, mentionnée par Saint-Léger. Nous ne savons pas si le savant auteur du *Manuel* a vu lui-même dans Duverdier l'édition dont il parle ; quant à nous, nous avouons humblement que malgré toutes nos recherches nous ne l'y avons pas trouvée. En ce qui touche l'édi-

tion de 1499, nous croyons que c'est celle comprise sous le numéro précédent.

394. Stabilimenta militūm Sacri Ordinis divi Joannis Hierosolymitani. — *Impressa Salamanticæ,* 1534, in-f°. [Bru.]

C'est selon nous une autre édition des *Stabilimenta* de Caoursin.

395. Captivitas Rhodi per Siculum. — *Impressum Romæ in campo Flore, apud magistrum Marcellum Silber, alias Franck,* 1523, in-4°. [Cat.]

Cet opuscule, rare et curieux, imprimé sur vélin, a été vendu 350 fr. à la vente indiquée par le catalogue d'où nous en avons extrait le titre. — Inconnu à Van-Praet et aux autres bibliographes.

396. La grande et merueilleuse et trescruelle oppugnation de la noble cité de Rhodes,...redigee par escript par frere... Jacques, bastard de Bourbon...—*Paris, par Pierre Vidone, pour Gilles de Gourmont,* 1525, in-f°.* — *Paris, Gilles de Gourmont,* 1526, in-f°.*— *Imprimee de rechief (à Paris),.. Lan* 1527. *Au moys de Octobre.* in-f°.*

L'édition de 1527, dont la Bibl. imper. possède encore un exemplaire sur vélin, porte en plus sur le titre : *Et par y cellui dernieremēt, et tres-diligement corrigee, et augmentee en plusieurs lieux pourfat quelle auoit este a la pmiere editiō corrumpue et deprauee par la grāde et inexcusable negence de Limprimeur.*

397. De Bello Rhodio libri tres... autore Iacobo Fontano , brugensi,... Adiuncta est insulæ Melitæ descriptio : quæ Sacris militibus post Rhodum captam concessa fuit : Item quia hæ insulæ nauigiis petuntur,... His præmissus est, quó faciliùs libri de bello Rhodio intelligerentur, Commentarius de insula Rhodo, et Militarium Ordinum institutione , Theodurico Adamæo , Suallembergo autore.—*Parisiis,* 1540, in-f°.*

398. De Bello Melitensi et ejus euentu Francis imposito, ad Carolum Cæsarem V. Nicolai Villagagnenis Commentarius. — *Parisiis,* 1553, in-4°.*

399. Traicté de la guerre de Malte et de l'issue d'icelle, faulsemèt imputée aux François. A l'Empereur Charles V. Par le chevalier DE VILLEGAIGNON.—*Paris*, 1553, in-4°.*

400. Le Discovrs de la gverre de Malte, contenant la perte de Tripolis et autres forteresses, faulsement imposée aux François, escrit en latin a Charles V, par le seigneur NICOLAS DE VILLEGAGNON : pvis tradvit en nostre uulgaire par M. N. EDOART.—*Lyon*, 1553, in-8°.*

401. Statuta Ordinis domus Hospitalis Hierusalem.—*Romæ*,1556, in-8°.*

402. Statuta Ordinis domus Hospitalis Hierusalem (edente DIDACO RODRIGUEZ).—*Romæ*, 1556, in-f°.*

403. VINCENTII CASTELLANI, forosemproniensis, de Bello Melitensi Historia. — *Pisavri*, 1566, in-8°.*

404. Commentarii HIERONYMI COMITIS ALEXANDRINI De acerrimo, ac omnium difficillimo Turcarum Bello, in insulam Melitam gesto, anno M. DLXV. Addita sunt singulorum locorum interualla, necnon mensuræ, et obiter obscuriorum locorum explicationes. Cum indice rerum omnium locupletissimo. — *Venetiis*, 1556, in-8°.*—*Noribergæ*, 1566, in-8°.*

Signé à la préface : NATALIS COMES.

405. La Levée du siège de Malthe par les turcs, défendue par le Grand-Maître de La Valette, en 1565.—*Paris*, 1566, in-8°. [L. F.]

406. Deux véritables Discovrs, l'vn contenant le faict entier de toute la guerre de Malte... (Par PIERRE GENTIL, vendômois.) ——*Paris*, 1567, in-8°.

407. CAELII SECUNDINI CURIONIS de Bello Melitensi historia noua. Item Io. VALETTÆ Melitensium principis epistola, summam eiusdem belli complexa. Accessit rerum et uerborum in hac historia præcipue memorabilium index.—*Basileæ*, 1567, in-8°.*

408. Privilegia Ordinis S. Jo. Hierosolymitanis (Auspiciis F. Joannis de Valeta, Magni Magistri, edita a JOSEPHO CAMBIANO.)—*Romæ*. 1568, in-f°.*

409. De Bello Melitensi a Solimano, Turcarum principe, gesto. CLAUDII GRANGEI, biturigis, ... Commentarius.— (S. l.,) G. *Cartier*, 1582, in-8°.*

410. Statuta hospitalis Hierusalem (edita et confirmata sub F. Hugone de Loubenx Verdala, card. et magno magistro; cum figuris eorumdemque sententiis, ac magnorum magistrorum imaginibus, adjectis per FR. PTOLOMÆUM VELTRONIUM, ejusdem Ordinis Militem).—*Romæ*, 1588, in-f°.*

Ouvrage peu commun.

411. Portraicts des Grands-Maltres de l'Ordre de Saint-Jean de Hierusalem, avec un abrégé de leurs vies et faits mémorables.—(S. l. n. d.) In-f°. [D.] Avec gravures sur bois.

Rare.

412. Traité de l'Ordre de Saint-Jean de Jérusalem et ses Grands-Maîtres. — (S. l. n. d.) In-f°. [L.-F.]

413. Descriptio Originis Xenodochii sive hospitalis et religionis Hierosolymitanæ. — *Parisiis*, 1600, in-8°.*

414. De l'Origine, progrès, institution et cérémonies des Chevaliers de Malte, par JACQ. DE FUMÉE.—*Paris*, 1606, in-8°.*

415. Avertissemens chrétiens et politiques pour l'instruction d'un Grand-Maître de l'Ordre de Saint-Jean de Jérusalem, par F. A. DE NABERAT.—*Aix*, 1610, in-12.*

416. Ordonnances du Chapitre Général de l'Ordre de Saint-Jean de Jérusalem, célébré en 1612 sous Alof de Vignacourt.—(S. l.) In-4°. Pièce.*

417. Histoire des Chevaliers de l'Ordre de l'hospital de S. Iean de Hiervsalem. Contenant leur admirable institution et police. La suite des guerres de la terre saincte où ilz se sont trouvez. La conqueste et les troys grandz

siéges de Rhode; Le merveilleux siége de Malte; leurs continus voyages, entreprises, batailles, assaultz, rencontres et autres exploitz de guerre iusques à nostre temps. Par PIERRE BOISSAT, seigneur de Licieu,... *Lyon*, 1612, 2 tom. en 1 vol. in-4°.*

418. Histoire des Chevaliers de l'Ordre de S. Iean de Hiervsalem,... cy-devant escrite par le feu S. D. B. S. D. L. (PIERRE DE BOISSAT, sieur de Licieu). Et en cette dernière édition,... augmentée de sommaires sur chaque livre, et d'annotations à la marge; ensemble d'vne traduction des Establissemens et Ordonnances dela Religion, par I. BAUDOIN. Oevvre enrichie d'vn grand nombre de figures en taille douce et illustrée d'vne ample chronologie; des Éloges des Seren. Grands-Maltres; et d'vn abrégé des Priviléges de l'Ordre; de quelques Arrests, et autres traictez fort remarquables, par F. A. de NABERAT,...— *Paris*, 1629, in-f°.* — Dernière édition. Où l'on a joinct les Ordonnances du chapitre général tenu en l'an 1632. Avec l'éloge de l'éminentissime Grand-Maltre d'à présent... *Paris*, 1643, 2 vol. in-f°*—*Paris*, 1659, in-f°. [J. N.]

Cet ouvrage, en grande partie tiré de celui de l'italien Bosio, qui parut en 1594, présente des particularités curieuses et intéressantes.

419. Sommaire des raisons de l'Ordre de S. Jean de Hierusalem, contre la prétention de MM. du Clergé général de France. Ensuite la Réponse desdits Srs. du Clergé, à la signification qui leur fut faite de la requeste présentée au Roy par le dit Ordre en l'année 1615. — (*S. l. n. d.*) In-4°.*

420. Lettre des Chevaliers de Malthe, envoyée à M. le Prince de Condé, pour joindre ses forces à celles du Grand-Maistre, afin de dissiper l'entreprinse du Turc sur la Chrestienté.—*Paris*, 1615, in-8°. Pièce. [A.]

421. Bulle Clementine octroyée en 1523 à la Religion militante de Saint-Jean de Hierusalem. — (*S. l.,*) 1619, in-4°. Pièce.*

422. Priviléges concedez par les Roys très-chrestiens de France et de Navarre, et autres Princes Souverains, à l'Ordre de S. Iean de Hiérusalem. Avec la confirmation d'iceux, tant du Roy à présent régnant, que de ses prédécesseurs. Ensemble plusieurs Arrests, tant du Conseil de sa Majesté, que des Cours souueraines de ce Royaume, donnez en consequence desdits Priviléges, pour monstrer que ledit Ordre, tant en chef qu'en membres, à tousiours esté maintenu en la jouissance desdits Priviléges.—(*Paris,*) 1619, in-4°.*

423. Arrest de la justice rendue en Cour de Rome... avec la Supplication faite au Roy pour le maintien de l'exécution et commandement aux Archevéque, Evêque... et à toute personne de quelque qualité que ce soit, qu'il ait à maintenir... Seigneur Jacques Brossin Messars de Mère, Chevalier de l'Ordre de S. Jean de Jérusalem, Commandeur de Fretey, contre l'illustr. Seigneur Grand-Maltre de Malte...—*Paris*, 1626, in-8°. Pièce.*

424. Mémoire dv Mareschal et Chevaliers de la Langue d'Auvergne à Malte présenté à Monseigneur l'Ambassadeur de France à Rome, touchant le differant qu'ils ont en la Cour de Rome. — (*S. l. n. d.*) In-4°. Pièce.*

425. Response au mémoire présenté à M. de Betunes, Ambassadeur du Roy à Rome, par les Chevaliers de la Langue d'Auvergne, sur leurs prétentions contre le Grand-Maltre de l'Ordre de Saint-Jean de Jérusalem. —(*S. l. n. d.*) In-4°. Pièce.*

426. Abrégé des principavx priviléges octroyez aux Chevaliers de Sainct Iean de Hierusalem par les Papes, Empereurs, Roys et avtres Princes de la Chrestienté pour la deffence dudit Ordre. Pour servir de Response à la déclaration de Messieurs les Pré-

lats de l'Assemblée générale de France, tenue à Paris l'an 1625. —(S. l.) 1626, in-4°. Pièce.*

427. Priviléges des Papes et Princes de la Chrestienté accordés à l'Ordre de Malthe ; recueillis par le chevalier LAMBERT.— *Paris*, 1626, in-4°. [L. F.]

428. Sommaire des Priviléges octroyez à l'Ordre de S. Jean de Hiérusalem par les Papes, Empereurs, Roys,...par Frere ANNE DE NABERAT,... avec les portraits des Grands-Maltres. — (S. l.) 1626, in-4°.*—(S. l.) 1629, in-f°. [D.]—*Paris*, 1630, in-f°. [L.-F.]—*Lyon*, 1642, in-4°. [A.A.]

429. Mémoires de NABERAT, pour obtenir du Pape une bulle qui déclare inaliénables les biens de l'Ordre de Saint-Jean de Jérusalem.—(S. l. n. d.) In-4°. Pièce.*

430. Priviléges accordez à l'Ordre de S. Iean de Hiervsalem. Auec une bulle du Pape à ce suiet du 24e Décembre 1626.—Et suivi de la Liste des Cheualiers uiuants actuellement.—(S. l.n. d.) In-4°. Pièce.

431. Abrégé des Mémoires donnez av roy, svr la revnion de l'Ordre et Grande-Maistrise de S. Iean de Ierusalem, maintenant de Malthe, à la couronne, sans porter preiudice à la Noblesse de France, sans démembrer ledit Ordre ny offencer le Sainct Siége apostolique.— (S. l.) 1627, in-8°. Pièce.*

432. Malthe svppliante avx pieds du Roy, contre l'avtheur de l'abbrégé des mémoires présenté à Sa Majesté pour la réunion de la Grand'Maistrise de l'Ordre Sainct Iean de Hiérusalem à sa Couronne. (Par F. ANNE DE NABERAT.) —(S. l.) 1627, in-4°.*

433. Eloge de la Sacrée Religion de Malte ; par M. A. L.—*Paris*, 1629, in-8°.*

434. Oratio F. THOMÆ GUICHARDI, coram Clemente VII, de Rhodiorum Oppugnatione et deditione.—*Paris*, 1629, in-8°.*

135. Erection de la terre et sci-

gnevrie de Cvry en Bailliage de l'Ordre do S. Iean de Hiervsalem.—*Paris*, 1630, in-4°.*

436. Le Martyrologe des Chevaliers de S. Jean de Jérusalem, dits de Malthe, contenant leurs Eloges, Armes, Blasons, Preuves de Chevalerie et descente généalogique de la plus part des Maisons illustres de l'Europe, avec la suite des Grands-Maltres, Cardinaux, Archevesques, Evesques, Grands Prieurs, Baillifs et Généraux des galères de cet ordre, ensemble leurs armes et blasons ; et le catalogue de toutes les Commanderies du même Ordre, tant des hommes que des filles,... par F. MATHIEU DE GOUSSANCOURT,... et gravé par MICHEL VAN LOCHOM. — *Paris*, 1643, 2 vol, in-f°.*—*Paris*, 1654, in-f°. [Be.]

Cet ouvrage doit être consulté avec précaution, car il s'y trouve beaucoup d'erreurs et de fausses citations.

437. Euccquation géneralle pour l'Ordre Sainct-Iean de Hierusalem (7 mai 1644). — (S. l. n. d.) In-4°. Pièce.*

438. Lettres Patentes (du mois de mai 1644) portans Confirmation de l'union S. Iean en l'Isle-les-Corbeil, à la dignité de grand Thrésorier de l'Ordre S. Iean-de-Hierusalem.—(S. l. n. d.) In-4°. Pièce.*

439. Priviléges des Papes, Emperevrs, Roys et Princes de la Crestienté en favevr de l'Ordre de S. Iean de Hiervsalem. Recueillis par le Sr Cheuallier DES CLOZEAULX, Agent dudit ordre en France. Seconde édition.... *Paris*, 1649. —Arrestz notables rendvs par les Covrs Sovveraines de France. En faveur de l'Ordre S. Iean de Hierusalem svr differentes matieres. Recueillis par le sieur cheuallier DESCLOZEAUX. Agent dud. Ordre en France. Livre premier (et second). *Paris*, 1649. Le tout en 1 vol. in-4°.*—*Paris*, 1659, in-4°. [B. B.]—Priviléges... accordez à l'Ordre Saint Jean de Hierusalem, avec les Arrests notables rendus par les Ceurs Souverai-

nes du Royaume de France, sur diverses matières, et confirmatifs desdit Priviléges, cy-devant recueillis par le Sieur Commandeur D'ESCLUSEAULX,... Et présentement de beaucoup augmentez par le Sieur Commandeur D'ESCLUZEAULX, son Neveu aussi Agent général dudit Ordre. *Paris*, 1700, in-f°.*

La préface de la seconde édition est signée F. DE HAUDESENS DESCLOZEAUX : ce qui fait quatre manières d'écrire le nom de l'auteur.

440. Vie du Chevalier de La Coste (Gaspard de Simiane); par ANTOINE DE RUFFI. — *Aix*, 1655, in-12. [L.-F].—*Aix*, 1659, in-12.*

441. Arrest dv Conseil Privé du Roy, par lequel sur l'Exemption d'une Taxe de Decimes, quoyque poursuivie sous le nom et à la requeste d'un Commandeur particulier, les Parties sont renvoyées au Grand Conseil, pour y procéder en conséquence de l'Evocation générale de l'Ordre de Malthe, attendu qu'il s'agissoit d'une Affaire générale dudit Ordre. Du 25 Janvier 1658...— (*S. l. n. d.*) In-4°. Pièce.*

442. Histoire de la vie d'Illustre F. Jacques de Cordon d'Evieu, Chevalier de l'Ordre de Saint-Jean de Jérusalem,... par R. P. MARC-ANTOINE CALEMARD ...— *Lyon*, 1663, in-4.*—*Lyon*, 1665, in-4°. [L. F.]

443. L'Eglise militante et triomphante en l'Ordre de Malte, dédié à Monseigneur le Grand Maistre des Ordres de S. Iean et S. Sepulcre de Hierusalem, Prince des Isles de Malte et du Goze. (Par Me I. DANES, avocat.)—*Paris*, 1565, in-4°. Pièce.*

444. Extrait des Régistres du Conseil privé du Roy. 13 Février 1671.— (*S. l. n. d.*) In-4°. Pièce*

Contenant arrêt pour le maintien des priviléges contestés à l'ordre de Malte par les consuls de la ville d'Arles.

445. Défenses dv Commandevr de Saint-Simon.-- (*S. l. n. d.*) In-4°. Pièce.*

Titre pris à la page 3.—Au sujet

de la commanderie dont il avait été dépossédé le 13 février 1668.

446. Supplique de Frère LOUIS DE SAINT-SIMON, Vermandois, chevalier de l'Ordre de S. Jean de Jérusalem, aux fins de faire nommer des commissaires pour examiner sa conduite pendant la gestion de sa commanderie commençant ainsi : « A Son Eminence et sacré Conseil...»— (*S. l. n. d.*) In-4°. Pièce.*

447. Pétition de M. le Bailly de SOUVRÉ, ambassadeur de l'Ordre de S. Jean de Jérusalem, pour demander au roy de maintenir au dit ordre le droit de représailles envers les Turcs commençant ainsi : « Av Roy. Sire, Le Bailly de Souuré,...»— (*S. l. n. d.*) In-f°. Pièce.*

448. Histoire de Pierre d'Aubusson, Grand-Maître de Rhodes ; par le P. BOUHOURS. — *Paris*, 1676,1677, in-4°.*—4e édition augmentée de notices par DE BILLY. *Paris*, 1806, in-4°. [B. B.]

449. Histoire de Pierre d'Aubusson, Grand-Maître de Rhodes, extraite de celle du P. BOUHOURS. —*Lille*, 1840, in-12.*—2e édition. *Lille*, 1846, in-12.*—3e édition. *Lille*, 1853, in-12.*

450. Histoire de Pierre d'Aubusson, Grand-Maître de Rhodes. (Par le P. MAIMBOURG).—*Paris*, 1677, in-12.*

451. La Règle de Saint-Augustin, et les Constitutions du monastère de l'hospital de Beaulieu, de l'Ordre de S. Jean de Hierusalem.—*Paris*, 1677, in-12.*

452. Extrait des Registres du Conseil d'Estat (28 janvier 1678).— (*S. l. n. d.*) In-4°. Pièce.*

Contenant arrêt pour le maintien de l'Ordre de Malte en l'exercice de Haute justice dans l'enclos de Temple.

453. Arrest du Conseil d'Estat du Roy, donné en faveur des Commandeurs et Chevaliers de Malthe, nonobstant la Déclaration du Roy donnée en faveur des Curez pour le fait des Portions Congrues. Donné à Ver-

sailles le 7ᵐᵉ May 1687.—*Paris*, 1687, in-4°. Pièce.*

454. Requeste des six Corps des Marchands contre l'Ordre de Malte, au sujet des franchises prétendues par cet Ordre dans la ville et fauxbourgs de Paris. —(*S. l.*, 1689.) In-f°. Pièce.*

455. La Forme de donner l'Habit aux Chevaliers religieux de l'Ordre de Saint Jean de Jerusalem. Fait imprimer par l'ordre et les soins de frère JACQUES DE BONNEVILLE, Chevalier dudit Ordre, Commandeur de S. Mauvis. — *Paris*, 1689, in-4°.*

Voyez ci-après le n° 478.

456. Enucleationes Ordinum militarium tripartitæ, penes triplicem quæstionem ventilatam eorum senatu regio Lusitaniæ, pro causis eorumdem Ordinum delecto;... authore D. LAUR. PIRES CARVALHO,... — *Ulyssipone*, 1693, in-f°.*

457. Arrest de la Cour de Parlement, donné sur les conclusions de Monsieur l'advocat général de Harlay, concernant les priviléges des Chevaliers de Malte. Du 6 Septembre 1694. — *Paris*, 1695, in-4°.*

458. Declarationes SS. Pontificum super rescisione alienationum bonorum Ordinis S. Joannis Hierosolymitani.—(*S. l. n. d.*) In-4°. Pièce.*

459. Les Noms, Qualitez, Armes et Blasons de leurs Éminences Messieurs les Grands Maistres de l'Ordre de Saint Iean de Ierusalem, dits de Malthe, depuis leur origine jusques à présent. Par JACQUES CHEVILLARD... — *Paris*, 1697, in-f° plano, gravé.* —(Le même ouvrage, continué jusqu'en 1741 par P.-P. DUBUISSON.)·*Paris (s. d.)*, gr. in-f° plano.*

460. Abrégé de la vie et de la retraite de Juste de Clermont d'Amboise, chevalier de Reynel, par M***. (HENRI-FRANÇOIS DE LA RIVIÈRE.)—*Paris*, 1706, in-12. [Q.]

461. Avis présenté à la vénérable Langue de Provençe contre les usurpateurs de Noblesse du Comtat Venaissin, (Par le chevalier MARC-ANTOINE DE PUGET BARBENTANE.)—(*S. l.*, 1707.) In-4°. Pièce.*

462. Arrest du Conseil d'Estat du Roy, du 27 Octobre 1711, par lequel Sa Majesté déclare que tous les biens,... revenus, appartenant tant au commun trésor de l'Ordre de Malte qu'aux Grands-Prieurs. Baillifs,... sont exempts de la levée du dixième établi par la Déclaration du 14 Octobre 1710.—*Paris (s. d.)*. In-f°. Pièce.*

463. Vie du Commandeur de La Ferté.—*Paris*, 1741, in-12. [L. F.]

464. Instructions sur les principaux devoirs des Chevaliers de Malte, dressées par l'auteur du Catéchisme de Montpellier sur les mémoires d'un chevalier de Malte... (Par le P. POUGET.) — *Paris*, 1712, in-12.*

465. La Vie de Gabriel Dubois de La Ferté, chevalier de Malthe, commandeur de Theval, près Laval; par JOSEPH GRANDET,... —*Paris*, 1742, in-12. [Q.]

466. Requêtes présentées au Roy et à Monseigneur le Régent, par les Chevaliers de l'Ordre de S. Jean de Jérusalem, dits de Malthe.--(*S. l.*), 1717, in-f°. [L. F.]

A propos d'une contestation soulevée entre la Langue de Provence et une congrégation établie par le Pape pour examiner les preuves de ceux du comté d'Avignon.

467. A Son Altesse Royale Monseigneur le duc d'Orléans, Régent du royaume.—*Paris, veuve C. Guillery (s. d.)*. In-8°. Pièce.*

Requête des chevaliers des trois Langues, qui formaient à Malte le corps de la Noblesse française, pour implorer la protection du Régent contre la cour de Rome, qui voulait s'arroger le droit de juger en première et en dernière instance les preuves de Noblesse de ceux qui se présentaient pour entrer dans leur religion.

468. Lettres Patentes du roy Henry II, de 1519;... de Louis XV, de 1716; portant confirmation

des priviléges accordés à l'Ordre de Saint-Jean de Jérusalem par Richard I, roi d'Angleterre, Duc de Normandie et de Guienne et Comte d'Anjou, l'an 1194; Philippe-Auguste, en 1219;... et par François Ier, en 1514. — *(Paris, 1777.)* In-f°. Pièce.*

469. Requêtes des Chevaliers françois de Malthe contre les prétentions de la Cour de Rome, qui veut juger les preuves de noblesse,... — *Paris* (1720), in-12. [L. F.]

470. Office de la Vierge, sans renvoy, à l'usage des Chevaliers de l'Ordre de Malte. — *Paris*, 1722, in-12. [A. A.]

471. Histoire des trois Ordres réguliers et militaires des Templiers, Teutons et Hospitaliers ou Chevaliers de Malthe. [Par l'abbé Roux] (1725).

Voyez ci-après n° 557.

472. Traité de la Pauvreté des Chevaliers de Malte, par CARAVITA, prieur de Lombardie, traduit de l'italien par DE BROISSIA. — *Besançon*, 1726, in-4°. [B. B.]

473. Histoire des Chevaliers Hospitaliers de Saint-Jean de Jérusalem appelés depuis Chevaliers de Rhodes, et aujourd'huy Chevaliers de Malte; par RENÉ AUBER DE VERTOT. — *Paris*, 1726, 4 vol. in-4°.* Avec les portraits et les blasons des grands-maîtres, gravés par L. CARS. — 3° édition. *Paris*, 1727, 5 vol. in-12.* — Augmenté des statuts de l'Ordre et des noms des Chevaliers. 3° édit. *Paris*, 1753, 7 vol. in-12.* — 4° édit. *Paris*, 1755, 7 vol. in-12.* — *Paris*, 1771, 1772, 7 vol. in-12.* — *Paris*, 1772, 1780, 5 vol. in-12.* — Nouvelle édition, à l'usage de la jeunesse. *Lyon*, 1839, 5 vol. in-12.* — Nouvelle édition, revue et corrigée, à l'usage de la jeunesse. A. M. D. G. *Lyon*, 1853, 5 vol. in-12.* — Revue et continuée jusqu'à nos jours, par A.-M.-L. DE BUSSY. *Lyon*, 1859, in-12.* Tome I.

L'édition in-4° et l'édition in-12, en 7 vol., contiennent à la fin du dernier tom. les anciens et nouveaux statuts de l'Ordre, accompagnés de la liste des Chevaliers des trois Langues, et des Prieurés d'Aquitaine, de Champagne et d'Allemagne; avec la description des armes de la plupart des Chevaliers.

L'édition que signale M. Quérard dans sa *France littéraire*, à la date de 1819, n'a pas paru séparément. Elle fait partie des œuvres complètes de l'abbé Vertot, dont M. CHARLES MALO commença la publication à cette époque.

474. Histoire des Chevaliers Hospitaliers de Saint-Jean de Jérusalem, appelés depuis Chevaliers de Rhodes et aujourd'hui Chevaliers de Malte. Tome huitième. Ce volume, formant le complément des listes de M. l'abbé Vertot,... est augmenté du Tableau des Grands-Maîtres et comprend les noms des derniers Chevaliers de l'Ordre. Publié par VICTOR LEFÈVRE, avocat. — *Paris*, 1832, in-12.*

475. Abrégé de l'Histoire des Chevaliers de Malte, par l'abbé VERTOT. — *Tours*, 1837, in-12.*

Voyez le n° suivant.

476. Histoire des Chevaliers de Malte, d'après l'abbé VERTOT. — 2° édition. *Tours*, 1839, in-12.* — 3° édition. *Tours*, 1841, in-12.* — 4° édition. *Tours*, 1845, in-12.* — 5° édition. *Tours*, 1852, in-12.* — 6° édition. *Tours*, 1855, in-12.* — 7° édition. *Tours*, 1858, in-12.*

Abrégé de l'ouvrage de l'abbé Vertot.

477. Histoire du bienheureux Gérard Tenque de Martigues (premier directeur de l'hôpital et fondateur de l'Ordre de Saint-Jean de Jérusalem), par M. PIERRE-JOSEPH DE HAITZE. — *Aix*, 1730, in-12.*

478. Manière de donner l'Habit aux Chevaliers religieux de l'Ordre de Saint-Jean de Jérusalem. Avis pour le Chevalier qui veut être admis profès et prendre l'habit de la sacrée Milice de Saint-Jean de Jérusalem. — *Aix*, 1746, in-4°. Pièce.*

Voyez ci-dessus n° 455.

479. Malthe ou l'Isle-Adam, dernier Grand-Maître de Rhodes et

premier Grand-Maître de Malthe. Poëme... par M. PRIVAT DE FONTENELLES.—*Paris*, 1749. in-8°.*

Page 188 on lit : « *Liste alphabétique des Chevaliers et serrans d'Armes François, dont on a pu recouvrer les noms, et qui ne font qu'une partie de ceux qui, en 1522, se trouvèrent, ou furent cités pour se trouver à la défense de Rhodes, fidèlement extraite des registres, archives, histoires générales de l'Ordre et de quelques mémoires particuliers.* »

480. Précis de la contestation qui donne lieu au règlement de juges. Entre les Prieurs, Baillis, Commandeurs, Chevaliers et Chapitre du Grand-Prieuré de France d'une part; le Receveur, Procureur-Général du commun trésor (le chevalier de Rupière), le procureur dudit commun trésor et l'Agent-Général de l'Ordre en France (le commandeur Jourdain), d'autre part. (Signé : Me GODINEAU DE VILLECHENAY, avocat.)—*Paris*, 1752. in-4°. Pièce.*

481. Dissertation sur la trahison imputée à André d'Amaral, Grand-Chancelier de l'Ordre de Saint-Jean de Jérusalem. (Par M. DE KESSEGUIER, chevalier de Malte.) — (S. l. n. d.) In-12. Pièce.*

Opuscule curieux et très-rare.

482. Traité de l'administration des bois de l'ordre de Malte, dépendans de ses Grand-Prieurés, Bailliages et Commanderies dans le royaume de France. — *Paris*, 1757, in-4°.*

483. Mémoire pour le Receveur et Procureur-général de l'Ordre de Malte (le chevalier de Rupière); au Grand-Prieuré de Saint-Gilles, contre les Syndics, Consuls et habitans de la commune de Saint-Just, en Languedoc... (signé DE VENDE, rapporteur : et Me ROUSSEL, avocat.) — *Paris*, 1759, in-4°. Pièce.*

484. Décret du Grand-Maître et Sacré Conseil sur l'affaire de l'administration des bois dépendans des commanderies des trois Langues de France. Du 13 Septembre 1759. —(*Paris*,) 1760, in-4°. Pièce.*

485. Mémoire pour religieux frère Guy Borraidon de Vatanges, chevalier de l'Ordre de Saint-Jean de Jérusalem, Commandeur de Chambéry et de Malterail, en qualité de Receveur et Procureur-Général de cet Ordre au Grand-Prieuré d'Auvergne. Contre le Syndic de la Chartreuse de Saint-Hugon. (Par Me ROUSSEL, avocat.)—(*Paris*,) 1760, in-4°. Pièce.*

486. Observations sur le Mémoire Intitulé : « Précis de la contestation d'entre les Prieurs, Baillis, Commandeurs, Chevaliers et Chapitre du Grand-Prieuré de France... » (Signé J. BASTARD, rapporteur; et Me ROUSSEL, avocat.)—*Paris*, 1762, in-4°. Pièce.* Avec pièces justificatives.

Voyez le n° 480 ci-dessus.

487. Supplément pour le Chapitre du Grand-Prieuré de France contre le Receveur, Procureur-Général et Procureur du Commun Trésor, et l'Agent Général de l'Ordre. (Signé GODINEAU DE VILLECHENAY, avocat.) — (*Paris*,) 1762, in-4°. Pièce.*

488. Au Roy et à Nosseigneurs de son Conseil. (Signé MOREAU DE BEAUMONT.) —(*Paris*,) *Le Breton*, 1763, in-4°. Pièce.*

Au sujet de l'administration des bois de l'ordre de Malte.

489. Réflexions sur les dispositions des Bulles ou Décrets de 1751 et 1756, portant Règlement pour l'administration de l'Ordre de Malte. (Signé le chevalier DE RUPIÈRE, et le commandeur JOURDAIN.) — (*Paris*,) 1763, in-4°. Pièce.*

490. Réfutation d'un Écrit intitulé : « Réflexions sur les dispositions des Bulles ou Décrets du Grand-Maître et Conseil de Malte, de 1751 et 1756. Portant Règlement pour l'administration des bois de l'Ordre de Malte en France. » —(*Paris*,) 1764, in-4°.*

491. Mémoire pour le chevalier de RUPIÈRE, contre le vénérable Bailli de Saint-Simon. —(*Paris*,) 1767, in-4°. Pièce.*

492. Almanach de l'Ordre de Malte pour l'année 1769...

Voyez ci-après Liv. IV, Sec. i, § 2.

493. Liste de Messieurs les Chevaliers, Chapelains conventuels et Servants d'armes des trois vénérables Langues de Provence, Auvergne et France, faite par des Commissaires nommés par les trois vénérables Langues, l'an M. DCCLXXI.—*Malte*, 1772, 1778, in-8°.*—*Malthe*, 1783, in-8°. [B. B.]

494. Traité préalable passé entre l'Ordre de Saint-Jean de Jérusalem et l'Ordre Hospitalier de Saint-Antoine de Viennois. (Signé : MAIGRET, BRONOD.)—*(Paris, 1775.)* In-4°. Pièce.*—*(Paris,1775.)* In-f°. Pièce.*

495. Prima Bulla PII SEXTI, de unione Ordinis Sancti Antonii Viennensis Ordini Sancti Joannis Hierosolimitani. Datum Romæ, anno incarnationis dominicæ, millesimo septingintesimo septuagesimo sexto, sextodecimo calendas Januarii. — *Parisiis,*1777, in-4°. Pièce.*—*Parisiis*, 1777, in-f°. Pièce.*

496. Secunda Bulla PII SEXTI, de unione Ordinis Sancti Antonii Viennensis Ordini Sancti Joannis Hierosolimitani, prioris interpretativa. Datum Romæ, anno incarnationis dominicæ millesimo septingintesimo septuagesimo septimo, septimo idus Maii. *Parisiis*, 1777, in-4°.* Pièce. — *Parisiis*, 1777, in-f°. Pièce.*

497. Mémoire pour les gens des trois États du pays de Provence contre l'Ordre de Malte.— *Aix*, 1779-1781, 2 parties en 1 vol. in-4°.*

498. Fastes de l'Ordre de Malte, selon la série chronologique des Grands-Maîtres, accompagnés de notes critiques et ornés des portraits de ses illustres Chevaliers, par M. l'abbé DE LA QUESNOY.—*Paris*, 1783, in-4°. [Be.]

499. Mémoire de l'Ordre de Malte. (Par le bailli de GUIRAN LA BRILLANNE.)—*Paris*,1789,in-4°.Pièce.*

500. Examen du privilége de l'imprescriptibilité des biens de l'Ordre de Malte.— *(Paris,)* imp. de L. d'Houry, in-f°. Pièce.*

501. Considérations pour l'Ordre de Malthe, présentées à l'Assemblée nationale et au comité chargé du remplacement des dimes, par M. le vicomte DE MIRABEAU, député de la Noblesse du Haut-Limousin, le 19 août 1789. — *Versailles*, 1789, in-8°. Pièce.*

502. Réflexions sommaires et impartiales sur l'utilité de l'Ordre de S. Jean de Jérusalem et sur les dangers de sa suppression en France. Par le Bailli DE FLACHSLANDEN, grand-turcopolier de l'Ordre de Malthe, député d'Alsace. — *(Paris, 1789.)* In-4°. Pièce.*

503. Examen rapide d'un écrit intitulé : « Opinion sur les demandes de quelques Français restés attachés à l'Ordre de Malte et qui réclament des biens personnels, sous prétexte qu'ils sont étrangers et à l'abri de l'émigration.»— *(Paris, s. d.)* In-4°. Pièce.*

504. Observations sur l'Ordre de Malte.—*(Paris, s. d.)* In-8°. [D.]

505. Réponse à un libelle antipatriotique intitulé : « Observations sur l'ordre de Malte. » — *(S. l. n. d.)* In-8°. Pièce.*

506. Destruction de l'Ordre de Malte en faveur de l'Ordre militaire de Saint-Louis. Par P.-J.-JACQ. BACON-TACON,...— *Paris*, 1789, in-8°.*

507. A la Nation et à ses Représentants pour le plus ancien et le plus utile de ses alliés (l'Ordre de Malte). —*Paris* (1789), in-4°. Pièce.*

508. L'Ordre de Malthe dévoilé, ou Voyage de Malthe; avec des observations historiques, philosophiques et critiques sur l'état actuel de l'Ordre des Chevaliers de Malthe et leurs mœurs; sur la nature, les productions de l'isle, *la religion* et les mœurs de

ses habitants. Par M. CARASI.—
(*S. l.,*) 1790, 2 vol. in-12.*

> Cet ouvrage de V. BARON, qui
> parut sous le pseudonyme de
> Carasi, est très-rare aujourd'hui.
> Nous ne pensons pas que le style
> et l'érudition qu'on y trouve aient
> pu contribuer à le faire recher-
> cher.

509. Considérations sur la néces-
sité de maintenir l'ordre de
Malte tel qu'il est; par DE MAYER.
(*S. l.,*) 1790, in-8°. [D.]

510. Développement de la motion
de M. CAMUS, relativement à
l'Ordre de Malte. Imprimé par
ordre de l'Assemblée (4 janvier
1790).—*Paris,* (s. d.) In-8°. Pièce.*

511. Première suite du « Développement de la motion de M.
CAMUS, relativement à l'Ordre
de Malte. » De l'Ordre de Saint-
Lazare et du Mont-Carmel. Imprimé par ordre de l'Assemblée
nationale. — *Paris* (1790), in-8°.
Pièce.*

512. Examen de la motion de M.
Camus relativement à l'Ordre de
Malte; et Réponse sommaire par
un citoyen de l'ancien Ordre du
Tiers-État. — (*S. l.,*) 12 *février*
1790. *Réimprimé avec notes le 15
septembre suivant.* In-8°. Pièce.*

> Au sujet de l'aliénation des
> biens en France de l'Ordre de
> Malte.

513. Principes sur l'Ordre de Malte.
(*Paris,*) 23 *août* 1790, in-8°. Pièce.*

> Cet ouvrage, du même auteur
> anonyme que le précédent, est
> aussi sur le même sujet.

514. Lettre de M. le Commandeur
de T*** à M*** Député à l'Assemblée nationale, sur l'Ordre
de Malthe.—(*S. l.,*) 1790, in-8°.
Pièce.*

515. Opinion du Bailli de CRUSSOL,
député à l'Assemblée nationale,
sur l'Ordre de Malte. — *Paris,*
1790, in-8°. Pièce.*

516. Mémoires historiques et politiques sur les vrais intérêts de
la France et de l'Ordre de Malte;
par VILLEBRUNE. — *Paris,* 1797,
in-8°. [A. A.]

517. Mémoire historique sur l'Ordre de Malte; par COCHERIS.—
(*S. l.,*) An V, in-8°. [D.]

518. BONNIER, Recherches sur l'Ordre de Malte, et Examen d'une
question relative aux Français,
ci-devant membres de cet Ordre; avec une lettre de MERLIN
sur le même sujet.—*Paris,* An
VI-1798, in-8°. [B. Bru.]

519. Malte ancienne et moderne,
contenant la description de cette
isle, son histoire naturelle, celle
de ses différents gouvernemens,
la description de ses monuments
antiques, un traité complet des
finances de l'Ordre, l'histoire
des Chevaliers de Saint-Jean de
Jérusalem depuis les temps les
plus reculés jusqu'à l'an 1800, et
la relation des événements qui
ont accompagné l'entrée des
Français dans Malte, et sa conquête par les Anglais. Par LOUIS
DE BOISGELIN, chevalier de
Malte. Édition française, publiée
par A. FORTIA (DE PILLES)...—
Marseille, 1805, 3 vol. in 8°.*

520. Mémoire pour l'Ordre souverain de Saint-Jean-de-Jérusalem,
lu à la commission des vénérables Langues de France, le 30
août 1814, par le chevalier HENRI
DE VALORI.—*Paris,* 1814, in-8°.
Pièce.*

521. Considérations d'un chevalier
français sur l'Ordre de Malte,
par M. LEGROING DE FONTNOBLE.
—*Paris,* 1814, in-8°. [B. C. F.]

522. Mémoire historique pour l'Ordre Souverain de Saint-Jean de
Jérusalem; suivi de Considérations politiques et morales sur le
rétablissement de cet Ordre;
publié par la commission des
trois Langues. (Par DE MAR-
CHANGY).—*Paris,* 1816, in-8°.*

523. De la Restauration de l'Ordre
de Saint-Jean-de-Jérusalem, par
R. BICHERET.—*Paris,* 1817, in-8°.*

> Contient la chronologie des offi-
> ciers de cet Ordre depuis 1695 jus-
> qu'à 1817.

524. De l'Afrique et des Chevaliers
Hospitaliers de Saint-Jean-de-
Jérusalem, par L. C. P. D. V.—
Paris, 1818, in-8°.*

525. Lettre à M. Marchand, chevalier de l'Ordre de la Légion-d'Honneur, (du 16 juin 1819, par le chev. F. N. DE FOULAINES, au sujet de l'Ordre de Malte.)—(Paris, s. d.) In-8°. Pièce.*

526. Considérations sur la nuit du 13 au 14 février 1820, suivies d'un opuscule publié en 1817 et intitulé : « De la Restauration de l'Ordre Souverain de Saint-Jean-de-Jérusalem, par R. BICHERET. »—Paris, juillet 1820, in-8°.*

527. Archives généalogiques et héraldiques de M. DE LACROIX,... Instruction pour les personnes qui désirent se faire admettre dans l'Ordre Souverain de Saint-Jean de Jérusalem.—Paris (1822), in-4°. Pièce.*

528. Armorial général de l'Ordre de Malte, ou de Saint-Jean-de-Jérusalem ; et Nobiliaire historique et généalogique ; par M. DE LACROIX, généalogiste dudit Ordre, etc. Prospectus.—Paris (1825), in-4°. Pièce.*

C'est tout ce qui a paru de cet ouvrage, qui devait former 8 vol. in-4°.

529. Observations sur l'Ordre de Saint-Jean-de-Jérusalem et de Malte ; avec l'Exposition des motifs qui doivent engager la Sainte-Alliance, à rendre à cet Ordre, en exécution du congrès de Vienne, sa souveraineté légitime, et à l'établir dans la Grèce ou dans quelqu'une de ses parties, pour terminer la guerre du Levant. (Par D'ESPINAY SAINT-DENIS.)—Paris, 1825, in-4°. Pièce.*

530. A MM les Rédacteurs du Moniteur et autres journaux français, par le colonel marquis D'ESPINAY SAINT-DENIS...—Paris, 1827, in-8°. Pièce.*

Pour le rétablissement de l'Ordre de Malte.

531. Description des monuments de Rhodes ; par ROTTIERS. — Bruxelles, 1828, in-8°. Avec atlas, in-4°. [B. Bru.]—Bruxelles, 1830, in-4°. [D.]

532. Monuments des Grands-Maîtres de l'Ordre de Saint-Jean-de-Jérusalem, ou vues des tombeaux élevés à Jérusalem, à Ptolémaïs, à Rhodes, à Malte, etc., accompagné de notes historiques sur chacun des Grands-Maîtres, des inscriptions gravées sur leurs tombeaux, de leurs armoiries, etc., publiés par M. le vicomte L. F. VILLENEUVE-BARGEMONT.—Paris, 1829, 2 vol. gr. in-8°.* Avec figures.

533. Lettre (du 26 octobre 1829) du commandeur BERLINGHIERI, ancien ministre plénipotentiaire de l'Ordre Souverain de Saint-Jean de Jérusalem au Congrès de Vienne, à Monsieur de Flassan,... sur la partie de son histoire de ce congrès relative aux négociations concernant le dit Ordre. — Paris (s. d.), in-8°. Pièce.*

534. Lettre (du 20 novembre 1829) de M. DE FLASSAN, chevalier de Saint-Jean-de-Jérusalem, etc., en réponse à la lettre de M. le commandeur Berlinghieri,... —(Paris, s. d.) In-8°. Pièce.*

535. Histoire abrégée des Chevaliers de Saint-Jean de Jérusalem, appelés ensuite Chevaliers de Rhodes et de Malte ; précédée du Tableau des Grands-Maîtres, de la Liste des Dignitaires et Chevaliers de l'Ordre, publiée par J. G. DE SAUGBY. — Paris, 1838, in-12.*

536. L'Ordre de Malte, ses Grands-Maîtres et ses Chevaliers, par M. (VITON) DE SAINT-ALLAIS.—Paris, 1839, in-8°.* Avec blasons coloriés.

537. Histoire des Chevaliers de Malte.—Limoges, Barbou, 1842, in-12.* Avec 4 gravures.

538. Du Rétablissement des Sœurs Hospitalières de Saint-Jean-de-Jérusalem, suivi d'une Notice sur les Dames Chanoinesses en France ; par DUCAS.—Paris, 1852, in-8°. [D.]

539. Extraits des Archives de Malte ; ouvrages généalogiques, manuscrits, pièces détachées, etc.

—*Gand, impr. de Vanderhaeghen*, (1855), in-8°. Pièce.

540. Du Rétablissement de l'Ordre de Malte, par F. DE BARGHON FORT-RION. — *Paris*, 1859, in-8°. Pièce.*

541. De la Situation présente de l'Ordre de Malte, du Caractère de sa réforme et de son ancien Etat en Poitou ; par M. GUSTAVE BADY. Extrait de la *Revue de l'Orient, de l'Algérie et des Colonies*, livraison de janvier 1859. —*Paris, Just Rouvier*, 1859, in-8°. Pièce.*

Voyez encore ci-après Liv. IV, Sect. II, § 7, le tome XXᵉ du « Nobiliaire universel de France, » par VITON DE SAINT-ALLAIS (1814-1843).

Ordre du Saint-Sépulcre.

Institué en 1099.

542. Cérémonial à l'usage des Chevaliers et Arch. du Saint-Sépulcre de Jérusalem. — *Paris* (s. d.) In-4°. Pièce.*

543. Factvm, povr les Chevaliers et voyagers du Sainct-Sepulchre de Nostre Seigneur Jesus-Christ en Hierusalem, pour parvenir au restablissement et entretennement de l'Hospital du Sepulchre, fondé en ceste ville de Paris, rue S. Denis, par leurs predecesseurs voyagers.—(S. l. n. d.) In-4°. Pièce.*

544. Les obligations que vous alles contractées, et promettre à Dieu de remplir, pour estre reçu de notre Archiconfrairie royale militaire, à la face des saints autels, en présence des chefs et députés du Corps.— (S. l. n. d.) In-8°. Pièce.*

Page 6 on lit : « *Liste générale de tous les confrères et sœurs de l'archiconfrairie royale militaire des Chevaliers-royageurs , Palmiers et confrères de dévotion du Saint Sépulcre de Jérusalem, en la Terre-Sainte...*
Pour l'année 1751. »

545. Abrégé des Règlements et Titres authentiques de l'Ordre royal et Archiconfrérie du Saint-

Sépulchre institués par Sainte Hélène en 306. — *Paris*, 1771, in-8°.*

546. Anciens Statuts de l'Ordre Hospitalier et Militaire du Saint Sépulcre de Jérusalem.—*Paris*, 1776, in-8°. [B. B.] Avec figures.

547. A Nosseigneurs de Parlement. (Signé : DE GAULLE, Procureur.) *Paris, P.-G. Simon*, 1777, in-4°.*

Pétition des membres de l'Ordre du Saint-Sépulcre pour demander la suppression d'un mémoire signé Venier, comme injurieux envers les membres de cette religion.

On trouve en tête les noms de tous les membres de l'ordre du Saint-Sépulcre vivants en 1777. *at*

548. Mémoire pour l'Ordre du Saint-Sépulcre de Jérusalem, par M. DE VALORI.—*Paris*, 1814, in-8°. [D. Co.]

549. Précis historique de l'Ordre du Saint-Sépulcre de Jérusalem, par le comte ALLEMAND.—*Paris*, 1815, in-12. [D.]

550. Discours prononcé par le Prieur et Commᵉ général de l'Ordre royal, religieux, du Saint-Sépulcre de Jérusalem, à la réception de M***, le 26 mai 1817. —*Paris* (s. d.). In-8°. Pièce.*

551. Discours prononcé par M. le Prieur Commissaire-général de l'Ordre royal religieux hospitalier et militaire du Saint-Sépulcre de Jérusalem (à la réception de M. l'abbé Mary, le baron de Beaucourt, etc., le 30 octobre 1819.) — *Paris* (s. d.). In-4°. Pièce.*

552. Discours prononcé par M. le Prieur Commissaire-général de l'Ordre royal, religieux, hospitalier et militaire du Saint-Sépulcre de Jérusalem (à la réception de M. le comte de Tilly, le 6 décembre 1819.)—*Paris* (s. d.). In-4°. Pièce.*

553. (Lettre.) A M. le comte de Caumont, gouverneur-général du prétendu Ordre royal, religieux, hospitalier, du Saint-Sépulcre de Jérusalem [du 20

août 1823.] (Par le baron LAINÉ). —(*Paris, s. d.*) In-8°. Pièce.*

Ordre des Templiers.

Institué en 1119.

554. Traités concernant l'histoire de France, savoir la Condamnation des Templiers,... l'histoire du schisme... et quelques procès criminels. Composés par P. Du Puy.—*Paris*, 1854, 1665, 1700, in-12.*

555. Histoire de la Condamnation des Templiers,... par PIERRE Du Puy, nouvelle édition, augmentée de l'Histoire des Templiers de M. GURTLER, et de plusieurs autres pièces curieuses sur le même sujet. — *Brusselles*, 1714, 2 vol. in-8°.*

556. Histoire de l'Ordre militaire des Templiers ou Chevaliers du Temple de Jérusalem, par PIERRE Du Puy.—*Bruxelles*, 1751, in-4°.* — Nouvelle édition. *Bruxelles*, 1752, in-4°.* — *Bruxelles*, 1757, in-4°. [L. F.]

557. Histoire des trois Ordres réguliers et militaires des Templiers, Teutons et Hospitaliers ou Chevaliers de Malthe. (Par l'abbé Roux.) — *Paris*, 1725, 2 vol. fn-12.*

558. Histoire secrète des Templiers ou Chevaliers de Malte. (Par l'abbé Roux.)—*Amsterdam*, 1730, 2 vol. in-12. [Q.]

> Même ouvrage que le n° précédent.

559. Histoire de l'Abolition de l'Ordre des Templiers. (Publié par le P. JOLY).—*Paris*, 1779, in-12.*

560. Essai sur les Accusations intentées aux Templiers et sur le secret de cet Ordre, avec une Dissertation sur l'origine de la Franc-maçonnerie ; par FRÉDÉRIC NICOLAÏ. Ouvrage traduit de l'allemand. — *Amsterdam*, 1783, in-12.* Avec figures.

561. Histoire critique et apologétique de l'Ordre des Templiers, par feu le R. P. M. J. (MANSUET JEUNE, chanoine régulier de l'ordre des Prémontrés.)—*Paris*, 1789, 2 vol. in-4°.*— *Paris*, an XIII (1805), 2 vol. in-4°. [Bar.]

> Publié par le P. JOLY, capucin.

562. Apologie des Templiers et des Francs-maçons ; par J. M. PLANE.—*Meudon*, 1797, in-8°.*

563. Mémoires historiques sur les Templiers, ou Eclaircissements nouveaux sur leur histoire, leur procès, les accusations intentées contre eux, par PH. G*** (GROUVELLE).—*Paris*, 1805, in-8°.* Avec le portrait de Jacq. Molay.

564. Procès et Condamnation des Templiers, d'après les pièces originales et les manuscrits du temps, servant d'introduction à la tragédie des « Templiers » par M. Raynouard. (Publiée par PISSOT).—*Paris*, an XIII (1805), in-8°.*

565. Monuments historiques relatifs à la Condamnation des Chevaliers du Temple, et à l'abolition de leur Ordre, par RAYNOUARD.—*Paris*, 1813, in-8°.*

566. Manuel des Chevaliers de l'Or. du Temple. (Par SUD-EUROPE.) —*Paris*, 1825, in-18.*

567. Recherches sur les Croisades et les Templiers... par le chevalier JACOB (1828).

> Voyez ci-dessus n° 369.

568. BRISSET. Les Templiers. — *Bruxelles*, 1837, 2 vol. in-12, [B. A. L.]

569. Essai sur l'Histoire des Templiers, traduit de l'allemand, par E. FRAISSINÈT,...— *Bruxelles*, 1840, in-8°. [B. Bru.]

570. Règle et Statuts secrets des Templiers, précédés de l'Histoire de l'Établissement, de la destruction et de la continuation moderne de l'Ordre du Temple, publiés sur les manuscrits inédits des archives de Dijon, de la Bibliothèque Corsini à Rome, de la Bibliothèque royale à Paris, et des archives de l'Ordre. Par C. H. MAILLARD DE CHAMBURE.—*Paris*, 1840, in-8°.*

571. Procès des Templiers, publié par M. MICHELET, ..—*Paris*, 1841, 2 vol. in-4°.*

Cette importante publication fait partie de la *Collection des Documents inédits sur l'Histoire de France.*

572. Histoire des Templiers, par J. J. E. ROY. — *Tours*, 1848, in-12.*—2° édition. *Tours*, 1851, in-12.*—3° édition. *Tours*, 1853, in-12.*

573. Eclaircissements sur les pratiques occultes des Templiers. Par MIGNARD... — *Dijon, Douillier*, 1851, in-4°.

Extrait des *Mémoires de la Commission des Antiquités de la Côte-d'Or*, 1851-1852, où il porte ce titre : « Antiquités d'Essarois, 3° époque. »

574. Sceau du chanoine Payen, au XII° siècle, et Recherches sur la parenté de ce chanoine avec le fondateur de la milice du Temple. Par MIGNARD.—*Paris, Bouquin*, 1852, in-8°.

575. Monographie du coffret de M. le duc de Blacas. Par MIGNARD, membre de plusieurs sociétés savantes. — *Paris*, 1852, in-4°.* Avec une planche.

Ce travail intéressant contient des particularités curieuses et inédites sur les Templiers et sur leur constitution intime.

576. Suite de la Monographie du coffret de M. le duc de Blacas, ou preuves du Manichéisme de l'Ordre du Temple. Par MIGNARD,...—*Paris*, 1853, in-4°.* Avec 5 planches.

A la fin on trouve, avec pagination particulière : « *Statistique de la Milice du Temple ressortissant du Grand-Prieuré de Voulaine, autrement dit Grand-Prieuré de Champagne.* »—Voyez le n° suivant.

577. Statistique de la Milice du Temple en Bourgogne, et importance du Grand-Prieuré de Champagne, qui avait son siége à Voulaine (Côte-d'Or). Par MIGNARD,...—*Paris, Dumoulin*, 1853, gr. in-8°.

Contenu aussi dans le numéro précédent.

578. Mémoire statistique sur les Établissements des Templiers et des Hospitaliers de Saint-Jean de Jérusalem en Bourgogne. Par M. CÉSAR LAVIROTTE. — *Paris*, 1853, in-8°.*

Extrait du volume des séances tenues à Dijon, XIX° session.

579. Notice sur le Cartulaire des Templiers de Provins, XII° et XIII° siècle. (Par FÉLIX BOURQUELOT). — *Paris* (1858), in-8°. Pièce.*

Extrait de la *Bibliothèque de l'Ecole des Chartes*, XIX° année. Pour complément des ouvrages sur l'Ordre des Templiers, voyez ci-après LIV. IV, Sec. II, § 5 : « Annales historiques des anciennes provinces,...» Par BARBOT DE LA TRÉSORIÈRE. (1858.)

Ordre du Saint-Esprit de Montpellier.

Institué en 1198.

580. Constitutions de l'Ordre du Saint-Esprit, faites dans une Assemblée générale, tenue à Montpellier en 1302. — (*S. l. n. d.*) In-4°. [L. F.]

D'après le P. Lelong, ces constitutions sont fausses.

581. Procvration dv Grand Maistre de l'Ordre du Sainct-Esprit de Montpellier, pour faire les questes l'an 1558. — (*S. l. n. d.*) In-4°. Pièce.*

582. Libri tres. de Legibus collegiorum Ordinis canonicorum Spiritus Sancti (Monspeliensis). *Parisiis*, 1580, in-8°. [L. F.]

583. Constitutions de l'Ordre du Saint-Esprit, confirmées et rédigées en CL chapitres; par BERNARD-GRILLE, grand maître du Saint-Esprit de Rome en 1564. —*Toul, aux frais de la maison conventuelle dudit lieu*, 1622. [L. F.]

584. Factum sommaire par lequel est iustifié que l'Archihospital du S. Esprit de Montpellier est le premier hospital de toute la Chrestienté, de l'Archihospitalité duquel dépendent généralement tous les autres hospitaux, exceptez ceux qui se trouveront fondez et confirmez par le Sainct Siége, aux autres milices et reli-

gions hospitalières, et possédez par leurs donataires, ou leurs vrais et légitimes successeurs. Et pour faire voir que Saincte Marthe a fondé ladite Archihospitalité, religion et milice du Sainct-Esprit, et que nos rois ont acquis le droict de fondation, et protection d'icelle. — (S. l. n. d.) In-4°. Pièce.*

585. Bref Discovrs sur la différence des Croix d'or, des Chevaliers des deux Ordres du Roy, et des Chevaliers Hospitaliers de l'Ordre du Saint-Esprit sous la règle de Saint-Augustin. (Par OLIVIER DE LA TRAU, sieur DE LA TERRADE.)—Paris, 1629, in-4°. Pièce.*

586. Discours de l'Ordre militaire et religion du Saint-Esprit, contenant une briève description de l'établissement dudit Ordre par OLIVIER DE LA TRAU, sieur DE LA TERRADE, archi-hospitalier, général et grand-maitre de cet Ordre, sous la règle de Saint-Augustin; avec un discours sur la différence des croix d'or des deux Ordres du roy et des Chevaliers Hospitaliers du Saint-Esprit.—Paris, 1629, in-4°.*

587. Constitutions de l'Ordre du Saint-Esprit, faites dans une Assemblée générale de l'Ordre tenue à Montpelier.—Paris, 1631, in-4°. [L. F.]

588. Tableau de l'Ordre, Milice et Religion du Saint-Esprit, selon la règle de Saint-Augustin; par NICOLAS GAULTIER, commandeur et commissaire général dudit Ordre.—Paris, 1646, in-8°. [L. F.]

589. Lettres Patentes de Sa Majesté, Portant la direction de tous Hospitaux, Maladreries et Lieux Pieux à ceux de l'Ordre du S. Esprit, excepté ceux qui sont d'institution régulière, et qui sont de fondation Royalle. (9 septembre 1647.)— (S. l. n d.) In-4°. Pièce.*

590. Mémoire charitable contre le Manifeste de Nicolas Gaultier, capucin, touchant l'Ordre du Saint-Esprit.—Paris, 1648, in-4°. [L. F.]

591. De capite sacri Ordinis Sancti Spiritus dissertatio. In qua ortus progressusque ordinis totius ac speciatim romanæ domus amplitudo, prærogativum jus et œconomia disseruntur scribebat F. PETRUS SAULNIER.—Lugduni, 1649, in-4°.* Cum figuris æneis.

592. Abrégé de l'Histoire des F. Hospitaliers de l'Ordre dv S. Esprit, qui fait voir par la considération de ses trois différents Estats, combien son rétablissement, agréé de leurs Majestez, est important à l'Eglise et à la France; auec la petite Apologie designée contre vn liure curieux, qui en traitant De capite Ordinis S. Spiritus, fait vne iniustice aux François pour fauoriser les estrangers.(Par NICOLAS GAULTIER, commandeur dudit Ordre.)— Paris, 1653, in-12.*— 2° édition. Pezenas, 1656, in-12.* Avec figures.

593. Le Bovclier de l'Innocent opposé à la Iaueline infame de Nicolas Gaultier. Par N. F. de P. D. en T. R. de l'Ordre D. S. E. (NICOLAS-FRANÇOIS DE PLAINEVAUX).—(S. l. n. d.) In-12.* Français-latin.

Contre l'ouvrage précédent.

594. Défense du Chef de l'ancien Ordre des Hospitaliers du Saint-Esprit de Montpellier; par NICOLAS GAULTIER. — Paris, 1655, in-4°.*

595. Mémoire instrvctif pour l'Ordre Hospitalier du Saint-Esprit sous la Règle des chanoines réguliers de Saint-Augustin. — (S. l., 1692.) In-f°. Pièce.*

Signé FERRARY, avocat.

596. Titres et Autoritez pour la Milice Hospitalière de l'Ordre ancien du Saint-Esprit. (Par NICOLAS DE BLEGNY.) —(S. l. n. d.) In-4°. Pièce.*

Requête présentée au Roi pour examiner l'edit du mois de décembre 1672, donné en faveur des Hospitaliers de Saint-Lazare.

597. Requête de NICOLAS DE BLÉGNY et consort, commandeur de l'Ordre Hospitalier du S. Esprit,

datée du 9 juillet 1693, contre un arrêt qui autorise le sieur de Lessac à prendre la qualité de vicaire-général de l'Ordre. La dite requête commençant ainsi: « A Nos Seigneurs du Grand-Conseil...» — (S. l. n. d.) In-4°. Pièce.*

598. Brevet du Roy, du premier Aoust 1693, par lequel Sa Majesté a fait don à messire Pierre-Henry Thibault de Montmorency-Luxembourg, abbé commandataire de l'abbaye d'Orcamp, de la Commanderie, général et chef de l'Ordre militaire et archihospitalier des chevaliers et religieux du Saint-Esprit de la ville de Montpellier, lieu où le chef de l'Ordre a esté reconnu par Nos Saints Pères les Papes. —(S. l. n. d.) In-f°. Pièce.*

599. Arrest du Conseil d'Estat du Roy, qui ordonne que les prétendans droit aux commanderies du Saint-Esprit, circonstances et dépendances, rapporteront leurs Lettres entre les mains des sieurs commissaires de Sa Majesté, pour l'exécution de ses Édit et Déclaration des mois de Mars et Avril 1693. Du 20 Aoust 1693, Extrait des registres du Conseil d'Estat.—(S. l. n. d.) In-4°. Pièce.*

600. Au Roy et à Nosseigneurs les Commissaires députez par Sa Majesté, pour l'exécution de l'Édit du mois de mars 1693, concernant l'Ordre Hospitalier du Saint-Esprit. (Par NICOLAS DE BLÉGNY.) —(S. l. n. d.) In-4°.*

601. Au Roy, et à Nosseigneurs les Commissaires députez par Sa Majesté, pour l'exécution de l'Édit du mois de Mars dernier, concernant les Ordres hospitaliers et militaires. (Par NICOLAS DE BLÉGNY.) —(S. l. n. d.) In-4°.*
Différent du n° précédent.

602. Au Roy, et à Nosseigneurs les Commissaires nommez par Sa Majesté, pour examiner l'Édit du mois de Décembre 1672. — Paris, imp. de J.-B. Nego, 1693, in-4°. Pièce.*

603. Factum pour les sieurs commandeurs et religieux profès de l'Ordre Hospitalier du S. Esprit, établis dans les duché et comté de Bourgogne et l'Alsace, demandeurs à estre réintégrés dans les maisons, biens et revenus dudit Ordre, désunis de celui de S. Lazare par l'édit de Sa Majesté du mois de mars 1693, pardeuant Nosseigneurs les Commissaires Généraux députez pour l'exécution d'icelui, contre les soi-disants grand-maistre, grands vicaires, sous vicaires de l'Ordre militaire du S. Esprit de Montpelier. (Par Me DE FERRARY, avocat.)—(S. l. n. d.) In-4°. Pièce.*

604. Factum pour les sieurs commandeurs et religieux de l'Ordre Hospitalier du Saint-Esprit, établis dans le duché et comté de Bourgogne, dans l'Alsace et dans la Lorraine, contre les sieurs commandeurs et chevaliers de l'Ordre de Notre-Dame de Mont-Carmel et de S. Lazare de Jérusalem.—(S. l. n. d.) In-f°. Pièce. [L. F.]

605. Mémoire du sieur (PIERRE-HENRY THIBAULT DE MONTMORENCY) abbé de Luxembourg, grand-maistre de l'ancien Ordre militaire et archihospitalier des Chevaliers et Religieux du Saint-Esprit de Montpellier, par brevet du mois d'Aoust 1693. A Messieurs les Commissaires nommez par Sa Majesté pour l'exécution de l'édit du mois de Mars de la même année.—Paris, 1695, in-4°.*

606. Tiltres principaux et Accessoires représentez au Roy, et à Nosseigneurs les Commissaires députez par Sa Majesté pour l'exécution de l'Edit du mois de Mars 1693, concernant l'Ordre Hospitalier du Saint-Esprit. Pour justifier des qualitez, capacitez, charges, dignitez, fonctions, vœux, serment, et profession hospitalières et religieuses dans ledit Ordre, de messire NICOLAS DE BLÉGNY, sieur d'Autun et de Cerilly, Chevalier bienfaicteur, nommé sous le bon plaisir de Sa Majesté, commandeur, premier médecin et admi-

nistrateur général des biens et hospitaux laïcs d'icelui.— *Paris, imp. de Cl. Mazuel*, 1694, in-4°.*

607. Fondation d'un hospital de l'Ordre du Saint-Esprit à Cayenne, avec une lettre de M. DE BLÉGNY.... (S. l.) 1697, in-4°. [I. C.]

608. Fragment d'un Projet d'Histoire concernant la Chevalerie chrestienne av sviet des Remedes exquis... envoyez à Cayenne l'an 1697. Par les Hospitaliers du Saint-Esprit... (Par NICOLAS DE BLÉGNY.)—*Angers*, 1697, in-4°. Pièce.*

609. Inventaire des Titres et pièces produites par devers le Roy, par mesire CHARLES HUE, des anciens barons DE COURSON en Auxerrois, chevalier sous-vicaire général de l'Ordre Archihospitalier, militaire et régulier du S. Esprit de Montpellier, premier officier de la milice, en l'instance concernant le susdit Ordre.— (*Paris.,*) *imp. d'Ant. de Saint-Aubin (s. d.)*, in-4°. Pièce.*

610. Réponse à une dernière production du sieur Hue, fournie par M. le procureur général (DE GOURGUES) de la commission établie par Edit de 1693. — (S. l. n. d.) In-f°. Pièce.*

611. Les Véritez establies par Messieurs les Chevaliers militaires de l'Ordre ancien, Archihospitalier et régulier du Saint-Esprit de Montpellier, sur la difficulté qui se suit au Conseil en exécution de l'Arrest de Sa Majesté du 20 Aoust 1693. Contenues en trois différentes pièces produites par messire CHARLES HUE des anciens barons de COURSON en Auxerrois...—(S. l., 1697.) In-f°. Pièce.*

612. Mémoire de Monsievr le Procvrevr général (DE GOURGUES) estably au sujet des Maladreries, concernant l'Ordre du S. Esprit. —(*Paris.*) 1699, in-f°. Pièce.*

Au sujet de l'affaire précédente.

613. Réponse au Mémoire imprimé sous le nom de Monsieur de Gourgues, maistre des requestes, nommé procureur général de la commission établie par Sa Majesté pour remettre l'Ordre militaire, archihospitalier et régulier du Saint-Esprit de Montpellier dans ses biens, en exécution de l'Edit du mois de Mars 1693. (Signé : DE MARILLAC, rapporteur.) — *Paris*, 1699, in-4°.* Avec les armes de l'Ordre sur le titre.

614. Requête présentée au roy par CHARLES HUE DE COURSON, contre les conclusions du procureur général prises dans le mémoire précédent, commençant ainsi : « Au Roy, Charles Hue de Courson...»— (S. l. n. d.) in-f°. Pièce.*

615. Observations de M. le P. G. (DE GOURGUES) de la commission établie pour l'exécution de l'Edit de 1693, sur le mémoire du S' Hue, qui font voir la fausseté des preuves qu'il a avancées au sujet de son prétendu Ordre militaire du S. Esprit. — (*Paris*), 1700, in-f°. Pièce.*

616. Au Roy.—Réponse aux observations de l'écrivain de Monsieur de Gourgues, procureur général de la commission établie pour l'exécution de l'Edit du mois de Mars 1693, qui fait voir la fausseté des preuves dont cet écrivain se sert pour détruire la Milice de l'Ordre du Saint-Esprit de Montpellier, qui a été reconnue par le Saint-Siége et par Sa Majesté.—*Paris,* 1700, in-4°.*

617. Commission et Compulsoire du Grand Conseil du Roy, du dix-septième Janvier 1698, portant permission à Monsieur l'abbé de Luxembourg, grandmaître et général de l'Ordre militaire et archihospitalier des Chevaliers et Religieux du Saint-Esprit de Montpellier de faire faire la recherche des titres, papiers et enseignements concernant les droits et les biens de l'Ordre et les faire compulser en cas de besoin. — (S. l. n. d.) In-f°. Pièce.*

618. Diverses pièces concernant l'Ordre des Chevaliers du Saint-Esprit de Montpellier et celui

de Saint-Lazare. — (S. l. n. d.) In-8°. [I. C.]

619. Objections contre l'existence et la Milice de l'Ordre du Saint-Esprit de Montpellier en France. — (S. l. n. d.) In-4°. [I. C.]

620. Arrets rendus contre ceux qui prennent faussement la qualité de Chevaliers du Saint-Esprit... — (S. l. n. d.) In-4°. [I. C.]

621. Table historique et chronologique des Généraux de l'Ordre du Saint-Esprit de Montpellier. — (S. l. n. d.) In-4°. [I. C.]

622. Pouillé des biens, hôpitaux, maisons et revenus,... de l'Ordre régulier du Saint-Esprit de Montpellier, divisé en trois classes. — Paris (s. d.), in-8°. [L. F.]

623. Arrest du Conseil d'Etat du Roy, par lequel Sa Majesté a jugé que l'Ordre Hospitalier du S. Esprit de Montpellier est purement régulier et non militaire. Du 10 Mai 1700. Extrait des Registres du Conseil d'Etat. — (S. l. n. d.) In-f°. Pièce.*

624. Requeste, Bulles, Edit, Consultations des docteurs et jurisconsultes, pouillé des biens et revenus de l'Ordre hospitalier du Saint-Esprit de Montpellier, présentez au Roy pour le rétablissement dudit Ordre, par les Commandeurs, Religieux et Chanoines hospitaliers du même Ordre. — (S. l.), 1707, in-f°.*

625. Arrest du Conseil d'Etat du Roy, qui ordonne le rétablissement de la Commanderie générale, Grande-Maîtrise régulière de l'Ordre du Saint-Esprit de Montpellier; et confirme les Commandeurs et Religieux dudit Ordre dans tous leurs biens, droits et priviléges. Du 4 Janvier 1708. — Paris, 1708, in-4°. Pièce.*

626. Contredits de Son Eminence Monseigneur le Cardinal DE POLIGNAC, nommé et présenté à Nostre S. Père le Pape par Sa Majesté très-chrestienne à la Commanderie générale et Grande Maistrise de tout l'Ordre en deçà les Monts des chanoines hospitaliers, religieux, prieurs et commandeurs du S. Esprit de Montpellier, sous la règle de S. Augustin. Contre le sieur Dorca, Grand-Maistre dudit Ordre en dela les Monts. — (S. l.) 1717, in-f°. Pièce.*

627. Idée de l'Ordre régulier des Commandeurs et Chanoines de l'Ordre du Saint-Esprit de Montpellier. — Paris, 1718, in-8°. [I. F.]

628. Arrest du Grand Conseil du Roy. Du cinquième Juillet 1720. Sur le vu des bulles des Papes, lettres patentes, édits et déclarations des Roys; Décisions et Arrests de leur Conseil d'Etat, et des Cours supérieures du Royaume. Concernant le régime, l'état et l'espèce de toutes les parties qui composent l'Ordre régulier des Commandeurs, Religieux, Chanoines hospitaliers de Saint-Esprit de Montpellier, sous la règle de Saint Augustin. Leurs Devoirs, Droits, Prérogatives, Juridiction, Biens, Exemptions, Préséances, Confrairie, Priviléges, Immunitez, Prééminences, etc. — (Paris,) C. Huguier (s. d.). In-4°.*

629. Arrest du Grand Conseil du Roy, du 18 Septembre 1723. Au Rapport de Monsieur Lambert, Conseiller; sur la requête de Monsieur le Procureur Général, avec l'analyse des motifs sur lesquels il est fondé. Tout y est curieux et important pour les droits du Roy. Cet arrest dit : 1° Qu'il y a abus dans le refus de Cour de Rome, de n'expédier les bulles de la Grande Maîtrise de l'Ordre régulier et hospitalier du Saint-Esprit de Montpellier, à M. le Cardinal de Polignac. 2° Fait défenses à toutes personnes de s'aider du décret de la Congrégation porté au Certificat du sieur Lezineau, expéditionnaire de la Cour de Rome. 3° Ordonne à M. le Cardinal de Polignac, de prendre possession dans un mois de ladite Grande-Maîtrise... 4° Enjoint à tous les sujets dudit Ordre, de ne reconnoître autre Chef général que M. le Cardinal

de Polignac...—*Paris*,1723, in-4°.
Pièce.*

Avec une gravure représentant les armes de M. de Polignac, celles de France, et la décoration de l'Ordre du Saint-Esprit de Montpellier.

630. Diplomata pontificia et regia Ordini Regio et Hospitali Sancti Spiritûs Monspeliensis concessa cum notis latinis et gallicis; edente fratre JOANNE-ANTONIO TOUSSART.—*Parisiis*, 1723, 2 vol. in-f°. [L. F.]

631. Idée générale de l'Ordre Hospitalier du S. Esprit de Montpellier. (Par COULET.) — *Paris*, 1743, in-8°.*

632. Décisions des Rois et de Sa Majesté sur l'Ordre Hospitalier du S. Esprit. (Par COULET, avocat.)—*Paris*, 1744, in-4°. Pièce.*

Ordre des Croisiers.

Institué en 1221.

633. La Vie du bien-heureux Théodore de Celles, restaurateur du très-ancien Ordre Canonial, Militaire et Hospitalier de Sainte-Croix, appelé vulgairement des Croisiers; origine des Croisades et Ordres Croisez. Avec un Traitté de l'antiquité de l'Ordre... Par le Père PIERRE VERDUC.... — *Périgueux*, 1681, in-4°.*

Ordre du Saint-Esprit au Droit Désir ou du Nœud.

Institué en 1352.

634. Mémoire pour servir à l'Histoire de France du quatorzième siècle; contenant les Statuts de l'Ordre du Saint-Esprit au Droit Désir ou du Nœud, institué à Naples en 1352, par Louis, premier du nom, roi de Jérusalem, de Naples et de Sicile, et renouvellé en 1579, par Henri III, roi de France, sous le titre de l'Ordre du Saint-Esprit. Avec une notice sur le Manuscrit original qui renferme les anciens statuts et des remarques historiques sur cet Ordre. Par M. LE FEBVRE, prêtre de la doctrine chrétienne.—

Paris, 1764, in-8°.*—*Paris*, 1764, in-f°.*

Il est bon de savoir que, malgré la différence des formats, c'est toujours la même édition. Toutefois, l'exemplaire sur grand papier, à cause des marges, est beaucoup plus recherché.

Le manuscrit dont il est ici question est un des plus splendides monuments littéraires de la France. Il a été exécuté en langue française, d'après les ordres de Louis d'Anjou, par les peintres de l'École du Giotto et de Simon Memmi. Nous pensons qu'il serait difficile de se procurer un document qui offrît plus d'intérêt, au point de vue de l'art et de l'histoire du moyen âge.

Les destinées de ce précieux manuscrit présentent des particularités trop singulières pour négliger de les relater ici : nous n'avons, du reste, pour cela, qu'à reproduire une partie de la savante notice de l'abbé Le Febvre, qui le premier a publié ce manuscrit.

« ... La République de Venise, « à ce qu'on assure, l'avoit jadis acquis, et le conservoit depuis un grand nombre d'années « dans le Trésor de ses raretés; « mais l'affection qu'elle portoit à « Henry, l'ayant engagée à lui « faire un présent digne de lui, « elle le lui remit lorsque, fuyant « le Trône de la Pologne, il passa, « en 1574, par leur ville pour aller prendre possession de celui « de la France, qui lui étoit échu « par la mort de Charles IX, son « frère.

« La beauté de ce Manuscrit, et « le nom de son Auteur, issu du « sang illustre des roys de France, « portèrent Henry à lui donner « place dans les archives de sa « Couronne; et ayant, quatre ans « après, conçu le dessein de former, « pour la haute Noblesse de « ses Etats, un Ordre nouveau, et « qui pût servir de récompense « au mérite et à la valeur distingués, il prit pour modèle les « statuts que ce Manuscrit comprenoit, et que Louis Ier, Roy de « Jérusalem, de Naples et de « Sicile avoit composé pour l'Ordre du Saint-Esprit au Droit « Désir ou du Nœud, qu'il avoit « établi à Naples en 1352.

« Après avoir extrait de ces anciens statuts ce qui étoit plus « conforme aux usages de son « temps et à ses vues particulières. Henry, par une fausse délicatesse, avoit ordonné à M. de « Chiverni, son chancelier, de les

« brûler, pour qu'il ne parût ja-
« mais qu'il y eût rien puisé.
« Mais ce ministre, n'ayant pas
« cru devoir obéir à un ordre qui
« tendoit à priver la France d'un
« monument authentique de la
« magnificence d'un prince qui
« tiroit d'elle son origine, le con-
« serva. Il échut ensuite à son
« fils, Philippe Hurault, évêque
« de Chartres; et après ce Prélat,
« il passa dans la Bibliothèque de
« M. Réné de Longueil, marquis
« de Maisons, Président à Mor-
« tier, et surintendant des Finan-
« ces, mort en 1677, puis dans
« celle de M. Nicolas Nicolaï,
« Premier Président de la Cham-
« bre des Comptes de Paris. Ce
« magistrat étant mort en 1686, ce
« précieux Manuscrit disparut tel-
« lement que ceux qui, par tra-
« dition, savoient les époques de
« son ancienne existence, n'en
« ont plus fait mention que
« comme d'une perte réelle. Le
« nouvel éditeur du Journal de
« Henry III avance que M. de
« Gaignières en avoit fait l'ac-
« quisition après la mort de M. le
« Premier Président de la Cham-
« bre des Comptes. Je n'ai point
« trouvé la preuve de cette anec-
« dote : mais il n'est point dou-
« teux qu'il n'en ait eu connois-
« sance. Le Père de Montfaucon
« le dit positivement, et ajoute
« que M. de Gaignières en fit faire
« une copie, et qu'il en fit tirer et
« peindre les tableaux qui accom-
« pagnent les articles des Statuts.
« Selon cet auteur, M. de Gai-
« gnières donna à la Bibliothèque
« du Roy cette copie avec tous les
« manuscrits de son cabinet. C'est
« ce qui prouve que ce savant n'a
« jamais été propriétaire de l'ori-
« ginal de celui-ci, comme l'Edi-
« teur du Journal de Henry III se
« le persuade. Cette copie n'existe
« plus dans la même Bibliothèque:
« elle y avoit disparu, on ne sait
« par quel événement, avant
« même que M. l'abbé Sallier en
« eût le gouvernement. »

Ce Manuscrit, miraculeusement
sauvé de la destruction, faisait
partie de la Collection Gaignat
au moment où l'abbé Le Febvre
écrivait ces lignes. A la mort de
ce célèbre collecteur, il fut acquis
pour le compte de la Bibliothèque
du Roi, où M. le comte Horace
de Viel-Castel le retrouva lorsqu'il fut chargé de recueillir les
monuments ayant appartenu aux
rois de France pour constituer le
Musée dit des *Souverains français*
au Louvre.

635. Statuts de l'Ordre du Saint-
Esprit au Droit-Désir ou du
Nœud, institué à Naples en 1352,
par Louis d'Anjou, premier du
nom, roi de Sicile, de Naples
et de Jérusalem. Manuscrit du
XIVe siècle conservé au Louvre,
dans le Musée des Souverains
Français; avec une notice sur
la peinture des miniatures et la
description du manuscrit; par
M. le comte HORACE DE VIEL-
CASTEL, conservateur du Musée
des Souverains Français au Musée impérial du Louvre.—*Paris*,
1853, in-f°.* Avec 17 planches
fac-simile, grandeur de l'original.

Cette publication, remarquable-
ment belle, a été commencée au
mois d'août 1853, et terminée en
novembre 1854 par les soins et d'a-
près les procédés chromolithogra
phiques de MM. ENGELMANN et
GRAF, sous la direction scientifique
de M. le comte HORACE DE VIEL-
CASTEL, d'après les dessins de
MM. SCHULTZ et RACINET fils, exé-
tés sur pierre par M. H. MOTLIN,
avec la coopération typographique de M. Jules Claye pour le
texte.

L'édition donnée par l'abbé Le
Febvre n'avait pas de planches.
Celle-ci est la seule qui repro-
duise l'œuvre originale d'une manière complète.

Ordre de Saint-George en Bourgogne.
Institué en 1390.

636. L'Etat de l'illustre Confrérie
de Saint-George, autrement dite
de Rougemont en Franche-
Comté en Bourgogne; avec les
noms, surnoms, réceptions, armes et blasons de chacun des
confrères vivans en la présente
année 1663, celles de leurs lignes
de noblesse, sous lesquelles ils
ont été reçus en ladite Confrérie : offert et gravé aux frais de
PIERRE DE LOISY (et dressé par
THOMAS VARIN, sieur D'ANDEUX).
—*Besançon*, 1663, in-f°.*

La Bibliothèque impériale possède un second exemplaire de
cet ouvrage, enrichi de notes
autographes de Charles-Réné
d'Hozier, où se trouve la continuation manuscrite de la liste des
chevaliers jusqu'en 1703.

La Bibliothèque de la ville de
Besançon en possède un où cette
liste est menée jusqu'en 1762.

637. Statuts de l'Ordre de Saint-George, au Comté de Bourgogne, et la Liste de tous MM. les Chevaliers dudit Ordre, l'an M.CCC.XC. (Par ANTOINE-HONORÉ POUTHIER DE GONHILAND.) —Besançon, 1768, in-8°.* Avec blasons.

Rare.

638. Mémoire pour MM. les Chevaliers de Saint-Georges, Representans la Noblesse du Comté de Bourgogne, demandeurs et appellans comme d'abus contre M. le cardinal d'Estrées, abbé commendataire de l'Abbaye de Saint-Claude, défendeur et intimé. —(S. l. n. d.) In-f°. [L. F.]

Au sujet d'une prétendue réforme de saint Claude, par laquelle la Noblesse semblait être exclue de cette institution.

639. Aperçu succinct sur l'Ordre des Chevaliers de Saint-George du Comté de Bourgogne. Suivi de ses Statuts et Règlemens, et de la Liste de tous les Chevaliers qui y ont été reçus depuis sa première restauration de l'an 1390 jusqu'à ce jour. 1833. (Par le comte DE SAINT-MAURIS.) — Vesoul, juillet 1834, in-8°.*

Ordre de Saint-Hubert.

Institué en 1416.

640. Liste des membres de l'Ordre de Saint-Hubert de Lorraine.— Paris (1830), in-4°. Pièce.*

641. Ordre noble de Saint-Hubert de Lorraine. Extrait des statuts. —Paris, 1850, in-4°. Pièce.*

642. Notice historique sur l'Ordre de Saint-Hubert de Lorraine et du Barrois, extraite de titres originaux conservés dans les archives de l'Ordre.—Paris (1852), in-4°. Pièce.*

Ordre de Saint-Michel.

Institué en 1469.

643. Le liure des ordonnances des cheualiers de lordre du treschrestien roy de France Loys XI° a lhonneur de Sainct Michel. Imprime a Paris... Ilz se vendét a la rue de la iuifrie a lenseigne des deux sagittaires.. —(A la

fin:) Cy fine le liure de linstitution de lordre du roy imprime nouuellement a Paris l'an mil cinq cens et douze le xiii iour doctobre pour guillaume eustace libraire..., in-8° de 40 ff.* Caract. goth.

Ouurage excessivement rare; mais les réimpressions en sont très-communes et se trouvent sous le titre suivant:

644. Le Livre des Ordonnances... —Sur la copie imprimée à Paris, chez Guillaume Eustace en l'an 1512. (1661.) In-8°.*

645. Le liure des Statuts et Ordonnances de l'Ordre Sainct Michel, estably par le tres chrestien roy de France Loys vnzieme de ce nom. Institution de l'office de prevost et maistre des cérémonies, avec autres statuts et ordonnances sur le faict dudit ordre. —Paris (vers 1550). Petit in-4°.*

Ouurage non moins rare que l'avant-dernier n°; la Bibliothèque impériale en possède cependant trois exemplaires, dont deux sur velin décrits dans le catalogue de VAN-PRAET.

646. Etat des Chevaliers de l'Ordre de Saint-Michel, choisis et retenus par le Roy Louis XIV, Chef et Souverain dudit Ordre.—Paris, 1665, in-4°. [L. F.]

647. Statut et Ordonnance, faits par Lovis XIV, Roy de France et de Nauarre, Grand-Maistre, Chef et Souverain de l'Ordre de Saint-Michel, pour le Rétablissement dudit Ordre.—Paris, 1665, in-4°. Pièce.*

La Bibliothèque impériale possède encore de cet opuscule plusieurs autres exemplaires avec différence dans le nombre des pages.

648. Statuts de l'Ordre de S. Michel.—(Paris,) 1725, in-4°.* Avec pl. gravées.

La Bibliothèque impériale possède un second exemplaire sur velin, décrit dans le catalogue de VAN-PRAET.

649. Statuts de l'Ordre de Saint-Michel; ordonnances et règlements rendus en conséquence. —Paris, 1728, in-4°. Pièce.* Avec figures.

650. Déclaration dv Roy portant règlement général pour les Chevaliers de son Ordre et Milice de Sainct-Michel. Auec la Lettre de cachet adressante à M. le Chevalier de Saincte Iame pour estre publiée et enuoyée par toutes les Provinces de France. —Paris, 1653, in-4°. Pièce.*

651. Estat des Chevaliers de l'Ordre de S. Michel, choisis et retenus par Louis XIV, Roy de France et de Navarre, Grand-Maistre, chef et souverain dudit Ordre de Saint-Michel. —Paris, 1665, in-4°. Pièce.*

652. Ordonnance du Roy portant deffenses à toutes personnes de porter le Titre, la Croix, ni autres marques d'honneur de son Ordre de Saint-Michel qu'aux cent réservés. —Paris, 1665, in-4°. Pièce.*

653. Nouvelle réforme faite par le Roy en son Ordre de Saint-Michel de plusieurs particuliers depuis le 25 Mars dernier et la nomination d'autres personnes qui lui ont été plus agréables pour remplir les places de ceux qu'il a révoqués, avec la tenue du premier Chapitre dudit Ordre, le 19 d'Avril de cet année 1665. —Paris, 1665, in-4°. Pièce.*

654. Acte du Roi, du 10 Juillet 1665, par lequel il est fait injonction de se conformer à la déclaration du 12 Janvier 1665 relative à l'Ordre de Saint-Michel, commençant ainsi : « De par le Roy, Grand-Maître,... » —(S. l., 1665.) In-f°. Pièce.*

655. L'Institution et Ordonnance des Chevaliers de l'Ordre de Saint-Michel, pour le Rétablissement dudit Ordre avec la Harangue faite au Roy par le vicomte D'AUTEUIL, comme Doyen, nommé par Sa Majesté, de Messieurs les Chevaliers de cet Ordre. — Paris, 1665, in-4°. [L. F.]

656. L'Etat asservé de l'enfance chrestienne presché en la feste de Saint-Michel Archange, solemnisée par les Chevaliers de son Ordre, en l'église des Pères Cordeliers, le Dimanche 17, iour d'Octobre M. DC. LXVI. Pour la célébration de leur Chapitre général. Et dédié au Roy,.. Souverain de l'Ordre. Par Messire CLAUDE LOVIS DV CHEMIN, éuesque de Néocesarée,.... — Paris, 1666, in-4°. Pièce.*

657. Arrest du Conseil d'en Haut portant Commission du Roy à M⁰ˢ le duc de Noüailles et de Béringhen, Chevaliers des deux Ordres, et Colbert, Grand Trésorier et Commandeur desdits Ordres; pour la Révision des preuves de Noblesse de Messieurs les Chevaliers de S. Michel, ordonnée par S. M. avec l'Ordonnance desdits Sieurs commissaires. (15 Nov. — 20 Déc. 1666.)—(S. l. n. d.) In-4°. Pièce.*

658. Ordonnance de Nosseigneurs les Mareschaux de France en faueur des cheualiers de l'Ordre du Roy et Milice de Saint-Michel. Contre les vsurpateurs de la qualité de Cheualier. —Paris, 1667, in-4°. Pièce.*

659. Règlement que le Roy chef et souverain Grand Maistre des Ordres de Saint-Michel et du Saint-Esprit, veut estre observé à l'avenir pour celuy de Saint-Michel. Du 25 Avril 1728. —(S. l. n. d.) In-4°. Pièce.*

660. Livre de prières, à l'usage de MM. les chevaliers de l'Ordre de Saint-Michel, et des Personnes qui ont de la dévotion pour ce premier de tous les anges. — Paris, 1730, in-12. [L. F.]

661. Extrait du Chapitre de l'Ordre de Saint-Michel tenu aux Cordeliers le 8 Mai 1749, auquel a présidé M. le duc de Biron, Commandeur et commissaire des Ordres de Saint Michel et du Saint Esprit. (Par Roy, chevalier et secrétaire de l'Ordre.)—(S. l. n. d.) In-4°. Pièce.*

662. Extrait du Chapitre de l'Ordre de Saint-Michel, tenu aux Cordeliers le 7 Décembre 1750. Auquel a présidé M. le baron de Montmorency,.... (Par Roy, chevalier et secrétaire de l'Ordre.) —Paris, 1751, in-4°. Pièce.*

663. Extrait du Chapitre de l'Or-

dre de Saint-Michel tenu aux Cordeliers le 29 Novembre 1751, auquel a présidé M. le comte de Mailly,... (Par Roy, chevalier et secrétaire de l'Ordre).—(*Paris*), 1752, in-4°. Pièce.*

664. Extrait du Chapitre de l'Ordre de Saint-Michel, tenu aux Cordeliers le 4 Décembre 1752, auquel a présidé M. le marquis de Sassenaye.... (Par Roy, chevalier et secrétaire de l'Ordre.) —(*Paris.*) 1753, in-4°. Pièce.*

665. Chevaliers de l'Ordre de S. Michel, le Roi, Grand-Maistre, chef et souverain.—(*Paris*, 1756,) in-f° plano.*
Liste des réceptions depuis 1711 jusqu'en 1756.

666. Liste de Messieurs les Chevaliers de l'Ordre de Saint Michel, institué par Louis XI à Amboise le premier Août 1469. —(*Paris*), 1760, in-8°. Pièce.*— *Paris*, 1773, in-8°. Pièce.*

667. Ordre de S. Michel. Discours de clôture du Chapitre convoqué le 29 septembre 1826, pour la réception des Chevaliers nommés depuis la Restauration, par le Doyen de l'Ordre (le duc DE LA VAUGUYON), présidé par le baron de Ballainvilliers, Grand Prévôt,....— (*Paris*, *s. d.*) In-4°. Pièce.*

668. Un Mot sur l'Ordre de S. Michel, par un Membre de l'Ordre. —*Amiens*, 1827, in-12. Pièce.

669. Quelques Notes sur les Légendes de Saint-Michel, par MAX. DE RING.—(*Colmar*, 1839.) In-8°. [Th.]

Ordre du Saint-Esprit.

Institué en 1578.

670. Institvtion des Chevaliers de l'Ordre et Milice dv Sainct-Esprit. Avec le serment des Chevaliers dvdit Ordre et les articles à observer par icevx.—*Paris*, 1579, in-8°. Pièce.*
Pièce importante et rare, qui représente la relation originale de cette institution.

671. Les Cérémonies tenves et observées a l'Ordre et Milice dv Sainct-Esprit, et les Noms des Chevaliers qui sont entrez en icelvy : faites sovbs le Très-chrestien Henry troisiesme de nom roy de France et de Polongne, en l'église des Avgvstins à Paris. — *Paris*, *Jean d'Ongois*, 1579, petit in-8°. Pièce.*
Avec les armes d'Henri III au v° de l'avant-dernier feuillet.
Pièce non moins rare et non moins curieuse que la précédente.

672. Le livre des Statvts et Ordonnances de l'Ordre dv Benoist Sainct-Esprit establý par le Très-chrestien Roy de France et de Polongne Henry troisiesme de ce nom. — *Paris*, 1579, 1610, in-4°.* — *Paris*, 1689, in-12.*— *Paris* (*s. d.*), in-f°.*—(*S. l. n. d.*) In-4°.*
L'édition de 1689, in-12, se trouve encore imprimée à la suite du tome 1er des *Recherches historiques de l'ordre du Saint-Esprit...* par DUCHESNE.

673. Le livre des Statvts et Ordonnances de l'Ordre et Milice dv Benoist Sainct-Esprit, institvé par le Très-chrestien Roy de France et de Pologne Henry troisième de ce nom. —(*S. l. n. d.*) In-4°.*
Bel exemplaire de l'impression de ces statuts, faite, vers 1594, en exécution de la déclaration du 2 janvier 1586. — La Bibliothèque impériale possède un autre exemplaire sur vélin de ces Statuts, décrit dans le catalogue de VAN-PRAET.

674. Les Statvts et Ordonnances de l'Ordre dv Benoist-Sainct-Esprit establý par le Très-chrestien Roy de France et de Pologne Henry III de ce nom.—*Paris*, 1629, 1655, in-4°.*

675. Les Statvts et Ordonnances de l'Ordre dv Saint-Esprit.—*Paris*, 1661, in-4°. Pièce.*

676. Les Statuts de l'Ordre du Saint-Esprit establý par Henri IIIme du nom Roy de France et de Pologne au mois de décembre l'an M. D. LXXVIII. — *Paris*, 1703, 1724, 1740, 1788, in-4°.*
L'édition de 1703, dont la Bibliothèque impériale possède encore un exemplaire sur vélin, décrit dans le catalogue de VAN-

Praet, a été faite d'après les ordres du roi, et sous la direction de Pierre Clairambault, généalogiste de l'Ordre du Saint-Esprit. Aussi cette édition, quoiqu'elle ne soit pas très-rare, est-elle aujourd'hui très-recherchée.—Ajoutons que l'édition de 1724 est la même que celle de 1703 : le titre seul a été réimprimé.

677. Le Liure des Priviléges, Franchises et Immvnitez donnez et octroyez par le Très-chrestien Roy de France et de Poloigne Henry troisième de ce nom, Chef souverain, Grand-Maistre et premier fondateur de l'Ordre et Milice du Benoist Saint-Esprit, aux Cardinaulx, Prélats, Commandeurs et Officiers d'iceluy Ordre.—(Paris, 1581.) In-4°. Pièce.*—Paris, 1620, in-8°. Pièce.*—Paris, 1629, in-4°. Pièce.*

678. L'Ordre des Noms des Chevaliers que Sa Majesté a faict et qui ont esté criez par le Hérault de l'Ordre dans la salle de Sainct Germain le cinquiesme Décembre 1619. — Paris, 1619, in-8°. Pièce.*

Cet opuscule est très-commun. La Bibliothèque impériale en possède plusieurs exemplaires portant la même date, mais avec quelques différences dans le corps du texte.

679. L'Alliance françoise, auec vn Discours touchant l'Ordre du Roy (Saint-Esprit). Enrichy d'vne emblesme.—(S. l.,) 1619, in-8°. Pièce.*—Lyon, 1620, in-8°. Pièce.*

680. Les Cérémonies royalles qui se doivent faire à la réception de Messievrs les Chevaliers de l'Ordre du S. Esprit, en l'Eglise des Augustins de Paris, commençantes aux vespres du dernier iour de l'an 1619...—Paris, 1619, in-8°. Pièce.*

681. Les Cérémonies royalles qui ont été faites à la réception de Messieurs les Chevaliers de l'Ordre du Saint-Esprit...—Paris, 1620, in-8°. Pièce.*

Différent du n° précédent.

682. Les Cérémonies tenves et observées à l'Ordre et Milice du S. Esprit, institué par le Très-Chrestien Roy Henry III, Roy de France et de Pologne. en l'Eglise des Augustins à Paris.—Paris. 1620. in-8. Pièce.*

Différent des deux n°s précédents.

683. Récit véritable de ce qui s'est fait et passé aux Cérémonies observées à la réception des Cheualiers de l'Ordre du S. Esprit, en l'Eglise des Augustins à Paris, Auec l'ordre et rang que chacun d'eux a tenu, tant dedans que dehors icelle église. Commençant la veille du iour de l'an 1620 et finissant le lendemain d'iceluy après vespres. Le tout par le commandement de Sa Majesté.—Paris, 1620, in-8°. Pièce.*

684. Svbiect des feux d'artifices pour la resiouissance des Cheualiers de l'Ordre receus par Sa Maiesté le premier iour de l'an. 1620.—(S. l. n. d.) In-8°. Pièce.*

Cette pièce se trouve quelquefois jointe à l'une des précédentes relatives aux cérémonies.

685. L'Ordre et description générale de tovt ce qvi s'est faict et passé aux Augustins à la Cérémonie des Chevaliers, depuis les premières vespres du mardy iusques aux secondes vespres du mercredy premier iour de l'an 1620. Ensemble le nombre des Princes et Seigneurs qui ont reçu l'Ordre et qui ne l'ont reçeu, assistans à ladite cérémonie. La disposition des théâtres, ordre et rang des Seigneurs et Princesses, richesse incroyable des paremens de l'Eglise, des habits des Cheualiers, dons et offrandes et la sompteuse magnificence du festin royal.—Paris, 1620, in-8°. Pièce.*

686. La Relation historique des pompes et magnifiques Cérémonies obseruées à la réception des Chevaliers de l'Ordre du Saint-Esprit. Faits cette année mil six cens vingt par Lovys XIII du nom,... Par Pierre Boitel, sieur de Gaubertin.—Paris,1620. in-8°.*

687. Recueil mémorable de tout ce qui s'est passé depuis la réception des Chevaliers de l'Or-

dre du S. Esprit en l'année 1620 jusques à présent.—*Paris*, 1620, in-8°.*

688. La Grande Protestation faicte av Roy, par Messieurs les Princes, Ducs, Pairs et Seigneurs Chevaliers au iour de la réception de l'Ordre (du Saint-Esprit). Ensemble le vœv et serment de fidélité.—*Paris*, 1620, in-8°. Pièce.*

689. Responce à l'escrit pvblié contre les Graces et les Priviléges accordez par nos Rois Très-Chrestiens, aux Officiers de leurs Ordres.—(*S.·l. n. d.*) In-4°. Pièce.*

690. Des trois Colombes. Traicté fort excellant, tiré d'vn ancien manuscript, composé en latin par vn deuot religieux auparauant seculier, qui l'adresse à vn nommé Frère Reinier qui auoit suiuy la guerre auant sa conuersion. Mis en françois par I. B. Le Masson, foresien, aumosnier ordinaire du Roy et dédié à Sa Majesté, sur la création des Chevaliers de son Ordre.—*Paris*, 1620, in-4°. Pièce.*

Cette pièce singulière contient à la page 14 une figure coloriée, representant une colombe avec diverses devises emblématiques tirées de la nature et du plumage de cet oiseau.

691. Les Armes et Blasons des Chevaliers et Officiers de l'Ordre dv S. Esprit. Créez par Lovys XIII Roy de France et de Navarre. Le tovt gravé en tailles dovces cvrieusement représentées, et recueilly par Iacqves Morin, Escuyer, sieur de la Masserie. — *Paris*, 1623, petit in-f°.*

Les planches sont gravées par Pierre Firens. — Un faux-titre porte : « *Chevaliers et commandeurs de l'Ordre de Saint-Esprit. Créez au Chapitre tenu par le Roy Lorys XIII en l'Eglise des Augustins à Paris le dernier iour de l'an M.DC.XIX.* »

La Bibliothèque impériale possède un autre exemplaire de cet ouvrage, dont les blasons sont pour la plupart sur velin et coloriés.

692. Discovrs de l'Ordre, Milice

et Religion du S. Esprit dédié à la Royne mère dv Roy, restauratrice dudit Ordre, contenant vne briefue description de l'Establissement dudit Ordre, par Messire Olivier de La Trav,... (*S. l.*, 1629.) In-4°.* Avec figures.

A la suite on trouve : « *Attestation touchant la double croix,...* » du même auteur.

693. La Royale Institution de l'Ordre et Milice du S. Esprit: avec la forme dv vœv et serment fait av Roy par Messieurs les Cardinaux, Prélats, Commandeurs et Officiers des Ordres de Sa Majesté. Ensemble les Ordonnances des Priuilèges et Exemptions donnez par le Roy ausdits Chevaliers.—*Paris*, 1633, in-8°. Pièce.*

694. Les Véritables Cérémonies royales faictes à la réception de Messieurs les Cheualiers de l'Ordre du S. Esprit dans le Chasteau de Fontainebleau. Ensemble toutes les particularitez qui se sont passées en icelles le 14, 15 et 16 may 1633. Les Ordonnances faictes par le Roy touchant les rangs et séances des Cardinaux... Auec les Noms et Qualitez des Cardinaux,... qui ont esté receus Chevaliers et associez de l'Ordre.—*Paris*, 1633, in-8°. Pièce.*

695. Vera Relatione delle Ceremonie Regale fatte nella recettione de' Sig. Cauallieri dell'Ordine dello Spirito-Sancto dentro il Castello di Fontainebleau...—*Roma*, 1633, in-8°. Pièce.*

Traduction italienne de l'ouvrage précédent.

696. Tables contenant les Chapitres, Qualitez, Noms, Svrnoms et Armes de tous les Chevaliers de l'Ordre de Sainct-Esprit, depuis le iour de sa première institution iusque à présent (1633).—(*Paris*, 1633.) In-f°.*

Composé de 13 feuillets imprimés sur le recto seulement.—Avec planches armoriales intercalées dans le texte, gravées par Boisseau.

Il existe encore un autre exemplaire de cet ouvrage, dont le titre commence ainsi : « *Théâtre ou table...* »

697. Recognoissance Royale dans le choix et eslection faicte par le Roy, de Messieurs les Chevaliers des Ordres de Sa Majesté. Avec le Rolle et Listes des noms et qualitez des Prélats et Seigneurs des nouueaux Cheualiers qui ont esté proclamez dans le Chapitre tenu en la Chambre de l'Ovalle à Fontainebleau le cinquiesme Mai 1633. Ensemble les articles que doivent obseruer et accomplir lesdits Sieurs Cheualiers.—*Paris*, 1633, in-8°. Pièce.*

698. Arrest Notable donné par le Roy, séant au chapitre de l'Ordre du S. Esprit, tenu à Fontainebleau le cinquiesme May 1633. Contre le duc d'Elbœuf et marquis de la Vieville, dégradez des Ordres de Sa Majesté.—*Paris*, 1633, in-8°. Pièce.*

699. Les Noms, Svrnoms, Qualitéz, Armes et Blasons des Chevaliers et Officiers de l'Ordre dv Saint-Esprit créez par le roy Louys XIII du nom... à Fontainebleau le 14 mai 1633 ; avec les figures en tailles douces, curieusement gravées et représentant au vrai les cérémonies et vêtements desdits sieurs chevaliers, et un ample discours sur ce qui s'y est passé. Le tout recueilli par PIERRE D'HOZIER, Sieur DE LA GARDE, historiographe et généalogiste de France.—*Paris*, 1634, in-f°.*

700. Les Noms, Svrnoms, Qvalitez, Armes et Blasons de tous les Princes, Seigneurs, Commandeurs, Chevaliers et Officiers de l'Ordre et Milice du Benoist Sainct-Esprit, depuis la première Institution iusques à présent. Créez par le Roy Henry troisiesme,... le dernier Décembre mil-cinq cens soixante et dix-huict. Avec les Statvts, Ordonnances, et Règlements dudit Ordre. (Par FRANÇOIS LA FLEICHE).—*Paris*, 1643, in-f°.*

Les statvts ci-dessus sont les mêmes que ceux imprimés dans le tome I, p. 618 du « *Théâtre d'Honneur...*» par A. FAVYN.

701. Armoiries et Blazons de tous les Chevaliers de l'Ordre du roy du Saint-Esprit, de la Jarretière et de la Toison d'Or, depuis le commencement d'iceux jusqu'à présent, par CHARLES SOYER, enlumineur du roi.—*Paris*, 1643, in-f°. [L. F.]

702. Les Noms et Armes des Chevaliers du Saint-Esprit depuis leur création jnsqu'en 1652, et ceux de l'Ordre de la Jarretière, gravés par PIERRE DARET.—*Paris*, in-4°. [L. F.]

703. Discours sur les Contrauentions aux Statuts de l'Ordre du Saint-Esprit, faites par les Officiers dudit Ordre. Ensemble sur la Protestation du Sieur marquis de Sourdis, Cheualier de l'Ordre du S. Esprit, pour tous les Cheualiers, signifiée ausdits Officiers le deuxiesme Ianuier mil six cens cinquante-sept.—*Paris*, 1657, in-4°. Pièce.*

La Bibliothèque impériale possède encore de cette pièce, assez commune du reste, plusieurs autres exemplaires, avec quelques différences typographiques dans le corps du texte; mais c'est toujours la même édition.

704. Table contenant les Chapitres, Qualités, Noms et Surnoms et Armes de tous les Chevaliers de l'Ordre du Saint-Esprit depuis le jour de sa première institution jusqu'à présent. [Par JEAN BOISSEAU (1657).]

Voyez ci-dessus n° 49.

705. Armes, Noms et Surnoms des Chevaliers de l'Ordre du S. Esprit depuis le jour de sa première institution jusqu'à présent.—*Londres*, 1657, in-f°. [L.]

706. Preuves de Noblesse pour l'Ordre de Saint-Esprit; par EUGÈNE ROGIER, comte DE VILLENEUVE.—*Paris*, 1660, in-4°. [L. F.]

707. Vers historiques au suiet de la Cérémonie des Cheualiers du S. Esprit...—(S. l., 1661.) In-8°. Pièce.*

708. Les Statvts et Ordonnances de l'Ordre dv Saint-Esprit ov l'on void tovtes les Cérémonies qvi s'obseruent à la réception

des Cheualiers dudit Ordre pendant les trois iours de la Solemnité, tant en l'Eglise des R. P. Augustins que hors icelle.—*Paris*, 1561, in-4°. Pièce.*

709. La Liste générale de tovs les Chevaliers de l'Ordre, nommez par Sa Maiesté. Svivant la proclamation qui eu a esté faite à Fontainebleau le troisième Décembre 1661, par le Héraut Roy d'Armes des Ordres de Sa Maiesté (Du Pont).—*Paris (s. d.)*, in-4°. Pièce.*

710. Description générale de tovt ce qvi s'est fait et passé avx Avgvstins, tant dedans que dehors leur Eglise pendant les trois iovrs de la Cérémonie. Contenant la Marche et l'Ordre teñu de tous les Chevaliers du Saint-Esprit tant anciens que novices, et de tous les Officiers de l'Ordre, en passant sur la Gallerie de charpente dressée le long du Quay des Augustins depuis l'Hostel de Luynes. Ensemble toutes les Cérémonies faites dans l'Eglise, soit pour la Séance prestation de Serment, vesture, collation de l'Ordre, et arrangement de leurs Armoiries, etc.— *Paris* (1662), in-4°. Pièce.*

711. Relation de tovtes les Cérémonies qvi s'observent en la Création des Chevaliers de l'Ordre dv S. Esprit. Contenant leurs Marches, Séances, Réceptions, et autres particularitez qui s'obserueront pendant les trois iours de la solemnité, tant en l'Eglise des... Augustins que hors icelle. Avec les Noms et Qualitez des Princes, Prélats et Seigneurs, que Sa Maiesté a nommez dans Fontainebleau pour estre honorez de cette dignité dans le mois de Ianuier 1662. Ensemble l'Institution de l'Ordre des Cheualiers du S. Esprit par le Roy Henry III. (Par FRANÇOIS COLLETET.)—*Paris (s. d.)*, in-4°. Pièce.*

712. Iovrnal contenant les Cérémonies qvi se sont faites à la création des novveavx Chevaliers dv S. Esprit, cette présente année 1662 tant en l'Eglise des...Avgvstins que hors icelle...

Avec vne exacte description des différents Habits qu'ils ont portés pendant les trois iours de cette auguste et célèbre cérémonie. (Par F. COLLETET).—*Paris*, 1662, in-4°. Pièce.*

713. Le Véritable Iovrnal des magnifiqves Cérémonies qui se sont faites et passées a la Création dv S. Esprit, cette présente année 1662. Tant en l'Eglise des Avgvstins ou Grand Couuent, que hors a'icelle. Ensemble leurs Séances, leurs Noms, Surnoms et Qualitez, la Forme de leurs sermens; et l'Ordre de leur Marche depuis l'Hostel de Luynes iusqu'à ladite Eglise : Avec vne exacte description de leurs différents Habits et parures, du Festin, et de tout ce qui s'est passé de remarquable en cette auguste Cérémonie. (Par FRANÇOIS COLLETET.) — *Paris*, 1662, in-4°. Pièce.*

714. La Liste Royale des Chevaliers de l'Ordre dv S. Esprit nommez par S. Majesté, pour estre créez et reçeus au premier jour de Ianuier l'an 1662. Ensemble les Noms, sur-Noms et Qualitez des Princes, Prélats et Seigneurs. Auec ce que dit le Roy en leur mettant le Manteau et colier de l'Ordre, apres qu'ils ont leu et signé leur Serment,et ce qu'ils doiuent respondre à Sa Majesté après avoir reçeu ledit Ordre. (Par FRANÇOIS COLLETET.)—*Paris (s. d.)*, in-4°. Pièce.*

715. L'Ordre des Chevaliers du Saint-Esprit, nommez par Sa Majesté, pour estre créez et reçeus au premier iour de Ianuier l'an 1662... (Par FRANÇOIS COLLETET).—*Paris (s. d.)*, in-4°. Pièce.*

Même ouvrage que le précédent.

716. Les Noms, Surnoms, Qualitez et Blazons des Chevaliers du S. Esprit créez par Louis XIV en 1662. (Par MATHURIN MARTINEAU, héraut d'armes de l'Ordre du S. Esprit.)—*Paris*, 1662, in-f°. [L. F.]

717. Les Noms, Qvalitez, Charges, Blazons et Extraction des Che-

valiers de l'Ordre dv S. Esprit créés par le Roy Louis XIV, du nom, à Paris le premier jour de l'an 1662. Ensemble un Traité d'Armoiries tiré d'vn manuscrit ancien anonyme, avec l'explication des termes & contenus ; et tout ce qui concerne les assortissemens et dépendances des armes, auec l'origine et progrès de toutes les espèces de Noblesse de ce Royaulme... par le sieur DELAVT MARIOLET...—*Bovrdeavx*, 1666, in-4°.*

Ce livre est peu de chose, dit le P. Lelong, et il a raison s'il entend parler de la quantité de matière qu'il renferme; mais quant au mérite de l'œuvre, nous pensons qu'il le juge un peu sévèrement. Nous y avons trouvé des choses fort neuves pour l'époque, touchant les fiefs et les titres nobiliaires et honorifiques, que plus d'un auteur accrédité n'a répétées qu'après lui. Du reste, peu commun.

718. Ordre gardé en l'assemblée de 1670, pour la cérémonie de la Messe de Saint-Esprit.—(*S. l.,* 1670.) In-f°. Pièce.*

719. Cérémonies de la Réception de Monseigneur le Dauphin, en qualité de Chevalier du Saint-Esprit. — *Paris*, 1682, in-4°. [B. R.]

720. Les Cérémonies observées à la reception des Commandeurs et des Chevaliers ausquels le Roy a donné l'Ordre du Saint-Esprit à Versailles, le 31 Décembre dernier, et le premier jour de l'An 1689.—*Paris*, 1689, in-4°. Pièce.*

721. Créations des Chevaliers de l'Ordre du S. Esprit, faits par Louis-le-Grand, ou Armorial historique des Chevaliers de l'Ordre très-exactement recherché, blazoné et orné de suports et cimiers, et présenté au Roy par le sieur F. DE LA POINTE, ingénieur et géografe du roy, mis au jour sur celui qu'il a dessiné pour Sa M^{té} en 1686 et 88. — (*S. l.*) 1689, in-4°.*

La Bibliothèque impériale possède un autre exemplaire de cet ouvrage portant: *Paris* pour nom de lieu, enrichi de notes manus-

crites de la main de P. DE CLAIRAMBAULT.

722. Recherches historiques de l'Ordre du S. Esprit, avec les Noms, Qualités, Armes et Blazons de tous les Commandeurs, Chevaliers, et Officiers, depuis son institution jusqu'à présent ; ceux de leurs pères, mères et femmes, enfans et descendans. Ensemble les Statuts, Ordonnances et Priviléges du même Ordre, par M. (FRANÇOIS) DU CHESNE,... (continuées) par M. HAUDIQUER DE BLANCOURT. — *Paris*, 1695, 2 vol. in-12.*—*Paris*, 1710, 2 vol. in-12.* [J. G. M.]

Lenglet-Dufresnoy, en parlant de cet ouvrage, dit qu'il est *passable*. Tout en acceptant le jugement du savant bibliographe, nous ajouterons que tout *passable* qu'il est, les travaux des modernes ne l'ont cependant point fait oublier. —Le 1er vol. est de Du Chesne, et le second a été publié par Haudiquer de Blancourt, son gendre.

723. Chevaliers de l'Ordre du Roy creez par les roys depuis l'institution de l'Ordre, en 1578, jusqu'en 1698, avec les blazons enluminés. — (*S. l.*) 3 vol. in-4°. [L. F.]

724. Formule de Serment des Commandeurs de l'Ordre du Saint-Eprit commençant par ces mots : « Je jure et voue à Dieu...» —(*S. l. n. d.*) In-f°. Pièce.*

725. L'Office des Chevaliers de l'Ordre du Saint-Esprit.—*Paris*, 1703, in-12. [I. F.]

726. Extrait du Mémoire qui concerne Nosseigneurs les Cardinaux, Prélats et Chevaliers de l'Ordre du S. Esprit étably par Henry IIIme du nom, Roy de France et de Pologne, au mois de décembre 1578. Conformément aux Statuts et Ordonnances réimprimez par ordre du Roy en 1703. — (*S. l. n. d.*) In-f° plano.*

727. Statuts et Catalogue des Chevaliers de l'Ordre du St-Esprit, depuis leur Institution jusques à présent (1712) ; avec leurs Noms, Surnoms, Qualitez et Postérité. (Par PIERRE DE CLAIRAMBAULT.)—(*S. l. n. d.*) In-f°.*

Extrait du 2e vol. de « *l'Histoire*

généalogique de la maison de France, » du P. Anselme; 2ᵉ édition revue par Honoré Caille du Focant.

L'exemplaire de la Bibliothèque impériale contient des additions manuscrites qui conduisent cet ouvrage jusqu'en 1715 inclusivement; et à la fin l'on trouve le procès-verbal manuscrit de la réception du duc d'Orléans dans l'Ordre de la Toison-d'Or, du 9 décembre 1752.—Très-rare.

728. Statuts et Catalogue des Chevaliers, Commandeurs et Officiers de l'Ordre du Saint-Esprit, avec leurs Noms, Qualitez et Postérité, depuis l'Institution jusqu'à présent (1731). (Par le P. Simplicien.)—Paris, 1733, in-f°.* Avec les armes gravées et coloriées, intercalées dans le texte.

Continuation du numéro précédent. — Extrait du 9ᵉ vol. de « l'Histoire généalogique de la maison de France, » du P. Anselme: 3ᵉ édition. — L'exemplaire de la Bibliothèque impériale contient des additions manuscrites comprenant les promotions faites depuis 1731 jusqu'en 1746 inclusivement. — Très-rare. — Voyez le nᵒ 743 ci-après.

729. Mémoire de ce qu'auront à faire Messieurs les Cardinaux, Prélats et Chevaliers nommez pour estre reçeus dans l'Ordre du S. Esprit. (Par Pierre de Clairambault.)—(S. l., 1724.) In-4°. Pièce.*

730. Relation des Cérémonies observées à la Reception des Commandeurs et des Chevaliers de l'Ordre du Saint-Esprit. Faite à Versailles, le 3 Juin 1724.—Paris, 1724, in-4°. Pièce.*

731. Edit du Roy qui confirme l'Ordre du Saint-Esprit dans tous ses privilèges du mois de Mars 1727. — Paris, 1728, in-4°. [L. F.]

732. Extrait des Statuts de l'Ordre du Saint-Esprit. Décembre 1578.—Paris, 1728, in-4°. Pièce.*

733. Addition aux Statuts de l'Ordre du Saint-Esprit. Pour les privilèges des Cardinaux, Prélats, Commandeurs et Officiers de l'Ordre du Saint-Esprit. Du mois de Mars 1580.—Paris, 1728, in-4°. Pièce.*

734. Pavl Pape V. A nostre trescher fils en J. C. Henry Roy de France très-chrétien, salut et bénédiction apostolique. Du 16 Février 1608.—Paris, 1730, in-4°. Pièce à 2 col.*

Bulle en français et en latin, par laquelle l'Ordre du Saint-Esprit est dispensé du vœu de ne recevoir en son sein aucun étranger.

735. Pouvoir du Très-chrestien Roy de France, Perpétuel administrateur de l'Ordre du Saint-Esprit, de conserver, produire et changer les Statuts qu'il jugera utiles et nécessaires pour l'heureux régime dudit Ordre... Du 17 Avril 1608. — Paris, 1730, in-4°. Pièce à 2 col.*

Français-latin.

736. Recueils des Édits, Déclarations, Règlemens, Arrets du Conseil, et des cours supérieures concernant les privilèges, exemptions et immunités attribués aux chevaliers, commandeurs et officiers de l'Ordre du Saint-Esprit.—Paris, 1730, in-4°. [B. Lim.]

737. Edit du Roi portant confirmation des privilèges de l'Ordre du Saint-Esprit et création de deux Offices de Trésoriers Généraux du marc d'or et de deux contrôleurs, du mois de janvier 1734.—Paris, 1734, in-4°. [L. F.]

738. Abrégé historique et chronologique du Saint-Esprit, contenant les Noms, Surnoms, Qualités de tous les Chevaliers, Commandeurs et Officiers, depuis son institution jusqu'à ce jour.—Paris, 1734, in-24.*

739. Délibération de l'Ordre du Saint-Esprit, portant que Sa Majesté accepte l'offre d'un million de livres; scavoir, quatre cens mille livres de don gratuit, pour confirmation des privilèges, et rachat et exemption du dixième des dépenses de l'Ordre et du marc d'or; six cent mille livres pour la finance des Offices du marc d'or, créés et établis

par ledit Ordre. Du premier Janvier 1734.—(S. l. n. d.) In-4°. Pièce.*

740. Armoiries des Princes et Princesses de la Maison royale... et celles des Commandeurs et Chevaliers de l'Ordre du S. Esprit vivans en 1736... (Par C. F. ROLAND LE VIRLOYS.)

Voyez ci-après LIV. IV, Sec. II, § I.

741. Les Noms, Qualitez, Armes et Blazons de tous les Chevaliers, Commandeurs et Officiers de l'Ordre du S. Esprit, créez... depuis le p⁰ chapitre tenu le dernier jour de l'an 1578... (Jusqu'au 46° tenu par Louis XIV à Versailles, le 1ᵉʳ janvier 1711.) Par IACQUES CHEVILLARD, historiographe de France...—Paris, (1711), 7 ff. gr. in-f° plano.*

Voyez le n° suivant.

742. Les Noms, Qualitez, Armes et Blasons de tous les Chevaliers, Commandeurs, crées par Louis XV° du nom, Roy de France et de Navarre, V° Chef et Grand Maistre de l'Ordre. (Depuis le 48° chapitre jusqu'au 92° tenu à Versailles, le 2 février 1759.) Par P.-P. DUBUISSON, généaliste du Roy.—Paris, l'Auteur, (1759), 3 ff. gr. in-f° plano.*

Voyez le n° précédent.—Il existe bien certainement un travail analogue pour le 47° chapitre, mais malgré toutes nos recherches, nous n'avons pu nous le procurer ni le trouver mentionné dans aucun catalogue.

743. Catalogue des Chevaliers, Commandeurs et Officiers de l'Ordre du Saint-Esprit, avec leurs Noms et Qualités, depuis l'Institution jusqu'à présent. (Par GERMAIN-FRANÇOIS POULLAIN DE SAINT FOIX, historiographe des Ordres du roy.)—Paris, 1760, gr. in-4°.*

Superbe ouvrage au point de vue typographique. Enrichi de vignettes, fleurons, culs-de-lampe, lettres ornées, le tout gravé par Lau. Cars. Contient les blasons intercalés dans le texte de chacun des membres dudit Ordre. Ce travail, sous le rapport de l'exécution et de l'exactitude, est bien supérieur à ceux publiés en 1712

et 1733 (voy. n°ˢ 727 et 728), malgré les connaissances généalogiques et héraldiques de leurs auteurs.

744. Onzième loterie de l'Ordre du Saint-Esprit, pour le Remboursement de 95,400 livres de Capitaux, sur l'Emprunt de 1,000,000 de livres, en exécution de l'Edit du Roy, donné à Marli au mois de Mai 1761.—Paris, 1772, in-4°. Pièce.*

745. Histoire de l'Ordre du S. Esprit, par M. (G.-F. POULLAIN) DE SAINT-FOIX, historiographe des Ordres du roy.—Paris, 1766, 1767, 3 vol. in-12.*—Paris, 1771, 2 vol. in-12.*—Paris, 1772, 3 vol. in-12.* —Paris, 1775, 2 vol. in-12.*

Le prospectus de cet ouvrage parut en 1761.

746. Edit du Roi portant création d'un Office de Trésorier, Receveur et Payeur particulier des Ordres du Roi. Donné à Versailles au mois de Janvier 1784. —Paris, 1784, in-4°.*

747. Chevaliers, Commandeurs et Officiers de l'Ordre du Saint-Esprit, institué en 1578, pour cent chevaliers ou commandeurs françois ou étrangers naturalisés et rignicoles, vivans le 1ᵉʳ Janvier 1790.—(S. l. n. d.) In-f°. Pièce.*

748. Déclaration du Bailli de CRUSSOL, (du 31 juillet 1791, contre la Suppression de l'Ordre du Saint-Esprit).—(S. l. n. d.) In-8°. Pièce.*

749. Nouvel office des Chevaliers de l'Ordre du Saint-Esprit.—Paris, 1816, in-12. [A. A.]

Ordre du Mont-Carmel et de Saint-Lazare.

Institué en 1607.

750. Mémoires, Règles, Statuts, Cérémonies et Priviléges des Ordres Militaires de Nostre-Dame du Mont-Carmel et de S. Lazare de Hierusalem. (Par L. P. C. M. D.)—Lyon, 1649, in-8°.*

751. Le Parfait Chevalier de N.-D. du Mont-Carmel et de S. Lazare de Jérusalem. — Paris, 1664, in-12.*

752. Histoire panégyrique de l'Ordre de Nostre-Dame du Mont-Carmel. Par Mgr. DE SAINT-JEAN. —Paris, 1665, in-f°. [B. Bru.]

753. Recueil de quelques titres et priviléges des Ordres du Mont-Carmel et de Saint-Lazare, depuis l'an 1668 jusqu'en 1672.— (S. l. n. d.) In-4°. [L. F.]

754. Edits, Lettres Patentes, Déclarations, Arrêts, des années 1672-1678, 1680-1683. Concernant l'Ordre de N.-D. du Mont-Carmel et de Saint-Lazare.— In-f°. Pièces.*

755. Recueil d'Edits, Déclarations, Arrêts, Lettres Patentes, des années 1672, 1691, 1694, 1698, 1723-1726. Concernant l'Ordre de N.-D. de Mont Carmel et de Saint-Lazare.—In-4°. Pièces.*

756. Profession de foy, selon les articles de la Bulle du Pape Pie IV, et du Saint-Concile de Trente, que les Chevaliers de l'Ordre de Nostre-Dame du Mont-Carmel et de S. Lazare de Jérusalem sont obligez de faire le jour de leur réception dans l'Ordre.—Paris, 1673, in-4°. Pièce.*

757. L'Antiquité et les différens Etats de l'Ordre de Nostre Dame du Mont-Carmel et de Saint-Lazare de Jérusalem,... —Paris, 1673, in-16. [L. F.]

758. Mémoire en forme de chronologie sur les différens estats de l'Ordre de Saint-Lazare.—(Paris) Impr. de C. Guillery, (s. d.) in-4°. Pièce.*

759. Aperçu chronologique des Membres de l'Ordre de Saint-Lazare, depuis sa réunion avec l'Ordre du Mont-Carmel jusques à nos jours.—Paris, impr. de C. Guillery, 1675, in-4°. Pièce.

760. Mémoires en forme d'Abrégé historique de l'Institution, Progrès et Priviléges de l'Ordre royal des Chevaliers de N.-D. du Mont-Carmel ; par le R. P. TOUSSAINCT DE SAINT-LUC. 2° édition.—Paris, 1676, in-12.*

761. Instruction de ce qui se doit observer pour estre reçu dans l'Ordre de N.-D. du Mont-Car-

mel et de Saint-Lazare.—Paris, 1673, 1682, 1685, 1688, in-f°. Pièces.*

762. Déclaration du Roy, portant Establissement de cinq Grands Prieurés et de cent quarante Commanderies de l'Ordre de N.-D. de Mont-Carmel et de S. Lazare de Jérusalem ; à laquelle sont attachés, sous le contrescel de la Chancellerie, les Statuts et Règlemens concernant lesdites Commanderies. Du 28 Décembre 1680. —(S. l. n. d.) In-f°. [L. F.]

763. Statuts concernans les Commanderies de l'Ordre de Nostre-Dame du Mont-Carmel, et de S. Lazare de Jérusalem, attachez à la Déclaration du Roy du 28 Décembre 1680, sous le contrescel de la Chancellerie.— (S. l. n. d.) In-f°. Pièce.*

764. Estat des lieux dont sont composés les Grands Prieurés et Commanderies de l'Ordre de Nostre-Dame du Mont-Carmel, et de Saint-Lazare de Jérusalem, avec les Noms de Messieurs les Grands Prieurs et Commandeurs, l'évaluation des Commanderies, les taxes pour les responsions deues au trésor de l'Ordre, les prix des baux, les charges pour le service divin et autres.— Paris, 1680. in-f°. [L. F.] —Paris, 1682, in-f°.*

765. Mémoires et Extraits des titres qui servent à l'Histoire de l'Ordre des Chevaliers de Nostre-Dame-du-Mont-Carmel et de Saint-Lazare de Hiérusalem, depuis l'an 1100 jusqu'en 1673, avec les règles et priviléges de l'Ordre; par TOUSSAINS DE SAINT-LUC,... Paris, 1681, in-8°.*

766. Statuts concernans les maladreries de l'Ordre de N.-D. du Mont-Carmel et de Saint-Lazare, avec la manière de pourvoir aux Commanderies ; de leur administration et visite, et de la réception dans l'Ordre.—Paris, 1681, in-f°. Pièce.*

767. Extraict des Registre du Conseil de l'Ordre de Nostre-Dame du Mont-Carmel, et de S. Lazare de Ierusalem. Du vendredi 26

Février 1683.—(*S. l. n. d.*) In-f°. Pièce.*

> Instructions pour les grands-prieurs et commandeurs, afin de répondre aux seigneurs desquels relèvent les biens des commanderies de l'Ordre.

768. Edit du Roy, portant désunion de l'Ordre de N.-D. de Mont-Carmel et de Saint-Lazare, des maisons, droits, revenus qui estoient possédés avant l'Edit du mois .° Décembre 1672, par les Ordres du Saint-Esprit de Montpellier, de Saint-Jacques de l'Epée,...—*Paris*, 1693, in-4°. Pièce.*

> Voyez le n° 772 ci-après.

769. Mémoires et Recueil des Bulles, Edits, Déclarations et Arrêts, concernant l'institution et les priviléges de l'Ordre des Chevaliers de Nostre-Dame du Mont-Carmel, et son union avec celui de S. Lazare de Jérusalem ; par TOUSSAINS DE SAINT-LUC.—*Paris*, 1693, in-8°. [L. F.]

770. Mémoires des Archevesques et Evesques, Commissaires départis dans les Provinces, concernant l'Edit de Mars 1693. Sur la désunion des biens de l'Ordre de N.-D. du Mont-Carmel et de Saint-Lazare.—(*S. l. n. d.*) In-4°. Pièce.*

771. Recueil des Edits, Déclarations et Arrêts, depuis 1672 jusqu'en 1694, concernant l'Ordre de N.-D. du Mont-Carmel et de Saint-Lazare.—*Paris*, 1694, in-4°.*

772. Edit et Déclarations du Roy, portant désunion des biens unis à l'Ordre de N.-D. de Mont-Carmel et de Saint-Lazare ; donné au mois de Mars 1693.—*Paris*, 1696, in-4°. Pièce.*

> Voyez le n° 768 ci-dessus.

773. Mémoire pour servir d'instruction à ceux qui se présenteront pour estre reçus dans les Ordres Royaux de Nostre-Dame de Mont-Carmel, et de Saint-Lazare de Jérusalem. — *Paris*, 1696, in-f°. Pièce.*

774. Déclaration du Roy du 12 Décembre 1698, portant Règlement pour l'administration des hôpitaux de l'Ordre de Mont-Carmel et de Saint-Lazare, dans lesquels l'hospitalité a esté établie ou rétablie.—*Paris*, 1698, in-4°. Pièce.*

775. Ode latine sur l'Ordre de S. Lazare (par FR. BOUTARD). Traduite en vers françois (par l'abbé DU JARRY) ; adressée à Monsieur le marquis de Dangeau. *Paris*, 1701, in-4°. Pièce.* Avec les armes de M. de Dangeau sur le titre.

776. Cérémonial de la Réception et Profession des Chevaliers de l'Ordre de N.-D. de Mont-Carmel et de Saint-Lazare. —*Paris*, 1703, in-4°. Pièce.*

777. Etat général des unions faites des biens et revenus des maladreries, léproseries, ausmoneries et autres lieux pieux, aux hôpitaux des pauvres malades, en exécution de l'Edit du Roy du mois de Mars, et des Déclarations du 15 du même mois, et du 24 Août 1693, divisé par diocèses et par ordre alphabétique. —*Paris*, 1705, in-4°. [L. F.]

778. Liste du Conseil de l'Ordre de Saint-Lazare, en 1721. Modèles, formules de réception et invitations dans l'Ordre de N.-D. du Mont-Carmel et de Saint-Lazare.—In-f°. Pièces.*

779. Recueil de plusieurs priviléges des Ordres royaux, militaires et hospitaliers de Notre-Dame du Mont-Carmel et de Saint-Lazare de Jérusalem (1682-1722). —*Paris*, 1722, 1723, in-8°.*

> Chaque *arrest, édit* ou *déclaration* a un titre spécial et une pagination particulière.

780. Mémoire pour Monsieur le marquis de Dangeau Grand-Maistre, et les Chevaliers et Commandeurs de l'Ordre de Mont-Carmel et de S. Lazare de Jérusalem. Pour servir de réponse aux deux requestes signifiées de la part du sieur abbé de Chabannes, les 12 Janvier et 11 Février dernier.—*Paris*, impr. de J. Fr. Knapen (*s. d.*), in-f°. Pièce.*

> Il s'agissait de savoir si les chevaliers avaient le droit de jouir, dans l'état de mariage, des pensions qui leur avaient été accordées comme clercs tonsurés, et

dont ils avaient joui en cette qualité pendant leur célibat.

781. Mémoire instructif, pour Monsieur le marquis de Dangeau
Grand-Maistre et les Chevaliers,
et Commandeurs de l'Ordre de
Saint-Lazare, et de Mont-Carmel
intervenans.—(S. l. n. d.) In-f°.
Pièce.*
    Au sujet de la question précé-
dente.

782. Liste de Messieurs les Chevaliers, Commandeurs et Officiers de l'Ordre Royal Militaire
et Hospitalier de Notre-Dame
du Mont-Carmel et de Saint-
Lazare de Jérusalem, suivant
l'année de leur promotion. (Par
DOUBLET, secrétaire de l'Ordre.)
—Paris, 1722, in-8°. Pièce *
    Du 12 février 1650 au 15 octo-
bre 1721.

783. Liste de Messieurs les Chevaliers, Commandeurs et Officiers
de l'Ordre Royal Militaire et
Hospitalier de Notre-Dame du
Mont-Carmel et de Saint-Lazare
de Jérusalem, suivant l'année de
leur promotion. (Par BOULARD,
secrétaire général de l'Ordre.)
—Paris, 1725, in-8°. Pièce.*
    Du 2 mai 1667 au 28 avril 1725.

784. Liste de Messieurs les Chevaliers, Commandeurs et Officiers
de l'Ordre Royal, Militaire et
Hospitalier de Notre-Dame du
Mont-Carmel et de Saint-Lazare
de Jérusalem, suivant l'année
de leur promotion. (Par BOU-
LARD, secrétaire de l'Ordre.)—
Paris, 1729, in-8°. Pièce.*
    Du 2 juin 1668 au 26 juillet 1729.

785. Liste de Messieurs les Chevaliers, Commandeurs et Officiers des Ordres Royaux Militaires et Hospitaliers de Notre-
Dame du Mont-Carmel et
de Saint-Lazare de Jérusalem,
suivant l'année de leur promotion. (Par DORAT DE CHA-
MRULLES, secrétaire général de
l'Ordre.) — Paris, 1774, in-4°.
Pièce.*
    Du 17 décembre 1705 au 17 dé-
cembre 1773.

786. Déclaration du Roy, concernant les Ordres Royaux, Militaires et Hospitaliers de Nostre-
Dame du Mont-Carmel et de
Saint-Lazare de Jérusalem. Donnée à Versailles le 3 novembre
1723.—Paris, 1724, in-4°. Pièce.*

787. Règlement que le Roy, en
qualité de Souverain chef fondateur et protecteur des Ordres
Royaux, Militaires et Hospitaliers de Notre-Dame de Mont-
Carmel et de Saint-Lazare de
Jérusalem, veut et ordonne être
observé, tant par rapport à l'administration desdits Ordres que
sur le nombre des Chevaliers
dont ils seront à l'avenir composés, et sur l'âge et qualités
qu'ils doivent avoir pour y être
admis. — Paris, 1757, in-4°.
Pièce.*

788. Histoire des Ordres Royaux,
Hospitaliers-Militaires de N.-D.
du Mont-Carmel et de Saint-La-
zare de Jérusalem, par (PIERRE
EDME) GAUTIER DE SIBERT. —
Paris, 1772, in-4°. Avec figures.

789. Essai critique sur l'Histoire
des Ordres Royaux, Hospitaliers
et Militaires de Saint-Lazare de
Jérusalem et de Notre-Dame du
Mont-Carmel.—(Par DESPLACES.
— Liége, 1775, in-12.*

790. Règlement concernant les
Ordres Royaux, Militaires et
Hospitaliers de Notre-Dame-du-
Mont-Carmel et de S. Lazare de
Jérusalem. Du 31 Décembre
1778.—Paris, 1779, in-4°. Pièce.*

791. Chevaliers, Commandeurs,
Officiers, Aumoniers, Chapelains
et Conseil des Ordres de Saint-
Lazare et de Notre-Dame du
Mont-Carmel, suivant leurs réceptions, vivans le 16 Décembre
1782.—(S. l. n. d.) In-f°, plano.*

792. Code des Loix, Statuts et Règlemens des Ordres Royaux,
Militaires et Hospitaliers de S.
Lazare de Jérusalem et de Notre-Dame du Mont-Carmel, ou
Recueil des Bulles des Papes,
duement autorisées dans le
Royaume ; des Edits, Déclarations, Lettres-Patentes et Arrêts
concernant les droits, priviléges
et exemptions desdits Ordres
réunis. Rédigé par ordre de
MONSIEUR, Frère du Roi, Grand

Maître et Chef général des deux Ordres réunis, et sous l'inspection de M. le marquis de Montesquiou, chancelier-garde des sceaux desdits Ordres. — *Paris*, 1783, in-4°. *

793. Première suite du « Développement de la Motion de M. Camus relativement à l'Ordre de Malte. » De l'Ordre de Saint-Lazare et du Mont-Carmel.... (1790.)

Voyez ci-dessus n° 311.

794. Histoire de l'Ordre de N.-D. du Mont-Carmel, dans la Terre-Sainte, sous ses 9 premiers prieurs généraux. — *Maestricht*, 1798, in-8°. *

795. Notice sur l'Ordre de Notre-Dame-du-Mont-Carmel et sur l'Établissement du monastère des Carmélites à Angers. — *Angers*, 1854, in-12. Pièce. *

Ordre de la Magdeleine.
Institué en 1614.

796 La Reigle et Constitution des chevaliers de l'Ordre de la Magdeleine, (Par JEAN CHESNEL, sieur DE LA CHAPPRONNAYE.) — *Paris, Toussaincts du Bray*, 1618, in-8°. Pièce. *

> Cet opuscule, des plus rares, contient sur le titre gravé, les armes de l'auteur, entourées du cordon de cet ordre, dont il fut tout à la fois le premier et le dernier représentant. Cette institution fut fondée en vue d'opposer la raison et la religion à la fureur des duels qui désolaient alors la France. Le fondateur en revêtit les insignes de la main même de Louis XIII; mais voyant qu'il n'avait pas d'imitateur, de dépit, Jean Chesnel, ce descendant du célèbre Beaumanoir, se fit ermite.

Ordre de Saint-Louis.
Institué en 1693.

797. Édit du Roy portant création et institution d'un Ordre militaire sous le titre de Saint-Louis, dont le Roy se déclare le chef et grand maître. Donné à Versailles, au mois d'Aoust 1693. — *Paris*, 1693, in-4°. [R.]

798. Édit en faveur des Grands-Croix, Commandeurs et Chevaliers de l'Ordre de Saint-Louis. Donné au mois de Mars 1694. — *Paris*, 1694, in-4°. [L. F.]

799. Discours sur l'Institution de l'Ordre Militaire de S. Louis, qui a remporté le prix d'éloquence par le jugement de l'Académie d'Angers, en l'année 1694, par l'abbé BOCQUILLON. — *Paris*, 1694, in-4°. Pièce. *

800. Instruction pour recevoir des Chevaliers de l'Ordre Militaire de Saint-Louis. — (*S. l.*, 1719,) in-f°. Pièce. *

801. Arrêt du Conseil d'État du Roy concernant la confirmation de l'Institution de l'Ordre Militaire de Saint-Louis, la création d'Officiers pour administrer les biens dudit Ordre et l'augmentation de deux Grands-Croix, cinq Commandeurs et cinquante-trois pensions. Du 1er Juillet 1719. — *Paris*, 1719, in-4°. Pièce. *

> A la page 5 se trouve l'édit du roi concernant la confirmation de l'institution de l'Ordre militaire de Saint-Louis, donné à Paris au mois d'avril 1719.

802. Nouveaux Règlements concernant l'Ordre Militaire de Saint-Louis, par lesquels le Roy augmente le nombre des Grands-Croix et des Commandeurs, et crée de nouveaux Officiers pour cet Ordre. Avril 1719. — *Paris*, in-4°. [L. F.]

803. L'Office de la Confrairie de Saint-Louis, érigée dans l'église de Notre-Dame de Versailles, pour l'utilité des Chevaliers de Saint-Louis. — *Versailles*, 1724, in-12. [L. F.]

804. Les Caudataires. (Ou Lettre d'un pauvre Chevalier de S. Louis au Maréchal le Prince de Soubise, sur l'Avilissement de l'Ordre, signée le *Franc-Chevalier* ou le *Chevalier Franc*.) — *Aux Deux-Ponts*, 1780, in-8°. Pièce. *

805 Histoire de l'Ordre Royal et Militaire de S. Louis, par M. d'ASPECT, historiographe dudit Ordre. — *Paris*, 1780, 3 vol. in-8°. *

> Ouvrage resté inachevé, et qui fut continué de nos jours par MM. Alex. Mazas et Th. Anne. — Voyez ci-après n° 822.

806. Mémoires historiques, concernant l'Ordre Royal et Militaire de Saint-Louis et l'Institution du Mérite Militaire (Par MESLIN). —*Paris*, 1785, in-4°.*

807. Observations du Ministre (FR.-EMM. GUIGNARD DE SAINT-PRIEST) sur la juste destination des pensions d'ancienneté et de vétérance, accordées sur l'Ordre de Saint-Louis, par les Ordonnances de 1788.—*Paris*, 1790, in-4°. Pièce.*

808. Eloge de l'Ordre Royal et Militaire de Saint-Louis, terminé par l'Edit de création de cet Ordre, par M. le Chevalier BONAFFOUX DELATOUR,... —*Paris*, 1790, in-8°.*

809. Destruction de l'Ordre de Malte, en faveur de l'Ordre Militaire de Saint-Louis, par M. P. J. JACQ. BACON-TACON (1789). Voyez ci-dessus n° 506.

810. Instruction pour les Pensionnaires de l'Ordre de Saint-Louis. —*Paris*, 1791. in-4°. Pièce.*

811. Manuel de l'Ordre Militaire de Saint-Louis, contenant sa Création, son Institution, ses Statuts, Règlemens; les Devoirs, Obligations, Prérogatives, etc., des Grands-Croix, Commandeurs, Chevaliers et autres Officiers de l'Ordre Royal et Militaire de Saint-Louis. — *Paris*, 1814, in-12.* Avec planches coloriées.

812. Nous croyons utile, dans ce moment, de donner ici un extrait de l'Edit du Roi du mois d'avril 1719, relatif à l'institution et à la confirmation de l'Ordre Militaire de Saint-Louis.— *Paris* (1815), in-8°. Pièce.*

813. Histoire de l'Ordre Royal et Militaire de S. Louis, précédée d'un Précis historique sur l'Ancienne Chevalerie; et suivie de toutes les ordonnances relatives à cet Ordre, et de la Liste de tous les Grands-Croix et Commandeurs, depuis son Institution jusqu'à ce jour. (Par M. MERLE.)—*Paris*, 1815, in-12.*

814. Statuts et Règlements de l'Association paternelle des Chevaliers de l'Ordre Royal et Militaire de Saint-Louis et du Mérite Militaire, instituée de l'agrément de Sa Majesté, sous la protection de Son Altesse Royale Madame, Duchesse d'Angoulême, et la présidence immédiate de Son Altesse Sérénissime Monseigneur le Prince de Condé. — *Brest*, Janvier 1817, in-8°. Pièce.*— *Grenoble*, Février 1817, in-8°. Pièce.*

815. Association paternelle des Chevaliers de l'Ordre Royal et Militaire de Sant-Louis et du Mérite Militaire. Précis de la séance générale annuelle du 1er Mars 1816, présidée par S. A. S. Monseigneur le Prince de Condé. —*Brest*, Janvier 1817, in-8°. Pièce.*

816. Prospectus de deux Maisons d'éducation, fondées par l'Association paternelle des Chevaliers de l'Ordre Royal et Militaire de Saint-Louis et du Mérite Militaire. — *Brest*, Janvier 1817, in-8°. Pièce.

817. Statuts et Abrégé de l'Histoire de l'Ordre Royal et Militaire de Saint-Louis,... Extraits de l'« Histoire des Religions ou Ordres militaires de l'Église.... Par HERMANT. » — *Brest*, juin 1817, in-8°. Pièce.*

818. Recueil de tous les Membres composant l'Ordre Royal et Militaire de Saint-Louis, depuis l'année 1693, époque de sa fondation; précédé des Edits de création et autres relatifs audit Ordre. Ouvrage posthume de JEAN-FRANÇOIS-LOUIS, comte D'HOZIER....—*Paris*, 1817-1818, 2 vol. in-8°.*
Cet ouvrage devait avoir 3 vol. en 12 livraisons.

819. Considérations sur les Ordres de Saint-Louis et du Mérite Militaire, par le général OUDINOT. —*Paris*, 10 Mars 1833, in-8°. Pièce.*
Extrait du *Spectateur militaire.* 85e livraison.

820. Coup d'œil sur l'Ordre Royal et Militaire de Saint-Louis.—*Paris*, 1836, in-8°. Pièce.*

821. Réflexions sur l'Ordre Royal et Militaire de Saint-Louis, ac-

compagnées de quelques Observations sur la Légion d'honneur, par M. CHARLES DE TOURREAU.— Carpentras, 1843, in-8°.*

822. Histoire de l'Ordre Militaire de Saint-Louis, depuis son institution en 1693, jusqu'en 1830; par ALEX. MAZAS,... (Terminée par THÉOD. ANNE ...) — Paris, 1855-1856, 2 vol. in -8°.*— 2° édition. Paris, Didot, E. Dentu, 1860, 2 vol. in-8°.*

Continuation de l'œuvre de d'Aspect.—Voyez ci-dessus n° 805.

Ordre du Mérite militaire.

Institué en 1759.

823. Ordonnance du Roy, portant Création d'un Etablissement sous le titre du Mérite Militaire. Du 10 Mars 1759.—Paris, 1759, in-4°. Pièce.*

824. Ordonnance du Roi, concernant l'Institution du Mérite Militaire. Du 1er Janvier 1785.—Paris, 1785, in-4°. Pièce.*

Voyez encore pour cet Ordre n°s 814—816 et 819.

Ordre de la Légion d'honneur.

Institué en 1802.

825. Observations sur les Distinctions honorifiques.—(S. l. n. d.) In-4°. Pièce.*

Plan d'organisation définitive de l'Ordre de la Légion d'honneur.

826. Manuel de la Légion d'honneur.—Paris, 1804, in-12. [Boul.]

827. Projet de Décoration pour les épouses des membres de la Légion d'honneur. Par M. HUSSENET.—Paris (1806), in-8°. Pièce.*

828. Fastes de la Nation française et des puissances alliées, ou Tableaux pittoresques gravés par d'habiles artistes, accompagnés d'un texte explicatif, et destinés à perpétuer la mémoire des hauts faits militaires, des traits de vertus civiques; ainsi que des exploits des membres de la Légion d'honneur. Par TERNISIEN-D'HAUDRICOURT,.. —Paris, 1807, 2 vol. in-4°.*—Paris,(s. d.),3 vol. in-4°.*

829. Légion d'honneur. Grande Chancellerie. Extraits des sénatus-consultes, lois, statuts et décrets impériaux, relatifs à la Légion d'honneur, et publiés avant le 15 août 1808, jour de Saint-Napoléon, et anniversaire de la naissance de l'Empereur. — Paris, (1808), in-8°. Pièce.*

830. Collection complète des portraits des Grands-Aigles et des Grands-Officiers de la Légion d'honneur, dédiée aux Grands-Aigles et aux Grands-Officiers de la Légion. Publié par M. MEYER, peintre, et précédé du calendrier de l'année 1810.— (S. l. n. d.) In-8°.*

831. Règlement général de l'Institut des Maisons impériales Napoléon. (3 mars.)—(S. l., 1811), in-4°..Pièce.*

832. Annales nécrologiques de la Légion d'honneur, ou Notices sur la vie, les actions d'éclat, les services militaires et administratifs, les travaux scientifiques et littéraires des Membres de la Légion d'honneur, décédés depuis l'origine de cette institution: Dédiées à S. M. l'Empereur, Chef suprême de la Légion d'honneur, et rédigées, d'après des Mémoires authentiques, par JOSEPH LAVALLÉE, chef de division à la grande chancellerie de la Légion d'honneur,...—Paris, 1811, in-8°.* Avec quinze portraits gravés en taille-douce.

833. Histoire générale des Ordres de Chevalerie.... Légion d'honneur, par M. [VITON DE SAINT-ALLAIS. (1811).]

Voyez ci-dessus n° 359.

834 Institution des Majorats et de la Légion d'honneur, ou Recueil chronologique des sénatus-consultes, des lois, décrets... concernant l'institution des titres. . mis en ordre... par RONDONNEAU. (1810.)

Voyez ci-après LIV. III; § 1.

835. Etat général de la Légion d'honneur depuis son origine, publié par autorisation de S. Exc. M. le Comte de Lacépède, avec les gravures représentant les décorations de la Légion

d'honneur.—*Paris*, 1814, 2 vol. in-8°.*

836. Mémoire sur la Diminution du traitement affecté aux Membres de la Légion d'honneur, comparée à la dotation de l'ex-Sénat, de la Chambre des Pairs et des Chevaliers de Saint-Louis. Réflexions sur ces différentes positions. (Par le Chevalier PAULET.)—*Paris*, 1818, in-8°. Pièce.*

837. Des Droits et Priviléges de la Légion d'honneur, suivis du Manuel des Electeurs, par J.-L. VOIDET, commissaire des guerres.— *Paris*, 25 Octobre 1818, in-8°. Pièce.*

838. Légion d'honneur. Réponse au «Journal général de France;» par J.-L. VOIDET,...—*Paris*, Novembre 1818, in-8°. Pièce.*

839. Légion d'honneur. Pétition à Messieurs les Membres de la Chambre des Députés, adressée par MARIÉ DUPLAN, Officier de la Légion d'honneur, etc.; qui réclame contre la réduction à moitié du traitement de la Légion d'honneur, et en sollicite le paiement intégral conformément à la loi du 15 mars 1815.—*Paris*, 1819, in-8°. Pièce.*

840. Observations sur la séance de la Chambre des Députés, du 18 Juin, par un Membre de la Légion d'honneur. Cette séance a donné deux résultats qui paraissent généralement mal compris et mal jugés. Je veux parler de la décision qui accorde un crédit de 300,000 fr. à l'Ordre de Saint-Louis, et de celle qui a refusé les trois millions demandés par M. Delessert, pour compléter le traitement des Légionnaires militaires...—(*Paris*, 1819) In-8°. Pièce.*

841. Lettre sur la Légion d'honneur, adressée à la nation et à ses représentants, Membres de la Chambre des Députés, défenseurs des libertés publiques et des institutions nationales, et Examen du compte rendu au Roi par M. le Maréchal de France, Grand-Chancelier de l'Ordre. Par le Chevalier PAU-LET,... auteur du « Mémoire sur la diminution du traitement affecté aux Membres de l'Ordre Royal de la Légion d'honneur, » publié en 1818.—*Paris*, 1819, in-8°.*

842. Légion d'honneur. Indication de quelques économies à obtenir dans l'Administration des revenus de l'Ordre Royal de la Légion d'honneur, dont le produit complétera 7,160 pensions. Par BADEIGTS DE LA BORDE.... Membre de la Légion d'honneur. —*Paris*, 1819, in-8°. Pièce.*

843. Grande Chancellerie de l'Ordre Royal de la Légion d'honneur. Statut des succursales de la Maison royale de Saint-Denis, et Règlement général de ces Maisons.—*Paris*, 1819, in-4°.*— *Paris*, 1823, in-4°.*

844. La Légion d'honneur en 1819, par un Membre de l'Ordre, ancien auditeur au Conseil d'Etat. —*Paris*, 1819, in-8°. Pièce.*— 2e édition. *Paris*, 1819, in-8°. Pièce.*—3e édition. *Paris*, 1819, in-8°. Pièce.*

845. La Légion d'honneur en 1819, ou Réflexions sur l'Organisation de l'Ordre; la situation politique et les opérations de la Grande Chancellerie ; le compte rendu au Roi, le 20 mars; et le projet de loi présenté à la Chambre des Députés, le 24 avril. Faisant suite à «la Légion d'honneur en 1819, » du même auteur. Par un Membre de l'Ordre, ancien auditeur au Conseil d'Etat. *Paris*, 1820, in-8°. Pièce.*

846. Grande Chancellerie de l'Ordre Royal de la Légion d'honneur. Statut de la Maison royale de Saint-Denis : Ordonnance relative à la décoration des dames, et règlement général de la Maison...—*Paris*, 1825, in-4°.*

847. Un mot sur la convenance de voter des subventions en faveur de la Légion d'honneur. Par un Membre de l'Ordre, ancien élève de l'Ecole Polytechnique, ancien auditeur au Conseil d'Etat. —*Paris*, 1828, in-8°. Pièce.*

848. Histoire de l'Ordre de la Lé-

gion d'honneur, par le baron (PIERRE-EDMOND) DE BARREY. Prospectus.—*Paris*, 1829, in-8°. Pièce.*

C'est tout ce qui a paru.

849. Exposé (premier et deuxième) des Droits et des Réclamations de MM. les Membres de la Légion d'honneur, créanciers de l'arriéré ; par M. le Chevalier SALEL,... — *Paris*, Octobre 1832 —Mars 1833, in-8°.*

850. Histoire de la Légion d'honneur, par M. SAINT-MAURICE,... —*Paris*, 1833, in-8.* Avec planches gravées et coloriées. — 2ᵉ édition. *Paris*, 1833, in-8°. [B. Bru.]

851. Les deux Arriérés de la Légion. Par le baron DE BEAUMONT, légionnaire de 1811.—*Paris*, 1833, in-8°.*

Cet opuscule a reparu sous le titre suivant.

852. Point de Subvention, ou ce qu'il faudrait faire en faveur de la *Légion d'honneur;* par un légionnaire de 1811. (Le baron DE BEAUMONT.)—*Paris*, 1833, in-8°.*

853. Nouvel et dernier Exposé des Droits et des Réclamations de MM. les Membres de la Légion d'honneur, créanciers de l'arriéré. Par M. le Chevalier SALEL,... — *Paris*, Janvier 1834, in-8°.*

854. Emission de 1,300,000 fr. de rente 3 pour cent, pour l'achat des créances et pour l'extinction de l'arriéré de la Légion d'honneur.—*Paris*, (1835), in-4°. Pièce.*

855. Mémoire sur la Décadence de la Légion d'honneur, présenté au Gouvernement et aux Chambres, par le baron DE BEAUMONT, légionnaire de 1811. — *Paris*, 1835, in-8°.*

856. Pétition sur l'Arriéré moral de la Légion d'honneur, présenté à la Chambre des députés, le 3 avril 1836, par le baron DE BEAUMONT, légionnaire de 1811... —*Paris*, 1836, in-8°. Pièce.*

857. Etat de la Question relative à la Réclamation des légionnaires, des veuves et orphelins. Pour être présenté aux Chambres législatives de cette session de 1836, par le Chevalier SALEL, colonel d'état-major en retraite. —*Paris*, 1836, in-8°. Pièce.*.

858. Consultation pour MM. les Membres de la Légion d'honneur, réclamant la restitution des retenues illégales opérées sur le traitement de 1814 à 1820. (Par FRANQUE, avocat.)—*Strasbourg*, (1838), in-4°. Pièce.*

859. La vérité dévoilée. Question nationale. Un mot sur l'Arriéré de la Légion d'honneur, par le chevalier SALEL, colonel d'état-major en retraite, l'un des donataires dépossédés. Session de 1839.—*Paris*, 1838, in-8°. Pièce.*

860. Note additionnelle au Mémoire sur la Légion d'honneur. (Par le général CORBET.)—*Clermont-Ferrand* (1841), in-8°. Pièce.*

861. Fastes de la Légion d'honneur. Biographie de tous les décorés, accompagnée de l'Histoire législative et règlementaire de l'Ordre. Par MM. LIEVYNS.... VERDOT,... BÉGAT,... — *Paris*, 1842-1847, 5 vol. gr. in-8°.* Avec vignettes intercalées dans le texte.

Les tomes I et II ont été réimprimés en 1843 et 1844 avec la mention de deuxième et troisième édition sur les titres respectifs.

862. Réflexions sur l'Ordre de Saint-Louis, accompagnées de quelques observations sur la Légion d'honneur, par M. CHARLES DE TOURREAU (1813).

Voyez le n° 821 ci-dessus.

863. Manuel de la Légion d'honneur, ou Guide du Légionnaire, contenant un précis historique sur l'Ordre, sur ses Statuts, les Prérogatives et Droits qui y sont attachés,... Par CHARLES SAINT-MAURICE,...—*Paris*, 1844, in-18.* Avec une planche lithographiée.

864. Constitution de la Légion d'honneur, contenant : la législation de l'Ordre, les Prérogatives et les Devoirs des Membres de la Légion, l'organisation de

la Maison royale de Saint-Denis et de ses succursales, la nomenclature des Ordres étrangers, .. par A. Dorat,...— *Paris*, 1846, in-8°.*

865. Communication faite à Messieurs les Membres de l'Assemblée nationale. — *Paris* (1850), in 8°. Pièce.*

Ayant pour objet la suppression des fonctions de directeur de la comptabilité de l'administration de la Légion d'honneur.

866. Mémoires pour servir à l'Histoire de France, de 1802 à 1815. La Légion d'honneur, son institution, sa splendeur, ses curiosités. Par Alex. Mazas,...—*Paris*, 1854, in-8°.*

867. Manuel du Légionnaire, ou Recueil des principaux décrets, lois, ordonnances, etc.; relatifs à la Légion d'honneur, depuis l'époque de sa création jusqu'à nos jours ; précédé d'un précis historique sur la Légion d'honneur,... par G. de Chamberet,...—*Paris*, 1852, in-18.*—2e édition. *Paris*, 1854, in-8°.* Avec planche lith.

868. Juin 1853. Note sur la Légion d'honneur. Question des officiers retraités. Légionnaires sans traitement. (Par Charles Dubois.)—(*Paris*, 1853,) in-4°. Pièce.*

869. Dédié à Messieurs les Légionnaires. Manuel historique et pratique du légionnaire, contenant les derniers décrets, règlements, instructions et statuts de 1852 et 1853; la composition de l'administration centrale et les maisons impériales de l'Ordre de la Légion d'honneur.—*Paris*, 1855, in-8°. Pièce.*

870. Proposition en faveur des anciens Légionnaires, faite à la Chambre des Députés, dans sa séance du samedi 30 mai 1855. —(*Paris*, 1855,) in-8°. Pièce.*

871. Manuel historique, pratique et spécial à l'usage de MM. les Légionnaires, des Décorés de la médaille militaire et des Anciens militaires de la République et de l'Empire, contenant les derniers décrets. lois, règlements, instructions et statuts,...—*Paris*, 1855, in-8°.*

872. Question des Officiers pensionnés de 1816 à 1852, qui ont été décorés sous les drapeaux et ne jouissent pas du traitement accordé à la Légion d'honneur. (Par Charles Dubois.)—*Paris*, (1856.) In-4°. Pièce. *

873. Circulaire de M. Charles Dubois aux légionnaires en retraite, pour leur annoncer qu'ils sont appelés à jouir du bénéfice de la loi qui rétablit le traitement attaché à la décoration, commençant par ces mots : « Paris, le 8 mai 1856. Messieurs,...» —*Paris*, (1856), in-4°. Pièce.*

874. Grande Chancellerie de la Légion d'honneur. Compte définitif des recettes et des dépenses de l'exercice 1857.—*Paris*, 1859, in-4°.*

875. Notice historique sur la création, le but d'institution, et les statuts de l'Ordre de la Légion d'honneur. Par Ph. Séréville, ancien officier supérieur,... — *Moulins*, 1860, in-8°. Pièce.*

Pour complément des ouvrages relatifs à l'Ordre de la Légion d'honneur,—Voyez ci-après Liv. IV, Sect. 1, § 2.

Ordre du Lis.

Institué en 1814.

876. Ordre du Lis et son Origine, par M. Julien Paques.—*Paris*, 1814, in-12.*

Ordre des Chevaliers de la Croix.

877. Prospectus Projet d'établissement d'un Ordre de Chevaliers dits de la Croix.—(*Paris*, 1829,) in-8°. Pièce.*

C'est tout ce qui a paru.

Ordre de Juillet.

Institué en 1830.

878. Les décorés de Juillet sont-ils assujettis au serment? Consultation à ce sujet, du 25 juin 1831. commençant ainsi:«Le Conseil soussigné,...»—(*Paris*, 1831,) in-4°. Pièce.*

Ordre de Sainte-Hélène.

Institué en 1857.

879. Pétition signée P.-V. FAYET, du 4 août 1856, pour demander qu'une médaille commémorative soit frappée à l'intention des vieux débris de la Grande Armée, commençant ainsi : « A Son Altesse Eugène-Louis-Jean-Joseph Napoléon, prince impérial. » —*Angers* (1856), in-4°. Pièce.*

880. Adresse des anciens militaires d'Angers, signée P.-V. FAYET, à l'Empereur Napoléon III, pour remercier S. M. de leur avoir accordé la médaille de Sainte-Hélène, commençant ainsi : « A Sa Majesté Napoléon III, Empereur... Les anciens militaires d'Angers.... » — *Angers* (1858), in-4°. Pièce.*

881. Distribution des médailles de Sainte-Hélène. Discours de M. DENEUX-MICHANT à ses vieux compagnons d'armes. Hallencourt, 3 janvier 1858.— *Amiens* (s. d.), in-8°. Pièce.*

882. Rapport de M. JEAN-BAPTISTE RICOME, ancien sergent du premier Empire, et pensionné du 29 octobre 1814, sur la Cérémonie qui a eu lieu le 24 janvier 1858, à l'occasion de la distribution des médailles de Sainte-Hélène, faite par M. le Préfet, dans une des salles de l'Hôtel de la Préfecture à Montpellier. —*Montpellier*, 1858, in-8°. Pièce.*

883. Discours prononcé à la Distribution de la médaille de Sainte-Hélène aux anciens soldats de la République et de l'Empire de la commune d'Albi, le 24 janvier 1858, par M. le général baron GORSSE,...—*Albi*, (1858,) in-8°. Pièce.*

884. Distribution de la médaille de Sainte-Hélène, faite à l'Hôtel de la Préfecture, le dimanche 31 janvier 1858, par M. le Préfet aux militaires du premier Empire. — *Carcassonne*, (1858), in-8°. Pièce.*

Extrait du *Courrier de l'Aude.*

885. Distribution solennelle de la médaille de Sainte-Hélène aux anciens militaires de l'Empire, faite à Foix le 23 février 1858. Discours de M. CASTAING, préfet de l'Ariége. Discours de M. DARNAUD, Président à la Cour impériale de Toulouse... Discours de M. ROUSSEAU, chef de bataillon au 37e de ligne. Extrait de l'*Ariégeois* du 8 mars 1858.— *Foix*, 1858, in-8°. Pièce.*

Compte rendu de cette solennité par M. MARIE ACHARD.

886. Fête impériale du 15 août 1858. Allocution de M. BEILLE-BERGIER aux Médaillés de Sainte-Hélène.— *Ambert*, (1858,) in-8°. Pièce.*

887. Fête de l'Empereur. Distribution des médailles de Sainte-Hélène.—(*Toulouse*, 1858,) in-8°. Pièce.*

888. Discours adressé aux soldats des anciennes armées françaises en leur remettant les médailles de Sainte-Hélène, par M. PICHON PRÉMÉLÉ, maire de Sées. — *Sées* (1858), in-4°. Pièce.*

889. La Médaille Sainte-Hélène et les 4 rubans rouges. Anecdote militaire... Par A. B. L. ADAM, médaillé,...—(*Paris*, Lith. Sarazin (1858), in-8°. Pièce.*

890. Sur la Médaille de Sainte-Hélène. Par HENRY COURANT.— *Paris* (1858), in-8°. Pièce.*

Se compose du décret portant institution de la médaille et d'une pièce de vers.

LIVRE III

HISTOIRE DE LA NOBLESSE ET DE LA FÉODALITÉ.

§ 1.

Histoire, Organisation et Législation de la Noblesse.

891. Le tresor de noblesse faict et compose par Octouien De Sainct Gelaiz euesque Dangoulesme imprime nouuellement a paris. —(A la fin:) *Cy fine ce present liure intitule le tresor de noblesse imprime pour anthoine Verard libraire demourant a paris Deuant la rue neufue nostre dame,...* In-4° goth. [L. V.]

> Se compose de six ff. prélim. pour le titre, le prologue et la table des chapitres: de 120 ff. de texte chiff., plus de 4 autres ff. de texte non chiff.
>
> De Bure, dans sa *Bibliographie instructive*, cite un exemplaire sur VÉLIN in-fol., avec figures peintes en or et en couleurs. « Ouvrage peu considéré dans le fond, ajoute-t-il, mais qui par la qualité de l'exemplaire devient un objet précieux pour les curieux. »

892. Breviaire des nobles. (Par ALAIN CHARTIER.)—(S. l. n. d.) Petit in-4° goth. de 10 ff. [Bru.]— Le breuiaire des nobles. (A la fin:) *Cy finist le breuiaire des nobles imprime par Robin Foucquet et Jehan cres a brehunt lodeac soubs noble et puissant seigneur Jehan de rohan seigneur du gue de lisle le xxve iour de ianuier lan mil iiiie quatre vingts et quatre.* Petit in-4° goth. de 12 ff., le titre compris.* —Le breuiaire d's nobles. Nou-

uellement imprime. (*Lyon*). *Pierre Moreschal.* Petit in-4° goth. de 10 ff., le titre compris.*

> Petit poëme curieux et très-rare. L'édition citée par M. Brunet est sans titre.—Voyez le n° suivant.

893. Breuiaire des nobles, faict et cópose par maistre ALAIN CHARTIER, notaire et sécretaire du roy Charles V, VI et VII.—(S. l. n. d.) In-8° goth. de 8 ff. avec une gravure en bois sur le titre. [Bru.]

> Voyez le n° suivant.

894. Le Breviaire des Nobles, contenant sommairement toutes les vertus et perfections qui sont requises en un gentilhomme pour bien entretenir sa noblesse, reveu et augmenté par JEAN LE MASLE...—Paris, *Bonfons*, 1578, in-8°. [Bru.]

> Sorte de commentaire de l'ouvrage précédent.

895. (La Controuersie de Noblesse, playdoyée entre Publius Cornelius Scipion et Cayus Flaminius. —Débat entre trois cheualereux princes, Alexandre, Annibal et Scipion sur le faict de la Noblesse.)— Le tout en 1 vol. in-f° goth.*

> Ces deux livres, dont l'un est la suite de l'autre, formant ainsi un seul et même ouvrage, se composent de 39 ff. non chiff., sans initiales, ni signatures, ni réclames.
>
> Le 1er livre commence par: *J'ai commence la controuersie de noblesse playdoyée entre Publius Cornelius Scipion d'une part. Et*

Gayus flaminius de autre part. Laquelle a este faicte et composée par ung notable docteur en loix et grant orateur nommé Surse de pistoye. (A la fin :) Fin de ceste controuersie de noblesse...

Le 2e livre : *Cy commence ung debat entre trois cheualereux princes. Pour ce que cydessus au p'mer traittie a este dispute de noblesse par manière de controuersie entre Cornelius Scipion et Gayus flaminius. (A la fin :) Cy fine le debat des trois cheualereux princes.*

Cette production, indépendamment des idées qu'on se faisait alors sur la noblesse qui y sont exprimées, et de la naïveté charmante du style, est très-importante au point de vue typographique. C'est un des premiers ouvrages sortis des presses du célèbre Colard Mansion, imprimeur à Bruges, qui introduisit en cette ville l'art de l'imprimerie. L'impression doit remonter au moins à 1474 ou 1475.

Sa rareté est extrême : on n'en connaît même aujourd'hui que sept exemplaires. Le 1er, celui cidessus décrit, est à la Bibliothèque impériale. Il provient de la magnifique collection de M. Vander Cruyce, de Lille. Le 2e est à la Bibliothèque de Bruges. Il fut donné à cet établissement par M. Van-Praet, qui le tenait du baron d'Heiss, au compte duquel il fut acquis à Salins, en 1790, par son ami le baron de Zurlauben. Le 3e est à la Bibliothèque Mazarine, à Paris. Le 4e, à la Bibliothèque de la ville de Lille. Le 5e, à la Bibliothèque royale de Bruxelles. Enfin deux exemplaires enrichis d'initiales peintes en or et en couleurs, sont cités, l'un dans le catalogue Vandamme, 1761, 3 vol. in-8°; l'autre dans celui de Van-Asten Delft, La Haye, 1765, in-4°.

La Bibliothèque royale de Bruxelles possède aussi le manuscrit de cet ouvrage, dont l'original latin, pour le dire en passant, n'a jamais été publié. On l'attribue généralement à Bonus Accursius, de Pise, qui florissait vers le milieu du xve siècle. Cependant M. Brunet, dans son *Manuel*, semble revoquer en doute la légitimité de cette attribution. Quant au traducteur, il est admis par les plus savants bibliographes que c'est JEAN MIELOT, chanoine de Saint-Pierre de Lille, et secrétaire de Philippe le Bon, duc de Bourgogne.

Ajoutons en terminant que la *Controuersie de noblesse* se trouve encore imprimée avec quelques changements dans le *Gouernement des Princes*,... objet du n° suivant.

896. Le gouuernement des princes. Le tresor De noblesse. Et les fleurs De Valere le grant. — Paris, pour Anthoine Verard, 1497, in-f° goth.*

Se compose de 75 ff. chiff., à 2 col. de 31 lignes chacune, sans réclames, mais avec signatures.

A la fin de la table, au 4e fol. : *Cy apres sensuyuent trois petis traictez. Dont le premier parle Du gouernemēt Des princes. Lequel fist aristote pour presenter au roy alixandre.*

Le second est nomé le tresor de noblesse. Lequel a este cōpose par vng notable et excellēt Docteur en lois, pour presenter ou tres christiē roy De france Charles viij. De ce nom.

Le tiers est appelle les fleurs De valere le grant. Et ple Des faictz Des rōmains. Lequel a este translate par maistre Symon De hedin maistre en theologie. Lesquelz ont este imprimes a paris par Anthoine Verard Demourant sur le pont nostre Dame a lenseigne de sanct iehan leuāgeliste ou au palais deuāt la chapelle ou len chāte la messe de messeigneurs les presidens. Lan De grace mille quattre cens quattre vingtz. et xvij. le xx. iour De septembre.

Le recto du 75e et dernier f°, 2e col., se termine ainsi : *Jcy fine lt liure Du gouernemēt Des prices du tresor de noblesse, et des fleurs de valere le grāt. Jmprime a paris par anthoine Verard.*

Le premier traité est la traduction anonyme d'un ouvrage supposé d'Aristote. Le second a pour auteur JACQUES DE VALERE, Espagnol, et pour traducteur HUGUES DE SALVE, prévot de Furnes. Le troisième n'est qu'un extrait de VALÈRE MAXIME, fait en 1458, par JEAN HENGEST, troisième du nom, chambellan de Charles VII, d'après la compilation de SIMON DE HEDIN.

Dans l'exemplaire, sur vélin, que possède la Bibliothèque impériale, le libraire a fait peindre sur le dernier feuillet de chaque volume, dans un cœur de gueules, son monogramme en or, a fait disparaître les deux souscriptions qui portent son nom.

Un second exemplaire; provenant de Petau, se conserve dans la Bibliothèque de la ville de Genève. [Consultez le *catalog. des* lir. impr. sur VÉLIN de la Bibliothèque du roi, tom. II, p. 61-63, et le Manuel de Brunet, tom. I, p. 182.]

897. La nef des princes et des batailles de noblesse auec aultres enseignemens utilz et profitables à toutes manieres de gens pour cognoistre a bien viure et mourir de diques (sic) et enuoyés a diuers prelas et seigneurs ainsi quō pourra trouuer cy apres composés par noble et puissant seigneur Robert de Balsat conseiller et chābrelan du roy nostre sire... Et plus le regime dūg ieune prince et les prouerbes des princes et aultres petits liures tresutilz et profitables lesquelz ont este composés par maistre Simphorien Chāpier docteur en théologie et medecine jadis naif de Lionnois. — (Au rᵉ du dern. f. :) Cy finist ung petit liure intitulé la nef des princes et des batailles de nobles ou quel sont cōtenuz plusieurs nobles enseignemens et doctrines tres utiles tat a gens litterez q̄ nō litteres... Et est cest psent œuvre imprime a lion en rue merciere p̄ maistre Guillaume balsarin imprimeur du roy nostre sire le xiiᵉ iour de septembre mil cinq cens et deux. In-4° goth. de lxvii. chiff. à 2 col. Avec quelques figures en bois. [B. L.]

Ce volume, très-rare, contient encore, outre l'ouvrage de Balsat, divers opuscules composés par Champier, dont la plupart parurent à differentes epoques, soit separement, soit avec d'autres traites; ces opuscules sont : le Testament de ung vieil prince auquel un chascun peut voir comme il dont instruire son enfant...—Le directoire du nourrissemt dug ieune prince...—Les prouerbes des princes...—Le doctrinal des princes; La fleur des princes; le dyalogue de noblesse.—La declaration du ciel et du monde ; Notables dicts des philosophes a leprobre des femmes vicieuses et a lōneur des bonnes,... Le doctrinal du pere de famille,... Le chemin de lospital et cōme il se peut euiter, etc.

898. La nef des princes et des batailles de noblesse auec le chemin pour aller a lospital : et autres enseignemens utilz....— (A la fin:) Et est cest present oeuure imprime a Paris le neufiesme iour du moys Daoust Lan mil cinq cens vingt cinq par Philippe le noir... in-4° goth. de 86 ff. non chiff. à longues lignes. [B. L.]

Même ouvrage que le précédent.

899. De Vera Nobilitate opvscvlum, completam ipsius rationem explicans et virtutes quæ generis nobilitatem imprimis decent ac exornant, depromens... (autore JUDOCO CLICHTOVEO).—(Parisiis), H. Stephanus, (1512), in-4°.

Ce petit livre, assez rare et peu connu, est écrit avec beaucoup d'elegance et de pureté. Il est du reste plein d'erudition, et les preceptes qu'il recèle conviennent non-seulement à la noblesse, mais encore à tout membre de la societé.

900. Le Traicté de la vraye Noblesse, translaté nouuellement de latin en françoys. — On les vend au Palays, a Paris, en la gallerie par ou on va a la Chancellerie, ioignant la première porte en la boutique de Jehan longis. (S. d.) In-8° goth. Avec fig. sur bois.

Traduction du nᵒ précédent. Le privilege est daté du 17 juillet 1529.

901. Le Livre et traicte de toute vraye Noblesse nouuellement translaté du latin en Frāçoys ; lequel declaire et enseigne cōment ung chascun Noble et honneste personne se doibt régir et gouuerner, en gardant toute hōnesteie et bōnes meurs... Imprime Lan Mil. cccc. xxxiij. —Lyon, Thibault, 1533, in-8° goth.

Traduction très-rare du nᵒ 899.

902. Le Nouveau traicte de la vraye noblesse, translate nouuellement de latin en françoys, auquel est adiousté en la fin les douze vertuz de vraye noblesse. — On les vend a Paris, en la rue neufue Nostre-Dame, a l'enseigne sainct Iehan Baptiste, pres saincte Geneuiefue des Ardens. 1535, in-12. [Tec.]

Autre traduction du nᵒ 899.

903. Traité de la véritable Noblesse et des Vertus qui lui conviennent, selon le sentiment des Philosophes, le témoignage des

Auteurs sacrés et profanes, avec les exemples des Hommes illustres. Traduit du Latin de CLICTHOVEUS. Par M. l'abbé DE MÉRY (DE LA CANORGUE), prêtre et licencié en Théologie.—*Paris*, 1761, 1763, in-12.*—*Paris*, 1762, in-12. [Q.]

Traduction peu fidèle, et le traducteur semble n'avoir pas connu les précédentes, qui nous paraissent préférables, tant par leur exactitude que par la bonhomie et la naïveté du style.

904. Catalogvs gloriae mvndi D. BARTHOLOMAEI CHASSANAEI, burgundi,... in qvo mvlta praeclara de praerogativis, praeeminentiis majoritate praestantiis, et excellentiis, continentur, quæ circa honores, laudes, gloriam, dignitates, commendationes, etiam statum et ordinem non solùm Cœlestium verùm etiam terrestrium et infernorum versantur...—*Lugduni*, 1529, in-f°. [B. U.]—*Francofurti ad Mænum*, 1579, in-f°.—*Genevæ*, 1617, 1649. in-f°.* Avec blasons et autres figures.

Ce livre, sur les titres honorifiques, n'est pas le plus ancien, mais c'est le premier où cette matière ait été embrassée d'une manière complète et systématique. Il présente à l'amateur des documents singuliers et curieux, touchant les anciennes distinctions politiques et sociales, non-seulement de la France, mais encore des autres pays. Il a joui de son temps d'une grande vogue, ainsi que l'attestent les éditions qu'il a eues et dont le nombre ne s'élève pas à moins de 15. De toutes ces éditions nous nous sommes contenté d'indiquer la première et celles que possède la Bibliothèque impériale, car, au bout du compte, malgré quelques remaniements typographiques, c'est toujours la même, dont on a rafraichi le titre. Il est cependant diffus et peu exact; et soit cette cause, soit encore la mode, qui existe en cela comme en toute autre chose, ce vaste protocole de la vanité humaine serait à cette heure tout à fait oublié, si ce n'étaient les recherches qu'il renferme concernant les offices, les charges et les dignités de la couronne de France. Toutefois on y trouve plusieurs planches d'armoiries, et des gravures sur bois représentant des assemblées de noblesse tenues au

xv⁰ siècle, qui offrent encore, selon nous, de l'intérêt aujourd'hui.

Le titre ci-dessus a été pris sur l'édition de 1579.

905. Le Fondement et Origine des tiltres de noblesse et excellés estaz de tous Nobles et Illustres quant à la différence des Empires, Royaulmes, Duchez, Contez et aultres seigneuries. Et la maniere cöment elles ont este erigees pour la deffence et gouvernemét de la chose publicque. Auecques la maniere de faire les Roys d'armes, Heraulx et Poursuyvans. Ensemble le parfond secret de l'ard d'armayrie, auec l'instruction de faire les combatz contenant la différence diceulx faict en l'höneur et exaltatiö de tous nobles princes. 1535.—*On les vend à Paris en la rue neufue nostre dame à lenseigne de Sainct Iehan baptiste...In-8°.* Pages encadrées et fig. gravées sur bois.—*Paris*, Denys Ianot, 1544, in-16. [Bru.]—*Lyon*, Jean de Tournes, 154⁷, in-8°. [G. D.]

Cet ouvrage, rare et curieux, contient à la fin : « Cy commence ung petit liure intitulé Le Dialogue de Noblesse, Ouquel est declaré que cest Noblesse et les inuenteurs dicelle. et... compose par... SYMPHORIEN CHAMPIER. »

906. HIERONYMI OSORII, lvsitani, de nobilitate civili libri duo: ejusdem de nobilitate christiana libri tres. — *Olyssipone*, 1542, in-4°.*—*Florentiæ*, 1552, in-4°.*

907. HIERONYMI OSORII, lusitani, de Gloria libri V. de nobilitate civili et christiana libri totidem: additis marginalibus edidit BARTHOLOMÆUS BODEGEMIUS, delphus.—*Basileæ*, 1581, in-16. —*Coloniæ Agr.*, 1595, in-12. [B. Lux.]

908. Les devx livres de la Noblesse ciuile, du seigneur IHEROME DES OSRES de Portugal, traduitz de latin en françoys par R. R. S. D. L. G. P. (DE LA GUILLOTIÈRE) et par luy adressez au Treschrestien Roy Henry II. — *A Paris*, ches Iaques Keruer, 1549, in-8°.

909. Triomphes du tres chrestien, trespuissant et inuictissime Roy de France, Francois premier de ce nom : contenant la différence

des Nobles. (Par JEAN BOUCHET.) —*Poictiers*, 1549, in-f°.'

En vers.

910. Le Parc de Noblesse. Description du trespuissant et magnanime Prince des Gaules, et de ses faicts et gestes. La forme de uiure de ceux du bon temps, qu'on nommait l'Aage doré. (Par JEAN BOUCHET.)—*Poictiers*, 1565, in-f°.*

Même ouvrage que le précédent.

911. Traicté de la Noblesse, avqvel il est amplement discovvr de la plus vraye et parfaite noblesse, et des qualitez requises au vray gentilhomme. Tiré de l'italien du Docteur et Cheualier de CÉSAR, M. JEAN-BAPTISTE NENNA (DE BARRI). Par A. L. F. (LE FEVRE) DE LA BODERIE.—*Paris*, 1583, in-8°.*

L'original italien a paru à Venise, en 1542.

912. ANDREÆ TIRAQUELLI, de Nobilitate et jure primigeniorum... —*Parisiis*, 1549, in-f°. [B. R.] —*Lugduni*, 1574, 1579, 1602, in-f°.*

913. Traicté de l'origine de la vraye Noblesse et nourriture d'icelle pour les enfans généreux; par MATHURIN MAURICE, Xaintongeois.—*Paris*, 1551, in-8°. [L. F.]

914. Veræ nobilitatis controuersia. Autore FRANC. ALESMIO... Oratio CLAUD. PTHOLOMEI, legati senensis ad Henricum II... latina facta, autore eodem ALESMIO galliarum regem. Dialogus de pacis commodo et calamitate belli...—*Burdigalæ*, 1557, in-4°.*

915. SIMONIS SIMONII Lvcensis... de vera Nobilitate.—*Lipsiæ*, 1572, in-4°.*—*Jenæ*, 1662, in-4°.*

916. SIMONIS SIMONII Lucensis.... de vera Nobilitate liber unus... operâ et studio M. THOMÆ SAGITTARII....—*Jenæ*, 1616, in-8°.'

917. Dialogue de l'Origine de la Noblesse, par EMAR DE FROIDEVILLE, de Viers, juge des bastilles de Perigort.—*Lyon*, 1574, in-16. [L. F.]

918. Traicté des Nobles et des Vertvs dont ils sont formés; levr

Charge, Vocation, Rang et Degré; des Marques, Généalogies et diuerses espèces d'iceus ; de l'Origine des fiefs et des armoiries. Auec vne Histoire et Description généalogique de la très-illustre et très-ancienne maison de Couci, et de ses alliances. Le tout distribué en quatre liures. Par FRANÇOIS DE L'ALOUETE, bailli de la comté de Vertu.—*Paris*, 1577, in-4°.*

La Bibliothèque impériale conserve un autre exemplaire de cet ouvrage, enrichi de notes manuscrites fort curieuses.

919. Le Heravlt de la Noblesse de France. Dédié à Henry troisiesme de ce nom... Par PIERRE D'ORIGNY, escuyer, seigneur de Sainte Marie souz Bourg, en Rethelois.—*Rheims*, 1578, in-8°.'

Ce petit ouvrage, très-curieux et peu commun, a pour objet de montrer « *comment s'acquiert la noblesse, comment on la maintient et de quelle manière on peut la perdre.* » C'est en quelque sorte le *bréviaire* de tout gentilhomme. M. Brunet ne le mentionne pas dans son *Manuel*. Quant au P. Lelong, il cite une édition portant la date de 1559, ce qui est, sans nul doute, une erreur; car la dédicace de l'exemplaire que nous avons sous les yeux est datée du 2 janvier 1578.

920. Tractatus aureus et quotidie practicabilis Æquestris dignitatis et de principibus.... PETRI CALEPATI. — *Mediolani*, 1581, in-4°.*

921. Discours de la Noblesse, par ERNAUD.—*Caen*, 1584, in-8°. [L. F.]

922. De la Vertv de Noblesse; aux Roys et Prînces très chrestiens. Par IEHAN DE CAVMONT, Champenois. — *Paris*, 1585, in-8°.* — *Paris*, 1586, in-8°. [Tec.]

923. Lettre du cardinal CAJETAN, légat du Pape, à la Noblesse de France. — (S. l.) 1590, in-8°. [L. F.]

924. De Nobilitate Jo. ANT. DELPHYS,... ejusdemq; auctoris de varia prouinciæ marchiæ Nomenclatura breuis ac dilucida Narratio, nunc primùm in lucem

edita... per F. Horatium Cival-
lum...—*Perusiæ*, 1590, in-4°.*

925. La Précédence de la Noblesse sus vn différent en cas
de précédence plaidée... au souuerain Sénat de Sauoye, entre
les Nobles et les scindics du tiers
Etat d'vne Paroisse... Par Guillaume de Oncieu, seigneur de
Doures et de Cogna, et sénateur
audit Sénat.—*Lyon*, 1593, in-8°.*

926. Oratio de Nobilitate et ad
quodnam bonorum genus illa
referenda sit, exercitii causa, a
Ioachimo Henrici Rantzovii,...
filio composita, et publicè in...
Argentoratensi academia recita
ta... — *Argentorati*, 1596, in-4°.
Pièce.*

927. Les Estats esquels il est discouru du Prince, du Noble et du
Tiers Estat, conformément à
nostre temps. Au Grand Henry,
Roy de France et de Navarre.
Par D. D. R. (David du Rivault)
de Flurance.—*Lyon*,1596, in-12.*

928. Des Affaires d'Etat, de Finance, du Prince, de la Noblesse; par le Président (François) de l'Allouette; seconde
édition.—*Metz*, 1597, in 6°.*

Il ne faut pas confondre le Président de l'Allouette avec François l'Alouete, bailli de Vertu,
l'auteur du *Traité des nobles*, cité
plus haut.

929. La Vraye Noblesse, par Du
Souhait. — *Lyon*, 1599, in-12.
[L. F.]

930. Recueil d'Edits, Déclarations,
arrests et règlemens concernant
la Recherche et Condamnation
des Usurpateurs du Titre de Noblesse, à l'honneur des véritables Gentils hommes.—(*S. l. n.
d.*) In-4°.*

Le titre seul a paru.

931. Instruction de ce qu'il convient faire pour obtenir une
place de Demoiselle dans la Maison de S. Louis établie à S. Cir.
—(*S. l. n. d.*) In-4°. Pièce.*

932. Trois Traictez, sçavoir : 1. de
la Noblesse de Race; 2. de la
Noblesse civille; 3. des immunitéz des ignobles. Esquels
toutes les questions touchant les
exemptions, immunitéz et autres
droicts des Nobles et ignobles
sont rédigées en vn bel ordre et
décidées par la conférence du
droict ciuil,... par Florentin
de Tierriat eseuyer seigneur de
Lochepierre,... — *Paris*, 1606,
in-8°.*

933. Dionysii Gothofredi, Jurisconsulti, Dissertatio de Nobilitate.—*Spiræ*, 1610, in-4°. [L. F.

934. Les Édits et Ordonnances des
Roys de France, concernant la
Noblesse et gouverneurs de provinces : ensemble les autres dignités qui concernent la police
militaire, réduits en ordre par
Antoine Fontanon : reveuz et
augmentez par Gabriel Michel,
Angevin.—*Paris*, 1611, in-4°.*

935. Traicté des Ordres et simples
dignitez, par Charles Loyseau,
Parisien.—*Paris, Aubouyn*, 1614,
in-4°.

Ce savant traité est très-rare
aujourd'hui, mais il est contenu
dans les Œuvres de l'auteur, qui
sont assez communes, et dont la
Bibliothèque impériale conserve
plusieurs exemplaires.

936. Autres principaux Edits, Déclarations, Arrets et Règlemens
concernant la Noblesse, les titres et qualifications de Chevaliers, de Marquis, Comtes, Barons, etc., les habillemens, pier-
reries et dorures, interdits aux
roturiers (1270-1614).—(*S. l. n. d.*
In-f°. Pièce.*

937. Disputationes quinquaginta
de Nobilitate civili et salutis :
auctore Jo. Bapt. Chiodino.—
Veneliis, 1614, in-8°.*

938. Discours d'un Gentil-homme
françois à la Noblesse de France,
sur l'ouverture de l'assemblée
des Estats Généraux, dans la
ville de Paris, en ceste année
mil six cens quatorze. Avec deux
advertissemens particuliers à
Messieurs les Députez du clergé
et de la Noblesse —(*S. l.*), 1614,
in-4°. Pièce.*

939. Recherches de la Noblesse :
par N. De La Roque, gentilhomme bearnois. — *Montauban*,
1616, in-4°. [L. F.]

940. Tituli honorum : auctore Joh. Seldeno : editio emendata, aucta et notis illustrata à Sim. Jo. Arnold.—*Francofurti*, 1696, in-4°.*
Ce livre est peut-être le meilleur qui existe sur cette matière. —L'original en anglais a paru en 1614.

941. Eugeniaretilogie ou Discours de la vraie Noblesse; par Christophle Boxours. — *Liége*, 1616, in-8°.*—*Bruxelles*, 1619, in-8°.*

942. Cyr. Herdesiani... Nobilis, seu de Nobilitate acqvirenda, conservanda, amittenda, Epopsis, methodica. — *Lipsiæ*, 1617, petit in-8°*.

943. Matthiæ Stephani,... Tractatvs de Nobilitate civili, in duos libros partitus. — *Francofurti*, 1617, in-8°.*

944. Discursus novus de natura ac statu veræ Nobilitatis ac doctoratus juris, cum præcipuarum hac de re quæstionum ventilationibus per epistolas duas e diametro sibi contrarias; exhibitur per G. V. H. Nob. Megalop.—*Hamburgi*, 1620, in-4°.*

945. L'Institvtion de la Noblesse, diuisée en trois liures.—*Tolose*, D. Bosc, 1618, in-12. [Tec.]

946. Joannis d'Hollanderii, belgæ gandensis,... de Nobilitate liber prodromvs; ex schadis Dion. Hardvini collectus.—*Antuerpiæ*, 1621, in-4°.*

947. M. Mich. Pharetrati Tractatus De Nobilitate in honore, in precio habenda; (cui accesserunt stemmata nobilium brandensteinior. Oratio Fr. Romani in laudem nobilitatis gentis germanicæ; sermones bini in funeribus Wolf Erici et christiani à Brandenstein, et hendecas testimoniorum academicorum.) — *Lipsiæ*, 1622, in-4°.*

948. Horæ subcesivæ de Nobilitate gentilitia in tres libros divisæ; authore Vincentio Turtureto nunc primùm prodeunt.—*Lugduni*, 1624, in-4°.*

949. ΕΥΓΕΝΗΣ, sive de Nobilitate. —(S. l. n. d.) In-4°.

950. Dispvtatio de Nobilitate, id

est, de nobilitatis virtutibus, immunitatibus, privilegiis et honoribus ,.... Author Balthasar Frisowitz,...—*Argentorati*, 1627, in-4°. Pièce.*

951. Mémoires et instrvctions povr establir en ce Royaume vn règlement sur les abus qui se commettent sur le faict des Armoiries, circonstances et dépendances d'icelles : Avec les Edicts faicts en pareil cas, par le Sérénissime Duc de Sauoye et les Archiduc et Archiduchesse des païs bas. Le tovt présenté au Roy par le Sieur de Valles, Cheualier de l'Ordre de Sa Majesté. — *Paris*, 1629, in-4°. Pièce.*

952. Le Gentilhomme parfaict; ov tableav des excellences de la vraye noblesse. Avec l'institution des ieunes Gentilshommes à la vertu; un Traicté des armes, armoiries, leur origine et à qui elles appartiennent : ensemble les alliances de plusieurs familles de France, non encore imprimées... Par L. P. M. (Le P. C Marois, de l'ordre des Frères prescheurs de Troyes.)— *Troyes et Paris*, 1631, in-8°.*
Avec un frontispice gravé par J. Picquet qui porte : « Triomphe de la vraye noblesse,... »

953. De la Noblesse, dialogue de Torquato Tasso. — *Paris*, 1633, in-8°. [S. A.]

954. Pompeii Caimi, Vtinensis,... de Nobilitate... Liber. — *Utini*, 1634, in-8°.*

955. A Monseigzevr l'illvstrissime Cardinal Dvc et Pair de France svr la Déclaration du Roy, publiée en faueur de sa Noblesse, et à la descharge de ses svbjects. *Paris*, J. Petrinal, 1634, in-8°. Pièce.*
Opuscule très-rare.

956. Ordonnance portant défences à toutes personnes de quelque qualité qu'elles soient d'vsurper le tiltre de noblesse, prendre la qualité d'Escuyer et de porter armoiries timbrées s'ils ne sont de maison et extraction noble pour iouyr des priviléges et exemptions deuës et attribuées à ladite qualité à peine de

Deux mille liures d'amende : Euioint à tous ceux qui ne sont de ladite qualité d'enleuer de leurs Armoiries en quelque part qu'elles soient apposées tant en ceste ville, que ressort de ladite Eslection, conformément à l'Edit des Tailles (26 avril 1634).— *Paris*, P. *Mettayer*, 1634, in-8°. Pièce.*

957. Arrets dv Conseil d'Estat dv roy portant cassation des procédures et Iugements donnés par les Esleus de ce Royaume à l'encontre des Nobles pour leur faire apporter leurs tiltres, qualitez et armoiries : Veut sa dite Majesté que les sommes payées par lesdits Nobles auxdits Esleus leurs soient rendues, pour raison de ce. Leur faisant deffenses de prendre aucune iurisdictiõ ou cognoissance d'iceux, soit en executiõ de l'Edit du mois de Ianuier dernier, ou autrement, a peine de Dix mille liures d'amende. (26 juillet 1634.)— *Paris*, P. *Mettayer*, 1634, in-8°. Pièce.*

958. Repartie du sieur ARNOULD DE KERKHEM, contenant la Résolution de plusieurs belles et remarquables questions en matière de Noblesse, d'Armoiries, de Bastardise, de Légitimation, et autres sommairement cottées par les feuillets suivants. Contre la Response confutatoire du très-illustre Chapitre de la Cathédrale Eglise de Liége.— *Liége*, 1636, in-4°. [Piq.]

959. Manifeste de la Noblesse françoise au Roy, sur exécution des commandements et ordonnances de Sa Majesté; avec une Déclaration des vertueuses actions d'icelle pour le service des Roys et conservation de leurs Estats. — *Paris*, 1637, in-8°. Pièce.*

960. Tractatvs bipartitvs de pvritate et Nobilitate probanda, secvndvm statuta S. Officii inqvisitionis... dicatvs... a JOANNE ESCOBAR A CORRO...— *Lugduni*, 1637, in-f°.*— Editio ultima ab ipsomet autore aucta, et à mendis expurgata. *Lugduni*, 1733, in-f°.*

961. ANDREE CAMVTII... de Nobili-

tate libri octo hactenus in lucem nusquam editi.—*Mediolani*, 1640, in-8°.*

Avec frontispice gravé par BLANC. —Le titre indique huit livres, mais l'ouvrage n'en contient en réalité que sept.

962. Edict dv Roy portant révocqvation des Annoblissements accordez depuis trente ans. Ensemble des priviléges et exemptions de Taille des Officiers Commençaux de la Maison de Sa Majesté et autres généralement quelsconques. Vérifié en la Cour des Aydes le 27 Novembre 1640. — *Paris*, 1640, in-4°. Pièce.—*Paris*, 1657, in-8°. Pièce.

963. De Insignivm, sive Armorvm prisco et novo jvre tractatvs jvridico-historico-philologicus... avctore THEODORO HOPINGK... —*Noribergæ*, 1642, in-f°.*

964. Le Théâtre françois des seignevrs et dames illvstres. Divisé en devx parties: avec le Manvel de l'homme sage et le tableau da la dame chrestienne ; par le R. P. FRANÇOIS DINET, recollet. *Paris*, 1642, 2 vol. in-4°.*

Voyez ci-après le n° 967.

965. De Dvcibvs et Comitibvs provincialibvs Galliæ, libri tres... Accessit de origine et statu Feudorum, pro moribus Galliæ liber singvlaris, auctore ANT. DADINO ALTESERRA (1643.).

Voyez ci-après LIV. IV, Sec. II, § 3.

966. Edict dv Roy portant Annoblissement de deux de ses subjets en chacune Généralité de son Royaume, en faueur de son heureux aduènement à la Couronne... (mai 1643).—*Paris*, 1644, in-4°. Pièce.*

967. Le Théâtre de la Noblesse françoise, par le R. P. FRANÇOIS DINET... — *La Rochelle*, 1648, 2 vol. in-f°.*

Tome I. Où sont décrites les vertus qui font les hommes illustres; avec les actions les plus mémorables des roys et des reynes, des princes, seigneurs, dames et autres personnes qui ont esté en réputation dans le royaume de France.

Tome II. Où il est traité des vertus propres aux femmes, de l'estat du mariage et de l'éducation de la jeunesse.

Cet ouvrage, peu commun aujourd'hui, est écrit avec bonhomie et simplicité. On y trouve une foule de détails curieux, amusants même, sur la noblesse, son institution, son origine, ses prérogatives et ses devoirs; et sur les armoiries. L'auteur y donne des principes à l'usage des nobles, qu'il a su appuyer sur des exemples en général assez bien choisis.

Différent du n° 964 ci-dessus, quoique dans le même ordre d'idées.

968. Requeste faite au Roy par le Corps de la Noblesse, pour les dignités des Ducs et Pairs de France, et les honneurs et prééminences des Nobles de ce Royaume.—*Paris,* 1649, in-4°. [L. F.]

969. Union de la Noblesse de France touchant leurs Prééminences. —*Paris,* 1649, in-4°. [L. F.]

970. Protestation de la Noblesse en faveur du maintien de ses prérogatives, datée de Paris, le quatre février 1651, signée CHARLES DESCOUBLEAU, marquis de Sourdis, etc., et commençant par ces mots: « Nous sous-signé considérant que l'homme nous oblige...»— (*S. l. n. d.*) In-4°. Pièce.*

971. CAROLI POGGII de Nobilitate liber disceptatorivs, et LEONARDI CHIENSIS de vera Nobilitate contra Poggivm tractatvs apologeticvs; cum eorvm vita et annotationibvs abbatis MICH. IVSTINIANI,...— (*S. l.,*) 1657, in-4.*

972. Déclaration dv Roy, du trentième Décembre 1656, pour la recherche des Vsurpateurs de Noblesse et de ceux qui ont induement pris la qualité de Cheualier ou d'Escuyer, et confirmation des Annoblis par Lettres et autres Priuiléges qui ont esté cy-devant accordez par sa Majesté dans le ressort de la Cour des Aides de Paris. Auec la Commission du Roy pour procéder à la dite recherche, l'Ordonnance donnée en conséquence et le Règlement qui doit estre observé en l'exé-

cution de ladite Commission.— *Paris,* 1657, in-4°. Pièce.*

973. Déclaration dv Roy povr la Confirmation des Annoblissemens, Dons, Permissions, Légitimations, Naturalitez, Bastardises, et autres Lettres en forme de Chartre, accordées par sa Majesté, ou par ses prédécesseurs depuis l'année 1606... (17 septembre 1657).—*Paris,* 1658, in-4°. Pièce.*

974. Déclaration dv Roy, portant pardon aux Gentilshommes et autres qui ont eu part aux Assemblées de la Noblesse faites en Normandie et ailleurs au préiudice des défenses de sa Majesté à l'exception des y desnommez. Du mois de Septembre 1658 à Paris...—*Paris,* 1658, in-4°. Pièce.*

975. Déclaration dv Roy pour la recherche et condamnation des Vsurpateurs de Noblesse à l'honneur des véritables Gentils-hommes, et au soulagement des autres Subjets taillables du Royaume... (8 février 1661). — *Paris,* 1661, in-4°. Pièce.*

976. Recherches dv privilége des Nobles, pour le iugement de leurs procez criminels en la grand'-chambre. Où tout ce qui s'est passé dans l'instruction du procez du Sr Marquis de Sauuebeuf,... est rapporté. Par (JEAN) IOBERT, Aduocat en la Cour. — *Paris,* 1663, in-18.*

977. Extraict des Registres de la Cour des Aydes (5 juillet 1663). —(*S. l. n. d.*) In-4°. Pièce.*

Au sujet des usurpations de titres de noblesse.

978. Arrest notable dv Conseil d'Estat dv Roy, donné en faveur de ceux qui ont obtenu des Lettres de Noblesse depuis l'année 1606, pour estre confirmez en la jouissance de l'effet d'icelles (5 décembre 1663).—*Paris,* 1664, in-4°. Pièce.*

979. Edict dv Roy, portant révocation des Lettres d'Annoblissement accordées aux Particuliers depuis l'année 1634... (septembre 1663).—*Paris,* 1664, in-4°. Pièce.*

980. Mémoires sur les questions de scavoir, si les Offices du Roy et des Parlemens donnent la Noblesse ; par GUICHARDY, de Martigue.—(*S. l. n. d.*) In-12. [L. F.]

981. Extraict des Registres du Conseil d'Estat (30 avril 1664). — (*S. l. n. d.*) In-4°. Pièce.*

> Au sujet des usurpations de titres de noblesse.

982. Déclaration dv Roy contre les Vsurpateurs de Noblesse, en interprétation de celle du huictième février mil six cent soixante-vn... (22 juin 1664).—*Paris*, 1664, in-4°. Pièce.*

983. Recveil des Escrits qvi ont esté faits sur le différend d'entre Messieurs les Pairs de France, et Messieurs les Présidens au Mortier du Parlement de Paris, pour la Manière d'opiner aux Lits de Justice. Avec l'Arrest donné par le Roy en son Conseil en faveur de Messieurs les Pairs. —*Paris*, 1664, in-4°.*

> Voyez ci-après n° 1093.

984. Traité de la Noblesse suivant les préjugés rendus par les Commissaires, députez pour la vérification des titres de noblesse en Provence, avec la Déclaration de Sa Majesté, Arrests et Règlemens du Conseil sur le fait de ladite vérification ; par ALEXANDRE BELLEGUISE, chargé de la vérification des titres de noblesse en Provence.— (*S. l.*), 1664, in-8°. [L. F.]—*Paris*, 1700, in-12.*

985. Arrest de la Covr des Aydes du troisième Féurier 1665, portant deffenses aux Officiers des Eslections du Ressort de ladite Cour, de prendre connoissance de l'exécution de ses Arrets, ny de donner aucunes surséances et mains-leuées des saisies qui seront faites en exécution d'iceux à la requeste de M° Thomas Rousseau, faute de payement des condamnations adjugées contre les Vsurpateurs de Noblesse à peine d'interdiction.—(*S. l. n. d.*) In-4°. Pièce.*

986. Arrest dv Conseil d'Estat dv Roy, Sa Majesté y estant. Du dernier Avril 1665. Portant deffenses aux Préposez à la Recherche des Vsurpateurs du Tiltre de Noblesse, de faire donner aucunes Assignations sans ordre par escrit des Sieurs Commissaires départis dans les Provinces —(*S. l. n. d.*) In-4°. Pièce.*

987. Extraict des Registres de la Cour des Aydes. (7 mai 1665).— (*S. l. n. d.*) In-4°. Pièce.*

> Au sujet des usurpations de titres de noblesse.

988. Extraict des Registres du Conseil d'Estat (1er juin 1665). —(*S. l. n. d.*) In-4°. Pièce.*

> Même sujet que le n° précédent.

989. Extraict des Registres de la Cour des Aydes (3 juin 1665).— (*S. l. n. d.*) In-4°. Pièce.*

> Même sujet que les 2 n° précédents.

990. Extraict des Registres du Conseil d'Estat (26 août 1665).—(*S. l. n. d.*) In-4°. Pièce.*

> Même sujet que les 3 n° précédents.

991. Extraict des Registres du Conseil d'Estat (22 mars 1666). — (*S. l. n. d.*) In-4°. Pièce.*

> Même sujet que les 4 n° précédents.

992. Extraict des Registres du Conseil d'Estat (8 avril 1666). — (*S. l. n. d.*) In-4°. Pièce.*

> Même sujet que les 5 n° précédents.

993. Extraict des Registres du Conseil d'Estat (14 mai 1666). — (*S. l. n. d.*) In-4°. Pièce.*

> Même sujet que les 6 n° précédents.

994. Extraict des Registres du Conseil d'Estat (23 septembre 1666).—(*S. l. n. d.*) In-4°. Pièce.*

> Même sujet que les 7 n° précédents.

995. Extrait des Registres du Conseil d'Estat (30 septembre 1666). —(*S. l. n. d.*) In-4°. Pièce.*

> Même sujet que les 8 n° précédents.

996. Extraict des Registres du Conseil d'Estat (14 octobre 1666). —(*S. l. n. d.*) In-4°. Pièce.*

> Même sujet que les 9 n° précédents.

997. Extraict des Registres du Conseil d'Estat (8 novembre 1666). —(S. l. n. d.) In-4°. Pièce.*

Même sujet que les 10 n⁰ˢ précédents.

998. Extraict des Registres du Conseil d'Estat (28 décembre 1666). —(S. l. n. d.) In-4°. Pièce.*

Même sujet que les 11 n⁰ˢ précédents.

999. Les Noms, Qualitez, Charges, Blazons... des Chevaliers de l'Ordre dv S. Esprit... Avec l'Origine et progrès de toutes les espèces de Noblesse de ce Royaume... par DELAUT MARIOLET... (1666).

Voyez ci-dessus n° 714.

1000. Le Guidon des Nobles pour facilement faire connaître leur véritable Noblesse, utile et très-nécessaire pour leur donner l'intelligence et les assurez moyens comme ils se doivent comporter. —Paris, 1666, in-4°. Pièce.*

1001. Extraict des Registres du Conseil d'Estat (13 janvier 1667). — (S. l. n. d.) In-4°. Pièce.*

Au sujet des usurpations de titres de noblesse.

1002. Extraict des Registres du Conseil d'Estat (13 janvier 1667). — (S. l. n. d.) In-4°. Pièce.*

Différent du n° précédent et sur le même sujet.

1003. Arrest dv Conseil d'Estat du 13 Ianvier 1667. Portant que tous les Annoblis par lettres depuis le 1ᵉʳ Ianvier 1611, iusques au iour de la Déclaration du Roy, du mois de Septembre 1664, du ressort de la Cour des Aydes de Clermont-Ferrand, seront imposez aux Tailles à l'exception de ceux qui auront obtenus lettres de confirmation registrées és Chambres des Comptes et cour des Aydes, depuis ladite Déclaration de 1664. —Paris, 1667, in-4°. Pièce.*

1004. Du 20 Ianvier 1667. Extrait des Registres du Conseil d'Estat. —(S. l. n. d.) In-4°. Pièce.*

Au sujet des usurpations de titres de noblesse.

1005. Du 5 Mai 1667. Extrait des Registres du Conseil d'Estat. — (S. l. n. d.) In-4°. Pièce.*

Même sujet que le n° précédent.

1006. Arrest dv Conseil d'Estat en faveur des Particuliers recherchez pour l'Vsurpation du Titre de Noblesse, qui sont maintenant employez dans les Troupes de sa Majesté. Du 10 Mai 1667. — Paris, 1667, in-4°. Pièce.*

1007. Extracit des Registres du Conseil d'Estat. Du 3 Octobre 1667. —(S. l. n. d.) In-4°. Pièce.*

Au sujet des usurpations de titres de noblesse.

1008. Extraict des Registres du Conseil d'Estat. Du 3 Octobre 1667. —(S. l. n. d.) In-4°. Pièce.*

Différent du n° précédent et sur le même sujet.

1009. Extraict des Registres dv Conseil d'Estat. Du 13 Octobre 1667. —(S. l. n. d.) In-4°. Pièce.*

Même sujet que les 2 n⁰ˢ précédents.

1010. Arrest dv Conseil d'Estat, du dix-septième Novembre 1667. Qui ordonne que tous les Particuliers employez avec rolles des Tailles comme Exempts, feront leurs déclarations aux Greffes des Eslections, s'ils entendent jouir de ladite Exemption en vertu des Charges et Offices qu'ils possèdent, ou comme Nobles. —(S. l. n. d.) In-4°. Pièce.*

1011. Extraict des Registres du Conseil d'Estat. — (S. l. n. d.) In-4°. Pièce.*

Au sujet des usurpations de titres de noblesse.

1012. Extraict des Registres du Conseil d'Estat. Du I. Feurier 1668. —(S. l. n. d.), in-4°. Pièce.*

Même sujet que le n° précédent.

1013. Distribvtion faite par Monsievr le Chancelier en conséquence de l'Arrest du Conseil du 13 Octobre dernier, des Généralitez cy après nommées et des élections de la généralité de Paris, aux sieurs Commissaires généraux dudit Conseil députez par le Roy, pour la recherche des Vsurpateurs de titre de Noblesse. (Donné à S. Germain en

Laye, le 26 février 1668.)—(*S. l. n. d.*) In-f°. Pièce.*

1014. Extraict des Registres du Conseil d'Estat (30 mai 1668). — (*S. l. n. d.*) In-4°. Pièce.*

Au sujet des usurpations de titres de noblesse.

1015. Conférence des Ordonnances, Edits et Déclarations, concernant la recherche des usurpateurs du tiltre de Noblesse ; avec les Déclarations du Roy du 8 Février 1661 et 22 Juin 1664 ; et un Recueil de plusieurs Arrests du Conseil, donnez en exécution et interprétation des dits Edits et Déclarations, servans de Règlemens pour les poursuites de la dite recherche.—*Paris*, 1668, in-4°.*

1016. Estat des Noms de ceux qui ont été déboutés de la qualité de Noble et d'écuyer, par Arrests de la Chambre établie par le Roy, pour la réformation de la Noblesse en Espagne.— *Rennes*, (1668), in-4°.*

1017. Ivrisprvdentia heroica sive de Ivre Belgarvm circa Nobilitatem... [Auctore J.-B. CHRISTYN (1668).]

Voyez ci-après, LIV. IV, Sect. II, § 6. PAYS-BAS ET BELGIQUE.

1018. Arrest dv Conseil d'Estat dv Roy. Du dixième Octobre 1668. Portant que les Gentilshommes qui ont dérogé en prenant des Fermes, ou fait Trafic ou Commerce, seront condamnez en l'amende et autres peines portées par les Ordonnances, et pareillement leurs Enfants nais après les dites dérogeances, etc. —(*S. l. n. d.*) In-4°. Pièce.*

1019. Arrest dv Conseil d'Estat. Portant pouuoir aux Commissaires, députez pour la recherche des Vsurpateurs du Tiltre de Noblesse de continuer l'exécution de leurs Commissions, et aux Procureurs de sa Majesté de faire toutes les diligences nécessaires. Du 13 Feurier 1669. —*Paris*, 1669, in-4°. Pièce.*

1020. Edict dv Roy, qui déclare le Commerce de Mer ne point déroger à la Noblesse. Du mois d'Août 1669. Vérifié en Parlement, Chambre des Comptes et Cour des Aydes, le 13 des dits mois et an.—*Paris*, 1669, in-4°. Pièce.*

1021. Arrest dv Conseil d'Estat. Pour le payement des Pensions et Gratifications accordées à plusieurs Gentils-hommes qui ont le nombre de dix et douze enfans. Du 26 Octobre 1669.—*Paris*, 1670, in-4°. Pièce.*

1022. Discours sur le Négoce des Gentils-hommes de la ville de Marseille, et sur la qualité de nobles marchands qu'ils prenoient il y a cent ans ; par M. MARCHETTI,... — *Marseille*, 1671, in-4°.*

1023. GERH. FELLMANN. J. U. D. Tractatus de Titulis honorum, duobus libris absolutus.—*Bremæ*, 1672, in-12.*

1024. Arrest du Conseil d'Estat qui fait défense à tous ceux qui ont esté condamnez comme Usurpateurs du Titre de Noblesse, de prendre la qualité de Noble et d'Ecuyer. Du 19 Juillet 1672. — *Paris*, 1672, in-4°. Pièce.*

1025. De Promotionibus honorum, promotoribus ac promovendis, eorumque jure, tractatus politico-juridicus : auctore CHRISTIANO ISING...—*Augustæ Vindelic.*, 1674, in-8°.*

1026. A. RECHENBERG Dissertatio de natura et usu Titulorum.—*Lipsiæ*, 1674, in-4°.*

1027. Arrest du Conseil d'Estat par lequel il est fait défense aux préposez pour la recherche des Usurpateurs du Titre de Noblesse, et à leurs Commis, de s'immiscer au recouvrement de ce qui est deu de reste des Amendes par lesdits Usurpateurs. Le 6 Janvier 1674.—*Paris*, 1674, in-4°. Pièce.*

1028. Miroir des Familles, dans lequel chaque particulier, tant des Ecclésiastiques que de la Noblesse et du Tiers-Etat, pourra voir et reconnaître le rang qu'il doit tenir, avec les prérogatives et honneurs qui lui sont dus.

Par VIELBANS.—*Bordeaux*, 1675, in-4°. [D.]

Peu commun.

1029. Observationes Eugenialogicæ et Heroicæ, sive materiem Nobilitatis gentiliæ, jus insignium et heraldicum complectentes.—*Coloniæ Agrippinæ*, 1678, in-4°.*

1030. Traité de la Noblesse, de ses différentes espèces, de son Origine, du Gentil-homme de nom et d'armes, des Charges qui anoblissent, des Dérogeances, des Réhabilitations, des Dignités ecclésiastiques et séculières, des Ordres de Chevalerie de la noblesse d'Angleterre, Espagne, Portugal, Allemagne, etc. Par GILLES ANDRÉ DE LA ROQUE. — *Paris*, 1678, in-4°.*—*Paris*, 1688, in-4°. [L. F.]—*Rouen*, 1709, in-4°. [L. F.]—*Rouen*, 1710, in-4°.*—*—Rouen*, 1712, in-4°. [A.]—Nouvelle édition, augmentée des Traités du blason, des Armoiries de France, de l'Origine des noms et surnoms, du ban et de l'arrière-ban. *Rouen*, 1734, in-4°.*—*Rouen*, 1735, in-4°. [A.]—*Paris*, 1768, in-4°. [B. Lux.] — *Paris*, 1778, in-4°.*

Cet ouvrage est généralement estimé; mais il faut avoir soin de vérifier les citations; il y en a beaucoup d'inexactes. L'édition de 1734, la plus recherchée, et celle de 1678 sont en double à la Bibliothèque impériale, enrichies de notes manuscrites de la main de Charles-René d'Hozier.

1031. Les Nobles dans les tribunaux, Traité de droit enrichi de plusieurs curiositez utiles de l'Histoire et du Blazon, où les questions qui conviennent aux Nobles sont succinctement agitées et définies sur toutes les matières les plus importantes et les plus choisies, dans lesquelles l'Escole et le Barreav prennent des égards à la qualité du Gentilhomme. Par HERMANN FRANÇOIS DE MALTE, Conseiller de S. A. S. en sa souveraine Cour Féodale du Païs et Evêché de Liège.—*Liége*, 1680, in-f°.*

1032. Traité de l'Origine des Noms et Surnoms, de leur diversité et changement chez les nations, avec les noms des fondateurs d'un grand nombre de communautés et plusieurs questions importantes sur les noms et sur les armoiries; par GILLES ANDRÉ DE LA ROQUE.—*Paris*, 1681, in-12.*

Réimprimé dans le « *Traité de la noblesse*, » du même, *Rouen*, 1731, in-4°.—Voyez le n° 1030 ci-dessus.

1033. Traité de la Noblesse avec deux Diseours, l'un de l'origine des fiefs, l'autre de la foi et hommage. (Par ROBERT HUBERT.) —*Orléans*, 1681, in-8°.*—*Orléans*, 1682, in-8°. [B. B.]

1034. Les diverses espèces de Noblesse et les manières d'en dresser les preuves; par le R. P. MENESTRIER.... — *Paris*, 1681, in-12.*—2° édit. *Paris*, 1682, in-12. [Col.] — *Paris*, 1683, in-12. [B. G.]—*Paris*, 1684, in-12. [B. Z.] —*Paris*, 1685, in-12.*

Cet ouvrage, rare, concerne particulièrement les généalogies des anciennes familles belges.

1035. Abrégé des trois Estats : du Clergé, de la Noblesse et du Tiers-Estat par D. G. (DENYS GODEFROY.)—*Paris*, 1682, in-12.*

Assez rare.

1036. Le Blason de la Noblesse ou les preuves de Noblesse de toutes les nations de l'Europe, par le R. P. FRANCOIS MENESTRIER... (1683.)

Voyez ci-après LIV. IV, Sect. I, § 3.

1037. Histoire de l'Origine de la Royauté et du premier Établissement de la grandeur royale, par PELISSERI. — *Paris*, 1684, in-8°.* Avec un grand nombre de figures.

Ouvrage curieux et recherché.

1038. ANTONII MATHÆI, de Nobilitate, de Principibus, de Ducibus, de Comitibus, de Baronibus, de Militibus, Equitibus, Ministerialibus, Armigeris, Barscalcis, Marscalcis, Adelscalcis, de Advocatis ecclesiæ... libri quatuor. —*Amstelodami*, 1686, in-4°.*

1039. Dissertation sur la Noblesse d'extraction et sur l'Origine des Fiefs, des Surnoms et des Armoiries. (Par Joach. Comte d'Estaing.)—*Paris*, 1690, in-8°.*

1040. Mémoires sur l'Estat du Clergé et de la Noblesse de Bretague ; par le R. P. Toussaint de Saint-Luc... (1691.)

> Voyez ci-après Liv. IV, Sect. ii, § 6.

1041. Edit du Roy portant confirmation de noblesse aux Officiers de plusieurs Villes. Vérifié en Parlement le 7 Juin 1691.—*Paris*, 1691, in-4.* Pièce.*

1042. Arrest du Conseil d'Estat du Roy, portant qu'en exécution de l'édit du mois de juin dernier, les Maires, Jurats, Capitouls et Eschevins en charge des Villes y denommées, jouissans du privilége de Noblesse, représenteront pardevant les sieurs Intendants ou leurs Subdéléguez les Régistres des Elections et Nominations des Maires, Capitouls, Jurats et Eschevins depuis mil six cent pour estre dressé procez-Verbal de leurs noms, surnoms et qualitez, et des déclarations qu'ils seront tenus de faire de leurs domiciles et facultez, et de leurs Veuves et descendants, pour sur lesdits Procez-Verbaux et Advis desdits sieurs et Intendants, les Maires, Capitouls, Jurats et Eschevins, qui ont exercé depuis mil six cent, estre taxez, pour la confirmation et jouissance desdits priviléges, du quatorzième jour de Juillet 1691. — (*Paris, s. d.*) In-4°. Pièce.*

1043. Edit du Roy, portant Révocation des Lettres de Réhabilitations de Noblesse. Registré en la Cour des Aydes ce 16 Décembre 1692. — *Paris*, 1692, in-4°. Pièce.*

1044. Mémoire sur la Question de préséance, pour MM. les Ducs et Pairs de France, contre M. le maréchal de Luxembourg. (Par Etienne Gabriau de Rifarfons.) —*Paris*, 1693, in-12.*

1045. Arrest du Conseil d'Estat du Roy du 28 avril 1693. Qui ordonna que les redevables des Droits de Francs-Fiefs ou Possesseurs de Terres en Franc-aleu Noble ou Roturier, Francbourgage ou Franchebourgeoisie, seront tenus de fournir leurs Déclarations quinzaine après la Publication du présent Arrest faute de quoy, contraints au Payement de la moitié des Sommes pour lesquelles ils se trouveront compris dans les rolles arrestez au Conseil. — *Paris*, 1693, in-4°. Pièce.*

1046. Edit du Roy, portant Annoblissement de cinq cents personnes, qui seront choisies parmy ceux qui se sont le plus distinguez par leurs mérites, vertus et bonnes qualitez. Donné à Versailles au mois de Mars 1696... —*Paris*, 1696, in-4°. Pièce.*

1047. Arrest du Conseil d'Estat du Roy, qui ordonne que tous ceux qui ont obtenu des Lettres de Réhabilitation de Noblesse depuis 1600 ou leurs descendants seront tenus de les représenter dans deux mois pour tout délay du jour de la publication du présent Arrest pardevant les Commissaires départis en chacune Généralité. Du 31 Juillet 1696.— (*S. l. n. d.*) In-4°. Pièce.*

1048. Déclaration du Roy, contre les Usurpateurs du Titre de Noblesse. Du 4 Septembre 1696.— *Paris*, 1696, in-4°. Pièce.*

1049. Déclaration du Roy, qui rétablit dans leur Noblesse les Annoblis par les Ducs de Lorraine révoquez par l'Ordonnance du quatre Mars 1671. Donnée à Versailles le 8 Septembre 1696. —*Paris*, 1696, in-4°. Pièce.*

1050. (Acte du roi relatif aux usurpations de titres de noblesse, du 24 Octobre 1696.)—(*S. l. n. d.*) In 4°. Pièce.*

1051. Instruction concernant l'Enrégistrement des Armoiries. — (*S. l. n. d.*) In-4°. Pièce.*

> En exécution de l'édit du mois de novembre 1696.

1052. Edit du Roy portant Création d'une grande maîtrise générale et souveraine et Etablissement d'un Armorial général à Paris, au dépôt public des armes et blazons du Royaume, et Création de plusieurs maîtrises particulières dans les Provinces. Du mois de Novembre 1696.— *Paris*, 1696, in-4°.*

1053. (Acte du roi relatif aux usurpations de titres de noblesse, du 25 Novembre 1696.)—(*S. l. n. d*) In-4°. Pièce.*

1054. Le Blason de France ou Notes curieuses sur l'Edit concernant la Police des Armoiries. (Par THIBAULT CADOT, Conseiller à la Cour des Monnaies.) *Paris*, 1697, in-8°.*

> Page 174 on trouve : « *Dictionnaire ou table par alphabet, et explication des termes, figures et pièces du blason les plus ordinaires et usités en France.* » — Avec 240 planches dans le texte.
> La Bibliothèque impériale conserve deux exemplaires de cette édition, tous deux enrichis de notes manuscrites de la main de Charles-René d'Hozier.

1055. Le Blason de France... Avec un Dictionnaire des termes du blason; par le sieur CADOT.— *Paris*, 1697, in-8°.*

> Même ouvrage que le n° précédent.

1056. Arrest du Conseil d'Estat du Roy qui ordonne que les Greffiers, Notaires et Tabellions et toutes autres personnes publiques, délivreront des Extraits de tous les Actes, Sentences et Jugements dans lesquels les Parties auront pris les qualités de Noble ou Noble-Homme, d'Ecuyer, de Messire et de Chevalier. Du 8 Janvier 1697. — (*S. l. n. d.*) In-4°. Pièce.*

1057. Arrest du Conseil d'Estat du Roy, portant règlement pour l'exécution de la Déclaration du Roy du quatrième Septembre mil six cens quatre-vingt-seize, concernant la recherche des usurpateurs des Titres de Noblesse. Du 26 Février 1697.—(*S. l. n. d.*) In-4°. Pièce.*

1058. (Acte du roi relatif aux usurpations de titres de noblesse, du 21 mai 1697.)—(*S. l. n. d.*) In-4°. Pièce.*

1059. Arrest du Conseil d'Estat du Roy, portant que ceux qui ont esté réhabilitez depuis mil six cens, seront tenus de représenter les pièces justificatives de leur Noblesse pour estre prononcé sur la validité de leurs Titres. Du 6 Août 1698.—(*S. l. n. d.*) In-4°. Pièce.*

1060. Arrest du Conseil d'Estat du Roy, qui ordonne que l'Arrest du 16 Mars 1669 sera exécuté et que les Particuliers recherchés pour l'Usurpation des Titres de Noblesse, qui rapporteront des Titres faux seront condamnez en cent livres d'amende. Du 26 Mai 1699. — (*S. l. n. d.*) In-4°. Pièce.*

1061. Arrest du Conseil d'Estat du Roy du vingt-deuxieme Septembre 1699 qui lève la surcéance accordée par la Déclaration du quatrième Septembre mil six cens quatre-vingt-seize aux Officiers qui ont servi dans les Armées de Terre et de Mer, qui avaient usurpé le Titre et qualité d'Ecuyer et de Chevalier, Ordonne qu'ils seront assignez pour apporter leurs Titres. — (*S. l. n. d.*) In-4°. Pièce.*

1062. Arrest du Conseil d'Estat qui maintient en leur Noblesse ceux qui ont obtenu des Certificats de Confirmation de M. le Marquis de Louvois. Donné à Fontainebleau le 6 Octobre 1699. — (*Paris, s. d.*) In-4°. Pièce.*

1063. Arrest du Conseil d'État du Roy, Contre les Particuliers qui ont fait des Soumissions pour Lettres de Noblesse qu'ils n'exécutent pas. Et ordonne que les Lettres de Noblesse à eux délivrées seront rapportées faute d'exécution de la Soumission et eux imposez à la Taille. Du 1 Décembre 1699. — (*S. l. n. d.*) In-4°. Pièce.*

1064. Liste de Messieurs les Commissaires nommez par le Roy pour juger les procès concernant les usurpateurs du titre de Noblesse. — (*S. l.*, 1699.) In-f°. Pièce.*

1065. Arrest du Conseil d'Estat du Roy, rendu en faveur de la Noblesse (13 Juillet 1700).—*Paris*, (*s. d.*), in-4°. Pièce.*

1066. Arrest du Conseil d'État du Roy, en faveur de la Noblesse. Du 10 Décembre 1701.—(*S. l. n. d.*) In-4°. Pièce.*

1067. Edit du Roy, portant que tous ses Sujets Nobles par Extraction, par Charges ou autrement, excepté ceux qui sont actuellement revestus de Charges de Magistrature, pourront faire librement toute sorte de Commerce en gros, tant au dedans qu'au dehors du Royaume pour leur compte ou par Commission sans déroger à leur Noblesse. Donné à Versailles au mois de Décembre 1701. Régistré en parlement le 30 Decembre 1701.— *Paris*, 1702, in-4°. Pièce.*

1068. Déclaration du Roy pour la recherche des faux-Nobles. Donnée à Versailles le trentième May 1702.—*Paris*, 1702, in-4°. Pièce.*

1069. Edit du Roy, portant création de deux cents Nobles. Donné à Versailles au mois de May 1702. —*Paris*, 1702, in-4°. Pièce.*

1070. Arrest du Conseil d'État du Roy qui fixe le prix de chaque Lettre de Noblesse des Deux Cens qui sont à vendre en exécution de l'Edit de may 1702, à six mille livres et les deux sols pour livre; Ordonne que les Acquéreurs jouiront du bénéfice porté par la Déclaration de Sa Majesté du mois de Mars 1696, portant Règlement pour l'Enregistrement desdites Lettres, admet ceux dont les Lettres de Noblesse ont été ci-devant révoquées à en acquérir de nouvelles, qui leur tiendront lieu de Confirmation, et exempte les Acquéreurs desdites Lettres du service personnel de l'Arrière-Ban et de toutes les Contributions à icelui pendant deux années. Du 21 Juin 1702. — (*Paris*, *s. d.*) In-4°. Pièce.*

1071. Arrest au Conseil d'État du Roy qvi subroge François Ferrand au lieu et place de Charles de La Cour de Beauval et Jean de Lespinace, dans les traitez par eux faits pour la Recherche des faux-Nobles, réhabilitation, rétablissement, confirmation de noblesse, et Ventes de Lettres d'Annoblissement, ordonne qu'ils compteront incessamment de la recette et dépense par eux faite en exécution desdits Traitez; que ledit Ferrand continuera les poursuites commencées et fera toutes celles qui seront nécessaires pour achever lesdits Recouvrements; à l'effet de quoy, eux, leurs Procureurs, Commis ou Sous-traitans, participes et interessez, luy remettront dans huitaine tous les Extraits, Rolles, Procédures, Pièces, et Instructions qu'ils ont concernant lesdits Recouvremens à peine d'y estre contraints par corps. Du vingtième Juin 1702.—(*Paris, s. d.*) In-f°. Pièce.*

1072. Arrest du Conseil d'État du Roy, portant que La Cour de Beauval, cy-devant Traitant de la Recherche de la Noblesse, ses Procureurs, Commis ou Sous-Traitans, remettront dans huitaine à François Ferrand nouvellement chargé de lad. Recherche, ses Procureurs ou Commis, les Rolles et Pièces mentionnées en l'Arrest du 20 Iuin 1702. Avec un Etat certifié des sommes par eux reçues des Vsurpateurs, par forme de consignation ou autrement.... Ce faisant, permet Sa Majesté audit Ferrand, de faire exécuter lesdits Rolles arrestez au Conseil, en exécution de l'Arrest du 30 Octobre 1696 contre les y dénommez... Du huitième Aoust 1702.—(*S. l. n. d.*) In-4°. Pièce.*

1073. Arrest notable de la Cour des Aydes en faveur de la Noblesse. Du 9 Aoust 1702. — *Paris*, 1702, in-4°. Pièce.*

1074. Arrest du Conseil d'Estat du Roy, qui ordonne que les Gentilshommes auxquels Sa Majesté aura ordonné son agrément pour se faire pourvoir d'aucuns des Offices de Chevaliers d'Honneur créez par l'Edit du mois de Juillet dernier remettront leurs titres de Noblesse entre les mains des Sieurs Intendans et Commissaires départis des Provinces

dans lesquelles ils sont domici-
liez. Du 9 Septembre 1702.—*Paris*, 1702, in-4°. Pièce.*

1075. Arrest du Conseil d'État du
Roy, qui Décharge ceux qui
achèteront des Lettres de Noblesse des deux cents créées par
l'Edit du mois de May 1702, des
Droits de Francs-Fiefs pour les
Biens Nobles qu'ils possèdent
jusqu'à la somme de mille livres;
Et fait déffenses au Traitant
desdits Droits de les poursuivre,
pour raison de ce. Du 21 Novembre 1702.—(*S. l. n. d.*) In-4°.
Pièce.*

1076. Arrest du Conseil d'Estat
du Roy, qui commet François
Ferrand pour la vente des Offices de Président des Elections, deux cents Lettres de
Noblesse créées par Edits du
mois de May 1702. Et pour la
continuation de la recherche
des Usurpateurs de Noblesse.
Du 2 Janvier 1703.—(*Paris, s. d.*)
In-4°. Pièce.*

1077. Déclaration du Roy, concernant les Usurpateurs du titre de
Noblesse. Donnée à Versailles
le 30 Janvier 1703.—*Paris*, 1703,
Pièce.*

1078. Arrest du Conseil d'Estat du
Roy, qui accorde un nouveau
délay d'un an aux Officiers des
Troupes de Sa Majesté qui servent actuellement dans ses Armées pour rapporter leurs Titres
de Noblesse. Du 30 Janvier 1703.
Paris, 1703, in-4°. Pièce.*

1079. Arrest du Conseil d'Estat du
Roy, servant de Règlement général pour la Procédure qui sera
faite contre les Usurpateurs de
la Noblesse, tant pardevant
Messieurs les Commissaires-Gé-
néraux, que pardevant Messieurs
les Intendants des Provinces.
Du quinzième may 1703.—(*Paris,
s. d.*) In-f°. Pièce.*

1080. Arrest du Conseil d'Estat du
Roy, qui lève la surséance accordée par Sa Majesté en faveur
des Usurpateurs de la Noblesse
qui servent dans ses Armées de
Terre et de Mer, contre lesquels
il y a des Décrets ou des Char-

ges dans les Procédures crimi-
nelles faites à la Chambre de
l'Arcenal, ou contre quelques
uns de leurs familles; et veut
qu'il soit passé outre à l'instruction des Instances contre
eux commencées; Du 22 Dé-
cembre 1703.—*Paris*, 1704, in-4°.
Pièce.*

1081. Extrait des Registres du Conseil d'Etat. (12 février 1704.) —
(*Paris,*) Imp. de J. Vincent, (*s. d.*),
in-4°. Pièce.*
    Au sujet des usurpations de
    titres de noblesse.

1082. Ordonnance de Nosseigneurs
les Commissaires du Conseil
députez par le Roy pour l'exécution de ses Déclarations des
4 Septembre 1696, trente May
1702 et 30 Janvier 1703, Et Arrests du Conseil rendus en conséquence contre les Usurpateurs
du Titre de Noblesse. Du vingt-
quatre Avril 1704.— (*Paris, s. d.*)
In-4°. Pièce.*

1083. Edit du Roy, portant dispense
d'un degré de service en faveur
de quatre Officiers de chaque
Cour Supérieure. Donné à Fontainebleau au mois d'Octobre
1704.—*Paris*, 1704, in-4°. Pièce.*

1084. Edit du Roy, portant suppression de cent Lettres de Noblesse du nombre des deux cens
créées par Edit du mois de May
1700, lesquelles n'ont point encore esté lévées, et portant confirmation des priviléges accordés par les autres Lettres de
Noblesse en payant par les Acquéreurs chacun trois mil livres
pour jouir de cent cinquante livres de rente. Donné à Fontainebleau au mois d'Octobre 1704.
Paris, 1704, in-4°. Pièce.*

1085. Déclaration du Roy qui permet aux Acquéreurs des Lettres
de Noblesse qui auront acquis
cent cinquante livres de Rente
portez par la Déclaration du
mois d'Octobre 1704, de conver-
tir en Rentes au Denier seize en
faisant le supplément ordinaire
pour doubler. Donnée à Marly
le 12 May 1705.—*Paris*, 1705, in-
4°. Pièce.*

1086. Arrest du Conseil d'Estat du

Roy qui réduit le Traité de la recherche des Usurpateurs de la Noblesse et autres matières jointes, fait à François Ferrand, à 2,596,000 liv. à cause de la suppression des cent Lettres de Noblesse qui en faisaient partie ; Charge ledit Ferrand du recouvrement de 96,000 liv. de supplément de 3,000 liv. pour chacune des trente deux Lettres restantes à vendre au jour du Résultat de Louis Clouet, et ordonne qu'il en aura le sixième de remise et les 2 sols pour liv. Et qu'il jouira de 4,800 liv. de gages par an, attribuez aux Acquéreurs desdites trente deux Lettres dont l'employ sera fait dans l Etat des Finances de la Généralité de Paris. Décharge ledit Ferrand de ladite recherche au premier Juillet 1705 et ordonne qu'elle sera continuée pour le compte et aux frais de Sa Majesté. Du 9 Juin 1705.— (Paris, s. d.) In-4°. Pièce.*

1087. Arrest du Conseil d'Estat du Roy, qui ordonne que le recouvrement de la finance qui doit estre payée en conséquence de l'Edit du présent mois de Novembre par les Maires, leurs Lieutenants, Eschevins et autres Officiers des Villes pour la confirmation de leurs Priviléges de Noblesse, ensemble celle qui doit estre payée par ceux qui ayant renoncé ausdits Priviléges ont continué d'en jouir, sera fait à la diligence de Me Jean Donjon, chargé du recouvrement de ladite finance et de ses Procureurs et Commis. Du 9 Novembre 1706. — Paris, 1706, in-4°. Pièce.*

1088. Arrest du Conseil d'Estat du Roy, qui ordonne que les Extraits de Baptême, Mariage et Sépulture qui seront produits dans les Instances de Noblesse, seront controllés conformément à l'Edit du mois d'Octobre 1706. — Dispense néanmoins dudit Controlle ceux produits avant la datte du présent Arrest. Du 15 Février 1707.—Paris, 1707, in-4°. Pièce.*

1089. Edit du Roy, portant que les Maires et Officiers des Villes qui n'ont payé en 1691 pour leur confirmation de Noblesse que des sommes au dessous de quinze cens livres seront tenus de payer un supplément de finance. Donné à Marly au mois de May 1707.—Paris, 1707, in-4°. Pièce.*

1090. Arrest du Conseil d'Estat du Roy qui ordonne que les Rolles qui ont esté ou seront cy-après arrestez au Conseil en exécution des Edits du mois de Novembre 1706 et Juin dernier, seront exécutez selon leur forme et teneur: en conséquence, que les Maires, Lieutenants de Maires et autres Officiers de Villes, leurs veuves et enfans, lesquels ont esté maintenus dans leur Noblesse par lesdits Edits, seront contraints à la diligence du Suppliant au paiement des sommes pour lesquelles ils se trouveront compris dans lesdits Rôlles. Du 5 Juillet 1707.—(Paris, s. d.) In-4°. Pièce.*

1091. Ordonnance de Nosseigneurs les Commissaires Généraux du Conseil pour la Noblesse. Du dix-neuvième Juin 1716. Rendue en exécution de la Déclaration du seize Janvier 1714, concernant le bénéfice de la Possession de cent années de Noblesse.— Paris, J. Saugrain, (s. d.), in-4°. Pièce.*

1092. Déclaration du Roy Charles IX, sur la préséance et le rang que doivent tenir les Princes de la Maison de Longueville, insérée dans le premier tome du Théâtre d'Honneur... d'André Favin,...—(S. l. n. d.) In-4°. Pièce.*

Suivie de plusieurs autres opuscules sur le même sujet, dont le dernier, intitulé : « Déclaration du Roy, » porte la date du 23 mai 1705.

1093. Recueil de pièces concernant les différends des Pairs de France avec les Présidents à Mortier du Parlement de Paris. —(S. l.), 1716, in-4°.*

Voyez le n° 983 ci-dessus.

1094. Déclaration du Roy. Donnée à Paris le 10 May 1716. Registrée en Parlement le 12 May 1716. — *Paris*, 1716, in-4°. Pièce.*

Au sujet du conflit soulevé entre les presidents à Mortier du Parlement de Paris et MM. les ducs et pairs.

1095. Requeste de la Noblesse, contre les fausses prétentions de Messieurs les Ducs et Pairs. (Par LE GENDRE, avocat au Parlement de Paris.)—(S. l.), 1716, in-8°. Pièce.*

1096. Réponse au Libelle injurieux qui attaque les Maisons des Ducs et Pairs.—(S. l. n. d.) In-8°. Pièce.*

1097. Seconde Requeste présentée au Roy et au Régent par quelques Seigneurs, Contre les Ducs et Pairs. A Son Altesse Royale Monseigneur le Duc d'Orleans, Régent.—(S. l., 1717). In-8°. Pièce.*

1098. Arrest du Conseil d'Estat du Roy. Extrait des Registres du Conseil d'Estat. Du 14 May 1717. —*Paris*, 1717, in-4°. Pièce.*

Au sujet du n° precedent.

1099. Lettre écrite par un Chanoine de Luçon à un de ses Amis, Contenant ses réflexions sur la Requeste présentée au Roy par les Pairs de France, le vingt-deuxième Février 1717. —(S. l.), 1717, in-8°. Pièce.*

1100. Mémoire pour la Noblesse de France, contre les Ducs et Pairs. (Par le C. DE BOULAINVILLIERS.) — (S. l., avril 1717.) In-12.*— *Amsterdam* (Trévoux), 1732, in-8°.*

Ce savant et intéressant travail est tres-rare aujourd'hui, l'auteur l'ayant retire lors de sa publication.

1101. Premières instructions pour MM. les Directeurs des provinces, sur la forme des Etats d'observations qu'ils doivent envoyer, afin de former les rôles de la confirmation de la Noblesse, du mois d'Octobre 1723.— (S. l. n. d.) In-4°. Pièce.*

1102. Le Grand Théâtre profane du Duché de Brabant... Avec une Dissertation sur l'Anneau qui servait de sceau, et sur le tems où les Surnoms et les Armoiries ont commencé à devenir héréditaires aux Familles Nobles,... composée par JACQ. LE ROY(1730.)

Voyez ci-après, LIV. IV, Sec. II, § 6. PAYS-BAS et BELGIQUE.

1103. Essai sur la Noblesse de France contenant une Dissertation sur son origine et abaissement; par feu M. le C. DE BOULAINVILLIERS. Avec des Notes historiques, Critiques et Politiques; Un Projet de Dissertation sur les premiers François et leurs Colonies, Et un Supplément aux Notes par forme de Dictionnaire pour la Noblesse. (Par J.-Fr. DE TABARY.)—*Amsterdam* (Rouen), 1732, in-8°.*

Le supplément a une pagination particuliere.—Les notes de Tabary n'ont pas grande importance: elles n'ajoutent ni ne retranchent rien à la valeur de l'ouvrage.

Cet essai avait deja paru en 1730 dans le tom. IX de la *Continuation des Mém. de litt.*, par le P. DES MOLETS, ou se trouve aussi une refutation curieuse et savante en même temps de l'œuvre de Boulainvilliers.

On peut consulter sur le système de l'auteur le liv. XXX de l'*Esprit des Loix*, et la belle preface d'AUGUSTIN THIERRY, en tete de ses *Récits mérovingiens*.

1104. Histoire de la Pairie de France et du Parlement de Paris. Où l'on traite aussi des Electeurs de l'Empire et du Cardinalat. Par Monsieur (LE LABOUREUR, publié par) D. B. (DU BOULAY). On y a joint des Traitez touchant les Pairies d'Angleterre, et l'origine des Grands d'Espagne. — *Londres*, 1740, in-8°.*—Histoire de la Pairie de France... On y a joint des Traitez touchant les Pairies d'Angleterre mâles et femelles, et l'origine des Grands d'Espagne. Par M. DE G***,—*Londres*, 1745, 2 vol. in-12.* — *Londres*, 1746, in-12. [Q.]—Nouvelle édition. *Londres*, 1753, 2 vol. in-12.*

Ces mots : *Par M. de G***,* ne figurent que sur le titre de l'edition de 1745, laquelle est restee completement inconnue à tous nos bibliographes. De l'erreur du savant Leber et du célèbre collecteur Boulard, qui, trompes par les initiales D. B., ont attribué à Du Boulay les *Traités touchant les pairies d'Angleterre...*, tandis que ce dernier n'a fait que publier cet ouvrage et l'œuvre principale.

Ces initiales ont été cause d'une autre erreur, mais bien plus grave, qui a subsisté près d'un siècle. Pendant ce long espace de temps les amateurs et les savants considéraient l'*Histoire de la pairie de France...* comme l'impression d'un des nombreux manuscrits de De Boulainvilliers. Ils ignoraient l'existence d'une autre édition de cet ouvrage, qui donnait le mot de l'énigme en rétablissant sur le frontispice le nom de son auteur légitime. Cette édition, d'une insigne rareté, n'est autre que celle de 1740 ci-dessus décrite, dont le titre primitif fut remplacé par le suivant.

1105. Histoire du Gouvernement de la France; De l'Origine et de l'autorité des Pairs du royaume et du Parlement. Par M. Le Laboureur. On y a joint un Traité des Pairies d'Angleterre et un autre de la Grandesse d'Espagne.—*La Haye et à Francfort sur Meyn*, 1743, in-12.*

Même ouvrage que le n° précédent.

1106. Essai sur l'Education de la Noblesse.—*Paris*, 1747, 2 vol. in-12.*

1107. Epître au Roi sur l'Edit pour la Noblesse militaire. Par (Jean-François) Marmontel.—*Paris*, 1750, in-8°. Pièce.*

Plate adulation en prose rimée.

1108. Dissertation sur l'origine, les droits et les prérogatives des Pairs de France, où l'on examine si le Parlement en corps peut décréter un Pair de France sans ordonner préalablement la convocation des Pairs, et si cette convocation n'est nécessaire que lorsqu'elle est requise par l'accusé. (Par D. Simonnel.)—(*Paris*,) 1753, in-12.*

1109. Discovrs pour montrer qv'vn Gentilhomme ne déroge point à sa Noblesse, par la Charge de Notaire au Chastelet de Paris.—(*S. l. n. d.*) In-4°. Pièce.*

1110. La Noblesse oisive. (Par Marc-Ant.-Jacq. Rochon de Chabannes.)—(*S. l.*) 1756. in-12. Pièce.*

1111. La Noblesse commerçante; par l'abbé Coyer.—*Paris*, 1756, in-12.*—Nouvelle édition. *Londres et se trouve à Paris*, 1756, in-12.*

1112. Le Commerce annobli. (Par Séras.)—*Bruxelles*, 1756, in-12. Pièce.*

Contre l'ouvrage précédent.

1113. La Noblesse militaire, ou le Patriote françois. (Par Ph. Aug. de S. Foix, chevalier d'Arcq.)—(*S. l.*,) 1756, in-12.*—Seconde édition. (*S. l.*,) 1756, in-12.*—Troisième édition. (*S. l.*,) 1756, in-12.*

Contre l'ouvrage de l'abbé Coyer.

1114. Le Citoyen philosophe, ou Examen critique de la Noblesse militaire. Dédié à M. l'abbé Coyer.—(*S. l.*,) 1756, in-12.*

1115. Lettre de M. D. à M. D.... au sujet de la Noblesse commerçante,... (Par l'abbé Emmanuel-Jean de La Coste.)—(*S. l.*,) 1756, in-8°.*

1116. Lettre à l'Auteur de la Noblesse commerçante. (Par M. l'abbé Jean-Gabriel Barthouilh.)—(*S. l.*,) 1756, in-12. [L. F.]

1117. L'une et l'autre, ou la Noblesse commerçante et militaire; par M. de Sauvigny, lieutenant de cavalerie.—(*S. l.*), 1756, in-12. [L. F.]

1118. Le Réconciliateur ou la Noblesse militaire et commerçante; en réponse aux objections faites par l'Auteur de la Noblesse militaire, par M. l'abbé de *** (de Pezerold).—*Amsterdam et Paris*, 1756, in-12.*

1119. La Noblesse commerçable ou ubiquiste. (Par J.-H. Marchand.)—*Amsterdam* (*Paris*), 1756, in-12.*

1120. Lettre à M. F. ou Examen politique des prétendus inconvéniens de la faculté de commercer en gros, sans déroger à la Noblesse. (Par de Forbonnais.)—(*S. l.*,) 1756, in-12.*

1121. Le Commerce remis à sa place; Réponse d'un pédant de Collège aux novateurs politiques, adressée à l'auteur de la lettre à M. F. (Par J.-J. GARNIER.) —(S. l.) 1756, in-12.*

1122. Développement et Défense du système de la Noblesse commerçante; par l'abbé COYER.— Amsterdam, 1757, in-12.*

1123. Nouvelles Observations sur les deux systèmes de la Noblesse commerçante ou militaire; par M. PIERRE-ALEXANDRE, vicomte D'ALÈS DE CORBET.— Amsterdam, (Paris), 1758, in-12. [L. F.]

1124. La Noblesse telle qu'elle doit être ou moyen de l'employer utilement et pour elle-même et pour la patrie. (Par DE LA HAUSSE. — Amsterdam, 1758, in-4°.*

1125. Observations sur la Noblesse et le Tiers-Etat; par Madame *** (BÉLOT, depuis Présidente DURET DE MEYNIÈRES).— Amsterdam, 1758, in-12.*

1126. Dissertation sur l'Origine des noms de famille; par PIERRE GRAS DU VILLARD, chanoine de Saint-André de Grenoble.—(S. l.) 1758, in-12. [L. F.]

Cet ouvrage est excessivement rare, si tant est qu'il ait jamais paru. Tout ce que nous pouvons affirmer, c'est qu'il ne fut pas achevé, l'auteur ayant été obligé de le discontinuer à cause des menaces qui lui furent faites de la part des personnes dont il devait parler.

1127. Réflexions sur la Noblesse commerçante.—Lampsaque,1759, in-12. Pièce.*

1128. La Noblesse ramenée à ses vrais principes, ou Examen du Développement de la Noblesse commerçante. (Par le marquis de VENTO DES PENNES.)—Amsterdam-Paris, 1759, in-16.*

1129. Précis du Projet de Création de la charge de Grand Archiviste de France: pour la Recherche générale des Titres de toutes les Familles du Royaume; avec Etablissement d'un nouveau Cabinet, ou d'une nouvelle Archive, où l'on trouvera une indication

certaine de la date et du lieu où auront été passés les Titres qui se trouvent aujourd'hui perdus dans beaucoup de Maisons Par le Chevalier JOUIN-DE-SAUSEUIL.— (S. l. n. d.,) In-4°. Pièce.*

Présenté en 1760 aux maréchaux de France.

1130. Arrest de la Cour de Parlement qui condamne J. P. Trinquelaire, Marie-Anne Feuilleberte, F.-J. Planchenot,... au carcan, au fouet, à la marque et aux galères pendant neuf ans pour avoir supposé des noms chimériques de noblesse.—(S. l.) 1761, in-4°. Pièce. [A.]

Opuscule curieux et des plus rares.

1131. Lettres sur l'Origine de la Noblesse françoise, et sur la manière dont elle s'est conservée jusqu'à nos jours. (Par l'abbé MIGNOT DE BUSSY.)—Lyon, 1763, in-8°.*

Réfutation habile des systèmes de Boulainvilliers et de Montesquieu. Selon l'auteur, la noblesse française tire son origine de la possession des fiefs et des grandes charges de l'Etat. Il semble toutefois ignorer que cette idée avait été déjà émise par Le Laboureur, dans le XIXe chapitre de son Histoire de la Pairie.

1132. Dissertation sur l'Origine et les fonctions essentielles du Parlement, sur la Pairie, le droit des Pairs, et sur les Lois fondamentales de la Monarchie. (Par CANTALAUZE DE LA GARDE.) — Suite de cet ouvrage. Amsterdam, 1764, 2 tom. en 1 vol. in-12. [B. R.]

1133. Origine de la Noblesse françoise depuis l'établissement de la monarchie, contre le système des Lettres imprimées à Lyon, en 1763, dédiées à la Noblesse de France; par M. le vicomte DE *** (ALÈS DE CORBET).—Paris, 1766, in-12.*

C'est un des meilleurs morceaux qui aient été écrits sur la question de nos origines nationales.

1134. Observations particulières sur les noms anciens et modernes d'extraction ou de grâce, avec un Traité sur l'explication du blason. Par CARPENTIER.— *Paris*, 1768, in-8°. [Q.]

1135. Mémoire sur le droit des Pairs de France d'être jugés par leurs pairs.—(*S. l.*,) 1771, in-8°.*

1136. Les quatre Ages de la Pairie de France, ou Histoire générale et politique de la Pairie de France dans ses quatre âges, dont le premier contient la Pairie de naissance; le second, la Pairie de dignité; le troisième, la Pairie d'apanage; le quatrième, la Pairie moderne ou Pairie de Gentilhomme. Par L. V. ZEM-GANNO (LOUIS-VALENTIN GOEZ-MANN).—*Maestricht*, 1775, 2 tom. en 1 vol. in-8°.*

Zemganno est l'anagramme de Goezmann.

1137. Précis historique, moral et politique sur la Noblesse françoise.... (Par le Vte CH. GASP. DE TOUSTAIN - RICHEBOURG.) — *Amsterdam*, 1777, in-12.*

1138. La Noblesse cultivatrice, ou Moyens d'élever en France la culture de toutes les denrées que son sol comporte, au plus haut degré de production, et de l'y fixer irrévocablement, sans que l'Etat soit assujetti à aucunes dépenses nouvelles, ces Moyens portant sur le mobile de l'amour-propre. Par M. FRESNAIS DE BEAUMONT.—*Paris*, 1778, in-8°. Pièce.*

1139. Recherches sur l'Origine de la Noblesse, sur les caractères propres ou accidentels à la Noblesse, sur les preuves de la Noblesse, sur les moyens de rendre son éclat à l'Ordre de la Noblesse.—(*S. l.*, 1779.) In-8°.*

1140. Nouveaux Essais sur la Noblesse, par M. BARTHES, seigneur DE MARMORIÈRES. — *Neuchatel*, 1781, in-1°.*

1141. Les Fastes de la Noblesse de France, ou collection de diplomes, chartes, rouleaux, contrats et autres documents... Avec des Essais historiques sur les qualifications anciennes, et sur la nature et la forme des preuves en matière de noblesse et

de généalogie, par M. FABRE. (1782.)

Voyez ci-après LIV. IV, Sec. II, § 7.

1142. Recueil chronologique de tous les placards, édits, décrets, règlements, ordonnances, instructions et traités concernant les titres et marques d'honneur, ou de noblesse, depuis 1431 jusqu'au mois de mai 1785, avec des tables.—*Bruxelles*, 1785, 2 vol. in-8°. [D. Co.]

En flamand et en français.

1143. Mémoire présenté au Roi par les Pairs du Royaume. (24 novembre 1787.)—(*S. l. n. d.*) In-8°. Pièce.*

Revendication de leur droit de séance au Parlement.

1144. Représentations des Pairs.— (*S. l. n. d.*) In-8°. Pièce.*

Même ouvrage que le précédent.

1145. Recherches sur les prérogatives des Dames chez les Gaulois, sur les Cours d'amour, ainsi que sur les priviléges qu'en France les mères nobles transmettaient autrefois à leurs enfants, par le Président ROLLAND. *Paris*, 1787, in-12. [Boul.]

1146. Ouvrage d'un Citoyen Gentilhomme et militaire, ou Lettres sur la Noblesse, qui présentent le tableau de son origine, de ses droits, dénoncent les abus, en indiquant les moyens d'y remédier, et d'opérer des changements importants pour ce Corps et la patrie. A MM. les Notables. —*Londres*, 1787, in-8°. [Tec.]

1147. Abrégé chronologique d'Édits, Déclarations, Règlements, Arrets et Lettres Patentes des Rois de France de la troisième race, concernant le fait de la Noblesse, ses différentes espèces, ses droits et prérogatives; la manière d'en dresser les preuves et les causes de sa décadence; par LOUIS NICOL. HENR. CHÉRIN, conseiller de la Cour des Aides et Généalogiste des Ordres du Roi.—*Paris*, 1788, in-12.*

Voyez ci-dessus n°s 112, 1142, et ci-après n°s 1168, 1242, 1243, 1141, 1314 et 1324.

1148. Remarques sur la Noblesse dédiées aux Assemblées provinciales. (Par MAUGARD.) — *Paris*, 1787, in-8°.*—2ᵉ édition Par MAUGARD. Avec supplément, dissertation et notes historiques. *Paris*, 1788, in-8°.*

 La 1ʳᵉ édition parut sous le voile de l'anonyme.

1149. Lettre à M. Chérin.... sur son Abrégé chronologique d'Edits, etc., concernant le fait de la Noblesse, par M. MAUGARD, généalogiste. Ouvrage critique et politique dans lequel l'auteur démontre par les faits les inconvénients et dangers des abrégés et traductions libres des Lois.— *Paris*, 1788, in-8°.*

1150. Lettre (du 15 mars 1789) de M. CHÉRIN,... généalogiste des Ordres du roi, A Mˣᵗˣ. A l'occasion d'une brochure et d'un prospectus ayant tous deux pour titre : « Lettre à M. Chérin...., sur son Abrégé chronologique d'Edits, etc., concernant le fait de la Noblesse, par M. Maugard, généalogiste.»—(*S. l. n.d.*) In-8°. Pièce.*

1151. La Noblesse considérée sous ses divers rapports dans les Assemblées générales et particulières de la nation ou représentations des Etats Généraux et Assemblées de Notables pour et contre les Nobles, avec des observations préliminaires, par M. CHÉRIN.—*Paris*, 1788, in-8°.*

1152. Lettre d'un Gentilhomme bourguignon à un Gentilhomme breton. — Remontrances projetées par l'Assemblée de la Noblesse de Bourgogne, août 1788. —(*S. l.*,) 1788, in-8°. Pièce.*

1153. La Chute des trois corps.— (*S. l.*, 1788.) In-8°. Pièce.*

1154. Crimes et forfaits de la Noblesse et du Clergé depuis le commencement de la monarchie jusqu'à nos jours.—*Paris*, (1788), in-8°.*

 A la suite on trouve : « *Les principes du gouvernement, simplifiés et réduits à sept unités naturelles.* »

1155. Avis à la Noblesse.— (*S. l.*,) 1788, in-8°. Pièce.*

1156. Doléance d'un Annobli. — (*S. l.*, 1788.) In-8°. Pièce.*

1157. Les *Pourquoi* d'un homme ignorant et les *Parce que* d'un homme sincère, publiés par un homme discret, pour l'instruction des hommes du Tiers-Etat. —(*S. l.*,) 1788, in-8°. Pièce.*

1158. Le Tiers-Etat gibier contre le Tiers-Etat humain, ou plaintes, doléances et pétitions très-sérieuses de vingt-six millions de lièvres et de quatre-vingt-cinq millions de perdrix, seulement des environs de Paris, adressées à leurs très-magnifiques seigneurs, contre deux milliers au plus de bipèdes, formant la canaille humaine, habitant aussi par grâce les mêmes territoires.—(*S. l.*, 1788.) In-8°. Pièce.*

1159. Mémoire au Roi, en faveur de la Noblesse française, rédigé et signé par un patricien ami du peuple (le marquis DE GOUY-D'ARSY). — (*S. l.*, 1788.) In-8°. Pièce.*

1160. Eclaircissement à l'amiable entre la Noblesse et le Tiers-Etat.—(*S. l.*, 1788.) In-8°. Pièce.*

1161. Reflexions d'un citoyen de Besançon sur les Priviléges et Immunités de la Noblesse, par M. L. D. W.—(*S. l.*, 1788.) In-8°. Pièce.*

1162. Essai sur les Priviléges. (Par SIEYÈS.)—(*S. l.*, 1788.) In-8°.*

1163. Le dernier mot du Tiers-État à la Noblesse de France.—(*S. l.*, 1788.) In-8°. Pièce.*

1164. Mémoire du Clergé citoyen en réponse aux attaques de la Noblesse. — (*S. l.*, 1788.) In-8°. Pièce.*

1165. Etrennes au public, par CERUTTI.—(*S. l. n. d.*) In-8°.*

 Recueil composé des pièces suivantes : Consultations sur les priviléges... — Dénonciation envoyée à tous les chapitres nobles de France et d'Allemagne contre un noble précaricateur. — Prospectus d'un Dictionnaire d'exagération...—Harangue miraculeuse, ou le muet devenu orateur.

1166. Question de diplomatique,

A-t-il existé ou non, en France, des marquis en titre de dignité avant le 16e siècle? Ou, si l'on veut, le titre de Marquis, employé dans un acte au milieu du 14e siècle, imprime-t-il à cet acte un caractère de faux? (Par P. L. J. DE BETENCOURT, religieux bénédictin.) — (*S. l. n. d.*) In-4°. Pièce.*

1167. Lettre adressée par M. To-BIESEN DUBY à MM. les Auteurs du Journal des savants qui peut servir de supplément au Mémoire de dom de Betencourt, sur l'Origine du titre de Marquis en France, et dans laquelle on traite des Armoiries, etc.—9 avril 1789.— (*S. l. n. d.*) In-4°. Pièce.*

Voyez le *Journal des savants,* mêmes mois et an que dessus.

1168. Code de la Noblesse, ou Recueil de lois et de monumens pour servir de preuves au « Traité politique et historique de la Noblesse françoise, » par M. MAU-GARD, généalogiste.—*Paris,* 1789, in-8°.* Tome Ier.

C'est tout ce qui a paru. Le tom. II devrait comprendre l'ouvrage annoncé sur le titre, et dont le prospectus seul mis au jour en 1787. A part quelques lacunes, regrettables sans doute, c'est encore aujourd'hui le recueil le plus complet et le plus exact que nous ayons sur cette matière.—Voyez ci-dessus nos 112, 1142, 1147, et ci-après nos 1242, 1243, 1244, 1314 et 1321.

1169. Considérations sur la Noblesse et sur les Privilèges qu'elle confère. Par M***.— (*S. l.,* 1789.) In-8°. Pièce.

1170. De la Noblesse, de ses droits, des sacrifices qu'elle a faits et qu'elle doit faire. (Par MORY D'ELVANGE.) — (*Nancy,*) 1789, in-8°. [Bar.]

1171. 2e Recueil curieux. — (*S. l.,* 1789.) In-8°. Pièce.*

Recueil composé des pièces suivantes : *La Noblesse française à la Noblesse bretonne. — Plainte du Tiers-Etat.—Protestation de l'Ordre de la Noblesse de Bretagne.*

1172. Le Pour et le Contre, Entretiens patriotiques de deux Gentilshommes bretons. — (*S. l.,* 1789.) In-8°. Pièce.*

1173. Lettre d'un Gentilhomme bourguignon à un Gentilhomme breton, sur l'attaque du Tiers-Etat, la division de la Noblesse et l'intérêt des cultivateurs. (Par le vicomte DE CHASTENAY-SAINT-GEORGE.) — (*S. l.*) 1789, in-8°. Pièce.*

1174. Réforme de la Noblesse et du Clergé. — (*S. l.,*) 1789, in-8°. Pièce.*

1175 De la Noblesse et des Moines, par le comte L.... DE G ...— (*S. l.,*) 1789, in-8°. Pièce.*

1176. Injustice des prétentions de la Noblesse et du Clergé.—(*S. l.,*) 1789, in-8°. Pièce.*

1177. Décadence des Parlemens, du Clergé et de la Noblesse.— (*S. l.,*) 1789, in-8°. Pièce.*

1178. Réponse d'un habitant de Paris et bon patriote à quatre de ses amis... ou les Pourquoi et les C'est que, sur la Noblesse, la Magistrature et le Clergé.— (*S. l.,*) 1789, in-8°. Pièce.*

1179. Les Dialogues sans fin. Le Casque et la Mitre.—(*S. l.,* 1789.) In-8°. Pièce.*

1180. L'Evangile du jour, ou *In illo tempore.— Imprimé par ordre de la noblesse et du clergé,* in-8°. Pièce.*

1181. Le Triomphe de l'Aristocratie, ou preuves des droits du Clergé et de la Noblesse.—(*S. l.,* 1789.) In-8°. Pièce.*

1182. Réflexions d'un Patricien et Examen des droits de la nation, de l'utilité et légitimité des priviléges des deux Ordres...— (*S. l.,*) 1789, in-8°. Pièce.*

1183. Réflexions en faveur de la Noblesse, par M. le marquis D'AV.***.— (*S. l.,* 1789.) In-8°. Pièce.*

1184. Lettre de M. Helvétius au Président de Montesquieu et à M. Saurin, relative à l'Aristocratie de la Noblesse. — (*S. l.,*) 1789, in-8°. Pièce.*

1185. Qu'est-ce que la Noblesse, et que sont ses priviléges? (Par le comte DE MURAT.)—*Amsterdam,* 1789, in-8°. Pièce.*

1186. Les Intérêts de la Noblesse bien entendus. — (S. l.) 1789, in-8°. Pièce.*

1187. Entretien curieux entre Guillaume Lefranc, bourgeois de Paris, qui a signé la pétition du docteur Guillotin, et Hercule de Sottancourt, duc de Sottenville, marquis de Montre-Orgueil et de Sot-Partout, l'un des douze Gentilshommes, etc., etc. Dédié aux bons patriotes. — Rennes, malgré la défense des nobles des États de Bretagne, mais avec permission de la vérité, de l'imprimerie du Patriotisme, 1789, in-8°.*

1188. Très-sérieuses Remontrances des filles du Palais-Royal et lieux circonvoisins à MM. de la Noblesse.—(S. l.,)1789,in-8°. Pièce.*

1189. Lettre d'un Roturier aux Nobles ses confrères. — (S. l., 1789.) In-8°. Pièce.*

1190. Le Triomphe du Tiers-État, ou les ridicules de la Noblesse, comédie héroï-tragique, en un acte et en prose...—Dans le pays de la Raison, 1789, in-8°.*

1191. Observations sur la Noblesse et sur ses différents abus, par VIAL, de Bar-sur-Seine,—(S. l., 1789.) In-8°. Pièce.*

1192. Développement de la Motion faite dans l'Assemblée du Tiers-État de la ville de Paris, le jeudi 7 mai, sur l'importance de ne plus récompenser le mérite par des Lettres de Noblesse, et de substituer à celles-ci un autre genre de distinction personnelle et non transmissive, par M. BOURDON DE LA CROSNIÈRE. — (S. l., 1789). In-4°. Pièce.*

1193. Manifeste très-pressant et très-essentiel, sur l'Aristocratie et les Aristocrates, ou très-importantes vérités, présentées en deux mots, par M. DE ROSSI.— Paris, (1789), in-8°. Pièce.*

1194. Sur l'Ascendant aristocratique de la Noblesse dans le Clergé.—(S. l., 1789.) In-8°. Pièce.*

1195. Avis à la Livrée par un homme qui la porte.—A l'Antichambre, et se trouve à l'Office. (S. l.,) 1789, in-8°. Pièce.*

1196. Un Plébéien à M. le comte d'Antraigues, sur son apostasie, sur le schisme de la Noblesse et sur son arrêté inconstitutionnel du 28 mai 1789.— (S. l. n. d.) In-8°. Pièce.*

1197. Lettre de M. le comte DE MIRABEAU à M. le comte d'Antraigues. — (S. l. n. d.) In-8°. Pièce.*

1198. Avis à M. le comte d'Antraigues, député aux États Généraux pour la Noblesse... qui peut servir à un grand nombre d'autres députés de la Noblesse et du Clergé, par un baron en titre de baronie, de la province de Languedoc. — (S. l., 1789.) In-8°. Pièce.*

1199. Adresse à MM. de l'Ordre de la Noblesse.—(Paris, 1789.) In-8°. Pièce.*

1200. Ce n'est point une plaisanterie.—(S. l.,) 1789, in-8°. Pièce.*

Le titre de départ porte: « Très-humbles remerciements de la part d'un noble très-nouveau à messires les hauts et puissants messeigneurs de la haute noblesse, sur l'idée qu'ils ont bien voulu lui donner d'eux et de lui par la bouche d'un de leurs représentants à Versailles. »

1201. Vanité de la Noblesse humiliée.—(S. l. n. d.) In-8°. Pièce.*

1202. Qu'est-ce que la Noblesse? (Par l'abbé DU BIGNON.)—(S. l., 1789.) In-8°.*

1203. Observations sur le Préjugé de la Noblesse héréditaire. — Londres, 1789, in-8°. [A. A.]

1204. Abolition de la Noblesse héréditaire en France proposée à l'Assemblée Nationale, par un philanthrope citoyen de Belan (C. LAMBERT). — (Paris,) 1790, in-8°. Pièce.*

1205. De la Destruction de la Noblesse en France.— (S. l. n. d.) In-8°. Pièce.*

1206. Lettre sur la Noblesse, à l'Auteur du Journal connu sous le nom de M. Sabatier, et ensuite de M. Salomon.— (S. l. n. d.) In-8°. Pièce.*

1207. Hommage à ma patrie. Considérations sur la Noblesse de

France, par M. DE LA CROIX, généalogiste de l'Ordre de Malte...—*Paris*, 1790, in-8°.*

1208. Considérations sur le Décret de l'Assemblée relative à la Noblesse héréditaire, aux Noms, aux Titres et aux Armoiries. (Par L. N. H. C.)—(*S. l. n. d.*) In-8°. Pièce.*

1209. Considérations historiques et politiques sur la Noblesse et le Clergé français, qui prouvent que l'Assemblée Nationale n'avait pas le droit de détruire leurs titres et leurs propriétés ; suivies d'observations sur l'avantage de l'ancien régime....— (*S. l. n. d.*) In-8°.*

1210. Opinion de M. NECKER, relativement au Décret de l'Assemblée Nationale concernant les Titres, les Noms et les Armoiries.—*Paris*, 1790, in-4°. Pièce.*

1211. Correspondance abrégée entre Mme *** et M. CERUTTI, sur la Noblesse, sur le Décret de l'Assemblée Nationale, et sur les Observations de M. Necker, concernant les Titres, les Noms et les Armoiries. — *Paris*, 1790, in-8°.*

1212. Réfutation de l'Opinion de M. Necker, relativement au Décret de l'Assemblée Nationale concernant les Titres, les Noms et les Armoiries.— (*S. l. n. d.*) In-8°. Pièce.*

1213. Lettre de M. CERUTTI à MM. les Rédacteurs de la Chronique de Paris, au sujet de M. Necker.—(*Paris*,) 1790, in-8°. Pièce.*

1214. Les Derniers Soupirs de la Noblesse. (Par un membre du Salon français.)—(*S. l.*, 1790.) In-8°. Pièce.*

1215. Collection de la liste des ci-devant Ducs, Marquis, Comtes, Barons, etc., Excellences, Monseigneurs, Grandeurs, demi-Seigneurs et Anoblis. (Par DULAURE.)—*Paris, l'an second de la Liberté*, in-8°.* 32 numéros.

1216. Liste des noms des ci-devant Nobles, Nobles de race, Robins, Financiers, Intrigants, et de tous les aspirants à la Noblesse ou escrocs d'icelle ; avec des notes sur leurs Familles.—*Paris, l'an second de la Liberté*. 3 parties en 1 vol. in-8°.*

Les deux premières parties sont la réimpression de l'ouvrage précédent.

1217. Etrennes à la Noblesse, ou Précis historique et critique sur l'Origine des ci-devant Ducs, Comtes, Barons, etc., Excellences, Monseigneurs, Grandeurs et Anoblis. (Par M. DULAURE.)—*Londres et Paris, l'an troisième de la Liberté*, (1791), in-8°.*

Réimpression des deux premières parties du n° précédent.

Voyez dans le *Mémorial de la Noblesse*, ci-après LIV. IV, Sec. I, § I, une réfutation de ce pamphlet par PAUL LACROIX.

Cette réfutation se trouve encore dans l'ouvrage du même auteur, intitulé : *Dissertations sur quelques points curieux de l'histoire de France et de l'histoire littéraire;* Paris, 1838-1842, in-8°, qui parut sous le pseudonyme de PAUL L. JACOB.

1218. Les Métamorphoses, ou Liste des Noms de famille et patronymiques des ci-devant Ducs, Marquis, Comtes, Barons, etc., Excellences, Monseigneurs, Grandeurs, demi-Seigneurs et Anoblis. (Par LOUIS BROSSARD.) (*S. l. n. d.*)—N° 2. Les Revenants, ou suite de la Liste des ci-devant Ducs, Marquis... (*S. l. n. d.*)— N° 3 (-9.). Suite de la Liste des noms de famille et patronymiques des ci-devant Princes, Ducs, Marquis... (*Paris, s. d.*)— Le tout en 1 vol in-8°.*

On trouve dans le commerce des réimpressions des différentes parties de cet ouvrage, tantôt sous le titre : « *Liste des noms de Famille et patronymiques des ci-devant ducs...* »; et tantôt sous celui de : « *Catalogue général des noms de Famille et patronymiques des ci-devant ducs...* »

1219. Invitation à la Noblesse. (Par LOUIS-CHARLES-AUGUSTE DE JASSAUD, chevalier, ci-devant noble, puis encore noble et de plus citoyen passif.) — (*Paris, s. d.*) In-8°. Pièce.*

1220. Le Réveil de la Noblesse.— (*S. l. n. d.*) In-8°, Pièce.*

1221. Noblesse. (Protestation contre le décret de l'Assemblée Nationale du 19 juin 1790, signée MM. Levi-Mirepoix, le marquis de Beauharnais et l'abbé Perrotin de Barmond).—(S. l. n. d.) In-8°. Pièce.*

1222. Protestation de M. de Grosbois, député de la Noblesse du Bailliage de Besançon, contre le Décret rendu dans la séance du samedi 19 juin 1790.—(S. l. n. d.) In-8°. Pièce.*

1223. Protestation du comte de Reuilly, député de la Noblesse du bailliage de Châlons en Bourgogne, contre toutes les opérations de l'Assemblée se disant nationale. — (S. l. n. d.) In-8°. Pièce.*

1224. Protestation motivée de M. de Vauquelin, né marquis de Vrigny, député de la Noblesse du bailliage d'Alençon.— (Paris, s. d.) In-8°. Pièce.*

1225. Compte rendu par le marquis d'Estourmel, député de la Noblesse du Cambresis à ses Commettants, le 20 juin 1790.— Paris, (s. d.), in-8°. Pièce.*

1226. Protestation de M. le vicomte de Malartic, député de la Noblesse de la Sénéchaussée de La Rochelle.—(S. l. n. d.) In-8°. Pièce.*

1227. Protestation de M. le comte de Montboissier, député de la Noblesse de la Sénéchaussée de Clermont - Ferrand... — (Paris, s. d.) In-8°. Pièce.*

1228. Protestation. (Par le marquis d'Argenteuil.)—(Paris, s. d.) In-8°. Pièce.*

1229. Protestation de M. le baron de Luppe, député de la Noblesse de la Sénéchaussée d'Auch, sur les Décrets de l'Assemblée nationale du samedi soir 19 et Dimanche matin 20 juin 1790.— (S. l. n. d.) In-8°. Pièce.*

1230. Protestation du marquis de Foucauld-Lardimalie, député de la Noblesse de Périgord, sur le Décret de l'Assemblée Nationale, rendu le 19 juin, et rédigé le Dimanche matin 20 juin.— (S. l. n. d.) In-8°. Pièce.*

1231. Protestation de M. le comte de Faucigny-Lucinge. — (S. l. n. d.) In-8°. Pièce.*

1232. Déclaration de MM. Richier et le comte Pierre de Bremont d'Ars, députés de la Sénéchaussée de Saintonge, sur le Décret rendu par l'Assemblée Nationale le 19 juin 1790.— (Paris, s. d.) In-8°. Pièce.*

1233. Protestation de M. le baron de Crussol.—(S. l. n. d.) In-8°. Pièce.*

Sur le décret du 19 juin 1790.

1234. Protestation de M. le vicomte du Hautoy. — (S. l. n. d.) In-8°. Pièce.*

Même sujet que le n° précédent.

1235. Histoire critique de la Noblesse, depuis le commencement de la Monarchie jusqu'à nos jours; où l'on expose ses préjugés, ses brigandages, ses crimes...— Par J.-A. Dulaure.— Paris, 1790, in-8°.*

1236. Histoire de la Noblesse héréditaire et successive des Gaulois, des François et des autres peuples de l'Europe, de leur Gouvernement depuis 57 ans avant notre ère jusqu'à présent. Contenant l'origine et les noms des anciens peuples réunis qui ont formé la nation des Francs, les noms et l'autorité de leurs chefs ou rois pris des plus anciennes et illustres Familles d'entre eux. Leur gouvernement sous l'Empire romain jusqu'à Clovis, fondateur de celui des Francs dans les Gaules; l'Etat civil de la Noblesse et du peuple Franc et François, des Nations voisines et de leur gouvernement depuis Clovis jusqu'à présent, etc., par M. l'abbé C. J. de Bevy, bénédictin... historiographe de France... Tome premier.— Londres, 1791, in-4°.'— Liége, 1791, in-4°.*

C'est tout ce qui a paru.

1237. Adresse à l'Ordre de la Noblesse de France, par Emmanuel-Louis-Henri-Alexandre

DE LAUNAI, comte D'ANTRAIGUES,
l'un de ses députés aux Etats-
Généraux de 1789.—*Paris*, 1792,
in-8°.*—2ᵉ édit. *Paris*, 1792, in-8°.*

1238. Avis aux Français, ou Prospectus de quelques enseignements utiles aux Familles et aux
particuliers, même à ceux qui
s'occupent de l'histoire de l'Empire français.—(*S. l.*), 6 fructidor
an XII, 1804, in-8°. Pièce.*

1239. Recherches historiques sur
les Dignités et les Marques distinctives chez les différents peuples. (Par SKRIEYS.)—*Paris*, 1808,
in-8°. [B. R.]
      Le chevalier de Courcelles
      attribue cet ouvrage à LÉOPOLD
      COLLIN.

1240. Réflexions sur la Nouvelle
Noblesse héréditaire en France.
Par le baron CH. U. DETT. D'EG-
GERS. — *Lunebourg*, 1808, in-12.
[B. Lou.]
      Voyez ci-après le n° 1246.

1241. Lettre d'un Allemand à un
Français, ou Considérations sur
la Noblesse. Par M. (MARTINEAU.)
—*Paris*, 1808, in-8°.*

1242. Le Secrétaire de la Cour
impériale et de la Noblesse de
France,... seconde édition, augmentée... d'une notice historique sur l'origine de tous les
différents titres de noblesse;...
de tous les décrets relatifs à la
création d'une nouvelle noblesse
en France, et à l'établissement
des majorats. Ornée d'une planche représentant les armes de la
noblesse de France. (1809.)
      Voy. ci-après LIV. IV, Sect. II,
      § 3 : ÉTIQUETTE ET CÉRÉMONIAL.

1243. Institution des Majorats et
de la Légion d'honneur, ou Recueil chronologique des Sénatus-
Consultes, des Lois, Décrets, des
Avis du Conseil d'Etat et des
Lettres patentes, concernant
l'institution des Titres, Dignités
et Majorats; mis en ordre et
conférés entre eux, avec des tables chronologique et alphabétique de matières; par RONDON-
NEAU. — *Paris, imp. d'Ange Clo*,
1810, in-8°.
      Voyez ci-dessus nᵒˢ 112, 1142,
      1147, 1168, 1242 et ci-après nᵒˢ
      1244, 1314 et 1321.

1244. Statuts, Décrets impériaux,
relatifs à l'Etablissement des titres héréditaires; Arrêtés et Avis
du Conseil du Sceau des titres;
depuis le 1ᵉʳ Mars 1808. Recueil
destiné uniquement à l'usage
des Membres du Conseil. Premier
recueil. — *Paris, Imp. Impériale*,
1810, in-8°.
      C'est tout ce qui a paru.—Tiré
      à 200 exemplaires.—Voyez encore
      ci-dessus nᵒˢ 112, 1142, 1147, 1168,
      1242, 1243; et ci-après nᵒˢ 1311 et
      1321.

1245. Lettre sur la Noblesse, ou
Émile désabusé sur la nature, le
rang, la dignité, la nécessité de
la Noblesse de chaque pays:
l'origine de ses terres, de ses
titres, de ses domaines, de ses
possessions, etc., source féconde
de calamités pour les peuples.
—*Londres*, 1812, in-8°. [Bou].]
      Rare.

1246. Réponse aux Réflexions du
baron d'Eggers sur la Nouvelle
Noblesse héréditaire de France,
par le chev. DE LA COUDRAYE.—
Saint-Pétersbourg, 1813, in-8°.
[B. Lou.]
      Voyez ci-dessus n° 1240.

1247. Essai sur la Noblesse, par
d'ESCHERNY.—(*S. l.*,) 1814, in-12.
[A. A.]

1248. Réflexions sur l'intérêt général de l'Europe, suivies de
quelques considérations sur la
Noblesse, par M. DE BONALD.—
Paris, 1815, in-8°.*

1249. Opinion du comte de MIRA-
BEAU sur la Noblesse ancienne
et moderne : Considérations sur
l'Ordre de Cincinnatus, ou Imitation du pamphlet anglo-américain, suivies de plusieurs pièces relatives à cette institution,
d'une lettre signée du général
Washington, accompagnées de
remarques par l'Auteur français
et d'une lettre de feu M. Turgot
au docteur Price sur les législations américaines.—*Paris*, 1815,
in-8°.*

1250. Recueil de Certificats de Noblesse délivrés par M.M. Cherin père, Berthier et Cherin
fils,... mis en ordre alphabétique,... par M. DU PRAT-TAXIS.
—*Paris* 1815, in-8°.*

1251. Des Pairs de France, et de l'ancienne Constitution Française, par le Président H. D. P. (HENRION DE PANSEY.) — *Paris*, 1816, in-8°. [B. R.]

1252. Considérations sur la Noblesse française, et réfutation de quelques doctrines erronées qui tendent à dénaturer l'esprit de cette institution consacrée par la Charte, par M. C. DE M**Y (C. DE MÉRY).—*Paris*, 1816, in-8°.*

1253. Vues d'un Français sur les preuves de Noblesse, et par occasion, sur divers objets religieux, politiques, moraux, civils et militaires, tels que le clergé, les deux Chambres, la force armée, quelques livres variétés, etc., etc. (Par le vicomte CH.-GASP. DE TOUSTAIN DE RICHEBOURG.)—*Paris*, 1816, in-8°.*

1254. Eclaircissements, corrections et table du livre annoncé le 21 octobre 1816 dans le *Journal de la Librairie*, intitulé : « Vues d'un Français sur les preuves de Noblesse... » (Par le vicomte DE TOUSTAIN-RICHEBOURG.) — *Paris*, 1816 (1817), in-8°.*

1255. Dictionnaire encyclopédique de la Noblesse de France. Cet ouvrage contient: 1° l'Art héraldique ;... 2° les Lois, Arrets et Ordonnances rendus sous les divers règnes de nos rois concernant la noblesse ;... 3° les Règlements et Arrêts rendus sur les Armoiries, et sur les diverses Recherches ordonnées contre les Usurpateurs de la Noblesse.... Par M. (VITON) DE SAINT-ALLAIS. (1816.)

Voyez ci-dessus n° 119.

1256. De l'Ordre de la Noblesse et de son antiquité chez les Francs. (Par M. JOLY DE BEVY.)—*Dijon*, 1817, in-8°.*

1257. De la Noblesse française selon la Charte, et un mot sur les Ordres de Chevalerie; par un Gentilhomme (AUGUSTE DE SCHONEN) qui avant tout est Français et citoyen.—*Paris*, octobre 1817, in-8°.*

1258. De la Noblesse féodale et de la Noblesse nationale, par M** (THÉREMIN).—*Paris*, 1817, in-8°. [Bar.]

1259. Réponse de J. J. RAEPSAET à l'opinion de Théod. Dotrenge, émise en 1815 à l'occasion des remontrances de la Noblesse de Flandre au roi (des Pays-Bas) aux fins d'être envoyée en jouissance, en exécution des droits seigneuriaux légalement acquis. --*Bruxelles*, 1818, in-8°. [B. Bru.]

1260. Essai sur la Noblesse, les titres et la Féodalité, par J. B. J. PLASSCHAERT.—*Bruxelles*, 1818, in-8°. [B. Anv.]

1261. Un Mot en faveur de la Noblesse. Par M. le baron de M***** (MÉRY). — *Paris*, 1818, in-8°. Pièce.*

1262. Histoire de l'Esprit révolutionnaire des Nobles en France, sous les soixante-huit rois de la Monarchie. (Par GIRAUD, ancien magistrat.) — *Paris*, 1818, 2 vol. in-8°.*

1263. Réfutation de l'Écrit intitulé : « Histoire de l'Esprit révolutionnaire des Nobles en France, etc., » par de M*** (MÉRY.) —*Paris*, 1819, in-8°. [A. A.]

1264. De l'Aristocratie et de la Démocratie ;... par AUGUSTE B. (AUGUSTE BRUNET.) — *Paris*, 1819, in-8°. [Bar.]

1265. Un Mot sur la Noblesse et sur les Pairs par M. le comte de FORTIA-PILES... — *Paris*, 1820, in-8°. Pièce.*

1266. De l'Incompatibilité de la Noblesse et de la Pairie héréditaire, pour servir à apprécier les changemens proposés à la loi actuelle des élections.—*Paris*, 1820, in-8°.*

1267. La Vieille Noblesse et la roture ;... par M. TRIGANT-GAUTIER...—*Bordeaux*, 1820, in-8°. Pièce.*

1268. Dissertations lues à l'Académie de Caen : I. Sur l'existence de la Noblesse en France, dans les temps les plus anciens; II. Sur les moyens par lesquels on a pu, jusqu'au XVI° siècle, s'anoblir soi-même en France; III. Sur le Gentilhomme de nom et d'armes. Par Messire P.-E.-M. LABBEY DE LA ROQUE, chevalier, ancien officier au régiment d'infanterie du roi... —*Caen*, 1820, in-8°.*

1269. Réflexions sur les Majorats et sur les Substitutions, par DE MONTIGNY. — *Paris*, 1821, in-8°. [Th.]

1270. Précis historique sur la Féodalité et l'Origine de la Noblesse... Par SÉBASTIEN SÉGUIN. (1822.)

Voyez ci-après même LIV. et même Sect., § 2.

1271. Essai historique et philosophique sur les Noms d'hommes, de peuples et de lieux; par M. EUSÈBE SALVERTE. — *Paris*, 1824, 2 vol. in-8°.*

Cet ouvrage, plus étendu que celui de La Roque sur le même sujet, est en même temps plus estimé. Voyez le n° 1032 ci-dessus.

1272. La Noblesse constitutionnelle ou Essais sur l'importance politique des honneurs et des distinctions héréditaires, appliquées et modifiées conformément aux progrès naturels de la Société; par M. le baron P.-M.-S. BIGOT DE MOROGUES. — *Paris*, 1825, in-8°.*

1273. Des Classes inférieures de la Société, et de quelques-unes des causes qui s'opposent à leurs progrès. Extrait du *Journal des prisons, hospices, écoles primaires et établissements de bienfaisance.*— (*Paris*, 1826.) In-8°. Pièce.*

1274. Recherches historiques sur les Croisades et... l'Origine de la Noblesse..., par le chevalier JACOB. (1828.)

Voyez ci-dessus n° 369.

1275. De la Nécessité du Réveil de l'Ancienne Noblesse de France. —*Paris*, 1828, in-8°. Pièce.*

Prospectus du *Héraut d'armes de l'ancienne noblesse de France.*

1276. *De la Nécessité du Réveil de l'Ancienne Noblesse de France.* Brochure de 32 pages in-8°, mise en vente chez Delaunay... — *Paris*, (s. d.), in-4°. Pièce.*

Examen critique de l'ouvrage précédent.

1277. Conséquences du Système de Cour établi sous François I". Première livraison, contenant l'Histoire politique des Grands Offices de la Maison et Couronne de France,... et du Système nobiliaire depuis François I". Par P.-L. RŒDERER. (1830.)

Voy. ci-après LIV. IV, Sect. II. § 3.

1278. De l'Ancienne France, contenant l'Origine de la Royauté et de ses attributs;—celle de la nation et de ses différentes classes; — celle de la Pairie et des Pairs de France; des grands vassaux; des dignités civiles et militaires;...—de la Noblesse;... — des Armes, Armoiries et Ordres de Chevalerie;... des Recherches faites à diverses époques contre les usurpateurs de la noblesse... Par M. (VITON) DE SAINT-ALLAIS. —*Paris*, 1833-1834, 2 vol. in-8°.*

Tout volumineux qu'il est, ce livre est loin de répondre aux exigences de son titre; il aurait fallu pour cela au moins dix volumes du même format. Toutefois il contient des choses sinon neuves, du moins exactes et intéressantes, à l'aide desquelles on peut avoir une idée de l'ancienne forme politique et sociale de notre pays.

1279. Petite Semonce au sieur Lainé, grand auteur, faiseur, dresseur et vendeur de généalogies soit-disant historiques, véridiques, mais plutôt fausses, abusives, grotesques et mensongères. (Par le Comte DE CROUY-CHANEL DE HONGRIE.) — *Paris*, 1836, in-8°. Pièce.*

1280. De la Noblesse. Lettre au marquis de P.***; par le comte V. DU HAMEL. — *Paris*, 1838, in-8°.*

1281. Nobiliaire de Bretagne.... avec une Notice historique sur l'Origine de la Noblesse, des Titres et des Armoiries,... par BEAUREGARD. (1840.)

Voy. ci-après LIV. IV, Sect. II, § 6.

1282. Histoire des Classes nobles et des Classes anoblies; par A.

GRANIER DE CASSAGNAC. Tome Iᵉʳ. *Paris*, 1840, in-8°.*

C'est tout ce qui a paru de cet ouvrage, dans lequel, au point de vue du style, nous ne reconnaissons guère l'auteur de *Danaé*.

Sous le rapport historique, les idées singulières et les erreurs qu'il renferme ne nous semblent pas devoir lui donner une longue existence, si toutefois il n'est pas à cette heure complètement oublié.

1283. La Noblesse ancienne et la Noblesse d'à-présent; suivi d'un appendice sur la Souveraineté; par le comte de ZELLER.—*Paris*, 1841, in-8°.*

1284. Histoire de toutes les Noblesses sous la direction littéraire de M. O. FOURNIER. Iʳᵉ livraison. —*Paris*, 1841, in-8°. Pièce.*

C'est tout ce qui a paru.—L'ouvrage devait former 12 à 15 volumes!

1285. Origine des Institutions et Conditions sociales en France, dans les temps anciens et modernes, par le baron DE ROSTAING.—*Paris*, 1843, in-8°.*

1286. Histoire de la Législation nobiliaire de Belgique, par P. A. F. GÉRARD. (1846.)

Voyez ci-après LIV. IV, Sec. II, § 6 : PAYS-BAS et BELGIQUE.

1887. Mémoire sur la Noblesse et les moyens de la relever.—*Anvers*, 1848, in-8°. [A.]

1288. Histoire de la Souveraineté par SUDRE.—*Paris*, 1854, in-8°.*

1289. Essai; par le vicomte HENRI DE VALORI.— *Paris*, (1855), in-8°. Pièce.*

Sur la Noblesse et sa mission.

1290. La Noblesse de France. Histoire, Mœurs, Institutions, par COHEN DE VINKENHOEF, de la Bibliothèque Sainte-Geneviève. — *Paris*, 1855, gr. in-8°.*

Ce livre, tiré à 125 exemplaires, est intéressant par les recherches curieuses qu'il renferme touchant les mœurs et les habitudes de la féodalité; les ameublements, les costumes et les cérémonies de cette époque.

1291. Notions claires et précises sur l'Ancienne Noblesse du royaume de France, ou Réfuta- tion des prétendus Mémoires de la marquise de Créquy, par le comte de SOYECOURT. — *Paris*, 1846, in-8°.*—*Paris*, 1855, in-8°.*

Voici un petit ouvrage où l'esprit et l'érudition sont tour à tour employés. L'auteur a tout fait pour plaire et instruire en même temps; il est plein de cet humour qui éveille et donne de l'intérêt même aux choses les plus légères.

Le spirituel humoriste débute par une courte préface, se terminant ainsi : « Les gens foibles, a-t-on dit, sont les troupes légères des méchants, et cette observation paroît n'avoir plus besoin de preuves; mais elle en recevroit de nouvelles par tous les caquetages des salons où ces prétendus mémoires ont pénétré, et où ils jetèrent si souvent l'impatience et l'aigreur, la division et la dispute.» L'auteur fait ici allusion au chapitre intitulé : « *État de la Noblesse de France avant la Révolution de 1789*, » contenu dans le tom. X des : « *Souvenirs de la marquise de Créquy* » : Paris, 1842, in-18; composés par COUSEN, comte DE COURCHAMPS.

1292. Lettre du Comte DE SOYE- COURT à Madame la Duchesse Decazes. — *Paris*, 1853, in-4°. Pièce.*

Relatif au n° précédent.

1293. La Noblesse et les Titres nobiliaires dans les Sociétés chrétiennes, par AUGUSTE DE HONGRIE, prince de CROUY-CHANEL... —*Paris*, 1857, in-8°.*

1294. Des Titres de Noblesse et des Noms nobiliaires, par M. J. GIRARD. — *Paris*, 1857, in-18. Pièce.*

1295. De la Noblesse comme institution impériale, par M. le Marquis DE LA GRANGE.—*Paris*, 1857, in-12. Pièce.*

1296. De la Noblesse dans ses rapports avec nos mœurs et nos institutions, par CH. DE TOURTOULON.—*Paris*, 1857, in-12.*

1297. De la Noblesse du XIXᵉ siècle et du Rétablissement des dispositions pénales applicables à l'usurpation des titres, par ED. DE BARTHELEMY...—*Paris*, 1857, in-18.*

1298. Les Nobles et les Vilains du

temps passé, ou Recherches critiques sur la Noblesse et les usurpations nobiliaires ; par ALPH. CHASSANT...—*Paris*, 1857, in-16.*

1299. Du Rétablissement légal de la Noblesse, par M. FÉLIX GERMAIN... — *Paris*, 1857, in-32.*— 2ᵉ édition, revue et augmentée. *Paris, E. Dentu*, 1857, in-32.* — 3ᵉ édition, revue et augmentée. *Paris*, 1857, in-32.*

> L'auteur, dans ce petit ouvrage, écrit avec une verve qui rappelle Paul-Louis Courier, poursuit de ses traits sarcastiques les travers et les ridicules de nos bourgeois-gentilshommes ; flagellant sans pitié toutes ces infatuations de porteurs, colporteurs et usurpateurs de titres et de rubans imaginaires.

1300. De la Noblesse actuelle en France, par SENEMAUD aîné. — *Angoulême*, 1857, in-16. Pièce.*

> Tiré à 300 exemplaires.

1301. Observations critiques sur la brochure de M. Senemaud aîné, intitulée : « De la Noblesse actuelle en France ; » par M. G. BABINET DE RENCOGNE.—*Angoulême*, 1858, in-16. Pièce.*

> Tiré à 50 exemplaires.—Extrait de *La Charente napoléonienne*.

1302. Nobiliana. Curiosités nobilières et héraldiques. Suite du livre intitulé : « Les Nobles et les Vilains. » Par ALPH. CHASSANT.—*Paris*, 1858, in-16.*

1303. Étude sur la Noblesse, par le baron de VINCENT, Conseiller d'Etat.—*Paris*, 1858, in-8°.*

1304. A propos de Noblesse, par le capitaine LE LUYER.—*Paris*, 1858, in-8°. Pièce.*

1305. De la Modification de l'article 259 du Code pénal et des preuves de la légitimité des titres nobiliaires ; par M. BISTON, avocat.— *Epernay*, 1858, in-8°. Pièce.*

1306. Les Principes de 1789, et les Titres de Noblesse, par M. ERNEST HAMEL, avocat à la Cour impériale de Paris.—*Paris*, 1858, in-16.*— 2ᵉ édition. *Paris*, 1858, in-16.*

1307. La Noblesse française en 1858. Nécessité de la reconstruire sur de nouvelles bases ; par J.-M. SOUBDÈS,...—*Condom*, 1858, in-8°. Pièce.*

1308. La Noblesse en France avant et depuis 1789, par EDOUARD DE BARTHELEMY, ... — *Paris*, 1858, in-18.*

1309. Les Faux nobles. (Par J. A. SAULNIER). --*Lyon*, 1858, in-8°. Pièce.*

> En vers.

1310. Des Usurpations de titres nobiliaires, au double point de vue de l'histoire et du droit pénal ; par le vicomte ROBERT D'E..... (ESTAINTOT.)—*Paris*, 1858, in-18.*

1311. Noblesse gauloise ; par TAILLIAR.—(*S. i. n. d.*) In-8°. {D.]

1312. Du Rétablissement de l'article 259 du Code pénal. Simples observations. (Par M. le baron LÉOPOLD DE HAUTECLOCQUE.)—*Arras* (1858), in-8°. Pièce.*

> Cet opuscule a pour objet la création d'une commission héraldique, afin de faciliter les jugements des magistrats dans les questions prévues par l'article 259 du Code pénal.

1313. De la Noblesse et de l'Application de la loi contre les usurpations nobiliaires, par M. POL DE COURCY. --*Nantes*, 1858, in-8°. Pièce.*

1314. Code de la Noblesse française ou Précis de la Législation sur les titres, la manière d'acquérir et de perdre la noblesse, les armoiries, les livrées, la particule, etc., avec des notes. Par un ancien magistrat (le Cte P. DE SEMAINVILLE). — *Toulon*, 1858, in-18.*—2ᵉ édition. Par le comte P. DE SEMAINVILLE. — *Paris, É. Dentu*, 1860, in-8°.*

> La 2ᵉ édition est à tous égards de beaucoup préférable à la 1ʳᵉ, qui parut sous le voile de l'anonyme.—Voyez encore ci-dessus nᵒˢ 1112, 1142, 1147, 1168, 1212, 1213, 1211 ; et ci-après nᵒ 1324.

1315. Code de la Noblesse française, par M. le comte P. de Semainville. — *Toulon*, 1860, in-8°. Pièce.*

> Examen critique de l'ouvrage précédent, par M. D. ROSSI.

1316. Copie d'un Procès-verbal rédigé en exécution de la loi (sur la noblesse), du 28 mai 1858. (Signé le comparant G. DE GORSE, etc.)—*Castres*, (1858), in-f°. Pièce.*

Suivi d'une lettre adressée à M. le préfet du Tarn et à M. le procureur impérial d'Albi, par M. BISCOUS, maire de Crespinet, au sujet de la loi sur la noblesse.

1317. Les Noms de Baptême et les Prénoms,—Nomenclature,—Signification, — Tradition,—Légende,—Histoire,—Art de nommer. Par EDOUARD-LÉON SCOTT.—*Paris*, 1857, in-16.*—2ᵉ édition revue et augmentée. *Paris*, 1858, in-16.*

1318. De l'Edit concernant la police des armoiries, par L.-F. CHASTEL....— *Paris*, 1859, in-8°. Pièce.*

1319. La Noblesse flamande de France en présence de l'article 259 du Code pénal... par LOUIS DE BAECKER. (1859).

Voyez ci-après LIV. IV, Sect II, § 6: FLANDRE.

1320. Noblesse, Blason, Ordres de Chevalerie, Manuel héraldique, par E. DE TOULGOET. — *Paris*, E. Dentu, 1859, in-8°.*

1321. Abrégé méthodique de la Science des armoiries... suivi de notions sur les Classes nobles, les anoblissements, l'Origine des noms de familles, les preuves de Noblesse, les titres, les usurpations et la législation nobiliaires, par W. MAIGNE,... (1860).

Voyez ci-dessus le n° 138.

1322. De la Noblesse graduelle. Extrait de la *Petite Gazette des Tribunaux criminels et correctionnels de l'Alsace*, publiée par M. DE NEYREMAND.—*Colmar*, 1860, in-8°. Pièce.*

On divisait autrefois la noblesse en deux grandes catégories : la noblesse de race, qui se perd dans le temps; et la noblesse de concession, qui a toujours une origine parfaitement déterminée. Celle-ci s'acquérait par le service militaire ou par la magistrature, mais elle n'était concédée qu'à partir de la troisième génération. Ainsi l'impétrant devait fournir la preuve que son aïeul et son père étaient morts revêtus de leurs charges ou ne les avaient résignées qu'après vingt ans d'exercice. Cette noblesse était appelée : *Noblesse graduelle.*

L'ouvrage ci-dessus a pour objet de savoir si cette noblesse donnait le droit à la particule, et si cette particule est réellement un signe d'anoblissement : l'auteur se prononce pour l'affirmative.

1323. Lettres d'un Paysan gentilhomme sur la loi du 28 mai 1858 et le décret du 8 janvier 1859, relatif aux noms et titres nobiliaires; par M. CH. DE CHERGÉ, ancien président de la Société des Antiquaires de l'ouest,...--*Paris*, E. Dentu, 1860, in-8°.*

1324. Recueil des Statuts, Décrets, Ordonnances et Avis relatifs aux titres nobiliaires et au Conseil du Sceau des titres, publié par ordre de son Excellence le Garde des Sceaux, ministre de la Justice....—*Paris, impr. Impériale*, 1860, in-8°.*

Voyez ci-dessus nᵒˢ 112, 1142, 1147, 1168, 1142, 1243, 1244 et 1314.

1325. Questions sur la Noblesse et Aperçus historiques sur la Noblesse de la Vendée, par H. GRIMOUARD DE SAINT-LAURENT. Extrait de la *Revue de Bretagne et de Vendée.*—*Nantes*, 1860, in-8°.*

1326. Du Droit d'anoblissement et de l'Usurpation de la Noblesse avant 1789, par M. TH. CRÉPON.—*Angers*, 1860, in-8°.*

Extrait des *Mémoires de la Société impériale d'agriculture, science et arts d'Angers*, 1860.

1327. De la Noblesse maternelle, par ANATOLE DE BARTHELEMY.—*Paris, Aubry*, 1861, in-8°.

Pour complément de ce paragraphe, voyez ci-dessus n° 120. Voyez encore ci-après LIV. IV, Sect. I, § 3: *Livre d'or de la Noblesse européenne*, par M. le comte DE GIVODAN. (1852.) Dans le même LIV., Sect. II : 1° § 5 : *Annales historiques des anciennes provinces*,... par BARBOT DE LA TRÉSORIÈRE.... (1852.) 2° § 6 : *Documents historiques et généalogiques sur les Familles... du Rouergue...* Par BARRAU. (1853-1860.) — *Armorial de la Noblesse du Languedoc*... par LA ROQUE,... (1860.) — *Nobiliaire ou Armorial général de*

la Lorraine,... par Dom PELLE-
TIER... (1758.)—*L'Histoire et chro-
nique de Provence,...* de CÆSAR DE
NOSTRADAMUS. (1614.)

On peut aussi consulter : 1° *Dissertatio historica... de Distinctio-
nibus Familiarum apud Gallos...*
dans le tom. II de : « Historia ecclesiæ Parisiensis, auctore GE-
RARDO DUBOIS. » — *Parisiis*, 1710,
in-f°.*. 2° Deux excellents mémoires sur la noblesse française de
DESORMEAUX, insérés dans le
tom. XLVI des *Mémoires de l'A-
cadémie des inscrip. et belles-lettr.*
3° Les Dissertations IX, X, XXII,
XXIII, XXV de DUCANGE, contenues dans son édition des Mémoires du sire de Joinville. 4° *De
la Noblesse en Angleterre et ailleurs* dans la « Revue britannique, » 8° série, 4° ann., n° 8, août
1860.

§ 2.

Histoire de la Féodalité.—Fiefs, Francs-alleux Droits seigneuriaux et autres matières féodales.

1328. Du Franc-Alleu de la province de Languedoc, pour la liberté et franchise de ses héritages, de l'origine de la Noblesse
et nourriture d'icelle; par MA-
THURIN MARRIER.—*Paris*, 1554,
in-16. [L. F.]

1329. FRANCISCI DUARENI, jurisconsulti, Tractatus de Feudis.—*Parisiis*, 1558, in-8°.—*Spiræ*, 1595,
in-8°. [L. F.]

1330. Discours pour la subvention
des affaires du Roy, et rétablissement des Fiefs nobles de la
France en leur première nature.
— *Paris*, 1562, in-8°.* — (S. l.)
1504, in-8°. [L. F.]

1331. JOANNES AURELIANUS. De Feudis.—*Lugduni*, 1663, in-8°. [L. F.]

1332. IACOBI CUIACII, jurisconsulti
commentarii de Feudis. — *Mon-
teregali*, 1563, in-8°. [L. F.]—*Lugduni*, 1566, in-f°.*—*Coloniæ*, 1592,
in-8°. [L. F.]

1333. Des Fiefs, Hommages et Vassaux, par GILLES LE MAITRE, premier Président au Parlement de
Paris.—*Paris*, 1566, in-12. [L. F.]
Réimprimé dans les : « *Déci-*

sions notables » du même, *Paris*,
1566, in-f°.*

1334. FRANCISCI HOTOMANNI, jurisconsulti de Feudis commentatio
tripartita.—*Lugduni*, 1573, in-f°.*

1335. Sommaire Discours des Fiefs
et rièrefiefs; par IEAN DE BAS-
MAISON POUGNET, advocat à
Riom... — *Paris*, G. Chaudière,
1579, in-8°.*

Cet ouvrage, très-rare, relatif à
la coutume d'Auvergne, a reparu
sous le titre suivant.

1336. De l'Origine des Fiefs et
Rièrefiefs, par IEAN DE BASMAISON
POUGNET,... — *Paris*, Robert,
Foret, 1611, in-8°.*

La Bibliothèque impériale conserve un autre exemplaire qui
contient sur le recto du feuillet de
garde, une note manuscrite sur
la vie et les ouvrages de l'auteur.

1337. Tractatus novus De Feudis,
NICOLAI INTRIGLIOLI,... — *Coloniæ Agrip.*, 1596, in-8°.*

1338. Opuscules par Contr-opi-
nions de CLÉMENT VAILLANT de
Beauvais, aduocat au Parlement
de Paris. Le premier non encor
mis en lumière, nécessaire tant
pour la cognoissance de la nature du bien public François,
que pour la conséquence d'iceluy. Que par l'Eleuation du vassal
à la dignité Royale, les fiefs qu'il
auoit auparavant ne sont vnis
au demaine public... — *Paris*,
Iean Houzé, 1598, in-8°.*

Petit volume rare et singulier.

1339. De la Source du Fief, et que
coulée du Droict divin, elle s'est
esparse par toutes nations. Par
M° C. VAILLANT, de Beauvais,
aduocat en la Cour de Parlement. —*Paris*, Nicolas Buon,
1604, in-8°.*

L'on trouve encore une autre
édition de cet ouvrage portant la
même date; mais sans changements notables dans le texte.

1340. De l'Estat ancien de la France, déclaré par le service personnel deu par le vassal à son
seigneur, à cause de son Fief
tant profitable que guerrier, public et privé, distributions de la
justice, qu'honnorable et foy et

hommage ; par CLEMENT VAILLANT.—*Paris*, 1605, in-12.*

Ouvrage curieux et assez bien traité.

1341. Traité des Seigneuries ; par CHARLES LOYSEAU, avocat au Parlement.—*Paris*, 1608, in-4°.*

1342. BARTHOLOMÆI BARATERII, de Feudis liber singularis primum editus ex biblioth. regia, curante NIC. RIGALTIO,...—*Parisiis*, 1612, in-4°.*

1343. De Origine et Statu Feudorum pro moribus Galliæ, liber singularis ; auctore ANTONIO DADINO ALTESERRA.—*Parisiis*, 1619, in-4°. [L. F.]

Imprimé aussi à la suite du traité du même auteur, intitulé : « *De ducibus et comitibus prorincialibus.* » *Tolose*, 1613, in-4°.

1344. Contre le Franc-alleu sans tiltre pretendv par qvelqves provinces au préiudice du roy. Avec le texte des loys, données au pays d'Albigeois, et autres, par Simon, comte de Montfort, en l'année 1212; conformes en diuers articles, à la coustume de Paris mesmes, en ce qui concerne les fiefs. (Par AUGUSTE GALLAND.)—(S. l.,) 1629, in-4°.*

Cet ouvrage, réfuté par Caseneuve, serait, selon Furgole, un factum en faveur des Traitants.

Une autre édition, beaucoup plus ample et aussi plus estimée, a paru sous le titre suivant.

1345. Du Franc-alev et origine des droicts seignevriavx. Avec les loix données av pays d'Albigeois, par Simon comte de Montfort, l'an 1212. Ensemble les vsages et coustumes données par le roy S. Lovys, à la ville d'Aiguesmortes, l'an 1246. Et les anciennes coustumes de Lorris données par le roy Lovys le Gros. (Par AUGUSTE GALLAND.)—*Paris*, 1637, in-4°.*

1346. Instructions pour le Franc-allev de la province de Langvedoc ; par PIERRE DE CASENEUVE.—*Tolose*, 1640, in-4°.*

La seconde édition a paru sous le titre suivant.

1347. Le Franc-allev de la province du Langvedoc establi et défendv ; deuxième édition, revve et avgmentée d'vn second liure et d'vn nombre de remarques, à laquelle a été de plus ajouté vn Traité de l'Origine de l'Antiquité et Priviléges des Etats Généraux de cette province; ensemble, un recueil des chartes de ses principavx priviléges, libertez et franchises. Par PIERRE DE CASENEUVE. — *Tolose*, 1645, in-f°.*

Ouvrage estimé.

1348. Franc-alleu, noble et roturier de la province de Languedoc ; par AUGUSTE GALLAND.—*Tolose*, 1641, in-4°. [L. F.]

1349. De prærogativa Allodiorvm in provinciis, quæ ivre scripto reguntur, Narbonensi et Aquitanica M. ANTONII DOMINICY,.... historica, disquisitio Adjectis ad majorem fidem variis antiquitatis monumentis. — *Parisiis*, 1645, in-4°.*

Contenu aussi dans le Recueil de Schilter. 2° édition.

1350. La France Seigneuriale, ou les Principautez, Duchez, Marquisats, Comtez et autres seigneuries considérables de France, par ordre alphabétique. (Par PIERRE DU VAL.)—*Paris*, 1650, in-8°.*

L'exemplaire de la Bibliothèque impériale est enrichi de notes manuscrites de la main de l'auteur.

1351. Traité dv Plait seignevrial et de son vsage en Davphiné... Par Messire DENYS DE SALVAING... DE BOISSIEU. — *Grenoble*, 1652, in-8°.*

1352. Traité des Fiefs, et de levr Origine. Avec les prevves tirées de divers avthevrs anciens et modernes. Des Capitulaires de Charlemagne, de Lovis-le-Débonnaire, de Charles-le-Chavve et des Ordonnances de S. Lovis. Et de quantité d'autres actes mss. extraicts de plusieurs cartulaires authentiques; par Messire LOVIS CHANTEREAV LE FEBVRE,...—*Paris*, 1662, in-f°.*

1353. De l'vsage des Fiefs et avtres Droits seignevriavx en Davphiné. Par Messire DENIS DE SAL-VAING,.... DE BOISSIEU,... 1re partie, contenant plusieurs remarques incidentes, seruans à l'histoire de Dauphiné. — *Grenoble*, 1664, in-8°.*—Seconde édition, augmentée de la seconde partie et du Traitté du Plait seigneurial,.... *Grenoble*, 1668, in-f°.* —Troisième édition. *Avignon*, 1731, in-f°. [A. D. T.]—Dernière édition, revue, corrigée et augmentée. *Grenoble*, 1731, in-f°.*

Les deux dernières éditions, quoique portant la même date, sont tout à fait distinctes : celle de Grenoble est préférable.

Cet ouvrage est un des plus importants qui aient été publiés sur cette matière. Jusqu'en 80 il fit autorité parmi les jurisconsultes; et, quoique les fiefs depuis cette époque n'aient plus qu'un intérêt purement historique, l'œuvre de Salvaing de Boissieu occupe encore aujourd'hui une place distinguée dans la bibliothèque du savant.

1354. Traité de la Liberté des Personnes et des héritages du Berry ; par GASPARD DE LA THAUMASSIÈRE,... — *Bourges*, 1667, in-4°. [L. F.]

Ce traité a reparu sous le titre suivant.

1355 Traité du Franc-alleu de Berry,... Par GASPARD DE LA THAUMASSIÈRE.— *Bourges*, 1701, in-f°. [L. F.]

1356. Remontrances de la Noblesse de Provence, au Roy, pour la Révocation des Arrets de son Conseil, portant réunion à son domaine des terres aliénées et inféodées par les comtes de Provence, avec les preuves tirées de leurs testamens et actes authentiques ; par NOEL GAILLARD...— *Aix*, 1669, in-f°.*

Curieux et peu commun.

1357. Traité des Fiefs suivant les coutumes et l'usage des Provinces du droit écrit, par maistre CLAUDE DE FERRIÈRE,....—*Paris*, 1682, in-4°.*

1358. Lettre servant de réponse à un écrit touchant le Fief de Haubert. — *Paris*, 1682, in-4°. Pièce. [B. R.]

1359. Les huit Barons ou Fieffez de l'Abbaye royalle de Saint-Corneille de Compiègne ; leur Institution, leur Noblesse et leur Antiquité, par LOUIS DE GAYA, escuyer, sieur de Treville. — *Noyon*, 1686, in-12.*

Contient des choses curieuses et intéressantes sur l'origine des fiefs et sur l'inféodation. À la fin on trouve un catalogue des abbés de saint Corneille.

1360. Traité de l'hérédité des Fiefs de Provence ; par noble JACQVES PEISSONNEL...— *Aix*, 1687, in-8°.*

1361. Arrest du Conseil d'Etat du Roy, portant Règlement pour le recouvrement des droits de Franc-Fiefs, et des taxes ordonnées estre payées pour la confirmation du Franc-aleu. Du 16 Aoust 1692.— *Paris*, 1692, in-4°. Pièce.*

1362. Pièces importantes contenant les Fiefs nobles et roturiers de la Sénéchaussée de Toulouse et du reste du Languedoc... [Par GER. DE LA FAILLE. (1687-1701.)]

Voyez la seconde partie des *Annales de la ville de Toulouse*, ci-après Liv. IV, Sect. II, § 6.

1363. Dissertation sur les Aydes Chevels de Normandie, appellez aydes coutumiers; par JORT. — *Rouen*, 1706, in-12.*

1364. Dissertation sur le Relief des Fiefs en Normandie. (Par JORT.) —*Rouen*, 1710, in-12.*

1365. Nouvel Examen de l'Usage des Fiefs en France pendant les XIe, XIIe, XIIIe et XIVe siècles,... par Me BRUSSEL.—*Paris*, 1725. 2 vol. in-4°. [Q.]—*Paris*, 1727, 2 vol. in-4°.*—*Paris*, 1750, 2 vol in-4°. [L. F.]

L'édition de 1750 est la même que celle de 1727 : le titre seul a été réimprimé. — Voyez sur cet ouvrage le *Journal de Verdun*, septembre 1727.

1366. Les Principes du droit françois sur les Fiefs,... par le Sr BILLECOCQ.—*Paris*, 1729, in-12.*

Le même ouvrage a reparu sous le titre suivant.

1367. Traité des Fiefs, par M. Billecocq; nouvelle édition, revue
par M***(Boucher-d'Argis), avocat au parlement.—*Paris*, 1749,
in-4°.`
  Ce livre est particulier aux coutumes de Péronne, Montdidier et
  Roye.

1368. Traité des Fiefs; par Claude
Pocquet de Livonière...—*Paris*,
1729, in-4°.*—*Paris*, 1756, 1771,
in-4°. [C. D.]—5° édition. (S. l.)
1781, in-4°. [A. A.]

1369. Franc-alleu de Provence.
(Par Joseph-Laurent Gensollen.)—*Aix*, 1732, in-4°. [B. A.]
  Cet ouvrage est devenu très-
  rare aujourd'hui. Au reste peu
  connu et pourtant intéressant,
  surtout pour l'histoire féodale de la
  province à laquelle il se rapporte.

1370. Traité ou dissertations sur
plusieurs Matières féodales...
par Germain-Antoine Guyot,...
—*Paris*, 1738, et années suivantes, 7 vol. in-4°.*—*Paris*, 1767,
7 vol. in-4°. [C. D.]
  La deuxième édition a des augmentations.

1371. Traité des Droits seigneuriaux et des Matières féodales;
par noble François de Bouta-
ric,... — *Toulouse*, 1741, in-4°.
[B. U.] — *Paris*, 1746, in-12.*—
Nouvelle édition augmentée,
par Sudré. *Toulouse*, 1751, in-4°.
[Q.] — *Toulouse*, 1775, in-4°.*—
Nîmes, 1781, in-4°. [C. D.]

1372. Traité des Fiefs, tant pour le
pays coutumier que pour les
pays de droit écrit. Tome I. Par
Germain-Antoine Guyot,... —
Paris, 1746, in 4°.*
  C'est tout ce qui a paru.

1373. La Pratique universelle sur
la Rénovation des terriers et des
Droits seigneuriaux... par M° Ed-
me de la Poix de Fréminville,...
—*Paris*, 1746-1757, 5 vol. in-4°.'
—*Paris*, 1762-1777, 5 vol. in-4°.
[C. D.]

1374. Introduction aux Droits seigneuriaux, contenant les définitions des termes, et un recueil
de décisions choisies,... par A.
Laplace, avocat...— *Paris*, 1749,
in-12.*
  Cet ouvrage a reparu sous le
  titre suivant.

1375. Dictionnaire des Fiefs et autres Droits seigneuriaux, utiles
et honorifiques; par M° A. Laplace, avocat. —1757, in-8°.'—
Paris, 1767, in-8°. [D.]
  Voyez ci-après n° 1392.

1376. Consultations sur la Mouvance des Pairies de France, où
l'on remonte à l'origine des
Fiefs, des Seigneuries, des Justices... (Par M. de Sozzy.)—
Paris, 1752, in-4°. Pièce.*

1377. Traité historique de l'origine et nature des Dixmes. Par
É. D. L. P. D. F. (Edme de la
Poix de Fréminville). — *Paris*,
1752, in-12. [Q.]

1378. Institutes féodales, ou manuel des Fiefs,... par M° Germain-Antoine Guyot. — *Paris*,
1753, in-12.*

1379. Jurisprudence observée en
Provence sur les Matières féodales et les Droits seigneuriaux,
divisée en deux parties. (Par
Louis Ventre, seigneur de la
Touloubre.) — *Avignon*, 1756, 2
vol. in-8°.* — Nouvelle édition
revue et corrigée. *Avignon*, 1773,
2 vol. in-8°.*
  Le titre de la 2° édit. porte:
  *Collection de Jurisprudence sur les
  matières féodales... en usage principalement en Provence et en Lon-
  guedoc.*

1380. Le Droit public de France,
éclairci par les monuments de
l'antiquité: ouvrage dans lequel
on traite de l'Origine et de la
Nature des justices, du fisc ou
Domaine royal, des Seigneuries
allodiales, de la Législation
royale, de la Souveraineté, du
dernier ressort, de la Régale,
des Immunités ecclésiastiques,
des Fiefs, des Droits de voirie,
de chasse et de grurie, de la
Noblesse et de la Servitude, des
Affranchissements, des Censives
seigneuriales, des Communes,
des Bourgeoisies royales et seigneuriales, du Franc-alleu, de
l'Esprit de nos coutumes anciennes et nouvelles, de leur Analogie avec le droit français ou avec
le romain, des Causes de leur
contrariété, etc. Par M. Bou-

8

QUET, avocat au Parlement. Tome I.—*Paris*, 1756, in-4°.*

C'est tout ce qui a paru de cet ouvrage, où nos historiens modernes ont largement puisé.

1381. Les Origines, ou l'Ancien Gouvernement de la France, de l'Allemagne et de l'Italie : Ouvrage historique où l'on voit dans leur origine la Royauté et ses attributs, la Nation et ses différentes classes, les Fiefs et le vasselage, les Dignités, la Hiérarchie, les Immunités ecclésiastiques et les domaines, la Milice et la Chevalerie, la Justice distributive, la Compétence des tribunaux, leur forme, les Parlements, les autres Cours souveraines, les Etats Généraux, la Pairie, la Législation et les Coutumes. (Par le comte L. GUILL. DU BUAT- NANÇAY, diplomate.) —*La Haye*, 1757, 4 vol. in-12.* —*La Haye*, 1789, 3 vol. in-8°.*

Traduit en allemand et imprimé à *Bamberg*, en 1764.

« Cet ouvrage n'eut pas d'abord en France tout le succès qu'il méritait, parce que l'érudition y est entassée sans ordre, et que la marche en est obscure; mais en le lisant avec attention, on est frappe de l'étendue des recherches qu'il a demandées. »

1382. Dissertation sur les Biens Nobles, avec des Observations sur le vingtième. (Par LE FRANC DE POMPIGNAN.)—(*S. l.*,) 1758, in-12.*

1383. Abrégé chronologique des Grands Fiefs de la Couronne de France ; avec la chronologie des Princes et Seigneurs qui les ont possédés jusqu'à leurs réunions à la Couronne... (Par MM. BRUNET, père et fils).—*Paris*, 1759, in-8°.*

Cet ouvrage, continuation de l'*Abrégé chronologique* d'Henault, est très-complet, mais peu exact. —On trouve dans le *Journal de Verdun*, fev., 1760, pag. 116, une lettre d'un nommé DURAND, professeur au college d'Evreux, contenant des observations fort judicieuses sur l'œuvre de MM. Brunet père et fils.

1384. Essai sur l'Histoire des Bourgeoisies du Roi, des Seigneurs et des Villes, ou Exposition abrégée des changements survenus dans l'Administration de la Justice et de la Police sous le gouvernement municipal... depuis les derniers siècles de la République romaine jusqu'à l'Etablissement des Baillages inclusivement, et relativement à la Franche-Comté. Par M. DROZ, fils ainé, avocat...—*Besançon*, 1760, in-8°.*

1385. Code des Seigneurs hauts justiciers et féodaux... Par M*** (HENRIQUEZ.) — *Senlis et Paris*, 1761, in-12. [Q.]—Nouvelle édition, revue et considérablement augmentée. Par HENRIQUEZ... *Senlis*, 1771, in-12.*—*Paris*, 1780, in-12.*—3° édition. *Paris*, 1780, in-12.*

La première édition a paru sous le voile de l'anonyme.

1386. Traité des Fiefs, par JACQUET, avocat,...—*Paris*, 1762, in-12.*

1387. Traité des Juridictions,... par M° DUMÉES, avocat en Parlement. Première (et seconde) partie. — *Douay*, 1762, 2 vol. in-12.*

La deuxième partie, qui forme le deuxième volume, a pour titre : « *Traité des Droits féodaux ou seigneuriaux...* » Cette seconde partie est précédée d'un discours préliminaire sur l'origine des fiefs qui merite d'être consulte.

1388. Dictionnaire raisonné des Droits Domaniaux, par BOSQUET. —*Rouen*, 1762, 3 vol. in-4°.*— *Paris*, 1775, 2 vol. in-4°. [Q.] « Edition contrefaite. » — Seconde édition, corrigée et augmentée. (Par BOSQUET et HÉBERT.) *Rouen*, 1782, 4 vol. in-4°. [Q.]

Contient des détails fort intéressants sur les Fiefs et les Francs-alleux.

1389. Traité de Jurisprudence sur l'Origine et le Gouvernement des Communes,... par EDME DE LA POIX DE FRÉMINVILLE,... — *Paris*, 1763, in-12.*

1390. Dictionnaire de Titres originaux pour les Fiefs, le Domaine du Roi, l'Histoire, la Généalogie,... ou Inventaire général du Cabinet du Chevalier BLONDEAU DE CHARNAGE, ...— *Paris*, 1764-1774, 5 vol. in-12.*

1391. Traité historique et pratique des Droits seigneuriaux ; par M⁰ J. Renauldon.—*Paris*, 1765, in-4°.*

1392. Dictionnaire des Fiefs et des Droits seigneuriaux, utiles et honorifiques, contenant les définitions des termes, et un ample Recueil de décisions choisies fondé sur la jurisprudence des arrêts, la disposition des différentes coutumes et la doctrine des meilleurs feudistes,... Par M. Renauldon...— *Paris*, 1765, in-4°.*

Cet ouvrage pourrait à la rigueur être considéré comme une nouvelle édition, augmentée de l'œuvre de Laplace. Voyez ci-dessus n° 1375.

1393. Traité de la Seigneurie féodale universelle, et du Franc-alleu ; par Furgole, avocat au Parlement de Toulouse.—*Paris*, 1767, in-12. [L. F.]

Dans cet ouvrage, plus historique que juridique, on trouve l'origine des fiefs et une réfutation savante des opinions de Galland et de Loyseau sur le franc-alleu.

1394. Dictionnaire historique des Mœurs, Usages et Coutumes des Français,... (Par Aubert de la Chesnaye-des-Bois.) — *Paris*, 1767, 3 vol. in-12.*

1395. Traité du Droit commun des Fiefs, contenant les principes du droit féodal, avec la jurisprudence qui a lieu dans les pays qui sont régis par le droit commun des fiefs, et notamment en Alsace. Ensemble une Notice de la matière domaniale de la même province, suivie d'un chapitre particulier sur le commerce et la multiplication des juifs d'Alsace et de Metz, terminé par un Dictionnaire féodal, contenant l'explication d'un grand nombre de termes en usage dans les livres des Fiefs. Par M. (Louis-Valentin) de Gœtzmann,...— *Paris*, 1768, 2 vol. in-12.*

Ouvrage savant et recherché.

1396. Les Vrais Principes des Fiefs en forme de Dictionnaire,... Par M⁰ Edme de la Poix de Fréminville,....—*Paris*, 1769, 2 vol. in-4°.*

1397. Quel fut l'Etat des personnes en France, sous la première et la seconde race de nos Rois? Ouvrage couronné par l'Académie royale des Inscriptions et Belles-Lettres en 1768 : où l'on essaye d'éclaircir, d'après les seuls monumens du temps, les questions les plus intéressantes de nos antiquités, sur la condition, les droits et les engagemens respectifs des Hommes nés libres, des Affranchis, des Serfs, des Colons, des Lites, des Fiscalins, des Hommes du Roi et de l'Eglise; sur le Clergé, la Noblesse, le Tiers-Etat ; sur les Bénéfices militaires, le Vasselage, les Fiefs, les Seigneuries et Justices privées, et le Gouvernement Féodal. Par M. l'abbé (Charles) de Gourcy,...—*Paris*, 1769, in-12.˟—Nouvelle édition. *Paris*, 1789, in-8°.*

Ce travail contient des aperçus pleins de profondeur sur l'ancienne forme sociale et politique de notre pays. Il est resté debout malgré la réfutation savante de Perreciot. Voyez le n° suivant.

1398. Observations sur la Dissertation de l'abbé de Gourcy sur cette question : « Quel fut l'Etat des personnes en France sous la première et la seconde race de nos rois? » Par Claude Joseph Perreciot. — *Besançon*, 1786, in-4°.*

Ces observations se trouvent aussi en tête du 1er vol. *de l'Etat civil*... du même auteur. Voyez le n° 1417 ci-après.

1399. Collection des Mémoires relatifs aux serfs du Jura. (Par Voltaire et Christin.) Suivie d'une Dissertation sur l'Abbaye de Saint-Claude. — (*Neufchatel*,) 1772, 2 vol. in-8°. [B. R.]

1400. Traité des Fiefs de Dumoulin, analysé et conféré avec les autres feudistes, par M⁰ Henrion de Pansey.—*Paris*, 1773, in-4°.˟

Extrait des commentaires de Dumoulin sur la coutume de Paris.

1401. Recueil sur les Matières féodales et les Droits domaniaux en usage principalement dans la Province de Languedoc. — *Avignon*, 1774, 2 vol. in-8°.

1402. Méthode des Terriers,... par JOLLIVET.—*Paris*, 1776, in-8°.*

1403. Le Livre des Seigneurs qui indique la manière de renouveller les terriers et de les rendre utiles à perpétuité pour la conservation des Droits seigneuriaux; par CLÉMENT DE BOISSI. —*Paris*, 1776, in-4°. [D.]

1404. Système nouveau sur l'Origine des Fiefs; par MARCHAND. —*Chartres*, 1776, in-8°. [Q.]

1405. Les Inconvénients des Droits féodaux. (Par PIERRE-FRANÇOIS BONCERF.) — *Paris*, 1776, in-8°. Pièce.* — *Paris*, 1776, in-8°.* — (Autre édition.)*Paris*,1776,in-8°.* Suivi de l'Arrêt du Parlement du 23 février 1776 qui condamne l'ouvrage à être lacéré de la main du bourreau. — Nouvelle édition, augmentée de fragments sur l'Origine des Droits féodaux et l'examen de la règle : *Nulle terre sans seigneur*, par M. FRANCALEU (BONCERF). *Londres*, 1776, in-8°. [Bar.]—*Paris*, 1776, in-8°. [Bar.]—Autre édition à laquelle on a joint ce que Montesquieu a écrit sur les fiefs... Par TURGOT (BONCERF). (*S. l.*,) 1789, in-8°. [Bar.] Avec un discours préliminaire sur la vie et les écrits de Turgot.

Cet ouvrage, dont on parle peu aujourd'hui, eut pourtant lors de son apparition un succès prodigieux. Le retentissement en fut immense en Europe. Traduit dans presque toutes les langues, il eut en moins de dix ans trente-deux éditions, malgré le bourreau, malgré les persécutions dont l'auteur fut l'objet. Ce livre fut en quelque sorte le premier, et peut-être le plus terrible coup porté aux institutions féodales. La souche conquérante avait vécu, et la nation proprement dite reprenait ses droits. Les fiefs étaient une spoliation que la force avait consacrée, et que la justice devait faire disparaître : Boncerf commença l'œuvre, 89 l'acheva.

1406. Arrest de la Cour de Parlement qui condamne une brochure intitulée : *Les Inconvénients des droits féodaux*, a être lacérée et brûlée au pied du grand escalier du Palais, par l'exécuteur de la Haute-Justice. —*Paris*, 1776, in-4°. Pièce.*

Cet arrêt mérite d'être lu.

1407. Recherches sur les Communes. (Par M. DE BRÉQUIGNY.) (*S. l. n. d.*)—Recherches sur les Bourgeoisies, par M. DE BRÉQUIGNY,... 1777. (*S. l. n. d.*)—Le tout en 1 vol. in-f°.*

Chaque partie a une pagination spéciale.—Préfaces des tom. XI et XII du *Recueil des Ordonnances des rois de France.*—Réimprimées dans la *Collection des meilleures dissertations... sur l'histoire de France* de Leber, tom. XX.

Ces recherches, à proprement parler, sont les premiers travaux sérieux qui aient été faits sur ce sujet. Depuis Bréquigny, beaucoup de savants se sont lancés dans la voie qu'il avait ouverte, mais leurs productions, quelque estimables qu'elles soient, n'ont cependant pas fait oublier celle de leur illustre devancier.

1408. Recherches et Observations sur les Loix féodales, sur les anciennes Conditions des habitants des villes et des campagnes, leurs Possessions et leurs Droits. Par (GUILL.) DOYEN; avocat. — *Paris*, 1779, in-8°.*—*Paris*, 1780, in-8°. [Q.]

« Outre des observations curieuses et des anecdotes piquantes, ce volume renferme, sous le titre de pièces justificatives, un grand nombre d'actes originaux, propres à bien faire connaître les mœurs et les coutumes du moyen âge. »

1409. Mémoire sur l'affaire des foi et hommages par M. l'abbé PARENT...—(*S. l. n. d.*) In-f°.*

Ce tirage à part de la deuxième des pièces justificatives du rapport d'agence de 1780-1785, est le second des quatre mémoires de l'auteur sur la même question. Il contient tous les principes du premier, dont les deux autres ne présentent que le développement.

1410. Traité des Droits appartenans aux seigneurs sur les biens possédés en roture,... par M. PREUDHOMME, avocat au Parlement.—*Paris*, 1781, in-4°.*

1411. Monuments anciens essentiellement utiles à la France, aux provinces de Hainaut, Flandre, Brabant, Namur, Artois, Liége,

Hollande, Zélande, Frise. Cologne et autres pays limitrophes de l'Empire ; recueillis par le comte JOSEPH DE SAINT-GÉNOIS. —*Paris*, 1782, I tom. en 2 vol. in-f°.* Avec une table générale.

Tome 1er. Droits primitifs des anciennes terres et seigneuries du pays et comté de Haynaut autrichien et françois ; et connaissance exacte de la mouvance des fiefs qui relevaient du comte de Haynaut en 1410 et 1473. Avec tous les arrière-fiefs.

Tome II. Inventaire chronologique des titres des comtés de Flandre, d'Artois et de Namur...

Cette volumineuse compilation est assez curieuse. On y voit l'origine et l'étendue des droits des anciens souverains de ces contrées, et les fonctions de la Noblesse dans le 10e, 11e et 12e siècles. On y voit aussi l'agrandissement successif du clergé, et le droit qu'avait alors le peuple de traiter directement avec son souverain.

1112. Essai sur l'Origine des Fiefs de la Noblesse de la Haute-Auvergne,... par DE RANGOUSE DE LA BASTIDE.—*Paris*, 1781, in-12. [B. B.]

1113. Mémoire sur les Corvées. (Par DE LA GALAISIÈRE.)—(S. l.,) 1785, in-8°.*

1114. Théorie des Matières féodales et censuelles, par HERVÉ.—*Paris*, 1785, 8 vol. in-12. [C. D.]

Ce livre comprend l'histoire de la formation des fiefs et des droits qui en dépendent, et les questions qui s'élèvent au sujet des droits féodaux.

1115. A. D. Feudorum origines. — Praeside JOHANNE DANIELE BRAUN... ad diem XXI. sept. A.MDCCLXXXVI. Solenni censuræ submittit. Auctor JOHANNES FRANTZ,....—*Argentorati*, (s. d.), in-4°. Pièce.*

1116. Essai historique sur la Nature des Seigneuries féodales et sur les Devoirs de celles qui sont possédées par l'Eglise.—*A La Haye et se trouve à Paris*, 1786, in-4°. Pièce.*

1117. De l'Etat civil des personnes et de la Condition des terres dans les Gaules dès le temps cel-tique jusqu'à la rédaction des coutumes. (Par C. J. PERRECIOT.) —*En Suisse aux dépens de la Société* (*Besançon*), 1786, 2 vol. in-4°.* —De l'Etat civil... Par C. J. PERRECIOT. *Paris*, 1845, 3 vol. in-8°.*

La dernière édition est due aux soins éclairés du petit-fils de l'auteur. Barbier indique encore une autre édition de 1784 : c'est une erreur de ce savant. Il n'y a jamais eu d'autre édition que celles que nous venons de mentionner.

Ce travail, sagement conçu et habilement exécuté, a coûté à son auteur plus de trente années de patientes et laborieuses recherches. Les connaissances aussi profondes que vastes dont il y fait preuve le placent à côté des Dubos, des Boulainvilliers, des Mably et des Montesquieu. L'origine des fiefs, de l'esclavage, de la noblesse, des ennoblissements et de ses différentes espèces ; la liberté civile et politique des anciens gouvernements ; les divers ordres des personnes chez les Gaulois, les Germains et les Francs ; l'autorité de l'Eglise sous les premières races et pendant la féodalité ; la condition des terres en Gaules avant et après l'arrivée des Romains ; les lètes et les terres létiques ; les effets du principe féodal et la discussion de la formule : *Nulle terre sans seigneur et nul seigneur sans terre* ; les alleux, lods, francs-alleux ; le service militaire ; les corrées arbitraires ; le for-mariage ; la multiplicité des lois et coutumes ; l'ignorance des habitants de la campagne ; les duels et autres abus de la féodalité ; etc. ; tout y est traité avec une incontestable supériorité.

1118. Preuves du Franc-Alleu de Roussillon. — (S. l. n. d.) In-f°. Pièce. [L. F.]

1119. Dissertations féodales par HENRION DE PANSEY. — *Paris*, 1789, 2 vol. in-4°. [C. D.]

Cet ouvrage devait se composer de six volumes.

1420. Observations pour le Tiers-Etat, sur le Franc-fief.—(S. l., 1789.) In-8°. Pièce.*

1421. Requête des paysans français au Roi.—(S. l.,) 1789, in-8°.*

1422. Le Droit de Francs-fiefs et autres droits fiscaux, soumis à l'examen des Etats-Généraux.—*Paris*, 1789, in-8°. Pièce.*

1423. Observations intéressantes d'un laboureur contre les abus de la dîme en nature. — *Paris*, 1789, in-8°. Pièce.*

1424. Correspondance d'un homme d'État avec un publiciste, sur la question de savoir si le roi peut affranchir les serfs des seigneurs à charge d'indemnité. Présenté au roi par M. MAUGARD, généalogiste, pour servir de suite à la protestation d'un serf du Mont-Jura.—*Paris*, 1789, in-8°.*

1425. Le Cri de la Raison, ou Examen approfondi des lois et coutumes qbi tiennent dans la servitude main-mortable quinze cent mille sujets du roi. Dédié aux États-Généraux. (Par CLERGET.)—*Besançon*, 1789, in-8°.*

1426. L'Heureuse Nouvelle qu'on n'attendait pas, ou l'Abandon proposé. (Par LEBOIS.)—(*Paris*, 1789.) In-8°. Pièce.*

1427. Observations d'un citoyen sur l'arrêté du 4 août.—*Versailles*, (1789,) in-8°. Pièce.*

1428. Réflexions sommaires et impartiales sur l'Effet que le Décret de l'Assemblée Nationale, relativement à la Destruction de la Féodalité, doit produire dans la province d'Alsace. — (*S. l.*, 1789.) In-8°. Pièce.*

1429. Mémoire sur le Rachat des Droits féodaux, déclarés rachetables par l'Arrêté de l'Assemblée nationale du 4 août 1789, par le comte d'ANTRAIGUES. — *Versailles*, 1789, in-8°.*

1430. Mémoire pour le Rachat des Droits féodaux, seigneuriaux et redevances foncières, par M. LE DURE, directeur des Terriers des domaines du roi... 1789.—*Paris*, 1789, in-4°. Pièce.*

1431. Mémoire pour le Rachat et l'Amortissement des Droits de mouvance...—(*S. l.*,) 1789, in-8°.*

1432. Moyens et méthodes pour éteindre les Droits féodaux. (Par PIERRE-FR. BONCERF.) — (*S. l.*, 1789.) In-8°. Pièce.*

1433. Adresse des Cadets du Tiers-État de Provence et d'autre Pays du Droit écrit au Roi. [Pour l'Abolition du Droit d'aînesse. (1789.)]

Voyez ci-après n° 1518.

1434. Rapports faits au Comité féodal de l'Assemblée Nationale, par M. TRONCHET, l'un des membres de ce Comité, sur le mode et le prix du Rachat des Droits féodaux et censuels non supprimés sans indemnité. — *Paris*, 1789, in-8°.*

Voyez ci-après le n° 1439.

1435. Opinion du marquis de FOUCAULD L'ARDIMALIE, député de la Noblesse de la province du Périgord, sur la motion de M. le vicomte de Noailles concernant l'Abolition de la Féodalité et le Rachat des cens et rentes seigneuriales, etc. Du mardi 4 août 1789 à la séance du soir. —*Versailles*, (s. d.,) in-8°. Pièce.*

1436. Observations que M. le marquis DE THIBOUTOT devait soumettre à l'Assemblée nationale le 5 de ce mois (août) sur les Droits seigneuriaux... — *Versailles*, (1789,) in-8°. Pièce.*

1437. Motion de M. DE ROBESPIERRE, au nom de la province d'Artois et des provinces de Flandre, de Hainaut et de Cambrésis, pour la Restitution des biens communaux envahis par les Seigneurs. — (*S. l.*, 1789.) In-8°. Pièce.*

Dans ce morceau, de médiocre importance comme sujet, l'auteur, par sa logique pressante, serrée, implacable, laisse entrevoir tout ce qu'il devait être un jour.

1438. Rapport fait au Comité des Droits féodaux, le 4 septembre 1789, sur l'objet et l'ordre du travail dont il est chargé. Par M. MERLIN, député de Douai à l'Assemblée nationale, secrétaire dudit Comité.—*Versailles*, (s. d.,) in-8°. Pièce.*

1439. Second Rapport du Comité Féodal, par M. TRONCHET, membre dudit Comité. Imprimé par Ordre de l'Assemblée nationale, en date du 28 mars 1790.—(*S. l. n. d.*) In-8°.*

Voyez ci-dessus le n° 1434.

1440. Opinion présentée au Comité

des Droits féodaux, sur l'Abolition des Justices seigneuriales et des Droits qui en dérivaient. Par M. VIELLART, député du Bailliage de Rheims. — *Paris*, 1790, in-8°. Pièce.*

1441. Articles proposés par le Comité féodal, pour être ajoutés à la suite de l'article II du titre III du décret concernant les Droits féodaux. — *Paris*, (1790,) in-8°. Pièce.*

1442. Traité des Monnoies des Barons, ou Représentation et Explication de toutes les Monnoies d'or, d'argent, de billon et de cuivre qu'ont fait frapper les Possesseurs de grands fiefs, Pairs, Évêques, Abbés, Chapitres, Villes et autres Seigneurs de France... Par feu M. PIERRE-ANCHER TOBIÉSEN DUBY, capitaine d'infanterie.—*Paris*, 1790, 2 vol. in-4°.* Avec 121 planches gravées dont 11 de supplément.

Voyez ci-après n°s 1470, 1473, 1482 et 1483.

1443. Histoire des Conditions et de l'État des personnes en France et dans la plus grande partie de l'Europe. — *Londres*, 1790, 5 vol. in-12.*

Barbier et, après lui, M. Quérard sont tombés, à propos de ce livre, dans une étrange erreur. Trompés par la ressemblance du titre, ces deux savants bibliographes l'ont attribué à Perreciot, comme étant une réimpression de son ouvrage intitulé: *De l'État civil des personnes...* (Voyez le n° 1417 ci-dessus.) C'est un ouvrage à peu près dans le même ordre d'idées, mais sous un point de vue complétement différent.

1444. Le Cri des Censitaires, ou Observations judicieuses sur le mode de Rachat des Droits féodaux décrété par l'Assemblée Nationale,... par M. BURDEL, commissaire-feudiste de Lyon. —*Lyon*, 1790, in-8°. Pièce. [B. L.]

1445. Lettre de M. CH...... au roi, contre le projet de Décret proposé à l'Assemblée Nationale, le 12 avril 1792, relativement à la Suppression des Droits casuels de Féodalité, projet dont l'Assemblée a ordonné l'impression.—*(S. l. n. d.)* In-8°. Pièce.*

1446. Lettre à M. le président du Comité des finances de l'Assemblée nationale, sur la Suppression des Droits féodaux casuels sans indemnité. Paris, le 1er mai 1792, l'an IV de la liberté. (Par LACOSTE.) — *Paris*, 1792, in-8°. Pièce.*

1447. Recherches sur l'Origine et la nature des Droits connus anciennement sous les noms de Droits des premières nuits, de Markette, d'Afforage, Marchetta, Maritagium et Bumede. Par J. J. RAEPSAET.—*Gand, Houdin*, 1817, in-8°.

Ouvrage très-rare aujourd'hui.

1448. Aperçus historiques sur les Communes dans leurs rapports avec la Liberté et l'Égalité politiques ; en réponse aux plans des partisans de l'Aristocratie sur l'administration intérieure ; par J. M. BERTON.—*Paris*, 1818, in-8°.*

1449. Essai sur la Noblesse, les Titres et la Féodalité, par J. B. J. PLASSCHAERT (1818).

Voyez ci-dessus le n° 1260.

1450. La Féodalité comparée à la Liberté. Par F. A. HAREL.—*Paris*, 1818, in-8°.*

1451. Dissertation historique sur les communes de France, leur origine, leurs progrès, leur régime, leurs diversités et vicissitudes, leur dernière organisation, leur état actuel ; et particulièrement sur la question de savoir à qui appartient la Nomination des Officiers municipaux. Par M. G... (A. C. GUICHARD, avocat à la Cour de cassation).— *Paris*, 1819, in-8°.*

Cet opuscule, d'ailleurs plein de recherches savantes, renferme comme conclusion que les élections municipales doivent appartenir aux seuls propriétaires.

1452. Dictionnaire de l'ancien régime et des abus féodaux, ou les Hommes et les choses des neuf derniers siècles de la monarchie française ; ouvrage où l'on trouvera des notices alphabétiques et raisonnées des institutions, des usages, des traditions, des abus, des excès et des crimes de l'oligarchie féodale, avec une biographie abrégée des principaux personnages qui en furent les fondateurs, les fauteurs et les complices, et des détails intéressants de notre histoire, sur les sciences et les arts, sur les mœurs, sur l'origine des principales familles nobles, etc., etc. Par M. PAUL D*** DE P***.—*Paris*, 1819, in-8°.*

Le *Discours préliminaire* et les articles signés R. W. sont, de M. RÉGNAULT-WARIN.

1453. Dictionnaire féodal, ou Recherches et anecdotes sur les dîmes et les droits féodaux, les justices ecclésiastiques et seigneuriales, les fiefs et les bénéfices, les priviléges, les redevances et les hommages ridicules, les coutumes féodales, les prérogatives de la noblesse et la misère des vilains, les corvées, la servitude de la glèbe, en un mot sur tout ce qui tient à la féodalité. Par J. A. S. COLLIN DE PLANCY. — *Paris*, 1819, 2 vol. in-8°.* — 2° édition, corrigée et augmentée d'un tableau de l'ancien régime, comparé à l'état actuel de la France, et d'une table générale des matières.— *Paris*, 1820, 2 vol. in-8°.*

La deuxième édition n'est autre chose que la première, à laquelle on a ajouté le *tableau* et la *table* énoncés sur le titre.

1454. Précis historique sur la Féodalité et l'Origine de la Noblesse; et analyse des débats entre les Wighs et les Torys français. Par SÉBASTIEN SÉGUIN, ancien magistrat. — *Paris*, Décembre 1822, in-8°.* — *Vesoul*, 1822, in-8°. [B. B.]

1455. De la Féodalité, des Institutions de Saint-Louis, et de l'Influence de la législation de ce prince, avec des notes et l'indication des pièces justificatives, par F.-A. MIGNET...ouvrage couronné en 1821, par l'Académie royale des Inscriptions et Belles-Lettres.— *Paris*, 1822, in-8°.*

Ce Mémoire, qui partagea le prix avec celui de M. Beugnot fils, éveilla, dit M. Quérard, l'attention publique sur un talent si vigoureux à son début. En effet,

l'auteur, dans ce travail de deux cents pages au plus, donne l'histoire complète de ce gouvernement qui fut si longtemps la loi générale de l'Europe. Il en démontre avec une sagacité et une impartialité rares la raison d'être, et les causes qui devaient nécessairement en amener la ruine plus tard. Le style est simple, élégant, rapide; et ce morceau, malgré l'aridité du sujet, se laisse lire comme une des meilleures pages de notre littérature.

1456. Notice sur les Titres féodaux. — *Marseille*, 1823, in-8°. Pièce.*

1457. Histoire du Gouvernement féodal. Par A. BARGINET, de Grenoble.—*Paris*, 1825, in-12.*

Le faux-titre porte : « *Bibliothèque du xix° siècle*, tom. 81.»

1458. Noms féodaux, ou noms de ceux qui ont tenu Fiefs en France, depuis le xii° siècle jusque vers le milieu du xviii°, extraits des archives du royaume, par un membre de l'Académie des Inscriptions et Belles-Lettres (BETENCOURT). — Première partie relative aux provinces d'Anjou, Aunis, Auvergne, Beaujolais, Berry, Bourbonnais, Forez, Lyonnais, Maine, Marche, Nivernais, Saintonge, Touraine, partie de l'Angoumois et du Poitou. Divisée en deux volumes. —*Paris*, 1826, 2 vol. in-8°.*

A la suite du tome II on trouve, avec une pagination particulière : « *Réflexions sur l'état des personnes en France sous la I° et la II° race.* »

L'œuvre de Betencourt, pour ainsi dire oubliée aujourd'hui, malgré sa date peu ancienne, est cependant fort utile. D'ailleurs il est très-rare, l'auteur ayant lui-même détruit une grande partie des exemplaires.

1459. Mœurs et usages au moyen âge. La Selle chevalière. Par GAB. PEIGNOT.—*Paris, Techener*, 1836, in-8°. Pièce.*

Cet opuscule, tiré à 180 exemplaires, est plein de faits curieux sur les mœurs et usages du moyen âge.

1460. De l'Affranchissement des Communes dans le Nord de la France, et des avantages qui en sont résultés; par M. TAILLIAR.

conseiller à la Cour de Douai.
—*Cambrai*, 1837, in-8°.*

> On peut encore consulter sur cette question un autre travail du même auteur, contenu dans le tome VIII du *Compte rendu des séances de la Commission royale d'histoire* (à Bruxelles).

1461. Beau Traité de la diversité de la nature des Fiefs en Flandre. [Par JULES KETELE. (1839.)]

> Voyez ci-après Liv. IV, Sect. II, § 6: PAYS-BAS ET BELGIQUE.

1462. Recherches sur les Vigueries et sur les Origines de la Féodalité en Poitou; par A.-D. DE LA FONTENELLE DE VAUDORÉ. —*Poitiers*, 1839, gr. in-8°.*

1463. La Féodalité comme moyen de conserver et civiliser l'Algérie; par P. D.—*Paris*, 1840, in-8°. Pièce.*

1464. Notice sur un manuscrit intitulé : « Recognitiones feodorum, » où se trouvent des renseignements sur l'État des Villes, des Personnes et des Propriétés, en Guyenne et en Gascogne, au XIII° siècle; par M. DELPIT.—*Paris*, 1841, in-4°.*

1465. Esquisse féodale du Comté d'Amiens, au douzième siècle, servant d'introduction à la troisième série des Coutumes locales du Bailliage d'Amiens, que publie la Société des antiquaires de Picardie; par M. A. BOUTHORS,...—*Amiens*, 1843, in-4°.*

> Voyez ci-après n° 1471.

1466. Théorie des Prestations seigneuriales au moyen âge, par M. A. BOUTHORS.—*Amiens*, 1843, in-4°.*

1467. Mémoire sur l'Origine des Institutions féodales chez les Bretons et les Germains. (Par AURÉLIEN DE COURSON.)—(*Paris*,) *Impr. de Hennuyer*, (1847), in-8°.*

1468. La Féodalité dans les batailles au quatorzième siècle, ou Étude sur les causes des désastres dont la Flandre, la France et la Suisse ont été le théâtre. (Par CHARLES-LOUIS DE BEAUFORT.)— *Paris*, (1850), in-8°. Pièce.*

> Extrait du *Spectateur militaire*. Cahiers de février et mars 1850.

1469. La Féodalité ou les Droits du Seigneur, Événements mystérieux, lugubres, scandaleux ; Exactions, Despotisme, Libertinage de la Noblesse et du Clergé, suivis de la marche et de la décadence de la Féodalité, depuis le moyen âge jusqu'à nos jours; par CHARLES FELLENS, édition illustrée par MM. EDOUARD FRÈRE et ACHILLE POUGET. — *Paris*, (1852,) 2 vol. in-8°.*

> « Ce livre n'est pas un roman », dit l'auteur au commencement de sa préface. Après avoir parcouru l'ouvrage, nous avons le regret de dire que cette opinion ne saurait être partagée par tout lecteur désireux de connaître la vérité. On y trouve une foule de faits dont la gravité exigerait qu'ils fussent appuyés de preuves authentiques. En un mot, nous croyons que M. de Fellens, emporté par son sujet, a dépassé dans ce travail les bornes que la sévérité de l'histoire impose à tout homme sérieux qui prend la délicate et périlleuse mission d'expliquer ou de raconter les évolutions de l'humanité.

1470. Descriptions des monnaies seigneuriales françaises composant la collection de M. P. F. Poey D'Avant. Essai de classification par M. F. POEY D'AVANT. —*Fontenay-Vendée*, 1853, in-4°. Avec 26 planches.

> Voyez ci-dessus n° 1442, et ci-après n°° 1473, 1482 et 1483.

1471. Rapport sur un ouvrage de M. BOUTHORS, intitulé: « Coutumes locales du Bailliage d'Amiens, » par M. DUPIN.—(*S. l. n. d.*) In-8°. [E. M.]

> Voyez le n° suivant, et ci-dessus le n° 1465.

1472. Le Droit du seigneur au moyen âge, par M. VEUILLOT.— *Paris*, 1854, in-12.*

> Cet ouvrage, dirigé contre le précédent, est écrit avec une verve singulière. L'auteur a sans doute emprunté la plume mordante et sarcastique de Beaumarchais; si le fond répondait à la forme, qui n'est cependant pas, au point de vue du goût, tout à fait irréprochable, il aurait certainement une valeur que la discussion même du moment n'a pu lui consacrer. — Voyez ci-après les n°° 1474 et 1477.

1473. Numismatique féodale du Dauphiné. Archevêques de Vienne. — Evêques de Grenoble. — Dauphins de Viennois. Par H. Morin. — *Paris*, 1854, in-4°.* Avec 23 planches.

Voyez ci-dessus n°ˢ 1442 et 1470, et ci-après n°ˢ 1482 et 1483.

1474. Le Moyen âge ou Aperçu de la Condition des populations principalement dans les xiᵉ, xiiᵉ et xiiiᵉ siècles. Par V. Vallein, Rédacteur en chef de l'*Indépendant* (Charente-Inférieure). — *Saintes*, 1855, in-8°.*

« ... L'auteur de ce volume, s'il appartient à une école quelconque, il nous semble que c'est à l'école du bon sens et de la vérité. Ceux qui liront sa réponse à M. Veuillot sur les mérites et les vertus du moyen âge en général, et sur le *Droit du seigneur* en particulier, verront combien une discussion calme et sensée, appuyée sur la simple raison et la bonne foi, l'emporte sur la rhétorique à grand fracas, sur la dévotion sophistiquée, et surtout sur l'art de la déclamation tranchante et prétentieuse que M. Veuillot cultive avec une vocation triomphante et un si brillant succès... »

[Louis Alloury, *Journal des Débats*, 4 juin 1855.]

1475. L'Ancien Régime et la Révolution, par Alexis de Tocqueville. — *Paris*, 1856, in-8°.* — 2ᵉ édition. *Paris*, 1856, in-8°.*

Le nom de l'auteur recommande cet ouvrage à tous ceux qui désirent connaître et apprécier les causes plus ou moins immédiates de la Révolution de 89.

1476. Histoire des Fiefs et principaux villages de la Seigneurie de Commercy,.... par Dumont,... — *Nancy*, 1856, 2 vol. gr. in-8°.* Avec un tableau généalogique et chronologique des seigneurs de Commercy.

1477. Réponse d'un campagnard à un Parisien, ou Réfutation du livre de M. Veuillot sur le Droit du Seigneur, par Jules Delpit. — *Paris*, 1857, in-4°.*

L'œuvre de M. Delpit, sous le rapport du style, n'est certes pas à comparer à celui de son rude adversaire. En revanche, on y trouve une connaissance approfondie de nos vieilles institutions, et un tableau fidèle des mœurs, des usages et des habitudes de la féodalité : toutes choses que M. Veuillot persiste à vouloir ignorer. — Voy. le n° 1472 ci-dessus.

1478. Origines des Communes du Nord de la France ; par M. Tailliar.... Extrait du Bulletin monumental publié à Caen, par M. de Caumont. — *Paris*, 1857, in-8°.*

1479. Mémoire sur les Institutions communales de la France et de la Flandre au moyen âge, par M. Brun-Lavaine. — *Lille*, 1857, in-8°.*

1480. Histoire du Jeton au moyen âge, par Jules Rouyer et Eugène Hucher, membres de plusieurs sociétés archéologiques. — *Paris*, 1858, in-8°.* Avec 17 planches, contenant près de 300 jetons armoriés.

Première partie.

1481. Les Fiefs dv Forez, d'après le manuscrit inédit de M. Sonyer dv Lac, premier avocat dv roy av siége domanial de Montbrison, ressort et comté de Forez en 1788 ; avec notes, carte et une table raisonnée des noms de lieux et de personnes jointes audit Recueil. Par M. P. d'Assier de Valenches,... — *Lyon*, L. Perrin, 1858, gr. in-4°.*

Avec un : « *Tableau historique et généalogique des comtes de Forez depuis son origine, sous Charles le Chauve, jusqu'à la prise de possession du comté par le roi François Iᵉʳ*, 870-1531. » — Tiré à petit nombre, non mis en vente. — Publication du manuscrit qui se trouve à la Bibliothèque de l'Académie de Lyon. — Contient la liste par ordre alphabétique de tous les fiefs du Forez, avec la succession de leurs possesseurs.

Le savant éditeur a non-seulement, pour ainsi dire, donné la vie à l'œuvre de du Lac, mais encore, en publiant ce manuscrit, aussi précieux qu'utile pour l'histoire nobiliaire de cette province, avec l'habile concours de l'imprimeur, M. Perrin de Lyon, il en a fait un véritable chef-d'œuvre de typographie.

1482. Monnaies féodales de France, par Faustin Poey d'Avant.

membre de la Société de l'histoire de France...—*Paris*, 1858-1660, 2 vol. in-4°.* Avec 101 planches gravées.—Se continue.

Voyez ci-dessus n° 1442, 1470 et 1473, et ci-après n° 1483.

1483. Collection Jean Rousseau. Monnaies féodales françaises, décrites par BENJAMIN FILLON.—*Paris*, 1860, in-8°.*

Avec 5 pl. de monnaies armoriées, et beaucoup d'autres intercalées dans le texte. — Voyez ci-dessus n° 1442, 1470, 1473 et 1482.

1484. Dictionnaire des Fiefs, Terres et Seigneuries de l'Ancienne France ; par H. GOURDON DE GENOUILLAC. — *Paris, E. Dentu*, in-8°. Sous presse.

On peut encore consulter sur les Fiefs 1° les « Recherches » d'ESTIENNE PASQUIER ; 2° le « Droit public de France, » par BOUQUET ; 3° le « Mercure, » sept. 1822 ; 4° les « Mélanges historiques ; » de SAINT-JULIEN ; 5° « l'Encyclopédie méthodique ; » 6° le tome I, p. 562-718, et le tome II, p. 1-66 du « Traité historique de la Souveraineté du Roy, » *Paris*, 1753 ; 7° la XXX° des Dissertations de DUCANGE, insérées dans son édition des Mémoires de sire de Joinville ; 9° le Recueil de SCHILTER, intitulé : « De Feudis. »

§ 3.

Ban et arrière-ban.

1485. Edict et Déclaration faict par le Roy nostre sire. Du debuoir que luy seront tenuz faire tous Nobles, Gentilzhommes, Barons, Cheualiers, Escuyers, ou dautre condition quelz quilz soient qui sont tenuz seruyr au ban et arriere ban selon la valleur du fief et arriere fief quil tiennent noblement dudit Seigneur. Auec le iour a eulx ordonne pour faire la monstre. Publie a Paris le deuxiesme iour de May, lan mil cinq cens quarante ung.—*On les vend a Paris en la rue Juifrye a limaige Sainct Pierre et a la premiere porte du Palays par Jaques Nyuerd. (S. d.)* In-4°. Goth. Pièce.*

Très-rare.

1486. Edict faict par le Roy, nos-tre sire Sur le seruice que luy doyuent les subgectz au ban et arriere ban Touchant le faict des Guerres de Picardie, Champaigne, Bourgongne, et Languedoc. Le iour et le lieu ou ilz doibuent faire leur monstre. Auec le partement et conduicte diceulx Comment et en quel ordre ilz seront tenuz seruir ledict seigneur Publie a Paris a son de trompe le vendredy vingt-neufuiesme iour de Septembre, lan mil cinq cens quarante deux.—*On les vend a Paris en la rue de la Juifrye a lymaige sainct Pierre et sainct Jacques et a la premiere porte du Pallays par Jaques Nyuerd. (S. d.)* In-4°. Goth. Pièce.*

Très-rare.

1487. Lettres du Roy pour la convocation et assemblée du Ban et Arrière ban, au premier iour d'Octobre prochain et contribution de deniers par les inhabiles et roturiers.—*Paris, Rob. Estienne*, 1568, in-8°. Pièce.*

Très-rare.

1488. Mémoire concernant l'Arrière-Ban. — (S. l. n. d.) In-f°. Pièce.*

1489. Règlement sur la convocation de l'Arrière-ban, que le Roy veut être faite en la présente année, 1639.—*Paris*, 1639, in-f°. [L. F.]

1490. Roolles des Bans et Arrière-bans de Poitou, Xaintonge et Angoumois. (1667.)

Voyez ci-après LIV. IV, Sect. ii, § 6 : POITOU.

1491. Traicté du Ban et de l'Arrière-reban, par Messire JACQUES DE LA LANDE, Conseiller du Roy, doyen et docteur de l'Université d'Orléans. — *Orléans, Fr. Hotot*, 1675, in-4°.*

Cet opuscule, peu commun, se trouve aussi contenu dans les *Coutumes d'Orléans* du même.

1492. Traité du Ban et Arrièreban, de son origine, et de ses convocations anciennes et nouvelles. Avec plusieurs anciens rolles tirez des Archives publiques où sont les Noms et Qualitez des Princes, Seigneurs, Gentilshommes et autres qui se sont trouvez dans les convocations qui en ont esté faites. Par M. (GILLES-ANDRÉ) DE LA ROQUE. —*Paris, Michel Le Petit*, 1676, in-12.`

> Peu commun, curieux et savant.

1493. Recueil des Ordonnances de nos Rois, utiles aux Officiers créez par l'Edit du mois de Janvier 1693, et aux autres Officiers, tant d'Epée que de Robe, qui ont part à la convocation et conduite du Ban et Arrièreban; aux Nobles, Gens vivans noblement, et Roturiers qui y sont sujets et contribuables; et pareillement à ceux de toute condition qui s'en prétendent exempts. Avec l'Edit dv Roy, du mois de Janvier 1693. Par L. S. D. V. C. A. M.—*Paris*, 1693, 1694, in-12.*

1494. Etat du Ban de Saintonge Tenu et convoqué sous le règne de Louis XV, le 15 juin 1758. (1758.)

> Voyez ci-après LIV. IV, Sect. II, § 6 : SAINTONGE.

1495. Rôle de l'Arrièreban du Bailliage d'Evreux en 1562. Publié par M. l'abbé P. F. LEBEURIER. (1861.)

> Voyez ci-après LIV. IV, Sect. II, § 6 : NORMANDIE.

§ 4.
Apanages et Droit d'aînesse.

1496. Lettres patentes dv Roy povr l'accroissement et augmentation de l'Appanage de Monseigneur le Duc d'Alençon son frère. Leuës et publiées à Paris, en Parlement, le 24 iour de May 1576.—*Orléans, Eloy Gibier*, 1576, in-8°. Pièce.*

1497. De la Commodité de l'Appanage ou panage de MM. les enfans puinez de la royale Maison de France,... Par CLÉMENT VAILLANT, de Beauvais,...—*Paris*, 1585, in-8.`

1498. L'Apanage de Monsieur, fils de France, frère unique du Roy. (Par ROGER, procureur général.) —*Paris*, 1636, in-4°.`

1499. L'Apanage de Son Altesse Royale Monseigneur le Duc d'Orléans, fils de France, oncle du Roy. (Par ROGER, et augmenté par GERMAIN PIETRE.) — *Paris*, 1656, in-4°.*

> Même ouvrage que le précédent.

1500. (Acte royal du mois de mars 1661, touchant l'Apanage du duc d'Orléans). — (*S. l. n. d.*). In-f°. Pièce.*

1501. (Acte royal du mois d'avril 1661, touchant l'Apanage du duc d'Orléans.) — (*S. l. n. d.*) In-f°. Pièce.*

> Différent du n° précédent.

1502. Déclaration du Roy, par parachèvement d'Apanage à la Maison d'Orléans. Du 24 Avril 1672.—(*S. l. n. d.*) In-4°. Pièce.`

1503. Lettres de l'Appanage de Charles de France, Duc de Berry. Du mois de Juin 1710. — *Paris*, 1710, in-4°. Pièce. [L. F.]

1504. Lettres du Roy, qui permettent au Duc de Berry de nommer aux bénéfices consistoriaux de son Appanage, du 2 juillet. — *Paris*, 1710, in-4°. Pièce. [L. F.]

1505. Lettres-Patentes, par lesquelles le Roy distrait de l'Appanage du Duc de Berry le Comté de Ponthieu,... Du mois de Septembre. — *Paris*, 1710, in-4°. Pièce. [L. F.]

1506. Lettres Patentes qui permettent à M. le duc de Berry, de nommer aux bénéfices qui sont dans l'étendue des vicomtés d'Andely, Vernon et Gisors faisant partie de son apanage. Données à Versailles, le 20 Septembre 1710. — *Paris*, 1710, in-4°. Pièce.*

1507. Recueil d'Edits, Ordonnances et Arrêts, concernant les Apanages, priviléges des princes, dons faits à eux, et pièces faites à ce sujet, depuis 1399 jusqu'en 1714.—(*S. l. n. d.*) 2 vol. in-4°. [C. D.]

1508. Apanage de Son Altesse Royale Monseigneur le Duc d'Orléans, Régent du Royaume.

Pour le Duché de Vallois, Marquisat de Coucy et leurs dépendances. — (*S. l. n. d.*) In-4º.
Pièce.*

1509. Lettre sur les Apanages, par
un député suppléant. — *Paris,*
1789, in-8º.*

1510. Des Apanages et de leur destruction.—(*S. l.,*) 1791, in-8º.*

Cet ouvrage, peu connu et dont
aucun bibliographe ne fait mention, mérite d'être consulté.

1511. Lettre à un Député sur les
Apanages. Nouvelle édition.
(Par M. Guichard).—(*Paris,* 1814.)
In-8º. Pièce.*

La première édition de cette
lettre parut en 1790, à l'époque
où il fut question de la suppression des apanages réels. Elle contient un historique savant sur
cette matière, accompagné d'intéressantes considérations.

1512. Essai sur les Apanages ou
Mémoire historique de leur établissement divisé en V chapitres : 1º sur l'inaliénabilité du
domaine ; 2º sur l'établissement
du retour des apanages à la couronne ; 3º sur les priviléges des
princes jusqu'à l'ordonnance de
1566 ; 4º sur les priviléges qu'ils
ont conservés depuis ladite ordonnance jusqu'à présent ; 5º
sur les règles établies pour l'administration des bois des apanages. (Par Louis-Fr. Du Vaucel,
rédigé par Delaulne.) — (*Paris,
s. d.*) 2 vol. in-4º.*

Cette production, d'après l'abbé
Saint-Léger, n'aurait été tirée
qu'à 12 exemplaires, et à 20 suivant le célèbre collecteur Boulard. C'est bien peu pour un gros
livre, dit Leber ! Quoiqu'il en soit,
il est rare, et il mérite d'être consulté à cause des renseignements
nombreux et curieux qu'il fournit
touchant l'ancien état des diverses
provinces de la France.

1513. Discussion sur les Apanages,
par M. Dupin... — *Paris,* 1818,
in-4º. Pièce.*

Dans cet opuscule, le savant
légiste passe en revue toutes les
lois se rattachant à la matière.

1514. Des Apanages, par un Citoyen.
Nouvelle édition. — (*S. l. n. d.*)
In-8º. Pièce.*

1515. Des Apanages en général,
et en particulier de l'Apanage
d'Orléans. Par M. Dupin, avocat, membre du conseil de S. A.
R. Mgr le duc d'Orléans.—*Paris,*
1827, in-8º.*

Ce livre court, mais substantiel, se recommande par le savoir
de l'auteur et par la manière élégante et précise avec laquelle le
sujet est traité.

On le trouve encore dans le
*Dictionnaire universel du droit
français*, par M. Paillet.

La troisième édition a paru
sous le titre suivant :

1516. Traité des Apanages avec
les lois sur la liste civile et la
dotation de la couronne... Par
M. Dupin...—*Paris,* 1835, in-18.*

C'est dans cette édition que se
trouve la Généalogie de la branche d'Orléans. — Voyez ci-après
Liv. IV, Sect. ii, § 1 : « *Traité
historique et généalogique de la
maison royale de Bourbon, branche
d'Orléans,...* » [Par le duc d'Orléans. (1842.)]

DROIT D'AINESSE.

1517. Dissertation sur les Prérogatives des Aînés en Normandie
et sur la manière dont les puînés
tenoient d'eux leurs fiefs pendant six degrés de consanguinité avant la réformation de la
coutume de cette province faite
en 1583... (Par le marquis de
Chambray.)

Voyez ci-après Liv. IV, Sect ii,
§ 6 : Normandie.

1518. Adresse des Cadets du Tiers
Etat de Provence et d'autres
Pays de Droit écrit au Roi. —
(*S. l.,*) 1789, in-8º.*

Pour l'abolition du Droit d'Aînesse.

1519. Du Droit d'aînesse, par M.
D***.—*Paris,* 1824, in-8º. Pièce.*

1520. Du Droit d'aînesse et de ses
conséquences, par MM. H. D.—
Paris, 1824, in-8º. Pièce.*

LIVRE IV

HISTOIRE HÉRALDIQUE, NOBILIAIRE ET GÉNÉALOGIQUE

SECTION I.

Généralités.

§ 1.

Journaux et Revues nobiliaires.

1521. Le parfait Miroir des Nobles, ou l'Origine de l'ancienne et nouvelle Noblesse, contenant leur nom patronymique, leurs armes, leur livrée, leur maintenue, et des anecdotes curieuses sur la plupart des Familles introduites à la Cour, ou qui ont usurpé la Noblesse, et les armes et la livrée de toute autre famille... (Par M. WAROQUIER DE COMBLES.) — *Paris*, 1791, in-8°. [Q.]

Il devait paraître un numéro par jour.

1522. Mémorial historique de la Noblesse, publié par M. A.-J. DUVERGIER... — *Paris*, 1839-1840, 2 vol. gr. in-8°.* Avec un grand nombre de blasons.

Cette Revue, faite en collaboration de MM. LÉON GOZLAN, PAUL LACROIX, LOTTIN DE LAVAL, LEROUX DE LINCY, ALPH. ROYER, GRANIER DE CASSAGNAC, AD. DE CIRCOURT, ACH. GALLET, THIBAUDIER, TH. MURET, E. DE STADLER, PAILLARD DE ST-AIGLAN, M. CLAIR-FOND, E. DE LA BEDOLLIÈRE, L. DE MALASTRIE, F. BOURQUELOT, Mme LOUISE COLLET, L. STOFFLET. le comte DE COURCHAMPS, S. DAVID, *renferme une foule de détails curieux et intéressants sur la Noblesse, les Armoiries et la Féodalité.* On y trouve la réfutation du pamphlet de Dulaure par Paul Lacroix; une liste inédite donnant les noms de toutes les personnes qui ont été admises à monter dans les carrosses du roi depuis 1715 jusqu'à 1789; enfin un grand nombre de généalogies concernant les principales Familles de France.

1523. Revue historique de la Noblesse, publiée par M. ANDRÉ BOREL D'HAUTERIVE (et M. DE MARTRES)... — *Paris*, 1841-1846, 4 vol. gr. in-8°.* Avec un grand nombre de blasons.

Continuation du n° précédent. — Le 1er et dernier vol. est tout entier de M. de Martres. — Les articles dans les vol. précédents signés : CARLE EGGER, MOREAU, O'S..., VALERY, sont de M. Borel d'Hauterive.

Il est à regretter que cette publication n'ait pas été continuée : le talent et le savoir des rédacteurs lui donnaient un intérêt que n'offrent pas toujours ces sortes de travaux.

1524. L'Oriflamme, Revue politique, historique, paléographique, archéologique et nobiliaire, publiée sous la direction du comte DE PIERREVAL. — *Paris*, 1847, in-f°.*

Nᵒˢ 1-2, année 1847, oct.-nov. C'est tout ce qui a paru.

1525. Le Souvenir. Journal de la Noblesse. (Dirigé par ROBERT-VICTOR.)—*Paris*, 6 vol. gr. in-8°.*

Première et sixième années, octobre 1849-1855. Les deux premières années portent pour soustitre : « *Revue des modes et des salons.* »

1526. L'Oriflamme, Moniteur de la Noblesse. (Par M. COHEN DE WINKENHOEF.) — *Paris*, (1854), in-8°.*

Différent du nᵒ 1524 ci-dessus. Le nᵒ de septembre est intitulé : *Les Evêques de Meaux, Notice héraldique, généalogique et numismatique*, par ALF. LONGPERIER-GRIMOARD.

1527. Le Moniteur de la Noblesse, Journal historique et héraldique de la France... Rédigé par une société de gens de lettres, d'historiens et de généalogistes, sous la direction de M. CUVILLIER-MOREL D'ACY, rédacteur en chef.—*Paris*, gr. in-8°.*

Première et deuxième années, 1855-1856. C'est tout ce qui a paru. —A commencé à paraître sous le titre : « *Le Nobiliaire...* »

1528. Gazette de la Noblesse et des Châteaux d'Europe. (Publiée sous la direction de M. ROISSE-LET DE SAUCLIÈRES.)—*Paris*, gr. in-8°.*

Nᵒˢ 1-3. Année 1855. C'est tout ce qui a paru.

1529. La Noblesse. Journal des illustrations de la France. (Par MM. DE CHEVREUSE, DE CONDÉ, DE VALLES et L'AGNEAU DE LA TREILLE.)—*Paris, imp. de Schiller*, in-4°. Avec blasons et autres figures héraldiques.

Nᵒˢ 1-4, 1ᵉʳ août 1858. C'est tout ce qui a paru.

§ 2.
Almanachs nobiliaires.

1530. Estat de la France, comme elle estoit gouuernée en l'an M.DC.XLVIII. Où sont contenues diuerses remarques et particularitez de l'Histoire de nostre temps. (Par JEAN PINSSON DE LA MARTINIÈRE, Procureur du Roy en la Jurisdiction de la Connétablie et Maréchaussée de France à Paris.) — (S. l.,) 1649, in-12.*—Reueu, corrigé et augmenté en cette derniere édition. —*Paris*, 1650, in-12.*

L'auteur est appelé tantôt *Pinsson de la Martinière*, et tantôt *Pinsson de la Martinière*. Quelquefois aussi le nom de *Pinsson* est écrit avec un seul *s*.

1531. Le Vray Estat de la France... (Par JEAN PINSSON DE LA MARTINIÈRE.)—*Paris*, 1650, in-12.*

1532. L'Estat de la France... (Par le sieur DE LA LANDE, gentilhomme ordinaire du roy.) — *Paris*, 1651, in-12.*

1533. Le Véritable Estat de la France. (Pour l'année 1651.) Comme elle est gouuernée à présent. Ensemble les rangs, préséances, dignitez que tiennent les Princes, Ducs et Pairs, et Officiers de la Couronne. Auec l'Extraict des Officiers commençaux du Roy, de la Reyne, et leurs principales fonctions. (Par le sieur DE LA LANDE.) — *Paris*, 1653, in-12.*

1534. Le Vray Estat du gouvernement de la France, ou se voyent les rangs et dignitez que tiennent les Princes, Ducs et Pairs, et Officiers de la Couronne. Ensemble l'Estat de la Maison du Roy et de la Reyne, sous le règne du très-puissant monarque Lovys XIV, dit Dieudonné, à présent régnant. Nouvelle édition en cette présente année 1651.—*Paris*, 1651, in-12.*

Cet ouvrage a reparu sous le titre suivant :

1535. Le Vray Estat de la France dans la maiorité du très-puissant monarque Lovys XIV, en cette présente année 1652. Ov se voyent les rangs et dignitez que tiennent les Princes, Ducs et Pairs, et Officiers de la Couronne. Ensemble l'Estat de la Maison royalle, auec plusieurs particularitez de l'Histoire du temps.—*Paris*, 1652, in-12.*

Voyez le n° précédent.

1536. Description de l'Estat présent de la France, assavoir celuy de la présente année 1652. Où il est traitté des principaux points du gouuernement de ce royaume, auec plusieurs recherches curieuses et très-vtiles pour l'intelligence de l'Histoire de France, et particulièrement de celle de nostre temps, par Antoine Marchais, professeur de matthématiques et des langues. Le tout reconnu par son autheur, corrigé, augmenté et mis dans un meilleur ordre que tout ce qui a jusques à présent paru sous le même et semblable tiltre....—*Blois*, (s. d.), in-12.* — Seconde édition. *Blois*, 1654, in-12.*

* Dans la préface de la seconde édition, l'auteur se plaint de ce que son ouvrage a été contrefait par du Verdier.

1537. Estat et Gouvernement de France comme il est depuis la majorité du roi Louis XIV à présent régnant. Où sont contenues diverses remarques et particularitez de l'Histoire de nostre temps, avec les noms, dignitez et Familles principales du royaume, et leurs alliances. Septième édition, reveue, corrigée et augmentée. (Par Jean-Pinsson de la Martinière.)—*Amsteldam*, 1653, in-12.*

1538. Le Vray Estat de la France, comme elle est gouuernée à présent. Où il est traitté des principaux points du gouuernement de ce royaume. Auec plusieurs recherches curieuses et très-utiles pour l'intelligence de l'Histoire. Novvelle édition, reueue, corrigée et augmentée, et mis dans sa perfection. Ensemble l'Estat de la Maison de Monseigneur le duc d'Anjou, par le sievr (Gilbert Saunier) dv Verdier, Historiographe de France.

—*Paris*, 1654, in-12.* Avec un armorial des principales familles de France.

La préface est la même que celle qui se trouve en tête de la première édition donnée par Ant. Marchais.

1539. Le Vray et novveau Estat de la France, comme elle est gouuernée en cette présente année 1656... Novvelle édition, reueue, corrigée et augmentée, et mis dans sa perfection.... Par le Sievr (Gilbert Saunier) dv Verdier...—*Paris*, 1656, in-12.* Avec un armorial des principales familles de France.

1540. Le Parfait Estat de la France, comme elle est gouuernée à présent...Dernière édition. Augmentée des Blasons (gravés et intercalés dans le texte), armes et fonctions des principaux Officiers de la Couronne.... (Par Gilbert Saunier, sieur du Verdier.)—*Paris*, 1656, in-12.* Avec un armorial des principales familles de France.

Le P. Lelong, et, après lui, Barbier donnent cette édition de l'*Etat de la France* comme étant de Nicolas Besongne, clerc de la chapelle du roi. Ce ne peut être qu'une erreur; car cet auteur dit lui-même, dans l'édition qu'il donna en 1698, qu'il y avait trente-sept ans lorsqu'il offrit, pour la première fois, l'*Etat de la France* au roi : ce qui correspond à 1661. Nous croyons, nous, que cette édition est encore de du Verdier : le texte en grande partie exactement le même que celui des deux éditions précédentes, la disposition de l'ouvrage et la préface, tout semble légitimer cette attribution.

1541. L'Estat de la France dans sa perfection et comme elle est à présent gouuernée. Ov a esté adiovsté plvsievrs recherches curieuses et nécessaires pour l'intelligence de l'histoire, jusques à présent. Auec les blasons (gravés), armes et fonctions des principaux Officiers de la Couronne, et de plusieurs grandes et illustres Maisons du royaume. Ensemble les Estats des Maisons du roy, de la reyne, de M. le duc d'Anjou et de M. le duc d'Orléans. Le tout reueu, corrigé et augmenté d'vn traitté des conseils dv roy et des personnes qui les composent. (Par JEAN PINSSON DE LA MARTINIÈRE.) — *Paris*, 1658, in-12.*

1542. L'Estat de la France, novvellement corrigé et mis en meilleur ordre. Ov l'on voit de svite tovs les officiers de la courone, avec leurs armoiries. Ensemble les noms des officiers de la maison du roy et le quartier de leur service; avec leurs gages et priviléges, et l'explication des fonctions de leurs charges. Comme aussi des officiers des Maisons royales, de la reyne et de Monsieur, etc. Auec plusieurs traittez particuliers. Le tout enrichi d'un grand nombre de figures, et dédié av Roy. Par N(ICOLAS) BESONGNE, clerc de chapelle et d'oratoire du Roy, et A. D. S. M.—*Paris*, 1661, in-12.* — *Paris*, 1663, 1665, 1669, 1672, 1674, 1676, 1677, 1678, 1680, 1682, 1683, 1684, 1686, 1687, 1689, 1692, 1694, 2 vol. in-12.*—*Paris*, 1697, 1698, 3 vol. in-12.*

Parmi les traités annoncés sur le titre, se trouve un armorial de la noblesse de France, avec la description des armoiries.

1543. L'Etat de la France, contenant tous les Princes, Ducs et Pairs, et Maréchaux de France; les Evêques, les Juridictions du roïaume; les Gouverneurs des provinces; les Chevaliers des trois Ordres du Roy, etc. Les noms des Officiers de la Maison du Roy, leurs gages et priviléges, et ceux de Monseigneur le Dauphin, de Monseigneur le Duc de Bourgogne, de Madame la Duchesse de Bourgogne, de Monsieur le Duc d'Anjou, de Monsieur le Duc de Berry, de Monsieur le Duc d'Orléans, de Madame, de Monsieur le Duc de Chartres et de Madame la Duchesse de Chartres. Suivant les Etats portés à la Cour des Aides. (Par LOUIS TRABOUILLET, chapelain du Roi.)—*Paris*, 1699, 1702, 1708, 1712, 1718, 3 vol. in-12.* Avec blasons gravés intercalés dans le corps du texte.

1544. L'Etat de la France, contenant les Princes, le Clergé, les Ducs et Pairs, les Maréchaux de France, et les Grands Officiers de la Couronne, et de la Maison du roy; les Chevaliers des Ordres... [Par le P. ANGE DE SAINTE-ROSALIE (FRANÇ. RAFFARD), augustin déchaussé].—*Paris*, 1712. 5 v. in-12.* Avec blasons gravés sur bois intercalés dans le texte.

La Bibliothèque impériale possède un autre exemplaire de cette édition, ayant appartenu à Clairambault, contenant trois lettres autographes : l'une de Daguesseau, l'autre du duc de Bouillon, et la troisième du duc de Chaulnes. Celle du duc de Bouillon est suivie d'un feuillet manuscrit de la main de Clairambault.

1545. L'Etat de la France... [Revu par le P. SIMPLICIEN (PIERRE LUCAS), augustin déchaussé.]—*Paris*, 1727, 5 vol. in-12.*—*Paris*, 1736, 6 vol. in-12.* Avec blasons gravés et intercalés dans le corps du texte.

1546. L'Etat de la France... (Revu par D. BAR, D. JALABERT et D. PRADIER, Religieux bénédictins.) *Paris*, 1749, 6 vol. in-12.*—Nouvelle édition. Avec des Mémoires historiques sur l'Ancien Gouvernement de cette monarchie jusqu'à Hugues Capet, par Monsieur le Comte DE BOULAINVILLIERS. On y a joint une nouvelle carte de la France divisée en ses généralités. *Londres*, 1752, 6 vol. in-12.* Avec blasons gravés et intercalés dans le corps du texte.

1547. Etat général de la France, enrichi de gravures, (blasons intercalés dans le corps du texte), contenant : 1° les qualités et prérogatives du Roi, la généalogie abrégée de la Maison Royale, le clergé de la Cour;...2° les troupes de la Maison du Roi,.... la Maison de la Reine, des Enfants de France, Princes et Princesses du sang, Princes légitimés et Princes étrangers; 3° le clergé de France,.... les chapitres nobles:... 4° les Duchés et Pairies de France, les Ordres de Saint-Michel, du Saint-Esprit, de Saint-Lazare, de la Toison-d'Or, de Malthe, de Saint-Georges et de

Saint-Hubert; 5° les Maréchaux de France et autres Officiers généraux;.... 6° les Conseils du Roi, les Secrétaires d'Etat, les Parlemens, les Cours supérieures,... le nom de toutes les personnes présentées depuis 1779, suivi d'une Table générale de tout l'Ouvrage. Dédié au Roi. Par Messire LOUIS - CHARLES, Comte de WAROQUIER, Chevalier, sieur de Méricourt, de la Mothe, de Combles... — *Paris*, 1789-1791, 2 vol in-8°.*

> Cette collection des *Etats de la France*, qui comprend dans notre travail les n° 1530-1547, est aussi intéressante qu'utile. Il est difficile d'ailleurs de la trouver complète. Selon le P. Ange, la première édition daterait de 1644, mais malgré nos recherches les plus scrupuleuses, nous n'avons pas pu nous procurer cette édition, ni la trouver mentionnée dans aucun catalogue. Ajoutons que l'on rencontre quelquefois dans le commerce des réimpressions de quelquesunes des éditions ci-dessus décrites.

1548. La France triomphante en 1658, contenant les Armes, Blasons, Fonctions...—*Paris*, 1658, in-12. [L. F.]

1549. L'Europe vivante, ou relation nouvelle, historique et politique de tous ses Estats, selon la face qu'ils ont depuis la fin de l'année M.DC.LXVI jusques au commencement de l'année M. DC. LXIX. Représentez en divers tableaux, qui en découvrent l'étendue, la qualité, le commerce, les forces... Suivis des portraits et des alliances des roys et des princes, où il est traitté de l'Estat de leurs Cours et de leurs Familles,... des personnes illustres en chaque profession. Dédiée aux princes et Estats protestants de l'Allemagne.(Par CHAPPUZEAU.)—*Genève*, 1669, in-4°.*

1550. L'Estat de la Covr des Roys de l'Evrope. Où l'on voit les noms, surnoms, qualitez, armes, alliances et postéritez des Roys et princes souverains, et autres Princes et Princesses de leurs Maisons, vivans dans l'Europe

en cette présente année : Un Estat des Ducs et Pairs, et autres Ducs en France ; Des Ducs, Marquis, et Comtes, Grands d'Espagne; Grands Officiers, Chevaliers des Ordres des Couronnes; des Vice-Roys et Gouverneurs des provinces, avec les Maisons titulaires de chaque Estat, leurs noms, qualitez, armes et alliances. Les Cardinaux, Patriarches, Archevêques, Evêques, Généraux d'Ordres, et principaux Abbez de l'Europe. Avec les Noms et Qualitez des Princes régnans en Asie et en Afrique. Par M. (P. S.) DE SAINTE-MARTHE...—*Paris*, 1670, 3 vol. in-12.*
—*Paris*, 1680, 4 vol. in-12.*

1551. L'Europe vivante, ou l'Estat des Roys, Princes souverains, Et autres personnes de marque dans l'Eglise, dans l'Epée et dans la Robe, vivans en Europe en ceste présente année M. DC. LXXXV. Avec les noms des Princes de l'Asie et de l'Afrique. Par P. DE SAINTE-MARTHE...—*Paris*, 1685, in-12.* Avec la description des armes.

> Abrégé du n° précédent, avec les changements qu'exigeaient les cinq années expirées depuis la dernière édition.

1552. Almanach généalogique, chronologique et historique, 1747, (1748, 1749), par M. l'abbé⁺⁻ˣ (JACQ. DESTRÉES).—*Paris*, 3 vol. in-24.*

1553. Tablettes et étrennes généalogiques, historiques et chronologiques... (Par LOUIS CHAZOT DE NANTIGNY.)—*Paris*, 1748-1753, 6 vol. in-12.*

1554. Calendrier historique pour l'année 1750, où l'on trouve la généalogie de tous les Princes de l'Europe. (Par LENGLET DU FRESNOY.) -- *Paris*, 1750, in-12. [Q.]

> Ce petit ouvrage valut à l'auteur les honneurs de la Bastille.

1555. Mémorial de chronologie généalogique et historique. Ouvrage contenant l'Etat actuel de la Famille et de toute la Maison royale de France,... des Pairs ecclésiastiques,... des Ducs,...

des Maréchaux de France.... (Par l'abbé JACQ. DESTRÉES.) — *Paris*, 1752-1765, 4 vol. in-12.*

1556. **L'Europe vivante et mourante; ou Tableau annuel des principales Cours de l'Europe, Suite du *Mémorial de chronologie généalogique et historique*. Année MDCCLIX (et MDCCLXX). (Par l'abbé JACQ. DESTRÉES.) — *Bruxelles*, 2 vol. in-32.***

1557. **Calendrier de la Cour de Bruxelles. (Années 1756, 1782, 1784, 1786 et 1789.) — *Bruxelles*, 5 vol. in-12. [B. Lux.]**

1558. **Calendrier des Princes et de la Noblesse, contenant l'état actuel des Maisons Souveraines, Princes et Seigneurs de l'Europe, et de la Noblesse de France, par ordre alphabétique ; extrait du « Dictionnaire généalogique... » Avec des additions, changements et augmentations par le même auteur (AUBERT) DE LA CHESNAYE-DES-BOIS). (Années 1762-1769.) — *Paris*, 8 vol. in-12.***

1559. **Etrennes à la Noblesse pour l'année MDCCLXX. (Par AUBERT DE LA CHESNAYE-DES-BOIS.) — *Paris*, in-18°.***

Cette continuation du n° précédent contient, entre autres choses, des anecdotes sur la noblesse, les différents sentiments sur l'origine de la troisième race des rois de France, et des notices sur les familles titrées et illustrées.

1560. **Etrennes de la Noblesse, ou Etat actuel des Familles nobles de France, et des Maisons et Princes Souverains de l'Europe pour les années 1772 et 1773. (-1774 et 1778.) — *Paris*, 6 vol. in-12.***

Il n'a paru qu'un seul volume pour les années 1772-1773.

1561. **Etrennes à la Noblesse, contenant l'Etat actuel des Maisons des Princes souverains de l'Europe, et des Familles nobles de France, d'après le « Dictionnaire de la Noblesse. » Pour servir de suite au « Calendrier des Princes et de la Noblesse, » interrompu en 1769, et aux « Etrennes à la Noblesse, » commencées en 1770. Par M. (AUBERT**

DE LA CHESNAYE-DES-BOIS. Pour l'année 1779, (et pour l'année 1780.) — *Paris*, 2 vol. in-12.*

1562. **Etat de la Noblesse, année 1781.... Pour servir de continuation aux 9 premiers volumes des « Etrennes à la Noblesse, » et de supplément à tous les ouvrages historiques, chronologiques, héraldiques et généalogiques, par M. (AUBERT) DE LA CHESNAYE-DES-BOIS. — *Paris*, 1781, in-12.***

1563. **Etat de la Noblesse, année 1782,... Pour servir de supplément à tous les ouvrages historiques, chronologiques, généalogiques, et de suite à la Collection des « Etrennes à la Noblesse... » (Par le comte LOUIS-CHARLES DE WAROQUIER de la Motte, de Combles.) — *Paris*, 1782, 5 vol. in-12.*** Dont deux de planches armoriales.

Les tomes III-V ont un titre particulier portant : « *Armorial des principales Maisons de France et Etrangères, et de plusieurs villes du royaume : avec un abrégé des différens degrés d'élévation de la plupart des anciennes Maisons, enrichi de près de quatre cens figures en taille douce pour l'intelligence des différentes armoiries.* »... Cet *Armorial*, qu'il ne faut pas confondre avec celui de Dubuisson, selon M. Quérard, a paru séparément. Nous croyons que c'est une erreur de ce savant. Il n'a jamais été publié qu'à la suite, et comme faisant partie de l'*Etat de la Noblesse*, année 1782,... ci-dessus décrit.

1564. **Etat de la Noblesse, année M. DCC. LXXXIII (et M. DCC. LXXXIV),... (Par DE SAINT-PONS). Pour servir de supplément à tous les ouvrages historiques, chronologiques, héraldiques et généalogiques, et de suite à la collection des « Etrennes à la Noblesse. » — *Paris*, 3 tomes en 2 vol. in-12.*** Avec blasons intercalés dans le corps du texte.

1565. **Étrennes à la Noblesse, imprimées en 1782; suivies d'un Almanach pour 1817, contenant: 1° un répertoire de plus de six mille familles illustres, dont les articles sont dans les 15 volu-**

mes de la collection des « Etrennes à la Noblesse, » et dont la plupart des originaux ont été miraculeusement conservés ; 2° une petite Nomenclature des termes héraldiques, dont la connaissance est indispensable ; 3° un Abrégé alphabétique de l'Armorial des principales familles françaises.—*Paris, Lamy*, 1817, in-12.

> On promettait deux volumes : le 1er seul a paru. Le 2e devait renfermer : la *Petite Nomenclature des termes héraldiques* et l'*Abrégé alphabétique de l'Armorial.*

1566. Almanach de la Noblesse du royaume de France. (Par JACQUES BRESSON). Faisant suite aux « Etrennes à la Noblesse » et à « l'Etat de la Noblesse, » qu'à publiées (Aubert) de la Chesnaye-des-Bois,... (1re et 2e années, 1846-1848.)—*Paris*, 2 vol. in-12.' Avec figures.

> L'Année 1847 n'a pas paru.

1567. Almanach de Gotha,... (Années 1763-1860.)—*Gotha*, 97 vol. in-18.*

> Cette collection, fort curieuse, et qu'il est difficile de trouver complète, contient à chaque volume des documents héraldiques et généalogiques sur toutes les maisons souveraines de l'Europe. —Se continue.

1568. Almanach historique et chronologique, contenant un Précis historique et chronologique des Rois, et de la Maison de France, et des Maisons et Souverainetés étrangères de l'Europe... pour servir de supplément à « l'Almanach Gotha. » Année 1787. — *Paris*, in-16.*

1569. Etrennes à la Postérité ou Calendrier historique et généalogique de toutes les Maisons Souveraines de l'Europe, depuis J.-C. jusqu'à la présente année (1771). Précédé d'une autre chronologie de toutes les Anciennes Monarchies avant Jésus-Christ.—*Paris*, in-12.*

1570. Etat des Cours de l'Europe, comprenant les Noms des Rois, Princes et Princesses, Ministres d'Etat, Grands Officiers des Couronnes ; le Tableau des Ordres de Chevalerie ; la Liste des Chapitres nobles de l'un et de l'autre sexe ; les Cours souveraines, ... par PONCELIN DE LA ROCHE-TILHAC. — *Paris*, 1783-1788, 8 vol. in-8°.'

1671. Almanach de la Cour,... (Années 1806-1860.) — *Paris*, 55 vol. in-32.* Avec figures.

> Recueil intéressant et bien fait. L'année 1848 parut sous le titre : *Almanach français.*—Se continue.

1572. Almanach de la Noblesse de l'Empire français, pour 1809, contenant les statuts, décrets et règlements relatifs à l'Etablissement des titres héréditaires... —*Paris*, in-18.*

1573. Etat de la Noblesse en France, de la Légion d'honneur, des François décorés d'Ordres étrangers, des majorats, des personnes qui ont reçu des titres, du style dont on se sert avec les membres des autorités,... pour l'an M. DCCC. IX.—*Paris*, in-18.'

1574. Notice servant de supplément aux Almanachs de France pour l'an 1815, contenant les naissances et alliances des Souverains de l'Europe ; la Maison de l'empereur ; la garde impériale ; les noms des ministres, et leurs jours d'audience ; le Conseil d'Etat ; la Légion d'honneur ; les nouveaux changements opérés dans le gouvernement et dans les différentes administrations ; les nouvelles nominations des maréchaux de France, lieutenans généraux, maréchaux de camp, des préfets des départements ; les décrets impériaux qui maintiennent ou annulent différentes institutions ; les changements survenus dans toutes les parties de l'administration civile, militaire, judiciaire et commerciale, etc., etc.—*Paris*, (s. d.,) in-8°. Pièce.*

> Opuscule fort rare aujourd'hui.

1575. Annuaire généalogique et historique. (Par VITON DE SAINT-ALLAIS.) — *Paris, Maza*, 4 vol. in-18.*

> 1re et 4e Années, 1819-1822.— C'est tout ce qui a paru.—Renferme des détails sur toutes les Maisons souveraines et sur plusieurs Maisons illustres de l'Europe.

1576. Annuaire historique, critique, généalogique et héraldique de l'ancienne Noblesse de France, contenant l'exposé des services que les Familles nobles ont rendu à l'Etat dans les divers grades ou fonctions qu'elles ont remplis,... le détail de leurs armoiries,... (Par VITON DE SAINT-ALLAIS.) Première (et deuxième année, 1835(-1836).—Paris, 2 vol. in-8°.*

1577. Annuaire de la Pairie et de la Noblesse de France et des Maisons souveraines de l'Europe, publié sous la direction de M. BOREL D'HAUTERIVE,... (1re-18e années, 1843-1860.)—Paris, E. Dentu, 18 vol. in-12.* Avec blasons.

> Chaque volume, indépendamment des notices sur les familles titrées, contient des aperçus sur la Noblesse et sur tout ce qui s'y rattache. — Se continue.

1578. Annuaire de la Noblesse de Belgique, par le baron ISIDORE DE STEIN D'ALTESTEIN, premier commis à la division de la noblesse au ministère des affaires étrangères. — Bruxelles, 1847-1860, 14 vol. in-12.*

> Se continue,

1579. Calendrier historique, héraldique et généalogique des Familles nobles de France, pour 1856. . Première année. (Par M. J. X. CARRÉ DE BUSSEROLLE.) —Tours, in-18.*

> C'est tout ce qui a paru.

1580. Annuaire historique et généalogique de la province de Languedoc, pour l'année 1861, par M. LOUIS DE LA ROQUE. — Montpellier, F. Seguin, in-8°.

> Sous presse. — Comprendra entre autres choses, la composition de la Cour des comptes, aides et finances de Montpellier depuis sa création jusqu'en 1789.

1581. Almanach de l'Ordre de Malte, pour l'année 1769, à l'usage de la Noblesse qui se destine à entrer dans cet Ordre.—Paris, 1769, in-8°.*

1582. Annuaire de l'Ordre Royal Hospitalier Militaire du Saint-Sépulcre de Jérusalem, pour 1818.—Paris, in-12. Pièce.*

1583. Annuaire de la Légion d'honneur, par LAVALLÉE et PERROTTE.—Paris, 1805, in-8°. [D. Co.]

1584. Annales nécrologiques de la Légion d'honneur... rédigées d'après des mémoires authentiques par Jos. LAVALLÉE,...—Paris, 1807, in-8.*

1585. Annales de la Légion d'honneur ; Recueil mensuel des Ordonnances de nominations, des Etats de services des membres de l'Ordre, des Documents officiels et de tous ceux qui intéressent les Légionnaires ; par GUYOT DE FÈRE et F. D'OLINCOURT.—Paris, 1840, in-8°.*

> 1re Année. Janvier-Juin. 6 livraisons. — C'est tout ce qui a paru.

1586. Almanach de la Légion d'honneur. 1847.—Paris, in-8°.

> C'est tout ce qui a paru.

1587. Annuaire de l'Ordre Impérial de la Légion d'honneur, publié par les soins et sous la direction de la Grande Chancellerie. (Année 1852.)—Paris, in-8°.*

> C'est tout ce qui a paru.

1588. Chambre des Pairs de France. —Constitution , Ordonnances, Règlements. Imprimés pour l'usage de la Chambre. — Paris, 1814, impr. de P. Didot l'aîné, in-18

> Volume extrêmement rare.

1589. Annuaire de la Chambre des Pairs pour la session 1848.—Paris, impr. de Crapelet, (22) février 1848, in-12.

> Tiré à très-petit nombre et non mis en vente.

§ 3.

Histoire des Maisons nobles de l'Europe.

1590. Premier livre des Estats et Maisons illustres de la Chrestienté. (Par JEAN DE MOUTIERS, sieur DU FRAISSE.)—Paris, 1549, in-4°. [B. B.]

1591. Le Blason de la Noblesse, ou les Preuves de la Noblesse de toutes les nations de l'Europe. (Par le R. P. François Menestrier),...—*Paris*, 1683, in-12.*

Ouvrage différent du nº 1034.

1592. Les Généalogies de soixante et sept tres-nobles et tres-illvstres Maisons, partie de France, partie estrangères, yssuës de Méroüée, fils de Théodoric 2, Roy d'Austrasie, Bourgongne, etc. Auec le blason et déclaration des Armoyries que chacune Maison porte. Par R. P. Estienne de Cypre, de la royale maison de Lvsignan. — *Paris*, 1586, in-4°.*

1593. Les Droicts, Avtoritez et Prérogatives qve prétendent av Royavme de Hiérusalem les Princes et Seigneurs spirituels cy-après nommez Le Pape, Patriarche, Empereur, Rois de France, Angleterre, Arragon, Naples, Hongrie, Cypre et Arménie, les Républiques de Venise et de Gênes, les ducs d'Anjou, Bourbon, Sauoye, Lorraine et Montferrat, les comtes de Briene et autres. Par Estienne de Lusignan de Cypre. — *Paris*, 1586, in-4°.*

1594. Le Théatre d'Honneur et de Chevalerie, ou l'Histoire des Ordres Militaires, des Roys et Princes de la Chrestienté et leur généalogie,... par André Favyn.... (1620).

Voyez ci-dessus nº 323.

1595. Tesseræ geniilitiae a Silvestro Petra-Sancta, romano, societatis Jesu. Ex legibus fecialium descriptae.—*Romæ*, 1628, in-f°. [J. P. L.] — *Romæ*, 1638, in-f°.* — Insigniorum centuriis, originibus et antiquitatibus auctae, e bibliotheca Aeg. Gelenii. —*Coloniæ-Agrippinæ*, 1651, in-f°. [Be.]

Bien que le cadre que nous nous sommes tracé ne nous permit pas d'admettre aucun ouvrage en langue étrangère qui ne se rattachât directement à la France, nous avons cru devoir, dans l'intérêt de nos lecteurs, faire exception en faveur de celui-ci. Son importance au point de vue héraldique, sa rareté, les renseignements qu'il recèle sur presque toutes les familles d'Europe, la singularité de l'auteur de blasonner en français les écus des familles françaises, et surtout, enfin, ce fait si intéressant pour la science des armoiries, que c'est dans cet ouvrage que l'on fit pour la première fois usage d'une manière uniforme du système des *Hachures* pour exprimer les émaux et les métaux dans les symboles héraldiques, nous ont paru des motifs suffisants pour légitimer son insertion dans notre Bibliographie.

1596. Le Monde ou la Description générale de ses quatre parties... et la généalogie des Empereurs, Roys et Princes souverains... par Pierre Davity. (1635).

Voyez ci-dessus le nº 326.

1597. Mémoires touchant les Souveraines Maisons d'Autriche, Bourgogne, France, etc., et principalement les illustres Familles du Pays-Bas, avec vn Estat particulier de la Maison du Duc Charles-le-Hardy ; par Olivier de la Marche.—*Lovain*, 1645, in-4°. [A.]

1598. Arbre généalogique, Armoiries et Portraits des Rois et Reines d'Espagne, Portugal, France et des Princes des Pays-Bas, disposé par Sohier en 1647. — (S. l. n. d.) Gr. in-f° vélin. [B. B.]

1599. Les Portraicts au naturel, avec les Armoiries et Blasons, Noms et Qualitez de Ms. les Plénipotentiaires pour faire la paix générale. — *Paris*, 1648, in-4°. [B. Bu.]

Voyez ci-après nº 1613.

1600. La Véritable Origine des... Maisons d'Alsace, de Lorraine, d'Austriche, de Bade, et de quantité d'autres. Avec les tables généalogiques des Comtes desdites Maisons, et des Branches qui en sont sorties depuis l'an de Jésus-Christ, six cens, iusques à présent. Le tout vérifié par tiltres, chartres, monuments et histoires authentiques. (Par Jérôme Vignier, prêtre de l'Oratoire.)—*Paris*, 1649, in-f°.*

La Bibliothèque impériale conserve encore deux autres exem

plaires de cet ouvrage, avec de nombreuses additions et corrections manuscrites de Clairambault pour l'un, et de Charles-René d'Hozier pour l'autre. Le premier contient en outre trois pièces manuscrites intéressantes, dont une originale sur parchemin, concernant la maison de Vaudemont, issue de celle de Lorraine.

La Bibliothèque de la ville de Rouen possède l'exemplaire d'Eudes de Mezerai, annoté de sa main.

Selon le P. Lelong, il y aurait bien des fautes de chronologie dans cet ouvrage.

1601. Table généalogique des très-illustres Maisons de France, d'Alsace, de Lorraine, tant ancienne que moderne, d'Augsbourg, de Hasbourg, Autriche, Brabant, Luxembourg, Champagne, Bar-le-Duc, Joinville,... avec leurs descendans, alliances et armes de leurs familles ; le tout recueilli et dressé sur fidèles histoires, chartes et autres pièces authentiques, par D. P. D. S. C. R. F. (Dom PIERRE DE SAINT-CHARLES, Religieux feuillant.)—*Paris*, 1649, in-f°. [L. F.]

1602. Table généalogiqve de tovs les Princes Sovverains de l'Evrope, qvi descendent par femmes de la très-avgvste Maison de France. Par les Sievrs de SAINCTE MARTHE,... — *Paris*, 1649, 1652, in-f° plano.*

1603. Les Blasons et Armoiries des Rois, Princes et Ducs souverains et autres grands seigneurs des plus illustres Maisons de l'Europe, avec les quartiers de leurs alliances, le tout enluminé par JACQ. GOMBOUST,... —*Paris*, 1650, in-f°. [T.]

1604. Petites Tables généalogiques touchant les droits et les intérests des Princes, par P. DU VAL,...—*Paris*, (s. d.,) in-8° ob.*

Ce livre, entièrement gravé, contient les descendances généalogiques des principales Maisons souveraines de l'Europe, avec leurs blasons.—Peu facile à trouver aujourd'hui.

1605. Armorial Vniversel contenant les Armes des principales Maisons, Estatz et Dignitez des plus considérables Royaumes de l'Europe. Blazonnées de leurs Métaux et Couleurs, Enrichies de leurs Ornemens exterieurs, par CHARLES SEGOING, avocat en parlement, historiographe du Roy. — *Paris*, 1654, in-f°. [T.] — Corrigée et mis en ordre... *Paris*, 1660, in-f°.*—Le Nouvel Armorial Universel... Reveu, corrigé et augmenté d'un discours pour trouver et expliquer le nom de chaque famille. (Par CLAUDE LE CELLIER.)—*Paris*, 1663, in-f°. [B. Bu.]

Recueil de planches d'Armoiries gravées par P. NOLIN. — Le nombre de ces planches varie avec les éditions.

1606. Le Palais de la Gloire, contenant les généalogies historiqves des illvstres Maisons de France et de plvsieurs nobles Familles de l'Europe, où est compris l'origine, le progrez et la fin de diuerses familles, auec leurs éloges. [Par le P. ANSELME de la VIERGE-MARIE (PIERRE GUIBOURS).]—*Paris*, 1664, in-4°.*

Paginé 284-576. C'est la 2e partie de l'ouvrage du même auteur qui devait paraître sous ce titre : « *Le Palais de l'Honneur et de la Gloire...* » Cette 2e partie seule a paru.

L'exemplaire de la Bibliothèque impériale est littéralement couvert de notes manuscrites qui, pour être d'une main inconnue, n'en sont pas moins fort précieuses.

1607. L'Estat du royaume d'Espagne contenant les noms, qualitez, armes et alliances de la Maison d'Espagne, des Grands de ce royaume, Officiers de la Couronne, Chevaliers de l'Ordre de la Toison d'Or, Gouverneurs des provinces et autres principaux Officiers de cette Couronne. Avec un Estat des archevesques et évesques.—L'Estat du royaume du Portugal... — L'Estat de la cour de Savoye... — L'Estat de l'Italie...—Les princes, souverains de l'Asie (et de l'Afrique). —(S. l., 1669.) In-8°. [B. S. G.]

1608. Histoire de Saintonge, Poitov, Avnix, et Angovmois,... avec des Observations particvlières sur... l'Origine des plus nobles et plus illustres Familles de l'Europe... Par ARMAND MAI-CHIN,... (1671.)

> Voyez ci-après même LIV., Sect. II, § 6 : SAINTONGE.

1609. Le Prudent Voyageur, contenant la description politique de tous les Estats du Monde, particulièrement de l'Europe, où sont décrites les Maisons royales et Familles illustres; par LOUIS DU MAY,... — Genève, 1681, 3 vol. in-12.*

1610. Jeu de Cartes de Blason contenant les Armes des Princes des principales parties de l'Europe ; par le P. MÉNESTRIER. (1692.)

> Voyez ci-dessus n° 89.

1611. Recueil de Tableaux héraldiques et généalogiques, par ANT. THUREL, J. CHEVILLARD et DUBUISSON. (1692.)

> Voyez ci-après même LIV., Sect. II, § 7.

1612. Introduction à l'Histoire des Maisons souveraines de l'Europe, par le P. BUFFIER.—Paris, 1717, 3 vol. in-12.*

1613. Les Hommes illustres qui ont vécu dans le XVIIe siècle, les principaux Potentats, Princes, Ambassadeurs et Plénipotentiaires qui ont assisté aux conférences de Munster et d'Osnabrug, avec leurs Armes et Devises dessinez et peints au naturel par le fameux ANSELME VAN HULLE, peintre de Frédéric-Henri de Nassau, prince d'Orange, et gravez par les plus habiles maitres (PAUL PONTIUS, PIERRE DE JODE, CONR. WAUMANS, MATH. BORRECKENS, CORN. GALLE, T. MATHAM et PIERRE DE MAILLIU).— Amsterdam, Pierre de Coup, 1717, in-f°.*

> Un frontispice gravé par PIERRE DE JODE d'après les dessins de ABR. DE DIEPENBEKE porte : *Pacificatoris orbis Christiani. — Rotterdami ex chalcographia Petri Van der Slaart.*

1614. Tables généalogiques et historiques des Patriarches, des Rois, des Empereurs et autres Princes qui ont commandé dans les principaux Estats de l'Univers depuis la création du monde

jusques à maintenant. Par CLAUDE DELISLE, géographe et historiographe.—*Paris*, 1718, petit in-f°.

> Cet ouvrage, entièrement grave, se compose de 61 tables généalogiques. L'ordre, les dates et la filiation des Maisons y sont assez bien observés, du moins quant aux temps modernes. Les travaux analogues qui ont paru de nos jours ne l'ont pas tellement dépassé qu'on ne puisse le consulter encore avec fruit.

1615. Atlas historique... où l'on remarque l'Établissement des États et Empires du monde,... la Chronologie des Consuls romains, des Papes, des Empereurs, des Rois... et la Généalogie des Maisons souveraines de l'Europe. Par Mr. C*** (HENRI-ABRAH. CHATELAIN). Avec des dissertations sur l'histoire de chaque État, par M. GUEUDEVILLE (et GARILLON). — *Amsterdam*, 1705-1708, 3 vol. in-f°.* — Seconde édition reveue, corrigée et augmentée. *Amsterdam*, 1713-1720, 7 vol. in-f°.* Avec un grand nombre de blasons.

> La dernière édition est très-rare aujourd'hui, surtout à l'état complet. Le tome septième et dernier a pour titre : « *Supplément à l'Atlas historique contenant diverses pièces de Chronologie, de Généalogie... omises dans les précédents volumes. Sçavoir : la ... Généalogie de la Maison impériale d'Autriche avec le blason de ses armes; celle des souverains issus de la Maison royale de France, et de l'Empire; celle des rois de France sous les trois races; celle des comtes de Dreux et de Bretagne; celle des premiers rois de Naples ; des rois d'Espagne, de Navarre, et de Portugal; de la Maison de Courtenay ; de la Famille de Brunswick-Lunebourg, et de la Maison de Wassenaar... la Généalogie de Jésus-Christ, une carte des conciles généraux et particuliers ; une autre... sur les ordres militaires; sur le blason... (et sur les pavillons des principales nations du monde). Par Mr C*** (HENRI-ABRAM. CHATELAIN). Avec des dissertations sur chaque sujet par Mr H. P. DE LIMIERS, docteur en droit.* » Selon la *France littéraire*, tome I, pag. 331, PIERRE MASSUET, médecin, aurait aussi travaillé à cette édition.

1616. Les Souverains du monde,

ouvrage qui fait connaître la Généalogie de leurs Maisons... leurs Revenus,...Armoiries avec l'Origine historique des pièces qui les composent... (Par F. L. Bresler). — *Paris*, 1718, 4 vol. in-12. [Be.] — *Paris*, 1719, 4 vol. in-12. [A.] — *Amsterdam*, 1721, 4 vol. in-12. [Q.] — *La Haye*, 1722, 4 vol. in-12. [D.] — *Paris*, 1733, 4 vol. in-12. [Be.] — *Paris*, 1734, 5 vol. in-12.* — *Paris*, 1735, 4 vol. in-12.* [Be.]

Traduit de l'allemand.

1617. Quartiers généalogiques des illustres et nobles Familles d'Espagne, d'Allemagne, d'Italie, de France, de Bourgogne, de Lorraine et des XVII Provinces. Avec leurs qualités et titres, les armes blasonnées, les timbres, couronnes et cimiers, etc. Par Laurent le Blond, généalogiste célèbre à Valenciennes. — *Bruxelles, S. T'Serstevens*, 1721, in-4°.*

Très-recherché aujourd'hui.

1618. Les Généalogies historiques des Rois, Empereurs, etc. Et de toutes les Maisons souveraines qui ont subsisté jusqu'à présent ; Exposées dans des Cartes généalogiques tirées des meilleurs auteurs ; Avec des explications historiques et chronologiques, dans lesquelles l'on trouvera l'établissement, les révolutions et la durée des différens Etats du Monde, l'Origine des Maisons Souveraines, leurs Progrès, Alliances, Droits, Titres et Prétentions, et Armoiries. Avec figures. (Par Louis Chasot de Nantigny.) — *Paris*, 1736-1738, 4 vol. in-4°.*

Tome Iᵉʳ. Contenant les Généalogies des Patriarches, Rois, Héros de l'antiquité et Empereurs depuis Jules-César jusqu'à Constantin le Grand, avec celles des plus illustres Romains.

Tome II. Contenant les Maisons Souveraines d'Italie, avec les Familles papales depuis cent cinquante ans.

Tome III. Généalogie historique de la Maison Royale de France,... et les Armes différentes de chaque Branche.

Tome IV. Les Généalogies historiques des Rois, Ducs, Comtes, etc., de Bourgogne,... et les Armoiries de chaque Famille.

Cet ouvrage, curieux et d'une grande exactitude, est en partie tiré des Tables de Jean Hubner. Il est fâcheux qu'il n'ait pas été continué.

1619. Le Grand Théâtre généalogique des Empereurs, des Rois et des Souverains et de la principale Noblesse de l'Europe, avec une partie de leurs alliances, où l'on voit l'origine et la source de la noblesse, accompagnée de remarques historiques, tant sur les alliances que sur les armes et les personnes illustres. Le tout rangé méthodiquement pour l'intelligence de l'histoire. — *Amsterdam*, gr. in-f°. [J. N.]

J. Neaulme dit que cet ouvrage est très-rare.

1620. Chronologie des Empereurs et des Impératrices d'Occident depuis Charlemagne jusques à présent (1740.) Par P. P. Dubuisson. — *Paris*, (s. d.,) gr. in-f° plano.* Avec noms, qualités, armes et blasons gravés.

1621. Tablettes historiques, généalogiques et chronologiques.... (Par Louis Chasot de Nantigny.) — *Paris*, 1749-1757, 8 vol. in-24.*

Iʳᵉ Partie. Qui contient la succession des Papes, Empereurs, Rois, tant de l'Histoire ancienne que moderne, et des Souverains d'Allemagne et d'Italie ; avec les Doges de Venise, les Grands Maîtres de l'Ordre Teutonique ; et les Ordres Militaires et de Chevalerie. — *Paris*, 1749.

Réimpression des « *Tablettes et Etrennes... pour 1748.* »

IIᵉ Partie. Qui comprend la succession des Rois et des Reines de France, des anciens Souverains des diférentes Provinces du Royaume et des Possesseurs des grands Fiefs de la Couronne. — *Paris*, 1748.

III⁰ Partie. Contenant la succession des Ducs, Princes et Grands d'Espagne François, avec l'état présent de leurs familles, les Grands Officiers de la Couronne, les Chevaliers et Officiers de l'Ordre du S. Esprit, les Papes et Cardinaux François, et les Prevôts de Paris. —*Paris*, 1748.

IV⁰ Partie. Contenant les terres du Royaume érigées en titre de Marquisat,... de Comté, de Vicomté et Baronie, avec deux Tables alphabétiques, l'une des noms de famille, l'autre des noms de terres.—*Paris*, 1754.

V⁰ Partie. Contenant la suite des terres érigées en titre de Marquisat,... tant de France que des Pays-Bas, avec deux Tables alfabétiques.—*Paris*, 1752.

VI⁰ Partie. Contenant la suite des terres érigées en titre de Marquisat... Avec un Dictionnaire héraldique.—*Paris*, 1753.

VII⁰ Partie. Contenant la suite des Terres érigées en titre de Marquisat...—*Paris*, 1756.

VIII⁰ Partie. Contenant la Suite des Terres érigées en titre de Marquisat...—*Paris*, 1757.

On trouve quelquefois dans le commerce des réimpressions des différentes parties ci-dessus décrites.

1622. Carte générale des Rois, Princes et Etats souverains de l'Europe tels qu'ils étoient au commencement du dix-huitième siècle, laquelle fait connoître la Religion dominante, les Villes Capitales et les Armes de chaque Etat, les Naissances des Princes et le lieu de leur résidence. Par P.-P. DUBUISSON. —(*Paris, s. d.*) Gr. in-f° plano.* Avec noms, qualités, armes et blasons gravés par ERTINGER.

1623. Dictionnaire généalogique, héraldique, chronologique et historique, contenant l'origine et l'état actuel des premières Maisons de France, des Maisons souveraines et principales de l'Europe... [Par AUBERT DE LA

CHESNAYE-DES-BOIS.... (1757-1765.)]

Voyez ci-après même LIV., Sect. II, § 7.

1624. Recherches sur les Fleurs de Lys et sur les Villes, les Maisons et les Familles qui portent des fleurs de lys dans leurs armes, rangées par ordre alphabétique. [Par JACQ. BERN. DUREY DE NOINVILLE. (1757.)]

Voyez le *Dictionnaire généalogique, héraldique,*... [Par LA CHESNAYE-DES-BOIS. (1757.)] 1re édition, tome III, ci-après même LIV., Sect. II, § 7.

Le manuscrit de cet ouvrage est cité dans le *Bulletin du bibliophile*, publié par Techener, 4e série, n° 1012. L'article est suivi de cette note : « *Manuscrit inédit.* » C'est sans nul doute une inadvertance des savants rédacteurs de cet important Recueil. De plus ils ne donnent pas le nom de l'auteur.

1625. Le Grand Dictionnaire historique,... qui contient en abrégé l'histoire fabuleuse,... les vies et les actions remarquables des patriarches, des empereurs, des rois,... l'histoire des religion,.... l'établissement et le progrès des Ordres religieux et militaires, et la vie de leurs fondateurs ;... les Généalogies des Familles illustres de France et des autres pays de l'Europe,... par Mre LOUIS MORÉRI ;.... nouvelle édition, dans laquelle on a refondu les suppléments de M. l'abbé GOUJET, le tout revu et augmenté par M. DROUET.— *Paris*, 1759, 10 vol in-f°.*

Cet ouvrage, dont nous ne citons que la vingtième et dernière édition, comme étant la plus complète et la meilleure en même temps, malgré les erreurs qu'on y trouve et les critiques plus ou moins fondées qu'on en a faites, est encore aujourd'hui l'un des plus curieux et des plus utiles que nous ayons en ce genre. La partie généalogique surtout, due au savant Chazot de Nantigny, est justement estimée.

1626. Généalogie ascendante jusqu'au quatrième degré inclusivement de tous les Rois et Princes de Maisons souveraines de l'Europe actuellement vivans, réduite en CXIV tableaux de XVI quartiers composés selon les principes du Blason. — *Berlin*, 1768, in-f°. [B. Bru.]

1627. Tables Historiques, Généalogiques et Géographiques contenans l'Histoire du Peuple de Dieu, de la France, de la Lorraine, de l'Autriche, de l'Egypte, des Assyriens, des Babyloniens et Caldéens. (Par l'abbé J. J. BOUVIER, dit LYONNOIS.)—*Nancy, Georges Henry*, 1771, in-f°. [B. Na.]

Se compose de 28 tables, dont 4 historiques et géographiques, et 24 généalogiques. Quelques-unes sont datées de 1765, d'autres portent la date de 1766; 9 portent celle de 1767. Ce qui ferait supposer que ces tables parurent d'abord séparément, puis qu'ensuite on les a réunies sous le titre général ci-dessus. De là, sans doute, l'erreur de M. Quérard, qui, trompé par de fausses indications, a pris p ur une unité complète une partie de cet ouvrage, et l'a fait figurer à l'article de l'abbé Lyonnois sous l'intitulé suivant : « *Tables généalogiques et historiques de Lorraine.* » Nancy, 176.. Il est incontestable que ce savant n'a pas eu sous les yeux cet ouvrage, puisque, du reste, il ne donne pas le millésime en entier.

1628. Armorial des principales Maisons de France et étrangères.... [Par LOUIS-CHARLES DE WAROQUIER DE COMBLES. (1782.)] Voyez ci-dessus n° 1563.

1629. Tables généalogiques des Maisons souveraines de l'Europe, par DE KOCH.—*Strasbourg*, 1782, gr. in-4°.*

1630. Tables généalogiques des Maisons souveraines du Nord et de l'Est de l'Europe, ouvrage posthume de M. KOCH,... publié par M. F. SCHŒLL.—*Paris*, 1815-1818, 2 vol. in-4°.*

Continuation du n° précédent.

1631. Tables généalogiques des Héros des romans, avec un catalogue des principaux ouvrages en ce genre. (Par LOUIS DUTENS.)—*Londres, Edwards*, (1790,) in-4°. Pièce.* — Seconde édition augmentée. *Londres*, 1796, in-4°. [Q.]

Ouvrage qu'on rencontre peu communément. — Imprimé d'un seul côté en tableaux généalogiques.

1632. Manuel chronologique et généalogique des Dynasties souveraines de l'Europe... — *Berlin*, 1797, in-8°.*

1633. Généalogie des Dynasties de l'Europe, ainsi que de la haute Noblesse.—(*S. l. n. d.*) In-8° [B. A. L.]

1634. Abrégé chronologique et généalogique des Maisons souveraines de la terre.— (*S. l. n. d.*) 10 ff. gr. aigle. [D. Co.]

1635. Atlas historique, chronologique... (et généalogique), par A. LESAGE (le comte MARIN-JOS.-EMM.-DIEUDONNÉ DE LAS-CASES.)—*Paris*, ans XI et XII (1803-1404,) gr. in-f°.*

Cet ouvrage a eu beaucoup d'éditions, mais sans changements notables dans le texte. Toute la différence est dans le nombre des cartes que l'on a successivement ajoutées à celles qui formaient la première édition.

Nous ne répéterons pas ici l'histoire, trop connue d'ailleurs, relative à l'attribution de ce livre; nous dirons seulement, pour notre compte personnel, qu'il appartient bien légitimement à Las-Cases. Quant à sa valeur intrinsèque, malgré les critiques amères dont il fut l'objet lors de son apparition de la part de plusieurs personnes, et particulièrement de Viton de Saint-Allais dans sa brochure, que nous reproduisons ci-après, nous dirons que la partie généalogique, la seule qui doive nous occuper ici, est et restera un modèle du genre.

1636. Le Correcteur de l'Atlas généalogique de M. Lesage. Brochure indispensable à ceux qui ont acheté cet ouvrage, par M. V*** (VITON DE SAINT-ALLAIS.)—*Paris*, 1813, in-8°.*

Cet opuscule, tiré à 500 exemplaires, avait déjà paru en 1812 dans l'*Histoire généalogique des Maisons souveraines de l'Europe*, du même auteur, dont il formait le discours préliminaire.

1637. Etat actuel des Maisons souveraines, Princes et Princesses de l'Europe, avec une notice sur les Ordres de Chevalerie, par

M. Viton (de Saint-Allais). — *Paris, an XIV (1803), in-8°.*

1638. Tableaux chronologiques, généalogiques, historiques et statistiques des Maisons souveraines de l'Europe. Par M. Viton de Saint-Allais. — Paris, 1809, in-f°. [Q.]

1639. Etat généalogique, chronologique, historique et héraldique des Maisons souveraines de l'Europe; par Viton (de Saint-Allais). — Paris, 1809, gr. in-f°.* [Be.]

1640. Maisons souveraines de l'Europe, ouvrage contenant : la Généalogie très-exacte et très-détaillée des Princes régnant aujourd'hui en Europe; le Précis des principaux événements politiques,... Les Armoiries de chaque Famille souveraine,.... par Viton (de Saint-Allais). — Paris, 1810, in-f°. [Be.]

1641. Tablettes chronologiques, généalogiques et historiques des Maisons souveraines de l'Europe. Par M. Viton de Saint-Allais.—Paris, 1812, in-18. [B. R.]

1642. Histoire généalogique des Maisons souveraines de l'Europe, depuis leur origine jusqu'à présent. Cet ouvrage est le complément de tout ce qui a paru sur les généalogies des diverses Maisons souveraines de l'Europe; il rectifie toutes les erreurs qui se rencontrent dans les auteurs qui ont précédemment écrit sur cette matière, tels que Dutillet, de Sainte-Marthe, Vignier, André Duchesne, le P. Anselme, Clérembault, d'Epernon, Labbe, le La Boureur, Calmet, Hergott, la Chesnaye-des-Bois, l'abbé d'Estrées, l'Art de vérifier les dates; Lesage, etc., etc., etc., et fait connaître tous les personnages de chaque famille souveraine, avec les principaux traits de leur vie, depuis l'origine de ces familles jusqu'à cette année 1812, avec des tables généalogiques et des armoiries gravées en taille-douce. Par M. V*** (Viton de Saint-Allais). Tom. I

et II.—Paris, 1812, 2 vol. in-8°.* Avec atlas.

C'est tout ce qui a paru de cet ouvrage, qui devait se composer de six volumes. Les deux ci-dessus contiennent les généalogies : 1° Maison ducale d'Alsace, branches de Sundgaw, Nordgaw, Egisheim, Habsbourg (comtale), Habsbourg-Lauffembourg, Habsbourg-Kibourg, Habsbourg-Autriche impériale, Styrie (première), Tyrol (première), Styrie (seconde), Tyrol (seconde), Espagne. 2° Maison de Lorraine, branches ducale de Lorraine, impériale de Lorraine-Autriche, de Vaudemont (première), Flandres, Flaranges, Toul, Vandemont (seconde), Chatelet, Mercœur, Chaligny-Mouy, Commercy, Brisgaw, Vurzbourg. 3° Maison ducale de Lorraine-Guise, branches de Guise, Aumale, Elbeuf, Mayenne, Joyeuse, Armagnac, Brionne, Marsan-Pons, Harcourt, Lillebonne, Lambesc.

1643. Histoire généalogique et héraldique des Pairs de France,... et des Maisons princières de l'Europe... Par le chevalier de Courcelles. (1822-1833.)
Voyez ci-après même Liv., Sect. II, § 3 : Grands Officiers de la couronne.

1644. Histoire généalogique de la Maison royale des Pays-Bas, suivie des tableaux des alliances de toutes les Maisons souveraines de l'Europe. [Par de Franquen. (1827.)]
Voyez ci-après même Liv., Sect. II, § 6 : Pays-Bas et Belgique.

1645. Notices historiques et généalogiques sur les Maisons souveraines, par M. (Jean-Baptiste-Pierre-Jullien) de Courcelles.—Paris, 1828, gr. in-4°. [D. Co.]

1646. Manuel de généalogie historique, ou Familles remarquables des peuples anciens et modernes, avec des Notices historiques, par J. B. Fellens.—Paris, 1836, in-18.*

1647. Illustrations de la Noblesse européenne; par M. l'abbé d'Ormancey, vicomte de Fréjacques. Ouvrage orné de 21 blasons magnifiquement coloriés d'après les émaux. — Paris, (1841-1848), in-4°.*
Il n'a paru qu'un seul volume.

1648. Archives nobiliaires universelles. Bulletin du Collège archéologique et héraldique de France, publié sous la dirction de M. (C. DRIGON) DE MAGNY.—*Paris*, 1843, in-8°.* Avec 6 planches d'armoiries, croix d'ordres et costumes.

Ces archives contiennent entre autres choses : Armorial des cinq salles des croisades ; Armorial de Bretagne; Constitution actuelle de la Noblesse chez tous les peuples; Recueil historique des Ordres de Chevalerie; Costumes de la Noblesse de Toscane; Costumes des Ordres de Malte, de Saint-Étienne et autres, etc., etc.

1649. Coup d'œil sur l'Origine des principaux Etats de l'Europe ; par M. DEFLINNE MABILLE-GRAVIS.—*Calais*, 1844, in-12. Pièce.*

1650. Armorial Universel, précédé d'un Traité complet de la Science du Blason, et suivi d'un supplément ; par M. JOUFFROY D'ESCHAVANNES.... — *Paris*, 1844, 2 vol. gr. in-8°.* Avec un grand nombre de figures et de planches d'armoiries, la plupart tirées sur couleurs.

1651. Généalogie des Maisons souveraines de l'Europe, depuis le 1er Janvier 1846 jusqu'à Guillaume Ier le conquérant, duc de Normandie, roi d'Angleterre, auteur commun, né à Falaise (Calvados) en 1027, et depuis Guillaume et Mathilde jusqu'à l'empereur Charlemagne. (Par BELLENCONTRE.)—*Paris*, 1846, in-f° de 5 ff. avec une table.*

1652. Tableaux généalogiques des Familles et des Races les plus importantes de l'histoire ancienne et moderne, disposés méthodiquement pour faciliter les études historiques et aider la mémoire; par M. POTIER. Première série : histoire ancienne. — Premier cahier : histoire sainte. — *Paris*, 1846, in-4° obl.*

1653. Biographie des Célébrités contemporaines de toutes les nations, ou Archives héraldiques, généalogiques, historiques et biographiques des Familles remarquables... Par M. DE BI-

RAGUE.) — *Paris*, 1846, gr. in-8°. Tome Ier [A. A.] Avec blasons.

C'est tout ce qui a paru, et le public n'a pas lieu de s'en plaindre.

1654. Armoiries de la Noblesse française et étrangère. (1848.)

Voyez ci-après même LIV., Sect. II, § 7.

1655. Archives générales de la Noblesse. Annales héraldiques, généalogiques, historiques et biographiques des Maisons régnantes, souveraines et princières, et des Familles et personnages remarquables de toutes les nations; par une société de généalogistes, d'historiens et de savants français et étrangers, sous la direction de E. SAINT-MAURICE CABANY, rédacteur en chef. *Paris*, 1850, in-4°. Pièce.*

Prospectus - spécimen. — Contient la généalogie de la maison de MONSPEY, accompagnée d'un grand nombre de blasons gravés. —C'est tout ce qui paru de cette publication, qui devait se composer de 40 *forts vol. gr. in-4°*!

1656. Histoire générale des Maisons souveraines, princières, ducales, et des autres Maisons nobles ; des hommes d'Etat, de guerre, de science et d'art, et des fondateurs et bienfaiteurs de toutes les institutions utiles. Histoire divisée par séries de généalogies et biographies appuyées de preuves et d'autorités. Par des historiens, des savants et d'autres hommes de lettres (sous la direction de M. DE BIRAGUE). — *Paris*, 1851-1854, 2 vol. in-f°. [D. M.]

Fatras sans nom, du reste comme tout ce qui est sorti de la plume par trop féconde de cet auteur.

1657. Le Livre d'Or de la Noblesse Européenne , publié par M. le comte de GIVODAN... (1852.)

C'est le 5e registre du *Livre d'Or.* Voyez ci-après même LIV., Sect. II, § 7.—Précédé d'un Discours sur les classes privilégiées dans l'antiquité.

1658. Charles-le-Bon , causes de sa mort, ses vrais meurtriers; Thierry d'Alsace des comtes de Metz , seigneur de Bitche et comte de Flandre, par le comte F. VAN DER SRATEN-PONTBOZ.— *Metz*, 1853, in-8°.*

> Avec : « *Tableau synoptique et généalogique indiquant les origines des maisons de Flandre et d'Alsace; des comtes de Metz et des ducs de Lorraine; et des comtes d'Egisheim, de Hapsbourg, de Dagsbourg et de Moha; des ducs de Normandie, rois d'Angleterre; de la maison de Guines et de Boulogne, et des ducs de Bouillon: pour montrer les relations qu'auraient entre eux ces différents princes et les prétendants aux successions de Baudoin VII et de Charles-le-Bon.* »

1659. Institut héraldique. Le Nobiliaire universel, ou recueil général des généalogies historiques et véridiques des Maisons nobles de l'Europe ; publié par M. (ACHILLE-LUDOVIC DRIGON) le vicomte DE MAGNY... — *Paris*, 1854-1860, 6 vol. in-4°.* Avec un grand nombre de blasons, dont quelques-uns tirés en couleurs.

> Cette indigeste compilation n'a pas , selon nous, tout le degré d'authenticité que demandent de tels travaux. On y trouve un grand nombre de noms qui remontent d'autant plus haut dans le temps, qu'ils sont moins connus. En un mot, ce nobiliaire aurait besoin d'être revu, beaucoup corrigé et considérablement diminué.

1660. Mémorial universel, généalogique, biographique et héraldique des Souverains, des Chefs et Membres des Maisons princières et autres Maisons nobles... (Par M. DE BIRAGUE.)— *Paris*, 1856, in-4°. [D. M.]

1661. La Science du Blason accompagnée d'un Armorial général des Familles nobles de l'Europe, publiée par M. le vicomte DE MAGNY. (1858.)

> Voyez ci-dessus n° 134.

§ 4.

Histoire héraldique des Corporations.

1662. L'Excellence du mot Clerc. Noblesse et Antiqvité des Clercs. Levr première institution, leurs faits heroiques, les priuileges à eux concédez par les Roys, confirmez par infinis Arrests, leurs Status et Ordonnances Royaux. Le tout prouué par l'escriture, et par les plus célèbres autheurs. Où se remarque aussi l'Origine des Aduocats et Procureurs. Dédié à Monseigneur le premier Président (Nicolas le Jay). Par le Sieur (R.) GASTIER. *Paris, Nicolas Bessin*, 1631, in-8°.*

> Petit traité curieux et très-rare.

1663. Recueil de Chartes et Priviléges des 32 corps de métiers de la ville de Liège, chaque pièce précédée d'une planche du blason d'un métier. —(*Liège*, 1730.) In-f°. [D. M.]

> Sans titre.

1664. Recherches historiques sur les costumes civils et militaires des Gildes et des corporations de métiers, leurs drapeaux, leurs blasons,.... par FÉLIX DE VIGNE ;.... avec une introduction historique par J. STECHER.... Dédié à la ville de Gand —*Gand*, (1847,) gr. in-8°.* Avec 35 planches tirées en couleurs.

> Ouvrage plein de recherches curieuses et intéressantes.

1665. Histoire des Anciennes Corporations d'arts et métiers.... Par CH. OUIN-LACROIX..... —*Rouen*, 1850, in-8°.* Avec les armoiries des corporations.

1666. Le Livre d'Or des Métiers. Histoire de l'Orfévrerie-Joaillerie et des anciennes communautés et confréries d'Orfévres-Joailliers de la France et de la Belgique, par M. PAUL LACROIX (Bibliophile JACOB), et M. FERDINAND SÉRÉ.—*Paris*, 1850, gr. in-8°.* Avec les jetons, sceaux, bannières et blasons de ces corporations.

1667. Le Livre d'Or des Métiers. Histoire des Cordonniers et des Artisans dont la profession se rattache à la cordonnerie, comprenant l'Histoire des anciennes corporations et confréries de cordonniers, de bottiers, de savetiers, de formiers, de marchands de crépin, de peaussiers, de tanneurs et de corroyeurs de la France... Par MM. PAUL LA-CROIX,.... ALPHONSE DUCHESNE et FERDINAND SÉRÉ.—*Paris*, 1852, gr. in-8°.* Avec les jetons, sceaux, bannières et blasons de ces diverses corporations.

> Le même ouvrage a paru sous le titre : « *Histoire de la chaussure depuis l'antiquité jusqu'à nos jours...* »

1668. Le Livre d'Or des Métiers. Histoire de l'Imprimerie et des arts et professions qui se rattachent à la typographie,... comprenant l'Histoire des anciennes corporations et confréries d'écrivains, d'enlumineurs, de parcheminiers, d'imprimeurs, de cartiers, de graveurs sur bois et sur métal, de fondeurs de caractères, de papetiers et de relieurs de la France,... par PAUL LA-CROIX,... EDOUARD FOURNIER et FERDINAND SÉRÉ. — *Paris*, 1852, gr. in-8°.* Avec les jetons, sceaux, bannières et blasons de ces diverses corporations.

1669. Les Armoiries des Anciennes Institutions religieuses, féodales, civiles des Flamands de France ;... par M. J.-J. CARLIER. Extrait des annales du comité flamand de France, volume 1854-55.—*Dunkerque, typog. de Vanderest*, 1855, in-8°. Avec neuf planches d'armoiries.

1670. Histoire des Communautés des arts et métiers de l'Auvergne, accompagnée des bannières que portaient ces communautés avant 1789 ; par J.-B. BOUIL-LET...—*Clermont-Ferrand*, 1851, in-8°.* Avec 35 planches tirées en couleurs, comprenant les armes des différentes corporations de cette province.

> Pour les armes de quelques corporations, voyez le tome IV, p. 51, et le tome V, p. 591-593 de l'«*Histoire de la ville de Paris* », par FÉLIBIEN.— Voyez encore ci-après même LIV., Sect. II, § 6 : 1° *Armorial de l'ancien duché du Nivernais*, par le comte GEORGES DE SOULTRAIT (1817). 2° *Du Blason et des Armoiries dans le Tonnerois*. [Par L. LE MAISTRE. (1817.)]

SECTION II.

§ 1.

Histoire des maisons Royale et Impériale de France.

—

Maison royale de France.

1671. La Descente et ligne des Rois françois. — *Paris*, (*s. d.*,) in-f° goth. [L. F.]

1672. Lignée des Rois de France ou chronique des rois de France, depuis Adam jusqu'à Louis XI, 1483. — (*S. l. n. d.*) In-4° goth. que [L. F.]

1673. Cest la Genealogie des tres chretiens roys de France qui y ont regne depuis que les Francoys vindrent habiter sur la ri-

viere de Seine, jusquau roy Francoys premier de ce nom... Et en icelle genealogie sont mises les maisons descendues diceulx tant par ligne masculine que feminine. — *Imprime a Paris le xxe jour de mars, mil v. c. xx. avant pasques, par maistre Pierre Vidoue, pour Galliot du Pre*, in-f° goth. [Bru.]

> Sept ff. imprimés d'un seul côté. —Avec quelques figures gravées sur bois.—Il existe de cet ouvrage plusieurs exemplaires imprimés sur vélin.

1674. Les Anciennes et modernes Généalogies des Roys de France et mesmement du Roy Pharamond, avec leurs épitaphes et effigies. (Par JEAN BOUCHET),... —*Poitiers*, 1527, in-4°.*

Poitiers, 1531, in-4°.* — Poitiers, 1535, in-8°. [L. F.] — Paris, 1536, in-16.*— Poitiers, 1537, in-8°.*— Paris, 1541, in-8°.*

Cet ouvrage, qui ne contient que des puérilités, est depuis longues années tombé dans un juste et complet oubli. — Voyez le n° suivant.

1675. Les Généalogies, effigies et épitaphes des Roys de France, recentement reuues et corrigées par l'autheur mesme (JEAN BOU-CHET); auecque plusieurs aultres opuscules.... — Poitiers, 1545, in-f°.*

Même ouvrage que le n° précédent.

1676. Cronicque abregee Par petis vers huytains des Empereurs, Roys et Ducz Daustrasie: Auecques le Quinternier et singularitez du Parc d'honneur. (Par NICOLE VOLKYR de Serouville.) —Ilz se vendent en la rue sainct Jacques chez Didier maheu a lenseigne sainct Nicolas.,(A la fin :) Cy fine la cronicque... nouuellemêt imprimée a Paris, par Nicolas couteau demourât en la rue sainct Victor. (1530.) In-4° goth.*

Cette production, aussi rare que singulière, contient, outre une suite généalogique des rois de la première race, plusieurs traités fort curieux sur différents sujets.

1677. La Flevr des Antiquitez, Singularitez, et excellences de la plus que noble et triumphante ville et cite de Paris capitale du Royaulme de France. Auec ce la genealogie du Roy Francoys premier de ce nom. — On les vêd au pmier pillier de la grãt salle du palais p̃. Denys Ianot. (1532). Petit in-8°, de 8 ff. non chiff. et de 63. ff. chiff.* Caract. ronds.

Au feuillet LV, r° : « Les Genealogies du noble Francus fils du preux Hector de Troye iusques à Francoys premier de ce nom Roy de Frãce extraictes et recueillies par GILLES CORROZET. »
Petit ouvrage curieux et des plus rares.

1678. La fleur des antiquitez, singularitez et excellences de la noble ville et citée de Paris. On y a ajousté oultre la première impression plusieurs singulari-

tez estans en la dicte ville, avec la généalogie du roy Francoy premier.—Impr. (à Paris) le septiesme iour de mars mil cinq cens trente trois, par Guillaume de Bossozel. Petit in-8° de 47 ff. [Bru.] Caract. ronds.

1679. Le Miroir royal blasonnant les Armoiries de France et le Nom du Roy : ensemble vne espitre à Madame Catherine de Medicis, par JEAN DE CAMBERI.— Paris, Vinc. Sertenas, 1549, in-8°. [L. C. M.]

Ouvrage rarissime.

1680. Généalogies figurées de la Maison royale de France et d'autres Maisons illustres, pièces gravées des trois derniers siècles; notamment les Tableaux héraldiques et généalogiques des Rois, Empereurs, et Princes issus du sang de Clovis, composés par JEAN HÉROLD. (Légendes en latin.)—Basilez, Joh. Oporinus, 1556, in-f° max°. [B. R.]

« Cet ouvrage, dit le savant Leber, est rare et fort peu connu en France; il comprend sept grandes pièces, de 3 pieds sur 2, où sont encadrées une multitude d'images historiques, et principalement les portraits imaginaires ou vrais, et les armoiries des personnages nommés dans les généalogies. Ces figures, parfaitement gravées sur bois, appartiennent à l'école allemande : quoique les dimensions en soient assez larges pour avoir permis au dessinateur de marquer tous les détails du costume et du blason, on en compte jusqu'à 200 dans un même cadre, et quelques bordures d'un dessin original mériteraient d'être reproduites dans les illustrations modernes. Le 1er tableau représente le royaume, le camp et le baptême de Clovis. »

1681. Alliances généalogiques des Rois et Princes de Gaule, par CLAUDE PARADIN. — Lyon, 1561, in-f°.*—2e édition reueue et augmentée en plusieurs endroits, et en laquelle ont été adjoustés les blasons ou escartelages des armoiries. (Genève) 1606, in-f°.* —3e édition. Genève, 1636, in-f°. [L. F.]

Ouvrage insignifiant et commun.

1682. De Origine et Atavis Hvgo-

nis Capeti, illorvmqve cum Carolo Magno Clodoueo atque
antiquis Francorúm Regibus
Agnatione et Gente. MATTHÆI
ZAMPINI, Recanatensis. I. C.—
Parisiis, apud Th. Brumennium,
1581, in-8°.*

> Ouvrage peu commun.—A la
> fin : « *Stemmata a Sancto Arnlpho
> ad Carolrm Magnrm et Hugonem
> Capetum.* »

1683. Extraict de la Généalogie de
Hvgves, Svrnommé Capet, Roy
de France, et des derniers suc-
cesseurs de la race de Charles-
magne en France. (Par PONTVS
DE THYARD, seigneur DE BISSY).
—(*Paris,* 1583.) In-8°. Pièce.*—
Paris, 1594, in-8°. Pièce.*

> Ce livre, d'abord écrit en latin,
> parut vers 1583, environ à l'épo-
> que où la Maison de Lorraine
> voulait se substituer à la Maison
> de Hugues Capet sur le trône de
> France. On imprimait et l'on ré-
> pandait alors dans le public quan-
> tité de libelles sur ce sujet, qui
> tous portent l'empreinte de la
> passion du temps et de la haine
> des partis. « Le Roi (Henri III),
> dit de Thou, au tom. IX, p. 71,
> liv. 78° de son histoire, s'étoit mis
> en tête de réfuter ces écrits non
> par des actions, comme il conve-
> noit, mais par des réponses en
> forme. Il y avoit quatre ans qu'il
> avoit chargé de ce soin Pons-de-
> Thiard de Bissy, qu'il nomma de-
> puis évêque de Châlon-sur-Saône.
> Ce prélat, versé dans tous les
> genres de littérature, excellent
> philosophe et grand mathémati-
> cien, comme ses œuvres le font
> voir, eut ordre d'établir la véri-
> table origine de Hugue-Capet, et
> de réfuter les chimères des Lor-
> rains, qui font descendre leur fa-
> mille du duc Charle, le dernier
> des Carlovingiens. Il composa un
> livre dans ce dessein, mais sans y
> mettre son nom, comme s'il eut
> appréhendé de se brouiller avec
> cette famille. »

1684. La Généalogie et descente
des roys de France depvis Pharamond Ier Roy des Fráçois, ivs-
ques à Henry III tres-chrestien
à présent régnant ; avec levrs
effigies, au plus pres du naturel
qu'il nous a esté possible représenter. A laqvelle avons adiovsté
les Lignées et Maisons illvstres,
yssues de la Couronne de France,
comme Nauarre, Orléans, Bour-

gongne, Anjou, Alançon, Bourbon, Montpensièr, Vendosme,
Lorraine, Milan, et autres iusques à cé temps. Avec vn sommaire de l'Origine et demevre
des François. Le tout reçeu et
corrigé de nouueau. (Par PIERRE
MATHIEU.)—*Paris, Iean Le Clerc,*
1583, in-f°.

> Ouvrage très-rare et très-cu-
> rieux : c'est là son seul mérite. Il
> se compose de 13 ff. doubles avec
> portraits, blasons et médaillons,
> le tout gravé sur bois.—Voyez le
> n° suivant.

1685. La Généalogie et descente
des roys de France depvis Pha-
mond Ier Roy des Fraçois, ivsqves à Henry IIII tres-chres-
tien à présent régnant... (Par
PIERRE MATHIEU.)—*Paris, par la
refue Denis de Mathonière, rue de
Mont-orgueil, à la Corne de Dain,*
(1595), in-f°.*

> C'est le même que le précédent,
> mais continué jusqu'à Henri IV.
> —Édition très-rare aussi.

1686. Discovrs et Paradoxe de
l'Origine de Hvgves Capet extraict du differant d'entre
Lovys II Roy de France, et de
Marguerite de Bourgongne. Par
P. DE S. IVLIEN.—*Paris, Guillaume le Noir,* 1585, in-8°.*

> Édition originale de cette rare
> et curieuse dissertation.—Réim-
> primée dans les « *Mélanges* » de
> l'auteur. Elle a paru aussi sous le
> titre suivant :

1687. Paradoxe et neantmoins discovrs véritable de l'Origine et
extraction de Hvgves Capet...
Par P. DE S. IVLIEN.—*Paris,* 1586,
in-8°.*

> Dans cette édition, comme dans
> la précédente, on trouve à la fin :
> « *Table demonstrative qve Hvgves
> Capet Roy de France estoit de père
> à fils extraict de Charlemaigne Roy
> des François et Empereur des Ro-
> mains.* »

1688. De la Noblesse, ancienneté,
remarque et mérite d'honneur
de la troisiesme Maison de
France. (Par NICOLAS VIGNIER)...
—*Paris,* 1587, in-8°.*

> L'auteur a pour but dans cet
> ouvrage, écrit contre le précédent,
> de prouver que Hugues Capet par-
> vint au trône sans usurpation et
> du sentiment unanime de tous les

grands vassaux. Cette opinion, émise en 1587, est singulière en ce qu'elle s'accorde avec l'*Histoire de Richer*, dont le manuscrit ne fut retrouvé qu'en 1833.

1689. Mémoires et Recveil de l'origine, alliances, et succession de la Royale famille de Bourbon, Branche de la maison de France. Ensemble de l'histoire, gestes et seruices plus mémorables, faictz par les Princes d'icelle, aux Rois et couroñe de France. — *La Rochelle*, 1587, in-8°.*

Ce livre a été fait en faveur de la Maison de Bourbon contre celle de Guise. Il est attribué par les uns à PIERRE DE BELLOY, avocat général au Parlement de Toulouse; et par les autres à PELLISSON, maître des Requêtes de Navarre.

1690. Apologie et plus que juste Défense d'honneur et de réputation de PIERRE DE SAINT-JULIEN, assaillie par un anonyme indiscret, et plus lettré que sage. —*Lyon*, 1588, in-8°. [L. F.]

Réplique à l'ouvrage de Vignier.—Voyez ci-dessus le n° 1688.

1691. Traité de l'Origine, ancienne Noblesse et droits royavx de Hugves Capet Roy de France, souche de nos Roys et de la maison de Bourbon. A Monseigneur le Reuerandissime cardinal de Vendosme. Extrait des Paradoxes de l'histoire Françoise de I. G. (JEAN GUYART).— *Tovrs, par Clavde de Montr'œil, et Iean Richer*, 1590, in-4°. Pièce.*

Opuscule très-rare aujourd'hui. — « Il est à remarquer que ce Guyart (dans le dénombrement des princes du sang qui vivaient en 1590, et qui avaient des prétentions à la couronne), pour complaire au cardinal de Vendôme, à qui son Livre est dédié, omet sciemment et de propos délibéré *Henri II* Prince de Condé, Fils de *Henri I* et de *Charlotte-Catherine de la Trémoille*, lequel y devoit être nommé le premier de tous, comme le chef de la Maison. Mais *Jean Richer*, qui avoit imprimé ce Livre, en fit tirer cinquante ou soixante exemplaires, où le nom du jeune Prince de Condé étoit à la tête des six autres, qui lui contestoient sa naissance. » [*Mém. histor.* d'Amelot

de la Houssaye, tom. II, p. 136 et 137; édit. d'Amst. 1722.]

1692. Exegesis Genealogica sive Explicatio arboris gentilitiæ Invictissimi ac Potentissimi Galliarvm Regis Henrici ejus nominis IIII. Regum LXV. Navarrae III. Regum XXXIX. ex probatissimis historicis Latinis, Gallicis, Italicis ac Portugallensibus delineata, atque desumpta studio et opera R. P. F. IOSEPH TEXERÆ, Portugallensis, Ordinis Prædicatorum,... in qua quæ explicentur, sequens pagina indicabit. — *Lugduni Batavorum*, 1592, in-4°.* Avec plusieurs tableaux généalogiques.

Le même ouvrage a reparu sous le titre suivant.

1693. Stemmata Franciæ, item Navarræ regvm, à primâ utriusque gentis origine usque ad Christianissimum Franciæ et Navaræ Regem Henricum magnvm avgvstvm authore IOSEPHO TEXERA,...—*Lugduni Batavorum*, 1619, in-4°.*

1694. Explication de la généalogie du très-Invincible, et très-Puissant monarque Henry IIII° de ce nom... roy de Navarre. Le tout tiré des histoires très-approuvées, tant latines, que françoises, italiennes, espagnoles, et portugaises, par l'éstude et labeur de R. P. F. IOSEPH TEXERE,... Traduit du latin... en françois, par C. DE HERIS, escuyer dict COQUERIOMONT, I. C. —*Paris*, 1595, in-4°.* Avec plusieurs tableaux généalogiques intercalés dans le texte.

A la suite on trouve, avec pagination particulière : « *Les Vies et quelques gestes des Roys de Navarre*, » accompagné de tableaux généalogiques intercalés dans le texte.

1695. ALPHONSI DEL-BENE, episcopis Albiensis,... de gente et familiæ Hugonis Capeti, origine, iustoque progressu ad dignitatem regiam. - *Lugduni*, 1595, in-8°.* — *Lugduni*, 1605, in-8°. [L. F.]

Réfutation de l'opinion de Pierre de Saint-Julien sur la même question.

L'Histoire des origines de la

Maison royale de France fut l'objet d'une polémique violente qui s'engagea entre les trop naïfs historiens de la fin du XVI° siècle. Les partisans de la Ligue soutenaient que Hugues Capet était un usurpateur, et que la couronne de France revenait de droit à la Maison de Lorraine; mais la bataille d'Ivri, que gagna Henri IV, prouva beaucoup mieux que tous les livres de quel côté se trouvait le légitime héritier des rois de France.]

1696. Desseins de Professions Nobles et pvbliqves, contenans plusieurs Traictez diuers et rares : Et entre autres, l'Histoire de la Maison de Bourbon. Auec autres beaux secrets Historiques, Extraicts de bons et authentiques Mémoires et Manuscripts. Dédiez av Tres-Chrestien et Victorievx Roy de France et de Navarre Henry IIII. Et Proposez en forme de Leçons paternelles, pour Aduis et Conseils des Chemins du Monde. Par ANTOINE DE LAVAL, géographe du roy,...—Paris, 1605, in-4°.*—De nouveau reveu, corrigé et augmanté des Problèmes Politiques, avec vne Table bien particulière pour tout le cors de l'œuvre. Edition seconde. Paris, 1612, in-4°.*

Il existe encore de cet ouvrage singulier des exemplaires portant la date de 1613, mais c'est toujours la même édition : le titre seul a été réimprimé.

1697. Histoire svr la Généalogie de l'illvstre Maison de Bourbon, Vandosme, et Montpensier : Auec leurs alliances et origines, exactement recerchées, et fidelement rapportées des plus fameux historiens. Dédié à Monseigneur le Prince d'Orange. Plvs vn Recueil de la très-noble et très-illustre maison de Chalons, et des Princes d'Orange. Dédié à Madame la Princesse son épouse. Par IAQVES CALLIER, Auignonnois, à présent habitant en la Principauté d'Orange.— Lyon, Estienne Palmier, 1607, in-8°.*

Petit ouvrage des plus rares.— Mentionné ni par le P. Lelong, ni par M. Brunet.

1698. La Décente généalogiqve de-

puis St.-Louys de la royale Maison de Bourbon, enrichie de l'histoire somaire des faits, vies et morts de tous les descendants iusques à présent. Av Roy. Par HENRY DE MONTAGU, sieur DE LA COSTE.—Paris, 1609, in-12.*

1699. La Généalogie des Rois, Ducs, Princes, Marquis et Comtes de la tres-haute et puissante Maison de Bourbon. Auec leurs Alliances. Par THOMAS DE FOUGASSES.— Paris, Iean le Clerc, 1613, in-8°. [L. D.]

1700. Histoire de l'ancienne extraction, source et origine de la Maison Royale de France ; par CLAUDE DE RUBIS, Conseiller en la Sénéchaussée et siége présidial de Lyon.—Lyon, 1613, in-8°. [A. D.]

Rare.

1701. Conférence des Prérogatives d'ancienneté et de Noblesse de la monarchie, roys, royaumes et Maison royale de France; avec toutes les autres monarchies, roys, royaumes et maisons royales qui sont en l'étendue de notre Europe. Au trèschrétien Louis XIII, roi de France et de Navarre. Par Maistre CLAUDE DE RUBIS,...—Lyon, 1614, in-8°.*

Rare.

1702. Recueil des Roys de France, leur Couronne et Maison; ensemble le rang des Grands de France, par JEAN DU TILLET, sieur de LA BUSSIÈRE; plus une chronique abrégée (des Rois de France)... par JEAN DU TILLET, évêque de Meaux... en cette dernière édition a été ajouté les inventaires sur chaque maison des rois et grands de France... —Paris, 1618, 2 vol. in-4°.* Avec blasons.

Cette importante collection, dont la première édition fut publiée en 1580, est la réunion de divers autres ouvrages du même auteur, qui parurent séparément à différentes époques. L'édition que nous donnons ici est la plus estimée et la plus complète. Cependant celle de 1607 contient comme celle-là les *inventaires* donnés par F. PITHOU. L'on conserve à la Bibliothèque impériale le manuscrit original sur vélin de cet ouvrage, que l'auteur présenta à Charles IX, contenant plusieurs portraits enluminés.

1703. Le Renouvellement des anciennes alliances des Maisons et Couronnes de France et de Sauoye,... par SCIPION GUILLIET. —Paris, 1619, in-4°.*

1704. Histoire généalogiqve de la Maison royale de France, avec les illvstres Familles qui en sont descendues,... par SCEVOLE et LOVIS DE SAINCTE-MARTHE, frères jumaux,... historiographes du roi.—Paris, 1619, 2 tomes en 1 vol. in-4°.* —(2° édition.) Paris, 1628, 2 vol. in-f°.*—3° édition, revue et augmentée. Paris, 1647, 2 vol. in-f°.* Avec blasons gravés intercalés dans le texte.

La 1re édition ne renferme que l'histoire généalogique de la troisième race. La dernière édition, quoique plus complète que la seconde par rapport à l'histoire, l'est moins que celle-ci par rapport aux généalogies. De plus, il faut avoir soin de vérifier si les cartons de corrections aux feuillets 415 et 459 du tom. I s'y trouvaient. Malgré des erreurs de dates et de faits, cet ouvrage est encore estimé parmi les savants.

1705. Histoire généalogiqve de la Maison de France. Tomes III, IV et V. Contenant par ordre alphabétiqve les Maisons impériales, royales, ducales, et autres souveraines, tant éteintes que celles qui subsistent. Auec les illustres Familles de France, d'Espagne, d'Italie, d'Alemagne, et d'Angleterre, sorties des reines et princesses du sang. Ivstifiées par titres, chartes... et autres bonnes preuues. Par P. SCEVOLE, et NICOLAS-CHARLES DE SAINTE-MARTHE frères, conseillers du du roy... — Paris, 1663, in-f°. Pièce.*

Titre et table générale. C'est tout ce qui a paru de cet ouvrage qui devait continuer le précédent.

1706. Recherches historiqves sur les Alliances royales de France et de Savoye. Par le R. P. PIERRE MOXON, de la Compagnie de Jésus.—Lyon, 1621, in-4°.*

1707. Alliances de France et de Sauoye, par PIERRE MATHIEU, Conseiller du Roy et Historiographe de France.—Paris, L'Angelier, 1623, in-4°. [A. D.]

1708. Récit véritable de la Naissance de Messeigneurs et Dames les enfants de France.... par LOVYSE BOURGEOIS, dite BOVRSIER, sage femme de la reyne mère du roy. — Paris, 1625, in-8°.*

1709. Les Blasons de la Royale Maison de Bourbon et de ses alliances, recerchées par le Sieur (GILLES-ANDRÉ) DE LA ROCQVE. Le tout graué en taille doulce. Dédié av Roy. — Paris, Pierre Firens, 1626, petit in-f°.*

Ouvrage très-rare aujourd'hui. —Imprimé sur le recto seulement. —Précédé d'un avant-propos curieux sur l'antiquité et l'invention des armoiries.—Accompagné d'un grand nombre de vignettes, gravées sur acier par P. Firens, d'une élégance de forme et d'une richesse dans les détails, telles que nous ne craignons pas de dire que ce sont autant de petits chefs-d'œuvre.

Les bons exemplaires doivent renfermer entre les pag. 98 et 99 la belle estampe gravée par P. Firens, d'après le tableau de F. Quesnel, représentant le sacre de Louis XIII.

1710. Histoire généalogique des Rois de France, enrichie de leurs portraits et d'un sommaire de leurs vies,... extraite de « l'histoire universelle » de JACQUES CHARRON, sieur de Monceaux. (Par THOMAS BLAISE.)— Paris, 1629, 1630, in-8°.*

Ouvrage oublié et qui méritait de l'être.

1711. Carte généalogiqve de la royale Maison de Bovrbon, avec les éloges des princes contenant les remarqves sommaires de levrs actions héroiqves. Tome premier de l'Histoire dv... roy de France et de Navarre Lovis le Ivste, XIII dv nom. Par Mre CHARLES BERNARD, conseiller du roy,... et historiographe de France.— Paris, 1634, in-f°.*

1712. Généalogie de la Maison royale de Bovrbon avec les portraicts et les éloges des princes qvi en sont sortis. Et les remarqves historiqves de leurs illustres actions, depuis le roy S. Louis iusques à Louis le Iuste, XIII du nom.... Par feu Messire CHARLES BERNARD,...—Paris, N. de Sercy, 1644, 1646, in-f°.*

Même ouvrage que le n° précédent, publié par CHARLES SOREL, neveu de l'auteur.

1713. Histoire des Dignitez honoraires de France.... Ensemble un traité de la prééminence des Rois de France.... [Par CLAUDE MALINGRE. (1635).]

Voyez ci-après même LIV., et même Sect., § 3 : CHARGES, DIGNITÉS ET TITRES D'HONNEUR.

1714. La Généalogie de très-haulte, très-puissante, très-excellente, et très-chrestienne Princesse, et nostre Sovveraine Dame Anne très-illustre Royne de France, et Duchesse de Bretaigne. Et les noms des Roys et Princes ses prédécesseurs en droite ligne, depuis la création d'Adam iusques à présent. Composée et extraicte de plusieurs Liures et Chronicques anciennes, par DISARUOZ-PENGUERN, natif de Cornouaille, en l'honneur et loüange de ladite Dame.

Imprimé à la suite de : « Histoire de Bretagne... » Par LE BAUD... (1638.)—Voyez ci-après même LIV. et même Sect., § 6.

1715. Généalogie contenant l'Origine, progrets et avancement de la royale tresancienne et auguste Famille de France. Avec vn abrégé chronologique des faits mémorables et héroïques des descendans d'icelle, leurs illustres alliances, commencans aux anciens Roys des François prédécesseurs de Pharamond, iusques à nostre inuincible monarque Lovis Le Ivste, à présent heureusement régnant. Dédiée à Monseigneur le Davphin. (Par JEAN BOISSEAU, enlumineur du roi.)—Paris, Jean Boisseau, 1641, in-f°.*—Paris, Sercy, 1646, in-f°. [L. F.]

Cet ouvrage, assez rare, se compose de deux planches, d'une carte géographique contenant les différents Etats possédés par la Maison royale de France en divers temps; et de tableaux généalogiques avec blasons : le tout gravé.

1716. De origine et primordiis gentis Francorum (Stirpis Carolinæ) carmen auctoris incogniti, qui Caroli Calvi, cui inscriptum est, ætate vixit, ubi de secundâ stirpe : cum notis historicis, et dissertatione THOMÆ AQUINATIS a Sancto Joseph, Carmelitæ excalceati. — Parisiis, 1644, in-4°. [L. D.]

1717. La Véritable origine de la seconde et troisiesme Lignée de la Maison royale de France, ivstifiée par plvsieurs chroniques et histoires anciennes d'avteurs contemporains,... Par le sieur DU BOVCHET, ... — Paris, 1646, in-f°.*—Paris, 1661, in-f°. [L. F.] Avec fig. et carte géographique.

Cet ouvrage n'est pas trop mal écrit. Il se recommande surtout par les recherches consciencieuses qu'il contient. L'auteur était très-savant, et particulièrement versé dans l'histoire des grandes Familles.

L'exemplaire de la Bibliothèque impériale est très-beau. C'est l'exemplaire même que du Bouchet avait donné à Pierre d'Hozier, ainsi que l'atteste la dédicace manuscrite qui se trouve en tête du 1er feuillet de garde, avec la signature autographe de l'auteur. Il renferme plusieurs notes de la main de d'Hozier et de du Bouchet, avec quatre feuillets manuscrits des mêmes.

1718. Vindiciae hispanicæ in qvibvs arcana regia, pvblico pacis bono, lvce donantur, adversus Jac. Cassanvm et alios. Auctore JEANNE IACOBO CHIFLETIO,...—Antuerpiæ, 1645, in-4°.* — Editio altera ; cui accessere lvmina nova genealogica, salica prærogativa; sive responsa ad Francorvm objectiones. Auctore IOANNE JACOBO CHIFLETIO,... — Antuerpiæ, 1647, in-f°.*

1719. Assertor Gallicus contra Vindicias Hispanicas Joannis Jacobi Chifletii,... auctore MARCO-ANTONIO DOMINICY,... — Parisiis, 1646, in-4°.*

1720. Ad Vindicias Hispanicas lumina nova genealogica de stemmate Hugonis Capeti adversus assertorem Gallicum ; auctore JOANNE JACOBO CHIFLETIO.—*Antuerpiæ*, 1647, in-f°. [L. F.]

1721. Indice de ce qvi est contenu au Traicté des Ferreoles et d'Ansbert, desquels sont descendus nos Roys de France de la première et seconde Lignée, composé par Maistre IACQUES CHOLET, aduocat en Parlement. —(S. l., 1647.) In-4°. Pièce.*

1722. Discovrs historiqve, concernant le Mariage d'Ansbert et de Blithilde, prétendve fille dv Roy Clothaire I ou II. Divisé en devx parties, par Messire LOVIS CHANTEREAV LE FEBVRE, conseiller du roy en ses Conseils. —*Paris*, 1647, in-4°.*

1723. Discovrs historiqve svr le Mariage contesté d'Ansbert et de Blitilde, fille dv Roy Clotaire I. A Monseigneur le Prince. [Signé P. L. I. (PIERRE LABBE, Jésuite.)]—(S. l., 23 mars 1647.) In-4°. Pièce.*

L'exemplaire de la Bibliothèque impériale contient un grand nombre de notes manuscrites.

1724. Ansberti Familia rediviva, sive svperior, et inferior stemmatis beati Arnvlfi linea : contra Lvd. Cantarelli Fabri, nec-non Ioannis Iacobi Chifletii objectiones vindicata. Opus in dvas partes divisvm. Auctore MARCO ANTONIO DOMINICY, Sacri consistorii consiliario, regisque historico.—*Parisiis*, 1648, in-4°.*

1725. Ad Vindicias hispanicas lampades historicæ contra novas M. A. Dominicy Cavillationes in rediviva Ansberti familia. Auctore JOANNE JACOBO CHIFLETIO. —*Antuerpiæ*, 1649, in-f°.*

1726. La Clef d'or de l'Histoire de France, ou Tableaux généalogiqves de la Maison Royale de France, tant en ligne directe que collatérale, au nombre de trente et plus; avec des remarques singulières pour l'histoire et la chronologie; par PHILIPPE LABBE, jésuite. — *Paris*, 1649, in-12. [L. F.]

1727. Tableavx généalogiqves de la Maison royale de France Tirez de l'ouvrage Latin et François de l'Alliance chronologique dv R. P. PHILIPPE LABBE,... — *Paris*, *Gaspar Meturas*, 1649, in-12.

1728. Tableavx généalogiqves de la Maison Royale de France, et des six Pairies Laïcques ; Bourgogne, Normandie, Gvyenne, Tolose, Flandre, Champagne. Seconde édition, reveüe, augmentée et dédiée au Roy Très-Chrestien. Par le R. P. PHILIPPE LABBE,...—*Paris*, 1652, in-12.*

Page 309 on lit : « Svpplément des Tableavx généalogiqves de la Maison royale de France, adiousté en cette seconde édition plus correcte, et plus ample que la première. »

1729. Le Blazon royal des Armoiries des Roys, Reynes, Dauphins, fils et filles de la Maison royale de France ; accompagné d'vn Recueil des Armoiries de plusieurs grandes et anciennes Familles de ce Royaume et autres voisins, principalement de celles, qui ont eu l'honneur d'estre alliées avec la Maison Royale. Le tout traitté d'vne façon nouvelle, et aisée à comprendre. Par le R. P. PHILIPPE LABBE,... —*Paris*, 1652, in-12.*

Cet ouvrage se trouve généralement à la suite de l'article précédent.

1730. Tableavx généalogiqves de la Maison Royale de France et le Blazon Royal des Armoiries des Roys, Reynes, Dauphins, fils et filles de la Maison Royale de France ; et leur descendants en ligne directe et collatérale,... (Par PHILIPPE LABBE.)—*La Haye*, 1654, in-12. [L. D.]—*Paris*, 1664, in-12. [L. D.]

Même ouvrage que les n°s 1726-1728.

1731. JAC.-ALEX. TENNEURIVS. Veritas vindicata adversus Chiffletium vindicias, lumina nova et lampades historicas. — *Parisiis*, 1651, in-f°. [B. Lou.]

1732. Genealogicae Francicae plenior assertio, vindiciarum Hispanicarum, novorum luminum, lampadum historicarum et commentatorum libellis... à Jo. Jac. Chifletio inscriptis, ab eoque in Francici nominis injuriam editis inspersorum omnimoda eversio ; auctore Dav. Blondello, historiar. professore.—*Amstelodami*, 1654, 2 vol. in-f°.

Cet ouvrage, quoiqué d'une grande érudition, et malgré les aperçus ingénieux qu'il renferme, est cependant à cette heure complétement oublié. Ce fut d'ailleurs le sort commun de tous les travaux historiques de ce temps, qui avaient pour objet la question si controversée et si controversable, en effet, de nos origines nationales en voulant l'expliquer par une descendance généalogique, où l'imagination avait toujours plus de part qu'une véritable science. Toutefois, l'œuvre de Blondel mérite d'être distinguée entre toutes les autres de ce genre, en ce qu'elle donne une idée d'autant plus haute de la puissance intellectuelle de son auteur, qu'il la composa étant aveugle et livré, par conséquent, aux seules ressources de sa mémoire.

1733. Ioannis Iac. Chifletii Vervm stemma Childebrandinvm ; contra Dauidem Blondellum, ministrum caluinistam, aliosque Austriaci splendoris aduersarios. Anno M. DC. LVI.—(*S. l., n. d.*) In-f°.*

1734. La seconde partie du Promptuaire armorial où sont représentés les Armes... des princes et principaux seigneurs du royaume de France... [Par Jean Boisseau. (1657.)]

Voyez ci-dessus le n° 49.

1735. Le Vray Childebrand ov Response av Traitté inivrievx de M. Chifflet, médecin dv roy d'Espagne, contre le Dvc Childebrand frère du Prince Charles Martel, et duquel descend la Maison du Roy Hugues dit Capet. Par vn bon François, (Charles de Combault, baron d'Auteuil.)—*Paris*, 1659, in-4°.*

Précédé de : «*Apologie pour la... Maison de France, dite de la troisième race...* » Suivi 1° de : « *Discovrs ov remarqves en forme de critique sur les différentes opinions de l'origine plus apparente de l'au-*

guste *Maison d'Austriche...* » 2° « *Catalogve des emperevrs, roys et princes sovverains, sortis par la ligne masculine du sang du roy Hugues, dit Capet, emperevr et roy de France.* » Le tout du même auteur.

1736. Le Favx Childebrand relegvé avx fables.—Childebrandvs fictus ad larvas amandatvs. Opus genealogicum, gallice et latine de industriâ mixtum. Anno salvtis M. DC. LIX, mense augusto. (Auctore J. J. Chifletio.—(*S. l.*, 1659.) In-4°.* Avec figures.

Réplique à l'ouvrage précédent.

1737. Histoire de la Maison Royale de France, et des Grands Officiers de la Couronne.... Par le R. P. Anselme. (1674.)

Voyez ci-après mêmes Liv. et Sect., § 3 : Grands officiers de la Couronne.

1738. Carte généalogique, chronologique et historique de la Postérité de S. Louis ; par Antoine de Saint-Gabriel, feuillent.—*Paris*, 1667, in-f°. [L. F.]

Le P. Antoine, connu dans le monde sous le nom de Desprez, avait travaillé à cet ouvrage avec tant de zèle et de patience, il y mit une telle exactitude et un tel ordre dans la succession des faits et des temps, que son œuvre fut au-dessus de tout ce qui avait paru jusqu'à lui en ce genre. Nous ne connaissons guère que celle de Clabault, qui parut cent ans plus tard, qu'on puisse lui opposer.

1739. Les Grandevrs de la Maison de France. (Par Gabriel de Loberan de Montigny.) — *Paris*, 1667, in-4°.*

Le nom de l'auteur s'écrit : *Loberan*, selon le P. Lelong, et *Lauberan* d'après Barbier.

1740. Abrégé méthodique de l'Histoire de France. Par la Chronologie, la Généalogie,... de tous nos Rois. Ensemble leurs Portraits, enrichis de Symboles et de leurs Armoiries prises fidèlement sur leurs Monnoyes, leurs sceaux et diuers autres monumens. Auec leurs véritables deuises. Le tout accompagné d'vn nouueau Ieu de Cartes de ces mesmes Portraits. Dédié à Monseigneur le Davphin. (Par

C. Oronce Finé de Brianville.)
—*Paris*, 1664, in-12.* — *Paris*,
1667, in-12. [Be.] — 2ª édition.
Par M. de Brianville. *Paris*,
1674, in-12.*—3ª édition. *Paris*,
1675, in-12.*—*Paris*, 1726, in-12.*

Le P. Lelong fait cas de cet
ouvrage, qui nous paraît à nous
fort médiocre, et, au point de
vue héraldique et généalogique,
complétement dénué d'intérêt.

1741. La Monarchie Sainte, historique, chronologique et généalogique de France, ou les Vies
des saints et bien-heureux qui
sont sortis de la tyge royale de
France, composée en latin par
le R. P. Dominique (Geral Vigier) de Jésus, religieux carme
déchaussé; traduites et enrichies
par le R. P. Modeste de S. Amable (Rogier), religieux du même
ordre...—*Clermont*, 1670, 2 vol.
in f.* Avec tables généalogiques.

Selon le P. Lelong, le P. Thomas
d'Aquin (Christophe Pasturel)
aurait mis la dernière main à cet
ouvrage.

1742. Histoire de la véritable Origine de la troisième race des
Rois de France, composée par
M. (Jean-Baptiste Gaston Goth,
marquis de Rouillac) le duc
d'Espernon, et publiée par
(Jean Royer) de Prade.— *Paris*,
1679, 1680, 2 parties en 1 vol.
in-12.*—*Paris*,1683, in-12. [L. F.]

De Prade a ajouté dans cet ouvrage un sommaire et un discours
sur les diverses opinions de l'origine de la troisième race.

1743. La Critique de l'origine de
l'auguste Maison de France.
A S. A. S. Monseigneur le
Prince. Par le R. Père Adrien
Jourdan, de la Compagnie de
Jésus.—*Paris*, 1683, in-12.*

Réplique à l'ouvrage précédent.
— Le P. Jourdan, malgré sa
bonne foi et ses connaissances,
n'était pourtant pas assez bon
critique pour traiter une pareille
question.

1744. Remarques sur le Livre du
P. Jourdan, et sur l'Origine de
la Maison de France du duc
d'Espernon.(Par Pierre Scévole
de Sainte-Marthe.)—*Paris*,1684,
in-12. [L. F.]

1745. L'Alliance sacrée de l'Honneur et de la Vertu au mariage
de Madame la Princesse électorale de Bavière, avec Monseigneur le Dauphin. (Par Cl. Fr.
Ménestrier.) — (*Paris*, 1680.)
In-4º.*

Avec la table des 128 quartiers
de la descendance paternelle et
maternelle de Mᵐᵉ la Dauphine.—
Très-rare.

1746. La France auguste en abrégée, dédiée à Mgr. le prince
d'Ost-Frise, par Damond.—*Au-
trecht*, 1681, in-12.*

1747. Tableaux généalogiques, ou
les seize Quartiers de nos Rois
depuis Saint Louis jusqu'à présent, des Princes et Princesses
qui vivent, et de plusieurs Seigneurs Ecclésiastiques de ce
Royaume. Par Monsieur Le Laboureur. Avec un Traité préliminaire de l'Origine et de l'U-
sage des Quartiers pour les
preuves de Noblesse. Par le P.
Ménestrier,... — *Paris*, 1683,
in-f.* Avec les blasons de près
de huit cents familles intercalés
dans le texte.

Chaque partie a une pagination
spéciale.

1748. Table chronologique et généalogique des Rois de France;
par Antoine Thurel, ancien
prieur de Notre-Dame-de-Hom-
blières.—*Paris*, 1687, gr. in-f de
4 feuilles.*—2ᵉ édition, revue et
corrigée. *Paris*, 1706, gr. in-f
plano.* Avec armes et blasons.

1749. Fastes généalogiques des
IV dynasties des rois et des
empereurs qui ont régné sur la
France, et des princes et princesses qui en sont descendus,
avec leurs alliances et armoiries,
ouvrage présenté à Louis XIV,
par Thurel, son historiographe,
en 1687; continué jusqu'à ce
jour (1840) par une société de
gens de lettres, sous la direction de M. Marchal, conservateur des manuscrits à la Bibliothèque royale... dédié à S. M.
Louis-Philippe... par Jules
Heger et G. d'Ars, éditeurs,...
—*Bruxelles*, 1840, gr. in-f. plano.
Vélin. [B. Lou.] Avec 15 pages

de texte in-4°, contenant aussi un second tableau in-f°.

1750. Règles du Jeu généalogique des Rois de France. — *Paris,* 1696, in-12. [L. F.]

1751. Abrégé de l'Histoire généalogique de la Maison de France et de ses alliances ; avec les noms des Grands Officiers de la Couronne sous chaque Roi ; par D., PRIEUR DE COURCELLES (DE GUEULETTE).—*Paris,* 1699, in-12. [L. F.]

1752. Lilietum Francicum, darinnen der Königlich französische stammbaum... (Lilietum francicum. Arbre généalogique de la troisième race des Rois de France, c'est-à-dire des Capétiens, s'étendant de Witikind, roi des Saxons de race allemande, au Roi de France actuel Louis XIV. Par JEAN HENRI HAGELGANS). — *Nuremberg* (s. d.), in-4°.*

En allemand.— Ouvrage rare.

1753. Généalogie de Messeigneurs les Princes, Ducs de Bourgogne, Anjou et Berry, depuis Hugues Capet,... et le Pennon généalogique des alliances depuis Anne de Russie,... jusques à Madame la Dauphine. (Par JACQ. CHEVILLARD.)— *Paris* (s. d.), in-f°, plano.* Avec les blasons gravés par H. JANSENS.

1754. Chronologie des Rois et Reines de France depuis Faramond jusqu'à présent. dédié au Roi. Et présenté à sa majesté le 16e avril 1701. Par... J. CHEVILLARD. — *Paris* (s. d.), gr. in-f° plano.* Avec les noms, qualités, armes et blasons gravés.

1755. Le même ouvrage, continué jusqu'en 1715, par DUBUISSON.— *Paris* (s. d.), gr. in-f° plano.*

1756. L'Arbre royal, ou Cartes généalogiques de la Postérité de Henri le Grand, dans lesquelles on voit en huit branches les alliances de l'auguste Maison de Bourbon ; par le sieur TARDIF, généalogiste du Roi.—*Paris,* 1701, in-f°. [L. F.]

1757. Plan de l'Église royale de Saint-Denis en France, sépulture de nos Roys. (Par JACQUES CHEVILLARD).—*Paris,* 5 septembre, 1705, gr. in-f° plano gravé.*

Contenant les noms, qualités, armes et blasons gravés de tous les membres de la Famille royale qui ont leur sépulture dans cette église.

1758. Explication de la Table généalogique pour apprendre aisément les Maisons et les Branches différentes des princes du sang de France selon l'ordre de leur droit à la couronne. — *Paris* (1711), in-12. Pièce.*

1759. Défense des Dissertations sur l'origine de la Maison de France et sur la mouvance de la Bretagne, par rapport au droit que les ducs de Normandie y prétendoient. (Par CL. DU MOULINET, Sr DES THUILLERIES)—*Paris,* 1713, in-12.

Rare.

1760. Histoire des Dauphins françois et des Princesses qui ont porté en France la qualité de Dauphines. Avec un extrait de la Donation que le dernier Dauphin de la Maison de la Tour du Pin fit du Dauphiné et pays en dépendans au Prince Charles, petit-fils du Roy Philippe de Valois, et de l'édit de la majorité des Rois. (Par l'abbé TRICAUD.) —*Paris,* 1713, in-12.*

1761. Régents et Régentes du royaume de France. Par P. P. DUBUISSON. — *Paris* (1715), gr. in-f° plano.* Avec armes et blasons gravés.

1762. Théâtre des Rois et des Souverains de la Famille royale de France, où par des cartes généalogiques,... on fait voir la généalogie... des rois d'Austrasie, de Germanie, d'Aquitaine et d'Italie sortis de rois de France de la première et seconde race ; ainsi que des rois de la Maison de Bourbon, de Valois, de Portugal, de Navarre, de Naples, de Sicile et de Hongrie issus de la troisième comme aussi les généalogies des ducs d'Orléans, de Boubon, princes de Condé et de Conti, ducs de Vendôme, d'Engoulême, de Bre-

tagne, de Bourgogne, de Montpensier et d'Alençon, des comtes de Soissons de la Marche...
avec leurs armes... (Par HENRI
ABR. CHATELAIN.) — *Amsterdam*
(1720), in-f°. [B. B.]

Tiré à très-petit nombre.

1763. Annales de la Monarchie
Françoise, depuis son établissement jusqu'à présent, où l'on
trouve l'Origine de cette puissante Monarchie au delà du
Rhin,.... La Succession généalogique des Maisons royales de
France, de Lorraine, et des Souverains qui en sont issus, contenues en diverses Cartes Généalogiques dressées sur celles
des meilleurs Auteurs, et les
preuves de cette succession tirées du Trésor des Chartes soit
du Roi, soit du Parlement ou de
la Chambre des Comptes, etc...
Les Médailles authentiques qui
ont été frapées sous les différens
Règnes, servant de Preuves aux
Evénemens raportez dans les
Annales, avec une Explication
historique de leurs Emblèmes,
Devises, et Inscriptions: Depuis
Pharamond jusqu'à la majorité
de Louis XV. Par M. DE LI-
MIERS, docteur en droit et membre de l'Académie des Sciences
et des Arts de Bologne. Première
(seconde et troisième) Partie.—
Amsterdam, 1724, 2 vol. in-f°.*

Contient 7 grandes cartes généalogiques des différentes branches de la Famille royale, avec
un grand nombre de blasons; et
126 planches de médailles. Le
tout gravé.

1764. Q. D. B. V. Exercitatio genealogica de Familiâ Avgvstâ
Carolingicâ antiqvorvm monv-
mentorvm avtoritate innixâ et
svb praesidio Io.-Davidis Koe-
leri,.... in almâ Norimberg-
ensivm Academiâ ad D. IX Aprilis
A. CIↃ IↃCCXXV publicae dis-
pvtationi svbiecta a Io.-ADAMO
BETTINGERO, palatino, bipontino.
Altorfii (1725), in-4°.* Avec plusieurs tables généalogiques.

1765. Carte générale de la Monarchie française... contenant...
la chronologie des Rois de France, la tige, les généalogies et

alliances de la Maison royale de
Bourbon... par LEMEAU DE LA
JAISSE. (1733.)

Voyez ci-après même Liv. et
même Sect., § 3 : CHARGES ET
DIGNITÉS MILITAIRES.

1766. Dissertation sur le nom de
famille de l'Auguste Maison de
France. (Par l'abbé BALTAZARD
DE BURLE DE RÉAL).—(S. l., 1735.)
in-4°. Pièce.*—*Paris*, 1762, in-4°.
Pièce.*

Extraite du « *Traité du Droit
des gens,* » chap. XIV, Sect. II,
du même auteur. Voyez aussi le
« *Mercure,* » 1762, octobre, vol. II,
p. 77; et ci-après le n° 1781.

1767. Armoiries des Princes et
Princesses de la Maison royale,
des Ducs et Pairs et Maréchaux
de France, et celles des Com-
mandeurs et Chevaliers de l'Or-
dre du Saint-Esprit vivans en
MD. CC. XXXVI; à l'usage de
Monseigneur le Dauphin. (Par
CHARLES-FRANÇOIS ROLAND LE
VIRLOYS.)—*Paris* (s. d.), in-f°.*

Fort rare.

1768. Généalogie historique de la
Maison royale de France. (Par
CHASOT DE NANTIGNY. (1736-
1738.)]

Voyez ci-dessus n° 1618.

1769. Tableau généalogique des
trois races des Rois de France,...
avec toutes leurs branches,....
par VESOU. — *Paris* (s. d.), gr.
in-f°. Avec figures coloriées.
[B. R.]

Pièce excessivement rare.

1770. Des Antiquités de la Maison
de France et des Maisons Mérovingienne et Carlienne, et de la
diversité des opinions sur les
Maisons d'Autriche, de Lorraine,
de Savoye, Palatine, et plusieurs
autres Maisons Souveraines, par
M. GILBERT-CHARLES LE GENDRE,
Marquis de Saint-Aubin-sur-
Loire, ci-devant maître des Requêtes.—*Paris*, 1739, in-4°.*

1771. Seconde Réponse de M. le
Marquis de S. Aubin (GILB.-CH.
LE GENDRE) à M. l'abbé des Fontaines, et à l'auteur anonyme des
réflexions, au sujet des antiquités de la Maison de France. —

Paris (5 mai 1740), in-4°. Pièce.*

La 1re réponse a paru dans le « Mercure », juin, 1740, 2e vol. On la trouve ordinairement à la suite de l'ouvrage précédent.

1772. Dissertation du R. P. MATH. TEXTE, dominicain, sur l'origine du nom de Dauphin.—(S. l., n. d.) In-8°. Pièce.*

Extrait du « Journal de Verdun, » octobre, 1715, p. 251.

1773. Les Davphins de France. Les Noms, Qualités, Armes et Blazons de nos seigneurs les Dauphins Fils de France, depuis la cession du Dauphiné, faite par Humbert, dernier Dauphin de Viennois, en faveur des premiers fils de nos Roys, jusqu'à présent, par I. CHEVILLARD,....— Paris (1747), in-f° plano.* Gravé par T. ROUSSEAU.

1774. Carte généalogique et chronologique de la Maison de France, pour faciliter la lecture et l'intelligence de l'histoire de France, dédiée et présentée au roi; par M. l'abbé HURÉ.—Paris, 1750, in-f° de 2 ff. [L. F.]

1775. Origine de la Maison de France.—(S. l., n. d.) In-12. Pièce.*

1776. Almanach dauphin, ou Histoire abrégée des Princes qui ont porté le nom de Dauphin, par le sieur C*** G*** (CH. GUILLAUME),.... — Paris, 1751, in-8°.* Avec 24 portraits gravés par E. DESROCHER.

1777. Les 32 Quartiers paternels et maternels de Monseigneur Louis de France Dauphin de Viennois, né le 4 septembre 1729, par P. P. DUBUISSON.— Paris (1757), gr. in-f° plano.*

1778. Histoire des Dauphins de Viennois, d'Auvergne et de France; par LE QUIEN DE LA NEUFVILLE. — Paris, 1760, 2 vol. in-12. [D.]

1779. Tableau généalogique et chronologique de la Maison royale de France, dédié au comte d'Artois par CLABAULT. — (Paris), 1763, gr. in-f°. gravé.*

Voyez ci-dessus n° 1738, ce que nous avons dit de cet ouvrage à propos de celui du P. Antoine. (Desprez.)

1780. Analyse (du précédent tableau, par le même). — Paris, 1764, in-8°. [L. F.]

1781. Recueil de Mémoires et dissertations qui établissent que c'est par erreur et un mauvais usage que l'on nomme l'Auguste Maison qui règne en France la MAISON DE BOURBON, que son nom est de FRANCE, et qu'entre toutes les Maisons impériales et royales régnantes, elle est la seule qui ait pour nom de famille le nom même de sa couronne, etc. Amsterdam et Paris, 1769.—Addition au Recueil des mémoires et dissertations concernant le nom patronymique de l'auguste Maison qui règne en France, en Espagne, en Italie. Avec des notes. Amsterdam et Paris, 1770. Le tout en 1 vol. in-12.* La pagination et la signature continuent.

Dans le Recueil on trouve :

1° Mémoire sur la question qui s'est présentée de scavoir s'il faut nommer la reine, Marie-Thérèse d'Espagne, ou Marie-Thérèse d'Autriche, par M. DE SALLO.

Imprimé en 1665, à la suite de son Traité des Légats, devenu assez rare.

2° Dissertation sur le nom de famille de l'auguste Maison de France, par M. DE RÉAL.

Voyez ci-dessus n° 1766.

3° Discours où l'on combat l'erreur introduite à l'avénement de Henri IV à la couronne et perpétuée jusqu'à présent dans la dénomination PATRONYMIQUE de la Maison de France et des branches qui la composent; avec des observations historiques et critiques par M. DE SOZZI.

4° Extrait de la science du gouvernement, Traité du Droit des Gens, chapitre IV, section II, n. 2. « Le nom de la Maison qui règne en France, en Espagne et sur les Deux-Siciles, est de France et non de Bourbon. » Par M. DE RÉAL

Dans l'Addition :

1° Que les rois de France n'ont et n'eurent jamais poinct de surnom héréditaire, contre ceux qui ineptement les surnomment DE VALOIS; Paradoxe de SAINT-JULIEN.

2° Extrait concernant l'époque à laquelle peuvent remonter les noms de Famille, pour servir d'addition à l'observation qui se trouve ci-devant pag. 103 et 104, sous la lettre H. (Par le P. MÉNÉSTRIER.)

3° Extrait concernant les anciennes armes des princes de la Maison de France, pour servir d'addition à l'observation qui se trouve ci-devant pag. 111–113, sous la lettre H. (Par SAINT-JULIEN.)

4° Extrait des lettres de légitimation et autres, accordées par le roi Henry-le-Grand à ses enfans naturels, enrégistrées au Parlement. (1595-1610.)

5° Réponse aux objections et résultat des pièces de ce recueil, par M. DE SOZZI.

Ce Recueil et l'Addition réunis se trouvent fort rarement dans le commerce.

1782. Lettres Patentes du Roi concernant la tutelle des Prince et Princesses enfants de monseigneur le Duc d'Orléans et de feue madame la Duchesse d'Orléans. Du 2 Mars 1759. Enrégistrées au Parlement le 5 dudit mois.—Paris, 1759, in-4°. Pièce.*

1783. Histoire de la Maison de Bourbon, par M. (Jos.-L. RIPAULT) DESORMEAUX, Historiographe de la Maison de Bourbon,...—Paris, 1772-1788, 5 vol. in-4°.*

Cet ouvrage, qui n'est pas dénué de tout mérite, est peu lu aujourd'hui. L'esprit d'exclusion dans lequel il est composé a peut-être contribué au dédain du public. Toutefois, on le recherche encore à cause des illustrations qu'il renferme. Le frontispice est gravé par Aug. de Saint-Aubin, d'après Boucher; les portraits sont gravés par Miger, d'après Vincent, Fragonard et Le Monnier; les vignettes par B. L. Prevost, d'après les dessins de J. M. Moreau, et les fleurons et culs-de-lampe ont été exécutés par P. P. Choffard.

Ajoutons qu'un nommé Dingé, l'auteur d'une notice biographique sur le sculpteur Clodion, a eu une grande part à la publication des derniers volumes de l'œuvre de Desormeaux.

1784. Abrégé de l'Histoire généalogique de France,.... où l'on voit les différents partages, réunions de domaines et extinctions de branches.... sous les trois races; par MAZAROZ.—Paris, 1779, in-12. [B. B.]

1785. Histoire des Princes de sang françois et des Reines de France. —Paris, l'an second de la liberté, 1790, in-12.*

1786. Recherches historiques sur les deux dernières races et sur la Maison de Bourbon, par M. PERRIN,...— Rouen, 1814, in-8°. Pièce.*

1787. Unique Origine des Rois de France tous issus d'une même dynastie. Ouvrage utile aux vrais Français et à tous ceux qui aiment la vérité, dans lequel on a joint des réflexions sur le philosophisme et sur le rétablissement de l'autel et du trône; par J. C. BEVY,...—Paris, 1814, in-8°. Pièce.*

1788. Portraits et pièces intéressantes relatives à la Famille royale. (Par le duc DE SERENT.) —Paris, 1814, in-8°. Pièce.*

Opuscule de peu de valeur, mais très-rare aujourd'hui.

1789. De la Maison royale de France, ou précis généalogique et anecdotique sur la famille de Bourbon,.... depuis Saint-Arnoul, en 596; précédé de la généalogie des rois Mérovingiens et Carlovingiens; et suivi d'un précis chronologique de la Révolution française depuis le 22 février 1787 jusqu'au 6 juin 1814. Le tout formant un mémorial complet de l'histoire de France,.... Ouvrage orné des portraits des rois de France par GABR. PEIGNOT.—Paris et Dijon, 1815, in-8°.*

Cet ouvrage a reparu plusieurs fois sous des titres différents.

Consultez à ce sujet l'excellent article de M. Quérard, que ce savant bibliographe a inséré dans sa *France littéraire*.

1790. Mémoire sur l'Origine de la Maison de France, où l'on montre que cette Origine est à Alais. Par M. l'abbé TEISSIER.— *Alais, J. Martin*, 1815, in-8°. Pièce.*

Opuscule rare et curieux.

1791. Histoire de la Maison de France et de son origine, et de la principauté de Neustrie. (Par le Baron de BATZ.)—*Paris*, 1815, in-8°. [B. Lou.]

Avec un Tableau généalogique de la Maison de France avant le XI° siècle.

Cette production, tirée à 12 exemplaires, fut imprimée non pour être publiée, mais seulement pour en faciliter la lecture à Louis XVIII.

1792. Tableau historique et généalogique de la Maison de Bourbon, depuis son origine jusqu'à nos jours, suivi de l'état actuel des diverses branches de cette illustre Maison. (Par le Comte de FORTIA-D'URBAN.)—*Avignon*, Juin 1816, in-8°. Pièce.*

1793. Notice généalogique et historique sur la Maison de France. — *Paris*, 1816, in-12.* Avec un tableau généalogique.

1794. Les Mérovingiens, ou la France sous cette dynastie. —*Paris*, 1816. 2 vol. in-8°.* Avec cartes et tableaux généalogiques.

1795. Précis de l'Histoire des deux premières races des Rois de France; par A. R. BOUSQUET,... —*Paris*, 1816, in-8°.*

1796. Maison de France. [Signé DE F. (FOURMONT.)] — *Paris* (1817), in-8°. Pièce.*

1797. Livre nouveau. (Par CH.-GASP., vicomte DE TOUSTAIN DE RICHEBOURG.)— *Caen* (1818), in-8°. Pièce.*

Au sujet du n° précédent.

1798. Coup d'œil sur l'Unité d'origine des trois branches Mérovingiennes, Carliennes et Capétiennes. (Par le Chevalier ALEXANDRE DRUDES DE CAMPAGNOLLES.)—*Vire*, 1818, in-8°.*

1799. Second Coup d'œil sur l'Unité d'origine des trois branches Mérovingiennes, Carliennes et Capétiennes. (Par le chevalier ALEX. DRUDES DE CAMPAGNOLLES.) — *Vire*, 1817, in-8°. Pièce.*

1800. A monsieur le chevalier Alexandre Drudes de la Tour et de Campagnolles, dont j'ai l'honneur d'être le confrère en patriotisme royaliste et chrétien, comme en l'Ordre Royal et Militaire de S. Louis. (Par le vicomte DE TOUSTAIN DE RICHEBOURG.)— *Au Havre* (15 décembre 1818), in-8°. Pièce.*

Au sujet de l'ouvrage précédent.

1801. Un mot sur les Grandeurs de la Maison de France, surnommée de Bourbon. — *Caen* (1820), in-8°. Pièce.*

1802. Généalogie de la Maison de France. (Par LOUIS-DAMIEN EMÉRIC.)—*Paris* (25 août 1822), in-8°. Pièce.*

Réclame en faveur de MM. de Fortia d'Urban et de Courcelles.

1803. Généalogie de la Maison de France extraite du tome I° de: l'« Histoire généalogique et héraldique des Pairs de France, des Grands Dignitaires de la Couronne, des principales Familles nobles du royaume, et des Maisons princières de l'Europe; » par M. le chevalier DE COURCELLES.—*Paris*, 1822, in-4°.*

1804. Généalogie de la Maison de France. Analyse du Mémoire de M. le comte de Fortia-d'Urban, et notes sur ce mémoire, extraites du Dictionnaire chronologique et raisonné des découvertes, etc. Par P. H. AUDIFFRET, attaché au cabinet des manuscrits de la Bibliothèque royale. — *Paris*, 1823, in-8°. Pièce.*

Tiré à 100 exemplaires.

1805. Histoire généalogique et chronologique de la Maison royale de Bourbon, contenant les naissances, actions mémorables, alliances, et décès de tous les Princes et Princesses de cette illustre Maison, avec leurs descendances directes, depuis Robert-le-Fort jusqu'à nos jours, d'après les monuments et les traditions les plus authentiques, par N.-L. Achaintre,...—*Paris*, 1825, 2 vol. in-8°.* Avec blasons.

1806. Genealogical Memoirs of the Royal House of France forming a Commentary upon the genealogical Table of that illustrious and ancient House MDCCCXVIII. By the late Richard Barré, lord Ashburton.—*London*, 1825, gr. in-f°. [B. Lou.]

> Travail peu connu en France, et pourtant l'un des plus complets qui existent sur ce sujet

1807. Tableau généalogique et historique de la seconde race des rois de France. (Par Viton de Saint-Allais.) — *Paris, l'auteur (s. d.)*, in-f° plano.

1808. Biographie des Princes et Princesses vivans de la Famille royale de France; précédée d'une Dissertation sur la légitimité des souverains; par M. Ovide.—*Paris*, octobre 1826, in-32.*

1909. Vie privée de la Famille royale. (Par F. Pierron.)—*Toulon* (1827), in-24. Pièce.*

1810. Branche héréditaire complète des Bourbons-Orléans, considérés dans tous ses détails sous le rapport généalogique, historique et littéraire, avec notes, tables, tableau et un portrait du Roi, par un membre de l'Université (Gabriel Pfignot).—*Paris*, 1830, in-8°. Pièce.*

> Prospectus de l'ouvrage suivant.

1811. Précis historique, généalogique et littéraire de la Maison d'Orléans, avec notes, tables et tableaux, par un membre de l'université (Gabriel Peignot).—*Paris*, 1830, in-8°.*

> Il y a des exemplaires portant pour intitulé : « *Maison d'Orléans. Précis.* »

1812. Familles d'Orléans. Notice sur S. M. Louis-Philippe Ier, roi des Français, et sur les Ducs d'Orléans qui l'ont précédé, avec des tableaux généalogiques, des remarques historiques sur les Rois du nom de Philippe, et une chronologie des Rois de France.

Publiée par D. Ivel. — *Paris*, 1830, in-18. Pièce.*

1813. Tableau généalogique-chronologique de l'ancienne Monarchie française, depuis le règne de Clovis, cinquième roi en 481, jusqu'à la création de la nouvelle Monarchie de 1830. (Par M. J. Leduc-Housset.)—*Paris*, 1833, in-f°. Pièce.*

1814. Tableau généalogique et synoptique des lois et de l'histoire de France. Par A. F. James. — *Paris*, 1834, in-f° plano.*

1815. Tableau généalogique des Empereurs et des Rois franks carlovingiens (Karolingiens), pour servir à l'enseignement de l'histoire de France. (Par E. Velay.) — *Paris, imp. de Fournier* (1834), in-f° plano.*

1816. Sublimes Anagrammes de leurs Majestés Hugues-Capet, Philippe-Auguste, Saint-Louis, etc., et de tous Messeigneurs les Princes et Princesses de l'Auguste Maison de France. (Par N. Jacquinot.) — (*Paris*, 1835.) In-8°. Pièce.*

1817. Histoire des Sires et des Ducs de Bourbon, 812-1831; par J.-B. Béraud.—*Paris*, 1835-1836, 4 vol. in-8°.*

1818. Tableaux généalogiques et chronologiques des diverses races ou dynasties qui ont régné dans les Gaules ou en France, depuis les temps les plus reculés jusqu'à nos jours. Par E. Velay.—*Paris, Hachette*, 1836, in-f° plano.

1819. Dissertation critique sur la *Charte d'Alaon.* Fragment extrait d'un ouvrage manuscrit intitulé: *Chronologie abrégée des trois dynasties Mérovingienne, Carlienne et Capétienne*, comprenant, avec des considérations nouvelles sur l'origine des Francs, l'étymologie de leur nom et les plus prochains ancêtres de Clovis; la véritable extraction de Saint-Arnoul, auteur de la *Seconde* lignée; celle de Robert-le-Fort, comte d'Anjou, lequel a formé la *Troisième*; celle encore des ducs amovibles, puis héréditaires de Lorraine, devenus empereurs d'Autriche,... par le prince marquis DE PONS ET LA CHATAIGNERAYE. — *Paris*, 1841, in-8°.*

1820. Note extraite de l'Art de vérifier les dates, par M. DE SAINT-ALLAIS, ouvrage réimprimé sous le règne et avec l'approbation du roi Louis XVIII. Armes des Maisons de Bourbon-Condé et de Bourbon-Busset...— (*Paris*, 1841.) In-4°. Pièce.*

1821. Tableau généalogique, chronologique et historique de la France; par H. D. FOURMONT.— *Paris*, 1842, in-f° plano.*

1822. Tableau historique et généalogique de la Maison royale de Bourbon de la branche d'Orléans, depuis Saint-Louis jusqu'à Louis-Philippe-Albert d'Orléans, comte de Paris, prince héréditaire. 2ᵉ édition. (Par FERDINAND-PHILIPPE-LOUIS-CHARLES-HENRI, duc D'ORLÉANS.)—(*Paris*, 1842.) In-f° plano.*

La première édition de ce tableau a paru dans le Traité des Apanages de M. Dupin, *Paris*, 1835, p. 90. — Le manuscrit existe de la propre main du prince.
Pour la Maison d'Orléans comme maison particulière, voyez ci-après ce nom dans le § 8.

1823. Petit Atlas généalogique des Rois de France; par MM. LECLERC aîné et LECLERC jeune, et J.-L. ALEXANDRE LE BEALLE.—*Paris*, 1843, in-8°. Pièce. Lithog.*

1824. Tableau des services de guerre des Princes issus de Robert-le-Fort, duc de France, chef de la dynastie Capétienne, exécuté d'après les ordres de feu S. A. R. Mgr. le duc d'Orléans; par AMÉDÉE RENÉE. — *Paris*, 1843, in-f° plano.*

1825. Carte généalogique générale de France, depuis Hugues Capet jusqu'à aujourd'hui.—*Paris*, 1845, in-f° plano.*

1826. Etudes synoptiques sur l'Histoire de France, par E. JUBÉ DE LA PERRELLE. Tableau généalogique des trois races royales.—

Paris, 1846, in-f° plano.* Avec les armes gravées sur bois.

1827. Généalogie des Rois de France. Première race. — *Paris*, 1847, 4 ff., in-f° plano.*

1828. Atlas historique français, ou Tableaux chronologiques et généalogiques des Races mérovingienne, carlovingienne, capétienne, et des principales branches qui en sont sorties, avec un appendice sur notre mémorable révolution de 1848. (Par l'abbé DANTIER.) Illustré et orné de gravures dessinées par JACOTT.—*Paris* (1848), in-4°.*

Prospectus. C'est tout ce qui a paru.

1829. Les Princes militaires de la Maison de France, contenant les états de services et les biographies de près de 300 princes, l'histoire généalogique et héraldique des diverses branches de la dynastie Capétienne, depuis Robert-le-Fort jusqu'à la Révolution française, par AMÉDÉE RENÉE,... — *Paris* (1848), gr. in-8°.* Avec un grand nombre de blasons gravés.

1830. Lettres touchant l'Origine des Carliens et des Capétiens, adressées au directeur du Journal l' « *Opinion publique*, » nᵒˢ des 21 juin et 2 juillet présente année. (Par le marquis J.-B.-F.-Aug. LA CHATAIGNERAYE, prince de PONS.)—*Paris*, 1850, in-8°. Pièce.* Avec une table généalogique des Carliens et des Capétiens.

1831. Tableau généalogique des Maisons Impériales d'Allemagne et des trois Maisons Royales de France. (1853.)

Voyez ci-après l'APPENDICE.

1832. Sceaux des Comtes d'Artois, par L. DESCHAMPS DE PAS,...— *Paris*, 1856, in-4°.*

1833. Capétiens. 3ᵉ dynastie des Rois de France et Princes qui en descendent, par AL. PERRAULT-MAYNAND. — *Lyon*, 1856, in-f°. Pièce.*

1834. Les Marguerites de France suivies des nouvelles filiales;

par Mᵐᵉ B. D'ALTENHEYM (GA-
BRIELLE SOUMET).—*Paris*, 1858,
in-18.*

1835. Histoire des dvcs de Bovrbon... Par JEAN MARIE DE LA
MVRE,... (1860).

> Voyez ci-après mêmes LIV. et
> Sect., § 7.
> On peut consulter encore, pour
> complément des ouvrages généa-
> logiques concernant la Famille
> royale de France : 1° Les « *Mé-
> langes historiques...* > de SAINT-
> JULLIEN. 2° Le « *Mercure de
> France*, » juillet et nov. 1720.
> 3° Les « *Mémoires de Trévoux*; »
> nov. 1743, p. 2075; 4° « *Historiæ
> Francorvm scriptores coætanei....
> opera...* ANDREÆ DV CHESNE, »
> tome I, page 7937-24.

Maison impériale de France.

1836. Note historique sur la Famille Bonaparte.—*Paris*, 1809,
in-8°.*

1837. Histoire de la Famille Bonaparte de 1260 à 1830. Par M. Ho-
RACE RAISSON. — *Paris*, 1830,
2 vol. in-8°.*

1838. La Famille Bonaparte depuis
1264 jusqu'à nos jours. Par
M. FOISSY, avocat.—*Paris*, 1830,
in-12.*

1839. Genealogia della Famiglia
Bonaparte, dalla prime memorie
che ne abbiamo sino algiorno
di oggi compilazione di GAETANO
VALERIANI.—*Napoli*, 1842, in-8°.*
Avec 14 portraits et 2 tables généalogiques.

1840. Manuels Roret. Nouveau
Manuel du blason... avec un
Armorial de l'Empire et une
Généalogie de la dynastie impé-
riale de Bonaparte jusqu'à nos
jours; par J.-F. PAUTET DU PA-
ROIS. (1843.)

> Voyez ci-dessus le n° 119.

1841. 2ᵉ edizione, corretta fino
àgiorni nostri. Genealogia della
Famiglia Bonaparte, originaria
di Treviso patrizia de S. Miniato
in Firenze nel 1268... del conte
LUIGI CAPELLO DI SAN FRANCO.—
(S. l., 1843.) In-f° plano.*

1842. Les Bonaparte et leurs œuvres littéraires. Essai historique
et bibliographique, contenant la
généalogie de la Famille Bonaparte, et des recherches sur les
sources de l'histoire de Napoléon.—*Paris, Daguin frères*, 1845,
in-8°.

> Cet ouvrage, intéressant à tous
> égards et par le sujet et par la
> manière savante et consciencieuse
> avec laquelle il a été traité, fut
> commencé par M. J. M. QUÉRARD
> et terminé par MM. CH. LOUAN-
> DRE et FÉLIX BOURQUELOT. Cepen-
> dant les Notices sur Lucien, sur
> son fils et sur sa belle-fille, conte-
> nues dans le travail des deux der-
> niers, sont encore dues à l'auteur
> de la *France littéraire*.

1843. Biographie de la Famille
de l'empereur Napoléon, par
L. BOYELDIEU D'AUVIGNY.—*Paris*,
1848, in-18. Pièce.*

1844. Biographie' impériale napo-
léonienne. Histoire de tous les
membres de la Famille Napoléon
jusqu'au 1ᵉʳ janvier 1849.—*Paris*,
1849, in-18.*

1845. Médaillier généalogique des
membres de la Famille Bonaparte et des Familles qui lui sont
alliées. (Par M. SORRET.)—*Paris*,
(1852.) in-f°. Pièce.*

1846. Histoire de la Famille impériale renfermant celle du Prince
Louis-Napoléon... par J.-M.
CHOPIN et CAMILLE LEYNADIER,
et une étude sur l'Empire par
M. VIENNET.—*Paris*, 1852, gr.
in-8°.*

1847. Etat civil de la Famille Napoléon. — *Troyes*, (1852,) in-8°.
Pièce.*

1848. Arbero genealogico della
Famiglia Bonaparta. — *Cuneo*,
Fenoglio, 1852, in-f°. plano. [B.
Lou.] Avec blason.

1849 Les Bonaparte, par Madame
EUGÉNIE PERIGNON,...—*Toul*,
1852, in-8°.*—*Paris*, 1852, in-8°.*

> Devait avoir 2 vol. Le 1ᵉʳ seul
> a paru.

1850. Tableau généalogique de la
Maison impériale de Bonaparte,
indiquant la filiation de ses diverses branches et les personnages qu'elle a produits depuis
le douzième siècle jusqu'à nos
jours. (Par M. J. DE GAULLE.) —
Paris, (1853,) in-f° plano.*

1851. 4ᵉ dynastie. Napoléoniens,
leurs ancêtres et les princes qui
en descendent, par A.-P.-M.

(A. Perrault-Maynand).—*Lyon*, (1855,) in-f° plano.*

1852. Histoire et généalogie des quatre branches de la Famille Bonaparte depuis 1183 jusqu'en 1855, par A.-P.-M. (A. Perrault-Maynand).—*Lyon*, 1855, in-8°.*

> Ces deux derniers ouvrages sont ordinairement joints ensemble.

1853. Della origine della Famiglia Bonaparte dimostrata con documenti, memoria storica di Luigi Passerini. — *Firenze, coi typi di M. Cellini e C.*, 1856, in-8°. Avec deux tableaux généalogiques.

> « Estr. dall. *Archivo storico Italiano*. Nuova série. T. III. P. II. T. IV. P. I. »

1854. Le Livre d'Or de la Famille Bonaparte, études historiques biographiques et portraits napoléoniens, publiés d'après des documents authentiques et des notes particulières recueillies et mises en ordre avec le plus grand soin par une Société de littérateurs et de publicistes.— *Paris*, 1855, 4 vol. gr. in-8°.*

1855. Le Antichita dei Bonaparte con uno studio storico sulla Marca Trivigiana per Federico Stefani, socio corrispondente dell' Ateneo di Treviso. Precede una introduzione per Luciano Beretta,...— *Venezia, co'tipi di Gio. Cecchini*, 1857, gr. in-4°.

> Avec une planche de blasons, or et couleurs. — Tiré à 100 exemplaires non mis en vente. — Cette importante publication contient des documents généalogiques précieux et nouveaux sur la famille Bonaparte. L'ouvrage de M. Stefani n'embrasse que l'Histoire des Bonaparte de Trévise; mais, si nous sommes bien renseigné, l'auteur se proposerait d'étendre ses recherches aux Bonaparte de Florence, de San-Miniato, de Bologne et de Corse.

1856. Quelques mots sur les Origines des Bonaparte, par Rapetti. Nouvelle édition.—*Paris*, 1858, in 16. Pièce.*

> Appréciation critique du n° précédent. —Tiré à 100 exemplaires. — La première édition parut dans le *Moniteur* du 17 mai 1858.

1857. Des Origines de la Famille Bonaparte, par A. Silvy.—*Paris*, 1858, in-8°. Pièce.*

> Extrait du *Journal général de l'Instruction publique*.

1858. La Famille impériale. Histoire de la Famille Bonaparte depuis son origine jusqu'en 1860. Par D. L. Ambrosini et Adolphe Huard,....—*Paris*, 1859, in-8°.*
—2° édition. *Paris*, 1860, in-8°.*

1859. Maison Bonaparte devenue impériale de France. (Par Munier.)—*Paris*, 1860, in-8°. Pièce.* Avec un arbre généalogique in-f°.

1860. Die Napoleoniden ein Genealogisch-Historiches Tableau von Dr Friedrich Nagel. — *Leipsig, verlagh Fr. Wilh. Grunow*, 1860, in-f°. plano. — Zweita vielver mehrte Auflage. *Leipsig, verlagh Fr. Wilh. Grunow*, 1861, in-f° plano.

> Travail peu exact.—Il y a des exemplaires sur papier glacé, avec titre et sous-titres en lettres d'or.
> Voyez encore pour complément des ouvrages généalogiques concernant la Famille impériale de France : 1° Le « *Nobiliaire universel de France*... » Par Viton de Saint-Allais, ci-après mêmes Liv. et Sect., § 7. 2° Le « *Nobiliaire universel*... » Par le Vicomte de Magny, ci-dessus n°1659. 3° Le « *Tableau Historique des événemens survenus pendant le Sac de Rome, en 1527, par Jacopo Bonaparte*... *Traduit par* Hamelin. » [La Collection des Mémoires de Buchon contient une traduction de cet ouvrage due à Napoléon-Louis Bonaparte, avec un Supplément du Prince Louis-Napoléon-Charles Bonaparte (Napoléon III.)] 4° Les « *Annales Napoléoniennes*,» imprimées à la suite de « Histoire de la République et de l'Empire.» Par Wouters. 1849, « in-4°. 5° *Tableau généalogique de Napoléon et sa famille* » dans le « Secret politique de Napoléon. » par Hoëné Wronski. 1840, in-8°.

§ 2.

Devises, armes, étendarts et autres signes symboliques, particuliers à la France et aux Maisons royale et impériale de la France.

1861. Le Lys très-chrétien, florissant en la foi chrétienne; par Tristan de Lescaone, official de S. Julien de Sault.—*Paris*, 1540, 1611, in-4°. [L.-F.]

1862. Le Blason des Célestes et Très-Chrestiennes Armes de France, contenant le Devis de trois Fleurs de Sapience, Justice et Bon conseil assises au champ de Vertu. Par JACQUES DE LA MOTHE, seigneur de Huppigny. —*Rouen*, 1549, in-16. [L. F.]

1863. Le Simbol Armorial des Armoiries de France et d'Escoce et de Lorraine composé par Maistre IEHAN LE FÉRON, Escuyer, et dédié à Tresillustre Dame, Madame Marie de Lorraine Royne et douairière d'Escoce.—*Paris*, 1555, in-4°.*

> Production singulière, autant que rare, où l'auteur a pour but d'expliquer la symbologie des armes de ces trois Maisons et d'établir le rapport et l'intimité qui, selon lui, existent entr'elles.
> Au v° du dernier feuillet on trouve les armes de l'auteur.

1864. De triplici Francorum Liliorum incremento, hoc est I. litterarum ; II. religionis ; III. armorum, apud maiores nostros priscos Gallos atque Francos cultu et studio ; auctore CLAUDIO ESPENCAEO.—*Parisiis*, 1575, in-8°. *Parisiis*, 1619, in-f°. [L.-F.]

> Dans l'édition de 1619, on trouve page 940 : « *Sermo de Franciciis liliis*, » et : « *Traité de l'excellence des trois Fleurs de Lys,...* » par JEAN CHALUMEAU.

1865. De Sacris Vnctionibvs libri tres. In quibus de Sanctâ Ampullâ... diffusè tractatur. Authore H. MORO,... (1593.)

> Voyez ci-après même Sect., § 3 : SACRE ET COURONNEMENT.

1866. Discovrs de la Dignité et Précellence des Fleurs de Lys : Et des Armes des Roys de France. Au Roy de France et de Nauarre, Henry IIII. de ce nom. (Par JEAN GOSSELIN, garde de la librairie des rois Charles IX et Henri III).—*Melun*, 1593, in-8° [P. D. V.]—*Tours, Iamet Mettayer*, 1593, in-8°. Pièce.*—*Nantes*, 1613-1615, in-8°.*

> Opuscule peu commun. L'édition de Melun est la même que celle de Tours. Celle de 1613-1615 porte à la fin : « *Mis en lumière par Henry Laisné.* » Ce qui a fait penser à quelques bibliographes que ce personnage en était l'auteur, tandis qu'il ne fut que l'éditeur

de cette édition. L'exemplaire de l'édition de Tours appartenant à la Bibliothèque impériale contient des additions manuscrites sur trois petits ff. intercalés entre les pages 12 et 13.
> Cet opuscule se trouve encore imprimé dans la *Bibliothèque du Droit François, par* BOUCHEL, page 279 ; édition de 1667, in-f°.

1867. De Flammulâ seu Vexillo, S. Dionysii vel de Orimphlâ aut Auriflammâ tractatus, auctore Jo. TEXERA, lusitano.—*Parisiis*, 1598, in-12. [B. U.]

1868. Elogivm de Lavdibvs, et prærogativis sacro liliorum in stemmate Regis Gallorum existentium. In quo tum sacra, cum sæculari eruditione eorum symbola, sensavè aperiuntur pro eiusdem Regis Christianissimi vita instituenda, formandaque. Authore R. P. F. IOHANNE LUDOVICO VIUALDO de Monte Regali Ordinis Prædicatorum sacræ Theologiæ professore Ad inuictissimum, et Christianissimum Henricvm IIII. Galliarum et Nauariorum Regem. (Editum à MATHEO BACELLINO minorita.)—*Parisiis, Apud Stephanum Collinerm*, 1608, in-8°.*

> Avait déjà paru dans : « Scriptores Ordinis Prædicatorum ; » tome II, page 42, sous ce titre : « *De laudibus ac triumphis trium liliorum in Scuto Regis christianissimi.* »

1869. Devises des Roys de France, Latines et Françoises tirées de divers auteurs anciens et modernes, avec une briève exposition d'icelles en vers François, par J. L. V. R. D. L. D. P. (JACQUES LE VASSEUR, Recteur de l'Université de Paris.) Et la paraphrase en vers latins, par MICHEL GRENET, de Chartres. Le tout enrichi des figures de tous les Roys de France jusqu'à Henry IV à présent régnant.—*Paris*, 1609, in-4°. [J. G. M.]

1870. Traicté de la Loy Saliqve, Armes, blasons, et deuises des François. Retirez des anciennes Chartres, Panchartes, Chroniques et Annalles de France. Par C. MALINGRE, Hystoriographe.—*Paris, Claude Collet*, 1614, 1618, petit in-8°.*

Dans cet ouvrage rare et curieux, l'auteur, malgré tout son savoir, n'a pu se défendre d'accepter la tradition historique de cette époque qui donnait aux Français une origine troyenne. On y trouve même à la page 17, le blason gravé de Pâris, fils de Priam! A part ça les chapitres tels que : *Les Premiers ducs en France ; — De l'ancienne aristocratie;—Généalogie de Louis XIII; —De la Mission des trois Fleurs de lis de France;—Armes et origine des Armes de Navarre ;— De Rou duc de Normandie*, ne sont dénués ni d'intérêt, ni d'une véritable science.

1871. PETRI MARTIRIS Collarii, pro Francia crescenta commentarium. — *Avenion.*, 1624, in-8°. [L.-F.]

1872. Panégyre orthodoxe mystérieux et prophétique svr l'Antiqvité, Dignité, Noblesse et splendeur des Flevrs de Lys. Ensemble des bénédictions et prérogatives surcelestes et suréminentes des très-chrestiens et très-invincibles Roys de la Monarchie Françoise sur tous ceux de la terre. Enrichy des plus belles pièces de l'Histoire. Par le R. P. HYPPOLITE RAVLIN, Religieux et Prædicateur du sacré Ordre des Minimes. Dédié à Monsieur Frère vnique du Roy.—*Paris, François Iacquin*, 1626, in-8°.*

1873. Le Lys sacré ivstifiant le bon-hevr de la piété par divers parangons du Lys avec les vertus, et les miracles du Roy S. Louys et des autres monarques de France. D'où ceux qui parlent en public pourront tirer des Exemples, des Devises et des propos remarquables sur chaque vertu des Roys de France, pour l'ornement de leur discours: Outre plusieurs dessins qui se prendront des Eloges du Lys, amplement deduicts en divers endroits de ce Liure. Par le P. GEORGE ESTIENNE ROVSSELET, de la Compagnie de Iesvs.—*Lyon*, 1631, in-4°.*

1874. Les Cvrievses singvlaritez de France. Par le sieur DV FOVSTEAV, Conseiller, Historiographe de sa Majesté, Président des Grand iours de Vendosme. —*Vendosme. Fr. de la Saugère.*

1631, petit in-8°.*—*Paris, Henault.* 1631, petit in-8°. [Bru.]

Ce petit ouvrage, des plus rares aujourd'hui, justifie par son contenu le titre qu'il porte : tout y est curieux et singulier. L'auteur n'a pas oublié, dans le chapitre de *l'Origine des François*, la fable adoptée par ses devanciers et par ses contemporains, qui consistait à faire de *Francus* ou *Francion*, fils d'Hector, la tige de la nation française ! Il contient encore entre autres chapitres non moins curieux : *De la Loi salique. — Des Armes de France et la Noblesse.— Prééminence des roys de France sur les autres roys.* Ajoutons que l'édition de Paris est la même que celle de Vendôme.

1875. Des Anciennes Enseignes et Etendarts de France ; de la Chappe de S. Martin ; de l'Office du Grand Sénéchal ; du Dapifer qui portait cette chappe aux batailles ; de l'Oriflamme ou étendart de S. Denis ; de la Bannière de France et Cornette blanche, par AUGUSTE GALLAND. —*Paris*, 1637, in-4°.*

Ouvrage intéressant et peu commun.—Inséré dans le tome II des *Antiquités de Paris*, par Sauval.— M. Poncelin en a donné une édition, sous le titre suivant :

1876. Traité historique et très-curieux des Anciennes Enseignes et Etendarts de France, par AUG. GALLAND ; ouvrage suivi d'une Dissertation importante sur le même sujet, par M. P*** (PONCELIN DE LA ROCHE-TILHAC). — *Paris.* 1782, in-16.*

1877. Dissertatio militaris de Vexillo regali in Castelensi pugnâ Francis erepto, armis Philippi IV regis catholici ductu Franc. de Mello, auctore Jo. JAC. CHIFLETIO.—*Antverpiæ*, 1642. in-4°.*

1878. De Ampvllâ remensi nova et accvrata Disqvisitio, ad dirimendam litem de Prærogativa Ordinis inter Reges. Accessit Parergon de Vnctione Regvm. contra Iacobvm Alexandrvm Tennevrivm, fucatæ veritatis alterum Vindicem. Avctore IOANNE IACOBO CHIFLETIO, equite, ac regio archiatrorum comite.— *Antverpiæ*, 1651, in-f°.*

La Bibliothèque Impériale possède un autre exemplaire avec notes manuscrites.

1879. De Sacrâ Ampvllâ remensi, Tractatvs apologeticvs adversvs Ioann. Iac. Chifletivm, cæcum Veritatis disquisitorem. Accesservnt Responsio ad parergon eiusdem authoris et Chifletivs ridicvlvs. Elucubræ Iacobvs Alexander Tennevrius, siue le Tennevr, in Aquitanico vectigalium senatu consiliarius regius.—*Parisiis*, 1652, in-4°.*

1880 Decora Franciæ, ubi de regiâ Inauguratione et Unctione, de liliis, Ampullâ, Aurillammâ, Titulis regum christianissimorum discurritur, auctore Claudio Dormay. — *Parisiis*, 1655, in-8°.*

1881. Traité dv Lys, symbole de l'espérance, contenant la iuste défense de sa Gloire, Dignité et Prérogatives; ensemble les preuves irréprochables que nos Monarques François l'ont toujours pris pour leur Devise en leurs couronne, sceptre, écus, étendars,... par Jean Tristan, seigneur de Saint-Amand, gentilhomme ordinaire de la chambre du roy... enrichy de figures en taille douce.— *Paris*, 1656, in-4°.*

1882. Lilivm Francicvm veritate historicâ, botanicâ et heraldicâ illvstratvm. Auctore Joanne Jacobo Chifletio,... —*Antverpiæ*, 1658, in-f°.* Avec gravures.

1883. In Stirpem regiam epigrammata. Authore M. Carolo Patin.... Devises et Emblèmes de la Maison royale. Par M. Charles Patin,... — (*Paris*,) 1660, in-4°. Pièce.* Avec figures gravées.

1884. R. P. Joannis Ferrandi, Aniciensis,... Epinicion pro Liliis, sive pro avreis Franciae liliis, aduersus D. Io. Iacobvm Chifletivm, Apes pro illis sufficere nuper audentem. Victrices vindiciae.—*Lugduni*, 1664, in-4°.*— *Lugduni*, 1677, in-4°.

L'auteur cherche a refuter Chifflet, qui pretendait substituer les Abeilles aux lis sur les armes de France. Chifflet ne se doutait

guère que les évènements ultérieurs devaient réaliser son idée.

1885. Epinicion secundum pro iisdem Liliis, auctore P.-J. Ferrando.—*Lugduni*, 1671, in-4°.*

1886. Traitté historique des Armes de France et de Navarre, et de leur Origine; par M. (Pierre Scévole) de Sainte-Marthe,... historiographe de France.— *Paris*, 1673, in-12.* Avec blasons.

Les plus anciens monuments de la *Réduction des Fleurs de Lis à trois*, dont il soit fait mention dans les auteurs, sont deux sceaux : l'un de Philippe-le-Bel, cité par du Cange; l'autre de Philippe de Valois, cité par Sainte-Marthe (1285-1350). Cependant la Bibliothèque de Rouen conserve une collection de Chartes concernant la célèbre *abbaye de Savigny*, diocèse d'Avranches, fondée en 1112, par Raoul de Fougères, dans l'une desquelles (1212) se trouve un sceau en parfaite conservation, représentant trois fleurs de lis semblables à celles de l'écu de France. Ainsi cette *Réduction de fleurs de lis à trois* serait donc beaucoup plus ancienne qu'on se l'imagine ordinairement.

Quant aux armes de Navarre, il paraîtrait que d'après le compte rendu du *Testament de Jeanne d'Evreux, reine de France et de Navarre*, daté de septembre 1372 et publié dans la *collection* de pièces historiques, de Leber, au lieu du *pommeté d'or*, ce serait un *besanté d'or*, qui devrait figurer sur l'écu de Navarre.

1887. Dissertation sur l'Origine de la figure des Fleurs-de-Lys, par Pierre Rainssant, de Reims,.... Garde des médailles du Roi.— *Paris*, 1678, in-4°. [L. D.]

1888. La Devise du Roy justifiée par le P. Ménestrier; avec un Recueil de cinq cens Devises faites pour Sa Majesté et toute la Famille royale.— *Paris*, 1679, in-4°.*

L'auteur a pour objet de prouver que le : *nec pluribus impar* est une devise réelle, logique, et même très-spirituelle, pour nous servir de ses propres expressions. Cette question avait eté déjà traitée en 1648, par Wagenseil, dans ses *exercitationes*, sous le titre : « de symbolis heroicis, vulgo devises, præcipue de symbolo regio, Nec pluribus impar. »

1889. Le Grand Théâtre profane du Duché de Brabant...Avec... un Examen des Armes de Pepin,... par M. Jacques le Roy,... (1730.)

> Voyez ci-après même Liv. et même Sect., § 6 : Pays-Bas et Belgique.

1890. Carte générale de la Monarchie françoise, contenant l'Histoire militaire depuis Clovis,... ainsi que les Uniformes, Drapeaux, Etendarts, Guidons et Armures d'ordonnance représentés en blazon... [Par Lemau de la Jaisse. (1733.)]

> Voyez ci-après même Liv. et même Sect., § 3 : Charges et dignités militaires.

1891. Dissertation sur les Tentes ou Pavillons de guerre, par Beneton (de Morange) de Perrin. —Paris, Gonichon, 1735, in-12. [B. R.]

> Cet ouvrage, assez rare, parut d'abord en fragments séparés dans le *Mercure de France*, année 1733, février, pag. 261, et juin, pag. 1050. —Voyez ci-après le n° 1893.

1892. Insignia Galliæ, quæ vulgo venditantur Lilia, antiquitate Clodovæana destituta... exam. subiiciunt publ. Chsti. Henr. Gutther... et Chsti Henr. Langhausen.— *Regioni*, 1740, in-4°. [Be.]

1893. Commentaire sur les Enseignes de guerre des principales nations du monde, et particulièrement sur les Enseignes de guerre des François ; par Etienne-Claude Beneton (de Morange de Petrins).—*Paris, Thiboust*, 1742, in-12.*

> Ouvrage différent du n° 1891. Comme ils sont à peu près sur le même sujet, on les a quelquefois confondus ensemble.
> Jamais nom ne fut plus estropié que celui de l'auteur. Tantôt on lit : Beneton de Perrin ; tantôt Beneton de Petrins ; tantôt Beneton se trouve avec une ou deux *n*, et quelque fois accompagné de : de Morange avec ou sans prénoms. Il est rare, enfin, de trouver un opuscule de l'auteur avec ses noms et prénoms écrits correctement comme il suit : Claude - Etienne Beneton de Morange de Petrins.

Ajoutons, toutefois, que la *Biographie universelle* ne s'est pas trompée à cet égard. Mais si elle a restitué à l'auteur tous ses noms et leur véritable orthographe, elle a été bien parcimonieuse envers lui touchant ses productions littéraires. Elle en cite cinq, cinq tout simplement : c'était plutôt fait. Cependant, indépendamment de celles que nous avons citées, la *Collection des Dissert. et Mém. relatifs à l'Hist. de France* de Leber contient de Beneton les pièces suivantes : *Dissertation sur la Maison militaire des rois de France.* —*Dissertations sur les Réjouissances publiques.* — *Dissertation sur l'origine des Jeux de hasard.* — *De l'origine des Hôtelleries.* —*Dissertation sur les Couronnes, leur origine et leur forme*, etc., etc.

1894. Dissertatio de Floribvs Lygiis vulgò *Lilia* vocatis, regni Galliæ insignibvs qvam... præside Ottone Christiano de Lohenschiold,... A diem Octbr. MDCCLVI, defendent Bernh Henricvs Buttersack... Johannes Christoph Bernhard Wider,... *Tvbingæ*, (S. d.,) in-4°. Pièce.*

1895. Recherches sur les Fleurs de Lys,... [Par J. B. Durey de Noinville. (1757.)]

> Voyez ci-après même Liv. et même Sect., § 7 : « *Dictionnaire généalogique et héraldique.* » Par la Chesnaye-des-Bois. Ire édition, tome III.

1896. D. Lohenschiold, de Floribus Lygiis vulgò *Lilia* vocatis, Regni Galliæ insignibus. — *Tubingæ*, 1758, in-4°. [L. F.]

1897. Dissertations sur différents sujets de l'Histoire de France ; par M. Bullet,....—*Besançon*, 1759, in-8°.*

> Ce petit ouvrage contient des documents fort curieux sur l'oriflamme, les fleurs de lis, armes, cris de guerre et autres sujets analogues concernant la Maison de France.

1898. Lettre sur la Sainte-Ampoule et sur le sacre de nos rois à Reims, écrite de Laon le 9 février 1719, par feu M. Pluche.... à M. Philippe,... — *Paris*, 1775, in-12.*

1899. Description curieuse et intéressante des soixante drapeaux que l'amour patriotique a offerts aux soixante districts de la ville et faubourgs de Paris ; avec l'explication des allégories, devises, emblèmes et exergues dont ils sont ornés,.... (Par M. VIRILH DE VARENNE.) — *Paris*, 1790, in-8°.* Avec atlas in-4°.*

1900. Modèle du Drapeau adopté par M' le Général Lafayette sur la proposition de M. l'inspecteur général Mathieu Dumas pour chaque Bataillon des Gardes Nationales du royaume.—*Paris*, in-f°. plano.

1901. Essai historique et patriotique sur les Arbres de la liberté, par le comte HENRI GRÉGOIRE.— *Paris*, 1794, in-16.*

> Selon Van-Hulthem, cet ouvrage serait le plus rare de tous ceux de l'auteur.

1902. Histoire patriotique des Arbres de la Liberté. Par GRÉGOIRE,... précédé d'un Essai sur la vie et ses ouvrages par M. CH. DUGAST, et d'une introduction par M. A. HAVARD.—*Paris*, 1833, in-18.*

> Même ouvrage que le n° précédent.

1903. De l'origine et de la forme du Bonnet de la Liberté. Par A. F. GIBELIN,....— *Paris*, AN IV, in-8°. Pièce.*

1904. Ueber die fabelhafe sogenannte heilige Ampulle... (Sur la prétendue Sainte-Ampoule, laquelle fut brisée en 1794. Par C.-G. DE MURR). — *Nuremberg*, 1801, in-8°. Pièce.*

1905. Notice sur l'Antiquité et la Gloire des Lys. Par M. le Chevalier H. DE FÉRAUDY. — *Paris*, 1815, in-8°. Pièce.*

1906. Bouquet de la Légitimité (28 Juillet 1820.) Armes de France ou Fleurs de Lis. Par un Membre de l'Académie des Inscriptions et Belles-Lettres (l'abbé P.-L. BÉTENCOURT).— *Paris*, 1820, in-8°. Pièce.*

1907. Recherches historiques, sur la Sainte-Ampoule, accompagnées d'un dessin lithographié, représentant cette précieuse relique telle qu'elle était avant sa destruction, par LACATTE-JOLTROIS. *Reims*, 1825, in-8°.*

1908. Fragment d'un ouvrage inédit, intitulé : « Histoire du Drapeau, des couleurs et des insignes de la monarchie Française, précédée de l'histoire des enseignes chez les anciens. Avec cette épigraphe : *Gloriæ Majorum*. (Par REY.) — (*Paris, s. d.*) In-8°. Pièce *

> Voyez le n° suivant.

1909. Histoire du Drapeau, des Couleurs et des Insignes de la Monarchie Française, précédée de l'Histoire des Enseignes militaires chez les anciens, par JEAN REY,....—*Paris, Techener*, 1837, 2 vol. in-8°.* Avec un Atlas de 24 pages.

> Cet ouvrage a obtenu la 1re mention honorable de l'Institut de France. Il est plein de recherches curieuses, mais il est mal digéré, et la passion politique détourne trop souvent l'auteur de l'objet qui l'occupe.

1910. Notice sur les Couleurs nationales, et sur les Drapeaux et Emblèmes de la France ; lue à la Société des Sciences morales, Lettres et Arts de Seine-et-Oise, dans les séances des 3 et 10 Mai 1839, par MONTALANT - BOUGLEUX,...—*Versailles*, 1839, in-8°. Pièce.*

1911. Le Bonnet de la Liberté et le Coq Gaulois, Fruits de l'Ignorance. Lettre à M. Viennet, Membre de l'Académie Française. Par PERQUIN DE GEMBLOUX,... —*Bourges*, (1840,) in-8°. Pièce.*

1912. Origine du Drapeau Tricolore Français à la Révolution de 1789, par Louis XVI,... et des causes (abrégées) qui ont amené la Révolution française de 89,... Dédié à toutes les Familles Françaises ; par PEIFFER, de Metz.— (*Paris, 1843.*) In-f° plano.* Avec figures.

1913. Mémoire sur les Trois Couleurs nationales. (Par M. A. JAL, historiographe de la Marine).— —*Paris*, 1845, in-12. Pièce.*

1914. Histoire patriotique des arbres de Liberté. (Par A. PINARD.) —*Paris*, (1848,) in-8°. Pièce.*

1915. Iconographie des Plantes Aroïdes figurées au moyen âge en Picardie, et considérées comme origine de la Fleur de Lis en France; par M. le dr EUG. J. WOILLEZ.—*Amiens*, 1848, in-8°. Pièce.* Avec 10 planches.

> Extrait du tome IX des « *Mémoires de la Société des antiquaires de Picardie.* »

1916. Origine du Drapeau tricolore. (Par LÉON JAYBERT.) — *Paris*, (1850,) in-8°. Pièce.*

1917. Recherches sur l'Origine du Blason et en particulier sur la Fleur de Lis, par ADALBERT DE BEAUMONT. (1853.)

> Voyez ci-dessus n° 127.
> Pour complément de ce §, on peut consulter : 1° « Jo. LIMNAEI Notitia regni Franciæ,... » LIV I. 2° « Histoire des Ministres d'Etat » par CHARLES DE COMBAULT, page 89. 3° Le 2° vol. de l' « Histoire de France » par le P. DANIEL. 4° Les Dissertations XI, XII et XVIII, de DU CANGE, insérées dans son édition des Mémoires de Sire de Joinville. 5° Le « Mercure de France » oct. 1695, janv. 1696, oct. 1696 et nov. 1753. 6° Les « Mém. de l'Acad. des Inscr. et B. Lett. » tom. XIII, p. 628; et tom. XX, p. 579-596. 7° Les « Mém. de Trévoux » juin 1705, p. 1050; et sept. 1706, p. 1596. 8° L' « Année littéraire, » ann. 1763, p. 319. 9° Le « Messager des sciences et des arts de Belgique, » ann. 1833, tom. I, p. 37-39. 10° La « Bibliothèque du droit françois, » de JEAN BOUCHEL; édit. de 1667, in-f°, p. 329 et suiv. 11° Le tom. II de l' « Origine des François, » par AUDIGUIER, p. 470. 12° Les « Mémoires historiques » de MEZERAY, p. 147. 13° Le beau travail de M. NATALIS DE WAILLY, intitulé « Eléments de paléographie. »

§ 3.

Charges, Dignités et Titres d'Honneur.—Etiquette et Cérémonial.—Sacre et Couronnement.

Traités sur les diverses charges et dignités de l'Etat.

1918. Commentarii VINCENTII LVPANI de Magistratibvs et Præfecturis Francorvm : ad Iacobum Brollatum Archiepiscopum Arelatensem. — *Parisiis*, G. Niger, 1551, 2 parties en 1 vol in-4°.*— Tertio jam ab auctore aucti et

recogniti. *Parisiis*, G. Niger, 1557-1560, 3 parties en 1 vol. in-8°.*

> Ce petit traité curieux et rare a été réimprimé dans : « JOAN. TILLII,... *Commentariorum et disquisitionum de rebus gallicis libri duo...* » — *Francofurti ad Mœnum*, 1579, in-f°.*

1919. Des Dignitez, Magistratz et Offices du Royaume de France. (Par VINCENT DE LA LOUPE.)— *Paris*, Le Noir, 1553, 2 parties en 1 vol. in-4°.*

> Traduction du n° précédent.

1920. Premier et second livre des Dignitez, Magistrats, et Offices du Royaume de France. Ausquels est de nouueau adiousté le tiers liure de ceste matière outre la reueue Et augmentation d'iceux. (Par VINCENT DE LA LOUPE.)—*Paris*, par G. le Noir. 1560-1564, 3 parties en 1 vol. in-8°.*

> Même traduction que le n° précédent.

1921. Origine des Dignitez, Magistratz, Offices et Estats dv Royaume de France. Le tout réduit en vn liure, nouuellement reueu et augmenté outre les précédentes impressions. (Par VINCENT DE LA LOUPE.)— *Lyon*, Benoist Rigaud, 1572, in-16.*

> Même traduction que les deux n°s précédents.

1922. Origines des Dignitez et Magistrats de France. Recveillies par CLAVDE FAVCHET. *Paris*, 1600.—Origines des Chevaliers, Armoiries et Héravx. Ensemble de l'Ordonnance, Armes, et Instruments desquels les François ont anciennement vsé en leurs guerres, recveillies par CLAVDE FAVCHET. *Paris*, 1600, le tout en 1 vol. in-8°.*—Seconde édition. *Paris*, 1606, in-8°.*

> Curieux et peu commun. — Se trouve aussi dans les *Œuvres* du même.

1923. Le Thrésor des histoires de France. Contenant sommairement les Origines, Dignitez des Magistrats et Offices de France. Par GILLES CORROZET. -- *Paris*, 1613, in-8°. [B. Am.] — *Paris*, 1628, in-8°. [B. R.]

1924. Traictez des Premiers Officiers de la Couronne de France soubs noz Roys de la première, seconde et troisième lignée, par ANDRÉ FAVYN.—*Paris*, 1613-1615, 3 parties en 1 vol. in-8°.*

1925. L'Establissement des Estats et Offices de la Maison et Couronne de France, recherché dans les anciens manuscrits, par M. MATHIEU, Forézien.—*Paris*, 1616, in-8°.*

1926. Histoire des Dignitez honoraires de France. Et Erection de plvsievrs Maisons nobles en Duchez, Comtez, Pairries, Marquisats et Baronnies, par les Roys de France, leurs vérifications aux Parlemens et Chambres des Comptes, Ensemble vn Traicté de la Prééminence des Roys de France sur ceux d'Espagne, des Romains et autres Puissances souueraines... Par (CLAUDE MALINGRE, le Sieur DE S. LAZARE, historiographe...—*Paris*, 1635, 1636, in-8°.*

1927. De Dvcibvs et Comitibvs provincialibvs Galliæ, libri tres : In quibus eorum Origines, incrementa, et cum his Regalium vsurpatio, et casus illustrantur. Accessit De Origine et statu Feudorum, pro moribus Galliæ liber singvlaris. Autore ANT. DADINO ALTESERRA.—*Tolosæ*, 1643, in-4°.*

Malgré sa date, cet ouvrage est encore le meilleur qu'on ait publié sur l'origine des charges, dignités et distinctions honorifiques.

1928. ANT. DADINI ALTESERRAE de Dvcibvs et Comitibvs Galliæ provincialibvs libri tres. Ob maximvm in ivre pvblico germanico vsvm, cvm præfatione recvdi fecit Io. GEORG. ESTOR D. Consiliar. et Historiográphvs Hass...—*Francofurti et Giessæ*, 1731, in-8°.*

Même ouvrage que le n° précédent.

1929. Des Dignitez temporelles, où il est traitté de l'Empereur, du Roy, des Ducs, des Pairs de France, des Marquis, Comtes, Barons, Chevaliers, et de tous Ordres de Chevalerie..., Par

BORJON. — *Paris*, 1683, in-12.'—*Paris*, 1685, in-12. [B. R.]

1930. ANTONII MATTHEI,... de principibus, de ducibus, de comitibus, de baronibus, de Militibus, Armigeris, Barscalcis, Marscalcis, Adelscacis,.... libri quatuor.. (1686.)

Voyez ci-dessus n° 1036.

L'auteur, aussi profond jurisconsulte que savant historien, a consigné dans cet ouvrage, d'ailleurs peu commun, des détails curieux sur l'origine et l'établissement des dignités militaires, civiles et ecclésiastiques au moyen âge.

1931. Traité des Droits, Fonctions, Franchises, Exemptions, Prérogatives et Priviléges annexés à chaque Dignité, à chaque Office et à chaque Etat, soit Civil, soit Militaire, soit Ecclésiastique. Ouvrage de plusieurs Jurisconsultes et Gens de Lettres, Et publié par M. GUYOT, écuyer, ancien magistrat.—*Paris*, 1786-1788, 4 vol. in-4°.*

Ouvrage savant, et recherché malgré sa date.

Les titres des tom. III et IV portent: Publié par MM. GUYOT,... et MERLIN,...

1932. Conséquence du système de Cour établi sous François Ier. Première livraison, contenant l'histoire politique des Grands Offices de la Maison et Couronne de France, des dignités de la Cour, et particulièrement des Marquis, et du Système nobiliaire depuis François Ier. Par P. L. RŒDERER.—*Paris*, août 1830, 1833, in-8°.*

1933. Histoire des Grandes Charges, des Dignités et des Titres d'Honneur de la Couronne de France; par H. GOURDON DE GENOUILLAC.—*Paris, L. Dentu*, in-8°.

Sous presse.

Maison civile et militaire du Roi et de l'Empereur, et autres maisons royales et impériales de France.

1934. Liste des Officiers de Magistrature qui ont eu et qui ont des Charges dans la Maison du Roy, de la Reyne et autres Maisons Royales. — *S. l. n. d.* In-4°. Pièce.

1935. **Extrait** des priviléges de Messieurs les Conseillers secrétaires du roy, Maison, Couronne de France, et de ses finances, concernant l'exemption du Ban et l'Arrère-Ban. — (*S. l. n. d.*) In-f°. Pièce.*

1936. Novveavx et anciens Priviléges, Franchises et Libertez des Officiers domestiques de la Maison du Roy.—*Paris, I. de Heuqueville*, 1605, 1606, 1611, in-8°. Pièce.*

1937. Extraict des Priviléges d'Exemption de toutes les Tailles et Impositions généralement quelconques, octroyez aux Présidens et Conseillers du Grand Conseil, comme Domestiques et Commensaux de la maison de Sa Majesté, Avec les Arrests des Cours des Généraux des Aydes de Paris et de Languedoc donnez en conséquence desdits Priviléges.—*Paris, J. de Heuqueville*, 1610, in-8°. Pièce.*

1938. Origine des devx Compagnies des Gentils-Hommes ordinaires de la Maison du Roy.—*Paris, I. de Heuqueville*, 1614, in-8°. Pièce.* Très-rare.

1939. Priviléges accordez par le Roy, avx Officiers de la Prévosté de son Hostel, domestiques, et Commensaux de la Maison de sa Majesté.—*Paris, F. Morel*, 1614, in-8°.*

1940. Le Grand Chambellan de France, livre ov il est amplement traicté des honneurs, droicts et pouuoirs de cet Office, et ov sont dédvites plvsievrs rares et remarqvables antiquités de la Maison et couronne de France. Par P. BARDIN. — *Paris*, 1623, in-f°.*

1941. Extraict des Officiers de la Maison du Roy, et de celle de la Roynè, qui sont employez pour leurs gages, es comptes rendus en la chambre. (Pour l'année 1641.)—*Paris, imp. de P. Rocolet, (s. d.,)* in-f°.*

1942. Extraict des Officiers commençavt de la Maison du Roy, de la Reyne Régente, de Monseigneur le Duc d'Orléans, de Mademoiselle, et de Monseigneur le Prince de Condé.—*Paris, imp. de P. Rocolet*, 1644, in-f°.*

1943. Estat général des Officiers Domestiques de la Reyne Régente, et des gaiges dent ils jouissent.—(*S. l.*, 1644.) In-f°.*

1944. Priviléges des Officiers du Grand Conseil. — (*S. l., n. d.*) In-4°.*

Du 6 octobre 1541, au 8 mars 1615.

1945. Déclaration dv Roy portant restablissement des priuiléges des Officiers de sa Majesté, de la Reyne Mère Régente, de M. le Duc d'Orléans, de M. le Prince de Condé et autres, pour en jouyr ainsi qu'ils faisoient auparavant la suspension. (26 novembre 1643.)—*Paris*, 1645, in-8°. Pièce.*

1946. Code des Privilégiez ov Recveil des édicts, ordonnances des Roys, interuenus sur les priuiléges des Officiers domestiques, et commensaux de la Maison du roy, de la Reyne, Enfans de France, et autres depuis l'an 1318, iusques à 1646. Auec les nottes et obseruations de feu M. LOVYS DE VREVIN, sieur de Guny,...—*Paris*, 1646, in-8°.*

1947. Les Priviléges des Officiers de la Préuosté de l'Hostel, Domestiques et Commensaux de la Maison de Sa Majesté. — *Paris, imp. de J. Rebuffe*, 1649, in-4°. Pièce.*

1948. Estat général des Officiers et commensaux de la Maison du Roy, de la Reyne et de M. le Duc d'Anjou,... Ensemble l'Ordre et Règlement qui doit estre observé en la Maison de S. M. (Par JEAN PINSON DE LA MARTINIÈRE.)—*Paris, Marin le Ché*, 1653, in-8°. [B. R.]

Curieux et rare.

Il y a bien à voir et à prendre dans les vieux livres qui ne se composent que de noms propres, pour peu que le nom y soit suivi d'une qualité et d'un chiffre : on ne les lit point, mais on ne les parcourt guère sans y trouver quelques sujets d'observations plus ou moins intéressants. Après avoir cherché inutilement, dans celui-ci, le nom de Poquelin, tapissier ou valet de chambre de la maison du Roi, suivant les biographes de Molière, j'y remarque, entre les joueurs d'instruments, un Louis de Molière, joueur de luth; — un Robert et un Pierre Racine, l'un huissier, l'autre panetier, à 700 liv. de gages; — un Michel Colbert, aumônier, et un Pierre Colbert, gouverneur des pages; — un sieur Pignon, maître de la librairie, à 1200 liv.; — un Antoine Ruette et un Gilles du Bois, relieurs, à 100 liv.; — un Jean Le Bé, écrivain pour enseigner S. M., à 300 liv.; — deux *Nains de Cour*, Claude Noel et L. Puisson, dit Balthazard, à 300 liv. chacun; — des femmes de chambre de la reine, à 120 liv., la première, Mme de Beauvais, à 300; — un premier ministre, Mazarin, chef du conseil et surintendant de la maison de la reine, à 6000 liv.; — et parmi les valets, beaucoup de noms devenus illustres avec le temps. [Leber.]

1949. Estat général des Officiers domestiques et commençaux de la Maison du Roy. Ensemble l'ordre et reiglement qui doit estre tenu et observé en la Maison de Sa Majesté. (Par Jean Pinson de la Martinière.) — *Paris*, 1657, in-8°. [B. Am.]

Non moins rare que le précédent.

1950. L'Estat général de la Maison de la Reine de France. Où l'on voit les noms et les gages de tous les Officiers; et le Quartier de leur service. — (*S. l.,* 1660.) In-12. Pièce.*

1951. Estat des Titres, des Contrats et des Actes qui sont nécessaires pour faire et dresser les preuves de Noblesse de tous ceux qui se présenteront dorénavant pour estre agréez et reçeus Pages du Roy, dans la Grande Escurie de Sa Majesté, sous la Charge de Son Altesse le Grand Escuyer de France. (30 Janvier 1670.)—(*S. l. n. d.*) In-4°. Pièce.*

1952. Edit d'Union, Règlemens et Priviléges des Sécrétaires du Roy. — *Paris*, P. *Le Petit*, 1672, in-12.

Très-rare.

1953. Extrait de l'Estat général dv

nombre des Officiers dont le Roy veut et ordonne que sa maison soit composée, fait et dressé en l'année mil six cens soixante et quatorze, signé et arresté par Sa Majesté le vingt-deux Ianvier, et receu au Greffe de la Cour des Aydes, suivant son Arrest du quatorze Avril dudit an, pour iouyr par les y denommez des Priviléges, Franchises, Libertez, Exemptions et Immunitez, à eux attribuez par les Edits et Déclarations du Roy, Arrests et Déclarations de la Cour.—(*S. l.,* 1674.) In-4°. Pièce.*

1954. Recveil des Tiltres dv Baillage et Capitainerie des Chasses de la Varenne et Chasteav dv Louvre, Parc et Bois de Boulogne, et des Six lieues à la ronde de son étendue és enviróns de Paris.—*Paris*, 1676, in-4°.*

Curieux et rare. — Le permis d'imprimer est accordé à G. Saissier.

1955. Mémoire des Titres qu'il faut représenter en Original à M. d'Hozier, Conseiller du Roy, Genéalogiste de sa Maison, Juge général des Armes et des Blazons, et Garde de l'Armorial général de France, et Chevalier de la Religion et des Ordres Militaires de S. Maurice et de S. Lazare de Savoye, etc.,—pour vérifier, dresser et certifier par lui, les preuves de la Noblesse paternelle de chacun des Gentilshommes qui seront retenus pour être Pages de Sa Majesté, dans sa grande Ecurie, sous le Commandement de Son Altesse Monseigneur le Comte d'Armagnac, Grand Ecuyer de France, etc.—*Paris*, 1713, in-4°. Pièce.*

1956. Grands Chambriers de France. — Grands Chambellans de France. (Par P. P. Dubuisson.) — *Paris*, 1721, gr. in-f° plano.*

Planches contenant les noms, qualités, armes et blasons gravés de ces officiers.

1957. Etat général des Officiers de la Maison de feu S. A. R. Monseigneur le Duc d'Orléans, attaché sous le Contre-Scel de la Déclaration du 4 Janvier 1724. Pour par eux et leurs Veuvés restant en Viduité, jouir leur vie durant, de toutes ces mêmes Prérogatives, Priviléges et Exemptions dont ils ont joui ou dû jouir du vivant de Sadite A. R. et dont jouissent et ont droit de jouir les autres Officiers Commensaux de Sa Majesté.—*Paris, c⁰ Saugrain et P. Prault, 1724, in-4°. Pièce.*

1958. Mémoire de ce qu'il est nécessaire de faire, pour être reçu Page du Roi dans sa Grande Ecurie.—*(Paris,)imp. de J.-F. Columbat, mars 1746, in-4°. Pièce.*

1959. Mémoire de ce qui est nécessaire pour être reçu Page de Madame la Dauphine.—Mémoire des Titres qu'il est nécessaire de produire à M. le Président D'HOZIER, pour la preuve de la Noblesse des Pages de Madame La Dauphine. — *(S. l. n. d.)* Le tout en une pièce in-4°.*

1960. Ordre et règlements qui s'observent dans la Maison de Monseigneur le duc d'Orléans, pour la conduite de la bouche. Donnés par M. de M*** (DIDIER D'ARCLOIS DE MONTAMY).—*Paris,1764, in-4°.* Avec tableaux in-f°.

1961. Les Généalogies des Maistres des Reqvestes ordinaires de l'Hostel du Roy (depuis 1260 jusqu'en 1575). (Par FRANÇOIS BLANCHARD.)—*Paris, 1670, in-f°.*

Avec blasons gravés intercalés dans le texte.

La Bibliothèque impériale conserve quatre exemplaires de cet ouvrage, enrichis de nombreuses additions et corrections manuscrites de la main de Ch.-René d'Hozier et autres possesseurs.—Elle conserve encore la continuation manuscrite du même ouvrage depuis 1575 jusqu'en 1722, par BLANCHARD fils.

1962. Histoire du Conseil et des Maistres des Requestes de l'Hostel du Roi, depuis le règne de S. Louis, en 1226, jusqu'à présent; Avec leurs Généalogies et Armoiries gravées, dédié au Roi ; huit volumes in-quarto. — *Paris, Dufour, 1765, in-4°. Pièce.*

Prospectus. C'est tout ce qui a paru.

1963. Grands Aumoniers de Fran-

ce. (Par P. P. DUBUISSON.)—*Paris, (1758,) gr. in-f° plano.*

Planche contenant les noms, qualités, armes et blasons gravés de ces officiers.

1964. Grand Conseil. Les Noms, Qualitez, Armes et Blasons de Nos Seigneurs du Grand Conseil, présenté, par P. P. DUBUISSON. —*Paris, 1760, gr. in-f° plano.*

1965. Histoire ecclésiastique de la Cour de France, où l'on trouve tout ce qui concerne l'Histoire de la Chapelle et des principaux Officiers ecclésiastiques de nos rois; par M. l'abbé OROUX, chapelain du roi.... — *Paris, 1776-1777, 2 vol. in-4°.*

1966. Abrégé chronologique et historique de l'origine, du progrès et de l'état actuel de la Maison du roi et de toutes les troupes de France, tant d'infanterie que de cavalerie et dragons,... Par M⁰. SIMON LAMORAL LE PIPPRE DE NOEUFVILLE,...— *Liége, 1734-1735, 3 vol. in-4°.*

Avec un grand nombre de blasons gravés intercalés dans le texte.—Ouvrage devenu très-rare.

1967. Maison du Roi, ce qu'elle était, ce qu'elle est, ce qu'elle devrait être. Examen soumis au Roi et à l'Assemblée nationale. *Paris, 1789, in-4°.*

Cet ouvrage a pour objet unique les grandes Charges de la Couronne et le service de la bouche du Roi.

1968. Maison militaire du Roi. Ce qu'était la Garde du Roi. Causes de sa destruction. Moyens que l'on croit devoir indiquer pour la rétablir. Ce que coûtaient les troupes ordinaires. Ce qu'elles coûtent aujourd'hui, et pourquoi. Examen soumis au Roi et à l'Assemblée nationale, par M. DE LA TOUR, Chevalier de l'Ordre... de Saint-Louis, Brigadier de Cavalerie, ancien Officier-Major des Gardes-du-Corps ..—*Paris, 1790, in-8°.*

Cet ouvrage forme en quelque sorte la seconde partie du n° précédent.

1969. Liste des Dames de la Maison de S. M. l'Impératrice et reine et de celles des Princesses.—*Paris*, Novembre 1807, in-4°. Pièce.*

1970. Essai sur la Maison militaire equestre du Roi, par M. de LOQUEYSSIE, Chevalier de Saint-Louis.—*Paris*, 1815, in-8°.*

1971. Tableau de la maison civile et militaire du roi et celles des princes et princesses, indiquant la demeure des personnes en place et précédé de la Charte constitutionnelle de l'Etat. — *Paris*, (1816,) in-32.*

1972. Histoire des divers corps de la Maison militaire des Rois de France, depuis leur création jusqu'à l'année 1818. Par BOULLIER, gardé-du-corps de Monsieur.—*Paris*, 1818, in-8°.*

1973. Tableau de la Maison militaire du roi, publié sous l'autorisation de Son Excellence le ministre de la Maison de S. M. Par P. A. LOUETTE, officier en retraite.—*Paris*, 2 vol. in-8°.*

Année 1819-1820.

1974. De l'Ancienne et de la Nouvelle Maison civile du Roi. — *Paris*, 1820, in-8°. Pièce.*

1975. Etat de la maison militaire du roi, pour l'année 1827.—*Paris*, 1827, in-16.*

1976. Annuaire de la maison militaire du roi... Par M. FAUVEL, chef de bureau à l'état-major de la compagnie de Grammont. —*Paris*, 3 vol. in-18.*

3°-4° années, 1828-1830.

Grands Officiers de la Couronne.

1977. Catalogve des Tres illvstres Ducz et Connestables de France, depuis le Roy Clotaire premier du nom, iusques à Tres puissant, Tres magnanime et Tres victorieux Roy de France, Henry deuxieme. (Par JEHAN LE FÉRON.) *Paris*, M. *Vascosan*, 1555. — Catalogve des Tres illvstres Chanceliers de France,... *Paris*, M. *Vascosan*, 1555.—Catalogve des Tres illvstres Grands-Maistres de France,.... *Paris*, M. *Vascosan*, 1555.—Catalogve des Tres illustres admiravlx de

France, depuis le Roy Philippes de Valois,... *Paris*, M. *Vascosan*, 1555.— Catalogve de Tres illvstres Mareschavlx de France, depuis le Roy Clovis deuxième du nom,... *Paris*, M. *Vascosan*, 1555. — Catalogve des Prévostz de Paris, depuis le Roy S. Loys,... — *Paris*, M. *Vascosan*. 1555.—Le tout en 1 vol. in-4°.*

Avec armes et blasons gravés sur bois et intercalés dans le texte.— La pagination et la signature recommencent à chaque partie.

1978. Catalogve des Noms, Svr-noms, Faits et Vies des Connestables, Chanceliers, Grands-Maistres, Admiravx et Mareschavx de France : Ensemble des Préuosts de Paris Depuis leur premier establissement iusques à Tres-haut, Tres-puissant et Tres-chrestien Roy de France, et de Nauarre Henry IIII. Oeuvre premièrement composé et mis en lumière par IEAN LE FÉRON, et depuis reueu, corrigé et augmenté en ceste présente édition. (Par C. MOREL.) Auec la Figure et le Blason de leurs armoiries.—*Paris*. *Fed. Morel*, 1598, in-f°.*

Edition inconnue au P. Lelong et à M. Bernd.

1979. Les Armoiries des Connestables, Grands Maistres, Chanceliers, Admiravx, Mareschavx de France et Préuots de Paris, depvis levr premier establissement ivsqves av Tres-Chrestien Roy de France et de Nauarre Lovys XIII. Auec leurs noms, surnoms, tiltres, faicts et vies. Oeuvre premierement composé et mis en lumière par IEAN LE FÉRON, et depuis reueu, corrigé et augmenté en ceste dernière édition, par CLAUDE MOREL, Imprimeur ordinaire du Roy. — *Paris*, C. *fils de Cl. Morel*, 1628, in-f°.*

La Bibliothèque impériale conserve un autre exemplaire de cette édition, avec blasons coloriés et additions manuscrites.

1980. Histoire des Connestables, Chanceliers et Gardes des Sceavx, Mareschavx, Admiravx, Svrintendans de la navigation, et Généravx des Galères de France ; des Grands-Maistres de la Maison dv Roy et des Prévosts de Paris, depuis leur Origine avec levrs Armes et Blazons (gravés par CLAUDE COLLIER). Ouvrage commencé, et mis au iour par JEAN LE FÉRON, l'an 1555. Reveu et continué iusques à présent. Augmenté de diuerses Recherches et Pièces curieuses, non encore imprimées, seruans au plus grand eclaircissement de ce Recueil. Par DENYS GODEFROY,...— Paris, 1658, in-f°.*

La Bibliothèque impériale conserve deux autres exemplaires de cette édition, avec deux pages de plus pour l'un, et des additions et corrections manuscrites de Charles-René d'Hozier pour l'autre. Le P. Lelong et M. Bernd, signalent encore quatre éditions différentes des nôtres quant aux titres et aux dates. Cependant malgré ces différences, nous croyons devoir affirmer qu'il n'existe de cet ouvrage d'autres éditions que celles ci-dessus décrites.

1981. Recherche des Connestatables, Mareschaux et Admiraux de France, soubs la conduite de chacun, et soubs quels roys ils ont esté employez. Par M. A. MATHAS.— Paris, 1623, in-8°.*

1982. Histoire des Officiers de la Couronne de la France et des principaux commensaux de la Maison du roy ; ensemble les Prévots, lieutenants-civils de Paris, avec leurs armes et la généalogic de quelques uns d'iceux ; par JEAN DE LONGUEIL.— Paris, 1656, in-8°. [B. Bru.]

1983. La Seconde partie du Promptuaire armorial, où sont representés les Armes... des Princes et principaux Seigneurs du royaume de France... [Par JEAN BOISSEAU. (1657.)]

Voyez ci-dessus n° 49.

1984. La Connestablie et Mareschaussée de France, ou Recueil des édits, déclarations et arrests sur le pouvoir et jurisdiction de MM. les Connestables et Mareschaux de France, et de leurs Lieutenans au siège de la Table de Marbre. Par PINSON DE LA MARTINIÈRE.—Paris, 1661, in-f°.*

1985. N. BÉRIMENT, les Noms, Armes et Devises des princes et seigneurs qui composent le carouzel ordonné par Louis XIV, en juin 1662.—Paris, 1663, in-f°. [Be.]

1986. Tables généalogiques des Maisons des Ducs et Pairs de France et des Seigneurs illustres qui en descendent par alliances, dédiées an Roy. (Par SAINT-MARTIN D'ARENNES, premier généalogiste de France.) — Paris, 1663, in-f°.* Avec les blasons gravés par F. DE LA POINTE.

1987. Histoire de la Maison royale de France, et des Grands Officiers de la Covronne, dressée sur plusieurs chartes d'églises, titres, registres, et Mémoriaux de la Chambre des Comptes de Paris, Histoires, Chroniques, et autres Preuves. Par le R. P. ANSELME, Parisien, Augustin deschaussé (PIERRE DE GUIBOURS).... — Paris, 1674, 2 vol. in-4°.*

Le titre du 2e tome porte en plus : ... Avec l'origine et le progrez de leurs Familles. Ensemble le Catalogue des Chevaliers de l'Ordre dr S. Esprit...

Le même ouvrage a reparu sous le titre suivant :

1988. Histoire généalogique et chronologique de la Maison Royale de France, des Grands Officiers de la Couronne et de la Maison du Roy. Avec les Qualitez, l'Origine et le Progrès de leurs Familles. Ensemble les Statuts et le Catalogue des Chevaliers, Commandeurs et Officiers de l'Ordre du Saint Esprit. Le tout dressé sur les titres originaux,... Par le P. ANSELME,... Reveüe, corrigée et augmentée par l'auteur; et après son décès, continuée jusques à présent par un de ses amis. (HONORÉ CAILLE DU FOURNY.)—Paris, 1717, 2 vol. in-f°.*

Le même ouvrage avec ce nouveau titre :

1989. Histoire généalogique et

chronologique de la Maison Royale de France, des Pairs, Grands Officiers de la Couronne et de la Maison du Roy, et des anciens Barons du Royaume. Avec les Qualitez, l'Origine, le Progrès et les Armes de leurs Familles ; ensemble les Statuts et le Catalogue des Chevaliers, Commandeurs, et Officiers de l'Ordre du S. Esprit. Le tout dressé sur les titres originaux... Par le P. ANSELME,... continuée par M. DU FOURNY. Troisième édition, revûe, corrigée et augmentée par les soins du P. ANGE (F. RAFFARD) et du P. SIMPLICIEN (P. LUCAS), Augustins Dechaussez. — *Paris*, 1726-1733, 9 vol. in-f°.*

Cet ouvrage, malgré les erreurs dont il fourmille et les lacunes sans nombre qu'on y trouve, est néanmoins très-estimé. D'ailleurs, il a été consciencieusement exécuté et refondu par des hommes qui joignaient à une très-grande connaissance de notre histoire et des anciens titres, une honnêteté et une bonne foi incontestables. La dernière édition surtout est très-recherchée. Un exemplaire fut vendu 630 francs à la vente de la bibliothèque de M. Solar, en novembre 1860.

On peut consulter, à propos de la Maison d'Albret, une note critique de cet ouvrage, insérée dans les *Mémoires de Trévoux* ; année 1731, p. 1055.

1990. Histoire dv Roy Lovis-le-Grand par les médailles, emblèmes, devises... armoiries et autres monumens publics. Recueillis et expliquez par le Père CLAUDE FRANCOIS MÉNESTRIER... *Paris*, J. B. Nolin, 1689, in-f°.* —Seconde édition, augmentée de plusieurs figures et corrigée. *Paris*, 1693, in-f°.*

Les planches relatives aux blasons sont :

Pl. 44. Lits de justice tenus par le roy et premiers présidents nommez par Sa Majesté.
Pl. 51. Promotion des princes à la chevalerie du St Esprit.
Pl. 52. Prélats associés à l'Ordre.
Pl. 53. Création des Chevaliers par Lovis-le-Grand.

Pl. 54. Suite des Chevaliers de 1662.
Pl. 55.) Création des Chevaliers faite le 1. Janvier 1689.
Pl. 56.)
Pl. 57.)
Pl. 58. Maréchaux de France créez sous le règne de Lovis-le-Grand.
Pl. 59. Régiments d'Infanterie créez depuis l'an 1684.

Dans la seconde édition les planches occupent des n°s différents.

1991. Les Ducs et Pairs, les Grands Officiers de la Couronne, les Grands Aumoniers, les Grands-Maîtres de la Maison du Roy, le Parlement, la Cour des Aydes, les Prévôts des Marchands et Echevins de la ville de Paris, les Gouverneurs-capitaines et Lieutenants généraux de la même ville, par JACQUES CHEVILLARD.—(*Paris*, 1695.) 25 feuilles gravées, gr. in-f° plano. [B. U.]

Collection nominale dont chaque partie, publiée séparément avec titre particulier à différentes époques, figure respectivement en son lieu dans notre bibliographie.

1992. Les Noms, Qualitez, Armes et Blasons de Nosseigneurs Grands-Amiraux et Généraux des Galères de France depuis le Règne de St Louis jusques à présent... Par J. CHEVILLARD.— *Paris*, 1695, in-f° plano.* Gravé par T. ROUSSEAU. Avec les pavillons de toutes les puissances maritimes.

1993. Les Noms, Qualitez, Armes et Blasons de Nosseigneurs Grands Amiraux et Généraux de Galères de France depuis le Règne de St Louis jusques à présent. (1756.) Par P. P. DUBUISSON. — *Paris*, (s. d.,) gr. in-f° plano.*

Continuation du n° précédent.

1994. Les Noms, Qualitez, Armes et Blasons des Grands Sénéchaux et Connestables de France, depuis le Règne du Roy Hugues Capet, jusques au mois de Janvier 1627 que la Charge de Connestable fut supprimée par le Roy Louis XIII. Par J. CHE-

VILLARD.... Le tout gravé par T. Rousseau.—*Paris*, 1697, in-f° plano.*

La Bibliothèque impériale conserve aussi le manuscrit de cet ouvrage.

1995. Grands Sénéchaux. Les Noms, Qualitez, Armes et Blasons des Grands Sénéchaux et Connestables de France, depuis le Règne du Roy Hugues Capet, jusques au mois de Janvier 1627. Le tout gravé par T. Rousseau. (Par P. P. Dubuisson.)—(*Paris*, *s. d.*) Gr. in-f° plano.*

Continuation du n° précédent.

1996. Nosseigneurs les Ducs-Pairs de France et autres Ducs vivans en 1701, selon la datte des vérifications des Duchez au Parlement.... Par Jacques Chevillard...—*Paris*, (*s. d.*,) gr. in-f° plano.*

Carte contenant les noms, qualités, armes et blasons gravés de ces grands officiers.
Cette carte sert de titre général et en quelque sorte de prodrôme à l'ouvrage de Chevillard, qui se compose indépendamment de celle-ci (1re A.) de dix autres cartes cotées, gr. in-f° plano, contenant chacune les noms, qualités, armes et blasons gravés des Pairs laïques et ecclésiastiques du royaume, dont le détail suit :

1e carte B. Chronologie de Nosseigneurs les Archevesques de Reims, et evesques de Laon et de Langres, Ducs et Pairs de France depuis le Règne du Roy Hugues Capet jusqu'à présent.

2e carte. Chronologie de Nos Seigneurs les Evesques de Beauvais, Chalons et Noyon, Comtes et Pairs de France...

3e-10 cartes. Chronologie des anciens Princes, Dvcs et Comtes Pairs de France et des Princesses leurs épouses.

1997. Les Noms, Qualitez, Armes et Blasons de Nos Seigneurs les Maréchaux de France depuis le Règne du Roy Philippe Auguste jusqu'en 1707. Par J. Chevillard.—*Paris*. 1707, in-f° plano. [B. Am.]

1998. Les Noms, Qualitez, Armes

et blasons de Nos Seigneurs les Maréchaux de France, depuis le Règne du Roy Philippe Auguste jusqu'à présent... Par P. P. Dubuisson. —(*S. l. n. d.*) In-f° plano.*

Continuation du n° précédent.

1999. Les Noms et Armes des Princes, Seigneurs et Magistrats qui composent les Conseils, sous la minorité du roy Louis XV. (Par Jacques Chevillard.)—*Paris*, *P. Bunel*, (*s. d.*,) in-f° plano.*

2000. Armoiries des Ducs et de ceux qui ont les honneurs du Louvre. —(*S. l.*,) 1722, in-f°. [L. F.]

2001. Dictionnaire héraldique, contenant les Armes et Blazons des Princes, Prélats, Grands Officiers de la Couronne et de la Maison du Roy, des Officiers de l'épée, de la robe et des finances, avec celles de plusieurs Maisons et Familles du royaume existantes ; par Jacques Chevillard, le fils, généalogiste. *Paris*, 1722, in-12. [D. Co.] — *Paris*. 1723, in-12. [B. S. G.]

Ouvrage peu commun, contenant 194 planches de blasons rangés par espèces.

2002. Devises Allégoriques aux Armoiries des Seigneurs qui composent le Conseil d'Etat dernier. — (*S. l.*, 1723.) In-f° plano.* Gravé.

Excessivement rare, sinon unique.

2003. Armoiries des Princes, Seigneurs et Officiers qui ont assisté au sacre (de Louis XV). Par J. Chevillard.— (*S. l. n. d.*) 3 planches in-f° plano.

C'est une des plus rares productions de l'auteur. Elle n'est citée que dans la *Bibliothèque historique* du P. Lelong, et on ne la trouve dans aucun de ces recueils que Chevillard a répandus sous le titre de : *Grand armorial*. Le seul exemplaire que nous ayons vu, nous a été communiqué par M. Edouard Merlieux, savant mathématicien autant que bibliophile éclairé.

2004. Grands Ecuiers de France.

(Par P. P. Dubuisson.)— *Paris* (s. d.), gr. in-f° plano.*

Planche contenant les noms, qualités, armes et blasons gravés de ces officiers.

2005. Portes oriflamme de France. (Par P. P. Dubuisson.)— *Paris* (s. d.), gr. in-f° plano.*

Planche contenant les noms, qualités, armes et blasons gravés de ces officiers.

2006. Armoiries des Princes et Princesses de la Maison royale, des Ducs et Pairs et Maréchaux de France.... vivans en 1736... (Par C. F. Roland le Virloys.)

Voyez ci-dessus n° 1767.

2007. Dictionnaire universel, historique, chronologique, géographique et de jurisprudence des Maréchaussées de France, contenant l'histoire des Connétables et Maréchaux de France... par G.-H. de Banclas.—*Paris*, 1748-50, 2 vol. in-4°. [Q.]

2008. Grands Maistres de France. Les Noms, Qualitez, Armes et Blazons de tous les Grands Maistres de France, depuis le Règne du Roy Philippe-le-Bel jusqu'à présent (1700). Par J. Chevillard... — (*Paris*, s. d.) Gr. in-f°. plano.* Gravé par T. Rousseau.

2009. Grands Maistres de France. Les Noms, Qualitez, Armes et Blasons de tous les Grands Maistres de France, depuis le Règne du Roy Philippe-le-Bel jusqu'à présent 1758. Par P. P. Dubuisson.— *Paris* (s. d.), gr. in-f°. plano.*

Continuation du n° précédent.

2010. Les Noms, Qualitez, Armes et Blasons des Grands Veneurs, Grands Louvetiers et Grands Fauconniers de France, qui ont été sous la 3e race de nos Roys. Continué jusqu'en 1758, par P. P. Dubuisson. — (*Paris*, s. d.) Gr. in-f°. plano.*

2011 Grands Maistres des Arbalestriers, et Grands-Maistres de l'Artillerie de France. (Par P. P. Dubuisson.)— *Paris* (s. d.), gr. in-f° plano.*

Planche contenant les noms,

qualités, armes et blasons gravés de ces officiers.

2012. Dictionnaire encyclopédique de la Noblesse de France. Cet ouvrage contient : 1° l'Art héraldique... 4° l'Institution, les droits et prérogatives des Grands Officiers· de la Couronne... 5° l'Etat actuel de la Maison du Roi... Par M°. (Viton) de Saint-Allais,... (1816).

Voyez ci-dessus n° 112.

2013. Histoire généalogique et héraldique des Pairs de France, des grands dignitaires de la Couronne, et des principales Maisons et Familles nobles du Royaume. Par M. le Chevalier (J.-B.-P. Jullien) de Courcelles, ancien magistrat, chevalier, historiographe et généalogiste de plusieurs ordres. Douze vol. grand in-4°, ornés d'armoiries gravées en taille douce et d'atlas généalogiques,...—(*Paris*, 1820.) In-1°. Pièce.*

Prospectus de l'ouvrage suivant.

2014. Histoire généalogique et héraldique des Pairs de France, des Grands Dignitaires de la Couronne, des principales Familles nobles du Royaume, et des Maisons princières de l'Europe, précédée de la généalogie de la Maison de France. Par M. le chevalier (Jean-Baptiste-Pierre-Jullien) de Courcelles, ancien magistrat,... — *Paris*, 1822-1833, 12 vol. in-4°.*

Avec blasons gravés dans le texte, et tables généalogiques.— Continuation du P. Anselme. « Chaque Famille, lit-on dans la *Biographie Michaud*, a fourni à M. de Courcelles les éléments de son illustration, et il les a consignés dans son livre, tels qu'il les a reçus; ce qui a souvent excité des réclamations, entre autres de M. de Hongrie, comte de Crouy-Chanel, qui, dans une circulaire fort amère du 25 octobre 1827, accusa hautement l'auteur de s'être fait payer pour insérer de fausses généalogies; et reprocha même à Courcelles de s'attribuer des titres et un nom qui ne lui appartenaient pas. »

Cependant cet ouvrage aujourd'hui ne laisse pas que d'être généralement estimé. Il est précédé d'une *Introduction* qui nous a paru intéressante, dont les principaux sujets sont : *De l'Hérédité des Fiefs. — Tableau des grands fiefs et arrière-fiefs de la Couronne, avec la date de leur réunion. — De l'Origine des noms de Famille. — De l'Origine des armoiries. — Des Titres et qualifications. — Des Grandes dignités de la Couronne. — De la Pairie de France.*

2015. Armorial général de la Chambre des Pairs de France, par le Chevalier (J.-Bapt.-Piérre-Jullien) de Courcelles. — *Paris,* 1822, in-4°. [D.] Avec 435 blasons.

   Très-rare.

2016. Armorial général de la Chambre des Pairs de France, première (et seconde) partie ; par Viton de Saint-Allais, exécuté par A. P. Lefèvre, graveur de S. A. R. Madame la Duchesse de Berry.—*Paris,* 1829, in-4°.*

   Recueil de 271 planches numérotées, gravées par Blanchard, Maleuvre, Portier, Nargeot, d'après les dessins de Bisson, sous la direction de Lefèvre.

2017. Aperçu historique sur la Dignité de Maréchal de France, suivi d'un tableau chronologique des Maréchaux depuis le règne de Philippe-Auguste jusqu'à nos jours. Par le général Oudinot. —*Paris,* 1833, in-8°.*

2018. Histoire des Grands Panetiers de Normandie et du Franc-fief de la Grande Paneterie, par le Marquis de Belbeuf,... (1856).

   Voyez ci-après même Liv. et même Sect., § 6 : Normandie.
   Pour complément des ouvrages concernant les Grands Officiers de la Couronne, voyez encore ci-dessus n°s 35 et 112.
   On peut consulter aussi le 11° liv. de : « Joannis Limnei, *Notitia regni Franciæ.* » 1655, in-4°.

   Charges et dignités civiles.

2019. Déclarations et Priviléges d'Exemptions du Ban et arrière-Ban, en faveur des Chanceliers, Présidens, Maistres des Requestes, Conseillers, et Officiers du Parlement de Paris, et de leurs femmes durant leur viduité et enfans pendant leur minorité

seulement. — (*S. l. n. d.*) In-4°. Pièce.*

   Du 28 mars 1448 au 22 juillet 1553.

2020. Priviléges des Trésoriers de France et Généraux des Finances, pour droict de franc sallé. —(*S. l. n. d.*) In-4°. Pièce.*

   Du 22 décembre 1405 au 21 décembre 1603.

2021. Traité de la Chancellerie, plus un Recueil des Chanceliers et Gardes des Sceaux de France, par P. de Miraulmont.—*Paris,* 1609, in-8°. [B. R.]—*Paris,* 1610, in-8°.*

2022. Histoire des Ministres d'Estat qui ont servi sous les roys de France de la troisième lignée, avec le sommaire des règnes, ausquels ils ont vecu, le tout justifié par les chroniques des auteurs contemporains... (Par Charles de Combault, baron d'Auteuil.)—*Paris,* 1642, in-f°.* —*Paris,* 1667, 2 vol. in-12. [L. D.] —*Paris,* 1680, 2 vol. in-12.*

   Cet ouvrage devait avoir trois vol. in-f°, le premier seul a paru. Il contient l'histoire de dix-huit ministres d'Etat, depuis Eudes jusqu'à Charles le Bel (887-1327), avec leurs portraits, leurs blasons et leurs généalogies.

2023. Les Eloges de tous les Premiers Présidens du Parlement de Paris, depuis qu'il a esté rendu sédentaire jusques à présent. Ensemble leurs Généalogies, Epitaphes, Armes et Blasons, en taille douce,... par Jean Baptiste de l'Hermite-Souliers, ... et François Blanchard, escuyer, sieur de la Borde. — *Imprimé aux dépens des autheurs, et se vendent à Paris chez Cardin Besongne,* 1645, in-f°.*

   La Bibliothèque impériale conserve un autre exemplaire de cet ouvrage, enrichi de nombreuses additions et corrections manuscrites de la main de Charles-René d'Hozier.

2024. Les Présidens au Mortier du Parlement de Paris ; leurs Emplois, Charges, Qualitez, Armes, Blasons et Généalogies, depuis l'an 1331 jusques à présent. Ensemble un Catalogue de tous les Conséillers selon l'ordre des temps et de leurs receptions; enrichy du Blason de leurs Armes, et de plusieurs remarques concernans leurs Familles. Le tovt Ivstifié par les Régistres dv Parlement, tiltres domestiques, chartes d'église, epitaphes et autres preuves authentiques; par FRANÇOIS BLANCHARD, Bourbonnois. — Paris, Cardin Besongne, 1647, in-f°.*

Le Catalogue des Conseillers a une pagination spéciale.

La Bibliothèque impériale conserve trois autres exemplaires de cet ouvrage, enrichis de nombreuses additions et corrections manuscrites de Charles-René d'Hozier, et autres possesseurs.

2025. Arrests et déclaration dv Roy, vérifiée en Parlement, portant que les Iuges Préuots sont maintenus dans la connoissance des causes des Maires, Eschevins, Conseillers et Corps de l'Hostel de Ville, contre les Officiers des Siéges Présidiaux. Auec les plaidoyers des Advocats (14 juin 1655).—Paris, 1661, in-4°. Pièce.*

2026. Recveil général des Titres concernant les Fonctions, Rangs. Dignitez, séances et Priviléges des Charges des Présidens Trésoriers de France, Généraux des Finances, et Grands Voyers des Généralitez du Royaume. Tiré des Ordonnances royaux, Edits, Déclarations,... Par SIMON FOVRNIVAL, Commis av Sécrétariat de l'Assemblée Généralle de Nosseigneurs les Trésoriers de France,...—Paris, 1655, 1672, in-f°.*

2027. Histoire des Sécrétaires d'Estat contenant l'origine, le progrès, et l'établissement de levrs charges, auec les Eloges, les Armes, Blasons, et Généalogies de tous ceux qui les ont possédées jusqu'à présent. Par le sieur (ANT.) FAVVELET-DV-TOC, sécrétaire des Finances de Monsieur frère vnique du roy.—Paris, 1666, in-4°. [Be.]—Paris, 1668, in-4°.*—Paris, 1669, in-4°. [Be.]

2028. Arrest dv Conseil d'Estat,

du onzième Aoust 1667, par lequel sa Majesté permet aux Préposez à la Recherche des Usurpateurs de Noblesse, leurs Procureurs, Commis et Huissiers de porter l'espée et autres Armes.—(S. l. n. d.) In-f° plano.*

2029. Exemption aux Officiers de la Chambre des Comptes, du Ban et Arrière-Ban. (Juin 1499.) —(S. l. n. d.) In-4°. Pièce.*

Extrait des Registres de la Chambre des Comptes, délivré le 29 août 1674, en faveur de ces Officiers.

2030. Histoire chronologique de la Grande-Chancélerie de France. Contenant son Origine, l'Estat de ses Officiers, vn recueil exact de leurs Noms depuis le commencement de la Monarchie jusqu'à présent, leurs Fonctions, Priviléges, Prérogatives, Droits et Règlemens. Ensemble l'établissement et les Règlemens des Chancéleries près les Cours de Parlement, autres Cours et Siéges Présidiaux du Royaume. Le tout tiré des Chartes, Edits, Déclarations, Arrests, Règlemens, Registres et autres Actes authentiques. Par ABRAHAM TESSEREAV, Escuyer, Conseiller Sécrétaire du Roy,... — Paris, 1676, in-f°.*

Voyez le n° suivant.

2031. Svite de l'Histoire chronologique de la Chancélerie de France et des avtres Chancéleries du Royaume, depuis le 6° jour de May 1676 jusqu'au 7° jour de May 1679. (Par ABRAHAM TESSEREAU). — (S. l. n. d.) In-f°. Pièce.*

Voyez le n° précédent et les deux suivants.

2032. Histoire chronologique de la Grande-Chancélerie de France. Tome premier,... Par ABRAHAM TESSEREAU,... Revue et augmentée de plusieurs Pièces.— Paris, 1710, in-f°.*

Ce tome a été réimprimé par les soins des Procureurs Syndics, qui publièrent aussi le tome second. Voyez le n° suivant.

La Bibliothèque impériale conserve un autre exemplaire enrichi

Je pièces et notes manuscrites de Charles-René d'Hozier.

2033. Histoire - chronologique de la Grande-Chancélerie. Tome second.... avec les Noms et Réceptions des Officiers qui la composent depuis l'Année 1676 jusques en l'Année 1705. Le tout tiré des Chartes,... Et recueilli de l'ordre de M. le Chancelier par les Procureurs - Syndics des Conseillers Secrétaires du Roy,...—*Paris*, 1706, in-f°.*

> Suite des trois n°⁵ précédents, Voyez aussi le n° 2055 ci-après.
> La Bibliothèque impériale possède un autre exemplaire, avec additions manuscrites de Charles-René d'Hozier.

2034. Histoire des Chanceliers et Gardes des Sceaux.de France distingués par les règnes de nos Monarques ; Depuis Clovis premier Roy Chrestien, jusques à Lovis Le Grand XIVᵉᵐᵉ du nom,... Enrichie de leurs Armes, Blasons, et Généalogies. Par FRANÇOIS DU CHESNE, Fils d'ANDRÉ, Conseiller du Roy en ses Conseils, Historiographe de France.—*Paris*, 1680, in-f°.*

> La Bibliothèque impériale conserve un autre exemplaire de cet ouvrage, enrichi d'additions et de corrections manuscrites de Charles-René d'Hozier.

2035. Augustissimo Galliarum Senatui Panegyricus Dictus in Regio Ludovici Magni Collegio Societatis Jesu à Jacobo de LA BAUNE, ejusdem Societatis Sacerdote. *Parisiis*, 1685. —Explication de l'Appareil pour la Harangue prononcée en l'honneur du Parlement de Paris.—*Paris*, 1685. Le tout en 1 vol. in-4°.*

> Avec 11 planches contenant les noms, qualités, armes et blasons de tous les membres du Parlement de Paris depuis 1331.

2036. Eloge historique du Parlement, traduit du Latin du P. JACQUES DE LA BAUNE, jésuite ; Prononcé au Collége de Louisle-Grand, au mois d'Octobre 1684. Avec des notes et une suite Chronologique et Historique des Premiers Présidens depuis Hugues de Courcy jusqu'à Monsieur

de Maupeou. (Par J. FR. DREUX DU RADIER, avocat.)—*Paris*, 1753, in-4°.*—*Paris*, 1753, in-12.*

2037. Les Noms et Armes des Chanceliers et Gardes des Sceaux de France, depuis le Règne de Saint-Louis jusqu'à celui du Roy Louis-le-Grand... Par J. CHEVILLARD. — *Paris* (1685), in-f° plano.* Gravé par H. JANSENS.

2038. Les Noms et Armes des Chanceliers et Gardes des Sceaux de France, depuis le Règne de Saint - Louis jusqu'à celuy du Roy Louis XV... Par P.-P. DUBUISSON.— *Paris* (1757), gr. in-f° plano.*

> Continuation du n° précédent.

2039. Déclaration du Roy concernant la Charge d'Avocat du Roy aux Requetes du Palais, le Greffier en chef Criminel et le premier Huissier en la Cour de Parlement pour leurs Fonctions et Priviléges tant de Noblesse qu'autre. Donné à Versailles au mois de Ianvier 1691. Registré en Parlement le 12 Ianvier 1691. —*Paris*, 1691, in-4°. Pièce.*

2040. Arrest du Conseil d'Etat du Roy qui maintient les Trésoriers des Gardes du Corps de Sa Majesté dans le droit de prendre la qualité d'Ecuyer, en conséquence les décharges des assignations à eux données à la Requète de Charles de la Cour de Beauval, traitant des Taxes faites sur les usurpateurs du titre de Noblesse. Du 6 aoust 1697.—(*S. l. n. d.*) In 4°. Pièce.*

2041. Arrest du Conseil d'Etat du Roy, qui fait défenses aux Officiers des Mareschaussées, autres que les Prévosts Généraux et Provinciaux, et les anciens Lieutenants servant près leurs personnes de prendre la qualité d'Ecuyer. Du 10 Novembre 1699. —(*S. l. n. d.*) In-f°. Pièce.*

2042. Cour des Aydes. Les Noms et Qualitez, Armes, Blasons de Nosseigneurs de la Cour des Aydes de Paris, come elle étoit en 1672, avec les additions jusques à présent (1700)... Par... I. CHEVILLARD,... — (*S. l. n. d.*) In-f° plano.*

2013. Les Noms, Qualitez, Armes et Blasons de Messieurs les Secrétaires d'Estat, depuis le Règne de Henry II du nom Roy de France Iusques à présent (1700). Par I. CHEVILLARD.—Paris (s. d.), gr. in-f°, plano.*

2014. Cour des Monoies. Les Noms, Qualitez, Armes et Blasons de Nos Seigneurs de la Cour des Monoies, comme elle étoit en 1691, avec des additions jusqu'à présent... Par JACQUES CHEVILLARD,...—Paris, 1703, 1709, gr. in-f° plano.*

2015. Cour des Monnoies. Les Noms, Qualitez, Armes et Blasons de Nos Seigneurs de la Cour des Monnoies,... Par P. P. DUBUISSON.—Messieurs les Conseillers comme ils sont en 1757. Paris, 1757, gr. in-f° plano.*

Continuation du n° précédent.

2016. Edit du Roy portant attribution de la Noblesse aux Présidents, Trésoriers de France, Avocat, Procureur du Roy et Greffier en chef au Bureau des Finances de Paris. Donné à Marly au mois d'Avril 1705.—Paris, 1705, in-4°. Pièce.*

2017. Edit du Roy portant que les Maires, leurs Lieutenants, Eschevins et Officiers des Villes du Royaume, en titre ou électifs, en faveur desquels sa Majesté a continué les Priviléges de Noblesse, nonobstant la révocation portée par l'Edit du mois de Mars 1667, qui ont exercé leurs Charges depuis l'année 1687, leurs veuves et enfants nez et à naistre en légitime mariage, seront confirmez dans la jouissance du privilége de Noblesse. Donné à Marly au mois de Novembre 1706.—Paris, 1706, in-4°. Pièce.*

2018. Les Noms, Qualitez, Armes et Blasons de Nos Seigneurs de la Cour du Parlement de Paris en l'année 1693. Par... IAQUE CHEVILLARD,...—Addition à la carte du Parlement de Paris ou succession Chronologique de Messieurs du Parlement de Paris depuis

le 10° Juin 1693 jusqu'à présent... (1707). (Par J. CHEVILLARD). — Paris (s. d.) Le tout gr. in-f° plano.*

La Bibliothèque impériale conserve aussi le manuscrit de cet ouvrage.

2049. Noms, Qualités, Armes et Blasons de M™ les Secrétaires d'Estat depuis le règne d'Henry II jusques à présent (1709).

Recueil factice avec titre rapporté, provenant du fonds Cangé, composé de pièces tant imprimées que manuscrites, dont l'ensemble forme un tout curieux, intéressant, unique.

2050. La Chambre des Comptes de Paris, où sont les Noms, Armes et Blasons de Nos Seigneurs qui la composent,... gravée par A.-D. MÉNARD, sous le règne de Louis XV, en l'année 1717.—Paris (s. d.), in-f° obl. [A. A.]

Avec plusieurs frontispices gravés et un grand nombre de blasons coloriés.

2051. Mémoires sur les Priviléges et Fonctions des Trésoriers Généraux de France; avec une Table Générale et Chronologique des Ordonnances, Edits, Déclarations du Roy, et Arrests du Conseil, concernant leurs Priviléges et Fonctions. (Par JEAN LÉON DU BOURGNEUF.)— Orléans, 1715, in-4°.*

2052. Tablettes de Thémis. (Par LOUIS CHASOT DE NANTIGNY.)— Paris, 1755, 3 parties en 2 vol. in-12.*

1re Partie. Contenant la succession chronologique avec le blason des armes des Chanceliers et Gardes des Sceaux, Secrétaires d'Etat, Sur-Intendans, Contrôleurs Généraux, Directeurs et Intendans des Finances. Les Intendans des Provinces depuis 1700, les Maitres des Requêtes, dès leur origine, les Présidens, Avocats et Procureurs Généraux du Grand Conseil.

Cette première partie a été réimprimée en 1756.

2° Partie. Qui comprend la Succession chronologique des Présidens, Chevaliers d'Honneur, Avocats et Procureurs

Généraux des Parlemens et des Conseils Supérieurs, et la Liste des Lieutenans Civils au Chatelet de Paris. Avec une Table Alphabétique des noms de Famille.

3ᵉ Partie. Contenant la chronologie des Présidens, Chevaliers d'Honneur, Avocats et Procureurs Généraux des Chambres des Comptes de France et de Lorraine, des Cours des Aydes, et de celles des Monnoies, les Prévôts des Marchands de Paris et de Lyon, et la liste des Bureaux des Finances, Présidiaux, Bailliages, Sénéchaussées et Prévôtés, et une Table alphabétique des noms de Famille.

2053. Armorial de la Chambre des Comptes depuis l'année 1506. Précédé d'un Etat de MM. les Officiers de cette Cour, jusqu'en ladite année 1506, époque où la Maison de Nicolay a commencé de posséder l'office de Premier Président de la Chambre, dédié à Monseigneur de Nicolay, premier Président Par Mademoiselle DENYS, armoriste de la Chambre. Tome Iᵉʳ. Contenant MM. les Présidens.—Paris, 1769, in-4°.*—(Autre édition avec trois blasons de plus).—Paris, 1769, in-4°.*—Seconde édition revue, corrigée et augmentée.—Paris, 1780, 2 vol. in-4°.*

C'est tout ce qui a paru de cet ouvrage, qui devait se composer de 12 vol.—Extrait des mémoriaux de la Chambre, et particulièrement du manuscrit armorial de cette Cour.

L'avertissement de la première édition, qui n'a jamais eu qu'un seul vol., contient un « Essai sur le blason des armoiries. » Dans la seconde édition, cet Essai et les armes des Présidents et Conseillers Maîtres forment le deuxième volume.

2054. Tableau historique, généalogique et chronologique des trois Cours Souveraines de France. (Par PIERRE BOUQUET, avocat.)—La Haye et Paris, 1772, in-8°.*

Voici un livre de circonstance, maintenant sans objet, comme doctrine, mais qui n'a rien perdu, quant aux faits, de son intérêt historique. Le tableau de la puissance législative et du pouvoir judiciaire y est divisé en trois colonnes, que l'auteur distingue sous les titres de Cour législative, Cour de la pairie et Cour palatine, et qui contiennent l'indication sommaire des actes de ces trois pouvoirs, comparés depuis l'origine de la monarchie jusqu'au commencement du dernier siècle.

2055. Examen historique des Offices, Droits, Fonctions et Privilèges des Conseillers du Roi, Rapporteurs et Référendaires des Chancelleries près les Cours Souveraines et Conseils Supérieurs du Royaume. Par M. GORNEAU, Ecuyer, Avocat en la Cour, Conseiller du Roi,.... Sous le Syndicat de MMʳˢ de Chavannes et Natey. Cet examen historique contient différents Edits, Déclarations, Réglements et Arrêts omis dans Tessereau... Il y a d'ailleurs des erreurs considérables dans ce Compilateur, qui sont rectifiées par cet examen. Il contient aussi la réfutation d'un Livre anonyme intitulé : « Dictionnaire raisonné des Domaines et Droits Domaniaux, » en trois vol. in-4°, imprimé à Rouen en 1762, au mot Chancelleries.—Paris, 1777, in-4°.*

Voyez ci-dessus le n° 2030.

2056. La France législative, ministérielle, judiciaire et administrative, sous les quatre dynasties; contenant la chronique historique des régents, premiers ministres, ministres et secrétaires d'Etat, conseillers d'Etat, maîtres des requêtes et auditeurs, celle des premiers présidents, avocats-généraux, procureurs-généraux, du Grand Conseil, des Parlements, Chambre des Comptes et Cour des Aides, haute Cour, Cour de Cassation, Cour impériale; intendants de province et de généralités, préfets et sous-préfets des départements, prévôts de Paris, prévôts des marchands, maires de la ville de Paris, lieutenants-généraux et préfets de police,.... depuis l'institution de ces dignités, charges et fonctions, jusqu'en 1813; et une chronologie historique des Etats-Généraux et Assemblées législatives, qui ont eu lieu depuis l'origine de la monarchie jusqu'à nos jours, avec la nomenclature des députés, législateurs et sénateurs qui ont assisté à ces assemblées. Par M. V*** (VITON DE SAINT-ALLAIS.)—*Paris*, 1813, 4 v. in-18.*

2057. Histoire des Chanceliers de France et des Gardes-des-Sceaux de France, depuis Clovis I jusqu'à Louis XVI; par M. J. B. PEIGNE, avocat.—*Clermont-Ferrand*, 1847, in-4°.*

> Première livraison. — C'est tout ce qui a paru.

Charges et dignités militaires.

2058. Carte générale de la Monarchie Françoise, contenant l'Histoire Militaire, depuis Clovis,... jusqu'à la quinzième année accomplie du règne de Louis XV. Avec l'explication de plusieurs matières intéressantes, lesquelles y sont traitées en vingt tables enrichies de tailles-douces qui se joignent en une seule carte. présentée au roi, le XVII février M.CCXXX, par le sieur LEMAU DE LA JAISSE,.... mise au jour par l'auteur en 1733,...—(*Paris*, 1733.) In-f°.*

> Un titre gravé porte: « *Carte générale de la monarchie et du militaire de France ancien et moderne; Contenant le détail des grands et premiers officiers de la couronne et du militaire qui ont été nommés et gradués par les rois depuis le temps de leurs créations jusqu'à présent. L'origine, les dates des nominations et les promotions des maréchaux de France, de tous les officiers généraux des armées du roy, gouverneurs, et lieutenants généraux des provinces du royaume vivans; le nombre des gouverneurs, commandans et officiers des états-majors des places de guerre; les noms des dates et receptions des chevaliers commandeurs des ordres du roy; l'origine, la création, les anciennes institutions, et les rangs de la maison du roy, de la gendarmerie, et de toutes les troupes de France, compris les officiers municipaux et subalternes en pied et réformés; l'artillerie de France et le corps des ingénieurs ordinaires de Sa Majesté conservés à la Paix d'Utrecht en avril 1713, et généralement tous officiers en charge, brevetés, et par*

> *commission du roy attachés au militaire, sur pied le 15 février 1730, jour de la 20e année accomplie de Sa Majesté; Avec une nouvelle histoire abrégée des rois qui ont créé, formé en compagnie, régimenté, et réglé les rangs d'ancienneté des troupes du royaume, ainsi que leurs uniformes, drapeaux, étendarts, guidons, et armures d'ordonnance, représentés en blazon, depuis la dernière réforme des troupes par Louis XIV à la paix de Rastadt,... Les rues et les descriptions de Paris,... et de Versailles... La chronologie des rois de France, la tige, les généalogies et les alliances de la maison royale de Bourbon,... Cette carte est ornée et enrichie... des plans... des principales places de guerre, et villes maritimes frontières du royaume,... avec la description et les armoiries de ces places à côté de chaque plan... »*

2059. Chronologie historique militaire, contenant la création de toutes les charges militaires,... des troupes de la Maison du roi, de tous les régiments, les états d'armées, les officiers généraux,.... par PINARD,...—*Paris*, 1760-1777, 8 vol. in-4°.*

2060. Mémorial de la Noblesse. Chronologie militaire de France, depuis les premiers temps de la monarchie; par M. PINARD,... revue et continuée jusqu'à nos jours par M. P. CHRISTIAN (PITOIS). Tome Ier. — *Paris*, 1851, gr. in-8°.*

> C'est tout ce qui a paru de cette reproduction de l'ouvrage précédent. — Christian est le pseudonyme de Pitois.

2061. Recherches historiques sur l'ancienne Gendarmerie françoise; par M. D'ALÈS DE CORBET,...—*Avignon*, 1759, in-12.—*Paris*, 1760, in-12. [L. F.]

> Il s'agissait de savoir : 1° Si du temps de Louis XII, la profession des armes donnait la qualité de gentilhomme. 2° S'il suffisait pour servir dans la gendarmerie, d'avoir pour père un homme qui eût porté les armes.

2062. Tableau historique de la Noblesse militaire, contenant les noms, surnoms et qualités, ensemble la date de tous les grades, actions, siéges, campagnes, blessures de MM. les Officiers au service de Sa Majesté tant sur terre que sur mer, etc. Ouvrage enrichi d'un recueil d'ordonnances militaires. Par le comte LOUIS-CHARLES DE WAROQUIER de la Motte et de Combles. —*Paris*, 1784, in-8°.*

Il y a des exemplaires qui portent seulement pour titre : « *Tableau de la Noblesse.* »

2063. Dictionnaire militaire de France, contenant les noms, surnoms et qualités, etc., de MM. les Officiers au service de Sa Majesté.—Par le comte LOUIS-CHARLES DE WAROQUIER de la Motte et de Combles. — (*S. l.*), 1798-1790, in-8°. [Q.]

2064. La France militaire sous les quatre dynasties, contenant la chronologie historique des rois et empereurs qui ont commandé leurs armées ; celle des maires du palais, sénéchaux, connétables, ministres de la guerre, maréchaux de France, généraux en chef, grands-maitres de l'artillerie, colonels-généraux et inspecteurs-généraux de différentes armes, lieutenants-généraux, maréchaux de camp, brigadiers d'armée, généraux de division, généraux de brigade et adjudants-généraux, depuis l'institution de ces dignités ou grades jusqu'à l'année 1812 ;... Par M. V*** (VITON DE SAINT-ALLAIS.)—*Paris*, 1812, 2 vol. in-18.*

2065. Les Marins illustres de la France, par LÉON GUÉRIN.—*Paris*, 1845, gr. in-8°.* Avec blasons tirés sur couleurs et planches dessinées par VICTOR ADAM et MAURIN.

Charges et dignités ecclésiastiques.

2066. Galliana christiana, in qva regni Franciæ ditionvmqve vicinarvm dioeceses et in iis præsules describvntvr: cura et labore CLAVDII ROBERTI, Lingonensis presbyteri. Fœlicibus auspiciis Illustrissimi et Reverendissimi D. D. Andreæ Fremyot, Archiepiscopi Patriarchæ Bituricensis, Aquitanarium Primatis.—*Lutetiæ Parisiorum*, 1626,

in-f°.* Avec la description des armes.

Voyez encore ci-après les n° 2067 et 2069.

2067. Gallia pvrpvrata, qva cvm svmmorvm pontificvm, tvm omnivm Galliæ cardinalivm, qvi hactenvs vixere res præclare gestæ continentvr ; adjectæ sunt parmæ, et earumdem descriptiones. Capita selecta ad cardinalatvm pertinentia. Epitome omnivm conciliorvm Galliæ tam veterum, quam recentiorum. Nomenclatvra magnorvm Franciæ eleemosynariorvm. Operá et studio PETRI FRIZON, Doctoris Theologi Parisiensis,... —*Lutetiæ Parisiorum*, 1638, in-f°.* Avec blasons gravés intercalés dans le texte.

Voyez les n° 2066 et 2069.

2068. Pvrpvra divi Bernardi repræsentans Elogia et insignia gentilitia, tvm pontificvm, tvm cardinalivm, nec non archiepiscoporvm qvi assvmpti ex ordine cistertiensi in sacra Romana Ecclesia floruerunt. Ære et labore D. GASPARIS IONGELINI, abbatis Disenbergensis.—*Coloniæ Agrippinæ*, 1644, in-f°.*

2069. Gallia Christiana, qva series omnivm archiepiscoporvm, episcoporvm et abbatvm Franciæ vicinorvmque ditionvm, ab Origine Ecclesiarvm ad nostra tempora per qvatvor tomos dedvcitvr. Et probatur ex antiquæ fidei manuscriptis, Vaticani, regum, principum, tabulariis omnium Galliæ cathedralium et abbatiarum. Opus fratrum gemellorum SCÆVOLÆ et LVDOVICI SAMMARTHANORVM : auctum et primò in lucem editum a PETRO-ABELIO et NICOLAO SAMMARTHANIS, SCÆVOLÆ filiis, LVDOVICI nepotibus. — *Lutetiæ Parisiorum*, 1656, 4 vol. in-f°.*

Avec la description des armes.
Le *Gallia christiana*, en 14 vol. in-f°, donné par Denys Sainte-Marthe, et la continuation publiée par M. Hauréau, ne contenant pas la *description des armes*, nous n'avons pas cru devoir les faire entrer dans notre bibliographie.
La Bibliothèque impériale conserve deux autres exemplaires de

cet ouvrage, enrichis de précieuses notes manuscrites de Baluze pour l'un, et de Charles-René d'Hozier pour l'autre.

Voyez encore ci-dessus n°° 2066 et 2067.

2070. Dessein de l'Histoire de tovs les Cardinavx François de Naissance ov qvi ont esté promevs av Cardinalat par l'expresse recommandation de nos Roys, pour les grands services qu'ils ont rendus à l'Estat et à leur Couronne. Comprenant sommairement leurs Légations, Ambassades et Voyages par eux faits en divers Pays et Royaumes,... Enrichi de levrs Portraicts av naturel en Taille-Douce, de levrs Armes, Blasons et Généalogies. Ivstifiée par Tiltres et Chartres dv thresor de Sa Majesté, Arrests du Parlement,... et autres bonnes preuues. Par FRANÇOIS DU CHESNE, Conseiller du Roy en ses Conseils, Historiographe de France...—Paris, 1653, in-f°. Pièce.*

Voyez le n° suivant.

2071. Histoire de tovs les Cardinavx François de naissance, ov qvi ont esté promevs av cardinalat par l'expresse recommandation de nos Roys,... Enrichie de levrs armes et de levrs portraits. Divisée en devx tomes et Ivstifiée par tiltres et chartes du thresor de Sa Majesté,... par FRANÇOIS DV CHESNE, fils d'ANDRÉ,...—Paris, 1660, 2 vol. in-f°.* Paris, 1666, 2 vol. in-f°. [J. N.] —Paris, 1669, 2 vol. in-f°. [J. Sa.]

D'après le Dessein, on promettait trois volumes qui devaient mener cette histoire jusqu'au pontificat d'Innocent X. Les deux premiers seuls ont paru, dont un de preuves et qui est tout entier d'André du Chesne.

Quant au volume contenant les éloges, œuvre propre de François du Chesne, il est « défectueux, quoique ce soit ce qu'il en estime d'avantage, étant un homme qui ne se prévaut pas moins de sa capacité, que de la réputation de son père, qu'il se persuade de pouvoir soutenir. » [Journal des Savants, déc. 1768.]

La Bibliothèque impériale possède un autre exemplaire de l'édition de 1660, enrichi de nombreuses notes manuscrites.

2072. La France chrétienne divisée en Archevêchez et Evêchez et les Armes des Archevêques, Evêques, Généravx des Ordres et Grands Prievrs de France vivans, en 1691.... par JACQUES CHEVILLARD,...—Paris (s. d.)— Adition à la France Chrétienne ou Succession chronologique des Archevesques et Evesques de France depuis le comencement de l'Année 1691 (jusqu'en 1700)... (S. l. n. d.) Le tout gr. in-f°. plano.*

Planche contenant les noms, qualités, armes et blasons gravés de chacun de ces prélats.

2073. Papes et Cardinavx François. Les Noms, Qualitez, Armes et Blasons de tous les Papes et Cardinaux François de Naissance, de tous ceux qui ont estez nommez par nos Roys et de ceux qui ont possédé des archeveschez et des Eveschez en France jusqu'à présent. Par IACQVES CHEVILLARD, généalogiste du Roy,... —(Paris), 1698, gr. in-f°. plano.*

2074. (Le même ouvrage continué par P. P. DUBUISSON jusqu'en 1758.) — Paris (s. d.), gr. in-f° plano.*

2075. Recueil d'armoiries coloriées accordées aux corps ecclésiastiques et séculiers et à des particuliers conformément à l'ordonnance de 1700,...de MM. du Conseil.—(S. l. n. d.) 2 vol. in-4°. [L. F.]

2076. Recueil des armoiries des archevêques, évêques, etc., du temps de la régence du duc d'Orléans.—(S. l. n. d.) In-8°.

Contient 127 feuillets de blasons, gravés et coloriés, avec les noms manuscrits.

2077. Recueil historique, chronologique et topographique des archevêchés, évêchés, abbayes et prieurés de France, tant d'hommes que de filles,... Le tout distribué par diocèses, par ordre alphabétique, et enrichi de dix-huit cartes géographiques avec les ARMES des archevêques... Par Dom BEAUNIER, religieux benedictin. — Paris, 1726, in-1°.*

2078. La France ecclésiastique pour l'année 1779, contenant la cour de Rome,... le clergé de France, les chapitres nobles de chanoines et de chanoinesses... —(S. l.), 1779, in-12. [E. M.]

Étiquette et cérémonial.

2079. Le Cérémonial de France ov Description des Cérémonies, Rangs et Séances obseruées aux Couronnemens, Entrées et Enterremens des Roys et Roynes de France, et autres actes et Assemblées solennelles. Recueilly des Mémoires de plusieurs Sécrétaires du Roy, Héraults d'armes et autres. Par THÉODORE GODEFROY, aduocat au Parlement de Paris. — *Paris*, 1619, in-4°.*

Cette édition, quoique incomplète, est necessaire en ce qui touche particulièrement les *Pompes funèbres*, dont l'édition suivante est dénuée.

2080. Le Cérémonial François,... Recueilly par THÉODORE GODEFROY, Conseiller du Roy en ses Conseils. Et mis en lumière par DENYS GODEFROY, Aduocat en Parlement et Historiographe du Roy.—*Paris*, 1619, 2 vol. in-f°.*

Tome Premier. Contenant les Cérémonies observées aux Sacres et Couronnemens de Roys et Reynes et de quelques anciens Ducs de Normandie, d'Aquitaine et de Bretagne; Comme aussi à leurs Entrées solennelles; Et à celles d'aucuns Dauphins, Gouverneurs de Prouinces, et autres Seigneurs, dans diuerses villes du Royaume.

Tome Second. Contenant les Cérémonies observées en France aux Mariages et Festins; Naissances et Baptesmes; Maioritez de Roys; Estats Généraux et Particuliers; Hommages, Sermens de Fidélité; Réceptions et Entreuuës; Sermens pour l'obseruation des Traitez; Processions et *Te Deum*.

Cet excellent Recueil n'a pas été achevé. L'auteur fut exposé à tant de critiques, bien ou mal fondées, après la publication des deux premiers volumes, qu'il ne put se résoudre à mettre au jour le troisieme. L'œuvre de Denys Godefroy contient, il est vrai, beaucoup de lacunes, et se trouve disposée dans un ordre un peu arbitraire. Mais quand on songe que c'était le premier ouvrage de ce genre qui paraissait en France et qu'on n'a point refait depuis, du moins dans son ensemble; quand on examine la quantité de documents qu'il lui fallut consulter et la difficulté de la mise en œuvre de tant de matériaux à la recherche desquels il consacra plus de trente années de son existence, il y a lieu de s'étonner même qu'il n'ait pas commis plus d'erreurs.

Le tome III devait contenir les Chevaleries, les Pompes funèbres, Divers traités, Discours et actes de préséances; les Règles et les Maximes principales en fait de Cérémonies. Il faut donc réunir l'in-4° à l'in-f°, pour avoir tout ce que Théodore et Denys Godefroy ont publié sur le Cérémonial.

2081. Dessein de l'impression du Cérémonial de France. [Par DENYS GODEFROY. (Septembre 1655.)]—(S. l. n. d.) In-f°. Pièce.*

2082. Projet d'un nouveau Cérémonial François, augmenté d'un grand nombre de Pièces qui n'ont pas été publiées par M. Godefroy. (Par ANTOINE-FRANÇOIS JOLLY, Censeur royal.) — *Paris, Prault*, 1746, in-4°.*

L'auteur, doué d'une vaste érudition, et en même temps d'un grand sens critique, à qui l'on est redevable de deux excellentes éditions des Corneille et de Molière, mourut avant que de pouvoir publier l'œuvre qu'il avait conçue, et qui devait être immense, si l'on en juge par la quantité d'ouvrages cités dans le *Projet*. En effet, on y trouve la nomenclature de plus de 2,000 relations, ou descriptions de fêtes et cérémonies publiques, tant imprimées que manuscrites, pouvant, par leur ensemble, former la matière d'un Cérémonial français complet, et dont la plupart ont été omises dans les Recueils des Godefroy. C'est en quelque sorte une bibliographie spéciale, exécutée avec la plus grande exactitude, et avec une patience que l'amour du savoir et le désir d'être utile peuvent seuls donner.

La Bibliothèque de Sainte-Geneviève possède un exemplaire de ce *Projet*, enrichi d'un nombre considérable d'additions et corrections manuscrites toutes aussi exvantes que curieuses, de la main de Claude Prévôt, chanoine et bibliothécaire de Sainte-Geneviève.

La Bibliothèque impériale conserve un autre exemplaire, sur lequel on a transcrit toutes les notes de Prévôt.

2083. Traicté des Presséances des Maisons les plus illustres de France. Extraict des escrits de DU HAILLAN, historiographe du Roy.—(S. l. n. d.) In-4°. Pièce.*

2084. Mémoire sur les Rangs et les Honneurs de la Cour; Pour servir de réponse aux trois derniers chapitres du Traité des preuves qui servent à établir la vérité de l'Histoire, par le P. Griffet. (Par JOSEPH - BALTHAZARD GIBERT.—(S. l., 1770.) In-4°.*

En faveur des ducs et pairs, contre les prétentions de la Maison de Rohan, qui leur opposait sa qualité princière.

2085. Réponse à un Ecrit anonyme intitulé:«Mémoire sur les Rangs et les Honneurs de la Cour. » (Par l'abbé GEORGEL.) — Paris, 1771, in-8°.*

2086. Cérémonial de l'Empire Français, contenant: 1° les Honneurs civils et militaires à rendre aux Autorités militaires, civiles et ecclésiastiques de l'Empire, et aux différentes personnes occupant des places, à qui il en est dû d'après le décret impérial; 2° les grands et petits Costumes et uniformes des Autorités civiles et militaires de l'Empire; 3° les Fonctions et Attributions de ces mêmes autorités; 4° ce qui a rapport aux Cérémonies publiques en général; les Rangs et Places des Autorités; tout ce qui concerne la Légion d'honneur; les Lois et Arrêtés organiques concernant les différents Cultes, les Uniformes des Officiers des armées de terre et de la marine; ce qui constitue l'Etiquette de la Cour; la composition des Maisons de l'Empereur, de l'Impératrice et des Princes français; la manière dont on doit parler et écrire aux personnes qui occupent des places dans l'Etat;

les Cérémonies du Sacre et du Couronnement de l'Empereur Napoléon; l'Origine des principaux Titres et Dignités de l'Empire français; les Cérémonies et Honneurs funèbres, Deuils, etc. Suivi d'une Table analytique des matières contenues dans l'ouvrage. Par L.-I. P*****. Avec les portraits en pied de l'Empereur, de l'Impératrice et du Pape, revêtus de leurs habits de cérémonies, coloriés. — Paris, 1805, in-8°.*

2087. Discours sur le Cérémonial; par J.-F. SOBRY.—Paris, an XIII. in-8°. [B. R.]

2088. Etiquette du Palais impérial.—Paris, Germinal an XIII. in-4°.*—Paris, 1806, in-4°.*—Paris, 1808, in-18.*

2089. Le Secrétaire de la Cour impériale et de la Noblesse de France, ou Modèles de Placets, Pétitions et Lettres adressées à l'Empereur, à l'Impératrice, aux Princes et Princesses de la famille Impériale, aux grands Dignitaires, aux Ministres, aux Maréchaux de l'Empire, aux Sénateurs, aux Conseillers d'Etat, aux Préfets, aux Présidens des Cours de Justice; aux Cardinaux, aux Archevêques et aux Evêques; précédé d'une notice sur l'Etiquette, et suivi de modèles de Lettres sur divers sujets pour toutes les classes de la Société.— Paris, 1808, in-12.*

2090. Le secrétaire de la cour impériale... Seconde édition, augmentée: 1° d'une Notice relative à la réception des Ambassadeurs; 2° du cérémonial observé à la Cour, à l'occasion des naissances et des mariages des Princes et des Princesses de la famille Impériale; 3° d'une Notice historique sur l'origine de tous les différens titres de noblesse; 4° de tous les Décrets relatifs à la création d'une nouvelle Noblesse en France et à l'établissement des majorats. Ornée d'une planche représentant les armes de la noblesse de France. — Paris, 1809, in-12.*

2091. Le Cérémonial de la Cour de

France, ou Description historique de ses grandes Dignités, Charges et Titres d'honneur; contenant l'origine de leur création; les divers changemens arrivés dans leurs offices; leurs préséances, prérogatives, fonctions et marques d'honneur; suivi de la description des cérémonies du sacre et couronnement de Louis XVI et du festin royal. Publié par N.-L. PISSOT. —Paris, 1816, in-18.*

2092. Dictionnaire critique et raisonné des Etiquettes de la Cour, des usages du monde, des amusemens, des modes, des mœurs, etc., des Français, depuis la mort de Louis XIII jusqu'à nos jours; contenant le Tableau de la Cour, de la Société, et de la littérature du dix-huitième siècle; ou l'Esprit des Etiquettes et des Usages anciens, comparés aux modernes. Par Mme la comtesse DE GENLIS.—Paris, 1818, 2 vol. in-8°.*

2093. Coutumes et usages de la cour de France; par PISSOT.— —Paris, 1821, in-18. [D.]

> Nous pensons que c'est une autre édition du n° 2091.

2094. Traité des Cérémonies publiques. Préséances civiles et militaires; par A. DORAT,...— Paris, 1844, in-18.*

2095. Code des Préséances et des Honneurs civils, militaires, maritimes, ecclésiastiques et funèbres. Suivi de la description des costumes de cérémonies, des uniformes, et des marques distinctives et honorifiques. Par G. TOUSSAINT. — Paris, 1845, in-8°.*

2096. Honneurs et Préséances. Recueil de toutes les dispositions législatives et réglementaires qui déterminent les Rangs et Séances des diverses autorités dans les Cérémonies publiques et fixent les honneurs à rendre. Par B...., S.-Adjudant au Palais des Tuileries (PIERRE BLOT.) — Paris, 1852, in-16.*

2097. Cérémonial. — (Paris), Impr. impériale, août 1855. in-4°.*

2098. Dispositions générales applicables aux services d'honneur. (Paris). Impr. impériale, août 1855, in-4°. Pièce.*

2099. Dispositions relatives aux Princes et Princesses de la Famille de l'Empereur. — (Paris). Impr. impériale, septembre 1855, in-4°. Pièce.*

2100. Recherches historiques sur le service des Cérémonies à la Cour de France et dans les principales Cours de l'Europe. (Par le baron DE LA JUS, Aide des cérémonies de l'Empereur, secrétaire à l'introduction des ambassadeurs.)— Paris, 1857, in-8° Pièce.*

2101. Traité des Cérémonies publiques, des Préséances et des Honneurs civils et militaires. Décret impérial du 24 messidor, an XII. Augmenté de toutes les publications officielles qui y sont relatives, jusqu'au 1er Janvier 1859, par DORÉ,....—Paris, 1859, in-16.*

> Pour complément des ouvrages relatifs au cérémonial, on peut consulter : 1° Le « Palais de l'Honneur... » Par le P. ANSELME, ci-dessus n°° 36-39. 2° Les « Mémoires » de DU BELLAY. 3° La partie III des « Antiquités et Recherches de la grandeur des Rois, » par DU CHESNE. 4° Le tome II des « Mémoires sur l'ancienne Chevalerie..., » par DE LA CURNE DE SAINTE-PALAYE, ci-dessus n° 349. 5° Le « Mercure françois, » tome VIII, p. 881 et 889; tome XI, p. 366; tome XII, p. 300; tome XIII, p. 378; tome XV, p. 32, 60, 89, 106, 110 et 505; tome XVI, p. 117; tome XX, p. 821. 6° Le tome I du « Supplément au Corps universel diplomatique du Droit des Gens, » par DUMONT, in-f°. 7° Les « Monumens de la Monarchie Françoise... » de MONTFAUCON (1729-1733), ci-après même LIV. et même SECT., § 7. 8° Enfin, l'on trouvera de curieux et intéressants détails sur l'étiquette et le cérémonial de la Cour de Napoléon Ier dans les « Mémoires anecdotiques sur l'intérieur du Palais impérial; » par DE BAUSSET.

Sacre et couronnement.

2102. Consecratio et coronatio regis Franci. — Venundantur Pari-

sius, in vico Judaico, in intersignio duorum sagittariorum.... (*Guillaume Eustace.*) — In-8°. Pièce.*

2103. Cérémonies obseruées au Sacre et Couronnement des Roys de France, et à la création des nouueaux Ducs, Comtes, Marquis, et autres. Par ANTHOINE DE LA SALE.—*Paris, chez Philippes le Noir, à la Roze Blanche,* in-4°. [A. D.]

> Cet ouvrage est des plus rares. Il n'est cité que par du Chesne, et cette édition, selon lui, passait déjà, de son temps, pour être d'une vieille impression.

2104. Le Sacre et Couronnement du Roy de France avec toutes les Cérémonies et Prières et Oraisons qui se font en l'Eglise de Reims. (Par JEAN DE FOIGNY.) —*Reims, Jean de Foigny,* 1575, in-8°. [B. R.]

> Ce livre est, selon nous, le premier qui ait paru sur ce sujet, contenant en français le rituel du Sacre. Il parut à l'occasion du Sacre de Henri III, qui, comme chacun sait, eut lieu le 13 février 1575.

2105. L'Ordre et les Cérémonies du Sacre et Couronnement du très-chrétien Roy de France, traduict par M. RENÉ BENOIST (Angevin, docteur en Théologie et curé de S. Eustache à Paris). —*Paris, N. Chesneau,* 1575, in-8°.*

2106. Le Sacre et Couronnement des Roys de France, avec toutes les Cérémonies, Prières et Oraisons. *Item* Discours du même Sacre et couronnement, etc., l'Exposition des dites Cérémonies dudit Sacre; par F. JEAN CHAMPAGNE, de l'Ordre des Frères-Prêcheurs. — *Reims et Lyon, Foigny,* 1575, in-8°.*

2107. De Sacris Vnctionibvs libri tres. In quibus de Sanctá Ampullá et Francorum Regum consecratione diffusè tractatur. Authore H. MORO, Parisiensi Theologo et Remensi Ecclesiaste... —*Parisiis, apud. Guill. Bichonium,* 1593, in-8°.*

2108. Le Théâtre d'Honnevr et de Magnificence, préparé av Sacre des Roys. Auquel il est traité de l'Inauguration des Souuerains;

du lieu où elle se fait et par qui; de la Vérité de la Sainte-Ampoule; des Roys qui en ont été sacrez; du Couronnement des Reynes; des Entrées Royales, et Cérémonies du Sacre; et de la Dignité de nos Roys. Par Dom GVILLAVME MARLOT, docteur en théologie, et grand Prieur de l'Abbaye S. Nicaise de Reims.—*Reims,* 1643, in-4°.*

2109. Le Théâtre d'Honnevr et de Magnificence préparé av Sacre des Roys. Reueu et augmenté. Auec la réponse à la Censure de M. Iacques le Tenneur, Eleu de Poictiers, touchant la dignité de l'Onction et l'origine de quelques prérogatives des Roys tres-chrestiens. Par D. G. MARLOT D. en T. et P. de Saint-Nicaise. *Reims,* 1654, in-4°.*

> Même ouvrage que le n° précédent.

2110. Cérémonies pratiqvées av Sacre et Covronnement des Roys de France. Tant pour les Prières que l'on y fait, que pour le rang des Pairs Officiers de la Couronne et autres Seigneurs. (Par PIERRE DAVID.)—*Paris, P. David.* 1654. in-12.

> Opuscule rare.

2111. Histoire des Sacres et Couronnemens des Roys faits à Reims, à commencer par Clovis; et Recueil du Formulaire le plus moderne qui s'observe au Sacre et Couronnement des Roys de France, etc. Cérémonies qui se sont observées à Reims lorsque le Roy Louis XIII reçut l'Ordre du S. Esprit, etc. Projet des Cérémonies pour le Sacre et Couronnement de la Reyne marie de Médicis, etc. Dissertation historique touchant le pouvoir accordé aux Roys de France de guérir les écrouelles; par M. R. C. (REGNAULT, chanoine de S. Symphorien de Reims.) — *Reims,* 1722, in-12.*

2112. Dissertation historique du sacre et couronnement des roys de France, depuis Pepin jusqu'à Louis le Grand inclusivement, etc. Par M. DE CAMPS, abbé de Signy. — (*S. l.*), 1722, in-12.*

2113. Traité historique et chronologique du Sacre et Couronnement des Rois et des Reines de France, depuis Clovis I jusqu'à présent, et de tous les Princes Souverains de l'Europe. Augmenté de la Relation exacte de la Cérémonie du Sacre de Louis XV. Dédié au Roy. Par M. MENIN, conseiller au Parlement de Metz.—*Paris*, 1723, in-12.*—*Amsterdam*, 1724, in-12.*

2114. And historical and chronogical Treatise of the anointing and coronation of the kings and queens of France... By M. MENIN,... Faithfully done from the original French.—*London*, 1723, in-8°.*

2115. Relation des formalités observées au sacre des rois de France ; avec le détail exact de toutes les circonstances qui ont précédé et suivi celui de Louis XV,...—*Liége*, 1774, in-12.*

2116. Essais historiques sur le sacre et couronnement des rois de France, les minorités et les régences ; précédés d'un discours sur la succession à la couronne. Par L*** V*** G*** DE TH*** (LOUIS-VALENTIN GOEZMANN DE THURN). — *Paris*, 1775, in-8°.*

2117. Cérémonial du Sacre des Rois de France, précédé d'une Dissertation sur l'ancienneté de cet acte de Religion ; les motifs de son institution, du grand appareil avec lequel il est célébré, et suivi d'une Table chronologique du Sacre des Rois de la seconde et troisième Race. On y a ajouté la traduction de toutes les Oraisons et Prières qui font une grande partie de la cérémonie, et on a donné une idée du Sacre et Couronnement des Reines de France. (Par PONS-AUGUSTIN ALLETZ de Montpellier.) —*Paris*, 1775, in-8°.*

2118. Cérémonial du Sacre des Rois de France, Précédé d'un Discours préliminaire sur l'ancienneté de cet acte de Religion ; les motifs... du pompeux appareil avec lequel il est célébré,... (Par PONS-AUGUSTIN ALLETZ de Montpellier.)—*Paris*, 1775, in-8°.*

Même ouvrage que le n° précédent.

2119. Cérémonial du Sacre des Rois de France, où l'on voit l'ancienneté de cet acte de Religion ; les motifs de son institution ; le pompeux appareil avec lequel il est célébré; le Costume des Habillements, et une Table chronologique du Sacre des Rois... (Par PONS-AUGUSTIN ALLETZ de Montpellier.) —*Paris*, 1775, in-8°.*

Même ouvrage que les 2 n° précédents.

Dans cette nouvelle édition, on a ajouté à la fin une description plus exacte que dans les premières des Habillements affectés à cette cérémonie. Elle est d'après le Costume rapporté dans le magnifique Recueil, contenant les Tailles-douces qui représentent les divers aspects du Sacre de Louis XV, et gravées aux dépens du Roi.

Il est bon de savoir qu'à part l'addition que nous venons de mentionner, et malgré les changements, légers du reste, qui se trouvent sur les titres, c'est toujours la même édition.

2120. Cérémonial du Sacre et du Couronnement des Rois et Reines de France ; précédé d'un Discours préliminaire démontrant l'ancienneté et les motifs de cet acte de Religion, et le majestueux appareil avec lequel il est célébré... suivi de la traduction de toutes les prières de cette auguste cérémonie... par M. A. de M. (PONS-AUGUSTIN ALLETZ de Montpellier.) Deuxième édition.—*Paris*, F. Denn, 1825. in-12.*

Même ouvrage que les 3 n° précédents.

Dans cette édition, l'on trouve des changements dans la préface et les notes, et dans la disposition de certaines parties.

2121. Cérémonies anciennes et nouvelles du Sacre des Rois de France, avec les suites chronologiques. I. des Sacres et Couronnements des Rois de France. II. des Rois de France qui ont été sacrés ou couronnés plusieurs fois. III. des Enfans de

France qui ont été sacrés ou couronnés du vivant de leur père. IV Des Reines de France sacrées et couronnées et ce qui regarde ces cérémonies; le tout précédé d'un court exposé de l'Inauguration de plusieurs Princes de l'antiquité, et de la Cérémonie du Sacre adopté par différens Rois de l'Europe, depuis l'établissement de la Religion chrétienne. — *Paris*, 1775, in-8°.*

Dans sa préface, l'auteur relève quelques erreurs de faits et de dates qui se trouvent dans l'ouvrage d'Alletz.

2122. Histoire des Inaugurations des Rois, Empereurs et autres Souverains de l'Univers ; avec un précis de l'Etat des sciences et des arts sous chaque règne, depuis Pepin jusqu'à Louis XVI. Par M*** (dom Ch.-Jos. de Bévy, bénédictin.) — *Paris*, 1776, in-8°.* Avec 14 planches.

Il y a des exemplaires qui portent le nom de l'auteur.

2123. Adresse au comité de constitution de l'Assemblée nationale. Cérémonie du sacre des rois de France.—(S. l. n d.) In-8°. Pièce.*

2124. Du Sacre. — (*Paris*, 1819.) In-8°. Pièce.*

2125. Du Sacre des rois de France et de leur couronnement; par A.-P. Chaalons d'Argé, ... — *Paris*, octobre 1824, in-8°.*

2126. Sacre et couronnement des rois et des empereurs en France. (Recherches historiques.) Par Ch. d'Argé.—*Paris*, 1832, in-18.*

Même ouvrage que le n° précédent.

2127. Du Sacre, de ses cérémonies, de leurs motifs, par Boucher de Courson, ... — *Paris*, 1825, in-8°.*

2128. Du Sacre des rois de France, de son origine et de la sainte ampoule ; suivi du détail des cérémonies usitées au couronnement de nos rois dans l'église métropolitaine de Reims ; par Félix Lacointa. — *Paris*, 1825, in-8°.*

2129. Du Sacre des rois de France et des rapports de cette auguste cérémonie avec la constitution de l'Etat aux différents âges de la monarchie. Par M. Clausel de Coussergues, ... *Paris*, Egron, 1825. — Observations sur quelques points importants de l'Histoire de France relatifs au sacre de nos rois, contenant la réponse à des questions qui ont été élevées au sujet de l'ouvrage intitulé: « Du Sacre des rois de France... » Par M. Clausel de Coussergues,... *Paris*, imp. de Egron, mai 1825. Le tout en 1 vol. in-8°.*—2° édition. *Paris*, 1825, in-8°.*

2130. Histoire du Sacre et du couronnement des rois et reines de France, précédée d'une introduction dans laquelle l'auteur... fait un tableau général du mode d'inauguration du souverain, adopté chez les nations tant anciennes que modernes. Par Alexandre le Noble,...—*Paris*, 1825, in-8°.*

2131. De la Cérémonie du sacre des rois, avec des réflexions sur son origine, sur les régences des rois de France et sur S. M. Charles X ; par l'abbé Juin. — *Paris*, 1825, in-18.*

2132. Histoire de l'inauguration des rois d'Israël et des empereurs chinois, persans... suivie du sacre de rois de France, avec des réflexions sur les mœurs des Francs, sur l'invasion des Normands, sur la chute des enfants de Charlemagne, sur les faits remarquables de chaque règne ; avec des considérations sur Charles X, etc. Par l'abbé Juin.—*Paris*, 1825, in-18.*

Même ouvrage que le n° précédent.

2133. Des Cérémonies du Sacre, ou Recherches historiques et critiques sur les mœurs, les coutumes, les institutions et le droit public des Français dans l'ancienne monarchie: par M. C. Leber, chef du premier bureau des communes au Ministère de l'Intérieur. Orné de 48 Planches.—*Paris*, 1825, in-8°.*

Savant et curieux.

D'après notre cadre, nous ne devions faire entrer ici que les Traités généraux sur les Sacres, comme se rattachant par leurs sujets au Cérémonial. Quant aux ouvrages sur les Sacres particuliers, et sur les Cérémonies spéciales telles que les Entrées solennelles, Baptèmes, Mariages, Entrevues, Lits de justice, Pompes funèbres, etc., nous ne pourrons que renvoyer le lecteur au tome II, pag. 703-741, de la *Bibliothèque historique*, ou au *Catalogue* de la Bibliothèque impériale, et surtout au travail de Jolly, ci-dessus n° 2082.

§ 4.

Armoiries des villes et des provinces.

2134. La Géographie françoise contenant les Descriptions, les Cartes et le Blason des Provinces de France, par P. DU VAL.—*Paris*, 1663, in-12. [Sc.] — *Paris*, 1667, 4 parties en 4 vol. in-12.*

2135. Tableau des Provinces de France, dans lequel sont représentées les Armes de chaque province, en taille douce, avec leurs Blasons, Titres, Qualitez, Erection en duché,... par (ROBERT) ALCIDE DE BONNE-CASE, sieur DE SAINT-MAURICE.—*Paris*, 1664, 2 tomes en 1 vol. in-12.*

2136. Le Blason en plusieurs tables... et deux alphabets, l'un des termes de cet art... l'autre des principales armes du monde. Par P. DU VAL (1677).

Voyez ci-dessus n° 77.

2137. Carte générale de la Monarchie françoise... contenant... les plans... des principales places de guerre et Villes maritimes frontières du royaume... avec la Description et les Armoiries de ces places (et celles de toutes les provinces de France)... Par LEMAU DE LA JAISSE. (1733).

Voyez ci-dessus n° 2058.

2138. Atlas géographique et militaire de la France, divisé en deux parties; la première contient la carte de France,... et la seconde... les plans de 110 places de guerre et villes maritimes,... avec la description et les ARMOIRIES de ces places,...

(Par R.-J. JULIEN).—*Paris. Julien.* 1751, in-4°. [J. N.]

J. Neaulme n'a pas connu le nom de l'auteur.

2139. Recherches sur les Fleurs de Lys et sur les Villes,... qui portent des fleurs de lys dans leurs armes... [Par J. B. DUREY DE NOINVILLE. (1757.)]

Voyez ci-après même LIV. et même Sect., § 7 : « *Dictionnaire généalogique héraldique* ... » [Par LA CHESNAYE-DES-BOIS (1757), 1re édition, tom. III.

2140. Armorial des anciennes Provinces et gouvernements de la France, avec les Blasons de toutes les principales villes de l'univers. (Par P. DU VAL.)

Voyez ci-après même LIV. et même Sect., § 5.

2141. Armorial général de l'Empire contenant les Armes... des villes de 1re, 2e et 3e classe... par HENRY SIMON. (1812.)

Voyez ci-après même LIV. et même Sect., § 7.

2142. Armorial général des Villes de France ; par M. VITON DE SAINT-ALLAIS.—*Paris*, 1814, in-8°. Pièce. Avec blasons.

1re livraison. C'est tout ce qui a paru.

2143. Armorial général des Villes de France. Première et deuxième livraisons. Noms, situation géographique, origine et antiquité,... Par M. C. DE MÉRY, Référendaire en la Chancellerie de France,... Et par J. B. M. A. DEZOS DE LAROQUETTE, avocat à la Cour royale de Paris,...—*Paris* (1816), in-8°.* Avec 20 armoiries.

Ces deux livraisons, les seules qui aient paru, contiennent les villes suivantes : *Vendôme, Fismes, Luxeuil, Agde, Saint-Amand, Sarre-Louis, Mirepoix, Digne, Vias, Toulouse, Vitry-le-François, Mayenne, Colmar, Bordeaux, Strasbourg, Mont-de-Marsan, Sainte-Ménéhould, Dunkerque, Aurillac, Bar-sur-Seine.*

2144. Armorial national de France. Recueil complet des Armes des Villes et Provinces du territoire français réuni pour la première fois, dessiné et gravé par H. TRA-

VERSIER. Avec des Notices descriptives et historiques par LÉON VAÏSSE,... — *Paris*, 1843, gr. in-4°.*

Ce recueil, malgré les lacunes nombreuses qu'il renferme et quelques inexactitudes dans le blason des armes, est néanmoins le plus complet que l'on ait sur cette matière. Toutefois il est disposé dans un ordre qui rend les recherches peu faciles. Il existe, sur les armoiries des villes de France, un manuscrit fort étendu et très-estimé, de M. A. Bailly, ancien sous-bibliothécaire de la ville de Paris. Ce manuscrit, que nous avons vu, semble n'avoir pas été connu des auteurs. — Voyez ci-après § 6 : « *Armorial des États du Languedoc...* » Par D.-F. GASTE-LIER DE LA TOUR. (1767.)

2145. Dictionnaire... de toutes les Communes de France... illustré de 100 gravures, de costumes coloriés, plans et Armes des Villes,... par A. GIRAULT DE SAINT-FARGEAU.—*Paris, F. Didot,* 1844-1846, 3 vol. in-4°.* Avec 392 blasons tirés sur couleurs rehaussés d'or et d'argent.

2146. Armorial des Villes de France, contenant 432 armoiries de villes, imprimées en couleur, et un texte explicatif extrait du Dictionnaire des communes, par GIRAULT DE SAINT-FARGEAU. — *Paris,* 1847, in-4°. Pièce.*

2147. Dictionnaire héraldique... avec un grand nombre... d'exemples tirés des Armoiries des..., Villes et des Provinces de France, par M. CHARLES GRANDMAISON,... (1852).

Voyez ci-dessus n° 125.

2148. Le Carnet, Recueil d'Armoiries et d'Ornements, par LUNDY et HERVÉ,... — *Paris, Hervé, rue Dauphine,* 12, in-8° obl.

Contient les armoiries de toutes les nations du monde, et celles de toutes les provinces et villes de France, avec les décorations des Ordres civils et militaires.— Doit se composer de 12 cahiers, dont les 6 premiers ont paru de 1855 à 1859.

2149. Les Blasons des villes du du-

ché de Lorraine. (Par J.-J. BOUVIER, dit l'abbé LYONNOIS.)

Voyez ci-après § 6 : LORRAINE, *Principes du Blason.*

2150. Armorial de la Province, des Villes, des Evêchés, des Chapitres et des Abbayes de Normandie, par M. A. CANEL, membre de la Société des Antiquaires de Normandie. — *Rouen, A. Péron,* 1849, in-8°.

Avec un Appendice contenant des additions et des rectifications. — Tiré à 100 exemplaires. — Extrait de la « *Revue de Rouen,* » 1849-1850.

2151. Dissertation sur les Armoiries attribuées à la Province de Picardie, par M. CH. DUFOUR, membre titulaire de la Société des Antiquaires de Picardie. Extrait du tome XV des Mémoires de cette Société.—*Amiens, impr. Herment,* 1857, in-8°. Pièce. Avec armoiries tirées en couleur.

Tiré à très-petit nombre et non mis en vente.

2152. Lettre à M. Ch. Dufour, membre de la Société des Antiquaires de Picardie, sur les Armoiries de la Province et de la Nation de Picardie, par M. VALLET DE VIRIVILLE, membre correspondant.—*Amiens, impr. Herment,* (1858), in-8°. Pièce. Avec armoiries.

Tiré à petit nombre et non mis en vente. — Communiqué ainsi que le précédent par M. Vallet de Viriville.

2153. Armoiries des Villes du département de l'Eure, par D'AVANNES.—(*S. l. n. d.*) In-8°. [D.]

2154. Département de la Seine-Inférieure. Tableau historique et statistique dressé en 1856... composé, peint et écrit par E. CHEVALIER. — *Paris* (1857), gr. in-f°. plano.*

Tableau contenant les blasons tirés sur couleurs de toutes les villes de ce département.

2155. Recherches historiques sur les Armoiries de Boulogne. (Par C. MARMIN.).—(*S. l. n. d.*) In-8°. Pièce. Avec blasons.

2156. Notice sur les anciens Sceaux

et Armoiries de la ville de Bruges. Par ÉDMOND VEYS. Avec 3 pl. de sceaux.

Dans les « *Annales de la Soc. d'Emul. de la Flandre occidentale,* » tom. I, p. 71-81.

2157. Des Armoiries de la Ville de Châlons-sur-Saône et de ses différents noms; par MILLARD.—*Châlon-sur-Saône*, 1846, in-8°. Pièce.*

2158. Notice sur le Scel communal, les Armoiries et les Cachets municipaux de la Ville de Dunkerque, par CARLIER.—*Dunkerque*, 1855, in-8°. [D.] Avec figures.

2159. Armoiries de la Ville de Lyon, ou l'Histoire de Lyon expliquée par son blason.—*Lyon*, 1846, gr. in-8°. [D.]

2160. Armoiries de la Ville de Lyon aux différentes époques de son histoire, par J.-B. MONFALCON.—*Lyon, L. Perrin*, 1846, gr. in-8°. Avec 4 planches.

2161. Essai d'une monographie des Armoiries de la Ville de Lyon, par L. CHARVET, architecte.—*Lyon*, 1860, in-8°. Pièce.*

Extrait de la « *Revue du Lyonnais.* »

2162. Département de la Drôme. Marsanne, chef-lieu de canton. Note archéologique sur les Armes de la Commune. (Par CH. DE MONTLUISANT, capitaine d'artillerie.)—*Lyon*, 1854, in-8°. Pièce.*

2163. Notice historique sur les Armoiries de Marseille; par BOUILLON-LANDAIS,....—*Marseille*, 1857, in-8°. Pièce.*

2164. Sur les Vraies Armoiries de la Ville de Nancy; par P. G. DE DUMAST.—*Paris*, 1856, in-8°. Pièce.* Avec une planche.

Extrait du « *Bulletin de la Société d'Archéologie de Lorraine,* » année 1856.

2165. Dissertations sur les Armoiries de la Ville d'Orléans; par M. DE MONTEVRAY. — *Orléans*, 1818, in-8°. [D.]

Voyez sur ce sujet « *l'Histoire de la ville d'Orléans...* » par C.-P.

VERGNAUD-ROMAGNÉSI, tome I. p. 388-390.

2166. Les Trois Fleurs de Lys spirituelles de la Ville de Péronne ou la vie de M. Thuet, par CATHERINE LEVESQUE.—*Cusson*, 1685, in-8°.*

Contient un discours sur le blason des armes de Péronne, et sur les fondements, les priviléges et les prérogatives de cette ville.

2167. Notice historique sur les Armoiries de Roubaix, pour servir au projet présenté par l'administration municipale d'allier les anciennes avec les nouvelles, par TH^r LEURIDAN,...—*Roubaix*, 1859, in-8°. Pièce.* Avec fig. et blasons.

2168. Dissertations sur les Armoiries de la Ville de Saint-Omer, celles de l'abbaye de Saint-Bertin et de son chapitre, par HERMAND.—(*S. l. n. d.*) In-8°. [D.]

Extrait des « *Antiquités de la Morinie.* »

2169. Etudes sur les Armoiries de la Ville de Troyes, lues à la Société Académique du département de l'Aube, dans la séance du 22 août 1851, par M. JULES RAY, membre résidant.—*Troyes, Bouquot*, 1851, in-8°. Pièce.* Avec 6 planches de blasons tirées sur couleurs.

Tiré à 60 exemplaires.

2170. Une page de l'Histoire inédite de Verdun en Bourgogne. Lettre sur les Armoiries de Verdun... (Par ABEL JEANDET de Verdun.) — *Châlon-sur-Saône*, 1856, in-8°. Pièce.*

2171. Notice historique et critique sur les Armoiries de la Ville de Vienne en Dauphiné, par M. DE TERREBASSE.—*Lyon*, 1857, in-8°. Pièce.*

Pour les armes des différentes villes et provinces, on peut encore consulter : « Plans et profils des principales villes de France, » par TASSIN.—*Paris*, 1634, in-4°.

Pour les armes de quelques villes en particulier, voyez : 1° Les « Mélanges historiques.. » de SAINT-JULIEN. 2° Le « Mercure de France, » août 1746, mars 1747, et 1748, vol. I. 3° Les « Essais historiques sur la ville de Caen...»

par DE LA RUE, tome II, p. 92.
4° L' « Armorial des Etats du Languedoc, » par D.-F. GASTELIER DE LA TOUR (1767), ci-après § 6.

Enfin pour les armes des villes de la Franche-Comté, consultez l'Histoire de cette province, par ROUGEBIEF, 1851, gr. in-8°.

§ 5.

Histoire nobiliaire des provinces en général.

2172. Armorial des Anciennes Provinces et Gouvernements de la France, avec les Blasons de toutes les principales Villes de l'Univers. (Par P. DU VAL .) — (S. l. n. d.) In-12. [D.]

Livre entièrement gravé, composé de 72 planches de blasons, avec légendes explicatives.—Difficile à trouver aujourd'hui.

2173. Archives généalogiques... de la Noblesse de France... Avec la collection des Nobiliaires généraux des Provinces de France. Publiées par M. LAINÉ. (1828-1846).

Voyez ci-après, même LIV. et même Sect., § 7.

2174. Annales historiques des Anciennes provinces d'Aunis, Saintonge, Poitou, Angoumois, Périgord, Marche, Limousin et Guienne. Première partie. Mélanges religieux, politiques et philosophiques. Seconde partie. Hommes illustres... Anciens maires élus sénéchaux.—Grands Baillis.—Gouverneurs...—Origines exactes des Familles nobles, avec preuves historiques ou authentiques: leurs armes, illustrations et filiations modernes, etc., par MARC-ANDRÉ BARBOT DE LA TRÉSORIÈRE, zélé partisan de la réforme de tous abus : La puissance de l'idée suffira pour y mettre un terme. — Paris, Typ. d'Emile Allard, 1858, in-4°.*

Cet ouvrage curieux et singulier n'a pas été achevé. Il doit être continué par M. de Valle, mais dans un autre esprit. La partie publiée sous le titre ci-dessus contient : 1° la préface, l'introduction et le premier chapitre des Annales ; 2° le commencement de la seconde partie renfermant : Con-

sidérations sur la Noblesse et son Essence; Dénombrement de la Noblesse de nos anciennes provinces, en 1830; Noms des Chevaliers croisés produits par la Noblesse de nos provinces avec ceux des chevaliers du Temple.

2175. Catalogue des Gentilshommes qui ont pris part ou envoyé leur procuration aux Assemblées de la Noblesse pour l'élection des députés aux Etats Généraux en 1789. Publié d'après les procès-verbaux officiels, par MM. LOUIS DE LA ROQUE et EDOUARD DE BARTHELEMY. — Paris, E. Dentu, 1861, gr. in-8°.*

Ce travail ne comprend que les provinces suivantes : Armagnac et Quercy, Bourgogne, Champagne, Dauphiné, Franche-Comté, Languedoc (Généralité de Toulouse), Lyonnais, Forès et Beaujolais, et Provence. — Chaque province a été publiée séparément avec titre particulier et pagination spéciale, et figure respectivement en son lieu dans notre bibliographie.

§ 6.

Histoire nobiliaire des provinces en particulier.

Alsace.

2176. Recueil de factums du procès entre le Magistrat de Strasbourg et la Noblesse de cette ville et d'Alsace. (Au sujet de l'indépendance où celle-ci prétendait être à l'égard dudit Magistrat.) [L. F.]

Selon le P. Lelong, ces pièces ont été imprimées après l'année 1711.

2177. Statuts et Priviléges de la Noblesse franche et immédiate de la Basse-Alsace, accordés par les anciens Empereurs, confirmés et augmentés par le Roy. —Strasbourg, 1713, in-f°.*

Français-allemand.

2178. Réflexions sommaires et impartiales sur l'Effet que le décret de l'Assemblée nationale, relativement à la destruction de la Féodalité, doit produire dans la province l'Alsace. (1789.)

Voyez ci-dessus n° 1428.

2179. L'Alsace en 1789. Tableaux des divisions territoriales et des différentes seigneuries de l'Alsace existant à l'époque de l'incorporation de cette province à la France, publiés par FRÉDÉRIC-CHARLES HEITZ. — *Strasbourg*, 1860, in-4°. Pièce.*

Anjou.

2180. La Chronique et la Généalogie des Comtes d'Anjou, de la Maison de France, qui furent Roys et Reynes de Sicile, depuis Charles, frère du Roy Saint-Louis, Comte d'Anjou, de Provence et du Maine, par ANTOINE DE LA SALLE.—*Paris*, 1517, in-4°. [L. D.]

2181. Histoire des Comtes et Ducs d'Anjou, par M. DE GIRARD.— *Paris*, 1573, in-12. [D.]

2182. Brief Discours sur l'excellence, grandeur et antiquité du pays d'Anjou et des Princes qui y ont commandé et en sont sortis ; avec la Généalogie de la Maison de Brie entrée dans celle des Sires de Serrant, par PASCAL DU FAUZ ROBIN, gentilhomme angevin. — *Paris*, 1582, in-8°. [L. F.]

> Avec un recueil de généalogies des principales familles de cette province et pays circonvoisins.

2183. Titres dv Comté de Laval et de ses Priviléges. — *Paris*, 1657, 1658, in-4°. [D.]

> Avec « *Table des comtes de Laval, pour monstrer que monsieur le duc de la Trémoille en est descendu en ligne directe.*»—Voyez ci-après n° 2193.

2184. Vitae Petri-Ærodii quœsitoris andegavensis et Guillelmi Menagii advocati regii andegavensis, scriptore ÆGIDIO MENAGIO.—*Parisiis*, 1675, in-4°.*—*Traj.-ad-Rhen*, 1725, in-8°.—*Francfort*, 1757, in-8°. Avec une préface de J.-G. HOFFMANN.

> Les vies de Pierre Ayrault et de Guill. Ménage semblent n'être dans cette œuvre, d'ailleurs justement estimée, et rare aujourd'hui, qu'un prétexte à développement sur d'autres matières qui ne sont pas, à vrai dire, complétement étrangères au sujet. En effet, l'ensemble se compose de 540 pages, dont 438 de notes qui ne roulent absolument que sur l'histoire de l'Anjou et sur les généalogies et

les alliances d'un grand nombre de Familles de cette province. C'est par rapport à ce dernier point que nous avons dû l'insérer dans notre bibliographie. La Bibliothèque impériale conserve un deuxième exemplaire de la première édition, enrichi de nombreuses additions et corrections manuscrites de Charles-René d'Hozier, avec les armes de Ménage.

2185. Histoire de Sablé. Première partie. Par Monsieur MÉNAGE.— *Paris*, 1683, in-f°.*

> Cet ouvrage, malgré toutes les inexactitudes qu'il renferme et qui ont été, du reste, relevées par le P. Soucyet dans le « *Journal de Trévoux*, » année 1720, est néanmoins très-recherché aujourd'hui. Il devait se composer de six parties : deux seules ont été achevées, et encore la 2ᵉ ne parut pas du vivant de l'auteur. La 1ʳᵉ partie contient les généalogies des Maisons de *Beaumont-le-Vicomte*, de *Chateaudun*, de *Chateau-Gontier*, de *Craon*, des *Roches*, de *Mayenne*, de *Matignon*, de *Nevers*, des comtes de *Thouars*, de *Vendôme* et de plusieurs autres Familles. On y trouve en outre tant de documents sur le Maine et l'Anjou, qu'il peut être considéré comme un abrégé historique et généalogique de ces deux provinces.

> Quant à la seconde partie, voy. le n° suivant.

2186. Seconde partie de l'Histoire de Sablé, par GILLES MÉNAGE.— *Le Mans*, 1844, in-12.*

> Publié par MM. ANJUBAULT et BARTHELEMY HAURÉAU, d'après le manuscrit de la bibliothèque publique du Mans. — Extrait de l' « *Annuaire de la Sarthe*, » ann. 1844-1845.— La Bibliothèque impériale conserve deux manuscrits de cette seconde partie de l'œuvre de Ménage, dont l'un, d'après la note qui se trouve sur le feuillet de garde, aurait été fait et collationné sur une copie de l'original, du vivant même de l'auteur.

2187. Arrest de Règlement entre les Officiers de la Sénéchaussée d'Anjou, et Siége présidial d'Angers d'une part, et les Officiers de la Prévosté de la mesme Ville d'autre (9 août 1684).— (S. l. n. d.) In-4°. Pièce.*

2188. Recueil des Priviléges de la Ville et Mairie d'Angers, rédigé par Monsieur ROBERT, Doyen de la Faculté des Droits, ancien Maire et Conseiller, Echevin perpétuel à l'Hôtel de Ville. Imprimé par l'Ordre de Messieurs du Corps de Ville d'Angers.—*Angers*, 1748, in-4°.*

2189. Assemblée de l'Ordre de la Noblesse de la Sénéchaussée de Saumur et pays saumurois, tenue dans ladite ville, relativement à la convocation des Etats Généraux; indiquée au 27 avril 1789. —*Saumur (s. d.)*, in-8°.*

2190. Cabier de la Noblesse de la Sénéchaussée de Saumur et pays saumurois, contenant les instructions et pouvoirs donnés à leurs députés aux Etats Généraux.—*(S. l. n. d.)* In-8°. Pièce.*

2191. Armorial des maires d'Angers. (Par LAMBRON DE LIGNIM.) —*Angers*, 1845, in-4°. Pièce.* Avec titres et blasons coloriés.

Tiré à un petit nombre d'exemplaires.—Comprend les armoiries gravées des maires de cette ville depuis 1474 jusqu'en 1790; celles de Jean Sabart, maire en 1499, ont seules échappé aux recherches de l'auteur. Sauf les lacunes révolutionnaires, la liste des maires est non interrompue et continuée jusqu'en 1843. Opuscule très-intéressant pour l'histoire de la localité.

2192. Histoire des Seigneurs de Mayenne... Par J.-B. GUYARD DE LA FOSSE. — *Au Mans*, 1850, in-12.*

Publié d'après le manuscrit de M. Ch. Drouet, du Mans.

2193. Documents relatifs à l'Histoire du Comté de Laval contenant Description du Comté de Laval, par LE CLERC DU FLECHERAY, avocat fiscal du siége ordinaire de Laval. Titres du Comté de Laval et de ses Priviléges. Extrait sommaire des Mémoires de M. de MIROMÉNIL, intendant de la Généralité de Tours, concernant la province du Maine. Pancarte concernant les statuts et ordonnances de la Prévôté de Laval. Lettres de Commission données par le Roy Charles IX, à son cher et bien aimé Lancelot de Brée, sieur de Fouilloux, pour lever et mettre sus des

hommes d'armes contre les rebelles de la Religion réformée. Ouvrage publié par M. H. GODBERT.—*Laval, H. Godbert*, 1860, in-4°.*

Tiré à 100 exemplaires. — Avec les armes du comté de Laval sur le titre.—Voyez ci-dessus n° 2183.

Artois.

2194. Discovrs abrégé de l'Artois, membre ancien de la Covronne de France, et de ses Possessevrs, depuis le commencement de la Monarchie. (Par CHARLES DE COMBAULT, baron d'AUTEUIL.) —*(Paris.)* 1640, in-4°.*

Contient entre autres documents une table généalogique des deux princesses d'Artois, dont l'auteur fait descendre la maison du Plessis-Richelieu, et une table généalogique des comtes et seigneurs d'Artois, depuis la seconde race des rois de France.

2195. Lettres en forme de Reqveste civile, Pièces et Mémoires, touchant la cause de la Baronie d'Andres. Pour la Reyne Mère du Roy. Contre Messire Charles Hypolite de Spinola Comte de Brouay, Gouuerneur de l'Isle en Flandres, 1662. Par M° HENRY DAVDIGVIER DV MAZET, advocat en Parlement. — *(S. l.*, 1662.) In-4°.*

On trouve dans ce travail curieux et peu commun les noms des douze Pairs de Flandres; les noms des douze Pairs et des douze barons du comté de Guines; le nombre des paroisses dépendant de ce comté, avec la généalogie des comtes de Guines, et autres renseignements sur les baronnies et fiefs de la localité.

2196. Comitum Tervanensium seu Ternensium, modò S. Pauli ad Thenam, à primo ad postremum, Annales historici, ubi Genealogica Series, natalitia, genus ditiones, jura, dignitates, præclara facinora, obitus et encomia succinctè recensentur; quibus varii eventus, qui arcem, civitatem universamque dynastiam Paulinatem, necnon oppida vel cœnobia, aliaque loca seu sacra, seu profana circumquaquè adjacentia spectant, chronologicè interseruntur; collectore R. P. Thoma Turpin, Paulinate, ord. FF. Prœdicat. Audomarensium. — *Duaci*, 1731, in-8°.* Avec blasons.

2197. Notice de l'Etat ancien et moderne de la Province et Comté d'Artois. Par M*** (Bultel).—*Paris, Guill. Despiez*, 1748, in-8°.*

Cet ouvrage, très-rare, contient, entre autres renseignements sur cette province, les noms des membres composant les Etats; la liste des marquisats, baronnies et comtés; celle des maisons nobles, tant éteintes qu'existantes alors; avec neuf cartes donnant la table des comtes et comtesses souverains ou non souverains, des gouverneurs généraux des Pays-Bas, des officiers de la chancellerie, des officiers du Conseil; enfin des maisons nobles, dont les gentilshommes composaient, en 1747, l'Ordre de la noblesse des Etats d'Artois.

2198. Mémoires pour servir à l'Histoire de la province d'Artois,... précédés d'une Notice chronologique des Comtes d'Artois; par M. Harduin,... — *Arras*, 1763, in-12.*

2199. Extrait du « *Journal historique de Verdun.* » Lettre critique sur les Prétendus Comtes d'Hesdin.—*Paris*, 1776, in-8°. Pièce.*

2200. Lettre critique sur les Prétendus Comtes d'Hesdin. Question de Diplomatique. — *Peperingue*, 1777, in-4°. Pièce.*

Même ouvrage que le précédent.

2201. Dissertation sur l'Existence des anciens Comtes d'Hesdin, ou Réponse à une lettre anonyme sur les Prétendus Comtes d'Hesdin, insérée dans le « *Journal de Verdun,* » Novembre 1776, pages 379 et suivantes.—(S. l. n. d.) In-4°. Pièce.*

2202. Examen d'une Dissertation sur l'Existence des anciens Comtes d'Hesdin. (Par Nicolas Gobet, garde des archives de Monsieur.)—(S. l. n. d.) In-4°. Pièce.*

2203. Procès-verbal de l'Assemblée de la province d'Artois, convoquée à Arras, le 20 avril 1789. Suivi du Cahier des pouvoir demandes et instructions

que l'Ordre de la Noblesse donne à ses députés aux Etats Généraux... — (S. l.), 1789, in-8°. Pièce.*

2204. Procès-verbal de l'Assemblée de la Noblesse d'Artois, convoquée à Arras, le 1er mai.— (S. l.), 1789, in-8°. Pièce.*

2205. Cahier des Pouvoirs, demandes et Instructions que l'Ordre de la Noblesse de la province d'Artois donne à ses députés aux Etats Généraux, lesquels pouvoirs et instructions ne pourront avoir effet que pour un an, à dater du jour de la 1re séance de l'Assemblée de la nation.— (S. l.), 1789, in-8°. Pièce.*

2206. Notes historiques relatives aux Offices et aux Officiers du Conseil provincial d'Artois. (Par P.-A.-S.-J. Plouvain, avocat, conseiller à la gouvernance de Douay.)—*Douay*. 1823. in-4°.*— Nouvelle édition. *Douai*, 1843, in-4°.*

Noms, prénoms, qualités et Blasons de ces Officiers, avec les dates de leur naissance, de leur réception et de leur mort.—A la fin on trouve une note relative aux armoiries.

La dernière édition a paru après la mort de l'auteur.

2207. Généalogie des Avoués d'Arras, Seigneurs de Termonde.

Dans les « *Annales de la Soc. d'Emul. de la Flandre occidentale,* » tome II, p. 116.

2208. Archives historiques et ecclésiastiques de la Picardie et de l'Artois, publiées par P. Roger,... (1842).

Voyez ci-après: Picardie.

2209. Noblesse et Chevalerie du Comté de Flandre, d'Artois et de Picardie, publié par P. Roger,... (1843).

Voyez ci-après : Flandre.

2210. Bibliothèque historique, monumentale, ecclésiastique et littéraire de la Picardie et de l'Artois, publié par M. P. Roger,... (1844).

Voyez ci-après: Picardie.

2211. Carenci et ses Seigneurs, par Achmet d'Héricourt. —

Saint-Pol, 1849, in-8°. [B. Lil.]

Pour complément des ouvrages relatifs à l'histoire nobiliaire de l'Artois, voyez dans le tome VII du *Spicilège* de d'Achéri, les Généalogies de Baudouin d'Avesnes.

Auvergne.

2212. Articles proposez à la Noblesse du Païs d'Auvergne, par Monsieur le comte de Randan. Auec un Discours sur la Repplique du contraire party, par Monsieur l'Evesque de Clermont (François de la Rochefoucauld.) —*Paris, R. le Fizelier*, 1590, in-8°. Pièce.*

2213. Stemmma Arvernicvm sive Genealogia svpremorvm principvm Comitvm Arverniæ, Dvcvmqve Aqvitaniæ primæ et Comitvm Claramontensivm Delphinorvm Arverniæ, ac Dominorum de Turre-Arverniæ, Delphinorum Viennensium, Vicecomitium Turenæ, Ducumque Bullionensium, qui ex illa antiquissima Aryernica stirpe prodierunt. A Christophoro Ivstello scripta, atque ab anno D.CCCXLIV. ad hœc usque tempora accuratè deducta, et in compendium redacta. — *Lutetiæ Parisiorvm*, anno 1644, in-f°. Pièce.* —(Autre édit.) *Lutetiæ Parisiorvm*, 1644, in-f°. Pièce.* Avec blasons gravés.

2214. Libertez, Franchises dv Vicomté de Tvrenne.—*Paris, Denis Pellé*, 1658, in-4°.*

Depuis 1263 jusqu'en 1657.

2215. Les Origines de la ville de Clairmont, par feu Monsieur le président Savaron, augmentées des remarques, nottes et recherches curieuses des choses aduenues auant et après la première édition. Ensemble des Généalogies de l'ancienne et illustre Maison de Senecterre, et autres (originaires d'Auvergne),… par Pierre Dvrand,…—*Paris*, 1662, in-f°.*

2216. Table généalogique des Comtes héréditaires et bénéficiaires d'Auvergne, par Jean du Bouchet, en six feuilles. — *Paris*, 1665, in-f°. [L. D.]

2217. Arrest dv Conseil d'Estat du 13 Ianuier 1667. Portant que tous les Annoblis par lettres depuis le 1 Ianvier 1611, iusques au jour de la Déclaration du Roy du mois de Septembre 1664, du ressort de la Cour des Aydes de Clermont-Ferrand, seront imposez aux Tailles à l'exception de ceux qui auront obtenus lettres de confirmation registrées és Chambres des Comptes et cour des Aydes depuis ladite Déclaration de 1664. (1667.)

Voyez ci-dessus n° 1003.

2218. Mémoire sur la Noblesse du Chapitre de Saint-Julien de Brioude; par M. Audrand. — *Riom*, 1766, in-4°. [B. C. F.]

Voyez encore ci-après n° 2227.

2219. Prospectus de l'Histoire de la Noblesse d'Auvergne, par M. l'abbé Berger.—(*Paris*), 1767, in-4°. Pièce.*

C'est tout ce qui a paru de cet ouvrage, qui devait former 8 vol. in-4°.

2220. Essai sur l'Origine des Fiefs de la Noblesse de la Haute-Auvergne,… par de Rangouse de la Bastide. (1784.)

Voyez ci-dessus n° 1412.

2221. Tableau de MM. de l'Ordre de la Noblesse de la Sénéchaussée d'Auvergne, réunis à Riom pour député aux Etats Généraux.—*Riom*, 1789, in-4°. Pièce.*

2222. Procès-verbal des séances de l'Assemblée de l'Ordre de la Noblesse de la Sénéchaussée d'Auvergne, tenues à Riom, dans le mois de mars 1789.—*Riom*, 1789, in-4°. Pièce.*

2223. Motifs de l'article 1er du Cahier de la Noblesse de Clermont-Ferrand, conçu en ces termes: Que les Etats Généraux seront seuls compétents pour consentir les impots, qu'ils proposeront les lois qu'ils jugeront convenables, mais que la prérogative royale sera maintenue dans son intégrité…—(*S. l. n. d.*) In-8°. Pièce.*

2224. Catalogue de tous MM. composant l'Ordre de la Noblesse de la Sénéchaussée de Clermont, qui ont assisté à l'Assemblée des trois Etats, en exécution des ordres de Sa Majesté.—(*S. l. n. d.*) In-f°. Pièce.*

2225. Instructions pour les députés de la Noblesse aux Etats Généraux, arrêtées dans l'Assemblée de la Sénéchaussée d'Auvergne, séante à Riom.—*Riom*, 1789, in-4°. Pièce.*—*Paris*, 1789, in-8°. Pièce.*

2226. Cahier de l'Ordre de la Noblesse de la Sénéchaussée de Clermont-Ferrand, remis à M. le comte de Montboisier, son député aux Etats Généraux, par délibération et pouvoirs des 29 et 31 mars 1789.—*Clermont-Ferrand*, 1789, in-8°. Pièce.*—*Paris,* 1789, in-8°. Pièce.*

2227. Chronologie du ci-devant Chapitre de Saint-Julien de Brioude, dressée par des Commissaires *ad hoc* de ce Chapitre, acceptée et sanctionnée par lui le 12 novembre 1788, et publiée présentement par MM. DANTIL et DE CHAVANAT, ci-devant chanoines-comtes de ce chapitre.—*Paris*, 1805, in-8°.*

La Bibliothèque impériale conserve aussi le manuscrit original de cet ouvrage.—Voyez encore ci-dessus le n° 2218.

2228. Recherches sur Randan, ancien Duché-Pairie;... son origine, sa position dans l'ancienne monarchie; ses lois, son organisation judiciaire et administrative; ses Possesseurs successifs et leurs Maisons, depuis les temps les plus reculés jusqu'à nos jours. (Par M. le vicomte HENRI DE BASTARD.)—*Riom*, 1830, in-8°.* Avec 2 tabl. et 19 lith.

Non mis en vente.

2229. Nobiliaire d'Auvergne, par J.-B. BOUILLET,... — *Clermont-Ferrand*, 1846-53, 7 vol. in-8°.*

Nous n'avions pas de nobiliaire général de cette province. L'auteur a comblé cette lacune par ce travail aussi consciencieux que complet.

2230. Documents historiques concernant les villes, bourgs et villages du département de la Haute-Loire. Des Coutumes Sei-

gneuriales de la Châtellenie de La Roche en 1291. Par M. HENRY DONIOL,... Extrait des *Annales de la Société académique du Puy,* tome XVIII, 1853. — *Le Puy* (1853), in-8°. Pièce.*

2231. Dictionnaire héraldique de l'Auvergne; facilitant la recherche du nom des Familles auxquelles appartiennent les écussons ou armoiries peintes, sculptées, gravées ou émaillées sur les monuments de toute nature, lesquelles en général figurent dans le Nobiliaire d'Auvergne ou sont peintes dans l'Armorial général de la Généralité de Riom existant en la Bibliothèque impériale, par J.-B. BOUILLET...—*Clermont-Ferrand*, 1857, gr. in-8°.*

2232. Histoire des Communautés des arts et métiers de l'Auvergne, accompagnée des Bannières que portaient ces Communautés avant 1789; par J.-B. BOUILLET,... (1857.)

Voyez ci-dessus n° 1670.

Béarn, Bigorre et Basse-Navarre.

2233. Histoire de Foix, Béarn et Navarre,... en laquelle est montré l'Origine, l'Accroissement, Alliances, Généalogies, Droits et Successions d'icelles jusqu'à Henry IV... Par PIERRE OLHAGARAY,... (1609.)

Voyez ci-après: COMTÉ DE FOIX.

2234. Généalogie des Seignevrs Sovverains de Béarn, Empereurs, Roys, et avtres Princes qui en sont descendus depuis Gaston de Moncade iusqu'au Roy Louys XIII. son successeur en ladite Souveraineté, contenue en vne requeste pour faire informer criminellement, contre les avthevrs et expositeurs d'vn liure intitulé le MOYNE, Imprimé et publié ceste présente année, pour assubjectir les Sceptres et Couronnes des Roys à la puissance absolue du Pape, et particulièrement la Souueraineté de Béarn au Royaume d'Aragon, présentée au Roy en son Conseil. Avec les Extraicts des Arrests, Décrets, Remarques et autres pièces alléguées et cottées dans ladite Requeste, contre la doctrine contenue audit liure. Par I. P. de Lescvn. Sieur du lieu de Piets en ladite Souveraineté,... — *Paris*, 1616, in-4°.*

2235. Drecho de natvraleza qve los natvrales de la Merindad de San Ivan del Pie del Puerto tiennen en los Reynos de la Corona de Castilla. Sacado de dos sentensias ganadas en juysio contencioso, y de otras escrituras autenticas, por Dom Martin de Vizcay, presbytero. — *En Çaragoça*, 1621, in-4°.*

Ouvrage devenu très-rare.

2236. Histoire de Béarn, contenant l'Origine des Roys de Navarre, des Ducs de Gascogne, des Marquis de Gothie, Princes de Béarn, Comtes de Carcassonne, de Foix, de Bigorre. Avec diverses observations géographiqves et historiques, concernant principalement lesdits Païs. Par Mᵉ Pierre de Marca, Conseiller du Roy... et Président en sa Cour de Parlement de Nauarre. — *Paris*, 1640, in-f°.*

2237. Almanach de Pau pour 1733, (où est l'Etat de la province du Bearn). — *Pau, Desbaratz*, 1733, in-12. [L. F.]

2238. Essai sur la Noblesse des Basques, pour servir d'introduction à l'Histoire générale de ces peuples, rédigé sur les Mémoires d'un militaire basque, par un *ami de la nation.* (Dom Sanadon.) *Pau*, 1788, in-8°. [Q.]

2239. Pyrenaica ; or the History of the Viscounts of Bearn, to the Death of Henri IV the Great; by Christopher Pemberton Hodgson. — *Londres*, 1855, in-8°.

2240. Statistique générale des Basses-Pyrénées, par Ch. de Picamilh,... — *Pau*, 1858, 2 vol. in-8°.*

Le tome I contient entre autres documents sur la noblesse, une *Revue généalogique* et un *Armorial des Familles nobles* de ce département.

Berry.

2241. Histoire de Berry, contenant l'origine, antiquité, Gestes,

promesses, privilèges et les libertés des Berruyers. Avec particulière description dudit païs (et les Armes gravées des Maires de la ville de Bourges). Le tout recueilly par Iean Chaumeau, Seigneur de Lassay, aduocat au siége présidial de Bourges. — *Lyon, Ant. Gryphe*, 1566, in-f°.*

2242. Recveil des Antiqvitez et privilèges de la ville de Bovrges, et de plvsievrs autres Villes capitales du Royaume. Divisé en trois parties. La première contient les privilèges de Bourges. La seconde, les privilèges de Tours et la Rochelle. La troisième, les privilèges de plusieurs autres villes capitales de France ; l'estat et gouuernement politique d'icelles ; la forme des élections des Maires, Préuosts des Marchands, Consuls, Capitoux, Escheuins et Iurats; Ensemble l'ordre et catalogue d'iceux. Le tout extrait des Chartes des Villes, enrichy de Belles remarques et annotations, tirées des Histoires, du droict Civil, et Arrests des Cours Souueraines. Par Iean Chenv, de la ville de Bourges, Aduocat en Parlement. — *Paris, Nicolas Buon*, 1621, in-4°.* Avec un portrait de l'auteur gravé par L. Gaultier.

Chenu avait déjà fait paraître cet ouvrage dans : *Stylus Iurisdictionis ecclesiæ Archiepiscopolis Bituricensis.* — *Parisiis*, 1603, in-8°. Mais il l'a beaucoup augmenté dans l'édition de 1621 que nous avons citée. — Très-rare, les exemplaires ayant été en grande partie détruits.

2243. Recveil des Privilèges de la ville de Bovrges. (Par Iean Toubeau, prévôt des Marchands de la ville de Bourges.) — (*Paris*) 1643, in-4°.* — (*S. l.*), 1644, in-4°. [Tec.]

Avec un titre gravé contenant les armes de Bourges, entourées de celles des Maire et Echevins : Bigot, Agard, de Boisgueret, Ducoin et Hudeau, qui ont signé la Dédicace. On lit à la page 97 : « *Liste chronologiqve des Maires et Eschevins qvi ont gouverné la ville de Bourges, depuis l'an 1474 iusques à la présente année 1643.* » Et à la page 141 : « *Blasons des*

Armoiries des Familles de la ville de Bovrges, qvi ont tenv les charges de Maire et Eschevins, depuis l'an 1171. Avec les Noms et Blasons des Armoiries de quelques Prud'hommes, qui avoient précédé ce temps-là. »

Très-rare.

2244. Priviléges de la ville de Bovrges et confirmation d'icevx. —*Bourges, Jean Chaudière* (1660), in-4°. Avec blasons.

Précédé de : « *Abbregé de l'Antiquité, Priviléges et Noblesse de la ville de Bovrges.* »
Cet ouvrage, qui n'est autre chose que le travail de Toubeau remanié et continué, a reparu avec le titre suivant.

2245. Priviléges de la ville de Bovrges et confirmation d'icevx. Avec la liste chronologiqve des Prvd'hommes Maire et Echevins, qvi ont govverné la ville depvis l'an 1429 jvsques à la présente année 1661. Avec le blason des Armes de leurs Familles (gravé par MOREL). — *Bourges, Jean Chaudière*, 1661, in-4°.*

Très-rare.

2246. Histoire dv Berry abrégée, dans l'Eloge panégyrique de la ville de Bovrges,... par le P. PHILIPPE LABBE,... — *Paris*, 1647, in-12.*

A la fin de l'*Eloge historique*, p. 112, l'on trouve : « *Blasons des armoiries de plvsievrs Familles nobles de la ville de Bovrges, et Duché de Berry.* »

2247. Tombeau généalogique. (Par NICOLAS CATHERINOT.) — (*S. l.*), 1674, in-4°. Pièce.*

2248. Escu d'alliance. Avec une taille douce. (Par NICOLAS CATHERINOT.) — (*Bourges*, 1680.) In-4°. Pièce.*

Généalogie, alliances, armes et blasons de divers personnages du Berry.

2249. Le Nobiliaire du Berry. (Par NICOLAS CATHERINOT.) 30 juin 1681. —(*S. l. n. d.*) In-4°. Pièce.*

2250. Le Nécrologe du Berry, depvis l'an 251 de Jésus-Christ, jusqu'à l'an 1000. Par NICOLAS CATHERINOT. — *Bourges*, 1682, in-4°. Pièce.*

2251. Les Parallèles de la Noblesse (du Berry), le 2 janvier 1688. (Par NICOLAS CATHERINOT.) — (*S. l. n. d.*) In-4°. Pièce.*

Ces cinq opuscules, compris sous les N°s 2247, 2248, 2249, 2250 et 2251 sont, comme tous ceux de l'auteur, excessivement rares.

2252. Histoire du Berry, contenant tovt ce qvi regarde cette Province et le Diocèse de Bourges : la Vie et les Eloges des hommes illustres ; et les Généalogies des Maisons Nobles, tant de celles qui sont éteintes que de celles qui subsistent à présent. Par GASPARD THAVMAS DE LA THAVMASSIÈRE, Escuyer, Seigneur de Puy-ferrand, avocat en Parlement. — *Paris*, 1689, in-f°.* — *Paris*, 1691, in-f°.*

Parmi les nombreuses notes manuscrites dont Charles-René D'Hozier a enrichi les exemplaires que possède la Bibliothèque impériale, nous lisons celle-ci : «...Cependant il faut lire toute cette histoire avec beaucoup de précaution et de défiance sur la plupart des choses qu'elle traite, surtout les généalogies, qui sont écrites sans style, sans liaison, la plupart altérées et défigurées par l'ignorance de l'ortografe des noms et des terres, flatées pour les uns, fausses pour d'autres quant aux textes. En fait, ouvrage mal écrit, mal imprimé, et qui mérite plus d'estime et de foi pour ce qui est raporté sur la foi des titres, encore faudroit-il les examiner pour juger si ils sont bien et exactement rendus. »

2253. Traité du Franc-alleu du Berry ; par GASPARD DE LA THAVMASSIÈRE,... (1701).

Voyez ci-dessus n° 1355.

2254. Nouvelle Histoire du Berry, contenant son Origine et ses Antiquités les plus reculées,... son Gouvernement ; ses Souverains ; ses Archevêques, Patriarches, Primats, etc. Avec les Histoires héraldiques, généalogiques, chronologiques des Maisons et Familles nobles les plus connues dans le Berry, par M. PALLET, Avocat en Parlement. — *Paris*, 1783-1786, 5 vol. in-8°.*

Ce n'est guère que la reproduction de l'ouvrage de la Thaumassière.

2255. Procès-verbal de l'Assemblée de la Noblesse du Berri, tenue à Bourges.—(S. l.), 1789, in-8°.*

2256. Cahier général de l'Ordre de la Noblesse de la province de Berry, pour les Etats Généraux.—(S. l.), 1789, in-8°. Pièce.*

2257. Histoire du Berry depuis les temps les plus anciens jusqu'en 1789, par M. Louis Raynal.— Paris, 1845, 4 vol. in-8°.* Avec blasons.

On trouve dans ce travail de curieux et intéressants détails sur la féodalité et les familles anciennes de cette province.

2258. Histoire généalogique de quelques Familles du Berry. Par le Vte Ferdinand de Maussabré. Extrait des *Mémoires de la Commission Historique du Cher*. Tome 1er, 2e partie. — *Bourges*, 1859, in-4°. Pièce.*

Bourbonnais.

2259. Généalogies de quelques Nobles Familles de Bourbonnois et autres lieux, par J. Megret. —*Moulins*, 1685, in-4°. [B. B.]

2260. Déclaration du Roy qui unit au Corps des Officiers du Bureau des Finances de Moulins, deux dispenses d'un dégré de service pour acquérir la Noblesse. Donnée à Versailles le 2 Octobre 1706.—*Paris*, 1706, in-4°. Pièce.*

2261. Cahier de l'Ordre de la Noblesse du Bourbonnois ;... (S. l., 1789.) In-8°. Pièce.*

2262. Histoire du Bourbonnais et des Souverains qui l'ont possédé, par Coiffier.—*Paris*, 1816, 2 vol. in-8°.* Avec un tableau généalogique.

2263. Armorial du Bourbonnais, par le Cte George de Soultrait,.... — *Moulins*, 1857, gr. in-8°.* Avec près de 500 blasons.

L'Institut de France, dans sa séance solennelle de 1858, a décerné à l'auteur pour cet ouvrage une mention honorable.

Bourgogne, Bresse, Bugey, Pays de Gex et Dombes.

2264. De l'Origine des Bourgon-gnons, et antiqvité des Etats de Bovrgongne, devx livres. Plvs des antiquitez d'Autun,.... De Chalon,.... De Mascon,.... De l'abbaye et ville de Tournus, .. Par Pierre de Sainct-Ivlien, de la Maison de Balleurre, doyen de Chalon.—*Paris*, 1581, 2 tom. en 1 vol. in-f°.*

· Avec les armes de l'auteur, les plans et les armes des villes de Dijon, Beaune, Autun, Mâcon, Chalons et Tournus.

Cet ouvrage, que l'auteur avait d'abord écrit en latin, est complètement oublié aujourd'hui. Cependant il renferme des indications curieuses sur les Familles nobles et la Noblesse, sur les ordres de chevalerie, les hérauts d'armes, de la Bourgogne, et sur les armoiries des principales villes des Etats de cette province.

2265. Mémoire concernant le chapitre de Macon au sujet des preuves de Noblesse.—(S. l. n. d.) [B. B.]

2266. Tables généalogiques des Ducs de Bourgogne, par Joachim Hacmener. — (S. l. n. d.) In-4°. [L. F.]

2267. Defence pour la préséance de la ville et cité de Chalon sur Saône, en l'Assemblée des Estats du Duché de Bourgongne, et Comtés adjacentes. Contenant un sommaire discours de l'antiquité des Estats et Villes dudit Duché. Par M. Bernard Durand.—(S. l. n. d.) In-4°. [B. Am.]

2268. Priviléges octroyez avx Maires, Eschevins, Bovrgeois et Habitans de la ville et cité de Chalon sur Saône, par les anciens Roys de France et Ducs de Bourgongne, confirmez par leurs successeurs, et vérifiez éz Cours Souueraines. Conferez auec plusieurs priuiléges des autres villes du pays et Duché de Bourgongne, et enrichis de notes et remarques,.... (Par Bernard Durand.) — *Chalon*, 1604, in-4°.*—*Chalon*, 1604, in-4°, vélin. [B. B.]—*Lyon*, 1660, in-4°. [B. Am.]

L'édition de 1660 est beaucoup plus ample que les autres.

2269. Histoire des Roys, Dvcs et

Comtes de Bovrgongne et d'Arles. Extraite de diverses chartes et cbroniques anciennes et diuisée en IIII liures... Par André dv Chesne, tovrangeav.— —*Paris*, 1619, in-4°.* Avec tables généalogiques.

La Bibliothèque impériale conserve un second exemplaire avec additions et corrections manuscrites de Charles-René D'Hozier.

2270. Histoire généalogiqve des Dvcs de Bovrgongne de la Maison de France, à laqvelle sont adiovstez les Seigneurs de Montagu de Sombernon et de Couches issus des mesmes Ducs : Et plvsievrs avtres Princes et Princesses du sang Royal incognus iusques à present. Le tovt ivstifié par tiltres, histoires et autres bonnes preuues, par André dv Chesne, tovrangeav,... —*Paris*, 1628, in-4°.* Avec blasons et tables généalogiques.

Ce volume contient encore, du même auteur, avec titre spécial et pagination particulière : 1° « *Histoire généalogique des Comtes de Valentinois et de Diois, Seigneurs de Saint-Valier, de Vadans et de la Ferté de la Maison de Poitiers...*> 2° « *Histoire des comtes d'Albon et Darfins de Viennois...* >

2271. Le Parlement de Bovrgongne, son Origine, son Etablissement et son Progrès. Avec les Noms, Svrs-Noms, Qvalités, Advocats et Procureurs Généraux, et Greffiers, qui y ont esté iusques a present. Par Pierre Palliot, Parisien, imprimeur du Roy,... — *Dijon*, 1649, in-f°.* Avec blasons.

2272. Continuation de l'histoire du Parlement de Bourgogne, depuis l'année 1649 jusqu'en 1733. Contenant les Noms, Surnoms, Qualités, Armes et Blasons, des Présidents, Chevaliers, Conseillers, Avocats et Procureurs Généraux et Greffiers, qui y ont été reçûs dans cet intervale. Avec un précis des Edits et Déclarations du Roy portant création de charges en ce Parlement et des Règlements de la Cour. Par le sieur François Petitot.— *Dijon, A. de Foy*, 1733, in-f°.*

Le « *Précis des édits et déclara-*

tions du roy... > est de Antoine-Jehannin Arviset, seigneur de Chamblan, Conseiller laïc au Parlement de Bourgogne.

2273. Histoire du Parlement de Bourgogne, de 1733 à 1790, complétant les ouvrages de Palliot et de Petitot, et renfermant l'Etat du Parlement depuis son établissement, selon l'ordre de la création et de la succession des charges, par A. S. (Sauvage) des Marches, membre de la Société d'histoire et d'archéologie de Châlon-sur-Saône,... —*Châlon-s.-S., J. Déjussieu*, 1851, in-f°.' Avec armes et blasons.

Cet ouvrage, dont toutes les armoiries ont été gravées par M. Dardelet, n'a été tiré qu'à 250 exemplaires numérotés. Celui de la Bibliothèque impériale porte le n° 57.

2274. Histoire de Bresse et de Bvgey. Contenant ce qvi s'y est passé de mémorable sous les Romains, Roys de Bourgongne et d'Arles, Empereurs, Sires de Baugé, Comtes et Ducs de Sauoye, et Roys très-chrestiens, iusques à l'eschange du Marquisat de Saluces. Avec les fondations des Abbayes, Prievrés, Chartreuses et Eglises Collégiales, Origines des Villes, Chasteaux, Seigneuries, et principaux Fiefs et Généalogies de toutes les Familles Nobles. Iustifiée par Chartes, titres, chroniques, manuscripts, autheurs anciens, et modernes, et autres bonnes preuues. Divisée en qvatre parties. Par Samvel Gvichenon, aduocat au Présidial de Bourg en Bresse, conseiller et historiographe du Roy.—*Lyon*, 1650, in-f°.*

Avec blasons gravés et intercalés dans le corps du texte, et un Indice armorial des Familles dont il est parlé dans cette histoire.— Ouvrage généralement estimé tant pour son exactitude que pour les recherches curieuses qu'il contient et qui remontent à une époque fort reculée. Cependant il existerait de Collet une critique manuscrite que Papillon avait vue, et dont les familles nouvellement anoblies auraient empêché la publication. Du reste, assez rare aujourd'hui.

La Bibliothèque impériale possède deux autres exemplaires de cette histoire, contenant chacun plusieurs pièces manuscrites et enrichis tous deux de nombreuses additions et corrections de la main de Charles-René d'Hozier pour l'un et de Clairambault pour l'autre.

2275. Traité de la Chambre des Comptes de Diion, de son Antiqvité et establissement, et de ses honneurs, priuiléges et prérogatives. Et en svitte les noms de tous les Gouuerneurs de Bourgongne, et de tous les premiers Présidens des Cours de Parlement et Chambre des Comptes de Diion, à commencer au décedz de Charles, Duc de Bourgongne 1476. iusques à présent. Dédié à Monseignevr le Prince. Par HECTOR IOLY, sieur de la Grange-du-Pré, Conseiller du Roy, et Maistre ordinaire en sadite chambre.—*Paris*, 1640, in-4°.*—*Dijon*, 1653, in-f°.*

La dernière édition est beaucoup plus considérable que la première. — « Il n'y a guère d'ouvrage plus sec et plus insipide que celui-ci. A peine y apprend-on la fondation de la Chambre des Comptes, et quelques-uns de ses priviléges : nul détail, aucunes recherches. »

2276. Généalogie curieuse à l'honneur de quantité de Noblesse de Bourgogne et de Bassigny, tirée d'un vieux manuscrit que feu M. le Président Godran a laissé à M. de Montmoyen ou de Latrecy à Dijon, écrite par un nommé GÉRARD DE HAUTERIVE, archidiacre de Langres, et qui montre comme S. François d'Assise est l'allié de l'ancienne Noblesse de *Grancey*. — *Dijon*, 1653, in-12. [L. F.]

Voyez le n° suivant.

2277. La Roue de Fortune, ou Chronique de Grancey, Roman généalogique écrit au commencement du XIVe siècle, traduit et publié pour la première fois par EMILE JOLIBOIS.—*Chaumont*, 1857, in-8°.*

Tiré à très-petit nombre d'exemplaires.

Cette chronique, que l'on croyait perdue, a été reconstituée par l'éditeur d'après le texte latin du P. Vignier, et sur des manuscrits français de diverses époques existant soit à la Bibliothèque impériale, soit au petit séminaire de Langres. M. Jolibois ne fait pas mention de l'ouvrage objet du n° précédent. Quoi qu'il en soit, sa publication est intéressante en elle-même et par les notes savantes dont il a accompagné le texte.

Nous ajouterons que les *Commentaires* du P. Vignier sur cette chronique ne doivent pas être tout à fait rejetés. Ils renferment un grand nombre d'interprétations, la plupart erronées, il est vrai, mais dont l'ensemble sert à fixer le lecteur sur l'état des pays de Bourgogne et de Champagne à cette époque, et à établir quelques données sur l'origine et la descente des grandes familles de ces deux provinces.

2278. Dessein et Idée historique et généalogique de la Duché de Bourgogne; par PIERRE PAILLOT. (S. l.), 1654, in-4°. Pièce. [L. F.]

Plan d'un ouvrage qui n'a jamais été exécuté.

2279. Recveil de plvsievrs pièces cvrievses servant à l'Histoire de Bovrgogne, choisy parmy les Titres plus anciens de la Chambre des Comptes de Diion, des Abbayes et autres Eglises considérables, et des Archiues des Villes et Communautez de la Prouince. Pour iustifier l'Origine des Familles les plus illustres, et pour instruire des anciennes Loix, Coustumes et Priuiléges des Villes de la Bourgogne. Par feu Messire ESTIENNE PÉRARD, Conseiller du Roy,.... et Doyen de la Chambre des Comptes à Diion.—*Paris*, 1664, in-f°.*

2280. Abrégé de l'Histoire de la Souveraineté de Dombes, dont les propositions seront soutenues par CLAUDE CACHET DE GARNERANS, dans la Sale du Collége de Son Altesse Sérénissime Monseigneur Prince Sourain de Dombes. à Thoissei, le du mois de Novembre 1696. Me Charles de Neuveglise, Prêtre, Professeur agrégé au Collége, y présidera.—*Thoissei, imp. de J. le Blanc* (1696), in-f°.*

Avec sceaux, blasons et autres figures gravés et intercalés dans le texte. On trouve à la fin une

carte de la souveraineté de Dombes, dressée par Ch. de Neuveglise.

2281. Lettres-Patentes svr Arrest,
povr la Capitation en Bourgogne.—Dijon, J. Grangier, 1706,
in-4°. Pièce.

Très-rare.

2282. Blasons des Gentilshommes
de Bourgogne, par Jacques Chevillard, l'aîné.—Paris, 1726, 8
demi-feuilles in-4°. [B. U.]

2283. L'Armorial de Bourgogne et
de Bresse,... par Jacques Chevillard, l'aîné. — Paris, 1726,
7 ff. in-f°.*

Cet armorial contient les armes
de la Noblesse du duché de Bourgogne, de la province de Bresse,
Pays de Bugey, Valromey et de
Gex ; et les noms propres des Familles, Maisons et Seigneuries des
Gentilshommes du gouvernement
de Bourgogne, tant de ceux qui
ont été maintenus dans leur noblesse par arrêts du Conseil d'E-
tat et jugements de MM. Bouchu
et Ferrand, intendants de cette
province, que des seigneurs qui
ont eu entrée aux Etats de l'an
1674. En tête se trouvent les armes des principales villes du duché de Bourgogne.

2284. Nouvelle Histoire de l'Abbaye royale de St Philibert et de
la ville de Tournus [et Généalogie des Comtes de Châlon et de
Mâcon et des Sires de Baugé.
(Par Pierre Juénin.)] — Dijon,
1733, in-4°. [B. B.]

2285. Histoire généalogique et
historique de Bourgogne.—Paris, 1736, in-4°. [B. T. C.

2286. Histoire générale et particulière de Bourgogne, avec des
notes, des dissertations et les
preuves justificatives. Composée
sur les auteurs, les titres originaux, les registres publics, les
cartulaires des églises cathédrales... et autres anciens Monuments. Et enrichie de vignettes, de cartes géographiques,
de divers plans, de plusieurs
figures, de portiques, tombeaux
et sceaux tant des Ducs que des
grandes Maisons, etc. Par un
religieux Bénédictin de l'abbaïe
de S. Bénigne de Dijon et de la
Congrégation de S. Maur. (Dom

Urbain Plancher.)—Dijon, 1739-
1781, 4 vol. in-f°.*

Cet ouvrage estimé contient un
grand nombre de renseignements
sur la noblesse de cette province.
Le tome II particulièrement renferme des détails curieux sur les
fiefs et sur les ducs de la première
race. On y trouve les noms des
nobles qui firent hommage au duc
Robert; les noms des principaux
seigneurs des deux Bourgognes,
venus en 1358 au secours du duc
Philippe, dit de Rourre, et les
noms de ceux de l'an 1359. Enfin,
on y trouve encore des indications
généalogiques sur les Maisons suivantes : Antigny.—Beaufremont.—
Blaisy.—Châlons. — Chateauneuf.
— Clugny.—Couches.— Courcelles.
—Dublé.—Espinasse.— Estrabonne. — Frolois.— Grancey.—Granson.—Jussey.—Marigny.—Menans.
— Montjeu.— Montréal. — Mont-
Saint-Jean.— Pommard.— Rabu-
tin.— Rye. — Salins. — Saux.—
Semur en Brionnois. — Sennecey.
—Sombernon.—Thil.— Vergy.—
Vienne.

2287. Le Parlement de Bourgogne.
Tableau contenant les Blasons
des membres qui le composaient
dessiné par Halé et gravé par
Fessard.—(S. l.), 1749, gr. in-f°
plano. [D.]

2288. Catalogues et Armoiries des
Gentilshommes qui ont assisté à
la tenue des Etats Généraux du
Duché de Bourgogne, depuis
l'an M.D.XLVIII, jusqu'à l'an
M.D.C.LXXXII, tirés des Régistres de la Chambre de la Noblesse. (Par de Brosses de Tournay, Thésut de Vebret et le
Compasseur de Courtivron.)—
Dijon, J. F. Durand, 1760, in-f°.*

Avec 39 pl. d'armoiries gravées,
6 tables généalogiques des anciens
rois et ducs de Bourgogne, et un
frontispice gravé par Cochin fils,
entouré des armes des principales
villes de la Bourgogne.
Quoique les auteurs passent pour
s'être donné plusieurs quartiers
de noblesse, cet ouvrage est assez
estimé. Le discours préliminaire
surtout, qui est l'œuvre de le Compasseur de Courtivron, renferme
des indications curieuses sur l'origine des Bourguignons, sur les
particules et les titres nobiliaires,
et sur les familles de Bourgogne.

2289. Addition faite, pour les années 1760 et 1763, (1766, 1769, 1772, 1775, 1778, 1781 et 1784), aux Catalogues et Armoiries de Messieurs les Gentils-Hommes qui sont entrés et ont séance aux Etats de Bourgogne.—(S. l. n. d.) 5 ff. in-f° contenant 60 blasons gravés, avec les noms et les qualités de ces gentils-hommes.

Ce Supplément, qui doit compléter les bons exemplaires de l'ouvrage précédent, est difficile à trouver aujourd'hui.

2290. Description générale et particulière du Duché de Bourgogne, par CL. COURTÉPÉE.—Dijon, 1774-1785, 7 vol. in-8°.*

« Beguillet a eu part à la rédaction des deux premiers volumes. Le tome VII, beaucoup plus rare que les autres, fut publié après la mort de l'auteur, d'après ses papiers. »
Cet ouvrage renferme de nombreux documents sur l'histoire nobiliaire des familles, et sur les comtés, duchés, érections de pairie de chaque localité de cette province.

2291. A Messeigneurs les Etats de Bourgogne. (Par DE SAUTOUR.)—(S. l. n. d.) In-4°. Pièce.*

Prospectus d'un nobiliaire de la Bourgogne. C'est tout ce qui a paru.

2292. Règlement au sujet des Gentilshommes qui se présenteront pour entrer en la chambre de Messieurs de la Noblesse, aux Etats de Bourgogne, auquel il est enjoint à MM. les Commissaires-Vérificateurs de se conformer, pour le rapport et l'admission des preuves. — Dijon, 1784, in 4°. Pièce.*

2293. Protestation de la Noblesse de Bourgogne. — (Versailles, 1788.) In-8°. Pièce.*

2294. Extrait du Procès verbal de la Noblesse de Bourgogne, assemblée à Dijon; du 20 décembre 1788 au 7 janvier 1789.—(S. l. n. d.) In-8°.*

2295. Lettre d'un Gentilhomme de Bourgogne (le comte DE FONTETTE-SOMMERY) à la Noblesse de cette province. — (S. l., 18 mars 1789.) In-8°. Pièce.*

2296. Cahier de l'Ordre de la Noblesse des Bailliages d'Autun, Mont-Cenis, Semur-en-Brienuois et Bourbon-Lancy.—(S. l.), 1789, in-8°. Pièce.*

L'exemplaire de la Bibliothèque impériale est accompagné d'une lettre autographe adressée au comte de Chastellux par M. DE FONTENAY DE SOMMANT, l'un des commissaires de la chambre de la Noblesse.

2297. Cahier des Pétitions de la Noblesse du Bailliage d'Auxerre et Donziois, pour servir d'instruction à son député aux Etats Généraux de 1789. — Auxerre, 1789, in-8°. Pièce.*

2298. Cahier de la Noblesse du Bailliage d'Auxois.... — Paris, 1789, in-8°. Pièce.*

2299. Cahier de la Noblesse du Comté de Bar-sur-Seine.—(S. l., 1789.) In-8°. Pièce.*

2300. Cahier de MM. de l'Ordre de la Noblesse de Bugey, pour être présenté par M. le marquis de Clermont-Saint-Jean, son député aux Etats Généraux de 1789.—Paris (s. d.), in-8°. Pièce.*

2301. Cahier des Pouvoirs et Instructions de l'Ordre de la Noblesse du Bailliage de Dijon. Du 8 avril 1789. — Dijon, 1789, in-4°. Pièce.*— (S. l. n. d.) In-8°. Pièce.*

2302. Extrait du Cahier de l'Ordre de la Noblesse des Bailliages de Dijon, Beaune, Nuis, Auxonne et Saint-Jean-de-Lône. (Signé : LEMULIER DE BRESSEY, le comte DE LEVIS.) — (S. l. n. d.) In-8°. Pièce.*

2303. Cahier des Vœux et Remontrances de l'Ordre de la Noblesse des Bailliages de Sens et Villeneuve-le-Roi, remis à M. le duc de Mortemart, élu député.... — (S. l.), avril 1789, in-8°. Pièce.*

2304. Essai historique sur la ville de Nuits, par H. VIENNE.—(S. l.), 1845, in-8°.* Avec les armes de la ville de Nuits sur le titre.

A la fin on trouve : « Tableau généalogique des descendants de Marie de Bourgogne qui occupent *actuellement les Trônes de France, d'Espagne et d'Autriche.*

2305. Fragments d'Histoire métallique, par J. DE FONTENAY, ancien officier d'infanterie, secrétaire de la Section d'Archéologie de la Société Eduenne,... *Autun, imp. de F. Dejussieu, 1847, in-4°.*

Excellent travail qui renferme 25 planches de jetons, la plupart armoriés, concernant les grandes familles nobles de la province.
Tiré à 50 exempl. Extrait des « *Mémoires de la Société Eduenne;* » 1844-1845.

2306. Du Blason et des Armoiries dans le Tonnerois. (Par L. LE MAISTRE.)— (*Auxerre*), *Perriquet* (1847), in-8°. Pièce.* Avec deux planches contenant les armes des corporations de cette province.

Tiré à très-petit nombre.—Extrait du « *Bulletin de la Soc. des Sc. hist. de l'Yonne.* » 1er vol., 1847, p. 145-165.

2307. Mémorial de Dombes en tout ce qui concerne cette Ancienne Souveraineté, son Histoire, ses Princes, son Parlement et ses Membres, avec liste nominative, un Armorial et pièces justificatives, 1523-1771. Par M. P. D'ASSIER DE VALENCHES...—*Lyon, imp. de L. Perrin, 1854, in-4°.*Avec blasons gravés intercalés dans le corps du texte.

Tiré à petit nombre. Non mis en vente.

2308. Considérations sur la Dombes à propos du Mémorial de Dombes de M. d'Assier de Valenches, lecture faite à l'Académie des Sciences et Lettres de Lyon, par M. VALENTIN-SMITH.—*Lyon,* 1856, gr. in-8°.* Avec la carte de cette principauté.

2309. Catalogue des Gentilshommes de Bourgogne qui ont pris part ou envoyé leur procuration aux Assemblées de la Noblesse pour l'élection des députés aux Etats-Généraux en 1789. Publié, d'après les procès-verbaux officiels, par MM. LOUIS DE LA ROQUE et EDOUARD DE BARTHELEMY, —*Paris, E. Dentu,* 1861, gr. in-8°.*

Accompagné de l'Etat militaire et judiciaire, et de la liste des chapitres nobles de la province. »

Bretagne.

2310. Catalogue généalogique et chronologique des Rois et Ducs de Bretagne. [L. F.]

2311. Factum sur la Noblesse de Bretagne ; par M. GUICHARDY, de Martigues.—(*S. l. n. d.*) In-8°. [L. F.]

2312. Advis et Consultation sur les partages des Nobles de Bretagne,... par BERTRAND D'ARGENTRÉ.—*Rennes,* 1570, in-4°.*

2313. Histoire de Bretagne, des Roys, Ducs, Comtes et Princes d'icelle ; l'Etablissement du Royaume,.... mutation de ce titre en Duché... avec la carte géographique dudit pays, et la table de la généalogie des Ducs et Princes d'icelui; mise par écrit par noble homme BERTRAND D'ARGENTRÉ, sieur DES GOSNES,...—*Rennes,* 1582, in-f°. [L. F.]—*Paris,* 1588, in-f°.*—*Paris,* 1611, in-f°.* — (2e édit.) *Paris,* 1612, in-f°. [L. F.]—3e édit., revue et augmentée par messire CHARLES D'ARGENTRÉ, sieur de LA BOISSIERE. *Paris,* 1618, in-f°.* —...Revue et corrigée de nouveau en cette dernière édition. *Rennes,* 1668, in-f°.*

La 1re édition de cet ouvrage est bien rare aujourd'hui.

2314. Histoire de Bretagne, composée sur les titres et les auteurs originaux, par Dom GUI ALEXIS LOBINEAU, prestre, Benedictin de la congrégation de S. Maur.—Enrichie de plusieurs portraits et tombeaux en taille douce, avec les preuves et pièces justificatives, accompagnées d'un grand nombre de sceaux. —*Paris,* 1707, 2 vol. in-f°.* Avec armoiries et tables généalogiques.

Ouvrage estimé et que celui de dom Morice, entrepris pour le compléter, n'a pas fait oublier. Il avait d'abord été commencé par D. Legallois; Lobineau ne fit pour ainsi dire que le terminer, en révisant avec sa conscience bénédictine les papiers laissés par son prédécesseur. Dom Lobineau se proposait d'y ajouter un troisième volume, mais la mort le surprit avant la publication qu'il projetait. Quoique cet ouvrage embrasse l'histoire politique de la Bretagne, la partie héraldique et nobiliaire est si considérable que c'eût été une véritable lacune que de ne le point faire entrer dans notre bibliographie.

2315. Histoire généalogiqve de plvsievrs Maisons illvstres de Bretagne. Enrichie des armes et blasons d'icelles, de diuerses fondations d'Abbayes et Prieurez,... Avec l'histoire chronologiqve des Euesques de tous les diocèses de Bretagne, par FR. AVGVSTIN DV PAZ,... Religieux de l'órdre des F. Prescheurs,.... —Paris, Buon, 1620, in-f°.*

Selon le P. Lelong, cet auteur a omis de grandes et illustres Maisons et en a rapporté d'autres qui étaient moins considérables.—La Bibliothèque impériale conserve deux autres exemplaires de cet ouvrage, avec 18 feuillets manuscrits concernant le sujet du livre pour l'un, et plusieurs additions et corrections de la main de Charles René d'Hozier pour l'autre. Les blasons de ce dernier exemplaire sont coloriés.

2316. Annotations sur les Lettres Patentes du Roy, portant commission de convoquer le Ban et Arrière ban de Bretagne, où il est sommairement traité des Priviléges des Nobles de Bretagne, et de la nécessité de la guerre contre l'Espagne ; par GUY AUTRET, chevalier, sieur de Missirien. — Nantes, 1637, in-4°.*

2317. La vie, gestes, mort et miracles des Saincts de la Bretaigne Armoriqve,..... accompagné.... (des) blazons de leurs armes,... Par FR. ALBERT LE GRAND, de Morlaix:....—Nantes, P. Doriou, 1637, in-4°.*

Il existe encore de cet ouvrage plusieurs autres éditions ; mais comme on y a supprimé les descriptions héraldiques, nous n'avons pas cru devoir les faire entrer dans notre bibliographie.

2318. Histoire de Bretagne, avec les Chroniques des Maisons de Vitré et de Laval. Par PIERRE LE BAVD, chantre et chanoine de l'Eglise Collégiale de Nostre-Dame de Laual... et Aumosnier d'Anne de Bretagne, Reine de France. Ensemble qvelqves avtres traictez scruans à la mesme Histoire. Et vn Recueil Armorial contenant par ordre alphabètique les Armes et Blazons de plusieurs Anciennes Maisons de Bretagne. Comme aussi le nombre des Duchez, Principautez, Marquisats et Comtez de cette prouince. Le tovt novvellement mis en lvmière, tiré de la Bibliothèque de Monseignevr le Marqvis de Molac, et à luy dédié : Par le Sieur (PIERRE) D'HOZIER, Gentilhomme ordinaire de la Maison du Roy,...—Paris, 1638, in-f°.*

La pagination recommence avec les *Chroniques*, ce qui forme, en quelque sorte, une seconde partie.

On trouve en tête de l'ouvrage les blasons des seize quartiers des alliances paternelles et maternelles, avec le pennon généalogique de Sébastien, marquis de Rosmadec, baron de Molac.

A la fin des *Chroniques*, p. 88, on lit : « *Le Bréviaire des Bretons, mis et recueilly en vers par noble et discret messiré* PIERRE LE BAULT...» Et immédiatement à la suite vient une autre pièce de vers intitulée: « *La Généalogie de Très-Haelte,... Princesse et nostre Sorveraine Dame Anne, très-illustre Royne de France, et Duchesse de Bretaigne; Et les noms des Roys et Princes ses prédécesseurs en droite ligne, depuis la création d'Adam iusques à présent. Composée et extraicte de plusieurs Liures et Chronicques anciennes.* Par DISARCOEZ PENGVERN, natif de Cornoüaille, en l'honneur et louange de ladite Dame. »

L'œuvre de le Baud est estimée parmi les savants et malgré les critiques de l'abbé Vertot, qu prétend que le fond est puremen légendaire.

Le manuscrit original , qui se trouvait alors en la possession de la Famille Rosnyvinen de Piré, fait aujourd'hui partie des richesses de la Bibliothèque impériale. Celui sur lequel d'Hozier aurait fait sa publication serait beaucoup moins étendu.

2319. Histoire généalogique de la Bretagne ancienne et moderne. (Par GÉDÉON DU PRÉ-LE-JAY, seigneur de Kaerdaniel.) — (S. l. n. d.) In-4°. Pièce.*

Prospectus.—C'est tout ce qui a paru.

2320. Dessein et Proiect de l'Histoire généalogiqve de Bretagne. (Par Guy Autret, Sr de Missirien et de Lesergué.) — (S. l.), 1642, in-4°. Pièce.*—Rennes, 1655, in-4°. Pièce.*

On trouve dans ce *Projet*, d'une insigne rareté, la liste alphabétique de tous les noms des Familles dont devait se composer cette histoire généalogique. Il est, du reste, très-intéressant et très-utile, surtout pour l'orthographe des noms de lieux et de personnes.

2321.. Armorial Breton contenant par ordre alphabétique et méthodique les Noms, Qualitez, Armes et Blasons des Nobles, Anoblis et tenans Terres et Fiefs Nobles es Eueschez de Bretagne; Avec plusieurs autres Familles externes, tant à raison de leurs Parentez et Alliances que pour les Terres et Seigneuries qu'elles y possèdent. Ensemble de plusieurs grandes et Illustres Maisons de cette Prouince mesme du Royaume. et autres Païs estrangers, au Frontispice de chaque Lettre, et de plus un Abrégé de la Science du Blason. Le tout nouuellement dressé et mis en lumière par Guy le Borgne, Escuyer, Sr du Treuzcoët, Conseiller du Róy, Alloué et Baillif en la Iuridiction Royale de Lamneur. Dédié à Monseigneur le Premier Président du Parlement de Bretagne (D'Argouges).—Rennes, J. Ferré, 1667, petit in-f°.*

2322. Armorial Breton, contenant par ordre alphabétique et méthodique les Noms, Qualitez, Armes et Blasons des Nobles, Anoblis, et tenans Terres et Fiefs nobles ez Eueschez de Tréguier, et de Léon,.... par Guy le Borgne,.... — Rennes, 1667, pet. in-fo.*

Même ouvrage que le numéro précédent. Dans l'un comme dans l'autre, l'*Abrégé de la Science du Blason* a une pagination spéciale et un titre particulier ainsi conçu: « *Instruction des termes vsitez ar Blason des Armoiries selon l'ordre alphabétique. Avec le nombre des Emaux, leurs significations, et représentations des Ecus et pièces plus difficiles que l'on admet ordinairement en cette Science Héraldique; et ne pourroient estre comprises d'en chacun sans les figures cy-après.* »

L'exemplaire de la Bibliothèque impériale est enrichi d'additions et de corrections manuscrites.

2323. Armorial de Bretagne contenant par ordre alphabétique et méthodique les Noms, Qualitez, Armes et Blasons des Nobles, Anoblis, et tenans Terres et Fiefs nobles es Evéchez de cette province,..... Avgmenté d'vn abrégé de la Science du Blason avec les Figures pour bien apprendre l'Art Héraldique. Le tout novvellement dressé et mis en lumière par Ecuyer G. L. B. (Guy le Borgne.).... —Rennes, Pierre Garnier, 1681, petit in-f°.

Même ouvrage que les deux numéros précédents. Dans celui-ci, l'*Abrégé de la Science du Blason* porte au titre : « *Nouvelle Instruction...* » Les trois éditions de cet *Armorial de Bretagne* sont excessivement rares aujourd'hui.

2324. Estat des Noms de ceux qui ont esté déboutez de la qualité de Noble et d'Escuyer, par Arrests de la Chambre establie par le Roy pour la Réformation de la Noblesse en Bretagne.—Rennes, (1671,) in-4°.*

2325. Histoire dv Mareschal de Gvébriant,.... Avec l'Histoire généalogique de la Maison du mesme Mareschal, et de plusieurs autres des principales de Bretagne, qui y sont alliées ou qui en sont descendues,... Par Iean le Labovrevr,... (1776.)

Voyez ci-après, §8: Guébriant.

2326. Mémoires sur l'Etat du Clergé et de la Noblesse de Bretagne ; par le R. P. Toussaint de Saint-Luc, carme de Bretagne.

Première (seconde et troisième et dernière) partie.—*Paris*, 1671, 2 vol. in-8°.*Avec un grand nombre de planches armoriales.— Réimprimé en fac-simile de la première édition. *Rennes*, 1858, 2 vol. in-8°.* Tiré à 200 exemplaires.

> La *troisième et dernière partie* porte en plus sur le titre : « *Contenant un Recueil alphabétique des Noms et des Armes de plusieurs Gentilshommes, suivant les arrests tant de la Chambre roïale établie par le Roy à Rennes, l'an 1668, que du Conseil privé de Sa Majesté et des autres Cours souveraines où les intendants ont été renvoiées par le même Conseil privé.* »
>
> La Bibliothèque impériale conserve deux autres exemplaires de la 1re édition, avec des additions et des corrections manuscrites de Clairambault pour l'un, et de d'Hozier pour l'autre.

2327. Edit du Roy portant confirmation des priviléges de Noblesse des Auditeurs de la Chambre des Comptes de Nantes. Donné à Versailles au mois de Décembre 1692. — *Paris* (*s. d.*), in-4°. Pièce.*

2328. Livre doré de l'Hôtel-de-ville de Nantes, ou Catalogue des Maires, Echevins, Syndics et Greffiers de cette ville depuis l'an 1559, jusqu'à présent. Suivi des Priviléges accordés aux Maire, Eschevins et Habitants de cette ville. — *Nantes*, 1696, in-8°.—*Nantes*, 1750, in-8°. [D.] Avec de nombreux blasons.

2329. Armorial ou Nobiliaire de l'Evêché de Saint-Paul-de-Léon en Bretagne. (Par le Marquis DE REFFUGE, Lieutenant Général des armées du roi.)— *Paris* (*s. d*), in-12. Pièce.*

> Cet opuscule excessivement rare se trouve aussi à la Bibliothèque du collége de Lyon.

2330. Armorial de Bretagne, principalement du diocèse de Léon. (*S. l. n. d.*) In-12. Pièce. [L. F.]

2331. Traité historique de la Mouvance de la Bretagne pour servir de réponse à Dom Lobineau. (Par l'abbé VERTOT.) — *Paris*, 1710, in-12.*

2332. Dissertations sur la Mou-

vance de Bretagne, par rapport au droit que les Ducs de Normandie y prétendoient.... (Par l'abbé CLAUDE DU MOULINET, sieur DES THUILLERIES.)— *Paris*, 1711, in-8°.*

> Voyez le n° précédent.

2333. Mémoires pour servir à la Connoissance des foi et hommages des fiefs de la Bretagne; par GÉRARD MELLIER. — *Paris*, 1715, in-12. [Q.]

2334. Nobiliaire de Bretagne ou Catalogue des Nobles de la province de Bretagne, suivant la dernière réformation des années 1668, 1669, 1670 finie le 24e Mars 1671.... Dans lequel Catalogue sont compris ceux qui ont été dans la suite maintenus par les intendants et ceux qui ont obtenu des Arrests du Conseil où ils s'étoient pourvus sur des contestations qui leur en avoyent été faites... (Par J. CHEVILLARD.) —*Paris*, 1720, 1758, 5 ff. gr. in-f° plano.*

> Planches contenant les noms, qualités et blasons gravés des nobles de cette province.

2335. Etats de Bretagne. Décisions contre la Chambre au sujet des hommages et aveus des vassaux du Roy. — (*S. l.*, 1721.) In-f°. Pièce.*

2336. Catalogue alphabétique des maires, échevins, procureurs-syndics et greffiers de la ville de Nantes, depuis 1564 jusqu'en 1722.—*Nantes* (*s. d.*), in-f° Pièce.*

2337. Succession Chronologique des Ducs de Bretagne, avec quelques observations et faits principaux; par M. DE LA GIBONAIS.—*Nantes*, 1723, in-8°. [L. F.]

2338. Liste générale de Nos Seigneurs du parlement de Bretagne, depuis son érection en 1554.—*Rennes, Vatar*, 1725-1754, in-12.

2339. Mémoires pour servir de preuves à l'Histoire ecclésiastique et civile de Bretagne tirés des archives de cette province, de celles de France et d'Angleterre, des Recueils de plusieurs sçavans antiquaires, et mis en ordre, par Dom HYACINTHE MORICE, prêtre, Religieux Bénédictin de la Congrégation de S. Maur.—*Paris, C. Osmont*, 1742-1746, 3 vol. in-f°.*

Ces Mémoires offrent des documents et des éclaircissements curieux sur l'Etat ancien de la Province. L'auteur a indiqué avec une certaine précision l'origine des fiefs et des baronnies; et a joint en passant plusieurs détails intéressants sur les principales familles nobles de la province de Bretagne.

2340. Histoire ecclésiastique et civile de Bretagne composée sur les auteurs et les titres originaux, ornée de divers Monumens,... par Dom PIERRE-HYACINTHE MORICE,...—*Paris, Delaguette*, 1750-1756, 2 vol. in-f°.* Avec un grand nombre de sceaux, tombeaux, armoiries et autres figures.

Le second vol. a été donné par DOM CHARLES TAILLANDIER. Ouvrage recommandable par les connaissances profondes des auteurs. Malgré son incontestable mérite, et qui est en quelque sorte un fait acquis à l'histoire littéraire nous ne pensons pas qu'il soit supérieur à celui de Lobineau, comme plusieurs savants l'ont avancé. Ce sont deux ouvrages faits sous deux points de vue différents, et qui, sans se nuire, se complètent l'un par l'autre.

2341. Liste de Nos Seigneurs des Etats de Bretagne tenant à Rennes, le 23 octobre 1786.—*Rennes, Vatar*, 1786, in-12.

2342. Arrêtés, mémoires et protestations de la Noblesse de Bretagne au Roi, en 1788, contre les Edits portant atteinte aux droits, franchises, priviléges, libertés et immunités de la province.—*Rennes*, 1788, in-8°.

2343. Défense de la Noblesse de Bretagne contre le Tiers-Etat.—(*Versailles*, 1788.) In-8°. Pièce.*

2344. Extrait raisonné des séances des Etats de Bretagne, convoqués à Rennes par Sa Majesté, au vingt neuf décembre mil sept cent quatre-vingt-huit.—*Rennes*, 1789, in-4°. Pièce.*

2345. Protestation de l'Ordre de la Noblesse de Bretagne.—*Rennes*, 1789, in-4°. Pièce.*

2346. Délibérations des Ordres de l'Eglise et de la Noblesse de la province de Bretagne, assemblés par ordre du Roi en la ville de Saint-Brieuc. Du 17 avril 1789. [Signé : Fr. (BAREAU DE GIRAC), év. de Rennes; le comte DE BOISGELIN.] — *Saint-Brieuc*, 1789, in-4°. Pièce.*

2347. Discours sur la Noblesse du Parlement de Bretagne, prononcés aux Chambres assemblées ; avec des notes sur le même sujet, tirées d'un manuscrit de M. DESNOS DES FOSSÉS. Nouvelle édition plus correcte, avec des notes du nouvel éditeur.—(*S. l.*), 1789, in-8°.*

2348. De la Nullité des Priviléges de la province de Bretagne, par le fait et de droit...—*Au temple de la liberté*, 1789, in-8°. Pièce.*

2349. Déclaration et Protestation de l'Ordre de l'Eglise, assemblé à Saint-Brieuc. (Signé : FRANÇOIS BAREAU DE GIRAC, évêque de Rennes.) Déclaration de la Noblesse. (Signé : le comte DE BOISGELIN.) — *Saint-Brieuc*. (19 et 20 avril 1789,) in-4°. Pièce.*

2350. Protestation de l'Ordre de la Noblesse de Bretagne.—Déclaration de l'Ordre de la Noblesse...—Traduction de la Déclaration bretonne envoyée aux paroisses qui ne parlent pas la langue française.—(*S. l.*, 1789.) In-8°. Pièce.*

2351. Recueil d'Arrêtés et Remontrances au Roi, du Parlement de Bretagne, relativement aux délibérations et protestations des Ordres de l'Eglise et de la Noblesse de la province de Bretagne, assemblés en la ville de Saint-Brieuc, le 17 avril 1789.—(*S. l.*), Mai 1789, in-8°. Pièce.*

2352. L'ordre des Bannerets de Bretagne et leur origine, translaté sur le latin et depuis mis en rimes françoises. — *Caen*, 1827, in-4°. Pièce.*

> Moisant de Brieux, dans ses « *Origines de quelques Coutumes,...* » — *Caen*, 1672, in-12, avait déjà publié cet ouvrage, aussi rare que curieux. L'édition que nous donnons, tirée à très-petit nombre d'exemplaires, est due aux soins de M. G. Duplessis, qui y a ajouté un avertissement et un glossaire.

2353. Broceliande, ses Chevaliers et quelques légendes. (Par du Taya.) — *Rennes*, 1839, in-8°.*

> Tiré à petit nombre.

2354. Nobiliaire de Bretagne tiré littéralement des registres manuscrits authentiques tant de la réformation générale de 1668 à 1671 que de la grande réformation de 1400 et de ses réformations particulières qui eurent lieu dans l'intervalle, contenant toutes les Familles qui ont été maintenues, leur ancienneté, leur titre et le nombre de réformations auxquelles chacune a passé depuis 1400, avec une notice historique sur l'origine de la Noblesse, des titres et des armoiries, la commission du roi pour la réformation de 1668 et les maximes sur lesquelles la Chambre a rendu ses arrêts ; par M. le Chevalier de Beauregard. — *Paris, L. Bouchard-Husard*, 1840, in-8°.*

2355. Armorial général de Bretagne, relevé des diverses réformations de la Noblesse de cette province depuis 1400 jusqu'en 1668. Contenant les Noms et les Armes des Maisons qui ont obtenu depuis cette époque des arrêts de maintenue ou des lettres d'anoblissement, les Familles nobles d'origine étrangère actuellement établies dans ce pays, l'Indication de celles qui ont fait des preuves de cour, et une Liste exacte des Chevaliers bretons inscrits dans les galeries des Croisades au Musée historique de Versailles, par L. Briant de Laubrière,... — *Paris*, 1844, in-8°.*

2356. Etat de la Noblesse bretonne déclarée d'ancienne extraction par la Chambre du Parlement de Bretagne, chargée de la réformation de 1668-71, selon chacun des trois manuscrits in-folio existant à la bibliothèque publique de Rennes, par le comte H. du Plessis-de-Grenedan. — *Rennes*, 1844, in-8°.*

2357. La Bretagne ancienne et moderne, par Pitre-Chevalier, illustrée par MM. A. Leleux. O. Penguilly, T. Johannot. — *Paris, Coquebert*, (1844), gr. in-8°.*

> Avec six planches contenant 180 blasons tirés en couleurs, dessinés et gravés par Dunand-Narat.
>
> Cet ouvrage, indépendamment de la donnée historique qui le constitue, contient des aperçus curieux et intéressants sur la Chevalerie, la Noblesse et la Féodalité relatives à cette province. On y trouve encore, d'après D. Morice, la liste des noms composant la noblesse des ressorts de Dol, de Rennes, de Lamballe, de Saint-Malo, de Jugon, de Montcontour, de Rohan, de Porrhoet, de Goello, de Tréguier et de Léon au xve siècle ; les noms des chevaliers qui figurèrent au Combat des Trente ; les noms de tous les Gentilshommes bretons qui se croisèrent, de 1096 à 1265 ; la liste des Comtes de Cornouailles, d'après les cartulaires du xiie siècle, existant aux archives des villes de Quimper et Quimperlé ; enfin les noms des Familles déclarées d'Ancienne extraction, relevés sur trois manuscrits qui se trouvent à la Bibliothèque de Rennes, intitulés : *le Nobiliaire de Bretagne, la Nouvelle Réformation* et *le Nobiliaire breton*.

2358. Armorial de Bretagne contenant les Noms et Prénoms des Familles bretonnes qui ont obtenu des arrêts de la Chambre de réformation établie à Rennes de 1668 à 1671, la date des anciennes réformations et l'origine connue de ces Familles, ou le nombre de leurs générations jusqu'en 1668 ; des Familles maintenues ou anoblies, depuis cette époque jusqu'en 1789 ; des Familles anoblies sous l'Empire et la Restauration jusqu'en 1830 ; des Familles nobles qui, quoique d'une autre province, sont venues habiter la Bretagne et y ont contracté des alliances ; les Noms de terres érigées en dignité; les Devises de quelques Familles avec les Ecussons lithographiés en couleur, par A. P. GUÉRIN DE LA GRASSERIE,... Première (et deuxième) partie. —Rennes, Daniel, 1845-1848, 2 vol. in-f°.* La pagination continue.

> Ouvrage bien fait et très-complet. L'auteur a publié, en 1856, un supplément dont la pagination suit celle de l'œuvre principale.

2359. Nobiliaire de Bretagne ou Tableau de l'Aristocratie bretonne depuis l'établissement de la Féodalité jusqu'à nos jours; Contenant les noms et armes de tous les gentilshommes bretons qui ont obtenu des arrêts, tant de la Chambre royale établie par le Roi à Rennes, l'an 1668, que du conseil privé et des autres cours souveraines; le premier auteur ou aïeul connu de chaque famille, avec l'extraction, le nombre de générations articulées en 1668, les noms des seigneurs éminents, l'indication par paroisse des anciennes réformations de 1423 à 1543, et la comparution aux montres générales; toutes les familles éteintes avant la dernière réformation et celles maintenues ou anoblies depuis, avec la date des lettres patentes d'anoblissement ou de confirmation et celle des arrêts de maintenue rendus par le parlement, les intendants ou les commissaires départis; les noms de toutes les terres érigées en dignité, et enregistrées à la chambre des comptes de Bretagne jusqu'en 1789, et ceux des familles qui ont obtenu postérieurement ces lettres enrégistrées à la cour royale de Rennes, portant collation de titres ou institution de majorats; les familles étrangères à la Bretagne au moment de la dernière recherche, et qui s'y sont fixées depuis, avec la date des arrêts confirmatifs rendus dans leurs provinces respectives; les armes des villes et principalement de celles qui députaient aux Etats, enfin un recueil des plus curieuses devises héraldiques; par M. P. POTIER DE COURCY, corres-

pondant des ministères de l'instruction publique et de l'intérieur pour les travaux historiques,....— Saint-Pol-de-Léon, 1846, in-4°.* — 2° édition, 1861, 3 vol. in-4°.

> Ouvrage exact et consciencieux. — La deuxième édition contient, outre le Nobiliaire, entièrement refondu, l'Armorial de Bretagne.

2360. Mémoire sur l'Origine des Institutions féodales chez les Bretons. [Par AURÉLIEN DE COURSON. (1847.)]

> Voyez ci-dessus, n° 1467.

2361. Histoire des Ducs de Bretagne,... par Mme JULIE DELAFAYE. —Paris, 1851, in-8°.*

2362. Montres de Tréguier et Goello, tenues aux XV° et XVI° siècles, publiées par M. P. DE COURCY.... Avec une dissertation et des notes sur l'organisation militaire de la Bretagne, et les armes et machines de guerre particulièrement en usage dans cette province au moyen âge.— Saint-Brieuc, imp. de L. Prud'homme, 1842, in-8°.

2363. Abrégé du Nobiliaire de la province de Bretagne, par ordre alphabétique, contenant environ dix-huit cents Familles nobles, et le nombre des générations, prouvées, soit à la réformation, soit au conseil, au parlement, à la cour des aydes ou à l'intendance (1769). Par le Père DU PERRÉ, jésuite. Imprimé pour la première fois en 1853.—Rennes, (1853), in-8°. Pièce.*

> Le manuscrit de ce nobiliaire, rédigé en 1769, est entre les mains de l'éditeur, M. FROUT, rue de la Monnaie, à Rennes.—Cet opuscule est plein d'erreurs, surtout quant à l'orthographe des noms de lieux et de personnes.

2364. Histoire de la Chambre des Comptes de Bretagne; par DE FOURMONT.—Paris, 1854, in-8°.*

2365. Notices sur les Châteaux et Seigneuries de la Garnoche et Beauvais-sur-Mer et sur le Berriez (Vendée); par CHARLES MAURAIN, de Sourdeval. — Nantes, 1854, in-8°.*

> Extrait de la « Revue des Provinces de l'Ouest. » 1re et 2e années.

2366. Les Anciens Seigneurs de la

Roche-sur-Yon, aujourd'hui Napoléon-Vendée. (Par P. MARCHEGAY.) — *Nantes* (1854), in-8°. Pièce.*

2367. Histoire des Ducs de Bretagne, avec Description des mœurs, coutumes, villes et monuments de toute la province, par CÉLINE FALLET. — *Limoges* (1854), in-12.* — *Limoges* (1854), in-8°.* Avec figures.

2368. Dictionnaire héraldique de Bretagne, complément de tous les nobiliaires et armoriaux de cette province pour reconnaître les familles par les armoiries peintes, sculptées, émaillées ou gravées sur les monuments de toute nature et pour justifier la date de ces monuments. Par P. POTIER DE COURCY, ... — *Saint-Brieuc, L. Prud'homme*, 1855, gr. in-8°. Avec deux planches de sceaux.

2369. Essai sur le Dictionnaire des Terres et des Seigneuries comprises dans l'ancien Comté Nantais et dans le territoire actuel du département de la Loire-Inférieure, par ERNEST DE CORNULIER.—*Paris*, 1857, in-8°.*

2370. Histoire d'Ancenis et de ses Barons, par E. MAILLARD.—*Nantes*, 1860, in-8°.*

Avec le blason d'Ancenis tiré sur or et couleurs. A la page 335 on trouve la description de celui de Dinan. Contient en outre un grand nombre de documents héraldiques et généalogiques concernant la localité.

2371. Questions sur la Noblesse et Aperçus historiques sur la noblesse de la Vendée, par H. GRIMOUARD DE SAINT-LAURENT. (1860.)

Voyez ci-dessus, n° 1325
Pour complément des ouvrages relatifs à l'Histoire nobiliaire de la Bretagne, on peut consulter : 1° « *Monstre générale des gens d'armes, de traict et autres gens de guerre, nobles et ennoblis et autres tenans fiefs et héritaiges nobles et subjects aux armes de l'evesché de Cornouailles; tenue et faicte à Carhaix, les quatrième et cinquième jours de septembre mil quatre cent quatre-vingt-cinq.* » 2° *Monstre générale des nobles de l'evesché*

de Léon, tenue à Lesleven par les sieurs du Chastel, de Kermaran et de Kerouzéré, commissaires à ce députez, présents les gens de justice dessus les lieux, le vingt-cinquième jour de septembre, l'an 1503. 3° Procès-verbal de la monstre générale des nobles subjects au ban et arrière-ban de l'evesché de Cornouailles, faicte en rôle seulement, à Quimper Corentin, les quinzième et seizième jour de may, l'an 1562. Le tout contenu dans les « Antiquités de la Bretagne, » par M. DE FRÉMINVILLE.—Brest, 1835, in-8°.

On peut consulter encore : 1° le « Dictionnaire Historique et Géographique de la province de Bretagne, » par OGÉE.... — *Nantes*, 1778-1780, 4 vol. in-4°. 2° L'Almanach de Rennes pour l'année 1787. 3° « Catalogue des terres érigées en dignités en la province de Bretagne, et enregistrées au greffe de la Chambre des Comptes, depuis 1500 jusqu'en 1720. » Dans « Recueil des édits, ordonnances... concernant la Chambre des Comptes de Bretagne. » Par J. ARTHUR DE LA GIBONAYS,... — *Nantes, Quérro*, 1726, in-f°. On trouvera aussi dans le 4° vol. d'un Recueil analogue du même auteur, in-f°, 1721-1722 : « *Les Priviléges, Franchises et Libertés de la Province de Bretagne. — Les droits, immunités, exemptions et priviléges de la Chambre des Comptes de Bretagne.* »

Champagne.

2372. Premier Livre des mémoires des Comtes de Champagne et de Brie : auquel est traité de l'Origine des Ducs, Comtes, Palatins, Pairs, Sénéchaux, Advoués, Vidames... (Par PIERRE PITHOU.) —*Paris*, 1572, 1581, in-4°. [L. F.]

2373. Campaniæ Comitum genealogia et brevis Historia ex variis chronologis, chartis,.... CLAUDII MOISSANT... collecta.—*Parisiis*, 1605, 1607, in-8°. [J. H.]

2374. Priviléges de la ville de Sedan.—(S. l. n. d.) In-4°. Pièce.*
Du 28 août 1535 au 16 octobre 1612.

2375. Discours de l'Antiquité et de l'Eschevinage de la ville de Reims pour servir de factum au procès qu'ont les Eschevins contre M. l'Archevêque de Reims et les Officiers de son Bailliage.

Reims, 1628, 1654, in-8°.—*Reims*, 1668, in-4°. [L. D.]

2376. Abrégé de l'Histoire de l'ancienne ville de Soissons, contenant vne sommaire déduction généalogique des Comtes dudit lieu. Extraict des mémoires de maistre MELCHIOR REGNAULT, cydeuant Conseiller au Bailliage et Siège Présidial dudit Soissons, avec les preuves.—*Paris*, 1633, in-8°.*

Ouvrage qu'on peut encore, malgré sa date, consulter avec fruit.

2377. Histoire de la ville de Soissons et de ses Roys, Dvcs, Comtes et Govverneurs. Auec vne suitte des Euesques, et vn Abbregé de leurs actions; diverses remarqves svr le clergé.... et plvsievrs recherches svr les Vicontez et les Maisons illustres du Soissonnois. Par M. CLAVDE DORMOY, prestre, chanoine de l'abbaye de Saint-Iean des Vignes—*Soissons*, 1663-1664, 2 vol. in-4°.*

Ouvrage tiré en partie des manuscrits de Berlette et de Michel Bertin.

2378. Lettres, Déclarations, et Arrests concernant l'Erection ancienne de la Terre de Rethel en Pairie, l'Union de la Baronie de Rozoy au Comté de Rethel, l'Erection de la même Terre en Duché, etc.—*Paris*, 1664, in-4°. [L. F.]

2379. Moyens de deffence pour les Nobles dv costé maternel dans le Comté de Champagne et Brye. Contre les prétentions des Préposez à la Recherche des Vsurpateurs du tiltre de Noblesse dans ledit Comté. — *Troyes*, (1667,) in-4°. Pièce.*

Pour prouver que le commerce, dans les provinces, ne déroge pas à la noblesse.

2380. Responce des Nobles dv costé maternel dans le Comté de Champagne et Brye, à la replique fournie contre leurs moyens par les Préposez à la Recherche des Vsurpateurs du tiltre de Noblesse.—*(S. l. n. d.)* In-4°. Pièce.*

2381. Généalogie des Comtes de Champagne, de Troyes, de Meaux et de Brie; par PIERRE PITHOU. *Paris*, 1672, in-4°. [L. F.]

Voyez encore les « Œuvres mélées » du même auteur. *Parisiis*, 1609, in-4°.

2382. Recherches de la Noblesse de Champagne par Monsieur DE CAUMARTIN. — *Chaalons*, 1673, 2 vol. gr. in-f°.* Avec blasons pour chaque généalogie.

Ce travail, aussi rare que recherché, a été exécuté par CHARLES-RENÉ D'HOZIER, sous la direction de M. de Caumartin, intendant de cette Province. — L'exemplaire sur vélin se conserve dans la Bibliothèque de l'Arsenal. —La Bibliothèque impériale possède trois exemplaires sur papier ordinaire de ces *Recherches* : le premier contient, à la fin du 2° vol., les généalogies manuscrites des Familles *Bermand, de Lancques, Boullcur, d'Aguisy, Blondeau, Briseur, Bethoutat, Brabant, d'Antoine, Butor, d'Aurillot, Beaulieu, Bridot, Brie, Autry* et *Génicourt, Bécu, Berbier, Bouxonville, Bezannes, Baussancourt;* le second contient aussi, dans le 2° vol., les généalogies manuscrites des Familles *Danglas, Ménisson* et *d'Allamont,* avec plusieurs blasons supplémentaires; enfin le troisième renferme huit pièces manuscrites et une imprimée concernant les Familles; et, de plus, il est enrichi d'un grand nombre d'additions et de corrections manuscrites de Charles-René d'Hozier et de Clairambault. On trouve encore, dans cet exemplaire, le *Nobiliaire de la province de Champagne,* par CHEVILLARD.

Ces *Recherches* se composent de deux parties. La première contient le *Procès-verbal* de Caumartin, avec les noms des Familles maintenues et la description de leurs armes; la seconde renferme les généalogies de ces Familles, faites d'après leurs preuves, par d'Hozier. La première partie a été publiée séparément, sous le format in-8° : c'est ce qui constitue le n° 2384 ci-après.

2383. (Recherches de la Noblesse de Champagne par CHARLES-RENÉ D'HOZIER (sous la direction de M. LARCHER, intendant de cette province). — *(S. l. n. d.)* In-f°.* Avec blasons pour chaque généalogie.

La Bibliothèque impériale conserre un second exemplaire de ces *Recherches*, renfermant plus de 250 pièces ou preuves manuscrites fournies par les Familles. On y trouve aussi le *Nobiliaire de Champagne*, par CHEVILLARD.

2384. Procez verbal de la Recherche de la Noblesse de Champagne fait par Monsieur DE CAUMARTIN (LOUIS-FRANÇOIS LE FEVRE). Avec les Armes et Blazons de chaque Famille.—*Chaalons, imp. de Seneuze (s. d.)*, in-8°.* —*Chaalons*, 1673, in-8°.* — Augmenté de la division de la province de Champagne par généralités et élections d'après le dénombrement publié en 1735 (par le sieur Saugrain en 2 vol. in-4°). — *Chaalons, Jacques Seneuze*, 1673 (1852), in-8°.*

La édition de 1852 est la reproduction exacte de celle de 1673. Tiré à très-petit nombre d'exemplaires. C'est l'ouvrage dont nous avons parlé à la fin de la note concernant le n° 2382 ci-dessus.

2385. La Mairie et Eschevinage de Troyes, capitale de la Province de Champagne. Sa Jurisdiction, Pouvoir et Forme de procéder à l'élection des Maire, Eschevins et autres Officiers de l'Eschevinage. Ensemble plusieurs Arrests confirmatifs des Priviléges de ladite ville. — *Troyes, Louis Blanchard*, 1679, in-8°.*

2386. Recueil des Elections de Champagne, avec les Noms des villes, bourgs, villages et hameaux qui les composent. — *Chaalons*, 1688, in-8°. [L. F.]

2387. Mémoires historiques de la province de Champagne, contenant son Etat avant et depuis l'établissement de la Monarchie françoise; les vies des Ducs qui l'ont gouvernée, des Comtes qui ont été souverains et héréditaires, et des personnes illustres qui y sont nées; la description des villes, châteaux, et terres titrées; des églises distinguées; des abbaïes, couvents, communautez et hôpitaux; des domaines du Roy, du commerce de cette province, et des différents tribunaux... Par·M. EDME BAU-

GIER, seigneur DE BREUVERY.— *Paris*, 1721, 2 vol. in-8°.*

2388. Coutumes du Bailliage de Vitry en Perthois, avec un Commentaire et une Description abrégée de la Noblesse de France par rapport au chapitre des Fiefs et autres dispositions qui concernent la Noblesse en cette coutume. Par Maître ESTIENNE DURAND, avocat au Parlement,... —*Châlons*, 1722, in-f°.*

La *Description de la Noblesse de France* a une pagination spéciale et un titre particulier portant la date de 1723.

2389. Histoire des Comtes de Champagne et de Brie. (Par ROBERT-MARTIN LE PELLETIER.) — *Paris*, 1735, 2 vol. in-12. [B. B.] —*Paris*, 1753, 2 vol. in-12.* Avec une préface de LÉVESQUE DE LA RAVALLIÈRE.

2390. Nobiliaire de Champagne ou catalogue des Nobles de la province de Champagne maintenus par les jugements de MM de Caumartin et Larcher, intendants...en la province de Champagne et de Brie, en conséquence des Déclarations du Roy du 22 mars 1666... (Par J. CHEVILLARD.)—*Paris*, (1758,) 2 ff. gr. in-f° plano.*

Planches contenant les noms qualités, armes et blasons gravés des Familles et la date de leurs maintenues.

2391. Mémoire pour les habitants de Courtemont et Dammartin contre les Marquis et Comte des Salles et de Ravenel.—*(S. l.)*, 1755, in-4°. [D.]

Concernant les seigneuries de Courtemont et de Dammartin en Champagne.

2392. Cahier de l'Ordre de la Noblesse de Chalons-sur-Marne, et extrait du procès-verbal de ses séances. — *Châlons*, 1789, in-4°. Pièce.*

2393. Pétitions et Doléances de la Noblesse du Bailliage de Chaumont-en-Bassigny.—*(S. l., 1789.)* In-8°. Pièce.*

2394. Cahier commun des trois Ordres du Bailliage de Langres. *Paris*, 1789, in-8°.

2395. Cahier des plaintes, doléances et remontrances de l'Ordre de la Noblesse du Bailliage royal de Reims, arrêté.... le 2 avril 1789.—(S. l. n. d.) In-8°. Pièce.*

2396. Cahier de la Noblesse des Bailliages de Sezanne et de Chatillon-sur-Marne, réunis; remis à M. le marquis de Pleurre,... député; en cas d'empêchement, M. Devilliers de la Berge,.... député subrogé. — (S. l.), 1789, in-8°. Pièce.*

2397. Cahier de l'Ordre de la Noblesse du Bailliage de Troyes, remis à M. le marquis de Mesgrigny,... et M. le marquis de Crillon,... nommés députés aux États-Généraux en l'Assemblée du 4 avril 1789. — (S. l. n. d.) In-8°. Pièce.*

2398. Histoire de l'Ancienne Principauté de Sédan jusqu'à la fin du XVIII° siècle ; par J. PEYRAN. Paris, 1826, 2 vol. in-8°.*

2399. Notes historiques sur la Ville et les Seigneurs de Joinville; par M. PERIEL. — Paris, 1835, in-8°.*

2400. Histoire des Comtes de Champagne et de Brie, par J.-B. BÉRAUD. — Paris, 1842, 2 vol. in-8°.*

2401. Notice historique et descriptive sur le château de Brugny en Champagne. (Par M. BOREL D'HAUTERIVE.) — Paris, imp. de Plon frères, 1852, in-4°. Avec une planche.

Contient des notes généalogiques sur les anciens possesseurs du château de Brugny et sur les Clermont-Tonnerre, les possesseurs actuels.

2402. Les Armoiries des Comtes de Champagne, d'après leurs sceaux. (Par H. D'ARBOIS DE JUBAINVILLE.) — Paris, 1852, in-8°. Pièce.* Avec une planche.

Extrait de la « Revue archéologique. »

2403. Notice historique et généa-logique de la Terre de Chacenay; par M. LUCIEN COUTANT.— —Troyes, 1852, in-12. Pièce.*

Extrait de « l'Annuaire de l'Aube. » 1852.

2404. Notes et documents pour servir à l'Histoire de Chateau-Villain ; par M. CARNANDET.— Paris, 1856, in-8°.*

Tiré à 100 exemplaires.

2405. Armorial de la ville de Châlons-sur-Marne ; par EDOUARD DE BARTHÉLEMY.—Châlons, 1856, in-12.*

Cet opuscule, tiré à 25 exemplaires numérotés, contient, entre autres documents, le rôle des gentilshommes de cette ville en 1597 et 1623 ; l'état des gentilshommes du bailliage signataires aux cahiers de 1789; l'état de tous les habitants de Châlons en 1521; enfin la liste des chevaliers de l'Arc en 1742.

2406. De la Noblesse maternelle en Champagne et de l'Abus des changements de noms; par P. BISTON, avocat.—Châlons, 1859, in-8°. Pièce.*—2° édition. Châlons, 1859, in-18. Pièce.*

L'auteur, dans ce petit ouvrage, qui n'est pas dénué d'intérêt, a pour objet ce privilége particulier aux coutumes de l'ancienne province de Champagne, qui consiste dans la transmission de la noblesse par les femmes. Il y avait là une question historique et une question de droit que M. Biston a traitées avec autant d'élégance que de clarté. Toutefois, ce travail ne dispense pas le lecteur de consulter celui de Grosley, avocat, sur la Noblesse utérine de Champagne, publié à la suite de ses « Recherches pour servir à l'histoire du droit françois. » Paris, 1752, in-12.

2407. Catalogue des Gentilshommes de Champagne qui ont pris part ou envoyé leur procuration aux Assemblées de la Noblesse pour l'élection des députés aux États-Généraux en 1789. Publié, d'après les procès-verbaux officiels, par MM: LOUIS DE LA ROQUE et EDOUARD DE BARTHÉLEMY.

—*Paris, E. Dentu*, 1861, gr. in-8°.

Accompagné de l'État militaire et judiciaire, et de la liste des Chapitres nobles de la province.

On peut encore consulter, comme complément des ouvrages sur la Champagne, la XIIIᵉ dissertation de Du Cange, insérée dans son édition des Mémoires de Joinville.

Comtat Venaissin et principauté d'Orange.

2408. Stemma Guillelmi Principis Arausiensis à Carolo Magno deductum,...—*Hagæ Comitis (s. d.)*, in-f°. [L. F.]

2409. Généalogie des Princes d'Orange.—*(S. l. n. d.)* In-f° plano.*

2410. Priviléges et Libertés de la Ville d'Orange. — *(S. l.)*, 1607, in-4°. [L. F.]

2411. Priviléges, Franchises, Libertez, Exemptions et Immvnitez octroyez, par les Très-chrestiens Roys de France, en faueur des habitans de Villeneufue, Sainct André lez Auignon. — *Paris, Jacq. Rebuffe*, 1627, in-4°. Pièce.*

Du mois de novembre 1515 au 28 septembre 1621.

2412. Tableau de l'Histoire des Princes et Principavté d'Orange divisés en quatre parties selon les quatre Races qui y ont régné souuerainement depuis l'an 793, commençant à Gvillaume av Cornet Premier Prince d'Orange jvsqves à Frederich Henry de Nassaü à présent régnant. Illustré de ses Généalogies et enrichi de plusieurs belles Antiquités avec leurs Tailles douées. (Par Joseph de la Pise, Seigneur de Maucoil.—*La Haye*, 1638, in-f°. [B. B.]—*La Haye*, 1639, 1640, in-f°.*

Avec un frontispice gravé contenant les armes des quatre Maisons qui ont possédé cette principauté, savoir : *Orange, Baux, Chalon et Nassau*. Dans le corps du texte l'on trouve les généalogies figurées de ces quatre Maisons.

2413. Prééminences, prérogatives et dignités des Sérénissimes Princes d'Orange. (Par Gaspard DE LA Pize.)—*La Haye, Adrian Vlacq*, 1661, in-8°.*

2414. Relation de ce qui s'est passé au Rétablissement de la Principauté d'Orange ; ensemble les Discours et Harangues qui ont été faits pour le même sujet ; par (Jean) de Chambrun,...—*Orange*, 1666, in-4°. [L. F.]

L'auteur est aussi connu sous le pseudonyme de Mélancton.

2415. Histoire des Princes d'Orange de la Maison de Nassau. —*Amsterdam*, 1692, in-12. [D.]— *Amsterdam*, 1693, in-12. [B. Bru.]

2416. Origines et successiones Principum Arausionensium, usque ad Guillelmum III. Auctore Gaspare Sagittario. — *Jenæ*, 1693, in-4°. [L. F.]

2417. Mémoire de Monsieur le marquis d'Alègre, pour établir son droit sur la Principauté d'Orange et sur les autres biens de la Maison de Chalon.—*(S. l.)*, *Impr. de Vᵉ Ant. Lambin (s. d.)*, in-4°. Pièce.* Avec un tableau généalogique.

2418. Mémoire povr établir le droit de Monsieur le Marquis de Mailly et de Néelle sur la Principauté d'Orange et les autres biens de la Maison de Châlon. —*(Paris)*, *impr. de J. F. Knapen (s. d.)*, in-4°. Pièce.* Avec la généalogie de Jean de Chalon, premier prince d'Orange, souverain de Neuchatel

2419. Traité historique de la succession à la Principauté d'Orange ; au sommaire du droit de la Maison d'Orléans-Longueville sur cette Principauté, contre les prétentions de la Maison de Nassau.—*Paris*, 1702, in-8°. [L. F.]

2420. Avis présenté à la vénérable Langue de Provence, contre les Usurpateurs de Noblesse du Comtat Venaissin. [Par le chevalier DE Puget - Barbentane. (1707.)]

Voyez ci-dessus, n° 461.

2421. Opposition du comte Duprat DE Barbanson à l'arrêt du Conseil d'État du 9 Janvier 1731, par lequel le roy a nommé des commissaires pour acquérir la principauté d'Orange, commençant ainsi : « Au Roy. Sire, le comte de Barbanson à qui la principauté d'Orange appartient aujourd'hui par le droit du sang...»—(*Paris*), *impr. de d'Houry*, 1731, in-f°. Pièce.* Avec une table généalogique de Jean de Châlon.

2422. Histoire de la Noblesse de France du Comté - Venaissin, d'Avignon et de la Principauté d'Orange, dressée sur les preuves..... (Par Pithon-Curt.)— *Paris*, 1743-1750, 4 vol. in-4°.* Avec un grand nombre d'écus blasonnés et de tableaux généalogiques.

> La Bibliothèque impériale conserve un autre exemplaire avec des additions et des corrections manuscrites de Clairambault et autres possesseurs.
> Ce travail est assez estimé. Cependant on y donne pour anciennes des maisons dont l'origine est des plus obscures.

2423. Histoire des Princes d'Orange par Amelot de la Houssaye, augmentée de notes par M. l'abbé Pierre - Jacques Sepher,.... — *Paris*, 1754, 2 vol. in-12. [L. F.]

Comté de Foix.

2424. Historia Fvxensivm Comitvm, Bertrandi Helie, Appamiensis, Ivrisconsvlti, in qvatvor libros distincta. Ejusdem De Regni Navarræ origine, et regibus qui in ea ad hæc usque tempora regnarunt, circa finem.—*Tolosæ*, 1540, in-4°.*

2425. Histoire de Foix, Bearn et Navarre, recveillie, tant des précédents historiens que des archives desdites Maisons, en laquelle est montré l'Origine, Accroissement, Alliances, Généalogies, Droits et Successions d'icelles,.... par Pierre Olhagaray,...—*Paris*, 1609, in-4°.* — Histoire des Comptes de Foix... *Paris*, 1629, in-4°.*

> Ouvrage qui n'a pas « le fleuretis d'un frétillant langage. » Nous sommes tout porté à pardonner à l'auteur les longues et lour-

des puérilités qu'il a débitées dans son œuvre en faveur de la grâce et de l'harmonie de cette phrase : C'est du Montaigne pur.

2426. Histoire des Comtes de Foix de la première race, par M. H⁰ Gaucheraud. Gaston III, dit Phœbus.—*Paris*, 1834, in-8°.*

Corse.

2427. Les Corses françois contenant l'Histoire généalogiqve des plus illustres Seigneurs et Gentilshommes de l'Isle de Corsegue, lesquels se sont attachez au service de la France. Par Monsieur le chevalier (Jean-Baptiste) de l'Hermite Sovliers,... —*Paris*, 1662, in-12. [L. F.]—*Paris*, 1667, in-12.*

> Ouvrage rare.—Selon d'Hozier, il est plein d'erreurs et de faussetés.

Dauphiné.

2428. Le Plaidé des Doctevrs et Advocats consistoriavx du Parlement de Dauphiné, defendeurs ; contre les demandes et prétentions du Tiers Estat dudit païs. (Par Gentil.) — *Grenoble*, 1599, in-4°.*

2429. Défense de la Noblesse de Dauphiné contre les demandes du Tiers-Estat ; par Julien du Fos.—*Paris*, 1601, in-4°.*

2430. Remercîment av roy. Par les Anoblis du Dauphiné. Où est touché de la dignité de la noblesse, selon le droict divin et humain ; et de la proüesse et réputation des anciens Allobroges, qui sont à présent le Bailliage de Viennois. Par P. Boyssat, seigneur de Licien, conseiller du Roy, vibally de Vienne. —*Paris, P. Pautonnier*, 1603, in-4°. Pièce.* Avec un portrait du roi Henri IV.

> Opuscule rare.

2431. Histoire des Comtes d'Albon, et Davfins de Viennois ivstifiée par tiltres, histoires et autres bonnes preuues. [Par André du Chesne,... (1628.)]

> Voyez ci-dessus n° 2270.

2432. Histoire généalogique des

Comtes de Valentinois et de Diois, Seignevrs de Saint-Valier, de Vadans et de la Ferté, de la Maison de Poitiers,... [Par ANDRÉ DU CHESNE,... (1628.)]

Voyez IBIDEM.

2433. Histoire généalogique et chronologique des Dauphins de Viennois, depvis de Gvigves I, lusqves à Louis V, fils du Roy Louis-le-Grand. Embellie d'arbres généalogiques et de blasons. Par le Sr. DE GAYA.—Paris, 1633, in-8°.*

2434. Les Eloges de nos Roys et des enfans de France qvi ont esté Davfins de Viennois et de Diois... Avec des Remarqves cvrievses du Païs et de la Noblesse de Daufiné, où se voient aussi plusieurs Armoiries blasonnées des Maisons de ce Royaume, et des Païs étrangers. Par F. HILARION DE COSTE, religieux de l'ordre des Minimes.— Paris, 1643, in-4°. '

On trouve aussi dans cet ouvrage un historique des gouverneurs de cette province, avec la description de leurs armes, et à la fin une *Table des Armoiries blasonnées.*

2435. La Noblesse de Davphiné. A Madame la Marqvise dv Gvepeau, etc. (Par TRISTAN L'HERMITE DE SOULIERS.)—(S. l. n. d.) In-f° plano.

Cette pièce, excessivement rare, et qui est restée jusqu'ici complétement inconnue, se compose d'une seule feuille contenant les blasons gravés des principales Familles nobles du Dauphiné, avec une dédicace.—Communiqué par M. Dumoulin.

2436. Les Transactions d'Imbert Davphin de Viennois, prince dv Briançonois, et marquis de Sezanne ; avec les syndics et procureurs des communautez de la principauté du Briançonois en Dauphiné, tant au nom desdites communautez que des particuliers et habitans d'icelles, Portans cession et transport à perpetuité ausd. communautez, de tous les droicts et deuoirs féodaux, seigneuriaux, tailles, offices politiques, et autres qui appartenoient audit Dauphin en ladite principauté, moyennant vne rente annuelle, et les sommes de deniers payez lors desdites transactions. Côntenans les franchises, libertez et priviléges desdits Briançonois, les transports dudit Dauphiné aux roys de France pour leurs fils aisné, les Confirmations des roys, et arrests ensuite obtenus. Le tout recueilly par CLAUDE DESPONTS, conseiller et procureur du roy audit Briançonois, et IEAN ESTIENNE ROSSIGNOL deputez de lad. principauté ; et depuis reueu et corrigé par IEAN PRAT, sieur de la BASTIE DES VIGNAUX, conseiller du roy, et receueur de ses finances; LOUYS CHERONIER, premier syndic, et GASPARD IALLIN députez de ladite principauté.—Grenoble, C. Bureau, 1644, in-f°.*—(S. l.), 1645, in-f°.*

2437. Traité du Plait seigneurial et de son usage en Dauphiné; par Messire DENIS DE SALVAING DE BOISSIEU. (1652.)

Voyez ci-dessus n° 1351.

2438. Défense des Advocats consistoriaux du Parlement de Dauphiné, pour la noblesse et priviléges de leur profession. Sur l'assignation qui leur a été donnée en conséquence de la déclaration de Sa Majesté du 25 mars 1666 contre les usurpateurs de Noblesse. (Par PÉRACHON.)—Paris, 1668, in-f°. [B. Am.]

2439. Projet de l'Histoire généalogique des Familles Nobles de Dauphiné. Par GVY ALLARD, avocat.— Grenoble, Philippes, 1669, in-4°. Pièce. [A. R.]

Ce *Projet* a été réalisé en volumes séparés formant chacun une unité, et réunis ensuite sous un titre général, ainsi qu'il suit.

2440. Histoire généalogique des Familles de Bonne, de Créquy, de Blanchefort, d'Agout, de Vesc, de Montlor, de Maubec et de Montauban. (Premier volume.) Par GVY ALLARD,...—Grenoble, 1672, in-4°.*

Voyez le n° suivant.

2441. Histoire généalogique des Familles de Simiane, Boffin, Arces, Morard, Galle, du Pithon, Thiennes, Mons, Vaux, Chandieu. Deuxiesme volume.—Par GVY ALLARD,...—*Grenoble*, 1672, in-8°. [B. Ars.]

Voyez le n° suivant.

2442. Histoire généalogique des Familles de Revilasc, Gaudil, Fassion, Précomtal, Saint-Marcel, Vausserre, Bardonnenche, Mérindol, Baudet, Yse, Lancellin, la Baume, de Suze, Beaumont. (Troisième volume.) Par GVY ALLARD,...—*Grenoble*, 1680, in-4°.*

Voyez le n° suivant.

2443. Recveil de généalogies composées par M. GVY ALLARD, conseiller du Roy....—*Grenoble*, 1685, 3 vol. in-4°. [B. Ars.]

Titre général sous lequel on a réuni les trois derniers numéros. —Voyez le n° suivant.

2444. Histoire généalogique des Familles de la Croix de Chevrières, de Portier, d'Arzac, de Chissé, de Sayve et de Rouvroy. Par M. GVY ALLARD, Conseiller du Roy,...— *Grenoble*, 1678, in-4°.*

Ce volume se trouve encore sous les dates de 1682 et 1694. Contient, outre les généalogies ci-dessus citées, celle de la Famille *Lattier*, laquelle a été publiée séparément.—Voyez le numéro suivant.

2445. Histoire généalogique des Maisons de Dauphiné. Par GVY ALLARD, Conseiller du Roy. — *Grenoble*, 1697, 4 vol. in-4°. [B. U.]

Publication qui renferme les deux derniers n°°.

Selon d'Hozier, les généalogies de Guy Allard sont mal établies, mal prouvées et méritent peu de croyance.—Toutes ces gé- néalogies réunies ou séparées sont très-rares aujourd'hui.

2446. Nobiliaire de Dauphiné, ov Discovrs historiqve des Familles nobles qvi sont en cette province. Avec le Blason de leurs Armoiries. Par GVY ALLARD,... —*Grenoble*, 1671, in-12.*—*Grenoble*, 1696, in-12. [L. M.]

2447. L'Estat politique de la province de Dauphiné, avec les Généalogies des Familles nobles

de cette province, par NICOLAS CHORIER, advocat au parlement de Grenoble. — *Grenoble*, 1671-1672, 4 vol. in-12.*

Le 4° volume porte au titre : « *Supplément... par lequel plusieurs choses importantes sont rectifiées, adjoulées, retranchées...* »

La Bibliothèque impériale possède un autre exemplaire enrichi d'additions et de corrections manuscrites de la main de Charles-René d'Hozier.

Ce travail, bien supérieur à celui de Guy Allard, contient néanmoins beaucoup d'erreurs, et surtout beaucoup d'inexactitudes dans l'orthographe des noms de personnes et de lieux. « Ce nobiliaire, dit d'Hozier, meslé de bon et de mauvais, de vrai et de faux, de flatteries et d'éloges, et presque sur chaque sujet des traits d'érudition semés et appliqués selon que les personnes convenoient à sa plume, seroit excellent si l'auteur, qui étoit un homme capable de faire de bons ouvrages, avoit voulu parler comme la vérité toute nue l'y obligeoit. »

2448. Le Nobiliaire de la province de Davphiné, par NICOLAS CHORIER,.....—*Grenoble*, 1697, 4 vol. in-12.*

Même ouvrage que le n° précédent.—Le 4° volume porte aussi : « *Supplément...* »

2449. Histoire de Dauphiné abrégée pour Monseigneur le Dauphin. Première (et seconde) partie. (Par NICOLAS CHORIER.) — *Grenoble*, 1674, 2 vol. in-12.*

Avec un Armorial contenant les Armes et les Devises des Maisons nobles de cette province.

2450. Description géographique du Dauphiné, avec l'Histoire généalogique des Dauphins Viennois, depuis Guigue I jusqu'à Louis V, prince royal, fils de Louis XIV, roi de France... Par C. Z. A. —*Francfort, J. David Zunner*, 1693, in-12.* Avec cartes et tables généalogiques accompagnées de blasons.

En allemand.—Très-rare.

2451. Les Présidens vniqves et premiers Présidens du Conseil Delphinal, ou Parlement du Dauphiné, par M. GVY ALLARD,.... —*Grenoble*, 1695, in-12.*

2452. Les Gouverneurs et les Lieutenans au Gouvernement de
Dauphiné. Extrait de l'Histoire
de cette province, composée par
M. Guy Allard,... — Grenoble,
1704, in-12.* Avec la description
des armes.

2453. Mémoires pour servir à l'Histoire de Dauphiné sous les Dauphins de la Maison de la Tour-
du-Pin, où l'on trouve tous les
actes du transport de cette province à la Couronne de France;
avec plusieurs observations sur
les usages anciens, et sur les
Familles. Le tout recueilli des
régistres de la Chambre des
Comptes, et de divers cartulaires
de la même province. (Par Jean
Pierre Moret de Bourchenu,
Marquis de Valbonnais.)—Paris,
1711, in-f°.* Avec une carte géographique.

> Il ne faut pas confondre cet ou-
> vrage avec un autre du même au-
> teur, portant un titre à peu près
> identique, et qui ne contient que
> la généalogie de la Maison de la
> Tour-du-Pin. — Voyez ci-après
> même Sect., § 8 : La Tour-du-
> Pin.

2454. Histoire de Dauphiné et des
Princes qui ont porté le nom de
Dauphins, particulièrement de
ceux de la troisième race, descendus des Barons de la Tour-
du-Pin, sous le dernier desquels
a été fait le transport de leurs
Etats à la Couronne de France...
(Par Jean Pierre Moret de
Bourchenu, marquis de Valbonnais.)— Genève, 1722, 2 vol.
in-f°.* Avec carte géogr., tables
généalog. et 7 planches renfermant 76 sceaux ou blasons gravés.

> Deuxième édition de l'ouvrage
> précédent.

2455. Mémoire au Roi pour la Noblesse de Dauphiné. — (S. l.,
1788.) In-8°. Pièce.*

2456. Album historique, archéologique et nobiliaire du Dauphiné publié sous la direction
de MM. Champollion-Figeac;
par M. A. Borel d'Hauterive.
Années 1846-1847.—Paris et Grenoble, 1846-1847, in-4°.*— Avec

blasons, portraits et autres figures.

2457. Numismatique féodale de
Dauphiné.... Par H. Morin.
(1854.)

> Voyez ci-dessus n° 1473.

2458. Catalogue des Gentilshommes de Dauphiné qui ont pris
part ou envoyé leur procuration
aux Assemblées de la Noblesse
pour l'élection des députés aux
Etats Généraux en 1789. Publié,
d'après les procès-verbaux officiels, par MM. Louis de la Roque et Edouard de Barthélemy.
—Paris, E. Dentu, 1861, gr. in-8°.*

> Accompagné de l'Etat militaire
> et judiciaire et de la liste des
> chapitres nobles de la province.

Flandre.

2459. Les Chastelains de Lille, levr
ancien Estat, Office et Famille.
Ensemble l'Estat des anciens
comtes de la République et Empire Romain, des Goths, Lom-
bards, Bourguignons, François,
et au règne d'iceux des Forestiers et anciens de Flandre. Auec
vne particulière description de
l'ancien Estat de la Ville de
Lille en Flandre, les trois changemens signalez tant d'icelle
Ville que du Pays. Par Floris
Vander Haer, Thrésorier et
Chanoine de S. Pierre à Lille.—
Lille, Pierre de Roche, 1611, in-4°.*
Avec 6 Tableaux généalogiques.

> Ouvrage fort estimé; il est di-
> visé en deux livres. Dans le pre-
> mier, l'auteur examine ce qu'é-
> taient les comtés chez les Ro-
> mains, les Gaulois et les Francs.
> Il passe ensuite à l'état des villes,
> et montre quel était l'office des
> anciens Châtelains de Lille, qui
> devinrent ensuite comtes de Flan-
> dres. Le second livre contient
> l'histoire particulière de ces châ-
> telains, dans les trois maisons de
> Lille, de Luxembourg et de Bour-
> bon. On voit comment la dignité
> de châtelain de Lille passa dans
> cette dernière Maison par le ma-
> riage de Marie de Luxembourg,
> comtesse de Saint-Pol, avec Fran-
> çois de Bourbon, mort en 1495,
> aïeul d'Antoine de Bourbon, père
> d'Henri IV. Ainsi le titre de
> comte de Lille, adopté par Louis
> XVIII pendant son exil, n'était
> point fictif. [Decroix.]

2460. Déclaration des villages des Chastellenies de l'Isle, Douay et Orchies, et la grandeur d'iceux, si autant qu'ils sont contribuables aux aydes des Estats d'icelles. Avec les Armoiries des Maisons nobles desdites Chastellenies. — *Lille, Martin Doué,* 1623, in-12. [A. D.]

2461. Genealogiæ ex chronicis Hainoniensibus, recollectis per magistrum BALDVINVM de Avennis.

> Dans le VII° vol. du *Spicilége* de d'Achéri, in-4°, 1666.
> Ce Recueil de Baudouin d'Avesnes est très-estimé des généalogistes. Il contient l'origine des meilleures Maisons de Flandres, du Hainaut, de l'Artois et autres pays. La nouvelle édition du *Spicilége* renferme un *index* de toutes les Familles dont il est fait mention dans ces généalogies, par DE LA BARRE.

2462. Histoire des Comtes de Flandre.—*La Haye,* 1698, in-12. [D.]

2463. Déclaration du Roy pour la Recherche des Usurpateurs du Titre de Noblesse dans les Provinces de Flandres, Haynault et Artois. Donnée à Versailles le 8 Décembre 1699. — (*S. l. n. d.*) In-4°. Pièce.*

2464. Théâtre de la Noblesse de Flandre et d'Artois... par J. LE ROUX,... (1708).

> Voyez ci-après même Sect. : PAYS-BAS et BELGIQUE.

2465. Mémoires sur les Priviléges et Immunités des ecclésiastiques et nobles de la Flandre-Wallone (signé WARENGHIEN DE FLORY, conseiller-rapporteur; T. H. J. LEFEBVRE, avocat; VINCENT, procureur).—*Lille, Peterinck-Cramé,* 1779, in-4°. [B. Lil.]

2466. Pays d'Etat. Cahier de la Noblesse de Cambrai et du Cambrésis; précédé du discours de M. le marquis D'ESTOURMEL, grand bailli du Cambrésis; suivis du discours de clôture par le même.—*Paris,* 1789, in-8°. Pièce.*

2467. Cahier de doléances, plaintes et remontrances de l'Ordre de la Noblesse du ressort de la gouvernance du souverain Bailliage de Douay et Orchies; remis à M. le marquis D'Aoust,... son député... — *Paris,* 1789, in-8°. Pièce.*

2468. Cahier des doléances et supplications de l'Ordre de la Noblesse de Flandre maritime, rédigé à leur assemblée à Bailleul, du 6 au 9 avril 1789. Et remis à leurs députés pour les Etats Généraux.— (*S. l.*), 1789, in-8°. Pièce.*

2469. Cahier de l'Ordre de la Noblesse du bailliage du Quesnoy, et procès-verbal des séances de l'assemblée dudit ordre.—*Valenciennes,* 1789, in-8°. Pièce.*

2470. Cahier des plaintes et doléances de l'Ordre de la Noblesse du ressort de la gouvernance de Lille.—*Lille,* 1789, in-4°. Pièce.*

2471. Notes historiques sur les Offices et les Officiers du parlement de Douay. (Par PIERRE-ANTOINE-SAMUEL-JOSEPH PLOUVAIN, avocat conseiller à la gouvernance de Douai.)—*Douay, Deregnaucourt,* 1809, in-4°.

> Noms, prénoms, qualités et blasons de ces officiers; avec les dates de leur naissance, de leur réception et de leur mort.

2472. Notes historiques, relatives aux Officiers du Parlement de Flandres. (Par P.-A.-S.-J. PLOUVAIN.) — *Lille, Deregnaucourt,* 1809, in-4°.

> Noms, prénoms, qualités et blasons de ces officiers; avec les dates de leur naissance, de leur réception et de leur mort.

2473. Notes historiques relatives aux Offices et aux Officiers de la Gouvernance du Souverain Bailliage de Douay à Orchies. (Par P.-A.-S.-J. PLOUVAIN.) — *Lille, Marlière,* 1810, in-4°.*

> Noms, prénoms, qualités et blasons de ces officiers; avec les dates de leur naissance, de leur réception et de leur mort.

2474. Recherches historiques sur les anciennes monnaies des souverains, prélats et seigneurs du Cambrésis, avec les médailles dont cette province a été l'objet, par AUGUSTE TRIBOU.

> Dans les « *Mémoires de la Soc. d'Emulation de Cambrai,* » ann. 1823.

2475. Roisin. Franchises, Lois et Coutumes de la ville de Lille. Ancien manuscrit à l'usage du siége échevinal de cette ville; contenant un grand nombre de chartes et de titres historiques concernant la Flandre, publié avec des notes et un glossaire par Brun-Lavaine,... — *Lille*, 1842, in-4°.*

2476. Les Blasons et Cris d'armes des Chevaliers des comtés de Flandre, Hainaut, Artois et Cambrésis, vers l'an 1500.

> Dans les « *Archives hist. et litt. du Nord de la France*. » Nouvelle série, tome 4°, ann. 1842-1844.
>
> Publication d'un manuscrit pet. in-f° de 80 ff., appartenant alors à M°° *Laure d'Assignies*, par Arthur Dinaux.

2477. Noblesse et Chevalerie du Comté de Flandre, d'Artois et de Picardie, publié par P. Roger...—*Amiens*, 1843, gr. in-8°.* Avec 300 blasons.

> Cet ouvrage, plein de faits curieux et intéressants, enrichi d'un grand nombre de planches et de vignettes, contient des notices historiques sur les Maisons d'ancienne chevalerie du comté de Flandre, de Picardie et d'Artois, et sur les Familles de ces trois provinces, qui s'illustrèrent dans les affaires publiques ou dans la haute magistrature. On y trouve aussi un Catalogue armorial des Maisons nobles de Picardie, maintenues par MM. Bignon et de Bernage, intendants de justice, police et finances en Picardie, Artois, Boulonnais, Pays conquis et reconquis, en vertu des déclarations du roi des 4 septembre 1696, 30 mai 1702, 30 janvier 1703 et 16 janvier 1714.

2478. Histoire des Comtes de Flandre jusqu'à l'avénement de la Maison de Bourgogne; par Edward le Glay. — *Paris*, 1843, 2 vol. in-8°.*

2479. Chronologie historique des Seigneurs d'Avesnes, par Michaux, aîné, chef de Bureau à la Sous-Préfecture d'Avesnes,... —*Avesnes*, 1844, in-8°.*

2480. Les Armoiries des anciennes institutions religieuses, féodales, civiles des Flamands de France, par M. J.-J. Carlier,... (1855). Voyez ci-dessus n° 1669.

2481. Notes historiques relatives aux Offices et aux Officiers du Bureau des Finances de la généralité de Lille, par M. Eléonore-Paul-Constant, baron du Chambge de Liessart,...—*Lille*, L. Le Leu, 1855, in-8°. Avec la description de leurs armes, et leurs généalogies.

2482. Armorial de Flandre, du Hainaut et du Cambrésis; Recueil officiel dressé par les ordres de Louis XIV, 1696-1710, publié d'après les manuscrits de la Bibliothèque impériale, par M. Borel d'Hauterive,... Tome premier de l'Armorial général de France. — *Paris, E. Dentu*, 1856, gr. in-8°.*

> C'est tout ce qui a paru de cette publication, qui devait embrasser l'ensemble de toutes les provinces de France.

2483. Histoire des choses les plus remarquables advenues en Flandre, Hainault, Artois et pays circonvoisins depuis 1596 jusqu'en 1674, mise en lumière par le sieur Pierre le Boucq, gentilhomme valentinois; publié avec une notice sur l'auteur et sa famille par le chevalier Amédée le Boucq de Ternas,...—*Douai*, 1857, gr. in-8°.* Avec sept planches de blasons et plusieurs tableaux généalogiques.

2484. La Noblesse flamande de France en présence de l'article 259 du code pénal, suivie de l'origine de l'orthographe des noms de famille des Flamands de France, par Louis de Baecker. —*Paris*, 1859, in-12.*

2485. Notice historique sur la Terre Seigneuriale et sur les Seigneurs du Sart-de-Dourlers. Par Lebeau (Isidore),... Mise dans un nouvel ordre et considérablement augmentée par Michaux, aîné,...—*Avesnes*, 1859, in-8°.*

> Publié d'abord : partie dans « l'*Almanach de l'arrond. d'A-resnes*, » pag. 184-188; et partie dans les <*Arch. hist., du Nord de la France*.>2° série, tome V, pag. 431-437.— Contenu aussi dans le *Recueil des Notices sur l'arrond. d'Avesnes* du même.

2486. Notice chronologique et historique sur les grands Baillis de la ville et de la châtellenie de Bergues, par A. Bonvarlet. Extrait des *Annales du Comité Flamand de France*, tome V.— *Lille*, 1860, in-8°. Pièce.*

Pour complément des ouvrages relatifs à l'histoire nobiliaire de Flandre, voyez ci-après, même Sect.: Pays-Bas et Belgique.

Franche-Comté.

2487. Alphonsi Delbene episcopi Albiensis,... De regno Bvrgvndiæ Transivranæ, et Arelatis, libi tres; in quibus etiam pleræque res gestæ vicinarum gentium breuissime continentur...—*Lvgdvni, J. Rovssin*, 1601, in-4°.* Avec 4 tables généalogiques.

2488. Arrest du Conseil d'Etat du Roy, qui confirme le privilége de Noblesse aux Secrétaires de la Chancellerie de Dole, et à leurs enfants. Du 7 Avril 1699.— (*S. l. n. d.*) In-4°. Pièce.*

2489. Edit du Roy qui confirme les Officiers du Parlement de Besançon dans le droit d'acquérir la Noblesse au premier degré. Donné à Versailles au mois de Mars 1706. — (*Paris*, 1706.) In-4°. Pièce.*

2490. Mémoires pour servir à l'Histoire du comté de Bourgogne, par Dunod de Charnage.—*Besançon*, 1740, 3 vol. in-4°.*

Ces Mémoires renferment de précieux renseignements sur les fiefs et leur mouvance, sur la noblesse, et sur les tournois et autres pompes chevaleresques du Comté de Bourgogne. De plus le tome III contient le nobiliaire de cette province.

2491. Histoire généalogique des Sires de Salins au Comté de Bourgogne, avec des notes historiques et généalogiques sur l'ancienne Noblesse de cette province. Par M. J. B. Guillaume, prêtre, associé de l'Académie de Besançon. — *Besançon*, 1757, 2 vol. in-4°.*

Avec un grand nombre de blasons, sceaux, fac-simile et autres figures.

Contient l'Histoire de ces seigneurs, depuis l'an 941 jusqu'en 1267: une Dissertation sur l'indépendance de la seigneurie de Salins; un Abrégé de l'Histoire de cette ville; la Liste des Familles nobles qui en sont originaires, ou qui s'y sont établies; les Hommes illustres et les savants qu'elle a produits; la succession chronologique de ses vicomtes; la Généalogie des seigneurs de *Monnet*, qui ont été les premiers décorés de ce titre; celles de toutes les Maisons qui ont porté le nom de Salins.

2492. Mémoires pour servir à l'Histoire de la ville de Pontarlier, contenant des Recherches sur le véritable emplacement d'Ariarica et d'Abiolica;... les Monastères, les Justices, les Protecteurs, la Noblesse, les Barons, bourgeois..., les Franchises et Mainmortes du Mont Jura,... Par M. Droz, fils aîné, avocat. —*Besançon*, 1760, in-8°.* Avec la table généalogique des seigneurs de Joux.

2493. Essai sur l'Histoire des Bourgeoisies du Roi, des Seigneurs et des Villes,... depuis les derniers siècles de la République romaine jusqu'à l'établissement des Bailliages, inclusivement, et relativement à la Franche-Comté. Par M. Droz, fils aîné, avocat... (1760.)

Voyez ci-dessus n° 1384.

2494. Mémoires pour servir à l'Histoire de Poligny, par Chevalier.—*Lons-le-Saunier*, 1769, 2 vol. in-4°.*

Contient beaucoup de renseignements sur les Familles nobles de cette localité.

2495. Collection des Mémoires relatifs aux serfs du Jura. [Par Voltaire et Christin. (1772.)]

Voyez ci-dessus n° 1399.

2496. Abrégé de l'Histoire du Comté de Bourgogne et de ses Souverains; par Couché. — *Besançon*, (*s. d.*), in-8°.*

2497. Lettre de M. Aimant, vicaire à Philantropia en Montagne, à la Noblesse de Franche-Comté. —(*S. l.*, 1788.) In-8°. Pièce.*

2498. Cahier des Remontrances de

l'Ordre de la Noblesse du Bailliage d'Aval en Franche-Comté. —(*S. l.*, 1789.) In-8°. Pièce.*

2499. Dictionnaire géographique, historique et statistique des Communes de la Franche-Comté et des Hameaux qui en dépendent, classés par département. Par A. ROUSSET, avec la collaboration de FRÉDÉRIC MOREAU, architecte.—*Besançon*, 1853-1859, 6 vol. in-8°.*

> Voici un véritable travail de Bénédictin. Le département du Jura, qui seul a paru, forme 6 volumes. Reste encore le Doubs et la Haute-Saône. D'après ces proportions, l'ensemble devra comprendre environ 18 vol. à 2 col. de près de 600 pages chacun. Ajoutons, toutefois, qu'un aussi vaste plan n'a pas nui au mérite intrinsèque du livre. Les rédacteurs ne se sont pas astreints à une nomenclature froide et stérile; ils y ont introduit une foule d'aperçus historiques sur les localités et les personnes. La partie relative à la noblesse y est largement traitée, et, sous ce rapport, MM. Rousset et Moreau complètent l'œuvre de leur devancier Dunod de Charnage.

2500. Catalogue des Gentilshommes de Franche-Comté qui ont pris part ou envoyé leur procuration aux Assemblées de la Noblesse pour l'élection des députés aux Etats-Généraux en 1789. Publié, d'après les procès-verbaux officiels, par MM. LOUIS DE LA ROQUE et EDOUARD DE BARTHELEMY.—*Paris*, E. Dentu, 1861, gr. in-8°.

> Accompagné de l'Etat militaire et judiciaire, et de la liste des Chapitres nobles de la province.

Guienne-et-Gascogne et Rouergue.

501. Abrégé de l'Histoire des Evêques, Barons et Comtes de Cahors, par JEAN VIDAL. — *Cahors*, 1661, in-8°. [L. D.]

2502. Abrégé historique et généalogique des Comtes et des Vicomtes de Rouergue et de Rodez, où se voit l'Origine de Gilbert, Comte de Provence, inconnue jusques à présent. — *Rodez*, Le Roux, 1682, in-4°.*

> Opuscule très-rare.

> L'exemplaire de la Bibliothèque impériale est enrichi d'additions et de corrections manuscrites.

2503. Abrégé de la Généalogie des Vicomtes de Lomagne divisée en trois Races, avec une Dissertation sur la Branche de Candale de la Maison de Foix. (Par LOUIS CHAZOT DE NANTIGNY.)—*Paris*, 1757, in-12.* Avec un tableau généalogique et blasons.

> La Dissertation sur la Maison de Foix a une pagination et une signature particulières.

2504. Mémoire sur la Constitution de la ville de Périgueux, où l'on développe l'origine, le caractère et les droits de la Seigneurie qui lui appartient.—*Paris*, 1775, in-4°. [D.]

2505. Prospectus du Nobiliaire de la Haute-Guienne, où l'on ne lira rien qui ne soit attesté par des titres originaux, dédié à Nosseigneurs les administrateurs de cette province, par M. l'abbé LAVAISSIÈRE, prieur d'Escamps au diocèse de Cahors. Proposé par souscription au profit des pauvres.—*Villefranche en Haute-Guienne, imp. de Vedeilhié*, in-8°. Pièce.*

> C'est tout ce qui a paru.—Voyez ci-après paragraphe 8, à l'article de la Maison de Gozon: « *Fragments du Projet du Nobiliaire de la Haute-Guienne...* »

2506. Cahier des Pouvoirs et Instructions des députés de la Noblesse d'Agenois, remis à MM. les Duc d'Aiguillon, marquis de Bouran et marquis de Fumel-Monségur, élus députés aux prochains Etats Généraux par l'Ordre de la Noblesse d'Agenois, assemblé à Agen, au mois de mars 1789.—*Paris*, 1789, in-8°.*

2507. Cahier de l'Ordre de la Noblesse du Pays et Duché d'Albret, dans les sénéchaussées de Casteljaloux, Castel-Moron, Nérac et Tartas, en 1789. (Par le baron de BATZ.) — *Paris*, 1820, in-8°. Pièce.*

2508. Mandat de la Noblesse de la Sénéchaussée de Bazas à M. de

Piis, grand sénéchal, son député aux États Généraux du royaume.—(S. l. n. d.) In-8°. Pièce.*

2509. Cahier de l'Ordre de la Noblesse de la Sénéchaussée de Condom, arrêté le 14 mars 1789 pour être présenté à l'assemblée prochaine des Etats-Généraux, remis à M. le marquis de Lusignan...—Condom, 1789, in-8°. Pièce.*

2510. Cahier de l'Ordre de la Noblesse de la Sénéchaussée de Guienne, remis à ses députés aux Etats Généraux. — (S. l.), 1789, in-8°. Pièce.*

2511. Cahier de l'Ordre de la Noblesse du Bailliage de Labour.— (S. l., 1789.) In-8°. Pièce.*

2512. Cahier et Pouvoirs de la Sénéchaussée des Landes, pour être remis à son député aux Etats Généraux convoqués par le roi à Versailles pour le 27 avril 1789. — (S. l.), 1789, in-8°. Pièce.*

2513. Cahier de réclamations de l'Ordre de la Noblesse des Sénéchaussées du Périgord...Suivi du Mandat spécial donné à tous les députés de l'Ordre de la Noblesse.... — (S. l.), 1789, in-8°. Pièce.*

2514. Cahier arrêté par l'Assemblée générale de la Noblesse du Quercy, remis à M. le duc de Biron.—(S. l.), 1789, in-8°. Pièce.*

2515. Recherches historiques sur les anciennes Baronnies de Tonneins, par M. LAGARDE.—Agen, 1833, in-8°. [D.]

2516. Précis historique sur les Comtes de Périgord et les branches qui en descendent, par M. (VITON) DE SAINT-ALLAIS,....— Paris, 1836, in-4°.* Avec tableau généalogique et blason colorié.

2517. Notice sur un Manuscrit intitulé : « Recognitiones feodorum, » où se trouvent des renseignements sur l'Etat des villes, des personnes et des propriétés en Guienne et en Gascogne, au XIIIe siècle ; par M. DELPIT. (1841.)

Voyez ci-dessus n° 1461.

2518. Chronologie et Armorial des Evêques de Rodez, par H. DE BARRAU.

Dans les Mém. de la Soc. des lett . sc. et arts de l'Aveyron, 1842-1843, tome IV, p. 603.

2519. Priviléges de la ville de Langon, recueillis par M. VIRAC, notaire à Sauternes.—Bordeaux, 1846, in-8°. Pièce.*

2520. Notes sur l'Histoire du Blason et des Armoiries dans la province de Guienne, par JULES DELPIT.—Bordeaux, 1847, in-8°. [B. Bo.]

2521 Documents historiques et généalogiques sur les Familles et les Hommes remarquables du Rouergue dans les temps anciens et modernes. (Par M. H. DE BARRAU.) —Rodez, 1853-1860, 4 vol. in-8°.*

Précédé d'un Coup d'œil sur l'Etablissement féodal et sur l'état du pays avant la Révolution. L'auteur, dans cette intéressante partie de son œuvre, traite d'abord de l'origine et de la constitution de la Féodalité, puis il arrive à l'examen de la propriété, de la servitude, de l'origine des fiefs et de leur constitution; des droits seigneuriaux et féodaux; des combats privés; des commencements de la noblesse et des progrès de la puissance royale; de la chevalerie, des armoiries et des croisades; enfin, de tout ce qui constituait l'ancienne France. Quant à l'ouvrage en lui-même, malgré les négligences et les inexactitudes qui s'y trouvent, il est assez estimé.—Voyez dans les « Mémoires de la Soc. des lett. sc. et arts de l'Aveyron, » t. V, p. 489, 1846-1847, une notice sur le travail de M. Barrau, par M. P.-F. CABANTOUS.

On trouvera aussi des renseignements précieux sur la Noblesse de cette province dans les « Etudes historiques sur le Rouergue,... » de M. le baron GAUJAL.

2522. Nobiliaire de Guienne et Gascogne. Revue des Familles d'ancienne Chevalerie ou anoblies de ces provinces, antérieures à 1789, avec leurs généalogies et leurs armes; suivie d'un Traité héraldique, sous forme de dictionnaire, par M. O'GILVY. — Paris, Dumoulin, 1856-1858, 2 vol.

in-4°.* Avec grandes armoiries tirées sur couleurs.

Cet ouvrage est continué par M. J. DE BOURROUSSE DE LAFFORE.

2523. La Noblesse du Périgord en 1789, par AMÉDÉE MATAGRIN, avocat,.... *Périgueux, Auguste Boucharie*, 1857.—Armorial de la Noblesse du Périgord, par M. ALFRED DE FROIDEFOND.— *Périgueux, imp. Dupont et Cie*, 1858. Le tout en 1 vol. in-8°. Avec blasons.

2524. Catalogue des Gentilshommes d'Armagnac et de Quercy qui ont pris part ou envoyé leur procuration aux Assemblées de la Noblesse pour l'élection des députés aux Etats-Généraux en 1789. Publié, d'après les procès-verbaux officiels, par MM. LOUIS DE LA ROQUE et EDOUARD DE BARTHELEMY. *Paris, E. Dentu*, 1861, gr. in-8°.

Accompagné de l'Etat militaire et judiciaire, et de la liste des Chapitres nobles de la province.

Ile-de-France.

2525. Ordonnances. Le present liure fait mention des ordōnances de la preuoste des marchans et escheuinaige de la ville de Paris. Imprime par Lordonnāce de messeigneurs de la court de Parlement, au moys de januier. Lan de grace. Mil cincq cens.— (A la fin :) « *La fin et conclusiō de ce preset volume intitule des faiz et ordōnances de la preuoste des marchans et echeuinaige de la ville de paris. imprime par lordonnance que dessus.* » — In-fol. de lxxxxii ff. chiffrées à longues lig. [Bru.] Goth. Avec grav. sur bois représentant divers métiers.

Ouvrage curieux et rare.

2526. Ordonnances royaux, sur le fait et juridiction de la Preuosté des marchands et Escheuinage de la ville de Paris.—*Paris*, 1582, in-4°. [Bru.]

Opuscule rare, mais de peu de valeur.

2527. Priviléges octroyés à la ville de Paris, avec le Catalogue des Prévôts des Marchands; par JEAN CHENU.—*Paris, Buon*, 1621, in-4°. [L. F.]

« Réimprimé avec les *Ordonnances de la ville de Paris*, » page 331, *Paris*, 1776, in-f°.

2528. Antiqvitez de la Ville, Comté et Chastelenie de Corbeil. De la recherche de Me IEAN DE LA BARRE, cy-devant préuost de Corbeil.—*Paris*, 1647, in-4°.*

Rare.

2529. Histoire des Officiers de la Couronne de la France..... ensemble les Prévots, lieutenants-civils de Paris, avec leurs armes et la généalogie de quelques-uns d'iceux; par JEAN DE LONGUEIL. (1656.)

Voyez ci-dessus n° 1982.

2530. Edit dv Roy, sur le fait des Tailles contenant le nombre des Charues que les Ecclesiastiques, Gentilshommes, Chevaliers de Malthe, Officiers, Privilegiez et Bourgeois de Paris peuvent faire labourer, tenir et faire valoir par leurs mains. Avec la Suppression de plusieurs Offices. Du mois de Mars 1667.—*Paris*, (s. d.), in-4°. Pièce.*

2531. Distribvtion des Généralitez et des Electiōs de la Généralité de Paris, aux Sieurs Commissaires Généraux Députez par Sa Majesté pour juger les affaires concernans la recherche des Vsurpateurs du titre de Noblesse és Bureaux des Sieurs Daligre et Pussort, en exécution de l'arrest du Conseil du 15 Octobre 1667.—(S. l. n. d.) In-f° plano.*

L'exemplaire de la Bibliothèque impériale porte en marge la liste des traitants écrite de la main de Clairambault.

2532. Arrests dv Conseil d'Estat du Roy, Du 13 et 26 Octobre 1667, portant que les Bourgeois de Paris qui ont cy-devant pris les qualitez de Chevalier ou d'Escuyer feront leur déclaration, ou représenteront leurs titres dans le temps porté par lesdits Arrests aux Greffes des Commissions establis pour la recherche des Vsurpateurs du titre de Noblesse. — *Paris*, 1667, in-4°. Pièce.*

2533. Arrest dv Conseil d'Estat dv Roy. Du neufieme Juillet 1668, qui ordonne que tous les Bourgeois de Paris, qui ont pris indeuëment les qualitez de Chevalier et d'Escuyer, seront receus à renoncer ausdites qualitez dans le temps de trois mois, en payant Trois cents liures, sinon condamnez suivant leurs facultez. — (S. l. n. d.) In-4°. Pièce.*

2534. Recueil de plusieurs titres, mémoires, et antiquitez de la châtellenie de Marcoussy, de la Prévoté de Mont-le-Héry, du Chapitre de S. Méry de Linas et des Fiefs et Seigneuries de Roüé, de Bellejambe, Guillerville, Beauregard et autres lieux.— Paris, 1689, in-8°. [L. D.]

Tiré à 27 exemplaires.

2535. L'Anastase de Marcoussy, ou Recueil de plusieurs titres, mémoires et antiquitez de la Chatellenie dudit lieu et autres circonvoisins; par le sieur P. (PERRON de Langres). — Paris, 1694, in-8°. [L. D.]

Selon Lenglet du Fresnoy, l'auteur de cet ouvrage serait encore l'auteur du précédent.

Voyez encore pour la seigneurie de Marcoussy le Mercure, année 1742, juin, vol. I.

2536. Les Ducs et Pairs,.... les Prévôts des Marchands et Eschevins de la ville de Paris, les Gouverneurs-Capitaines et Lieutenants Généraux de la même ville, par JACQUES CHEVILLARD. (1695.)

Voyez ci-dessus n° 1991.

2537. Arrest du Conseil d'Etat du Roy, portant règlement de la procédure qui se doit observer contre les usurpateurs du titre de Noblesse de la Ville et Election de Paris. Du 11 juin 1697. —(S. l. n. d.) In-4°. Pièce.*

2538. Prévôts des Marchands, Echevins, Procureurs du Roi, Greffiers et Receveurs de la ville de Paris. (Par J. CHEVILLARD.)— Paris, (1708), 2 feuilles gr. in-f° plano.*

Chronologie de ces notables depuis 1268 jusqu'en 1708. Avec leurs noms, qualités, armes et blasons gravés.

2539. Les Noms, Qualitez, Armes et Blasons de Messieurs les Conseillers de la ville de Paris comme ils estoient en 1500, et leur succession jusqu'à présent..... par J. CHEVILLARD.—Paris,(1713), gr. in-f° plano.*

2540. Abrégé cronologique de la Fondation et Histoire du collège de Boissy (à Paris), avec la Généalogie de ses fondateurs.[Par J. CHEVILLARD. (1724.)]

Voyez ci-après mêmes LIV. et SEC., § 8: Généalogie de la Maison de BOISSY.

2541. Noms, Qualitez et Armes des Gouverneurs, Capitaines et Lieutenans-Généraux de la Ville, Préuoté et Vicomté de Paris, dédié et présenté à Monseigneur le Duc de Gesvres,... par CHEVILLARD l'aisné.—Suite chronologique des Gouverneurs, Capitaines et Lieutenans-Généraux de la ville de Paris.—Paris, l'auteur, 1731, 4 ff. in-f° plano.*

2542. Gouverneurs, Lieutenans de Roy, Prévôts des Marchands, Echevins, Procureurs, Avocats du Roy, Greffiers, Receveurs, Conseillers et Quartiniers de la ville de Paris (depuis 1268 jusqu'en 1737, par J. CHEVILLARD), avec les armes gravées par BEAUMONT, graveur ordinaire de la ville.—(S. l. n. d.) In-f°.*

La Bibliothèque impériale possède un autre exemplaire de cet ouvrage, continué dans toutes ses parties par P. P. DUBUISSON, dont quelques-unes vont jusqu'en 1782.

2543. Armorial de la ville de Paris.—(S. l. n. d.) In-f°. [L. V.]

2544. Extrait des généalogies des principales Familles de Paris.— (S. l. n. d.) In-4°. [L. F.]

Cet ouvrage était autrefois dans la Bibliothèque de la ville de Paris, sous le n° 274.

2545. Armorial des principales Maisons et Familles du royaume, et particulièrement de celles de Paris et de l'Isle de France,... par DUBUISSON. (1757-1760.)

Voyez ci-après paragraphe 7.

2546. (Armorial de l'Ile-de-France. Par J. CHEVILLARD.)—(S. l. n. d.) In-f°.

Sans titre.—Recueil de 6 planches in-f° plano contenant les noms, qualités et blasons gravés des Familles maintenues. — Non achevé : commence au nom *Abadie* et s'arrête à celui de *Foucquet*. —Nouveau tirage d'après les anciennes planches gravées qui se trouvent encore aujourd'hui au Louvre.

2547. Généalogie des neveux et nièces du Bienheureux François de Paule, parmi lesquelles sont plusieurs généalogies de familles de Paris.

Voy. Généalogie de FRANÇOIS DE PAULE ci-après, même LIV. et même SECT., § 8.

2548. Noms de MM. les Electeurs de la Noblesse, dans les vingt départements de Paris, et pour l'Université.—Noms de MM. de la Noblesse présents à l'assemblée, qui possèdent fiefs dans l'intérieur de Paris. — (Paris, s. d.) In-4°. Pièce.*

2549. Liste, par ordre alphabétique, des Gentilshommes composant l'Ordre de la Noblesse dans l'assemblée de la Prévôté et Vicomté de Paris, commencée le 24 avril 1789.—(S. l. n. d.) In-4°. Pièce.*

2550. Extrait du Procès-verbal de l'assemblée de la Noblesse de Paris, formant le premier département au Châtelet.—(Paris, 1789.) In-8°. Pièce.*

2551. Extrait du Procès-verbal de l'assemblée de la Noblesse du cinquième département, tenue le 20 avril 1789, à la Bibliothèque du Roi, remis à MM. le comte Riccé, le comte de Surgères... (S. l. n. d.) In-8°. Pièce.*

2552. Procès-verbal de l'assemblée du septième département de la Noblesse de Paris.—(S. l. n. d.) In-8°. Pièce.*

2553. Extrait du Procès-verbal de l'assemblée de la Noblesse de Paris, formant le dixième département, aux Minimes de la Place-Royale. — (Paris, 1789.) In-8°. Pièce.*

2554. Réclamation militaire. (Par le marquis DE LOYAC, électeur du douzième département de la Noblesse.) — (S. l. n. d.) In-8° Pièce.*

Page 3, on lit :... *Extrait du Procès-verbal des citoyens nobles de Paris, du samedi 16 mai 1789...*

2555. Procès-verbal de l'assemblée partielle de la Noblesse du quatorzième département de Paris, convoquée en la maison de Sorbonne, le 20 avril 1789; et articles qu'elle a chargé les électeurs de faire insérer dans les cahiers des trois Etats de la ville de Paris.—(S. l.), 1789, in-8°.*

2556. Protestation des Membres de la Noblesse du seizième départment.—(S. l. n. d.) In-8°. Pièce.*

Contre le mode de convocation adopté par la ville de Paris.

2557. Cahier des citoyens Nobles de la ville de Paris. Remis à MM. le comte de Clermont-Tonnerre, duc de la Rochefoucauld, comte de Lally-Tolendal, comte de Rochechouart, comte de Lusignhem, Dionis du Séjour, duc d'Orléans, Duport, de Saint-Fargeau,... de Nicolaï, députés.— (Paris, 1789.) In-8°. Pièce.*

2558. Extrait du Procès-verbal de l'assemblée partielle des citoyens Nobles, convoquée aux Bernardins... contenant leurs protestations pour la commune, leur déclaration aux citoyens du Tiers, leur cahier et la nomination de leurs électeurs.—(S. l., 1789.) In-8°. Pièce.*

2559. Cahier de la Noblesse de la Prévôté et Vicomté de Paris hors des murs, contenant les pouvoirs qu'elle confie à ses députés aux Etats Généraux. — (Paris, 1789.) In-4°. Pièce.*—(Paris, 1789.) In-8°. Pièce.*

2560. Cahier des Pouvoirs et Instructions donnés par l'assemblée de l'Ordre de la Noblesse des Bailliages de Chaumont et Magny, en Vexin français, à M. Le Moyne de Bellisle, son député aux Etats Généraux, M. le comte de Clery-Serans, son suppléant. (S. l.), 1789, in-8°. Pièce.*

2561. Cahier* de la Noblesse du Bailliage de Dourdan, remis à M. le baron de Gauville,... député. En cas d'empêchement, M. le prince de Broglie-Revel,... député suppléant.—(S. l.), 1789, in-8°. Pièce.*

2562. Cahier de l'Ordre de la Noblesse des Bailliages de Mantes et Meulan, remis à M. le Marquis de Gayon, élu député.... le 23 mars 1789. — (S. l. n. d.) In-8°. Pièce.*

2563. Cahier des Pouvoirs et Instructions du député de l'Ordre de la Noblesse du Bailliage de Meaux. — (S. l.), 1789, in-8°. Pièce.*

2564. Cahier des Pouvoirs et Instructions du député de l'Ordre de la Noblesse des Bailliages de Melun et Moret. Remis à M. Freteau de Saint-Just,.... élu député... le 20 mars 1789.—(S. l. n. d.) In-8°. Pièce.*

2565. Cahier des trois Ordres réunis des Bailliages de Montfort-l'Amaury et de Dreux, précédé des arrêtés insérés dans le Procès-verbal de l'assemblée générale desdits trois Ordres, du 16 mars 1789, et autres arrêtés postérieurs. Remis 1° à MM. Landrin,.... et de Champeaux,.... députés de l'Ordre du Clergé ; 2° à MM. le comte de Montmorency,.... et le chevalier de Manlette, députés de l'Ordre de la Noblesse ; 3° à MM. Auvry, Laignier, Hautducœur et Laslier, députés du troisième Ordre. — (S. l., 1789.) In-8°. Pièce.*

2566. Cahier des Pouvoirs et Instructions du député de l'Ordre de la Noblesse du Bailliage de Nemours, remis à M. le vicomte de Noailles, élu député... le 16 mars 1789. — (S. l. n. d.) In-8°. Pièce.*

2567. Observations sur le Cahier de la Noblesse de Nemours. — (S. l., 1789.) In-8°. Pièce.*

2568. Cahier de l'Ordre de la Noblesse des Bailliages réunis de Provins et Montereau-faut-Yonne, arrêté.... le jeudi 26 mars 1789. Député.... M. le marquis de Clermont d'Amboise.—(S. l. n. d.) In-8°. Pièce.*

2569. Les Comtes de Paris, par HORACE RAISSON. —Paris, août 1838, in-8°. Pièce.*
  Publié le 22 août, 48 heures avant la naissance du nouveau comte de Paris.

2570. Notice sur les Comtes de Paris.— Versailles, (1838), in-8°. Pièce.*
  Signé : Un membre titulaire de la Société des sciences morales, lettres et arts de Seine-et-Oise.— Extrait du journal : « La Presse de Seine-et-Oise, » du samedi 1er septembre 1838.

2571. Essai sur les comtes de Paris. (Par l'abbé DUPRÉ, second vicaire à l'église St Nicolas-du-Chardonnet.)—Paris, 1841, in-8°.*

2572. Histoire de Braine et de ses environs; par STANISLAS PRIOUX. —Paris, 1846, in-8°. Avec blasons et autres figures.
  Curieux et intéressant.

2573. Notice généalogique sur les Seigneurs de Chantilly, par l'abbé C. STROOBANT,.... — Anvers, imp. de J.-B. Buschmann, 1852, in-8°. Pièce.* Avec blasons.
  Extrait des « Annales de l'Académie d'archéologie de Belgique. »

2574. Les Evêques de Meaux, Notice héraldique, généalogique et numismatique, par M. ALF. LONGPERRIER-GRIMOARD. (1854.)
  Petit ouvrage intéressant et bien traité.—Voyez ci-dessus n° 1526.

2575. Cartulaire de l'abbaye de Notre-Dame des Vaux de Cernay, de l'ordre de Citeaux, au diocèse de Paris, composé d'après les chartes originales conservées aux Archives de Seine-et-Oise, enrichi de notes, d'index et d'un dictionnaire géographique, par MM. LUC. MERLET et AUG. MOUTIÉ, sous les auspices et aux dépens de M. H. d'Albert de Luynes,...—Paris, 1857, 3 vol. in-4°.* Avec un atlas in-f° de 17 planches contenant un grand nombre de sceaux et de blasons.
  Cette importante publication contient une grande quantité de documents généalogiques très-précieux. On y remarque particulièrement ceux relatifs aux Familles de Neaufle-le-Chatel, d'Auneau, de Poissy, de Crèvecœur, de Montfort, de Montmorency, de Marly.

de *Chevreuse*, de *Levis*, de *Gaze-ran*, de *Gallardon*, de *Lèves*, de *Bruyères-le-Chatel*, de *Donjon*, de *Maintenon*, d'*Ormoy* et de *Vernon*.

2576. Monographie de l'ancienne Abbaye royale de Saint-Yvod de Braine, avec la Description des tombes royales et seigneuriales renfermées dans cette église. Par STANISLAS PRIOUX,... Orné de vingt-sept planches, dont douze sur acier, six en chromo-lithographie, et neuf en litho-graphie tirées en bistre.—*Paris*, 1859, in-f°.*

Magnifique publication et pleine d'intérêt pour l'histoire de la lo-calité, et surtout pour sa partie héraldique et nobiliaire.

2577. Notice historique sur la Roche-Guyon. Par J. AUGER.—*Versailles*, 1860, in-8°. Pièce.* Avec blasons et autres figures.

Il y a des exemplaires autogra-phiés qui ne portent point au titre le nom de l'auteur.

Languedoc.

2578. Le Franc-alleu de la pro-vince de Languedoc,... par MA-THURIN MARRIER. (1554.)

Voyez ci-dessus n° 1328.

2579. Priviléges des bourgeois de la ville et cité de Bourdeaux.—*Bourdeaux*, 1574, 1611, in-8°.—*Bourdeaux*, 1667, in-4°. [L. F.]

2580. ALPHONSI DELBENE episcopi Albiensis,... Tractatus de gente et familiæ Marchium Gothiæ qui postea Comites S. Ægidij et Tholosates dicti sunt,...—*Lvg-duni*, 1607, in-8°.* Avec tableau généalogique.

2581. Histoire des Comtes de To-lose, par M. GVILLAVME CATEL, conseiller du Roy en sa Cour de Parlement de Tolose. — Avec quelques traictez et chroniques anciennes, concernans la mes-me histoire. — *Tolose*, P. Bosc, 1623, in-f°.*

D'après La Faille, cet auteur est le premier qui ait donné la méthode de prouver l'Histoire par Chartes. Son ouvrage est encore estimé aujourd'hui, malgré sa date. Cependant Marca, dans son His-toire du Béarn, dit que Catel est tombé en beaucoup de méprises

et qu'il a confondu quelques-uns des comtes de Toulouse avec les ducs de Septimanie.

2582. Mémoires de l'Histoire dv Langvedoc cvrievsement et fidè-lement recveillis de divers Au-theurs Grecs, Latins, François et Espagnols ; et de plusieurs Titres et Chartes tirés des Ar-chifs des Villes et Communautez de la mesme Prouince et autres circonvoisines, par M° GVILLAV-ME DE CATEL, conseiller du Roy en sa Cour de Parlement de To-lose.—Avec les tables et les in-dices nécessaires. — *Tolose*, P. Bosc, 1633, in-f°.*

Ces Mémoires ont été publiés après la mort de l'auteur, par les soins de son neveu. On y trouve beaucoup de détails sur les fiefs, baronnies et seigneuries de la pro-vince de Languedoc, avec l'his-toire des comtes de Carcassonne, de Narbonne, de Béziers; des sei-gneurs de Montpellier, des comtes de Castres, Foix et Comminges.

2583. Traicté dv Comté de Castres et Seignevrs et Comtes d'iceluy; Ensemble des hommages, reco-gnoissances et autres droicts féo-daux et seigneuriaux que Sa Majesté a accoustumé d'y pren-dre et leuer, suiuant les vz et coustumes par lequel ledit comté est regy et gouuerné. Avec la forme que les sieurs commis-saires doiuent garder en procé-dant à la recherche des susdits droicts. Où est aussi particuliè-rement parlé du priuilége du Franc-alleu sans titre, prétendu contre le Roy par ses subiects de la Prouince de Languedoc. Par Maistre DAVID DEFOS, con-seiller du Roy, et contrerolleur de son domaine au comté de Castres.—*Tolose*, 1633, in-4°.*

2584. Instructions pour le Franc-alleu de la province de Langue-doc; par PIERRE DE CASENEUVE. (1640.)

Voyez ci-dessus n° 1347.

2585. Franc-alleu noble et rotu-rier de la province du Langue-doc ; par AUGUSTE GALLAND. (1641.)

Voyez ci-dessus n° 1348.

2586. Histoire des Antiqvitez et

des Comtes de Carcassonne.... Par (GUILLAUME) BESSE,...—*Beziers*, 1645, in-4°.*

2587. Histoire dv Langvedoc avec l'Estat des provinces voisines, par M. PIERRE ANDOQUE, conseiller du Roy au Sénéchal et Siège Présidial de Beziers.—*Beziers, J. et H. Martel*, 1648, in-f°.*

Ouvrage peu estimé et pour le fonds et pour la forme.

2588. Recveil des Tiltres, Qvalités, Blazons et Armes des Seignevrs (et Prélats) des Estats Généravx de la Province de Langvedoc tenus par Son Altesse Sérénissime Monseig' le Prince de Conty, en la ville de Montpelier, l'année 1654. (Par JACQUES BÉJART.) — (*S. l. n. d.*) In-f°.*—*Lyon*, 1655, in-f°. [B. B.]

Ce travail se compose de deux parties, dont l'une a été imprimée en 1655 et l'autre en 1657.—L'auteur était comédien de la troupe de Molière et l'oncle d'Armande Béjart.—L'exemplaire de la Bibliothèque de Besançon contient des blasons coloriés sur parchemin.

2589. Les Présidents nés des Etats de Languedoc, et chronologie des Archevêques et Primats de Narbonne, par JEAN-BAPTISTE TRISTAN L'HERMITE (SOULIERS) —*Arles*, 1659, in-4°. [B. U.] Avec blasons.

2590. Histoire des Dvcs, Marqvis et Comtes de Narbonne, avtrement appellez Princes des Goths, Dvcs de Septimanie, et marquis de Gothie... Par le sieur (GUILLAUME) BESSE.—*Paris*, 1660, in-4°.*

2591. Recueil des titres concernant les Priviléges de la ville et Bourgeoisie de Tolose.—*Tolose*, 1663, in-4°. — Le même recueil augmenté. *Toulouse*, 1686, in-4°. [L. F.]

2592. Traité de la Noblesse des Capitouls de Toulouse par GERMAIN DE LA FAILLE. — *Toulouse, G. L. Colomiez* (1667), in-4°. [B. R.]— 2e édition. Avec des additions et remarques de l'auteur.... *Toulouse*, 1673, in-4°.* — 3e édition, revue, corrigée et augmentée de trois divers Edits du Roy, confirmatifs de la Noblesse des Capitouls. Et d'un Catalogue de plusieurs Nobles et anciennes Familles, dont il y a eu des Capitouls depuis la réunion de la Comté de Toulouse à la Couronne. *Toulouse*, 1707, in-4°.* — 4e édition. *Toulouse*, (s. d.), in-4°.*

Dans la préface de la 2e édition, l'auteur déclare que la 1re, d'ailleurs très-rare, parut sans son aveu.—Cet ouvrage, plein de faits curieux et intéressants, fut composé dans le but d'empêcher les commissaires chargés de la recherche des faux nobles en 1656, 1666 et années suivantes, d'entreprendre de porter atteinte aux droits des capitouls. A cette époque déjà, la Faille avait composé et publié une dissertation sur la noblesse des capitouls, qu'il augmenta depuis et dont il forma ce traité. Gilles André de la Roque introduisit un précis de cette dissertation dans son Traité sur la Noblesse.

Les exemplaires de la 2e et de la 3e édition que possède la Bibliothèque impériale sont enrichis d'additions et de corrections manuscrites de Charles-René d'Hozier pour l'un et de Clairambault pour l'autre.

2593. Catalogue général des Gentils-Hommes de la province de Languedoc dont les titres de Noblesse ont esté remis devant Monsieur Bezons,.... lesquels titres de Noblesse ont esté confirmez par Iugement souverain dudit Sr de Bezons et autres commissaires à ce députez, en vertu de la Commission de Sa Majesté pour la Recherche de la Noblesse du mois de Mars 1668. Divisé en devx généralitez, scavoir Tolose et Montpelier, chacune d'icelles contenant onze Diocèses mis en son rang et ordre, les Noms de tous les Gentils-Hommes, avec leurs Armes et Blazons de chacun, par lettres alphabétiques pour la commodité du Public; le tout par le soin et application du sieur HENRY DE CAVX, habitant de la ville de Pésenas, qui a esté présent lors desdits Iugemens de Noblesse.—*Pezenas, J. Martel*, 1676, in-f°.*

Pour les jugements sur la Noblesse de Languedoc, on peut consulter les tomes II et III du *Recueil des pièces fugitives pour*

servir à l'histoire de France. >(Par CHARLES DE BASCHI, marquis D'AUBAÏS.)—*Paris,* 1759, in-4°.*—
On trouve dans ces *Jugements* les preuves et quartiers des comtes de Lyon et des chevaliers de Malte du Languedoc, et une liste exacte de tous les comtes de Lyon. Le *Mercure de France,* ann. 1760, pag. 115, contient une critique de ces *jugements* qui mérite d'être consultée.

2594. Armorial général des Estats dv Langvedoc, enrichi des Eléments de l'art du Blason, gravé et recueilli par JACQVES BEAVDEAV,...—*Montpellier,* 1686, in-4°.*
Le traité du blason contient 320 petits écussons.

2595. Annales de la ville de Toulouse depuis la réunion de la comté de Toulouse à la Couronne; avec un Abrégé de l'ancienne Histoire de cette ville,... première (et seconde) partie, par M. G. DE LA FAILLE, ancien capitoul,...—*Toulouse, G. L. Colomyez,* 1687-1701, 2 vol. in-f°.*
1re Partie. A laquelle on a ajouté une Dissertation sur l'Or de Toulouse; et une table alphabétique des noms des Capitouls dont les élections sont contenues dans ce volume.
2° Partie. A laquelle on a ajouté des additions à la première partie, et plusieurs Pièces importantes concernant les Fiefs nobles et roturiers de la Sénéchaussée de Toulouse et du reste du Languedoc, et l'exemption de cette province des droits d'assise ou assignat, et autres,...
Ouvrage assez exact et non dénué d'intérêt. Quoique le style soit peu correct, il ne manque pas d'une certaine élégance.
La Bibliothèque impériale possède un autre exemplaire enrichi d'additions et de corrections manuscrites.
La Bibliothèque du collége de Toulouse conserve un exemplaire contenant des dessins copiés par Antoine Rivalz, d'après le célèbre manuscrit qui existait avant la Révolution.

2596. De Nobilioribus Tolosæ familiis, aliisque plurimis, in ejus ecclesia sepultis, quarum genealogia, gentilitiaque scuta

referuntur,... scriptore F. JOANNE JACOBO PERCIN,...
Dans l'ouvrage du même, intitulé :« *Monumenta conventus Tolosani,...* »—*Tolosæ,* 1693, in-f°.*

2597. Notice ou Abrégé historique des vingt-deux villes chefs des Diocèses de la province de Languedoc, par feu M° FRANÇOIS GRAVEROL, avocat et académicien de la ville de Nismes.—*Toulouse, G. L. Colomyez,* 1696, in-f°.* Avec la description des armes de ces villes.

2598. Edit du Roy portant révocation de celuy du mois de Novembre 1706 en ce qui concerne les Capitouls de la Ville de Toulouse, des années 1705 et 1706 et qui ordonne que lesdits Capitouls, leurs veuves et descendans, nez en légitime mariage soient Nobles. Donné à Versailles au mois de Janvier 1707. —*Paris,* 1707, in-4°. Pièce.*

2599. Histoire générale de Languedoc avec des notes et les pièces justificatives; composée sur les Auteurs et les Titres originaux, et enrichie de divers monumens, par deux religieux Bénédictins de la congrégation de S. Maur (FR. CLAUDE DE VIC et FR. JOSEPH VAISSETTE). — *Paris,* 1730-1745, 5 vol. in-f°.*— (La même)... Commentée et continuée jusqu'en 1830, et augmentée d'un grand nombre de chartes et de documens inédits par M. le chevalier AL. DU MÈGE. —*Toulouse,*1850, 10 vol. gr. in-8°.*
Ouvrage profond, curieux, intéressant et bien écrit. La partie nobiliaire y est largement traitée, et l'on ne saurait étudier cette partie de l'histoire de France, du moins en ce qui concerne le Languedoc, sans consulter l'œuvre de dom Vaissette.

2600. Controlle des logemens de Nosseigneurs des Etats de la province de Languedoc, assemblez à Montpellier...—*Montpellier,* 1732-1767, in-4°.*
Recueil de 24 pièces, avec titre particulier et pagination spéciale, contenant chacune les noms, titres et demeures de tous les membres de ces Etats tenus à Montpellier les 27 nov. 1732, 17 déc. 1733, 16

déc. 1731, 13 déc. 1736, 21 oct.
1737, 11 déc. 1738, 17 déc. 1739,
15 déc. 1740, 23 nov. 1747, 21 nov.
1748, 29 janv. 1750, oct. 1752,
31 janv. 1754, 28 nov. 1754, 22
janv. 1756, 28 oct. 1756, 15 déc.
1757, 25 janv. 1759, 29 nov. 1759,
27 nov. 1760, 22 oct. 1761, 28 oct.
1762, 19 déc. 1765, 26 nov. 1767.

Ce Recueil est excessivement
rare, surtout à l'état complet.

2601. Controlle des logemens de
Nosseigneurs des Etats de la province de Languedoc, Assemblés
à Narbonne le 15 Décembre
1735. — *Narbonne*, 1735, in-4°.
Pièce.*

Noms, titres et demeures des
membres de ces Etats.—Voyez le
numéro précédent.

2602. Recueil des Lois et autres
pièces relatives au Droit public
et particulier de la province du
Languedoc, en matière de No-
bilité, ou Roture des fonds de
terre. (Par Dom François-Nico-
las Bourotte, Bénédictin de la
congrégation de S. Maur.)—*Paris*, 1765, in-4°. [L. F.]

2603. Nobiliaire historique de la
province du Languedoc... par
Denis-François Gastelier de la
Tour. [L. F.]

Cet ouvrage, cité par le P. Lelong, n'a jamais été publié. Il n'en
a paru que quelques fragments,
qui figurent respectivement en
leur lieu dans notre bibliographie,
et dont le plus important est le
suivant.

2604. Armorial des Etats du Languedoc, par Denis - François
Gastelier de la Tour. — *Paris*,
1767, in-4°.* Avec blasons gravés.

Extrait du premier volume du
« *Nobiliaire historique de Langue-*
doc, » resté manuscrit. Les notes
historiques sur les métropoles et
les cathédrales ont été tirées de
« l'*Histoire générale du Langue-*
doc, » des Bénédictins.—Contient,
aux pages 157-228, les armes des
156 villes du Languedoc qui en-
voyaient des députés aux Etats de
cette province. — La plupart de
ces armes ne figurent pas dans
l'*Armorial national de France*,
de H. Traversier. — Voyez encore pour les armes de quelques
autres villes de cette province, ci-
dessus les n°⁵ 2145, 2597 et ci-après
2613.

2605. Procès-Verbal de l'Assem-

blée de Nos Seigneurs des Etats
du Languedoc. — *Montpellier*,
1780, in-f°. [D.]

2606. Le Roi-d'Armes du Langue-
doc ou Essais héraldiques, gé-
néalogiques et historiques de la
Noblessse de cette province.
Par le Sieur de Chartevieux.
(Une Société de Gens de lettres.)
—(S. l. n. d.) In-4°. Pièce.*—*Pa-
ris*, 1784, in-4°. Pièce.*

Prospectus. C'est tout ce qui a
paru de cet ouvrage, qui devait
former 6 vol. in-4°.

2607. Observations en faveur du
droit dont jouissent les Barons
des Etats du Languedoc, de
représenter exclusivement la
Noblesse aux Assemblées des
Sénéchaussées, et à celles des
Etats de cette Province.—*Paris*,
1788, in-4°. Pièce.*

2608. A l'Ordre de la Noblesse du
Bas-Vivarais, par le comte d'An-
traigues, son député aux Etats
Généraux.—(S. l., 1789.) In-8°.*

2609. Procès-Verbal de l'assemblée
de l'Ordre de la Noblesse de la
Sénéchaussée de Montpellier.
Du 16 mars au 2 avril 1789.—
Montpellier, 1789, in-4°.*

2610. Cahier des Pouvoirs et
Instructions de l'Ordre de la
Noblesse du Bas-Vivarais à ses
députés aux Etats Généraux,
remis à MM. le comte de Vogué
et le comte D'Antraigues. —
(S. l.) 1789, in-8°. Pièce.*

2611. Essai historique sur les Etats
Généraux de la province du
Languedoc; par le baron Trouvé.
—*Paris*, 1818, 2 vol. in-4°.* Avec
cartes et blasons.

2612. Histoire des Comtes de Toulouse; par Marturé. —*Castres*,
1827, in-8°. [D.]

2613. Archives historiques de l'Albigeois et du Pays Castrais;
par M. P. Roger.—*Albi*, 1841, gr.
in-8°.* Avec figures et blasons.

Contient l'institution des fiefs et
des seigneuries, les Armoiries des
principales villes de l'Albigeois,
le ban et l'arrière-ban de la Noblesse comprise dans la Sénéchaussée de Carcassonne, et autres renseignements curieux concernant l'histoire nobiliaire de
cette partie de la province du
Languedoc.

2614. Documents historiques sur la province du Gévaudan, par M. Gustave de Burdin, archiviste du département de la Lozère....—*Toulouse*, 1846, 2 vol. in-8°.*

Cet ouvrage, intéressant au point de vue de l'ancien Etat du Gévaudan, contient les jugements en maintenue de noblesse rendus par les intendants du Languedoc pour dresser le catalogue des véritables nobles du ·diocèse de Mende; un extrait des rôles de capitation des gentilshommes, officiers d'épée et de robe du même diocèse au XVIII° siècle; l'état des membres de la Noblesse de la Sénéchaussée du Gévaudan qui se sont rendus à l'Assemblée nationale en 1789; les procès-verbaux des Assemblées de Noblesse des différentes sénéchaussées; enfin un grand nombre d'autres renseignements généalogiques et nobiliaires concernant cette province.

2615. Noblesse du Languedoc, généalogies des nobles Familles de cette province. Introduction. —*Toulouse*, (1847), in-4°. Pièce.*

C'est tout ce qui a paru.

2616. Notice généalogique sur les Vicomtes de Narbonne ; par l'abbé C. Stroobant,...—*Anvers, impr. de J.-E. Buschmann*, 1852, in-8°. Pièce. Avec blasons.

2617. Notice généalogique sur les Comtes de Castres, par l'abbé C. Stroobant,....—*Anvers, impr. de J.-E. Buschmann*, 1853, gr. in-8°. Pièce. Avec de nombreux blasons gravés sur bois.

2618. Recherches historiques sur l'ancien Capitoulat de la ville de Toulouse, suivies de la Liste de ces Magistrats depuis l'année 1147 jusqu'en 1790, par le vicomte Gustave de Juillac, membre de la Société impériale archéologique du midi de la France. Mémoire lu en séance particulière le 31 mai 1854. — *Toulouse*, 1855, in-8°.*

On peut encore consulter sur le *capitoulat* l'intéressant ouvrage de M. du Mége, intitulé : « *Histoire des institutions de Toulouse.* »

2619. Notes pour servir à un Nobiliaire de Montpellier, par Ch. de Tourtoulon.—*Montpellier*, 1856, in-8°.* Avec blasons.

2620. Additions aux Notes pour servir à un Nobiliaire de Montpellier. (Par Ch. de Tourtoulon.)—*Montpellier*, (1856), in-8°. Pièce.*

2621. Cartulaire et Archives des Communes de l'ancien diocèse et de l'arrondissement administratif de Carcassonne. Villes. Villages. Eglises. Abbayes. Prieurés. Châteaux. Seigneuries. Fiefs. Généalogies. Blasons... par M. Mahul, ancien député de l'arrondissement de Carcassonne. — *Paris*, 1857, in-4°. Avec portrait et cartes géographiques.

Cette excellente publication doit se composer de six volumes : les deux premiers ont paru. Il serait bien à désirer qu'un travail du même genre que celui-ci s'exécutât pour chaque province de la France. On trouverait dans l'ensemble des documents qu'il pourrait offrir une source féconde qui permettrait de constituer l'histoire complète de notre pays, laquelle, il faut bien le dire, est encore à faire, malgré les travaux remarquables qui ont paru de notre temps, et le talent incontestable de leurs auteurs.

2622. Histoire des comtes de Toulouse, par le général Moline de Saint-Yon.—*Paris* (1859), 2 vol. in-8°.* Avec une table généalogique.

En cours de publication. — L'auteur a consulté, avec une patience de bénédictin, tous les ouvrages connus ayant trait à son sujet. Il est à regretter qu'il ne soit pas remonté lui-même aux sources originales; il aurait là, sans nul doute, trouvé des documents qui eussent donné à son livre, d'ailleurs excellent et bien écrit, ce caractère d'authenticité que réclament impérieusement les travaux historiques à notre époque.

2623. Nobiliaire Toulousain contenant les Lettres Patentes d'anoblissement, les Jugements de Confirmation ou de maintenue de Noblesse, les Erections de Terres en Baronnie, Comté, Marquisat, les Dignités; les Armes ou Blasons, les Devises, etc.

Pour toute l'étendue du département de la Haute-Garonne, recueilli et mis en ordre par ALPHONSE BRÉMOND. — *Toulouse, Bayret, Pradel et C*, 1860, in-8*. Pièce.*

4e livraison. C'est tout ce qui a paru.

2624. Armorial de la Noblesse de Languedoc. Par M. LOUIS DE LA ROQUE, avocat à la Cour impériale de Paris. — *Montpellier*, et *Paris, E. Dentu*, 1860-1861, 4 vol. in-8* * Avec un grand nombre de blasons gravés surbois intercalés dans le texte.

Tom. I-II. Généralité de Montpellier.

Tom. III-IV. Généralité de Toulouse.

Précédé d'une Introduction historique concernant l'origine et la formation de la Noblesse. On y trouve aussi des détails curieux sur les anoblissements, les noms, les titres, les armoiries, les devises et la Noblesse militaire, avec une étude savante sur la constitution politique de la province du Languedoc.

2625. Catalogue des Gentilshommes de Languedoc (Généralité de Toulouse) qui ont pris part ou envoyé leur procuration aux Assemblées de la Noblesse pour l'élection des députés aux États Généraux en 1789. Publié, d'après les procès-verbaux officiels, par MM. LOUIS DE LA ROQUE et EDOUARD DE BARTHÉLEMY. — *Paris, E. Dentu*, 1861, gr. in-8*.

Accompagné de l'État militaire et judiciaire et de la liste des chapitres nobles de la province. —Pour complément des ouvrages concernant l'histoire nobiliaire du Languedoc, voyez ci-dessus n° 1580.

Limousin.

2626. Nobiliaire de la Généralité de Limoges, contenant les noms et généalogies des Gentilshommes des Élections de Limoges, Angoulême, Echevinage d'Angoulême, Saint-Jean-d'Angely, Brives, Tulle, Bourganeuf, Saintes, Coignac. Par SIMON DESCOUTURES. 1666, in-f°. [L. F.]

Ce nobiliaire, quoique cité par le P. Lelong, et, d'après lui, par Girault de Saint-Fargeau, n'a jamais été imprimé.

2627. Cahier de l'Ordre de la Noblesse des Sénéchaussées de Limoges et Saint-Yrieix, dans le Haut-Limousin, pour être porté par ses députés au Roi en ses États Généraux qu'il a convoqués à Versailles pour le 27 avril 1789.—*Limoges*, 1789, in-8*. Pièce.*

2628. Cahier des Représentations et Doléances de la Noblesse du Bas-Limousin, des Sénéchaussées de Tulle, Brives et Uzerche, commencé le 17 mars 1789, et fini le 21 mars de la même année. (*S. l.*), 1789, in-8*. Pièce.*

2629. Nobiliaire du diocèse et de la généralité de Limoges, par l'abbé JOSEPH NADAUD, édité par l'abbé ROY-PIERREFITTE,...—*Limoges*, 1856, in-8*.*

En cours de publication.—Extrait du « *Bulletin de la Société archéologique et historique du Limousin.* »

L'auteur a eu l'heureuse idée de joindre à ses généalogies des détails sur les personnages et les localités, ce qui donne à son œuvre une importance historique que n'ont pas toujours ces sortes de travaux.

2630. Les Baillis de la Brive au XIIIe siècle. par A. LEFÈVRE.— *Paris*, (1860), in-8*; Pièce.*

Extrait de la « *Bibliothèque de l'École des Chartes.* »

2631. Liste chronologique et numismatique des Vicomtes de Limoges. (Par MAURICE ARDANT, archiviste de la Haute-Vienne.) —*Limoges*, (1860), in-8*. Pièce.*

Pour complément des ouvrages concernant l'histoire nobiliaire de la province du Limousin, on peut consulter la troisième partie de l'« *Histoire de S. Martial...* » par le R. P. BONAVENTURE DE S. AMABLE, où l'on trouve entre autres documents sur la Noblesse, les Généalogies des *vicomtes de Limoges* et des *comtes de la Marche;* des Maisons de *Salaignac*, de *Comborn*, de *Ventadour*, des *la Tour*, des seigneurs de *Rasez*, de *Peyre-Buffière*, de *Ferrières et Saureboeuf*, de *Noailles*, de *Pompadour*. de *Malemort*, de *Lusignan*, de Ro-

chechouart et Mortemart, de Beaupoil ou de Saint-Aulaire, de Mai-
sones et de Mombas.

Lorraine et duché de Bar.

2632. Genealogia Lotharingorum
Ducum. Auctore SYMPHORIANO
CAMPEGIO.—Lugduni, 1537, in-f°.
[A. D.]

2633. Les dialogves des troys Estatz
de Lorraine, sus la tresioieuse
natiuité de treshaut et tres
illustre Prince Charles de Lorraine, filz aisné de tres haut et
trespuissant Prince François par
la grace de Dieu Duc de Bar etc.
et de treshaulte et tres illustre
Princesse madame chrestienne
de Danemarc son épouse, auec la
Généalogie de tous les Roys et
Ducz qui ont régné en Austrasie
dicte de Lorraine depuis Adam
iusques audict Prince Charles
nouuellemet nay, ensemble vng
Chant royal troys Canticques et
vne Péroration le tout composé
et desdié à l'honeur et louenge
du tresillustre Duc de Bar, par
M. EMOND DU BOULLAY, dict Clermont, poursuivant de treshault,
trespuissant et tresredoubté
Prince Anthoine, par la grace
de Dieu Duc de Calabre, de Lorraine, de Bar et de Gueldres, etc.
—(A la fin): « Cy finissent les dialogves des troys Estatz de Lorraine,
le chant royal, les canticques et la
péroration,... acheué de composer
le quinziesme iour de Mars l'an mil
cinq cens quarante trois par Maistre Emond de Boullay (dict Clermont)... Et imprimé en la cité Im-
périalle de Strasbourg, par Georges
Messer Smidt, le mardy huictiesme
iour de may du dict an mil cinq
cens quarante trois.»In-f° de 30 ff.
non chiff.*

M. Brunet cite encore de cet
opuscule singulier, et des plus
rares, une édition ayant 31 ff., et
commençant ainsi : « Dialogue
des trois Estatz... »

2634. La Vie et trépas des deux
princes de paix, le bon duc Anthoine et saige duc Françoys,
premiers de leur nom, ducs de
Lorraine, avec une lamentable
déploration sur leur trépas. Par
EDMOND DU BOULLAY, premier

hérault d'armes du Prince Charles de Lorraine.— Metz, Iean
Pallier, 1547, in-4°.*

Livre curieux et rare. — Sans
pagination. — Après la feuille i,
on trouve : « Les Seize Lignes du
Saige duc Francoys : auec les Blasons armoyez, aux armes d'icelles
côme on les porta à son enterre-
met. »

2635. Les Généalogies des tres
illustres et trespuissans Princes
les Ducz de Lorraine Marchis,
auec le Discours des alliäces
et traictez de mariage en icelle
Maison de Lorraine iusques au
Duc Françoys dernier décédé.
Dédié a tresillustre Prince Charles tiers de ce nom, Duc de Lorraine, Marquis, par EMOND DU
BOULLAY, son premier Hérault,
et Roy d'armes.—Metz, J. Pallier,
1547, in-4°. [A. D.]—Paris, G. Corrozet, 1549, in-8°.* Avec blasons
gravés sur bois.

Le titre ci-dessus est pris sur
l'édition que possède la Bibliothèque impériale.

2636. Le Tres excellent Enterrement du treshault et tresillustre
Prince Claude de Lorraine, duc
de Guyse et d'Aumalle, pair de
France, etc., auquel sont décla-
rées toutes les cérémonies de la
chäbre d'honeur, du transport
du corps, de lassiette de l'église,
de l'ordre de l'offrande et grand
dueil, auec les blasons de toutes
les pieces d'honneur, bañières
armoyées de ses lignes et alliances. Faict par EMOND DU BOUL-
LAY, Roy d'armes de Lorraine...
—Paris, Au Palais en la boutique
de Gilles Corrozet, 1550, in-8°.*—
Enterrement Tres excellent de
Tres Havt et Tres Illvstre Prince
Clavde de Lorraine...—Paris,
Adrian Gaupinart, 1620, in-8°.*

Publication curieuse et rare.—
Dans l'exemplaire des deux éditions de la Bibliothèque impériale, les blasons sont coloriés.

2637. Le Simbol armorial des Armoiries de France et d'Escoce
et de Lorraine, composé par
Maistre IEAN LE FÉRON.... (1555).

Voyez ci-dessus n° 1863.

2638. Généalogie de l'illustre Maison de Lorraine. — (S. l. n. d.)

In-f° plano. Pièce gravée. (B. R.)
Avec figures.

2639. La Conionction des Lettres
et des Armes des devx tresillvs-
tres Princes lorrains Charles Cardinal de Lorraine Archeuesque
et Duc de Rheims, et François
Duc de Guyse frères, tirée du
latin de M. NICOLAS BOUCHER,...
et traduitte en françois par
M. IAQVES TIGEOU, Angevin,...
—Rheims, 1579, in-4°.*

2640. Stemmatvm Lotharingiæ ac
Barri Dvcvm tomi septem ab
Antenore, Trojanarum reliquia-
rum Paludes Mœotidas rege, ad
hœc vsque illustrissimi, potentis-
simi, et serenissimi Caroli tertii,
Ducis Lotharingiæ tempora...
Autore FRANCISCO DE ROSIÈ-
RES,...—Parisiis, 1580, in-f°.*

Cet ouvrage, oublié aujourd'hui,
et qui méritait de l'être, sans aucune valeur historique, exécuté
dans un pur intérêt de famille, a
joui d'une certaine célébrité par
les conséquences fâcheuses qu'il
attira sur l'auteur. On nous per-
mettra de citer à ce sujet un pas-
sage tiré de l'histoire de de Thou,
qui nous a paru intéressant et curieux, soit sous le rapport du livre,
soit sous le rapport de la rivalité
qui existait alors entre les maisons de Lorraine et de Hugues
Capet.

« Il arriva en ce tems-là (1583)
une chose qui piqua horriblement
les Lorrains, qui cherchoient dès-
lors à brouiller le Royaume sous
les auspices du duc de Guise. François de Rozière, archidiacre de
Toul, avoit, deux ans auparavant,
composé un gros volume intitulé :
Généalogie des ducs de Lorraine et
de Bar, ouvrage confus, plein
d'impertinences, et qui fut lu de
peu de personnes. Non-seulement
on y donnoit aux Lorrains beaucoup de choses contre la vérité de
l'histoire, mais on diminuoit, avec
une insigne mauvaise foi, les
prérogatives de la couronne de
France, et l'auteur s'étoit oublié
jusqu'à écrire plusieurs choses
injurieuses à la personne du Roi
(Henri III). Comme on soupçonna
que ça avoit été par l'ordre, ou
du moins par les conseils des Lorrains que ce Livre avoit été imprimé à Paris, et qu'ils avoient eu
dessein de mettre la patience du
Roi à l'épreuve, ce prince ne crut
pas devoir souffrir cette insulte.
Ainsi, il ordonna d'arrêter Rozière,

et il envoya à Toul Nicolas Brulart, conseiller au Parlement, pour
l'interroger. Il fut ensuite amené
à Paris et mis à la Bastille ; mais
on défendit au Parlement de connoître de cette affaire, à la considération du duc Charles de Lorraine. Ce Prince, averti de ce qui
se passoit par la Reine sa belle-
mère, qui lui étoit toute dévouée,
se rendit à Paris pour apaiser le
Roi par sa présence, et pour empêcher qu'on exigeât de Rozière
quelque satisfaction flétrissante
pour la Maison de Lorraine. Le
vingt-sixième d'Avril, le coupable
fut amené de la Bastille au Louvre, où le Conseil se tenoit ; et là,
devant une grande assemblée de
Princes et de Seigneurs, en présence du duc Charles de Lorraine, du cardinal de Vaudemont,
des ducs de Guise et de Mayenne,
de Jean de la Guèle, président au
Parlement, d'Augustin de Thou
et de Jacques Faye, sieur d'Ep-
pesse, avocats du Roi, Rozière se
mit à genoux et avoua qu'il avoit
inséré dans son Livre, contre la
vérité de l'Histoire, beaucoup de
choses remplies de calomnies, et
injurieuses à la majesté du Roi ;
et il reconnut qu'il méritoit un
châtiment rigoureux : que cependant, comme il y avoit eu plus
d'imprudence de sa part que de
mauvaise intention, il imploroit
la miséricorde et la clémence du
Roi, et le supplioit de lui pardonner sa faute. Après avoir prononcé
ces paroles d'un ton lamentable,
Chiverny, garde des sceaux, lui
fit une sévère réprimande et le
déclara criminel de lèze-Majesté.
Un moment après, la Reine étant
sortie comme d'une machine, pria
son fils de vouloir bien, à la considération du duc de Lorraine,
son allié, avoir pitié du coupable
qui avoit avoué son crime, et lui
pardonner, quoiqu'il méritât les
plus grands châtimens. Le Roi
ayant fait signe qu'il lui par-
donnoit, ordonna au coupable de
se lever, et le remit entre les
mains du duc de Lorraine, jusqu'à ce qu'il eut fait scavoir par le
président la Guèle et par les Avocats Généraux de Thou et Faye,
quelle étoit sa volonté par rapport au Livre de Rozière. Il fut
arrêté que le Livre seroit lacéré en
présence de l'auteur ; mais cette
flétrissure ne fut exprimée par
aucun acte public, de peur qu'une
note pareille ne retombât sur l'illustre Maison de Lorraine, pour
qui le Livre avoit été fait. »

Ajoutons que ce livre a toujours
été méprisé, et il est arrivé, con-

tre l'ordinaire, que la suppression des exemplaires n'a pu lui donner encore aucun crédit dans le commerce.

2611. Discours du Droict prétendu par ceux de la Maison de Guise à la Couronne de France. (Par PHILIPPE DE MORNAY, sieur DU PLESSIS.)—(S. l.), 1583, in-8°.*

Contre l'ouvrage de de Rosières.

2612. Origine, Généalogie et Démonstration de cette excellente et héroïque Maison de Lorraine et de Guise et dépendance avec plusieurs excellens et hauts faits des Ducs,...—Paris, 1589, in-8°. [L. F.]

2613. Bref Discovrs de la Très-noble, très-illvstre et très-ancienne Maison de Lorraine. Descendue du puissant Pharamond, premier Roy de France, et de Charlemaigne, grand Empereur. Contenant les vies, noms, proesses et vaillances plus remarquables des Princes qu'elle a produit. Extraict des Escripts les plus anciens et vrays Hystoriens de toute la Gaule Belgicque. Par M. BRVAND, natif de Nancy, Bachelier en la faculté des Decrets et Curé de Mousson.—Lyon, par les héritiers de François Didier, à l'Enseigne du Fenix, 1591, in-8°.*

Opuscule en vers, d'une extrême rareté.

2614. Alliances généalogiqves de la Maison de Lorraine, par P. BIRÉ, aduocat du Roy au présidial de Nantes. — Nancy, 1593, in-f°.

2615. De Insignibus gentilitiis Ducum Lotharingorum, JULII CÆSARIS BULINGERI. — Pisis, 1617, in-4°. [L. F.]

2616. Explication mystique des Aigles sacrées de la Maison de Lorraine, par ELIE GABEL. — Nancy, 1618, in-8°. [L. F.]

2617. Généalogie des Dvcs de Lorraine, fidèlement recveillie de plusieurs histoires et tiltres authentiques. (Par THÉODORE GODEFROY, avocat au Parlement.)—Paris, 1624, in-4°.*

La Bibliothèque impériale conserve un second exemplaire de cet ouvrage, enrichi de nombreuses notes manuscrites.

L'auteur avait eu l'intention d'en donner une nouvelle édition. Il refit complètement son œuvre et l'augmenta en beaucoup d'endroits; mais il ne put le publier. Le manuscrit de ce dernier travail se trouve encore à la Bibliothèque impériale.

2618. Généalogie des Comtes et Dvcs de Bar ivsqves à Henry dvc de Lorraine et de Bar l'an 1608. Recueillie de plusieurs tiltres et Histoires anciennes. (Par THÉOD. GODEFROY.)—Paris, 1627, in-4°.*

Après la p. 52 on lit: « Lettres d'Antoine Duc de Lorraine et de Bar, et de son fils François depuis Duc de Lorraine et de Bar. Par lesquelles ils aduouent estre hommes liges et vassaux du Roy François Ier. Nancy l'an 1541, le 22 d'Avril. »

2619. Considérations historiques sur la Généalogie de la Maison de Lorraine. Première partie des Mémoires rédigez par LOVIS CHANTEREAV LE FEBVRE.—Paris, Bessin, 1642, in-f°.* Avec une carte de l'ancien royaume d'Austrasie.

Le faux-titre porte: « Mémoires sur l'origine des Maisons et Duchez de Lorraine et de Bar-le-Drc, divisez en III parties...»— L'auteur se proposait, dans ce travail, de dégager la généalogie de cette Maison de plusieurs fables que des écrivains ignorans ou peu consciencieux y avaient introduites.—La seconde et la troisième parties de ces Mémoires, qui restent à l'état de manuscrit, se trouvent aussi à la Bibliothèque impériale. Cet établissement possède encore deux autres exemplaires de la partie publiée, avec de nombreuses additions et corrections de la main de Charles-René d'Hozier pour l'un, et de Clairambault pour l'autre.

2620. Sentence définitive rendve à Rome en faveur de Madame la Dvchesse de Lorraine povr la validité de son mariage. Contre le prétendv de la Comtesse de Cantecroy, auec Monsieur le Duc de Lorraine.—(S. l., 1654.) In-4°. Pièce.*

2621. Réflexions sur la Déclaration de Nicolas-François de Lorraine (frère du duc Charles III) sur le Rétablissement de sa Maison.— (S. l.), 1654, in-4°.*

2652. Svite Historiqve des Dvcs de la Basse-Lorraine. Et en passant, l'Histoire généalogiqve de la Maison de Godefroy de Bovillon. Où on verra l'establissement du Royaume d'Austrasie, son changement de nom en celuy de Lorraine; ses séparations, et ses réunions iustes et iniustes auec la Couronne de France; l'iniustice de son usurpation et de son aliénation; son démembrement en plusieurs Estats, et leur destin iusqu'à nous; sa diuision en Haute Lorraine ou Mozellane, et Basse Lorraine, ou Brabant, ou Duché des Ripuaires; l'extinction de la Maison directe de Charlemagne; et de toute celle de Godefroy de Bouillon, duc de la Basse Lorraine. Le tout dedié au Roy. Par le Sieur DU BOSC DE MONTANDRÉ. — Paris, 1662, in-4°.*

> Voyez le numéro suivant.

2653. L'Intrigue de la Trahison lorraine, qui a fait perdre cette couronne de Lorraine à celle de France et les prétentions imprescriptibles que la France y peut et doit encore fonder. Le tout démontré par vne suitte ou succession historique des Ducs de Lorraine.... (Par DU BOSC DE MONTANDRÉ.) — Paris, 1663, in-4°.*

> Même ouvrage que le numéro précédent.

2654. La Clef dvcalle de la Sérénissime et Tres-Avgvste sovveraine Maison de Lorraine; laqvelle donne vne ample ovverture à l'antiqvité, dignité, excellence, et générosité de la Noblesse, des alliances, employs et Actions héroïques des Ducs et Princes du sang Lorrain. Comme aussy, à la svccession saliqve et avtrement masculine de levr covronne; A la déclaration impériale de levr sovveraineté, et de levr avthorité Marchi-dvcale, et à la distinction des droits Sovverains d'avec les Régaliens. A quoy est ioinct vn catalogue des saincts et sainctes

et des illustres ecclésiastiques de leur déuote et fameuse consanguinité; avec vne succincte explication de l'Escu de Lorraine. Le tovt recherché à la faveur des cvrievx zélateurs de la vérité, par vn R. F. Mineur (F. JACQUES SALEUR)...—Nancy, 1663, in-f°.* Avec plusieurs tables généalogiques.

> La Bibliothèque impériale possède un autre exemplaire de cet ouvrage, auquel on a ajouté une feuille à la fin, dont la pagination suit celle de l'œuvre principale, contenant : « Généalogie des Roys d'Avstrasie Issvz de Clovis I...— Généalogie des Comtes de Barcelone... — Généalogie des Sires de Ioinville et de Vaucouleur... — Lignée des descendants et héritiers de la princesse Anne, duchesse de Bretagne.—Qvestion apologétiqve.» Ces deux exemplaires sont très-rares, mais surtout celui qui contient les additions.

2655. Le Palais de l'Honneur, contenant... l'origine et le progrès des illustres Maisons de Lorraine et de Savoye... [Par le P. ANSELME (1664).]

> Voyez ci-dessus n° 36.

2656. Recueil des Armes et Blasons de la Noblesse de l'ancienne chevalerie de Lorraine et autres bones Maisons estrangères y alliées. Recherchées par Noble JEAN CALLOT, heraut d'armes des Duchez de Lorraine et Barrois et par luy mesme dedié à Monsieur du Chastellet, Mareschal de Lorraine.—(S. l. n. d.) In-f°. [B. S. G.]

> Ce recueil, entièrement gravé, est excessivement rare. Il se compose de trois ff. de texte, y compris le titre, et de 197 ff. contenant chacun, sur le recto, un écu blasonné, avec légende. Jean Callot, auteur de ce recueil, est le père de Jacques Callot. Il était avocat à la Cour souveraine de Nancy, en 1606, lorsqu'il succéda à son père dans la charge de héraut d'armes, qui avait été aussi possédée par son grand-père.

2657. Donation faite par Lettres Patentes du 20 Novembre 1667 à Madame de Guise pour sa dot, en faveur de son mariage, du surplus des droits paternels appartenants à Mesdames de Toscane et de Savoye, ses sœurs, qui les avaient cédés au profit de Sa Maiesté. (29 mai 1668.) — (S. l. n. d.) In-f°. Pièce.*

2658. Moyens de cassation contre l'Arrêt du Parlement de Paris, du 26 Février 1680, pour Mademoiselle de Guise, contre Mademoiselle d'Orléans. — (S. l. n. d.) In-4°. Pièce.*

Succession de la duchesse de Guise.

2659. Titres justificatifs du Droit de Madame Charlotte-Christine de Lorraine, marquise d'Assy, à la Succession de Guise. (S. l., 1688.) In-4° [B. Am.]

2660. Chronologie du Comté et Duché de Bar depuis son origine jusqu'à présent (1698). (Par J. CHEVILLARD.) — Paris, (s. d.), gr. in-f° plano.*

Planche contenant les noms, qualités, armes et blasons de tous les comtes et ducs de Bar, avec pennon généalogique; le tout gravé.

2661. L'Origine de la très-illustre Maison de Lorraine, avec un Abrégé de l'Histoire de ses Princes. [Par le P. BENOIST (PICARD) de Toul, capucin, commissaire général des couvents de France en Lorraine.] — Toul, 1704, in-8°.*

Voyez ci-après les n°s 2664 et 2667.

2662. Regia Domus Lotharingica in theatrum gloriæ producta et... domino Carolo... Archi-episcopo Trevirensi... Duci Lotharingiæ et Barri... majorum suorum ectypo anno electoratus Trevirensis suscepti primo exhibita ac demissime dedicata à Trevirensi et Confluentino S. J. collegiis, et novitiatu ac collegio nobilium et Seminario Archi-episcopoli Treviris. — Confluentiæ, typis J. F. Krabben, 1711, in-f°.*

2663. Traité historique et critique sur l'Origine et la Généalogie de la Maison de Lorraine, avec les chartes servant de preuves aux faits avancez dans le Corps de l'Ouvrage, et l'Explication des Sceaux, des Monnoies et des Médailles des Ducs de Lorraine.

Enrichi de plusieurs figures en taille douce. [Par le P. LOUIS-CH. HUGO (DE BALEICOURT), prémontré.] — Berlin, 1711, in-8°.*

2664. Supplément à l'Histoire de la Maison de Lorraine imprimée à Toul en 1704. Avec des Remarques sur le Traité Historique et Critique de l'Origine et la Généalogie de cette Illustre Maison, imprimé à Berlin en 1711. [Par le P. BENOIST (PICARD.)] Première (et seconde) partie. — — Toul, 1712, 1 tome en 2 vol. in-8°.

Le titre de la seconde partie porte : « *Remarques sur le Traité Historique et Critique de l'Origine et de la Généalogie de la Maison de Lorraine. Imprimé à Berlin en 1711.* » Voyez ci-dessus le n° 2661 et ci-après le n° 2667.

2665. La Lorraine ancienne et moderne ou l'ancien Duché de la Mosellane, véritable Origine de la Maison Royale et du Duché de la Lorraine ; avec un Abrégé de l'Histoire de chacun de ses Souverains. Par M°° JEAN MUSSEY, prêtre-curé de Longwy. — (S. l.), 1712, in-8°.* Avec un tableau généalogique.

Voyez le numéro suivant.

2666. Réflexions sur deux ouvrages nouvellement imprimés concernant l'Histoire de la Maison de Lorraine. [Par le P. LOUIS-CH. HUGO (DE BALEICOURT), prémontré.] — (S. l.), 1712, in-12.*

Critique des deux ouvrages précédents.

2667. Réplique aux deux lettres qui servent d'apologie au Traité historique sur l'Origine de la Maison de Lorraine, avec la Suite des Remarques critiques sur le même Traité. [Par le P. BENOIST (PICARD.)] — Toul, 1713, in-12.*

Le titre porte en plus : *Tome II.* Ce chiffre de tomaison n'a été placé là qu'en vue de rattacher cet ouvrage à celui porté sous le n° 2664 intitulé : « *Supplément à l'Histoire de la Maison de Lorraine...* » L'édition de 1713, que signale le P. Lelong comme réunissant ces deux publications, n'a jamais existé.

2668. De la Nature du Duché de Lorraine.—(S. l., 1718. In-4°.

Cet ouvrage, extrêmement rare aujourd'hui, est attribué par le P. Lelong à BOURCIER, premier président en la Cour souveraine de Lorraine. On y conclut : 1° que le duché de Lorraine est héréditaire, tant en ligne directe que collatérale, dans les enfants mâles, et à titre de p imogéniture ; 2° qu'il ne peut tomber en succession féminine qu'après l'extinction des deux lignes masculines.

A la suite, on trouve : < Droits de la Maison de Lorraine sur le Royaume de Sicile. >

2669. Dissertation sur l'origine et la nature du Duché de Lorraine. —(S. l.). 1721, in-4°.

Autre édition de l'ouvrage précédent.—Ne contient pas les <Droits de la Maison de Lorraine sur le royaume de Sicile. >

2670. Mémoire pour la masculinité du Duché de Lorraine commençant par ces mots : « Puisque l'estat ov se trovvent présentement reduits les duchez de Lorraine et de Bar... >—(S. l. n. d.) In-4°. Pièce.*

Opuscule non moins rare que le précédent. Selon le P. Lelong, il aurait été supprimé. Ce savant l'attribue encore à BOURCIER. Cependant Dom Calmet, dans son < Catalogue des Historiens de Lorraine,> dit qu'il a paru vers 1624, c'est-à-dire avant la naissance de l'auteur prétendu.

2671. Titres concernant les Priviléges du comté de Ligny en Barrois, possédez par la Maison de Luxembourg. — Imprimez à Paris, en l'année 1720, in-4°.*Avec les armes de la Maison de Piney-Luxembourg.

2672. Comté de Ligny et ses dépendances.—(Paris).Imp. de J.-P. Cusson, (1720), in-4°. Pièce.

2673. Histoire ecclésiastique et civile de Lorraine, qui comprend ce qui s'est passé de plus mémorable dans l'Archevêché de Trèves, et dans les Evêchez de Metz, Toul et Verdun, depuis l'entrée de Jules César dans les Gaules jusqu'à la mort de Charles V, Duc de Lorraine, arrivée en 1690. Avec les pièces justificatives à la fin. Le tout enrichi de cartes géographiques, de plans de villes et d'églises, de sceaux, de monnoyes, de médailles, de monuments, etc., gravez en taille-douce. Par le R. P. Dom AUGUSTIN CALMET.—Paris, 1728, 3 vol. in-f°.*

Voyez le n° suivant.

2674. Histoire de Lorraine,...Nouvelle édition, revue, corrigée et augmentée par l'auteur ; avec les portraits des Ducs et Duchesses de Lorraine, d'après les médailles gravées par les ordres du Duc Léopold... Par le R. P. Dom (AUGUSTIN) CALMET. — Paris, 1745-1757, 7 vol. in-f°.

Cet ouvrage est si connu et en même temps si estimé, qu'il nous a paru inutile d'ajouter notre opinion personnelle à celles de nos devanciers, qui l'ont du reste suffisamment apprécié. Nous ajouterons seulement que l'on ne saurait trop le consulter, non-seulement pour l'histoire générale de la Lorraine, mais encore pour la partie nobiliaire, où l'on trouve un grand nombre de généalogies des principales Maisons de cette province, avec des indications héraldiques, curieuses et intéressantes.

2675. Notizie istoriche della Lorena e de' suoi Principi colle loro diramazioni e coll' Alberto della Real Casa di Lorena, date in luce da FILIPPO ZAGRI, originario della Citta del Bargo S. Sepolcro e da esso dedicate al merito singolarissimo della Nobilta Fiorentina.—In Firenze, 1738, in-4°. Pièce.*

Avec portrait gravé de François III, second duc de Lorraine, et quatre tables généalogiques.

2676. Mémoire pour établir en faveur des Princes de Ligne, le droit de succéder aux Etats de Lorraine et de Bar, supposé que la Ligne directe de Son Altesse Royale Duc de Lorraine, du Sérénissime Prince Charles son frère, et des Sérénissimes Princesses leurs sœurs, vint à manquer ; Et pour prouver que le même ordre de succession doit être conservé, par rapport au Grand Duché de Toscane, qui, par le Traité de Paix, est subrogé aux Etats de Lorraine et de Bar. (Par M° DE LAVERDY, avo-

cat.)—*Paris*, 1729, in-4°.* Avec
5 tables généalogiques.

> A la suite on trouve, avec titre
> particulier et pagination spéciale :
> « *Preuves des faits par les titres,
> tirées des chartes de Lorraine, des
> chartes de France et autres monu-
> mens, qui prouvent que les duchez
> de Lorraine et de Bar sont des
> successions mâles et femelles...* »

2677. Apothéose de la Maison de
Lorraine, précédée de la Nopce
champêtre, par M. CALLOT. —
Paris, 1741, in-4°. [L. F.]

2678. Abrégé de l'Histoire généalogique de la Maison de Lorraine, par le Marquis de LIGNE-
VILLE. — *Commercy*, 1743, gr.
in-8°. [B. R.]

> Le véritable auteur de cet ou-
> vrage est le P. LESBIE, ainsi que
> le prouve la note manuscrite de ce
> Père sur l'exemplaire que possède
> la Bibliothèque de Rouen. C'est
> d'après cette note que Barbier a
> rédigé son article.

2679. Annoblis tant du Duché de
Lorraine que de celui de Bar,
par le Duc René, avec le blason
de leurs armes à commencer
depuis 1382. (Par LALLAIN DE
MONTIGNY.) — *Liége*, J. F. de
Soer, 1753, petit in-8°.*

> L'exemplaire de la Bibliothèque
> impériale est enrichi d'additions
> et corrections manuscrites de la
> main de Jamet.—C'et ouvrage rare
> mais très-peu exact a reparu sous
> le titre suivant.

2680. Nobiliaire du Duché de Lor-
raine et de Bar, par le Duc
René, avec le Blason de leurs
Armes à commencer depuis
1382. On y a joint la Cession de
la Lorraine à la Couronne de
France. Du 24 Décembre 1736.
Par LALLAIN DE MONTIGNY.) —
Liége, J. F. de Soer, 1761, in-8°.

> Très-mauvaise édition de l'ou-
> vrage précédent. On y trouve des
> noms tronqués et défigurés, des
> lignes passées et autres bévues
> telles que ce livre ne peut être
> d'aucune utilité. — Communiqué
> par M. Soyer-Villemet, bibliothé-
> caire à Nancy.

2681. Nobiliaire ou Armorial général de la Lorraine et du Barrois en forme de dictionnaire :
Où se trouvent les Armes gravées et environnées de très-
beaux cartouches et mises à
côté de chacun des articles qui
les concernent. Par le R. P.

Dom AMBROISE PELLETIER.....
Tome premier, contenant les
annoblis.—*Nancy*, Thomas père
et fils, 1758, in-f°.*

> Précédé d'une savante disserta-
> tion sur la Noblesse.
>
> Dom Ambroise Pelletier périt
> en 1757, pendant l'impression de
> son ouvrage, sous les coups de
> ceux dont il avait dévoilé les ori-
> gines suspectes. Le tome 1er seul
> parut; quant au second, il est
> resté manuscrit.
>
> « Un curieux délicat et zélé,
> M. de Gourcy,... possède...
> l'œuvre inédite jusqu'ici de cet au-
> teur infortuné sur l'ancienne Che-
> valerie de Lorraine. On sait que
> Dom Pelletier excellait encore à
> dessiner et à peindre les armoiries
> dont il décorait ses manuscrits.
> Il est facile de s'en convaincre en
> feuilletant ce magnifique in-folio
> de la plus somptueuse reliure.
> Cette dernière condition fait con-
> jecturer que c'était un présent du
> savant bénédictin au chanoine de
> Gourcy... Un hasard heureux a
> fait tomber entre les mains de
> M. le comte Albert de Rutant un
> autre recueil, mais plus complet,
> également de la main de dom
> Pelletier, qui, dans le dessein
> d'en faire hommage à l'empereur
> d'Allemagne, François Ier ou III
> de Lorraine, en avait déjà tracé
> la dédicace. Ses recherches nobi-
> liaires paraissent tout à fait com-
> plètes ; rien ne paraît avoir été
> omis pour dresser, aussi exacte-
> ment que possible, les listes des
> membres de l'ancienne chevalerie,
> des gentilshommes, des écuyers et
> des anoblis.» [J. CAYON, *Ancienne
> Chevalerie de Lorraine.*]

2682 Mémoire historique et critique sur la Généalogie de la Maison de Lorraine, par l'auteur de
la *Méthode d'un thermomètre universel* (MICHELI DUCROST, capitaine dans un régiment suisse
au service de France).—*Basle*,
1762, in-4°. [Bar.]

2683. Suite des portraits des Ducs
et Duchesses de la Maison royale
de Lorraine, dessinés et gravés
d'après les médailles de SAINT-
URBAIN, par les plus habiles
maîtres de Florence, avec la
Dissertation historique et chronologique de Dom AUGUSTIN
CALMET,... Première (et seconde)
partie. — *Florence*, 1762-1763,
2 vol. in-f°.*

2684. Dissertation historique sur l'Ancienne Chevalerie et la Noblesse de Lorraine. (Par DE BERMANN, avocat.)—*Nancy*, 1763, in-12.*

Cet ouvrage, que l'académie de Nancy a couronné, est encore lu aujourd'hui avec intérêt, à cause des faits curieux qu'il renferme touchant cette partie de l'histoire de la province de Lorraine.

2685. Le Simple Crayon vtile et cvrievx de la Noblesse des Duchés de Lorraine et de Bar, et des Eveschés de Metz, Toul et Verdun. Avec les Armes, Blazons, Filiations, et Alliances de plusieurs Maisons considérables tant esteintes que modernes desdits Pays. Ensemble la description sommaire desdits Duchez ; et les Priviléges de l'Ancienne Chevalerie, Pairs, Fiefvés, Gentilshommes et Nobles de Lorraine. Par le sieur MATHIEU HUSSON, l'Ecossois, Conseiller du Roy au Siège Présidial de Verdun,... — (*S. l.*), 1774. petit in-f°.*

M. Jean Cayon, dans l'intéressant discours préliminaire placé en tête de son *Nobiliaire de Lorraine*, dit avoir consulté un exemplaire de cet ouvrage ayant 261 folios. Ceux que possède la Bibliothèque impériale, et qui sont au nombre de trois, n'ont l'un que 206, l'autre que 251, et le troisième que 249 folios. Ce dernier est enrichi de notes autographes de Pierre de Clairambault. — Ces exemplaires sont imprimés sur le recto seulement, et les notices généalogiques portent en tête des blasons rapportés.—On les trouve bien rarement dans le commerce aujourd'hui. Cependant les planches gravées de cet ouvrage existent au Louvre, et il serait facile d'en faire de nouveaux tirages, pour satisfaire les goûts de notre époque au point de vue généalogique et nobiliaire.

2686. Tables généalogiques des 16 quartiers des différents Seigneurs des premières et principales Maisons du Duché de Lorraine. (Par MATHIEU HUSSON, l'Escossoys.)—(*S. l. n. d.*) in-f°. [B. Ars.]

Ce recueil, d'une insigne rareté, se compose de 112 tableaux, avec blasons enluminés, le tout gravé. La table, les légendes explicatives et le titre sont à la main.

2687. Principes du Blason. (Par J. J. BOUVIER, dit l'abbé LYONNOIS.) — *Nancy, Pierre Barbier* (*s. d.*), in-8° de 47 pag. encadrées. [B. Na.]

Cet opuscule, l'un des plus rares de l'auteur, représente en quelque sorte, sous le titre ci-dessus, le nobiliaire des gentilshommes de l'ancienne chevalerie de Lorraine : les « *Principes du Blason* » n'en forment que l'accessoire. En effet, il commence par un « *Discours sur la Noblesse,* » qui comprend 20 pages : puis viennent les « *Principes.* » Ensuite on trouve, p. 29 : « *Alliances de la Maison de Lorraine,* » et à la p. 31 : « *Quatre Maisons de l'ancienne chevalerie et Armoiries de plusieurs Gentilshommes de Lorraine..., et celles des Villes de ce Duché.* » Le tout accompagné de deux planches gravées par MANTOYSE, dont l'une contient 71 figures pour l'intelligence du blason, et l'autre les écussons des gentilshommes et des villes des duchés de Lorraine et de Bar, au nombre de 405. D'après cela, nous avons pensé qu'il était plus rationnel de placer ici cet ouvrage, en faisant d'ailleurs un renvoi au lieu où son titre semble l'appeler. — Voyez ci-après le SUPPLÉMENT.

2688. Cahier de l'Ordre de la Noblesse du Bailliage de Luneville, et pouvoirs des députés aux Etats Généraux. — (*S. l.*), 1789, in-8°. Pièce.*

2689. Cahier de l'Ordre de la Noblesse du Bailliage de Metz... remis à M. le baron de Poutet,... nommé directement par la Noblesse, le 14 avril.—(*S. l.*), 1789, in-8°. Pièce.*

2690. Cahier de la Noblesse du Bailliage royal de Nancy et de son arrondissement, remis à MM. le comte de Ludre et le chevalier de Boufflers, leurs députés aux Etats Généraux ; en cas d'empêchement, M. le Marquis de Raigecourt et le Prince de Salm-Salm, suppléants. — *Nancy*, 1789, in-8°. Pièce.*

2691. Cahier des Pouvoirs et Instructions des trois Ordres du Bailliage de Pont-à-Mousson en Lorraine, remis à M. le curé d'Houel, M. le vicomte du

Hautoy et M. Viard,.... élus députés pour les Etats Généraux en 1789.—*Pont-à-Mousson*, 1789, in-8°.*

2692. Cahier des Doléances des trois Ordres du Bailliage royal de Villers-la-Montagne.—(S. l., 1789). In-8°. Pièce.*

2693. Notices analytiques de quelques Ecrits à consulter pour l'Histoire de la Lorraine au seizième et au dix-septième siècles, et pour l'Histoire particulière de la Maison de Guise. (Par M. BEAUPRÉ). — *Saint-Nicolas-du-Port*, 1846, in-8°. Pièce.*

2694. Les Gentilshommes verriers, ou recherches sur l'Industrie et les Priviléges des verriers dans l'ancienne Lorraine aux XV°, XVI° et XVII° siècles; par M. BEAUPRÉ. 2° édition.—*Nancy*, 1846, in-8°.*

2695. Histoire des Ducs de Guise, par RENÉ DE BOUILLÉ....—*Paris*, 1849-1850, 4 vol. in-8°.*

2696. Ancienne Chevalerie de Lorraine, ou Armorial historique et généalogique des Maisons qui ont formé ce corps souverain eu droit de siéger aux Assises; avec un Discours préliminaire et d'autres éclaircissements; par JEAN CAYON,... — *Nancy*, 1850, in-f°.*

Ouvrage recommandable par les recherches patientes et consciencieuses auxquelles l'auteur s'est livré pour parvenir, comme il le dit lui-même, à la découverte de la vérité : il cite toutes les sources où il a puisé, et elles sont nombreuses. C'est, à notre avis, un très-bon livre et l'un des plus complets qui existent sur cette partie de l'histoire de la Lorraine.

2697. Note historique sur les Ordres militaires et religieux de la ville de Metz. [Par A. HUGUENIN. (1852.)]

Voyez ci-dessus n° 379.

2698. Recherches sur les monnaies et les jetons des Maîtres-Echevins (de Metz)... Par CH. ROBERT,... membre de l'Académie impériale de Metz... — *Metz*, 1853, gr. in-4°.*

Cette intéressante monographie, indépendamment de son objet principal, contient la liste des Maîtres-Echevins de Metz depuis 1553. avec les devises et la description des armoiries. C'est, en quelque sorte, l'*Armorial de l'Echevinage* de cette ville, à partir de 1553 jusqu'en 1789.

2699. Considérations sur les Origines de la Maison de Lorraine. Discours par M. l'abbé MARCHAL.—*Nancy*, 1854, in-8°. Pièce.*

Extrait des « *Mémoires de l'Académie de Stanislas.* »

2700. Tableau généalogique et chronologique des Ducs héréditaires de Lorraine (depuis Gérard d'Alsace jusqu'à la mort de Stanislas, 1048-1736).—*Paris*, (1856), in-f° plano.*

2701. Histoire des Fiefs et principaux villages de la Seigneurie de Commercy,... (avec un tableau généalogique... des Seigneurs de Commercy). Par DUMONT,... (1856.)

Voyez ci-dessus n° 1476.

2702. Metz ancien, par feu M. le Baron (JEAN-FRANÇOIS-GILBERT GÉRARD) D'HANNONCELLES, Premier Président de la Cour royale de Metz. Ouvrage édité par MM. TARDIF DE MOIDREY.—*Metz*, 1856, 2 vol. in-f°.* Avec 600 blasons gravés sur bois et intercalés dans le texte.

Le premier volume contient les pièces justificatives et ce qui a trait aux Rois d'Austrasie et de Lorraine, aux magistratures et Charges municipales, et au clergé de Metz. Le second volume est entièrement consacré aux généalogies et renferme celles de plus de 150 familles, dont la plupart sont éteintes aujourd'hui.

2703. Très-humble Remontrance au Roi par les Gentilshommes de Lorraine créés depuis l'an M. DC. X., présentée à Sa Majesté au mois de Septembre 1697, par PILLEMENT DE RUSSANGE.—*Pont-à-Mousson*, mars 1859, in-8°. Pièce.*

Pièce de vers.

2704. De l'Ancienne Chevalerie de Lorraine. Documents inédits publiés par M. VICTOR BOUTON, peintre héraldique,... — *Paris*,

1861, gr. in-18.* Avec planches de blasons.

> Premier volume de la « *Bibliothèque héraldique*, » du même.— Voyez le SUPPLÉMENT.

Lyonnais, Forez et Beaujolais.

2705. Les Priviléges, Franchises et Immunitez octroyez par les Roys Très-chrestiens aux Consuls, Eschevins, manans et habitans de la ville de Lyon et à leur postérité. — *Lyon*, 1574, in-f°. [B. L.] —*Lyon*, 1619, 1634, in-4°. [B. L.]

2706. Commentaires et Déclarations sur le texte des Priviléges, Franchises et Immunités octroyez par les Roys de France aux Consuls, Eschevins, manans et habitans de la ville de Lyon et à leur postérité; par CLAUDE DE RUBYS,....—*Lyon*, 1574, in-f°. [B. C. F.]

> Imprimé aussi dans les « *Mémoires pour l'Histoire de Lyon*, » par PARADIN.

2707. Priviléges accordez aux habitans de Lyon pour l'exemption des tailles, à cause des biens qu'ils possèdent au pays de Bresse.—(S. l., 1581-1642.) In-4°. [B. L.]

2708. Tables généalogiques des comtes de Lyon. [Par ANDRÉ DU CHESNE. (1628.)]

> Voyez ci-dessus n° 2270 et ci-après les n° 2719 et 2766.

2709. Arrests, Lettres-Patentes et vérifications d'icelles, concernant les Priviléges et Exemptions des habitans de la ville de Lyon, pour le fait des tailles.—*Lyon*, 1635, in-4°. [L. F.]

2710. Recveil des Priviléges, Avthoritez, Povvoirs, Franchises et Exemptions des Prévost des marchans, Eschevins et habitans de la ville de Lyon...—*Lyon*, 1649, in-4°.*

2711. Arrest du Parlement contre les Officiers du Présidial et les Prévost des marchands et Eschevins de Lyon qui ont esté déboutés de leur requête civile et inscription en faux concer-

nant la qualité de comtes de Lyon. 5 Avril 1650.—(S. l. n. d.) In-4°. Pièce. [B. L.]

2712. Lyon dans son lvstre, Discovrs divisé en devx parties: la première embrasse les éloges de la ville et des habitants, la deuxième... met au iour l'Etat présent du Corps ecclésiastique, du politique, et du militaire; suiuy des noms et qualitez de tous ceux qui les gouvernent, et de plusieurs autres singularitez. (Par SAMUEL CHAPPUZEAU.) —*Lyon*, 1656, in-4°.*

2713. Les Forces de Lyon contenant succinctement le pouvoir et estendue de la domination de ceste ville, depuis sa fondation, et tandis qu'elle a esté au pouvoir des Romains iusques à présent; avec les Noms, Armes et Blasons de tous les Chefs de sa milice, Capitaines du Pennon et autres, leurs Officiers. Le tout gravé en taille douce: Ensemble la grande figure représentant ces puissances supérieures qui commandent aujourd'hui ceste ville sous l'autorité du Roy. Dédié à Messieurs les Prévosts des marchans et Eschevins de ceste ville; par Messire JEAN-BAPTISTE L'HERMITE DE SOLIERS, dit TRISTAN,... aux despens de l'auteur. M.DC.LVIII. —*Lyon*, 1658, in-4°. [B. L.]

> Voici, à propos de ce livre, d'ailleurs excessivement rare, une lettre de Samuel Guichenon à de Ruffy : « J'ai vu le livre de l'Hermite à Lyon. Bon Dieu! quel farrago et quelle fatrasserie. Le dessein en étoit assez joli, mais il a été mal ménagé; et pourtant ce méchant livre se vend une pistole ! L'auteur passa à Lyon à son retour de Provence, et le porta de maison en maison, afin d'en tirer la pièce, dont toutes fois il n'eut pas satisfaction. Je mourrois de faim avant que de faire un si lâche métier. »

2714. Basilica lugdunensis sive Domus consularis, descripta ab JOANNE DE BUSSIÈRES, Soc. Jes. —*Lugduni*, G. Barbier, 1661, in-f°. [B. L.]

> Ce livre, peu commun, contient 168 blasons formant un armorial des Prévôts des marchands et

Echevins de Lyon depuis 1596 jusqu'en 1660, avec les blasons de la famille de Neuville, d'Alexandre et de Charles Bonne de Lesdiguières, de Louis de Champeys et de l'abbé d'Ainay. Contient encore ceux de France et de Navarre et celui de la ville de Lyon.

2715. L'Entrée solennelle en la ville de Lyon de Monseigneur l'éminentissime cardinal Flavio Chigi, neveu de sa Sainteté et son légat à latere en France, avec les Noms, Qualités et Blasons des Prélats, Seigneurs et Gentils-hommes de sa suite, pareillement les Noms, Qualités, Blasons et Harangues des personnes les plus considérables qui composent le Corps de la ville de Lyon ; selon l'Ordre qu'ils ont tenu dans la prononciation des harangues qu'ils ont faites à cette Eminence. (Par J.-B. L'HERMITE DE SOLIERS, dit TRISTAN.)—Lyon, Alex. Fumeux, 1661, in-f°. [B. L.]

Ce livre singulier et rare se compose de 122 ff. sans chiffre ni réclame, comprenant 322 blasons. —Imprimé au recto seulement.

2716. Les Masvres de l'Abbaye de l'Isle Barbe les Lyon ; ov Recveil historiqve de tovt ce qui s'est fait de plus mémorable en cette Eglise depuis sa fondation iusques à présent : avec le catalogve de tovs ses Abbez tant réguliers que séculiers. (Par CLAUDE LE LABOUREUR, ancien Prévôt de l'Ile-Barbe.)—(Tome I), Lyon, Cl. Galbit, 1665, in-4°.* (Tome II), Paris, J. Couterot, 1682, in-4°.* —Paris, J. Couterot, 1681, 2 vol. in-4°.*

Le tom. II porte : « Les Mazures de l'abbaye royale de l'Isle-Barbe, ou Histoire de tout ce qui s'est passé dans ce célèbre monastère. Où se royent les généalogies et preures de noblesse de ceux qui ont esté receus dans cette Abbaye, et qui sont sortis des plus illustres Maisons des provinces de Lyonnois, Forez, Beaujollois, Bourgogne, Dauphiné, Provence et autres. Par CLAVDE LE LABOVREVR, ancien Prévost de ladite abbaye. » Avec la description des armes de ces Maisons.

Des remaniements typographiques, du reste peu importants, opérés dans un but purement commercial, ont pu faire croire à quelques bibliographes, même des plus exacts, qu'il y avait eu plusieurs éditions de cet ouvrage : c'est une erreur. Les deux que nous avons nous-même citées n'en forment, à proprement parler, qu'une seule, malgré les différences que l'on remarque dans les souscriptions. Toutefois, nous devons dire que l'édition Galbit du premier volume, portant la date de 1665, est préférée à celle de J. Couterot, et avec raison ; car elle contient la « Liste de quelques moines de l'Isle extraits de diuers tiltres, selon les temps ausquels ils ont rescu. » Avec « additions et corrections » que J. Couterot a supprimées dans ses remaniements. Quant au tome II, on le trouve tantôt avec la date de 1681, tantôt avec celle de 1682. Celui qui porte le millésime de 1682 est sans chiffre de tomaison. Le frontispice fut ainsi refait en vue d'engager les possesseurs du premier, de 1665, aussi non tomé, à faire l'acquisition de ce second tome.

Cet ouvrage est, encore aujourd'hui, très-recherché ; c'est, du reste, un travail exact et consciencieux.

La Bibliothèque impériale possède deux exemplaires de 1681, enrichis de nombreuses et intéressantes notes manuscrites de Clairambault pour l'un et de Charles-René d'Hozier pour l'autre.

2717. Proiet de la Seconde Partie des Masvres de l'Isle-Barbe. (Par CLAUDE LE LABOUREUR.)— (S. l. n. d.) In-4°. Pièce.*

Contient les noms, qualités et blasons des maisons nobles qui ont donné des religieux au monastère de l'Isle-Barbe, et dont l'auteur se proposait d'écrire la généalogie. Cet opuscule, d'une excessive rareté, et qui doit compléter les bons exemplaires des Mazures, a été réédité par M. Rivoire, sous le titre suivant.

2718. Supplément aux Mazures de l'Abbaye de l'Isle-Barbe-lez-Lyon de C. LE LABOUREUR.— Rivoire, libraire à Lyon, 1846, in-4°.*

Le savant éditeur a réuni à cette édition, tirée à 50 exemplaires, les pièces suivantes : 1° un Catalogue des abbesses de Saint-Pierre ; 2° le Testament de saint Ennemond ; 3° la Liste de quelques moines que le libraire J. Couterot avait supprimée dans son édition des *Mazures*, avec les *additions et corrections* ; 4° une Notice historique sur l'Ile-Barbe actuelle, de l'abbé Roux, qui avait déjà paru en 1843, etc.

2719. Formulaire des preuves de Noblesse de Messieurs les Comtes de Lyon.—(S. l. n. d.) In-4°. Pièce.* Avec blasons et arbres généalogiques.

Opuscule très-rare.—Voyez ci-dessus le n° 2708 et ci-après 2766.

2720. A Monseigneur... Guyet, Marquis de Bautange. Ouroux et autres places, Conseiller du Roy en tous ses Conseils, Intendant de justice et finances de la ville de Lion, Provinces de Lionnois, Forest et Beaujollois, commissaire départy.—(S. l. n. d.) In-4°. Pièce.*

Remontrance des Officiers au Bailliage de Forest et en l'Election de Montbrison, au sujet des poursuites dirigées contre eux pour avoir pris la qualité de noble.—Signé Gaeysolos, procureur desdits sieurs Officiers.

2721. Noms, Surnoms, Calitez et Blason de MM. les Prévôts des marchands et Eschevins de la ville de Lyon, dont la Noblesse a esté reconnue suivant la déclaration du Roy és années 1667 et 1668. (Par Claudine Brunand.) —(S. l. n. d.) In-f°. [B. L.]

Voyez le n° suivant.

2722. Noms, Surnoms, Qualités et Blasons de MM. les Prévôts des marchands et Eschevins de la ville de Lyon (depuis 1595 jusqu'en 1670), gravé et colorié par Demoiselle Claudine Brunand. A la suite est l'*Arrest du Conseil d'Estat* sur le Titre et Privilége de Noblesse des Prévôts des marchands et Eschevins.—Lyon, chez la V°. d'Aymé Brunand, (s. d.), in-f°. [B. L.]

La Bibliothèque du collége de la ville de Lyon conserve plusieurs armoriaux manuscrits fort curieux, non-seulement de ces notables, mais aussi des gouverneurs, des intendants de police, de justice et de finance du Lyonnais. —Voyez ci-après le n° 2770.

2723. Armorial véritable de la Noblesse qui a été reconnue et approuvée dans la Recherche qui a été faite des années 1667-1668 pour les pays de Lyonnois, Forez et Beaujolois, par Claudine Brunand. — *Lyon*, 1669, in-f°. [J.-B. M.]

La Bibliothèque du collége de la ville de Lyon possède le manuscrit in-4° de cet ouvrage très-rare aujourd'hui.—Voyez le n° suivant.

2724. Armorial véritable de la Noblesse qui a été reconnue et approuvée dans la Recherche qui en a été faite en 1667 et 1668, pour les pays de Lyonnois, Forez, et Beaujolais.—*Imprimé à Lyon, en 1668, par C. Brunand. M. DCCC. XLVIII. Nouvelle édition publiée par M. A.-S. (Sauvage) des Marches, de Châlons-sur-Saône*, in-4°. [B. L.] Avec planches coloriées.

Tiré à très-petit nombre. — Voyez le n° précédent.

2725. Arrest du Conseil d'Estat par lequel Sa Majesté maintient et garde les Prévost des marchands et Eschevins de la ville de Lyon et leurs enfans nays et à naistre en loyal mariage, en la possession et jouissance du titre et privilége de Noblesse. Du 6 Janvier 1667.—*Lyon*, 1667, in-4°. Pièce. [B. L.]

2726. Arrest du Conseil d'Estat portant que ceux qui ont passé et passeront par les charges de Prévost des marchands et Eschevins de la ville de Lyon, jouiront du privilége de Noblesse à eux attribué et leurs enfans nays et à naistre en loyal mariage, bien qu'ils ayent négocié et négocient cy-après en gros. Du 11 Aoust 1667.—*Lyon*, 1667, in-4°. Pièce. [B. L.]

2727. Eloge historique de la ville de Lyon, et sa grandeur consulaire sous les Romains, et sous nos Roys. Par le P. Claude François Ménestrier,... — *Lyon*, B. Coral, 1669, in-4°.* Avec 75 planches renfermant 375 écussons blasonnés et coloriés.

La Bibliothèque du collége de la ville de Lyon possède deux

exemplaires de cet Éloge, enrichis de nombreuses notes autographes de Cochard pour l'un, et du P. Ménestrier pour l'autre.

2728. Arrest dv Conseil d'Estat dv Roy, confirmatif des priviléges de Messieurs les Officiers de la Cour de Parlement de Dombes séant à Lyon. Du vingt-deuxième Mars 1669.—Lyon, Ant. Jullieron, 1669, in-4°. Pièce.*

2729. Mémoires contenant ce qv'il y a de plus remarquable dans Villefranche capitale dv Beaviolois. A Messieurs les Eschevins de Villefranche. (Par JEAN DE BUSSIÈRES.) — Villefranche, Ant. Baudrand, 1671, in-4°.*

Contient sur le titre le blason de cette ville, dont la description se trouve à la page 78. Contient aussi la liste des Echevins depuis 1376 jusqu'à 1670, et des renseignements sur les Familles nobles de la localité.

2730. Histoire vniverselle, civile et ecclésiastique dv Pays de Forez. Dressée svr des avtoritez et des preuues authentiques, par Noble Messire JEAN-MARIE DE LA MVRE, prêtre, docteur en théologie,...—Lyon, 1674, in-4°.*

Contient beaucoup de documents sur les fiefs et les Familles nobles de cette province.

2731. Déclaration du Roy, qui maintient les Prévosts des Marchands et Eschevins de la Ville de Lyon, qui ont exercé lesdites Charges jusqu'au dernier Décembre 1639, et leurs descendans dans la jouissance des Privvilléges de Noblesse, sans payer aucune finance. Confirme ceux qui ont exercé depuis 1640 jusqu'au dernier Décembre 1690, et leurs descendans dans la jouissance desdits Privilèges, les décharge de toutes recherches pour raison de leur administration dans l'Hostel de Ville, en payant les sommes auxquelles ils seront taxez au Conseil. De moitié desquelles seront déchargez ceux qui renonceront au titre de Noblesse six semaines après la publication de ladite Déclaration. Donnée à Versailles le 10 Juillet 1691.—Paris, 1691, in-4°. Pièce.*

2732. Arrest du Conseil d'Estat pour l'exécution de la déclaration du 10 du présent mois de Juillet, qui confirme les Prévosts des marchands et Eschevins de la ville de Lyon et leurs descendants dans la jouissance des privilèges de Noblesse, en payant les sommes auxquelles ils seront taxés par les rolles. Du 17 Juillet 1691.— (S. l. n. d.) In-4°. Pièce. [B. L.]

2733. Déclaration du Roy concernant les Privilèges de Noblesse des Prévosts des marchands et Eschevins de la ville de Lyon. Donnée à Fontainebleau le 21 Octobre 1692.—(S. l. n. d.) In-4°. Pièce. [B. L.]

2734. Généalogie des Comtes de Forests depuis Arthault qui décéda l'an neuf cens quatre vingt treize, iusques à Anne Dauphine, qui viuoit l'an mil quatre cens quinze, laquelle porta le dit Comté en la Maison de Bourbon.—(S. l. n. d.) In-4°. Pièce.*

Pièce excessivement rare. — Voyez n° 2779 ci-après.

2735. Instruction sommaire, pour les Avocats de la Ville de Lyon. Contre le Commis au recouvrement des sommes qui doivent estre payées par les usurpateurs du Titre de Noblesse, en exécution de la Déclaration du 4 Septembre 1696. (Par M° GILLET, avocat.) — Paris (s. d.), in-4°. Pièce.*

2736. Requête des Avocats de Lyon, par FRANÇOIS PIERRE GILLET, Avocat, contre le traitant préposé à la Recherche des faux nobles, commençant par ces mots: « Au Roy. Sire, les Avocats en la Sénéchaussée, siége Présidial et autres Cours de vostre Ville de Lyon,... » —(S. l. n. d.) In-4°. Pièce.*— (S. l.), 1696, in-4°. Pièce.*

2737. Requête des Médecins de Lyon, par le sieur DE LA MONIÈRE, Médecin, contre le Traitant préposé à la Recherche des faux nobles, commençant par ces mots: « Au Roy. Sire, les Médecins, aggregez au Collége de

vostre ville de Lyon,... » —
(Paris. Impr. de la Vᵉ Mazuel,
in-4°. Pièce.*—(S. l.), 1696, in-4°.
Pièce. [L. F.]

2738. Remontrance des Docteurs
en médecine agrégés au Collège
des médecins de Lyon, touchant
la Déclaration du 4 Septembre
dernier (1696), qui a ordonné la
Recherche des Usurpateurs du
titre de Noblesse, à Monseigneur
Henri-François Lambert d'Her-
bigny,... Commissaire départi
par Sa Majesté. (Par GILLET,
avocat.) — (S. l. n. d.) In-4°.
Pièce.*

2739. Recueil de toutes les pièces
concernant le procès des Avocats et des Médecins de la ville
de Lion contre le Traitant de la
recherche des Faux-nobles (la
Cour de Beauval). Avec l'Arrêt
intervenu au Conseil le quatrième Janvier 1699. Aprobatif
de l'usage où sont les Avocats
et les Médecins de prendre
la qualité de Noble. (Par LAU-
RENT GILLET, avocat au Parlement.)—Lion, L. Plaignard, 1700,
in-4°.

> Ce recueil, peu commun, est
> inséré dans les « Plaidoyers » de
> l'auteur. — Paris, 1718, in-4°.

2740. Edit du Roy, portant révocation de celuy du mois d'Octobre 1704 à l'égard de la Ville de
Lyon et confirmation des Prévost des Marchands et Eschevins
de la mesme ville dans le Privilége de la Noblesse. Donné à
Versailles au mois de Février
1705.—Paris, 1705, in-4°. Pièce.*

2741. Déclaration du Roy qui unit
au Bureau des Finances de la
Généralité de Lyon deux dispenses d'un degré de service
pour acquérir une pleine Noblesse. Donnée à Versailles le
30 Mars 1705.—Paris, 1705, in-4°.
Pièce.*

2742. Ordonnance de Nosseigneurs
les Commissaires du Conseil
pour la Noblesse qui permet au
Maire de Montbrizon de prendre
la qualité de Noble, et ordonne
la restitution des deux mille
deux cents livres qu'il avait
consignées. Du dix-huit novem-

bre 1705. — Paris, 1707, in-4°.
Pièce.*

2743. Edit du Roy qui confirme
les Eschevins de la Ville de
Lyon dans le privilége de la Noblesse. Donné à Versailles au
mois de Janvier 1707. — Paris,
1707, in-4°. Pièce.*

2744. Histoire abrégée ou Eloge
historique de la ville de Lyon.
(Par CLAUDE BROSSETTE, avocat
au Siége Présidial de Lyon.)—
Lyon, 1711, in-4°.* Avec 593 blasons des Prévôts et Echevins
de la ville, et autres figures.

> C'est l'Eloge historique de la
> ville de Lyon, par le P. Ménes-
> trier, mais sous une forme diffe-
> rente, comme l'auteur le dit lui-
> même dans son avertissement.
>
> Contenu aussi dans « Mémoire
> pour l'Histoire des sciences et des
> beaux-arts, » du même.—Trévour,
> 1713, in-12.

2745. Recueil des Titres et autres
pièces authentiques concernant
les Priviléges et Franchises du
Franc-Lyonnois ; extrait sur les
Originaux qui sont dans les
archives à Neufville. (Par Hu-
BERT DE SAINT-DIDIER.)—Lyon,
1716, in-4°.* Avec une carte géographique.

2746. Lettres-Patentes du Roy,
portant confirmation des Priviléges des Prévôt des marchands
et Echevins et des bourgeois et
habitans de la ville de Lyon.
Données à Paris, au mois de
Septembre 1718. — Lyon, 1718,
in-4°. [B. L.]

2747. Armorial chronologique,
contenant les Noms, Surnoms,
Qualitez et Armoiries blasonnées
de Nosseigneurs les Gouverneurs et Lieutenants-Généraux
pour Sa Majesté, de la ville de
Lyon et des provinces de Lyonnois, Forez et Beaujolois, depuis
leur création jusqu'à présent
(1727), par J. B. CHAUSSONET,
armorialiste et chronologiste de
la ville.—(S. l. n. d.) In-f° de
15 pl. or et couleurs. [J.-B. M.]
Excessivement rare.

2748. Armorial chronologique des
Noms, Qualités et Armoiries des
Intendants de la ville et généra-

lité de Lyon depuis leur fondation, par J. B. CHAUSSONET, 1727.
—(S. l.) Gr. in-f° de 100 p. Avec
les armoiries peintes en or et
couleurs. [J.-B. M.]

    Non moins rare que le précé-
dent.

2749. Arrest du Conseil d'Estat
portant, entre autres choses, la
Décharge du droit de confirmation en faveur des personnes
anoblies par l'Echevinage de
Lyon, depuis l'année 1643 jusques et compris l'année 1715.
Du 18 Mars 1732.—Lyon, 1732,
in-4°. Pièce.* [B. L.]

2750. Ordonnance du Roy de 1745,
par laquelle les Comtes de Lyon
sont autorisés à porter *une croix
d'or émaillée à huit pointes.*—
(S. l. n. d.) In-4°. [J.-B. M.]

2751. Vidimus des Priviléges et
Lettres-Patentes octroyés aux
habitants de Lyon par les Roys
et le Seigneur Archevêque en
date du 14 Décembre 1336.—
Lyon, 1746, in-4°. [B. L.]

2752. Recherche pour servir à
l'Histoire de Lyon ou les Lyonnois dignes de mémoire. (Par
l'abbé PERNETTI.) — Lyon, 1757,
2 vol. in-8°.*

    Contient un grand nombre de
généalogies des Familles nobles
de Lyon et du Lyonnais.—La
Bibliothèque du collège de la
ville de Lyon possède deux exemplaires de cet ouvrage, avec des
notes manuscrites intéressantes de
M. Cochard pour l'un, et de
M. Bréghot du Lut pour l'autre.

2753. Supplément aux Lyonnois
dignes de mémoire. (Par le chevalier LAURÈS.)—Marnioule, 1758,
2 vol. in-8°. [B. L.]

    L'exemplaire de la Bibliothèque
du collège de la ville de Lyon est
enrichi de notes manuscrites copiées sur celles de l'abbé Mercier
de Saint-Léger.

2754. Biographie Lyonnaise. Catalogue des Lyonnais dignes de
mémoire, rédigé par MM. BRÉ-
GHOT DU LUT et PÉRICAUD ainé,
et publié par la Société littéraire de Lyon.—Paris, 1839, in-8°.
[B. L.]

    C'est en quelque sorte l'ouvrage
de Pernetti que MM. Bréghot du

Lut et Péricaud, avec cette exactitude et cette érudition qui leur
sont habituelles, ont refondu et
considérablement augmenté.

2755. Précis chronologique sur
les Franchises et Immunités de
la ville de Lyon.—Lyon, 1761,
in-4°. Pièce. [B. L.]

2756. Mémoires historiques et éco-
nomiques sur le Beaujolois, ou
Recherches et Observations sur
les Princes de Beaujeu, la Noblesse,... du Beaujolois; par
BRISSON.—Avignon et Lyon, 1770,
in-8°.*

2757. Les Fleurs armoriales con-
sulaires de la ville de Lyon,
avec les Noms, Surnoms, Qualités et Armoiries blasonnées (et
coloriées) de MM. les Conseillers et Echevins de ladite ville
depuis l'année 1499; recherchées par les soins de P.-F.
CHAUSSONNET, armorialiste de la
ville.—(Lyon), 1779, in-f°. [B. L.]

    Très-rare.

2758. Armorial consulaire de la
ville de Lyon, contenant les
Noms, Surnoms, Qualités et Armoiries blasonnées de MM. les
Prévôts des marchands et Echevins de ladite ville, depuis l'année 1595 jusqu'à présent (1789);
par PIERRE-FRANÇOIS CHAUSSON-
NET. — (S. l. n. d.) In-f°. [B. L.]

    La Bibliothèque du collège de
la ville de Lyon possède aussi le
manuscrit de cet ouvrage.—Aussi
rare que le précédent.

2759. Procès-verbal des séances
de l'Assemblée de l'Ordre de la
Noblesse du ressort de la Séné-
chaussée de Beaujolais, tenue à
Villefranche en 1789. — Lyon,
Delaroche, 1789, in-4°. Pièce.
[B. L.]

2760. Cahiers des Doléances du
Clergé, de la Noblesse et du
Tiers-Etat de la province de Fo-
rez. Remis à leurs députés aux
Etats Généraux. — Paris, 1789,
in-8°. Pièce.*

2761. Procès-verbal de l'assemblée
de l'Ordre de la Noblesse de
Forez, tenue à Montbrison, le
18 mars 1789.—(S. l. n. d.) In-4°.
[B. L.]

2762. Procès-verbal des séances

de l'assemblée de l'Ordre de la Noblesse du ressort de la Sénéchaussée de Lyon, tenue en exécution des lettres de convocation pour les Etats libres et généraux du Royaume en mars et avril 1789.—*Lyon, A. Delaroche*, 1789, in-4°. Pièce. [B. L.]

2763. Noms de MM. de l'Ordre de la Noblesse du ressort de la Sénéchaussée de Lyon, qui se sont trouvés aux différentes assemblées tenues en mars et avril 1789, en exécution des Lettres de convocation des Etats-Généraux.—(*S. l. n. d.*) In-4°. Pièce. [B. L.]

2764. Cahier de l'Ordre de la Noblesse du ressort de la Sénéchaussée de Lyon. — *Lyon et Paris*, 1789, in-8°. Pièce.*

2765. Liste des Nobles et Anoblis possédant ou non possédant fiefs pour l'assemblée qui se tiendra à Montbrison, le 18 mars 1789. —(*S. l. n. d.*) In-4°. Pièce. [B. L.]

2766. Catalogue des Comtes de Lyon (depuis 1247 jusqu'en 1607). —*Besançon*, (1830), in-4°. Pièce.*

Voyez ci-dessus les n°* 2708 et 2719.—Voyez encore : Les Preuves et quartiers des comtes de Lyon, et une liste exacte de tous les comtes de cette ville dans le « *Recueil des Pièces fugitives pour servir à l'Histoire de France.* »(Par CHARLES DE BASCHI, marquis d'AUBAIS.)

2767. Essai historique sur la Souveraineté du Lyonnais au x° siècle; par le Baron FRÉDÉRIC DE GINGINS-LASSARAZ.—*Lyon*, 1835, in-8°. [B. L.]

2768. Notice sur le Franc-Lyonnais, par M. J. JOURNEL.—*Lyon*, 1839, in-8°. Pièce.*

2769. Les Gouverneurs de Lyon, par ANT. PÉRICAUD, aîné.—*Lyon*, 1841, in-8°. Pièce.* Avec blason de la ville de Lyon.

Extrait de la « *Revue du Lyonnais.* »

2770. Armorial des Prévosts des marchands et Echevins de la ville de Lyon, de 1596 à 1789, autographié par A.-S. (SAUVAGE) DES MARCHES. — *Chalons-sur-Saône*, 1844, in-4°.

Reproduction des recueils de Ménestrier, de Brossette et de Chaussonnet.

Précédé d'une Notice historique sur le Consulat lyonnais, et de la Liste des prévôts des marchands et échevins de Lyon, de 1596 à 1789. — Voyez encore ci-dessus les n°° 2721, 2722 et 2758.

2771. Notice historique sur les Seigneurs de Beaujeu; par AUGUSTE BERNARD. —(*S. l.*, 1845.) In-4°. Pièce. [B. L.]

2772. Histoire du Beaujolais et des Sires de Beaujeu, suivie de l'Armorial de la province, par le baron DE LA ROCHE LA CARELLE. —*Lyon, L. Perrin*, 1853, 2 vol. in-8°.* Avec 6 pl., une carte et 400 écussons.

Ouvrage tiré à 200 exemplaires, non mis en vente.

2773. Recueil de Documents pour servir à l'Histoire de l'ancien gouvernement de Lyon. Contenant des notices chronologiques et généalogiques sur les Familles nobles ou anoblies qui en sont originaires ou qui y ont occupé des charges et emplois, avec le Blason de leurs armes (gravées par DURAND); mis en ordre et publié par L. MOREL DE VOLEINE, Lyonnais, et H. DE CHARPIN (DE FEUGEROLLES), Forézien.—*Lyon, L. Perrin*, 1854, gr. in-4°.*

Cette production, tirée à petit nombre, non mise en vente, est d'une très-belle exécution typographique, comme tout ce qui sort des presses de notre habile compatriote. La première partie seule a paru : elle contient la liste chronologique des Evêques, Archevêques de Lyon; des chorévêques, suffragants, vicaires généraux et administrateurs de cette Église. A la fin se trouve l'Armorial des Familles citées dans cet ouvrage, et qui ont contracté des alliances avec les personnes dont on a donné les généalogies. Les autres parties contiendront les Echevins, les Intendants, les Gouverneurs, le Clergé, la Magistrature et les Personnages célèbres.

2774. Les Fiefs dv Forez d'après le manvscrit inédit de M. SONYER DV LAC,... avec des notes...

et une table... des Noms de lieux, et de personnes (et une table généalogique des Comtes de Forez)... Par M. P. d'Assier de Valenches,... (1858).

Voyez ci-dessus n° 1481.

2775. Armorial général du Lyonnais, Forez et Beaujolais, comprenant les Armoiries des Villes, des Corporations, des Familles nobles et bourgeoises actuellement existantes ou éteintes, des Archevêques, des Gouverneurs et des principaux fonctionnaires publics de ces provinces. Le tout composé de 2,080 blasons dessinés, et d'environ 3,000 notices héraldiques et généalogiques. (Par M. André Steyert.) —Lyon, Aug. Brun, 1860, in-4°.

Travail exact et consciencieux.

2776. La Noblesse des Médecins de Lyon aux XVIIe et XVIIIe siècles, par le Dr P. Ménière, médecin de l'Institution impériale des Sourds-Muets de Paris.— Lyon, impr. d'Aimé Vingtrinier, 1860), in-8°. Pièce.*

2777. Recherches concernant principalement l'Ordre de la Noblesse sur l'Assemblée bailliagère du Forez, convoquée à Montbrison, en Mars 1789, pour l'élection des Députés aux Etats-Généraux du Royaume.—Sommaire historique.—Convocation. —Procès-verbaux.—Listes nominatives.—La Nouvelle Diana ou Armorial.—Pièces justificatives et Notes.—Le Monument religieux de Feurs. Par l'éditeur des Fiefs du Forez (M. P. d'Assier de Valenches)... — Lyon, impr. de L. Perrin, 1860, in-4°.* Avec un grand nombre de blasons gravés dans le corps du texte.

Tiré à petit nombre, non mis en vente.

2778. Inventaire des Titres du Comté de Forez fait en 1532, lors de la réunion de ce Comté à la Couronne de France, par Jacques Luillier, auditeur de la Chambre des Comptes de Paris,... suivi d'un Appendice contenant plusieurs pièces inédites et des fragments de l'Inventaire des

Titres du Forez, dressé en 1473 par Perrin Gayand. Publié par Aug. Chavérondier, docteur en droit. Première (et seconde) partie.—Roanne, 1860, 2 vol. gr. in-8°.*

Tiré à petit nombre, non mis en vente.

2779. Histoire des ducs de Bourbon et des Comtes de Forez... Par Jean-Marie de la Mure,... (1860).

Voyez ci-après mêmes Liv. et Sect, § 7.—Voyez encore ci-dessus n° 2734.

2780. Catalogue des Gentilshommes de Lyonnais, Forez et Beaujolais, qui ont pris part ou envoyé leur procuration aux Assemblées de la Noblesse, pour l'élection des députés aux Etats Généraux en 1789. Publié d'après les procès-verbaux officiels, par MM. Louis de la Roque et Edouard de Barthélemy. —Paris, E. Dentu, 1861, gr. in-8°.*

Accompagné de l'Etat militaire et judiciaire et de la liste des chapitres nobles de la province.

Pour le Beaujolais, on peut encore consulter dans le « Mercure de France », juin 1718 : Mémoire sur la Baronnie de Beaujolais, par Deriins.

Maine et Perche.

2781. Mémoires des Comtes du Maine jusqu'en 1620; par Pierre Trouillart, sieur de Montferré, advocat au Mans. — Paris, 1643, in-8°.*

2782. Liste de Messieurs les Officiers de la Maison de Ville du Mans, depuis l'an 1474 jusqu'en 1756.—Au Mans, J.-G. Ysambart, 1756, in-4°. Pièce.*

L'exemplaire de la Bibliothèque impériale contient quelques additions manuscrites.—Très-rare.

2783. Dictionnaire topographique, historique, généalogique et bibliographique de la province et du diocèse du Maine,.... par André René Lepaige,... — Au Mans, 1777, 2 vol in-8°.*

« Ce livre contient des notions détaillées sur l'histoire ecclésiastique, civile et littéraire, etc., de chaque commune ; on y trouve des faits et des notices qu'on chercherait vainement ailleurs, l'auteur les ayant puisés dans un grand nombre de mémoires particuliers qui lui furent adressés par des curés de diocèse, par les seigneurs de paroisse auxquels il avait adressé une circulaire : on pourrait seulement lui reprocher d'avoir grossi son livre de quelques généalogies inexactes et insignifiantes. » [Q.]

2784. Extrait des Procès-verbaux des séances particulières de l'Ordre de la Noblesse du Maine, assemblé au Mans. Du 26 mars 1789.—(S. l. n. d.) In-8°. Pièce.*

2785. Cahier des Remontrances et Demandes de l'assemblée de la province de Thimerais, et Instructions à M. le Comte de Castellane, son député... —Paris, 1789, in-8°. Pièce.*

2786. Notice chronologique et historique sur les Anciens Comtes du Perche; par M. LANGE.—Caen, 1835, in-8°. Pièce. [D.]
Extrait des « Mém. de la Soc. des Antiq. de la Normandie, » ann.1835, p. 113.

2787. Etats du Maine, députés et sénéchaux de cette province; par M. TH. CAUVIN,...—Le Mans, 1839, in-18.*
Extrait de l' « Annuaire du département de la Sarthe,» ann.1839. — Tiré à petit nombre.

2788. Armoiries des Evêques du Mans, avec celles des corps ecclésiastiques et civils de ce Diocèse, par TH. CAUVIN. —(S. l. n. d.) In-18. [D.] Avec 16 planches de blasons.
Extrait de l'«Annuaire du département de la Sarthe. »—Tiré à petit nombre.

2789. Essai sur l'Armorial du Diocèse du Mans : par TH. CAUVIN. —Le Mans. 1840, in-18. [D.] Avec blasons.
Extrait de l'«Annuaire du département de la Sarthe, » ann. 1840.— Tiré à petit nombre.

2790. Suite à l'Essai sur l'Armorial de l'ancien diocèse du Mans. (Par M. DE RUESNE.)
Dans l'«Annuaire du département de la Sarthe, » ann. 1859-1861.

2791. Histoire des Seigneurs de Mayenne,... par M. GUYARD DE LA FOSSE. (1850.)
Voyez ci-dessus n° 2192.

2792. Histoire des comtes du Perche, de la famille des Rotrou, de 943 à 1231, c'est-à-dire jusqu'à la réunion de cette province à la couronne de France, d'après les chroniques, les manuscrits, les auteurs anciens et modernes, et surtout d'après les cartulaires, presque tous inédits, dont un grand nombre de chartes sont publiées pour la première fois, illustré des armes des Rotrou et de deux jolies lithographies à deux teintes, par JACOTTET, représentant les deux principales époques du château de Nogent-le-Rotrou; par M. O. DES MURS,.... — Nogent-le-Rotrou. 1856, in-8°.*
Ouvrage qui n'est pas sans mérite, mais que l'auteur aurait pu rendre plus intéressant s'il avait su éviter la minutie des détails dans laquelle il est tombé, voulant être trop complet.

2793. Etudes sur le Maine. Noblesse du Maine aux Croisades. (Par Mme BIDARD.) — Le Mans. 1859, in-8°.*
Ouvrage intéressant.

Marche.

2794. Table généalogique et historique des Anciens Vicomtes de la Marche, Seigneurs d'Aubusson, et ensuite celles de toutes les Branches qui en sont descendues en ligne directe et masculine, et qui subsistent à présent depuis l'an DCCCLX. Dressées sur témoignage de plusieurs auteurs contemporains... Par Monsieur (JEAN) DU BOUCHET,...—Paris, 1682, in-f°.*
Avec une Table contenant le blason des armoiries des maisons qui composent les 256 quartiers du duc de la Feuillade.

Nivernais.

2795. Histoire du pays et duché de Nivernois. Par Me GUY COQVILLE, sieur DE ROMENAY. —Paris, 1615, in-4°.*
Publié par ANTOINE LOISEL.— Réimprimé au tom. I des Œuvres de l'auteur. — Contient beaucoup de détails généalogiques sur les

principales Familles nobles de cette
province, et particulièrement sur
les évêques, comtes et ducs de
Nevers.

2796. Cahier général de la Noblesse du Bailliage de Nivernais et
Donziais, et pouvoirs par elle
donnés à ses députés. — (S. l.,
1789.) In-8°. Pièce.*

2797. Liste des Membres de l'assemblée de l'Ordre de la Noblesse du bailliage de Nivernais
aux Etats Généraux de 1789.
Publiée d'après le cahier original. (Par M. le comte GEORGE
DE SOULTRAIT.) — Paris, V. Didron, 1847, gr. in-8°. Pièce.*

Tiré à 150 exemplaires, dont
cinq en papier de Hollande, cinq
en papier vélin et deux en papier
de couleur. Celui de la Bibliothèque impériale est un des cinq sur
papier vélin.
Il avait déjà paru, en 1846, dans
l' « Almanach de la Nièvre, » une
liste semblable, mais incomplète
et inexacte.

2798. Armorial de l'Ancien Duché
de Nivernais ; suivi de la Liste
de l'assemblée de l'Ordre de la
Noblesse du Bailliage de Nivernais aux Etats Généraux de 1789;
par le comte GEORGE DE SOULTRAIT.—Nevers, Fay, 1844, in-12.
—Paris, 1847, gr. in-8°.*

Avec 20 planches gravées contenant les armoiries de l'évêché, des
évêques, des communautés religieuses, des villes et corporations,
des comtes, ducs et barons, et des
familles de cette province.
La première édition est un tirage à part, à très-petit nombre,
de l'« Annuaire de la Nièvre » pour
1843. La deuxième, beaucoup
plus complète et mieux digérée, a
été tirée à 450 exemplaires.

2799. Essai sur la numismatique
nivernaise, par le Cte GEORGE DE
SOULTRAIT,.... — Paris, 1854,
in-8°.*

Ce travail, savamment exécuté,
contient un grand nombre de jetons pour la plupart armoriés,
gravés et intercalés dans le texte,
dont l'ensemble intéresse l'histoire
féodale et nobiliaire de cette contrée.

Normandie.

2800. Acte du roy du 31 mars 1607,
pour la répression des abus

commis en l'obtention et expédition des lettres d'anoblissement, relatif à la Normandie,
commençant ainsi : « Henry par
la grace de Dieu Roy de France... »—Extraict du 36e article
du Cayer des Remonstances
faictes au Roy par les gens des
trois estats du pays et Duché de
Normandie. A eux respondue par
sa Majesté, à Paris le 30. iour de
Ianuier 1607.—Extraict des registres dv Conseil d'Estat.—Acte
du roy du 16 juin 1607 pour la
manutention des anoblis de la
province de Normandie. — Extraict des registres de la Cour
des Aydes en Normandie (16
Juin 1607.). Le tout en une pièce
in-12.*

2801. Elogiorvm civivm Cadomensivm centuria prima, Authore
JACOBO CAHAGNESIO, Cadomensi,...—Cadomi, 1609, in-12.*

2802. Historiæ Normannorvm scriptores antiqvi.... Insertæ svnt
monasteriorvm fvndationes variæ, series Episcoporum et Abbatum ; genealogiæ Regum ,
Ducum, Comitum et Nobilium...
Ex Mss. codd. omnia ferè nvnc
primum edidit ANDREAS DVCHESNIVS, turonensis.—Lutetiæ Parisiorum, 1619, in-f°.*

2803. Histoire générale de Normandie. Contenant les choses
mémorables advenues depuis
les premières courses des Normands..... Avec l'histoire de
leurs Ducs, leur Généalogie et
leurs Conquestes... Par M. GABRIEL DV MOVLIN, curé de Maneual.—Rouen, 1631, in-f°.*

Indépendamment des documents
généalogiques mentionnés ci-dessus, on trouve encore à la fin, et
avec une pagination particulière :
« Catalogue des Seigneurs de Normandie, et autres provinces de
France, qui ferent en la conqueste
de Hierusalem, sous Robert Courte-
Heuze, duc de Normandie, et Godefroy de Bouillon, duc de Lorraine. Avec la curieuse remarque de
leurs armes ou armoiries.—Noms
des Seigneurs et Chevaliers normands qui portoient les bannières
sous Philippes second.—Catalogue
des Seigneurs renommez en Normandie, depuis Guillaume le Conquerant iusques en l'an mille dou-

se,...—*Catalogve des Seignevrs de la Comté de Mortain qui iurèrent fidélité à Philippes Auguste. — Noms des Seignevrs relevans de Bretueil, qui firent hommage à Philippes Auguste.—Noms des Seignevrs relevans du Fief de Grante-Mesnil, qui rendirent hommage audit Auguste. — Catalogve des Seignevrs qui n'allerent point faire hommage et n'enuoyerent point d'excuses.—Noms de cent dix-neuf Gentilshommes qui deffendirent si bien le Mont S. Michel, l'an mil quatre cens vingt-trois, que les Anglois ne peurent le prendre. Leurs Noms et Armes estoient peints, mais l'injure du temps a effacé la plus grande partie desdites armes. ›*

2804. Lettre du Sievr de LA ROQUE aux Intéressés en l'Histoire généalogique des Maisons nobles de Normandie. — (S. l.), 1653, in-f'.*

2805. Histoire générale des Maisons nobles de la province de Normandie, par le Sieur de LA ROQVE.... Premier (et second) volume. Auec permission du Roy, suiuant les Lettres de Sa Maiesté en date du vingt et vniesme iour de Iuillet mil six cens cinquante trois. — Caen, 1654, 2 vol. in-f'.*

Avec tables généalogiques et planches de blasons.—Ne contient que les généalogies des maisons *Fay, Brossard* et *Touchet.* — Le reste n'a pas été publié.—La Bibliothèque impériale conserve un autre exemplaire sur velin du premier volume.

2806. Déclaration dv Roy pour la recherche des vsurpateurs de Noblesse et confirmation des Lettres Patentes émanées du grand Seau en la Prouince de Normandie. (15 mars 1655)....
Auec la Commission donnée pour la recherche desdits vsurpateurs et Arrests donnez en conséquence.—Paris, 1666, in-4°. Pièce.*

2807. Histoire de la ville de Roven divisée en trois parties. La première contient sa fondation, ses accroissemens, ses priviléges... La seconde, l'origine de ses églises Paroissiales et Collégiales... La troisième, les fondations et antiquitez de ses Monastères et autres communautez, avec les sépultures et épitaphes de remarque qui s'y rencontrent. Où sont employez plusieurs Noms, Armoiries, Alliances, Généalogies et recherches touchant les anciennes Familles de la Province. (Par F. FARIN, Prieur de N.-D. du Val.) — Roven, 1668, 3 v. in-12. *

Chaque partie contient une Table alphabétique des noms de Famille qui y sont contenus.—Voyez le n° suivant.

2808. Histoire de la ville de Rouen, contenant son Antiquité, sa Fondation, ses différents Accroissements, l'Histoire abrégée de ses Ducs ; ses Compagnies, ses Jurisdictions, ses différents Corps et son Ordre politique et civil; ses Priviléges et ses Droits.... Avec les Sépultures et les Epitaphes de remarque, les Armoiries, Alliances et Armoiries des plus anciennes Familles de la Province. (Par F. FARIN.) Nouvelle édition. Revue, corrigée et augmentée (Par JEAN LE LORRAIN, chapelain de l'Eglise métropolitaine de Rouen).—Rouen, 1710, 3 vol. in-12 *—(Autre édition.) Rouen, 1710, 3 vol. in-12.*

Ces deux éditions n'ont pas de table pour les noms de Famille comme dans la première. — Le fond, dit le P. Lelong, est bien de Farin, mais gâté par le Lorrain.—Voyez le n° suivant.

2809. Histoire de la ville de Rouen. Divisée en six Parties. Troisième édition... Par un Solitaire (F. FARIN), et revue par plusieurs personnes de mérite. — Rouen, 1731, 6 vol. in-12. Avec un plan de la ville de Rouen.

Ire Partie. Contenant la description, l'état où elle étoit autrefois et ce qu'elle est à présent, et les Ducs de Normandie.

IIe Partie. Contenant la Noblesse, les Cours de Judicature, les Jurisdictions subalternes et les Grands-Hommes.

IIIe Partie. Contenant la Cathédrale, les Dignitez, et ce qui est arrivé de plus mémorable sous le gouvernement des Archevêques.

IV⁰ Partie. Contenant les Conciles et les Eglises Paroissiales qui sont dans l'enceinte de la ville.

V⁰ Partie. Contenant les Paroisses des Fauxbourgs, les Chapelles, les Hôpitaux, les Sépultures de la campagne, les Abbayes et une partie des Prieurez.

VI⁰ Partie. Contenant la suite des Prieurez et toutes les autres Communautez religieuses.

2810. Histoire chronologiqve des Evesqves, et du Govvernement ecclésiastiqve et politique du Diocèse d'Avranches. Par Maître IVLIEN NICOLE,... curé de Carnet et de la Croix en Avranchin. —Rennes, Mathurin Denys, 1669, in-8⁰.* Avec la description des armes.

> Ce petit ouvrage est assez rare. L'exemplaire de la Bibliothèque impériale est annoté de la main de Huet.

2811. Explication de la Garde-noble royalle en Normandie ; de ses avantages et prérogatives. (Par DE JORT.) — Rouen, 1691, in-12.*

2812. Arrest du Conseil d'Estat du Roy du 6 aoust 1697. Concernant l'Enregistrement des Lettres de Noblesse qui seront expédiées pour la province de Normandie. —(S. l. n. d.) In-4⁰. Pièce.*

2813. Dissertation sur les Aydes chevels de Normandie,... (Par JORT (1706).]

> Voyez ci-dessus n° 1363.

2814. Dissertation sur le relief des fiefs en Normandie, par JORT. (1710.)

> Voyez ci-dessus n° 1361.

2815. Mémoire sur l'Etat de la paroisse d'Anneville, contenant l'Etat du fief, terre et seigneurie Dupont du Grand-Camp. —(S. l.), 1717, in-12. [D.]

2816. Nobiliaire de Normandie, ou Catalogue de la province de Normandie, disposé par ordre alphabétique, contenant les Noms, Qualitez, Armes et Blazons de tous les Nobles de cette province.... fait et dressé, sur la Recherche de Mⁿ les Intendants depuis l'année 1666, et exécuté par JACQUES-LOUIS CHEVILLARD fils, généalogiste.—Paris (vers 1720), in-f⁰ de 27 ff. gravées.*

> Quoique ancien, cet ouvrage est néanmoins très-recherché ; et le caractère d'authenticité dont il est revêtu le fait préférer aux travaux récents que l'on a publiés sur cette partie de l'histoire de la Normandie.—Du reste excessivement rare.

2817. Nobiliaire de Normandie, ou Catalogue de la province de Normandie, disposé par ordre alphabétique, contenant les noms, qualitez, armes et blasons de tous les nobles de cette province... exécuté et perfectionné par P. P. DUBUISSON,...— Paris (1725), in-f⁰. [B. C.]

> C'est l'ouvrage précédent, avec 29 blasons de plus.—Cette continuation est très-rare.

2818. Histoire du Comté d'Evreux ; par LE BRASSEUR.—Paris, 1722, in-4⁰.* Avec figures.

2819. Mémoires concernant le Comté et Pairie d'Eu,... Par L. FROLAND. — Paris, 1722, 1729, in-4⁰.*

2820. Mémoire sur la Baronnie de Creuilly, assise dans le Bailliage de Caux. — (S. l.), 1753, in-4⁰. Pièce. [D.]

2821. Nouvelles anecdotes pour servir à l'histoire et aux généalogies de Normandie, par MICHEL BÉZIERS.

> Voyez le « Journal de Verdun, » avril 1761, p. 287.

2822. Catalogue des rolles gascons, normans et françois conservés dans les archives de la Tour de Londres... [Par TH. CARTE, et publié par DE PALMEUS. (1743.)]

> Voyez les n⁰ˢ 2838-2841, et ci-après même Liv. et même Sect., § 7.

2823. Dissertation sur les Prérogatives des aînés en Normandie et sur la manière dont les puînés tenoient d'eux leurs fiefs, pendant six degrés de consanguinité, avant la réformation de la coutume de cette province, faite en 1583, ce qui s'appeloit tenir de son aîné en parage par lignage. (Par M. le marquis DE CHAMBRAY.)—(*S. l. n. d.*) In-12.*

Avec : 1° les sceaux des seigneurs de la Ferté-Fresnel et de Chambray; 2° un tableau du parage masculin, établi dans le XII° siècle, entre Guillaume, baron de la Ferté-Fresnel, et Simon, seigneur de Chambray, son frère puîné; 3° une chronologie des seigneurs de Chambray jusqu'en 1762.

2824. Traité des Fiefs à l'usage de la province de Normandie,.... Par M° DE LA TOURNERIE,...(1763.)

Voyez ci-après le SUPPLÉMENT.

2825. Chronologie historique des Baillis et des Gouverneurs de Caen ; avec un Discours préliminaire sur l'Institution des Baillis en Normandie. (Par MICHEL BÉZIERS,...) — *Caen*, 1769, in-12.*

Voyez ci-après n° 2852.

2826. Cahier de l'Ordre de la Noblesse du Bailliage d'Alençon. (*S. l.*, 1789.) In-8°. Pièce.*

2827. Mandat, Pouvoirs et Instructions que la Noblesse du Bailliage de Caux, assemblée à Caudebec, donne à ses députés aux Etats Généraux convoqués à Versailles le 27 avril 1789. Députés, MM. le marquis de Quairon, le marquis de Thiboutot, le comte de Bouville. — *Caudebec et Paris* (*s. d.*), in-8°. Pièce.*

2828. Cahier de l'Ordre de la Noblesse du Bailliage de Cotentin. (*S. l.*, 1789.) In-8°. Pièce.*

2829. Cahier de l'Ordre de la Noblesse du Bailliage d'Evreux.— (*S. l.*, 1789.) In-8°. Pièce.*

2830. Lettre au lord Leicester sur les briques armoiriées de l'Abbaye de Saint-Etienne (de Caen), par M. HENNIKER.—*Londres*, 1794, in-8°. [Be.]

2831. Essais historiques et anecdotiques sur le Comté, les Comtes et la Ville d'Evreux ; par M. MASSON DE SAINT-AMAND.—*Evreux*, 1813-1815, 2 vol, in-12.*

2832. Recherches de (RÉMOND) MONTFAUT ; contenant les Noms de ceux qu'il trouva nobles et de ceux qu'il imposa à la taille quoiqu'ils se prétendissent no-

bles, en l'année 1463. Seconde édition, corrigée sur plusieurs manuscrits, et enrichie de discours préliminaires, de notes et de tables; par messire P.-E.-M. LABBEY DE LA ROQUE. — *Caen*, 1818, in-8°.*

Pour la 1re édition, voyez ci-après mêmes LIV. et Sect., § 7 : « *Tableau généalogique... de la noblesse...* » Par le comte DE WARROQUIER. (1786.) Cet ouvrage estimé, dont la Bibliothèque impériale conserve aussi le manuscrit, ne comprend que neuf Elections de la Basse-Normandie.

2833. Supplément à la deuxième édition de la Recherche de (RÉMOND) MONTFAUT, contenant des corrections et additions. (Par P.-E.-M. LABBEY DE LA ROQUE.) —*Caen*, 1824, in-8°.*

2834. Recherche faite en 1540, par les Elus de Lisieux, des Nobles de leur élection, avec des notes, des remarques et des tables. Par messire PIERRE-ELIE-MARIE LABBEY DE LA ROQUE.—*Caen*, 1827, in-8°.*

2835. Histoire des Comtes d'Eu... par L. ESTANCELIN. — *Dieppe*, 1828, in-8°.* Avec figures.

2836. Extrait du registre des dons, confiscations, maintenues et autres actes faits dans le Duché de Normandie pendant les années 1418, 1419 et 1420, par Henri V, roi d'Angleterre, contenant les Noms des Anglais auxquels ce prince donna des terres, ceux des Familles qui les perdirent, et les Noms des propriétaires qui conservèrent leurs biens. Par CHARLES VAUTIER.—*Paris*, 1828, in-12.*

2837. Notice Historique sur la Ville de Torigni-sur-Vire et sur ses barons féodaux, par F. DESCHAMPS. Dédié aux habitants de Torigni-sur-Vire.—*Saint-Lô, imp. C. J. Delamare*, (*s. d.*), in-8°.*

2838. Magni rotuli scaccarii Normanniæ de anno ab incarnatione Domini M°C°LXXXIIII, Willielmo, filio Radulfi, senescallo, quæ extant. — (*Londini*, 1830.) In-4°. Pièce.*

Publié pour la première fois

par M. Petrie, garde des Archives de la Tour de Londres.—Réimprimé dans le 2ᵉ vol. des « Archives du Calvados, » de Léchaudé d'Anisy, et dans les « Mémoires de la Société des Antiquaires de la Normandie, » 2ᵉ série, 5ᵉ vol.. ann. 1846.

2839. Extrait des chartes et autres actes Normands qui se trouvent dans les archives du Calvados,... accompagné d'un atlas in-4° contenant 500 sceaux ou contre-sceaux dessinés et mis en ordre par (Louis-Amédée) Léchaudé d'Anisy,... Caen, 1834, 2 vol. in-4°.*

Cet ouvrage, publié aux frais de la Société des Antiquaires de la Normandie, est entièrement épuisé aujourd'hui. L'auteur, avec cette patience et cette érudition qui le distinguaient, passa près de six années de son existence à exhumer de la poussière des archives plus de dix mille chartes, diplômes, bulles, lettres royaux et autres actes anglais et normands, dont l'ensemble est d'un très-grand intérêt pour l'histoire des grandes Familles de la Normandie, et pour l'histoire féodale de cette province.

2840. Rotuli Normanniæ, in turri Londinensi asservati Johanne et Henrico quinto Angliæ regibus; accurante Thomas Duffus Hardy.—(Londini), 1835, gr. in-8°.

Tome I. C'est tout ce qui a paru.—Extrait de la collection intitulée: « Commission of the Records. » — Réimprimé dans les « Mémoires de la Société des Antiquaires de la Normandie. » Tome XV, 2ᵉ série, 5ᵉ vol.

2841. Magni rotuli scaccarii Normanniæ sub regibus Angliæ. Opera Thomæ Stapleton.—Londini, 1840, 2 vol gr. in-8°.*

Cet ouvrage, qui plaça si haut l'auteur dans l'estime du monde savant, est très-rare aujourd'hui; mais il a été réimprimé dans les « Mémoires de la Société des Antiquités de la Normandie, » ann. 1846 et 1852, par les soins de MM. Léchaudé-d'Anisy et A. Charma.

2842. Grands rôles des échiquiers de Normandie, publiés par Léchaudé d'Anisy, aux frais de la Société des Antiquaires de Normandie.—Paris, 1845, in-4°.

Extrait du tome XV des « Mémoi-

res de la Société des Antiquaires de la Normandie. » Ce vol., complétement épuisé, contient : 1° la réimpression du tome I des « Magni rotuli scaccarii Normanniæ, » publié par Stapleton; 2° la réimpression du tome I des « Rotuli Normanniæ, » publié par Duffus Hardy.

2843. Magni rotuli scaccarii Normanniæ de anno Domini ut videtur 1184 fragmentum detexit ediditque Leopoldus Delisle. Cadomi, 1851, in-4°.*

Extrait des « Mémoires de la Société des Antiquaires de la Normandie, » tome XVI, ann. 1851.— Voyez encore ci-dessus n° 2822.

2844. Recherches sur le Domesday ou liber censualis d'Angleterre, ainsi que sur le liber de Winton et le Boldon-Book, contenant : 1° une description de ces registres pour servir d'introduction ; 2° trois tables, accompagnées de notes historiques et généalogiques sur les Familles françaises et anglaises inscrites dans ces registres; 3° un glossaire; 4° une statistique d'Angleterre, par MM. Léchaudé d'Anisy et de Sainte-Marie.—Caen, C. M. Lesaulnier, 1842, in-4°.*

Cet ouvrage, disposé par ordre alphabétique, devait se composer de plusieurs volumes : le 1ᵉʳ seul a paru, et encore ne contient-il que la lettre A. Le reste forme un manuscrit in-fol. de 300 pag., d'une écriture fine et serrée. Ce manuscrit, tout entier de la main de Léchaudé d'Anisy, portait le n° 1703 dans le catalogue des livres composant la bibliothèque de ce savant.

2845. Histoire et Antiquités du Marquisat de Segrie-Fontaine ; par M. Lainé de Néel.—Caen, 1844, in-12. [D.]

2846. Recueil de chartes et pièces relatives au Prieuré de N.-D. des Moulineaux,... et à la Châtellenie de Poigny,.... tirées des archives du domaine de Rambouillet, et publiées par Auguste Moutié.—Paris, 1846, in-4°.*

2847. Histoire des Evêques d'Evreux, avec des notes et des armoiries;.... par M. A. Chassant,... et M. G. E. Sauvage.—Evreux, 1846, in-18.'

2848. Etudes héraldiques sur les anciens monuments de la ville de Caen; par BORDEAUX.—*Caen*, 1847, in-8°. [D.] Avec blasons.

Tiré à petit nombre.

2849. Armorial de la Province, des Villes, des Evêchés, des Chapitres et des Abbayes de Normandie, par M. A. CANEL. (1849.)

Voyez ci-dessus n° 2150.

2850. Extrait des Procès-verbaux de l'Assemblée générale des Trois Ordres du Bailliage principal d'Evreux et de Six Bailliages secondaires. Pour la nomination des députés aux Etats-Généraux de 1789, d'après les documents déposés aux archives de la Préfecture de l'Eure. Par M. LORIN, archiviste.—*Evreux, Canu*, (1849), in-8°. Pièce.*

2851. Histoire de Saint-Martin-du-Tilleul par un habitant de cette Commune. AUGUSTE LE PRÉVOST. —*Paris*, 1849, gr. in-8°.* Avec blasons gravés et intercalés dans le texte.

Contient beaucoup de renseignements sur les anciennes Familles nobles de cette localité.

2852. Mémoire sur les Baillis du Cotentin, par M. L. DELISLE,... « Extrait des Mémoires de la Société des Antiquaires de Normandie. »—*Caen*, 1851, in-4°.*

Ce mémoire intéressant contient la liste exacte des baillis du Cotentin, depuis 1207 jusqu'en 1789, accompagnée de détails biographiques sur chacun de ces magistrats, et de notes savantes qui donnent à la production de M. Delisle une réelle importance historique. — Voyez ci-dessus n° 2826.

2853. Monstres génerralles de la Noblesse du Bailliage d'Evreux en M CCCC LXIX. (Publié par M. THÉODORE BONIN.) — *Paris, Dumoulin*, 1853, in-8°.*

Tiré à très-petit nombre.

Publication du manuscrit portant le n° 1789 dans le catalogue des archives de M. le baron de Joursanvault, et qui se trouve aujourd'hui dans les archives du département de l'Eure, sous le n° 25 des registres.

Nous ferons remarquer que ce manuscrit est dénué de signatures officielles. Ce n'est qu'une copie qui, par conséquent, n'offre pas, selon nous, tout le degré d'authenticité voulu en pareille matière.

2854. Histoire de Flers et de ses Seigneurs ; par M. le Cte HECTOR DE LA FERRIÈRE-PERCY.—*Paris*, 1855, in-8°.* Avec blasons.

2855. De la Vicomté de l'Eau de Rouen et de ses Coutumes au XIIIe et au XIVe siècle; par CH. DE BEAUREPAIRE,.... — *Rouen*, 1856, in-8°.*

2856. Histoire des Grands Panetiers de Normandie et du Franc-Fief de la Grande Paneterie, par le Mis DE BELBEUF, ancien pair de France,...—*Paris*, 1856, in-8°.*

2857. Annales civiles, militaires et généalogiques du pays d'Avranches ou de la toute Basse-Normandie ; par M. l'abbé DESROCHES, curé-doyen d'Isigny,... —*Caen*, août 1856, in-4°.*

Ce travail, fruit de longues et patientes recherches, jette un jour nouveau sur l'ancien état de cette partie de la Normandie.

2858. Histoire de la commune de St-Honorine-la-Chardonne. Par M. le Cte HECTOR DE LA FERRIÈRE-PERCY,.... — *Caen*, 1857, in-4°. Pièce.*

Avec blasons gravés sur bois intercalés dans le texte.
Extrait du tome XXII des « *Mémoires de la Société des antiquaires de la Normandie.* » Contient des documents inédits sur les fiefs et les Familles nobles de cette commune.

2859. Histoire du Canton d'Athis (Orne), et de ses Communes, par M. le Cte HECTOR DE LA FERRIÈRE-PERCY,.... —*Paris*, 1858, in-8°.*

Avec 40 blasons et plusieurs autres figures; le tout gravé sur bois et intercalé dans le texte.
Cet ouvrage, qui ne manque pas d'un certain mérite littéraire, contient des documents nombreux sur la féodalité, les fiefs et leurs possesseurs, et sur les principales Familles nobles de ce canton.

2860. Sourdeval-la-Barre. (Par H. SAUVAGE, avocat.)—*Mortain, imp. de Lebel* (1859), in-8°. Pièce.*

Notice sur le fief de Sourdeval et ses possesseurs.

2861. Rôle de l'Arrière-ban du Bailliage d'Evreux en 1562. Publié par M. l'abbé P. F. LEBEURIER, archiviste du département de l'Eure.—*Paris, Dumoulin*, 1861, in-8°.

C'est la publication du manuscrit original de ce rôle que possèdent les archives de l'Eure. Dans une introduction substantielle le savant éditeur résume en quelques lignes l'histoire du ban et de l'arrière-ban. Chaque article du rôle est accompagné d'une note indiquant la commune et le canton où se trouve placé le fief cité dans l'article. Le travail de M. Lebeurier intéresse donc la localité sous le triple point de vue de la noblesse, de l'histoire et de la géographie.

Orléanais.

2862. Les Priviléges, Franchises et Libertez des bourgeois et habitans de la ville et fauxbourgs de Montargis-le-Franc. — *Paris*, 1608, in-8°. [Tec.] Avec armoiries.

2863. Histoire générale des Pays de Gastinois, Senonois et Hurepois, contenant la description des antiquitez des villes,... et Maisons nobles desdits pays, auec les généalogies des Seigneurs et Familles qui en dependent, composée par feu R. P. Dom GUILLAUME MORIN, Grand-Prieur de l'abbaye royale de Ferrière en Gastinois, et depuis mise en lumière par les vénérables religieux de ladite abbaye. *Paris*, 1630, in-4°.*

Peu sûr, en ce qui regarde les généalogies.

2864. Les Priviléges, Franchises, Libertez des bourgeois et habitans de la ville et fauxbourg d'Orléans, contenus ès chartes de Charles VII, Louis XI et Charles VIII, et confirmés par leurs successeurs.—*Paris*, 1636, in-4°. [L. F.]

2865. Histoire et Antiqvitez de la ville et Dvché d'Orléans, avec les vies des Roys, Dvcs, Comtes, Vicomtes, Gouverneurs, Baillifs, Lieutenans-Généraux, Prévosts, Maires, Escheuins et autres Officiers, Erection de l'Univer-

sité... Plus les Généalogies des nobles illustres, et doctes Orléanois qui ont écrit en toutes sortes de sciences... Par Maistre FRANÇOIS LE MAIRE, Conseiller... au Siége Présidial d'Orléans. — *Orléans*, 1645, 1646, in-4°.* — Seconde édition, *Orléans*, 1648, 2 tom. en 1 vol. in-f°.*

Cet ouvrage renferme beaucoup de renseignements sur la Noblesse et l'ancien état de cette province, mais l'on y chercherait vainement des généalogies. Le mot *Généalogie* qui figure sur le titre, dans l'esprit de l'auteur signifie *suite*.

2866. Histoire de Blois, contenant les antiquitez et singularitez du comté de Blois. Les Eloges de ses Comtes et les Vies des hommes illustres, qui sont nez au païs Blesois. Avec les Noms et les Armoiries des Familles Nobles du mesme païs. Par J. BERNIER, conseiller et médecin ordinaire de feuë Madame Douairière d'Orléans. — *Paris*, 1682, in-4°.*

Ce travail, qui selon Dom Liron renferme des fautes considérables, mérite cependant quelque attention au point de vue littéraire, en ce qu'il se distingue par une certaine élégance de style, peu commune aux travaux de ce genre.

2867. Instruction donnée par la Noblesse du Bailliage de Blois à MM. le Vicomte de Beauharnois et le Chevalier de Phelines, ses députés aux Etats Généraux ; et à M. Lavoisier, député suppléant, le 28 mars 1789. — (S. l.), 1789, in-8°.*

2868. Cahier des Pouvoirs et Instructions du député de l'Ordre de la Noblesse du Bailliage de Chartres, remis à M. le baron de Montboisier, élu député aux prochains Etats Généraux, par l'Ordre de la Noblesse du Bailliage de Chartres, 21 mars 1789. —(S. l. n. d.) In-8°. Pièce.*

2869. Cahier des Pouvoirs et Instructions de l'Ordre de la Noblesse du Bailliage de Gien. Remis à M. de Villiers, élu député pour les Etats Généraux.— *Gien et Paris*, 1789, in-8°. Pièce.*

2870. Cahier des demandes et Représentations de l'Ordre de la Noblesse du Bailliage de Montargis.—*Montargis*, (1789), in-8°. Pièce.*

2871. Cahier de l'Ordre de la Noblesse du Bailliage d'Orléans.— *Orléans*, (1789), in-8°. Pièce.*

2872. Cahier des Pouvoirs et Instructions du député de l'Ordre de la Noblesse du Bailliage du Vendomois, remis à M. le comte de Sarrazin, élu député... le 24 mars 1789. — (*S. l. n. d.*) In-8°. Pièce.*

2873. Histoire des Ducs d'Orléans. Par LAURENTIE. — *Paris*, 1832, 4 vol. in-8°.*

2874. Les Gloires municipales de la France. Orléanais (depuis 1569 jusqu'en 1813) par H. LAMBRON DE LIGNIM,.... — *Tours*, 1851, gr. in-4°.*

> Tiré à 100 exemplaires.—Les caïeux qui figurent sur les armes de la ville d'Orléans sont d'*or*, selon M. Lambron de Lignim, tandis que, suivant M. Traversier, ils sont d'*argent*. Cette contradiction, toute légère qu'elle est, mériterait pourtant d'être expliquée.

2875. Les Seigneurs de Nogent-le-Roi et les abbés de Coulombs sous la dynastie capétienne, d'après un manuscrit inédit de l'abbé de SAHUGUET D'ESPAGNAC, conseiller en la grand'chambre du Parlement, rapporteur des affaires de la Cour. Revu et publié par M. MARRE, inspecteur des écoles,.... — *Dreux*, 1861, in-12.*

Picardie, Beauvaisis et Boulonnois.

2876. Les Priuiléges, franchises, et libertez données par le Roy aux Bourgeois, manans et habitans de la ville de Péronne.— *Paris, rue de la Iuifuerie, à l'image de sainct pierre*, 1536, in-8°. [A. D.]

2877. Généalogie des Comtes de Bolongne extraicte en partie de quelques pancartes, trouuées au thresor du Duc Iean de Berry, fils de France, et en partie de quelques Historiens qui en ont escrit.—*Paris, Charles perier, rue*

S. *Iean de Beauuois au Bellerophon*, 1564, in-4°. [A. D.]

2878. Consvltation de Paris povr la Noblesse de Picardie. (Signé C. M. (CHARLES DU MOULIN).] —(S. l.), 1564, in-8°. Pièce.*

> Cet opuscule rare se trouve encore dans le 5° vol. des « *Mémoires de Condé.* »

2879. Edict du Roy sur l'Etablissement des Echevins, justice et police de la ville d'Amiens. (23 nov. 1597, 20 mars 1601, 13 mars 1602.—(S. l. n. d.) In-4°. [B. Am.]

2880. Mémoires des Pays, Villes, Comté et Comtes, Evesché et Evesques, Pairrie, Commvne et Personnes de renom de Beauvais et Beauvaisis. Par M. ANTOINE L'OISEL, advocat en Parlement.—*Paris*, 1617, in-4°.*

2881. Antiqvitez et Choses plvs remarquables de la ville d'Amiens, succinctement traictées. Par ADRIAN DE LA MORLIÈRE, chanoine de l'église de Nostre-Dame d'Amiens.—*Amiens*, 1621. in-8°.* Avec un tableau généalogique des comtes d'Amiens.

2882. Bref Estat des Antiqvitez et Choses plvs remarqvables de la ville d'Amiens, poétiqvement traictées. Seconde édition..... Par M. ADRIAN DE LA MORLIÈRE...—*Amiens*, 1522, in-8°.* Avec un tableau généalogique des comtes d'Amiens.

> Même ouvrage que le n° précédent.

2883. Le Premier (Le Second et le Troisiesme) livre des Antiqvitez, Histoires et choses plvs remarqvables de la ville d'Amiens, poëtiqvement traicté. Troisiesme édition dédiée av Roy. Par M. ADRIAN DE LA MORLIÈRE,....— *Paris*, 1627, in-4°.*

> Même ouvrage que les deux n°³ précédents.

2884. Les Antiqvitez, Histoires et choses plvs remarqvables de la ville d'Amiens. Troisiesme édition (4° édition).... Par ADRIAN DE LA MORLIÈRE...—*Paris*, 1642, 2 tom. en 1 vol. in-f°.*

> Même ouvrage que les trois n°³ précédents.—Le faux-titre porte :

« *Les Antiquitez de la ville d'A-miens et le Recueil de plusieurs nobles et illustres Maisons vivantes et esteintes en l'estendue du Diocèse d'Amiens.* »...— Voyez le n° 2887 ci-après.

La Bibliothèque impériale possède trois exemplaires de cette édition, dont un fort précieux. Il a appartenu à Villers de Rousseville, puis à dom Grenier. Il est enrichi de nombreuses notes manuscrites très-curieuses, et surtout très-intéressantes en ce qu'elles complètent l'œuvre de la Morlière, et rectifient les erreurs dont elle fourmille. Il contient en outre les armoiries, faites à la main, la plupart coloriées, des divers personnages dont il y est question.

2885. La Fere ov Charte de la Paix, avtrement concordat, Passé et octroyé avx Maievr, Ivrez, et Hommes de la Fere. Par Engverrand de Covcy, l'An 1207. Contenant les Droicts et Priuiléges de la Commune et Citoyens dudit lieu. Pour M⁶ Lavrent Belin, à present Maievp (sic), et Ivrez, ses collegves. Par M⁶ SÉBASTIAN ROVLLIARD, de Melvn, aduocat en Parlement. — *Paris, imp. de Iean Barbote,* 1627, in-4°.*

Curieux et rare.

2886. Li-Hvns en Sang-Ters, ov Discovrs de l'Antiqvité, Priviléges et Prérogatives dv Monastère de Li-Hvns ou Li-Hons en Sang-Ters, situé près Roye en Picardie. Originairement de l'Ordre de S. Benoist. Depuis incorporé soubs le tiltre de Doyenné-Prieuré en l'Ordre de Cluny. Par M⁶ SÉBASTIAN ROVLLIARD, de Melvn, Aduocat en Parlement. — *Paris, imp. de Iean Barbote,* 1627, in-4°.*

Curieux et rare.

2887. Recveil de plvsievrs nobles et illvstres Maisons vivantes et esteintes en l'estenduë du Diocèse d'Amiens, et à l'enuiron, des Alliances et vertueux actes des Seigneurs, et des Abbayes, Prieurez et Eglises Collégiales par eux fondées..... Par M⁶. ADRIAN DE LA MORLIÈRE,....— *Amiens,* 1630, in-4°.*

Réimprimé à la suite du n° 2884. — Ménage, dans son histoire de Sablé, p. 130, appelle la Morlière

un généalogiste sûr. Cependant le P. Daire trouve que cet auteur n'a traité que des Familles principales, et cela avec autant de confusion que d'obscurité. Quant à l'ouvrage en lui-même, Lenglet-Dufresnoy dit qu'il est mal écrit, mais très-utile.

La Bibliothèque impériale possède un autre exemplaire avec de nombreuses notes manuscrites.

2888. Anciennes Remarqves de la Noblesse Beavvaisine et de plvsievrs Familles de la France. Par M. P. LOVVET, advocat en Parlement. Premier (et second) livre. — *Beauvais, V⁶ G. Vallet,* 1640, in-8°.*

Cet ouvrage, qui est des plus rares, n'a pas été terminé. Le second livre n'a que 80 pages; il commence au nom de *Lamet* et s'arrête à celui de *Mallet.* — Voyez ci-après n° 2902.

2889. Catalogve des Evesqves d'Amiens, à Monseigneur le Révérendissime François le Feure de Caumartin, Euesque d'Amiens. Par M. ADRIAN DE LA MORLIÈRE, chanoine de l'église cathédrale. — *Amiens, de l'imp. de J. Hvbavlt,* (1642), in-8°.* Avec la description des armoiries.

On le trouve aussi imprimé à la suite des « *Antiquités de la ville d'Amiens,* » du même. — Voyez ci-dessus n° 2884.

2890. Priviléges et Ordonnances de la ville d'Amiens. — *Amiens,* 1653, in-4°. [L. F.]

2891. L'Histoire généalogiqve des Comtes de Pontiev et Maievrs d'Abbeville où sont rapportez les Priviléges que les Roys leur ont donnez, leurs Actions héroyques, et leurs Armoiries; et ce qui s'est passé de plus remarquable dans le pays de Ponthieu et de Vimeu au diocèse d'Amiens, tant en l'Estat ecclésiastique, qu'en l'Estat politique depuis l'an mil cens quatre vingt-trois iusques à l'année mil six cens cinquante-sept. Avec un Recueil des Hommes illustres qui y ont pris naissance, ou y ont fini leur vie. Par F. I. D. I. M. C. D. (Frère IGNACE DE JESUS MARIA, Carme déchaussé; connu dans le monde sous le nom de JACques Sanson].—*Paris, F. Clou-zier*, 1657, in-f°.

Peu commun.

2892. Factum contenant en Abrégé les Priviléges et Franchises de Boulogne-sur-mer, pays et Comté de Boulenois, recueillis et rédigés par J. SCOTTÉ VELINGBEN.—(S. l.), 1661, in-4°. [L. F.]

2893. Les Blazons anagrammatiques très-chrestiens du hiérapolitain d'Amiens. C. D. M. (CLAUDE DE MONS.)—*Amiens*, 1662, 1 vol. in-8°. Parch. [B. Ab.]

2894. Les Blasons généalogiques de Picardie, par NICOLAS JOVET, chanoine de Laon.—*Laon*, 1680, in-4°. [G. E.]

Le P. Lelong dit que le plan seul de cet ouvrage a paru.

2895. Histoire des Anciens Seigneurs de Coucy. Dédiée à Monsieur. Par le Sieur (NICOLAS) JOVET, chanoine de Laon, Prieur de Plainchastel.—*Laon, A. Rennesson*, 1682, in-12.*

Avec armoiries gravées intercalées dans le texte.

Ce petit livre est très-rare; à part le P. Lelong, aucun bibliographe n'en fait mention. La Bibliothèque de Sainte-Geneviève en possède un exemplaire avec armoiries coloriées.

2896. Les huit Barons Fieffez de l'Abbaye royalle de Saint-Corneille de Compiègne..... Par LOUIS DE GAYA... [1686.]

Voyez ci-dessus n° 1359.

2897. Nobiliaire de Picardie, contenant les Généralitez d'Amiens, de Soissons, Païs reconquis, et partie de l'Election de Beauvais. Le tout justifié conformément aux Iugemens rendus en faveur des Nobles de la Province, tant par les Arrests du Conseil et de la Cour des Aydes, que par les Ordonnances de M^{rs} les Intendans. Ensemble l'Estat ecclésiastique, Gouverneurs de provinces, païs, villes et citadelles, Lieutenans Généraux et Lieutenans de Roy des mêmes lieux; Intendans et Officiers de judicature de la province. Dressé sur les mêmes Iugemens, et sur plusieurs chartes d'églises, his-toires, chroniques, titres, épitaphes, registres et mémoriaux du Parlement, de la Chambre des Comptes et de la Cour des Aydes. Par M. HAUDICQUIER DE BLANCOURT.—*Paris*, 1693, in-4°.—*Paris*, 1695, in-4°. [B. Am.]

Travail plein d'erreurs, de faussetés, d'impostures et de basses flatteries, formulées de parti pris en vue de satisfaire la vanité des personnes qui, pour quelque argent, tentaient la cupidité de l'auteur.

Nous ne croyons mieux faire, à propos de ce livre, que de reproduire ici une note manuscrite de Charles-René d'Hozier, qui se trouve sur l'un des exemplaires que possède la Bibliothèque impériale. Nous la donnons textuellement, sans y rien retrancher ni ajouter, de peur de lui enlever tout ce qu'il y a de piquant, de naïf même dans l'appréciation du célèbre Juge d'armes, soit sur l'homme, soit sur l'ouvrage :

« Voici un livre de la nature du Nobiliaire de Touraine, composé par Tristan-l'Hermite; il semble que le mesme esprit de faussetés et d'impostures ait conduit ces deux écrivains; car, puisque tout ce nouvel ouvrage n'est rempli que de mensonges et de flatteries pour des races de rien, qui ont cru qu'elles seroient bien relevées par la plume d'un homme qui n'a employé ses talents qu'il a pour les connoissances généalogiques qu'en ramassant et en débitant toutes les visions extravagantes que ces races roturières, dont il a farci ce recueil, ont fourni à la vénalité de sa plume. Après avoir été assez insolent pour se faire une généalogie, lui qui avoit été garçon chapelier, et qui, étant devenu valet d'un des freres des sieurs Chassebras, fut assez heureux pour que je le connusse chez eux l'an 1663, et que par pitié, le voyant sans aucun secours et sans emploi, je lui donnasse de quoi travailler à copier des mémoires; ce qui a donné lieu, dans la suite, à l'abus punissable qu'il a fait des connoissances qu'il a acquises et qui, à force de friponneries qu'il a faites, pour amasser quelque chose, l'ont conduit, comme tous les gens de cette sorte, à retomber dans sa première misère.

« Ce malheureux et insigne faussaire, surpris en livrant et vendant des titres faux qu'il faisoit et qu'on lui payoit actuellement, a été arresté le 15e d'aoust de l'an

1700 et conduit à la Bastille, avec le Sr Chassebras de Crémailles, qu'il avoit entraîné dans ce punissable commerce, et qui y est mort le 19e d'octobre suivant, après s'être cassé la teste, à ce qu'on dit, pour éviter la honte du châtiment qu'il méritoit; ce misérable Haudiquier, dont le procès s'instruisit, et dont toutes les faussetés qu'il a faites depuis le grand nombre d'années qu'il s'en mesloit, se découvrent et se vérifient tous les jours, a été jugé le 3e de septembre de l'an 1701, et le jugement, que trop de ses juges, intéressés dans ses friponneries, ont empesché d'être rendu comme il le devoit être et qu'on s'y attendoit, l'a seulement condamné à faire amende honorable et de là aux galères perpétuelles. Mais comme on a jugé que cet homme, en exécutant là son jugement, travailleroit encore à faire des faussetés, le mesme jour qu'il fit amende honorable, il fut conduit par ordre du roi pour une prison perpétuelle, dans la tour du chasteau de Caen où on l'a renfermé. Les titres dont il s'étoit servi pour prouver sa noblesse reconnus et déclarés faux, et sa famille déclarée roturière et remise dans son état naturel. Il est mort enfin de misère, comme il le méritoit, dans sa prison, le... mars de l'an 1704.

« Je prie tous ceux qui liront les différentes notes que j'ai écrites sur les marges de ce volume, dans les divers endroits où elles sont répandues, de ne pas croire que je les aie faites par aucun sentiment d'envie, de haine, de vengeance ou de médizance; tout ce que j'ai marqué, quoiqu'il paroisse un peu contraire à la charité, j'ay cru que j'estois obligé de le faire, afin que l'on ne donnât pas à cet ouvrage plus de créance qu'il n'en mérite; et, comme il faut toujours dézabuzer la postérité, il m'a paru que je lui devois cette justice, de la faire appercevoir de tout ce qu'on lui a suposé contre la vérité dans ce ramas de généalogies, et de lui donner à connoistre un homme dont le travail n'a eu d'autre but que de la tromper par toutes les faussetés, qu'il a estimé devoir être favorables aux familles populaires dont il parle dans cet ouvrage.

« Quoique je n'aye fait des remarques que sur quelques-unes des familles qui sont contenues dans ce recueil, ce n'est pas à dire qu'il n'y ait presqu'autant à corriger sur les autres que sur celles que j'ai notées, mais comme cette correction seroit longue, parce que pour

réduire tout sur le pied du vrai, il faudroit refaire en entier cet ouvrage, j'ai attaqué seulement ce qui m'a paru le plus hardi, et là-dessus le public jugera de la foi qu'il doit avoir pour le reste.

« Au reste, comme ce fut moi qui commençai à me servir de lui pour ce que je lui trouvai de la disposition à s'atacher à ce genre d'étude généalogique, et qu'il étoit laborieusement infatigable, s'il s'étoit tourné du côté du bien, comme M. Clairambault l'a fait depuis la mort de feu abbé le Laboureur, étant parvenu par son mérite à être généalogiste des Ordres du Roi, et par les recherches immenses et un travail continu depuis plus de 50 ans, a rassemblé de quoi composer le plus riche cabinet de France, le S. Haudiquier, dis-je, auroit surpassé par ses talens tout ce qui l'a précédé en se signalant dans la profession d'historiens et de généalogistes. »

Le livre d'Haudiequier de Blancourt ne fut pas supprimé, mais il subit un remaniement énorme : les généalogies qui parurent suspectes furent enlevées et l'on y introduisit un grand nombre de cartons. Cependant il ne faudrait pas croire, comme l'avancent plusieurs bibliographes, que les exemplaires primitifs soient bien rares; ils se rencontrent encore assez fréquemment dans le commerce. Ce qu'il y a de rare, c'est de n'en pas trouver au moins un dans nos bibliothèques publiques. Pour sa part la Bibliothèque impériale en possède quatre, dont trois sont littéralement remplis de corrections et d'additions manuscrites de la main de Charles-René d'Hozier et autres possesseurs, soit sur les marges, soit sur des feuilles détachées.

Toutefois, quand on veut se procurer un de ces exemplaires, il est bon de s'assurer si les onze familles comprises entre les familles *Faguet* et *le Féron* s'y trouvent.

Les notes manuscrites de Charles-René d'Hozier, la *Biographie Michaud* les attribue à Pierre d'Hozier. C'est une erreur. Ce généalogiste était mort depuis 33 ans environ lorsque parut l'œuvre d'Haudiequier de Blancourt.

2898. (Recherches de la Noblesse de Picardie, pour la Généralité d'Amiens. Contenant les Généalogies des Gentilshommes de cette province, et l'extrait des titres produits, devant M. Bignon, intendant de cette Géné ralité ; avec les jugements rendus par lui et par son successeur, M. de Bernage, depuis 1696 jusqu'en 1716, en exécution de la Déclaration du Roi. Le tout recueilli et publié aux frais des Familles par les soins de NICOLAS DE VILLERS, Sieur DE ROUSSEVILLE, Procureur du Roi en la Commission pour la Recherche de la Noblesse en Picardie.)— Gr. in-f°.* Avec la description des armes.

Les plaintes et les réclamations sans nombre de la part des Familles, portées contre l'ouvrage d'Haudicquier de Blancourt, objet du numéro précédent, engagèrent, dit-on, Louis XIV à faire exécuter ce nobiliaire, sans comparaison aucune, bien supérieur à celui de ce célèbre faussaire; cependant il n'est pas exempt d'erreurs. Le P. Daire, dans son *Avis à la noblesse* (mss. de la Bibl. d'Amiens), dit : « ... *Le sieur de Villers de Rousseville a gratuitement annobli des personnes qui ne s'y attendoient pas....* » On doit donc le consulter avec beaucoup de réserve, malgré le caractère d'authenticité dont il est revêtu.

La Bibliothèque impériale possède un second exemplaire en deux volumes de cet ouvrage, imprimé sur parchemin avec armoiries coloriées et la signature autographe de Bignon sur la plupart des généalogies. On y trouve beaucoup de lacunes, mais il n'en est pas moins précieux à cause de sa provenance et des écus blasonnés dont la plupart sont restés en blanc dans les exemplaires imprimés sur papier ordinaire. En tête du premier feuillet de garde on lit cette note écrite de la main de l'abbé Sallier, alors garde de la Bibliothèque du Roi : « *Ces deux volumes du nobiliaire de Picardie ont été donnés à la Bibliothèque du Roy, le 21 janvier 1774, par M. Bignon, bibliothécaire du roy. C'est l'exemplaire même qui avoit appartenu à M. Bignon, son père, et celui-cy avoit été intendant en Picardie et commissaire député pour la recherche de la noblesse.* »

Dans le catalogue de Gaignat, figure le titre d'un exemplaire aussi sur parchemin, ainsi conçu : « *Nobiliaire de Picardie, contenant les généalogies des gentilshommes de cette province.* » 4 vol. in-f° max. Cet exemplaire, dont les armoiries sont également coloriées et les feuilles toutes signées des membres de la commission, passa de la bibliothèque de ce célèbre amateur dans celle du duc de la Vallière, à la mort duquel il fut vendu 1,210 livres.

La publication de Villers de Rousseville n'a été tirée qu'à un très-petit nombre d'exemplaires extrêmement rares aujourd'hui, surtout à l'état complet, et tous d'un prix fort élevé. Quand on veut faire l'acquisition d'un exemplaire, il faut savoir qu'il doit contenir 460 feuilles renfermant 374 généalogies.

Terminons cette note en relevant une erreur singulière de quelques bibliographes, non sans réputation, entre autres le P. Lelong, Debure, M. Quérard et M. Bernd, au sujet de l'attribution de cet ouvrage. Selon eux, il aurait été publié par les nommés *Nicolas de Villers* et *N. de Rousseville*, faisant ainsi deux individus distincts d'un seul et même personnage. L'unique et véritable auteur, c'est tout simplement Nicolas de Villers, sieur de Rousseville, comme nous l'avons écrit.

2899. Nobiliaire de Picardie, ou Catalogue des Nobles de la Généralité d'Amiens, maintenus par les Jugements rendus par M⁵ Bignon et de Bernage, Intendans de justice, police et finances en Picardie, Artois, Bolonois, Pays conquis et reconquis, et ce en conséquence des Déclarations du Roy des 4 Septembre 1696, 30 May 1702, 30 Janvier 1703 et 16 Janvier 1714. (Par J. CHEVILLARD, et continué par P. P. DUBUISSON.) *Paris*, 1758, gr. in-f° plano.*

Planches contenant les blasons gravés des Familles, avec la date de leurs maintenues.

2900. Histoire de la Ville et des Seigneurs de Coucy, avec des Notes ou Dissertations et les pièces justificatives, par DOM TOUSSAINTS DU PLESSIS, Bénédictin de la Congrégation de Saint-Maur.—*Paris*, 1728, in-4°.* Avec sceaux, blasons et autres figures.

« On trouve dans cette Histoire plusieurs contradictions, oublis, anachronismes. » [*Biblioth. militaire,... du baron de ZUR-LAUBEN*, tome II, page 182.]

2901. Supplément ou Additions à l'Histoire du Beauvaisis, par

DENIS SIMON.—*Paris*, 1703, 1704, in-12.* Avec un Nobiliaire de cette province.

2902. Additions aux Remarques sur le premier tome des Donations de Ricard, ensemble le supplément à l'Histoire et au Nobiliaire du Beauvaisis, etc., par PIERRE LOUVET.—*Paris*, 1713, in-12. [Bru.]

Voyez ci-dessus n° 2888.

2903. Histoire du Comté de Ponthieu, de Montreuil et de la Ville d'Abbeville, sa capitale. Avec la Notice de leurs hommes dignes de mémoire. (Par L.-A. DE VÉRITÉ.)—*Londres (Abbeville)*, 1765, 2 vol. in-12.*

2904. Histoire des Droits anciens et des Prérogatives et Franchises de la ville de Saint-Quentin, capitale du Vermandois, en Picardie. Contenant l'histoire abrégée de cette ville, de son état ancien, progressif et actuel,... de ses Comtes héréditaires, de sa Charte de commune,... des Savans qui lui ont fait honneur, etc., etc. Avec l'Analyse du Procès sur le Franc-aleu, jugé à son profit par l'Arrêt de 1775. Ouvrage composé et présenté à Messieurs les Officiers Municipaux; par M° LOUIS HORDRET, sieur de FLÉCHIN, Avocat au Parlement,...—*Paris*, 1781, in-8°.*

2905. Procès-verbal de l'assemblée de la Noblesse des Bailliages d'Amiens et de Ham, tenue à Amiens conformément aux ordres du Roi.—*Amiens*, 1789, in-4°. Pièce.*

2906. Cahier de l'Ordre de la Noblesse du Bailliage de Beauvais; et extrait du Procès-verbal des séances de l'assemblée dudit Ordre. — *Beauvais*, 1789, in-4°. Pièce.—(*S. l.*), in-8°. Pièce.*

2907. Cahier de Plaintes, Doléances et Remontrances que l'Ordre de la Noblesse de Château-Thierry, assemblé en la ville de Château-Thierry, le 1er mars 1789... entend être... présentées à Sa Majesté par son député aux Etats Généraux. — (*S. l.*), 1789, in-8°.*

2908. Cahier de Plaintes, Représentations et Demandes que l'assemblée de l'Ordre de la Noblesse du Bailliage de Clermont en Beauvoisis a remis à M. le duc de Liancourt, son député aux Etats Généraux. — (*S. l.*), 1789, in-8°. Pièce.*

2909. Cahier de la Noblesse du Bailliage de Crepy.—(*S. l.*, 1789.) In-8°. Pièce.*

2910. Procès-verbal de l'assemblée de l'Ordre de la Noblesse du Gouvernement de Péronne, Montdidier et Roye, tenue le 31 mars 1789 et jours suivants.—(*S. l. n. d.*) In-8°. Pièce.*

2911. Cahier des Ordres réunis de la Noblesse et du Tiers Etat du Gouvernement de Péronne, Mondidier et Roye, rassemblés à Péronne; remis à M. le Chevalier Alexandre de la Meth et le Duc de Mailly, députés de l'Ordre de la Noblesse; à MM. de Biure, de Bussy, Prevost et Du Metz, députés de l'Ordre du Tiers Etat.—*Péronne*, 1789, in-8°.* *Paris*, 1789, in-8°.*

2912. Cahier général des Trois Ordres de la Sénéchaussée de Ponthieu, à Abbeville...—*Abbeville*, 1789, in-8°.*

Chaque cahier a un titre spécial et une pagination particulière.

2913. Cahier des Remontrances et Doléances de l'Ordre de la Noblesse du Bailliage de S.-Quentin, arrêtées dans l'assemblée dudit Ordre le 10 mars 1789, et remises à M. le Comte de Pardieu, élu député aux prochains Etats Généraux. (*S. l.*), 1789, in-8°. Pièce.*

2914. Procès-verbal de ce qui s'est passé en l'Assemblée générale de l'Ordre de la Noblesse du Bailliage de Senlis, et Cahier des pouvoirs qu'elle a chargé son député de porter aux Etats-Généraux.—*Senlis*, 1789, in-8°.*

2915. Vœu et Pouvoirs des communes du Bailliage de Senlis, adressés à leurs représentants aux Etats Généraux, et M. le duc de Lévis, grand bailli de l'Ordre de la Noblesse du Bail-

liage de Senlis, élu député.—
(S. l.), 1789, in-8°. Pièce.*

2916. Cahier des Pouvoirs, Plaintes, Remontrances et Doléances
militaires de l'Ordre de la Noblesse du Bailliage de Vermandois, remis à M. des Fossés,
M. Maquerel de Quemy et à
M. le Comte de Miremont, élus
leurs députés aux Etats Généraux, les 22 et 23 mars 1789; et
l'extrait du procès-verbal de
l'assemblée dudit ordre.... —
(S. l. n. d.) In-8°.*

2917. Doléances militaires de la
Noblesse du Vermandois, signées par tous les Membres, et
réunies à ses cahiers. — (S. l.,
1789.) In-8°. Pièce.*

2918. Histoire des Comtes héréditaires du Vermandois aux 9°,
10°, 11° et 12° siècles. Par M. Fou-
QUIER-CHOLET,....—Saint-Quentin, 1832, in-8°.*

2919. Chartes d'affranchissement
des Communes du Ponthieu, recueillies par MM. LABITTE et
CHARLES LOUANDRE.—Abbeville,
1836, in-8°. [B. Ab.]

2920. Histoire des Comtes d'A-
miens. Ouvrage inédit. Par DU
FRESNE. — Amiens, 1841, in-8°.
[B. Bru.]

2921. Archives historiques et ecclésiastiques de la Picardie et de
l'Artois publiées par P. ROGER...
—Amiens, 1842, 2 vol. gr. in-8°.*

Avec armoiries et autres figures
gravées sur bois intercalées dans
le texte.

Cet ouvrage, fruit d'un travail
consciencieux et persévérant, se
recommande surtout à ceux qui
désirent connaître l'Artois et la
Picardie au point de vue héraldique, féodal, généalogique et nobiliaire.

Les documents qu'il renferme
sur les armes des villes, sur la noblesse, la féodalité et les Familles
anciennes de ces deux provinces
d'ailleurs si fécondes en souvenirs
historiques, sont si nombreux et si
intéressants que, bien que son titre
ne nous engageât en rien, nous
n'avons pas hésité à le faire entrer dans notre bibliographie.

2922. Notice généalogique sur la
branche aînée des Ducs et

Comtes de Ponthieu d'origine
royale, et sur celle des Princes
et Comtes de Wismes, de la Maison de Ponthieu. (Par SCHAYES.)
—Bruxelles, 1843, in-8°. [B. Bru.]
Avec blasons.

2923. Esquisse féodale du Comté
d'Amiens, au douzième siècle,
servant d'introduction à la troisième série des Coutumes locales du Bailliage d'Amiens, que
publie la Société des antiquaires
de Picardie ; par M. A. BOU-
THORS,... (1843.)
Voyez ci-dessus n° 1465.

2924. Noblesse et Chevalerie du
comté de Flandre, d'Artois et de
Picardie, publié par P. ROGER,...
(1843.)
Voyez ci-dessus n° 2477.

2925. Bibliothèque historique,
monumentale, ecclésiastique et
littéraire de la Picardie et de
l'Artois, publiée par M. P.
ROGER,... avec la collaboration
de M. le comte d'ALLOUVILLE,...
de M. le baron de HAUTECLO-
QUE,... et de M. H. DUSEVEL,...
—Amiens, 1844, gr. in-8°.*

Recueil où l'on trouve des renseignements inconnus jusqu'alors
touchant la noblesse de ces deux
provinces.

2926. Histoire d'Abbeville et du
Comté de Ponthieu depuis 1789 ;
par F.-C. LOUANDRE.—Abbeville,
1844-45, 2 vol. in-8°.*

2927. Les Mayeurs et les Maires
d'Abbeville. 1184-1847. (Par F.
C. LOUANDRE.)—Abbeville, 1851,
in-8°.*

Intéressant et bien écrit.

2928. Les Sires de Coucy ; par
CARLE LEDHUY. — Paris, 1853,
in-12.*

2929. Notices généalogiques sur
les Châtelains et les Seigneurs
de Sinceny ; par M. MELLEVILLE.
Laon, 1855, in-8°.* Avec blasons.

2930. Recherches historiques et
critiques sur les comtes de
Beaumont-sur-Oise, du XI° au
XIII° siècle, avec une carte du
comté et tables généalogiques
intercalées dans le texte. Par L.

Douet-d'Arcq,...—*Amiens*, 1855, in-4°.*

Cette intéressante publication forme le tome IV° des « *Mémoires de la Société des Antiquaires de la Picardie* »

2931. Dictionnaire historique, généalogique, biographique et agricole du département de l'Aisne,... par Melleville,... —*Laon*, 1856, in-8°.*

Prospectus.

2932. Notice sur l'Echevinage et sur le Bailliage de la ville d'Etaples, depuis leur Origine jusqu'à leur Suppression, par G. Sorquet, Membre de la Commission des Antiquités départementales du Pas-de-Calais,...— *Montreuil*, 1856, in-8°. Pièce.*

2933. Liste des Personnes tenant fiefs nobles du Bailliage d'Amiens, qui contribuèrent à la rançon du Roi François I°° (en 1529); par M. Eug. de Rosny,... —*Amiens*, 1858, in-8°. Pièce.*

Extrait du « *Bulletin de la Société des Antiquaires de la Picardie*, » n° 4. 1857.

2934. Histoire de la Ville et des Sires de Coucy, par M. le Ch°° de l'Epinois,... — *Paris* (1858), in-8°.* Avec une planche et une table généalogique.

2935. Trésor généalogique de la Picardie, ou Recueil de documents inédits sur la Noblesse de cette province, par un Gentilhomme picard (M. le Marquis de Belleval). — *Amiens*, 1859-1861, in-4°° et in-8°.*

Le tome II est in-8° et porte pour sous-titre : « *Monstres et quittances.* » — Travail exact et consciencieux

2936. Recherches généalogiques sur les Familles nobles de plusieurs villages des environs de Nesle, Noyon, Ham et Roye, et recherches historiques sur les mêmes localités. (Par Leroy-Morel, membre de la Société des Antiquaires de Picardie.)— *Amiens* (1860), in-8°. Pièce.*

Extrait de « *La Picardie, Revue litt. et scient.*, » ann. 1859, tome V, p. 417.

2937. Les Châteaux de l'arrondis-sement d'Abbeville, par E. Prarond.—*Paris*, 1860, in-8°.*

2938. Liste complète et authentique des Comtes de Ponthieu. Par J. Lefebvre. Extrait des Mémoires de la Société impériale d'émulation d'Abbeville.—*Abbeville*, 1860, in-8°. Pièce.*

2939. Picquigny et ses Seigneurs, vidames d'Amiens, par M. F.-I. Darsy,.... sous-archiviste du département de la Somme.—*Abbeville*, 1860, in-8°.* Avec les sceaux des seigneurs de Picquigny.

2940. Recueil de documents inédits concernant la Picardie, publiés d'après les titres originaux conservés dans son cabinet, par Victor Beauvillé....—*Paris*, *Imp. impér.*, 1860, in-4°.*

La Bibliothèque Impériale possède trois manuscrits précieux concernant l'histoire nobiliaire de cette province. 1° *Armorial de Picardie*; par Le Féron; in-4°. — 2° *Ancien Armorial de Picardie, extrait du livre terrier de la comté de Clermont en Beauvoisis qui est en la Chambre des Comptes de Paris*; in-f°.—3° *Nobiliaire de Picardie*, par Charles du Fresne du Cange; in-4°.

Poitou.

2941. Les Mémoires et Recherches de France et de la Gaulle Acquitanique du Sieur Jean de la Haye, baron des Coulteaux, lieutenant général en la Sénéchaussée de Poitou,... contenant l'Origine des Poictevins, qu'aussi les faicts gestes des premiers Roys, Princes, Comtes, et Ducs. leurs Généalogie, Alliance, Armoirie et deuise et Constitutions écrites comme elles ont esté trouuées choses très-rares et remarquables,...—*Paris*, 1581, in-8°.*

Cet ouvrage est tombé avec raison dans un complet discrédit. A l'époque même de sa publication il était déjà plus que médiocrement estimé ; du Chesne et Besly le jugent avec une grande sévérité. Selon eux, l'ordre des temps s'y trouve confondu, les faits falsifiés et l'origine des Familles évidemment corrompue. Il répugne à ces deux auteurs, dont le savoir et la bonne foi ne sauraient être mis en doute, d'admettre qu'une telle production ait jamais pu sortir de la plume du sieur de la Haye, lui qui « avait tant de conscience et chérissait son pays d'un amour si cordial, qu'il n'eût pas voulu imposer de la sorte et si souvent pour acquérir une fausse réputation.» D'après les travaux de Besly, de la Fontenelle de Vaudoré, de Dugast-Matifeux et autres historiens du Poitou, le véritable auteur des généalogies menteuses que recèle ce livre est maintenant connu : c'est un nommé RENÉ DE SANZAY, homme puissant à la cour et dans cette province, qui vivait à la fin du XVIᵉ siècle. En effet, ce ne put être que lui qui écrivit ou fit écrire sous son inspiration toutes ces descendances, basées sur des titres dont la fausseté notoire fut reconnue depuis et qu'on répandit clandestinement dans les cartulaires des abbayes, églises et monastères de la contrée. Lui seul se trouvait intéressé à ces manœuvres frauduleuses employées uniquement pour donner à la maison de Sanzay une origine princière en la rattachant aux comtes de Poitou et aux premiers vicomtes de Thouars : *is fecit cui prodest.*

2942. Histoire des Comtes de Poictov et Dvcs de Gvyenne, contenant ce qui s'est passé de plus mémorable en France, depuis l'an 811 jusques au Roy Lovis le Ieune.... par feu M. IEAN BESLY, Conseiller et aduocat du Roy honoraire, au Siége Royal de Fontenay le Comte...—*Paris,* 1647, in-fᵉ.*—Nouvelle édition. *Paris,* 1840, in-8ᵉ.*

Publié après la mort de l'auteur par son fils, après avoir été revu par Pierre Dupuy, comme la préface l'indique. — Besly était un écrivain profond, exact et consciencieux ; et son œuvre, à laquelle il consacra quarante années de son existence, montre à chaque page combien il était versé dans les antiquités de la France. « On ne saurait refuser à Besly, dit Dreux-Duradier, d'avoir défriché le premier un terrain inculte et presque abandonné. On trouve sans doute des mécomptes et quelques erreurs dans son histoire; mais on y trouve aussi bien des lumières qu'on n'avait point avant lui et qu'on n'aurait peut-être jamais eues sans ses recherches, et le travail prodigieux qu'elles ont

dû lui coûter. Les laborieux auteurs de la congrégation de Saint-Maur, qui promettent l'histoire du Poitou à la république des lettres, iront sans doute bien plus loin que Besly; mais au moins a-t-il tracé la route. Dans une nuit obscure, la lueur d'une étoile sert de phare. »

La dernière édition de l'œuvre de Besly forme le tome V de la *Bibliothèque Poitevine.*

2943. Histoire de Saintonge, Poitov, Avnix et Angovmois. Contenant ce qvi s'est passé de plvs remarquable dans la France, l'Italie, l'Alemagne, l'Espagne et l'Angleterre. Avec des Observations particvlières sur l'Estat de la Religion et sur l'Origine des plus nobles et des plus illustres Familles de l'Europe... Par ARMAND MAICHIN, escuyer seigneur de la Maison-Neuve, Du-Fief-Franc, et de Charentoy,... Partie première (et seconde). — *Saint-Jean-d'Angely,* 1671, in-fᵉ.*

Contient des indications curieuses et intéressantes sur les duchés, comtés, vicomtés, baronnies, châtellenies et marquisats de ces contrées; des détails sur les priviléges de noblesse accordés aux maires et échevins des principales villes qui en dépendent, et des notices généalogiques sur les grandes maisons qui en sont originaires. Mais tout cela est mêlé à beaucoup de fables et de puérilités.

2944. Roolles des Bans et Arrierebans de la province de Poictov, Xaintonge et Angovmois, tenus et convoqués sous les Règnes des Roys Louis XI, en 1467, par Yuon Du-Fou, Chevalier, chambelan dudit Seigneur Roy. Celui de 1491, sous le règne de Charles VIII, par Iacques de Beaumont, seigneur de Bressuire, Grand Senechal de Poictou. Ensemble celuy de l'an 1533, sous le Règne du Roy François I. Extraits des Originaux estans par deuers PIERRE DE SAVZAY, escuyer, sieur de BOIS-FERRAND. — *Poictiers,* Iean Flevriau, 1667, in-4ᵉ.*

Opuscule curieux et rare.

2945. Traité des Fiefs sur la coutume de Poitou, par feu M. IEAN-

BAPTISTE-LOUIS HARCHER....
(1762.)

Voyez le SUPPLÉMENT.

2916. Cahier et Instruction de la Noblesse de Poitou pour ses représentants aux États Généraux.... — (S. l.), 1789, in-8°. Pièce.*—(S. l. n. d.) In-8°. Pièce.*

2947. Recherches sur les Chroniques du monastère de St-Maixent en Poitou. Par A. D. DE LA FONTENELLE DE VAUDORÉ,... — Poitiers, 1838, in-8°.*

L'objet principal de cet ouvrage, qui porte avec lui son enseignement, est de faire ressortir toutes les faussetés entassées comme de parti pris dans la chronique du moine anonyme de Saint-Maixent, soit au sujet des vicomtes de Thouars, soit au sujet des prétendues branches cadettes de cette maison vicomtale qui auraient formé, selon les généalogistes et les intéressés, des maisons seigneuriales en Bas-Poitou. L'on y voit d'une manière palpable les origines mensongères des maisons, bien connues, de Bressuire, Mauléon, Châteaumur, Pouzauges, Puy-du-Fou, la Flocelière, Thissauges et Apremont. Dans tout autre temps ces Recherches, quoique savantes et qui dénotent dans leur auteur un rare esprit d'investigation, n'offriraient peut-être qu'un médiocre intérêt; mais aujourd'hui que la société semble atteinte du nobilianisme, il est bon de savoir à quoi s'en tenir sur les origines des noms nobles même les plus considérables et le cas que chacun doit en faire.

2948. Recherches sur les Vigueries et sur les Origines de la Féodalité en Poitou; par A. D. DE LA FONTENELLE DE VAUDORÉ... (1839.)

Voyez ci-dessus, n° 1462.

2949. Dictionnaire historique, biographique et généalogique des Familles de l'Ancien Poitou, par feu M. HENRI FILLEAU;... publié par son petit-fils H. BEAUCHET-FILLEAU,... et CH. DE CHERGÉ,...—Poitiers, 1840-1854, 2 vol. gr. in-8°.* Avec 10 planches d'armoiries.

En fait de nobiliaire, nous n'avions sur cette province que l'informe et inexact travail publié sous le nom de la Haye, par René de Sanzay. L'auteur a donc rendu un véritable service à l'histoire de son pays. Son œuvre est très-complète, et n'étaient quelques noms obscurs, sans valeur, dont il a grossi mal à propos la liste de ses Familles, ce serait une des meilleures du genre.

2950. Histoire des Rois et des Ducs d'Aquitaine et des Comtes de Poitou;... par A. D. DE LA FONTENELLE DE VAUDORÉ,... et J. P. M. DUFOUR,. . Tome Ier.—Paris, 1842, in-8°.*

C'est tout ce qui a paru.

2951. Tableau des Emigrés du Poitou aux armées des Princes et de Condé, par H. BEAUCHET-FILLEAU,...—Poitiers, 1845, in-8°.*

2952. Mémoire concernant l'état du Poitou dressé par CHARLES COLBERT DE CROISSY, Maître des Requêtes, Commissaire départi pour l'exécution des ordres du Roi en la généralité de Poitiers, en l'année 1666; publié par CH. DUGAST-MATIFEUX. — Fontenay-Vendée, imp. Robuchon, 1852, in-8°. Pièce.*

Tiré à petit nombre.—Voilà un petit livre des plus curieux et des plus intéressants au point de vue nobiliaire. C'est peut-être, dit avec raison l'éditeur, le document historique le plus précieux que l'on possède sur cette province sous le règne de Louis XIV. L'original de ce Mémoire, qui se trouve à la Bibliothèque impériale, dans la collection dite des Cinq-cents de Colbert, comprend à la fois le Clergé, la Noblesse, la Justice et la Finance. M. Dugast-Matifeux n'en a publié que la première partie, c'est-à-dire celle qui se rapporte au Gouvernement militaire ou Noblesse. On y trouve de singuliers et piquants détails sur les principales maisons du Poitou, sur leur origine, leurs alliances, leurs biens, leur crédit et leurs mœurs, avec la description de leurs armoiries. Tout cela est accompagné de notes savantes non moins qu'utiles pour la compréhension de certains passages du texte.

Un simple extrait, purgé avec soin de tout ce qui pouvait être à la charge des Familles, avait déjà paru dans la « Revue historique de la Noblesse, » de M. Borel d'Hauterive.

2953. Histoire de Chatelleraud et du Chatelleraudais. Par Mr l'abbé

LALANNE,...—*Chatelleraud*, 1859, 2 vol. in-8°.

Avec plusieurs planches, dont une de blasons.

Ouvrage plein de documents sur les Familles nobles, l'histoire et la mouvance des principaux fiefs, et l'organisation féodale et seigneuriale de cette localité.

2954. Les Electeurs de la Noblesse du Poitou en 1789. Par M. Gustave Bardy,....—*Poitiers*, 1880, gr. in-8°.

Extrait des « *Mém. de la Soc. des Antiq. de l'Ouest.* » Ann. 1858-1859.

Pour complément des ouvrages relatifs à l'histoire nobiliaire de cette province, on peut consulter les « *Archives historiques du Poitou,* » par DE LA FONTENELLE DE VAUDORÉ.

Provence.

2955. De Provinciæ Phocensis Comitibvs, FRANCISCI DE CLAPIERS, D. N. DE VAUVENARGUES,.... breuis Historia....—*Aquiis Sextiis*, 1584, in-8°. Pièce.* *Lugduni*, 1616, in-4°. [L. F.]

Ouvrage sans valeur aucune, mais assez rare.

2956. Généalogie des Comtes de Provence. Depuis l'an DLXXVII iusques à présent, règne du Trèschrestien,... Henry IIII. Roy de France et de Nauarre, Comte de Prouence, Forcalquier et terres adiacentes. (Par FRANÇOIS DE CLAPIERS, Seig' DE VAUVENARGUES, et traduit du latin par FRANCOIS DU FORT, avocat au Parlement de Provence.)—*Aix*, 1598, in-8°.* — *Aix*, 1603, in-4°.*

La dernière édition a été publiée avec les *Statuts de Provence.*

2957. Pontificivm Arelatense seu Historia primatvm Sanctæ Arelatensis Ecclesiæ,.... Authore PETRO SAXO, Sanctæ Arelatensis Ecclesiæ canonico,... — *Aquis Sextiis, J. Roize*, 1620, in-4°.*

Avec les armoiries de chacun de ces prelats gravées dans le corps du texte.

Cet ouvrage, savant et bien écrit, est fort rare aujourd'hui.—Réimprimé dans le tome I", pag. 517 et suiv., du Recueil de Menkenius, intitulé : « *Scriptores rerum germa-*

nicarum. » — *Lipsiæ*, 1728-1730, 3 vol. in-f°.

2958. L'Histoire et Chronique de Provence de CAESAR DE NOSTRADAMVS.... ov passent de temps en temps et en bel ordre, les... Familles illustres qui ont fleuri depuis VC ans. Ovltre plusieurs Races de France, d'Italie, Hespagne, Langvedoc, Davfbiné et Piémont y rencontrées auec celles qui despuis se sont diuersement annoblies.... — *Lyon*, 1614, in-f°.*

Avec un grand nombre d'armoiries intercalées dans le texte.

Ouvrage qu'on ne consulte plus guère aujourd'hui que pour les généalogies qu'il contient et qui sont pourtant la plupart très-inexactes.

Contient, p. 95, un « *Discours de la Noblesse* » très-curieux.

2959. Priuiléges, Franchises et Immunitez concédées par les Roys et Comtes de Prouence en faueur de la ville d'Aix, Consuls, particuliers, manans et habitans d'icelle.—*Aix*, par *Iean Tholozan*, 1620, in-4°. [A. D.]

2960. Généalogie des Comtes de Barcelone...

Voyez ci-dessus, n° 2654. « *La Clef decalle de la.... Maison de Lorraine...* »

2961. La Chorographie ov Description de Provence, et Histoire chronologiqve dv mesme pays.... Par le Sieur HONORÉ BOVCHE, Docteur en théologie. —*Aix*, 1664, 2 vol. in-f°.*—Nouvelle édition, 1736, 2 vol. in-f°. [Q.]

Lourd, verbeux, diffus, et pourtant recherché! On y trouve beaucoup de généalogies des Familles de cette province, et un grand nombre de portraits, de sceaux et de blasons gravés.

Il y a des exemplaires auxquels on a ajouté des additions après l'impression de l'ouvrage, savoir : 30 pages pour le 1er volume et 36 pour le 2e. Celui de la Bibliothèque impériale contient ces additions.

2962. Histoire des Comtes de Provence, enrichie de plusieurs de leurs Portraits, de leurs Sceaux et des Monnoyes de leurs temps (et de généalogies), qui n'auoient pas encore veu le iour. Par ANioine de Ruffi, Conseiller du Roy...—*Aix*, 1655, 1664, in-f°.*

Pas trop mal écrit et assez exact. M. Brunet le dit *rare*.

2963. Priviléges, Franchises, Immunitez, concédées par les Roys et Comtes de Prouence en faueur de la Ville de Castellane, Consuls, Particuliers, Manans et habitans d'icelle. Vérifiez, tant par la Cour de Parlement que de la Cour des Comptes et Généralité de Prouence. Estans Consuls les Sieurs Henry Borrely, escuyer, Mathiev Robion, et Honoré Hvgves, bourgeois. — *Marseille, Cl. Garcin*, 1657, in-4°. Pièce.*

Du 10 octobre 1352 au 3 janvier 1657.

2964. Histoire de la ville d'Aix, contenant tovt ce qvi s'y est passé de plvs mémorable dans son Estat politique, depuis sa Fondation jusques en l'anuée mil six cens soixante-cinq... Par Iean Scholastiqve Pitton, Docteur en Médecine. — *Aix*, 1666, in-f°.* Avec 3 planches de blasons.

Mal écrit, mal digéré et commun.

2965. Remontrances de la Noblesse de Provence au Roy, pour la Révocation des arrests de son Conseil, portans réunion à son domaine des terres aliénées et inféodées par les Comtes de Provence,... par Noel Gaillard,... (1669.)

Voyez ci-dessus, n° 1356.

2966. Discours sur le Négoce des Gentilshommes de la ville de Marseille et sur la qualité de nobles marchands qu'ils prenoient il y a cent ans; par M. Marchetti,... (1661.)

Voyez ci-dessus, n° 1022.

2967. Table des Provençaux illustres... par Pierre d'Hozier, —*Paris*, 1677, in-f° [L. D.]

Lenglet du Fresnoy dit que ces Tables sont pleines de faussetés et de répétitions inutiles. D'ailleurs elles ne sont pas de d'Hozier, mais bien d'un sieur Louis de Cormis de Beaurecveil, président à mortier au Parlement d'Aix.

2968. Traité de l'Hérédité des Fiefs de Provence,.... par Jacqves Peissonnel... (1687.)

Voyez ci-dessus, n° 1360.

2969. L'Etat de la Provence, contenant ce qu'il y a de plus remarquable dans la Police, dans la Justice, dans l'Eglise et la Noblesse de cette province, avec les Armes de chaque Famille. par M. l'Abbé R. D. B. (Dominique Robert de Briançon.) —*Paris*, 1693, 3 vol. in-12.* Contenant 480 blasons gravés.

Lorsque cet ouvrage parut, les Familles intéressées envoyèrent à l'auteur des documents dont il ignorait l'existence; et celui-ci, soit pour satisfaire ces Familles, soit pour compléter son œuvre, introduisit des cartons dans son livre, et le fit reparaître la même année avec une dédicace nouvelle sous le frontispice suivant.

2970. L'Etat et le Nobiliaire de la Provence, où l'on voit ce qu'il y a de plus remarquable dans cette Province... Seconde édition.—*Paris*, 1693, 3 vol. in-12.*

La Bibliothèque impériale possède deux exemplaires, avec cartons, enrichis de nombreuses et précieuses notes autographes de S. P. G. Châtre de Cangé pour l'un et de Charles-René d'Hozier pour l'autre.

La Bibliothèque impériale du Louvre conserve une copie manuscrite de ce travail, avec armoiries coloriées. A la suite se trouve : « Critique du Nobiliaire de Briançon, » par l'abbé Barcilon de Mouvans. Cette *critique*, aussi manuscrite, est fort étendue et fort curieuse. La préface surtout mérite d'être consultée, à cause de la différence que l'auteur établit entre la noblesse de sang, de noms et d'armes, la noblesse de race et la noblesse de robe. Il y a à la fin un catalogue des gentilshommes de ces trois espèces de noblesse.

L'ouvrage de Robert de Briançon est très-estimé, malgré ce qu'en dit d'Hozier dans ses notes. Le reproche qu'on peut faire à l'auteur, c'est d'avoir relevé des noms obscurs, reproche qu'il partage, du reste, avec la presque totalité des généalogistes.

2971. Avertissement pour les sieurs Syndics de la Noblesse de Provence assignés en exécution de l'Arrest du Conseil sur le fait de la prévention de leurs jurisdictions, contre le sieur Lieutenant-Général au siège de cette ville d'Aix, demandeur en déclaration de ladite prévention. — (*S. l. n. d.*) In-4°. Pièce.*

2972. Arrêt du Conseil d'Etat du 7 Février 1702, servant de Règlement entre la Noblesse et le Tiers-Etat de Provence au sujet des Tailles. — *Aix*, 1702, in-f°. [L. F.]

2973. Dissertations historiques et critiques sur l'Origine des Comtes de Provence et de Forcalquier et des Vicomtes de Marseille ; par ANTOINE DE RUFFI. —*Marseille*, 1712, in-4°.*

2974. Etat chronologique des Noms et Armoiries des Officiers du Parlement de Provence, depuis son établissement jusqu'en 1713, par DE GALLIER. —*Aix*, 1713, in-f°. [D. M.]

On trouve encore dans ce travail, très-rare aujourd'hui, l'Etat des Officiers de la Chambre des Comptes depuis 1348, par J. DE BŒUF; l'Etat des Trésoriers de France, depuis l'an 1443; l'Etat des Consuls d'Aix et des Procureurs du pays de Provence, depuis 1497; enfin la Généalogie des Comtes de Provence.

2975. Histoire de la principale Noblesse de Provence.... Avec les Observations des erreurs qui y ont été faites par les précédens Historiens, tirées des chartes et anciens titres des archives, abbayes, monastères et autres lieux. Et un Traité Général de la différence de chaque espèce de Noblesse, de l'origine des Fiefs, des Armoiries, Timbres, Couronnes et autres ornemens, des Maximes et Règlemens Généraux en fait de Noblesse, et sur tout ce qui la concerne. Et une explication des Monnoyes anciennes qui ont eu cours en Provence sous la domination des Grecs, des Romains, des Gots, Sarrasins, sous nos Comtes de Provence et sous nos Roys. (Par B. DE MAYNIER, des anciens seigneurs de St. Marcel-Francfort.)—*Aix*, 1719, in-4°.*

Ouvrage peu commun aujourd'hui.

2976. Nouveau Etat de Provence. De son Gouvernement, ses Compagnies de Justice, sa Noblesse, son Université, de l'Assemblée de ses Etats, de sa Maréchaussée, de ses Hôpitaux et autres Corps. (Par B. DE MAYNIER.) Seconde partie. — *Avignon* (s. d.), in-4°.*

Cet ouvrage et le précédent, qui se complètent l'un par l'autre, se trouvent rarement ensemble.

2977. Franc-alleu de Provence. (Par JOSEPH-LAURENT GENSOLLEN.) (1723.)

Voyez ci-dessus, n° 1369.

2978. Dissertation sur l'Etat chronologique et héraldique de l'illustre et singulier Consulat de la ville d'Aix... Par PIERRE-JOSEPH DE HAITZE. — *Aix*, 1726, in-12.*

2979. Histoire abrégée des Rois et des Comtes de Provence.— *La Haye*, 1756, in-8°. [D.]

2980. Armorial général de la Noblesse de Provence, dédié et présenté le 14 mars 1756 aux Srs. Syndics et Commissaires du Corps de la Noblesse élus à l'assemblée générale tenue à Aix le 3e juin 1754, par..... HONORÉ COUSSIN.—Armorial des Personnages illustres des Familles de Provence qui ont occupé les hautes dignités du royaume de France et les places épiscopales de Provence, dédié à Messeigneurs les Syndics et Commissaires... du Corps de la Noblesse élus parmi les membres du même Corps dans son assemblée générale tenue à Aix le 3e Juin MDCCLIV par... HONORÉ COUSSIN.—Armorial des Familles de Provence suivant l'Histoire de Mr de Vertot, tiré des preuves de Chevalerie de XIV cartiers de Noblesse reçeues dans l'Ordre Militaire et Souverain de Malte, dédié aux Seigneurs Syndics et Commissaires du Corps de la Noblesse de la Province élus par l'assemblée générale de la Noblesse en 1754 ; par.... HONORÉ COUSSIN et gravé par lui en 1756.—*Aix, chez l'auteur.* Le tout en 8 feuilles in-f° plano.'

Publication séparée des planches qui se trouvent dans l'ouvrage suivant.

2981. Histoire héroïque et universelle de la Noblesse de Provence; avec huit grandes Cartes armoriales (gravées par Coussin.)—*Avignon*, 1757-1759, 2 vol. in-4°. [L. F.]—*Avignon*, 1776-1786, 3 vol. in-4°,* dont un de supplément.

Voyez, au sujet de cet ouvrage, l'«*Année littéraire,*» 1759, XII° lettre.

L'Epître dédicatoire est signée ARTEFEUIL. Ce nom est le pseudonyme sous lequel s'est caché LOUIS VENTRE, seigneur DE LA TOULOUBRE, auteur de plusieurs ouvrages très-estimés sur des matières juridiques.

2982. Essai sur l'Histoire de Provence, suivi d'une Notice des Provençaux célèbres. (Par CHARLES-FRANÇOIS BOUCHE, avocat au Parlement de Provence.)—*Marseille*, 1785, 2 vol. in-4°.*

2983. Délibérations et Remontrances du Corps de la Noblesse de Provence. — (*S. l.*, 1788.) In-8°. Pièce.

2984. Observations pour les Nobles non possédans Fiefs de Provence.—*Aix, Pierre-Joseph Calmen*, 1789, in-8°. Pièce.

2985. Réponse de la Noblesse aux Observations des Nobles non possédans Fiefs de Provence.—*Aix, imp. de Gibelin-David et Emeric-David*, 1789, in-8°.

2986. Essai sur l'Histoire des Comtes Souverains de Provence; par M. BOISSON DE LA SALLE.—*Aix*, 1820, in-8°.*

2987. La Noblesse de Provence... Par le Comte HORACE DE VIEL-CASTEL. (1839.)

Voyez ci-après mêmes LIV. et Sect., § 8 : AIZAC (Arthur d').

2988. Origines et Révolutions des Noms de famille en Provence; par M. ED. DE LAPLANE.—*Paris*, 1843, in-8°. Pièce.*

2989. Liste des Gentilshommes de Provence et de la principauté d'Orange qui ont fait leurs preuves de Noblesse pour avoir entrée aux Etats tenus à Aix de 1787 à 1789, publiée pour la première fois d'après les Procès-verbaux officiels, par le comte GODEFROY DE MONTGRAND. — *Marseille*, 1860, in-8°.*

Tiré à petit nombre.

2990. Catalogue des Gentilshommes de Provence et de la principauté d'Orange qui ont pris part ou envoyé leur procuration aux Assemblées de la Noblesse pour l'élection des députés aux Etats-Généraux en 1789. Publié, d'après les procès-verbaux officiels, par MM. LOUIS DE LA ROQUE et EDOUARD DE BARTHELEMY.—*Paris, E. Dentu*, 1861, gr. in-8°.*

Accompagné de l'Etat militaire et judiciaire, et de la Liste des Chapitres nobles de la province.

2991. Iconographie des Sceaux et Bulles conservés dans la partie antérieure à 1790, des archives départementales des Bouches-du-Rhône, par LOUIS BLANCARD,...—*Marseille*, 1860, in-4°. Avec 104 planches de sceaux, la plupart armoriés, dessinés par LAUGIER.

Ce travail, véritable monument sigillographique, est des plus intéressants, non-seulement par l'objet qui le constitue, mais encore par le grand nombre de documents qu'il fournit concernant l'histoire héraldique et féodale de la Provence.

Roussillon.

2992. Mémoires des Citoyens Nobles de la ville de Perpignan. (Par l'abbé JOSEPH XAUPI.) — *Perpignan*, 1742, in f°.

Rétracté et désavoué par les Bourgeois Honorés de Perpignan, dans une requête de 30 pages d'impression présentée au Roi en la personne de M. de Bon.

2993. Observations sur la Requête au Roi, composée en faveur des Avocats de Perpignan par Mr Moriceau, avocat aux Conseils de Sa Majesté. (Par l'abbé JOSEPH XAUPI.)—*Perpignan*, 1742, in-4°.

2994. Recherches historiques sur la Noblesse des Citoyens Honorés de Perpignan et de Barcelone, connus sous le nom de Citoyens Nobles, pour servir de suite au Traité de la Noblesse de la Roque. Par M. l'abbé (JOSEPH) XAUPI, docteur en théologie de la Faculté de Paris et de la Maison Royale de Navarre... —Paris, *Nyon*, 1763, in-12.*— *Paris, C. L. Simon*, 1776, 3 vol. in-12.

Le tome II de l'édit. de 1776 est formé de la *« Continuation du livre des Recherches historiques sur la noblesse des citoyens majeurs de Perpignan et de Barcelonne,...»* du même, porté ci-après n° 2997. Le tome III ne contient que les pièces justificatives et la table des deux premiers.

« Peu d'historiens méritent autant que l'auteur de ces *Recherches* la confiance des lecteurs. Il est avantageux pour les nobles de Catalogne d'avoir rencontré un écrivain qui sait établir leurs titres, prouver leurs prérogatives et leur assurer des droits légitimement acquis par l'ancienneté et les vertus sans porter la moindre atteinte à la vérité.» [*Mémoires de Trécour*, octobre 1764.]

2995. Mémoire des Citoyens Nobles de la ville de Perpignan, en réponse à un imprimé au mois de Février 1769 par les Avocats de la même ville. (Par l'abbé JOSEPH XAUPI.) — *Perpignan (s. d.)*, in 4°.*

2996. Observations historiques et critiques sur le Droit public de la Principauté de Catalogne et du Comté de Roussillon : où l'on fixe les véritables principes et les prérogatives de la Noblesse pour servir à l'entière réfutation des Ecrits de M. l'abbé Xaupi, sur la prétendue Chevalerie des bourgeois honorés de Perpignan et Barcelone. (Par FRANÇOIS FOSSA.)—*Perpignan*, 1770, in-4°.

2997. Continuation du livre des Recherches historiques sur la Noblesse des Citoyens majeurs de Perpignan et de Barcelone, imprimé in-12, chez Nyon, en 1763. Pour servir de Réponse aux Objections des autres Nobles de la Province du Roussillon, en la cause pendante devant Sa Majesté entr'eux et les citoyens Nobles de Perpignan.(Par l'abbé JOSEPH XAUPI.) — (S. l., 1770.) In-4°.

Forme le tome II de l'édit. de

1776, des : *« Recherches historiques sur la Noblesse des Citoyens Honorés de Perpignan et de Barcelone,... »* du même, porté ci-dessus n° 2994.

2998. Procès-verbal dressé le vingt deuxième Juillet 1771 et jours suivans, à la réquisition de l'Ordre de la Noblesse de Roussillon, par M. DE BON, Conseiller du Roi en ses Conseils,... Commissaire,... député par Arrêt du Conseil du 18 novembre 1769, pour l'Instruction de l'Instance pendante pardevant le Roi et son Conseil, entre ledit Ordre, celui des Avocats de Perpignan, et le Corps des Bourgeois honorables et immatriculés de la même Ville. Contenant la vérification des Pièces d'un ancien Procès jugé par Arrêt de la royale Audience de Catalogne du 12 Octobre 1620, entre les Syndics du Corps de Ville de Perpignan et des Bourgeois immatriculés d'une part ; et Antoine-Jérome Bosch et autres Litis-Consorts. Bourgeois de la même Ville créés par Lettres du Prince, d'autre part, etc.—*Perpignan, C. le Comte*, 1771, in-4°.

Le corps de la noblesse demandait, entre autres choses, qu'on retirât à l'abbé Xaupi le privilège qui lui avait été accordé pour l'impression de son ouvrage intitulé : *« Recherches historiques sur la noblesse des Citoyens Honorés de Perpignan...»*

2999. Mémoire pour l'Ordre des Avocats de Perpignan. contenant l'entière réfutation des Recherches de l'abbé Xaupi sur la prétendue Noblesse des Bourgeois Majeurs de Perpignan et de Barcelone ; par M. FRANÇOIS FOSSA, Bâtonnier de l'Ordre et professeur Doyen de la Faculté des Droits de Perpignan.—*Toulouse*, 1777, in-4°.*

3000. Dissertation sur les citoyens nobles de Perpignan. Par PAUL L. JACOB. (PAUL LACROIX.)

Formant la IX° des *«Dissertations sur quelques points curieux de l'Histoire de France»* du même : *Paris,* 1838-1842, in-8° *.

3001. Preuves du Franc-alleu de Roussillon.

Voyez ci-dessus, n° 1418.

3002. Déclaration de la Noblesse du Roussillon. Du 21 janvier 1789 à Perpignan.—(*S. l. n. d.*) In-8°. Pièce.*

> Renonciation aux priviléges de la noblesse.

3003. Procès-verbal des assemblées particulières de l'Ordre de la Noblesse des Comtés de Roussillon, Conflent et Cerdagne.—*Perpignan*, 1789, in-4°. Pièce.*

Saintonge, Aunis et Angoumois.

3004. Recveil en forme d'Histoire de ce qvi se trovve par escrit de la ville et des Comtes d'Engolesme. Party en troys liures. Le premier traicte de l'estat de la ville d'Engolesme, deuant et au temps des premiers Roys de François. Le second, des Comtes héréditaires d'Engomois, qui commencerent soubz le Roy Charles surnommé le Chauue. Et le tiers, despuis que le Comté fut réuni à la Couronne par Philippes le Bel, iusques à maintenant. Par FRANÇOIS DE CORLIEU, procureur du Roy à Engolesme. —*Engolesme. Par Iean de Ninieres, Imprimeur*, (1576), in-4°.*

> Voyez le numéro suivant.

3005. Recveil en forme d'Histoire de ce qvi se trovve par escrit de la ville et des Comtes d'Angoulesme... Par F. DE CORLIEU,... Seconde édition. Enrichie des Priuiléges concédés par les Roys de France aux habitans d'Angoulesme, auec la confirmation et vérification d'iceux, augmentée en outre de plusieurs mémoires, et annotations, qui iusqu'à présent n'auoient esté mises en lumière. Par GABRIEL DE LA CHARLONYE, Escuyer, Sieur de NOHERE, Conseiller du Roy,... nepueu de l'Autheur.— *Angoulesme, Helie le Paige*, 1629, 1631, in-4°.*

> L'édition de 1631 est la même que celle de 1629 : le titre seul a été réimprimé.

3006. Les Noms et Ordre de la réception des Maires, Eschevins, et Conseillers, qui ont esté en la maison de ville d'Angoulesme, depuis la concession des privi- léges de Noblesse. Tirés fidèlemét de ses anciens cayers, avec les choses les plus remarquables qui se sont passées pendant leurs Mairies et Eschevinages depuis ladite concession iusques à présent. Par M. I.(JEAN) SANSON, advocat au Parlement.—*Angoulesme, Mauclair*, 1652, in-4°.*

> Ouvrage rare.

3007. Factvm concernant le Droict de Commune ov le Droict de mairie et d'eschevinage de la ville de La Rochelle. Povr servir av procez d'entre Monsieur le Procureur-Général du Roy en la Cour des Aydes, poursuite et diligence de Maistre Thomas Bousseau, chargé de l'exécution de la déclaration faite par Sa Majesté pour la Recherche des Vsurpateurs de Noblesse. Contre Maistre Paul Vacher, sieur de la Casse, aduocat, et autres qui se disent Nobles à cause des Maires et Eschevins de la mesme ville. Par M. PIERRE GROYER DE BOISERAVD, advocat en Parlement. —(*S. l.*), 1662, in-4°. Pièce.*

3008. Défense de la Noblesse des Maires et Eschevins de la ville de la Rochelle. Contre les prétensions et le Libelle ou Factum de Thomas Bousseau sur le droit de Commune, Mairie et Escheuinage de la mesme ville. Par Maistre GABRIEL BERNARDEAV, aduocat en Parlement.—(*S. l.*), 1663, in-4°. Pièce.*

3009. Roolles des Bans et Arrières bans de la province de Poitou, Xaintonge et Angoumois. (1668.)

> Voyez ci-dessus, n° 2944.

3010. Etat du Ban de Saintonge tenu et convoqué sous le règne de Louis XV, le quinze Juin mil sept cent cinquante-huit.—*Saintes, Pierre Toussaints*, 1758, in-12. Pièce.*

> Opuscule rare.—Voyez ci-dessus, n° 2944.

3011. Cahier sommaire des trèshumbles Remontrances faites et dressées par l'Ordre de la Noblesse de la province d'Angoumois, en l'assemblée tenue en la ville d'Angoulême, les 16, 17, 18 et 19 mars et jours suivants

1789. Remis à MM. le marquis de Saint-Simon, le comte de Culent. — *Angouléme; et Paris*, 1789, in-8°. Pièce.*

3012. Etat nominatif de Messieurs les Gentilshommes de la Sénéchaussée de Saintonge présents effectivement ou par procuration à l'assemblée tenue à Saintes le seize mars mil sept cent quatre-vingt-neuf, en vertu des lettres du Roi, pour la convocation des Etats-Généraux. — *Saintes, Toussaints*, 1789, in-8°. Pièce.

3013. Pouvoirs de la Noblesse de la Sénéchaussée de Saintonge à ses députés aux futurs Etats-Généraux, remis à MM. le comte de la Tour du Pin, de Richer. —*Saintes; et Paris*, 1789, in-8°. Pièce.*

3014. Notice sur les Seigneurs de Montbron. (Par MARVAND.)
Dans: *Bulletin de la Soc. archéol. et hist. de la Charente*, tome V, p. 72.

3815. Notice sur les Seigneurs et le château de la Roche-Chandry, par M. PAUL SAZERAC DE FORGE.
IBIDEM, ann. 1845, p. 50.

3016. Notice généalogique sur les Seigneurs de Lubersac établis en Angoumois, 1410-1700. (Par MARVAND.)
IBIDEM, ann. 1846, p. 174.

3017. L'Angoumois en l'année 1789, ou Analyse des documents authentiques qui ont constaté, à cette époque, les Assemblées, les délibérations, la situation respective des Trois Ordres de la Province par suite de la Convocation des Etats-Généraux, précédée d'un coup d'œil sur les Assemblées nationales de l'ancienne France, par CHARLES DE CHANCEL,... — *Angouléme*, 1847, in-8°.*

3018. La Noblesse de Saintonge et d'Aunis convoquée pour les Etats-Généraux de 1789. (Par M. le baron LÉON DE LA MORINERIE.) *Paris, J.-B. Dumoulin*, 1861, in-8°. *
Contient les listes renfermant les noms des gentilshommes des séné-chaussées de Saintonge et de la Rochelle qui ont voté à Saintes, à Saint-Jean-d'Angely et à la Rochelle. — Comprend aussi plusieurs électeurs qui parurent à des séances postérieures et dont l'auteur a relevé les noms dans des procès-verbaux manuscrits.— Ces listes sont accompagnées de notes intéressantes et curieuses, tant sur les personnes que sur les localités, ce qui élève la production de M. de la Morinerie à la hauteur d'une œuvre historique.

Savoie et Nice.

3019. Chroniqve de Savoye... Par maistre GUILLAUME PARADIN, Chanoine de Beauieu.—*Lyon, J. de Tournes*, 1552, in-4°.* Avec un arbre de consanguinité de la Maison de Savoie.

3020. Chroniqve de Savoye. Reueue et nouuellement augmentée par M. GUILLAUME PARADIN, Doyen de Beaujeu. Auec les figures (blasons) de toutes les alliances des mariages qui se sont faicts en la maison de Sauoye, depuis le commencement iusqu'à l'heure présente.—*Lyon, J. de Tournes*, 1561, in-f°.*

3021. Chroniqve de Savoye. Extraicte pour la plvspart de l'Histoire de M. GUILLAUME PARADIN. Troisième édition, enrichie et augmentée en diuers endroits, et continuée iusques à la paix de l'an 1601.—*(Lyon), J. de Tournes*, 1602, in-f°.* Avec 150 blasons gravés sur bois et intercalés dans le texte.

3022. Généalogie des Princes de Sauoye, faite en prose et vers latins par IULIAN TABOET, I. C., et depuis traduite en prose et vers héroïques françois par P. T. A.—*Lyon, Nicolas Edouard*, 1560, in-4°. [A. D.]

3023. Inclytorvm Saxoniæ Sabavdiæq. Principvm arbor gentilitia PHILIBERTO PINGONIO authore.—*Avgvstæ Tavrinorvm*, 1521, in-f°.' Avec blasons et tables généalogiques.

3024. De Principatv Sabavdiæ, et vera Dvcvm origine a Saxoniæ Principibvs, simulque regum Galliæ, e stirpe Hugonis Capeti deducta... ALPHONSO D'ELBENÉ, abbate Altæcombæ,... avthore. —Altæcombæ, 1581, in-4°.'

3025. Le Renouvellemant des anciennes Alliances des Maisons et Couronnes de France et de Sauoye...Par SCIPION GUILLIET. (1619.)

Voyez ci-dessus, n° 1703.

3026. Recherches historiques sur les Alliances royales de France et de Sauoye. Par le R. P. PIERRE MONOD,... (1621.)

Voyez ci-dessus, n° 1704.

3027. Alliances de France et de Sauoye, par M. PIERRE MATHIEU, Conseiller du Roy et Historiographe de France. (1623.)

Voyez ci-dessus, n° 1707.

3028. Dessein de l'Histoire généalogique de la Maison de Savoye, par (SAMUEL) GUICHENON.—(S. l.), 1653, in-4°. [J. L. A. C.]

Opuscule très-rare.

3029. Histoire généalogiqve de la Royale Maison de Savoye Ivstifiée par titres, fondations de monastères,... et autres preuves autentiques. Enrichie de plvsievrs portraits, seavx, monnoyes, sépultures et armoiries. Par SAMVEL GUICHENON,... —Lyon, 1660, 2 vol. in-f°.*—Nouvelle édition. Avec des Supplémens jusqu'à nos jours, suivis d'une Dissertation contenant des remarques et additions pour servir d'éclaircissement à cette histoire. Turin, 1778, 5 vol. in-f°.*

Ouvrage généralement estimé et dont les exemplaires sont rares, surtout ceux de la 1re édition. — La dernière édition, malgré les Suppléments indiqués sur le titre, n'est pas plus complète que la première et lui est inférieure. — L'exemplaire de la 1re édition que possède la Bibliothèque impériale est enrichi de notes manuscrites de la main de Charles-René d'Hozier.—Math. Kraemer a donné un abrégé de l'œuvre de Guichenon. Nuremberg, 1760, in-4°.

3030. Le Palais de l'Honneur, contenant... l'origine et le progrès des Maisons de France, de Lorraine et de Savoye. [Par le P. ANSELME. (1664.)]

Voyez le n° 37 ci-dessus.

3031. Abrégé de l'Histoire de la royalle Maison de Savoye...Par le sieur THOMAS BLANC. —Lyon, 1668, 3 vol. in-12.*—2e édition. Lyon, 1677, 3 vol. in-12.*

A la fin du tome III on trouve: « Catalogue des Chevaliers de l'Ordre du Collier de Savoye, dit de l'Annonciade. »

3032. L'Estat du royaume d'Espagne,...—L'Estat de la Cour de Savoye. (1669.)

Voyez ci-dessus, n° 1607.

3033. Histoire de l'Etablissement de la Maison de Savoye, dans ses Etats, ov l'on voit par ordre généalogiqve, qu'elle ne s'est aggrandie, ni ne peut subsister, que par son attachement à la France. — Paris, J.-B. Nolin, 1691, in-f°.*

Les événements récents donnent à cet opuscule, très-rare du reste, publié il y a 170 ans, et peut-être depuis lors complétement oublié, un réel intérêt d'actualité.

3034. Les Ayeules de S. A. R. Marie-Adelaide de Savoye, duchesse de Bourgogne, issuës du sang roïal de France, par GUY-ALLARD. — Paris, 1698, in-12. Avec tables généalogiques. [B. Gre.]

3035. Avgvstae regiaeqve Sabavdiæ Domus arbor gentilitia regiæ celsitvdini Victori Amedeo II... ab authore FRANCISCO MARIA FERRERRO A LABRIANO...—Avgvstæ Tavrinorvm, 1702, in-f°.' Avec portraits gravés.

Latin-français.

3036. Histoire généalogique de la maison royale de Savoie, commençant de Berolde jusqu'à Victor-Amédée II ; par F. M. F. D. L. (FRANCOIS-MARIE FERRERRO A LABRIANO).—Turin, in-f°. [B. P.]

3037. Eloge historique des princesses de la Maison de Savoie qui ont pris alliance avec nos Rois ou les Princes de leur sang: épître présentée à Madame la Comtesse de Provence par l'abbé PARMENTIER,.....— Paris, 1771, in-4°. Pièce.*

3038. Essai historique sur la Maison de Savoie. — Paris, 1779, in-8°. [B. Anv.]

3039. Notice historique sur la Savoie, suivie d'une Généalogie raisonnée de la Maison de ce nom. — *Chambéry* (1787), in-8°. [D.]

3040. Etat de la Maison de Savoie. — *Paris*, 1791, in-8°. [D.]

3041. Dictionnaire historique... des départemens du Mont-Blanc et du Léman ; contenant l'histoire ancienne et moderne de la Savoie, et spécialement celle des personnes qui y étant nées ou domiciliées, se sont distinguées par des actions dignes de mémoire, ou par leurs succès dans les lettres, les sciences et les arts:... Par M. JEAN-LOUIS GRILLET,... — *Chambéry, J.-F. Puthod*, 1807, 3 vol. in-8°.*

Cet ouvrage, très-rare aujourd'hui, contient un grand nombre de notices généalogiques sur les Familles nobles de ce pays.

3042. Mémoires historiques sur la Maison royale de Savoie... depuis le commencement du onzième siècle jusqu'à l'année 1796 inclusivement, enrichis de notes et de tableaux généalogiques et chronologiques; par M. le marquis COSTA DE BEAUREGARD...— *Turin*, 1816, 3 vol. in-8° *

3043. Familles historiques de Savoie ; par COSTA DE BEAUREGARD. Les seigneurs de Compey. — *Chambéry*, 1844, in-4°. Avec blasons et tableau généalogique. [D. M.]

3044. Les Princes de la Maison royale de Savoie ; par EDOUARD DE BARTHELEMY. — *Paris*, 1860, in-12.*

3045. Histoire de la Maison de Savoie, par Mᵐᵉ la Princesse CHRISTINE TRIVULCE DE BELGIOJOSO.—*Paris*, 1860, in-8°.*

Nice.

3046. Statvta et Privilegia civitatis Niciae. (Edente FRID. SCLOPIS.) —(*S. l.*, 1835.) In-f°.*

Touraine.

3047. Priviléges de la ville de Tours ; par JEAN CHENU.—*Paris*, 1620, in-4°. [L. F.]

3048. Priviléges du Roy Charles VIII. Concédez à la ville de Tours. Par lesquels les Habitans de ladite ville sont deschargez de toutes Impositions, et spécialement de l'équivalant aux Aydes. (Par JEAN CHENU.)— (*S. l. n. d.*) In-4°. Pièce.

De février 1192 au 9 décembre 1622.

3049. Arrest dv Conseil d'Estat dv Roy, portant confirmation des vingt-quatre Escheuins perpétuels de la ville de Tours. Du dix-neufième iour de Iuin 1648. —*Tours, Jean Oudot*, 1648, in-4°. Pièce.*

3050. Les Titres de l'Etablissement du Corps de ville avec les Priviléges des Maires, Echevins et habitans de la ville de Tours.— —*Tours*, 1661, in-4°. [L. F.]

3051. Histoire généalogiqve de la Noblesse de Tovraine, enrichie des Armes en taille dovce de chaque Famille et de plusieurs portraits des plus illustres qui en sont sortis. Le tout tiré sur les originaux des chartes, titres et trésors des Maisons et par toutes les preuues qui seruent à la vérité de cet ouvrage.... Par Monsieur le Cheualier DE L'HERMITE-SOVLIERS,... —*Paris*, 1665, in-f°.*

Voyez le numéro suivant.

3052. Inventaire de l'Histoire généalogiqve de la Noblesse de Tovraine et pays circonvoisins; enrichie des Armes en taille-dovce de chaqve Famille, et de plusieurs portraits des plus illustres qui en sont sortis. Le tout tiré sur les originaux des chartes, titres et trésors des Maisons, et par toutes les preuues qui seruent à la vérité de cet ouvrage. Dédié à Monseigneur le duc de Saint-Aignan. Par M. le C. D. L. S. (le chevalier DE L'HERMITE-SOULIERS.)— *Paris*, 1669, in-f°.* Avec une carte générale de la Touraine où figurent les armes du duc de Saint-Aignan.

On a reproché à l'auteur, et

avec raison, de fausses citations, et d'avoir produit des titres dénués de ce caractère d'authenticité qu'on exige dans les travaux de cette nature.

Jean Le Laboureur, prieur de Juvigné, dans une lettre insérée au *Journal des Savants,* décembre 1768, s'exprime ainsi à propos de ce livre...: « La vénalité des auteurs a tellement corrompu notre histoire qu'elle est défigurée dans toutes ses parties, et principalement en celles qui regardent la généalogie, dont on a abandonné la liberté d'écrire à des personnes qui n'ont ni caractère ni connoissance aucune de l'antiquité, qui ne nous ont débité que des fables et des mensonges injurieux à la véritable noblesse. Je ne suis guère d'humeur à nommer personne en mauvaise part; mais je ne puis pardonner cette lâche profession au chevalier l'Hermite, malheureux auteur des livres de la *Toscane,* de la *Ligurie* et de la *Naple Françoise,* dont il s'est avisé, pour transplanter en France des familles qui n'ont qu'une foible conformité de nom et d'armes avec des étrangères et qui nous vient de donner tout récemment un Recueil des Maisons nobles de Touraine, où tout est presque inventé et où les plus illustres sont ceux qui ont contribué plus largement à la capitation qu'il a levée sur cette province... »

3053. Recueil des Noms de tous les Maires et Echevins de la ville de Tours qui ont exercé les Charges depuis l'Etablissement du Corps de Ville fait par Louis XI, en l'an 1461, jusques et compris l'année 1679. Ensemble du droit qu'a Monsieur le Maire de présider en l'Assemblée du Tiers-Ordre: Et des Lettres Patentes d'Henry III, contenant le nouvel Etablissement dudit Corps de Ville. De celles d'Henry IV pour l'Accroissement et Fortification de ladite Ville, avec le don des Fossez, Murailles et Contr'escarpes. Et de plusieurs Arrests donnez en faveur des Maires, Echevins et Habitans de la Ville et fauxbourgs. Du brevet de Sa Majesté pour replanter le Mail ;.... Le tout mis en ordre suivant la Délibération du Corps de Ville, qui sera insérée à la fin des Pré-

sentes. — *Tours, Pierre Gripon,* 1679, in-4°.*

Opuscule rare.

3054. Tableau des Provinces de France où l'on voit la description et l'histoire de chaque province du royaume, tout ce qui regarde l'Eglise, la Justice, les Gouvernemens, les Terres titrées, etc. Avec l'Histoire et les Armoiries des principales Maisons; les plans des Viles et plusieurs Cartes géographiques. Seconde partie. Juin 1694. — *Paris,* 1694, in-4°.*

Cette seconde partie, la seule qui ait paru, ne comprend que la TOURAINE. On y trouve: 1° la carte géographique des duchés de cette province, avec les terres qui en dépendent; 2° la table généalogique des ducs de Montbazon; 3° les armoiries gravées de Charles de Rohan, 5ᵉ duc de Montbazon, nommé ordinairement prince de Guéméné; 4° la table généalogique des ducs de Luynes; 5° les armoiries gravées de Charles-Honoré d'Albert, 3ᵉ duc de Luynes, connu sous le nom de duc de Chevreuse.

3055. Requête au Roy pour la Noblesse de Touraine. (Signé DE BACALAN, maître des requêtes; et LETHINOIS, avocat.) — *Paris,* 1769, in-4°. Pièce.*

Au sujet d'un arrêt du 17 août 1768, portant que les nobles qui n'ont point d'enfants ne pourront donner leurs acquêts en propriété à un étranger.

A la suite se trouve la Protestation signée de toute la noblesse de Touraine, ce qui donne à cette pièce une certaine valeur au point de vue nobiliaire.

3056. Requeste au Roi pour nombre de possédants Fiefs en Touraine. — *Paris,* 1769, in-4°. Pièce.*

Même ouvrage que le précédent.

3057. Cahier de la Noblesse des Bailliages de Touraine. — (*S. l.;* 1789.) In-8°. Pièce.*

3058. Armorial des Maires de la ville de Tours. (Par M LAMBRON DE LIGNIM.) — *Tours,* 1847, in-4°. [L. L.]

Tiré à 36 exemplaires.

3059. Recherches historiques sur l'Ancienne Baronnie de Preuilly, première baronnie de Touraine, et sur les anciens châteaux de Bossay et de Fontbaudry (Indre-et-Loire). Par J.-X. CARRÉ DE BUSSEROLLE,....—*Tours*, 1853, in-8°. Pièce.* Avec une planche de blasons.

3060. Mémoires chronologiques, archéologiques et héraldiques, pour servir à l'histoire ecclésiastique de l'ancienne province de Touraine. Par J.-X. CARRÉ DE BUSSEROLLE. -- *Tours*, *Catlier*, 1853, in-8°. Pièce.*

3061. Notice historique sur l'ancien fief de Boussay,... par J. X. CARRÉ DE BUSSEROLLE.

Voyez les «*Mém. de la Soc. arch. de Touraine*,» ann.1851, tome VI, p. 90.

3062. Notice sur l'ancien fief de Ris,... par J.-X. CARRÉ DE BUSSEROLLE.

Voyez IBIDEM, p. 301.

3063. Armorial des Archevêques de Tours; par M. HENRI LAMBRON DE LIGNIM.—*Tours*, 1851, in-8°. Pièce.* Avec deux planches.

Extrait des «*Mém. de la Soc. archéol. de Touraine*,» 1851, t. VI, p. 11.

Pour complément des ouvrages relatifs à l'histoire nobiliaire de cette province, on peut consulter le tome III de l'«*Histoire de Touraine*,» par J.-L. CHALMEL.

Pays-Bas et Belgique.

Pays-Bas.

3064. Genealogia Ducum Burgundiæ, Brabantiæ, Flandriæ, Hollandiæ, ab Hectore Trojano, usque ad Carolum V. Auctore EDMUNDO DINTERO. — *Argentinæ*, 1529, in-8°. [B. Ba.]—(S. l.), 1532, in-8°.*

Cet ouvrage rare, mais sans valeur, est curieux en ce qu'il montre jusqu'à quel point un esprit systématique peut s'égarer.

3065. Le Jardin d'Armoiries, contenant les Armes de plusieurs Nobles royaumes et Maisons de Germanie inférieure, œuvre autant nouveau que proufitable à tous amateurs du noble exercice d'armes. (Par JEAN LAUTTE.—*Gand*, 1567, pet. in-8°.*

Production singulière et rare. —L'auteur commence la série de ses armes par celles de JÉSUS-CHRIST! Il n'en donne pas la description, mais Jean Royer de Prade supplée à son défaut dans son «*Trophée d'armes héraldiques*,» 1re édition, p. 47. Voyez ci-dessus, n° 47.

3066. RŒKENBERG. Historia et Genealogia Heroum Lugduni-Batavorum, et Wassenaræ, Egmondanorum et Brederodiorum. — *Lugduni-Batavorum*, 1587, in-8°. [B. Lux.]

3067. Les vrays Pourtraits ou Images des Comtes et Comtesses de Hollande, trouvés anciennement dans le cloître des Carmes de Haarlem, avec le vray pourtrait du Seigneur de Gérard de Velsen, et le tombeau du comte Floris.—(S. l. n. d.) In-f°. [F.M.]

3068. Généalogie des princes de Nassau, ornée de leurs Armoiries. (S. l., 1600.) Gr. in-f° gravé. [B.R.]

3069. La Généalogie des illustres Comtes de Nassav, novellement imprimée: avec la Description de toutes les Victoires, lesquelles Dieu a octroiées aux nobles... Seigneurs Messeigneurs... les Etats des Provinces-Unies des Païs-bas, sous la conduite et gouvernement de son excellence le Prince Mavrice de Nassav. (Par J. ORLERS.) *Leyden*, 1615, in-f°. [B. B.] — Deuxiesme édition. *Leyden*, 1615, in-f°.*— *Leyden*, 1620, in-f°. [B. Lil.]— *Amsterdam*, 1624, in-f°. [A. A.]— Avec portraits, tableaux héraldiques et généalogiques, cartes géographiques, plans, vues, etc., le tout gravé.

3070. Genealogia illustrissimorum Comitvm Nassoviæ in qva origo, incrementa, et res gestæ ab iis, ab anno 682 ad præsentem hunc 1616. Cum effigiebus XVI præcipuorum inter eos heroum, qui incomparabili virtute sua libertatem huius reip. adiuverunt. Collecta ex variis monumentis a I. O. (JOANNE ORLERS.)—*Lugduni-Batavorum*, 1616, in-f°.* Avec sept tableaux généalogiques et héraldiques gravés.

Traduction latine de la première des deux parties dont se compose l'ouvrage précédent.

3071. Mémoires touchant les Souveraines Maisons d'Autriche, Bourgogne, France, etc., et principalement les illustres Familles du Pays-Bas,... par OLIVIER DE LA MARCHE. (1645.)

Voyez ci-dessus, n° 1597.

3072. Histoire généalogique des Païs-Bas, ou Histoire de Cambray et du Cambrésis, contenant ce qui s'est passé sous les Empereurs et les Roys de France et d'Espagne, enrichie des Généalogies, Eloges et Armes des Comtes, Ducs, Evesques et Archevesques, et presque de quatre mille Familles nobles, tant des XVII Provinces que de France, qui y ont possédé des terres, des bénéfices et des charges, qui y ont été alliées par mariage,.... Le tout divisé en IV parties. Justifié par chartes, titres, épitaphes et chroniques, et embelli de plusieurs riches mémoires de l'antiquité, qui servent grandement aux nobles, et aux curieux. Par JEAN LE CARPENTIER,... — Leide, 1664, 2 vol. in-4°.* — Leide, 1668, 2 vol. in-4°.*

Avec une carte du Cambrésis et une grande planche gravée en taille-douce représentant la tenue des Etats de cette province, et où se trouvent les armes des principales villes du Cambrésis et celles des membres composant ces Etats.

Ouvrage estimé, selon M. Brunet. Cependant, pour l'édification du lecteur, nous croyons devoir citer une note manuscrite de Charles-René d'Hozier qui se trouve, avec sa signature autographe, sur le titre de l'un des exemplaires appartenant à la Bibliothèque impériale: « Il n'y a livre au monde qui soit si plein de faussetés, d'ignorances, d'absurdités, de confusion et d'extravagances qu'il y en a de la première page à la dernière des deux volumes de cette histoire de Cambrai. Il n'y a de comparable à l'auteur faussaire qui a composé ce ramas et ce meslange affreux que le frippon de Tristan l'Hermite de Souliers dans ses généa-logies de Touraine, sa Naple, sa Toscane et sa Ligurie françoise, et le malheureux Audiequier de Blancourt dans son Nobiliaire de Picardie. Voir les notes que j'ai faites sur l'un et sur l'autre, et que le lecteur les applique à l'auteur de ce fatras dont on ne sauroit assez exagérer le mépris qu'il mérite, tout cet ouvrage n'estant qu'un assemblage de familles roturières, populaires et citadines des Pays-Bas confondues sur des conformités de noms avec des races qu'on a presque toutes altérées et défigurées tant par ignorance qu'à dessein de dépeyser les unes par les autres. »

Ajoutons que l'édition de 1668 est la même que celle de 1664: le titre seul a été changé. Pour être complet, il faut que l'exemplaire contienne les trois généalogies qui ont été données après la publication de l'ouvrage et qui doivent se trouver à la page 1096.

3073 Liste de Noblesse, Chevalerie et autres marques d'honneur depuis 1659 jusqu'à 1762, où l'on a joint une liste de tous les villages du Brabant et des Seigneurs qui les possèdent. — Bruxelles, 1771. in-8°. [B. Anv.]

3074. Liste des Titres de Noblesse, Chevalerie et autres marques d'honneur, accordées par les Souverains des Pays-Bas, depuis l'année 1659, avec une liste des villes, bourgs, villages du Duché de Brabant et des Seigneurs qui les possèdent actuellement. — Bruxelles, 1783, in-12. [A.]

3075. Liste des Titres de Noblesse, Chevalerie et autres marques d'honneur accordées par les Souverains des Pays-Bas, depuis 1659 jusqu'à la fin de 1782. Avec. . un Recueil chronologique de tous les placards, édits et ordonnances qui se trouvent dans la collection complète des placards de Brabant et de Flandres, ainsi que dans le livre intitulé : Jurisprudentia Heroica de Christyn, comme aussi de ceux émanés depuis 1768 jusqu'à présent, concernant les Titres et marques d'honneur ou de Noblesse, port d'armes, Armoiries et autres distinctions. — Bruxelles, 1781. in-8°. [B. Anv.]

2e édition de la liste précédente.

Pour le Recueil chronologique de tous les placards, édits et ordonnances... Voyez encore ci-dessus, n° 1142.

3076. Listes des titres de Noblesse, Chevalerie et autres marques d'honneur accordées par les Souverains des Pays-Bas, depuis 1659 jusqu'en 1794. — *Bruxelles*, 1847, in-8°. [B. A. L.]

3077. Liste des Tiltres de Noblesse, Chevalerie et autres marques d'honneur octroyées par le roy Philippe IV, envoyée à messire Joseph Van den Leene.—*Bruxelles*, 1665, in-f°. [R.]

3078. Deuxième Liste des Tiltres de Noblesse.... et autres marques d'honneur accordées par les Roys Philippe IV, et Charles II.—(*S. l. n. d.*) In-f°. [R.]

3079. Liste des Tiltres de Noblesse... et autres marques d'honneur accordées par le Roy Charles II, dès l'an 1671-1682.— (*S. l. n. d.*) In-f°. [R.]

3080. Liste des Tiltres de Noblesse et autres marques d'honneur accordées par le Roy Charles II, de 1682-1695.—(*S. l. n. d.*) In-f°. [R.]

3081. Liste des Tiltres de Noblesse.... et autres marques d'honneur accordées par le Roy Charles II, de 1695-1700.—*Bruxelles*, 1726, in-f°. [R.]

3082. Liste des Tiltres de Noblesse... et autres marques d'honneur octroyées par le Roy Philippe V.—(*S. l. n. d.*) In-f°. [R.]

3083. Liste des Titres de Noblesse, Chevalerie et autres marques d'honneur, octroyées par le Roy Philippe V. Examiné, enrégistré et approuvé en conformité des placcarts et ordonnances sur ce décretez, et nommément celui du 10 février 1726, à peine de nullité. (1701-1709.)—Liste des Titres de Noblesse, Chevalerie et autres marques d'honneur accordées par l'empereur et Roy Charles VI... dès l'an 1709, jusques à la fin de l'an 1733 envoyée à son Conseiller exerçant l'état de premier Roy d'armes...messire Joseph Vanden Leene...—

— Liste II°°... dès l'an 1734., jusques à la fin de l'an 1773.. (*S. l. n. d.*) Le tout en une pièce in-f°.*

3084. Liste des Titres de Noblesse... et autres marques d'honneur accordées par Marie-Thérèse...—*Bruxelles*, 1763, in-f°. [R.]

3085. Liste des Titres de Noblesse, Chevalerie et autres marques d'honneur accordées par feue Sa Majesté l'impératrice et reine Marie-Thérèse... et par Sa Majesté l'Empereur et Roi, depuis l'année 1763 jusqu'à la fin de 1782; envoyée à son conseiller exerçant l'état de premier roi d'armes, dit Toison d'or, en ces Pays Bas et de Bourgogne, messire Charles-Jean Beydaels, seigneur de Zittaert,...—*Bruxelles* (1783), in-f°. Pièce.*

3086. Liste générale des Lettres-Patentes des Tiltres de Noblesse,... accordées par Joseph II. de 1781 à 1789. — (*S. l. n. d.*) In-4°. [R.]

3087. Liste des Diplomes qui n'ont pas été dépêchés par le canal régulier aux sujets et inhabitants des Pays-Bas austrichiens, qui sont déclarés nuls et retractés par Sa Majesté impériale et catholique.—(*S. l. n. d.*) In-f°. [R.]

3088. Tombeaux des Hommes illustres du Conseil privé du Roi des Pays-Bas, depuis son institution de l'an 1517 jusques aujourd'huy. (Par J. B. CHRISTYN.) —*Amsterdam*, 1674, in-8°.* Avec une table des Familles mentionnées dans l'ouvrage.

3089. Les Lions des Pays-Bas au regard des guerres, ornés avec de très-belles figures en taille-douce.—*Lille, Bruxelles et Gand*, 1695, in-f°. [B. Bru.]

3090. Théâtre de la Noblesse de Flandre et d'Artois et autres Provinces de Sa Majesté Catholique. Représentant les noms et surnoms de ceulx desquels les Lettres de Chevalerie, de affirmation de Noblesse et d'Annoblissement sont régistrées à la chambre des Comptes à Lille, commençant de l'an 1424 et continué jusques à l'an 1707. Accordez par les Princes Souverains desdites Provinces, par J. LE ROUX, roy d'armes de Sa Majesté au titre de la Province et Comté de Flandre...—*Lille*, 1708, in-4°.*

Voyez le n° suivant.

3091. Recueil de la Noblesse de Bourgogne, Limbourg, Luxembourg, Gueldres, Flandres, Artois, Haynau, Hollande, Zéelande, Namur, Malines et autres Provinces de Sa Majesté Catholique. Représentant les Noms et Surnoms des Titrés et de ceux desquels les Lettres-Patentes de Chevalerie, de Noblesse, Réhabilitation, Annoblissement et Déclaration d'Armoiries, sont enrégistrées à la Chambre des Comptes du Roi, commençant en l'an 1424, et continué jusques à l'an 1714. Accordés par les Empereurs, Rois, Ducs et Princes Souverains des Pays-Bas. Par J. LEROUX,...—*Lille*, 1715, in-4°. [B. A. L.] — *Lille*, 1720, in-4°. [D. M.]—*Douay, imp. de Derbaix*, 1784, in-4°.*

Même ouvrage que le précédent. Le titre ci-dessus est pris sur l'exemplaire de la Bibliothèque impériale.—Il y a des exemplaires qui portent au titre : « *Théâtre de la Noblesse de Bourgogne, Brabant...* »

3092. Nobiliaire des Pays-Bas et du Comté de Bourgogne, contenant les Villes, Terres et Seigneuries érigées en titre de Principauté, Duché, Marquisat, Comté, Vicomté et Baronnie; les personnes qui ont été honorées de la dignité de Chevalier; les Familles nobles qui ont obtenu des ornements à leurs armes, et le Nom et les Armes de ceux qui ont été anoblis ou réhabilités par les Princes des augustes Maisons d'Autriche et de Bourgogne, depuis le règne de Philippe-le-Bon, duc de Bourgogne et de Brabant, jusqu'à la mort de l'Empereur Charles VI ; rapporté par ordre chronologique, par M. D**** S. D. H** (DE VISIANO, sieur DE HOOVE).—*Louvain*, 1760, 2 parties en 2 vol. in-8°.*

La pagination continue.

3093. Supplément au Nobiliaire des Pays-Bas et du Comté de Bourgogne, par M. D**** S. D. H** (DE VISIANO, Sieur DE HOOVE). 1120-1555.—*Louvain*, 1775, in-8°.*

3094. Suite du Supplément au Nobiliaire des Pays-Bas et du Comté de Bourgogne, par M. D**** S. H** (DE VISIANO, Sieur DE HOOVE). 1555-1762.—*Malines*, 1779, 5 vol. in-8°.*

3095. Mélanges de généalogie et de chronologie avec le blason des armoiries,... (Par le chevalier DE HOLLEBER-D'ASCOW, aidemajor de la ville d'Anvers.) — *Bruxelles*, 1771, in-8°. [B. Bru.]

Pour servir de supplément au « *Nobiliaire des Pays-Bas...* » — Voyez le n° suivant.

3096. Supplément au Nobiliaire des Pays-Bas et de Bourgogne, ou Mélanges de généalogie et de chronologie, avec le blason des armoiries. Seconde édition, revue, corrigée et mise en ordre. (Par le chevalier DE HOLLEBER-D'ASCOW.)—*Louvain*, 1772, in-8°.*

3097. Le Vrai Supplément aux deux volumes du Nobiliaire des Pays-Bas et de Bourgogne, ou Mélanges de généalogie et de chronologie avec le blason des armoiries. (Par le chevalier DE HOLLEBER-D'ASCOW.) — *Louvain*, 1774, in-8°. [B. Lil.]

3098. Le Nouveau Vrai Supplément aux deux volumes du Nobiliaire des Pays-Bas et de Bourgogne, ou Mélanges de généalogie et de chronologie, avec le blason des Armoiries. (Par le chevalier DE HOLLEBER-D'ASCOW.)—*La Haye*, 1774, in-8°.*

3099. Corrections intéressantes, utiles et nécessaires au Nobiliaire des Pays-Bas et du Comté de Bourgogne, et Supplément avec des augmentations considérables. (Par DUMONT, official des Etats du Brabant.)—*Liége*, 1780, in-8°.*

L'ouvrage de de Visiano et tous ses *suppléments* sont bien rares aujourd'hui. — D'ailleurs on défendit de réimprimer l'œuvre principale, pour complaire à cer-

taines Familles puissantes qui s'é-
taient mésalliées.

3100. Armoiries des Familles des
Pays-Bas depuis 1742 jusqu'en
1762, gravées par DE LA RUE.—
Bruxelles, 1774, in-8°. [G. J. S.]

3101. Etat armorial de Noblesse,
Chevalerie et dignités, accor-
cordées par S. M. I. R. A.. de-
-puis son avénement au trône
jusqu'aujourd'hui, dédié à Monsieur de Wavrans,... président
de la chambre des Comptes,...
par.... DE LA RUE.—*Bruxelles*,
1774, in-8°.*

> Ce petit vol. très-rare se com-
pose de 45 pages de texte, avec 16
planches d'armoiries.—Le frontispice est gravé. — L'exemplaire de
la Bibliothèque impériale renferme
21 feuillets interfoliés contenant
un grand nombre d'additions et de
corrections manuscrites du chevalier de Holleber d'Ascow. Sur le
feuillet de garde on lit, de la main
de cet annotateur : « Avis au lecteur. Rien de plus impertinent
que de s'erriger en autheur, sans
connoissance de causes ; Indigné
de voir un public dupé par un
ignorant, j'ai bien voulu, pour la
satisfaction des gens de lettres,
joindre à ce misérable ouvrage la
correction suivante. »

3102. Généalogies de quelques
Familles des Pays-Bas, dressées
en partie sur titres et en partie
tirées des manuscrits de T. A.
Casetta; de H. Butkens; de P.
d'Assignies, moine de Cambron;
L. le Blond, et d'autres fameux
généalogistes ; comme aussi
des auteurs les plus accrédités.
(Par DUMONT, official des Etats
du Brabant.)—*Amsterdam*, 1774,
in-8°.* Avec blasons gravés intercalés dans le texte.

> Ce Recueil très-rare se trouve
aussi à la Bibliothèque de Lille.

3103. Généalogie des Familles
nobles et anciennes des XVII
provinces des Pays-Bas.—(S. l.),
1774, 2 vol. in-8°. [D.]—(S. l.),
1781, in-8°. [B. R.]

3104. Recueil généalogique de
Familles originaires des Pays-
Bas ou y établies. (Par COLONIA.)
—*Rotterdam*, 1775-1778, 2 vol. in-
8°.* Avec blasons gravés inter-
calés ans le texte.

> Ce Recueil très-rare se trouve

aussi à la Bibliothèque de Lille.
L'auteur comptait donner cinq ou
six volumes; deux seulement ont
paru.

3105. Quartiers généalogiques des
Familles nobles des Pays-Bas,
accompagnés de preuves et remarques consistant en plusieurs
épitaphes, extraits de manuscrits, d'auteurs, de régistres et
d'autres originaux : avec les Armoiries gravées en taille-douce.
Par L. J. P. C. D. S. Tome Ier
(et unique). — *Cologne*, *Pierre
Marteau*, 1776, in-4°.*

> Cet ouvrage est assez rare.—
L'exemplaire de la Bibliothèque
impériale a les blasons coloriés.

3106. Fragments généalogiques.
(Par le comte J. DE SAINT-GÉ-
NOIS.)—*Genève*, 1776, 4 vol, in-12.*
Avec blasons gravés et interca-
lés dans le texte.

> Cet ouvrage estimé n'a pas été
mis dans le commerce. On le
trouve aussi à la Bibliothèque de
la ville de Lille.

3107. Mémoires généalogiques
pour servir à l'Histoire des Familles des Pays-Bas. (Par le
comte J. DE SAINT-GÉNOIS.) —
Amsterdam, 1780-1781, 2 vol. gr.
in-8°.*

> Cet ouvrage, peu commun au-
jourd'hui, et qu'on rencontre rarement complet, est très-intéressant
à cause de la grande quantité de
documents qu'il renferme sur les
Familles de ces contrées, consistant en tombeaux , épitaphes,
fac-simile d'anciennes chartes ,
extraits de cartulaires, tables généalogiques et planches d'armoiries gravées.
>
> Bien certainement ces Mémoires
devaient avoir plus de deux volumes, car rien n'indique qu'ils soient
terminés. Le tome II, p. 272, contient : « *Le Simple Crayon* » de
MATHIEU HESSON. Quelquefois
aussi on y trouve : « *Précis généalogique et historique de la Maison
de Carondelet.*»

3108. Monumens anciens essentiellement utiles à la France,
aux provinces de Hainaut. Flandre, Brabant, Namur, Artois,
Liége, Hollande, Zélande, Frise.
Cologne, et autres pays limitrophes de l'Empire ; recueillis par

le comte JOSEPH DE-SAINT-GÉ-NOIS. (1782.)

Voyez ci-dessus n° 1411.

3109. Amusemens généalogiques. (Par le comte J. de SAINT-GÉ-NOIS.)—*Vienne*, 1788, in-f°. [Be.]

3110. Généalogie, Epitaphes, Mémoires et Inscriptions sépulchrales, par le baron de CROE-SER DE BERGES. — *Bruges*, 1790, in-f°. [E. B. M.]

3111. Armorial du Royaume des Pays-Bas, contenant les Armes des Familles auxquelles Sa Majesté Guillaume Ier a accordé des titres ou reconnaissances de noblesse, celles des Familles admises aux ordres équestres, ainsi que celles des Maisons qui étoient reconnues comme faisant partie de la Noblesse sous les prédécesseurs de Sa Majesté ; publié par JACQUES H. T. J. DE NEUFFORGE, lithographié par S. A. M. JOBARD.—(*S. l.*), 1825, gr. in-4°. [E. B. M.]

3112. Recueil historique, généalogique, chronologique et nobiliaire des Maisons et Familles illustres et nobles du Royaume, précédé de la Généalogie historique de la Maison royale des Pays-Bas, Nassau-Orange ; par C. DE FRANCQUEN, Conseiller à la Cour supérieure de Justice de Bruxelles. — *Bruxelles*, 1826, in-4°.*

Avec les blasons intercalés dans le texte et quinze tableaux généalogiques in-f° plano.—L'exemplaire de la Bibliothèque impériale a les blasons coloriés.

3113. Histoire généalogique de la Maison royale des Pays-Bas, suivie des tableaux des Alliances de toutes les Maisons souveraines de l'Europe. (Par DE FRANCQUEN.) — *Bruxelles*, 1827, in-f°. [B. Bru.]

3114. Armorial général du Royaume des Pays-Bas, tiré des Archives et publié par VAN WELEVELD et OBELLII, Jr, employés au Conseil suprême de Noblesse. — (*S. l.*), 1830, in-f° de 24 planches gravées.

Ce Recueil très-rare nous a été communiqué par M. Borel d'Hauterive.

3115. Notices sur les quatre Anciennes Vicomtés de Hollande, par l'abbé C. STROOBANT,... — *Anvers*, 1850-1853, imp. de J.-E. Buschmann, gr. in-8°.

Titre général sous lequel on a réuni les quatre notices suivantes, qui parurent séparément, avec titres particuliers et paginations spéciales.

I. Notice généalogique sur les Vicomtés de Leyde.—1850.

II. Notice généalogique sur les Vicomtés de Monfoert.—1851.

III. Notice généalogique sur les Vicomtés d'Utrecht.—1852.

IV. Notice généalogique sur les Vicomtés de Zélande.—1853.

Tous ces opuscules, comme tout ce qui sort de la plume de l'abbé Stroobant, sont pleins de savoir et d'intérêt.

3116. Histoire de la Souveraineté de 'S Heerenberg, par C.-A. SERRURE, avocat à la Cour de Gand. —*La Haye, Martinus Nijport*, 1860. ...Seconde partie, contenant la généalogie de la Maison de Bréda, des comtes souverains de 'S Heerenberg.—*Gand*, 1859. Le tout en 1 vol. in-4°.*

Chaque partie a une pagination spéciale.—Avec pièces justificatives et planches de sceaux dessinées et gravées par G. LAVALETTE. —Travail intéressant sous le triple rapport de l'histoire, de la géographie et de la numismatique.

Belgique en général.

3117. Rervm Bvrgvndicarvm libri sex, in quibus describuntur res gestæ regum, ducum, comitumque vtriusque Burgundiæ ; ac in primis Philippi Avdacis, Ioannis Intrepidi, Philippi Boni, Imperii Belgici conditoris, Caroli Pvgnacis; qui è Valesia Francorvm Regum familia apud Burgundos imperarunt. Quorum postremus liber, qui est sextus, continet Genealogias familiarum eorum maximè Principum de quibus vniverso Opere fit mentio ; docens quoque rationem stemmatum per auita Insignia disponendorum. Avctore PONTO HEVTERO, delfio. Cum indice rerum memorabilium stemmatumque locupletissimo. — *Antverpiæ. ex officina Christophori Plantini*, 1584, in-f°.* — *Hagæ-Comitis, Théod. Maire.* 1639, in-8°.*

Le sixième livre a une pagination spéciale et un titre particulier qui porte : « *Genealogiæ præcipuarem aliqrot e Gallia Francica, ac Belgica Familiarem, de qribrs in præcedenti Historia maximè agitur ac ad eius intelligentiam plurimùm conducentes. Liber sexirs, auctore* PONTO HEUTERO delfio. »

Ouvrage estimé ; et, quoique en arrière de nos connaissances historiques, l'élégance et la facilité du style avec lequel il est écrit, la fidélité dans les faits qu'il rapporte le font encore, aujourd'hui malgré sa date, rechercher des savants.

Tabourot, dans l'épître dédicatoire de ses *Portraits des ducs de Bourgogne*, imprimés en 1787, dit qu'il a été traduit en français par Philibert Bretin, d'Auxonne, docteur en médecine.

Cette histoire se trouve aussi dans les œuvres de l'auteur, *Louvain*, 1643, in-f°.

3118. Ivrisprudentia heroica sive De Ivre Belgarvm circa nobilitatem et insignia, demonstrato in Commentariis ad Edictum Serenessimorum Belgii Principum Alberti et Isabellæ Emulgatum 14. Decembris 1616. Liber Prodromus. Inqua interpretationes seu declaratiónes Regiæ ejusdem Edicti, leges Romanæ, variæ Supremorum Senatuum Decisiones, Historiæ antiquitates, fragmenta Genealògica, Origines præsertim et decora 7. Patriciarum Familiarum Lovan. et Bruxell. Belgisque et aliarum gentium mores, confirmantur, confutantur et illustrantur.(Auctore J.-B. CHRISTYN.)—*Bruxellis, sumpt. Balth. Vivien*, 1663, in-4°.*

Avec blasons gravés intercalés dans le corps du texte.

Cét ouvrage, très-rare aujourd'hui, est le *Prodrome* dont parle M. Brunet à propos de l'ouvrage suivant.

3119. Ivrisprvdentia heroica sive De Ivre Belgarvm circa nobilitatem et insignia, demonstrato in Commentario ad Edictum Serenessmiorum Belgii Principum Alberti et Isabellæ Emulgatum

14 decembris 1616. In quo interpretationes seu declarationes Regiæ ejusdem Edicti, leges Romanæ, variæ Supremorum Senatuum decisiones, Historiæ antiquitates, fragmenta Genealogica, Tituli et Ordines Equestres à Rege Catholico concedi soliti, Belgiique et aliarum gentium mores confirmantur, confutantur, et illustrantur.(Auctore JOANNE BAPTISTA CHRISTYN, Brabantiæ cancellario.) — *Bruxellis.* 1668, in-f°.*—Jvrisprudentia heroica... auctore... JOANNE BAPTISTA CHRISTYN,... *Bruxellis,* 1689, 2 vol. in-f°.*

Avec un grand nombre de blasons et 14 planches généalogiques armoiiées.

Ouvrage curieux et peu commun.

3120. Observationes Eugenialogiæ et heroicæ sive materiem nobilitatis Gentilitiæ, Jus insignium et heraldicum complectentes. Rerum in Suprema Brabantiæ Curia aliisque Summis Conciliis judicatarum exemplis, Edictis Regiis et Interpretationibus confirmatæ. (Auctore P. CHRISTYN.)—*Coloniæ Agrippinæ. Sumptibus Balth. ab Egmond et Sociorum*, 1678, in-4°.*—Nunc denuo recusæ. *Erford.*, 1743, in-f°. [Z. C. U.]

Ouvrage rare.

3121. TOB. JAC. REINHARTI selectæ observationes ad Pauli Christinæi decisiones et adiectæ sunt in calce CHRISTINÆI observatt. eugenial. s. heroicæ.—*Erford..* 1743, in-f°. [Z. C. U.]

Rare.

3122. Les sept familles de Bruxelles, de Louvain et d'Anvers. (Par J. B. CRISTYN.)—*Bruxelles,* 1672. in-4°. Avec frontispice gravé par HARREWYN, et armoiries. [R.]

3123. Les Diverses espèces de Noblesse et les manières d'en dresser les preuves; par le R. P. MENESTRIER,... (1681.)

Ouvrage concernant particulièrement les anciennes Familles belges.—Voyez le n° 1031 ci-dessus.

3124. Recueil chronologique de tous les placards, édits, décrets, règlemens, ordonnances, instructions et traités concernant les titres et marques d'honneur, ou de noblesse, depuis 1431 jusqu'au mois de Mai 1785, avec des tables. (1785.)

En flamand et en français. — Voyez ci-dessus n° 1142.

3125. Armorial de Royaume de Belgique, publié par le baron ISID. DE STEIN D'ALTENSTEIN, attaché au bureau de la Noblesse.... —Bruxelles, 1843, in-4°. [B. Anv.] Avec suppléments et 182 planches gravées.

3126. Renseignements sur des noms de Familles... mentionnés dans le premier volume des Monuments pour servir à l'Histoire des provinces de Namur, de Hainaut et de Luxembourg; par le baron de REIFFENBERG.— Bruxelles, 1844, in-4°. [B. A. L.]

3127. Histoire de la Législation nobiliaire de Belgique, par P. A. F. GÉRARD,... Tome Ier. Bruxelles, 1846, in-8°. [B. Anv.]

C'est tout ce qui a paru.

3128. Annuaire de la Noblesse de Belgique, par le baron ISIDORE DE STEIN D'ALTENSTEIN. (1847-1858)

Voyez le n° 1578 ci-dessus.

129. Dictionnaire généalogique et héraldique de la Noblesse de Belgique, par M. F.-V. GOETALS. — Bruxelles, 1849-1852, in-4° [B. Bru.]

Cet ouvrage a le défaut du genre : il est trop complet. Jamais nous n'aurions cru la noblesse belge aussi nombreuse! mais l'on n'a rien à dire si la quantité ne nuit pas à la qualité : That is the question.

3130. Biographies nationales. La Noblesse belge, par CH. POPLIMONT, avec portraits et armes coloriées. — Bruxelles, 1849-55, in-4°.

3131. Nobiliaire de Belgique, par M. VANDER HEYDEN.—Anvers, de Cort, 1853-1856, 2 vol. in-8°.

3132. Le Miroir des notabilités nobiliaires de Belgique, des Pays-Bas et du Nord de la France, par M. FÉLIX-VICTOR GOETHALS —Bruxelles, imp. de Polack-Duvivier, in-4°.

En cours de publication.—Deux tomes ont paru, dont le dernier en 1860.

Pour complément des ouvrages concernant l'histoire nobiliaire de la Belgique, Voyez ci-dessus : FLANDRE, n° 2459 et suiv.

Province d'Anvers.

3133. Nobilitas, sive septem tribus patriciæ antverpienses. (Auctore J. B. CHRISTYN.)—Lugduni-Batavorum, 1672, in-8°. [A. A.] Avec blasons.

Province du Brabant.

3134. Chroniqves des Dvcs de Brabant composées par ADRIAN BARLANDE, rhétoricien de Lovvain,. et novvellement enrichies de leurs figures et pourtraits. Par la despense et vigilance de IEAN-BAPT. VRIENT. Avx Princes Sérénissimes Albert et Isabelle, ducs de Brabant.—Anvers, Iean-Baptiste Vrints, l'an M.D.C.III. in-f°.

Ourrage curieux et rare. — Les portraits en pied avec les blasons des personnages, sont gravés par J. COLLAERT, d'après les dessins de OTH. VAEN.

3135. Prélats, Barons, Chevaliers, Escuiers, Villes, Franchises et Officiers principaux de ceste illustre Duché de Brabant, recueillis hors des vieux registres, lettres et cartelaires des monastères et villes, de l'an 1300, par PHILIPPE DE L'ESPINOY. — Gand, 1628, in-4°. [D. M.]

Rare.

3136. Trophées sacrés et profanes du Duché de Brabant, contenant l'origine, succession et descendance des Ducs et Princes de cette Maison,.... Ensemble les Généalogies de plusieurs Ducs, Princes, Comtes, Barons, Seigneurs et Nobles, leurs vassaux et sujets. La description des villes, franchises et baronnies de Brabant, avec la succession des Seigneurs qui les ont possédés. La suite des Ducs de Limbourg et Luxembourg... Avec un Recueil de plusieurs terres de remarque situées hors du Duché de Brabant, toutefois mouvantes d'icelle...par F. CHR.

BUYKENS, enrichi d'un grand nombre de figures gravées en taille-douce.—*Anvers*, 1641, in-f°. [F. H.]—*La Haye*, 1724-1726, 4 v. in-f°, dont un de supplément, par JAERENS.*

3137. Les Portraits des Souverains Princes et Ducs de Brabant avec leur Chronologie, Armes et Devises, par MEYSSENS père et fils. —*Anvers*, 1664, in-f°. [B. H.]

3138. Généalogie des Ducs de Brabant avec leurs portraits, depuis Pépin de Landes jusqu'à Charles II ; accompagnée des Armes des villes et Franchises de la Province, des Evêques, des Abbayes, des Nobles titrés ; par DENIS WATERLOOS. — *Bruxelles*, 1668, gr. in-f°. [B. H.]

3139. Traité de l'Origine des Ducs et Duché de Brabant et de ses charges héréditaires, avec une responce aux Vindices de Ferrand pour les Fleurs de Lis de France. Par JEAN BAPTISTE DE VADDERE,... —*Bruxelles*, 1672, in-4°.*—Nouvelle édition, retouchée d'un bout à l'autre pour le style et enrichie de remarques historiques et critiques par J. N. PAQUOT. *Bruxelles*, 1781, 2 vol. in-8° [B. Anv.] Avec blasons et tables généalogiques.

3140. L'Erection de toutes les Seigneuries et Familles titrées du Brabant. Prouvée par des extraits des Lettres Patentes tirez des originaux. Et recueillis par messire JACQUES, baron de LE ROY, et du S' Empire, Seigneur de Saint-Lambert, etc.—*Leide*, 1699, in-f°.*—Nouvelle édition, suivant la vraye copie de Leyde, reveue et augmentée par l'auteur. *Amsterdam*, 1706, in-f°.*

3141. Le Théâtre de la Noblesse de Brabant représentant les Erections des Terres, Seigneuries et Noms des Personnes et des Familles Titrées, les Créations des Chevaleries et Octroys des Marques d'Honneur et de Noblesse accordez par les Princes souverains Ducs de Brabant, jusques au Roy Philippe V... Divisé en trois parties, enrichies de Généalogies, Alliances, Quartiers, Epitaphes, et d'autres Recherches anciennes et modernes. (Par JOSEPH VAN DEN LEENE.) —*Liége*, 1705, in-4°.*

La deuxième et la troisième parties sont sans pagination. Elles portent pour titre courant, l'une : « Erection et titres dans le Brabant. Chevaliers armez et creez ;» l'autre : « Mercedes d'Honneur et de Noblesse dans le Duché de Brabant. »

La Bibliothèque d'Anvers possède un exemplaire dénué du *Mercedes*, portant la date de 1734, enrichi d'un grand nombre de blasons peints.

3142. Instruction de la Chambre des Comptes du Roi en Brabant à Bruxelles, du 19 juin l'an 1401, par Anthoine Duc de Brabant,... laquelle a sous sa jurisdiction les quatre Duchés de Brabant, Limbourg, Luxembourg et Gueldres, avec les Instructions et Ordonnances de ladite Chambre. Avec l'Histoire de l'aliénation, engagère, vente des Seigneuries, Domaines et Jurisdictions du Duché de Brabant, de Limbourg, et païs d'Outre-Meuse. Par messire JACQUES LE ROY,...—*Bruxelles*, 1716, in-8'.*

3143. Le Grand Théâtre sacré du Duché de Brabant, contenant la Description générale et historique de l'Eglise métropolitaine de Malines et de toutes les autres Eglises cathédrales, collégiales.... Les vies des Evêques et la suite des Prévôts, Doyens et Archidiacres des églises et collégiales, des Abbez et Abbesses... Avec les principales tombes relevées. Cabinets d'armes, épitaphes et inscriptions sépulchrales des Archevêques, Evêques, Ducs, Marquis, Princes, Comtes, Barons et autres hommes illustres.... enterrez dans les églises des villages et seigneuries. Recueilli des meilleurs auteurs qui ont écrit l'histoire sacrée des Pays-Bas. (Par J. LE ROY.) Enrichi d'un très-grand nombre de figures gravées en taille-douce.—*La Haye*, 1729, 2 tom. en 1 part. in-f°. —*La Haye*, 1731, 2 tom. en 1 part. in-f°. [B. Anv.]

Il n'y a aucune différence entre ces deux éditions : la date seule a été changée.

3144. Le Grand Théâtre profane du Duché de Brabant; contenant la description générale et abrégée de ce païs; la suite des ducs de Brabant; la Description des villes, leur forme de gouvernement;... la Description des principaux châteaux et maisons seigneuriales,... avec une Dissertation sur l'anneau qui servait de sceau, et sur le tems où les Surnoms et les Armoiries ont commencé à devenir héréditaires aux Familles nobles : et un examen des Armes des Pepins. Composé par Mr JAQUES LE ROY,... Enrichi d'une grande quantité de figures gravées en taille-douce.—La Haye, 1730, in-f°.* Avec de nombreuses armoiries.

Cet ouvrage et le précédent, qui se complètent l'un par l'autre, sont-très estimés, comme du reste toutes les productions de l'auteur sur l'histoire généalogique et particulière des ays-Bas, qu'il connaissait parfaitement.

3145. S. P. Q. L. Sive septem tribus patriciæ lovanienses. (Auctore J. B. CHRISTYN.)—Lugdvni Batavorum, 1672, in-8°.* Avec blasons et table généalogique.

Les écus des Familles sont blasonnés en langue française.

3146. Notice historique et généalogique sur les Seigneurs de Faucuwez, Ittre, Samme et Sort; par l'abbé STROOBANT.—Anvers, 1847, in-8°. [B. Bru.] Avec blasons.

3147. Notice historique et généalogique sur les Seigneurs de Braine-le-Château et Haut-Ittre; par l'abbé CORNEILLE STROOBANT,...—Bruxelles, 1849, in-8°.* Avec figures et blasons.

Histoire des Communes belges, n° 1.

3148. Notice historique sur l'Ancien Comté de Hornes et sur les Anciennes Seigneuries de West-Wesel, Ghoor et Kessenich.—Gand, 1850, in-8°. [B. Bru.]

3149. Recherches sur l'Histoire des Comtes de Louvain et sur leurs sépultures à Nivelles, par P.-F.-X. DE RAM. (976-1095.)—Bruxelles, 1851, in-4°. [F. H.]

3150. Notice sur les sceaux des Comtes de Louvain et des ducs de Brabant (976-1430); par P.-F.-X. DE RAM, recteur magn. de l'université de Louvain,....—Bruxelles, 1852, in-4°. Avec 12 pl. de sceaux.

Extrait du tome XXVI des «Mémoires de l'Académie royale de Belgique.»

Les Deux-Flandres.

3151. Les Généalogies et Anciennes Descentes des Forestiers et Comtes de Flandre, avec brieves descriptions de levrs vies et gestes, le tovt recveilly des plvs véritables, aprovvées et anciennes croniqves et annales qui se trovvent, par CORNEILLE MARTIN, Zelandoys, et ornées des portraicts, figvres et habitz selő les façons gvises de levrs temps, ainsi qvelles ont esté trovvées es plus anciens tableavx, par PIERRE BALTHASAR et par lvi mesme mises en lvmière.—Anvers, (1578), 1580, in-f°.*—Anvers, 1598, in-f°. [J. N.]—Anvers, 1608, in-f°. [Hs.]—Anvers, 1612, in-f°.* —Paris, 1672, in-f°. [Be.]

Quelques-unes de ces éditions portent au titre : « Genealogies des forestiers et contes de Flandres... »—Ouvrage peu commun.

3152. Recherche des Antiqvitez et Noblesse de Flandres. Contenant l'Histoire généalogiqve des Comtes de Flandres, auec vne description curieuse dudit pays. La Svitte des Govvernevrs de Flandres, des Grands-Baillys, Maistres des eaves, et autres Officiers principaux dès villes. Vn Recveil des nobles et riches Chastellenies, Baronnies, et infinité de belles Seigneuries du ressort et district du pays, auec vne deduction généalogique de ceux qui les ont possédées. La Police qvi y a esté observée en la condvitte et gouuernement de l'Estat, et villes, auec vn abrégé particulier de ceux qui ont esté commis aux Magistrats de la très-noble ville de Gand depuis trois siècles en ça, auec vne briefue description de leurs Familles, et rapport succinct de ce qui s'est passé de mémorable en aucunes années. Iustifiée par bonnes preuues tirées des chartes et tiltres conseruez aux archiues des Comtes de Flandres, des Abbayes, Chapitres, et anciens régistres de diuerses villes et Communautez. Enrichie de plusieurs figures, et diuisée en deux liures. Par PHILIPPE DE L'ESPINOY, Escuier, viscomte de Thérouanne, Seigneur de la Chappelle, etc.—*Douay, imp. de la refue Marc Wyon*, 1631, in-f°.*

Cet ouvrage, que l'on rencontre aujourd'hui très-rarement dans le commerce, jouit d'une estime méritée. Il contient environ 1,140 blasons, avec une table générale. Il faut remarquer qu'il y a des exemplaires portant le millésime de 1632; mais c'est toujours la même édition, dont on a modifié le frontispice dans un intérêt de librairie. L'exemplaire de la Bibliothèque impériale est dans ce cas : nous lui avons restitué sa date légitime, laquelle, du reste, se trouve à la fin du volume. Les bons exemplaires doivent contenir, entre les pages 70 et 71, une carte repliée représentant les Pairs et Officiers héréditaires de la Flandre avec leurs blasons.

Entre les pages 330 et 331 se trouvent 4 ff. non chiff. dont le premier porte, dans un frontispice gravé : « *Recherches des Antiqvités et Noblesse de Flandres. Livre second. Par PHLE DE L'ESPINOY, escrier, visconte de Ther° et S¹ de Lachapelle, etc.* »

M. E. Imbert de la Phalecque a cru voir dans l'œuvre de L'Espinoy l'origine du système des *hachures*, employé pour la gravure du blason.—Voyez ci-dessus n° 129.

3153. Sigilla Comitvm Flandriæ et Inscriptiones diplomatvm ab iis editorvm cum Expositione historica OLIVARI VREDI, Ivris-Consvlti Brug. Ex quibus apparet, quid Comitibvs Flandriæ accesserit, decesseritve, et quâ ratione Hispaniarum, aliaq. Regna, nec non septemdecim Belgii, cæteræq. Provinciæ, ad Philippvm Magnvm IV. Hispaniarvm Regem, sint devolutæ.—*Brugis Flandrorum*, 1639, in-f°.*

3154. Les sceavx des Comtes de Flandre et Inscriptions des chartes par evx publiées avec un esclaircissement historiqve. Par OLIVIER DE WRÉE,... Traduit du latin par L. V. R. — *Bruge*, 1641, in-f°.*

3155. Genealogia Comitvm Flandriæ a Baldvino Ferreo usqve ad Philippvm IV. Hisp. Regem variis sigillorum figuris repræsentata atque in viginti duas tabulas divisa quæ diplomatibus, scriptisue antiquis, aut cœtaneis comprobantur. Auctore OLIVARIO VREDIO,... opus omnibus Historiis ac Genealogiis utilissimum; vix enim ulla est toto orbe Christiano præclara Nobilitas quin ex aliquo Comitvm Flandriæ sit oriunda, atque ita genus suum ad Carolvm Magnvm referre possit. — *Brugis Flandrorum*, 1642-1643, 2 vol. in-f°.*

Le titre du tome II porte....: « *Pars secrnda continens Probationes XII. posteriorum tabularum quibus, prælet alia stemmata, elucidantur : Brrgrndicrm et Arstriacrm...* »

3156. La Généalogie des Comtes de Flandre, depvis Bavdovin Bras-de-Fer ivsqves à Philippe IV. Roy d'Espagne représentée par plusjeurs figures des seaux et divisée en vingt-deux tables. vérifiées tant par chartes, qu'escripts anciens que contemporains, par OLIVIER DE WRÉE,... Œuvre très-utile à la cognoissance des histoires et généalogies; puisqu'en toute la Chrestienté, il y a peu de maisons illustres qui ne tirent leur extraction de la maison de Flandre, et par conséquent de Charle-Magne.—*Bruge*, 1642-1643, 2 vol. in-f°.*

Le tome II porte : « *Dersiesme partie de la Généalogie des Comtes de Flandre, contenant les preures des XII tables postérieures par lesquelles, entre autres, sont esclaircies les Maisons de Borrgongne et d'Arstriche...* »

Ces quatre derniers numéros forment en quelque sorte le prodrome de l'ouvrage suivant.

3157. Historiæ Comitvm Flandriæ libri prodromi dvo. Qvid Comes? Qvid Flandria? Avtore OLIVARIO

Vredio....—*Brugis*, 1650, 2 vol. in-f°.*

...Pars Prima. Flandria ethnica a primo consvlatv Caj. Jvl. Cæsaris vsqve ad Clodovævm primum Francorum Regem Christianum per DLIV annos.

... Pars secunda. Flandria Christiana a Clodoveo primo Francorum Rege Christiano usque ad annum D.CC.LXVII. Pipini Francorum Regis XVI.

> Ce dernier ouvrage d'Olivier de Wrée est resté inachevé, l'auteur étant mort pendant le cours de l'impression. Sa copie fut dispersée et les exemplaires qui avaient paru furent mis sous main de justice. Il est donc très-difficile aujourd'hui de le trouver dans le commerce.

3158. Flandria illvstrata sive Descriptio comitatus istius.... ab Antonio Sandero,...—*Coloniæ Agrippinæ*, 1641-1644, 2 vol. gr. in-f°.*—*Hagæ-Comitum. Prostant Bruxellis*, 1735, 3 vol in-f°.*

> La première édition est préférée à la seconde, à cause de la beauté des gravures. Le 3e vol. n'a pas paru, mais les dessins des gravures qui devaient en faire partie sont aujourd'hui à la Bibliothèque de Bruxelles. Cette édition est d'ailleurs très-rare, tous les exemplaires qui restaient en magasin ayant été la proie des flammes.
>
> Cet ouvrage considérable et très-curieux renferme un grand nombre de blasons, de généalogies, de vues et de portraits.

3159. Flandria generosa sev compendiosa Series Genealogiæ Comitum Flandriæ, cum eorumdem gestis heroicis ab anno Domini 792 usque ad 1212. E manuscriptis monasterii S. Gisleni collecta, studio D. G. G. (Galopini) ejusdem monast. Religiosi...—*Montibus*, 1643, in-4°.*

3160. Historiæ Flandricæ Synopsis ab anonymo scriptore *Flandriæ generosæ* titulo circa annum M.C.L.XII exhibita: Georgii Galopini scholiis primum edita: cum iisdem nunc, aliisque amplioribus, et perpetuo usque ad annum M.CCCC.LXXXII supplemento luci reddita studio Joannis Natalis Paquot. — *Bruxelles*, 1781, in-4°.*

3161. Théâtre de la Noblesse de Flandre et d'Artois et autres Provinces de Sa Majesté Catholique... par J. le Roux,... (1708.)

Voyez ci-dessus, n° 3089.

3162. Exposition des trois Etats du Pays et Comté de Flandre, savoir : du Clergé, de la Noblesse et des Communes, par P. de Zaman.—(S. l.), 1711, in-8°. [Hs.]

3163. La Flandre illustrée par l'Institution de la Chambre du Roi à Lille, l'an 1385, Par Philippe le Hardi, Duc de Bourgogne,... laquelle avoit sous sa jurisdiction les provinces de Flandres, de Hainau, d'Artois, de Namur, le Tournesis, le Cambrésis et la Seigneurie de Malines, et fut transférée à Bruges, l'an 1667, et de Bruges à Bruxelles en 1680. Avec les Ordonnances, Règlemens et Instructions de ladite Chambre; les Noms des Présidents, Maîtres ordinaires et extraordinaires, Auditeurs, Greffiers et Huissiers d'icelle;... Les Erections des terres et personnes titrées, les Lettres de Chevalerie, Décorations d'armoiries, supports et tenans ; de déclaration et confirmation de Noblesse et d'annoblissement, enregistrées en ladite Chambre depuis l'an 1424 jusques en 1723. Par M. Jean de Seur, escuier, premier greffier et commis à la recepte de l'épargne du ressort de ladite Chambre.—*Lille*, 1713, in-8° *—*Lille*, 1713, in-f°. [L. F.]

3164. Histoire chronologique des Evêques et du Chapitre exempt de l'Eglise cathédrale de S. Bavon à Gand ; suivie d'un Recueil des épitaphes modernes et anciennes de cette Eglise.—*Gand*, 1772. Avec frontispice par A. Lens, et armoiries. — Supplément généalogique, historique.... *Gand*, 1777. Le tout en 2 vol. in-8°. [B. Anv.]

3165. Genealogia nobilissimorum Francorum ymperatorum et regum, dictata a Karolo rege, et Sancta prosapia domini Arnulfi comitis gloriossimi filiique ejus Balduini. Manuscrit sur parchemin de la Bibliothèque de Saint-Omer (n° 776), précédé de quelques observations, par M. A. HERMAND,.... suivi d'un *fac-simile* (et d'une notice sur le même sujet par M. H. PIERS).

Dans les *Mémoires de la Soc. des Antiq. de la Morinie,* tome II, ann. 1834.

L'auteur du manuscrit est un prêtre nommé WITGERTS, qui a dû avoir écrit vers 951. Ce manuscrit est peut-être le plus ancien qui traite de l'histoire généalogique des comtes de Flandre; et, selon le savant éditeur, il serait d'une très-grande importance pour la généalogie de la deuxième race des rois de France.

3166. Beau Traité de la diversité de la nature des Fiefs en Flandres. (Par JULES KETELE.) — *Gand*, 1839, gr. in-8°. [A. A.]

3167. Généalogie des Comtes de Flandre.

Dans les « *Annales de la Soc. d'émul. de la Flandre occidentale,* » tome III, 2° série, pag. 35-70, ann. 1845.

Publication de la chronique latine conservée aujourd'hui à la Bibliothèque royale de Bruxelles, d'après un manuscrit de Saint-Pierre, à Gand, par l'abbé FRANÇOIS VANDE PUTTE. Cette chronique commence à Charlemagne et s'arrête à la mort d'Isabelle, sœur de Charles-Quint. Le texte latin, tel que le donne l'éditeur, fut rédigé par THOMAS BLANCKAERT, notaire apostolique et curé de Zwynaerde.

3168. Notice historique et généalogique sur la vicomté d'Audenarde, par D. J. VAN DER MEERSCH.

Dans le *Messager des Sc. histor. de Belgique,* ann. 1848.

3169. Le Nobiliaire de Gand ou Fragments généalogiques de quelques Familles qui ont résidé ou qui résident encore en cette ville, par M. GUSTAVE VAN HOOREBEKE.—*Gand, imp. de V° A.-I. Vander Schelden,* (1849, in-8°. Avec grandes armoiries tirées en noir.

« Cet ouvrage, dit l'auteur, est destiné à former une œuvre complète sur toutes les Familles nobles qui ont jamais figuré dans l'histoire de Gand. »—Ne renferme

que l'histoire généalogique de 28 Familles.

3170. Recueil héraldique avec des Notices généalogiques et historiques sur un grand nombre de Familles nobles et patriciennes de la ville et du Franconat de Bruges, par F. VAN DYCKE. — *Bruges*, 1851, gr. in-8°. [Co.]

3171. Histoire généalogique et héraldique de quelques familles de Flandre; par M. KERVYN.— *Gand*, 1857, gr. in-f°. Avec de grandes armoiries tirées en couleurs rehaussées d'or et d'argent.

Ouvrage splendide au point de vue de l'exécution matérielle; mais c'est là tout ce que nous y trouvons.

3172. Annuaire Statistique des Familles de Gand, par GUSTAVE VAN HOOREBEKE, docteur en droit,....—*Gand, imp. de C. Annoot-Braeckman,* 2 vol. in-32.

Première et deuxième années, 1858-1859. C'est tout ce qui a paru.

3173. Bruges et le Franc, ou leur magistrature et leur noblesse, avec des données historiques et généalogiques sur chaque Famille, par J. GAILLIARD.—*Bruges, imp. de Daveluy,* gr. in-8°.

En cours de publication. La 1re livr. du 5° vol. a paru en 1861.

3174. Inventaire analytique des Chartes des comtes de Flandre, avant l'avénement des princes de la Maison de Bourgogne, autrefois déposées au château de Rupelmonde, et conservées aujourd'hui aux archives de la Flandre orientale; précédé d'une notice historique sur l'ancienne trésorerie des chartes de Rupelmonde, et suivi d'un glossaire, de notes et d'éclaircissements, par le baron JULES DE SAINT-GÉNOIS,.... professeur bibliothécaire de l'Université de Gand,... publié par ordre du Conseil provincial.—*Gand, 1843-1846, in-4°.* Avec 3 pl. de sceaux.

Voyez pour complément des ouvrages héraldiques et généalogiques touchant les deux Flandres : « *Genealogia Comitum Flandriæ* » dans le « *Thesaurus anecdotorum* » de MARTÈNE et DURAND, tome III.

et dans le « *Recueil des Historiens de France* » de dom Bouquet, tomes XI, XIII et XIV.

Province de Hainaut.

3175. Chronicon BALDUINI Avennensis Toparchæ Bellimontis, sive Historia genealogica Comitum Hannoniæ aliorumque Principum ante annos quadringentos conscripta. Primùm nunc edita et novis historicis illustrata studio IACOBI baronis LE ROY et S. R. I. Domini Sancti Lamberti. —*Antuerpiæ, apud.Franc. Muller,* 1593, petit in-f°.* Avec une carte et plusieurs sceaux et blasons gravés par FR. ERTINGER.

> Voyez aussi le tome VII du *Spicilège* de d'Achéry, édit. de 1666. — La Bibliothèque impériale possède encore un manuscrit de cette chronique.

3176. Histoire de la Terre et Vicomté de Sebourcq, Iadis possédée par les Comtes de Flandre et de Hainnault. Ensemble de leurs faicts héroiques et mémorables, depuis descendue aux Tres-Illustres Maisons de Witthem et Berghe. Avec plusieurs belles et remarquables singularitez. Composée et divisée en deux parties, par le Sieur PIERRE LE BOUCQ,.. —*Bruxelles, Jean Mommart,* 1645, in-4°.¹

> Cet ouvrage très-rare contient, sur le recto du titre, les armoiries du comté de Sebourcq, et au verso celles de la maison de Witthem gravées par BAFS.
> On trouve à la page 152 une table généalogique des seigneurs de Sebourcq.

3177. Annales de la Province et Comté d'Haynav. Ov l'on voit la svitte des Comtes depvis levr commencement. Les Antiqvitez de la religion, et de l'Estat depvis l'entrée de Iules César dans le Pays. Ensemble les Evesqves de Cambray, qvi y ont commandé. Les fondations pievses des églises et monastères, et les Descentes de la Noblesse. Recueillies par feu FRANÇOIS VINCHANT, prestre, augmentées et acheuées par le R. P. ANTOINE RVTEAV, de l'ordre des P. P. Minimes.—*Mons en Haynau,* 1648, in-f°.* Avec un frontispice gravé.

Voyez le numéro suivant.

3178. Annales de la Province et Comté du Hainaut, contenant les choses les plus remarquables advenues dans ceste province depuis l'entrée de Jules César jusqu'à la mort de l'infante Isabelle. Par FRANÇOIS VINCHANT. — *Bruxelles,* 1848-1854, 6 vol. in-4°.* Avec portrait.

> Même ouvrage que le précédent. — N° 16 des « *Publications de la Société des Bibliophiles de Mons,* » —tiré à 400 exemplaires.—L'édition précédente est très-incomplète; celle-ci a été publiée d'après le manuscrit original de Vinchant, qui se trouve aujourd'hui à la Bibliothèque publique de Mons.

3179. Edit de création de la Chancelerie prez le Conseil sovverain de Tournay et des Officiers en icelle, avec les Déclarations du Roy, de leurs droits et priviléges, et de ce qui en dépend; le tout extrait des registres dudit Conseil.—*Tournay,* 1681, in-12. [B. Lil.]

3180. Chronologie des Gentilshommes reçus à la Chambre de la Noblesse des Etats du pays et comté de Hainaut, depuis 1530 jusqu'en 1779; précédée d'un Précis des preuves nécessaires pour y être admis selon les derniers règlements.—*Paris, Saillant,* 1780, gr. in-f° plano. [B. Lil.]

3181. Mœurs féodales. Combat à outrance au Quesnoy en Hainaut en l'an 1405. [Par VICTOR HOUZÉ. (1834.)]

> Dans les « *Archives hist. et litt. du Nord de la France,* » tome IV, 1re série, pag. 484-491.

3182. Loi ou Usages de Sebourg, Charte inédite dn XIVe siècle, publiée et annotée par AIMÉ LEROY, bibliothécaire de Valenciennes.

> Dans les « *Archives hist. et litt. du Nord de la France.* » Ann. 1844, tome V, nouv. série.

3183. Notice historique et généalogique sur les Seigneurs de Tyberchamps, par l'abbé CORNEILLE STROOBANT. — *Bruxelles,*

1851, in-8°.* Avec carte et planche de blasons tirés sur couleurs.

N° 2 de l'«Histoire des Communes belges.»

3184. Histoire de la commune de Virginal (Hainaut). Par l'abbé CORNEILLE STROOBANT, ... — Bruxelles, typ. de J.-H. Dehou, 1852, gr. in-8°. Avec blasons.

Le faux-titre porte : « Histoire des Communes belges, n° 3. »— Contient, entre autres renseignements sur la noblesse de cette localité, les généalogies des Maisons d'Enghien, de Berthout, de Harchies, de la Viesville, et de Herselles, accompagnées d'un index des noms de famille.

3185. Inventaire analytique des Archives des Chambres du Clergé, de la Noblesse et du Tiers-État du Hainaut, accompagné de notes et d'éclaircissements. Par LACROIX, archiviste de l'État et de la ville de Mons,...—Mons, Emm. Hoyois, 1852, in-4°. Avec sceaux et blasons gravés intercalés dans le texte.

Publié par ordre du gouvernement et du Conseil provincial.— Recueil intéressant.

Province de Liège.

3186. Miroir des Nobles de Hasbaye, composé en forme de chronicque par JACQUES DE HEMRICOURT, Chevalier de S. Jean de Jerusalem l'an M.CCC.LIII. Où il traite des Généalogies de l'ancienne Noblesse de Liege et des environs depuis l'an 1102 jusques en l'an 1398. Avec l'Histoire des guerres civiles dudit pays, qui ont duré l'espace de quarante-cinq ans, et le traitté de paix qui fut concluë ensuite desdites guerres. Mis du vieux en nouveau langage, enrichy d'un grand nombre de figures en taille douce (gravées par F. CHAUVEAU et P. VAN LISBETTEN) et dédié à Monseigneur le Comte de Marchin par le Sr DE SALBRAY.— Bruxelles, E. H. Fricx, 1673, in-f°.

Texte et traduction en regard. —Edition rare et estimée, contenant plus de 2,000 blasons.

3187. Miroir des Nobles de Hasbaye,... par JACQUES DE HEMRI-

COURT,.... — Bruxelles, 1715, in-f°.* [H.]

Même édition que la précédente, mais avec un nouveau frontispice. La première est préférée.

3188. Miroir des Nobles de Hasbaye,... par JACQUES DE HEMRICOURT,... Nouvelle édition,... où en conservant le texte de l'auteur, l'éditeur a dissipé l'obscurité qui régnait dans la généalogie de l'illustre Famille de Dammartin, et où on a classé par ordre alphabétique celles des autres Familles dont Hemricourt fait mention dans son livre; il y a joint l'Abrégé des guerres d'Awans et de Waroux, du même auteur: la commission donnée par les deux partis de Familles, les paix et statuts,... par CHARLES FRANÇOIS JOLHEAU, —Liége, 1791, in-f°. [B. [ANV.]

Un seul texte, accompagné de nombreuses notes, d'un frontispice, et de 8 planches contenant 651 blasons numérotés.

Cette édition, dont le comte d'Oultremont de Wégimont avait fait tous les frais, se trouve en très-petit nombre dans le commerce, l'éditeur ayant été forcé de s'expatrier.

3189. Miroir des Nobles de Hasbaye.... par JACQUES DE HEMRICOURT ,.... Nouvelle édition, comprenant : 1° le Précis de l'ouvrage; 2° le Texte de l'auteur; 3° les Tableaux généalogiques et les armoiries, par A. VASSE. — Bruxelles, 1852, in-f°. [F. H.]

Texte nouveau avec notes. La première partie seule a paru. Elle comprend la généalogie complète et régulière.

Cet ouvrage, qui, selon l'expression de M. le baron de Reiffenberg, présente un tableau animé de l'ancien état de la société au pays de Liége, jouit encore de nos jours d'une autorité que le temps semble lui avoir consacrée, malgré les critiques nombreuses dont il fut l'objet. Cependant il y règne une certaine obscurité que les traducteurs n'ont fait qu'augmenter, et cela en lui enlevant toute la saveur de son vieux style, plein de bonhomie et de sincérité.

Nous trouvons dans le « *Catalogue de la Bibliothèque de l'Athénée royal Grand-Ducal du Luxembourg,* » et dans l'ouvrage de H. W. Lowakr, intitulé : « *Hand buch. für bücherfreunde und Bibliothekare...,* » la mention de deux autres éditions de cet ouvrage, dont l'une de 1613 et l'autre de 1670. Il y a incontestablement une erreur de part et d'autre, puisque la première de nos éditions citées contient un privilège portant la date de 1672.

3190 Recueil héraldique des bourgmestres de la noble cité de Liége, où l'on voit la Généalogie des Evêques et Princes, de la Noblesse et des Principales familles de ce païs, avec leurs inscriptions et épitaphes. Le tout enrichi de leurs Armes et Blasons. On y a joint quelques petits traits d'histoire,... depuis l'an 1200 jusqu'en 1720. (Par J. G. LOYENS.)—*Liége*, 1720, in-f°.*

3191. Continuation du Recueil héraldique des Seigneurs, Bourgemestres, de la noble cité de Liége, avec leurs Généalogies, celles de nos Evêques et Princes, de nos Souverains officiers et de quelques Familles de l'Europe les plus illustres, le tout enrichi de leurs Armes et Blasons en taille-douce. Les Noms et qualités des Seigneurs présidents à la rénovation magistrale,... depuis l'an 1720 jusqu'inclus 1782, par le procureur général et syndic OPHOVEN.—*Liége*, 1783, in-f°. [B. Anv.]

3192. Recueil de Chartes et Privilèges des 32 corps de métiers de la ville de Liége, chaque pièce précédée d'une planche du blason d'un métier. (1730.)

Voyez ci-dessus n° 1663.

3193. Recherches historiques sur l'Ordre équestre de la principauté de Liége; par le baron de VILLENFAGNE D'INGIHOUL.—*Liége*, 1792, in-8°. [F. H.]

Cet opuscule est rare. Il ne fut tiré qu'à un très-petit nombre d'exemplaires que l'auteur distribua à ses amis.

3194. Essais critiques sur différents points de l'Histoire civile et littéraire de la ci-devant principauté de Liége; entre autres, sur les anciens comtes de Looz, sur les comtes de Horne, sur ceux de Moha, sur le Duché de Bouillon, etc., etc., avec plusieurs chartes inédites et quelques-uns de leurs sceaux gravés en taille douce; par M. DE VILLENFAGNE D'INGIHOUL,...—*Liége*, 1808, 2 vol. in-12.*

Livre très-curieux par les documents précieux qu'on y trouve sur les principales Familles nobles de ces contrées.

3195. Collection de Tombes, Épitaphes et Blasons recueillis dans les églises et couvents de la Hesbaye, auxquels on a joint des Notes généalogiques sur plusieurs anciennes Familles qui ont habité ou habitent encore ce pays; par le baron LÉON DE HERCKENRODE, de Saint-Trond.—*Gand*, 1845, gr. in-8°.*

Livre plein de recherches savantes et curieuses. C'est un des meilleurs que nous ayons trouvés, dans le cours de notre longue route, sur une matière à propos de laquelle on a produit et l'on produit encore de nos jours tant de volumes complétement dénués d'intérêt.

3196. Notes historiques sur quelques fiefs de la Hesbaye par M. X.

Dans le « *Messager des Sc. hist. de Belgique,* » ann. 1846.— Voyez encore ci-dessus, n° 3186.

Genéve.

3197. Chronologie historique des Comtes de Genevois, contenant celle des Evêques, princes, etc.; par LEVRIER.—*Orléans*, 1787, 2 vol. in-8°.*

3198. Dictionnaire historique... du Mont-Blanc et du Leman; par GRILLET.—(1807.)

Voyez ci-dessus, n° 3011.

3199. Notices généalogiques sur les Familles genevoises, depuis les premiers temps jusqu'à nos jours; par J. A. GALIFFE.—*Genève et Paris*, 1829-1836, 3 vol. in-8°.*

Travail considérable, qui comprend l'historique et la généalogie des principales Familles de Genève, éteintes ou subsistantes, depuis le xve siècle jusqu'à nos jours, avec la description de leurs blasons. Cet ouvrage, refondu et augmenté par les soins de M. Galiffe fils, a reparu sous le titre suivant.

3200. Armorial historique genevois, par J.-B. G. GALIFFE, et A. DE MANDROT,... en deux séries : I. Genève épiscopale jusqu'en 1535. II. Genève république réformée.—*Genève et Lausanne,* 1859. gr. in-8°. Avec 26 pl. d'armoiries tirées en couleurs.

3201. Armorial genevois. Recherches sur les Armoiries, les Sceaux, les Bannières et les Monnaies de Genève; par J. D. BLAVIGNAC,... avec 46 planches lith.—*Genève,* 1851, in-8°.

Cet ouvrage, très-bien fait et qui pourrait servir de modèle aux monographies de ce genre, avait déjà paru en 1849-1850, dans les tomes V et VII des « *Mémoires de la Société d'histoire et d'archéologie de Genève.*»—Communiqué par M. Henri Bordier.

Neuchâtel.

3202. Généalogie des Comtes de Neuf-Chastel, depuis Léonor d'Orléans.—(*S. l. n. d.*) In-f° plano.

3203. Table généalogique des Comtes souverains de Neufchastel. — (*S. l. n. d.*) In-f° plano.*

3204. Généalogie de Jean de Châlon et de Marie des Baux, fille héritière de Raimond des Baux, Prince d'Orange, et de Jeanne de Genève. — (*S. l. n. d.*) In-f° plano.*

3205. Généalogie de Jean de Châlon, premier Prince d'Orange, souverain de Neuf-Chastel en 1106, lequel eut de Marie Des Baux, Princesse souveraine d'Orange, cinq enfants et fit son testament le 21 octobre 1417.—(*S. l. n. d.*) In-f° plano.*

3206. Testament de Messire Louis de Châlon, Prince d'Orange, du 8 Septembre 1612.—*Paris (s. d.),* In-f°. Pièce.*

3207. Discours de ce qui s'est passé entre M. le Duc de Longueville, ses sujets de Neufchâtel, et les Bernois leurs alliés.—*Paris,*1618, in-8°. [L. F.]

3208. Mémoire pour mademoiselle de Nemours contre les prétendants à la Principauté de Neufchâtel, par Me TRIBOLET, commençant par ces mots : « J'ai encore recouvré un mémoire...»—(*Paris*), L. A. Sevestre (s. d.), in-f°. Pièce.*

3209. Trois Mémoires et pièces concernant la contestation pour la succession de Neufchâtel en Suisse, entre la Duchesse de Longueville et la Duchesse de Nemours; par JEAN ISSALI. —*Paris, (s. d.),* in-4°. [L. F.]

3210. Mémoire servant à justifier le jugement rendu le 17eme jour du mois d'Octobre 1672, par les Gens des Trois Etats de la Principauté de Neufchâtel. Au profit de son Altesse Jean-Louys-Charles d'Orléans Duc de Longueville et leur Souverain, contre... Marie d'Orléans Duchesse de Némours qui prétendait se faire Tutrice de cette Principauté au préjudice dudit Seigneur Duc son frère. Donné au public, et présenté à... madame Anne-Geneviève de Bourbon,... Duchesse de Longueville, régente des Comtez Souveraines de Neufchastel et de Vallengin, par l'un de ses Fidèls sujets. (Me GABRIEL ARGOU.)—*Paris,* 1673, in-4. Pièce.*

3211. Mémoire instructif Touchant la compétence des trois Estats de la Souveraineté de Neufchastel pour la décision des différens qui regardent la succession de cette Souveraineté. Où l'on voit aussi tout ce qui s'est passé sur ce sujet entre Madame la Duchesse de Longueville Curatrice de Monsieur son fils et Madame la Duchesse de Némours. (Par Me GABRIEL ARGOU.) —(*Paris,* 1674.) In-4°.* Avec un tableau généalogique.

3212. Réponse de Madame de Némours au Mémoire de Madame de Longueville. — (*S. l. n. d.*

In-4°. Pièce.* Avec une généalogie des Comtes de Neuf-Châtel.

3213. Abrégé dv Mémoire de Madame la Duchesse de Longueville, contre Madame la Duchesse de Nemours, touchant la compétence des trois Estats de Neuf-Chastel. — (S. l. n. d.) In-4°. Pièce.*

3214. Défense des Droits de Madame de Nemours, pour les Souverainetez de Neufchâtel et Valangin. Contre Madame de Longueville. — (S. l. n. d.) In-4°.*

3215. Réponse (de Mᵐᵉ de Longueville, à vn écrit intitvlé : « Deffenses des droits de Madame de Némours pour les Souverainetez de Neuf-Chastel et de Vallengin. »—(S. l. n. d.) 7 part. en 1 vol. in-4°.*

Chaque partie a une pagination spéciale.

3216. Replique de Madame de Némours aux Réponses de Madame de Longueville. Pour les Souverainetez de Neufchâtel et Valangin.—(S. l. n. d.) In-4°.* Avec une Généalogie des comtes de Neufchâtel.

3217. Réponse de Madame de Longueville à la Réplique de Madame de Nemours.—(S. l. n. d.) In-4°.*

La pagination recommence plusieurs fois.

3218. Répliques de Madame de Longueville aux Réponses de Madame de Nemours.—(S. l. n. d.) In-4°. Pièce.*

3219. Répliques de Madame de Némours Aux secondes Réponses de Madame de Longueville, pour les Souverainetez de Neufchâtel et Valangin.—(S. l. n. d.) In-4°. Pièce.*

3220. Relation du voyage de Madame de Némours en Suisse.—(S. l. n. d.) In-4°. Pièce.*

Justification de son voyage au sujet de la principauté de Neuchâtel.

3221. Réponses sommaires de Madame de Némours à quelques Objections de Madame de Longueville pour les Souverainetez

de Neufchâtel et Valangin. (S. l. n. d.) In-4°. Pièce.*

3222. Information faite par les officiers de Monsieur l'Evesque de Basle, des violences commises contre madame de Némours, à son voyage de Suisse. Du 24 may 1673. Au lieu de la Neuveville.—(S. l., 1673.) In-4°. Pièce.*

3223. Donnation faite par Madame de Nemours en faueur de M. le Chevalier de Soissons et de M. Rotthelin, de la Principauté de Neuchâtel et Valangin.—(S. l., 1691.) In-4°. Pièce.*

3224. Continuation des Réflexions tant sur la Donation que le Contract de Mariage de M. le Chevalier de Soissons.—(S. l. n. d.) In-4°. Pièce.*

3225. Extrait du contract de mariage passé le 6 Octobre 1691. Pardevant Moufle, notaire à Paris, entre Henry légitimé de Bourbon, Prince de Nevchâtel et Valangin, d'une part, et Angélique Cunégonde de Montmorency de Luxembourg, d'autre part.—(S. l. n. d.) In-4°. Pièce.*

3226. Mémoires présentez à la Conférence de Bienne, par l'Envoyé de S. A. S. Monseigneur le Prince de Conty. — (S. l. n. d.) In-4° Pièce.*

3227. Mémoire pour justifier le droit qu'a S. A. S. M. le Prince de Conty sur les Comtez de Neuchâtel et de Valengin en Suisse et que l'investiture ne peut lui en être refusée. (Par Mᵉ ARRAULT.)—(S. l, 1707.) In-4°. Pièce.*

3228. Apologie du Jugement Souverain qui a donné la possession et l'investiture de la principauté de Neuchâtel et Vallangin à... Madame la Duchesse de Nemours contre un écrit intitulé: « Mémoire pour justifier le droit qu'à S. A. S. M. le prince de Conty sur les comtés de Neuchâtel et Vallangin, et que l'investiture ne lui en peut être refusée. »—S. l. n. d. In-4°. Pièce.*

3229. Réflexions sur les Écritures

qui ont été publiées au nom de de S. A. S. Monseigneur le Prince de Conti sur sa prétention av Comté de Nevfchâtel, auxquelles est joint le mémoire qui a été présenté aux magnifiques et puissants Seigneurs les quatre cantons alliés de Neufchâtel, de la part de S. A. S. Monseigneur Emmanvel Philibert Amé de Savoye, Prince de Carignan, etc.—(*S. l. n. d.*) In-4°. Pièce.*

3230. Manifeste de son altesse sérénissime Monseigneur le Prince de CONTY. — (*S. l. n. d.*) In-f°. Pièce.*

Au sujet de la souveraineté de Neuchâtel.

3231. Réflexions (du Prince de CONTI sur la Souveraineté de Neuchatel et de Valengin en Suisse.)—(*S. l. n. d.*) In-4°. Pièce.*

3232. Mémoire de Madame de Mailly sur la Principauté de Neufchâtel. (Par SILVAIN, avocat.)—*Paris, (s. d.),* in-f°. Pièce.*

3233. Mémoire de Madame la marquise de Mailly et de Neelle princesse d'Orange, qui demande l'investiture ds la Souveraineté et Comté de Neufchâtel et Valengin. (Par POUHAT DE TALLANS, avocat.) — (*S. l. n. d.*) In-f°. Pièce.*

3234. Protestation pour Madame la Marquise de Mailly et de Neelle Princesse d'Orange; pour la conservation de ses droits sur la Souveraineté de Neufchastel et Valengin, à Monseigneur le gouverneur et Messieurs des trois Etats de Neufchâtel. [Par VIEUX et DUROCHER. (28 octobre—2 novembre 1707.)] (*Paris, s. d.*) In-4°. Pièce.*

3235. Mémoire pour messire Louis Marquis de Mailly, et Dame Jeanne de Monchy son épouse demandeurs et défendeurs, contre M. le prince de Conty, Madame la duchesse de Némours, M. le Prince d'Isanghien, le sieur Marquis d'Alègre et consorts... (Par Me DE LA BARRE, l'aîné.)— (*S. l. n. d.*) In-f°. Pièce.*

Suivi du testament de Jean de Chalon du 21 octobre 1417.

3236. Mémoire pour M. le Duc et Madame la Duchesse de Luynes au sujet des Souverainetés de Neufchâtel et de Vallengin en Suisse. (Par Me GONDOUIN, avocat.)— (*S. l. n. d.*)I n-4°. Pièce.*

3237. Histoire abrégée des Comtes Souverains de Neuf-Châtel, avec leur Table généalogique jusqu'à présent. A l'occasion de la mort de S. A. S. Madame la Duchesse de Nemours. Par M. DESMOLINS, avocat. — *Paris, Pierre Giffart,* 1707, in-12.*

3238. Mémoire pour établir le droit de Madame la Duchesse de Lesdiguières sur la souveraineté de Neufchâtel et de Valangin, avec la généalogie des Comtes de Neufchâtel; par MATHIEU TERRASSON, avocat au Parlement.—(*Paris*), 1707, in-f°. [L. F.]

3239. Mémoire pour M. le Marquis d'Alègre Prince d'Orange, sur la principauté de Neuchâtel et Valangin; par (NICOLAS) GUIOT DE CHESNL, avocat au Parlement.— *Paris,* 1707, in-4°. [L. F.]

§ 7.

Histoire des Maisons nobles en général.

3240. Histoire contenant une sommaire description des Généalogies, Alliances, et gestes de tous les Princes et grands Seigneurs dont la plus part estoient François qui ont iadis comandé ès royaume de Hierusalem, Cypre, Armenie et lieux circonvoisins. Composé par R. PÈRE F. ESTIENNE DE LUSIGNAN, de la royale maison de CYPRE.—*Paris,* 1579, *Guill. Chaudière,* in-4°.*

Cet ouvrage, peu commun, est assez bon quand on sait démêler le vrai à travers toutes les fictions de l'auteur.

3241. Genealogiæ præcipvarvm aliqvot è Gallia Francica, ac Belgia Familiarvm, de qvibvs in præcedenti historia maxime agitvr, ad ejus intelligentiam plurimum conducentes. Liber sextus, auctore PONTO HEUTERO. (1581.)

Voyez ci-dessus, n° 3111.

3242. Le Recveil des armes de plvsievrs nobles Maisons et Familles tant Ecclesiastiques, Princes, Ducs, Marquis, Comtes, Barons, Cheualiers, Escuyers et autres selō la forme que lon les porte de présent en ce royaume de France blasonée et augmenté de nouuaux... (Par CLAUDE MAGNENEY, graveur d'armoiries.) — Paris, C. Magneney (1630), in-f°. [L.] — Paris, 1633, in-f°.* — Paris, 1663, in-f°. [B. B]

Cet ouvrage, entièrement gravé, est très-rare aujourd'hui.

3243. Les Tombeavx des Personnes illvstres avec levrs Eloges, Généalogies, Armes et Devises,... par J. LE LABOVREVR. — Paris, 1584, in-f°. [B. H.] — Paris, 1641, in-f°. [Be.] — Paris, 1642, in-f°.* Gravé par PIERRE NOLIN.

La Bibliothèque impériale possède un second exemplaire de l'édition de 1642, avec des additions et des corrections manuscrites de Charles-René d'Hozier.

3244. Le Gentilhomme parfaict,... Avec... un Traicté des Armes et Armoiries.... Ensemble les alliances de plusieurs Familles de France.... [Par CLAUDE DE MAROIS. [(1631.)]

Voyez ci-dessus, n° 26.

3245. Recveil des Noms, Surnoms, Qvalités, Armes et Blasons de tovs les cvrievx et amatevrs des armoiries, généalogies et histoires, vivans en cet an 1631; par le Sr d'HOZIER, Chler de l'Ordre dv roy et Gentilhomme ordinaire de la Maison de Sa Majesté. — (S. l. n. d.) In-4°. Titre manuscrit de la main de d'Hozier.

Ce Recueil, fort rare, se compose d'une dédicace imprimée adressée par l'auteur au duc de Gesvres, et de 125 feuillets numérotés contenant, à l'exception du 22e, resté en blanc, chacun un blason gravé, avec légende manuscrite de la main de d'Hozier. Les armes de l'historiographe Godefroy s'y trouvent deux fois.

L'exemplaire que nous avons eu sous les yeux a été acheté 14 fr. 50 à la vente de la bibliothèque de feu M. de Martainville, et nous a été communiqué par l'acquéreur, M. Ernest de Rozière.

3246. Les Familles de la France illvstrées par les Monvmens des Médailles anciennes et modernes, tirées des plus rares et curieux Cabinets du Royaume sur les metaux d'Or, d'Argent et de Bronze. A Monseignevr l'Eminentissime Cardinal Duc de Richeliev. Par IACQVES DE BIE, calcographe. — Paris, 1634, in-f°.* — Paris, 1636, in-f°. [L. F.]

Avec un frontispice gravé.

3247. Histoire des Dignités honoraires de France, et Erection de plusieurs Maisons nobles en duchez, comtez... [Par CLAUDE MALINGRE... (1635.)]

Voyez ci-dessus le n° 1926.

3248. Le César Armorial ov Recveil des Armes et Blasons de tovtes les illustres, principales et nobles Maisons de France; cvrievsement recherchez et mis en ordre alphabétique. Par le sieur CÉSAR DE GRAND-PRÉ. — Paris, 1645, in-4°.* — Par C. D. G. Paris, 1645, in-12.* — Seconde édition, revue, corrigée et de beaucoup augmentée par l'autheur. Paris, 1649, in-12. — Troisième édition. Paris, 1654, in-12.

Barbier indique une édition de 1549, Paris, Guillemot; mais c'est à coup sûr une faute d'impression : c'est 1649 qu'on aura voulu mettre.

3249. Le Miroir armorial, dans lequel se voyent les armes de beaucoup de Maisons nobles de ce royaume et pays étrangers avec les ornemens de toutes les dignitez, soit des souverains, princes, seigneurs, gentilshommes, escuyers, nobles et anoblis, dames et damoiselles, femmes et veufves et ceux des charges et dignitez ecclésiastiques, militaires et de justice, le tout en différents escus, escussons, et cartouches tant modernes qu'anciens avec une manière de connoistre et faire connoistre par la graveure les métaux et les couleurs qui les composent, ou-

vre non moins agréable que nécessaire aux architectes, sculp-
teurs, peincires, brodeurs, graveurs et autres ouvriers et artisans, par le sieur PIERRE NOLIN.
—Paris, 1650, in-4°.

Le P. Lelong attribue cet ouvrage à un nommé *Rolin*. Bernd,
de son côté, lui donne la date de
1610. A notre avis, il y a erreur
des deux parts. Ce *Rolin* dont
parle l'auteur de la *Bibliothèque
historique* est complétement inconnu, tandis que *Nolin*, graveur
d'armoiries, est très-connu, ainsi
que ses travaux. Ensuite chacun
sait maintenant que l'invention
des *hachures* pour exprimer les
émaux et les métaux dans les symboles héraldiques ne remonte pas
au delà de 1628. Les nom et date
que nous donnons ici, du reste
d'après le président Durey de
Noinville, sont donc les seuls qui
nous paraissent legitimes.

André du Chesne cite aussi un
Miroir Armorial de France, qu'il
attribue à « d'Hozier, l'un des cent
*Gentilshommes de l'ancienne bande
de la Maison de Sa Majesté et l'un
de ses Hérauts d'armes*, » et qui,
de son temps (1627), n'était pas
encore imprimé. L'a-t-il été depuis? C'est ce que nous n'avons
pu vérifier.

3250. Portraits des Princes, Seigneurs et personnes illustres,
par (BALTH.) MONCORNET.—Paris,
1650, in-f°. [Be.] Avec les blasons.

3251. Recueil des Noms et Armes
des hommes les plus illustres
qui se sont signalés, par quelques actions héroiques sous
chaque règne, depuis Hugues
Capet jusqu'à Louis XIV.—Paris,
1651, in-f°. [L. D.]

3252. Les Portraits des Hommes
illustres François qui sont peints
dans la gallerie du Palais-Cardi-
nal de Richelieu, avec levrs
principales Actions, Armes, Devises et Eloges latins, desseignez
et gravez par les sieurs (ZACHA-
RIE) HEINCE et (FRANCOIS) BI-
GNON, Peintres et Graveurs ordinaires du Roy,... Ensemble
les Abregez historiqves de levrs
vies composez par M. WLSON,
Sievr DE LA COLOMBIÈRE, ..—
Paris, 1650, 1655, in-f°.'—*Paris*,
1661, in-f°. [Be.] — *Paris*, 1667,

1668, in-12.'—*Paris*, 1669, in-12.
[Be.]— Les Vies des Hommes
illvstres et grands capitaines...
Paris, 1690, in-12.'—*Paris*, 1699,
in-f°. [Be.]—Les Hommes illustres et grands capitaines... *Paris*, 1690, in-f°.*

Le titre ci-dessus est pris sur
l'édition de 1650.—Voyez le numéro suivant.

3253. Histoire des illvstres et
Grands Hommes, qui par leurs
Vertus et Mérites ont esté éle-
vez dans les Charges et Dignitez de Ministres d'Estat, Connestables et Mareschaux de France,
sous les Règnes de nos Roys,
jusqu'à Louis XIV. Par M. V.
D. L. (MARC VULSON DE LA CO-
LOMBIÈRE.)—*Paris*, 1673, in-12.'

Même ouvrage que le numéro
précédent.

3254. Troisième partie du Promptuaire armorial, contenant les
noms des hommes illustres qui
ont paru sous chaque règne depuis le règne de Pharamond
jusqu'à présent... Avec une
table alphabétique contenant
leurs noms et les blasons des
armes figurées sous chaque
roy... [Par JEAN BOISSEAU.
(1657.)]

Voyez ci-dessus, n° 49.

3255. La Toscane Françoise, contenant les Eloges historiques et
généalogiques des Princes et
Seigneurs, et grands Capitaines
de la Toscane, lesquels ont esté
affectionnez à la Couronne de
France. Ensemble leurs armes
grauées et blasonnées en taille-
douce; auec les couronnes,
manteaux, colliers, timbres et
autres ornements. Par Messire
JEAN-BAPTISTE L'HERMITE DE SO-
LIERS dit TRISTAN,... — *Paris*,
1657, in-4°. [L. F.]— *Arles*, 1658,
in-4°. [D. M.] — *Paris*, 1661,
in-4°.*

La Bibliothèque impériale possède un second exemplaire de l'é-
dition de 1661, portant sur le titre
la note suivante, de la main de
Charles-René d'Hozier : « Cet ouvrage est du mesme stile et du
mesme genre que celui des familles
de Touraine par le mesme autheur.
C'est toujours l'esprit de fausseté
qui a composé ces ridicules généa-

logies, et pour juger de l'estime qu'on en doit fsire on n'a qu'à lire les notes que j'ai faites sur le volume de ces généalogies de Touraine. La Naples et la Ligurie françoise, qui sont de la mesme main, méritent la mesme indignation contre ce hardi et impudent faussaire.»

3256. La Ligvrie françoise, contenant les éloges des plus illvstres Seignevrs de la république de Gènes qui ont esté affectionnez à la Couronne de France; par par J.-B. L'HERMITE DE SOLIERS. —(S. l.), 1657, in-4°.*

> Voici une lettre de Guichenon à de Ruffi, à propos de cet ouvrage : « Il y a long-tems que je connois l'Hermite Souliers, dont la plume est vénale s'il en fut jamais. Obligez-moi de me dire où il a fait imprimer ce dernier chef-d'œuvre de la Ligurie françoise. Car, quoique je pense bien, par le jugement que vous en faites et par les lumières que j'ai de son génie, que ce ne doit être rien qui vaille, toutefois, il est bon de savoir, pour y remarquer les mensonges dont sans doute il est parsemé. Dans une République bien ordonnée, on devroit défendre d'écrire à des gens faits comme cela. »

3257. La France espagnole. Par le Ch. L'HERMITE DE SOLIERS. — ·Paris), impr. de Jacques le Gentil, (vers 1660), in-f° plano.*

> Tableau représentant les noms, qualités et blasons gravés de trente-six Familles originaires d'Espagne, qui ont fait souche en France. — Excessivement rare, sinon unique.

3258. La Havte Chevalerie Françoise ov la Généalogie, Noms et Armes des Illustres Seignevrs dv Royaume. Avec les preceptes du Blazon et la signification des meubles d'Armoiries, par L. C. (LE CELLYER.)—Paris, 1660, in-4°. Pièce.*

> Opuscule entièrement gravé : texte et blasons.

3259. Histoire de Charles VI. Roy de France, escrite par les ordres et sur les mémoires et les avis de Guy de Monceaux et de Philippe de Villette, Abbés de Sainct-Denys, par un Auteur contemporain, religieux de leur abbaye, contenant tovs les secrets de l'Estat et dv schisme de l'Eglise,... traduite sur le manuscrit latin tiré de la Bibliothèque du Président de Thou; par M¹ᵉ I. LE LABOVREVR,... Avec un discours succinct des Vies et mœurs, et de la Généalogie et des Armes de toutes ces personnes Illustres du tems mentionnées en cette Histoire, et en celle de IEAN LE FÈVRE, seigneur de S. Remy,... pareillement contemporain, qui y est adioustée et qui n'auoit point encore esté veuë.—Paris, Billaine, 1663, 2 vol. in-f°.* Avec une table alphabétique des Familles mentionnées en cette histoire.

3260. Naples Françoise ou les éloges généalogiqves et historiques des Princes, Seigneurs et grands Capitaines du royaume de Naples, affectionnez à la Couronne de France et des François qui ont suivi le party de nos Princes de la Maison d'Anjou et qui ont fait branche au dit royaume de Naples. Ensemble leurs armes gravées et blasonnées en taille-douce, auec les cimiers, couronnes, manteaux, colliers, timbres, et autres ornements, par Messire IEAN BAPTISTE DE L'HERMITE, Cheualier, Seigneur DE SOLIERS... — Paris, 1663, in-4°.*

> L'exemplaire de la Bibliothèque impériale porte, entre autres notes manuscrites de la main de Charles-René d'Hozier, la suivante : « On accorde des priviléges pour l'impression d'aussi indignes ouvrages ! Il faloit punir l'autheur et en faire de mesme de tous ceux qui font des livres de ceste espèce, où i'on rassemble tout ce que le mensonge, l'absurdité, l'extravagance, l'ignorance et la misère fait imaginer à des hommes corrompus et fripons à l'excès. »

3261. L'Italie Françoise, ou les Eloges Généalogiques et Historiques des Princes, Seigneurs et Grands Capitaines de ce pays, affectionnez à la Couronne de France; et des François qui ont suivi le party de nos princes de la Maison d'Anjou, et qui ont fait branche au royaume de Naples: ensemble leurs Armes gravées et blasonnée en taille-douce par

JEAN-BAPTISTE L'HERMITE SOU-
LIERS. — *Paris*, 1664, in-4°. [B.
Lil.]

3262. Le Palais de la Gloire, contenant les Généalogies historiques des illustres Maisons de
France,... [Par le P. ANSELME.
(1664.)]

Voyez ci-dessus, n° 1606.

3263. Généalogies · de plusieurs
Familles issues de Louis VI,
Roy de France.—(*S. l. n. d.*) In-f°
plano*.

3264. Traité du Ban et de l'Arrière-
ban... Avec plusieurs anciens
rolles tirez des archives... où
sont les noms et qualitez des
Princes, Seigneurs, Gentilshommes et autres qui se sont trouvez dans les convocations qui
en ont esté faites, par GILLES DE
LA ROQUE. (1676.)

Voyez ci-dessus, n° 1492.

3265. Table chronologique, historique et généalogique des Roys,
Ducs, Comtes et autres Seigneurs
qui ont possédé, après les Romains, les diverses provinces
de France ; par MM. de la Conférence géographique et historique d'Avignon.—*Avignon*, 1679,
in-f° plano. [L. F.]

3266. Excellentium Familiarum
in Gallia Genealogiæ a prima
earumdem origine usque ad
præsens ævum deductæ et notis
historicis quibus memorabilia
regni Galliæ, regumque et cla-
rorum toga et sago virorum facta
moresque ac dignitates recensentur illustratæ, cum iconibus
insignium et indicibus necessa-
riis. Auctore JACOBO WILHELMO
IMHOFF. — *Norimbergæ*, 1687,
in-f°.*

La Bibliothèque impériale possède un autre exemplaire de cet
ouvrage, enrichi d'additions et de
corrections de la main de Charles-
René d'Hozier, avec une lettre
d'envoi de l'auteur.

3267. Genealogiæ Familiarum Bel-
lomaneriæ Claramontanæ de
Gallerande et Memmiæ exquibus
illustris oratorum gallicorum
triga nempe Marchiode Lavardin
nec non Comites de Chiverny et
d'Avaux oriundi sunt, historiæ

præsentis ævi et curiosorum gra-
tia concinnatæ et editæ. (Auctore JACOBO WILHELMO IMHOFF.)
—*Norimbergæ*, 1688, in-f°. Pièce.*

Cet opuscule se trouve ordinairement joint à l'ouvrage précédent.
—Il a aussi paru en français, la
même année.

3268. PHILIPPI JACOBI SPENERI SS.
Theol. Doct. Ser. Elec. Saxon.
Consiliarii Ecclesiastici et Con-
cionatoris Aulici primarii, Illustriores Galliæ stirpes tabulis
genealogicis comprehensæ et
nunc primum in lucem editæ.
—*Francofurti ad Maenum*, 1689,
in-f°.*

Les bons exemplaires doivent
contenir à la fin six autre tables
supplémentaires.

3269. (Recueil de Tableaux héraldiques et généalogiques par
ANT. THUREL, J. CHEVILLARD et
DUBUISSON.) — Gr. in-f° forme
d'atlas.*

C'est ce qu'on est convenu d'appeler «le *Grand Armorial de Chevillard*.» Ce volume, acheté 400 fr.
à la vente de la bibliothèque du
duc de la Vallière, se compose
de 73 tableaux dont le détail suit :

1° Un frontispice enluminé représentant les armes de la France,
entouré de 179 écussons des principales Familles du royaume ;

2° Un second frontispice enluminé, ayant pour titre : «*Le Triomphe de l'Eglise gallicane sous la
protection de Louis XIII;*» entouré de 130 écussons coloriés ;

3° Vingt-huit tableaux sur vélin , d'une fort belle exécution,
dessinés et enluminés de la main
de Chevillard, avec légendes manuscrites et signature autographe
du même;

4° Quarante-trois tableaux imprimés, ayant paru à des époques
différentes, avec titre particulier,
dont chacun a été ou sera décrit
par nous en son lieu dans notre
bibliographie.

3270. (Recueil de Tableaux héraldiques et généalogiques, par J.
CHEVILLARD.)—Gr. in-f° composé
de 68 ff. sur lesquels les blasons
ont été collés.*

3271. (Recueil de Tableaux héraldiques et généalogiques, par J.
CHEVILLARD.) Gr. in-f° composé
de 49 tableaux, la plupart coloriés.*

3272. (Recueil de Tableaux héraldiques et généalogiques, par J. Chevillard).—Gr. in-f° composé de 31 tableaux.*

Provient de la bibliothèque de M. Crozat.

3273. Grand Armorial, ou Cartes de blasons, de chronologie et d'histoire, par J. Chevillard.—(Paris, vers 1700,) 80 ff. coloriées, in-f° max°. [D. M.]

Titre manuscrit.

Cet exemplaire, l'un des plus complets, provenant de la bibliothèque du roi Louis-Philippe, a été acheté 800 fr. à la vente de la bibliothèque de feu M. de Martainville.

3274. Le Grand Armorial de France par J. Chevillard. (1692-1704).— In-f° m° de 69 ff. assemblés en 40 tableaux. [D.]

Ces six Recueils, que nous venons de citer sous les n°° 3269-3274 ne sont pas les seuls que Chevillard ait mis dans la circulation commerciale. Il en existe beaucoup d'autres, dans les bibliothèques publiques et particulières se ressemblant tous pour le fond, mais différant par le nombre des tableaux que chacun d'eux renferme. Ainsi la Bibliothèque de l'Arsenal ; la Bibliothèque de la ville de Caen; la Bibliothèque de la Préfecture de la même ville; la Bibliothèque de Besançon, en possèdent chacune un exemplaire. La Bibliothèque d'Amiens conserve une grande partie des tableaux de Chevillard sans être réunis en volumes. Mais le plus complet, le plus riche et le plus curieux Recueil qui soit en notre connaissance, c'est sans contredit celui de la Bibliothèque impériale, celui porté ci-dessus, n° 3269.

3275. Tableau des provinces de France... Avec l'Histoire et les armoiries des principales Maisons... (1691.)

Ne contient que la Touraine. Voyez ci-dessus, n° 3051.

3276. Pétition de Claude de Valles, secrétaire de la Chambre du roy aux fins d'être député dans les provinces, bailliages et sénéchaussées du royaume pour former un Recueil général de toutes les maisons nobles de trois races, avec leurs armoiries.

Commençant ainsi : « Av Roy et à Nosseigneurs de son Conseil...» (S. l. n. d.) In-4°. Pièce.*

3277. Les Hommes illustres qui ont paru en France pendant ce siècle ; avec leurs portraits au naturel (et leurs armoiries). Par Charles Perrault, de l'Académie françoise... — Paris, 1696-1700, 2 tom. en 1 vol. in-f°.*—Paris, 1701, 2 vol. in-8°.*—Paris, 1805, 2 vol. in-f°. [Bru.] *

Il faut avoir soin, quand on veut se procurer un exemplaire de cet ouvrage, de s'assurer si l'on y trouve les portraits et les éloges de Pascal et d'Antoine Arnaud, que les jésuites avaient fait supprimer. — L'édition de 1805 est peu estimée.

3278. Le Blason de France ou Notes curieuses sur l'Edit concernant la police des armoiries. [Par Th. Cadot. (1697.)]

Voyez ci-dessus les n°° 1054 et 1055.

3279. Etat nobiliaire de la France. —Paris, 1712, 3 vol. in-12. [B. Lux]

3280. Dictionnaire héraldique contenant les Armes et Blazons des Princes et Prélats,...avec celles de plusieurs Maisons et Familles du royaume existantes ; par Jacques Chevillard,... (1722.)

Voyez ci-dessus n° 2001.

3281. Monumens de la Monarchie françoise,... Par le R. P. Dom Bernard de Montfaucon, religieux bénédictin de la congrégation de Saint-Maur. — Paris, 1729-1733, 5 vol. in-f°.*

Ouvrage curieux et des plus intéressants, contenant 307 planches, dont un grand nombre représentent les armoiries des principaux personnages du royaume à différentes époques. — Du reste peu commun.

3282. Thrésor des Antiquitez de la Couronne de France, représentées en figures d'après les originaux,.... Collection très-importante de plus de trois cents Planches,... dans laquelle on trouve tout ce qui concerne particulièrement les rois, les reines, les dauphins, les autres enfans de France, tant fils

que filles, les princes du sang
roial, les pairs du royaume, les
ducs, comtes, barons et autres
grands seigneurs de l'Etat, la
Maison des rois, les grands officiers de la couronne, et ceux
de justice, de police, de milice,
etc.; les marques de roiauté tant
anciennes que modernes, les
cérémonies des Sacres des Rois,
de leurs couronnemens, leurs
lits de justice, leurs entrevues
avec des souverains étrangers,
les hommages qui leur ont été
faits, les prestations de sermens
de fidélité, les convocations et
assemblées d'Etats, les chasses,
les batailles; en un mot, tout
ce qui concerne la personne des
rois, des reines, des enfans de
France, des Princes du Sang,
des grands Seigneurs de la nation, et des hauts Officiers de
la Maison et Couronne de France, et tout ce qu'on a cru propre
à faire connoître et illustrer leurs
personnes et leurs familles. Les
usages et coutumes du roiau-
me,... par exemple les habillemens, les coëffures, les chaus-
sures, les modes de toute espèce,
les mariages, les repas, les festins, les fêtes publiques, les
spectacles,... les joutes, les
combats à outrance et les simples carrousels, les enterremens
et pompes funèbres, les tenues
et assemblées d'Etats de Province, de parlemens et autres
cours souveraines...—*La Haye,*
1745, 2 vol. in-f°.*

Cet ouvrage qui ne contient que
les planches du numéro précédent
avec explications, parut quatre
années après la mort de Montfaucon. Il n'y a donc pas d'apparence qu'il ait eu quelque
part à sa publication, malgré ce
que contient l'avertissement à cet
égard. C'est tout simplement une
spéculation de librairie, dans laquelle l'éditeur, peu scrupuleux,
avait l'air de donner pour nouveau ce qui existait déjà depuis
près de douze ans, et plus complet.

3283. Armorial général de la
France... (Par LOUIS-PIERRE
D'HOZIER père, juge d'armes et
grand généalogiste de France;
et par ANTOINE-MARIE D'HOZIER

DE SÉRIGNY fils.) — *Paris,* 1738-
1768, 10 vol. in-f°.* — (Nouvelle
édition, publiée par M. AMBR.-
L.-MAR. D'HOZIER fils.) *Paris*,
1823, 2 vol. in-4°.* Iᵉʳ et IIᵉ Registres.

Cet armorial n'est général que
sur le titre; il ne contient que 879
articles. Pour être complété dans
ces proportions, 150 vol. auraient
à peine suffi. Il n'est divisé ni par
provinces, ni par généralités, ni
par élections, ni par ordre alphabétique général, mais bien par
listes de souscripteurs, réparties
en *six registres,* dont chacun est
disposé par ordre alphabétique
des noms de famille. Le VIᵉ registre renferme une liste des articles
contenus dans les dix volumes, et
la 2ᵉ partie du Iᵉʳ registre, pag.
655-730, contient : « *Extraits des
différens Edits, Ordonnances, Déclarations, Arrests, Réglemens,
Décisions, etc., concernant la Noblesse et les Armoiries.* »

Quoique incomplet, cet ouvrage
est aujourd'hui la source la plus
vraie, la plus authentique que
l'on puisse consulter sur cette matière; aussi a-t-il acquis une valeur que le temps n'a fait que légitimer. Le prix en est très-élevé
aujourd'hui : un exemplaire fut
vendu 1,705 fr. à la vente de la bibliothèque de M. Solar, en novembre 1860.

Voyez, sur cet ouvrage : le « Mercure de France, » ann. 1739, déc.,
vol. I; ann. 1741, avril; ann. 1752,
juin et juillet. — « Mémoires de
Trévoux, » oct. 1741 et 1742; oct.
et nov. 1752.—« Réflexions sur les
œuv. de litt., » tome V, p. 311.—
« Journal des Sçavants, » janv.
1753.—« Observations sur les écrits
mod., » lett. 163, 190 et 203. —
« Journal de Verdun, » juillet et
nov., 1736; août et sept. 1738;
février 1740; août et oct 1752;
avril 1753.—« Année litt., » 1756,
tome III, p. 31.

3284. Armorial général d'Hozier,
ou Registres de la Noblesse de
France, continués par M. le
président (AMBROISE-LOUIS-MA-
RIE) D'HOZIER, ancien juge d'armes de France et vérificateur
des armoiries près le Conseil du
Sceau, et M. le comte CHARLES
D'HOZIER, son frère. Registre VII.
Volume XI. — *Paris*, 1847, gr.
in-8°.* Avec de magnifiques armoiries tirées sur couleurs,
portraits et autres figures.—*Pa-*

ris, *L'Ecureux*, 1851, in-4°.* Titres et tables seulement.

La 1re livraison, qui parut en 1844, portait aussi pour auteur le nom de M. DE STADLER.—La généalogie Adorne y a été ajoutée après coup. Ce XIe volume, ou VIIe registre, n'a rien de commun avec celui que promettait Antoine-Marie d'Hozier de Sérigny, dont il ne fut publié que quelques fragments, lesquels figurent respectivement en leur lieu dans notre bibliographie.

3285. Mémoire instructif sur l'ouvrage intitulé : « Armorial général de France. » (Par LOUIS-PIERRE D'HOZIER.)—*Paris*, 1739, in-8°. Pièce. *

Extrait du « Mercure de France, » ann. 1739, déc. vol. I.

3286. Indicateur nobiliaire, ou Table alphabétique des noms des Familles nobles susceptibles d'être enregistrées dans l'Armorial général de feu M. d'Hozier, dont une nouvelle édition est sous presse à l'Imprimerie royale. (Par AMBROISE-LOUIS-MARIE D'HOZIER.) — *Paris*, 1818, in-8°. Pièce.*

1er cahier.—Lettre A. C'est tout ce qui a paru.—Très-rare.

3287. Catalogue des Rolles gascons, normans et françois conservés dans les archives de la Tour de Londres, tiré d'après celui du Garde desdites archives et contenant le précis et le sommaire de tous les titres qui s'y trouvent concernant la Guienne, la Normandie et les autres Provinces de la France, sujettes autrefois aux rois d'Angleterre, etc. (Par THOM. CARTE, et publié par DE PALMEUS.)—*Londres et se trouve à Paris*, 1743, 2 vol. in-f°.*

Ces Rôles sont d'une grande importance pour les provinces françaises autrefois réunies à la couronne d'Angleterre. « Ils ont été et sont encore, dit M. de Bréquigny, fréquemment consultés. La noblesse française y cherche ordinairement les témoignages reculés de son illustration et quelquefois la décision des contestations sur les droits de ses anciens patrimoines. »

La Bibliothèque impériale possède un autre exemplaire de cet ouvrage, avec la préface supprimée et un feuillet manuscrit signé : de Palmeus, dans lequel on donne les raisons de cette suppression.

3288. Les Tablettes de l'Oracle, par Mamselle NANETTE. Tome I. —*A Hyménopolis, chez Cornichon, à l'enseigne de Momus*, 1750, in-4°.*

Cette publication, plus rare que curieuse, et dont le premier volume seul a paru, n'est qu'un recueil de lettres de faire-part de mariages où figurent les noms les plus illustres de l'aristocratie nobiliaire. Son seul mérite consiste dans l'idée qui a présidé à la réunion et à l'impression de ces lettres, et dans une préface burlesque qui n'est pas sans originalité.

3289. Armorial des principales Maisons et Familles du royaume, et particulièrement de celles de Paris et de l'Isle de France, contenant les armes de Princes, Seigneurs, Grands Officiers de la Couronne et de la Maison du Roi, celles des Cours souveraines,... avec l'explication de tous les blazons. Ouvrage enrichi de près de quatre mille écussons gravés en taille-douce. Par M. (PIERRE-PAUL) DU BUISSON (et DENIS-FRANÇOIS GASTELIER DE LA TOUR).—*Paris*, 1757-1760, 2 vol. in-12.*

C'est le seul ouvrage spécial que nous ayons sur-l'Ile-de France; aussi est-il recherché encore aujourd'hui, malgré les inexactitudes qu'il renferme.

La Bibliothèque de Sainte-Geneviève possède un exemplaire de cet ouvrage enrichi de notes manuscrites fort intéressantes.

3290. Dictionnaire Généalogique, Héraldique, Chronologique et Historique, contenant l'origine et l'état actuel des premières Maisons de France, des Maisons souveraines et principales de l'Europe; les noms des Provinces, Villes, Terres, etc., érigées en Principautés, Duchés, Marquisats, Comtés, Vicomtés et Baronnies; les Maisons éteintes qui les ont possédées; celles qui par héritage, alliance, achat ou donation du Souverain, les possèdent aujourd'hui. Les Familles nobles du Royaume, et le nom et les armes seulement de celles dont les Généalogies n'ont pas été publiées. Par M. D. L. C. D. B. (Fr.-Alex.-Aubert de la Chesnaye-des-Bois.) — *Paris*, 1757-1765, 7 vol. in-8°.*

Les tomes IV-VII portent en plus sur le titre : « *Supplément.* » — Le tome Ier contient : « *Recherches sur les Armoiries.* » (Par le Président Durey de Noinville). On trouve encore du même auteur, à la fin du tome III : « *Recherches sur les Fleurs de Lys, et sur les Villes, les Maisons et les Familles qui portent des Fleurs de Lys dans leurs Armes.* » — Voyez le numéro suivant.

3291. Dictionnaire de la Noblesse, contenant les Généalogies, l'Histoire et la Chronologie des Familles Nobles de France, l'explication de leurs armes, et l'état des grandes Terres du Royaume aujourd'hui possédées à titre de Principautés, Duchés, Marquisats, Comtés, Vicomtés, Baronnies, etc., soit par création, par héritages, alliances, donations, substitutions, mutations, achats ou autrement. On a joint à ce Dictionnaire le Tableau Généalogique, Historique, des Maisons souveraines de l'Europe, et une Notice des Familles étrangères, les plus anciennes, les plus nobles et les plus illustres. Et à la fin de chaque volume et de chaque lettre, on trouvera les Noms et Armes des Familles Nobles sur lesquelles on n'a point reçu de Mémoires. Par (Fr.-Alex. Aubert de la Chesnaye-des-Bois.)—*Paris*, 1770-1786, 15 vol. in-4°.*

Même ouvrage que le numéro précédent.—Les trois derniers volumes de cette édition ont été donnés par Badier.

La plupart des Généalogies composant cette lourde et volumineuse compilation ont été produites par les intéressés. Il en est bien peu que la Chesnaye-des-Bois ait rédigées lui-même. Dénué de critique et de scrupule, ce capucin besoigneux prenait tout ce qui pouvait grossir la matière de son livre. C'est ainsi que nous y voyons figurer la généalogie d'Haudicquier de Blancourt, de ce faussaire insigne, dont nous avons longuement parlé au n° 2897 ci-dessus et dont la fa-

mille, lors de son procès, fut déclarée *roturière* et de la plus basse extraction. Malgré cela et malgré les erreurs sans nombre qu'on y trouve, cet ouvrage est excessivement recherché aujourd'hui, et le prix en est fort élevé. A la vente de la bibliothèque de M. Solar, en novembre 1860, un exemplaire fut vendu 1,815 francs! Il est, du reste, très-rare, la majeure partie des exemplaires ayant été détruits pendant la révolution, ce que, pour notre propre compte, nous sommes loin de regretter, au point de vue historique et littéraire. Et puis nous ne pensons pas que les descendants de ces fiers barons qui sauvaient la France à Tours, s'immortalisaient à Bouvines ou mouraient à Poitiers, dussent se sentir bien honorés de la compagnie d'un homme tel que l'auteur du *Nobiliaire de Picardie.*

3292. Le Grand Théâtre de l'Honneur et de la Noblesse françoise et angloise, avec 40 planches en taille-douce. Par H. Boyer.— *Londres*, 1758. [Be.]

Cet ouvrage parut aussi en anglais en 1729.

3293. Le Cabinet héraldique et généalogique ; ou Table, par ordre alphabétique, de toutes les Généalogies imprimées des Familles de France. Huit volumes in-quarto proposés par souscription. (Par J.-N. Jouin de Sauseuil.)—*Paris*, 1759, in-4°. Pièce.*

Prospectus.—C'est tout ce qui a paru.

3294. Les Chapitres nobles de France de l'un et de l'autre sexe. (Par Brion.)—*Paris*, 1764, in-4°. [L. F.]

Carte portant le n° 15 dans le Recueil du même auteur, intitulé : « *France analytique.* »

3295. Etat actuel des Duchés et Comtés-Pairies, Principautés et Duchés héréditaires non pairies ; par M. Brion.—*Paris*, 1765, in-4°. [L. F.]

Carte portant le n° 11 dans le Recueil du même auteur, intitulé : « *France analytique.* »

3296. Trésor généalogique, ou Extraits des titres anciens qui concernent les Maisons et Familles de France et des environs, connues en 1400 ou auparavant ;

dans un ordre alphabétique, chronologique et généalogique, par Dom (PHILIPPE-JOSEPH) CAF- FIAUX,...—*Paris*, 1777, in-4°.*

> Tome Ier. A.—BEA.—C'est tout ce qui a paru. On trouve à la Bibliothèque impériale, département des manuscrits, la continuation de cet ouvrage, par D. VILLE- VIEILLE.

3297. Epitome sur l'Etat civil de la France, par PERCHERON DE LA GALEZIÈRE.—*Paris*, 1779, 2 vol. in-12. [D. Co.]

3298. Les Fastes de la Noblesse de France, ou Collection de Diplomes, Chartes, Rouleaux, Contrats et autres Titres et Documents en originaux ou Vidimus authentiques, la plupart revêtus de leurs sceaux; divisés en trois parties ou collections particulières. Savoir : Titres et Monuments historiques et honorifiques pour les Maisons nobles, contenant entre autres les preuves de leurs services militaires ou civils, depuis Saint-Louis jusqu'à Louis XV. Titres généalogiques et héraldiques depuis l'an 1196 jusqu'en 1700. Titres féodaux et domaniaux, concernant un très-grand nombre de Seigneuries, Communautés d'habitans et bénéfices, depuis l'an 1200 jusqu'en 1700. Le tout accompagné de recherches et remarques, pour servir à l'intelligence des Titres et aux filiations des Maisons nobles. Avec des Essais historiques sur les qualifications anciennes, et sur la nature et la forme des preuves en matière de Noblesse et de Généalogie. Par M. FABRE, avocat au Parlement de Paris,...— *Paris*, 1782, in-4°.*

> Le Prospectus et l'Introduction seuls ont paru.

3299. Armorial des principales Maisons de France et Etrangères, et de plusieurs villes du royaume, avec un abrégé des différens degrés d'élévation de la plupart des anciennes Maisons, enrichi de près de quatre cens figures en taille-douce pour l'intelligence des différentes armoiries,... [Par LOUIS-CHARLES

DE WAROQUIER, DE LA MOTTE, DE COMBLES. (1782.)]

> Voyez ci-dessus n° 1563.

3300. Etat de la France, contenant le Clergé, la Noblesse et le Tiers-Etat. Recueil de Devises héraldiques. Par M. le Comte DE W. DE M. DE C.... (LOUIS- CHARLES DE WAROQUIER DE LA MOTHE, DE COMBLES.) — *Paris*, 1783, in-12.*

> Ce travail devait se composer de plusieurs volumes et former en quelque sorte, selon l'auteur, une continuation au P. Anselme. Un seul a paru, et encore ne contient-il que l'article des devises. M. Quérard dit que ce volume se trouve compris dans l'ouvrage du même auteur, intitulé :*«Etat géné- ral de la France.»* Nous ne savons si ce savant a eu sous les yeux ces deux productions; mais ce que nous pourons affirmer, c'est que, les ayant comparées entre elles, avec l'attention la plus scrupuleuse, nous n'avons trouvé aucune trace de l'une dans l'autre.

3301. L'Etat de la France, ou les vrais Marquis, Comtes, Vicomtes et Barons. Par M. (LOUIS- CHARLES DE WAROQUIER) DE COMBLES,...—*Paris*, 1783, in-12.*

> Volume-prospectus de l'ouvrage suivant.

3302. Tableau généalogique, historique, chronologique, héraldique et géographique de la Noblesse, enrichi de gravures, contenant: 1° l'Etat des vrais Marquis, Comtes, Vicomtes et Barons; 2° un Traité sur les Ba- ronnets, Bacheliers, Ecuyers, et sur leur différence; 3° un Traité sur les Dignités Féodales et Politiques, les Dignités Ec- clésiastiques, les Dignités des Vidames attachés à l'Eglise, les titres et qualités personnelles. les titres et qualités des Gens de Lettres, etc.; 4° la Recherche de la Normandie faite par MON- FAOUCQ, en 1463; 5° un Traité sur l'origine des Fiefs, les Francs-Fiefs, nouveaux acquêts et leur différence, etc.; 6° les Généalogies des Familles; 7° les Dépôts où la Noblesse peut avoir recours pour ses différentes re- cherches; 8° une table des Ma- tières, des Terres et des Personnes titrées; des Noms de Famille compris dans l'ouvrage, avec le renvoi aux auteurs qui en ont donné les Généalogies; et l'indication de plus de trente mille titres originaux que l'auteur possède dans son cabinet. Par Messire LOUIS - CHARLES, comte DE WAROQUIER, chevalier, sieur DE MÉRICOURT, DE LA MOTHE, DE COMBLES... — Paris, 1786-1789, 9 vol. in-12.* Avec blasons.

Les titres des tomes I-V varient en raison des matières qu'ils contiennent. Quant aux tomes VI-IX, ils portent tous invariablement le même titre. C'est celui que nous donnons ci-dessus, comme résumant l'ouvrage tout entier et faisant connaître parfaitement le but et les intentions de l'auteur.

On trouve dans le commerce des réimpressions de quelques parties de cet ouvrage, avec la mention de *deuxième édition*.

3303. Liste des Notables qui ont assisté aux Assemblées tenues en 1596, 1626 et 1627; précédées du tableau chronologique de toutes les Assemblées nationales convoquées depuis l'an 422 jusqu'à l'année 1627.—Paris, 1787, in-8°. Pièce.*

3304. Liste des Principaux Personnages qui doivent composer l'Assemblée des Notables du royaume, convoquée par ordre du roi, le lundi 29 janvier 1787. —(S. l. n. d.) In-f°. Pièce.*

3305. Liste des Notables composant l'Assemblée, partagée en sept bureaux, avec leurs demeures à Versailles. — Versailles, 1787, in-4°. Pièce.*

3306. Liste des Personnes convoquées pour l'Assemblée des Notables du 3 novembre 1788, remise au 6 du même mois. — Versailles, 1788, in-4°. Pièce.*

3307. Liste des bureaux des Notables en l'année 1788.—(S. l. n. d.) In-4°. Pièce.*

3308. Dictionnaire des Ennoblissemens, ou Recueil des Lettres de Noblesse depuis leur origine, tiré des registres de la Chambre des Comptes de la Cour des Aides de Paris—Paris, 1788, 2 vol. in-8°.*

Ce travail curieux, et rare aujourd'hui, exécuté d'après le manuscrit de FRANÇOIS GODET DE SOUDÉ, Maître des Comptes en 1675, fit beaucoup de bruit et mit en émoi de hautes et puissantes susceptibilités. Les Familles dont on y dévoilait les origines obscures ou suspectes tentèrent de le faire supprimer, sans pouvoir cependant y réussir, malgré tout leur crédit. L'auteur, du reste, semblait prévoir l'accueil que l'on ferait à son livre, car dans sa préface il dit : « Tandis que les Ennoblis murmureront de voir leur origine mise au grand jour, les Familles véritablement NOBLES DE RACE et dont la distinction se perd dans la nuit des temps, ne pourront s'empêcher d'applaudir à des recherches aussi exactes que curieuses... Cet ouvrage, enfin, sera dans tous les temps un Dictionnaire qui ne doit pas moins fixer l'attention des historiens que la curiosité des particuliers de toute condition. Si, dans le premier moment qu'il paroît, il se trouve proscrit par l'autorité de quelques personnes en place, la véracité des faits qu'il contient, les époques si aisées à vérifier, puisqu'elles reposent dans les monumens les plus authentiques de la nation, le feront toujours triompher de ces vaines persécutions...»

Ce Dictionnaire est divisé en deux parties, dont l'une, la plus curieuse, porte au titre de départ: « *Chroniques généalogiques contenant les origines des Familles les plus considérables du Royaume...*»

Le Manuscrit dont il est extrait faisait partie de la Bibliothèque du Palais-Royal. Il portait le n° 2816 dans le catalogue de vente des livres appartenant au feu roi Louis-Philippe. M. Fontaine, le libraire, en fit l'acquisition pour le compte d'un amateur d'ouvrages de ce genre, auquel on offrit aussitôt des prix fort élevés.

3309. Collection de la Liste des ci-devant Ducs, Marquis, Comtes, Barons, etc., Excellences, Monseigneurs, Grandeurs, demi-Seigneurs et Anoblis. (Par DULAURE.)

Voyez ci-dessus, n°⁵ 1215-1217.

3310. Les Métamorphoses, ou Liste des Noms de famille et patronymiques des ci-devant Ducs,

Marquis, Comtes, Barons, etc.; Excellences , Monseigneurs , Grandeurs, demi-Seigneurs et Anoblis. (Par Louis Brossard.)

Voyez ci-dessus, nᵒ 1218.

3311. Traité des Monnoies des Barons, ou Représentation et Explication de toutes les Monnoies... qu'ont fait frapper les Possesseurs des grands fiefs, Pairs, Evêques, Abbés, Chapitres, Villes et autres Seigneurs de France,... Par feu M. Pierre-Ancher Tobiesfn Duby,..... (1790.)

Voyez ci-dessus, nᵒ 1112.

3312. Dictionnaire alphabétique et chronologique contenant les noms des François, et de tous ceux des royaumes et Etats voisins qui ont servi en France depuis l'an 1338 jusqu'en 1515; précédé de l'Histoire de la Noblesse successive et héréditaire des Gaulois; de l'Origine des Francs, de leur gouvernement depuis cinquante-sept ans avant notre ère jusqu'à présent. Par M. l'abbé C. J. de Bevy, historiographe de France,...— Liége (1791), in-8°. Pièce.*

Prospectus. C'est tout ce qui a paru.

3313. République Française. Liberté, Egalité. Liste générale par ordre alphabétique des Emigrés de toute la République, dressée en exécution de l'article 16 de la loi du 28 mars, et de l'article 1ᵉʳ du § 2 de celle du 25 juillet de l'année 1793, 1ʳᵉ de la République Française, une et indivisible.—Paris, l'an IIᵉ de la République, 4 vol. in-f°.*

3314. Premier (-sixième) supplément à la Liste générale... des Emigrés de toute la République... — Paris, an II (-an IV) (1794-1796), 10 vol. in-8°.*

3315. Armorial général de l'Empire, contenant les armes de Sa Majesté l'Empereur et Roi, des Princes de sa Famille, des grands Dignitaires, Princes, Ducs, Barons, Chevaliers, et celles des villes de 1ʳᵉ, 2ᵉ et 3ᵉ classe, avec les planches des ornements extérieurs, des signes intérieurs et l'explication des couleurs et des figures du blason, pour faciliter l'étude de cette science, par Henry Simon, graveur de Sa Majesté l'Empereur et Roi,....—Paris, 1812, 2 vol. in-f°.*

Le prospectus de cet ouvrage avait paru en 1808.

3316. Dictionnaire chronologique, généalogique et historique de la Noblesse et de l'Empire. (Par Viton de Saint-Allais.)—(Paris, 16 mars 1808.) In-4°. Pièce.*

Prospectus. C'est tout ce qui a paru.

3317. Tableau chronologique, généalogique et historique de France. (Par Viton de Saint-Allais.) — Paris (s. d.), in-f° plano.*

3318. Nobiliaire universel de France, ou Recueil général des Généalogies historiques des Maisons nobles de ce royaume; par M. (Viton) de Saint-Allais,... et par M. de la Chabeaussière.—Paris, 1814-1843, 21 vol. in-8°.* Avec un grand nombre de blasons gravés.

C'est le plus vaste répertoire généalogique et nobiliaire concernant la France, que nous ayons. Quoique renfermant bien des erreurs, il est assez estimé. Il fut en grande partie composé, comme celui de la Chesnaye-des-Bois, dont l'auteur s'intitule, du reste, le continuateur, d'après les mémoires fournis par les Familles elles-mêmes. Seulement, Viton de Saint-Allais mit plus de critique, de discernement, et surtout plus de conscience que son devancier dans l'emploi de ces mémoires.

Indépendamment des notices généalogiques, ce travail contient encore, savoir:

Dans le tome II : « ...Noms des personnes des deux sexes qui ont été admises aux honneurs de la cour et présentées au roi depuis 1779 jusqu'en 1789. »

Dans le tome III, 2ᵉ partie : « ...Répertoire héraldique, c'est-à dire désignation des armoiries de toutes les Familles de France dont le nom commence par la lettre A-..»

Dans le tome IV : «...Dissertation générale sur l'ancienne noblesse, les anoblissements et l'origine des armoiries, l'explication des titres de chevalier, d'écuyer, de damoiseau et d'homme d'armes ; l'état des anciens grands vassaux de la couronne, des anciens ducs et pairs de France, des grands d'Espagne, avec les dates des érections desdits duchés ; et le catalogue général des familles de France admises dans l'Ordre de Malte, depuis son institution jusqu'à nos jours. »

Dans le tome V : « 1° Répertoire universel de toutes les Maisons nobles de France dont les noms de famille ou de seigneurie commencent par la lettre B, avec le détail de leurs armoiries ; 2° Le Catalogue général des Pages du Roi, depuis 1673 jusqu'en 1788 ; 3° L'état des personnes anoblies en 1814 et 1815. »

Dans le tome VI : « 1° Le Nobiliaire héraldique de Normandie, dressé par CHEVILLARD, sur les Recherches faites en 1666, 1667 et années suivantes, par M. Chamillard et les autres intendants de cette province, revu, corrigé et augmenté ; 2° la nomenclature des seigneurs de cette province qui ont accompagné Guillaume le Conquérant en Angleterre, et Robert, duc de Normandie, à la conquête de la Terre-Sainte ; 3° tous les anciens rôles des gentilshommes normands, tirés du cabinet de M. Clérembault, et du Traité de la Noblesse, par de la Roque. »

Dans le tome XI : « Catalogue général des chanoines comtes de Lyon, depuis l'an 1000 jusqu'en 1788. »

Dans le tome XII : « Catalogue des Gentilshommes qui ont fait leur preuve devant les généalogistes du Roi, pour être admis aux Écoles royales et au service militaire. »

Dans le tome XX : « L'Ordre de Malte, ses Grands-Maîtres et ses Chevaliers. »

Dans le tome XXI : « Les Chapitres nobles de dames... »

Les tomes VII-XVIII portent de plus, sur le titre : « ...Faisant suite au Dictionnaire de la Noblesse de France... »

Les tomes XVII-XVIII sont de M. DE COURCELLES, et le tom. XXI de M. DUCAS. M. DE LA CHABEAUSSIÈRE n'a collaboré qu'au premier volume.

L'abbé LESPINE, employé au département des manuscrits de la Bibliothèque royale et professeur à l'École des Chartes de 1821 à 1823, eut aussi part à ce travail. Ce savant rédigea plusieurs généalogies, les meilleures de ce Recueil, dont les principales

sont celles des Maisons de Cugnac, Jaubert, d'Abzac de la Douze, de Lostanges, de Sainte-Alvère et de Lubersac. Il revit aussi celle de la maison d'Aubusson.

DE SAINT-PONS fut encore un des collaborateurs de Saint-Allais.

3319. Recueil de certificats de noblesse délivrés par MM. Chérin père, Berthier et Chérin fils,... mis en ordre alphabétique,... par M. DU PRAT-TAXIS. (1815.)

Voyez ci-dessus, n° 1250.

3320. Les Familles françaises considérées sous le rapport de leurs prérogatives honorifiques, héréditaires, ou Recherches historiques sur l'origine de la Noblesse, les divers moyens dont elle pouvait être acquise en France, l'institution des majorats et l'établissement des Ordres de Chevalerie, de la Légion d'honneur et des noms et des armoiries par A. L. DE LAIGUE,... —Paris, 1815, in-8°.*—2° édition. Paris, 1818, in-8°.*

Ce travail, peu connu, est cependant curieux. La partie concernant l'imposition des noms, celle des armes, leurs substitutions, les cris de guerre, devises et autres sujets analogues, mérite d'être consultée.

A la fin se trouve une table chronologique des lois et ordonnances rendues sur chacune des matières dont se compose ce livre.

3321. Dictionnaire encyclopédique de la Noblesse de France,.... par M. (VITON) DE SAINT-ALLAIS. (1816.)

Voyez ci-dessus, n° 112

3322. État actuel de la Noblesse de France, par M. (VITON) DE SAINT-ALLAIS.... Cet ouvrage contient : 1° la chronologie historique des rois de France, avec des détails plus étendus qu'on n'en trouve dans aucune des chronologies publiées jusqu'à ce jour ; 2° l'état des grands vassaux de la couronne, des anciens ducs et pairs de France, avec la date des érections des duchés-pairies et leurs titulaires en 1789 ; des ducs à brevet, etc., etc. ; 3° l'état de la pairie et des pairs de France en 1814 et 1815 ; 4° une instruction générale sur la noblesse, sur les noms de chevalier, d'écuyer, de damoiseau, de varlet ; sur les gentilshommes de nom et d'armes, les anoblis et les armoiries ; 5° le catalogue alphabétique des personnes des *deux sexes* qui ont joui des *honneurs de la cour* depuis 1730 jusqu'en 1789 ; 6° les lettres d'anoblissement ou les titres honorifiques accordés par Sa Majesté Louis XVIII en 1814 et 1815 ; 7° les articles généalogiques de plusieurs maisons distinguées du royaume.—*Paris*, 1816, in-18.*

Le titre de départ porte : « *Almanach général de la Noblesse de France et de la Chambre des Pairs.* » — Il devait paraître un volume tous les deux mois : celui-ci seul a paru.

3323. Armorial des Familles nobles de la France, par M. (VITON) DE SAINT-ALLAIS, auteur des généalogies historiques des Maisons souveraines de l'Europe. 1re livraison (et unique).—*Paris*, 1817, in-8°.* Avec 47 planches contenant près de 1,100 blasons gravés.

3324. Le Conservateur de la Noblesse territoriale et légale de France, par M. RAVENAZ... — (*Paris, s. d.*) In-4°. Pièce.*

Prospectus.—C'est tout ce qui a paru.—Il y a des exemplaires de ce prospectus avec ce titre : « *La Noblesse territoriale et légale de la France...* »

3325. Dictionnaire véridique des origines des Maisons nobles ou anoblies du royaume de France, contenant aussi les vrais Ducs, Marquis, Comtes, Vicomtes et Barons, par P. LOUIS LAINÉ. — *Paris*, 1818-1819, in-8°.*

Cet ouvrage devait avoir plusieurs volumes : deux seuls ont paru.

3326. Liste des noms des Familles qui ont, dans le cabinet de M. D'HOZIER, des titres à réclamer. —*Paris*, (1819), in-4°. [D.]

3327. Dictionnaire universel de la Noblesse de France. Cet ouvrage contient un article analysé sur toutes les Familles nobles du royaume, mentionnées dans le P. Anselme, l'Armorial général

de M. d'Hozier, le Dictionnaire de la Noblesse, par M. de la Chesnaye-des-Bois , le Tableau historique de la Noblesse, par M. de Waroquier, les Généalogies des Mazures de l'Isle-Barbe,... Par M. DE COURCELLES.— —*Paris*, 1820-1821, 5 vol. in-8°.* Avec blasons.

Contient beaucoup de notices curieuses sur l'ancienne chevalerie, et autres pièces intéressantes sur la noblesse.

3328. Histoire généalogique et héraldique des Pairs de France, des principales Familles du royaume,.... Par le chevalier DE COURCELLES. (1822-1833.)

Voyez ci-dessus, n° 2014.

3329. Biographie des Dames de la Cour et du Faubourg Saint-Germain, par un valet de chambre congédié.—*Paris*, 1826, in-3?.*

Cet ouvrage, attribué à CONSTANT PITON ou à EUGÈNE DE MONGLAVE par MM. de Manne et Quérard , est une diatribe violente contre les dames les plus connues du faubourg Saint-Germain. On y trouve beaucoup d'esprit, mais plus encore de méchanceté.

3330. Archives généalogiques et historiques de la Noblesse de France, ou Recueil de preuves, mémoires et notices généalogiques servant à constater l'origine, la filiation, les alliances et les illustrations religieuses, civiles et militaires de diverses Maisons et Familles nobles du royaume ; avec la collection des Nobiliaires généraux des Provinces de France. Publiées par M. (P. L.) LAINÉ.—*Paris*, 1828-1850, 11 vol. in-8°.* Avec blasons, pennons et tables généalogiques.

Chaque généalogie et chaque nobiliaire a une pagination spéciale. — Le tome XI contient la table générale.

Ce travail est très-consciencieux, et quoiqu'il renferme bien des noms obscurs, on ne pourrait guère reprocher à l'auteur de ces actes de complaisance si communs parmi les généalogistes.

3331. Dictionnaire général de la Noblesse de France, ancienne et nouvelle. Par une Société de généalogistes et d'anciens référendaires près la Commission du Sceau, sous la direction de M. VIEILH DE BOISJOLIN. — *Paris*, 1832, in-8°. Pièce.*

>Prospectus.—C'est tout ce qui a paru.

3332. Maisons historiques de France, immédiatement suivies des Maisons royales et princières, par une Société de savants (sous la direction de AGRICOLE-HIPPOLYTE LA PIERRE, dit CHATEAUNEUF).—(*Paris*, 1838.) In-4°.*

>1re et 2e livraisons.—C'est tout ce qui a paru.—Les 3e et 4e livraisons devaient paraître sous ce titre: « *Maisons historiques royales et princières, suivies d'un Précis sur nos grands hommes de guerre et les Beautés célèbres de la cour de France...* »

3333. Armorial historique de France. (Signé: L. F. DE B.)—*Paris*, imp. *de Bourgogne et Martinet* (1838), in-4°. Pièce.*

>Prospectus.—C'est tout ce qui a paru.

3334. Chronique de la Noblesse, sous la présidence de Messieurs le Comte D'ALLONVILLE et le Comte HORACE DE VIEIL-CASTEL. —*Paris* (1839), in-8°. Pièce.*

>Prospectus.—C'est tout ce qui a paru.

3335. Nobiliaire de France. Etat de la Noblesse de France avant la Révolution de 1789. (Par MAURICE COUSIN, comte DE COURCHAMPS.)—*Paris*, 1840, in-18. Avec blasons et fac-simile.

>Singulière et curieuse production concernant l'origine des grandes Familles de la France.
>
>C'est le Xe volume des « *Souvenirs de la Marquise de Créquy*, » pour lequel on a imprimé un titre particulier. Voyez ci-dessus n° 1291.

3336. Les Anciennes Familles de France dans le développement national; par une Société de gens de lettres (sous la direction du Comte GASTON RAOUSSET-BOULBON). — *Paris*, 1841, in-4°. Pièce.* Avec blasons gravés.

>Ne contient que la Famille de *Chateaubriand.*—C'est tout ce qui a paru.
>
>L'auteur est le même que cet

intrépide aventurier dont la fin fut si tragique.

3337. Cabinet (AMBROISE-LOUIS-MARIE) D'HOZIER.— *Melun, imp. de Desrues*, 1842, in-8°.*

>Cet ouvrage, très-rare quoique peu ancien, contient les listes alphabétiques, par provinces, des noms et prénoms de ceux qui avaient fait leurs preuves et dont les dossiers figuraient dans le cabinet de d'Hozier.

3338. Les Chapitres nobles de Dames. Recherches historiques, généalogiques et héraldiques sur les Chanoinesses régulières et séculières, avec l'indication des preuves de Noblesse faites pour leur admission dans les Chapitres et Abbayes nobles de France et des Pays-Bas, depuis les temps les plus reculés jusqu'à l'époque de leur suppression. Par M. DUCAS.—*Paris*, 1843, in-8°.* Avec gravures.

>Extrait du tome XXI du « *Nobiliaire universel de France*, » de VITON DE SAINT-ALLAIS.

3339. Livre d'Or de la Noblesse de France, publié sous la direction de M. (CHARLES DRIGON) DE MAGNY,... — *Paris*, 1844-1852, 5 vol. in-4°.*

>Avec blasons gravés et intercalés dans le texte, et plusieurs grandes armoiries dont quelques-unes sont tirées sur couleurs.
>
>Comme d'Hozier, l'auteur a divisé son ouvrage en registres; c'est là le seul point commun que nous trouvons entre lui et le célèbre juge d'armes.
>
>Le 5e vol. porte : « *Livre d'or de la Noblesse européenne, publié par le comte DE GIVODAN....* »
>
>M. Quérard dit que le véritable auteur de ce volume est un nommé *Asfeld*, membre de l'Université. Cela est bien possible; mais que ce volume soit de M. de Givodan ou de M. Asfeld, puisqu'Asfeld il y a, l'ouvrage n'en vaut pas mieux.

3340. Armorial historique de la Noblesse de France, recueilli et rédigé par un comité, publié par HENRY J. G. DE MILLEVILLE, référendaire au Sceau de France. —*Paris*, 1845, in-4°.* Avec un grand nombre de blasons gravés et intercalés dans le texte.

>Cet ouvrage, que l'Institut a

couronné en 1858, est l'un des meilleurs et des plus consciencieux qui existent sur cette matière.

3311. La Noblesse de France aux Croisades, publiée par P. Roger,...—Paris, 1845, gr. in-8°.*

Avec plusieurs gravures sur bois de Lacoste, fils aîné, tirées à part sur papier de Chine, d'après les dessins de Célestin Nanteuil, Baron, Jules Gagniet, Moynet, H. Catenacci.

Dans ce travail, l'auteur a recherché avec soin les noms de tous les chevaliers, les obscurs comme les célèbres, qui firent partie des croisades, jusques et y comprise celle contre les Albigeois. Il donne en même temps le nom des Familles qui fournirent des combattants dans ces diverses expéditions religieuses et qui comptent encore des représentants aujourd'hui. Cette période si émouvante de notre histoire apparaît tout entière dans ce livre avec ce mélange de grandeur et de naïveté, de rusticité et d'élégance qui la caractérise ; le tout accompagné d'anecdotes curieuses, terribles parfois, intéressantes toujours.

3312. Les Salles des Croisades à Versailles, par Denis de Thezan.—Paris, 1846, in-8°. Pièce. [D.]

3313. Nobiliaire de France, publié par P. Roger.... — Paris, 1847, gr. in-8°.*

Il n'a paru de cet ouvrage que le titre, l'introduction et 11 pages de texte, en tout 3 ff.

3314. Galerie des Notabilités nobiliaires de la France. (Par E. Saint-Maurice Cabany.)— Paris (1847), in-8°. Pièce.*

Collection nominale dont chaque partie a été ou sera décrite par nous en son lieu.

3315. Esquisses généalogiques concernant un grand nombre de Familles alliées entre elles, en remontant à saint Louis, Rodolphe de Habsbourg, Jean-sans-Terre, saint Ferdinand, roi de Castille, Pierre II, roi d'Aragon ; aux Papes Grégoire XI, Clément VI, Nicolas III, etc. (Par M. Charles-Jacques-Joseph-Marie du Haïs.)—Paris, J.-B. Dumoulin, 1848, gr. in-8°. Avec un supplément.

Tout l'ouvrage se rapporte, en définitive à une seule Famille, celle de du Haïs.

3316. Armoiries de la Noblesse française et étrangère. — Paris, L. Curmer, 1848, gr. in-8°.*

Cet ouvrage, qui n'a pas été continué, contient 600 blasons imprimés en couleurs, or et argent, avec notices historiques et généalogiques par Félix Drouin.—A la fin on trouve : « Dictionnaire encyclopédique du blason. » 8 pages de texte et 6 planches héraldiques en noir.

3317. Versailles ; salle des Croisades. — (Paris), Gavard, (s. d.), 2 vol. gr. in-4°.*

Contient les écus blasonnés de tous les chevaliers qui se croisèrent, et dont les armes figurent à Versailles, dans la salle dite des Croisades. Extrait du « Palais de Versailles » de Vatout, pour l'éditeur Gavard, pour compléter ses «Galeries historiques de Versailles.» — La Bibliothèque impériale ne possède que le premier volume. Il est assez difficile de se procurer le second.

3318. Le Miroir de la France. Tableaux historiques,.... annales des Familles illustres de la France,... orné de portraits de personnages célèbres. Publié sous la direction de Cam. Lebrun,...—Paris, 1850, in-8°.*

3319. Les Familles de France, les hommes d'Etat, de guerre, de sciences et d'art, divisés par catégories de la même nation ; par des savants, des historiens et d'autres hommes de lettres. Tome I. (Sous la direction de M. de Birague.) — Paris, 1851, in-4°. Pièce.*

Introduction.—C'est tout ce qui a paru.

3320. Inventaire des Titres recueillis par Samuel Guichenon, précédé de la Table du Lugdunum Sacroprophanum de P. Bullioud ; publiés d'après les manuscrits de la Bibliothèque de la Faculté de médecine de Montpellier, et suivis de pièces inédites concernant Lyon. (Par M. P. Allut.) —Lyon, imp. de L. Perrin, 1851, in-8°.* Avec blasons et fac-simile.

Tiré à très-petit nombre.

3351. Manuel de l'amateur de Jetons, par J. DE FONTENAY.....— *Paris*, 1854, in-8°.*

Ce travail, l'un des mieux faits du genre, renferme un grand nombre de jetons, la plupart armoriés, intercalés dans le texte, concernant les grandes Familles titrées, les villes, les provinces, les chapitres nobles de la France, et les grands corps politiques et civils de l'Etat, depuis les temps les plus reculés jusqu'en 1789.

3352. La Cassette de Saint Louis, roi de France, donnée par Philippe le Bel à l'Abbaye du Lis. Reproduction en or et en couleurs, grandeur de l'original, par les procédés chromolithographiques, accompagnée d'une Notice historique et archéologique sur cette œuvre remarquable de l'art civil au moyen-âge, par EDMOND GANNERON.—*Paris*, 1855, in-f°.*

Cette intéressante publication contient les blasons, au nombre de 51, qui se trouvent sur la Cassette. Sept de ces blasons représentent les armes de France, et quinze celles de France et de Castille. Sur les autres sont figurées celles de Hugues IV, duc de Bourgogne; Robert de Courtenay, grand bouteiller de France; Amauri, comte de Montfort, connétable de France; Robert III, comte de Dreux; Pierre de Dreux, dit Mauclerc, duc de Bretagne; Baudouin IX, comte de Flandre; Thibaut VI, comte de Champagne, roi de Navarre; Robert Malet III° du nom, Sire de Graville; Henri II, comte de Bar; Henri III, roi d'Angleterre; Jérusalem; Thibaut, comte de Champagne, pair de France; Mathieu II de Montmorency, connétable de France; Barthélemy, sire de Roye, chambrier de France; Guillaume de Beaumont, maréchal de France; Jean de Beaumont, grand amiral et grand chambellan; Raoul, sire de Coucy; Alphonse, comte de Toulouse, pair de France; Philippe, comte de Dampmartin, oncle de saint Louis; Richard d'Harcourt, qui servit de témoin au couronnement de saint Louis; de l'abbaye de Notre-Dame du Lis. Quant au tout dernier, ainsi décrit : « D'or à trois tourteaux de gueules, brisé d'une fasce du même, » l'auteur de la notice dit qu'il ne figure dans aucun armorial. Cependant nous l'avons trouvé dans

Palliot et dans Ségoing, sous le nom de CORMIEUL.

3353. Armorial de la Noblesse de France, publié par une Société de généalogistes paléographes sous la direction de M. (FRÉDÉRIC-COMBE) D'AURIAC. (Et M. Hippolyte ACQUIER.) —*Paris*, 1855-1860, 7 vol. gr. in-4°.* Avec blasons intercalés dans le texte.

3354. Palais de Versailles. Histoire généalogique du Musée des Croisades, par AMÉDÉE BOUDIN,...—*Paris*, gr. in-4°.*

En cours de publication.—Doit se composer de 4 vol. en 8 part. avec titre particulier et pagination spéciale. Deux vol. ont paru de 1858 à 1861.

3355. Armorial de France de la fin du quatorzième siècle, publié d'après un manuscrit de la Bibliothèque impériale et annoté par M. DOUET-DARCQ. Extrait du *Cabinet historique.*—*Paris*, 1859, in-8°.*

3356. Les Généalogies du sieur GUILLARD.—(*Paris*), imp. de *Wittersheim*, (1860.), in-8°.*

Extrait du «*Cabinet historique.*» — Production curieuse et singulière.—Publié par M. LOUIS PARIS, d'après le manuscrit de la Bibliothèque impériale, avec des notes de M. DU PRAT.

3357. Recueil d'Armoiries des Maisons nobles de France, par H. GOURDON DE GENOUILLAC. — *Paris*, *Dentu*, 1860, in-8°.*

Ce travail exact, constitué d'après les travaux des d'Hozier, Chérin, Palliot, la Chesnaye-des-Bois, Guy-le-Borgne, Favyn, Menestrier, Dubuisson, Borel d'Hauterive, Grandmaison, de Soultrait, de Courcy, de Saint-Allais, Jouffroy d'Escharanne, de Courcelles, Simon, Lainé, Bouillet et autres, comprend la description des armes de plus de dix mille Familles françaises. Il est très-utile en ce qu'il dispense, en quelque sorte, de recourir aux différents armoriaux de provinces quand on veut seulement les armoiries d'une Maison titrée.— L'auteur promet une *deuxième série.*

3358. Histoire des Ducs de Bourbon et des Comtes de Forez en forme d'annales sur preuves authentiques servant d'augmentation à l'histoire du pays de Forez et illustration à celles des pays de Lyonnois, Beaujolois, Bourbonnois, Dauphiné et Auvergne, et aux généalogies tant de la Maison Royale que des illustres Maisons du Royaume. Par JEAN-MARIE DE LA MVRE, prêtre, docteur en théologie,... Publiée pour la première fois d'après un manuscrit de la bibliothèque de Montbrison, portant la date de 1675. (Par M. RÉGIS CHANTELAUZE.) Revue, corrigée et augmentée de nouveaux documents et de notes nombreuses, et ornée de vues, portraits, sceaux, armoiries, fac-simile (blasons), et autres figures dessinées d'après des monuments authentiques.— —Lyon, imp. de L. Perrin, 1860, in-4o.*

Le tome premier seul a paru. —Tiré à 500 exemplaires.—Excellente et intéressante publication.

3359. Les Dames nobles de France, leurs Droits, leurs Armes, leurs Priviléges ; par H. GOURDON DE GENOUILLAC. — Paris, E. Dentu, in-18. Sous presse.

Pour complément de ce paragraphe on peut consulter : 1° la « Collection générale des Documents français qui se trouvent en Angleterre, recueillis et publiés par M. J. DELPIT. »—Paris, 1847, in-4°.¹ 2° « La Noblesse de France. » Par GRANIER DE CASSAGNAC, dans la Revue de Paris, t. XLVII, p. 221; et tom. LI, p. 5 et 65. 3° « Origines chimériques de quelques Familles de France, » dans les Singularités historiques de dom LIRON, tome III, p. 109. 4° Les « Lettres et Mémoires d'Estat... » de GUILLAUME RIBIER, 1666, in-1°.* 5° Enfin l'on trouvera de curieux et piquants détails sur la Noblesse de toutes les provinces de France, dans le Livre second, pag. 283-367, d'un ouvrage rare et singulier intitulé : « Le Cabinet du Roy de France dans lequel il y a trois Perles précieuses d'inestimable valeur...» (Par N. BARNAUD.)

§ 8.

Histoire des Maisons nobles en particulier.

A

3360. Généalogie de la maison d'Acary, extraite du tome premier des archives généalogiques et historiques de la noblesse de France, par M. (P. L.) LAINÉ.— Paris, 1828, in-8°. Pièce.* Avec blasons.

Voyez aussi, pour cette Maison, la «Recherche de la Noblesse de Picardie. »

3361. Mémoire pour les ducs et pairs, contre le comte d'Agenois, sur l'érection d'Aiguillon en duché-pairie ; par Me AUBRY. —(S. l.), 1731, in-4°. [L. F.]

3362. Consultation (8 décembre 1730).— (Paris, s.d.) In-f° Pièce.*

Droit du comte d'Aiguillon à la dignité de duc et pair de France.

3363. Généalogie de la Maison d'Aiguirande, extraite du tome Ier des « Archives généalogiques et historiques de la noblesse de France, » par M. P.-L. LAINÉ.—Paris, 1828, in-8°. Pièce.* Avec blasons.

3364. La Noblesse de Provence. Arthur d'Aizac. Par le comte HORACE DE VIEL-CASTEL.—Paris 1839, 2 vol. in-8.*

3365. Ligne directe depuis Jean Alabat jusques à Jacques Alabat, écuyer, sieur de Vignery.—(S. l. n. d.) In-4°. Pièce.*

Attribué à CATHERINOT, mais sans raison légitime.—Voyez encore, pour cette Maison, l'«Histoire du Berry, » par DE LA THAUMASSIÈRE.

3366. Substitution de mâles en mâles, graduelle, perpétuelle et a l'infini, dans les deux branches de la Maison d'Albert, du Duché-Pairie de Luynes en Touraine, du Duché de Chevreuse et comté de Montfort y réuny, du Duché-Pairie de Chaulnes, de la baronnie de Picquigny, terres et châtellenies de Vignacourt et Flexicourt en Picardie.—Paris, 1734, in-4°.*

3367. Mémoire pour le prince de Grimberghen (Louis-Jos. d'Albert de Luynes), contenant ses prétentions sur la succession du sieur Bombarde. — Paris, 1750, in-4°. [L. F.]

Voyez encore pour cette Maison, la 3e édition de l'«Hist. des Gr.

Officiers de la Couronne, » du P. Anselme, tom. IV, p. 263.

3368. Réplique pour messire Alain, sire d'Albret, au sujet de la succession de Jean, comte d'Armignac, contre M. le duc d'Alençon, M. le procureur général, la dame d'Aiz et le seigneur de Saissel, et dame Loyse de Lyon, ses parties. —(S. l. n. d.) In-f°. Goth. —Salvations pour le même.—Réponse aux Postilles d'Alençon, avec les testamens de Jean d'Armignac en 1373, et Bernard d'Armignac en 1398. — Factum du même, sire Alain d'Albret. [L. F.]

3369. Panegyricon illustrissimorum principum, comitum Druidarum et Aurivallensium et Nivernensium ; HERVERO A BERNA, curioue amandino allifero auctore.—Parisiis, 1543, in-12. [L. F.]

Panégyrique de Jean d'Albret et de quelques Seigneurs de cette Maison. — Voyez encore pour la Maison d'Albret, les « Mémoires de Trévoux, ann. 1731, pag. 1055. »

3370. Tableau gravé de la filiation de la Maison d'Albret, du XIe au XVIIe siècles, avec 7 blasons. — (S. l. n. d.) In-f°. Sans titre.

Rare.—Communiqué par M. de la Morinerie.

3371. Alègre. Voyez ci-dessus, nos 3235 et 3239.

3372. Dissertation critique sur les antiquités et sur un des principaux articles de l'Armorial de M. d'Hozier de Sérigny. [Par FITZ PATRICK (P. ALEX. D'ALÈS DE CORBET).]—(S. l., 1755.) In-12.*

A propos du nom d'Alès de Corbet, que M. de Sérigny appelait Aluye.

3373. Mémoire critique sur un des plus considérables articles de l'Armorial général de M. d'Hozier de Sérigny, dont on a rendu compte dans presque tous les ouvrages périodiques. (Par l'abbé P. ALEX. D'ALÈS DE CORBET). — (S. l. n. d.) In-12*

Ouvrage différent du précédent, mais sur le même sujet.

3374. Lettre de Monsieur d'HOZIER DE SÉRIGNY, Juge d'Armes en survivance, adressée à l'auteur du Mercure en forme de défi littéraire, signifié au corps entier de la littérature, et singulièrement à ceux de ce corps qui s'attachent au genre diplomatique. Extrait du Mercure de France du mois de mars. — (Paris, 20 janvier.) 1756, in-12.*

Au sujet du numéro précédent.

3375. Lettre de M. D'ALÈS DE CORBET, prêtre et ancien chanoine de l'église cathédrale de Blois, à M. d'Hozier de Sérigny, Juge d'Armes en survivance, au sujet du défi littéraire qu'il a signifié dans le Mercure de mars 1756, au corps entier de la littérature. Pour servir de mémoire instructif à nosseigneurs les Maréchaux de France, sur la plainte et l'appel portés à leur Tribunal par le sieur abbé de Corbet, au sujet des jugements prononcés par le Juge d'armes.—(S. l. n. d.) In-12.*

3376. Eloge des personnes illustres de la Famille des Allemans, de Magdebourg.—Leipsick, 1710, in-8°. [L. F.]

3377. Table généalogique des Princes et principaux Seigneurs issus de la Maison d'Alsace, depuis l'an de Jésus-Christ DCXL.

Voyez ci-après la « Généalogie de la Maison de Rommecourt....»

3378. La Généalogie et les Alliances de la Maison d'Amanzé av comté de Masconnois dans le govvernement dv dvché de Bovrgongne, dressée sur tiltres, histoires, registres du chapitre de l'église métropolitaine de Saint-Jean de Lyon et autres bonnes preuues, par (PIERRE) D'HOZIER (sieur DE LA GARDE); avec les prevves et qvelqves additions mises par PIERRE PALLIOT,...— Dijon, 1659, in-f°.* Avec tables généalogiques et un grand nombre de blasons gravés.

Les preuves ont un titre particulier et une pagination spéciale.

On trouve un supplément à cette généalogie dans les « Masures de l'Isle Barbe, » par Claude le Laboureur, tome II, pag. 904.

La Bibliothèque impériale possède un autre exemplaire de cet ouvrage, enrichi d'une Table manuscrite des noms de Famille concernant la généalogie et les alliances de la Maison d'Amanzé. Il contient en outre une grande quantité d'additions et de corrections de la main de Charles-René d'Hozier; l'une d'elles porte: « Je ne sais point certainement si feu mon père avoit autrefois dressé selon le goût d'alors, et l'ignorance où l'on étoit, quelque généalogie bien ou mal de cette maison d'Amanzé, quoique cette généalogie ne le déshonore pas, qu'il en soit ou non l'autheur, comme ont fait celles de Combaud, des Gilliers, des la Dufferie, qui sont aussi publiées et imprimées sous son nom, et sur chacune desquelles je renvoie aux notes que j'y ai faites. Je sais bien que mon père n'a point eu de part à l'impression de cet ouvrage, qu'il est celui de Palliot, qui s'est cru apparamment lui donner cours en le faisant paroître sous le nom de mon père; car si lui mesme l'avoit fait imprimer assurément dans le temps qu'il l'a été, c'est-à-dire un an avant sa mort, plus éclairé qu'il le devoit être dans les temps précédens, il n'auroit pas laissé mettre, entr'autres dans le discours et dans les preuves, l'annoblissement des Jaquot, accordé l'an 1008 par le roi Robert, et cela sufit pour détromper le public que le 1er nom que l'on donne à cette généalogie d'Amanzé soit le nom de son primitif et véritable autheur. »

Il nous est bien difficile d'admettre cette réclamation dans toute sa teneur, car Pierre d'Hozier a bien signé la dédicace; et puis nous ne pensons pas que Palliot, dont la réputation d'honnêteté et de probité était légitimement établie, ait pu faire figurer le nom du célèbre généalogiste sur le titre de cette œuvre, sans qu'il y ait travaillé, ou du moins sans son consentement formel.

3379. Rectification historique de la généalogie des Seigneurs d'Amboise, par M. CARTIER, associé correspondant. Lue à la séance du 22 février 1851. Extrait du XXIe vol. des « Mémoires de la Société des Antiquaires de France. » — (Paris, 1852.) In-8°. Pièce.*

3380. Notice historique et généalogique sur la Maison d'Amboise, par M. BOREL D'HAUTERIVE,... Extrait de l'« Annuaire de la Noblesse, » 1856, 13e année. — Paris, (1856), in-12. Pièce.*

Voyez encore pour cette Mai-

son : 1° les Remarques de MICHEL DE MAROLLES, sur l'Histoire des anciens comtes d'Anjou; Paris, 1681, in-4°; 2° Le tome VII, p. 421, de la 3e édit. de l'Hist. des Gr. Officiers de la Couronne, du P. ANSELME.

3381. Ambrois. (Par GUY ALLARD.) — (S. l. n. d.) In-4°. Pièce. [B. Ars.]

3382. Notice biographique sur la Maison d'Andelot,... (Par L.-C. CAMBARIEU) — Paris, 1854, in-8°. Pièce.

Voyez encore, pour cette Maison, le tome III, page 151, des Mémoires pour servir à l'histoire de Bourgogne, par DUNOD DE CHARNAGE.

3383. Lettre sur la Noblesse de la Famille d'Anfrie de Chaulieu; par l'abbé JACQ. DESTRÉES. — Bruxelles (Paris), 1745, in-12. [Q.]

3384. Notice sur la filiation de la famille de l'Ange, originaire de l'Albanie et réfugiée dans la France depuis 1466; à l'appui des droits du marquis de l'Ange-Comnène sur l'empire de Constantinople, et particulièrement sur l'Albanie. (Par DÉMÉTRIUS-COMNÈNE.) — Paris, 1824, in-8°.* Avec armoiries et tableau généalogique.

Tiré à 50 exemplaires. — Voyez Comnène.

3385. Généalogie de la Famille des Angenoust. — (S. l. n. d.) In-f° plano.*

3386. Applicat des principales pièces produites en forme probante, povr messr Philippe d'Anneux, marquis de Wargnies, baron de Crèvecœur, seigneur d'Abancourt, Rumily, Warlu, et de Fontaine,... au procès qu'il a pour l'admission de mademoiselle Claire-Alberte d'Anneux, sa fille, au collége des damoiselles chanoinesses de S. Waudru, à Mons, contre aucunes damoiselles du mesme collége opposantes. (Signé : B. S. D.) — Bruxelles, 1653, in-f°.* Avec armoiries et tables généalogiques.

3387. Généalogie des Anthoines originaires de Champagne, faite en 1713. — (S. l., n. d.) In-f° plano, [L. F.]

3388. Note sur la Maison d'Anti-gny ; par URBAIN PLANCHER.

> Voyez ci-dessus, n° 2786 : « *Histoire générale... de Bourgogne...,* » du même.

3389. Antin. Voyez *Épernon.*

3390. Remontrance au Roy, par dame Marie de Nogent d'Aquin, petite-fille et héritière de Jean Caracciol, prince de Melphe, et d'Antoine d'Aquin , prince de Castillon, sur les pertes des biens et états desdits seigneurs princes, au service de la Franche-Comté.—(*S. l. n. d.*) In-8°. [L. F.]

3391. De l'Extraction et parenté de la Pucelle d'Orléans : Auec la généalogie de ceux qui se trouuent auiourd'huy descendus de ses frères, l'an 1610. (PAR CHARLES DU LYS.)—(*S. l., n. d.*) In-4°.*

> C'est le plus rare des opuscules de l'auteur.

3392. Lettres Patentes dv Roy, vérifiées ez covrs de Parlement et des Aydes, par lesquelles est permis à M. Charles et Luc Dulis frères, et leur postérité, de reprendre les armes de la Pucelle d'Orléans et de ses frères. (25 octobre 1612.) — (*S. l., n. d.*) Petit in-8° de 12 pages.*

> Opuscule des plus rares.
>
> A la page 5 on trouve la description des armes de l'ancienne Famille *d'Arc*.

3393. Discovrs sommaire tant dv nom et des armes, que de la naissance et parenté de la Pucelle d'Orléans et de ses frères. Extraict de plusieurs patentes et arrests, enquestes et informations, contracts et autres tiltres, qui sont par deuers les aisnez de chacune des familles descendues des frères de ladicte Pucelle , en octobre 1612. (Par CHARLES DU LYS.)—(*S. l. n. d.*) In-8°.* — Traité sommaire.... Fait en octobre 1612 et reueu en 1628. (*S. l. n., d.*) In-8°.—*Paris*, 1633, in-4°. [L. F.]

3394. CHARLES DU LIS. Opuscules historiques relatifs à Jeanne d'Arc, dite la Pucelle d'Orléans. Nouvelle édition, précédée d'une notice historique sur l'auteur, accompagnée de diverses notes et développements, et de deux tableaux généalogiques inédits, avec blasons, par M. VALLET DE VIRIVILLE.—*Paris*, 1856, in-8°.*

> Ce volume, tiré à 300 exemplaires, et qui fait partie de la collection du « *Trésor des pièces rares et inédites,* » contient les deux numéros précédents. Les documents que le savant éditeur y a ajoutés proviennent de Charles du Lys, lesquels se trouvent aujourd'hui conservés parmi les manuscrits de Peiresc. à la Bibliothèque de Carpentras.

3395. Recveil de plvsievrs Inscriptions proposées pour remplir les tables d'attente estans sous les statues du Roy Charles VII et de la Pvcelle d'Orléans, qui sont éleuées, également armées, et à genoux aux deux costez d'vne croix, et de l'image de la Vierge Marie estant au pied d'icelle, sur le pont de la ville d'Orléans, dès l'an 1458. Et de diverses poésies faites à la louange de la mesme pucelle, de ses frères et de leur postérité... (Par CHARLES DU LYS.)—*Paris*, 1613, in-4°. [L. F.]—*Paris*, 1623, in-4°.*

> Ce livre est des plus rares. L'exemplaire de la Bibliothèque impériale, enrichi d'une note manuscrite de M. Vallet de Viriville, est complet quant aux planches, mais incomplet du texte. Les Bibliothèques publiques d'Orléans et de Rouen, et celle de l'Arsenal à Paris, en possèdent chacune un exemplaire complet. L'édition de 1628 est plus considérable et plus précieuse en même temps que celle de 1613. Elle renferme quatre estampes gravées, dont trois par L. Gaultier. La quatrième, très-curieuse, gravée par J. Poinssart, représente l'entrée de Charles VII , à Reims, conduit par la Pucelle.

3396. Nouvelles Recherches sur la Famille et le nom de Jeanne d'Arc , dite la Pucelle d'Orléans, accompagnées de tableaux généalogiques et de documents inédits ; par M. VALLET DE VIRIVILLE.—*Paris*, 1854, gr. in-8°.*

> Tiré à petit nombre.

3397. Du Nom de Jeanne d'Arc. Examen d'une opinion de M. Vallet de Viriville, par RENARD

ATHANASE).—*Paris*, 1851, in-8°. Pièce.*

Il s'agit de savoir s'il faut une apostrophe au nom d'*Arc*.

Voyez aussi dans le tome VIII de la *collection des Chroniques nationales françaises* par J.-A. BU- CHON : « *Lettres patentes de Charles VII et de Louis XIII pour l'ano- blissement de la Purelle et de sa famille.* »

3398. Ordonnance de Nosseigneurs les Commissaires du Conseil pour la Noblesse en faveur du sieur Arcelot, Contrôlleur en la Chancellerie de Dijon, qui le décharge de l'amende de deux mille livres qu'il avoit esté obli- gé de consigner pour estre re- ceu opposant à l'Ordonnance du Sieur Intendant de Lyon, qui avoit condamné ledit Sieur Ar- celot pour avoir pris la qualité de Noble, avant qu'il fut pourvû de l'Office de contrôlleur en la Chancellerie de Dijon, et qu'il eût acquit les augmentations de Gages. Du deuxième Dé- cembre, 1706.—*Paris*, 1707, in-4°. Pièce.*

3399. Ardres. Voyez *Guines*.

3400. Table Généalogique de tous ceux qui viennent de leur chef en ligne d'Argenson, à l'héré- dité de deffunt Messire Gabriel de Mongommery, décédé le sep- tiesme Mars 1660, vn chacun se- lon sa part et représentation.— Table généalogique seruant à faire voir ceux qui prétendent auoir la succession de Madame d'Avennes encore vivante. — (S. l. n. d.) — Le tout en une feuille in-f° plano.

3401. Notice biographique sur la Famille d'Argenteau. M. le comte de Mergy-Argenteau d'O- chain de Dongelberg des prin- ces de Montglion (François-Jo- seph-Charles-Marie), Ancien Chambellan de S. M. l'Empe- reur Napoléon...(Par le vicomte JULES DE SAINTRY.)—*Paris*, 1852, in-8°. Pièce.*

3402. Notice historique et généa- logique sur la Maison Argiot, seigneur de la Ferrière.—*Tou- lon*, 1830, in-4°. Pièce.*

Le titre de départ porte en plus:

« *Dressée sur pièces authentiques et les documents de Malte, par nous Commandeurs* VICTOR THORON D'ARTIGNOSE, *et* CHARLES DE MONT- D'OR, *Bibliothécaire-archiriste de l'Ordre...* »

3403. Mémoire pour messire Fran- çois d'Aristey de Chateaufort, contre messire Hyacinthe de Brunet.—*Paris*, 1759, in-f°. Piè- ce. [D.]

Au sujet d'une donation entre rifs de biens territoriaux dépen- dant du comté de Bar.

3404. Précis historique et généa- logique de la Maison d'Arma- gnac de Castenet; par M. GLUCK. —*Cahors*, (1850), in-8°. Pièce.

Pour les *Comtes d'Armagnac*, voyez le tome III, page 411 de la 3e édition de l'*Hist. des Gr. Offi- ciers de la Couronne* du P. AN- SELME; et pour les *Armagnac* en Touraine, voyez l'Histoire de la Noblesse de cette province par L'HERMITE SOULIERS.

3405. Généalogie de la Famille d'Armynot du Chatelet, extraite du tome premier des « Archives généalogiques et historiques de la Noblesse de France, » par M. (P. L.) LAINÉ.—*Paris*, 1828, in-8°. Pièce.* Avec figures.

3406. Mémoire sur l'Etat de la Fa- mille des Arnauds de Montor- cier, en Champsaur, ses armoi- ries et son blason, ses branches et généalogies, depuis le 13e siè- cle jusqu'en l'an 1787 et 8. (Par Fe AUGUSTIN DE LA ROCHE, ca- pucin.)—*Mulhouse*, (1851), in-4°. Pièce.* Avec blason.

Imprimé d'après un manuscrit existant entre les mains d'un membre de la famille, habitant Mulhouse, M. Pierre Faure, an- cien négociant. Ce manuscrit, qui n'a rien d'authentique, pa- rait être la copie d'un autre manuscrit que la famille conserve dans le Dauphiné.

3407. Notice historique et généa- logique sur la Maison d'Arnaud de Valabris. Cette généalogie est signée par D'HOZIER dans « l'Armorial général de la No- blesse de France. » (Registre III, 1re partie.) Et a été continuée jusqu'à nos jours. (Par M. le Comte ARTHUR DE LA ROCHETTE, à Uzès.)—*Lyon*, *imp.de L. Perrin*, 1856, in-8°. Pièce.*

　　Tiré à très-petit nombre et non mis en vente.

3408. Notice historique sur la Maison d'Arpajon. (Par le baron de GAUJAL.)

　　Voyez les *Mém. de la Soc. des lett., sc. et arts de l'Aveyron*, 1837-1838, tome I, 1re partie, p. 139.

3409. Notice sur la Maison d'Arpajon. (Par MONESTIER.)

　　Voyez IBIDEM, ann. 1839-1840, tome II, p. 175.—Voyez encore pour cette Maison l'*Hist. des Gr. Officiers de la Couronne*, du P. ANSELME; 3e édition, tome V, p. 887.

3410. Anières. Voyez *Pons*.

3411. Table généalogique de partie de la Maison d'Aspremont pour l'intelligence du procez de Charles, comte d'Aspremont et de Dun.—(S. l. n. d.) In-f° plano.*

3412. Généalogie de la Maison d'Aspremont, dressée par le Sr D'HARCHIES, il y a cent quarante ans, et par une ancienne généalogie présentée à l'Empereur Charles-Quint. A laquelle généalogie les sieurs de SAINTE-MARTHE, historiographes du Roy, ont adjousté les derniers dégrez iustifiez par titres anciens et modernes et autres enseignemens de la Maison d'Aspremont. —Factum du procez pour raison de la Seigneurie d'Aspremont pendant au Parlement de Paris pour Charles, Comte né libre d'Aspremont et de Dun, demandeur aux fins de la requeste par lui présentée au Conseil le dernier Mars 1638 et renvoyé pour estre jugé en la dite Cour de Parlement par arrest du dudit Conseil du premier Juin de la même année, contre Charles Gonzague, duc de Mantoue et de Montferrat, de Nevers, Maine et Rethelois, Pair de France, défendeur. (S. l. n. d.)— Le tout in-4°. Pièce.* Avec blason.

3413. Arrêt du parlement du 7 septembre 1655 qui adjuge à messire Charles, Comte d'Aspremont, les Terres et Seigneuries d'Aspremont et de Dun, commençant ainsi : « Le Comte

d'Aspremont et de Dvn a obtenu Arrest… »—(S. l. n. d.) In-4°. Pièce.* Avec blason gravé par DE LA ROUSSIÈRE.

3414. Factum pour Mre Charles, Comte né libre d'Aspremont et de Dun, marquis de Chamery, demandeur en exécution d'arrests et en Lettres de recision et Défendeur en requeste civile contre Charles Second, duc de Mantoue, Montferat et Rethelois, Pair de France, défendeur et impétrant de ladite requeste civile, et Dames Françoise de Pauau, veusfe de feu Messire Charles d'Aspremont, baron de Coulomme, mère et tutrice des enfants mineurs dudit défunt ; et Suzanne d'Aspremont, Dame douairière de la Chapelle, interuenantes. (Signé : FENOV, procureur.) — (S. l., 1655.) In-4°. Pièce.*

3415. Lettres des Foy et Hommage (du 5 Novembre 1655), rendus au Roy, par Messire Charles, comte d'Aspremont et de Dun, en exécution de l'arrest de la Cour du 7 Septembre 1655. — —Lettres Patentes (d'Avril 1656) dv Roy, portant attribution de Iurisdiction au Parlement de Paris, et confirmation des Priviléges de la Famille d'Aspremont à l'égard de l'aisné masle d'icelle, vérifiées audit Parlement et Chambre des Comptes. —Extrait des régistres du Parlement. (22 Décembre 1656 et 6 Février 1657.) (S. l. n. d.) — Le tout in-4°. Pièce.*

3416. Dénombrement fait le 26 octobre 1659 par Messire Charles, Comte d'Aspremont, des villes et villages qui dépendent de ses Seigneuries, commençant ainsi : « Dénombrement qve ie Charles Comte né libre d'Aspremont… » —(S. l. n. d.) In-4°. Pièce.

　　Opuscule curieux, et intéressant pour l'histoire géographique et nobiliaire de cette partie de la province de Champagne.

3417. Mémoires tovchant la comté sovveraine d'Aspremont povr ivstifier : I. Qu'elle appartient à Mre Charles, Comte d'Aspremont et de Dvn, comme aisné et Chef du Nom et Armes de sa Maison; et qu'en ceste qualité, elle luy a esté adiugée par plusieurs bulles des empereurs,... II. Que diuerses considérations semblent deuoir porter Sa Maiesté à vnir ceste souueraineté à la Couronne de France. III. Que tout ce qui peut estre allegué, au contraire, par M. le dvc de Lorraine, vsurpateur de cette Seigneurie, n'est aucunement soustenable,...—(*S. l.*), imp. de *Remy Soubret*, 1662, in-f°. Pièce.*

La généalogie de cette Famille se trouve encore : 1° dans l'*Histoire de Lorraine* de dom CALMET, tome III, pag. 1 et suiv.; 2° dans le *Palais de l'Honneur* du P. ANSELME, p. 287; 3° dans la *Recherche de la Noblesse de Champagne*. Enfin il existe encore sur cette Maison une *Histoire généalogique* manuscrite par LOUIS et SCÉVOLE DE SAINTE-MARTHE, in-f°, qui fut acheuée en 1640.

3418. Assier de Valenches (d'). Voyez *Chassagne* (la).

3419. Assy. Voyez ci-dessus n° 2659.

3420. De la Généalogie de Monsieur le baron d'Aubaïs. (Par JACQUES DEYRON.)—(*S. l.*), 1646, in-8°. [L. F.]—2° édition. *Grenoble*, 1653, in-8°. [L. F.]—*Amiens*, 1646 (1855), in-8°. Pièce.* Réimpression de l'édit. de 1646.

Voyez encore ci-après *Mabelly*.

3421. Factvm très-sommaire et instructif des Instances pendantes en la Cour, et jointes. Entre Maistre Nicolas Aubertin, sieur de Jonchery,... et messire François de Choiseul, chevalier comte de Chevigny,...— (*S. l. n. d.*) In-f°. Pièce.*

Au sujet du partage des biens de dame Philippes du Haultoy et de ceux de messire Charles de Roucy.

3422. Généalogie de la Maison d'Avbeterre, en tant sevlement qv'elle est nécessaire pour l'intelligence du faict du procès.— (*S. l. n. d.*) In-4°.* Avec un tableau généalogique.

3423. Lettre sur l'antiquité de la Maison d'Aubigné : par M. ROI, chanoine de Nantes.

Contenu dans le *Journal de Verdun*, avril 1760, p. 277.

3424. Mémoire pour le sieur Jacques d'Aubry de Puy-Morin, écuyer, etc., demandeur en cassation d'un Arrêt de la Cour des Aydes de Bordeaux, du 10 Juillet 1756.—Deux Mémoires pour le même,—avec une généalogie pour justifier sa Noblesse.—(*S. l. n. d.*) In-4°. [L. F.]

3425. Prevve généalogiqve de l'Archevesque d'Ambrvn Euesqve de Mets. (George d'Aubusson.) —(*S. l. n. d.*) In-f°. Pièce.* Avec blason gravé.

3426. Factum pour messire François d'Aubusson, duc de la Feuillade et de Roanes, comte de Lichtemberg, baron d'Ochoenstein, pair et maréchal de France, colonel du régiment des gardes françaises, gouverneur du Dauphiné, intervenant et défendeur, en opposition contre messire Louis Eberhard, comte de Linange de Vestembourg, appelant d'une sentence de la cour féodale de l'évêché de Metz du 2 Octobre 1607...— (*S. l. 1681.*) In-f°. Pièce.*

3427. Contract d'eschange de la vicomté d'Aubusson et chatellenies de Felletin, Ahun, Chenerailles, Jarnage, Drouilles et Cervieres, Fait entre Messieurs Pussort et d'Argouges, conseillers ordinaires au Conseil d'Estat et au Conseil royal des finances; et Messieurs le Pelletier et de Breteuil, conseillers d'Estat ordinaires et intendans des finances de France, commissaires députez par Sa Majesté. Et haut et puissant Seigneur Messire François d'Aubusson de la Feuillade. Le 14 Juin 1686, enregistré au parlement et en la chambre des comptes les 26 et 28 dudit mois de juin 1686. Avec les arrests du conseil d'Estat et concessions concernant ledit contract d'eschange. — (*S. l. 1686.*) In-4°. Pièce.*

3428. Donation et substitution faites par.... François, vicomte d'Aubusson de la Feuillade,... le vingt-neuf Juin 1667, confirmées par lettres-patentes en forme d'Edit du mois de Juillet 1687. Enregistrées au parlement le 4 dudit mois de Juillet 1687.—*Paris, 1687, in-1°. Pièce.* Avec figures.

3429. Généalogie de la Maison d'Aubusson. (Par VITON DE SAINT-ALLAIS, revue par l'abbé LESPINE.)- (*Paris, 1832.*) In-8°. Pièce.*

> Extrait du *Nobiliaire universel.* —Voyez encore pour cette Maison : 1° l'*Histoire de Berry*, par DE LA THAUMASSIÈRE, p. 815; 2° la 3° édit. de l'*Hist. des Gr. Officiers de la Couronne*. du P. ANSELME, tome V, p. 318.

3430. Généalogie de l'ancienne et noble Famille d'Audejans, par le baron de CROESER de Berges. —*Bruges*, 1789, in-f°. [F. B. M.]

3431. Mémoire pour l'inspecteur général des domaines de la Couronne, défendeur et demandeur, contre madame la duchesse d'Aumont, demanderesse et défenderesse. (Signé : DE POILLY.)— (*S. l. n. d.*) In-f°. Pièce.*

> La généalogie de cette Famille se trouve imprimée dans le tome IV, page 870, de l'*Hist. des Gr. Officiers de la Couronne*, du P. ANSELME, 3° édition.

3432. Auneau.

> Voyez ci-dessus, n° 2775 : « *Cartulaire de l'abbaye de Notre-Dame-des-Vaux de Cernay....* »

3433. Histoire généalogiqve de la Maison d'Avvergne. Ivstifiée par chartes, titres et histoires anciennes et avtres prevves avthentiqves. Enrichie de plvsievrs seavx et armoiries et divisée en sept livres. Par CHRISTOFLE IVSTEL, Conseiller et Secrétaire du Roy, de la Maison et Couronne de France,...— *Paris*, 1615.—Histoire généalogiqve de la Maison de Tvrene. Enrichie de plvsievrs seavx et armoiries et divisée en deux livres. Par CHRISTOFLE IVSTEL. (*Paris*, 1615.)—Le tout en 1 vol. in-f°.

> Les armoiries et autres figures sont gravées par J. PICART. La Bibliothèque impériale possède de cet ouvrage deux exemplaires enrichis d'additions et de corrections manuscrites de Clairambault pour l'un, et de Charles-René d'Hozier pour l'autre.

3434. Table généalogique de l'ancienne et illustre Maison d'Auvergne et des branches d'icelle. —(*S. l. n. d.*) Gr. in-f° plano.*

3435. Tableau généalogique de la Maison d'Auvergne.—(*S. l. n. d.*) In-f° plano.*

3436. Procez verbal contenant l'examen et discussion de deux anciens cartulaires et de l'obituaire d'el'église de Saint-Julien de Brioude en Auvergne,... pour faire voir que Géraud de la Tour I. du nom descend en droite ligne d'Acfred, I. du nom, duc de Guyenne et comte d'Auvergne... (Par ETIENNE BALUZE, JEAN MABILLON et THIERRY RUINART.) — *Parisiis*, 1698, in-f°. Pièce.*

> Réimprimé à la suite du premier volume de l'*Histoire de la Maison d'Auvergne*, par BALUZE.

3437. Letre de Monsievr BALVZE, pour servir de response à divers écrits qu'on a semez dans Paris et à la cour contre quelques anciens titres qui prouvent que Messieurs de Bouillon d'aujourd'huy descendent en ligne directe et masculine des anciens ducs de Guyenne et comtes d'Auvergne.—*Paris*, 1698, in-f°. Pièce.*

> Réimprimé à la suite du tome I de l'*Histoire de la Maison d'Auvergne*, par BALUZE.

3438. Réponse aux remarques faites contre les titres nouvellement recouvrés sur l'origine de la maison de la Tour d'Auvergne. (Par BALUZE.)—(*S. l. n. d.*) In-4°. Pièce.*

3439. Table généalogique de la Maison d'Auvergne, depuis le temps de Charles-le-Chauve, Empereur et Roy de France, jusques à présent. Dressée sur plusieurs titres et documents dignes de foy. Par M. BALUZE.— *Paris*, imp. d'André Cramoisy, 1701, gr. in-f° plano.*

> Très rare. — La confusion qui règne dans cette généalogie donna lieu à l'épigramme suivante :
>
> « Entasser les ducs d'Aquitaine Sur ceux de Milan et de Guienne

Usurper la race et le nom
D'Acfred, Dastorg, de Bouillon
Et s'élever de règne en règne
Jusqu'au temps de Charles Martel,
C'est de la Tour d'Auvergne
Faire la Tour de Babel. »

La rime n'est pas très-riche,
mais la critique est fort juste.

3440. Histoire généalogique de la
Maison d'Auvergne, justifiée par
chartes, titres, histoires anciennes et autres preuves authentiques, par M. BALUZE. —
Paris, 1708, 2 vol. in-f°.*

Avec un grand nombre de figures,
consistant en tombeaux, sceaux,
blasons, gravés et intercalés dans
le texte.

La Bibliothèque impériale conserve un autre exemplaire de cet
ouvrage avec corrections et additions manuscrites de la main de
Charles-René d'Hozier.

Voyez au sujet de cette Maison
les *Mémoires de l'Académie des inscriptions et belles-lett.*, tome VIII,
p. 708; et le *Journal des sçavans*,
juin 1709.

3441. Préface de Monsieur BALUZE
sur l'histoire généalogique de
la Maison d'Auvergne. — *Paris*,
1708, in-4°.* Avec un grand nombre de sceaux et blasons, gravés
et intercalés dans le texte.

3442. Extrait des Registres du Conseil d'Estat. (Du 1er Juillet 1710.)
—(*S. l. n. d.*) In-4°. Pièce.*

Contenant l'arrêt qui supprime
l'histoire de la Maison d'*Auvergne*,
par Baluze, à cause de quelques
actes suspects qui y sont employés.

Une autre cause a motivé cette
suppression; c'est que cette *histoire* parut dans le temps que le
cardinal de Bouillon s'était enfui
du royaume pour se rendre chez
les ennemis.—Outre l'arrêt rendu
contre ce livre, l'auteur fut per-
sonnellement exposé à un exil.

3443. Mémoire de SORIN, examina-
teur de l'Histoire composée par
M. Baluze. — (*S. l. n. d.*) In-4°.
[L. F.]

Voyez *Tour-d'Auvergne (la)* et
Bouillon.

3444. Lettres-Patentes d'Erection
du comté de Villennes en marquisat d'Aux.—*Paris*, 1815, in-8°.
Pièce.*

B

3445. Notice généalogique sur la
Famille de Bady. (Par MICHAUX
ainé.)—*Valenciennes*, 1845, in-8°.
Pièce.*

3446. Banes. (Par GUY ALLARD.)—
(*S. l. n. d.*) In-4°. Pièce. [B. Ars.]

3447. Sommaire (aux fins de prouver que Louis de Bar et ses enfants doivent être maintenus
dans leur noblesse.)—(*S. l. n. d.*)
In-f° plano.*

La généalogie de cette Famille
se trouve imprimée dans l'*Histoire du Berry*, par DE LA THAUMAS-
SIÈRE, p. 763.

3448. Bar-le-Duc. Voyez *Dreux*.

3449. Genealogical history of the
Family of Barbazon. — *Paris*,
1825, in-4°. [B. Bru.] Avec figures.

Non mis en vente.

3450. Recherches généalogiques
et héraldiques sur la Famille
Nicolazo de Barmon et ses alliances. Recueillies et publiées
par M. DE PONTAUMONT.—*Cherbourg*, 1858, in-8°. Pièce.*

3451. Notice généalogique sur
Jean des Barres, chevalier,
mort avant 1289 et inhumé
avec ses deux femmes dans
l'église d'Oissery (Seine-et-Mar-
ne), suivie du procès-verbal
d'ouverture de leur tombeau;
par EUGÈNE GRÉSY,... — *Paris*,
1850, in-8°.*

Extrait du XXe vol. des *Mém.
de la Société des Antiquaires de
France.*

3452. Eloge historique de Jean
Bart,... par M. POIRIER.—*Paris*,
1807, in-8°.*

Cet ouvrage contient les Lettres
de Noblesse accordées à Jean-
Bart.

3453. Généalogie de la Maison de
Bastard, originaire du comté
Nantais, existant encore en
Guienne, au Maine, en Bretagne
et en Devonshire. (Par le vi-
comte HENRI BASTARD D'ESTANG.)
Paris, 1847, in-4°.* Avec blasons.

Tiré à 100 exemplaires.

3454. Inventaire des sources historiques manuscrites et imprimées... pour servir de preuves à la généalogie de la Maison de Bastard.—*Paris*, 1847, in-4°.*

Cet ouvrage se trouve encore à la suite du précédent.

3455. Armoiries de la Maison de Bastard, originaire du comté Nantais, existant encore en Guienne, au Maine, en Bretagne et en Devonshire. — *Paris*, 1847, in-4°. Pièce.—*Paris*, 1854, in-8°.*

Extrait de la « *Généalogie de la Maison de Bastard...* »

3456. Armoiries des Maisons alliées à la maison de Bastard, originaire du comté Nantais, existant encore en Guienne, au Maine, en Bretagne et en Devonshire.—*Paris*, 1847, in-4°.*

Extrait de la « *Généalogie de la Maison de Bastard...* »

3457. Notice historique sur François de Bastard, comte d'Estang, pair de France, par le vicomte (Henri) Bastard d'Estang.—*Paris*, 1844, in-8°. [A.]

3458. De Batz-d'Aurice. Extrait du tome Ier du « *Nobiliaire de Guienne et Gascogne*, » par O'Gilvy. — *Bordeaux*, 1858, in-4°. Pièce.

Voyez encore pour cette Maison le registre V de l'*Armorial* de d'Hozier.

3459. Mémoire pour messire Louis Benigne, marquis de Bauffremont, contre le sieur Jean Champion, procureur du roi au bailliage et présidial de Vesoul. — (*S. l. n. d.*) In-f°. [L. F.]

Au sujet des prérogatives de la Maison de Bauffremont.

3460. Attestation de l'assemblée des Etats-Généraux de Franche-Comté, concernant la Maison de Bauffremont. Cette attestation fut expédiée par le Secrétaire des Etats-Généraux, et scellée de leur sceau, le 20 de novembre 1662. Autre attestation du Parlement de Franche-Comté du 15 janvier 1662.—(*Paris*), 1753, in-4°. Pièce.*

3461. Pièces concernant la Maison de Bauffremont. — (*Paris*), impr. de Le Breton, 1753, in-4°.*

On peut consulter sur la Maison de Bauffremont : 1° l'*Histoire de Chalon*, par le P. Perry, p. 431 ; 2° l'*Histoire de Séquanois et de Franche Comté* de Dunod de Charnage, tome II, p. 495 ; 3° « *Les Mémoires de* ... Michel de Castelnav... » édition de 1731, tome II, p. 644. Enfin la *Bibliothèque historique* cite encore sur cette Maison une *Histoire généalogique* manuscrite par l'abbé Guillaume, in-f° — Voyez aussi *Bauffremont*.

3462. Baumont Voyez Beaumont.

3463. Tables généalogiques pour la Maison de la Baume-Montrevel.—(*S. l.*, 1675.) In-f°. [B. B.]

Pour cette Maison voyez encore 1° l'*Histoire de Bresse*, par Guichenon, 3° partie, p. 12 ; 2° l'*Hist. du comté de Bourgogne*, de Dunod de Charnage, tome II, p. 530; 3° l'*Hist. de la Noblesse du comté Venaissin*, de Pithon-Curt, tome III, p. 226 ; 4° l'*Hist. généal. des Gr. Officiers de la Couronne*, du P. Anselme, tome VII, p. 42.

Pour les la Baume-le-Blanc, la Baume-Plurinel, la Baume-Saint-Amour, la Baume-Suze, voyez : 1° l'*Hist. généal. des Gr. Officiers de la Couronne*, du P. Anselme, tome V, p. 486 ; 2° l'*Hist. de la Noblesse du comté-Venaissin*, de Pithon-Curt, tome IV, p. 221 ; 3° l'*Hist. de Bresse*, de Guichenon, contin. de la 3° part., p. 22 ; 4° l'*Hist. du comté de Bourgogne*, de Dunod de Charnage, tome II, p. 535 ; 5° l'*Hist. du Dauphiné*, de Guy Allard, tome III ; 6° l'*Hist. de la Noblesse du comté-Venaissin*, de Pithon-Curt, tome I, p. 129, et tome IV, p. 607.

3464. Du Bay en Vivarais, baron, seigneur de Cros, Cevelas, Abeilhouse et coseigneur de la baronnie de Boffres. (Par M. le baron Louis-Adolphe-Hercule-Régis du Bay.)—*Valence*, 1856, in-4°. Pièce.* Avec une planche d'armoiries.

3465. Histoire de Pierre Terrail, seigneur de Bayart,... suivie d'annotations généalogiques,... par Alfred de Terrebasse. — *Paris*, 1828, in-8°.* — 2° édition. *Lyon*, 1832, in-8°.*

3466. Table généalogique de la Famille de Bayard; par J. F. A.

F. DE AZÉVÉDO COUTINO Y BER-
NAL.—(S. l. n. d.) In-f°. [R.]

Cette Famille n'a rien de commun avec celle de l'illustre chevalier.

3467. Généalogie des Vicomtes de
Beaudignies, originaires du
Cambrésis, extraite du Dictionnaire Généalogique et Héraldique du royaume de Belgique,
par M. F.-V. GOETHALS,...—
Bruxelles, imp. de Polack-Duvivier,
1815, in-4°. Pièce.

3468. Généalogie de la Maison de
Beauffort. — (S. l. n. d.) In-8°.
[F. H.]

Voyez encore pour cette Maison : 1° la 3e édit. de l'Hist. généal. des Gr. Officiers de la Couronne, du P. ANSELME, tome VI,
p. 315 ; 2° la Recherche de la
Noblesse de Champagne.

3469. Notice historique, généalo-
gique et biographique sur la
très-ancienne et très-illustre
Maison de Beauffort, par CH. PO-
PLINIÈRE.—Bruxelles, 1851. in-4°.
Avec figures. [B. Anv.]

Extrait de la « Noblesse belge. »

3470. Note sur la Maison de Beauf-
fremont, Boiffremont, Beffre-
mont; par URBAIN PLANCHER.

Voyez ci-dessus n° 2286 « Histoire générale... de Bourgogne... »
du même. — Voy. aussi Bauffremont.

3171. Beaumanoir.

Voyez ci-dessus n° 3267 et la 3e
édit de l'Hist. généal. des Gr. Officiers de la Couronne, du P. AN-
SELME, tome VII, p. 379.

6172. Histoire généalogique de la
Maison de Baumont, prouvée
par des actes extraits de la
Chambre des Comptes du Dauphiné, par d'autres tirez des archives de l'évêché de Grenoble,
et par ceux qui ont échappé au
feu dans les archives du château
d'Autichamp.—(S. l.) 1728, in-4°.
Pièce.*

3173. Extrait de l'Histoire généalogique de la Maison de Beaumont, suivi de l'Histoire abrégée
d'Amblard de Beaumont, ministre d'Humbert II, dernier dauphin; et de François de Beaumont
baron des Adrets. (Par ANNET

DE PÉROUSE, évêque de Gap.)—
Paris, 1757, in-4°.

L'abbé PÉRAU a rédigé les vies
d'Amblard de Beaumont, et du
baron des Adrets.

3174. Histoire généalogique de la
Maison de Beaumont en Dauphiné, avec les pièces justificatives pour servir de preuves à
l'histoire, par M. l'abbé BRIZARD,
avocat au Parlement...—Paris,
1770, 2 vol in-f°.*

La Bibliothèque impériale possède un second exemplaire de cet
ouvrage, avec cartons, et sans nom
d'auteur.—Tiré à 100 exemplaires
et non mis dans le commerce. —
Voyez aussi : 1° la 3e édit. de l'Hist.
généal. des Gr. Officiers de la Couronne, du P. ANSELME, tome V,
p. 581, et tome VII, pap. 396 ;
2° le Dictionn. de MORÉRI, édit.
de 1759; 3° l'Histoire généal.
de Dauphiné, de GUY ALLARD,
tom. III ; 4° les Mazures de
l'Isle-Barbe, de CL. LE LABOUREUR,
tom. II, pag. 238 ; 5° la Recherche de la Noblesse de Champagne ; 6° l'État de la Provence,
de ROBERT, de Briançon. — Voyez
encore Chimay.

3475. Beaupoil. Voyez Saint-Aulaire.

3476. Histoire généalogiqve de la
Maison de Beavvav, ivstifiée
par tiltres, Histoires et autres
bonnes preuves. Avec la figure
des Armes et leur Blason. Par
SCÉVOLE et LOVYS DE SAINCTE-
MARTHE frères, historiographes
du roy.—Paris, 1626, in-f°.*

3477. Histoire d'une sainte illustre
Famille de ce siècle.... (la Famille du Marquis de Beauveau),
par le P. L. (LEMPEREUR), de
la Compagnie de Jésus.—Paris,
1698, in-12.*

3478. Mémoire sur la Maison de
Beauveau.

Contenu dans le Journal de Verdun. Mai 1719. — Voyez encore
pour cette Maison : 1° la Recherche
de la Noblesse de Champagne ;
2° l'Histoire de la Noblesse de
Touraine, de L'HERMITE-SOULIERS,
pag. 65.

3479. Factum pour les Officiers
du Bailliage et siége présidial
de Blois, demandeurs opposants
à l'exécution de l'Arrêt de vérification des Lettres Patentes de
Sa Majesté, portant érection du

Comté de Saint-Aignan en Duché-pairie, du 15 Décembre 1663, contre M⁻ François de Beauvilliers, chevalier des Ordres du Roy... (signé: GODEAU.) — (S. l. n. d.) In-f⁰. Pièce.*

3480. Plaise à Monsieur, Conseiller du roy en sa cour de Parlement, avoir pour recommandé en justice le bon droit au jugement d'une instance pour les officiers du bailliage et siège présidial de Blois, défendeurs et demandeurs, contre messire Paul, duc de Beauvilliers, demandeur et défendeur. (Signé: MICHELIN.) — (S. l. n. d.) In-4⁰. Pièce.*

> Voyez encore pour cette Maison: 1⁰ la 3⁰ édit. de l'Hist. généal. des Gr. Officiers de la Couronne, du P. ANSELME, tom. IV, p. 701; 2⁰ l'Hist. de Berry, par DE LA THAUMASSIÈRE, pag. 679.

3481. Généalogie de la Maison de Beffroy, extraite du tome 1ᵉʳ des « Archives généalogiques et historiques de la noblesse de France. » Par M. (P. L.) LAINÉ. — Paris, 1828, in-8⁰. Pièce.*

> Voyez encore pour cette Maison, la Recherche de la Noblesse de Champagne.

3482. Généalogie de la Famille des Bégot.—(S. l. n. d.) In-4⁰. [L. F.]

> Voyez encore pour cette Maison, la Recherche de la Noblesse de Champagne.

3483. Usurpation du nom M. L. de Belfort. Particule nobiliaire... Notice extraite de la « Petite Gazette des Tribunaux criminels et correctionnels de l'Alsace, » publiée par M. DE NETREMAND,... (1860.)

> Voyez ci-après le SUPPLÉMENT.

3484. Vie de saint Francaire, père de saint Hilaire, avec l'antiquité de la Maison du Bellay; par LOUIS TEXIER, Prieur d'Allonne. —Saumur, 1642, in-8. [L. F.]

> Cet ouvrage a reparu sous le titre suivant.

3485. Discovrs fait en l'honnevr de S. Francaire... Avec vn Recveil et Extraits des Authevrs, qui font mention que S. Hillaire et S. Francaire son père, sont nez en la parroisse de S. Hillaire de Clairé, près Passauant, du diocèse de Poictiers. Ov se voit avssi l'Antiqvité de la Maison du Bellay. Reveu, corrigé et augmenté en cette seconde édition. Par L. TEXIER...—Saumur, 1648, in-8⁰.*

> Voyez encore pour cette Maison la Recherche de la Noblesse de Champagne.

3486. Généalogie povr monstrer la consanguinité et parentage de messire Iean de Belleforière, cheualier, seig⁻ dudit lieu, avec Madame Anne de Colligny, en son temps femme de messire Iacques Chabot, Marquis de Mirebeau, dame de Sailly et Courcelles au Bois, et se voira ladicte consanguinité par les traits de rouge rejoignans les degrez.— (S. l.), 1629, in-f⁰. Pièce.*

> 1ʳᵉ et 2⁰ branches. — Chaque branche a une pagination spéciale. —L'exemplaire de la Bibliothèque impériale est enrichi d'additions et de corrections manuscrites.— Cette pièce, très-rare, se trouve encore à la Bibliothèque d'Amiens.

3487. Eloge de la très-illustre Maison de Bellièvre, avec une explication de ses Armoiries et marques très-anciennes de sa Noblesse, fondée sur ce texte du pseaume I...(25 avril 1653.)— (S. l. n. d.) In-f⁰. Pièce.*

> Voyez encore, pour cette Maison, la 3⁰ édit. de l'Hist. généal. des Gr. Officiers de la Couronne, du P. ANSELME, tome VI, page 521.

3488. Mémoire du Comte de Belle-Isle, sur l'échange du Marquisat de Belle-Isle avec le Roy. (Signé: FOUQUET DE BELLE-ISLE.) —(S. l., vers 1725.) In-4⁰. [D.]

3489. Généalogie de la Maison de Belloy, dressée sur titres originaux sur d'anciennes montres, acquits ou quittances de services militaires,... sur des manuscrits de la Bibliothèque du roy et autres, sur des arrêts du Conseil d'Etat de Sa Majesté, et des jugemens d'intendans rendus lors de la recherche de la noblesse du royaume en 1666 et depuis; et sur divers auteurs de l'histoire de France, etc. (Par CL.-FR.-MARIE, marquis DE BELLOY.

seigneur de Campneufville.) — *Paris*, 1747, in-4°.* Avec blasons.

3490. Maison de Belot de Ferreux, chef actuel : Eugène-Simon, marquis de Belot de Ferreux, ancien garde-du-corps, marié à Mademoiselle Madeleine-Cécile-Virginie Olivier. (Par M. DE BIRAGUE.) — (*Paris, s. d.*) In-f°. Pièce.*

> Extrait des *Archives historiques*, du même. — Voyez encore. pour cette Maison, le Registre 11 de l'*Armorial* de D'HOZIER.

3491. Factum pour dame Marie Marguerite Debonnaire, femme du sieur Philippes Benoist, ci-devant commissaire provincial des guerres en Picardie, Flandres et Artois, demanderesse et prenant le fait et cause de Jean François Carpentier, curateur créé aux biens vacants et confisqués du sieur Benoist, appelant ; contre messire Louis Crevant de Humières, maréchal de France, seigneur de Coudun, marquis de Mouchy, général des armées du roy, intimé et défendeur. (Signé : MASIRÉ.)—(*S. l. n. d.*) In-f°. Pièce.*

3492. Mémoire pour la dame Benoist contre M. le maréchal d'Humières, pour faire voir que M. le maréchal d'Humières ne peut point absolument prétendre à la confiscation d'Elincourt comme seigneur féodal de ce fief.—(*S. l. n. d.*) In-4°. Pièce.*

3493. Observations sur le procès d'entre la dame Benoist et M. le maréchal d'Humières. — (*S. l. n. d.*) In-f°. Pièce.*

3494. Remarque décisive pour la dame Benoist, contre M. le maréchal d'Humières, que le fief d'Elincourt n'a jamais été démembré de Coudun : donc la justice d'Elincourt n'a jamais fait partie de celle de Coudun. (*S. l. n. d.*) In-4°. Pièce.*

3495. Bérard. (Par GUY ALLARD) (*S. l. n. d.*) In-4°. Pièce. [B. Ars.]

> Voyez encore, pour cette Maison : 1° l'*Hist. de la Noblesse de Provence*, par ARTEFEUIL (LA TOULOUBRE), tome I, page 125 ; 2° l'*Hist. de la Noblesse de Touraine*, de l'HERMITE-SOULIERS, page 62.

3496. Berghe.

> Voyez : « *Histoire de la terre et vicomté de Sébourcg,...* » ci-dessus n° 3176.

3497. Généalogie de la Famille de Bermont. Extraite du tome second des archives généalogiques et historiques de la Noblesse de France, publiées par M. (P. L.) LAINÉ.— *Paris*, 1829, in-8°. Pièce.* Avec figures.

> Voyez encore, pour cette Maison, l'*Hist. de la Noblesse de Provence*, par ARTEFEUIL (LA TOULOUBRE), tom. I, pag. 129.

3498. Généalogie des Seigneurs de Bernay, près Rozoy-en-Brie, seuls restans du nom de Huault, dressée sur les titres en 1717.— (*S. l. n. d.*) In-4°. Pièce. [B. N.] Avec blason.

3499. Généalogie de l'ancienne et noble Famille Bernier d'Hongers Wall, originaire de Valenciennes, extraite du « Dictionnaire généalogique et héraldique des Familles nobles de Belgique. » Par M. FÉLIX-VICTOR GOETHALS,....—*Bruxelles, imp. de Polack-Duvivier*, 1845, in-4°. Pièce. Avec blason.

3500. Généalogie de la Maison de Pierre de Bernis, dans le Bas-Languedoc. (Seconde édition, augmentée de la filiation depuis 1706 jusqu'à ce jour, par CHARLES-FRÉDÉRIC-HIPPOLYTE, vicomte DE PIERRE DE BERNIS.)— —*Paris*, (1844), gr. in-8°. Pièce.* Avec blason.

3501. Recherches sur la Famille de Berthout, par le chevalier FÉLIX VAN DEN BRANDEN DE REETH. — *Bruxelles*, 1844, in-4°. [F. H.] — *Bruxelles*, 1845, in-4°. [D. M.]

> Voyez encore, pour cette Maison, ci-dessus n° 3184 : « *Histoire de la Commune de Virginal...* » Par l'abbé C. STROOBANT.

3502. Inventaire des titres de la Maison de Bessay, produit par Messire FRANÇOIS, comte de BESSAY, chevalier, sur l'assignation générale donnée à toute la Noblesse de France.—(*Paris*), 1665. in-4°. Pièce.*

3503. Généalogie de la Maison de

Béthencourt; par Galien de Béthencourt.

Contenu dans le *Traité de la Navigation*, de Pierre Bergeron. —*Paris*, 1629, in-8°.

3504. Histoire généalogique de la Maison de Béthvne ivstifiée par Chartes de diverses Églises et abbayes, arrests du parlement, tiltres particuliers, épitaphes, chroniques, et autres bonnes preuues. Par André dv Chesne,...—*Paris,* 1639, in-f°.*

Avec un grand nombre de blasons, de sceaux et autres figures gravées et intercalées dans le corps du texte. — Les preuves ont une pagination spéciale et un titre particulier.

3505. Histoire généalogique des branches de la Maison de Béthune existantes en Flandre et en Artois, et connues pendant plusieurs siècles sous le nom de Desplanques, justifiée par preuves mises en ordre par M. l'abbé Douay. Pour servir de Supplément à la généalogie de la Maison de Béthune, dressée par André du Chesne, en 1639, et imprimée en 1 vol. in-f° avec gravures. — *Paris* 1783 (1819), in-f°.*

Ce livre, peu commun et très-important à cause des alliances nombreuses de la Maison de Béthune avec les Familles de haute chevalerie des Pays-Bas et de la Flandre wallonne et française, contient, outre les preuves, une foule de blasons, de sceaux, de portraits et de tableaux généalogiques.

L'œuvre entière de l'abbé Douay devait se composer de quatre parties. La première, celle relative aux marquis d'Hesdigneul, fut seule publiée; les trois autres sont restées manuscrites. La publication de cette partie commença en 1783. Interrompue par la mort de l'auteur, en 1791, elle fut reprise, puis continuée par un des membres de la famille, M. le comte Félix de Béthune, jusqu'en 1819, époque à laquelle cette première et unique partie parut.

3506. Ode svr l'alliance des devx illvstres Maisons de Béthune et de Ségvier. Par le S' (Guillaume) Colletet.—*Paris*, 1640, in-4°. Pièce.*

3507. Lettre de M. de la Roque, écrite à M. C. D. V. au sujet du marquis de Rosny, depuis duc de Sully, contenant quelques remarques historiques (sur la Maison de Béthune).

Contenu dans le *Mercure*, Juillet 1732. —Voyez encore deux lettres du même sur ce sujet dans le même Recueil, ann. 1732, Décembre; ann. 1733, Juin.

3508. Mémoire historique et généalogique sur la Maison de Béthune, par Monsieur Dubuisson.—*Paris*, 1739, in-4°. Pièce.*

3509. Réponse de M. le Duc de Sully à une lettre et à un Mémoire historique et généalogique qui lui ont été écrits et envoyés par le sieur du Buisson, clerc du sieur le Verrier, notaire, rue de la Monnoye.

Contenu dans le « *Mercure*, 1739, Mars. »

3510. Lettre de M. du Buisson au sujet du Mémoire sur la Généalogie de la Maison de Bethune.

Contenu dans le « *Mercure*, 1739, Avril. »

3511. Sommaire du procès et des factums pour messire Maximilien de Béthune, duc de Sully,... défendeur, contre messire Nicolas Denetz, évêque d'Orléans, demandeur. — (*S. l. n. d.*) In-f°. Pièce.*

3512. Réponse à la suite du factum de M. l'évêque d'Orléans, pour messire Maximilien de Béthune, duc de Sully, pair et maréchal de France, contre messire Nicolas Denetz, conseiller du Roy en ses conseils, évêque d'Orléans.—(*S. l. n. d.*) In-f°. Pièce.*

3513. Notice sur la Maison de Béthune-Hesdigneul des anciens Comtes Souverains de Flandre et d'Artois. (Par Amédée Boudin.) —*Paris*, 1844 In-8°.*

Extrait des « *Archives de la France contemporaine.* »

3514. Notice sur la Maison de Béthune-Hesdigneul des anciens comtes souverains de Flandre et d'Artois. (Par Tisseron.)—'*Paris*, 1845). In-8°. Pièce.*

Opuscule différent du précédent. On peut encore consulter, pour la Maison de Béthune : 1° les *Mémoires de Trévoux*, mai 1739; 2° la 3° édit. de l'*Hist. des Gr. Officiers de la Couronne*, du P. ANSELME, tom. IV, pag. 210.

3515. Prevves de la Maison de Bette, prodvites au très-noble et très-illvstre Chapitre de S. Wavdrvd à Mons, de la part de madamoiselle de Lede. Pour satisfaire aux Statuts et Très-anciennes Coustumes et Observances dudit Très-illustre Collége; où il convient et est nécessaire, que toutes les Maisons, qui n'ayant encore esté receuës, de quelconque qualité ou condition qu'elles soyent, prennent une tige d'ancienne Noblesse et Chevalerie militaire, passé trois siècles ou d'avantage, sans bâtardise. Par Reverend messire IEAN HENRY GOBELINVS, chanoine capitulaire de l'insigne Eglise Saincte Gudule à Brusselles, l'onziesme du mois de Iuin de l'an 1646. — (*S. l. n. d.*) In-4°. Pièce.*

> Avec un grand nombre de blasons gravés et intercalés dans le corps du texte. — A la suite on trouve : « *Généalogie de la Maison de Bette, dressée par M.* FLORENT VANDER HAER, *Trésorier et Chanoine de l'église de S. Pierre à Lille.* » In-fol. plano.

3516. Lettres de noblesse datées de Stockholm le 12 octobre 1653, accordées par la Reine de Suède à Pierre Bidal, bourgeois de Paris et agent général de Suède en France, Italie et Espagne; avec le titre de baron de Villembruck, seigneur de Harsefeldt, commençant ainsi: « Novs Christine par la grâce de Dieu, Sérénissime Reine de Suède,...» — (*S. l. n. d.*) In-f°. Pièce.* Avec la description des armes concédées à Pierre Bidal.

3517. Procès en légitimation. M. Bienvenu, direct' des postes à Calais, contre M™° la Comtesse de Guéroult et la Famille de Fry. (Signé: BIENVENU.) — *Calais, imp. de D. Le Roy*, 1815, in-4°. Pièce.

3518. A la noble et illustre Famille le Bienvenu du Busc. Ode. (Si-

gné : F. CAMPADELLI.) — *Paris,* (1856), in-8°. Pièce.*

3519. Maison de Birague. France, Italie et Allemagne. Marquis, Comtes et Barons,.... (Par M. DE BIRAGUE.) — *Paris,* 1855. In-f°. Pièce.*

> Extrait des *Archives historiques*, du même. — Voyez encore, pour cette Maison, la 3° édit. de l'*Hist. généal. des Gr. Officiers de la Couronne*, du P. ANSELME, tome VI, page 493

3520. Extrait du premier volume du *Nobiliaire universel de France.* De Bissy, Italie et France. (Par M. DE LA CHABEAUSSIÈRE.) — (*S. l.*, 1855.) In-4°. Pièce.*

3521. Généalogie de la Maison de Blacas, extraite du tome XI de l'*Histoire généalogique et héraldique des pairs de France*,... par M. le Chevalier DE COURCELLES, généalogiste ordinaire du roi. — *Paris,* 1830, in-4°. Pièce.* Avec les quartiers gravés de Jean et Pierre de Blacas Carros.

> Voyez encore, pour cette Maison : 1° l'*Etat de la Provence*, par ROBERT, de Briançon; 2° l'*Hist. de la Noblesse de Provence*, par ARTEFEUIL (LA TOULOUBRE), tome I, page 119.

3522. Copie des Lettres-Patentes du Roy d'Angleterre portant atestation de l'Ancienneté de la Noblesse de la Famille des Blairs, barons de Baltayock, en Escosse, et que ceux nais en France en sont issus. — *Metz,* 1679, in-4°. Pièce.*

3523. Note sur la Maison de Blaisy, par URBAIN PLANCHER.

> Voyez ci-dessus, n° 2286 « *Histoire générale... de Bourgogne,...* » du même.

3524. Note sur la Maison de du Blé, du Bled; par URBAIN PLANCHER.

> Voyez ci-dessus, n° 2286 « *Histoire générale... de Bourgogne...,* » du même. — Voyez encore la 3° édit de l'*Hist. généal. des Gr. Officiers de la Couronne*, du P. ANSELME, tome VII, page 662.

3525. Notice biographique et généalogique de M. le vicomte Blin de Bourdon, député de la Somme. Extrait de la *Biogra-*

phie des membres de la Chambre des députés, » par M. DE LANSAC. —Paris (1847), gr. in-8°.*

3526. Blois. Voyez Chastillon.

Voyez encore la Recherche de la Noblesse de Champagne.

3527. Généalogie des barons de Blondel de Beauregard de Viane, des barons de Cuinchy et de Drouhot; ainsi que celle de la branche des Blondel-Joigny, barons de Pamele et Bers de Flandre, par CHRISTOPHE BUTKENS, abbé de Saint-Sauveur à Anvers; le tout extrait du Dictionnaire généalogique et héraldique des Familles nobles du royaume de Belgique, par M. Félix-Victor Goethals,...—Bruxelles, imp. de Polack - Duvivier, 1845, in-8°. Pièce.

3528. Histoire généalogique de la Maison des Bochetels. Par J. LE LABOUREUR.

Voyez ci-après n° 3629 : « Les Mémoires de... MICHEL DE CASTELNAU... »

3529. Les la Boderie. Etude sur une Famille normande. Par M. le comte H. DE LA FERRIÈRE-PERCY. —Paris, 1857, in-8°.* Avec portraits, vignettes et blasons.

Ouvrage curieux et intéressant à tous égards.

3530. Généalogie historique et authentique des Familles Bonfils et de Lapeyrouse-Rochon, suivie d'un Appendice sur la Maison de Montholon. (Par AUGUSTE CASTAN, archiviste paléographe.) —Besançon, imp. de Davier, 1856; gr. in-8°. Avec blasons.

3531. Histoire des choses les plus remarquables advenues en Flandre,... par le sieur PIERRE LE BOUCQ, gentilhomme valentiennois; publiée avec une notice sur l'auteur et sa Famille, par le Cher AMÉDÉE LE BOUCQ DE TERNAS,... (1857.)

Voyez ci-dessus, n° 2483.

3532. Boulbenne (la). Voyez Montesquiou.

3533. Mémoire pour dame Marie Jacquine Menardeau, veuve de Marin Boylesve, chevalier, seigneur de la Morouzière,... contre François Ferrant, chargé de la recherche des usurpateurs de noblesse ; GABRIEL BOYLESVE, écuyer, seigneur de Saulay,... —(S. l. n. d.) In-f°. Pièce.*

On trouve, à la suite, les Lettres de Chevalerie accordées à Marin de Boylesve le 19 may 1597, comme pièces justificatives.

3534. Au Roy, et à Nosseigneurs les Commissaires généraux députez pour la Recherche de la Noblesse. — (S. l. n. d.) In-f°. Pièce.*

Supplique de Marie-Jacquine Menardeau, ve de Marin Boylesve, au sujet de l'affaire précédente.

3535. Lettre de M. l'abbé GOUJET au P. Berthier, sur la généalogie de Messieurs de Boislève. d'Angers. — (S. l.), 1750, in-12. [L. F.]

3536. Généalogie de la Famille des fondateurs de la maison et collége de Boissy, scis à Paris. rue du Cimetière S. André-des-Arcs. Enregistrée au Grand Conseil le vingt-neuviesme jour de luillet 1680. (Par MM. CHASSEBRAS DE BRÉAU et CHASSEBRAS DE CRÉMAILLE.)—Paris, Ve Denis Langlois, (s. d.), in-4°.*

La Bibliothèque impériale possède un autre exemplaire de cet ouvrage rare, avec des additions et corrections manuscrites de Clairambault.—L'un des auteurs, Chassebras de Crémaille, est celui dont parle d'Hozier dans la note que nous avons transcrite à propos du Nobiliaire de Picardie d'Haudicquier de Blancourt.

3537. Abrégé cronologique de la fondation et histoire du Collége de Boissy, avec la généalogie de la Famille de ses fondateurs. (Par J. CHEVILLARD.) — Paris, 1724, in-f°.*

Cet ouvrage, distinct du précédent et aussi rare. se compose : 1° de 4 ff. de texte gravés formant l'historique du collége; 2° de 16 tableaux généalogiques héraldiques également gravés, dont le détail suit; 3° d'une tab'e des noms et surnoms cités dans les tables généalogiques.

1er Tabl. Descendans de Simon Chartier, fils de Michel Chartier.

seigneur, d'Alainville, et de Catherine Paté.

2ᵉ Tabl. Descendans de Simon Chartier...

> Répétition du premier tableau, à l'exception de quelques écus blasonnés qui sont restés en blanc dans le second.

3ᵉ Tabl. Descendans de Mathieu Molé, seigneur de Lassy et de Champlatreux, Garde des Sceaux de France.

4ᵉ Tabl. Descendans de Geneviève Chartier, mariée à François de Montholon, 2ᵉ du nom, Garde des Sceaux de France.

5ᵉ Tabl. Descendans de Geneviève Montholon, fille de François Montholon et de Geneviève Chartier, mariée à Jacques le Coignieux, seigneur de Sandricourt.

6ᵉ Tabl. Descendans de Marie le Coigneux, fille de Jacques le Coignieux et de Geneviève de Montholon, mariée à Mathias Maréchal.

7ᵉ Tabl. Descendans de Marie Chartier, fille de Mathieu Chartier, mariée à Jean Teste, seigneur de Coupevray.

8ᵉ Tabl. Descendans de Julien Chartier et de Jeanne l'Allemand, fils de Michel Chartier, seigneur d'Alainville.

9ᵉ Tabl. Descendans de Jacques Guillaureau, seigneur de la Perrière, et de Marie Chartier, fille de Michel Chartier, seigneur d'Alainville, et de Catherine Paté.

10ᵉ Tabl. Descendans de Réné de Saintes, fils de Pierre de Saintes et de Cantienne Bouguier.

11ᵉ Tabl. Descendans de Françoise de Saintes, mariée à Jean le Beau, receveur des tailles à Chartres.

12ᵉ Tabl. Descendans de Catherine de Saintes, fême de Lancelot le Prevost, con⁻ au bailliage et siége présidial de Chartres, fille de Pierre de Saintes et de Cantienne Bougvier.

13ᵉ Tabl. Descendans des deux Maries de Saintes, filles de Pierre de Saintes et de Cantienne Bouguer, dont l'une fut mariée à Estienne Goussart et l'autre à Claude Guénée.

14ᵉ Tabl. Descendans de Jeanne Guillaureau, fille de Jean Guillaureau et de Marie Chartier, mariée à Jacques de Maillard.

15ᵉ Tabl. Descendans de François de Maillard, chevalier de l'ordre du roy, gouverneur de Boulogne, seigneur de Bernay, fils de Benoit de Maillard, seigneur des Brosses, et de Marie Lopin.

16ᵉ Tabl. Descendans de Perinne Chartier, fille de Michel Chartier et de Catherine Pasté, mariée à Ferry Aleaume, seigneur de Sainville.

3538. De Bonnault, seigneurs de Saint-Georges, de Méry, de la Forêt, de Sauldre, des Grands-Champs, de Villemenard, d'Houet, etc., etc. (Par M. FRÉDÉRIC COMBES D'AURIAC.)—Paris, (1855), in-4ᵉ. Pièce.* Avec blason.

3539. Table généalogique seruant à monstrer le droict des enfans mineurs de Marguerite Chabot, dame comtesse de Bonneual, sur le comté de Charny.—(S. l. n. d.) In-fᵉ plano.*

3540. Notice historique sur la Maison de Bonneval-Bonneval. Extrait de la « Revue générale biographique,... » Deuxième édition. (Par L. VALTER.) — Paris, 1844, in-8ᵉ.ˣ

3541. Précis historique sur la Maison de Bony de Lavergne et quelques autres, extrait de l'«Annuaire historique de la Noblesse Française. » (Par VITON DE SAINT-ALLAIS.)—Metz, 1837, in-8ᵉ.*

> Voyez encore, pour cette Maison, la Recherche de la Noblesse de Champagne.

3542. Borel d'Hauterive, en Dauphiné. (Par P. L. LAINÉ.)—(Paris, 1846.) In-8ᵉ. Pièce.* Avec blason.

3543. Factum contre Borel d'Hauterive, du 25 mars 1850, signé LAINÉ, commençant ainsi : « Depuis la publication de la notice.... » — Paris. (s. d.) in-8ᵉ. Pièce.*

3544. Notice sur Hauterive en Dauphiné. Réponse au Généalogiste Lainé. (Par A. BOREL D'HAUTERIVE.) — (Paris), *Plon frères*, (s. d.), in-18. Pièce.* Avec blasons.

3545. Généalogie de du Bosc d'Esmendreville ; par JEAN LE LABOUREUR.

> Voyez ci-après n° 3679 : « *Les Mémoires de... messire* MICHEL DE CASTELNAU,... »

3546. La Descendence des Comtes de Bornhem, vicomtes de Dourlens, et des Barons de Moriensart et de Séroux.—(S. l. n. d.) 16 p. et un tableau. [Be.]

3547. Détails historiques, généalogiques et héraldiques sur Robert de Bouberch et sur la maison du même nom, par M. le comte de BOUBERS-ABBEVILLE-TUNCIT,... suivis de la description de la tombe du chevalier Robert de Bouberch, par M. CH. DUFOUR,... Extrait du tome V des « *Mémoires de la Société des Antiquaires de Picardie.* » — *Amiens*, 1842, in-8°.*

> Voyez encore, pour cette Maison, la *Recherche de la Noblesse de Champagne.*

3548. Notice sur la Maison de Boubers-Abbeville-Tunci. (Ponthieu.)—*Paris*, (1845), gr. in-8°.*

> Avec figures, blason et tableau généalogique.
> Extraite de l'*Armorial de la Noblesse de France* et de plusieurs autres ouvrages héraldiques. Par M. le comte AM.-CH.-M. DE BOUBERS-ABBEVILLE-TUNCIT.

3549. Annuaire historique, généalogique et héraldique de l'ancienne Noblesse de France. Boucher, seigneurs de Richebourg, de Crèvecœur, d'Avancor, de Sorbon, de Chappés, de Muizon, d'Inaumont, de Loisy-sur-Marne, du Viage, de Loigny, d'Acy, de la Cour-Avril, de Drouilly, de Mont-Laurent, baron de Sommevesle, de Perthes, etc., en Champagne et en Picardie. (Par VITON DE SAINT-ALLAIS.) — (S. l., 1836.) In-8°. Pièce.*

> Voyez encore pour cette Maison: 1° le Registre VI de l'*Armorial de*

d'HOZIER, 2° la *Recherche de la Noblesse de Champagne* et celle de *Picardie;* 3° l'*Hist. généal. des Maîtres des Requêtes*, de BLANCHARD, page 103; 4° l'*Hist. généal. des Conseillers*, du même, pag. 17.

3550. Le Coq royal, ou le Blazon mystérieux des Armes de Monseigneur Boucherat, chancelier de France. (Par BRICE BAUDERON DE SENECEY.)—*Mascon*, 1687, in-12.*

> On trouve la généalogie de cette Famille : 1° dans la 8° édit. de l'*Hist. généal. des Gr. Officiers de la Couronne*, du P. ANSELME, t. VI, pag. 584; 2° dans la *Recherche de la Noblesse de Champagne.*

3551. Notice historique sur la Famille de Bouglon, extrait de la *Revue historique de la Noblesse.* 5° livraison. Par JULES DELPIT.— *Paris*, 1841, gr. in-8°. [B. Bor.]

3552. Au Roy. Filiation présentée à Sa Majesté par Iacques de Bouguier, escuyer, sieur de Brennes, enseigne réformé de la Compagnie de Villechauve, du Régiment royal : damoiselle Marie-Charlotte de Bouguier, religieuse novice au couvent des Vrsulines de la ville d'Orléans ; et René de Bouguiers, escuyer, sieur de Blanchecour, page de Monsieur le duc de Sully. (Signé : DE LA MARGUERIE, rapporteur, et HARENGER, avocat.)—(S. l. n. d.) In-4°. Pièce.*

3553. Maison de Bouillé. (Par le comte DE BOUILLÉ.) — *Bordeaux*, 1857, in-8°.*

> Ménage, dans ses Remarques sur Pierre Ayrault, page 119, cite une généalogie de cette Maison par QUATREBARBES DE LA RONGÈRE.—Voyez encore *Boulier.*

3554. Ordonnances de M. le duc DE BOUILLON (HENRI-ROBERT DE LA MARCK), pour le règlement de la justice de ses terres et seigneuries souveraines de Bouillon,... avec les coutumes générales desdites terres et seigneuries.—*Paris*, 1568, in-f°. [L. F.]

3555. Discovrs dv dvché de Bovillon et dv rang des dvcs de Bovillon. (Par CHRISTOFLE JUSTEL, secrétaire du Roi.'— (S. l.), 1633, in-4°.*

3556. Discours des Droits et Prétensions de Frédéric-Maurice de la Tour, Duc de Bouillon, Prince de Sédan, contre l'Evêque, le Chapitre et les Etats de Liége, au sujet du Duché de Bouillon. —(S. l.), 1636, in-4°. [L. F.]

3557. Reqveste présentée av Roy par messire Henry-Robert de la Mark, dvc de Bovillon, Prince souuerain de Sédan, Iamets et Raucourt, comte de la Mark et de Braine. Pour avoir iustice de l'vsupation qui a esté faicte sur sa Maison dudit duché et souveraineté de Sédan et Raucourt. Contre messire Frédéric Mavrice de la Tovr, vicomte de Turenne. — (Paris) 1644, in-f°.* Avec blason.

3558. Factum pour Maître Nicolas Debaste, avocat au parlement, demandeur, contre Messire Henry-Robert de la Mark Eschalard, comte de la Mark et de Braine, héritier et légataire universel de messire Henry Robert de la Mark, Duc de Bouillon, Prince souverain de Sédan, Iamets et Raucourt, défendeur.—(S. l. n. d.) In-f°. Pièce.*

3559. Factum pour Messire Henry de Jonchères, chevalier, demandeur en requête et appelant, Monseigneur le Duc de Bouillon, défendeur et intimé.—(S. l. n. d.) In-4°. Pièce.*

3560. Factum pour M. le Duc de Bouillon, contre M. le Comte de Toulouse et contre M. et Madame de Rohan. (Par MARIANCHAN, procureur.)—(S. l. n. d.) In-4°. Pièce.*

3561. Pétition du Duc de Bouillon, pour rentrer en possession de la principauté de Sédan, commençant ainsi : « A la Reine régente. » — (S. l. n. d.) In-4°. Pièce.*

3562. Mémoire pour M. le Prince de Rohan et Madame la Princesse de Rohan son épouse contre M. le Duc de Bouillon. — (S. l. n. d.) In-4°. Pièce.*

3563. Mémoire sur la question de la Mouvance. (Pour le duc de Bouillon contre le comte de Toulouse.) — (S. l.), 1695 in-f°. Pièce.*

3564. Actes et Titres de la Maison de Bouillon, avec des remarques. (Par DE GAIGNIÈRES.) — Sur la copie de Paris, Cologne, 1698, in-12.*

> Jordan, dans son histoire de la vie et des ouvrages de M. de la Croze, attribue à ce dernier la préface et une partie du texte de l'ouvrage.

3565. Pièces pour et contre la Maison de Bouillon. (Par DE GAIGNIÈRES.) — Cologne, 1700, in-4°. [B. N.]

3566. Mémoire touchant le Livre pour et contre la Maison de Bouillon.—(S. l. n. d.) [L. F.]

3567. Recueil de pièces concernant la Duché de Bouillon, Vicomté de Turenne et Souveraineté de Sédan. — (Sédan, 1762.) In-4°. [L. F.]

> Très-rare. — Voyez encore ci-dessus : Auvergne.

3568. Bouilloud. Voyez Penet.

3569. De Boulier ou Bouillé-du-Chariol, barons d'Aurouze, d'Alleret et de Thinières, seigneurs de Coulanges et du Vialard en Auvergne. (Par ANTOINE-MARIE D'HOZIER DE SÉRIGNY.)—(S. l. n. d.) In-f°.* Avec blason.

> Devait faire partie du tome XI. VII° Registre de l'Armorial général de France. Ce VII° Registre, que se proposait de donner d'Hozier de Sérigny, et dont il n'a paru que quelques fragments, n'a rien de commun avec le VII° Registre, qui a été publié de nos jours.

3570. Extrait de l'histoire héroïque et universelle de la Noblesse de Provence. (Par ARTEFEUIL (LA TOULOUBRE).] Famille de Bouquier. — Marseille, 1853, in-8°. Pièce.*

3571. Extrait des généalogies des Maisons de Bourbon, de Bretagne et de Trogoff-Kerlessis. — (Paris, 1846.) In-f° plano.*

3572. Pièces, Mémoires, Arrêts, etc., du procès de substitution de Bourdeille, entre le comte de Bourdeille, le comte de Jumilhac le comte de Sainte-Mau-

re, et autres.—(S. l. n. d.) In-f°.
[L. F.]

3573. Tableau généalogique de la Famille Bourgevin-Vialart de Saint-Morys.—(S. l. n. d.) In-4°. Pièce.*

> Voyez encore, pour cette Maison, les Registres V et VI de l'*Armorial* de D'HOZIER.

3574. Notice historique et généalogique sur la Famille de Bourgoing en Nivernais et à Paris. (Par le comte GEORGE DE SOULTRAIT.)—*Lyon, imp. de L. Perrin,* 1855, in-8°.*

> Tiré à cent cinq exemplaires, non mis en vente, dont trois sur peau vélin. — Avec blasons intercalés dans le texte et un Armorial des alliances de la Famille de Bourgoing.

3575. Apologie en faveur de messire Alexandre, duc de Bovrnonville, comte de Henin,... par un Gentilhomme françois, contre l'Arrest rendu au Grand Conseil des Pays-Bas, par commissaires à ce gaignez, Iuges incompétans, suspects et récusables; prononcé à Malines, le 16 Auril 1636, à l'encontre dudit duc de Bournonville. — *Paris,* Juillet 1636, in-4°.*

3576. Additions en forme de preuves à la déduction de faict, raportée cy-devant pour la juste défence de monseigneur le duc et prince de Bournonville, fondé en la coustume, contre monseigneur son frère second, se fondant sur une prétenduë donation de feu monseigneur le duc leur père.—(S. l. n. d.) In-f°. Pièce, [B. Am.]

3577. Descente généalogiqve de l'Illvstre Maison de Bovrnonville, d'extraction françoise, sortie des anciens sires de Bovrnonville, qvi estoient des premiers et des plvs anciens barons dv Bovlonois, dez l'an MXXXV. Dressée sur les titres domestiques, chartes d'églises, arrests du Parlement, chroniques et histoires manuscrites et imprimées, anciennes généalogies et autres bonnes preuves; et présentée à monseigneur le duc de Bovrnonville par le sieur (PIERRE)

D'HOZIER, Conseiller du Roy en ses Conseils d'Estat et priué, Généalogiste de Sa Majesté et Juge des Armes et Blasons de France. — *Paris, imp. d'Edme Martin,* 1657, in-f° plano. Avec blasons gravés.

> Excessivement rare.

3578. Doze frvtos de la Muy antigua y illustre Casa de Bournonville. (Por ESTEVAN CASELLOS) —*En Barcelona, por Raf. Figuero,* 1680, in-f°.*

3579. Défence apologétique ou déduction de fait pour Monseigneur Alexandre sire, duc et prince de Bournonville, comte de Hennin. Contre Monseigneur Ambroise de Bournonville, son frère en second, nommé duc et pair de France, chevalier d'honneur de la reyne et gouverneur de Paris. Sur le différent qui peut estre entre eux pour le duché de Bournonville en France, et la viscomté, et baronie de Barlin et autres terres en Artois, délaissées par feu Monseigneur Alexandre Premier du nom, sire et duc de Bournonville, comte de Henin, chevalier de la Toyson, etc., leur père. (Par F. I. C., doct. en droit.)— (S. l. n. d.) In-f°.*

> L'exemplaire de la Bibliothèque impériale est précédé d'une pièce manuscrite de 4 ff. représentant la copie d'un acte notarié du 21 septembre 1660, portant règlement des prétentions et droits respectifs au sujet des rangs, séances, honneurs et prérogatives dont les ducs de Bournonville ont accoutumé de jouir, entre Alexandre et Ambroise de Bournonville.—Voy. encore, pour cette Maison, la *Recherche de la Noblesse de Champagne* et celle de *Picardie.*

3580. Maison de Bouteiller Maupertuis. (Par M. DE BIRAGUE.)— *Paris* (1854), in-f°. Pièce.*

> Extrait des « *Archives historiques,* » du même.

3581. Notice sur la Maison de Boutery, par un Gentilhomme Picard, auteur du *Trésor généalogique de la Picardie.* (M. le Marquis DE BELLEVAL.) — *Amiens,* 1860, in-8°. Pièce.*

3582. Bouton. Voyez *Chamilly.*

> Voyez aussi la 3e édit. de l'*Hist. généal. des G. Officiers de la Couronne*, du P. ANSELME, tom VII, pag. 610.

3583. Discours généalogique. Origine et généalogie de la Maison de Bragelongne. (Par PIERRE DE BRAGELONGNE, président au parlement de Paris.) — *Paris*, 1689, in-8e.*

3584. Note adressée à S. Exc. M. le Garde des Sceaux, Ministre de la Justice... 1e Par M. de Brancas, ancien pair de France... Contre 1e M. le Prince d'Arenberg...—*Paris, imp. de Le Normant* (1854), in-4e. Pièce. Avec tableau généalogique.

> On contestait à M. Hibon de Frohen ses noms et titres de grand d'Espagne et duc de Brancas.

3585. Pièces et documents pour M. Hibon de Frohen, grand d'Espagne et duc de Brancas, contre M. le prince d'Arenberg, M. Sinety et consorts. — (*Paris*), *typ. de Ch. de Mourgues frères*, 1859, in-4e. Pièce. Avec tableau généalogique.

> Même affaire que le numéro précédent.

3586. Réponse sommaire pour M. Hibon de Frohen, duc de Brancas, grand d'Espagne de première classe. (Signé : DUFAURE, avocat ; et DUNOYER, avoué.) — (*Paris*), *typ. de Ch. de Mourgues frères* (1859), in-4e. Pièce.

> Même affaire que les deux numéros précédents.

3587. Deuxième note pour M. et Mme Hibon de Frohen... contre Mme ve de Cereste et consorts... (Signé : DUFAURE, avocat...)— (*Paris*), *typ. de Ch. de Mourgues frères* (1859), in-4e. Pièce.

> Même affaire que les trois numéros précédents.

3588. Notice historique sur la Maison des ducs de Brancas, de Lauraguais et de Cereste,... Extrait du « *Biographe et l'Historien*,» revue générale historique, biographique, dixième année, seconde série, quatrième volume. Seconde partie. (Par E. Du-

TILLEUL.) — *Paris*, 1856, in-8e Pièce.*

> Voyez encore pour la Maison de Brancas: 1e *Naples françoise*, de L'HERMITE-SOULIERS ; 2e l'*État de la Provence*, de ROBERT, de Briançon; 3e *Hist. de la Noblesse du Comté Venaissin*, de PITHON-CURT, tome I, pag. 194, et tom. IV, pag. 611 ; 4e la 3e édit. de l'*Hist. généal. des Gr. Officiers de la Couronne*, du P. ANSELME, tome V, pag. 277 ; 5e l'*Hist. de la Noblesse de Provence* [par ARTEFEUIL (LA TOULOUBRE)], tom. I, p. 186.

3589. Observations sur les titres de la Maison de Braque. (Par FRANÇOIS DE BRAQUE, seigneur DE PISCOP.)—*Paris*, 1685, in-4e.* Avec blason.

> Voyez encore, pour cette Maison, le Registre III de l'*Armorial* de D'HOZIER.

3590. Histoire de la souveraineté de 'Shéerenberg, par C.-A. SERRURE,... Seconde partie, contenant la généalogie de la Maison de Bréda...—*Gand*, 1859, in-4e.

> Voyez ci-dessus, n° 3116.

3591. Historia genealogica Brederodiorum ; auctore PETRO CORNELISSONIO BROCKENBERGIO. — *Lugduni-Batavorum*, 1587, in-8e. [L. F.]

3592. Origine, progrès et gestes mémorables des illustres seigneurs de Brederode, recueillis et mis en ordre par PAUL VOET, professeur en droit en l'Académie d'Utrecht, et Conseiller en la Cour souveraine de Viane, traduits du flamand en françois par B. PAILHOT, après qu'ils ont esté augmentés par l'aulheur.— *Amsterdam*, 1663, in-4e.* Avec une table généalogique.

3593. Notice sur la Maison du Breul de Sacconney. (Par P. L. LAINÉ.) — *Paris*, 1828, in-8e. Pièce.*

3594. Histoire généalogique de la Maison des Briçonnets, contenant la vie et actions plus mémorables de plusieurs illustres personnages sortis de cet estoc,... Le tout extraict des archives de plusieurs eueschez et

Monastères, registres de la Chambre des Comptes et autres manuscrits de grande autorité, par Gvy Bretonneav,...—*Paris*, 1620, in-4°.*—*Paris*, 1628, in-4°.*

On trouve à la suite deux opuscules latins sur la même Maison. La Bibliothèque impériale possède un autre exemplaire de cet ouvrage, enrichi de notes manuscrites.—*Voyez encore*, pour cette Maison, la 3ᵉ édit. de l'*Hist. généal. des Gr. Officiers de la Couronne*, du P. Anselme, tome VI, page 427.

3595. Brief discours sur l'excellence... du pays d'Anjou,... avec la généalogie de la Maison de Brie entrée dans celle des sires de Serrant; par Pascal du Fauz Robin... (1582.)

Voyez ci-dessus n° 2182.

3596. Les Seigneurs de Brienne, par M. le vicomte Ferdinand de Maussabré,... extrait du 3ᵉ compte rendu de la Société du département de l'Indre.—*Paris*, 1856, in-8°. Pièce.*

3597. Généalogie de la Maison de Brinon. (Par du Rosset.)—*Paris*, 1657, in-f°. Pièce.*

Avec les armes des Brinon gravées sur le titre; et, sur les marges, la description de celles des Maisons alliées.

3598. Mémoire pour nobles-hommes Pierre-Dominique Briois, écuyer, seigneur de la Mairie, Poix, Nœulette et autres lieux, chevalier de l'Ordre royal et militaire de Saint-Louis,...Et pour messire Henry-François-Gabriel-Joseph Briois d'Hulluch, chevalier, seigneur de Mongobert et de la Haute-Rue, et messire Marie-Constant-Joseph Briois d'Hulluch, chevalier, seigneur de Carnin, Werdrecques et autres lieux,... Contre messire François-Joseph Briois, chevalier, premier Président du Conseil Provincial et supérieur d'Artois, seigneur de Beaumetz,... —*Arras*, 1780, in-4°.*

Signé : Desmasières, avocat, et Levecgle, proc. — Avec pièces justificatives contenant trois tables généalogiques et plusieurs sceaux et blasons.

Dans ce mémoire, l'on conteste à François-Joseph Briois, président du Conseil provincial, le droit de porter les armes qui figurent dans son blason.

3599. Lettres d'Erection du Comté de Brissac en Duché-Pairie. —*(Paris, 1620.) Imp. de d'Houry*, in-4°. Pièce.*

3600. Généalogie de la Maison de Broglie, originaire de Quiers en Piémont. Tirée du Dictionnaire de La Chesnaye-des-Bois.—*Paris*, 1843, in-8°.* Avec figures.

3601. Tableau généalogique et historique de la Maison de Brossard; par Jacques du Frementel,...—(S. l.), 1765, in-4°. [L. F.]

Voyez encore ci-dessus, n° 2805. Voyez aussi la *Recherche de la Noblesse de Champagne.*

3602. Notes historiques sur la Ville, le Château de Boussac et la Famille de Brosse; par M. Aucapitaine.—*Paris*, 1853, in-8°. [D.]

Voyez encore, pour la Maison de Brosse, la 3ᵉ édit. de l'*Hist. généal. des Gr. Officiers de la Couronne*, du P. Anselme, tome IV, page 801.

3603. Généalogie de la Maison de Brouchoven, sortie de celle de Roover, par M. D*** S. D. H** (de Visiano, sieur de Hoove.) —(S. l.), 1771, in-f°. [B. Bru.]

3604. Généalogie de la Maison de Brouchoven, sortie de celle de Roover, par la branche des seigneurs de Hakenborch, par M. D*** S. D. H** (de Visiano, sieur de Hoove.) —(S. l.), 1771, in-f°. [R.]

3605. Sommaire de la Cavse du sieur comte de Broutay. Contre le sieur comte d'Estimbrieux. — Sommaire d'instance.... (Signé: de Brillac, rapporteur.) (S. l. n. d.) 2 pièces in-f° de 4 p. chacune.*

3606. Broyes. Voyez *Dreux.*

3607. Extrait de la Généalogie de la Maison de Brulart. —(S. l. n. d.) In-4°. Pièce.*

Voyez encore, pour cette Maison : 1° la *Recherche de la Noblesse de Champagne*; 2° l'*Hist. des Secr. d'Etat*, par du Toc, page 152 et 206; 3° l'*Hist. des Présidents à mortier*, de Blanchard, pag. 359:

4° la 3° édit. de l'*Hist. des Gr. Officiers de la Couronne*, du P. ANSELME, tome VI, page 625.

3608. Généalogie de la Maison de Bruyère, en Provence et en Dauphiné.

Ce titre, extrait du tome II, pag. 279, n° 3603 du *Catalogue analytique des Archives*, de M. le baron DE JOURSANVAULT, ne porte pas d'autre indication que la mention du mot : *imprimée*.—Voyez encore, pour cette Maison, la *Recherche de la Noblesse de Champagne*.

3609. La Généalogie de la Famille de la Bruyère en Dauphiné, par GUY ALLARD.—(*S. l. n. d.*) In-4°. Pièce. [A. R.]

3610. Bruyères-le-Chatel.

Voyez ci-dessus, n° 2575:« *Cartulaire de l'abbaye de Notre-Dame des Vaux de Cernay*,...»

3611. Histoire généalogiqve de la Maison des Bvdes. Avec les Eloges de tous ceux qui en sont yssus. Où sont traitées par occasion beaucoup de Familles illustres qui y ont été alliées ou qui en sont descendues par Femmes, curieusement recherchée et iustifiée par titres, histoires et autres preuves authentiques. Par I. LE LABOVREVR,....—*Paris*, 1656, in-f°.*

Avec un grand nombre de blasons gravés sur bois, intercalés dans le texte.—Se trouve aussi à la suite de l'« *Histoire du Maréchal de Guébriant*,... » par le même.—Voyez encore, pour cette Maison, la 3° édit.de l'*Hist. généal. des Gr. Officiers de la Couronne*, du P. ANSELME, tome VII, page 523.

3612. Biographie des Familles de Buisseret, de Cornemont et Vernimmen, par RAYMOND DE BERTRAND.—(*Dunkerque*), 1845, in-8°.* Avec armoiries.

3613. Symphorianvs de Bvlliovd, Lvgdvnensis, olim episcopvs Glandatensis,Vasatensis et Suessionensis, e tenebris historiæ eductus in lucem. — *Lugduni*, 1645, in-4°.Pièce.* Avec les armoiries gravées par CL. AUDRAN.

Voyez encore, pour cette Maison, l'*Hist. de Bresse*, de GUICHENON, part. III, page 82.

3614. Généalogie et tables pro-

gonologiques de la Maison de Laurent-Marc-Antoine de la Bunodiere de Bourville et de madame Anne-Catherine-Ursule d'Esmaville de Bourville. — *Rouen*, 1771, in-4°. Avec blasons. [D. M.]

3615. Galerie des Notabilités nobiliaires de la Hollande. Notice nécrologique sur le comte Guillaume-Frédéric de Bylandt,... par E. DE SAINT-MAURICE CABANY. — *Paris*, 1856, gr. in-8°. Pièce.*

Extrait du « *Nécrologe universel du XIX° siècle.* »

C

3616. Mémoire pour MM. de Cabot de la Fare, contre la Famille de la Fare. (Signé : le Marquis DE CABOT DE LA FARE; CAMILLE DE CABOT DE LA FARE.)—*Mende*, (1828), in-4°. Pièce.*

Au sujet de la légitime possession du nom de la Fare.—Voyez ci-après ce nom.

3617. Histoire généalogique de la Maison de Cadier de Veauce, seigneurs de la Brosse-Cadier,... en Bourbonnais, en Normandie et en Bretagne. (Par M. DE MARTRES.) — *Paris*, 1847, gr. in-4°.* Avec de nombreux blasons gravés sur bois intercalés dans le texte.

3618. Consultation pour MM. de Caix de Saint-Aymour en instance devant S. Exc. M. le Ministre de la Justice et la Commission des Titres; par M. NIBELLE, avocat à la Cour impériale de Paris. — *Paris*, 1861, in-8°. Pièce.*

Les exposants demandent la reconnaissance et la confirmation de leurs titres nobiliaires, et l'autorisation légale de continuer à les porter.

3619. Notice historique, généalogique et biographique de la Famille de Cantillon. Extraite de la « Revue historique de la Noblesse » de M. d'Hauterive, archiviste paléographe à la Bibliothèque royale, et de l'ouvrage anglais intitulé : « The

Heraldic illustrations by John Burke Esq., » auteur du peerage et baronetage de, la Grande-Bretagne, par le chevalier O'S..., Gentilhomme Irlandais.—*Paris*, 1841, in-8°. Pièce.*

> O'S... est un des pseudonymes de M. Borel d'Hauterive.

3620. Généalogie de la Maison de Cardaillac, contenant les seigneurs barons et Marquis de Cardaillac, comtes de Biovle, de S. Cirq, de la Cappelle-Marival, de Thémines, de Varayre, de Brengves et autres lieux. Ivstifiée par chartes, titres, histoires et autres bonnes preuves. (Par Henry-Victor de Cardaillac, marqúis de la Cappelle-Marival.) — *Paris*, 1654, in-f°.*.— (*Paris*), 1664, in-f°. [A. Ab.] Avec blason.

> Cette généalogie n'est qu'un projet de l'histoire de cette Famille, que l'auteur promettait, mais qui n'a pas paru.—Voyez encore, pour cette Famille, l'*Hist. généal. de la Maison de Faudoas*, par Séguenville.

3621. De la Maison de Carnin et de la Famille de le Peyvre.—*Bruges*, (*s. d.*), in-f°. [Lam.]

3622. Famille de Carpentier, Seigneurs de Juvigny, des Tournelles, Lizy et autres lieux. (Par Jean Cayon.)—*Nancy*, 1860, in-4°.* Avec blasons et tableau généalogique gravés.

3623. Table généalogique des soixante-quatre quartiers de Mademoiselle Marie-Thérèse-Maximilienne-Alexandrine de Carondelet - de - Potelles, pour être reçue chanoinesse. (Par J.-L. Chevillard.)—(*Paris*, 1746.) In-f° plano.*

> Avec « *Armorisme dé toutes les Maisons énoncées esdits quartiers*, » et deux blasons gravés.—Très-rare.

3624. Précis généalogique et historique de la Maison de Carondelet, connue anciennement sous le nom des barons de Chauldey en Bresse. (*S. l.*, vers 1784.) In-4°. Avec blason gravé.

> Voyez encore, pour d'autres Maisons du nom de Carondelet: 1° les *Mémoires* du comte F. de Saint-Génois, ci-dessus, n° 3107;

2° le tom. III, pag. 159, des *Mém. pour servir à l'hist. de Bourgogne*, par Dunod de Charnage; 3° les *Mém. pour servir à l'hist. de Poligny*, par Chevalier.

3625. Le Duc de Cars (de Perusse). (Par M. de Birague.) — (*Paris*, imp. de *Wittersheim*, (1844), in-8°. Pièce.* Avec la description des armes.

> Extrait de l' « *Annuaire hist. et biographique*, » du même. Ann. 1844.

3626. Généalogies des Maisons de Castel et de Gravarret, extraites du tome premier des « Archives généalogiques et historiques de la Noblesse de France, » publiées par M. P.-L. Lainé.—*Paris*, 1828, in-8°. Pièce.* Avec armoiries.

3627. Notice historique sur la Maison de Castellane. (Par H. de Lestrées.) Extrait de la Revue générale biographique, politique et littéraire (livraison d'octobre 1843), publiée sous la direction de M. E. Pascallet, deuxième édition.—*Paris*, 1843, in-8°.*

3628. Notice historique sur la Maison de Castellane, publiée par MM. Tisseron et de Quincy, —(*Paris*, 1845.) In-8°. Pièce.*

> Voyez encore, pour cette Maison, l'*Hist. de la Noblesse de Provence*, par Artefeuil (la Touloubre), tom. I, pag. 226.—La *Bibliothèque historique* cite une généalogie manuscrite de cette Maison, par Charles de Castellane, seigneur d'Auzat et de Greasque. In-f°.

3629. Les Mémoires de messire Michel de Castelnav, seignevr de Mavvissière. Illvstrez et avgmentez de plvsievrs commentaires et manuscrits... servants à donner la vérité de l'Histoire des Règnes de François II. Charles IX et Henry III, et de la Régence et du Gouvernement de Catherine de Médicis. Avec... l'Histoire Généalogique de la Maison de Castelnav. Par I. le Labovrevr...—*Paris*, 1659, 2 v. in-f°*.Avec de nombreux blasons. —Nouvelle édition, revue avec soin et augmentée de plusieurs manuscrits. Avec près de 400 armoiries gravées en taille-douce, etc. *Bruxelles*, 1731, 3 vol. in-f°.*

Le tome II de la première édition et le tome III de la deuxième contiennent encore de J. le Laboureur les Histoires généalogiques des Familles suivantes alliées à celle de Castelnau : *Bochetel, Morrillier, Gaillard, la Chastre, Moroques, Perreaux, Rourel-Médary et Rochechouart.* — La 2e édition contient de plus que la première, au tome I. pag. 836, la généalogie de *du Bosc d'Esmendreville,* et au tome II, des indications généalogiques sur un grand nombre de Familles du royaume.

On trouvera encore la généalogie de la Maison de Castelnau dans l'*Histoire de la Noblesse de Touraine,* de L'HERMITE-SOULIERS, et dans la 3e édit. de l'*Hist. généal. des Gr. Officiers de la Couronne,* du P. ANSELME, tome I, page 468, et tom. VII, pag. 586.

Les Mémoires de Castelnau ont été reproduits dans les *Collections Buchon, Petitot, et Michaud et Poujoulat.*

3630. Provisions d'un titre de comte de Castille donné par le Roy d'Espagne (PHILIPPE V) à Madrid, au sieur Jean-Baptiste Robin, et à ses descendans ; et Lettres Patentes du Roy, confirmatives d'iceluy pour en jouir en France, registrées au Parlement. — *Paris,* 1723, in-4°. Pièce.*

3631. Pour Denis Catherinot, sieur de Champroy, conseiller du roy,... défendeur, contre Monsieur le Procureur-général de la Cour des Aydes,.... chargé de l'exécution des Déclarations du Roy des 8 février 1661 et 22 juin 1664, demandeur, par exploit du 19 février 1665. (Par NICOLAS CATHERINOT.) — (*S. l.,* 1665.) In-4°. Pièce.*

Fort rare. — Voyez le numéro suivant.

3632. Deuxième factum de Noblesse, pour Denis Catherinot, sieur de Champroy... contre monsieur le Procureur général de la Cour des Aides,... (Par NICOLAS CATHERINOT.) — (*S. l. n. d.*) In-4°. Pièce.*

Non moins rare que le précédent.

3633. Généalogie de Bertrand de Caumont de Beauvilla ; pour prouver qu'il est héritier du nom et des armes de la Maison de Caumont, dont M. le Duc de la Force est aujourd'hui le chef. (Par BERTRAND DE CAUMONT, sieur de BEAUVILLA, Garde du Corps du Roi.) — (*S. l.*), 1757, in-4°. Pièce.* Avec blason.

3634. Notice historique sur la Maison de Caumont de la Force, extraite des archives des notabilités de l'époque. (Par TISSERON. — (*Paris,* 1847.) In-8°. Pièce.*

Le faux-titre porte : « *Fastes nobiliaires.* » — Voyez encore, pour cette Maison, la 3e édit. de l'*Hist. généal. des Gr. Officiers de la Couronne,* du P. ANSELME, tome IV, pag. 467. — Pour la Maison Caumont de Mutry, voyez la *Recherche de la Noblesse de Champagne.*

3635. Généalogie succincte et exacte de la Maison des Cavaillons. Dédié à Monseigneur le duc de Luynes, Pair de France et Chevalier des Ordres du Roy, (Par CAVAILLON DE MALLIJAC.) — (*S. l.,* 1710.) In-8°. Pièce.*

3636. Notice historique sur la Maison de Caylus. (Par A. DE CÉSENA.) Extrait de la Revue générale biographique, politique et littéraire (livraison de juin 1843), publiée sous la direction de M. Pascallet. Deuxième édition. — (*Paris*), 1843, in-8°.*

3637. Commencement de la généalogie de M. de la Caze. — (*S. l. n. d.*) In-f°.*

3638. De Caze. Lyonnais, Provence, Ile de France, vicomtes de Caze, barons de la Bave, des Barres, seigneurs de Charleval, de Beost, de Montchalons, du grand et petit Juvincourt, d'Arrancy, de Ployart, de Bièvre, d'Orgeval, de Bonconville, de Mauchamps et de dame Marie. (Par FR. COMBE D'AURIAC.) — *Paris,* (1855), in-4°. Pièce.* Avec blason.

Voyez encore, pour cette Maison : 1° l'*Hist. de la Noblesse de Provence,* par ARTEFEUIL (LA TOULOUBRE), tome I, page 244 ; 2° le Régistre V de l'*Armorial* de D'HOZIER.

3639. Généalogie de la Maison de la Celle, extraite du tome troisième des *Archives généalogiques* et historiques de la Noblesse de France, publiées par M. (P.-L.) LAINÉ.—Paris, 1830, in-8°. Pièce.* Avec armoiries gravées dans le texte.

3640. Mémoire sur la filiation, de la Maison de Chabannes, ou de Chabannées, ou de Chabanois. (Par l'abbé DE CHABANNES.) — (S. l.), 1759, in-8°.*

Tiré à 100 exemplaires.

3641. Mémoire sur la Maison de Chabannes.—(S. l.), 1759, in-8°.*

3642. Additions au Mémoire sur la Maison de Chabannes.—(S. l.), 1759, in-8°.*

3643. Secondes additions au Mémoire sur la Maison de Chabannes ou de Chabannées.—(S. l.), 1759, in-8°.*

Voyez encore, sur la Maison de Chabannes, les « Mémoires de Trévoux, » 1759, Juin, pag. 1396-1424.

3644. Sommaire du procès d'entre le procureur-général en la Cour des Aydes, contre Pierre Crespin, sieur de la Chaboslaye (qui se prétendoit noble.—(Juin 1659.) [L. F.]

3645. Notice historique et généalogique sur la Maison de Chabot et autres pièces concernant cette Maison (dressée sous la direction de LOUIS-CHARLES-PHILIPPE-HENRI-GÉRARD DE ROHAN-CHABOT.)—Paris, 1834, in-8°.*—Poitiers, 1858, in-18.*

3646. Lettre tovchant Béatrix, Comtesse de Chalons, laqvelle déclare qvel fvt son Mary, qvels ses Enfans, ses Ancestres et ses Armes. Enuoyée à Monsieur Lantin, Conseiller du Roy et Maistre ordinaire en sa Chambre des Comptes à Dijon. Par le Père PIERRE-FRANÇOIS CHIFFLET, de la Compagnie de Jesvs. Auec vne Table généalogiqve, qui fait descendre du comte Lambert cette Princesse, aussi bien que son mary.—Dijon, Philibert Chavance, 1656, in-4°.—Dijon, 1656 (1809), in-4°. [B. B.] Réimpr. à 50 exempl.

Ouvrage curieux et rare.

3647. Note sur la Maison de Chalon; par URBAIN PLANCHER.

Voyez ci-dessus n° 2286 : « Histoire généal... de Bourgogne,... » Voyez encore, pour cette Maison, l'Hist. de Bourgogne, par DU CHESNE, et les n° 3204-3206.

3648. Notice historique sur la Maison de Chambly. (Par M. BOREL D'HAUTERIVE.) — (Paris, 1850.) In-12. Pièce.* Avec blasons.

Extrait de l' « Annuaire de la Noblesse » de 1850, 7° année.

3649. Inventaire des Titres originaux généalogiques, conservés jusqu'à ce jour, des branches existantes de la Maison de Chamborant, en Basse-Marche, Champagne, Angoumois et Orléanois, extraits et rapportés sur chacun de leurs degrés successifs, avec l'historique de cette ancienne Maison, constaté par ces mêmes titres, la tradition la plus constante et les historiens les plus dignes de foi. Par M. le Chevalier DE C*** DE D*** (BARTHÉLEMY DE CHAMBORANT DE DROUX), Chevalier de S. Louis, capitaine d'infanterie, Gentilhomme de S. A. S. Monseigneur le Prince de Condé, conservé aux honneurs de l'Ordre de Malte—Paris, 1783. — Chamborant. Tableau de la descendance la plus connue de cette Maison, où l'on trouve l'indication des preuves de leur existence, et de ce qu'ils ont été, à chaque page de sa généalogie. (Par BARTHÉLEMY DE CHAMBORANT DE DROUX.) Paris, 3 Juin 1784, gr. in-f° plano. Le tout réuni en 1 vol. in-f°.* Avec blason.

Voyez encore, pour cette Maison: 1° l'Hist. de Berry, par DE LA THAUMASSIÈRE, pag. 878; 2° l'Histoire de la Noblesse de Touraine, par L'HERMITE-SOULIERS, pag. 131; 3° le Registre III de l'Armorial de D'HOZIER.

3650. Généalogie de la Maison de la Chambre pour l'intelligence de la transaction de l'an 1594.——Paris, (s. d.), in-4°. Pièce.*

Voyez encore, pour cette Maison: 1° le Registre V de l'Armorial de D'HOZIER; 2° l'Hist. de Bresse, par GUICHENON, part. III, pag. 237; 3° l'Hist. de la Maison de Savoie, du même, tome I, pag. 1197.

3651. Histoire généalogiqve des Comtes de Chamilly de la Maison de Bovton, av dvché de Bovrgongne dans le bailliage de Chalon, issve de celle de Iavche dv dvché de Brabant. Ivstifiée par divers tiltres particvliers, d'églises, tombeaux, épitâphes,... et autres bonnes preuues. Par PIERRE PALLIOT,...—Dijon, 1671.—Prevves de l'histoire généalogique de la Maison de Bovton,... tirées de divers trésors particvliers,... Par PIERRE PALLIOT,...—Dijon, 1665. Le tout en 1 vol. in-f.* Avec un grand nombre de blasons intercalés dans le texte.

La Bibliothèque impériale conserve deux autres exemplaires de cet ouvrage, accompagnés chacun d'une table alphabétique manuscrite des noms des Familles contenues dans cette histoire généalogique. Ils sont, en outre, enrichis de nombreuses additions et corrections manuscrites de la main de Clairambault pour l'un et de Charles-René d'Hozier pour l'autre.

La *Bibliothèque historique* porte que ces dernières notes sont de Pierre d'Hozier; c'est une erreur. Le célèbre généalogiste était mort déjà depuis onze ans quand l'ouvrage parut.

Quoique l'auteur se soit étayé de documents émanant de sources un peu suspectes, comme ceux qui lui ont été fournis par un nommé Pierre-Albert de Lannoy, armoriste général des Pays-Bas, pendu à Tournay pour avoir fabriqué de faux titres, son œuvre n'en reste pas moins très-estimée.

3652. Abrégé chronologique de la Maison de Champagne, par FRANÇOIS DE LA POINTE.—(*S. l. n. d.*) in-f. Pièce. [L. F.]

Voyez encore, pour cette Maison, le Registre V de l'*Armorial* de d'HOZIER, et pour la Maison de Champagne-Morsains, voyez la *Recherche de la Noblesse de Champagne*.

3653. Généalogie de la Maison de Champagné, Seigneurs de Champagné, de la Montagne, de Chambellé, de la Motte-Ferchaut, de Moyré, de Folville, de la Pommeraye, de Mossé, etc., en Bretagne et en Anjou. Cette Généalogie sera comprise dans le Registre VII° de la Noblesse de France,

t. XI. (Par ANTOINE-MARIE D'HOZIER DE SÉRIGNY.)—(*Paris*, vers 1778.) In-f°.*

Avec l' « *Armorial des alliances de la Maison de Champagné*,» gravé par R. J. LETOURNEAU.

Le registre VII° ou le tome XI° de la *Noblesse de France* indiqué ci-dessus n'a jamais paru; le vol. qui a été publié de nos jours sous le même titre n'a rien de commun avec celui que promettait d'Hozier de Sérigny.

3654. Généalogie historique de la Maison de Chanaleilles, seigneurs et barons de Jagonas, du Sault, de Ribes, du Villard, des Eperviers de Retourtours, marquis de Chanaleilles, comtes de la Saumes en Gévaudan et en Vivarais. Extraite du XIX° tome du *Nobiliaire universel de France*. Par M. (VITON) DE SAINT-ALLAIS. —*Paris, l'auteur*, 1840, in-8°. Pièce.* Avec blason.

3655. Généalogie historique de la Maison de Chanaleilles, seigneurs de Chanaleilles, de la Valette, de Villard, de Saint-Cirgues, de Fabras, de Vals,... (Par M. BOREL D'HAUTERIVE.)—*Paris* (1856), in-4°. Pièce.* Avec armoiries gravées.

Extrait de la « *Revue historique de la Noblesse*,» du même, t. II., p. 233 et suiv.

3656. Lettre adressée à M. Delegorgue de Rony, par LÉON DE CHANLAIRE,... (10 avril.)—*Paris*, 1824, in-8°. Pièce.*

L'auteur reproche à M. Delegorgue de Rony la manière dont il signe son nom.

3657. Histoire généalogique de la Famille de Chaponay,... par GUY ALLARD. — (*S. l.*), 1694, in-4°. [L. F.]

3658. Plusieurs tombeaux et inscriptions qui sont en divers lieux et endroits en la ville de Lyon et de Vienne, de plusieurs Familles dont les enfants de M. de Chaponay sont sortis et descendus.—(*S. l. n. d.*) In-4°. Pièce. [B. L.]

Voyez encore pour cette Maison les *Mazures de l'Isle-Barbe*, par Cl. LE LABOUREUR, tom. II, pag. 275.

3659. Notice historique et généalogique sur la Maison Chapt de Rastignac... (Par M. BERTRANDI, ancien élève de l'Ecole des Chartes.)—*Paris*, 1858, in-12.*

> Tiré à petit nombre et non mis en vente.

> Travail inexact ainsi qu'il appert du jugement qui fait l'objet du n° suivant.—Voyez encore pour cette Maison le registre III de l'*Armorial* de D'HOZIER.

3660. Jugement rendu en la première chambre du tribunal civil de première instance de la Seine, le 10 février 1860.—(*Paris*), imp. de Renou et Maulde (1860), in-12. Pièce.*

> Confirmant la légitimité des enfants de Franc-Bertrand, fils de Raymond Chapt de Rastignac indûment contestée dans la notice précédente.

3661. Notice historique sur la Maison de Charette. (Par BOREL D'HAUTERIVE.)—*Paris*, 1851, in-8°. Pièce.* Avec un blason.

> Extrait de l' « *Annuaire de la Noblesse*, » 8e année, 1851.

3662. Arrest de la Covr en la devxiesme chambre des enquestes. Donné sur l'explication de l'art. 326 de la Coustume de Paris, concernant la succession des propres héritages du costé et ligne dont ils sont aduenus et escheus. Du seiziesme Feurier 1647. — *Paris, Iean de la Caille*, 1647, in-8°.*

> Contenant la généalogie des *Charlet* et *Lalemants*.

3663. Recueil des Lettres de relief de Noblesse de MM. Charrier, de Lyon, et des titres, actes et procédures faites sur la preuve des faicts y contenus, et énoncé es lettres de vérification d'icelles, recherchés à la diligence d'AYMÉ CHARRIER, l'un desdits sieurs qui a les originaux. — (*Lyon. s. d.*) In-4°. [B. L.]

> Voyez encore sur cette Maison qui était l'une des plus considérables du Lyonnais, le tome I, page 200 et suiv. des *Lyonnois dignes de mémoire*, de PERNETTI.

3664. Descendans de Simon Chartier, fils de Michel Chartier, Sr d'Alainville et de Catherine Pasté.—Descendans de Geneviève Chartier, mariée à François de Montholon, 2e du nom, garde des sceaux de France.—Descendans de Marie Chartier, fille de Mathieu Chartier, mariée à Jean Teste, seigneur de Coupeuray. —Descendans de Julien Chartier et de Jeanne Lallemand, fils de Michel Chartier, seign' d'Alainville. — Descendans de Périnne Chartier, fille de Michel Chartier et de Catherine Pasté, mariée à Ferry Aleaume, Sr de Sainville.

> Formant les 1er, 4e, 7e, 8e, et 16e tableaux de l'«*Abrégé cronologique de la fondation du collège de Boissy...* » (Par J. CHEVILLARD.) Voyez ci-dessus n° 3537.

3665. A Nos Sieurs des Comptes requiert la Duchesse de Chartres, ordonner deux extraicts des traictés de mariage d'entre elle et monseigneur Domp Hercules Dest, duc de Ferrare son espoux, ratification d'iceluy, cession et transport à eux faict par le roy desdits duché, conté de Gisors et seigneurie de Montargis, auec l'expédition sur ce par vous faite,...—(*S. l. n. d.*) In-4°.*

> Voyez encore pour la Maison de *Chartres*: 1° l'*Hist. de la Maison de Châtillon* par DU CHESNE; 2° la 3e édit. de l'*hist des Gr. Officiers de la couronne*, du P. ANSELME, tome VI, pag. 400.

3666. Eloges nécrologiques. Le baron de la Chassagne.—1816.— M. Joseph d'Assier de Valenches.—1853.—Le chevalier de la Rochette. Recueillis et réunis par un membre de la Famille (D'ASSIER DE VALENCHES).—*Lyon, imp. de L. Perrin*, 1856, in-8°. Avec blasons.

> Tiré à petit nombre.

3667. Chataigneraye (la). Voyez *Pons*.

3668. Généalogie de la Maison de Châteaubriand.

> Voyez ci-dessus n° 3336: « *Les anciennes Familles de France...*» (Par le comte GASTON RAOUSSET-BOULBON. (1841.))—Voyez encore la 3e édit. de l'*Hist des Gr. Officiers de la Couronne* du P. ANSELME, tome VIII, page 705.

3669. Note sur une demande formée pour reprendre le nom de

Châteaufort. Rédigée par M. le baron DE DUMAST, au point de vue des souvenirs historiques lorrains.—(S. l., 1859.) In-f°. Pièce.* Autographié.

3670. Note sur la Maison de Château-neuf, par URBAIN PLANCHER.

Voyez ci-dessus n° 2286 : « Histoire générale...de Bourgogne,.... » du même—Voyez encore l'État de la Provence, de ROBERT de Briançon.

3671. Abrégé de la Généalogie de Chasteauneuf de Randon. (Par DENYS FRANÇOIS GASTELIER DE LA TOUR.)—(Paris, 1760.) In-4°. Pièce.*

Extrait du Nobiliaire historique du même, resté en manuscrit.

3672. Affaire de Chateaurenard. Tribunal civil de Lyon. Plaidoirie de Me ALLOU,...—Paris, imp. de Renou et Maulde (s. d.), in-4°.

Avec « Généalogie de la Maison d'Aymar de Chateaurenard à commencer de Guillaume d'Aymar, doyen du parlement de Provence. » Contre M. de Valori qui contestait à M. de Chateaurenard son nom et ses armes.

3673. Réplique pour les consorts d'Aymar de Chateaurenard. (Signé: Me Allou, avocat ; et GUILLEMAIN, avoué.)—Paris, imp. de Renou et Maulde, in-4°. Pièce.

Même sujet que le n° précédent.

3674. Chasteauvillain.

Voyez ci-après. Dreux. — Voy. encore la 3e édit. de l'Hist. généal. des Gr. Officiers de la Couronne du P. ANSELME, tome II, p. 338, et tome VIII, page 427.

3675. Histoire généalogique de la Maison de Chasteigners, seigneurs de la Chasteigneraye, de la Rocheposay, de Saint-Georges, de Rexe, de Lindoys, de la Rochefaton et autres lieux. Ivstifiée par chartes de diverses églises, arrests de la Cour du parlement, tiltres domestiques, et autres bonnes preuues, par ANDRÉ DV CHESNE,... —Paris, 1634, in-f°.*

Avec portraits et un grand nombre de blasons gravés par J. PICART et L. BRIOT.

La Bibliothèque impériale possède un autre exemplaire avec additions et corrections de la main de Clairambault soit sur les marges, soit sur des feuilles détachées. Il contient en outre une table manuscrite des noms mentionnés dans cette histoire généalogique.

3676. Généalogie historique de la Maison de Chasteigner, en Poitou, dressée sur les pièces justificatives, insérées en l'histoire de cette Maison, faite par André du Chesne et imprimée à Paris en 1634 ; sur plusieurs autres chartes anciennes et ramenée jusqu'ici d'après les titres originaux, monumens et documens autentiques par M. CLABAULT, auteur en 1764 du « Tableau généalogique seul complet de l'auguste Maison Royale de France. »—Paris, 1779, in-4°.* Avec blasons et plusieurs tableaux généalogiques.

3677. Tableau généalogique de la Maison de Chasteigner, comprenant toutes les branches, tant subsistantes qu'éteintes, jusqu'au 2 octobre 1779 ; par CLABAULT.—Paris, in-f° plano. [D.]

Ouvrage différent du précédent.

3678. Lettre de l'auteur du dictionnaire héraldique (DE LA CHESNAYE-DES-BOIS) sur la Maison du Chastel. — (S. l., 1757.) In-12. Pièce. [L. F.]

Extrait du Mercure, décembre 1757.

3679. Généalogie de la Maison du Chasteler, avec les preuves. (Par FRANÇ.-GABRIEL-JOS., marquis DE CHASTELER, et de Courcelles, vicomte de Bavai, membre de la Chambre de la Noblesse des Etats du Hainaut.) — Bruxelles, 1768, in-f°. [Be.]—Seconde édition. Bruxelles, 1777, in-f°.* Avec blasons, sceaux et tables généalogiques.

3680. Histoire généalogique de la Maison du Châtelet, branche puînée de la Maison de Lorraine, justifiée par les titres les plus authentiques, la plupart tirés du trésor des chartes de Lorraine, tombeaux, sceaux, monnoyes et autres anciens monumens publics, par le R. P. AUGUSTIN CAL-

MET,.... — *Nancy,* 1741, in-f°.*
Avec figures.

Voyez encore pour cette Maison:
1° la *Recherche de la Noblesse de
Picardie;* 2° le tome III, page 551
et suiv. des *Mém. pour servir à
l'Hist. du comté de Bourgogne,*
par Dunod de Charnage.

3681. De Chastellard, anciennement d'Hauterive en Dauphiné.
(Par Antoine-Marie d'Hozier
de Sérigny.)—(*Paris,* 1756.) In-f°.
Pièce.* Avec blason et table généalogique.

L'exemplaire de la Bibliothèque
impériale porte la signature autographe de d'Hozier Sérigny.—
Contenu aussi dans le 5° registre
de l'*Armorial général.*—Pour la
Maison *Chastelard-Saint-Oyen,*
voyez l'*Hist. de Bresse,* par Guichenon; part. III, page 115.

3682. Notice historique, sur la
Maison de Chastellux. (Par L
Valter.) Extrait de la « *Revue
générale biographique, politique et
littéraire* » (livraison de février
1844), publié sous la direction
de M. E. Pascallet; deuxième
édition.—*Paris,* 1844, in-8°.*

3683. Annales historiques, généalogiques et littéraires de la Noblesse de France. Histoire de la
Maison de Chastillon-Chastillon,
par Simien Despréaux,...—*Paris,* 1824, in-8°.*

3684. Mémoire pour établir la com-
munauté d'origine des Maisons
de Blois, Chastillon et Marconnay, par M. de Saint-Pons,...—
Paris, 1830, in-4°.*

3685. Réfutation d'un mémoire publié par MM. de Marconnay,
pour établir leur prétendue com-
munauté d'origine avec la Maison de Chastillon-sur-Marne.
(Par P.-L. Lainé.)—*Paris,* 1830,
in-4°. Pièce.* Avec figures.

3686. Histoire de la Maison de
Chastillon-svr-Marne, contenant
les actions plvs mémorables des
comtes de Blois et de Chartres,
de Pentheure, de S. Paul et de
Porcean; la vie de S. Charles de
Blois, duc de Bretagne, tirée de
l'enqueste de sa canonization,
et les principaux faits des seigneurs de Leuse, de Condé, etc.,
entre lesquels y a ev des Con-

nestables, Grands-Maistres, Admiraux , Grands Bouteillers ,
Grands Panetiers, Grands Qûeux
de France et autres Officiers de
la Couronne; avec les généalogies des anciens comtes de
Saint-Paul, de Blois, de Flandres, de Hainaut, etc., ensemble les Armes de toutes les Familles nobles de France et des
Païs-Bas, alliées par mariage à
celle de Chastillon, représentées
en cuivre; le tout divisé en XII
livres et ivstifiée par chartes,
tiltres, arrests et auctoritez des
plus fidèles historiens, par André dv Chesne,...—*Paris,* 1621,
in-f°.* Avec un titre gravé par
J. Picart.

La Bibliothèque impériale possède deux autres exemplaires de
cet ouvrage enrichis de nombreuses additions et corrections manuscrites de Charles-René d'Hozier
pour l'un et de Clairambault pour
l'autre.

3687. Généalogie de la Maison de
Chastillon-sur-Marne, extraite
du tome XI de l'« *Histoire généalogique des Pairs de France...*»
Par M. le chevalier de Courcelles,...—*Paris,* 1830, in-4°.*

3688. Histoire généalogique de la
Maison de la Chastre; par J.le
Laboureur.

Voyez ci-dessus, n° 3639: « *Mémoire de Messire Michel de Castelnar...* »—Voyez encore le n°
suivant.

3689. Précis historique, chronologique et généalogique des
principales branches de la Maison de la Châtre, originaire du
Berri, transplantée en Limousin,
aux confins de la basse Marche,
dans le Poitou et dans le Maine.
Les premiers degrés en ont été
dressés d'après l'histoire du
Berri, celle des Grands Officiers
de la Couronne, Dictionnaire de
la Noblesse et autres. Ceux du
milieu du xiv° siècle, sur originaux de preuves faites au règlemens ordonnés en différens
temps pour connoltre les contribuables aux impositions roturières, recherches générales des
faux nobles,... Ces preuves vérifiées,... par un chevalier des
ordres de Malthe et de S. Louis

(le chevalier BARTHÉLEMY DE CHAMBORANT DE DROUX), qui n'aspirant nullement au titre d'auteur, n'a pas cru devoir mettre ici son nom, qui n'ajouterait rien à la vérité qu'il a eue pour guide.—*Paris*, 1789, in-f.* Avec blason. — La Châtre. Tableau de la descendance la plus connue de cette Maison, où l'on trouve l'indication des preuves de leur existence et de ce qu'ils ont été à chaque page de sa généalogie. (Par le chevalier BARTHÉLEMY DE CHAMBORANT DE DROUX.)—*Paris*, 10 Juillet 1789, gr. in-f.* Avec blason.

> Voyez le n° précédent.—Voyez encore pour cette Maison: 1° *Histoire du Gatinois* par MORIN, p. 561 et 567; 2° *Histoire de la Noblesse de Touraine*, par L'HERMITE-SOULIERS; 3 *Histoire du Berry*, par DE LA THAUMASSIÈRE, p. 851; 4° la 3° édition de l'*Hist. généal. des Gr. Officiers de la Couronne*, du P. ANSELME, tom. VII, p. 364.

3690. Lettre critique de M. l'abbé D'ESTRÉES, prieur de Nefville, à M. le chevalier de la Roque, auteur du *Mercure*, sur la Noblesse de la Maison de Chaulieu, contenant une réponse à un article de son second *Mercure* du mois de juin 1744, la Réfutation d'une généalogie de cette Maison insérée dans le premier volume de l'*Armorial général de France*, et quelques Observations tant sur le fameux ouvrage que sur une Critique qui en a été faite dans le *Journal de Trévoux* du mois d'octobre 1742, avec plusieurs notes curieuses et intéressantes. — *Bruxelles*, 1745, in-12.*

> A la page 55 on trouve : « *Observation historique et critique sur la Maison de Mouy,...* »

3691. Mémoire pour M. le duc de Chaulnes, sur la substitution perpétuelle des biens de la Maison d'Albret. (Par SAVIN DU MOUY, avocat.)—*Paris*, imp. de Lambert, 1772, in-4°. Avec tableau généalogique.

3692. Notice sur la Famille de Cherisey. Extrait de la « *Statistique historique de la Moselle*, » publiée par VERRONNAIS. — *Metz*, 1844, in-8°. Pièce.*

3693. Chevreuse.

> Voyez ci-dessus, n° 2575 : « *Cartulaire de l'abbaye de Notre-Dame des Vaux de Cernay,...* »

3694. Chockier. Voyez *Surlet*.

3695. Note sur la Maison de Choiseul ; par URBAIN PLANCHER.

> Voyez ci-dessus, n° 2286 : « *Histoire générale... de Bourgogne...* » du même ;—voyez aussi *Praslin*.

3696. Notice généalogique sur la Famille Cholier de Cibeins, extraite de l'histoire de Dombes de SAMUEL GUICHENON, publiée par M. E. GUIGUE, archiviste paléographe. — *Trévoux*, 1861, in-8°. Pièce.*

3697. Brevet et Lettres d'Honneur et de Vétérance en faveur de Nicolas-Augustin Chuppin, trésorier général du Marc d'Or. Du 4 mars 1720.—*Paris*, 1729, in-4°. Pièce.*

3698. Notice des Archives de M. le duc de Caraman, précédées de recherches historiques sur les Princes de Chimay et les Comtes de Beaumont, par M. GACHARD.—*Bruxelles*, 1845, in-8°. [D.]

3699. (Généalogie de la Famille Cirier, par NICOLAS-LOUIS-MARIE-DOMINIQUE CIRIER.)—(*Paris*), lith. de Labbé, rue de Seine, 37 (1850), in-f° plano.*

3700. Factvm pour André et Baltazard de Clemens, Escuyers,... Contre les hoirs du sieur Président de Sainct Jean,... (signé CATINAL, Rapporteur.) — (S. l., 1664.) In-f°. Pièce.* Avec la Généalogie de Hardovin de Quiqueran.

> Voyez encore pour cette Maison 1° l'*État de la Provence*, par ROBERT de Briançon ; 2° l'*Hist. de la Noblesse de Provence*, par ARTEFEUIL (LA TOULOUBRE), tome I, page 269.

3701. Mémoire pour le marquis de Clermont d'Amboise contre le Comte et la Comtesse d'Harcourt; avec les Mémoires justificatifs fournis par ces derniers.

. —*Paris*, 1758, in-f°. Pièce. [D.]

Au sujet de la vente de la terre de Cheverny en Blaisois.—Voyez encore pour cette Maison : 1° *le Palais de l'Honneur*, du P. Anselme, page 367; 2° la *Recherche de la Noblesse de Champagne*.

3702. Clermont de Gallerande. Voyez ci-dessus, n° 3267.

3703. Lettres Patentes portant ratification du contrat d'acquisition fait par S. A. S. Monseigneur le Duc, du Comté de Clermont en Beauvoisis et des Châtellenies qui en dépendent; et qui ordonnent que S. A. S. jouira dudit Comté et Châtellenie, conformément au contrat d'engagement du 13 août 1569, tout ainsi et de la même manière que si ledit contrat avait été expédié en son nom. Données à Versailles le 19 Juin 1724.—(*S. l. n. d.*) In-4° Pièce.*

3704. Au Roi.—(*S. l. n. d.*) In-f°. Pièce.*

Requête du comte de Clermont-Tonnerre pour être maintenu en la possession des charges de connétable du Dauphiné et de grand-maître héréditaire de la maison du Dauphin et de la Dauphine.

3705. Table généalogiqve des Seignevrs de la Maison de Clermont en Davphiné, Comtes de Tonnerre. Par Robert Levvyt. Conseiller, Prédicateur et Aumosnier ordinaire du Roy. — *Troyes, 's. d.*), in-8°.*

Le P. Lelong ne cite que le manuscrit de cet ouvrage.—Voyez encore pour cette Maison la 3° édit. de l'*Hist. généal. des Gr. Officiers de la Couronne*, du P. Anselme, tome VIII, page 907.

3706. Hommage fait en la Chambre des Comptes et Covr des Finances de Davphiné. Par Messire François, comte de Clermont et de Tonnerre, cheualier, premier Baron,... — *Grenoble*, C. Bureau, 1646, in-f°. Pièce.*

Hommage de la Terre et Vicomté de Clermont. — Pièce rare.

3707. Histoire de plusieurs saints des Maisons des Comtes de Tonnerre et de Clermont. (Par Cousin, d'après les mémoires de François Clermont-Tonnerre.)—*Paris*, 1698, in-12.*

3708. Arrêt du Conseil d'Etat, du 23 mai 1755. Lettres-patentes en exécution de cet arrêt du 30 des mêmes mois et an. Arrêts de la Cour souveraine de Lorraine et Barrois; des Chambres des comptes de Lorraine et de Bar des 27 juin, 9 juillet et 15 septembre 1755, rendus dans les villes de Nancy et de Bar,... dans lesquels arrêts et patentes sont les preuves de la généalogie,... de la Maison des anciens comtes souverains de Clermont et de Breteuil, vicomtes de Chartres, sires de Crèvecœur, etc., en Beauvoisis, telles que rapportées en abrégé dans l'arbre généalogique qui est en tête,...—*Nancy*, (s. d.), in-f°.* Avec armoiries.

3709. Mémoire et consultation des avocats aux Parlements de Paris et de Grenoble, pour le Maréchal de Clermont-Tonnerre, contre Mme la comtesse de Lannion. (Par Me Aved de Lozerolles, avocat au Parlement de Paris.) — *Paris*, imp. *de Didot*, 1767, in-4°.

Avec une table généalogique de cette Maison.—Ouvrage rare, et intéressant pour l'histoire nobiliaire et féodale du Dauphiné. On y trouve, entre autres choses, l'ordre et la succession des fiefs de cette province; les changements qu'apportèrent les libertés delphinales aux lois des successions des fiefs; les actes d'inféodation de 1203 et de 1340, enfin l'usage de la Maison de Clermont.

3710. Arrêt d'adoption (de Eugène Tillette de Mautort, par Louis-François-Marie, comte de Clermont-Tonnerre de Thoury, et Marie-Françoise de Froger, son épouse).—(*Paris*), imp. *de J.-B. Imbert* (1818), in-f° plano.

3711. (Note de M. le marquis Amédée de Clermont-Tonnerre, signifiée à M. le duc, le 29 juillet 1853.)—(*Paris*), imp. *de H. et Ch. Noblet* (1853), in-4°. Pièce.

3712. Maison de Clermont-Tonnerre et M. le duc de Clermont-Tonnerre (Aimé-Marie-Gaspard)... (Par le vicomte Jules de Saintry). Extrait du « Panthéon biographique universel... » *Paris*, 1853, in-8°. Pièce.*

3713. Château de Bertangles (en (Picardie). (Par le marquis AMÉ-DÉE DE CLERMONT-TONNERRE.) — (S. l., 1853.) In-4°. Pièce.*

Notes historiques et généalogiques sur la Maison de *Clermont-Tonnerre.*

3714. Note relative à la Maison de Clermont-Tonnerre et à l'adoption du nom de Tonnerre par tous les descendants d'Anne de Husson, comtesse de Tonnerre. (Par M. le marquis AMÉDÉE DE CLERMONT - TONNERRE.) — *Paris (s. d.),* in-4°. Pièce.* — *Paris,* (1853), in-4°. Pièce. Avec tableau généalogique.

3715. Notes généalogiques pour M. le duc de Clermont-Tonnerre, M. le marquis et M. le comte de Clermont - Tonnerre. (Signé : CHAIX-D'EST-ANGE, avocat, et ÉTIENNE, avoué.)—*Paris* (1856), in-4°. Pièce.* Avec tableaux généalogiques.

3716. ...Mémoire pour M. le duc de Clermont - Tonnerre et ses fils, et consultations de MM. de Vatismenisl, Bethmont et Dufaure. —*Paris, typ. de Firmin Didot,* 1857, in-4°. Avec un tableau généalogique.

A propos du procès intenté au marquis Amédée de Clermont-Tonnerre et consors, touchant le droit de transmettre à leurs descendants leurs noms, titres et armes.

3717. Affaire de M. le duc de Clermont-Tonnerre et de ses fils contre le marquis Amédée de Clermont-Tonnerre et MM. Tillette de Mautort de Clermont-Tonnerre-de-Thoury. Recueilli par J. SABBATIER,... Extrait de la *Tribune judiciaire.*—*Paris, au bureau de la Tribune judiciaire,* 1858, gr. in-8°.

3718. Mémoire à consulter pour mademoiselle de Clisson.—(S. l. n. d.) In-f°. Pièce.*

Pour la généalogie de cette Maison, voyez la 3e édit. de l'*Hist. généal. des Gr. Officiers de la Couronne* du P. ANSELME, tome VI, page 207.

3719. Généalogie de la Maison de Clugny. — *Dijon,* 1723, in-4°. [D. M.]

3720. Généalogie de la Maison de Clugny, par M. DESAUTOUR. — *Amsterdam,* 1724, in-f°.* Avec une table généalogique.

3721. Généalogie de la Famille de Clugny dressée sur les titres originaux, pour servir de réponse aux généalogies et autres écrits donnés au public par François de Clugny, seigneur de Thenissey. (Par M. ÉTIENNE DE CLUGNY, conseiller honoraire au Parlement de Dijon.) — *Dijon*(1737), in-4°.* Avec armoiries et preuves généalogiques.

Cette généalogie est intéressante pour l'histoire de la province de Bourgogne à cause des notes savantes et des recherches curieuses qu'elle renferme.

3722. Généalogie de la Famille de M. le Conseiller de Clugny, rapportée suivant ses preuves et les contredits qu'on y donne ; et plusieurs mémoires du procès. (Par Me JUILLET, avocat au parlement de Dijon.}—(*Dijon, s. d.*) In-4°. [L. F.]

3723. Mémoire pour M. Desautour contre M. le Conseiller de Clugny.—(S. l. n. d.) In-f°. [L. F.]

3724. Généalogie de la Maison de Clugny, prouvée contradictoirement sur la foi des auteurs et des titres.—*Dijon, (s. d.),* in-f°. [L. F.]

3725. Acte des Commissaires Généraux députés par le Roy pour l'exécution de sa Déclaration du 4 Septembre 1696, par lequel le sieur Cochet de Saint-Valier est maintenu en sa qualité de noble, commençant par ces mots : « Les Commissaires,....»—(S. l., 12 février 1699.) In-f°. Pièce.*

3726. Nouvelles observations adressées à l'Assemblée nationale, par les parents de M. Cochet de Saint-Valier. (Par J. GODARD.)... (*Paris,* 10 *août* 1791.) In-4°. Pièce.*

3727. Recueil généalogique de la Famille de Cock, comprenant sa parenté directe et collatérale et ses alliances ; par N.-J. STEVENS. —*Bruxelles, F. Parent,* 1855, in-f°.

Tiré à petit nombre et non mis en vente.

3728. Descendans de Marie le Coignieux, fille de Jacques le Coignieux et de Geneviève de Montholon, mariée à Mathias Maréchal.

> Formant le 6ᵉ tableau de l'«Abrégé cronologique de la fondation... du collège de Boissy...» (Par J. CHEVILLARD.) Voyez ci-dessus, nº 3537.

3729. Erection du Dvché de Coigny.—(S. l., 1748.) In-fº. Pièce.*

3730. Histoire généalogique de la Famille de MM. Colas, de la ville d'Orléans. (Par LE GAINGNEULX, chanoine de Saint-Aignan.) — (S. l.), 1768, in-4ᵉ. [Bar.]

3731. La Ligne directe depuis Jacques Colbert, baron de Castelhill, jusqu'à Jean-Baptiste Colbert, marquis de Seignelay, ministre d'Etat.—(S. l. n. d.) In-fº plano.*

> Planche de 29 blasons gravés, contenue dans le « Recueil des titres de la Maison d'Estouteville.»—Voy. ce nom.

3732. Devises héroïqves svr les armes de monseignevr de Colbert. (Par ORONCE FINÉ DE BRIANVILLE.)—Paris, 1667, in-4ᵉ. Pièce.* Avec armoiries et vignettes gravées par F. CHAUVEAU.

3733. La Gvyvre mystérievse, ov explication des armes de la très-illvstre Famille de Colbert, par Mʳ BRICE BAVDERON, seigneur DE SENECEY,....—Macon, 1680, in-8ᵉ.* Avec armoiries.

3734. Cinquante Devises pour Monseigneur Colbert, conseiller ordinaire du roy, par le P. MÉNESTRIER,...—Lyon, 1683, in-8ᵉ. [Col.]

> Voyez encore ci-après : Estouteville.

3735. Table généalogiqve de l'illvstre Maison de Colligny, dressée svr chartes et titres avtentiqves en attendant l'histoire. Par le Sieur DV BOVCHET, cheualier de l'Ordre du Roy et l'un de ses Gentilshommes seruans.—Paris, Edme Martin, 1640, 6 ff. imprimées sur le recto seulement formant tableau.* Avec blason.

> Excessivement rare.—L'histoire n'a jamais paru.—Voyez le nº suivant.

3736. Prevves de l'Histoire généalogique de l'illvstre Maison de Coligny, tirées des chartes de diverses églises et abbayes, et de plusieurs autres titres, mémoires, chroniques et histoires dignes de foy, par le sieur DV BOVCHET,...—Paris, 1662, in-fº.*

> Le privilége porte : «... Nostre bien amé Jean Dv. Pvis... nous a fait remonstrer qu'il a recouvré un manuscript intitulé : Histoire de la Maison de Coligny, contenant son antiquité du nom et des armes avec preuves; par le sieur Dv. Bovchet, » d'après cela on serait tenté de croire que ce volume comprenant la généalogie proprement dite a été publié : il n'en est rien. du Bouchet n'a jamais fait paraitre que les preuves de cette histoire et la pièce qui est l'objet du nº précédent.—Voyez encore pour cette Maison, la 3ᵉ édit. de l'Hist. généal. des Gr. Officiers de la Couronne, du P. ANSELME, tom. VII, p. 141.

3737. Généalogie de la Maison de Colins, par M. Dᵛᵗˣ S. D. Hˣˣˣ (DE VISIANO, sieur DE HOOVE.)—(S. l.), 1773, in-fº. [B. Bru.]

3738. Généalogie de la Maison de Colligny en Bresse.—Paris, 1565, in-8ᵉ. [A. D.]

3739. Généalogie de la Maison de Caloma.—Malines, 1759, in-fº.

3740. Généalogie de la Famille de Coloma. (Par P.-ALPH. LIVIN, comte DE COLOMA.) — (Louvain, 1777.) In-fº. [B. Bru.]

> Cet ouvrage n'a pas été achevé et ce qui en a paru n'a été tiré qu'à 150 exemplaires.

3741. Généalogie de la Famille de Coloma; par J. F. A. F. DE AZÉVÉDO COUTINO Y BERNAL.—(S. l. n. d.) In-fº. [B. Bru.]

3742. Casa del conte Colonna d'Istria (Ignazio Alessandro), Primo Presidente della Corte Imperiale de Bastia, Commendatore dell' Ordine Imperiale della Legion d'onore, e suoi discendenti. — Bastia, 1860, in-4ᵉ.*

3743. Actes importans concernant la Maison des vicomtes de Comborn, marquis de Saillant.(Publié par CHARLES-LOUIS-JEAN-GASPARD DE LASTEIRE, Vicomte DE COM-

BORN, Marquis DU SAILLANT, grand Sénéchal du Haut et Bas Limousin.) — *Paris*, 1774, in-4°.* Avec armoiries.

3744. Précis historique de la Maison impériale des Comnènes, où l'on trouve l'origine, les mœurs et les usages des Maniotes ; précédé d'une filiation directe et reconnue par Lettres-Patentes du Roi du mois d'Avril 1782, depuis David, dernier Empereur de Trébisonde, jusqu'à Démétrius Comnène, actuellement capitaine de Cavalerie en France. (Par le prince DÉMÉTRIUS COMNÈNE.) — *Amsterdam*, 1784, in-8°.*

3745. Notice sur la Maison Comnène et sur ses vicissitudes ; sur les circonstances qui l'ont transplantée en France ; et sur le dévouement du prince Démétrius-Comnène à la cause du roi pendant la révolution. (Par le prince DÉMÉTRIUS-COMNÈNE.) — *Paris, imp. de Demonville*, 1816, in-8°. Pièce.*

Voyez *Ange (F).*

3746. Les Actes et dispense du mariage confirmé, contracté et célébré par l'autorité apostolique, entre très-nobles et très-illustres Henry de Bourbon et Marie de Clèves, prince et princesse de Condé. — *Lyon*, 1573, in-8°. [Tec.]

Rarissime.

3747. Explicatio genealogiæ serenissimi Henrici II. Condæi, Franciæ Principis, à Divo Ludovico per Borbonios, ac etiam ab Imbaldo Trimulio usque ad utrumque dicti Henrici parentem repetitæ ; authore R. P. F. IOSEPH TEXERA, Portugallensi,... —*Parisiis*, 1596, in-4°. [L. F.]—*Parisiis*, 1593, in-8°.*

Le même ouvrage a reparu sous le titre suivant.

3748. Rervm ab Henrici Condæi Franciæ Protoprincipis majoribus gestarum Epitome. Ejusdemque Henrici Genealogiæ Explicatio, à divo Ludovico per Borbonios, atque ab Imbaldo Trimollio ad utrumque dicti Henrici parentem repetitæ.(Auc-

tore JOSEPH TEXERA.) — *Parisiis*, 1598, in-12.*

A la suite on trouve avec pagination particulière : « *Narratio in qra tractatur de apparitione abstrutione coersione et synaxi illustrissimæ principis Carlottæ Catharinæ Trimolliæ Principissæ Condæi Henrici Borbonii primi in Francia Principis Sangninis primique Paris Mater.* » Le P. Lelong fait de cette pièce un article à part sans se douter qu'elle fait partie de l'ouvrage ci-dessus.

3749. Explication de la généalogie de très hault et très pvissant Henri, Prince de Condé, premier prince du Sang de France, descendant en ligne légitime masculine de S. Louys, par les premiers comte et duc de Bourbon et d'Imbavld, Seigneur de la Trimoville, jusques aux père et mère dudict prince Henri. Recueillie en latin par R. P. F. Ios. Tex. (TEXERA), Portugais de l'ordre des Frères Prédicateurs... Et mise en François par I. D. M. (I. DE MONTLYARD.)—*Paris*, 1596, in-8°.* Avec une table généalogique in-f° plano.

3750. Extraict dv contract de mariage de feu messeigneurs les Prince et Princesse de Condé, passé le treizième mars mil six cens-neuf. — (*S. l. n. d.*) In-f°. Pièce.*

3751. Arrests dv conseil privé dv Roy, et de la Cour de Parlement de Dijon, donnez au proffit de Monseigneur le prince (de Condé) pour raison de l'Erection de sa terre de Chasteauroux en Duché et Pairie, contre diuers opposants..—*Tolose*, 1628, in-8°.*

3752. Contract de mariage de Monsievr le prince de Condé auec Damoiselle Claire-Clémence de Maillé, fille de monsieur le mareschal de Brézé et de Nicole du Plessis de Richelieu, niepce de feu monsieur le cardinal de Richelieu ; ledit contract en date du trentième Iannier mil six cens quarante-un.—(*S. l. n. d.*) In-f°. Pièce.*

3753. Contrat de mariage de monseigneur Louis de Bourbon, duc d'Enghien, et mademoiselle Louise-Françoise de Bourbon, légitimée de France. — (S. l., 1685.) In-f°. Pièce.*

3754. Codicille et svite dv testament de... Charlotte Margverite de Montmorency, princesse dovairière de Condé, dvchesse de Montmorency et de Chasteau-Roux, dame de Chantilly, de Merlou et autres terres et seigneuries. Décédée à Chastillon sur Loin, le deuxième décembre 1650.—Paris, 1651, in-4°. Pièce.*

3755. La Maison de Condé, par Guibout,... — Rouen, 1856, gr. in-8°.*

3756. La Généalogie de la Maison de Conflans; par Charles (René) d'Hozier,...—Chaalons (s. d.), in-f°. Pièce. [L. F.]

3757. Notice généalogique sur la branche de la Maison Constant de Rebecque, connue sous le nom de Seymour de Constant. (Par M. le baron Guillaume-Constantin Seymour de Constant.) — Abbeville, imp. de P. Briez (1837), in-8°. Pièce.*

Tiré à 200 exemplaires.

3758. Notes (faisant suite à la notice précédente, par le même). Abbeville, imp. de P. Briez (1852), in-4°. Pièce.* Pag. 17-19.

3759. Généalogie de la Famille de Constantin, extraite du tome second des « Archives généalogiques et historiques de la Noblesse de France, » publiées par M. (P. L.) Lainé.—Paris, 1829, in-8°. Pièce.*

3760. Conti.

Voyez ci-dessus les nos 3226-3231.

3761. Généalogie de la Maison des Coquilles, faite par Guy Coquille, escuyer, seigneur de Romenay. Ensemble la lettre d'anoblissement de la Maison desdits Coquilles, par le roi Charles VI, en l'année mil trois cents et unze. — (S. l. n. d.) In-4°. Pièce.*

Voyez aussi le tome I des œuvres de l'auteur.

3762. Note sur la Maison de Corcelles ou Courcelles; par Urbain Plancher.

Voyez ci—dessus, n° 2286 : « His-

toire générale... de Bourgogne...» du même.

3763. Généalogie de la Famille de Charlotte Corday.

Impr. dans les Mémoires de Fleury, 1807, et reproduite dans l'étude historique de Lairtullier, 1840.

3764. Généalogie de la Maison de Cordelier et ses alliances. — (S. l., 1630.) In-8°. Pièce.*

3765. Cornemont. Voyez Buisseret.

3766. Lettre à M. l'abbé Trublet, contenant la généalogie de Corneille; par M. Dreux du Radier.—(S. l.), 1757, in-12. [L. F.]

3767. Supplément à la généalogie de la Maison de Cornulier, imprimée en 1847. (Par Ernest-François-Paulin-Théodore de Cornulier-Lucinière, ancien directeur de l'Observatoire de marine à Lorient.)—Nantes, 1860, in-8°.* Avec la description des armes de chaque branche de la Famille.

La généalogie de cette Maison fut publiée en deux parties. La première parut dans les « Archives généalogiques et historiques de la Noblesse de France, » de Lainé, année 1847. La seconde parut séparément, mais elle ne fut tirée qu'à 200 exemplaires et non mise en vente.

3768. Table généalogique de la Famille de Corten, avec quelques pièces sur l'Erection de N. D. au delà de la Dyle à Malines, par J. F. A. F. de Azévédo Coutino y Bernal.—Louvain, 1753, in-f°. [B. Bru.]

3769. Mémoire abrégé au sujet de la Noblesse des sieurs le Corvaisier de Bretagne; en présence des Officiers municipaux de l'Hôtel de Ville d'Angers, et de M. le Procureur-Général de la Cour des Aydes. (Signé : l'abbé Budel, avocat; et Me Busche, procureur.)—(Paris), imp. de P. F. Gueffier (s. d.), in-4°. Pièce.

3770. Recueil des titres et pièces concernant les Attributs, Droits et Prérogatives de la Terre et Seigneurie de Corval d'Amber-

nard, ses dépendances et annexes
—(*S. l. n. d.*) In-f°. Pièce.*

3771. Note sur la Maison de Couches; par URBAIN PLANCHER.

> Voyez ci-dessus, n° 2286 : « *His-
> toire générale.. de Bourgogne..* »
> du même.—Voyez encore pour
> cette Maison l'*Hist. des ducs de
> Bourgogne*, par ANDRÉ DU CHESNE.

3772. Traité des Nobles,... avec
une Histoire et Description gé-
néalogique de la... Maison de
Coucy et de ses alliances,... par
FRANÇOIS L'ALOUETTE,... (1577.)
Voyez ci-dessus n° 918.

3773. Mémoires historiques; I. sur
la Maison de Coucy. II. Sur la
dame de Faiel. III. Sur Eustache de Saint-Pierre,... par M.
DE BELLOY.... *Paris*, 1770, in-8°.*

> L'on trouve encore quelques
> exemplaires de cet ouvrage, avec
> quelques variantes sur le titre mais
> c'est toujours la même édition.—
> Voyez encore *Guines*.

3774. De la Cour. Extrait de l' « *Armorial historique et généalogique
de l'ancienne Chevalerie de Lorraine,* » par JEAN CAYON. *Nouvelles recherches,* inédites.—*Saint-
Nicolas-de-Port*, 1852, in-4°. Pièce.* Avec neuf blasons gravés
sur bois intercalés dans le texte.

3775. Abrégé historique de la Maison de Courbeau, de Marseille,
publié avec l'approbation spéciale de S. A. I. la Princesse
Mathilde... Contenant des notes
très-curieuses et inédites sur diverses personnes illustres qui
ont eu des relations de parenté
ou d'amitié avec cette Famille,
par le baron de B***.—*Marseille*,
1857, in-8°. Pièce.*

3776. Généalogie de la Maison de
Courbon de la Roche-Courbon-
Blénac.— *Nontron* (1859), in-8°.
Pièce.*

3777. Arrest du Grand Conseil,
par lequel Messire Anthoine de
Courlay, petit-fils de Guillaume
de Courlay, Secrétaire du Roy
et Contrôleur en la Chancellerie de Paris, a esté déclaré Noble, et comme tel exempt des
Tailles et autres impositions.

(27 avril 1662.)—(*S. l. n. d.*) In-4°.
Pièce.*

3778. Notice historique et généalogique sur la Maison de Couronnel, marquis de Couronnel,
comtes de Willerval, seigneurs
de Coges, de Loiselot, de Baali,
de Mernes, de Hersin, de Ran-
tigny, de Berghineuse, de Vélu,
du Hamel, etc., en Flandre, Artois, Picardie. (Par BOREL D'HAU-
TERIVE.) — *Paris* (1859), in-8°.
Pièce.* Avec blason.

> Extrait de l' « *Annuaire de la
> noblesse* » de 1859.

3779. Généalogie de la Maison de
Covrtenay. — (*S. l.*), 1602, in-f°
plano. [B. R.] Pièce gravée avec
figures et tableaux imprimés.

3780. Libre Discovrs d'vn vray
françois au Roy. (Sur la descendance royale de MM. de Courtenay.)—(*S. l. n. d.*) In-8°. Pièce.*

3781. Mémoire pour Messievrs de
Covrtenay. Sur les Requestes
par eux presentées au Roy,...
(consistant) en ce poinct : qu'ils
sont troublez par Môsieur Molé,
Procureur-général, en leur qualité... qui est de se dire issus...
de masle en masle légitimement
de Lovys-le-Gros VI...— (*S. l.
n. d.*) In-8°. Pièce.*

3782. Mémoire sur l'instance que
font ceux de la Branche et Maison de Covrtenay deuant le Roy,
pour estre maintenus et conseruez au droict libre de leur origine.... — (*S. l. n. d*) In-8°.
Pièce.*

3783. Recveil de pièces concernant la Maison de Covrtenay.—
(*S. l. n. d.*) In-12.*

3784. Discovrs svr la généalogie
de la Maison de Covrtenay, issve
de Lovys le Gros, sixiesme du
nom, Roy de France. (Par Hé-
LIE DU TILLET, sieur DE GOVES.)
—*Paris*, 1603, in-8°.*—...Auec
les requestes présentées au Roy
sur ce subiect, et ensemble vne
représentation du mérite de ceste
instance.—*Paris*, 1603, in-8°.*—
(Autre édition augmentée.) *Paris*, 1603, in-8°.*

> L'exemplaire de la première
> édition que possède la Bibliothè-

que impériale est enrichi de notes manuscrites savantes et curieuses.

3785. Représentation dv mérite de l'instance faicte par Messieurs de Courtenay, pour la conseruation de la dignité de leur Maison.—*Paris*, 1603, in-8°.*

3786. Reqveste présentée av Roy par Messievrs de Courtenay, le quinziesme Ianuier mil six cens trois.—(*Paris*, 1603.)In-8°. Pièce.*

3787. Reqveste présentée av Roy par Messievrs de Courtenay, le quinziesme décembre mil six cens trois. — (*S. l. n. d.*) In-8°. Pièce.*

3788. Remontrance au Roy, par Messieurs de Courtenay, sur les Requestes présentées à Sa Majesté en 1603.—*Paris*, 1604, in-8°. [L. F.]

3789. Remonstrance av Roy du 7 Ianvier 1605, par Messieurs de Courtenay, sur les Requestes par eux cy-deuant présentées à Sa Majesté.—*Paris*, 1605, in-8°. [B. Mus.]

3790. The State of the Godly both in this Life, and in the Life to come: delivered in a Sermon et Chudleigh in Devon, at the Funeralls of the Rigth Worshipfull the Ladic Elizabeth Courtney, the II of Nov. 1605, and published for the Instruction and Consolation of the Faithfull. By ROBERT WOLCOMBE, minister. Whereunto is annexed the Christian Life and Godly Death of the sayd Worshipfull Ladye Elizabeth Courtney. With a Dedication to the Worshipfull his good friend Thomas Clifford.—*London*, 1606, in-4°. [J. D.]

3791. De Origine et Stirpe Domvs de Courtenay qvæ cœpit à Ludovico Crasso, huius nominis sexto, Francorum rege, Sermocinatio. Cvi inserti svnt supplices libelli Regi ad hanc rem oblati, vna repræsentatione iuris et meritorum præsentis instantiæ. Addita sunt responsa celeberrimorum Europæ Iurisconsultorum.—*Autissiodori*, 1607, in-8°.* —*Parisiis*, 1607, in-8°.* Avec un tableau généalogique et pièces justificatives.

La préface est en français dans l'édition d'Auxerre.

3792. Requeste présentée au Roy par Messieurs de Courtenay, le 22 ianvier mil six cens et huict. (*S. l. n. d.*) In-8°. [L. F.]

3793. Représentation dv procédé tenv en l'instance faicte deuant le Roy par Messieurs de Courtenay pour la conseruation de l'honneur de leur Maison et droit de leur naissance. Ensemble les noms des Docteurs et Iurisconsultes qui ont esté consultez sur ce subiect auec vn résultat abrégé des aduis qu'ils en ont donné.—*Paris*, 1608, 1609, 1613, in-8°.* Avec tableau généalogique.

La Bibliothèque communale de la ville d'Amiens possède un exemplaire de cet ouvrage sur lequel se lit une note manuscrite qui attribue cet ouvrage à ANDRÉ DU CHESNE.

3794. Continvation dv procédé tenv en l'instance faite deuant le Roy par Messieurs de Courtenay, pour la conseruation de l'honneur de leur Maison et droit de leur naissance.—(*S. l. n. d.*) In-8°.*

3795. Continvation du procédé. —(*S. l. n. d.*) In-8°. Pièce.*

Différent du précédent.

3796. Remonstrance de Messieurs de Courtenay, auec protestation de leur droit et origine par eux mise entre les mains du Roy le XI Mars 1609.—(*S. l. n. d.*) In-8°. Pièce.*

3797. Congé demandé à la Royne Régente mère du Roy, par Messieurs des Salles et de Frauville, de la Maison de Courtenay, de se retirer hors du royaume, le 24 janvier 1613. — (*S. l. n. d.*) In-8°. Pièce.*

3798. Lettre de Messieurs de Courtenay à Messieurs du Parlement de Paris sur le subiect qui les a portés à se retirer hors de France (29 décembre 1613). — (*S. l. n. d.*) In-8°. Pièce.*

3799. Lettre de Messieurs des

Salles et de Frouille, de la Maison de Courtenay, se retirant hors de France, à Messieurs du Parlement (29 décembre 1613). (S. l. n. d.) In-8°. Pièce.*

    Même ouvrage que le n° précédent.

3800. Représentation du subiect qui a porté Messieurs des Salles et de Frauuille, de la Maison de Courtenay, branche de la royalle Maison de France, à se retirer hors du Royaume.— (S. l.) 1614, in-4°.*

3801. Demande par Jean de Courtenay des Salles et Jean de Courtenay Frauuille, datée de Londres, 16 mars 1614, en reconnaissance des droits de leur Maison, intitulée : « A la Royne Régente mère dv Roy. »—(S. l. n. d.) In-8°. Pièce.*

3802. Lettre de Messievrs de Covrtenay à la royne-mère, régente du royaume, en se retirant hors du royaume. De Londres, le 16 mars 1614.—(S. l. n. d.) In-8°. [L. F.]

3803. Mémoire mis entre les mains de Mosieur le Chacelier par Messieurs de Courtenay, du 27 février 1608 (1618)…—(S. l. n. d.) In-8°. Pièce.*

3804. Reqveste présentée au Roy par Messieurs de Courtenay, le xv juin mil six cens dix huit.— (S. l. n. d.) In-8°. Pièce.*

3805. Généalogie de la Maison de Covrtenay, branche de la royalle Maison de France. Présentée au Roy par Messieurs de Courtenay, le 23 décembre 1618.—Paris, 1618, in-f° plano.*

3806. Généalogie de la Maison de Covrtenay, issve de Loys le Gros sixiesme dv nom Roy de France. —(S. l. n. d.) Gr. in-f° plano.

    Pièce des plus rares, contenant l'arbre généalogique de cette Maison, avec quatre personnages au bas, gravés sur bois, représentant Louis le Gros, Alex. de France Pierre de France et Isabeau de Courtenay, accompagnés de leurs blasons. — Communiqué par M Dumoulin.

3807. Reqveste de Messieurs de Courtenay au Roy mise es mains de Monsieur de Boissize, Conseiller d'Estat, le troisiesme feburier 1620. — (S. l. n. d.) Pièce.*

3808. Mémoire pour faire voir la suite de temps en temps de la Maison de Courtenay, branche de la royale Maison de France, ajouté aux Requestes présentées au Roy les 15 juin 1618 et 3 fév. dernier, tendantes afin qu'il plaise à Sa Majesté de pourveoir à ceux de cette branche sur les entreprises faites au préjudice de l'honneur de leur Maison, le tout rapporté par Monsieur de Boissise au conseil assemblé par le commandement de Sa Majesté chez Monsieur le Chancelier le 17 juin 1620 auquel ont assisté avec ledit sieur Chancelier, Messieurs le Garde des Sceaux, président Janin, de Chasteauneuf, Pontcarré, de Vicques, de Boissise, rapporteur, de Champigny, de Bullion, le Bret et Ribier. — (S. l., 1620.) In-f° plano.*

3809. Reqveste présentée av Roy par Messievrs de Courtenay, le dix-neufiesme Ianuier mil six cens vingt et un.—(S. l. n. d.) In-8°. Pièce.*

3810. Reqveste présentée av Roy par Messievrs de Courtenay, l'vnziesme de mars mil six cens vingt-deux.—(S. l. n. d.) In-8°. Pièce.*

3811. Mémoire adiovsté sur l'instance faicte par Messieurs de Courtenay, auec vne remonstrance au Roy, sur les Requestes par eux présentées à Sa Majesté. —(S. l.), 1622, in-8°. Pièce.*

    Touchant les droits de leur Maison.

3812. Remonstrance présentée av Roy par Messieurs de Courtenay le 16 mars 1626; avec une lettre du sieur DE LA VERCHIÈRE, Procureur en la justice du Grand-Prevôt de l'Hôtel, à M. de Courtenay, de Paris, le 14 Septembre 1620; et une autre lettre du Roy d'Angleterre au Roy de France, pour servir de recommandation en la cause de MM. de Courtenay, de Westminster, le 9 Juillet 1614.—(S. l. n. d.) In-8°. [L. F.]

3813. Remonstrance présentée av Roy par Messieurs DE COURTE-NAY, le seiziesme mars mil six cens vingt six.—(S.l., 1626.)In-8° Pièce.*

3814. Remonstrance de Messieurs de Courtenay, présentée le 6 mars 1628 au Roy.—(S. l.), 1628, in-8°. [L. F.]

3815. Histoire généalogiqve de la Maison royale de Covrtenay. Jvstifiée par plvsievrs chartes de diuerses églises, arrests du parlement, titres du trésor du Roy et de la Chambre des Comptes.... par M. (JEAN) DV BOV-CHET,...—Paris, 1661, in-f°.*

Avec portraits, sceaux, blasons et tombeaux gravés.

La Bibliothèque impériale possède un autre exemplaire enrichi de nombreuses additions et corrections manuscrites de la main de Charles-René d'Hozier.

3816. Protestation de M. le Prince de Courtenay et de Messieurs ses enfans, faite entre les mains du Roy, pour la conservation des droits de leur naissance, le 11 février 1662.—(S. l. n. d.) In-8°. Pièce.*

3817. Mémoire présenté au Roy par monsieur le prince de Courtenay, ensuite de sa protestation le 13 fevrier 1662.—(S. l. n. d.) In-f°. Pièce.* Avec tableau généalogique.

3818. Reqveste présentée av Roy par M. le Prince de Courtenay, le 23 mars 1666. — (S. l. n. d.) In-f°. Pièce.*

3819. Protestation faite par les Princes de Courtenay, pour la conservation des droits de leur naissance, du premier Octobre 1820.—(S. l.), 1715, in-f°. [L. F.]

3820. A Genealogical history of the noble and illustrious Family of Courtenay. In three Parts. I. Of the Counts of Edessa. II. Of that Branch that is in France. III Of that Branch that is in England. By EZRA CLÉAVELAND,...—Exon, 1735, in-f° [B. Mus.]

3821. Requete au Roi, de HÉLÈNE de Courtenay, femme du sieur de Beaufremont, contre un arret du parlement du 7 fevrier 1737, portant radiation de sa qualité de Princesse de sang royal de France.—(S. l. n. d.) In-f°. Pièce. [L. F.]

3822. Protestation de la Princesse Hélène de Courtenay Beaufremont, du 22 février 1737, contre l'arrêt en radiation du sang royal commençant ainsi : « Au Roi. »—(S. l. n. d.) In-f°. Pièce.*

3823. A Short Memoir critically illustrating the Histories of the Noble Families of Tracy and Courtenay, of Devonshire, exhibiting likwise the Ancient Usage or Variation of Coat Armour in that of Tracy. — Canterbury, 1796, in-8°. [B. Mus.]

Avec les armes de Tracy, du vicomte de Tracy et celles du vicomte de Courtenay.

3824. In the House of Lords. The Case of William Viscount Courtenay on his claim to the title and dignity of Earl of Devon.—(S. l.) 1830, in-f°. [J. D.]

Imprimé par odre de la Chambre des Lords, et non mis en vente.

3825. Minutes of Evidence taken before the Committee for Privileges to whom the Petition of William Viscount Courtenay, etc., to His Majesty praying that his right to the Earldom of Devon may be recognized by His Majesty, etc., was referred. —(S. l.) 1831, in-8°. [J. D.]

Imprimé par ordre de la Chambre des Lords, et non mis en vente.

3826. A Letter to the Right The Lord Brougham and Vaux, etc., etc., on the late Decision of the Earldom of Devon. (By Sir T. C. BANKS.) — London, 1831, in-8°. [J. D.]

Au sujet de la Maison de Courtenay.

3827. Report of Proceedings on the Claim to the Earldom of Devon in the House of Lords. With Notes and an Appendix. By Sir HARRIS NICOLAS, BARISTER at LAW.—London, 1832, in-8°.[J. D.]

Même sujet que le n° précédent.

3828. Publications du Musée biographique, Panthéon universel. Notice biographique sur la Famille de Courtivron (Philippe-Marie le Compasseur), ancien maire de Dijon,... (Par HENRI DE MOTCHETZ.)—*Paris*, 1856, in-8°. Pièce.*

Voyez encore pour cette Maison le registre V de l'*Armorial* de D'HOZIER.

3829. Généalogie de la Maison de Courvol en Nivernois, dressée sur titres originaux et sur des jugements d'Intendans, rendus lors de la Recherche de la Noblesse du royaume en 1666, et depuis. (Par CHARLES DE COURVOL, religieux bénédictin.) — (S. l.), 1750, in-4°. Pièce.*—Seconde édition, revue, corrigée et augmentée. (S. l.), 1753, in-4°.*

Avec un tableau généalogique. —Cette généalogie intéresse presque toutes les Familles nobles du Nivernais.—A la suite de la seconde édition se trouve la généalogie de la Famille Reugny.

L'exemplaire de cette édition conservé à la Bibliothèque impériale contient sur le titre la note suivante de la main de Chérin : « Cet ouvrage ne mérite qu'une confiance mesurée; on a donné de bons avis à l'auteur, mais il ne les a pas suivis... »—L'exemplaire de la première édition qui se trouve aussi à la Bibliothèque impériale renferme un grand nombre d'additions et de corrections manuscrites.

3830. Généalogie de la Famille de Coussemaker et de ses alliances. (Par CHARLES-EDMOND-HENRI DE COUSSEMAKER, correspondant de l'Institut impérial de France.)—*Lille*, 1858, gr. in-4°.*

Avec un grand nombre d'armoiries, la plupart tirées sur couleurs.

Les alliances de cette Famille sont si nombreuses, que l'on peut à juste titre considérer cet ouvrage, d'ailleurs très-bien fait, comme le Nobiliaire de la haute bourgeoisie anoblie, de toute la Flandre Wallonne française.

3831. Généalogie de Bernard Angelique Crémeavlx d'Entragves, conforme à celle d'ANTOINE LAUBEPIN, donnée pour modèle. — (S. l. n. d.) In-f° plano.*

3832. Réponse à l'exposé pour le comte de Créquy; contre le marquis de Créquy. (Signé. M° DEBONNIÈRES, avocat; LESCOT, procureur.)—*Paris, imp. de P.-G. Simon*, 1779, in-4°. Pièce.

François-Louis-Marin le Jeune de la Furjonnière, se disant issu de la Maison de Créqui, s'intitulait comte de Créqui. Cette qualification dûment ou indûment acquise lui fut contestée par le chef de nom et d'armes de cette Maison, Charles-Marie Marquis de Créqui. De là un procès en quelque sorte nobiliaire dans lequel les parties intéressées fournirent un grand nombre de pièces généalogiques et autres concernant leur noblesse respective. De toutes ces pièces fort rares aujourd'hui et la plupart très-curieuses, nous n'avons pu retrouver que celle ci-dessus décrite et les neuf suivantes.

3833. Consultation pour la marquise de Créqui et le comte de Créqui-Canaple; contre les sieurs le Jeune de la Furjonnière. (Signé : TREILHARD, LAMBON, BOUDET et TRONCHET.)— *Paris, imp. de L. Cellot*, 1780, in-4°. Pièce.

Opuscule curieux à cause des détails qu'il renferme concernant la Noblesse de l'Artois.

3834. Précis pour le marquis de Créqui, contre les sieurs le Jeune. (Signé : CORVISART, procureur.)—*(Paris), imp. de L. Cellot*, 1780, in-4°. Pièce.

3835. Mémoire à consulter pour Charles-Marie de Créquy, marquis de Créquy, chef de nom et des armes, qui sont d'or au crequier de gueules; contre François-Louis-Marin le Jeune de la Furjonnière, chevalier de l'Ordre de Saint-Louis, soi-disant comte de Créquy; et contre le Jeune ses frères. (Signé : TREILHARD, LAMBON et TRONCHET.)— *(Paris), imp. de L. Cellot*, 1780, in-4°. Pièce. [B. Am.]

3836. Mémoire du sieur Chérin sur la production de MM. le Jeune de Créquy: (Signé: M° DEBONNIÈRES, avocat.)—*Paris, P. G. Simon*, 1780, in-4°. Pièce.

Titre pris à la page 3. La page 1 porte : « *Le marquis de Créquy a fait imprimer et plaider, que si le sieur Chérin lui eut dit que le comte de Créquy étoit son parent il auroit couru l'embrasser. Le sieur Chérin a fait un travail particulier d'après lequel celui-ci est monté dans les carosses du Roi. Le travail a été envoyé depuis à MM. les Maréchaux de France. Le comte de Créquy croit devoir mettre sous les yeux de ses juges et du public ce travail sur lequel il a formé le plan de sa défense.*

3837. Observations importantes pour le marquis de Créqui, contre les sieurs le Jeune. (Signé : le marquis DE CRÉQUI, et CORVISART, procureur.)—(Paris), imp. de Valade, 1781, in-4°. Pièce.

3838. Réplique pour le marquis de Créqui et comte de Créqui-Canaples, appellans; contre les sieurs le Jeune de la Furjonnières, intimés. (Signé : D'AGUESSEAU, avocat-général ; Me TREILHARD, avocat; CORVISART, procureur.)—Paris, imp. de Valade, 1781, in-4°. Avec tableaux généalogiques des Créqui, Créqui-Canaples et le Jeune.

3839. Consultation. (Signé: DEBONNIÈRES, DU VERNE, COQUELEY DE CHAUSSEPIERRE, BABILLE, CLERMONT, MAUCLERC, TARGET, FÉREY.)—Paris, P. G. Simon, 1781, in-4°. Pièce. Avec pièces justificatives et un extrait de la carte d'Artois dressé par BRION.

En faveur du comte de Créqui

3840. Consultation pour le marquis de Créqui et le comte de Créqui-Canaples, contre les sieurs le Jeune. (Signé : TREILHARD, DELAMBON, BOUDET et TRONCHET.)—(Paris), imp. de Valade, 1781, in-4°. Pièce.

3841. Consultation. Le Conseil soussigné qui a lu le Mémoire du comte de Créquy contre le marquis de Créquy et le comte de Créquy-Canaples,... estime que tous les faits étrangers à la question allégués par le marquis de Créquy relativement... à la noblesse de la branche connue sous le nom de le Jeune, doivent être mis à l'écart,... (26 Janvier 1781, signé: DU VERNE.)—Paris (s. d.), in-4°. Pièce.

Voyez Furjonnière (la)—Voyez

encore pour la Maison de Créqui : 1° le Recueil des Maisons nobles d'Amiens, par DE LA MORLIÈRE, page 96; 2° l'Hist. généal. du Dauphiné, par GUY ALLARD, tom. I; 3° la 3e édit. de l'Hist. généal. des G. Officiers de la Couronne, du P. ANSELME, tome VI, page 777.

3842. Généalogie de la Maison de Crèvecœur (des anciens comtes souverains de Clermont en Beauvaisis.)—Nancy, imp. de H. Thomas, 1755, in-f°.* Avec blason.

Se compose d'une table généalogique in-f° plano, avec preuves in-f° de 126 page plus 4 ff. supplémentaires. — Voyez Clermont, et ci-dessus, n° 2575 : « Cartulaire de l'Abbaye de Notre-Dame des Vaux de Cernay... »— Voyez encore 1° le Recueil des Maisons nobles d'Amiens. par DE LA MORLIÈRE page 51; 2° la 3e édit. de l'Hist. généal. des Gr.Officiers de la Couronne. du P. Anselme, tome VII, page 109.

3843. Crociany. Voyez Monty.

3844. Histoire généalogique de la Famille de Croeser et de plusieurs autres Familles nobles qui leur sont alliées, par le baron de CROESER DE BERGES, avec portraits et armes gravés.—Bruges, 1790, 3 part. en 1 vol. in-f°. [D.]

3845. Généalogie de la Maison de Croisy.—Paris, 1668, in-f°. [De.] Avec figures.

3846. Précis historique et généalogique sur la Maison de la Cropte comtes de Bourzac, marquis de Saint-Abre et marquis de Chanterac-Beauvais ; suivi d'une notice historique sur Uranie de la Cropte de Beauvais, princesse de Savoie-Carignan, comtesse de Soissons. (Par M. BOREL D'HAUTERIVE.) — Paris, 1856, in-8°. Pièce.*

Extrait de l'Annuaire de la Noblesse de 1855, 13e année.

3847. Traicté et brief Discours de l'origine et descente de la grandeur, vaillance et splendeur des Princes, Ducs, Marquis, Comtes, Chevaliers et Seigneurs de la Maison de Croï, tant habitans en Epire, partie de la Grèce, qu'en la Gaulle Belgique.

(Par Isaac S. de Malmédy.) — *Paris*, 1566, in-8°.*

3818. Le Trophée d'Anthoine de Croy, prince de Porcean, souverain des terres d'outre et deçà la Meuse,.... par Ubert-Phil. de Villiers, son secrétaire. — *Lyon*, Saugrain, 1557, pet. in-f°. [Bru.]

Opuscule rare.

3819. La Généalogie et Descente de la très-illvstre Maison de Croy; par M. Iean Scorier, Beavmontois.—*Doray*, 1589, petit in-f°.* Avec un grand nombre de blasons gravés sur bois intercalés dans le texte.

La Bibliothèque impériale possède encore trois autres exemplaires de cet ouvrage enrichis de nombreuses additions et corrections manuscrites soit sur les titres, marges et interlignes, soit encore sur des feuilles détachées. Un de ces exemplaires a les blasons coloriés.

3850. Livre contenant la généalogie et descente de cevx de la Maison de Croy, tant de la ligne principale estant dv nom et armes d'icelle qve des branches et lignes collatérales de ladicte Maison. (Dressé par Jacques de Bye.) — (*Anvers*, 1620.) In-f°.*

Recueil de planches représentant avec leurs blasons et leurs généalogies, les portraits des principaux personnages de la Maison de Croy; accompagné de plusieurs *eaur-fortes* des châteaux ayant appartenu à cette Famille.

Le nombre de ces planches varie avec les exemplaires : celui de la Bibliothèque impériale en contient 63; celui de Van-Hulthem n'en avait que 43, et l'exemplaire de la Bibliothèque de Lille en renferme 61. Cependant ce dernier est loin d'être complet. Notre collègue et ami, M. Arnauldet, nous a montré huit autres planches, fort belles, toutes avant la lettre conservées dans la collection alphabétique des portraits au département des estampes de la Bibliothèque impériale, qui ne se trouvent pas dans les exemplaires que nous venons de citer.

Ce recueil, excessivement rare, et, du reste, non mis en vente, est recherché à cause des portraits qui, selon nous, ont été gravés

d'après de bons maîtres de l'école Flamande : le parti pris de grandeur dans le mouvement des draperies, et la naïveté des attitudes ne nous laissent aucun doute à cet égard.

J. de Bye exécuta ce travail alors qu'il se trouvait chez le duc de Croy-Arschot, vers 1620. Nous ne pensons pas que ces planches appartiennent toutes au burin de ce graveur, il fut aidé bien certainement par des artistes, alors peu connus, mais qui ont dû laisser quelques souvenirs dans l'art de la gravure. J. de Bye ne manquait certes pas de talent. Toutefois, il n'avait pas cette délicatesse de pointe propre à reproduire avec grâce les mobiles et harmonieux contours de la nature féminine. Ses portraits de femmes qui figurent dans ce recueil, dont quelques-uns, pour le dire en passant sont d'après François Porbus fils, par exemple, celui de Dorothée de Croy, de cette femme si célèbre par son esprit et sa beauté, ont quelque chose de roide et de guindé; tandis que les autres se distinguent tous par une souplesse de formes peu commune.

Quant à la partie généalogique proprement dite, J. de Bye nous paraît, si non le plus sûr, du moins le plus conséquent des généalogistes. Comme ses collègues il ne s'arrête pas en chemin; il poursuit imperturbablement sa route à travers le temps et les âges, et, sans craindre le déluge, remonte par « *Marcq de Hongrerie, père d'André III, roy; Attila, fils de Benducrm, nepueu de Nemroth...* » jusqu'à Adam !

3851. Le Mavsolée ducal, ou les nobles vertus exhalantes du Tombeau de Son Excellence Charles Philippes de Croy, dvc d'Havré et Croy, etc. Premier chef des Finances de Sa Majesté Catholique en ces Pays-Bas, Gouuerneur et grand Bailly de Tournay et Tournesiz, Mortaigne et Sainct-Amand, etc. Dédié à Messieurs de la Noblesse des Pays-Bas. Par le Sievr Carpentier.—*Tournay*, 1641, in-4°.*

3852. Généalogie et descendance de la Famille de Croy,... Par Jacques Chevillard. — (*S. l.*), 1715, gr. in-f° plano.

Magnifique planche entièrement gravée par l'auteur. Elle représente l'arbre généalogique de la

Famille de Croy avec les blasons de toutes les Familles alliées. D'ailleurs excessivement rare.—Communiqué par M. Dumoulin.

3853. Chronologie historique des ducs de Croy, contenant les preuves sur l'origine royale, la filiation de toutes les branches et les grandes illustrations de cette Maison ; le tout dressé sur titres originaux,... terminé par quelques diplômes des Empereurs, Rois de Hongrie, qui reconnaissent, attestent et proclament l'origine de la Maison de Croy comme issue en ligne directe et masculine des anciens Rois de Hongrie. — *Grenoble*, 1790, in-8°.* Avec tableaux généalogiques et le blason de la Famille gravé par L. LEROY.

3854. Copie d'un Manuscrit appartenant aux archives de la Maison de Croy. (Signé et certifié conforme à l'original : l'associé régisseur des mines d'Anzin, LEBRET.) — *Paris* (1845), in-4°. Pièce.*

3855. Notice sur le Duc de Croy, prince du Saint-Empire , maréchal de France; par CORNU. — *Valenciennes*, 1846, gr. in-8. [D.] Avec figures.

3856. Généalogie critique et littéraire des Maisons de Croy-Chanel et de Croy-d'Havré de Santerre ; par ALEX. BARGINET,.... —*Paris*, 1820, in-8°.*

3857. Lettre de M. le comte de CROUY à M. le comte de Courcelles , généalogiste. — *Paris*, 1827, in-4°. Pièce.*
Au sujet de sa Maison.

3858. Note sur les tombeaux des princes de la Maison de Croy, déposés en 1845 sous le calvaire de Vieux-Condé (Nord), par M. BÉNEZECH...
Dans le *Bulletin de la commission historique du Nord*, tome III, p. 11.

3859. Notice généalogique sur la Maison de Croy-Chanel de Hongrie. (Par M. MARC-HENRI DE CROY-CHANEL.) — (*Chatellerault*), 1859, in-8°.*
Avec un blason et une table de tous les noms dont il est fait men-

tion dans les alliances.—Voyez encore pour la Maison de Croy: 1o la 3e édit. de l'*Hist. généal. des Gr. Officiers de la Couronne* du P. ANSELME, tome V. page 634; 2o l'*Hist. généal. de la Maison de Mailly*, par le P. SIMPLICIEN, page 191.

3860. JORDAN, histoire de la vie et des ouvrages de la Croze.—*Amsterdam*, 1741, 2 parties en 1 vol. in-8°. [B. Bru.]

3861. Notice historique et généalogique sur la Maison de Cubières. Biographie de L. A. Despans de Cubières , lieutenant général, ancien ministre,...(Par M. FRÉDÉRIC COMBE D'AURIAC.) —*Paris*, 1853, in-4°. Pièce.*
Extrait du « *Nécrologe*, » par le même.

3862. Généalogie historique de la Maison de Cugnac. (Par l'abbé LESPINE, ancien employé au département des manuscrits de la Bibliothèque royale.) Extraite du tom. XVII du *Nobiliaire universel de France*. — *Paris*, 1828, in-8°.*
Très-rare.

3863. Factvm povr messire Louis de Cullant, cheualier, seigneur de la Brosse, intimé. Contre Iean Grenouillet, sieur de Sablières, appellant... (Signé: DE LA GRANGE, rapporteur, et SERVANT, proc.)—(*S. l. n. d.*) In-f°. Pièce.* Avec tables généalogiques intercalées dans le texte.

3864. Mémoire généalogique pour messire René-Alexandre, marquis de Culant, contre le sieur de la Chesnaye-des-Bois, auteur du *Dictionnaire héraldique*,...— *Paris*, 1765, in-4°. [L. F.]
Voyez encore pour cette Maison: 1o l'*Hist. de Berry*, par DE LA THAUMASSIÈRE, page 701 ; 2o la *Recherche de la Noblesse de Champagne*; 3o la 3e édit. de l'*Hist. généal. des Gr. Officiers de la Couronne* du P. ANSELME, tome VII, page 78; 4o l'*Hist. de la Rochelle* , par ARCÈRE, tome I, page 581.

3865. Généalogies des Maisons de Cusack et de Lespinasse, extraites du tome premier des « *Archives généalogiques et historiques de la Noblesse de France*, » pu-

bliées par M. (P.-L.) LAINÉ. —
Paris, 1828, in-8°.* Avec armoiries gravées.

D

3866. Généalogie des Dagovlts,
comtes de Savlt. — (*S. l. n. d.*)
In-f° plano.*

3867. Généalogie de la Maison de
Damas en Forez, Bourgogne,
Nivernais, Languedoc et Auvergne, par (P.-L.) LAINÉ. — *Paris*,
1839, in-8°. [D.] Avec blasons.

> Tiré à 50 exemplaires.—Voyez
> encore pour cette Maison la 3e
> édit. de l'*Hist. généal. des Gr Offi-
> ciers de la Couronne*, du P. AN-
> SELME, tome VIII, page 317.—Pour
> les *Damas - Thianges*. Voyez la
> *Recherche de la Noblesse de Cham-
> pagne.*

3868. Le Duc de Damas-Crux. (Par
M. DE BIRAGUE.)—*Paris, imp. de
Maulde et Renou* (1844), in-8°.
Pièce.* Avec la description des
armes.

> Extrait de l' « *Annuaire hist.
> et biographique;* » du même;
> année 1844.

3869. Généalogie (des Darrot). —
(*S. l. n. d.*) In-f° plano.*

3870. Généalogie de la Famille
Delaroa. (Par DE LA TOUR-VARAN.)
Saint-Etienne, 1858, in-8°. Pièce.*

> Extrait de la « *Chronique des
> châteaux et des abbayes*,»du même.

3871. Discovrs généalogiqve de la
Maison Del-Bene. Tiré du liure
des Illustres Maisons de Florence, intitulé: « *La Toscane Françoise*, » fait depuis peu par I. B.
TRISTAN L'HERMITE (-SOULIERS).
Paris, 1662, in-4°. Pièce.* Avec
armoiries gravées.

3872. Généalogie historique de la
Maison de Delley-d'Agüens, originaire du Pays de Vaud, dont
.es Seigneurs de Portalban, de
Cudrefin, Missy, Cortaus en Bresse, de la Garde, d'Avaize ; les
comtes de Delley d'Agier …
*Extraite du tome XX du Nobi-
liaire universel de France, par M.
(VITON) DE SAINT-ALLAIS.*—(*S. l.
n. d.*) In-8°. Pièce. Avec blasons.

3873. Factvm povr Messire Joseph
Louis Despourcelets, chevalier,
marquis de Maillanne, héritier. .
de feu messire Iean Antoine

Despourcelets, marquis de Maillanne et de la Rousselle son
père.… Contre messire Claude
de Millau et consorts. (Signé:
JOLLY DE FLEURY, rapporteur.)
(*S. l. n. d.*) In-f°. Pièce.* Avec
généalogie.

3874. Desteing. Voyez *Esteing* (d').

3875. Précis historique sur la Famille Desvergers de Sanois et
notice biographique sur Monsieur Gabriel Desvergers de
Sanois,… ancien premier page
de S. M. l'Empereur Napoléon
I⁰ʳ… (Par E. PASCALLET.)—*Paris*, 1857, gr. in-8°. Pièce.*

> Extrait de la revue « *La Légion
> d'honneur.* »

3876. Donjon.

> Voyez ci-dessus, n° 2575 « *Car-
> tulaire d el'Abbaye de Notre-Dame
> des Vaux de Cernay…* »

3877. Généalogie de la Famille des
Dorsannes, par GILBERT DE MU-
RAT DE CAIERON,.. — *Bourges*,
— 1662, in-8°.*

3878. Généalogie de Messieurs
Dorsannes, par le Sʳ (NICOLAS)
CATHERINOT.—*Paris*, 1673, in-4°.
Pièce.* — (*S. l.*, 1686.) In-4°.
Pièce.*

> Voyez encore pour cette Maison
> l' *Hist. de Berry* par DE LA THAU-
> MASSIÈRE, pag. 1057.

3879. Doudeauville. Voyez *Rochefoucauld* (la).

3880. Généalogie de Messieurs
Doujat et de leurs alliances en
1688.—(*S. l. n. d.*) In-f° plano.
Avec blasons.

3881. Histoire généalogiqve de la
Maison royale de Drevx et
de qvelqves avtres Familles illustres, qui en sont descendues
par femmes. Le tovt ivstifié par
chartes de diuerses églises, titres, arrests, histoires et autres
bonnes preuues. Par ANDRÉ DV
CHESNE,…—*Paris*, 1631, in-f°.*
Avec un grand nombre de blasons gravés et intercalés dans
le corps du texte.

> Les autres histoires généalogi-
> ques contenues dans ce volume
> sont celles de *Bar-le-Duc, Luxem-
> bourg, Limbourg, du Plessis de Ri-
> chelieu, Broyes et Chasteauvillain.*

Chacune a un titre particulier et une pagination spéciale.

La Bibliothèque impériale possède un autre exemplaire enrichi d'additions et de corrections autographes de Clairambault, et de tables manuscrites de tous les noms des Familles contenues dans ces diverses histoires généalogiques.

3882. Dédvction généalogiqve en abrégé de la branche y mentionnée de la Maison de Drevx svivant ses prevves. (Par ALEXANDRE DE REDON DE DREUX, marquis de PRANZAC.)—(S. l.), 1665, in-f°. Pièce.* Avec table généalogique.

> Réfutation de l'ouvrage précédent en ce qui touche la Maison de Dreux.

3883. Remarqves svr la Dédvction généalogique en abrégé de la branche de Dreux, d'ou prétend estre descendu Monsieur le marquis de Pranzac. — Responces avx svsdites prétendves remarqves. [Par DE GOURNAY. (Paris, 15 novembre 1666.)]—(S. l. n. d.) In-f°. Pièce.*

3884. Placet présenté à Sa Majesté le 13 Septembre 1667. — Placet présenté à Sa Majesté le premier Décembre 1667. (Par ALEXANDRE DE REDON, marquis DE PRANZAC.) —(S. l. n. d.) In-f°.*

> Il existe aussi à la Bibliothèque impériale une autre édition du premier placet sous le titre suivant : « Placet présenté au roy, le mardy 13 de septembre 1667. Et le vendredy 16, du mesme mois lue à sa Majesté en son conseil. »

3885. Responce à la Reqveste qve Mr de Pranzac, prince dv sang imaginaire, s'est persuadé auoir présentée au Roy. Par Monsieur DV BOVCHET,.... — Paris, 1668, in-f°.*

3886. Factum pour Messire Alexandre de Redon, marquis de Montfort, Saint-Florent, d'Esne et de Pranzac, souverain d'Argiliers, défendeur, contre monsieur le Procureur Général, demandeur. (Signé : GAUDART, rapporteur.) — Paris, 1er Juillet 1669, in-f°.*

> Au sujet de son alliance prétendue avec la Maison de Dreux.

3887. Extrait des Registres de Parlement. (7 février 1670.)—(S. l. n. d.) In f° Pièce.*

> Contre Alexandre de Redon, marquis de Pranzac, qui avait usurpé le nom et les armes de la Maison de Dreux et publié un libelle intitulé : « Abrégé de la branche y mentionnée de la Maison de Dreux. »

3888. Réflexions sur la Réponse imprimée l'an 1667, sous le nom du sieur du Bouchet, à la Requeste et à l'Abrégé présentés au Roy le 22 jour de décembre 1665, d'une prétendue branche de la Maison de Dreux. (Par DE GOURNAY.)—Paris, 1672, in-f°. Pièce.*

3889. Suite des Reflexions commencées à imprimer l'an 1672, sur le libelle ou réponse imprimée, sous le nom du sieur du Bouchet... (Par LE FÉRON.) — Paris, 1674, in-f°. Pièce.*

3890. Généalogie historique de la Maison de Dreux pour servir d'instruction en l'instance pendante au Conseil entre messire Charles Paul Hurant de l'Hospital, chevalier comte de Bellebat et de Bu d'une part, et les fermiers du domaine du Roi, et les religieux bénédictins de la congrégation de S. Maur d'autre part. Suite de la généalogie historique des Princes de la Maison de Dreux, branche des seigneurs de Bu et de Baigneux. — (S. l. n. d.) In-f°. Pièce.*

3891. Extrait du Dictionnaire historique, biographique et généalogique des Familles de l'Ancien Poitou. Par feu M. HENRI FILLEAU,... Publié par son petit-fils H. BEAUCHET-FILLEAU et CH. DE CHERGÉ,.... — Saumur, 1840, in-8°. Pièce.*

> Cet extrait concerne la Maison de Dreux.

3892. Abrégé généalogique de la parenté de messire Michel Drieux, dit Driutius, docteur en droits et doien de l'église collégiale de S. Pierre à Louvain, fondateur du collége de son nom dans la même ville; accompagné de plusieurs remarques et tables généalogiques. Par le baron DE CROESER DE BERGES.... Avec figures. —Bruges, 1785, in-8°.*

3893. Notice historique et généalogique sur les Maisons de Droullin et de Godefroy de Menilglaise, par M. Borel d'Hauterive,... — Paris (1855), in-12. Pièce.*

Extrait de l'« Annuaire de la Noblesse, » 1855, 13e année.

3894. Fragment de généalogie de la Famille de le Duchat, contenant les branches établies en la ville de Metz. Justifiée par les registres de baptêmes, mariages et sépultures.... — (S.l.), 1782, in-4°. Avec deux tableaux généalogiques.

3895. Généalogie des seignevrs de la Dvfferie, sortis d'vn pvisné de l'illvstre Maison des Baglions ou Baglioni, seigneurs souuerains de Pérouse en Italie. Ivstifiée par arrests, titres, histoires, généalogies imprimées et manuscrites et autres bonnes preuves. Par Me Pierre d'Hozier,... — Paris, Cl. Cramoisy, 1662, in-f°.* Avec blasons dans le texte.

L'abbé Ménage dans la Vie de Pierre Ayrault, p. 423, dit que cette généalogie imprimée sous le nom de d'Hozier est de Jean le Laboureur. Du reste, Pierre d'Hozier était mort déjà depuis deux années lors de la publication de cet ouvrage. — Voyez nos notes relatives aux Maisons d'Amanzé et de Gilliers.
La Bibliothèque impériale possède un autre exemplaire de cette généalogie dans lequel les émaux et les métaux ont été exprimés par des hachures faites à la main. Cet exemplaire est en outre enrichi d'additions et de corrections manuscrites soit sur les marges, soit sur des feuilles détachées.

3896. Généalogie de Dulaurens, originaire de Naples; par J. B. l'Hermite de Souliers,... — Arles, 1656, in-4°. [L. F.]

3897. Mémoire pour la Famille Dunot, où l'on voit ses preuves de noblesse, ses services et ses alliances. Par messire Jean-Alexandre Dunot de Saint-Maclou, baron de Vieux-pont, seigneur de Catillon et de Houlbec, chevalier de Saint-Louis. — (S.l.) 1676, in-8°. [B. Am.]

3898. Des Comtes de Durbuy et de la Roche aux xie et xiie siècles. Par Mr S. P. Ernst, curé d'Afden. Publié par M. Edouard Lavalleye, agrégé à l'Université de Liège. — Liège, imp. de N. Redouté, 1836, in-8°. Pièce.*

L'éditeur se proposait de publier successivement la série des ouvrages généalogiques laissés en manuscrit par le savant curé d'Afden; celui-ci seul a paru.

3899. Généalogie de la Maison Durfort,... — Paris, 1771, in-4°. [L. F.]

3900. Précis historique sur la Famille de Durfort-Duras, dédié à madame la comtesse de Larochejaquelein, née de Durfort-Duras, par M. Jean Favre,... — Marmande, 1858, in-8°.*

Voyez encore pour cette Maison la 3e édit. de l'Hist. généal. des Gr. Offciers de la Couronne, du P. Anselme, tome V, page 720.

E

3901. Extrait de la généalogie de la Maison d'Egmont. — (S.l.n.d.) In-f° plano.*

3902. Abrégé historique de la généalogie de la Maison d'Egmont. (Par M. le Coq-la-Magdeleine, lieutenant-colonel au régiment d'Egmont.) — (S.l.n.d.) In-4°.*

3903. Recherches historiques, généalogiques et bibliographiques sur les Elzevier; par M. de Reume — Bruxelles, 1847, in-8°. [D.] Avec portraits, fac-similé et blasons.

3904. Histoire des choses plvs mémorables advenves depvis l'an onze cens xxx ivsqves à notre siècle. Digérées selon le temps et ordre qu'ont dominé les seigneurs d'Enghien, terminez ès familes de Luxembourg et de Bourbon... Par Pierre Colins, cheualier et seigneur d'Heetfelde. — Mons, 1634, in-4°.*

Ce livre est à proprement parler l'histoire généalogique des seigneurs d'Enghien, de la Maison de Luxembourg et de Bourbon.

3905. Histoire des choses les plvs

mémorables advenves en l'Evrope depvis l'an onze cens xxx.
ivsqves à nostre siecle. Digérées
et narrées selon le temps et ordre qu'ont dominé les seigneurs
d'Enghien, depuis Messire Hu-
ghes d'Enghien iusques au tres-
pas funeste de Henry IV, Roy
de France et de Nauarre, cinquiesme et dernier seigneur dudit Enghien, de la Maison royale
de Bourbon. Seconde édition, reueue, corrigée et augmentée de
beaucoup plus, outre la précédente impression. Par PIERRE
COLINS,...—*Tournay*, 1643, in-4°.*
Avec un portrait gravé par C.
GALLÉ le jeune.

> Même ouvrage que le précédent.
> —Voyez encore pour cetteMaison,
> ci-dessus, n° 3184 : « *Histoire de
> la commune de Virginal...* » Par
> l'abbé C. STROOBANT.

3906. La Vie militaire, politique et
privée de Mademoiselle d'Eon
de Beaumont, suivie de la généalogie de la Maison du même
nom, par DE LA FORTELLE.—*Paris*, 1779, in-8°.*

> Extrait des « *Fastes militaires
> de la France*, » du même.

3907. Lettres d'Erection du Duché
d'Epernon. (Novembre 1581.)—
(*S. l. n. d.*) In-f°. Pièce.*

3908. Erection de la Terre d'An-
tin en Duché-pairie de France.
(Mai 1711.) — *Paris*, 1711, in-f°.
Pièce.*

3909. Lettres Patentes portant
Erection de la Terre d'Antin en
Duché-pairie de France. Données à Marly au mois de May
1711.—(*S. l. n. d.*) In-4°. Pièce.*

3910. Mémoire sur l'extinction du
Duché-pairie d'Epernon, pour
Messieurs les Ducs et Pairs de
France contre le sieur Marquis
d'Antin, par M° MAGUEUX, avo-
cat.—*Paris*, 1711, in-4°.*

3911. Réduction sommaire du Mémoire de Messieurs les Ducs et
Pairs de France contre le sieur
marquis d'Antin. (Par MAGUEUX,
avocat.)—(*S. l. n. d.*)In-4°. Pièce.*

3912. Généalogie de M. le Président l'Escalopier. — *Chaalons*

en Champagne, Jean Charpentier,
1628, in-8°.

> C'est la généalogie de Jean l'Es-
> calopier, président au Parlement
> de Paris de 1614 à 1620.

3913. Mémoire généalogique de la
Maison de l'Escal, de Vérone,
dont une branche a fait souche
à Paris, sous le nom de l'Escalopier.—(*S. l.*, 1763.) In-8°.* Avec
blasons sur le titre gravés par
P. P. CHOFFARD.

> Reproduction du n° précédent.

3914. Factvm pour Maistre Richard
d'Escorcheuel et consors...
Contre Marie le Noir,... et Iacques de Bourges,... (Signé : DE
CUMONT, rapporteur.) — (*S. l. n.
d.*) In-f°. Pièce.* Avec table généalogique intercalée dans le
texte.

3915. Sommaire de l'instance d'entre Maistre Iean l'Héritier et
Maistre Iacques de Bourges...
Contre Guyon d'Allenas Escuyer,... (Signé CHARLET, rapporteur.)—(*S. l. n. d.*) In-f°. Pièce.* Avec table généalogique
intercalée dans le texte.

> Au sujet de la succession de
> Nicole d'*Escorcherel*.

3916. Brevet dv Roy en faveur
d'un Huissier (Valentin d'Es-
guillon) des Ordres de Saint-
Michel et du Saint-Esprit, pour
porter la croix dudit Ordre. Du
28 May 1706.—*Paris*, 1729, in-4°.
Pièce.*

3917. Esménard.... (Par HIPPO-
LYTE ACQUIER.) — *Metz*, 1859,
in-f°. Pièce.* Avec blasons

> Monographie très-bien faite.

3918. Notice sur Florimond, sire
de l'Esparre; suivie d'un Précis
historique sur cette Seigneurie,
par M. RABANIS. — *Bordeaur*,
1843, gr. in-8°. [D.]

3919. Note sur la Maison de l'Espinasse; par URBAIN PLANCHER.

> Voyezci-dessus, n° 2286: « *His-
> toire générale de Bourgogne...*, »
> du même.

3920. Abrégé généalogique de la
Maison d'Espinay, contenant sa
Directe et les cinq cens douze

Cartiers de feu Monsieur le Marquis d'Espinay de Broon, par Monsieur DE KAERDANIEL.—(S. l. n. d.) In-f°. Pièce.*

Voyez encore pour cette Maison: 1° l'Hist. généal. de Bretagne, de DU PAZ, page 263; 2° les Remarques sur la Noblesse Beauvaisienne, de LOUVET, page 616.

3921. Dv Cardinal d'Esteing. — (S. l. n. d.) In-4°. Pièce.*

Opuscule rare concernant spécialement l'origine, le nom et les armes de Pierre d'Estaing, créé cardinal le 15 juin 1369 par le Pape Urbain V.

3922. Tiltres dv sievr comte Desteing. Extrait du testament de Iean second, du seiziesme Iuin mil cinq cens, contenant substitution confirmée par l'arrest de l'exécution duquel il s'agist. —(S. l. n. d.) In-4°. Pièce.*

3923. Notice historique sur Antoine d'Estaing, évêque d'Angoulême, et dom d'Aubrac. Par PHILIPPE-EUGÈNE D'AURIAC. — Angoulême, imp. de Lefraise, 1853, in-8°.

Extrait du « Bulletin de la Société archéologique et historique de la Charente. » Années 1851-1852. — Tiré à 30 exemplaires.— Cet opuscule contient des documents inédits et curieux sur la Famille d'Estaing. — Pour cette Maison, voyez encore la Recherche de la Noblesse de Champagne.

3924. Tableau généalogique et héraldique de la Famille Estienne, originaire de Provence, depuis l'an 1270 jusqu'en 1826, avec les Armoiries de quelques Maisons qui lui ont été alliées tant par les hommes que par les femmes, de laquelle sont issus les savants et illustres typographes de ce nom. [Par ESTIENNE (ANTOINE V), colonel en retraite.] — Paris (1852), in-f° plano.*

3925. Factum sur le Duché d'Estouteville.—(Paris), 1710, in-f°. [L. F.]

3926. Trois Mémoires de GEORGES LE ROY, avocat au Parlement, sur le Duché d'Estouteville, pour Jacques de Matignon, comte de Torigny, contre Henri légitimé de Bourbon, chevalier

de Soissons.—Paris, 1710, in-f°. [L. F.]

3927. Recueil de Titres de la Maison d'Estouteville.—(Paris), imp. de Montalant, 1741, in-4°.*

Recueil factice contenant 60 pièces publiées à des époques différentes pour lesquelles on a imprimé un titre et une table. Ces pièces qui consistent en tables généalogiques, mémoires, arrêts, lettres patentes, requêtes, etc., ont été réunies en vue d'établir la prétention de Paul Edouard Colbert, fils de J. B. Colbert, marquis de Seignelay, de porter le titre du duché d'Estouteville.—Voyez encore ci-dessus : Colbert.

3928. Note sur la Maison d'Estrabonne par URBAIN PLANCHER.

Voyez ci-dessus, n° 2286 : « Histoire générale... de Bourgogne,... » du même.

3929. Généalogie de la Maison d'Estrade en Agenois; par SCIPION DUPLEIX.—Bourdeaux, 1655, in-4°. [L. D.]

Voyez encore pour cette Maison la 3e édit. de l'Hist. des Gr. Officiers de la Couronne, du P. ANSELME, tome VII, page 600.—Voyez aussi : Lestrade.

3930. Erection du Marquisat de Cœuvres en Duché et Pairie, sous le nom de Duché d'Estrées, en faveur de François Hannibal d'Estrées, maréchal de France en 1648. — (S. l. n. d.) In-f°. Pièce.*

3931. Factum pour la généalogie de la Maison d'Estrées et de la gloire qu'elle tire de l'alliance des princes de Vendosme. (19 Janvier 1678.)—(S. l. n. d.) In-8°.*

Selon le P. Lelong, cet ouvrage signé DE BONAIR est d'ANT. VARILLAS.

3932. Arrêt du Parlement qui fixe le prix du Duché d'Estrées à 640,000 livres. — Paris, 1729, in-4°. [D.]

Pour cette Maison, voyez encore la 3e édit. de l'Hist. généal. des Gr. Off. de la Couronne, du P. Anselme, tome IV, page 596.

3933. Edict dv Roy povr la révocation des priviléges des descendans de Eude le Maire, dit Challo Sainct-Mas. — Paris, Jamet Met-

tayer, 1602, pet. in-8°. Pièce.
Très-rare.

3934. Notice sur les trois frères: Jean Eudes, prêtre, fondateur des eudistes; François Eudes de Mézeray, historiographe de France, et Charles Eudes d'Houay, chirurgien, échevin d'Argentan; avec une généalogie de la Famille Eudes; par M. GUSTAVE LEVAVASSEUR. — *Paris*, 1855, in-8°.* Avec deux planches.

3935. Euvrard. (Par GUY ALLARD.) —(*S. l. n. d.*) In 4°. Pièce.*

F

3936. Alemania. N° 1. Mémoire concernant la Famille des Fabers de Savoye. (Par M. ALEMAND aîné, avocat au Parlement de Toulouse.)—(*S. l. n. d.*) In-4°. Pièce.*

Opuscule sans valeur dans lequel, sous prétexte de parler des *Fabers*, il n'est question que des *Alemand*.

3937. Généalogie historique servant d'éclaircissement pour l'affaire du Comté de Falckenstein. —(*S. l. n. d.*) In-f° plano.*

Le comté de Falckenstein était un fief commun qui relevait anciennement de l'Empire, dont la Maison de Lorraine s'était emparé et que la branche de Vaudemont possédait. A la mort du comte de Rasbourg, l'ancien possesseur de ce fief, son héritier légitime par les femmes, le comte de Manderscheid, actionna devant les tribunaux Charles Henri de Lorraine, prince de Vaudemont, alors représentant de cette Maison, et produisit dans l'instance, entre autres pièces, la généalogie ci-dessus.

3938. La Généalogie de la Maison de la Fare, par CHARLES-RENÉ D'HOZIER. — *Montpellier*, 1695, in-f°. [B. U.]

3939. Généalogie de la Maison de la Fare en Languedoc, dressée sur les titres originaux et établie dans les Grands Officiers de la Couronne, par le P. ALEXIS (PIERRE CAQUET), augustin, près

la place des Victoires.—(*Paris*), 1766, in-8°.* Avec blason.

Pour cette Maison, voyez encore la 3e édition de l'*Histoire généal. des Gr. Officiers de la Couronne* du P. ANSELME, t. II, p. 131. — Voyez aussi *Cabot de la Fare*.

3940. Généalogie historique de la Maison de Faubournet de Montferrand, extraite du tome XVII du « Nobiliaire universel de France; » par M. le Chevalier DE COURCELLES...—*Paris*, 1820, in-12.*

3941. Généalogie de la Maison de Faucigny-Lucinge. (Dressée par FERDINAND - VICTOIRE - AMÉDÉE, marquis de FAUCIGNY-LUCINGE.) —*Paris*, (1826, 1827.) In-4°.*

L'édition de 1827 est beaucoup plus considérable que celle de 1826.

3942. Histoire généalogique de la Maison de Favdoas en Guyenne. Ensuite celle des Branches qui en descendent en Ligne droite et masculine. Recueillie de plusieurs histoires manuscrites et imprimées, chartes d'églises et des titres publics et particuliers. (Par JEAN-LOUIS DE FAVDOAS DE SÉGUENVILLE.—*Paris*, 1688, in-4°.* Avec un grand nombre d'armoiries gravées intercalées dans le texte.

L'exemplaire de la Bibliothèque impériale contient quelques notes manuscrites de la main de l'auteur.

Cette généalogie renferme aussi celle de la Maison de *Rochechouart* comme alliée. — Voyez au sujet de ces deux Maisons le *Mercure de France*, année 1762, juin et juillet. — Voyez aussi le numéro suivant.

3943. Histoire généalogique de la Maison de Faudoas; dressée sur les titres originaux des archives de cette Famille, sur les régistres des chartes du Roy, du Parlement, de la Chambre des Comptes de Paris, de la Trésorerie de Montauban et sur les cartulaires des abbayes d'Uzerche, de Grandselve et de Belle-Perche, et autres actes et mémoires recueillis par M. DU FOURNY, auditeur en la Chambre des Comptes de Paris, et mis en lumière par un de ses amis. (JEAN-LOUIS DE FAUDOAS DE SÉGUENVILLE, Prévôt du Chapitre de Montauban.)—*Montauban, 1724, in-4°.* *

C'est l'ouvrage précédent, mais remanié, corrigé et de beaucoup augmenté. Le P. Lelong attribue le premier à *l'abbé de Séguainville* et le second à *l'abbé de Faudoas*. Tout en estropiant le premier nom, ce savant ne s'est pas douté que l'abbé de Séguenville et l'abbé de Faudoas, prévôt du chapitre de Montauban, ne forment qu'un seul et même personnage connu sous le nom de *Jean-Louis de Faudoas de Séguenville*, auteur de ces deux ouvrages.

L'exemplaire de la Bibliothèque impériale, enrichi de notes autographes de Pierre de Clairambault, contient : 1° deux pièces manuscrites entre les pages 232 et 233; 2° à la fin, une table manuscrite des noms contenus dans cette histoire généalogique.

3944. La Généalogie de la Maison dv Favr, divisée en trois branches, ov trois chefs de Famille. Auec quelques reflexions sur le droit que cette Maison a de se dire la première de Robbe longue de France. Le tout tiré des anciens registres des Parlemens de Paris et de Tolose, des histoires d'Armagnac et de France, et des actes publics.—*Tolose, Fr. Bovde, 1649, in-f°. Pièce.* * Avec blason gravé par M. FROSNE.

Très-rare. — Dans l'avertissement au lecteur, nous lisons : « *Cette généalogie a esté escrite à Paris il y a quelque temps par vn Autheur plein d'honneur et de mérite; mais faute de mémoires prises du pays, ou de ceux de a Maison, il a obmis beaucoup de choses, et s'est mespris en d'autres. Je supplée maintenant, non au défaut de son sçauoir, que j'honore auec justice, mais au défaut de ses mémoires que je corrige auec respect.*» —Voyez encore pour cette Maison l'*Histoire généal. des Présidents à Mortier* de BLANCHARD, page 283.

3945. Notice sur les Familles du Faure et de Gimel. dans l'ancienne généralité de Limoges; par ELIE DU FAURE,....—*Versailles, 1854, in-8°.* *

3946. Généalogie et explication d'icelle pour les deux rentes qui appartiennent à damoiselle Elizabeth de Fauières, vefue de Maistre Jean Rouueron...(Signé: SAVY.)—*(S. l. n. d.)* In-f° plano.*

3947. Généalogie de la Maison de Fay en Sangterre. Dressée au mois de février 1695 sur les titres représentez à M. CH. D'HOZIER. —*(S. l , 1721.)* In-4°. [B. Am.]

3948. Généalogie de la Maison du Fay. —*(S. l. n. d.)* In-f° plano.*

3949. Généalogie de la Maison de Fay en Velay, dressée sur les titres originaux, vieilles chartes et autres enseignemens, et tirée mot pour mot du manuscrit du « *Nobiliaire historique du Languedoc*, » par M. (DENYS-FRANÇOIS) GASTELIER DE LA TOUR.—*Paris, 1762, in-4°. Pièce.* * Avec armoiries.

3950. Mémoire généalogique sur la Maison de Fay de Terssac, le même qui se trouve inséré dans le « *Dictionnaire de la Noblesse,*» à la lettre T, dressé sur les titres originaux, communiqués et vérifiés par M. DE LA CHESNAYE-DES-BOIS.—*(S. l. n. d.)* In-4°. Pièce.*

Voyez encore ci-dessus, n° 2805. —Voyez aussi la *Recherche de la Noblesse de Picardie* Pour les Branches des *Fay-d'Athies* et *Fay-de-Villiers*, consultez : 1° la *Recherche de la Noblesse de Champagne*; 2° le *Registre V de l'Armorial* de D'HOZIER.

3951. Extrait chronologique des témoignages et titres cités ou produits entre les co-seigneurs de la Faye et le sieur Verne, au sujet du droit de mi-lod.—*Paris, 1769, in-4°.* [B. L.]

3952. Fénelon.   Voyez *Salignac-Fénelon.*

3953. Généalogie de MM. le Fer, originaires de Blois et venus à Saint-Malo en 1488 et 1489.—*(S. l., vers 1787.)* In-f° plano.

3954. Les Fastes de la Légion d'Honneur..... Par MM. Lievyns, Verdot et Begat..... B. Saint-Edme, rédacteur en chef. Extrait : Comte de Fernig (Par SICARD.) — *Paris, 1844, in-8°. Pièce.* *

3955. Vie de Jean de Ferrières, vidame de Chartres, seigneur de

Maligny, par un membre de la Société des Sciences historiques et naturelles de l'Yonne. (JEAN-DENIS-LÉON DE BASTARD D'ES-TANG.) — *Auxerre*, 1858, in-8°.* Avec blason, tableau généalogique et portrait.

Tiré à 170 exemplaires.

3956. Blason des armoiries des Maisons qui composent les deux cent cinquante six quartiers de Monsieur le maréchal duc de la Feuillade. (Par DU BOUCHET.)

Voyez ci-dessus, n° 2791. — Voyez encore *Aubusson*.

3957. Feuquières. Voyez *Pas (de)*.

3958. Arrêt du Conseil d'Etat du Roi, qui déclare le sieur Hierme-Antoine Ficher, exempt de droit de franc-fief de sa Terre de Kerface en Bretagne, en vertu de ses titres de noblesse, acquise par son aïeul Antoine Ficher, comme échevin de la ville de Lyon en 1710. Du 27 Mai 1777.—*Lyon*, 1777, in-4°. [B. L.]

3959. Généalogie de la Maison de Fischer, par M. D*** S. D. H***. (DE VISIANO, sieur DE HOOVE.)— (*S. l.*), 1773, in-f°. [B. Bru.]

3960. Armorial de la Noblesse de Guienne et de Gascogne. Notice généalogique sur la famille de la Fitte. (Par O'GILVY.) — (*Bordeaux* (1857), in-4°. Pièce.*

3961. Flassan. Voyez *Grignols*.

3962. Généalogie de la Maison de Flavigny-Renansart (Extrait de l'Armorial général D'HOZIER, XI° et XII° vol. 1845-46.)—*Paris*, 1816, in-8°. [B. Am.] Avec planches.

3963. Pièces relatives au procès des sieurs de Fleurival et de damoiselle Jacqueline d'Yve, dame d'Arnouville, contre le sieur de Ramez.—(*S. l. n. d.*) In-4°. [D.]

Pour l'annulation du testament de Sybille d'Yve, dame de Poix, châtelaine de plusieurs seigneuries sises en Hainaut et Cambrésis.

3964. Extrait de l' « Armorial général de la France » Registre premier. Cotté Louis XV. Première partie. Page 240. (Généalogie du cardinal Fleury. Par L. P. D'Ho-

ZIER.)—(*S. l.*, 1741.) In-f°. Pièce.* Avec blason.

3965. Lettres Patentes en forme d'Edit portant érection de la Baronie de Pérignan, et du Marquisat de Bocosel et dépendances en Duché-pairie de France sous la dénomination de Duché et pairie de Fleury. Données à Versailles, au mois de Mars 1736. — *Paris*, 1736, in-f°. Pièce.*

3966. Flocard. (Par GUY ALLARD.) —(*S. l. n. d.*) In-4°. Pièce. [L. F.]

3967. Véritable origine de la Maison de Foix. — *Toulouse*, 1666, in-f° plano. [L. F.]

3968. Suite généalogique de la très-illustre Maison de Foix moderne, dite autrefois de Grailly, pour faire voir comment en est sorti monsieur le comte de Gurson et du Fleix. (Par MARTIN.) —*Paris*, 1649, gr. in-f° plano.*

3969. Dissertation sur la Branche de Candale de la Maison de Foix. [Par LOUIS CHASOT DE NANTIGNY. (1757.)]

Voyez ci-dessus, n° 2503: « *Abrégé de la généalogie des Vicomtes de Lomagne...* » du même.

3970. Requête présentée au Roi par Hercule, seigneur châtelain de Folsay,.... Henri seigneur de Rambeville, et Alexandre, marquis de Pranzac, et autres souverains d'Argiliers.—(*S. l. n. d.*) In-f°. [L. F.]

3971. Généalogie de la Maison de la Fontaine Soliers, issue de la Case Solare, souveraine d'Aste en Piémont, et des Malatestes, Princes de Riminy dans la Romagne, portant tous de même: *Ecu bandé d'or et d'azur de six pièces, les bandes d'or échiquetées de gueulles de trois traits.* (Par le P. HÉLIE AVRILLON, minime.)— (*S. l.*), 1680, in-4°. Pièce. Avec blason gravé sur le titre.

Très-rare.

3972. Liberculus inquo continetur restrictus fideliter extractus e processu originali fabricato in generali urbis Gubernio, unà cum monitorio, et sententia exinde seculis contra Marchionem Michae-

lem Angelum de Vasto : Exquibus omnibus ad aevum patefit
quot artibus, quot dolosis machi-
nationibus curatum fuerit, ut
macula impingeretur in...Cardi-
nalem de Janson Forbin, forma
cujus in urbe numeris omnibus
absolute ex infrascriptis magis
dilucidabitur.—(*S. l. n. d.*) In-4°.
Pièce.*

3973. Notice sur la Maison de Forbin.(Par MAURY, avocat.)—*Paris,*
1815, in-8°. Pièce.*

> Voyez encore pour cette Maison :
> 1° l'*État de la Provence*, par Ro-
> BERT, de Briançon; 2° l'*Histoire de la
> Noblesse de Provence*, par MAY-
> NIER; 3° l'*Histoire de la Noblesse de
> Provence*, par ARTEFEUIL (LA TOU-
> LOUBRE), t. I, p. 420; 4° l'*Histoire
> de la Noblesse du Comté Venaissin*,
> par PITHON-CURT, t. I, p. 426, et
> t. IV, p. 622.

3974. Généalogie de la Maison de
Foresta, extraite du tome premier des « Archives généalogiques et historiques de la Noblesse de France, » par M. (P. L.)
LAINÉ.—*Paris,* 1828, in-8°. Pièce.* Avec armoiries gravées.

> Pour cette Maison, voyez en-
> core : 1° l'*État de la Provence*,
> par ROBERT, de Briançon; 2° l'*His-
> toire de la Noblesse de Provence*,
> par ARTEFEUIL (LA TOULOUBRE),
> t. I, p. 412.

3975. Notes historiques sur la Famille et de la terre de Formeville.(Par BOREL D'HAUTERIVE.)—
Paris, (1861), in-4°. Pièce.*

> Extrait de l'*Annuaire de la No-
> blesse*, du même; année 1861.

3976. Histoire de la Maison de
Fortia, originaire de Catalogne,
établie en France dans le quatorzième siècle, où l'on trouve
quelques détails historiques sur
le royaume d'Aragon et les anciens comtes de Provence. (Par
AGRICOL-JOS.-FR.-XAV.-PIERRE-
ESPRIT-SIMON-PAUL-ANT. DE FOR-
TIA D'URBAN, membre de plusieurs académies et colonel des
milices d'infanterie de Comté-
Venaissin.)—*Paris,* 1808, in-12.*

3977. Généalogie de la Maison de
Fortia, extraite du tome second
des « *Archives généalogiques et
historiques de la Noblesse de France*, » publiées par M. (P.-L.)

LAINÉ.—*Paris,* 1829, in-8°.* Avec
armoiries gravées.

> La généalogie de la Maison de
> Fortia a été aussi publiée dans le
> *Mercure galant*, janv. 1696, p. 197-
> 198; dans l'*Histoire de la Noblesse
> du comté Venaissin*, par PITHON-
> CURT, t. I, p. 453 et t. IV, p. 612;
> dans l'*Histoire héroïque et uni-
> verselle de la Noblesse de Provence*,
> par ARTEFEUIL (LA TOULOUBRE),
> t. I, p. 417; dans le *Dictionnaire
> de la Noblesse*, par LA CHES-
> NAYE-DES-BOIS, 2° édit., in-4°, t. VI
> et VIII. C'est d'après la réunion
> de ces documents que Lainé a pu
> reproduire une généalogie com-
> plète de toutes les branches de
> cette Famille.

3978. Généalogie de la Maison de
Fos (de Laidet en Provence),
de laquelle sont issus les seigneurs de Sigoyer.—(*S. l. n. d.*)
In-f°. Pièce. [B. L.]

3979. Centum dicta, partim latina,
partim gallica. In stemmata præ-
clarisimi et vigilantissimi viri
D. Fovqvet (Auctore DE LA GRA-
VETTE.)—(*S. l. Vers 1658.*) In-4°.*

> Recueil de 118 planches gravées
> par JASPAR ISAC. — Précédé de
> 6 f. contenant la dédicace, l'avis au
> lecteur et plusieurs pièces de vers
> en latin, français et italien.—Très-
> rare.

3980. Le baron de Fourment, an-
cien conseiller du Roi,... (Par
M. DE BIRAGUE.) — (*Paris, s. d.*)
In-f° plano.*

3981. Lettre dv sievr FOURNIER,
concernant sa famille. —(*S. l.,
1627.*) In-4°.

3982. Généalogie des neveux et
nièces du bienheureux François
de Paule, parmi lesquelles sont
plusieurs généalogies de Familles
de Paris. —(*S. l. n. d.*) In-f°. [L. F.]

3983. Généalogie des nepveux et
niepces du glorieux père sainct
François de Paule, institueur et
fondateur de l'ordre des frères
minimes, selon ce et ainsi qu'elle
est instifiée par tiltres originaux
et authentiques qu'ont en leurs
mains ceux qui demeurent en
France. —(*S. l.*), 1623, in-f° plano.*

> La Bibliothèque de la ville de
> Caen possède un exemplaire du
> *Grand Armorial de Chevillard*

dans lequel on trouve : « *Table de la postérité des neveux et nièces du sieur François de Paule...* »

3984. Defensio contra epistolam apologeticam Claudii du Vivier, quà sanctum Franciscum de Paula sororem habuisse probatur et nepotes et rationes in oppositum refelluntur, in favorem nepotum prœnunciati Sancti; auctore JOANNE CHAPPOT, ex ordine minimorum. — *Parisiis*, 1628, in-4°. [I. F.]

3985. Généalogie de Frézeau de la Frézelière; par GOUGNON, de Bourges. — (*S. l. n. d.*) In-f° plano. [L. F.]

3986. Généalogie (de M. Claude-François-Bernard-Flavien de Froissard et de Mme Françoise-Marie-Gabrielle de Mailly). — (*S. l. n. d.*) In-4°. Pièce.*

Pour cette Maison, voyez les *Mémoires historiques sur Poligny*, par CHEVALIER, t. II, p. 361.

3987. Note sur la Maison de Frolois; par URBAIN PLANCHER.

Voyez ci-dessus, n° 2286 : « *Histoire générale... de Bourgogne....* » du même.

3988. Lettres de Noblesse en faveur de MM. Froment, habitants de Nismes. — (*Paris*), décembre 1816, in-8°. Pièce.*

3989. Généalogie des seigneurs de la Furjonnière, du surnom de le Jeune, en Artois et en Anjou. (Par ANT.-MARIE D'HOZIER DE SÉRIGNY.) — (*S. l.*, 1761.)In-f°. Pièce.*

Voyez *Créqui.*

3990. Fondation d'une chapelle à la terre de la Marche, par Mlle Philippe Fyot d'Arbois et Mme Claire-Guillaume son épouse; commençant ainsi: «A la gloire de Dieu,» et se terminant par : « Posé en 1684. » — (*S. l. n. d.*) In-f° plano. [B. Ars. n° 723.]

G

3991. Histoire Généalogique de la Maison de Gaillard; par J. LE LABOUREUR.

Voyez ci-dessus, n° 3629 : « *Mémoires de Messire Michel de Castelnar...* » — Voyez encore pour d'autres Familles de ce nom : 1° la *Recherche de la Noblesse de Picardie*; 2° le Registre III de l'*Armo*-

rial, de D'HOZIER; 3° l'*Histoire de la Noblesse de la Provence*, par ARTEFECIL (LA TOULOUBRE), t. I, p. 429 et 435.

3992. Gallardon.

Voyez ci-dessus, n° 2575 : « *Cartulaire de l'abbaye de Notre-Dame des Vaux de Cernay...* »

3993. La Famille de Gallemant; par le P. CHARLES-PLACIDE GALLEMANT, récollet. — *Paris*, 1651, in-8°. [L. F.]

3994. Notice historique et généalogique sur la Maison de Gallifet (princes de Martigues). (Par BOREL D'HAUTERIVE.) — *Paris*, 1851, in-8°. Pièce.*

Extrait de l'*Annuaire de la Noblesse* de 1851, 8° année. — Voyez encore pour cette Maison : 1° l'*Histoire de la Noblesse du comté Venaissin*, par PITHON-CURT. t. II, p. 19, et t. IV, p. 625; 2° l'*Histoire de la Noblesse de Provence*, par ARTEFECIL (LA TOULOUBBE), t. I, p. 443; 3° le Registre V de l'*Armorial*, de D'HOZIER.

3995. Gamaches et ses seigneurs, par M. F.-I. DARSY... — *Amiens*, 1856, in-8°.*

Voyez encore pour cette Maison : 1° l'*Histoire de Berry*, par DE LA THAUMASSIÈRE, p. 897; 2° la 3° édit. de l'*Histoire généal. des Gr. Officiers de la Couronne*, du P. ANSELME, t. VIII, p. 690.

3996. Gand. Voyez *Guines.*

3997. Généalogie des Garravlt. (Par DE LESCORNAY.) — (*S. l. n. d.*) In-f°. Pièce.*

3998. Notice biographique sur la Famille de Gasquet et M. de Gasquet (François-Henri), ancien député du Var,... (par E. PERRAUD DE THOURY)... — *Paris*, 1857, in-8°. Pièce.*

Extrait du *Musée biographique.*

3999. Gaste. (Par GUY ALLARD). — (*S. l.*, 1706.) In-4°. [L. F.]

4000. Généalogie de la Maison de Gaud, extraite du « Mercure, » de mars 1769. — (*S. l. n. d.*) In-12. Pièce.*

4001. Histoire généalogique de la Maison de Gaufridy. (Par JEAN-FRANÇOIS GAUFRIDY, conseiller au parlement de Provence.) — (*S. l. n. d.*) In-4°. [L. F.]

Voyez encore pour cette Maison : 1ª l'*Etat de la Provence*, de ROBERT de Briançon; 2ª l'*Histoire de la Noblesse de Provence*, par ARTEFEUIL (DE LA TOULOUBRE), t. I, p. 460).

4002. Généalogie de la Famille de Gaullier, originaire de l'ancienne province de l'Orléanais établie dans le Saumurois, la Touraine et le Bas-Poitou. Extraite du tome XXI du *Nobiliaire universel de France*, fondé par M. de Saint-Allais, et continué par M. CH.-L. DUCAS,... — *Paris*, 1843, in-8°. Pièce. Avec blasons.

4003. Gavarret. Voyez *Castet*.

4004. Gay de la Tour. Voyez *Tour (Gay de la)*.

4005. Notice sur la Famille des Gayot-Mascrany de la Bassière, annoblis sous le règne de Louis VII, roi de France, pour avoir les premiers importé à Lyon,... l'industrie de la fabrication des étoffes de soie; par M. LUD. D'ASSAC. — *Lyon*, 1846, in-8°. Pièce.*

4006. Gazeran.

Voyez ci-dessus nº 2575 : « *Cartulaire de l'abbaye de Notre-Dame-des-Vaux de Cernay...* »

4007. Généalogie de la Maison de Gemasses. —(*S. l.*), 1610, in-8°. [L. F.]

4008. Généalogie de la Maison de Genas, originaire du Dauphiné. (Par M. CHARLES DE BASCHI, marquis D'AUBAÏS.) — (*S. l.*), avril 1713, in-f°. [L. F.]

Voyez encore pour cette Maison : l'*Histoire de la Noblesse du comté Venaissin*, par PITHON-CURT, t. II, p. 418.

4009. Mémoire pour le sieur Geoffroy, écuyer, contre M. Ferry, conseiller au Parlement de Metz. —*Paris*, 1750, in-f°. Pièce. [D.]

Concernant les seigneuries de Tollange et de Montrequienne en Lorraine.

4010. Généalogie de Gerderets— (*S. l.*, vers 1668.) In-f°. Pièce.*

Factum au sujet de la confiscation des biens de Gabriel de Béarn. seigneur de Gerderets.—On trouve dans cette pièce le nom de toutes les terres et seigneuries qui faisaient partie du Domaine des Albret.

4011. Généalogie de la Famille de Gévaudan, extraite du tome second des Archives généalogiques et historiques de la Noblesse de France, publiées par M. (P. L.) LAINÉ. — *Paris*, 1829, in-8°. Pièce.* Avec armoiries gravées.

4012. Liste généalogique de noble et illustre Famille Giac, en Auvergne et en Guienne. (Par P. L. LAINÉ.)—*Paris* (1817), in-4°. Pièce.*

Voyez encore pour cette Maison la 3ᵉ édit. de l'*Histoire généal. des Gr. Officiers de la Couronne*, du P. ANSELME, tome VI, page 311.

4013. Mémoire généalogique et historique de la Maison de Gibon, ou Gibon Porhoet.—*Paris, Valade, imprimeur du Roi*, 1790, in-4°. [E.]

4014. Extrait du mémoire généalogique et historique de la Maison de Gibon ou Gibon Porhoet, en Bretagne, en 1790; suivi d'un supplément jusqu'en 1817. — (*Paris, 1817.*) In-4°. Pièce.*

4015. Maison de Gibon des anciens comtes de Porhoet. Certificats, avis d'un comité du conseil d'Etat, suivis d'arrêtés ministériels, notes et lettres relatifs soit aux preuves de la Maison de Gibon... d'après lesquels M. le comte de Gibon... avait eu l'honneur de monter dans les carosses de Sa Majesté en 1788, soit encore à ses services et à ceux des siens, depuis cette époque. — (*Paris*, 1822.) In-f°. Pièce.*—(Autre édition.) (*S. l.*, 1822.) In-f°. Pièce.*

4016. Esquisses généalogiques de l'ancienne Maison des barons de Giez, barons d'Orbigny,... originaire de la Bourgogne établie dans les Pays-Bas, par E. PERRAUD DE THOURY...—*Paris*, 1851, in-8°. Pièce.*

4017. Gilbert. Voyez nº 2502.

4018. Généalogie de la Maison des Gilliers, seigneurs de la Ville-Dieu, Pvi-Garreav, la Tovr, Legat, Ports, la Rocheclermavt, Salles, la Fortranche, Sigotier, Sainct-Robert, et avtres lievx.

Iustifiée par chartes, tiltres, arrests, histoires, et autres bonnes et ceriaines preuues; par le sieur (PIERRE) D'HOZIER, S' DE LA GARDE, gentilhomme ordinaire de la maison du Roy, faisant profession de la connaissance des Maisons illustres de France. — *Paris*, 1631, in-f°.* — *Paris*, 1652, in-f°. [L. F.] Avec blason.

L'exemplaire de la Bibliothèque porte sur le titre une note manuscrite qui attribue cet ouvrage à MELCHIOR GILLIER. Cette attribution n'est pas rare et n'a rien qui doive étonner. Pierre d'HOZIER, ce nom pareil généalogiste comme l'appelle l'abbé de Marolles, malgré l'activité et la mémoire prodigieuses dont il était doué n'aurait pu suffire seul à tous ses travaux. Il avait en quelque sorte une armée de collaborateurs chargés de lui recueillir et de lui préparer les documents dont il se réservait la mise en œuvre. Quelques-uns de ces collaborateurs rédigeaient eux-mêmes les généalogies et les apportaient à d'Hozier, qui les signait, bien entendu après vérification, afin de leur donner une valeur qu'elles n'auraient pas pu avoir sans cette innocente supercherie, malgré tout le savoir et toute la conscience de leur auteur. Les parents, les intéressés des familles en agissaient de même, et c'est ainsi que la généalogie des Gillier est attribuée à Melchior Gillier, et celle de Larbour, comme nous le verrons plus loin, à un membre de cette Maison.

4019. Table généalogique de la postérité de Blanche et de Jeanne de Gimel. — *Paris, imp. de Fr. le Comte (s. d.), gr. in-f° plano.*

Voyez encore *Faure (du)*.

4020. Godefroy de Ménilglaise. Voyez *Droullin*.

4021. Généalogie de la Maison de Godet, Seig'' de la Grand-Maison et de Vadenay, Vicomtes de Soudé et Seig'' d'Aunay, de Crouy et de Faremont en Champagne. Orig''' de Berry. — *Chaalons, Jacques Seneuze* (1673), 3 ff. in-f° formant tableau.

Extrait de la *Recherche de Champagne.* — Excessivement rare. — Communiqué par M. Dumoulin.

4022. Liste généalogique de la

Maison de Godin. — (*S. l. n. d.*) In-4°. [B. Bru.]

4023. Goesbriant. Voyez *Guébriant.*

4024. Esquisses biographiques sur la Maison de Goethals, rédigées par M. le chev. DE LA BASSE-MOUTURIE, et extraites du deuxième volume de l'Annuaire historique de l'ancienne Noblesse de France, par M. de Saint-Allais. — *Paris*, 1835, in-8. [B. Lil.] Avec portraits.

4025. Esquisses biographiques extraites des tablettes généalogiques de la Maison de Goethals, par le chr. L'EVÊQUE DE LA BASSE-MOUTURIE... Seconde édition. — *Paris*, 1837, in-8°.* Avec portraits.

4026. Esquisses biographiques sur la Maison de Goethals, par TAFFARD. — *Paris*, 1838, in-8°. [D.]

4027. Remarques sommaires sur la Maison de Gondi, par le sieur (PIERRE) D'HOZIER, (Sieur DE LA GARDE), généalogiste de sa majesté. — *Paris*, 1652, in-4°. Pièce.'

Cet opuscule est assez commun.

4028. Histoire généalogique de la Maison de Gondi. Par Monsieur (JEAN) DE CORBINELLI, gentilhomme originaire de Florence. — *Paris*, 1705, 2 vol. in-4°.* Avec un grand nombre de tableaux généalogiques, de blasons, portraits et autres figures gravées par DUFLOS, d'après les dessins D'ANT. PEZEY.

Le P. Lelong dit qu'on a sans raison attribué cet ouvrage à Corbinelli. D'Hozier, dans une note manuscrite qui se trouve en marge d'un des exemplaires que possède la Bibliothèque impériale, pense que Corbinelli n'a fait que prêter son nom à cette œuvre dont le véritable auteur, selon lui, serait Ant. Pezey, peintre, Héraut d'armes de l'Ordre de Saint-Lazare. Il nous est bien difficile d'admettre l'opinion de ces deux savants. Ant. Pezey, malgré son talent comme peintre d'attributs, ne s'est jamais fait remarquer par aucune production littéraire que nous sachions; tandis que Corbinelli était un homme de lettres dont les ouvrages, peu recherchés aujourd'hui il est vrai, ont eu pourtant le privilège d'attirer l'attention de la société dans laquelle il vivait, et qui certes ne manquait pas de goût. D'un autre côté, la manière simple et nette avec laquelle cette histoire généalogique est traitée nous paraît tout à fait rentrer dans le *faire* de Corbinelli. En somme, Ant. Pezey a bien pu faire les recherches, recueillir les matériaux, fournir les dessins; mais la mise en œuvre, la rédaction de l'ensemble, à notre sens, appartiennent tout entières à Corbinelli.

Quant à l'œuvre en elle-même, c'est moins une généalogie que l'histoire d'une Maison qui a joué un si grand rôle dans les mouvements politiques de la république de Florence dès le XIIIe siècle, et dans ceux de ce pays pendant le XVIIe. Cette production a été imprimée avec un grand luxe et aux frais de la duchesse de Lesdiguières. On y trouve les 128 quartiers de cette princesse et les portraits gravés des hommes illustres de la Maison de Gondi en costumes du temps et des lieux. En tête figure un traité succinct, et non sans intérêt, de l'*État civil du Gouvernement de Florence*, dont la connaissance est nécessaire pour la compréhension des faits particuliers à chaque personnage cité dans cette histoire généalogique.

Voyez pour cet ouvrage : les *Mémoires de Tréroux*, nov. 1706, p. 1867; et le *Journal des Savants*, ann. 1707, p. 337.

4029. Histoire et preuves généalogiques de la Maison de Gondi. —(S. l. n. d.) In-4°.

Recueil de planches tirées à part de l'ouvrage précédent. — Pour cette Maison, voyez encore la 3e édition de l'*Histoire généal. des Gr. Officiers de la Couronne*, du P. ANSELME, t. III, p. 890.

4030. Gonzagues. Voyez *Nevers* et *Marolles*.

4031. Généalogie de la Maison de Gourjault, en Poitou. Extraite du tome onzième des Archives généalogiques et historiques de la Noblesse de France, publiées par M. LAINÉ, successeur de M. de Courcelles, généalogiste des rois Louis XVIII et Charles X. —*Paris*, 1847, in-8°. Pièce.* Avec armoiries.

4032. A genealogical history of the House of Yvery; in its different. —Branches of Yvery, Luvel, Perceval and Gournay. (By J. ANDERSON.)—*London*, 1742, 2 vol. in-8°.*

4033. Recherches historiques sur la Normandie (et les seigneurs de Gournay), par M. DU BOIS.— *Paris*, 1843, in-8°.*

4034. The Record of the House of Gournay, compiled from original documents by DANIEL GURNEY,...—*Printed (for private distribution only)*, London, 1848, in-4°.* Avec un grand nombre de blasons gravés et intercalés dans le texte.

4035. Supplément to the record of the House of Gournay. By DANIEL GURNEY,...—*King's Lynn, printed (for private distribution only)*, 1858, in-4°.* Avec un grand nombre de blasons gravés et intercalés dans le texte.

4036. Recherches historiques, archéologiques et biographiques sur les possessions des sires Normands de Gournay, le Bray normand et le Bray picard, et sur toutes les communes de l'arrondissement de Neufchâtel. Par N.-R.-P. DE LA MAIRIE.— *Gournay-en-Bray*, 1852, 2 vol. in-8°.*

4037. Notice historique sur la Famille de Goyon-Matignon. (Dressée par M. GABRIEL DE GOYON-MATIGNON, Seigneur de Saint-Loyal.) — *Paris* (1853), in-8°. Pièce.*

Cette généalogie a été copiée, partie dans le P. Anselme et partie dans la généalogie manuscrite qui se trouve à la Bibliothèque impériale, dossier Goyon de Matignon.

4038. Essai généalogique sur le rameau de la Maison de Gozon établi au Château d'Ays en Querci et formé par Jean de Gozon, Grand-Maître de la Maison du Roi de Hongrie et de Bohême, issu de la même famille que Dieudonné de Gozon, Grand-Maître de l'Ordre de Saint-Jean-de-Jérusalem à Rhodes, Par M. l'abbé LAVAISSIÈRE, Prieur d'Escamps au Diocèse de Caors,... On a fait imprimer à la suite de cet essai, les actes qui prouvent la descendance des Seigneurs d'Ays, depuis la séparation de leur branche jusqu'à la seconde génération après leur rétablissement au Château d'Ays en Querci.— *Villefranche de Haute-Guienne* (*s. d.*), in-4°.*

A la page 51 on trouve : « *Fragments du Projet du Nobiliaire de la Haute Guienne...* » C'est un appel à la Noblesse du pays. Il commence par cet exorde *insinuant* et plein de séduction : « Gentilshommes pauvres, humiliés, méconnus, vous serez le premier objet de mes soins et de mes travaux... » Malgré ces frais d'éloquence, l'auteur ne put cependant pas faire paraître son livre! Il est vrai qu'il s'adressait particulièrement aux Gentilshommes pauvres qui sentirent peut-être que «...sans argent l'honneur n'est qu'une maladie. »

Voyez ci-dessus, n° 2505.

4039. Notice historique sur la Maison des ducs de Grammont. (Par le marquis DU PRAT.)— *Versailles*, (*s. d.*), in-8°. Pièce.* Avec blason.

Pour les Grammont en Gascogne et en Franche-Comté, voyez : 1° la 3e édit. de l'*Histoire généalog. des Gr. Officiers de la Couronne*, du P. ANSELME, tome IV, page 610; 2° les *Mémoires pour servir à l'histoire du Comté de Bourgogne*. par DUNOD DE CHARNAGE, t. II, p. 418.

4040. Note sur la Maison de Grancey ; par URBAIN PLANCHER.

Voyez ci-dessus : 1° « *Histoire générale... de Bourgogne...*, du même; 2° «*La Roue de Fortune,...*» n°° 2286 et 2277.

4041. Observations sommaires et factum, pour Nicolas de Grand, écuyer, seigneur de Roocourt, lieutenant-particulier... au présidial de Chaumont en Bassigny,... contre M. le procureur-général au sujet de la Noblesse. —(*S. l. n. d.*) In-4°. Pièce. [L. F.]

Pour les *Grand* en Champagne et en Touraine, voyez: 1° la *Recherche de la Noblesse de Champagne*; 2° l'*Histoire de la Noblesse de Touraine*, par L'HERMITE-SOULIERS, p. 281.

4042. Note sur la Maison de Granson ; par URBAIN PLANCHER.

Voyez ci-dessus n°2286:« *Histoire générale... de Bourgogne...* » du même.

4043. Mémoires historiques, généalogiques, politiques, militaires,... de la Maison de Grant, divisée en plusieurs branches, tant en Ecosse qu'en Normandie, en Allemagne, en Suède, en Danemarc,... avec un précis des principaux événemens relatifs au royaume d'Ecosse et à la Maison de Grant depuis son origine. Extraits du baronnage d'Ecosse, du Dictionnaire de la Noblesse de France, de différens auteurs authentiques, et des titres originaux de cette Famille. Par CHARLES GRANT, vicomte DE VAUX, des anciens barons de Grant, chef de nom, titres et armes de cette province en Normandie,...—(*S. l.*), 1796, in-8°.

4044. Famille de Grente ou Grante, seigneurs du Mesnil, de Villerville, de Saint-Pierre-Azifs, etc., chef actuel : Edmond de Grente, marié à Mademoiselle Marie-Octavie de Lauvel. (Par M. DE BIRAGUE.)—(*Paris, s. d.*). In-f°. Pièce.*

Extrait des *Archives historiques*, du même.

4045. Charles de Grefeuille et sa Famille, d'après les actes originaux conservés dans les archives publiques et particulières, par A. GERMAIN, professeur d'histoire à la Faculté des Lettres de Montpellier.—*Montpellier*, 1860, in-4°.*

Extrait des *Mémoires de l'Académie des Sciences et Lettres de Montpellier*.

4046. La Famille des Grignols-Talleyrand descend-elle des anciens comtes de Périgord? Son origine. Discussion historique et généalogique. Par M. DE F.... (FLASSAN).— *Paris*, 1836, in-8°.*

4047. Ma Première au Corinthien, ou réponse de M. DE SAINT-ALLAIS au Grec Rexis, se disant comte de Flassan.—*Paris*, 1836, in-8°. Pièce.*

Réponse au numéro précédent. Cet opuscule a reparu sous le titre suivant :

4048. Réponse de M. DE SAINT-ALLAIS à M. de Flassan, à l'occasion de sa brochure intitulée: «La Famille des Grignols-Talleyrand... » Deuxième édition.— *Paris*, 1836, in-8°. Pièce.*

4049. Genealogica et historica Grimaldæ gentis arbor, eminentissimo principi Hieronymo cardinali Grimaldo sacra. Authore Carolo de Venasque, ferriol. I. V. D. Monacæi principis a nobilibus aulicis. — *Parisiis*, 1647, in-f°.* Avec blasons.

> * Cet ouvrage, s'il était plus exact, serait très-intéressant à cause des ramifications nombreuses que les Grimaldi ont en Italie, en Provence et en Dauphiné. Mais toutes les fables qu'on y a répandues le rendent suspect à ceux qui ont quelque connaissance de l'histoire. Quoiqu'il ait paru sous le nom de Charles de Venasque, le véritable auteur est Jean le Laboureur, alors que sous le nom de Blérenval, il était gentilhomme de la Maréchale de Guébriant. Cette dame, issue de la Maison du Bec, croyait appartenir à la Maison de Grimaldi sur le fait de la similitude des armes de ces deux Familles. Jean le Laboureur se chargea de la mission de concilier l'histoire avec les prétentions de Mme la Maréchale.

> La Bibliothèque impériale possède trois exemplaires de cet ouvrage, dont deux sont littéralement couverts d'additions et de corrections importantes et curieuses, de Charles-René d'Hozier pour l'un, et d'une main inconnue pour l'autre. Le premier contient en outre huit ff. manuscrits, entre les pages 82 et 83, et le second dix-neuf pièces manuscrites à la fin.

> Voyez encore pour cette Maison : 1° la 3e édit. de l'*Histoire généalog. des Gr. Officiers de la Couronne*, du P. Anselme, t. VII, p. 141; 2° l'*Histoire de la Noblesse de Provence*, par Artefeuil (la Toulourbre), t. I, p. 519.

4050. Généalogie de la Maison de Grimouville, faite sur titres originaux et autres pièces authentiques, en l'an 1788, par de Grimouville - Larchant. — *Saint-Malo*, 1818, in-8°. [D. M.]

4051. Histoire généalogique de la Maison de Grolée, par Guy Allard.— *Grenoble*, 1688, in-4°. [B. Ars.]

4052. La Descendance de la Famille de Grolée, au bailliage de St-Marcellin; par Guy Allard.

— (*S. l. n. d.*) In-4°. Pièce. [A. R.]

> Voyez pour cette Maison l'*Histoire de Bresse*, par Guichenon, part. III, p. 112.

4053. Notice sur le mausolée de la Famille de Gros, avec des données historiques sur cette Famille, par l'Abbé F. Vande Putte,... — *Bruges*, 1842, in-4°. Avec figures. [B. Lil.]

> Suivie d'une généalogie de la Famille de Gros, composée par N. de Schiétère au commencement du xviie siècle.

4054. Notice historique sur la Maison de Grossolles de Flamarens. (Par M. Borel d'Hauterive).— *Paris*, (1853), in-8°. Pièce.*

> Extrait de l'*Annuaire de la Noblesse*, de 1853, 10e année.

4055. Généalogie historique de la Grouches-de-Chappy en Picardie; rédigée sur les titres originaux et autres monuments et documents, par M. Clabault, Auteur en 1764, du Tableau généalogique de la Maison Royale de France. — *Paris*, 1778, in-4°.* Avec tableaux généalogiques et un grand nombre de blasons gravés et intercalés dans le texte.

> Voyez encore pour cette Maison la *Recherche de la Noblesse de Picardie*.

4056. Gruel. (Par Guy Allard).— (*S. l. n. d.*) In-4°. [L. F.]

4057. Requête d'Yves de Goesbriant, marquis dudit lieu, contre Louis-Vincent de Goesbriant son second fils. — *Paris* (*s. d.*), in-f°. Pièce. [L. F.]

4058. Histoire dv Mareschal de Gvebriant, dressée tant svr ses Mémoires que sur les Instructions de la Cour, et sur les Lettres du Roy et des Ministres, et autres pièces d'Estat... Avec l'Histoire Généalogique de la Maison du mesme Mareschal, et de plusieurs autres des principales de Bretagne, qui y sont alliées, ou qui en sont descendues; justifiée par Titres, Histoires et autres preuves authentiques. Par Iean le Labovreur,... Prieur de Juvigné. — *Paris*, 1676, in-f°.*

4059. Extraits généalogiques, historiques, nécrologiques, ou nomenclature relative aux parents et alliés du comte Armand de Guerry de Maubreuil, marquis d'Orvault, qui ont servi la cause monarchique dans tous les temps et continué, depuis 1790, à servir la cause royaliste dite aussi celle « du trône et de l'autel. » —Rouen (1855), in-8°. Pièce.*

4060. Généalogie des Seigneurs de Guignard de Samois, de Leyritz et d'Arbonne, vicomtes de Saint-Priest, ducs d'Almazan, grands d'Espagne, etc. (Par M. MAURICE COUSIN, comte DE COURCHAMPS). —(Paris, 1839.) In-8°. Pièce.*

4061. Descendans de Jacques Guillaureau, seigneur de la Perrière; et de Marie Chartier, fille de Michel Chartier, seigneur d'Alinville, et de Catherine Paté.—Descendans de Jeanne Guillaureau et de Marie Chartier, mariée à Jacques de Maillard.

Formant les 9e et 14e tableaux de l'Abrégé cronologique de la fondation... du collége de Boissy...» (Par J. CHEVILLARD). voyez ci-dessus, n° 3537.

4062. Instruction sommaire et généalogique pour le sieur Jean-Basille de Guilhen, sieur de la Grave de la ville de Duravel, appelant devant le roi et nosseigneurs les commissaires généraux d'un jugement par défaut, contre la Cour de Beauval, commis à la recherche de la Noblesse, intimé.—(S. l. n. d.) In-f°. Pièce.*

4063. Histoire généalogique des Maisons de Guines, d'Ardres, de Gand et de Coucy, et de qvelques avtres Familles illvstres qui y ont esté alliées. Le tovt ivstifié par chartes de diuerses églises, tiltres, histoires anciennes et autres bonnes preuues; par ANDRÉ DV CHESNE,...—Paris, 1631. in-f°.*

Avec un grand nombre de blasons gravés par PICQUET et intercalés dans le corps du texte
Les preuves ont un titre particulier et une pagination spéciale.
L'exemplaire de la Bibliothèque impériale est enrichi de notes autographes de Clairambault, et contient en tête une table manuscrite des noms de Familles mentionnés dans cette histoire généalogique.— La Bibliothèque impériale possède encore une histoire manuscrite des comtes de Guines par LAMBERT, pasteur de l'église d'Ardes, in-f°.

4064. Guise.

Voyez, ci-dessus : LORRAINE et ci-après dans l'APPENDICE : Tables généalogiques des... Maisons d'Autriche et de Lorraine... [Par le baron DE ZUR-LAUBEN (1770).]— Voyez encore la 3e édition de l'Histoire des Gr. Officiers de la Couronne, du P. ANSELME, t. III, p. 485.
La Bibliothèque impériale possède une généalogie manuscrite de cette Maison, par PIERRE-PAUL FOURNIER.

4065. Genealogia Roberti Viscardi, et principum eorum qui Siciliæ regnum adepti sunt; ex PTOLEMÆI, lucensis chronicis decerpta.

Contenu dans : « Indices rerum ab Aragoniæ regibus... à HIFRONYMO SURITA... expositi... » 1578, in-f°.—Réimprimé au t. III de la collection des Historiens d'Espagne, intitulée : « Hispania illustrata...» Francofurti, 1616, in-f°. p.373.

4066. La Famille Guizot, monographie bibliographique, par J.-M. QUÉRARD. — Paris, 1857, in-8°. Pièce.*

Extrait du Journal « Le Quérard.»

H

4067. Hallay-Coëtquen (Maison du). —(Paris, impr. de Delacour, s. d.) Gr. in-8°. Pièce.* Avec la description des armes.

Le titre courant porte: « Répertoire général de la Noblesse. »—Extrait de l'Encyclopédie du dix-neuvième siècle.

4068. Notice historique sur la Maison de Hamal.—Paris, 1850, gr. in-8°. Pièce.*

4069. Tableau généalogique des différentes branches et rameaux de la Maison de Hamel en Picardie, Champagne et Guienne.— Paris (s. d.), in-f° plano.*

4070. Généalogie de la Maison du

Hamel, dressée sur titres originaux et monuments historiques, d'après les recherches de dom Caffiaux, dom Malause, dom Quinsert, dom Villevieille, religieux bénédictins de la Congrégation de Saint-Maur; par M. DE SAINT-PONS, paléographe et généalogiste; achevée et rédigée par M. LAINÉ,... Paris, 1834.— Pièces principales, additions, corrections, pour faire suite à l'Histoire généalogique de la Maison du Hamel, dressée... par M. DE SAINT-PONS,... achevée et rédigée par M. LAINÉ.... Seconde partie.—Paris, 1838. Le tout en 2 vol. in-8°.* Avec blason et table généalogique.

> Pour les Hamel de Champagne et de Picardie, voyez les *Recherches de la Noblesse* de ces deux provinces.

4071. Titres et pièces justificatives des légitimes prétentions de la Maison de Hamilton, sur le duché de Chatellerault et autres choses comprises dans le don fait par le roi Henri second à Jacques Hamilton,... 1713.—(Paris, 1713.) In-4°. Pièce.*

4072. Requête pour milord comte de Selkirk, touchant la restitution du duché de Chatellerault et des autres choses comprises dans le don fait par le roi Henri II à Jacques Hamilton, comte d'Aran, protecteur et gouverneur du royaume d'Ecosse; en exécution de l'article XXII du dernier traité de Paix entre l'Angleterre et la France.—(Paris, 1713.) In-4°. Pièce.*

4073. Généalogie de la Maison de Harchies. Par l'abbé CORNEILLE STROOBANT.

> Voyez ci-dessus n° 3181 : « *Histoire de la commune de Virginal,* » du même.

4074. Histoire généalogique de la Maison d'Harcourt, enrichie d'un grand nombre d'armoiries, alliances, généalogies, matières et recherches, concernant non-seulement les rangs et les intérêts de cette Maison, mais encore l'histoire générale; justifiée par plusieurs chartes de diverses églises,...par GILLES-ANDRÉ DE LA ROQUE, chevalier, sieur de la Lontière.—*Paris*, 1662, 4 vol. in-f°.*—*Paris*, 1664, 1668, 4 vol. in-f°. [Bc.]

> Cet ouvrage contient beaucoup de négligences, de répétitions et de contradictions.—Dans le «*Ménagiana,* » tome III, page 380, nous lisons : « Le bonhomme M. de la Roque étoit fort mécontent de Mess. d'Harcourt-Beuvron, qui ne l'avoient pas paié à son gré de l'histoire généalogique de leur Maison, qu'il a faite avec beaucoup de travail et de dépense. Pour s'en venger il disoit partout : *On pourra écrire contre moi.* C'étoit de lui-même dont il prétendoit parler, car il fut sur le point de se réfuter et de détruire les titres qu'il avoit produits. »

> Jean le Laboureur, prieur de Jurigné, dans le *Journal des Sarants*, décembre 1768, dit : « M. de la Roque qui a écrit l'histoire de la Maison d'Harcourt, dont on ne lui doit point d'autre honneur que d'avouer qu'il a quantité de mémoires pour les Maisons de Normandie où se borne tout son savoir; mais il a un si pauvre style et une si méchante manière d'employer ce qu'il a recueilli, qu'il n'est propre qu'à travailler par les ordres d'autrui à la charge de ne dresser que des tables généalogiques et quelques armoriaux de cette province, à la charge de ne point raisonner... »

> Malgré ce que nous venons de dire et de citer, l'ouvrage de la Roque est aujourd'hui recherché et se vend fort cher; cela tient uniquement à ce qu'il est rare et que l'esprit de notre époque a remis en vogue ces sortes de productions, en attendant qu'elles rentrent complètement dans l'oubli d'où on les a pour un instant tirées.

> L'exemplaire de la Bibliothèque impériale est enrichi de notes autographes de Charles-René d'Hozier.

> Cet établissement possède aussi une généalogie manuscrite de cette Maison par JEAN LE FERON. La *Bibliothèque Historique* signale deux autres généalogies manuscrites, l'une de JACQUES D'AUZOLES, sieur DE LA PEYRE, l'autre de GUILLAUME LUCAS.

> Voyez encore pour cette Maison la 3° édit. de l'*Hist. des Gr. Officiers de la Couronne*, du P. ANSELME, tome V, page 424.

4075. Maison des ducs d'Harcourt-Beuvron, chef actuel: François-

Eugène-Gabriel, duc d'Harcourt, créé pair de France par le roi Louis-Philippe Ier en 1837. (Par M. DE BIRAGUE.)—*Paris* (s. d.), in-f°. Pièce.*

Extrait des *Archives historiques*, du même.

4076. Précis historique sur la Maison de Harnes, 963 à 1230, suivi d'une version romane, attribuée à Michel de Harnes, de la *Chronique du Faux Turpin*. Par M. A. DEMARQUETTE,...—*Douai, Adam d'Aubers, imp.* 1856, in-8°. Enrichi de gravures et de blasons.

4077. Hauterive (d'). Voyez *Borel d'Hauterive* et *Chastellard*.

4078. Maison du Hautoy.(Par l'abbé J.-J. BOUVIER, dit LYONNOIS.)—*Nancy, Pierre Barbier*, 1777, in-4°. [B. Na.] Avec blasons gravés dans le texte.

Voyez encore pour cette Maison l'*Hist. de la Maison des Salles*, par D. CALMET, aux preuves, page XXXIV.

4079. Preuves de la branche des marquis du Hautoy de Clémery. (Par l'abbé J.-J. BOUVIER, dit LYONNOIS.) —(*Nancy*, 1777.,In-4°.* Avec armoiries gravées dans le texte.

4080. Esquisses généalogiques concernant un grand nombre de Familles alliées (à la Famille du Hays)... [Par CHARLES-JACQUES-MARIE DU HAYS. (1848.)]

Voyez ci-dessus, n° 3345.

4081. Notices historiques, généalogiques et héraldiques sur la Famille Henin de Cuvilliers et sur différentes Maisons qui y sont mentionnées.—*Paris,* 1789, in-8°. [D. M.]

4082. Généalogie de la Maison de Herzelles. Par l'abbé CORNEILLE STROOBANT.

Voyez ci-dessus, n° 3184 : « *Histoire de la commune de Virginal,...* » du même.

4083. Les Heu. (Par le Cte F. VAN DER STRATEN-PONTHOZ.) — *Metz,* 1854, in-4°. Pièce.*

Extrait de *Metz littéraire.*

4084. La Maison de Heu, manuscrit de la Bibliothèque de l'Arsenal, à Paris, et le Miroir des nobles des Hesbaie de Jacques d'Hemricourt. Par le comte F. VAN DER STRATEN-PONTHOZ. (Extrait de l'*Austrasie, revue de Metz et de Lorraine*.) — *Metz, typ. de Rousseau-Pallez*, 1859, gr. in-8°. Pièce. Avec blasons gravés sur bois intercalés dans le texte.

Dans cet opuscule on trouve le développement du n° précédent et la critique du célèbre ouvrage de Jacques d'Hemricourt en ce qui touche la Maison de *Heu.*

La *Bibliothèque historique*, signale un manuscrit intitulé : « *Généalogie de la Maison de Heu avec l'horoscope de Nicolas de Heu et la façon de les dresser; par* LAURENT FRISINS, *en latin, avec des figures représentant tous les seigneurs de cette Maison jusqu'à Nicolas de Heu qui a paru en 1191,* » in-4°; c'est celui dont il est question ci-dessus et qui a été publié par la Société de Nancy sur la copie de M. de la Cour. Le texte est donné en entier, mais les vignettes ne sont reproduites que depuis Roger de Heu qui vint s'établir à Metz en 1230 ou 1232. Ce manuscrit est venu de la bibliothèque de M. Guyon de Sardière dans la collection Caignat, d'où il passa chez M. Charles-Adrien Picard, pour arriver enfin à la Bibliothèque de l'Arsenal.

4085. Généalogie de la Maison de Heu, établie à Metz et dans le pays de Liège, précédée de l'horoscope dressé pour Nicolas Heu par l'astrologue Laurent le Frison.

Dans les *Bulletins de la Société d'Archéologie lorraine*, tome VII, ann. 1857, pages 65-97.

4086. Table généalogique de la Famille de Heyns alias Smets; par J. F. A. F. DE AZÉVÉDO COUTINO Y BERNAL.—(*S. l. n. d.*) In-f°. [R.]

4087. Hibon de Frohen. Voyez *Brancas.*

4088. Mémoire apologétique pour la branche aînée de la Maison de Hornes. (Par GOBBÉ.)—*Paris,* 1722, in-8°.*

4089. Histoire généalogique de la Maison de Hornes, extraite du dictionnaire généalogique et héraldique des Familles nobles du royaume de Belgique, par

M. F.-V. Goethals,...—Bruxelles, 1818, in-4°.*

Avec cartes, vues, fac-simile et un grand nombre de portraits, sceaux, tables généalogiques et blasons.—Tiré à petit nombre et non mis dans le commerce.

4090. Notice historique et généalogique sur la Famille d'Huart, titrée comte de Teutwert, baron d'Huart et de Jamoigne,.... (Par le baron Emmanuel d'Huart.)—Luxembourg, 1853, in-8°.* [B. A. L.]

Tiré à petit nombre et non mis en vente.

4091. Généalogie de la Maison des Hvravlts, de laqvelle sont sortis les Seigneurs de Sainct-Denis, de Vibraye, d'Huriel, de Cheuerny, du Marais, du Venil, de Bel-Esbat, de Bois-Taillé, d'Auneux et autres. (Dressée par Jacques Hurault, marquis de Vibraye.)—Paris, Pierre Billaine, 1636, in-4°.* Avec la description des armes des Familles alliées.

4092. Les Mémoires d'Etat de messire Philippes Hurault, comte ce Chiverny, chancelier de France... ensemble la généalogie de la Maison des Hurault,...—Paris, 1836, in-4°.*

Voyez encore pour cette Maison: 1° l'Histoire de la Noblesse de Touraine, par L'Hermite-Sorliers, page 524 ; 2° la 3° édit. de l'Hist. généal. des Gr. Officiers de la Couronne, du P. Anselme, tome VI, p. 501.

I

4093. Patente du Roi de la Grande Bretagne pour la confirmation de l'antiquité de la noblesse de MM. Irland, avec une attestation faite sur les lieux et la traduction, avec une autre Patente du Roi de France, ensemble l'Arrêt de vérification de la Cour de Parlement à Paris. Paris, 1780.—Généalogie de la Maison de Sainte-Hermnie. Paris, 1780. Le tout en 1 vol. in-8°.* Avec blasons.

Ce travail a été publié d'après les notes et sous la direction de Chérin.

Le faux-titre porte :«Généalogie de la Maison d'Irland et de celle de Sainte-Hermine. » Il existe encore sur cette Famille une note de l'abbé Irland qui a paru à Londres en 1797.

4094. Chapitre IV de l'Origine des titres en France. Histoire généalogique des Irland (Ecosse), transplantés en Poitou. Chapitre V. Lettres-patentes du roi Charles II d'Angleterre. (28 Juillet 1664.) (Extraits des Flores Pictaviennes, souvenirs du Poitou.) Par Napoléon Wyse,...—Périgueux, 1859, in-8°. Pièce.*

L'ouvrage intitulé « Origine des titres en France » n'a pas encore paru.

4095. Annales d'Ivois-Carignon et de Mouzon; par M. L'Écuy.—Paris, 1822, in-8°. [D.]

Contient les généalogies des seigneurs d'Ivois et des comtes de Chiny.

J

4096. Notice biographique et généalogique sur le baron de Jankovitz de Jezenicze (Antoine-Stanislas-Nicolas-Pierre Fourrier),... ancien député de la Meurthe... Extrait de la Biographie des membres de la Chambre des députés, par M. de Lansac.—Paris, 1847, gr. in-8°.*

4097. Notice historique sur Jean, sire de Joinville, sénéchal de Champagne, par A. Chezjean,...—Chaumont, 1853, in-8°. Pièce.* Avec sceaux et blason.

Pour la généalogie des sires de Joinville, voyez encore : 1° l'édition des Mémoires du sire de Joinville donnée par du Cange; 2° «La clef Dicalle de la... Maison de Lorraine,...» ci-dessus, n° 2654.

4098. Généalogie de la Maison de Joubert. Par Jean-Jacques Allard de la Resnière. — Paris, Valade, 1782, in-8°. [D. D.]

4099. Généalogie de la Famille Jullien, originaire de Bourgogne. (Par M. de Courcelles.)—Paris,

1826, in-4°.* Avec armoiries dans le texte.

Nouvelle édition corrigée et augmentée. La 1re a paru dans le tome III de l'*Histoire généalogique des pairs de France*, du même.

4100. Note sur la Maison des Jussey ; par URBAIN PLANCHER.

Voyez ci-dessus, n° 2286 : « *Histoire générale de Bourgogne*,... » du même.

K

4101. Famille des Kantacusène, dont l'origine remonte aux Valois, pairs de France (de 800 à 1787). (Par M. DE BIRAGUE.) — *Paris*, 1851, in-f°. Pièce.*

4102. Mémoire généalogique de la branche de Van den Kerckhove, Kerckhoffs,... par P.-E. DE BORCHT.—*Bruxelles*, 1830, in-8°. [B. Bru.]

4103. Mémoire historique et généalogique sur la très-ancienne noble Maison de Kerckhove ; traitant spécialement de la branche de Kerckhove, dite Van der Varent ; rédigé d'après d'anciens manuscrits et d'autres documens authentiques, par P.-E. DE BORCHT, ancien généalogiste. Nouvelle édition, corrigée, complétée et augmentée des autres branches de la Maison de Kerckhove ; par un descendant de cette Maison (JOSEPH-ROMAIN-LOUIS DE KERCKHOVE-VARENT).— *Anvers*, 1839, in-8°.[B. Lil.]

4104. Notice rédigée d'après le nobiliaire de Belgique et d'autres ouvrages et documents authentiques sur la très-ancienne noble Maison de Kerckhove, dite Van der Varent, et sur son représentant actuel, M. le vicomte Joseph-Romain-Louis de Kerckhove-Varent ; par N.-J. VAN DER HEYDEN.—*Anvers*, 1856, in-8°. Pièce. [B. Lim.] Avec armoiries.

4105. Généalogie des seigneurs de Kergorlay. (Par EUGÈNE DE STADLER.) Extrait du « *Mémorial his-*

torique de la Noblesse. »—(*Paris*, 1859.) Gr. in-8°. Pièce.*

4106. Extraict de la généalogie de la Maison de Kergovrnadech, dressé par le P. DU PAEZ, sur les tiltres de ladicte Maison.—(*S. l. n. d.*) In-4°. Pièce.*

L

4107. Notice sur la Famille Rousseau de Labrosse. (Par M. BOREL D'HAUTERIVE.)—*Paris*, in-18. Pièce.*

Extrait de l'*Annuaire de la Noblesse* de 1850, 7° année.

4108. Généalogie de la Famille de Laigneau, suivie d'un Tableau généalogique, par (PIERRE-EDOUARD) LÉONCE DE LAIGNEAU (employé des contributions indirectes).—*Bordeaux*, 1860, in-8°. Pièce.*

4109. Notice historique et généalogique sur l'ancienne et illustre Famille des seigneurs et comtes du nom de Lalaing. par M. BRASSART, secrétaire des hospices... de la ville de Douai...—*Douai, Adam d'Aubers*, 1847, in-8°.

Cet ouvrage a reparu sous le titre suivant.

4110. Histoire et généalogie des comtes de Lalaing, par M. BRASSART.... Deuxième édition, revue, augmentée et ornée de deux lithographies représentant le château de Lalaing, les armes et le *fac-simile* de plusieurs signatures des comtes de Lalaing. —*Douai*, 1851, in-8°.*

Tiré à 150 exemplaires.

4111. Lalemant. Voyez *Charlet*.

4112. Lettres patentes en faveur de la Famille Lallemant de Rouen, portant que l'imprimerie restera dans cette famille à titre de privilége héréditaire, sans déroger à la Noblesse ; recveilli et rédigé d'après les registres du parlement de Rouen, par ANDRÉ POTTIER,... (1837.)

Contenu dans la *Revue rétrospective normande*, du même.— Pour les *Lallemant de Lestrie*, voyez la *Recherche de la Noblesse de Champagne*.

4113. Maison de Lambert, Famille noble et ancienne, issue des seigneurs de Bonnes en Angoumois, connus par titres avant l'an 1300; auteurs communs des marquis de Saint-Bris, des seigneurs de la Filolie-Lamourat, de la Mazardie, de la Roussie, des Escuyers et du Change, en Périgord, d'Aucey, en Normandie, etc. Tous du nom de Lambert. Extrait du *Dictionnaire universel de la Noblesse de France*, par M. le chevalier de Courcelles, t. I, p. 436; du *Dictionnaire véridique des Maisons nobles de France*, tom. II, pag. 171; de l'*Armorial général de France*, reg. II, partie II, in-f°.—*Paris*, 1823, in-8°. Pièce.*

4114. Mémoire sur la vérification des titres de Noblesse de la Famille Lambert de Ferrary en Bresse, Bugey et Valromey; par D'HOZIER.—(*S. l.*, 1765.) Gr. in-4°. [D.]

4115. Table généalogique de la Maison de Lamoignon, depuis l'an 1280 jusqu'à présent, avec le blazon.—(*S. l. n. d.*) In-f° plano. [L. F.]

Voyez encore pour cette Maison les *Présidents à Mortier*, de BLANCHARD, pag. 426.

4116. Descendance de Lancelot de Bossut, maréchal héréditaire de Laonnois, et de Jeanne, dame de Marchais, Liesse et de Longual. — (*S. l. n. d.*) 3 ff. in-f° plano formant tableau.

Très-rare. — Communiqué par M. Dumoulin.

4117. Table généalogique de la Maison des Landes, alliée avec celle de Lamoignon.—(*S. l. n. d.*) In-f° plano. [L. F.]

Voyez encore pour cette Maison les *Présidents à Mortier*, de BLANCHARD, page 88.

4118. Mémoire pour Noble Pierre Langlois, Ecuyer, sieur de Saint-Julien. (Signé: MARTEL, avocat.) — (*Paris*), imp. de J. Chardin, in-8°. Pièce.* Avec une généalogie de la Famille Langlois.

Contre le Préposé à la recherche des usurpateurs de la Noblesse. —Voyez encore les *Recherches de la Noblesse de Picardie* et de *Champagne*.

4119. Histoire généalogique de la Maison de Langon; par GUY ALLARD. — *Grenoble* (*s. d.*), in-4°. [L. F.]

4120. Généalogie de la Maison de Lannoy. — *Paris*, 1667, in-f°. [L. D.]

Voyez pour cette Famille la 3e éd. de l'*Hist. des Gr. Officiers de la Couronne*, du P. ANSELME, tome VIII, page 73.

4121. Lapeyrouse-Rochon. Voyez *Bonfils*.

4122. Historia genealogica de la Case de Lara,... por DON LUIS DE SALAZAR Y CASTRO, commendador de Zurita y Fiscal de la Orden de Calatrava, de la Camera de S. M. y su Coronista Mayor, dividida en XX libros.— *Madrid*, 1694-1697, 4 vol. in-f°.* Avec un grand nombre de blasons intercalés dans le texte.

« La maison de Lara a possédé le vicomté de Narbonne dès avant l'an 1200, jusqu'en 1424, et a formé plusieurs branches en Languedoc, dont la dernière a été éteinte en 1705. »—L'exemplaire de la Bibliothèque impériale provient de la collection du généalogiste Chérin qui l'avait reçu de la duchesse de Narbonne. — Voyez ci-après *Pons*.

4123. Généalogie et alliances de la Maison des sievrs de Larbovr, dite depvis de Combavld, sortie autresfois puisnée de la première race de Bourbon non royalle, dés deuant l'an mil deux cents: en après rendue aisnée d'icelle par la cheute en femmes des deux branches aisnées; et aujourd'huy par l'extinction de toutes les autres, seule restée de la ligne masculine. Ivstifiée par histoires manvscrites... et par autres bonnes et certaines preuues dont la pluspart est énoncée dans l'arrest de la Cour des Aydes de Paris, donné auec légitime contradicteur pour la confirmation et maintenue de la Noblesse de cette Famille, insérée en la seconde partie du liure. Par le sieur (PIERRE) D'HOZIER, Sr DE LA GARDE.—*Paris*, 1628, in-4°.—

Paris, 1629, in-4°.* Avec tableau généalogique, armoiries et titre gravés.

Ménage dans son histoire de Sablé, page 411, dit que cette généalogie ne serait pas de d'Hozier, mais bien du baron d'AUTEUIL sieur DE COMBAULT. D'après ce que nous avons rapporté précédemment à propos de la Maison des Gilliers, cette attribution ne nous répugnerait point. Le P. Lelong selon son habitude ne se prononce pas. Il prend un moyen terme et dit qu'ils y ont travaillé tous deux. Pour notre compte cela seul nous suffirait pour conclure que le baron d'Auteuil est réellement le seul et légitime auteur de ce livre, bien que d'Hozier en signe la préface.— Voyez d'ailleurs la note consignée au sujet de la Maison d'Amanzé.

La 2ᵉ édition est moins complète que la première.

4124. Chronologie de la Maison de Lastic. (Par P. DE CHAZELLES.) — *Clermont-Ferrand*, 1853, in-f°. Pièce.*—*Saint-Flour*, 1856, in-f°. Pièce.* — *Saint-Flour* (1857), in-f°. Pièce.*

4125. Notice (sur la Maison de Lastic). — *Paris* (1856), in-4°. Pièce.*

Extrait du *Dictionnaire historique du Cantal*, 16ᵉ livraison. — Voyez encore *Mercœur*.

4126. Généalogie de la Maison de Laubrière, dressée sur les anciens titres de cette Maison. (Par CHARLES-FRANÇOIS LE FEBVRE DE LAUBRIÈRE, Conseiller au Parlement de Paris.) — (S. l. n. d.) In-4°.*

Avec pennon généalogique, et armoiries gravées par MATHEY d'après les dessins de A. HUMBLOT. —Contient aussi une table généalogique en tête du vol.

4127. Histoire généalogique de la Maison de Lavnay. Recveillie et dressée sur les tiltres domestiques d'icelle. Par Monsieur A. G., Protonotaire du S. Siége.— *Paris*, 1665, in-f°. Pièce.* Avec blason gravé.

4128. Extraict des descendans et ascendans de André de Laval,... et de Eustache de Baussay sa femme,... recueillie par messire JACQUES BROSSIN,... pour tant plus justifier la faussité du libelle diffamatoire saisi sur Jean Barbotin,...—(S. l. n. d.) In-f°. Pièce.*

4129. Requête de Guy André, comte de Laval, pour la confirmation des honneurs accordés au chef du nom de Laval. — (S. l., 1716.) In-8°. [L. F.]

4130. Laval. Voyez *Montmorency*.

4131. Lepeyvre. Voyez *Carnin*.

4132. Certificat notarié en date du 20 Juin 1705, commençant ainsi: « D'une pancarte en parchemin, contenant la généalogie de la Maison de Lescq. » (S. l. n. d. In-f° plano.*

4133. Lesdiguières.

Voyez ci-dessus, n° 3238.—Voyez encore la 3ᵉ édit. de l'*Hist. génél. des Gr. Officiers. de la Couronne*, du P. ANSELME, tome IV, page 288.

4134. Généalogie de la Maison de Lésignan, par J.-H. MICHON.

Dans la *Statistique monumentale de la Charente*, du même, page 78.

4135. Lespinasse. Voyez *Cusack*.

4136. Discours généalogique de la Maison de Lestang, dressé et composé par moi, JACQUES DE LESTANG, et adressé à Guillaume et Joseph de Lestang, mes enfans, l'an 1655.— *Aix* (s. d.), in-12. [L. F.]

Voyez encore pour cette Maison l'*Armorial* de D'HOZIER, reg. III.

4137. Maison de Lestrade, chef actuel : Charles-Louis-Jean-Gaspard-Ernest, marquis de Lestrade de Lacousse, en Périgord, habitant près d'Exideuil, son château de Lacousse, qui est depuis cinq cents ans dans la Famille. Branche cadette, chef actuel : Odon, comte de Lestrade de Boulhien, ancien préfet, né en Périgord,... (Par M. DE BIRAGUE.) — (*Paris*, s. d.) In-8°. Pièce.*

Extrait des *Archives historiques*, du même.

4138. Souvenir de Famille. Notice historique et généalogique sur la Famille de Leusse; par ANDRÉ

HYPPOLITE, comte DE LEUSSE.—
(*Lyon*), janvier 1848, in-8°. Pièce.
Avec blason et tableau généalo-
gique.

> Tiré à très-petit nombre et non
> mis en vente.

4139. Lévis.

> Voyez ci-dessus, n° 2575 : « *Car-
> tulaire de l'abbaye de Notre-Dame
> des Vaux de Cernay...* »—Voyez
> encore : 1° les *Mesures de l'Isle-
> Barbe* de CL. LE LABOUREUR, tome
> II, page 410;2° la 3° édit. de l'*Hist.
> généal. des Gr. Officiers de la
> Couronne*, du P.ANSELME, tome IV,
> page 11.

4140. Généalogie de la Maison de
Levy de Covzan. — (*S. l. n. d.*)
In-f° plano.*

4141. Table généalogique de la
Famille de Liebeecke; par J. F.
A. F. DE AZÉVÉDO COUTINO Y
BERNAL.—(*S. l. n. d.*) In-f°. [R.]

4142. Limbourg. Voyez *Dreux*.

4143. Recherches historiques et
généalogiques sur la Maison de
Linange-Dabo, par RUHL. —
Strasbourg, 1789, gr. in-4°. [Boul.]

4144. Esquisses historiques sur la
Famille de Linch et sur les
deux Douze Mars.—*Paris*, 1825,
in 8°. Pièce.*

4145. Notices historiques sur quel-
ques membres de la Famille de
Lynch. — (*Paris*, 1842.) In-8°.
Pièce.*

> Extrait de la *Biographie uni-
> verselle*, tom. LXXII.

4146. Notice généalogique sur la
Famille de Livingston, Levings-
ton ou Leviston, par M. L. LE
MAISTRE.—*Tonnerre*, 1856, in-8°.
Pièce. [E. M.]

> Tiré à 100 exempl. et non mis
> en vente.

4147. Généalogie de la Maison de
Locquenghien, par l'abbé C.
STROOBANT. — *Anvers*, imp. de
J.-E. Buschmann, 1855, in-8°.
Avec de nombreux blasons gra-
vés sur bois.

> Le faux-titre porte : « *Mélanges
> généalogiques inédits*, n° 1. »

4148. Abrégé de la généalogie des
vicomtes de Lomagne, divisée
en trois races, avec une dissertation sur la branche de Can-

dale de la Maison de Foix. [Par
LOUIS CHASOT DE NANTIGNY
(1757).]

> Voyez ci-dessus, n° 2303.

4149. Généalogie de la Maison de
Longueville et Dvnoys... Concession du comté de Dunoys.
(1439-1565.) — (*S. l. n. d.*) In-4°.
Pièce.*

> Voyez encore ci-après, *Orléans-
> Longueville*, et ci-dessus les n°°
> 3207-3221.

4150. Seigneurs de Lonvilliers,
ascendants de l'impératrice Jo-
séphine. Jehan, seigneur d'Ar-
goudessent. Année 1380. (Par L.
DE BARMON, capitaine de frégate.)
—*Cherbourg*, 1851, in-8°. Pièce.*
Avec blasons.

4151. Déduction des droits incontestables de la Maison de Looz.
(*S. l.*), 1764, in-8°. [F. H.]

4152. Mémoire pour le duc Charles-
Louis-Auguste-Ferdinand Emmanuel duc de Looz-Corswarem,
colonel au service de S. M. le
roi des Pays-Bas, appellant contre M. le duc Joseph-Arnold
de Looz-Corswarem soi-disant
prince de Rheina-Wolbech. intimé.—*Bruxelles*, 1822, in-f°. [Be.]

4153. Maison de Lorraine.

> Voyez ci-dessus l'Histoire no-
> biliaire de cette province, n°° 2633
> et suiv.

4154. Réponses à griefs de Guillaume Louët, écuyer, sieur de
la Motte-Dorvault, fils aîné et
principal héritier de Charles
Louët, conseiller du roi,... contre Nicolas et Magdeleine Louet.
(*S. l.*), 1666, in-4°]L. F.]

> On trouve dans cet opuscule
> des faits importants sur la Famille
> des Louët.—Voyez encore les *Re-
> marques* de Gilles Ménage sur la
> vie de Pierre Ayrault, pag. 369.

4155. Translation de la substitution
du marquisat de Bayon, sur le
comté de Guise; et érection du
comté de Guise en marquisat
de Frolois, en faveur de la Maison de Ludres. Du 20 mars 1757.
Nancy, 1765, in-4°.*

> Avec un frontispice gravé par
> COLLIN entouré des écussons des
> principales Maisons alliées à la
> Famille de Ludres. — Très-rare.

—Voyez aussi l'*Hist. de la Maison des Salles*, par D. CALMET, aux preuves, page 138.

4156. Généalogie de l'ancienne et illustre Maison des Luilliers. Aux armes d'azur, à trois coquilles d'or de S. Michel, remplies d'alliances· des plus considérables du Royaume,... (Dressée par GEOFFROY LUILLIER, Prieur de Sainte-Foy de Coulommiers.)—(*S. l. n. d.*) In-4°.*

Voyez aussi la *Recherche de la Noblesse de Champagne.*

4157. Mémoire pour Jean-Louis, marquis de Saluces, la comtesse de Polignac, et les abbés de Saluces, l'un chanoine de Soissons, l'autre vicaire-général de Meaux. Et encore pour Pierre, marquis de Saluces, François, comte de Saluces, et l'abbé de Saluces, abbé commendataire de l'abbaye de Saint-Amand de Boix, branche cadette établie en Angoumois. Contre le marquis et comtes de Lur, maréchaux des camps et armées du roy. (Par COURTIN, avocat.) — *Paris*, 1775, in-4°. [B. Am.]

4158. Réponse pour Pierre de Lur, marquis de Saluces, maréchal des camps et armées du roy, contre Jean-Louis de Saluces ; Marie-Jeanne-Louise de Saluces, comtesse de Polignac ; François de Saluces et Jean-Claude de Saluces. Et encore contre Pierre de Saluces et François-André de Saluces. (Par TREILHARD, avocat.) *Paris*, 1775, in-4°. [B. Am.]

4159. Notice généalogique sur la Maison de Lur, suivie d'un précis historique sur les derniers marquis de Saluces et sur la cession du marquisat de Saluces à la France en 1560. (Par HENRY DE LUR-SALUCES.) — *Bordeaux*, 1855, in-8°.*

4160. Généalogie de la Maison de Lusignan : par ÉTIENNE DE CYPRE, religieux dominicain. — *Paris*, 1586, in-4°. [L. F.]

4161. Histoire des rois de Chypre de la Maison de Lusignan, traduite de l'italien de GIBLET. — *Paris*, 1732, 2 vol. in-12. [D.]

4162. Notice historique sur la Maison de Lusignan, son illustration en Orient et en Occident; par E. D'ESCHAVANNES.—*Paris*, 1853, in-8°.*

4163. Généalogie (de la Maison de Luxembourg).—(*S. l. n. d.*) In-f° plano.*

4164. Erection de Piney et Ramerv en duché en faveur de François de Luxembourg et des descendans masles et femelles à perpetuité, du mois de septembre 1576.—(*S. l. n. d.*) In-f°. Pièce.* —(*S. l. n. d.*) In-4°. Pièce.* Suivi d'une série de pièces relatives au même sujet.

4165. Histoire de la Maison de Lvxembovrg. Par NICOLAS VIGNIER, docteur en médecine et historiographe du Roy. Nouuellement mise en lumière, auec autres pièces sur le mesme sujet, par ANDRÉ DV CHESNE, Tourangeau. — *Paris*, 1617, in-8°.* Avec tableaux généalogiques.

L'ouvrage de Vignier a reparu sous le titre suivant.

4166. Histoire de la Maison de Lvxembovrg, ov sont plvsievrs occvrrences de guerres et affaires tant d'Afrique et d'Asie que d'Europe, par Mⁿ NICOLAS VIGNIER,... illvstrée de notes, avec une continuation jusques à présent; et enfin les Tables généalogiques des Princes de cette illustre Maison et des principales Familles venues par fils et filles, avec les blasons de leurs armes et de leurs alliés. [Par NICOLAS-GEORGE PAVILLON (POULLAIN).]— *Paris*, 1619, in-4°.*

Cette édition a un autre titre qui porte : « *Histoire des comtes et ducs de Lvxembovrg, princes, empereurs, rois, ducs, marquis, comtes et seigneurs qui en sont issus et de leurs alliances,...* »

Struve dans sa *Bibliothèque historique* cite une autre édition de cette histoire, *Paris*, 1612, *in-f°*.

Baillet dans ses *Auteurs déguisés* dit que Pavillon est l'anagramme de Poullain.

4167. Au Roy et à Nos seigneurs de son Conseil. Sire, François-Henry de Montmorency, duc de

Luxembourg et de Piney, Pair de France, remonstre,....—(S. l., 1674.) In-4°. Pièce.*

A propos de la question de pré- séance soulevée entre lui et les pairs de France.

4168. Mémoire pour messieurs les ducs et pairs de France, contre Monsieur le duc de Montmoren- cy.—(S. l. n. d.) In-f°. Pièce.*

4169. Factum pour Monsieur le duc de Luxembourg, contre mes- sieurs les ducs et pairs. (Par CHUPÉ, avocat.) — Paris, 1694, in-4°.*

4170. Au roi et à nosseigneurs de son conseil.—(S. l. n. d.) In-f°. Pièce.*

Requête du duc de Luxembourg contre le factum du duc de Ri- chelieu, du 24 février 1694.

4171. Au roi et à nosseigneurs de son conseil.—(S. l. n. d.) In-4°. Pièce.*

Requête du duc de Richelieu contre celle du duc de Luxembourg, du 27 février 1694.

4172. Réponses de Messieurs les ducs et pairs à la requête afin de provision de Monsieur le duc de Montmorency du vingt-un mars 1696. — (S. l. n. d.) In-f°. Pièce.*

4173. Arrest de la cour du parle- ment du 13 avril 1696, qui or- donne la réception de M. le duc de Luxembourg en la dignité de duc de Piney, pair de France. —(S. l. n. d.) In-4°. Pièce.*

4174. Mémoire pour Monsieur le duc de Luxembourg et de Piney, pair de France, Contre Mes- sieurs les ducs et pairs. (Par M. NIVELLE, avocat). — (S. l., 1696.) In-4°. Pièce.*

4175. Sommaire du procès pour la préséance de la duché-pairie de Piney, pour Monsieur le duc de Luxembourg demandeur, con- tre Messieurs les ducs et pairs défendeurs. — (S. l. n. d.) In-4°. Pièce.*

4176. Mémoire pour Monsieur le duc de Luxembourg, pair de France, touchant la question de l'extinction de la pairie de Pi-

ney, prétendue par Messieurs les ducs et pairs. (Par AIGOUP, avocat.)—(S. l. n. d.) In-4°. Pièce.*

4177. Mémoire sur la question de l'extinction de la Pairie de Piney pour Messieurs les ducs et pairs de France. Contre Monsieur le duc de Montmorency. (Par ETIENNE GABRIAU DE RIPARFONS, Avocat au Parlement de Paris.) —Paris, 1696, in-4°.*

Contient des faits intéressants et curieux sur l'origine et les pré- rogatives des duchés-pairies.—Se trouve encore à la fin du Commen- taire sur la coutume de Paris, de Duplessis, in-f°.

4178. Mémoire sur l'extinction de la pairie de Piney créée en 1581. Pour Messieurs les ducs et pairs de France. Contre Monsieur le duc de Luxembourg.—(S. l. n. d.) In-4°.*

Une note sur l'exemplaire de la Bibliothèque impériale porte que cet opuscule est du sieur MA- GUEUX.

4179. Réduction sommaire des Moyens par lesquels Messieurs les ducs et pairs prouvent l'ex- tinction de la pairie de Piney créée en 1581.—(S. l. n. d.) In-4°. Pièce.*

4180. Observations pour Messieurs les ducs et pairs de France, sur la préséance prétendue par Mon- sieur le maréchal de Luxem- bourg et sur ses deux factums.— (S. l. n. d.) In-f°. Pièce.*

4181. Mémoire pour Messieurs les ducs et pairs sur l'assemblée de toutes les chambres. — (S. l. n. d.) In-f°. Pièce.*

4182. Au Roi et à Nosseigneurs de son conseil.—(S. l. n. d.) In-f°. Pièce.*

Requête signée GUIENET, en faveur des ducs de la Trimouille, de Chaulne et de la Force contre le duc de Luxembourg au sujet de la question de préséance.

4183. A Nosseigneurs de Parle- ment.—(S. l. n. d.) In-f°. Pièce.*

Requête des ducs et pairs contre le duc de Luxembourg, au sujet de la question de préséance.

4184. Au Roi et à Nosseigneurs

de son Conseil.—(S. l. n. d.) In-f°. Pièce.*

> Requête, signée Pasquier, avocat, en faveur du duc de Richelieu, contre le duc de Luxembourg, au sujet de la question de préséance. --Voyez encore Dreux.

4185. Arbre Généalogique de la Maison de Luxembourg de Béon. —(S. l. n. d.) In-f° plano.* Sans titre.

4186. Généalogie de la Maison de Luxembourg-Béon, avec un mémoire pour Charles de Luxembourg-Béon, chef du nom et des armes de Luxembourg, demandant en ouverture de substitution des comtés de Ligny et de Piney, contre Charles-François-Frédéric de Montmorency, duc et pair de France; par Benoit-L'Usurier de Bouchevret, avocat au parlement.—Paris, 1714, in-f°. [L. F.]

4187. Factum pour Charles de Luxembourg de Béon, chef du nom et des armes de la Maison de Luxembourg, demandeur en ouverture de substitution du comté de Ligny et du duché de Piney. Contre Charles François Frédéric de Montmorency, duc et pair de France, gouverneur de Normandie, Lieutenant général des armées du roi, défendeur. (Par Me Benoit L'Usurier de Bouchevret, avocat.) — Paris, 1715, in-f°.* Avec un tableau généalogique.

4188. Factum pour Monsieur le duc de Luxembourg, contre le sieur de Béon Dumassez. (Par Me Tartarin, avocat.) — Paris, 1715, in-f°.*

4189. Second factum pour Monsieur le duc de Luxembourg, contre le sieur marquis de Béon. —Paris, 1715, in-f°. Pièce.*

4190. Luynes. Voyez ci-dessus, n° 3236.

4191. Lynch. Voyez Linch.

4192. Annales généalogiqves de la Maison de Lynden, divisées en XV livres. Vérifiées par chartes, tiltres et aultres bonnes preuves; avec le récit de plusieurs histoires, où les Seigneurs de ceste Maison se sont trouvés. Embellies de figures et de divers pourtraicts, chasteaux, sépultures et anciens sceaux, tirés sur leurs originaux. Recveillées par F. Christophre Butkens, religieux de l'Ordre de Cisteaux,... —Anvers, 1626, in-f°.*

> Les preuves, qui forment le XVe livre, ont un titre particulier et une pagination spéciale.
>
> Cet ouvrage, excessivement rare, est principalement recherché dans la Flandre et le Brabant. Il a paru en français et non en latin comme l'a indiqué la *Bibliothèque historique*. Il contient une carte géographique, 28 tableaux généalogiques, 41 figures représentant des vues ou des portraits, et 700 blasons, le tout gravé et intercalé dans le corps du texte.
>
> La Bibliothèque impériale possède encore un autre exemplaire de cet ouvrage avec deux ff. mss. l'un entre les pages 30 et 31, et l'autre entre les pages 218 et 219. On trouve en outre à la fin de cet exemplaire un appendice manuscrit de 203 pages in-fol, donnant la traduction latine de tous les actes et preuves en flamand et en allemand cités dans ce livre.

4193. Recueil de factums et mémoires concernant la Famille de Lyonne. — (S. l. n. d.) In-f°. [L. F.]

4194. Lys (du). Voyez *Arc* (d').

M

4195. Aperçu généalogique sur la descendance de Daniel Mabelly d'Aubaïs, 1700. Par le docteur Piron.—Montpellier, 1860, in-32. Pièce.*

> Voyez encore ci-dessus Aubaïs.

4196. Généalogie de la Maison Mac-Carthy, anciennement souveraine des deux Momonies ou de l'Irlande méridionale; dressée d'après les chroniques, les poëmes nationaux, les cartulaires, les actes publics et autres monuments de l'histoire d'Hibernie, et publiée dans le cinquième tome des *Archives généalogiques et historiques de la Noblesse de France*, par M. (P.-L.) Lainé.—Paris, 1834, in-8°.* Avec un tableau généalogique et armoiries gravées.

4197. Mémoire pour dame Reine Cortelot, veuve de Messire Hugues de Maizières, chevalier seigneur de Vaivres et de Vanteaux; et dame Anne Cortelot. veuve de Messire Charles Richard, Conseiller au Parlement de Bourgogne, nièces et héritières de Messire Claude de Morey, marquis de Vianges, franc seigneur de Charnay,... Contre le sieur Jean-Baptiste Macmahon, irlandois, docteur en médecine en l'Université de Reims et médecin agrégé au collége des médecins de la ville d'Autun, se disant chevalier, comte et marquis d'Eguilly, marquis de Macmahon, seigneur du marquisat de Vianges, baron de Vaudenay, seigneur de Suilly, Sivry, Blangey, Chanvirey, Reuhon, Chape, Sanceray en partie, Barnay, Igornay, Chansigny, Champeculian, petit Molais, Repas-des-Bas, Canada, Dudeffend, Thoreilles, Morey, Auxeraines, Lacave, Latour d'Uchey, Poncey en Bourgogne, et encore seigneur des Terres de Cuzy, Lavaux, Montigny, Champoux en Nivernois, et encore prétendant en vertu du testament du feu sieur marquis de Vianges, les Terres et seigneuries de Charnay, Labonduc, Saint-Agnan, Périgny, Laville, Périgny Latour, la terre de Montgeliard, le domaine de Monthelye, et autres terres, cens, maisons, vignes et héritages de la succession du marquis de Vianges, et l'universalité de ladite succession. Et contre Dame Charlotte le Belin, épouse dudit sieur Macmahon, et veuve en premières noces de feu Messire Jean-Baptiste-Lazare de Morey, Gouverneur des ville et château de Vezelay. (Signé : ELIE DE BEAUMONT, avocat; ALONNEAU, procureur.)—(Paris), impr. de L. Cellot, 1762, in-4°.

Mémoire supprimé par arrêt de la Grand'Chambre du 20 juin 1763, comme injurieux envers les sieur et dame de Mac-Mahon.

4198. Mémoire sur la Noblesse de Jean-Baptiste de Mac-Mahon, chevalier, marquis d'Eguilly, pour servir de réponse à la note injurieuse que les dames Richard et de Maisières ont fait imprimer, à la suite du Mémoire qu'elles ont distribué en 1762. (Signé : SÉGUIER, avocat général; GERBIER, avocat; GRANDIN le jeune, procureur.)—Paris, chez P. Al. Le Prieur, 1763, in-4°.

Ces deux derniers articles, tous deux excessivement rares, et qui ne manquent pas d'un certain intérêt, nous ont été communiqués par M. Dumoulin.

4199. Notice généalogique sur la Famille Mac Sheely, anciennement seigneurs de Connello, dans la province de Munster, en Irlande (et en France), suivie de pièces justificatives et rédigée d'après les chroniques, les histoires et les actes publics, par M. AMÉDÉE DE LA PONCE.—Paris, 1848, in-8°. Pièce.* Avec blason et tableau généalogique.

Le tableau généalogique est estrait d'un ouvrage manuscrit intitulé : «Essais sur les Familles Irlandaises milésiennes,» qui se trouve en la possession de l'auteur de cette notice.

4200. Descendans de François de Maillard, chevalier de l'ordre du roy, gouverʳ de Boulogne, seigʳ de Bernay, fils de Benoit Maillard, seigʳ des Brosses, et de Marie Lopin.

Formant le 15ᵉ tableau de l' «Abrégé cronologique de la fondation du collége de Boissy...» (Par J. CHEVILLARD.) — Voyez ci-dessus, n° 2537.

4201. Jean de Maillé III. du nom, seigneur de Brézé et de Milly-le-Mongon, chambellan de René duc d'Ajou, Roy de Sicile, épousa Marie de Maillé, fille de Hardouin VII, Baron de Maillé.— (S. l. n. d.) In-f° plano.

Tableau généalogique où figure au XIIᵉ degré Louis Henry de Bourbon, Prince de Condé, né le 29 août 1736.

4202. Requeste présentée au roy, en son conseil, par Joseph-Augustin, comte de Mailly (pour la vérification de ses titres généalogiques). — (S. l. n. d. In-4°. [B. Am.]

4203. Mémoire sur la requeste présentée au roy, en son conseil, par Joseph-Augustin de Mailly, comte de Mailly, lieutenant-général des armées du roy et du Roussillon. Avec les pièces qui y ont rapport.—(*S. l. n. d.*) In-4°. [B. Am.]

4204. **Extrait des titres originaux de la branche des comtes de Mailly, seigneurs d'Haucourt, et des marquis du Quesnoy en Flandre, qui en sont issus ; pour servir aux preuves de ces deux branches, et être joint à la requête présentée au conseil du roy.**—(*S. l. n. d.*) In-4°. [B. Am.]

4205. **Erection du Comté de Mailly et substitution graduelle, perpétuelle et à l'infini dudit comté en faveur de la branche des comtes de Mailly, Marquis d'Haucourt. Ou de tels autres qu'il leur plaira y appeler.** — *Paris*, 1744, in-4°.*

4206. **Extrait de la généalogie de la Maison de Mailly, suivi de l'histoire de la branche des comtes de Mailly, marquis d'Haucourt, et de celle des marquis du Quesnoy ; dressé sur les titres originaux, sous les yeux de M. de Clairambaut, généalogiste des ordres du roy, et pour l'histoire par M*** [le P. Simplicien (Pierre-Lucas)].** Imprimé d'après le manuscrit présenté au roy et déposé par son ordre à la Bibliothèque de Sa Majesté. — *Paris*, 1757, in-f°.*

Cet ouvrage se recommande par la beauté de l'impression et par le grand nombre de planches en taille-douce qui s'y trouvent ; c'est peut-être, dit le P. Lelong, son plus grand mérite. Il ne s'est point vendu, la Maison de Mailly ayant retiré les exemplaires pour les distribuer.

4207. **Création d'une première chanoinie d'honneur héréditaire pour Monseigneur le Comte de Mailly, marquis d'Haucourt, ses hoirs et successeurs chefs de sa Maison, dans l'Eglise cathédrale de Perpignan, à perpétuité.**—*Perpignan*, 1758, in-4°. Pièce.*

4208. **Recueil de différentes pièces concernant l'histoire généalogique de la branche des comtes de Mailly, marquis d'Haucourt, et des marquis du Quesnoy en Flandres qui en sont issus. Imprimé en 1757.** — (*S. l.*), 1763, in-4°. [B. Ab.] Avec blasons.

4209. **Extrait des titres concernant la Maison de Mailly.** — *Paris*, 1776, in-4°. [D.]

4210. **Preuves de chevalier des Ordres du Roy, du Comte de Mailly-Haucourt, ...** — *Paris*, 1776, in-4°.*

4211. **Notice abrégée sur la Maison de Mailly.**—(*S. l.*, 1845.) In-f°. Pièce.*

4212. (Le Premier degré de la descendance mâle de Girard de Mailly.) — (*Paris*, 1856.) In-f° plano.*

Tableau représentant les blasons coloriés des 13 fils de Girard de Mailly, avec cette légende au bas : « Girard de Mailly qui vivait il y a environ six cens ans, eut treize fils, et pour éviter qu'un jour la confusion ne fût en sa Maison pour le nom et les armes de Mailly, qui sont d'or à trois maillets de sinople, leur diviser les terres en partage, attribuant à chacun d'eux noms selon leurs terres et trois maillets pour armes. mais de blasons différents, les fit bannerets de leur frère aîné, qui retint seul le nom et les armes de Mailly, dont il eut la baronnie. »

Copié textuellement en 1856 d'après le manuscrit original sur parchemin qui se trouve en la possession de M. le comte de Mailly.

Voyez encore pour cette Maison ci-dessus, nᵒˢ 3232-3235.

4213. **Donation et substitution masculine à l'infini en faveur des puinés de la Maison de Mailly de Neelle (en 1700); avec lettres patentes du roy, et l'Arrêt d'enregistrement, pour la perpétuité de la substitution (et les publications, enregistrements et informations faites aux bailliages, sénéchaussées et prévotés, où les biens donnés sont situés).**—*Paris*, 1704, in-4°.*

Voyez encore ci-dessus, nᵒ 2418.

4214. **Mémoire pour Monseigneur le duc du Maine, prince souverain des Dombes, demandeur, contre son altesse royale Mon-**

seigneur le duc d'Orléans, petit-fils de France, héritier de feu Monsieur son père, frère du roi, et ayant repris l'instance après son décès. (Par M° MARTEL.) — (S. l. n. d.) In-f°. Pièce.*

4215. Edit de son altesse royale Madame souveraine des Dombes pour le controle des exploits et création en titre d'office formé domanial et héréditaire d'un garde des petits sceaux pour les contrats, titres, obligations et autres actes : et d'un état et office héréditaire de commissaire receveur des deniers des saisies réelles, et de fruits, et l'arrêt de la Cour de parlement dudit pays sur l'enregistrement et vérification dudit édit (11 Janvier). — Trévoux, 1673, in-f°. Pièce.*

4216. Déclaration de son altesse sérénissime Monseigneur prince souverain de Dombes du mois de novembre 1694, publiée et régistrée au parlement de Dombes le 17 dudit mois de novembre, qui confirme à perpétuité les conseillers du conseil souverain de sa dite Altesse sérénissime, greffier en chef dudit conseil, présidents, maîtres des requêtes... en la qualité d'anciens nobles et au titre de noblesse leurs veuves demeurants en viduité et leurs enfants, nés ou à naître. — (S. l. n. d.) In-f°. Pièce.*

4217. Mémoire signifié pour Louis Auguste de Bourbon, prince souverain de Dombes, Comte d'Eu, appelant d'une sentence des requêtes du Palais du 26 avril 1706, et demandeur ayant repris l'instance au lieu de feu Louis-Auguste de Bourbon, duc du Maine, son père, contre les religieux, prieur et couvent de l'abbaye de Saint-Michel, du transport au comte d'Eu, intimés et défendeurs. — (Paris, s. d.) In-f°. Pièce.*

4218. Mémoire pour S. A. R. Monseigneur le duc d'Orléans, petit fils de France, héritier de feu Monsieur son père, frère unique du roi défendeur; contre Mon-

seigneur le duc du Maine, prince souverain de Dombes, demandeur. (Par M° AUBRY, avocat.) — (S. l. n. d.) In-f°. Pièce.*

4219. Pour Mademoiselle (Anne-Marie-Louise, duchesse de Montpensier), touchant la souveraineté de Dombes. — (S. l. n. d.) In-f°. Pièce.*

4220. Extrait du recueil de l'Ordre du Saint-Esprit, imprimé par ordre de Sa Majesté en mil sept cens trois. Mil cinq cens quatre-vingt-dix-huit. — Paris, 1729, in-4°. Pièce.*

> Contenant une déclaration du roi Henri IV portant que Henri de Bourbon duc de Montpensier, chevalier commandeur des ordres de Saint-Michel et du Saint-Esprit, était exempt de tous droits de rachats, lods et ventes, quints et requints et autres droits seigneuriaux.

4221. Maintenon.

> Voyez ci-dessus, n° 2575 : « Cartulaire de l'Abbaye de Notre-Dame des Vaux de Cernay,.... »

4222. Famille de Malus. Seigneurs du Mesnil, de Mauroy, etc., etc. Chef actuel : François-Gustave, Baron de Malus du Mesnil, capitaine de Cavalerie,... marié à M¹¹° Marie-Sophie-Elisabeth de Senneville. (Par M. DE BIRAGUE.) — (Paris, s. d.) In-f°. Pièce.*

> Extrait des Archives historiques, du même.

4223. Notice historique et généalogique sur la Famille de Manas, établie par un de ses membres sur quatre arrêts de maintenue, rendus à différentes époques par la Cour des aides de Montauban, sur des actes authentiques possédés par la Famille et sur des pièces conservées au dépôt des archives impériales et dans les archives des villes de Tarbes, Auch et Montauban. — Castelsarrazin, 1855, in-4°. Pièce.*

4224. Discours historique et généalogique sur l'illustre et ancienne Maison de Mancini, l'arbre généalogique de cette Famille et ses plus proches alliances ; par JEAN-BAPTISTE L'HERMITE DE SOLIERS, dit TRISTAN. — Paris, 1661, [L. F.]

Voyez encore pour cette Maison

la 3ᵉ éd. de l'*Hist. généal. des Gr. Officiers de la Couronne*, du P. ANSELME, tome V, page 462.

4225. Israël armorié ou armoiries des tribus d'Israël sorties des enfans de Jacob. Dédié à Messire François Manessier-de-Guibermaisnil, marquis dudit lieu, etc., en Janvier 1743. (Page 2:) Histoire politique héraldique et péryttologique des tribus d'Israël. (Par J.-L. CHEVILLARD.) — (*Paris*, 1743.) In-f°. Pièce.* Avec 13 blasons gravés.

Cette production singulière et des plus rares fut composée en vue de satisfaire la vanité de François Manessier de Guibermaisnil dont la Maison, selon lui, était issue de Jacob par Manassès chef de la tribu de ce nom. Du reste la manie de remonter jusqu'à l'illustre patriarche n'est pas particulière à cette Maison, celle de Lévis, par exemple, croyait aussi descendre de la tribu de Lévi!! Quand on est en si bon chemin pourquoi ne pas aller jusqu'à Adam?

4226. Table généalogique de la Maison de Manessier de Guibermaisnil, sortie des Edhilingues des anciens Saxons, où l'on voit tous les degrez d'une filiation exactement suivie depuis l'an 829 jusqu'aujourd'hui, avec les XXXII quartiers de Haute et puissante Dame Madame Catherine-Eléonore Manessier, Comtesse de Bussy-Baralle, Baronne de Gavrelle en Flandres, sœur aînée de Madame la Comtesse de Gonnelieu, et tante de Mademoiselle de Guibermaisnil, seules relictes de ce nom et armes, leur frère puîné ayant pris le parti du cloître dès l'an 1699, vivoient tous en Décembre 1745. (Par J. L. CHEVILLARD.) — (*Paris*, 1746.) In-f° plano.* Avec blason gravé.

Très-rare.

4227. De Mansy. (Par GUY ALLARD). — (S. l., 1705.) In-4°. Pièce. [L. F.]

4228. Mantoue. Voyez *Nevers*.

4229. Acte de Notoriété donné par douze Gentilshommes de la province de Normandie, à MM. le Marchant de Caligny. Le 3 Juin 1767. — *Paris*, 1768, in-8°.*

On y voit les alliances des le Marchant de Caligny, avec les Maisons de *Vauquelin*, de *Durfort*, de *Montgommeri*, dont on déduit les généalogies, ainsi que celles de la Rochefoucauld et de Thiard de Bissy.

4230. Marconnay. Voyez *Chastillon-sur-Marne*.

4231. Av Roy. — (*S. l. n. d.*) In-f°.* Avec blason gravé.

Requête de don JOSEPH DE MARGARIT marquis D'AGUILAR, aux fins d'obtenir un dédommagement des pertes essuyées en Catalogne par le suppliant pendant qu'il était au service du roi. — Contient un abrégé historique et généalogique de la Famille des Margarit.

4232. Note sur la Maison de Marigny; par URBAIN PLANCHER.

Voyez ci-dessus, n° 2286: « *Histoire générale... de Bourgogne...* » du même. — Voyez encore pour cette Maison la 3ᵉ édit. de l'*Hist. généal. des Gr. Officiers de la Couronne*, du P. ANSELME, tome XI, page 311.

4233. Généalogie de la très-illustre Maison de la Marck en Allemagne, de laquelle est yssu Monsieur le comte de Mauleurier,... par FRANÇOIS L'ALOUETTE. — *Paris*, 1584, in-f°. [L. C. M.]

Voyez encore *Auvergne et Bouillon*. — Voyez aussi la 3ᵉ éd. de l'*Hist. généal. des Gr. Officiers de la Couronne* du P. ANSELME, tome VII, page 165.

4234. Marly.

Voyez ci-dessus, n° 2575: « *Cartulaire de l'abbaye de Notre-Dame des Vaux de Cernay*,... »

4235. Les Mémoires de MICHEL DE MAROLLES, abbé de Villeloin... et les généalogies de quelques Familles alliées dans la sienne, auec vne brieue description de la très-illustre Maison de Mantoue et de Neuers. — *Paris*, 1656, in-f°.* Avec blasons intercalés dans le texte et trois portraits gravés par MELLAN et NANTEUIL.

Il existe encore une autre édition de ces Mémoires publiée en 1755, par les soins de l'abbé Gonjet. Nous ne l'avons pas indiquée ici par la raison toute simple que l'éditeur en a retranché les généalogies qui lui parurent peu intéressantes et dénuées de preuves. Cependant Costar dans ses *mémoires* dit que ce que Marolles faisait de mieux était des généalogies. Les principales Maisons alliées à celle de Marolles dont l'auteur donne les généalogies sont celles de *Châtillon*, d'*Erian*, *Menou*, *Bridieu* et *Dupuy*.—L'exemplaire de la Bibliothèque impériale contient beaucoup de notes manuscrites de la main de Charles-René d'Hozier.

4236. Description de la généalogie de la Maison de Martigné l'Effrière ; Iustifiée par contracts de mariages, partages, donations, transactions, adveus, dénombremens, hommages, fondations, sentences, arrests, et autres bonnes preuves. Par le seignevr DES CHATELIERS, gentilhomme angevin.—*La Flèche*, 1649, in-f°. Pièce.* Avec blasons gravés sur bois intercalés dans le texte.

4237. Histoire généalogiqve de la Maison de Martigné L'Effrière. Iustifiée de toutes pièces iustificatives par contracts de mariages, partages, donations, transactions, testamens, fondations, adueus, dénombremens, hommages, sentences, arrests et autres bonnes preuues, par Maistre IACQVES LE LOYER, généalogiste. — *La Flèche*, 1657, in-f°. Pièce.*

4238. Documens généalogiques sur la Famille de Martrin, d'après l'ouvrage de M. H. DE BARRAU, sur les Familles du Rouergue.—*Rodez*, 1856, in-8°. Pièce.*

4239. Généalogie de la Maison du MAS...—*Bordeaux* (1850), in-8°. Pièce.*

4240. Notice historique et généalogique sur la Maison de Matharel, originaire de Ravenne, Marquis de Matharel et de Fiennes, seigneurs de Chery, de Germiny, de Manneville, de la Rivière, etc., établis en Auvergne, en Normandie et à Paris. Extrait de l'*Annuaire de la Noblesse*, publié par M. BOREL D'HAUTERIVE... année 1857, 14e volume. —*Paris* (s. d.), in-4°. Pièce.*

4241. Histoire du maréchal de Matignon,... par Monsieur DE CAILLIÈRE,...—*Paris*, 1661, in-f°.* Avec planches, blasons et table généalogique.

Voyez aussi pour cette Maison la 3e édit. de l'*Histoire généal. des Gr. Officiers de la Couronne*, du P. ANSELME, tome V, page 374.

4242. Maubec. Voyez *Montlor* et *Montlaur*.

4243. Recherches historiques sur une Famille poitevine.(Maynard-Mesnard). (Par HENRI DE LA CITARDIÈRE.)—*Fontenay le Comte*, 1857, in-8°.* Avec blasons.

4244. Maynard-Mesnard en Poitou. (Par le Baron DE MAYNARD.)—*Fontenay-Vendée* (1858), in-8°. Pièce.*

Cet opuscule et le précédent sont aujourd'hui excessivement rares, M. de Maynard ayant détruit ou fait détruire la plupart des exemplaires.

4245. Lettres patentes portant confirmation du tiltre de duché et pairie de Niuernois et Donziois, en faueur de Monsieur le cardinal Mazarini, (octobre 1660).— (S. l. n. d.) In-f°. Pièce.*

4246. Lettres obtenues par le duc Mazarini, pour le changement de son nom et de ses armes. — (S. l.), 1661, in-4°. [L. F.]

4247. Lettres, déclarations, et arrests, concernants l'érection ancienne de la terre de Rethel en Pairie. L'union de la baronnie de Rozoy au comté de Rethel. L'érection de la mesme terre en duché.... Les extraicts des donations, testament et codicilles de feu Monseigneur le cardinal Mazarini, touchant la clause de faire porter le nom de Mazarini à la principale terre qui seroit acquise. Et les substitutions aux masles et femelles. Ensemble les lettres de confirmation des titres de duché et pairie,... en faueur de Monseigneur le duc Mazarini,... Auec l'arrest de vérification desdites lettres en toutes les clauses y contenues.—*Paris*, 1664, in-4°.*

4248. Factum pour M. le duc Mazarin, demandeur en cassation contre le sieur marquis de Sourdis et la demoiselle de Clisson défendeurs. — (*S. l. n. d.*) In-f°. Pièce.*

4249. Factum pour M. le duc de Mazarin, défendeur et demandeur en évocation du principal, contre le sieur marquis de Sourdis et la damoiselle de Clisson, seigneurs de la Chapelle-Bertrand, demandeurs en opposition et défendeurs. — (*S. l. n. d.*) In-f°. Pièce.*

4250. Extrait des registres de parlement (21 juillet 1687). — (*S. l. n. d.*) In-f°. Pièce.

Relatif à la contestation entre le duc de Mazarin et le marquis de Sourdis.

4251. Histoire des hommes illustres de la Maison de Médicis; avec un abrégé des comtes de Bolongne et d'Auvergne. Par Jean Nestor. — *Paris*, 1564, 1575, in-4°.*

4252. La Toscane françoise italienne, de Gabriel Chappvys, secrétaire interprète du Roy, contenant les noms, limites... et grandeur de Toscane... ses richesses, valeur, noblesse; ensemble de ses magnanimes Chefs et Dvcs, de la très-illustre Maison de Médici iusques auiourd'hui. Auec leur Généalogie. — *Paris*, par l'*Avteur*, 1601, petit in-8°.*

Français - Italien. — Opuscule rare.

4253. Le Brillant de la reine, ou histoire généalogique de la Maison de Médicis; par Pierre Boissat. — *Lyon*, 1613, in-8°.*

Réédité par André Boissat, fils du précédent, sous le titre suivant :

4254. Histoire généalogique de la Maison de Médicis. Contenant les vies et faits remarquables des hommes illustres et plus signalez d'icelle... Par Pierre Boissat, seigneur de Licieu,... — *Lyon*, 1620, in-8°.*

4255. Mémoires généalogiques de la Maison de Médicis. (Par Nicolas Ten Hove, conseiller et maître général des monnaies des Provinces unies.) — (*S. l. n. d.*) 5 vol. in-8°.*

Ce livre, plein d'érudition, est excessivement rare. Il fut imprimé à La Haye vers 1773-1775 et tiré à un très-petit nombre d'exemplaires non mis en vente.

4256. Brief discours de l'Ancienne Noblesse de la Maison illustre de Médicis de Florence,... par Maistre Clavde de Rvbis...

Dans l'*Histoire de Lyon*, du même, in-f°, 1604; p. 511-597.

4257. Chronologie des barons de Mello, du xi° siècle jusqu'en 1842. — *Paris*, 1842, in-4°.* Avec armoiries gravées dans le texte.

4258. Généalogie des seigneurs de la Motte-Saint-Florentin, de Chanteclert, de la Louptière, de Vaurenier, du Buignon, de Courtery, du Monseil, de Savigny, de Vernoy, de Domas, de Brumets, de Maupertuis, de Chaumont, de Dannomois, etc., du surnom de Melun ; issus des seigneurs de la Borde-le-Vicomte, branche cadette de la Maison de Melun. (Par Delacour.) — (*S. l.*, 1737.) in-4°.* Avec table généalogique et blason, et la description des armes des Familles alliées.

4259. Généalogie de la Maison de Melun (en Gatinais, Normandie, Flandre, Artois, Champagne et Perche). — (*S. l. n. d.*) In-f°. Pièce à 2 colonnes. [D.]

Rare.

4260. Lettre de promotion à la dignité de duc et pair accordée par Louis XIV à Louis de Melun, prince d'Epinoy, du mois d'octobre 1714 et enregistrée en parlement le 18 décembre suivant, commençant ainsi : « Louis à tous présens et à venir salut. Le titre de duc et pair... » — *Paris*, 1715, in-f°. Pièce.*

4261. Dissertation sur une charte inédite de l'an 1138, relative à l'histoire des Vicomtes de Melun, par M. Adophe Duchalais. — *Paris*, 1845, in-8°. Pièce.*

Extrait de la *Bibliothèque de l'Ecole des Chartes*, 2e série, t. I, p. 239. — Voyez encore pour cette

Maison : 1° l'*Histoire du Gâtinois*, par GUILLAUME MORIN, page 832; 2° la 3° édition de l'*Histoire généal. des Gr. Officiers de la Couronne*, du P. ALSELME, t. V, p. 221.

4262. Note sur la Maison de Ménars; par URBAIN PLANCHER.

Voyez ci-dessus, n° 2286: « *Histoire générale... de Bourgogne,...* » du même.

4263. Notice historique sur la Maison de Mengin. (Par C. DUVAL D'YERRES.) Extrait de la *Revue générale biographique...*, livraison de juillet 1844; publiée sous la direction de M. E. Pascallet. Deuxième édition. — *Paris*, 1844, in-8°. Pièce.*

4264. Du Menou. (Par GUY ALLARD.) —(S. l. n. d.) In-4°. [L. F.]

4265. Notice historique sur la Maison de Menou. Extrait de l'*Annuaire de la Noblesse* de 1852, 9° année. (Par BOREL D'HAUTERIVE.)—*Paris* (1851), in-8°. Pièce.*

4266. Preuves de l'Histoire de la Maison de Menou. (Par M. BOREL D'HAUTERIVE, sous la direction de M. le Comte JULES DE MENOU.) —*Paris*, Typ. de Firmin Didot frères, 1853, in-4°.* Avec sceaux, armoiries et autres figures.

Tiré à 125 exemplaires et non mis en vente.

4267. Extrait du compte-rendu des travaux de la Société du Berry. Preuves de l'histoire de la Maison de Menou. Rapport par M. FAUCONNEAU DUFRESNE,... —*Paris*, 1859, in-8°.*

Voyez encore pour cette Maison les *Mémoires* de MICHEL DE MAROLLES, ci-dessus, n° 4235.

4268. Généalogie de la Famille de Menze; par GUY ALLARD.—(S. l.), 1697, in-4°. Pièce. [A. R.]

4269. Généalogies des Maisons de Mercœur et de Lastic. (Par F.-P. SAINT-MARC.)—*Agen*, 1860, in-8°. Pièces.*

4270. Arbre généalogique de la Maison de Mesgrigny. — (S. l. n. d.) 2 ff. in-f° formant tableau.

Contenant les blasons gravés des seize quartiers maternels et des seize quartiers paternels de Romain-Luc de Mesgrigny, marquis de Bonnivet.

4271. Mesme. Voyez ci-dessus, n° 3267.

4272. Généalogie de la Maison de Moges.—(S. l., 1660.) In-f°. Pièce. [D.]

Très-rare.

4273. Factum sur la noblesse pour dame Renée de Meules, Dame des Hayes, appellante. Contre Dame Elizabeth Robin, Dame de Lencosme, intimée. (Signé DU FOS, rapporteur.)—(S. l. n.d.) In-f°. Pièce.*

4274. Généalogie de la Maison de Molac. Dressée par V. P. A. DU PAEZ, Docteur en Théologie,... sur les tiltres de ladite Maison, Carthulaires d'Abbayes et Couvents, histoires de Bretagne, manuscriptes, et imprimés. — Généalogie de la Maison de la Chapelle. Dressée par le mesme autheur sur mesmes preuves.— Généalogie de la Maison de Rosmadec. (Par le même.)...— *Rennes*, Charles Yvon, 1629. Le tout en 1 vol. in-4°.*

Voyez encore pour cette Maison l'*Histoire de Bretagne* de PIERRE LE BAUD, ci-dessus, n° 2318.

4275. Descendans de Mathieu Molé, seigneur de Lassy et de Champlatreux, garde des sceaux de France.

Formant le troisième tableau de l'« *Abrégé cronologique de la fondation du collége de Boissy,* » (par J. CHEVILLARD), ci-dessus, n° 2537 — Voyez encore pour cette Maison les *Présidents à Mortier*, de BLANCHARD, p. 372, et la *Recherche de la Noblesse de Champagne*.

4276. Copie des lettres d'Erection de la terre de Brunoy en marquisat, accordées par le roy à Monsieur de Monmartel, au mois d'octobre 1757. — *Paris* (s. d.), in-4°. Pièce.*

4277. Tableau des Descendans de Marie Dame de Mompelier. Auec vn abrégé des choses plus anciennes et plus remarquables appartenant à l'Histoire de ladicte Ville. — *Montpelier, Iean*

Gilet, 1614, in-f° plano.* Avec blasons.

> Pièce des plus rares de laquelle il résulte que la Maison d'Autriche, qui tenait alors le royaume d'Espagne, est entrée dans les Maisons de Castille et d'Aragon.

4278. Monnet.

> Voyez ci-dessus, n° 2491: « *Hist. généalogique des Sires de Salins…* »

4279. Notice nécrologique sur Aimé-Louis-Henry-Tobie de Monspey,.... précédée d'un aperçu généalogique et historique sur la Famille de Monspey depuis la fin du quatorzième siècle, par Th. DE SENNEVILLE. —*Paris*, 1849, in-8°. Pièce.* Avec blason.

> Cet opuscule est une reproduction abrégée de l'ouvrage porté sous le n° 1655. De plus, il est extrait du *Nécrologe universel du XIX⁰ siècle*. Nous pensons pour ces deux raisons que le *Senneville* ci-dessus n'est autre que *Saint-Maurice Cabany*, auteur, ou plutôt entrepreneur des *Archives générales de la Noblesse*, du *Nécrologe universel* et autres *affaires littéraires*.

4280. Montagu. (Par GUY ALLARD.) —(S. l. n. d.) In-4°. Pièce. [A. R.]

> Voyez encore pour cette Maison la 3° édit. de l'*Hist. généal. des Gr. Officiers de la Couronne*, du P. ANSELME, t. VI, p. 377.

4281. Lettre de MM. au sujet de la devise de Jean de Montagu, qui est au château de Marcoussi.

> Dans le *Mercure*, année 1743, janv., p. 78.

4282. Généalogie de la Maison de Montaignac, ou de Montagnac, dressée par CHÉRIN... conservée au cabinet des titres de la Bibliothèque royale. — *Sédan*, 1856, in-8°. Pièce.* Avec blason.

4283. In gentiles imagines, sive insignis Caroli a Sancta Maura ducis Montauzerii, lemma epigraphicum. (Auctore G.-A. DE LA ROQUE.)—(S. l.), 1665, in-4°.*

4284. Tables généalogiques de la Maison de Montbason, et de ses alliances. — (S. l. n. d.) In-f°. [L. F.]

> Voyez encore pour cette Maison les *Comtes d'Anjou*, de MICHEL MAROLLES; *Paris*, 1681, in-4°.

4285. Factum concernant la Maison de Montbeliard, avec le testament d'Estienne, comte dudit lieu, seigneur de Montfaucon, et le tableau généalogique de sa descendance. — (S. l., 1665.) In-4°. [D.]

4286. Histoire généalogique de la Maison de Montchalons en Laonnois. (Par M. MELLEVILLE.) — *Laon* (1856), in-8°.*

> L'auteur, par une heureuse dérogation aux habitudes des généalogistes, a su donner à ce petit travail un certain intérêt historique en y ajoutant des faits curieux et peu connus sur les localités et les personnes.

4287. Généalogie de la Maison de Montchenu; par GUY ALLARD.— *Grenoble*, 1698, in-4°. [L. F.]

4288. Généalogie de la Famille de Montclar. — *Clermont-Ferrand* (1851), in-8°. Pièce.*

4289. Généalogie de la Maison de Mont-D'Or, sur laquelle a été rédigée celle insérée dans le tome X du « Dictionnaire de la Noblesse, » par M. DE LA CHESNAYE-DES BOIS. — *Paris*, 1775, in-8°.* Avec blason.

> Cette généalogie a été dressée en commun par LAURENT DE MONT-D'OR, chanoine et baron de Saint-Just de Lyon, et CHARLES-HUMBERT DE MONT-D'OR, officier de Marine. — La Chesnaye-des-Bois n'a fait que reproduire *in extenso* dans son *Dictionnaire* le travail des auteurs. C'était, du reste, sa manière habituelle d'agir quand surtout il avait été largement rétribué; aussi ne doit-on pas s'étonner des erreurs monstrueuses que recèle son œuvre.— Voyez encore pour cette Maison: 1° les *Mazures de l'Isle-Barbe*, par CL. LE LABOUREUR, t. II, p. 448; 2° le Registre III de l'*Armorial* de D'HOZIER.

4290. Notice historique et généalogique sur la Famille Monteil. —*Ribérac*, 1861, in-12. Pièce.* Avec blason gravé.

4291. De Secondat de Montesquieu. Extrait du tome II du *Nobiliaire de Guienne et Gascogne*, par O' GILVY.—*Bordeaux*, impr. de Gounouilhou, 1853, gr. in-8°. Pièce.

4292. Précis pour la Maison de Montesquiou, contre les sieurs la Boulbène. (Par TREILHARD.)— *Paris*, 1783, in-4º. [B. Am.]

4293. Titres des sieurs de la Boulbène, ou pièces justificatives de leur véritable généalogie.—*Paris*, 1783, in-4º. [B. Am.]

4294. Pièces qui démontrent la fausseté de la généalogie que les sieurs de la Boulbène ont faite en 1781, et qu'ils présentent aujourd'hui pour établir qu'ils sont issus par mâles de la Maison de Montesquiou. — *Paris*, 1783, in-4º. [B. Am.]

4295. Exposition des faits pour les sieurs de Montesquiou-la-Boulbène, contre le marquis de Montesquiou, premier écuyer de Monsieur.—*Paris*, 1783, in 4º. [B. Am.]

4296. Plaidoyer pour les sieurs de Montesquiou-la-Boulbène, contre le marquis de Montesquiou, premier écuyer de Monsieur. L'abbé de Montesquiou-Poilebon, abbé de S. Martial de Limoges. L'abbé de Montesquiou-Xaintrailles, curé d'Amade. Le sieur de Montesquiou-Marsan, et autres parties intervenantes. Généalogie. (Par HENRY.)—*Paris*, 1783, in-4º. [B. Am.]

4297. Réplique pour les sieurs de Montesquiou-la-Boulbène, contre le marquis de Montesquiou, les sieurs d'Artagnan, de Marsan, de Poylebon et de Xaintrailles. —*Paris*, 1783, in-4º. [B. Am.]

4298. Duplique pour les sieurs de Montesquiou-la-Boulbenne, contre le marquis de Montesquiou, les sieurs d'Artagnan, de Marsan, de Poylebon et de Xaintrailles. —*Paris*, 1783, in-4º. [B. Am.]

4299. Arrêt de la Cour de parlement, qui fait défenses aux sieurs la Boulbène de plus à l'avenir prendre le nom et armes de Montesquiou, et de se dire issus par mâles de ladite Maison de Montesquiou; le supprime de tous régistres et actes dans lesquels lesdits sieurs la Boulbène pourroient l'avoir pris; ordonne que les mémoires desdits la Boulbène seront et demeureront supprimés. Du trente-un Juillet mil sept cent quatre-vingt-trois.—*(Paris)*, 1783, in-4º. Pièce.*

4300. Généalogie de la Maison de Montesquiou - Fezensac suivie de ses preuves. (Par L.-N.-H. CHÉRIN et l'abbé DE VERGÈS.)— *Paris*, 1784, in-4º.* Avec tableau généalogique in-f° plano, et un blason.

> La Bibliothèque impériale possède un autre exemplaire contenant un cahier manuscrit du baron DE LAURIOL intitulé : « *Observations sur la généalogie de la Maison de Montesquiou-Fezensac.* »

4301. Histoire de la Maison de Montesquiou - Fezensac, par M. le duc de FEZENSAC, depuis l'origine de la Maison jusqu'en 1789. Tome Iᵉʳ. — *Paris*, 1837, in-8º.*—*Paris*, 1847, in-8º.* Avec blasons gravés sur bois.

> Ouvrage tiré à très-petit nombre et non mis en vente.—L'auteur promettait deux volumes, dont l'un devait comprendre la généalogie, et l'autre l'histoire proprement dite de la Maison de Montesquiou-Fezensac. Le premier seul a paru. La 2ᵉ édition de ce volume diffère de la 1ʳᵉ en ce qu'elle est sans chiffre de tomaison et qu'elle contient de plus que l'autre les blasons gravés sur bois des différentes branches de cette Maison.

4302. Note sur la descendance de la Maison de Montesquiou des comtes de Fezensac, par M. le duc de FEZENSAC,—*(Paris, 1852.)* Gr. in-8º. Pièce.*

> Voyez encore pour la Maison de Montesquiou la 3ᵉ édition de l'*Hist. généal. des Gr. Officiers de la Couronne*, du P. ANSELME, t. VII, p. 262.

4303. Montfort.

> Voyez ci-dessus, nº 2375 : « *Cartelaire de l'Abbaye de Notre-Dame des Vaux de Cernay,...* »

4304. Factum pour Mʳᵉ Jacques de S. Denis, Escuyer, sieur de Verveine, et consors,... contre Abraham Caillard, Escuyer, sieur de la Monnerie, et consors,....—*(S. l. n. d.)* In-f°. Pièce.* Avec la table généalogique des héritiers de messire Gabriel de Montgommery.

4305. Généalogie de Montgomme-ry. Par SILORATA. — (S. l. n. d.) In-4°. [B. Bru.]

4306. Généalogie de la Maison de Montgomery, par M. AMÉDÉE BOUDIN. Extrait de l'Histoire généalogique du musée des Croisades (Palais de Versailles). —Paris, 1858, gr. in-4°°. Avec blasons gravés intercalés dans le texte.

La Bibliothèque impériale possède une généalogie manuscrite des comtes de Montgommery, in-f°.

4307. Descendans de Geneviève de Montholon, fille de François de Montholon et de Geneviève Chartier, mariée à Jacques le Coignieux, seigneur de Sandricourt.

Formant le 5e tableau de l'«Abrégé cronologique de la fondation... du collège de Boissy.» (Par J. CHEVILLARD), ci-dessus, n° 2537.— Voyez encore: 1° les Présidents à Mortier, de BLANCHARD, pag. 166 ; 2° la 3e édit. de l'Hist. généal. des Gr. Officiers de la Couronne, du P. ANSELME, tom. V, pag. 472.

4308. Montholon. Voyez Bonfils.

4309. Note sur la Maison de Montjeu ; par URBAIN PLANCHER.

Voyez ci-dessus n° 2286: « Histoire générale... de Bourgogne,...» du même.

4310. Mémoire pour Louis-Scipion de Montlaur, baron de Maubec, lieutenant-général des armées du Roy.—(S. l.), 1716, in-f°.[L.F.]

Contient à la suite la généalogie de la Maison de Montlaur.—Voyez aussi Montlor.

4311. Généalogie de la Maison de Montlor et Maubec.—(S. l. n. d.) In-f° plano.*

Contenu aussi dans l'Hist. généal. de Dauphiné, par Guy Allard. Tome I.—Voyez aussi Montlaur.

4312. Recherches historiques et généalogiques sur la Maison de Montluc, et sur sa parenté avec la Maison de Montesquiou, par M. BOREL D'HAUTERIVE,... — Paris, 1842, in-4°. Pièce. Avec armoiries gravées.

4313. Montmorency Gaulois. Opuscule dédié à monsieur d'Onuille, mareschal de France, visroy en plusieurs provinces : sur l'excellence de son origine, et autres gestes des François par FORCADEL,...—Lyon, 1571, in-4°. Pièce.*

Opuscule rare.

4314. Traicté sur les généalogies, alliances et faicts illustres de la Maison de Montmorency. (Par FRANÇOISE ROSE ou JEAN DE LA GESSIE.)—Paris, 1579, in-8°.*

4315. Généalogie de la Maison de Montmorency, comprise en la représentation des lettres d'office de M. le Connétable, faite au Parlement le 21 novembre 1595.—Paris, 1595, in-8°. [L. F.]

4316. Inventaire servant de plaidoyer pour le duc de Montmorency, en la cause de Chateau-Briant.—(S. l., 1604.) [L. F.]

4317. Factum pour Monsieur le Connétable et consors, contre madame de Guise et M. de Nevers.—(S. l.), 1606, in-4°. [L. F.]

4318. Histoire généalogique de la Maison de Montmorency et de Laval, ivstifiée par chartes, tiltres, arrests et autres bonnes et certaines preuues ; enrichie de plvsievrs figvres et divisée en XII livres, par ANDRÉ DV CHESNE,...—Paris, 1624, in-f°.*—Paris, 1629, in-f°. [L. F.] — Paris, 1674, in-f°. [Be.]

Avec un grand nombre de blasons, sceaux et autres figures gravées et intercalées dans le texte.— Les preuves ont un titre particulier et une pagination spéciale.— La Bibliothèque impériale possède un autre exemplaire de l'édition de 1624 enrichi de nombreuses notes autographes de Clairambault, et d'une table manuscrite contenant les noms de Familles mentionnées dans cette histoire généalogique.

4319. Mémoire sur l'article du livre du P. Simplicien, qui parle de la branche de Messieurs de Montmorency-Chateaubrun. — (S. l. n. d.) In-4°. Pièce.*

4320. Histoire de la Maison de Montmorenci, par M. DÉSOR-

MEAUX —*Paris*, 1764, 1768, 5 vol. in-12.*

L'édition de 1768 est la même que celle de 1764. Les titres et la page 433 du tome V ont été seuls réimprimés.

4321. Mémoire et consultation sur la légitimité de la princesse Albertine de T'Serclaes-Tilly. (1784.)

Contre Louis-Anne-Alexandre de Montmorency, prince de Robecq.—Voyez *T'Serclaes-Tilly.*

4322. Genealogical memoir of the family of Montmorency, styled de Marisco or Morres ancient lords de Marisco and de Montemarisco, in the peerage of England and Ireland. Most respectfully addressed to his majesty Louis XVIII,... By HERVEY DE MONTMORENCY-MORRES,....—*Paris*, 1817, in-4°.* Avec planches et armoiries gravées.

4323. Les Montmorency de France et les Montmorency d'Irlande, ou Précis historique des démarches faites à l'occasion de la reprise du nom de ses ancêtres par la branche de Montmorency-Marisco-Morres; par le chef de cette dernière maison (HERVEY DE MONTMORENCY-MORRES); avec la généalogie complète et détaillée des Montmorency d'Irlande.—*Paris*, 1828, in-4°.* Avec planches et armoiries gravées.

4324. Le Biographe universel... Montmorency (Maison de). (Par CHARLES DE CASSOU.) — *Paris*, 1842, in-8°. Pièce.*

4325. Le Duc de Montmorency. (Par M. DE BIRAGUE.) —(*Paris*,) *imp. Caubet*, (1844), in-4°. Pièce.* Avec la description des armes.

Extrait de l' « *Annuaire histor. et biographique*; » ann. 1844, du même.

4326. Une Famille de héros, ou Histoire des personnages qui ont illustré le nom de Montmorenci, par LÉONCE DE BELLESRIVES.—*Limoges*, 1855, gr. in-8°.* Avec figures.

La couverture imprimée porte: « Par ARTHUR DE MONTFAUCON. » Quel est le véritable nom? Peut-être aucun des deux. En tout cas

l'ouvrage ne nous a pas paru mériter que nous dussions pousser plus loin nos investigations bibliographiques.

Voyez encore pour cette Maison 1° *Luxembourg*; 2° le « *Cartulaire de l'abbaye de Notre-Dame des Vaux de Cernay...* » ci-dessus n° 2575; 3° la 3° édit. de l'*Hist. généal. des Gr. Officiers de la Couronne*, du P. ANSELME, tome III, page 566.

4327. Montpensier. Voyez *Maine.*

4328. Requête présentée au Roi au nom de Pierre-Guillaume Montpezat, par GEORGE DE LA ROCHE, avocat, au sujet de l'érection de la terre de Collias en marquisat de Montpezat, commençant ainsi: « Au Roy. Sire, Guillaume Montpezat de Trémoléty de Bucely, marquis de Montpezat. » —*Paris, imp. de Knepen*, 1751, in-4°. Pièce.*

4329. Note sur la Maison de Montréal; par URBAIN PLANCHER.

Voyez ci-dessus, n° 2286: « *Histoire générale... de Bourgogne,...* » du même.

4330. Généalogie de la Maison de Mont-Réal, précis pour servir à l'histoire de France. (Par M. JACQUES BOURDIN.) — *Lyon* (1855), in-4°. Pièce.* Avec blason.

4331. Légendes de la Maison de Mont-Réal. (Par M. JACQUES BOURDIN.) — *Lyon, imp. de B. Boursy* (1855), in-4°. Pièce.*

Voyez aussi *Raçny.*

4332. Généalogie des comtes de Montrésor; par MICHEL DE MAROLLES.

Imprimée avec l'*Histoire des anciens comtes d'Anjou*, du même; *Paris*, 1681, in-4°.

4333. Note sur la Maison de Mont-Saint-Jean; par URBAIN PLANCHER.

Voyez ci-dessus, n° 2286: « *Histoire générale.., de Bourgogne,..* » du même.

4334. Recueil généalogique de la Maison de Monty, autrefois Crociany; tiré des actes et titres de la Maison établie en France depuis sept-vingts ans. (Par le S. ORONCE FINÉ DE BRIANVILLE.)

—*Nantes, P. Querro,* 1681, in-4°. [Tec.]

Très-rare.

4335. Notice sur la Maison de Morin et sur la baronnie de Sendat, par M. J.-F. SAMAZEUILH, avocat,...—*Nérac,* 1861, in-8°.*

4336. Vies de plusieurs anciens seigneurs de la Maison de Mornay, avec leur généalogie. Première (et unique) partie. (Par RÉNÉ DE MORNAY DE LA VILLE-TERTRE, curé de Saint-Germain-en-Laye.) — *Paris,* 1689, in-4°.* Avec armoiries gravées.

L'exemplaire de la Bibliothèque impériale porte sur le titre cette note manuscrite de la main de Charles-René d'Hozier: « Donné par l'auteur le 10 février 1689, qui a traité son sujet avec beaucoup de vanité, peu de certitude et une grande ignorance. Car la matière était bonne et ample et fondée, si l'historien avoit eu assez d'habileté pour juger et pour savoir ce qu'il faisoit. »

4337. Histoire abrégée de la Maison de Mornay, par CONSTANT MOISAND. Extrait du *Bulletin de l'Athénée du Beauvaisis.* — *Beauvais,* 1853, in-8°.*

Voyez encore pour cette Maison la 3° édit. de l'*Histoire généal. des Gr Officiers de la Couronne,* du P. ANSELME, tome VI, page 279.

4338. Histoire généalogique de la Maison de Morogues; par J. LE LABOUREUR.

Voyez ci-dessus n° 3629 : « *Mémoires de Messire Michel de Castelnau...* »

4339. Généalogie des comtes de Mortagne et de Perche; par GILLES BRY DE LA CLERGERIE.

Imprimée dans l'*Histoire du pays de Perche,* du même, *Paris,* 1621, in-4°.

4340. Recherches historiques. Biographie et généalogie de la Famille de Mortain, originaire de Normandie. Documents puisés dans les archives des évêchés de Séez, Bayeux et Lisieux; recherches historiques avec le concours de messieurs H. DE FOMERVILLE... recueillis et mis en ordre par CH. DE MORTAIN. — *Mâcon,* 1856, in-4°. Pièce.*

4341. Recueil sommaire et généalogique des Maisons de Mortemar, de Saulx, et leurs alliances, par ADAM, sieur DE SYCHAR, secrétaire de madame de Mortemar. — *Poitiers,* 1622, in-f°.* *Poitiers,* 1622, in-4°.*

4342. De l'esprit des Mortemart au XVII° siècle. Extrait du journal l'*Union de Seine-et-Oise* du samedi 13 avril 1850. (Par VICTOR LAMBINET.) — *Versailles (s. d.),* in-8°. Pièce.*

4343. Histoire Généalogique de la Maison de Morvillier; par J. LE LABOUREUR.

Voyez ci-dessus, n° 3629: « *Mémoires de Messire Michel de Castelnau...* »

4344. Généalogie de la Maison de Mostuejouls en Rouergue, par (P.-L.) LAINÉ. — *(Rodez),* 1840, in-8°. [A. A.]

4345. Du Motet. (Par GUY ALLARD.) —*(S. l. n. d.)* In-4°. Pièce.*

4346. Lettres-Patentes dv Roy portant Erection du Duché et Pairie de France, données en faueur de monseigneur le Prince de Mourgues, vérifiées en Parlement le 18 Juillet 1642... Ensemble sa réception et le serment de fidélité presté à Sa Majesté pardeuant Messieurs dudit Parlement, le 19 Fevrier 1643. —*Paris,* 1643, in-4°. Pièce.*

4347. Généalogie de Maison de la Moussaye. (Par le marquis LOUIS DE LA MOUSSAYE, pair de France.)—*(Paris),* 1842, gr. in-8°.* Avec blason.

Il serait bien à désirer que toutes les généalogies émanant des intéressés fussent faites avec cette simplicité que nous remarquons particulièrement dans celle-ci.

4348. Généalogie de la Maison de Moustier, originaire de Bourgogne. (Par l'abbé GUILLAUME.) —*Besançon,* 1757, in-4°. [B. B.]

4349. Observation historique et critique sur la Maison de Mouy. Voyez *Chaulieu.*

4350. Généalogie de la Famille des le Moyne, originaire de Champagne. Justifiée par l'acte de Révision des titres de leur noblesse représentés pardevant MM. les ducs de Noailles,... de Beringhen ,... et Colbert ,... commissaires députez par le roy par arrest de son Conseil d'Enhaut du 5 novembre 1667, pour faire la revision des preuves et titres de noblesse des cent Chevaliers de l'Ordre de S. Michel. —(S. l. n. d.) In-4°. Pièce.* Avec la description des armes de cette Famille à la fin.

4351. Généalogie de la Maison de Moyria, Seignevrs dvdit liev, et de Maillia, Montange, Surron, la Tour de Saint-Martin du Frayne, et Colombinière, barons de Chastillon de Corneille. — (S. l., 1669.) In-f°. Pièce. Avec la description des armes des Familles alliées.

Voyez encore pour cette Maison l'*Hist. de Bresse,* par GUICHENON, part. III, page 182.

4352. Murinais. Voyez *Puy-Montbrun (du).*

N

4353. Abrégé généalogique de la Maison de Narbonne-Pelet; avec l'explication de ses armes. (Par CHARLES DE BASCHI, marquis D'AUBAÏS.) — (S. l. n. d.) In-4°. [L. F]

4354. Neaufle-le-Chatel.
Voyez ci-dessus, n° 2575 : « *Cartulaire de l'abbaye de Notre-Dame des Vaus de Cernay,...* »

4355. Némours. Voyez ci-dessus, n°° 3207-3223.

4356. Parentez de la Maison de Nevfbovrg.—(S. l., vers 1680.) In-f° plano de 2 ff. formant tableau.
Très-rare.

4357. Discovrs des droits appartenans à la Maison de Nevers et Duchez de Brabant, Lembourg et ville d'Anuers. Avec une table de la généalogie de la dicte Maison pour la déclaration d'iceux. (Par JEAN HÉROARD, seigneur DE VAUGRIGNEUSE, premier mé-

decin du roi et Conseiller d'Etat.) —*Paris,* 1581, in-4°.* Avec les armes de la Maison de Nevers gravés sur le titre.

Excessivement rare.—Il y a des exemplaires où les armes sont remplacées par une simple vignette.—La table généalogique de l'exemplaire appartenant à la Bibliothèque impériale est enrichie de notes manuscrites.

4358. Insinvatione di vn compendioso discorso delle giuste ragioni, che hà la Casa di Nevers, vnita hoggi con quella di Mantova, sopra li dvcati di Brabant, Lothier, Limbvrgh et signoria di Anvers, né Paesi bassi della Flandra, dalla corona di Spagna occupate.— *Paris,* 1628, in-4°.* Avec un tableau généalogique gravé.

4359. Briefve et véritable narration de la descente et généalogie des Princes de la Maison de Gonzagues, et de la légitime succession de monsieur le duc de Nevers aux Estats et Duchez de Mantoue et de Montferrat, auec la Response aux prétentions des Ducs de Sauoie et de Guastalle. Tirez de bons mémoires, tant italiens que françois. Par NICOLAS BAILLOT, aduocat en parlement, sieur des Minots, Bailly d'Eruy.—*Troyes, Deviilers,* 1629, in-8°.*

Page 57 on lit : « *Sommaire descente des drcs de Mantore, et de Montferrat, depuis l'an 1132 iusques à Charles de Gonzagues à présent régnant.* »

4360. Riposta alla scrittura delle pretensioni del duca di Nevers, nel stato del Montferrato. — *In Torino,* 1630, in-4°.*

4361. Sommaire de la défense des princesses Marie et Anne, filles et héritières en France de Charles I dv nom, dvc de Mantove et de Montferrat leur père, contre la prétention de Charles II, dvc de Mantove et de Montferrat, leur nevev, petit fils dv defvnct, svr les biens de sa svccession en France... — (S. l.), 1640, in-f°.*—(S. l.), 1643, in-f°.* — (S. l. n. d.) In-f°.*

4362. Abrégé des moyens par .

qvels le sérénissime Charles second (Gonzague-Clèves), duc de
Mantove et de Montferrat, de
Nivernois, Mayenne et Rethelois, pair de France, prince souverain d'Arches, etc., doit estre
maintenu paisiblement et conservé en la légitime possession
des Estats et biens de la succession en France du feu sérénissime duc Charles I, son ayeul,
contre les trovbles et prétentions
de mesdames les sérénissimes
princesses Marie et Anne de
Gonzagve, ses tantes. — (S. l),
1642, in-f°.* Avec blason et table
généalogique.

4363. De ivre serenissimi principis
Caroli secundi (Gonzagæ-Cli-
viensis) Mantuæ et Montisferrati,
Nivernensivm, Rhetelensivm,
et Medvanorvm ducis, etc. In
bonis hæreditariis ducis Caroli
primi illius avi paterni in regno
Galliæ sitis contra serᵃⁿ principes eius amitas Mariam et An-
nam Ivrisprvdentvm responsa.
—Lutetiæ Parisiorvm, 1613, in-f°.*
Avec blason et table généalogique.

4364. Généalogie de Jean de Bourgogne, comte de Nevers, d'E-
tampes, etc. (Par F. VANDE
PUTTE.)
> Dans les *Annales de la Soc.
> d'Emul. de la Flandre Occidentale.*
> Tome III, 1ʳᵉ série, page 114.

4365. Les Mémoires de MICHEL DE
MAROLLES,... avec une brieve
description de la très-illustre
Maison de Mantoue et de Nevers.
(1656.)
> Voyez ci-dessus, n° 4237.
> Cette généalogie se trouve im-
> primée aussi en tête du premier
> volume des *Mémoires du duc de
> Nevers, Paris,* 1665, in-f°.*

4366. Mémoire de la princesse
Marie de Gonzague, pour établir
ses droits à la succession de feu
son père le duc de Mantoue,
commençant ainsi: «La princesse
Marie répondant à ce qui lui est
opposé... »— (S. l. n. d.) In-f°.
Pièce.*

4367. Arrest de la cour de parlement prononcé par Messire Mathieu Molé, au profit de M. le
duc de Mantoue, contre la reine
de Pologne et madame la princesse palatine, ensemble les
plaidoyers de M. l'avocat général Bignon et des avocats des
parties (3 août 1651).—(S. l. n. d.)
In-f°.*—*Paris,* 1652, in-f°. [B. Am.]

4368. Les Raisons que l'on allègue
pour ne pas accorder à madame
la princesse Marie la supplication très-humble qu'elle fait à la
reine de lui permettre qu'elle
poursuive au parlement de Paris
le procès qu'elle a avec M. le
duc de Mantoue, touchant les
biens de la succession de feu
M. le duc de Mantoue, père de
madite dame la princesse Marie,
situés en France, sont celles qui
s'ensuivent.—(S. l. n. d.) In-4°.
Pièce.*

4369. Mémoire pour M. le duc
d'Enguien et consorts, défendeurs, contre M. le duc de Mantoue, demandeur, en lettres en
forme de requête civile. (Par Mᵉ
PIERRE ROBERT DE S. MARTIN.)
—(S. l. n. d.) In-f°. Pièce.*

4370. Arrêt de la cour de parlement
portant plusieurs règlements
pour l'exécution du contrat de
la fondation de Nevers des arrêts
rendus en conséquence, et des
rôles des années 1714, 1715 et
1716, du 26 juillet 1717.—(S. l.
n. d.) In-4°. Pièce.*

4371. Mémoire sur le duché de
Montferrat, pour montrer que
par la mort de Ferdinand-Char-
les de Gonzagues,... arrivée le
5 juillet 1708, le duché de Montferrat est échu à son altesse
sérénissime Anne Palatine de
Bavière, princesse de Condé, à
l'exclusion de tous autres princes. (Signé: ROBINEAU, etc.) —
(S l., 1748.) In-4°. Pièce.*

4372. Instrvction sommaire des
droicts appartenans à monseigneur le duc de Niuernoys et
Retheloys, en la succession de
Cleues.—(S. l. n. d.) In-4°. Pièce.*

4373. Mémoire à consulter pour
Son Altesse Alexandre Gonza-
ga, prince de l'Empire romain
et de Castiglione,... (Par POUR-
RET DES GAUDS.)—*Paris,* 1812,

gr. in-8°. Pièce.*—Seconde édition revue. *Saint-Etienne*, 1843, in-4°. Pièce. Avec un blason.

Ce mémoire contient de longs développements généalogiques pour établir les droits d'Alexandre de Gonzague sur les duchés de Mantoue et de Guastalla.

4374. Notice historique et généalogique concernant une ancienne Famille de Languedoc (Famille Niort), vérifiée par CHARLES NICOLAS, généalogiste,... et URBAIN LUCAS, archiviste,... — *Paris*, 1853, gr. in-8°. Pièce.*

Tiré à 20 exemplaires.—Le prénom du 2e collaborateur est fautif : c'est *Vrain* et non pas *Urbain* qu'il faut lire.

4375. Noallia Familia an armata fortior an infulata sanctior expendebatur coram illustrissimo Ecclesiæ principe Gastone Joanne Baptista Noallio episcopo et comite Catalaunensi recens inaugurato A. P. J. M. societatis Jesu sacerdote.—*Catalauni*, 1696, in-8°. Pièce.*

4376. Lettres, harangues et compliments à la très-ancienne et très-illustre Maison de Noailles. (Par G. PONTIER.)—(*Paris*, 1696.) In-8°. Pièce.*

4377. Le Biographe universel... Noailles (Maison de). (Par AMÉDÉE DE CÉSENA. — *Paris*, 1842, in-8°.*

Voyez encore pour cette Maison la 3e éd. de l'*Histoire généal. des Gr. Officiers de la couronne*, du P. ANSELME, tome IV, page 782.

4378. Généalogie de la Famille de la Noé. rédigée sur des titres de la seigneurie d'Argenton et les registres d'état-civil des paroisses d'Argenton, St.-Michel-de-Feins et Bierne. (Dressée par le marquis THÉODORE de QUATREBARBES.) — *Paris*, 1855, in-12. Pièce.*

4379. Abrégé de la généalogie de la Maison de Noé.—(*S. l. n. d.*) In-4°. Pièce. [D. M.]

4380. Notice historique et généalogique sur Noé-les-Mallets ; par LUCIEN CONSTANT.—*Bar-sur-Seine*, in-8°. Pièce.*

4381. Mémoire pour la comtesse de Nogent.— (*S. l.*), 1740, in-4°. Pièce. [D.]

Voyez encore pour la Maison de Nogent la *Rech. de la Noblesse de Champagne.*

4382. Généalogie de la Famille le Normant. (Par M. ED. LE NORMANT DES VARANNES.)—*Orléans*, 1853, in-4°.*Avec blasons gravés et intercalés dans le texte.

4383. Arbre généalogique de la Famille le Normant. (Par M. ED. LE NORMANT DES VARANNES.) — *Orléans* (1853), in-f° plano.*

Voyez encore pour cette Maison l'*Hist. du Berry*, par DE LA THAUMASSIÈRE, pag. 1093.

4384. Généalogie et alliances de MM. de Nyau, comtes de Château-bourg. Composée par un Gentilhomme (CHARLES DE NYAU, Comte de Châteaubourg, Seigneur de Cangé, Conseiller au Parlement de Bretagne), sur les Actes et titres de cette Maison. —*Paris*, 1685, in-16.*

O

4385. Orange. Voyez ci-dessus, n°s 3204-3206 et 3239.

4386. Mémoire sur la Famille des d'Origny, établie à Reims vers le commencement du XVIe siècle ; par le Chevalier D'ORIGNY.... — (*S. l.*), 1757, in-12. [L. F.]

Voyez encore pour cette Maison la *Recherche de la Noblesse de Champagne.*

4387. Second contrat de mariage de monsieur le duc d'Orléans avec madame Marguerite de Lorraine, du dix décembre mil six cent quarante trois.—(*S. l. n. d.*) In-f°. Pièce.*

4388. Notices biographiques des princes et princesses de la Maison d'Orléans. — *Paris*, 1824, in-8°.*

4389. Précis historique, généalogique et littéraire de la Maison d'Orléans, avec notes, tables et tableau. Par un membre de l'université. [GABRIEL PEIGNOT. (1830).]

Voy. ci-dessus, n° 1811.
Les notes sont plus importantes que le texte; elles sont du reste fort curieuses et elles donnent une idée de l'opinion publique d'alors sur le Régent.

4390. Familles d'Orléans... Par D'IVEL. (1830.)

Voyez ci-dessus, n° 1812.

4391. Généalogie de la Maison d'Orléans-de-Rère et d'Orléans-Cressey-la-Vasserie, tirée des Mémoires d'AIMON PROUST DE CHAMBOURG,...— (Orléans, s. d.) In-4°. [L. F.]

4392. Généalogie de la Maison d'Orléans-Longueville.—(S. l. n. d.) In-4°. [B. N.]

4393. Ormoy.

Voyez ci-dessus n° 2575 : « Cartulaire de l'abbaye de Notre-Dame-des-Vaux de Cernay...»

4394. Notice biographique sur la Maison d'Osmoy et M. Charles-Henry le Bœuf, comte d'Osmoy. (Par A. DE MONTVEL.) Extrait du Panthéon biographique universel... Paris, 1851, in-8°. Pièce. Avec blason.

4395. Etat du procès par devant les Commissaires de Lorraine, entre M. d'Ourèles et M. de Vidampierre.—(S. l. n. d.) In-4°. [L. F.]

P

4396. Armes de la Maison de Pagon.—Paris, 1669, in-12. [L. F.]

4397. Monographie des Parrocel; essai par ETIENNE PARROCEL.— Marseille, 1861, in-8°.* Avec tableau généalogique.

4398. Justification du sieur Parceval de la Brosse, colonel de dragons,... contre les fausses imputations de quatre gazettes de Hollande. — (S. l.), 1753, in-f°. Pièce. [L. F.]

4399. Table généalogique de l'ancienne et illustre Maison des seigneurs, chastellains, bannerets et comtes de Pas, marquis de Feuquières. Iustifiée par

tiltres. (Par FERRY DE LOCRES.) —(S. l.n. d.) In-f° plano.*

Extrait du Chronicon Belgicum, du même auteur; Atrebatii, 1616, 3 vol. in-4°.

4400. Arrest de Nosseigneurs les Commissaires généraux députez par Sa Majesté pour la recherche des Usurpateurs du Titre de Noblesse, du vingt juillet 1697. Qui déclare Charles Patou non recevable en l'appel qu'il avait interjetté de l'Ordonnance de M. l'Intendant de la Généralité de Caen, faute d'avoir consigné l'amende de 2000 l. et les deux sols pour livre d'icelle, conformément à l'arrest du 11 juin 1697. —(S. l. n. d.) In-4°. Pièce.*

4401. Au roy et à Nosseigneurs de Son Conseil. «Sire. Les Sieurs Penet, Bouilloud et consorts, fils d'officiers du parlement de Dombes, croyoient avoir établi suffisamment qu'ils sont nobles en France comme ils le sont en Dombes,...»—(S. l. n. d.) In-f°. Pièce.*

4402. Pérachon. (Par GUY ALLARD.) — (S. l., 1669.) In-4°. Pièce. [B. Ars.]

4403. Histoire généalogique de la Maison de Perreaux; par J. LE LABOUREUR.

Voyez ci-dessus, n° 3629 : « Mémoires de Messire Michel de Castelnar... »

4404. La vérité sur l'origine de la Famille Perrenot de Grandvelle, par M. AD. MARLET,...— Dijon, 1859, in-8°.*

4405. Notice nécrologique et généalogique sur le comte Arthur de Perrien de Crenan,... Par E. DE SAINT-MAURICE CABANY,...— Paris, 1853, in-8°. Pièce.* Avec blason.

Extrait du Nécrologe universel au XIXe siècle, du même.

4406. Plaise à Nosseignevrs de la Covr des Aydes auoir pour recommandé en Iustice le bon droict de Jean Perrot, sieur de la Guignarderie et Lespinière, demandeur en enthérinement de Lettres de Noblesse.—(S. l. n. d.) In-4°. Pièce.*

4407. Perusse. Voyez *Cars.*

4408. Notice sur la Famille de Pic de la Mirandole, à propos du tableau de Paul Delaroche. (Par H. Pic.) — *Paris*, 1854, in-8°. Pièce.*

Famille établie en France depuis le commencement du xviii° siècle.

4409. Les Pinaigrier, par M. Doublet de Boisthibault. Extrait de la *Revue archéologique*, X° année.—*Paris*, (1854), in-8°. Pièce.*

4410. Généalogie de la Famille Pinot du Petit-Bois, extraite du tome second des Archives généalogiques et historiques de la Noblesse de France, publiées par M. Lainé.—*Paris*, 1829, in-8°. Pièce.* Avec armoiries gravées dans le texte.

4411. Généalogie de la Maison de Pins, tirée de l' « Histoire généalogique et héraldique des pairs de France,... » par M. le chevalier de Courcelles. — *Lyon*, (s. d.), in-4°. [B. L.]

4412. Notice généalogique. De Pins, de Piis, de Pis, de Pys, Pinis (en latin *de Pinibus*, dont la traduction rigoureuse est des Pins), suivant les époques et idiomes divers... Branche établie en Guienne, —Agenais, — Condomois, — Bazadais. — *Bordeaux*, (1852), in-4°. Pièce.*

4413. La Maison Pitteurs et de Pitteurs-Hiegaerts (Jean-Théodore-Alexandre), sénateur, président du conseil provincial de Limbourg,... (Par Stephen Raphe.) *Paris*, (1853), in-8°. Pièce.*

Extrait du *Panthéon biographique.*

4414. Plessis de Richelieu (du). Voyez *Dreux* et *Richelieu.*

4415. Généalogie de la Maison du Plessis-Mauron-de-Grénédan. (Par H. du Plessis-de-Grénédan.)—*Rennes*, 1844, in-8°. [D.] Avec trois suppléments.

4416. Poissy.

Voyez ci-dessus, n° 2575 : « Cartulaire de l'Abbaye de Notre-Dame-des-Vaux de Cernay... »

4417. Généalogie de Jean de Poi-

tiers... (Seigneur de St-Vallier.) —(*S. l. n. d.*) In-f°. Pièce.*

Voyez encore pour cette Maison : 1° la 3° édit. de l'*Histoire généal. des Grands-Officiers de la Couronne*, du P. Anselme, t. II, p. 186; 2° la *Biographie du Dauphiné*, par A. Rochas; 3° l'*Histoire généal. des ducs de Bourgogne*, par André du Chesne. —Voyez aussi *Saint-Vallier.*

4418. Le Duc de Poix (Noailles). (Par M. de Biragde.) — *Paris*, imp. de Maulde et Renou, (1844), in-4°. Pièce.* Avec la description des armes.

Extrait de l'« *Annuaire Historique et Biographique*, »année 1844, du même.

4419. Généalogie de la Maison de Poix.—(*S. l. n. d.*) In-4°. Pièce. [D. M.]

Voyez encore pour cette Maison l'*Histoire du Berry*, par de la Thaumassière, p. 1105.

4420. Maison de Polignac. Précis historique, orné du portrait de M. le prince Jules de Polignac, président du conseil des ministres ; par M. le baron de***—*Paris*, 1830, in-8°.*

4421. Généalogie des Pollin de Roques.—Généalogie des Pollin du Mesnil-Durand. — Généalogie des Rioult du Mesnil-Durand. — *Paris*, imp. de M. Lacombe, (1850), in-f° plano.*

4422. Note sur la Maison de Pomar, Pomarc, Pommarc et Pommart; par Urbain Plancher.

Voyez ci-dessus, n° 2286 : « *Histoire générale... de Bourgogne*,» du même.

4423. Exposé de preuves relatives à l'origine et aux droits honorifiques de la Maison des Seigneurs d'Asnières en Saintonge et marquis de Chataignerate,... faisant suite à la généalogie imprimée tome IV de l'histoire héraldique, publiée par M. le chev^r de Courcelles. (Par le Prince de Pons de la Chataignerate.)—*Paris*, 1827, in-4°.*

4424. Lettre adressée en réponse à Mme la marquise de Tourzel, née de Pons, suivie du sommaire analytique d'un mémoire déjà publié... et pouvant servir de complément audit mémoire. (Par le prince DE PONS DE LA CHATAIGNERAYE.)—*Paris*, 1828, in-4°. Pièce.*

4425. Lettre macédonique à MM. les coopérateurs de l'omnisana intitulé : « Maisons historiques de France, » où, entre autres matières, on pourra voir quelque chose de nouveau sur l'origine de Robert-le-Fort, auteur de la race dite capétienne : le tout entrelardé de bribes drôlatiques, généalogiques... par le soussigné (le prince-marquis DE PONS DE LA CHATAIGNERAYE), étranger à toutes sociétés savantes.—*Paris*, 1838, in-8°.*

Contre Mme de Tourzel au sujet de son procès à propos du nom de : *de Pons*.

4426. Courte notice tant sur la Famille de Pons que sur celle de Narbonne-Lara. (Par le prince DE PONS-ASNIÈRES, marquis DE LA CHATAIGNERAYE.) — *Paris* (1843), in-8°. Pièce.*

A la page 15 on lit : « *Encore un mot sur les anciens sires de Pons et leur branche Pons-Asnières. Lettre adressée à Monsieur***...* » — Voyez l'article suivant.

4427. Grave supplément à la lettre intitulée : « Encore un mot sur les anciens sires de Pons... » (Par le prince de PONS-ASNIÈRES, marquis DE LA CHATAIGNERAYE.) *Paris* (1843), in-8°. Pièce.*

4428. Document sur la question de savoir si les anciens sires de Pons, défaillis en ligne directe dans la personne d'Antoine (1586), étaient représentés alors par quelques branches légitimes formées au XVI° siècle. Eclaircissement critique sur la devise de Coucy. Par le prince de PONS-ASNIÈRES, marquis DE LA CHATAIGNERAYE.—*Paris*, 1815, in-8°.*

4429. Mémorandum historique pour servir à l'explication du tableau donné ci-après. Opuscule destiné au congrès scientifique réuni à la Rochelle en 1856. (Par M. PONS-ASNIÈRES-LA-CHA-

TAIGNERAYE.)—*Paris*, 1856, in-8°. Pièce.*

Le tableau a pour titre : « *Indice généalogique extrait d'un tableau général touchant la Maison d'Aquitaine.* » Ce tableau a pour but d'établir la descendance généalogique des seigneurs d'*Asnières* depuis Théodoric Ier, duc en Saxe en 782.

4430. La Baronnie du Pont (Pont-l'Abbé), ancien évêché de Cornouailles, par A. DU CHATELLIER,...—*Paris*, 1858, in-8°.*

Pour les *Pont* en Berry et en Champagne, voyez l'*Histoire du Berry*, par DE LA THAUMASSIÈRE, pag. 1105 ; et la *Recherche de la Noblesse de Champagne*.

4431. Histoire de Pontus de Thyard de Bissy, suivie de la Généalogie de cette Maison... (Par GASPARD PONTUS DE THYARD, dit le Marquis DE THYARD.) — *Neufchatel*, 1774, in-8°.*

On trouve encore une notice généalogique sur cette Maison dans l'*Histoire de Châlons*, par P. PERRY, p. 436.

4432. Notes historiques et généalogiques sur Pontus de la Gardie et sur sa Famille, suivies d'une correspondance inédite des la Gardie de Suède avec ceux du Languedoc, aux XVI° et XVII° siècles, par M. MAHUL, de la Société des Arts et des Sciences de Carcassonne. Extrait du vol. II des *Mémoires de la Société*.—*Carcassonne*, impr. de L. Pomiés, 1858, in-8°.

4433. THEOBALDI DES VOUEZ litteræ et arma Porcelleti generis clarissimi. — *Parisiis*, 1615, in-8°. [L. F.]

Voyez encore pour cette Maison : 1° l'*Etat de la Provence*, par ROBERT, de Briançon; 2° l'*Histoire de la Noblesse de Provence*, par ARTEFEUIL (LA TOULOUBRE), t. II, p. 239.

4434. Descente généalogique d'Estienne Porcher, habitant de la ville de Ioigny. Avec des Lettres d'Annoblissement du mois de Iuin 1364. Ensemble la concession à luy faite et aux siens, par Miles de Noyers, comte de Ioigny, de prendre et de porter les Armes des Anciens Comtes de Ioigny ses prédécesseurs, qui estoient de gueules à l'aigle d'argent armé et béqueté d'or, du dixième Septembre 1368. Avec un Bref du Pape Grégoire, portant permission audit Estienne Porcher de fonder une chapelle dans l'église de Sainct-Thibaut de Ioigny. Et diverses autres pièces concernans les Priviléges, Franchises et exemptions accordées aux descendans dudit Estienne Porcher.—*Paris*, 1650, in-4°.* Avec blason.

Cette généalogie est intéressante en ce qu'elle contient aux pages 16-17, 26-27 une descendance des Béjards qui pourraient bien être de la Famille de la femme de Molière.

4435. Généalogie des Porrots. — (S. l. n. d.) In-f°. Pièce.*

4436. Notice historique sur la Maison de Porry, de Provence; par EUGÈNE DE PORRY. — *Marseille*, 1859, in-18. Pièce.*

Tiré à 100 exemplaires.

4437. Généalogie de la Famille de la Porte, en Périgord, Angoumois, Saintonge, Guienne, Poitou, etc. (Par F.-C.-M. FRÉDÉRIC DE CHERGÉ). — *Angoulême*, 1857, in-4°. Pièce.* Avec blason.

Tiré à un très-petit nombre et non mis en vente.—Voyez encore : 1° *les Mazures de l'Isle-Barbe*, par CL. LE LABOUREUR, t. II, p. 488; 2° *l'Histoire du Berry*, par DE LA THAUMASSIÈRE, p. 938; 3° le Reg. II de l'*Armorial* de D'HOZIER.

4438. Généalogie de la Maison de Pot, en Berri, où est rapportée l'auguste descendance d'Anne Pot, héritière des grands biens des aînés de ce nom, seigneurs de la Prugne-au-Pot en Berri, la Roche-Pot en Bourgogne, etc. La branche subsistante des seigneurs de Piégu-Pot en Poitou, généralité de Bourges; et, jusqu'à son extinction, celle des seigneurs de Rhodes, sortie de ceux de Piégu-Pot, mêmes province et généralité; dressée sur titres originaux,. ., par un parent et ami de MM. de Pot, seigneurs de Piégu-Pot (le chevalier BARTHÉLEMY DE CHAMBORANT DE DROUX). — *Paris*, 1782, in-f°.* Avec la description des armes

de chaque branche de la Famille.

Voyez encore pour cette Maison l'*Histoire du Berry*, par DE LA THAUMASSIÈRE, p. 632.

4439. Plaidoyers faits au Parlement de Paris, au mois de mars 1638, en la cause de l'Etat de Damoiselle Louise-Elizabeth Pot-de-Rodes.—(S. l. n. d.) In-4°. [L. F.]

4440. Certificat généalogique du 15 juin 1714, (constatant la généalogie du sieur François Poulain, escuyer, sieur de Beaumont).—(S. l. n. d.) In-4°. Pièce.*

4441. Généalogie de la très-ancienne et illustre Famille le Poyvre.—(S. l. n. d.) In-f°. Pièce. [D.]

Rare.

4442. Pranzac. Voyez *Dreux*.

4443. Le Duc de Praslin. (Par M. DE BIRAGUE). — (*Paris*), impr. de Maulde et Renou, (1844), in-4°. Pièce.* Avec la description des armes.

Extrait de l'*Annuaire historique et biographique*, année 1844, du même.

4444. Maison du Prat, seigneurs de Veyrières, de Précy, barons de Thoury,... (Par C.-L. DUCAS.) — *Paris*, (1843), in-8°.*

4445. Généalogie historique, anecdotique et critique de la Maison du Prat, par le Marquis DU PRAT, rédigée d'après les documents historiques, conservés aux archives de la Famille — *Versailles*, 1857, in-8°.*

Voyez encore pour cette Maison : 1° les *Présidents*, de BLANCHARD, p. 56; 2° la 3e édit. de l'*Histoire généal. des Gr. Officiers de la Couronne*, du P. ANSELME, t. VI, p. 453.

4446. Prat-Barbanson (du). Voyez ci-dessus, n° 2421.

4447. Généalogie de la Maison de Preissac, tirée du *Nobiliaire historique de la province du Languedoc*, et dressée sur les titres originaux, par M. (DENYS) FR. GASTELIER DE LA TOUR,...—*Paris*, 1770, in-4°.* Avec armoiries.

4448. Généalogie de la Maison de Prunier St-André. Par Guy Allard.

> Contenu dans le *Mercure galant*, année 1692, p. 105-119. — Voyez encore le Registre II de l'*Armorial* de d'Hozier.

4449. Notice historique et généalogique sur la Famille du Puis, anciennement Puiche, du Puich et du Puch, aujourd'hui du Puis de Watremont, du Puis du Pont de Sains en Belgique. (Par M. Borel d'Hauterive.)—*Paris*, (1854), in-8°. Pièce.*

> Extrait de l'*Annuaire de la Noblesse* pour 1855, 12° année.

4450. Lettres d'Erection de la Baronnie de Combronde en Marquisat. (En faveur de Réné du Puy-du-Fou, du mois de mai 1637.)—Arrest de la vérification du parlement. (16 mars 1638.)—Extrait des registres de la Chambre des Comptes. (23 juin 1638.)—(S. l. n. d.) Le tout in-f°. Pièce.* Avec grandes armoiries gravées par Jean Picart.

4451. Table généalogiqve de la Maison du Pvydvfov, dressée sur tiltres et mémoires de cette Maison et sur autres preuues. (Par Augustin du Paz.)— (S. l. n. d.) In-f°. Pièce.*

4452. Les six-vingts huict Quartiers de la Maison du Pvydvfov. La preuue desquels se tire de l'Histoire généalogique de la Maison de France de Scévole et de Louis de Saincte-Marthe... (S. l., vers 1639.)—Blazon des Armes comprises dans six-vingts huict Quartiers de Messire René du Puydufou.—(S. l. n. d.) Le tout in-f°. Pièce.*

> Les quartiers, qui se composent d'une feuille in-folio, sont gravés par Jean Picart.

4453. Histoire généalogique des Familles du Pvy-Montbrvn et de Mvrinais, par M. Gvy Allard,...—*Grenoble*, 1682, 2 vol. in-4°.* Avec blasons et tableaux généalogiques.

4454. Abrégé de la Généalogie de l'ancienne Maison de du Puy-Nancy.—(S. l.), 1724, in-8°.—(S. l.), 1732, in-4°. [L. F.]

4455. Demande en rectification de nom. Mémoire à l'appui. (Par M. Félix du Puis-Vaillant, Avocat Général près la Cour impériale de Poitiers.)—*Valenciennes, impr. de B. Henry*. Novembre 1855, in-4°.*

> Pour obtenir l'autorisation de signer *du Puis* au lieu de *Dupuis*.

Q

4456. Notice historique et généalogique sur la Maison Quarré, comtes d'Aligny, seigneurs de Château-Renaud... en Bourgogne. Extrait de l'*Annuaire de la Noblesse* de 1855, 12° année. (Par M. Borel d'Hauterive.)—*Paris*, (s. d.), in-18. Pièce.*

> Voyez encore le Registre IV de l'*Armorial* de d'Hozier.

4457. Précis généalogique de la Maison de Quatrebarbes. (Par le comte Théodore de Quatrebarbes.)—*Angers*, 1839, gr. in-8°.

> Il existe à la Bibliothèque impériale une généalogie manuscrite de cette Maison, composée au milieu du XVII° siècle, par Hyacinthe de Quatrebarbes, marquis de la Rongère. C'est de ce travail que l'on a en partie extrait la généalogie ci-dessus décrite.

4458. Abrégé historique de la Maison de Quélen.—*Bourdeaux*, 1727, in-f°. [L. F.]

> C'est celle de M. Antoine-Paul-Jacques de Quélen, sieur de Caussade, créé duc et pair de la Vauguyon en 1758, mort le 4 février 1772.— Voyez ci-après *Vauguyon (la)*.

4459. Factvm Povr Messire Ollivier de Querespertz, chevallier, et dame Gabrielle Gouyon, sa femme... Contre Messire Réné de Quernesme, chevalier, vicomte de Curru... (signé de Brillac, Rapporteur, et Faron, Procureur).—(S. l. n. d.) In-f°. Pièce.* Avec la généalogie des parties.

4460. Quiqueran. Voyez *Clémens*.

R

4461. Généalogie de la Maison Rabot. (Par Guy Allard).—(S. l. n. d.) In-4°.

Cette généalogie, des plus rares, a été signalée pour la première fois par M. A. Rochas, dans sa *Biographie du Dauphiné.*—Voyez aussi les *Maîtres des Requêtes*, de Blanchard, p. 225.

4462. Note sur la Maison de Rabutin ; par Urbain Plancher.

Voyez ci-dessus, n° 2786 : *Histoire générale..., de Bourgogne...,* du même, et ci-après : *Sarcus.* Voyez encore : 1° le *Palais de l'Honneur,* du P. Anselme, page 547 ; 2° la *Rech. de la Noblesse de Champagne.*

4463. Etude historique sur les marquis de Ragny et de Mont-Réal, connus sous leurs titres de Villeroy et de Lesdiguières, avec des documents inédits et curieux sur Lyon, Grenoble, etc. Cette étude contient l'histoire la plus complète de la Maison de Ragny-Magdelaine, qui a gouverné la Bresse, le Charolais et le Nivernais. Celle de Ragny-Lesdiguières, qui a gouverné le Dauphiné, celle de Ragny-Villeroy, qui a gouverné le Lyonnais, celle des ministres de la Renaissance des lettres : Florimond Robertet, Nicolas de Neufville et Jacques Bourdin, marquis de Villeines, accompagnée de la biographie du dernier marquis de Ragny. (Par Jacques Bourdin.)—*Lyon,* 1860, in-4°. Pièce.* Avec blason.

Voyez aussi *Montréal.*

4464. Détail des preuves de la Maison de Raigecourt. (Par J.-J. Bouvier, dit l'abbé Lyonnois, principal du collége de Nancy.) —*Nancy,* 1775, in-8°.*

Avec deux tableaux généalogiques dont l'un représente : « *Les XVI lignes de Messire Joseph, marquis de Raigecourt—Gournay jurées aux très-nobles Chapitres de Liége et de Remiremont.* »

4465. Maison de Raigecourt. (Par J. J. Bouvier, dit l'abbé Lyonnois.)—*Nancy, V° Leclerc,* 1777, in-4°.*

Cet ouvrage très-rare aujourd'hui, contient beaucoup de documents intéressants pour les anciennes Familles nobles du pays Messin.

La préface a été réimprimée la même année sur papier in-folio.

La généalogie de cette Famille se trouve encore dans l'*Histoire de la Maison des Salles,* par D. Calmet, aux preuves, page 64.

4466. Eloge historique de la Noble et illvstre Maison de Rantzow. A Monsieur le Comte de Rantzow, Mareschal de Camp aux Armées du Roy. Par C. Malingre, historiographe de France. —*Paris,* 1641, in-4°.* Avec la Généalogie et le blason de la Famille.

Opuscule très-rare.

4467. Généalogie des seigneurs de Rais dv Breil. Povr servir av procez pendant au Parlement de Paris en la cinquiesme Chambre des Enquestes, entre le sieur de S. Laurens et du Bois de la Mothe demandeur en Requête ciuile contre vn Arrest du Parlement de Bretagne, d'vne part ; et Messire Gvy dv Breil, seigneur du Plessix de Rais, et du Plessix-Ballisson, intimé, d'autre part. Par André dv Chesne,... —*Paris,* 1621, in-4°. Pièce.*

4468. Factvm pour François Raoul, Escuyer, sieur de la Giverlière, intimé. Contre M° Claude Vialet, chargé du recouvrement des taxes de francs-fiefs, appellant. Généalogie des Raoul, qui dès l'année 1333 prenoient la qualité d'Escuyer.—Factvm pour François Raoul... contre M° Claude Vialet... appellant et demandeur en faux...—(S. l. n. d.) 2 pièces in-f°.*

Signé : Adam.

4469. Rastignac. Voyez *Chapt de Rastignac.*

4470. Cartulaire des sires de Rays. Notice, tables analytique et alphabétique, choix de documents, liste des sires de Rays, par Paul Marchegay,...—*Paris,* 1857, in-8°.*

Extrait de la *Revue des Provinces de l'Ouest,* 3° et 4° années. —Tiré à cinquante exemplaires.

4471. Généalogie de la Maison de Récourt, précédée d'un Mémoire historique et critique sur l'Origine et les Alliances de cette Maison avec celles de Lens, de Licques et de Barastre en Artois; auquel on a joint l'Extrait des Titres de la Branche des Seigneurs de Sart, et orné du Pennon généalogique et des Alliances de cette Branche. (Par ANTOINE-FRANÇOIS-NICOLAS DE RÉCOURT, seigneur de Bruyères et de Cherest.) — *Reims*, 1782, in-4°.*

Le Pennon généalogique se compose de trois planches gravées par DENIZARD. — Voyez aussi la 3° édition de l'*Hist. généal. des Gr. Officiers de la Couronne*, du P. ANSELME, tome VI, page 826.

4472. Généalogie de la Maison de Régnon, avec le détail des pièces qui ont servi à l'établir. Poitou et Bretagne. (Par ACHILLE-LUDOVIC DRIGON, Vicomte DE MAGNY.) — *Nantes*, (1859), in-f°.* Avec blasons enluminés et tables généalogiques.

Dressée sur titres et preuves fournis par la Famille.

4473. Notice historique sur la Famille de Reiset. (Par M. BOREL D'HAUTERIVE.) — *Paris, impr. de Plon frères*, in-18. Pièce.

Extrait de l'*Annuaire de la Noblesse* pour l'année 1852, 9° année.

4474. Factum pour Messire Léonor de Rémefort, escuyer, seigneur de la Grelière, Denys de Rémefort, Pierre de Sazilly, sieur de Villeneufve, et damoiselle Philippes de Rémefort sa femme, et damoiselle Marguerite de Rémefort, veufve de Charles de Chérité, sieur de la Touche, tant en son nom, que comme mère et tutrice naturelle des enfans dudit deffunct et d'elle. Contre Jacques de Chérité, sieur de Beauvais, et damoiselle Jeanne de Rémefort sa femme. — (S. l. n. d.) In-f°. [B. Am.]

4475. Liste des seigneurs de Rénescure. (Par M. IMBERT DE LA PHALECQUE.)

Dans le *Bull. histor. de la Soc. des antiq. de la Morinie*; ann. 1853-1854, page 134.

4476. Mémoire pour le sieur Charles Reneux, contre M. le duc d'Orléans, par M° BOUCHER D'ARGIS. — *Paris*, 1761, in-f°. [L. F.]

4477. Mémoire pour M. le duc d'Orléans, contre le sieur Reneux, par M° DU VERNE — *Paris*, (1761), in-4°. [L. F.]

4478. Réponse pour le sieur Reneux; par M° BOUCHER D'ARGIS. — *Paris*, 1761, in-f°. [L. F.]

Dans cet article comme dans les deux précédents, il s'agit de la succession des sires de Baugé de Thoiré et de Villars en Bresse.

4479. Les Sires de Retz et le château de Machecoul; par CH. MOURAIN DE SOURDEVAL. — *Tours, Mame*, 1845, in-8°. Pièce.

Avec la description des armes des diverses Familles seigneuriales de Retz. — Pour les ducs de Retz, Voyez la 3° éd. de l'*Hist. généal. des Gr. Officiers de la Couronne*, du P. ANSELME, tome III, page 890.

4480. Reugny. Voyez *Courvol.*

Voyez encore l'*Hist. du Berry*, par DE LA THAUMASSIÈRE, page 957.

4481. Dissertatio de origine, dignitate, juribus, .. Domus comitum Rappolsteinensium (de Ribeaupierre en Alsace), à RADIO. — *Argentinæ*, 1745, in-4°. [L. F.]

4482. Arbre généalogique de la Maison de Richelieu. — (S. l. n. d.) In-f° plano.* Sans titre.

En espagnol.

4483. Lettre dv sieur FORNIER, sieur de Cléaux, Conseiller et Secretaire du Roy au Parlement de Thoulouze. À Monseignevr le Cardinal Spada. — (S. l. n. d.) In-4°. Pièce.*

Au sujet de la généalogie du cardinal de *Richelieu*. — L'opuscule est daté de Paris, 26 mars, 1627.

4484. Recueil de pièces latines et françoises faictes sur l'illustre et incomparable Maison de Richeliev. (Par A. DE SAINCTE-MARTHE.) — *Poictiers*, 1634, in-4°. Pièce.*

4485. Epitome genealogico del

eminentissimo Cardinal, duque de Richelieu, y discursos politicos sobre algunas acciones de su vida : por M. F. (MANUEL FERNAND) VILLAREAL, portuguese.——Pampelona, 1641, in-4°. [L. F.]

L'auteur, en vue de faire sa cour, fait descendre le cardinal de Richelieu des rois de Castille et de Portugal.

4486. Requête du duc de Richelieu (Louis - François - Armand Duplessis), pair de France, pour demander au roy d'être jugé en forme de Pairie et par d'autres juges que ceux du parlement de Paris, présentée à Sa Majesté le 26 mars 1716.——Paris, 1716, in-f°. Pièce.*

4487. Requête des pairs de France, tendante aussi que le procès du duc de Richelieu, pair de France, soit jugé en forme de Pairie par d'autres juges que ceux du parlement de Paris, présentée à Sa Majesté le 28 mars 1716. (Par M. DE MAILLY, archevêque duc de Reims.) — Paris, (s. d.), in-f°. Pièce.*

4488. Mémoire des pairs de France, servant de preuve à leur requête du 28 mars 1716, sur l'affaire de M. le duc de Richelieu. (Par JEAN-CHARLES DE CRUSSOL S. SUPLICE, duc D'UZÈS.)—Paris, (s. d.), in-f°. Pièce.

Voyez ci-dessus Dreux.—Voyez aussi la 3e éd. de l'Hist. généal. des Gr. Officiers de la Couronne, du P. ANSELME, tome IV, page 361.

4489. Mémoire pour l'enrégistrement de l'érection de la seigneurie d'Aubigny en duché-pairie, en faveur de M. le duc de Richemond, de Lennox et d'Aubigny.—(S. l.), 1777, in-4°. Pièce. [A.]

4490. Le Général de Richemont,... Par le marquis E. DE MONTLAUR. — Moulins, 1859, in-8°.* Avec blason.

4491. Procès verbal en exécution de l'Arrest du Conseil d'Etat du Roy, rendu le 18 aoust 1714, pour messire Jean Augustin de Riencourt, chevalier, marquis d'Orival, chastelain de Dargie,

baron de Brasseuse, etc. Contre maistre Nicolas de Villers, sieur de Rousseville.—(S. l. n. d.), imp. de P. A. Lemercier, in-4°. Pièce.

Portant rétractation de la part de Villers de Rousseville, procureur du roi en la commission pour la Recherche de la Noblesse en Picardie, d'allégations fausses touchant la noblesse de la Famille de Riencourt.

4492. Mémoire signifié pour dame Marie-Anne Desfriches, veuve de messire Jean-Augustin de Riencourt, chevalier, marquis d'Orival, dame baronne de Brasseuse, appelante. Contre Mᵉ Mérien, avocat en la Cour, et consors, intimés. (Signé : ROLLAND DE CHALLERANGE, rapp., et Mᵉ MOREL, avoc.)— (Paris), imp. de Mesnier, 1742, in-f°. Pièce.

Au sujet de la baronnie de Brasseuse.—Voyez encore pour cette Maison le Reg. V. de l'Armorial de D'HOZIER.

4493. Mémoire de Réné, sire de Rieux, prince de la Maison de Bretagne, marquis d'Oüessant, présenté au Roy, et la généalogie de sa Maison. (Par le marquis D'OUESSANT.)— Paris, (1710), in-4°.*

Voyez encore pour cette Maison la 3e éd. de l'Hist. généal. des Gr. Officiers de la Couronne du P. ANSELME, tome VI, page 763.

4494. Notice historique et généalogique sur la Famille de Riollet, du duché de Bourgogne et d'Auvergne, Marquis de Gissey, Comte de Morteuil, Baron de Malain, Seigneur de Riollet,... — Brioude, 1860, in-8°. Pièce.*

4495. Rioult. Voyez Pollin.

4496. Aymar dv Rivail et sa Famille. Notes extraites tant de ses écrits que de son testament, et de diverses pièces ivsqvici inédites. Par M. GIRAVD,...— Lyon, 1859, in-8°.*

4497. Prevves de la Noblesse dv marqvis dv Rivav.—(S. l. n. d.) In-4°. Pièce.* Avec blasons gravés.

4498. Généalogie historique de la Maison de Rivoire.—Paris, 1819, in-8°. [Tec.]

4499. Lettres d'annoblissement accordées par le roy à Louis Robin, écuyer, sieur de Mongenault, et à Isaac Robin, écuyer, sieur de Lambre, son frère, en considération des services par eux rendus à Sa Majesté et à l'Etat, du mois de juillet 1661,... —(S. l. n. d.) In-4°. Pièce.*

4500. Provisions d'un titre de comte de Castille, donné par le roy d'Espagne, à Madrid, au S' Jean-Baptiste Robin et à ses cescendans. Et lettres patentes du roy, confirmatives d'iceluy pour en jouir en France. Registrées au parlement, chambre des Comptes. Cour des Aydes, et Bureau des finances, à Paris, et au parlement de Metz.—*Paris,* 1723, in-4°. Pièce.*

4501. Généalogie historique et critique de la Maison de la Roche-Aymon, pour servir de supplément ou continuation de l'histoire généalogique et chronologique de la Maison de France et des grands Officiers de la Couronne. (Par l'abbé J. D'ESTRÉES.)— *Paris,* 1776, in-f°.*

4502. Abrégé de la généalogie historique et critique de la Maison de la Roche-Aymon, pour servir au supplément ou continuation de l'histoire généalogique et chronologique de la Maison de France et des Grands Officiers de la Couronne. (Par l'abbé J. D'ESTRÉES.) — *Paris,* 1776, *réimprimé à Bordeaux,* 1839, in-f°. Pièce.*

4503. Histoire généalogique de la Maison de Rochechouart; par J. LE LABOUREUR.

Voyez ci-dessus, n° 3629 : « *Mémoire de messire Michel de Castelnar...* »—Voyez aussi le n° suivant.

4504. Histoire de la Maison de Rochechouart; par le général comte DE ROCHECHOUART (LOUIS-VICTOR-LÉON).—*Paris,* 1859, 2 v. in-4°.*

Magnifique ouvrage orné de portraits gravés, de tableaux généalogiques et d'écussons tirés sur couleurs. — Voyez encore pour cette Famille : 1° le *Mercure,* ann. 1762, juillet, page 104; 2° la 3e éd.

de l'*Hist. généal. des Gr. Officiers de la Couronne,* du P. ANSELME, tome IV, page 649.

4505. Généalogie et brieve explication des droicts de la dame comtesse de Rochefort, ès instances renvoyées en la 2e chambre des enquestes, par arrests de la grand'chambre et du Conseil privé du roy des 27 juillet et 19 déc. 1656. Contre messire Gaspar Raguier, baron de Poussé, et dame Claire de la Rouëre de Guédon, sa femme; Marie Vesinier, vefve de défunct maistre Remy Choiselat, advocat à Sezanne, et le curateur à la succession vacante.—(S. l., 1656.) In-f°. [B. Am.]

Voyez encore pour cette Maison : 1° l'*Hist. du Berry,* par DE LA THATMASSIÈRE, page 953; 2° la 3e éd. de l'*Hist, généal. des Gr. Officiers de la Couronne,* du P. ANSELME, tome VI, page 413.

4506. De la Maison et les armoiries de Roche-Foucavld.—(S. l. n. d.) In-8°.*

4507. Généalogie de l'ancienne et illvstre Maison de la Rochefovcavd. Dressée sur les chartes, tiltres et histoires plus fidèles, par ANDRÉ DV CHESNE, G. du roy. — *Paris,* Ed. Martin, 1622, gr. in-f° plano.* Avec blasons gravés dans le texte.

Très-rare.

4508. Moyens de préséance povr Monsievr le dvc de la Rochefovcavld, Pair de France, contre Messievrs lés Dvcs de Rais et de S'.-Simon, avssi Pairs de France, ov il est démonstré qve le rang de Messievrs les Pairs se doit prendre du iour de l'Arrest de la Cour de Parlement, portant vérification de l'érection de la Pairie, et non pas simplement du serment faict en la grand'chambre, quand le serment se faict par acte séparé de la vérification. (Signé : BOVGUIER, Rapporteur.) — (S. l., 1644, in-4°. Pièce.*

Opuscule curieux et rare.

4509. Réponse de MM. de Rais et de Saint-Simon aux moyens

de préséance. — (S. l.), 1644, in-4°. Pièce. [L. F.]

Contre le duc de *la Rochefou-cauld.*

4510. Généalogie de la Maison de la Rochefoucauld, par PIERRE D'HOZIER (sieur DE LA GARDE). —*Paris*, 1654, in-4°. [B. U.]

4511. Généalogie de la très-grande, très-ancienne et très-illvstre Maison de la Rochefovcavt. Imprimé aux despens de Monsieur de Roissac.—(S. l.), 1654, in-4°.*

A la fin on lit : « Fait par PIERRE HVTIN, le 28 novembre 1653. » Ce nom est le pseudonyme sous lequel s'est caché LÉONOR DE LA ROCHEFOVCAVLD, seigneur DE ROISSAC.

Voyez à la page 63, l'éloge et le portrait qu'il fait de sa propre personne : ça merite d'être lu !

L'exemplaire de la Bibliothèque impériale est enrichi de notes manuscrites fort intéressantes, copiées sur celles de Charles-René d'Hozier.

4512. Supplément à la généalogie de la Maison de la Rochefou-cauld. (Par P.-L. LAINÉ.)—*Paris*, 1828, in-4°. Pièce *

4513. Notice biographique sur la Maison de Larochefoucauld. (Par CH. CASSOU.) Extrait de la *Revue générale biographique, politique et littéraire,* sous la direction de M. E. Pascallet. Deuxième édition.—*Paris*, 1813, in-8°.*

4514. IIᵐᵉ branche de la Maison de la Rochefoucauld. Chef actuel: Alexandre-Jules de la Rochefoucauld, duc d'Estissac. (980-1851.) (Par M. DE BIRAGUE.) —*Paris*, (s. d.), in-f°. Pièce.*

Extrait des *Archives historiques,* du même.

4515. Le Duc de Doudeauville (la Rochefoucauld). (Par M. DE BIRAGUE.)—(*Paris*), imp. de Cuubet, (1844), in-4°. Pièce.* Avec la description des armes.

Extrait de l'*Annuaire histor. et Bibliographique,* du même. Ann. 1844. — Voyez encore pour cette Maison : 1° la 3° éd. de l'*Hist. des Gr. Officiers de la Couronne,* du P. ANSELME, tome IV, page 418 ; 2° la *Vie du cardinal de la Rochefoucauld,* par DE LA MORI-NIÈRE ; Paris, 1646, in-4°.

4516. Les Fastes de la Légion d'Honneur... Par MM. Lievyns, Verdot et Begat,... B. de Saint-Edme, rédacteur en chef... Extrait : Comte de la Roche-Pou-chin. (Signé: W.)—*Paris*, 1844, in-8°. Pièce.*

4517. Notice historique et généalogique sur la Maison de la Rochette en Auvergne, Velay, Forez, Vivarais, etc. (Par D'AS-SIER DE VALENCHES.)—*Lyon, L. Perrin*, 1856, in-8°.* Avec 34 blasons gravés sur bois et intercalés dans le texte.

Tiré à petit nombre et non mis en vente.— On trouve à la fin une table indiquant les « *Preures pour l'admission au chapitre noble des comtes de St.-Julien de Brioude en 1711, de M. Joseph de la Ro-chette, de la province d'Auvergne.*»

Le chapitre de Brioude, en Auvergne, exigeait les mêmes preuves que celui des comtes de St.-Jean de Lyon, 16 quartiers.

4518. Maison de la Rochette. Appendice généalogique. 1856. (Par D'ASSIER DE VALENCHES.)— *Lyon, L. Perrin*, (1856), in-8°. Pièce.* Avec la description des armes des personnages dont il y est fait mention.

Voyez ci-dessus *Chassagne (la).* —Voyez aussi la *Rech. de la No-blesse de Champagne.*

4519. Généalogie de la Maison de Rocles, en Vivarais, extraite du tome V du Dictionnaire univer-sel de la Noblesse de France, par M. le Chevalier DE COUR-CELLES,...—(*Paris*), 1822, in-8°. Pièce.*

4520. La Famille Rœderer, de 1676 à 1790. Notice, par ANTOINE-MA-RIE RŒDERER, ancien pair de France.—*Paris*, 1850, in-8°.*Avec portraits.

Cet ouvrage, exclusivement des-tiné à la Famille, n'a été tiré qu'à cent exemplaires, qui tous por-tent un numéro d'ordre et le nom du donataire.

4521. Les Prevves de noblesse qve fait devant messievrs les commissaires nommez par Sa Majesté Messire EVGÈNE ROGIER, Comte de Villenevve et de la Chapelle, Marquis de Querveno et de Cucé, Baron de Baud, Conseiller du Roy,... Commandeur, Maître des Cérémonies et Grand Prévost de ses Ordres.— *Paris*, 1660, in-4°.* Avec armoiries gravées par BEDAULT.

4522. Directe de Monsieur le duc de Rohan. — (*S. l. n. d.*) 4 ff. formant tableau in-f° plano.*

Très-rare.

4523. Rangs et alliances de la Maison de Rohan, depuis six cens ans.—(*S. l. n. d.*) In-4° à 2 col. Pièce.*

4524. Factum du procès pendant au parlement de Bretagne, entre messire Henry Chabot, sire de Rohan, baron de Léon, et messire Henry, duc de la Trimoïlle, baron de Vitré. (Au sujet de la préséance aux Etats de Bretagne.)—(*S. l.*, 1651.) In-4°. Pièce.*

4525. Le Rang et prérogatives de la Maison de Rohan. — *Paris*, 1660, in-f°. [L. F.]

4526. Requête de Louis de Rohan-Chabot, duc de Rohan, en date du 19 avril 1701, contre les princes de Guéménée et de Soubise, touchant le nom et les armes de Rohan, commençant ainsi : « Au roy et à nosseigneurs de son Conseil. » — (*S. l. n. d.*) In-f°. Pièce.

4527. Requête signée GUYENET, pour Charles de Rohan, prince de Guéménée, en réponse à la requête précédente, commençant ainsi : « Au roi et à nosseigneurs de son Conseil.—(*S. l. n. d.*) In-f°. Pièce.*

4528. Requête au roy et à nosseigneurs de son Conseil, signée GEORGE LE ROY, pour François de Rohan, prince de Soubize, intervenant dans le procès entre le prince de Guéménée et le duc de Rohan, commençant ainsi : « Au roy et à nosseigneurs de son Conseil. » — *Paris*, 1702, in-f°. Pièce.*

4529. Mémoire pour François de Rohan, prince de Soubize, contre le duc de Rohan. (Signé GEORGE LE ROY). — *Paris*, 1704, in-f°. Pièce.*

4530. Lettres d'érection de la baronnie de Frontenay en duché-pairie sous le nom de Rohan-Rohan, données à Fontainebleau au mois d'octobre 1714.—*Paris*, 1715, in-f°. Pièce.*

4531. Histoire de Tancrède de Rohan, avec quelques autres pièces concernant l'histoire de France. — *Liége*, 1767, in-12. [L. F.]

4532. Arrêt du conseil du roi relatif à l'acquisition des terres du Chatel, Carman et Recouvrance appartenantes à la Maison de Rohan.—(*Paris*, 1786.) In-4°. [D.]

4533. Généalogie de la Maison de Rohan, extraite du tome XII du « *Dictionnaire de la Noblesse*, » page 245 et suivantes, rédigée par M. DE LA CHESNAYE-DES-BOIS, auteur dudit ouvrage...—(*Paris*, s. d.) In-4°. Pièce.*

La Bibliothèque impériale possède encore deux généalogies manuscrites de cette Maison, l'une par Don LOBINEAU ; l'autre, en latin, par JEAN CASIMIR.—Voyez pour cette Maison l'*Hist. généal. des Gr. Officiers de la Couronne*, du P. ANSELME, tome IV, page 51. Voyez encore ci-dessus *Chabot*.

4534. Etude historique sur le Chancelier Rolin et svr sa Famille. Par CH. BIGARNE, Correspondant de la Commission des Antiquités de la Côte-d'Or... — *Beaune et Dijon*, 1860, in-8°.* Avec portrait et blason.

Voyez encore pour les *Rolin* en Autunois et Franche-Comté : 1° les *Recherches d'Autun*, par MUNIER, 1660, in-4° ; 2° les *Mém. histor. sur Paligny*, de CHEVALIER ; *Lons-le-Saulnier*, 1760, 2 vol. in-4°.

4535. Genealogia Rollonis primi ducis Normanniæ.

Voyez le *Spicilége* de LUC D'ACHERY, tome II, page 491.

4536. Rome. (Par GUY ALLARD.)— (*S. l. n. d.*) In-4°. Pièce. [B. Ars.]

4537. Généalogie de la Maison de Rommecourt, anciennement nommée de Raumecurts, originaire d'Allemagne. (Dressée par LOUIS-MARIE, comte DE ROMMECOURT, abbé de Beaulieu en

Argonne). — *Paris*, 1701, in-8°. *
Avec un grand nombre d'armoiries gravées dans le texte.

A la suite : « *Table Généalogique des princes et principaux seigneurs issus de la Maison d'Alsace depuis l'an de Jésus-Christ DCXL.* » — *Voyez encore pour la Maison de Rommecourt la Rech. de la Noblesse de Champagne.*

4538. Lettres patentes portant confirmation du droit et prérogative de conseiller d'honneur-né au parlement de Rouen pour MM. de Roncheroles, marquis de Pont-Saint-Pierre. — (S. l. n. d.) In-4°. [L. F.]

4539. Notice sur la Maison de Roncherolles et sur M. le comte du Hamel, … (Par LEFEBVRE BISSON.) — *Paris*, 1851, in-8°. Pièce.*

Extrait des *Archives des hommes du jour.*

4540. Factvm Povr Messire Louis de la Roquebouillac de Mier, chevalier, seigneur et baron de S. Gery et autres lieux, Deffendeur et demandeur en restitution de fruits et réparation de dommages. Contre Michel de Halleur… (Signé M. DE LA PLASSE, advocat.) — (S. l. n. d.) In-f°. Pièce.* Avec la généalogie de Louis de la Roquebouillac.

4541. Généalogie de la Maison de Roquelaure, tirée du vol. VII de « l'Histoire généalogique et chronologique des Grands Officiers de la Couronne, etc. » Revue, corrigée et augmentée sur titres originaux et sur les manuscrits du cabinet des ordres du roi. [Par le P. ALEXIS (PIERRE CAQUET.)] — *Paris*, 1762, in-8°.

4542. Généalogie succincte de la Maison de Rosmadec. Extraite de celle qui a été amplement dressée par le sieur D'HOZIER. Enrichie de quelques remarques par le sieur DE LA COLOMBIÈRE VULSON. — *Paris*, 1614, in-f°.

Cette généalogie se trouve ordinairement imprimée avec la « Science héroïque… » du même. — Voyez encore pour cette Maison celle de Molac. et l'Histoire généalogique de Bretagne… par LE BAUD.

4543. Contrat de fondation faite par…Charles, marquis et comte de Rostaing, … d'une messe tous les jours, dans la chapelle dudit seigneur de l'église des Pères-Feuillants, rue Neuve-Saint-Honoré de Paris, … et quatre services l'année au grand Autel, pour être dites et célébrées à perpétuité dans ladite église des Pères-Feuillants, où il a fait édifier la sépulture de Monsieur le marquis de Rostaing son père, et la sienne,… — *Paris*, 1645, in-4°. Pièce.*

4544. Recveil mémorial de l'Erection de Bvry en Comté de Rostaing, M. VI°. XLII. De quatre contracts de Fondations de Messes perpétuelles, passez et confirmez en mil six cens quarante-six. Pour estre dictes audit Bvry, Rostaing en Blaisois, aux intentions des seigneurs et Dames de Rostaing, Robertet et Hurault…. D'vn autre contract d'acquisition de la Chapelle de l'Annonciation de Nostre-Dame de S. Germain de Lauxerois, mil six cens quarante-sept. Et des Epitaphes desdits Seigneurs et Dames, qui sont tant esdits lieux qu'en d'autres Eglises. Ainsi que l'on verra en la suitte de ce Liure que Messire CHARLES, Marquis et Comte de ROSTAING, a faict imprimer à Paris au mois de Ianuier mil six cens cinquante. — (S. l.), in-4°.* Avec armoiries gravées.

Voyez le n° suivant.

4545. Recveil mémorial des Lettres Patentes dv changement de nom dv chasteav et comté de Bvry en Blaisois en comté de Rostaing, pour tenir lieu en France du Marquisat de Rostaing qui est en Allemagne, entre Bamberck et Franquefort. Vérifiées en Parlement, les Chambres assemblées, en faueur de Messire Charles marquis et comte de Rostaing, et enregistrées à la Chambre des Comptes à Blois en 1642. Ensemble des deux seruices complets que ledit Seigneur… a fondez dans son église de Vaux-Apenil-lès-Melun… Ainsi que l'on peut voir dans ce Liure, que ledit seigneur CHARLES marquis et comte de ROSTAING a fait imprimer. — *Paris*, 1656, in-4°.* Avec blasons gravés.

Même ouvrage que le n° précédent. — Un titre gravé porte : « *Recueil Mémorial des fondations que messire Charles marquis de Rostaing et madame Anne Hurault son épouse ont faites. Et du changement de nom de ce chasteau de Bury en Blaisois en comté de Rostaing.* 1642.

4546. Triomphe armorial. (Par HENRI CHESNEAU.) — (S. l.), 1646, in-4°. Pièce.*

Pièce de vers en l'honneur de la Maison de Rostaing.

4547. Trophées médalliques des seigneurs de Rostaing, dediez au génie du Grand Charles, marquis et comte de Rostaing, par HENRY CHESNEAU, 1661. — (*Paris*, 1661). In-f° de 15 planches allégoriques gravées par LE PÔTRE.*

Voyez encore pour cette Maison la 3ᵉ éd. de l'*Hist. généal. des Gr. Officiers de la Couronne*, du P. ANSELME, tome VIII, page 941.

4548. Notice sur la Famille de Rothschild (par MAYER), publiée dans les *Archives des hommes du jour*, par MM. TISSERON et DE QUINCY, (qui signent l'avant-propos). — (*Paris*, 1846.) In-8°. Pièce.*

4549. Notice historique sur la Maison des Rotours, extraite de l'*Annuaire de la Noblesse de France*, dixième année, 1853, publié sous la direction de M. BOREL D'HAUTERIVE,.... — *Paris*, 1853, in-18. Pièce.*

4550. Histoire des Comtes du Perche de la Famille des Rotrou, de 943 à 1231.... par M. O. DES MURS,... (1856.)

Voyez ci-dessus, n° 2792.

4551. Sommaire de la cause de monsieur le duc de Rouanez, gouverneur du haut et bas Poitou, Chatelraudois et Loudunois, opposant et demandeur en requête contre messire François Henri de Montmorency, comte de Bouteville, défendeur. (Par Mᵉ RAGUENAU, avocat.) — (S. l. n. d.) In-4°.*

4552. Histoire généalogique de la Maison de Roucy et de Roye. (Par P. MORET DE LA FAYOLLE.) — *Paris*, 1675, in-12.* Avec armoiries dans le texte.

L'exemplaire de la Bibliothèque impériale est enrichi de notes manuscrites copiées sur celles de d'Hozier, et les blasons sont enluminés. — Selon d'Hozier ce travail est embrouillé et plein d'erreurs.

4553. Table généalogique de la Maison de Roye et comtes de Roucy ; par DAVID BLONDEL. — (S. l. n. d.) Six ff. in-f°. [L. F.]

Voyez encore pour les *Roucy* la 3ᵉ éd. de l'*Hist. généal. des Gr. Officiers de la Couronne*, du P. ANSELME, tome VIII, page 851.

4554. Familles de la France coloniale. Les Royer de Villeray. (Par P. MARGRY.) — *Paris*, (15 août) 1851, in-8°. Pièce.* — *Paris*, (15 septembre) 1851, in-8°. Pièce.*

4555. La Maison et Famille de Routard, prouvée très-noble, passée plus de 600 ans, et alliée aux principales Familles des Pays-bas d'Espagne,... par RICHARD ROUTART. — *Bruxelles*, 1688, in-4°. [Piq.]

4556. La Généalogie de la Maison de Rouvroy, par PIERRE D'HOZIER. — *Paris*, 1632, in-f°. [L. F.]

4557. (Explication de l'Epitaphe placée sur le tombeau élevé à la Mémoire de Messire Claude le Roux, chevalier, baron d'Acquigny, châtelain de Cambremont, conseiller du roy en son Parlement de Rouen ; par LOUIS BULTEAU, commis clerc de la Congrégation de Saint-Maur). — (*Rouen*, 1692). In-4°.*

Cette *explication* est à proprement parler la généalogie d'Adrien le Roux—d'Esneral, des Vidames de Normandie, dans laquelle on a eu pour but particulier de faire ressortir les alliances de cette Maison avec celles des *Olirier*, *Bellierre*, *Dreux* et *Boucherat*. En tête de l'ouvrage se trouve la planche représentant le tombeau de Claude le Roux, avec l'épitaphe, et à la fin les trente-deux quartiers paternels et maternels d'Adrien le Roux. Le tout gravé sur acier par J. BELLEAU de Rouen.

L'exemplaire de la Bibliothèque impériale contient 17 blasons, exécutés à la main avec légendes manuscrites, de Familles alliées aux le Roux d'Esneral].

4558. Généalogie de la Maison de le Roux; par (PIERRE) D'HOZIER, (sieur de LA GARDE).—(S. l. n. d.) In-4°. [D.]

4559. Histoire généalogique de la Maison de Rouxel-Médavy; par J. LE LABOUREUR.

Voyez ci-dessus, n° 3629 : « *Mémoires de messire Michel de Cas-Castelnau...* »

4560. Généalogie de Claude le Roy, conseiller au parlement de Rouen. — *Paris*, 1693, in-4°. [L. F.]

4561. Généalogie de la Maison le Roy, marquis de Valanglart et comtes de Barde en Picardie, extraite du tome premier des *Archives généalogiques de la noblesse de France*, publiées par M. (P.-L.) LAINÉ.—*Paris*, 1828, in-8°. Pièce.⁺ Avec armoiries gravées dans le texte.

Voyez encore pour cette Maison la 3ᵉ éd. de l'*Hist. généal. des Gr. Officiers de la Couronne*, du P. ANSELME, tome VIII, page 219.

4562. Royc. Voyez Roucy.

4563. Généalogie de P.-P. Rubens et de sa Famille; par L.-J. VÉRA████. — *Anvers*, 1810, in-8°. ██

4564. Mémoires relatifs à l'histoire de France et d'Italie. — Précis de l'histoire de la Maison de Rustichelli-Valori, par M. l'abbé ANDRÉ,... Première édition.— *Paris*, 1855, in-8'.*

Voyez encore, ci-après, *Valori.*

4565. Maison de Rye; par URBAIN PLANCHER.

Voyez ci-dessus, n° 2286 : « *Histoire générale... de la Bourgogne*, du même.

4566. Traité de la Maison de Rye ov description sommaire de son antiqvité, dignitez, emplois, alliances, et avtres grandevrs. (Par JULES CHIFLET.)—(S. l. n. d.) In-f°. Pièce.*

La dédicace est datée du 1ᵉʳ décembre 1611.—Après la page 30 on

trouve : « *Addition av traité de la Maison de Rye svr l'origine de cette Famille.* »—Voyez encore pour cette Maison le tome III, page 79, des *Mém. pour servir à l'Hist. de Bourgogne*, par DUNOD DE CHARNAGE.

S

4567. Mémoire pour le comte de Sabran et le chevalier de Salarin, contre le marquis de Mirepoix.—(S. l.), 1782, in-f°..[D.]

Voyez encore pour la généalogie de cette Maison : 1° l'*État de Provence*, par ROBERT de Briançon; 2° l'*Hist. de la Noblesse de Provence*, par MAYNIER; 3° l'*Hist. héroïque de la Noblesse de Provence*, par ARTÉFEUIL (LA TOULOUBRE).

4568. Généalogie de la Maison de Sailhas. — *Auch*, (1858), in-4°. Pièce.* Avec blason.

4569. Mémoires du procès d'entre Philippe-Eleazard de Lévy, chevalier, marquis de Châteaumorand, contre Jacques Philippe de la Baume-Perrenot-de-Granvelle, comte de Saint-Amour. — (S. l. n. d.) In-4°. [L. F.]

Au sujet de la légitimité de la naissance de M. le comte de Saint-Amour contestée par M. de Châteaumorand.

4570. Généalogie historique de la Maison de Saint-Astier, extraite du tome XVII du « Nobiliaire universel de France, » publié par M. le chevalier DE COURCELLES, successeur de M. Saint-Allais. – *Paris*, 1820, in-12.*

4571. Histoire généalogiqve de la Maison de St. Avlaire dv nom de Beavpoil en Limosin, venve de Bretaigne depuis l'an de nostre Seigneur 1310 jusqves à présent, par Messire ANTOINE DE SAINCT-AULAIRE,...—*Paris*, 1652, in-f°.*

Cette généalogie se trouve encore dans les *Annales de Limoges*, par le Père Bonaventure, page 651.—Voyez aussi : 1° la 3ᵉ éd. de l'*Hist. généal des Grands Officiers de la Couronne*, du P. ANSELME tome VIII, page 587; 2° le registre V, de l'*Armorial de* D'HOZIER.

4572. Epithalame de Monsieur le Comte de Saint-Florentin, secrétaire d'État et de Mademoiselle de Platen, comtesse de l'Empire. — (*Paris*, 1721.) In-4°. Pièce.* Avec blasons.

4573. Recueil de factums pour la comtesse de Saint-Géran, contre la duchesse de Ventadour, avec les réponses ; par MM. BILLAIN et LANGLOIS. — *Paris*, 1663, in-4°. [L. F.]

4574. Généalogie de la Maison de S. Julien en la Marche, justifiée par chartes d'églises et titres domestiques, histoires imprimées et manuscrites. — (*S. l. n. d.*) In-8° obl. Pièce.

> Avec un tableau représentant les seize quartiers paternels et les seize quartiers maternels de Paul de Saint-Julien.

4575. Généalogie historique de la Maison de Saint-Mauris, du comté de Bourgogne, depuis le courant du xi° siècle, époque jusqu'à laquelle elle a prouvé sa filiation en 1786, pour être admise aux honneurs de la cour de France ; accompagnée de notices sur la plupart des degrés, ainsi que sur l'origine et les illustrations des Maisons avec lesquelles elle a contracté des alliances directes au nombre de 125, par C.-E.-P., M°° DE SAINT-MAURIS, Pair de France,... — *Vesoul*, Juin 1830, in-f°.*

4576. Essai généalogique sur la Maison de Saint-Phalle, d'après monuments et d'après titres existant encore en 1860 dans les dépôts publics et dans les chartriers. Notices sur un grand nombre de Maisons, et digressions épisodiques sur les titres, mœurs, usages et coutumes des temps. (Par le chevalier GOUGENOT DES MOUSSEAUX.) — *Coulommiers, impr. de Moussin*, 1861, in-4°.*

4577. Table généalogique pour faire voir que la Maison de S. Simon descend par femmes de la royale Maison de France, justifiée par preuves, par (PIERRE) D'HOZIER, Sieur DE LA GARDE. — *Paris*, 1631, in-f°. Pièce.* — *Paris*, 1632, in-f°. [L. F.] Avec blason.

4578. Mémoire pour servir au jugement du procès, entre M. le duc de Saint-Simon, pair de France, chevalier des ordres du roi, et seigneur du fief de Saint-Louis de la Rochelle, demandeur en cassation d'arrêt, et dame Renée de Lauzerée, veuve de Jacques Henry, sieur de Cheuste, tutrice de ses enfans mineurs, et Jacques Henry, son fils aîné, défendeurs. En présence de Maître Jean Fauconnet, fermier général des domaines de France, et Louis Paulet, sous-fermier des domaines de Poitou et la Rochelle, intervenant aussi demandeur en cassation. — (*S. l. n. d.*) In-f°. Pièce.*

> Au sujet de la possession du fief de Saint-Louis de la Rochelle.

4579. Histoire généalogique des comtes de Valentinois et de Diois, seigneurs de Saint-Valier... de la Maison de Poitiers. (Par ANDRÉ DU CHESNE.)

> Voyez ci-dessus, n° 2270 : *Histoire généalogique des ducs de Bourgogne... du même.* — Voyez aussi la généalogie de la Maison de Poitiers.

4580. Histoire généalogique de la Maison de Sainte-Colombe et autres Maisons alliées. [Par CL. L. A. P. DE L'IS. B. (CLAUDE LE LABOUREUR, ancien Prévôt de l'Isle Barbe).] — *Lyon*, 1673, in-8°.* Avec blasons gravés.

4581. Sainte-Hermine. Voyez *Irlánd*.

4582. Généalogie de la Maison de Sainte-Marthe. — (*S. l. n. d.*) In-4°. Pièce. [D]

4583. Recherches généalogiques sur la Maison de Sainte-Maure, depuis le milieu du xi° siècle jusqu'au commencement du xiii° (et depuis le milieu du xiv° jusqu'au commencement du xviii°). Par AMÉDÉE DE LA PONCE.

> Voyez les *Mém. de la Soc. Archéolog. de Touraine*, Ann. 1851, tome VI, page 56 et 273.

4584. Descendans de Réné de Saintes, fils de Pierre de Saintes et de Cantienne Bougvier. — Descendans de Françoise de Saintes, fille de Réné de Saintes, mariée à Jean le Beau, receveur des tailles à Chartres. —

Descendans de Catherine de Saintes, femme de Lancelot le Prévost, con*r. au bailliage et siége présidial de Chartres, fille de Pierre de Saintes et de Cantienne Bougvier.—Descendans des deux Maries de Saintes, filles de Pierre de Saintes et de Cantienne Bougvier, dont l'une fut mariée à Estienne Goussart et l'autre à Claude Guenée.

Formant les 10e, 11e, 12e et 13e tableaux de l' « Abrégé cronologique de la fondation... du collége de Boissy... » (par J. Chevilard.) —Voyez ci-dessus, n° 3537.

4585. Maison de Saintignon. (Par l'abbé J.-J. Bouvier, dit Lyonnois).—Nancy, 1778, in-4°.* Avec armoiries et tableaux généalogiques.

4586. Verbal concernant la Noblesse et Ancienneté de la Maison de Sainctyon. —(S. l. n. d.) In-4°. Pièce.*

4587. L'Histoire de la très-ancienne et illustre Maison de St. François de Sales, évesque et prince de Genève; par Nicolas de Hauteville. — Paris, 1669, in-4°. [B. Am.]

4588. Le Pourpris historique de la Maison de Sales de Thorenc en Genevois, par Ch. Aug. de Sales.—Annessy, 1659, in-4° vélin. [B. B.]

4589. Généalogie de la Maison de Salignac-Fénélon, extrait des Archives généalogiques et historiques de la noblesse de France, publiées par (P.-L.) Lainé. — Paris, 1844, in-8°. [Th.]

4590. Famille de Saligné. Par Léon Audé.—Napoléon, impr. de Sory, 1858, in-8°.

Tiré à 60 exemplaires et non mis en vente.

4591. Note sur la Maison de Salins; par Urbain Plancher.

Voyez ci-dessus, n° 2286: « Histoire générale... de Bourgogne,... » du même.

4592. Généalogie de la Salle, originaire du pays et comté de Soule en Gascogne, remontée à 1390, du règne de Charles VI. (Par le Métayer, et attestée par Lacroix, généalogiste de l'ordre de Malte.) — (Paris, 1774.) In-f°.* Avec de nombreux blasons gravés sur bois intercalés dans le texte.

4593. Histoire de la Maison des Salles, originaire de Béarn, depuis son établissement en Lorraine (en 1476) jusqu'à présent. Avec les preuves de la généalogie de cette Maison. (Par Dom Augustin Calmet.)—Nancy, 1716, in-f°.* Avec un grand nombre de blasons gravés et intercalés dans le texte, et de tableaux généalogiques.

La Bibliothèque impériale possède un autre exemplaire de cet ouvrage, enrichi de notes manuscrites de Charles-René d'Hozier.

4594. La Généalogie de la Maison de Salvaing en Dauphiné. — (S. l. n. d.) In-f° plano.*

Planches contenant les blasons gravés des ancêtres de Salvaing depuis l'an 1012. Cette pièce, excessivement rare, restée inconnue jusqu'à ce jour, devait, selon nous, faire partie du numéro suivant.

4595. Généalogie de la Maison de Salvaing. Par Denis Salvaing de Boissieu. — Grenoble, 1683, in-12. [A. D. T.]

Sans frontispice. — Ouvrage rare.

« Les fictions imaginées par M. de Boissieu en l'honneur de sa Famille, dit M. de Terrebasse dans l'intéressant travail qui fait l'objet de l'article suivant, circulaient depuis plus de quarante années dans les ouvrages de tous les savants qui s'occupaient de blason ou de généalogie. Sans parler de Vulson de la Colombière, de Chorier, de Guy Allard, du père Hilarion de Coste, du jésuite Petra Santa, d'André de la Roque, de François-Augustin della Chiesa, évêque de Saluces, l'illustre du Cange, dans ses dissertations sur Joinville, avait cité le cri de guerre de Salvaing, et imprimé dans son glossaire la liste des grands maîtres du Temple, parmi lesquels figurait un de ses ancêtres. Le président de Boissieu pensa que la grande prescription lui était acquise, et voulut, avant sa mort, se donner le plaisir de réunir en un volume les fables dispersées dans les ouvrages de ses compères ou de ses crédules amis. Il fit imprimer sa généalogie. »

4596. Relation des principaux événements de la vie de Salvaing de Boissieu, premier président en la Chambre des Comptes de Dauphiné; suivie d'une critique de sa généalogie et précédée d'une notice historique, par ALFRED DE TERREBASSE. — *Lyon*, 1850, in-8º. [B. L.] Avec les armes de Salvaing au commencement, et celles de sa première et de sa seconde femme aux pages 43 et 48.

Ce livre contient deux ouvrages restés jusqu'à ce jour inédits, l'un de Salvaing lui-même intitulé : *Relation des principaux événements de la vie de Denis de Salvaing, premier président en la chambre des comptes de Dauphiné;* l'autre : *Éclaircissement sur les armoiries, le cry de guerre, etc., de la Maison de Salvaing.* Extrait d'un manuscrit de PHILIBERT LEBRUN.

Ce dernier document et les réflexions judicieuses de M. de Terrebasse semblent établir d'une manière évidente les supercheries généalogiques de M. Salvaing de Boissieu à l'endroit de sa Famille. Ils établissent en outre avec non moins d'évidence que les ouvrages héraldiques qui, depuis près de deux siècles, étaient attribués à son élève, Vulson de la Colombière, sont tous sortis de sa plume. L'ancien président aurait consenti à les laisser paraître sous un nom autre que le sien, parce que cela lui permettait d'y faire entrer toutes les fables qu'il avait inventées pour donner à sa naissance une antique origine. Du reste cette monomanie de Salvaing, touchant ses ancêtres, qui le domina sa vie entière, n'était pas tout à fait un secret pour ses contemporains. Les mémoires du temps, à ce sujet, nous apprennent que le respect qu'il inspirait par ses éminentes qualités et son savoir prodigieux ne le garantissait pas toujours des traits plaisants que de temps à autre ils lui décochaient; témoin ce bon mot d'un avocat de Grenoble : *Que le commun des autres hommes derait la vie à ses ancêtres, mais que M. de Boissieu l'avait donnée aux siens.* Comme nous l'avons déjà dit plus haut, c'est dans le livre de M. de Terrebasse qu'il faut aller chercher le compte rendu exact de ce procès d'une nouvelle espèce porté au tribunal de l'histoire et de la bibliographie.

4597. Généalogie de la Maison de Sansay, vicomtes héréditaires de Poitou; par PIERRE RONSARD, gentilhomme Vendomois.—(*S. l. n. d.*) In-fº. [L. F.]

Cette généalogie faisait partie de la Bibliothèque de M. l'abbé Caumartin, mort en 1733.

4598. Journal de la comtesse de Sanzay (Marguerite de la Motte Fouqué). Intérieur d'un château normand au XVIe siècle. Par M. le Cte HECTOR DE LA FERRIÈRE-PERCY,... — *Paris*, 1855, in-8º.* Avec blason.—Nouvelle édition augmentée de documents nouveaux. *Paris, A. Aubry*, 1859, in-8º.* Avec blason.

La dernière édition a été tirée à 250 exemplaires.

4599. SARCUS. Département de l'Oise. Picardie. (Par le comte DE SARCUS.)—*Paris*, 1858, in-4º.*

Contient une description du château avec la généalogie des seigneurs de Sarcus, que l'auteur avait donnée en manuscrit à Lainé, et que ce généalogiste inséra textuellement dans le Xe vol. de ses *Archives généalogiques et historiques.*

4600. Notice historique sur le château de Bussy-Rabutin, par M. le Comte DE SARCUS.—*Dijon*, 1854, gr. in-8º.*

Contient la description des armes des Rabutin, avec celles des Familles alliées à Maison de Sarcus.

4601. Généalogie de la Maison de Sartiges, extraite du 6e volume du *Nobiliaire d'Auvergne.* (Par J.-B. BOUILLET.). — *Clermont-Ferrand*, 1852, in-8º. Pièce.*

4602. Famille de Saumery. (Par M. LÉON DE ROSSI).—*Paris*, (1856), in-8º. Pièce.*

4603. Histoire généalogique de la Maison de Sassenage, Branche des anciens comtes de Lion et de Forests. Par NICOLAS CHORIER,...—*Grenoble*, 1669, in-12.* —*Lyon*, 1672, in-fº.*

L'édition in-fº se trouve ordinairement réunie avec le IIe vol. de l'*Histoire du Dauphiné*, du même auteur.

Selon le P. Lelong, Guy Allard, dans sa *Bibliothèque du Dauphiné*, attribuerait cet ouvrage au président Denis Salvaing de Boissieu.

Nous avons voulu vérifier le fait, mais nous n'avons rien trouvé qui pût légitimer cette assertion.

4604. Histoire généalogique de la Maison de la Saussaye, par ALONSO PÉAN, membre de la Société des Sciences et des Lettres de Blois. — *Lyon, impr. de L. Perrin*, 1860, in-4°.* Avec blasons gravés intercalés dans le texte.

Tiré à 60 exemplaires.

4605. Notice biographique sur la Maison Sauvage de Saint-Marc, (par JEAN DE SOISY). — *Paris*, 1851, in-8°. Pièce.*

Extrait du « *Panthéon biographique.* »

4606. Maison de Saux; par URBAIN PLANCHER.

Voyez ci-dessus, n° 2286, « *Histoire générale... de Bourgogne....,* » du même. — Voyez encore *Saulx*.

4607. Généalogie des seigneurs de Saulx, au duché de Bourgogne, auxquels fut ajouté le nom de Tavannes en 1522. — (S. l.), 1633, in-8°. [L. F.]

Voyez encore *Mortemar* et *Saur*.

4608. Histoire généalogique de la Maison de Savonnières en Aniou. Où la pluspart des Généalogies de ses alliances sont représentées auec les Blasons des Armes. Le tout iustifié par tiltres, cartulaires anciens, histoires et autres bonnes preuues; par L. TRINCANT, ci-devant Procureur du Roy aux siéges Royaux de Loudun. — *Poitiers*, 1638, in-4°.*

Avec grandes armoiries gravées par FIRENS, et blasons intercalés dans le texte. — L'exemplaire de la Bibliothèque impériale est enrichi de notes manuscrites de Chérin et autres possesseurs.

4609. Généalogie de la Maison de Scépeaux. — (S. l. n. d.) In-4°. Pièce.*

L'exemplaire de la Bibliothèque impériale porte au titre cette note manuscrite : » Par M. DAUVIGNY : « *Cette généalogie sera imprimée dans la suite des hommes illustres de cet autheur à la tête de l'article du maréchal de la Vieuville.* »

4610. Table généalogique de la Famille de Schoaf; par J. F. A.

F. DE AZÉVÉDO COUTINO Y BERNAL. — (S. l. n. d.) In-f°. [R.]

4611. Lettres patentes (17 avril 1821). — *Marseille*, 1824, in-8°. Pièce.*

Confirmant le titre de vicomte à M. Jean-Pierre Aaron, Scimondy de Saint-Gervais.

4612. Table généalogique de la Maison de Scorraille, dressée sur plusieurs chartes de divers monastères, chroniques mss. et imprimées, mémoires de la Chambre des Comptes, arrêts du Parlement et titres domestiques et autres pièces dignes de foy. Dédiée à Madame de Fontanges. Par Monsieur DU BOUCHET, doyen des Chevaliers de l'Ordre militaire de Saint-Michel et premier Gendarme de France. — *Paris, imp. de Gabriel Martin*, 1681, 6 ff. in-f° imprimés sur le recto seulement, formant tableau. Avec blasons gravés.

Très-rare. — Voyez encore pour cette Maison, l'*Histoire du Musée des Croisades*, par AMÉDÉE BOUDIN, t. II, 2ᵉ part. p. 113.

4613. Carte de la généalogie de la Maison des Ségviers, par tiltres authentiques, depuis l'an 1129. — *Paris*, 1642, in-f° plano.*

Voyez encore pour cette Maison : 1° *les Présidents*, de BLANCHARD, p. 221; 2° la 3ᵉ édit. de l'*Hist. généalog. des Gr. Officiers de la Couronne*, du P. ANSELME, t. VI, p. 561; 3° l'*Etat de la Provence*, par ROBERT, de Briançon.

4614. Factvm povr messire François de Sayras-Ségur, cheualier, seigneur des Mazes,... contre Monsieur Maistre Iean Mounier, Conseiller au Parlement de Bordeaux,... Bernard de Ségur et Anne Brun, sa femme, instituèrent Bernard de Ségur, leur fils, leur vniuersel héritier, et luy substituèrent perpétuellement, iusques à la troisième et quatrième génération, les fils à l'exclusion des filles, et les filles ensuite au défaut des fils, par deux testamens du vingt-deux Ianuier 1567. Généalogie (de Bernard de Ségur).... (Signé : Mᵉ LE VERRIER, aduocat du de-

mandeur.) — (*S. l. n. d.*) In-f°.
Pièce.*

4615. Recherches généalogiques
sur la série régulière des sei-
neurs de Semblançay, depuis le
milieu du xi° siècle jusqu'à la
fin du xviii°. Par AMÉDÉE DE LA
PONCE.

> Voyez les *Mémoires de la Société
> archéologique de Touraine*, année
> 1854, t. VII, p. 169.

4616. Maison de Semur en Brionnois; par URBAIN PLANCHER.

> Voyez ci-dessus, n° 2286 : «*His-
> toire générale... de Bourgogne,*» par
> le même.

4617. Collection généalogique sur
la Maison de le Sénéchal, en
Bretagne.—(*S. l. n. d.*) In-8°.*

> Voyez aussi les Registres I et II
> de l'*Armorial* de D'HOZIER.

4618. Généalogie de la Maison de
Sénecterre, de ses grandes alliances.... et l'abrégé des actions héroïques de défunt Monsieur le maréchal duc de la Ferté
Sénecterre... (Par P. FAYON.)—
Lyon, imp. d'Ant. Beaujollin,
(1688), in-4°.* Avec blason.

> L'Exemplaire de la Bibliothè-
> que impériale contient quelques
> notes et deux ff. manuscrits aux
> p. 33 et 37.—Voyez encore pour
> cette généalogie le n° 2215 ci-
> dessus : «Les *Origines de la ville
> de Clairmont...*, par SAVARON... »

4619. Note sur la Maison de Sennecey ; par URBAIN PLANCHER.

> Voyez ci-dessus, n° 2286 : «*His-
> toire générale... de Bourgogne...* »
> du même. ·

4620. Notice historique sur la Famille de Scrière, seigneurs de
la Sagne ou de la Saigne, de
Mazambal, des Vanels, de la Forest.... et autres lieux en Languedoc, établie aujourd'hui en
Hollande ; extraite de l'*Annuaire
de la Noblesse de France*, publié
sous la direction de M. BOREL
D'HAUTERIVE.... — *Paris,* 1854,
in-8°. Pièce.* Avec blason.

4621. Servient. (Par GUY ALLARD.)
—(*S. l. n. d.*) In-4°. Pièce. [B.
Ars.]

4622. Mémoire pour le sieur de
Séverac, prêtre, demandeur en
cassation, contre le sieur de Vil-

lars, dévolutaire du prieuré de
Saint-Hilaire de Domeyrac. (Signé : CASSEN, avocat.) — (Paris),
imp. de Grangé, (vers 1760), in-4°.
Pièce.

> A la suite on trouve : « *Certificat
> de la Noblesse la plus qualifiée du
> haut pays d'Auvergne* » et « *Sévé-
> rac, extrait sommaire de la généa-
> logie de cette Maison.* »

4623. Détails historiques sur les
ancêtres, le lieu de naissance,
les possessions et les descendants de madame de Sévigné;
par CL. GIRAULT.—*Paris,* 1819,
in-16. [B. Bord.]

> Le tome I des Lettres de Mᵐᵉ de
> Sévigné, édition de M. de Mon-
> merqué, contient les armes de Sé-
> vigné, *Bussy, Grignan* et *Simiane.*

4624. Abrégé historique et généalogique de la Maison de Seyssel;
par BOUDIER DE VILLEMORT, avocat.—*Paris,* 1739, in-4°. [L. F.]

4625. Panegyricus Sillerianæ Fami-
liae dictus in collegio Remensi
societatis Jesu VIII idus april,
anno MDCCVII, autore PETRO
COLIGNON ex eodem societate.
Remis, (1707), in-8°.*

4626. De Simianea Gente, libri
quatuor; auctore JOANNE COLUM-
BI, è societate' Jesu.

> Voyez les opuscules du même
> *Lugduni,* 1668, in-folio.

4627. Traité généalogique de la
Maison de Simiane, divisé en
deux parties et justifié par titres,
chroniques, auteurs anciens,
manuscrits et autres preuves.
(Par CHARLES - EMMANUEL - HYA-
CINTHE DE SIMIANE, marquis de
PIANESSE.) — (*S. l. n. d.*) In-4°.
[L. F.]

4628. Généalogie de la Maison de
Simiane, par DE SAINT-MARTIN
D'ARENNES, généalogiste de Fran-
ce. — *Paris,* 1669, in-f° plano.
[L. F.]

4629. Généalogie de la Famille
Simiane, par GUY ALLARD. —
Grenoble, 1672, in-4°. [L. F.] —
Grenoble, 1697, in-4° [T. M.]

> Selon le P. Lelong cette gé-
> néalogie aurait été composée sur
> les actes d'un manuscrit sur vé-
> lin contenant cent-vingt-huit
> chartes depuis l'an 802 jusqu'en

1122. L'auteur parle des généalogies précédentes et d'une autre produite par un sieur Siréjani de Cavaillon, théologal d'Aix.

4630. Histoire généalogique de la Maison de Simiane. Par le R. P. Dominique Robert (de Briançon), de l'Ordre des FF. Prêcheurs,...—*Lyon*, 1680, in-12.* Avec blason.

> Pour cette Maison, Voyez : 1° l'*Histoire de la Noblesse du Comté venaissin*, par Pithon-Curt, t. III, p. 281; 2° l'*Histoire de la Noblesse de Provence*, par Artefeuil (la Toulouere), t. II, p. 403; 3° la 3° édit. de l'*Hist. généalog. des Gr. Officiers de la Couronne*, du P. Anselme, t. II, p. 238.

4631. Généalogie de Simony en Bourgogne, originaire de Lorraine, dressée en 1741, par Guillaume de Simony.—(*S. l. n. d.*) Pièce.

> Voyez encore, pour cette Maison, la *Recherche de la Noblesse de Champagne*.

4632. Smets. Voyez *Heyns*.

4633. La Véritable origine de la très-illustre Maison de Sohier; avec une table généalogique de sa ligne principale et directe, embellie d'un court récit des branches qui en sont sorties depuis six cents ans jusques à présent. Le tout vérifié par titres, chartes, monumens et histoires authentiques. (Par J. C. D. D.) — *Leyde*, 1661, in-f°.* Avec un grand nombre de figures et de blasons gravés.

4634. Recherches sur les armes primitives des anciens Soliers, issus de Rome ou de la Romagne, et qui se sont établis près des Alpes Cottiennes en Espagne, et dans diverses provinces de France, par M. le C. de (Waroquier). —*Paris*, (*s. d.*), in-4°. Pièce.*

4635. Note sur la Maison de Sombernon; par Urbain Plancher.

> Voyez ci-dessus n° 2286 : « *Histoire générale... de Bourgogne...*, » du même.

4636. Généalogie d'Agnès Sorel, par Charles Sorel.

> Voyez la *Solitude* et l'*Amour*

philosophique, du même; Paris, 1610, in-4°.

4637. Notice historique et généalogique sur la Famille Richard de Soultrait. Extrait de l'*Annuaire de la Noblesse de 1851*, 8° année. (Par Borel d'Hauterive.) —*Paris*, (1851), in-12. Pièce.*

4638. Généalogie de la Maison de Sovvré, dressée sur les titres, histoires, archives de cette Famille et avtres prevves, par le chevalier de l'Hermite de Souliers,... — *Paris*, 1665, in-4°. Pièce.* Avec blason.

> Voyez encore pour cette Maison la 3° édit. de l'*Hist. généalog. des Gr. Officiers de la Couronne*, du P. Anselme, t. VII, p. 398.

4639. Livre généalogique et chronologique des seigneurs et marquis de Soyecourt; avec toutes les branches de leur Maison et deux descendances du roy Hugues Capet par lignes de consanguinité; l'une de haut et puissant seigneur, messire Joachim-Adolphe de Seiglière, marquis de Soyecourt, et l'autre de Pauline Corisante de Pas-Feuquière, son épouse. Dressé sur titres et pièces justificatives (par Joachim-Adolphe de Seiglière, marquis de Soyecourt).—(*S. l.*, 1723). In-4°.* Avec les armoiries gravées de Soyecourt, Seiglière-Soyecourt et Belleforière.

> Livre rare et que n'ont pas connu les continuateurs du P. Lelong. C'est d'après cet ouvrage qu'a été faite la généalogie de cette Maison par le P. Anselme.

4640. Notice sur la Maison de Soyecourt.—*Paris*, 1845, in-8°.*

> Voyez encore *Tour-en-Voire* (la), et le *Recueil des Maisons Nobles d'Amiens*, par de la Morlière, p. 294.

4641. Généalogie des Spens de Lathallan, d'origine écossoise, desquels il existe en France deux branches; la première, à Saint-Sever, sous les noms de de Spens-Destignols; et la seconde, à Bordeaux, sous les noms de de Spens-Destignols de Lancre.—*Bordeaux*, (1786), in-4°.

> C'est une mauvaise traduction de l'article du *Baronnage* d'Ecosse imprimé à Edimbourg en 1767.

4612. Généalogie de la très-noble et ancienne Famille de Stochove ; par le baron de CROESER DE BERGES.—*Bruges*, 1790, in-f°. [E. B. M.]

4613. Généalogie de la Maison royale de Stvart, par M. G. DE NOVBLANCHE.—*Paris*, (1640), in-f° plano.*

4614. Histoire généalogique de la Maison de Surgères en Poitou, de laquelle sont issus les sires de Surgères en Aunis, les seigneurs d'Ozay sur Cher, de la Flocelière, de Granges et de Puychenin, de la Gord et de Cerveaux, de Montfernier, de Puyguyon, de la Grégonière, à présent la Flocelière, des Bigotières et de la Fouchardière. Dressée sur plusieurs titres et mémoires, par messire LOUIS VIALART, prêtre prieur de Montournois en Poitou.—*Paris*, 1717, in-f°.* Avec une table généalogique et un grand nombre de blasons gravés.

On attribue, dit le P. Lelong, cette généalogie à FRANÇOIS DE GRANGES DE SURGÈRES, marquis DE PCYOUYON. La Bibliothèque impériale possède un autre exemplaire de cet ouvrage enrichi de nombreuses notes manuscrites de Clairambault.

4615. Brefve démonstration de l'identité de la noble et ancienne Maison de Svrlet et de Chockier.—*Liége, impr. de Christian Ouverx.* 1649, in-4°. Pièce.* Avec une déduction généalogique.

L'exemplaire de la Bibliothèque impériale contient plusieurs additions et corrections manuscrites.

T

4616. Généalogie de la Maison de Taillefer. Par J. H. MICHON.

Dans la *Statistique monumentale de la Charente*, du même, p. 77.

4617. Maison de Taillepied (notice historique, par M. BOREL D'HAUTERIVE). — *Paris*, (1850), in-12. Pièce.*

Extrait de « l'*Annuaire de la Noblesse.* » 1850, 7° année.

4618. Notice sur la Famille Taillepied de Bondy, publiée dans les Archives des hommes du jour;... par MM. Tisseron et de Quincy.

(Par DE VAUCHER.)—[*Paris, imp. de Lacombe,* (1847),] in-8°. Pièce.*

Le faux titre porte : *Fastes nobiliaires et parlementaires.*

4649. Les Marques d'honneur de la Maison de Tassis, 4 parties, par J. C. (JULES CHIFLET).—*Anvers*, 1645, in-f°.* — *Paris*, 1645, in-f°. [Bc.]—*Anvers*, 1665, in-f°. [Bc.] Avec un grand nombre de figures et de blasons gravés.

La Bibliothèque impériale possède deux exemplaires de la même édition, dont l'un est enrichi de curieuses et importantes notes manuscrites de la main de Charles-René d'Hozier.

4650. Mémoire sur les sçavans de la Famille de Terrasson ; par M. l'abbé C. (DE CURSAY).—*Trévoux*, (Paris), 1761, in-12. [L. F.]

4651. Notice historique et généalogique sur la Maison Textor de Ravisi. Extraite de l'*Annuaire de la Noblesse*, 1854, 12° année. Suivie de la biographie de Jean et de Benoit Textor ; par M. BOREL D'HAUTERIVE.—*Paris*, 1854, in-8. Pièce.*

4652. Galerie des Notabilités de la France. Notice nécrologique sur Léandre-Bernard-Adolphe Thellier de Bullecourt,.... (Par E. DE SAINT-MAURICE CABANY.)—*Paris*, 1857, in-8°. Pièce.* Avec blason.

4653. Généalogie historique de la Maison de Thésan du Poujol, par M. J.-B.-A. D'ALDÉGUIER, vice-président de la Société archéologique du Midi.—*Toulouse*, 1860, pet. in-f°.

4654. Généalogie de la Maison des Thibavlts. Iustifiée par divers titres, histoires, arrests, et autres bonnes et certaines preuves. (Par JEAN ROYER DE PRADE.) — (S. l.), 1654, in-4°.* Avec de nombreux blasons gravés intercalés dans le texte.

La Bibliothèque impériale possède un autre exemplaire avec des notes manuscrites et enrichi du portrait et des armes de l'auteur.

4655. Fragment généalogiqve de la Maison de Thibavlt, seignevrs de Beavrins, Montigny,.... et autres lieux. En la sixième branche et alliances de laquelle se trouve fol. 46 et suiuans : la ligne directe de la généalogie des Srs de Varoqvier. (Par Jean Royer de Prade.)—(S. l. n. d.) In-4°. Pièce.* Avec armoiries gravées dans le texte.

Pages 41-48 de l'ouvrage précédent pour lesquelles le comte Charles-Louis de Waroquier fit imprimer le titre ci-dessus.

4656. Mémoire sommaire pour le sieur Hébert, garde-manteau à Bayeux, contre les sieurs Thiboult.—(S. l.), 1756, in-f°. Pièce. [L. F.]

4657. Second mémoire signifié pour les sieurs Thiboult, contre le sieur Hébert. —(S. l. n. d.) In-f°. Pièce. [L. F.]

4658. Généalogie des sieurs Thiboult.—(S. l. n. d.) In-f° plano. [L. F.]

4659. Généalogie générale de la noble, ancienne et illustre Maison de Thiville. (Par Nicolas Thiville, seigneur de Bapaulmes.)—Paris, 1662, in-4°.* Avec blason.

4660. Note sur la Maison de Til, Thil; par Urbain Plancher.

Voyez ci-dessus, n° 2286 : «Histoire générale... de Bourgogne...» du même.

4661. Généalogie de la Maison de Tisseuil, seigneurs de la Monede, Grenord, du Rus, Anvaux, les Courades, Monette, et barons du Sirier, en Angoumois, la Marche et Poitou, par un parent et ami de MM. de Tisseuil (le Chevalier Barthélemy de Chamborant de Droux).—Paris, 1783, in-f°.* Avec la description des armes.

4662. Généalogie de Iacqves dv Tocq, chanoine à Metz, et de Sœur Angélique du Tocq sa Sœur, Religieuse à Mont-Martre, tant du costé Paternel que Maternel : Pour monstrer les suppositions portées par vne requeste par ladicte Religieuse, présentée au grand Conseil du cinquiesme Mars mil six cens quarante quatre, signifiée à Dame Marie de Malabarbe de Boro-

mée, Prieure de Val-dosne, et iustifié que ladicte du Tocq n'est pas du costé Paternel de Dom Cesar du Tocq son Bisayeul, de la Maison Royale de Naple, comme elle a supposé par ladicte requeste produite au procez, et plaidée en l'Audience du grand Conseil. — (S. l. n. d.) In-4°. Pièce.*

4663. Histoire du mareschal de Toiras,... Par le sieur Michel Baudier....—Paris, 1644, in-f°.*

Avec la généalogie du maréchal et trois planches gravées contenant les blasons de ses ascendants paternels et maternels.

4664. Touchet. Voyez ci-dessus, n° 2305.

4665. Lettres patentes du roy, portant érection des marquisat d'Arc et comté de Châteauvillain en duché-pairie, sous le titre de Châteauvillain, en faveur de M. le comte de Toulouse. Données à Versailles au mois de mai 1703, vérifiées au parlement le 29 août 1703.—(S. l. n. d.) In-f°. Pièce.*

4666. Généalogie de la très-illustre, très-ancienne et autrefois souveraine Maison de la Tour, où quantité d'autres familles trouveront leur extraction et parentage, tirée par les plus célèbres auteurs Héraldiques d'anciens monumens, archives, et autres antiquités; et recueillie par le Sr Flacchio, héraut d'armes de la province de Luxembourg... Enrichie de très-belles figures et tables généalogiques en taille-douce,... (Publié par A. Claudinot.) — Bruxelles, A. Claudinot, 1709, 3 vol. in-f°.*

« Le lecteur, dit le Journal des Savants, n'auroit rien à désirer, s'il (cet ouvrage) étoit écrit d'une manière plus supportable. »

4667. Généalogie de la Famille Gay de la Tour. (Dressée par Jean-Pierre-Suzanne Gay de la Tour, conseiller à la Cour des Aides de Paris.) — (Paris, 1772.) In-f°. Pièce.

Cet opuscule, des plus rares, nous a été communiqué par M. de la Morinerie.—On trouve à la suite un fragment généalogique concernant la Famille Jay, alliée aux Gay de la Tour.

4668. Table généalogique de la Maison de la Tour d'Auvergne, dédiée à Son Altesse Monseigneur le Duc de Bouillon. — *Paris*, 1666, in-f° plano.

Pièce entièrement gravée, par J. B. Lapointe, contenant les armes des Familles alliées à cette Maison.

4669. Mémoire sur la Famille de la Tour d'Auvergne.—(*Paris*, 1823). In-40.*

Voyez encore *Auvergne* et *Bouillon.*

4670. Généalogie de la Maison de la Tour de Lauraguais, issue, de même que la maison de la Tour d'Auvergne de Bernard de la Tour, fait chevalier en 1244 par Raimond VII, comte de Toulouse. (Par Dom Caffiaux.) — *Paris*, 1778, in-4°.*

4671. Jugement et arrêt dans l'affaire intentée à MM. de la Tour d'Auvergne-Lauraguais, au sujet du nom d'Auvergne. — *Arras, impr. de la Vᵉ Bocquet*, (1827), in-4°. Pièce.

4672. Consultation pour la Maison de la Tour d'Auvergne-Lauraguais, par M. Duvergier,... —*Paris, impr. de Wittersheim*, (1846), in-4°.

4673. Notice nécrologique sur son éminence Mᵍʳ. Hugues-Robert-Jean-Charles de la Tour d'Auvergne-Lauraguais,... Par E. de Saint-Maurice Cabany,... Extrait du *Nécrologe universel du xixᵉ siècle.*—*Paris*, 1851, in-8°. Pièce.*

4674. Maison de la Tour-du-Pin. (Par M. de Biragle.) — (*Paris, s. d.*) In-4°. Pièce.*

Extrait de l'*Annuaire historique et biographique de France...* Année 1841, par le même.

4675. Mémoires pour servir à l'histoire de Dauphiné sous les Dauphins de la troisième race, de la Maison de la Tour-du-Pin. (Par J.-P. Moret de Bourchenu, marquis de Valbonais.)— *Paris*, 1717, in-f°.*

Ne contient que la généalogie de la Maison de *la Tour-du-Pin.*

Cette généalogie a reparu dans le tome I, de l'*Hist . de Dauphiné* du même auteur; *Genève*, 1722, in-fol.

4676. Notice historique sur la Maison de la Tour du Pin d'après des documents inédits. (Par E. de Barthélemy.)—*Paris*, 1861, in-8°. Pièce.*

4677. Notice sur la Maison de la Tour-en-Voivre, et sur son alliance avec la Maison de Soyecourt. (Par Emmanuel-Dieudonné, Comte de la Tour-en-Voivre.) — *Paris*, 1834, in-4°. Pièce.* Avec un tableau généalogique.

4678. Ancienne Chevalerie de Lorraine. Notice généalogique sur la Maison de la Tour en Voivre. (Par M. Sailly, capitaine d'artillerie.)—*Metz*, 1851, gr. in-4°.* Avec blason.

Tiré à 25 exemplaires.

4679. Symphoriani Champier, de antiquitate Domus Turnonensis. —*Lugduni*, 1527, in-f°. [L. F.]

4680. Poeme historial touchant l'origine, l'antiquité et excellence de la Maison de Tournon; par François de Belleforest. —*Paris*, 1568, in-8°. [L. F.]

4681. Généalogie des seignevrs de Tovrnon. — (*S. l. n. d.*) In-f° plano.*

4682. Histoire généalogique de la Maison de Tournon; par Richette.

Contenu dans l'épître de l'*Hist. généal. des Dieux anciens*, par le même; *Lyon*, 1623, in-8°. — Voyez encore pour cette Maison les *Mazures de l'île Barbe*, par cl. le Laboureur, tome II, p. 599.

4683. Opuscule sans titre, concernant les titres des enfants de l'auteur (Le vicomte Ch.-Gaspard de Toustain-Richebourg, Ancien Commissaire des Etats de Bretagne, Associé des Académies de Normandie, et ci-devant volontaire à l'Armée de M. le Comte de Vaux).—*Rennes*, 1782, in-8°.* Avec un tableau généalogique.

4684. Toustains de Sang.—*Paris*,

impr. de Valade, 1783, in-f°
plano.*

> Tableau généalogique de cette
> Maison, par le vicomte CHARLES
> GASPARD TOUSTAIN DE RICHE-
> BOURG.

4685. Famille de Toustain-Fron-
tebose. (Par CHARLES-GASPARD
TOUSTAIN-RICHEBOURG.)—(S. l.,
1799.) — Variétés poétiques et
littéraires, historiques et morales, politiques et militaires, généalogiques et religieuses, pour
servir de première et dernière
suite à l'ouvrage domestique du
même auteur et du même format, sorti de presse en Frimaire
an VIII, ou Décembre 1799.
(Par CHARLES-GASPARD TOUS-
TAIN-RICHEBOURG.)—*En France,
chez un ami de l'auteur qui ne le
vend pas, An X-1802.* Le tout en
3 vol. in-8°.*

> Le tome III, paginé 491-984, porte
> au titre de départ : « *Revue de
> quelques ouvrages à la suite de la
> revue de quelques titres.* »
>
> Cet ouvrage, qui n'a d'autre
> mérite que sa rareté et sa singu-
> larité, n'est pas mentionné dans la
> *France littéraire*. De plus, M. Qué-
> rard fait deux écrivains différents
> du même auteur : l'un qui serait
> mort en 1797, et l'autre qui vivait
> encore en 1832. La vérité est que
> c'est bien le même personnage,
> l'auteur ci-dessus dénommé, le-
> quel mourut en 1836 dans un âge
> fort avancé.

4686. Lettres patentes portant don
du duché et pairie de Château-
roux en faveur de la dame marquise de la Tournelle. Données
à Versailles au mois de décembre 1743. —*Paris,* 1744, in-4°.
Pièce.*

4687. Généalogie de la Maison de
la Trimouille ; par JEAN BOU-
CHET.

> Contenu dans le *Panégyrique
> du chevalier Sans-Reproche,* du
> même ; *Poitiers,* 1527, in-4°.

4688. Généalogie de la Maison de
la Trimouille, par JOSEPH TE-
XERA, Portugais. — *Paris,* 1596,
in-8°. [L. F.]

4689. Parenté et Affinité des Seignevrs de la Trémoille avec les
Roys de France, Navarre, Castille, etc., Dvcs de Savoye, Lor-

raine, etc. —(*S. l. n. d.*) In-f°
plano.*

4690. Factum en faveur du duc de
la Trémoille, contre le duc
de Rohan sur le droit de présider les Etats de Bretagne, commençant ainsi : « Monsieur de
Rohan... » — (*S. l. n. d.*) In-f°.
Pièce.*

4691. Les Minoritez des Roys ont
tousiours apporté quelques changemens et quelques diminutions
aux Royaumes,... — (*S. l. n. d.*)
In-4°. Pièce.*

> Dans cet opuscule, l'on conteste
> aux Familles *la Trimouille* et de
> *Bouillon* le droit de prendre le
> titre de Prince.

4692. Considérations sommaires
pour la preuve du droit de M. le
duc de la Trémoille comme baron
de Vitré de présider la noblesse
aux Etats de la province, contre
la prétention que M. le duc de
Rohan dit avoir de la même présidence comme baron de Léon.
—(*S. l. n. d.*) In-f°. Pièce.*

4693. Addition de factum pour
messire Charles duc de la Trémoille, pair de France, contre
le sieur du Luc et consorts.
(Signé : Mᵉ TARTARIN.) — *Paris,*
(s. d.), in-f°. Pièce.*

4694. Généalogie de l'ancienne et
illustre Maison de la Trémoille.
—(*S. l. n. d.*) In-f° plano.*

4695. Présentation des Lettres d'E-
rection dv dvché de Tovars en
pairrie, accordées par le Roy à
Monsieur de la Trimoüille, 1599.
—(*S. l. n. d.*) In-4°. Pièce.*

4696. Actions de reiovissance faictes en la ville de Vitré, à la
Naissance de Monseignevr le
Prince de Talmond, par les
Nobles, Bourgeois et Habitans,
et tout le Corps de la Iustice de
la ditte Ville de Vitré ; dédiées
à très-havt, très-pvissant Monseigneur Henry de la Trimoüille,
de Laual, duc de Thouars, Pair
de France, premier baron de
Bretagne,... Où sommerement
est déduit l'Origine, Généalogie,
Alliances, droicts et prétentions
des Maisons de la Trimoüille et
de Laual. Par Noble homme

GILLES CHESNEAU, S^r. de la Motte, Angevin, son aduocat et procureur fiscal, de sa ville et baronnie de Vitré en Bretagne.—*Rennes, Tite Haran*, 1621, in-8°.*

Opuscule rare, et curieux surtout à cause du style emphatique de l'auteur.

4697. Généalogie et alliance de l'ancienne et renommée Maison de la Trimoville, alliée et issue de plusieurs roys, princes et souverains seigneurs de l'Europe. (Par ABRAHAM DE VILLE-D'ARCIE. (1625.)]

Voyez l'APPENDICE : « *Théâtre de la Gloire et Noblesse d'Albion...* »

4698. Les Havtes et illvstres alliances de la Maison de la Trémoille, recherchées et disposées en ordre des 128 cartiers de Monseigneur le prince de Talmond, par CHARLES SOTRR, généalogiste et enlumineur du Roy.—(*Paris*), 1647, in-f°.*—*Paris*, 1649, in-4°.*

Table généalogique contenant les armoiries gravées des 64 quartiers de la ligne maternelle et des 64 quartiers de la ligne paternelle.

4699. De regni neapolitani Ivre, pro Tremollio duce. (Auctore DAVID BLONDELLO.) — *Parisiis*, 1648, in-f°.* Avec blasons et tables généalogiques.

4700. Tiltres Ivstificatifs dv droict appartenant av dvc de la Trémoille en la succession vniuerselle de Frédéric d'Aragon, roy de Sycile, Naples, Hiérusalem, etc. (Par DAVID BLONDEL.)—*Paris*, 1654, in-4° à 2 col.* Avec table généalogique.

Français-latin.

4701. Traité dv droict héréditaire appartenant av dvc de la Trémoille au royaume de Naples. —Prevves dv contenv au traicté du droict appartenant au duc de la Trémoille au royaume de Naples. Tirées de diuers historiens et autheurs authentiques, et titres domestiques. — *Paris*, 1648 ; le tout en 1 vol in-4°.*—*Rennes*, 1651, in-4°.* — *Paris*, 1654, in-4°.* Avec tableau généalogique.

4702. Les dovze derniers degrez et alliances de la très-ancienne et illvstre Maison de la Trémoille. — (*S. l.*), 1649, in-f° plano.*

Pièce fort rare.

4703. Mémoire concernant le Droit de Monsieur de la Trémoille au Royaume de Naples. — (*S. l. n. d.*) In-4°.*

4704. Protestation pour la conservation du droit qu'a Monsieur de Trémoille au Royaume de Naples. — (*S. l. n. d.*) In-4°. Pièce.*

4705. Recueil de pièces concernant les droits du duc de la Trémoille au trône de Naples, la première commençant par ces mots : « Ex compendio delle Historie del Regno di Napoli da Pandolfo Collenutio jurisconsulto in Pesaro lib. VI. » — (*S. l. n. d.*) In-4°.*

4706. Table des Comtes de Laval, pour monstrer que Monsieur le duc de la Trémoille en est descendu en ligne directe.

Voyez ci-dessus, n° 2183.

4707. Histoire généalogivve de la Maison de la Trémoille, ivstifiée par chartes d'églises, Arrests du Parlement, titres du trésor... et autres bonnes preuues, tirée d'vn ms. de MM. (SCÆVOLE et LOUIS) DE SAINTHE-MARTHE,... et mise en abbrégé par M. (PIERRE-SCÆVOLE) DE SAINTHE-MARTHE,... —*Paris*, 1668, in-12.*

4708. Lettres et mémoires présentés à l'Assemblée de la paix générale à Nimègue de la part de Monseigneur le duc de la Trémoille, avec ses protestations pour la conservation de ses droits sur le royaume de Naples. —(*S. l.*), 1678, in-4°. Pièce.*

4709. Mémoire pour M. le duc de la Trémoille contre le président de Châteaugiron et contre les fermiers et receveurs généraux des domaines de Bretagne.— (*S. l.*), 1749, in-f°. [D.]

Relatif à la terre d'Epinay.— Voyez encore pour cette Maison : 1° l'*Histoire de Saintonge*, par ARMAND MAICHIN, 1671, in-folio ; 2° la 3° édition de l'*Hist. généalog.*

des *Gr. Officiers de la Couronne*, du P. ANSELME, tome IV, page 160; 3° la *Préface historique des mémoires* de Henri-Charles de la Trimouille; *Liége*, 1767, in-12.

4710. Généalogie du S' Jean-Louis Melchior Trissol, seul et unique héritier, dans la ligne paternelle, de demoiselle Anne-Gabrielle Sibert, dite de Saint-Hilaire. — *Paris*, (1824), in-4°. Pièce.*

4711. Mémoire et consultation sur les biens de la Maison de T'Serclaès-Tilly. (Signé : DE GUZMAN.) — (*S. l.*), 1784, in-8°.*

Contre Louis-Anne-Alexandre de Montmorency, prince de Robecq.

4712. Histoire généalogique de la Maison de Tvrene. Ivstifiée par Chartes, Titres et Histoires anciennes et avtres prevves avthentiqves. Enrichie de plvsievrs seavx et armoiries et divisée en deux Liures. Par CHRISTOFLE IVSTEL,... — *Paris*, 1645, in-f°.*

Imprimée à la suite de l'Histoire de la Maison d'*Auvergne*, par le même. Voyez ci-dessus, n° 3433.

U

4713. Généalogie de la Maison d'Urfé ; par PIERRE-DANIEL HUET.

Dans la XII°. *Dissertation sur diverses matières;* Paris, 1712, in-12.

4714. Lettres sur l'ancienneté de la Maison d'Urfé.

Dans le *Mercure*, juin 1683, p. 139, et dans le *Choix des Mercures*, t. II. p. 57.

4715. Les d'Urfé aux XVI° et XVII° siècles, par BERNARD. — *Paris*, 1839, gr. in-8°.*

Travail intéressant et plein de faits curieux qu'on chercherait vainement ailleurs. Il est du reste écrit avec cette élégante simplicité qui caractérise les productions littéraires de notre savant compatriote.

4716. Origine de la Maison d'Urfé, par AUGUSTE BERNARD. — *Montbrison*, 1847, in-8°. Pièce. [B. L.]

Extrait du *Journal de Montbrison* du 11 septembre 1847. — Voyez encore pour cette Maison la 3° édit.

de l'*Hist. généalog. des Gr. Officiers de la Couronne*, du P. ANSELME, t. VIII, p. 497.

4717. Contrat d'échange entre le roi et M. le duc d'Uzès (de la baronnie de Lévy contre les droits que possède S. M. sur la ville d'Uzès (mai 1721.)] — (*S. l. n. d.*) In-4°. Pièce.*

V

4718. Factum concernant le droit de commune ou le droit de mairie et d'échevinage de la ville de la Rochelle, pour servir au procès d'entre M. le procureur général du roy en la Cour des aides, poursuite et diligence de maître Thomas Bousseau, chargé de l'exécution de la déclaration faite par Sa Majesté pour la recherche des usurpateurs de noblesse, contre maître Paul Vacher, sieur de la Casse, avocat, et autres qui se disent nobles à cause des maires et échevins de la même ville, par M. PIERRE GROILZ DE BOISÉRAND, avocat en parlement. 1660. — (*S. l. n. d.*) In-4°. Pièce.*

4719. Generation de Valbella, extracho de l'histori jornaliero de messiro NOUVAT DE VALBELLA. — *Aix*, 1649, in-4°. [L. F.]

Voyez encore pour la Maison de *Valbelle*, l'*État de la Provence*, par ROBERT, de Briançon; et l'*Hist. de la Noblesse de Provence*, par MAYNIER.

4720. Requeste au roi, pour M. le duc de Valentinois, contre M. le comte de Creuilly, sur la question de sçavoir si le duché d'Estouteville est éteint, ou s'il subsiste, et à qui, dans ce cas, il doit appartenir. (Par M° GIRODAT.) — *Paris*, 1741, in-f°. [B. Am.]

4721. Origo prima Comitum Valentiniensium, ex Pictaviensibus; auctore PETRO-FRANCISCO CHIFFLETIO.

Dans les *Opuscules* du même; *Paris*, 1676, in-4°.

4722. Généalogie de l'illvstre Maison de la Valette, tirée des anciens titres de ladite Maison; des alliances, histoires de France et autres, par frère BERNARD GELÈDE,... prieur de l'abbaye de

Nostre-Dame de Gimont. — *To-lose*, 1633, in-f°. Pièce.* Avec trois grandes armoiries gravées.

Dans les *opuscules* du même; *Paris*, 1676, in-4°.

4723. Lettres patentes du mois de mai 1667, par lesquelles le roy érige en duché-pairie la terre de Vauxjours en Touraine et la baronnie de Saint-Christophe en Anjou, en faveur de Marie-Anne, fille naturelle de Louise-Françoise de la Vallière, sous le nom de la Vallière, commençant ainsi : « Louis, par la grâce de Dieu... » —(S. l. n. d.) In-f°. Pièce.*

Opuscule excessivement rare.

4724. Duché et pairie de la Vallière; par PIERRE DU NOYER.— *Paris*, 1668, in-f°. [L. F.]

Carte géographique.

4725. Notice historique sur la Maison de Valori.(Par LOUIS ROSAND.) Extrait de la *Revue générale biographique, politique et littéraire*; livraison de février 1844. Publiée sous la direction de M. E. PASCALLET. Deuxième édition. — *Paris*, 1844, in-8°. Pièce.*

Voyez encore *Rustichelli-Valori*.

4726. Van den Kerckhove. Voyez *Kerckhove*.

4727. Notices historiques et généalogiques sur les nobles et très-anciennes Maisons Van der Heyden, dite de la Bruyère, de Flandre,... par N. J. VAN DER HEYDEN. — *Anvers*, 1847, in-8°. [B. A. L.]

4728. Table généalogique de la Famille de Vander Lind; par J. F. A. F. DE AZÉVÉDO COUTINO Y BERNAL.—(S. l. n. d.) In-f°. [R.]

4729. Généalogie de la Famille de Vander Noot. Par J. F. A. F. DE AZÉVÉDO COUTINO Y BERNAL. — (S. l.), 1771, in-f°. Avec une table manuscrite des noms de famille. [B. Anv.]

4730. Généalogie de la Famille Van Gestel, extraite du *Dictionnaire généalogique et héraldique des Familles nobles de Belgique*, par M. F. V. GOETHALS.—*Bruxelles*, 1851, in-4°. [B. Anv.]

4731. Table généalogique de la Famille de Van Kiel; par J. F. A. F. DE AZÉVÉDO COUTINO Y BERNAL.—(S. l. n. d.) In-f°. [R.]

4732. Généalogie de la Maison de Varagne de Gardouch en Languedoc, tirée du Nobiliaire historique de cette province, et dressée sur les titres originaux; par DENYS FRANÇOIS GASTELIER DE LA TOUR.—*Paris*, 1763, in-4°. Pièce.*—*Paris*, 1769, in-4°. Pièce. [L. F.]

4733. Varoquier. Voyez *Waroquier*.

4734. Généalogie des Sires de Joinville et de Vaucouleur.

Voyez ci-dessus, n° 2654. « La clef décalle de la... Maison de Lorraine...»

4735. Extrait de la généalogie des comtes, puis ducs de la Vauguyon, princes de Carency, du surnom de Quelen, Bretagne.— (S. l. n. d.) In-f°. [Tec.]

Voyez encore *Quelen*.

4736. De la Vaulx ou de la Val anciennement. Extrait de l'« *Armorial historique et généalogique de l'ancienne Chevalerie de Lorraine*, » par JEAN CAYON. *Nouvelles recherches*, inédites.—*Saint-Nicolas-de-Port*, 1855, in-4°. Pièce.* Avec blasons.

4737. Moyens dont se sert messire LOUIS DESBORDES, prieur d'Acquigny, pour justifier la nullité des preuves de la prétendue noblesse de Louis Vedeau, pour estre receu frère chevalier de justice en l'ordre de Malthe, la fausseté de la pluspart de ses titres, et que les huit quartiers sont tous défectueux. (Par LE ROIDE DES BORDES, prieur d'Acquigny.) — (S. l.), 1684, in-f°. [B. Am.]

4738. Contrat de mariage de monsievr le dvc de Vandosme (fait et passé au château d'Angers, le 5 avril 1598.)—(S. l. n. d.) In-4°. Pièce.*

4739. Sentence de l'official d'Amiens, donnée sur la nullité du mariage de madame la duchesse de Beaufort avec monsieur Damerual de Liancourt. (1619.) — (S. l. n. d.) In-4°. Pièce.*

Au sujet du procès du duc de Vendôme avec le duc d'Elbeuf sur la succession de madame la duchesse de Beaufort.

4740. Déclaration du roy Henry-le-Grand en faveur de monsieur de Vendôme, pour avoir rang immédiatement après les princes du sang et précéder tous les autres princes et seigneurs du royaume. Avril 1610. — (S. l., 1610). In-f°. Pièce.*

4741. Factum pour monsieur le duc de Vendôme, contre les prétentions de monsieur et madame d'Elbeuf (touchant la succession de feu la duchesse de Beaufort, Gabrielle d'Estrées).—(S. l. n. d.) In-4°. Pièce.*

4742. Pièces produites au procès d'entre M. le duc d'Elbeuf, demandeur, contre M. le duc de Vendôme, défendeur.—(S. l. n. d.) In-4°. [L. F.]

4743. Requête de César, duc de Vendôme, au parlement de Paris, touchant le gouvernement de Bretagne,.....—(S. l.), 1649, in-4°. [L. F.]

4744. Factum et pièces justificatives pour le procès de César, duc de Vendôme, contre le duc d'Elbeuf. — (S. l.), 1649, in-4°. [L. F.]

4745. Arrêt du parlement, du 13 juin 1651, au profit de César, duc de Vendôme, contre le duc et la duchesse d'Estrées, touchant les biens de la succession de (Gabrielle d'Estrées), la duchesse de Vendôme ; avec les plaidoyers des avocats et celui d'Omer Talon, avocat général.—Paris, 1651, in-4°. [D.]

4746. Factum pour M. le duc d'Elbeuf, contre M. le duc de Vendôme.—(S. l.), 1651, in-4°. [L. F.]

4747. Lettres-patentes du roy, pour M. Louis de Vendôme, duc de Mercœur, pair de France, pour le gouvernement de Provence, publiées en parlement le 10 mai 1652.—Aix, 1652, in-4°. [L. F.]

Publiées encore avec le titre suivant :

4748. Lettres-patentes... avec le discours fait par M. Noel Gaillard, sur la présentation d'icelles, en la Cour des Comptes,... Mars 1652.—(S. l. n. d.) In-4°. [L. F.]

4749. Recueil de pièces concernant la question de préséance soulevée entre le duc de Vendôme et le duc d'Elbeuf, dont la première est intitulée : « Le maintien de la préséance de M. le duc de Vendôme, à cause de la pairie de Vendomois, contestée par M. le duc d'Elbeuf, aussi pair de France. » (1647.)—(S. l. n. d.) In-4°. Pièce.*

4750. Mémoire présenté au roy par M. et madame de Vandosme, pour la conservation des droits de leur naissance et celle de MM. leurs enfants, le douzième février 1662.—(S. l. n. d.) In-f°. Pièce.*

4751. Salvations de madame la duchesse de Ventadour, héritière de la Maison de Tournon ; où sont traittez tous les poincts et questions du procez, pour raison des biens de cette succession. Ensemble l'extrait des principales clauses des testamens et contracts de mariage de la Maison de Tournon ; par Me JACQUES CHAMPION, avocat au parlement. — Paris, 1665, in-f°. [B. Am.]

Voyez encore pour la Maison de Ventadour, les Annales de Limoges, du P. BONAVENTURE, page 377.

4752. Tableau généalogique de la Maison de Vergeur, dressé en 1636 par CHARLES DE VERGEUR, comte de S. Soupplet. — (S. l. n. d.) Gr. in-f° plano.* Sans titre.

Voyez encore pour cette Maison, la Rech. de la noblesse de Champagne.

4753. Histoire généalogiqve de la Maison de Vergy, ivstifiée par chartes, tiltres, arrests et autres bonnes et certaines prevves, enrichie de plvsievrs figvres et divisée en dix livres. Par ANDRÉ DV CHESNE,.... — Paris, 1625, in-f°.* Avec un grand nombre de blasons gravés et intercalés dans le texte.

> Les preuves ont une pagination spéciale et un titre particulier.— Ce vol. est un des moins communs de la collection de du Chesne.

4754. Note sur la Maison de Vergy; par Urbain Plancher.

> Voyez ci-dessus, n° 2286 : « *Histoire générale... de Bourgogne...* » du même.—Voyez encore la 3e édition de l'*Hist. généal. des Gr. Officiers de la Couronne*, du P. Anselme, tome VII, page 31.

4755. Vernimmen. Voyez *Buisseret*.

4756. Vernon.

> Voyez ci-dessus, n° 2575 : « *Cartulaire de l'abbaye de Notre-Dame-des-Vaux de Cernay,...* » — Voyez encore la 3e édition de l'*Hist. généal. des Gr. Officiers de la Couronne*, du P. Anselme, tome VIII, page 755.

4757. De Verthamon. Extrait du tome II du *Nobiliaire de Guienne et Gascogne*, par O'Gilvy.—*Bordeaux*, imp. de Gounouilhou, 1858, gr. in-8°. Pièce.

4758. Généalogie des divers membres de la Famille de Vertus, extraite de la Biographie générale des personnes et personnages qui ont porté ce nom. Par Amand de Vertus. — *Château-Thierry*, (1860), in-f° plano.*

> A la fin on lit : « *Cette généalogie dressée par et pour R. Amand de Vertus, sera suivie d'une seconde partie contenant tous les membres de la Famille de Vertus portant le nom ou descendant par la ligne maternelle...* »

4759. Histoire généalogique de la Maison de Vervins; par François L'Alouette.

> Voyez ci-dessus, n° 912 : *Traité des Nobles*, du même.

4760. Abrégé de la généalogie de la Maison de Levezou de Luzençon de Roquefort de Vesins. (Par le comte Cousin de Courchamps.)—*Paris*, Bethune et Plon, 1837, in-8°. [M. A. F. G.]

4761. Veydeav de Grandmont. (Par Guy Allard.)—(S. l. n. d.) In-4°. Pièce.*

4762. Veynes. (Par Guy Allard.) — (S. l. n. d.) In-4°. [L. F.]

4763. Précis de la généalogie de la Maison de la Viefville. — (S. l. n. d.) In-4°. Pièce.*

4764. Généalogie historique de la Maison de Vielcastel, extraite du tome XVII du « Nobiliaire universel de France, » publié par M. le Chevalier de Courcelles, successeur de M. de Saint-Allais.—*Paris*, 1820, in-12.*

4765. Généalogie de la Maison de Vienne, de la Province de Champagne, Branche de la Maison de Vienne de Bovrgongne, l'vne et l'autre armées d'vn aigle, bien que de différent émail. — (S. l. n. d.) In-f°. Pièce.

> Très-rare. — Communiqué par M. Dumoulin.

4766. Maison de Vienne ; par Urbain Plancher.

> Voyez ci-dessus, n° 2286 : « *Histoire générale... de Bourgogne,...* » du même.

4767. Généalogie de la Maison de la Viesville. Par l'abbé Corneille Stroobant.

> Voyez ci-dessus, n° 3184 : « *Histoire de la Commune de Virginal,..* » du même.

4768. Histoire généalogique de la Maison de Vigier. Revue et publiée par l'abbé J.-B. Durosoy. — (S. l. n. d.) In-f°. [Q.]

> Le fond est d'un savant suisse.

4769. Généalogie de la Maison de Vignier ; par Nicolas de la Brosse.

> Imprimé avec la *Description de la terre de Ricey*, du même ; *Paris*, 1551, in-12. — Voyez encore la *Rech. de la Noblesse de Champagne*.

4770. Histoire généalogique de la Famille Villaines de la Villenne, depuis l'an du monde 2018 jusqu'en 1831, espace de 3813 ans. (Par M. Jean-François de la Villaine.) — *Riom*, 1841, in-8°.*

> Voyez encore le Reg. II de l'*Armorial de d'Hozier*.

4771. Lettres patentes par lesquelles le marquis de Villars est autorisé à jouir des Honneurs, autorités, prééminences, prérogatives et immunités attachés au titre de Duc et Pair, qui lui est accordé par le fait de l'Erection en duché-pairie de toute terre qu'il lui conviendrait d'acheter. Commençant ainsi : « Aujourd'huy dix-huitième Octobre mil six cens vingt-six, le roy estant à Saint-Germain en Laye... » — (*S. l. n. d.*) In-f°. Pièce.*

Voyez encore : 1o la 3° édit. de l'*Hist. généal. des Gr. Officiers de la Couronne*, du P. ANSELME, tome V, page 101. 2°; l'*Hist. de la Noblesse de Provence*, par ARTEFEUIL (LA TOULOUBRE), tome II, page 502.

4772. Généalogie de la Maison de Villehardouin ; par CHARLES DU FRESNE DU CANGE.

Dans l'*Histoire de Constantinople*, du même; *Paris*, 1657, in-fol.

4773. Histoire généalogique de la Maison de Villeneuve en Languedoc, par M. PAVILLET,...chef de la section historique aux archives du royaume, et commissaire du Conseil pour le contentieux de la Noblesse. Écrite en 1786 ; revue et continuée par l'auteur jusqu'en 1818. — *Paris*, 1830, in-4°.* Avec un arbre généalogique.

Voyez encore pour cette Maison : 1° l'*État de la Provence*, par ROBERT de Briançon; 2° l'*Hist. de la Noblesse de la Provence*, par ARTEFEUIL (LA TOULOUBRE), tome II, pages 507 et 523.

4774. Généalogie de Iean de Villiers et Catherine Tesson sa femme,...—(*S. l. n. d.*) In-f°. Pièce.*

4775. Abrégé généalogique et historique de la Maison de Vincent d'Hantecourt et des seigneurs de Tournon.—(*S. l. n. d.*) In-4°. [B. Ab.]

4776. Histoire généalogiqve de la Maison de Vintimille, par le R. P. DOMINIQUE ROBERT (de Briançon).... — *Villefranche*, 1681, in-4°.* Avec armoiries gravées sur bois dans le texte.

Voyez encore pour cette Maison : 1° la 3° édit. de l'*Hist. généal. des Gr. Officiers de la Couronne*, du P. ANSELME, tome II, page 285; 2° l'*Hist. de la Noblesse de Provence*, par ARTEFEUIL (LA TOULOUBRE), tome II, page 556.

4777. Généalogie de la Maison de

Vipart, en Normandie, dressée sur titres originaux, sur des manuscrits de la Bibliothèque du roy et autres, et sur des jugements de Commissaires et d'Intendans, rendus lors des recherches de la Noblesse de cette Province, faites dans les années 1471, 1540, 1667, et depuis, par Messire FRANÇOIS-AUGUSTIN DE VIPART, Écuyer, sieur de Neiilly.—(*S. l.*), 1751, in-4°.*

4778. Généalogie de la Maison de Visscher, originaire d'Allemagne, établie dans les Pays-Bas depuis 300 ans, par M. D* S. D. H*** (DE VISIANO, sieur DE HOOVE). — (*S. l.*), 1773, gr. in-f°. [R.]**

4779. Origine des illustres Seigneurs du Vivier, au diocèse d'Alet en Languedoc, confirmée par plusieurs endroits de l'histoire de l'Empire et de France, seconde édition. (Par M. DU VIVIER, Baron de Saint-Ferriol.) —(*S. l.*), 1704, in-12. [L. F.]

4780. Réponses du maréchal duc DE VIVONNE, gouverneur de Champagne et Brie, aux prétentions du marquis de Cœuvre sur quelques villes de la province de Brie. — (*S. l. n. d.*) In-f°. [L. F.]

Voyez encore pour cette Maison la 3° édit. de l'*Hist. généal. des Gr. Officiers de la Couronne*, du P. ANSELME, tome VIII, page 762.

4781. Généalogie de la Maison de Voyer de Paulmy-d'Argenson. [Par le P. SIMPLICIEN (PIERRE LUCAS).] — (*S. n. l. d.*) In-4°. Pièce.* Avec armoiries gravées dans le texte.

Extrait de l'*Hist. généal. des Gr. Officiers de la Couronne*, du P. ANSELME, 3° édit. tome VI, page 593. — Cette généalogie se trouve encore : 1° Dans « Naples Françoise » par L'HERMITE SOULIERS, page 389 ; 2° dans le Reg. I° de l'*Armorial général de France*, de D'HOZIER.

4782. Chronologie des vicomtes et seigneurs de la terre de Vouziers, depuis le quatorzième siècle jusqu'en 1792 ; par C. PALE. — *Vouziers*, 1843, in-18.*

4783. Lettres patentes du roi por-

tant érection du Marquisat de Châteauneuf en duché héréditaire de la Vrillière. Données à Versailles au mois de juin 1770. Registrées en Parlement, chambre des Comptes et cour des Aides.—*Paris*, 1770, in-4°. Pièce.*

4784. Compliment fait par M. JOSEPH XAUPI, abbé de Jau,... à Monsieur le duc de la Vrillière, au sujet de l'érection de sa Terre de Châteauneuf sur Loire en duché héréditaire. Le 16 juillet 1770.—(*Paris*), 1770, in-4°. Pièce.*

4785. La Noblesse sainte et royale de S. Walbert et de sainte Bertille, ducs de Lorraine et comtes de Haynault, père et mère de sainte Wautrude et de sainte Aldegonde : par N. POTTIER, prêtre. — *Mons*, 1644, in-8°. — *Mons*, 1648, in-8°. [L. F.]

4786. Requête dressée par l'abbé D'ESTRÉES en faveur de Balthasar-François Wale pour être maintenu dans sa noblesse de nom et d'armes, et en conséquence être appelé à jouir, lui et sa postérité, des Prérogatives attachées à la Noblesse du roy. Ladite requête commençant ainsi : « Au Roy. Sire, Supplie humblement Balthasar-François Wale... » — (*Paris*), *impr. de Ballard fils*, 1747, in-f°.*

Avec « Tableau généalogique, représentant toutes les personnes appelées dans la requête avec leur rang selon l'ordre de filiation. »

4787. Précis de la requête (dressée par l'abbé D'ESTRÉES) présentée au Roi par Balthasar-François Wale, ancien lieutenant au régiment des gardes françoises, gouverneur des ville et château de Ham, etc., demandant un Arrêt du Conseil et des Lettres patentes de reconnoissance de sa noblesse de nom et d'armes comme fils d'un gentilhomme Irlandais qui passa en France après la capitulation de Limeric en 1691, et fut tué au siége de Lérida en 1708 étant capitaine au régiment de Berwick.—(*Paris*), 1747, in-4°. Pièce.*

4788. Généalogie de la Maison de Varoquier, par DE MONTIGNY.— (*S. l. n. d.*) In-4°. Pièce. [D.]

Rare.

4789. Généalogie de la Maison de Waroquier, Seigneurs du Bos d'Alas d'Anisy, dit le Bos de Peelu, Viel-Dampierre, Freny, Signemont, Blesme, le Fresne, Boudeaux, Lesclayoles, Saint-Arger, la Motte, Planques, Mothe, Combles, Méricourt, Chartrelle, Saint-Affrique, etc. Dressée sur titres originaux et sur des Jugemens des Cours Souveraines, Ordonnances des Commissaires et Intendans des Provinces, etc. (Par le Cte LOUIS-CHARLES DE WAROQUIER.)—*Paris*, 1782, in-4°. Pièce.* Avec Pennon généalogique gravé par BERGÉ.

4790. Fragment généalogique de la Maison de Waroquier, seigneurs du Bois de Peclu, la Motte, Planques, Combles, Méricourt et S. Affrique, etc. Dressé sur titres originaux, sur des jugemens des cours souveraines, lettres-patentes, ordonnances des commissaires, intendans des provinces, d'après les preuves des généalogistes, d'après les cabinets et monumens publics et grand nombre d'historiens, par M. le C^{te***} (LOUIS-CHARLES DE WAROQUIER). — *Paris*, 1789, in-8°.* Avec armoiries intercalées dans le texte.

Même ouvrage que le précédent, mais beaucoup plus étendu.—Il y a des exemplaires sur papier in-4°.

4791. Acte de tutelle des enfans mineurs de Messire François de Waroquier, chevalier, seigneur de Méricourt,... décédé le 31 décembre 1698, et de défunte dame Marie Phelippe de Billy son épouse, etc. décédée le 8 janvier 1663. Du dernier mars 1666. — (*S. l. n. d.*) In-8° de 31 pages.*—(*S. l. n. d.*) In-8° de 16 pages.* Avec blasons.

Cet opuscule se trouve ordinairement joint à l'ouvrage précédent.

4792. Notice historique et généalogique sur la Famille de Warren et sur ses établissements successifs en Angleterre, en Irlande, en Lorraine et en Toscane. (Par le comte FRANÇOIS-PATRICE-EDOUARD DE WARREN.)—*Nancy, Autogr. L. Christophe,* (1861). in-4°.* Avec blasons.

4793. Généalogie de Sainte Waudru, patronne de Mons, comtesse de Hainaut.—*Mons,* (s. d.), in-8°. [Sc.]

4794. Notice biographique sur la Maison Wavrin-Villers-au-Tertre et M. le comte Victor de Wavrin, maire de Cambrin (Pas-de-Calais).

(Par LÉON SAINT-ROME.) Extrait du *Panthéon biographique universel.*—*Paris,* 1853, in-8°. Pièce.*

4795. Généalogie de la Maison du Wicquet, extraite du tome premier des « *Archives généalogiques et historiques de la noblesse de France.* » publiées par M. (P.-L.) LAINÉ.—*Paris,* 1828, in-8°. Pièce.* Avec armoiries gravées.

4796. NEYEN. Notice historique sur la Famille de Wiltheim.—*Luxembourg,* 1842, in-4°. [B. Lux.]

Voyez encore, n° 3176 : *Hist. de la terre et vicomté de Sebourcq.*

APPENDICE

HISTOIRE NOBILIAIRE ET ORDRES DE CHEVALERIE DES PAYS ÉTRANGERS.

---

§ 1.

Histoire nobiliaire.

Allemagne.

4797. L'Estat de l'Empire et des princes souverains de l'Allemagne ;.... par LOUIS DU MAY,... —*Paris*, 1665, 2 vol. in-12.*

4798. Tableau statistique, géographique et héraldique de tous les États d'Allemagne compris dans la Confédération germanique, par J. F. A. KRAETZER-RASSAERTS. —*Paris, Imp. Royale*, 1841, in-f° plano.*

4799. Tableau généalogique des Maisons Impériales d'Allemagne et des trois Maisons royales de France.—*Caen, lith. Loisel*, (1853), in-f° plano.*

4800. De la Vraye origine de la Maison d'Avstriche contre l'opinion de cevx qvi la font sortir en ligne masculine des Roys de France de la première Race, dicte des Mérovingiens. (Par THÉODORE GODEFROY.)—(S. l.), 1624, in-4°. Pièce.*

4801. Portrait historique, généalogique et politique de l'auguste Maison d'Autriche, dédié aux deux reynes ; par DU BOSC DE MONTANDRÉ.—*Paris*, 1662, in-4°. [Tec.]

4802. Généalogie des Roys d'Avstrasie Issvz de Clouis I...
> Voyez ci-dessus, n° 2654 : « La clef d'realle de la...Maison de Lorraine...»

4803. Pompe funèbre du très-pieux et très-puissant prince Albert, archiduc d'Autriche, représentée au naturel en tailles-douces dessinées par JACQ. FRANCQUART et gravées par CORNEILLE GALLE, avec une dissertation historique et morale d'ERICE PUTEANUS. — *Bruxelles*, 1729, in-f°. [Be.]

4804. Raisonnement sur la planche hiéroglyphique et généalogique, représentant les deux branches des augustes Maisons d'Autriche et de Lorraine.—*Nuremberg*, 1744, in-4°. [B. Bru.]

4805. Histoire générale de l'auguste Maison d'Autriche, contenant une description exacte de tous ses empereurs, rois, ducs archiducs et autres princes, tant ecclésiastiques que séculiers. L'acquisition de tous leurs royaumes, principautés et pays héréditaires : leurs guerres, traités de paix, alliances et mariages, depuis son origine jusqu'à présent, ornée de tous les portraits des princes qui sont parvenus à l'âge de majorité ; tirée de plusieurs auteurs anciens et modernes, et rédigée selon l'ordre du temps, par JEAN-LAURENT KRAFFT. — *Brusselles*, 1744-1745, 3 vol. in-f°.*

4806. Tables généalogiques des augustes Maisons d'Autriche et de Lorraine, et leurs alliances avec l'auguste Maison de France, précédées d'un mémoire sur les comtes de Habspourg, tiges de la Maison d'Autriche. (Par le baron DE ZUR-LAUBEN.)—*Paris*, 1770, in-8°.*

> On trouve dans cet ouvrage une généalogie complète de la Famille de Guise issue de la Maison de Lorraine.

4807. Le Parquet d'honneur autour des mausolées des princes, par M. le comte DE BAR. Première partie, contenant la progonologie de l'empereur Charles VI, relevée par 512 bannières. — *Gand*, 1784, in-f°. [B. Bru.]

4808. Histoire chronologique, généalogique et politique de la Maison de Bade et des princes de Neufchâtel ; par M. VITON (DE SAINT-ALLAIS).—*Paris*, 1807, 2 vol. in-8°.*

4809. Tablettes généalogiques des illustres Maisons des ducs de Zaeringen, margraves et grandsducs de Bade, par*** (VITON DE SAINT-ALLAIS).—*Darmstadt*, 1810, in-8°. [D. Co.]

4810. Déduction des droits de la Maison électorale de Bavière aux royaumes de Hongrie et de Bohême, à l'archiduc d'Autriche. (Par J. ROUSSET DE MISSY.) —*La Haye*, 1743, 2 vol. in-12. [Q.]

> M. Quérard dit qu'on a attribué cet ouvrage à Jean Rousset, mais sans certitude.

4811. Histoire de la Maison de Brunswick ; par MALLET. — *Genève*, 1767, in-8°.*

4812. Histoire de la Succession aux duchez de Clèves, Berg et Julliers, aux Comtés de la Mark et de Rovensberg, et aux seigneuries de Ravestein et de Winnendal ; tirée des preuves authentiques. Par J. ROUSSET DE MISSY.— *Amsterdam*, 1738, 2 vol. in-12.* Avec tableau généalogique.

4813. L'Histoire de la Succession aux duchez de Julliers et de Berg... mise dans un nouveau jour. Où l'on fait connaître l'importance et la situation de ce pais ; les prétentions des compétiteurs ; les vues des puissances médiatrices, et tout ce qui a du rapport à cette riche succession. Traduite de l'anglois, et augmentée de plusieurs pièces qui ne se trouvent point dans l'original. — *Amsterdam*, 1789, in-8°. Avec carte et tables généalogiques. [B. Anv.]

4814. Histoire généalogique de la Maison souveraine de Hesse, depuis les temps les plus reculés jusqu'à nos jours. — *Strasbourg*, 1819, 2 vol. in-8°.*

4815. Histoire de Hohenzollern au moyen-âge, par GEORGES SCHAEFER, docteur en philosophie,... —*Paris, Didot*, 1860, in-f°.* Avec planches et l lason.

> Contient l'histoire généalogique et féodale de cette ancienne Maison.

4816. Histoire de la Maison et des états de Mecklenbourg, par MALLET.—*Suerin*, 1796, 2 vol. in-4°. [D.]

4817. Tableau historique et généalogique de la Maison grand-ducale de Mecklembourg. (Par VITON DE SAINT-ALLAIS.) — *Paris* (1838), gr. in-f° plano.* Avec blason.

4818. Précis historique sur la Maison royale de Saxe et sur ses branches ducales de Weimar, Meiningen, Altenbourg et Saxe-Cobourg-Gotha, depuis l'origine des comtes de Wettin jusqu'à nos jours ; publié par M. BOREL D'HAUTERIVE.—*Paris*, 1843, in-

4°.* Avec blasons et grandes armoiries.

4819. Histoire de la Maison de Saxe-Cobourg-Gotha. Traduction libre, augmentée et annotée par Aug. Scheler.—*Bruxelles*, 1846, gr. in-8°. [B. Lou.] Avec tables généalogiques et blasons.

4820. Généalogie de la Maison de Walderburg.—(*S. l.*), 1777, in-f°. [P. M.]

4821. Histoire chronologique, généalogique, politique et militaire de la Maison royale de Wurtemberg; par M. V*** (Viton de Saint-Allais). — *Paris*, 1808, 2 vol. in-18.*

Angleterre, Écosse et Irlande.

4822. Le Simbol armorial des armoiries de France et d'Escoce et de Lorraine, composé par Maistre Iean le Feron,... (1555.)

Voyez ci-dessus, n° 1863.

4823. Généalogie de Jacques Ier, roi de la Grande-Bretagne, avec portraits. — (*S. l. n. d.*) In-f°. [B. R.]

Les portraits sont des gravures anglaises du temps de ce prince.

4824. Du Droit et titre de Marie d'Ecosse et de Jacques VI, son fils, à la succession du royaume d'Angleterre, avec la généalogie des roys d'Angleterre; par Jean de Lesselin, évêque de Rosse, traduit du latin en françois par lui-même.—*Rouen*, 1587, in-8°. [L. D.]

4825. Généalogie de la Maison royale de Stvart; par M. G. de Novblanche. (1640.)

Voyez ci-dessus, n° 4643.

4826. Histoire brieve de la succession à la couronne d'Angleterre, extraite des greffes et des meilleurs historiens, et traduite de l'anglois. — (*S. l.*), 1681, in-12. [L. D.]

4827. Chronologie des roys d'Angleterre, depuis Egbert Ier, roy des Saxons occidentaux, jusqu'à présent. (Par Dubuisson.)—*Paris*, (*s. d.*), gr. in-f° plano.* Avec blasons.

4828. Tableau généalogique des Maisons royales d'Angleterre et d'Ecosse. — *Caen*, (1853), in-f° plano.*

4829. Théâtre de la Gloire et Noblesse d'Albion, ov la généalogie, alliance et antiquité de toutes les Maisons nobles de la grande Bretaig: par Abraham de Ville d'Arcie,... dédié et consacré à très-excellente impératrice Henriette-Marie de Bovrbon, royne d'Angleterre, Escosse, Irlande, etc. Pour à l'heureuse arrivée de S. M. cognoistre les dignitez des pairs de la courône et l'extraction de la noblesse. Pourtraict et gravé par Jean Barra à Londre. (*Londres*, 1625.)—Généalogie et alliance de l'ancienne et renommée Maison de la Trimoville, alliée et issue de plusieurs roys, princes et souuerains seigneurs de l'Europe. Des comtes et comtesses de Derbie, roys et roynes de l'isle de Man, barons Stanley de Latham, Strange de Knoking, et de leurs illustres et royales alliances, armes et posteritez. (*Londres*, 1625.) Le tout en une pièce in-4°.* Avec huit planches d'armoiries gravées.

Opuscule peu commun.

4830. Le Grand Théâtre de l'Honneur et de la Noblesse française et anglaise.... par H. Boyer. (1758.)

Voyez ci-dessus, n° 3292.

4831. Tableaux généalogiques et historiques de l'Empire Britannique, accompagnés de notes critiques et de dissertations historiques critiques. Par F. Baron de Reden, Ministre d'Etat de S. M. Britannique,... — *Hanovre*, 1830, in-f°.*

4832. Essai historique sur l'Irlande, contenant l'origine de toutes les Familles nobles de ce pays, et suivi de la chronologie historique de tous les rois qui ont gouverné l'Irlande depuis les premiers temps jusqu'à l'invasion des Anglais, par P. Comte O'Kelly d'Aghrim,...—*Bruxelles*, 1837, in-12. [B. Bru.] Avec deux cartes d'Irlande et des tables généalogiques.

4833. Recherches sur le Domesday, ou Liber censualis d'Angleterre, ainsi que sur le Liber de Winton et le Boldon-Book... Contenant trois tables accompagnées de notes historiques et généalogiques sur les Familles françaises et anglaises inscrites dans ce registre. Par MM. Léchaudé d'Anisy et de Sainte-Marie. (1842.)

Voyez ci-dessus, n° 2814.

4834. De la Noblesse de la Gentry, la plus ancienne d'Angleterre, d'Irlande et d'Ecosse, et seule héraldique, d'après le blason : par T.-J.-R., l'un des barons d'Ulster.—Pau, 1847, in-8°.*

4835. Tableau généalogique de la Famille de Byron, dressé par Th. Ryerley.—(S. l. n. d.) In-f° plano. [D. M.]

4836. Généalogie de la Maison des lords Dormer, comtes de Canarvon, vicomtes Ascott, barons de Wenge, baronets et pairs d'Angleterre, par M. D*** S. D. H** (de Visiano, sieur de Hoove).—(S. l.), 1771, in-f°. [R.]

4837. Généalogie de l'illustre et ancienne Maison de haut et puissant prince mylord duc de Gourdon, marquis de Huntly, comte d'Ainzie, seigneur des provinces de Badenot et Lokaber, baron de Stradoun, d'Auchindoun, de Stralbogy, etc., pair d'Escosse, descendant par les rois d'Escosse, des rois d'Angleterre, des rois de France, et d'autres princes souverains.—(S. l. n. d.) In-f°. Pièce.

Cette généalogie, attestée par le duc de Perth et datée de Saint-Germain, le 12 janvier 1699, se trouve dans le tome III des Mémoires du P. Hay conservés à Edimbourg, dans la Bibliothèque des Avocats.

4838. Notice généalogique sur la Famille de Livingston, Levingston ou Leviston, par M. L. le Maistre. (1856.)

Voyez ci-dessus, n° 4145.

4839. Notice généalogique sur la Famille Mac Sheehy... (En Irlande et en France.) Par M. Amédée de La Ponce. (1848.)

Voyez ci-dessus, n° 4199.

4840. Généalogie de Montgommery. Par Silorata.

Voyez ci-dessus, n° 4035.

4841. Exposé des poursuites, vexations,... exercées par le gouvernement britannique, dans le but de perdre le comte de Stirling,... suivi de la généalogie de sa Famille, par le comte de Stirling.—Londres, 1836, in-4°.

Danemark.

4842. De la succession dans la monarchie danoise, considérée principalement sous le point de vue du droit public. —. Paris, in-8°. Pièce.*

4843. Portraits historiques des hommes illustres du Danemark, remarquables par leur mérite, leurs charges et leur noblesse, avec leurs tables généalogiques. (Par Tycho Hofmann.)—(S. l.), 1746, 2 vol. in-4°.*

Espagne et Portugal.

4844. De l'Origine des roys de Portugal, issus en ligne masculine de la Maison de France qui règne aujourd'huy. (Par Théod. Godefroy.) — Paris, 1610, 1612, 1614, in-4°.*—Paris, 1616, in-4°. [L. F.]—(3e édit.) (S. l.), 1624, in-4°.*

La Bibliothèque impériale possède de chacune des éditions de 1614 et de 1624, un exemplaire en double enrichi de notes manuscrites.

4845. L'Estat du royaume d'Espagne, contenant les noms, qualitez, armes et alliances de la Maison d'Espagne, des grands de ce royaume, Officiers de la Couronne, Chevaliers de l'Ordre de la Toison-d'Or, gouverneurs des provinces et autres principaux Officiers de cette Couronne. Avec un Estat des archevesques et évesques,... (1669.)

Voyez ci-dessus, n° 1607.

4846. Chronologie des rois et reines d'Espagne, depuis l'érection du comté de Castille en royaume par Sanche IV, dit le Grand, roi de Navarre. Présenté au roy très-chrétien le 16 avril 1701. (Par JACQUES CHEVILLARD.)—Paris (s. d.), in-f° plano.* Avec les blasons gravés.

4847. Les Armoíries du roi d'Espagne.—Paris, 1704, in-f°. Pièce.*

4848. Chronologie des rois et reines du Portugal et des Algarbes. (Par DUBUISSON.) —(Paris, s. d.) Gr. in-f° plano.* Avec blasons.

4849. Généalogie des roys d'Espagne, depuis le commencement de cette monarchie... (Par dom ANTHOINE THUREL).—Paris, 1758, gr. in-f° plano.*

4850. Les Armes de plusieurs papes, cardinaux, princes, grands seigneurs,... la plupart d'Espagne.—(S. l. n. d.) In-f° vélin. [B. B.]

Recueil de pièces gravées fait à Madrid en 1657.

4851. La France espagnole. Par le CH. L'HERMITE DE SOULIERS.

Voyez ci-dessus, n° 3757.

4852. Recherches historiques et généalogiques des Grands d'Espagne. Avec un état de ceux qui vivent aujourd'hui, contenant leurs extractions, leurs noms, leurs qualitez, leurs alliances, leurs postérités, leurs armes et blazons. Le tout tiré de bons mémoires pour servir à l'histoire du temps présent, par J. W. IM-HOF. — Amsterdam, 1707, in-12.*

La Bibliothèque impériale possède un autre exemplaire de cet ouvrage enrichi de notes manuscrites.

4853. Le Duc de Abumeda. (Par M. DE BIRAGUE.) — (Paris), imp. de Worms et Cⁱᵉ, (1844), in-4°. Pièce.* Avec la description des armes.

Extrait de « l'Annuaire Histor. et Biographique; » Ann. 1844, du même.

4854. Mémoires historiques, généalogiques et chronologiques concernant les ascendances de

José, Constantin, Marquis, Leyte de Sampayo et Mello. — Paris, 1854, in-4°.*

Hongrie.

4855. Tableaux généalogiques de la postérité actuelle de sainte Elisabeth de Hongrie. (Par le comte DE MONTALEMBERT.)—(S. l. n. d.) In-f°. [B. Bru.]

Italie.

4856. L'Estat du royaume d'Espagne,.... L'Estat de l'Italie,... (1669.)

Voyez ci-dessus, n° 1607.

4857. Epitome de l'origine et succession de la duché de Ferrare, par G. SYMÉON, traduit par lui-même,....—Paris, 1553, in-8°.*

4858. (Deux tableaux généalogiques des Empereurs romains, avec médailles; dédiés, l'un à Cosme de Médicis, 1533; l'autre à Sixte V.)—(S. l.) Pièces gravées de 2 pieds de hauteur. [B. R.]

4859. Remarques svr les Sovverains Pontifs Romains qvi ont tenv le Saint-Siége depvis Célestin II ivsqv'à maintenant, avec levrs armes blasonnées en taille-dovce (gravées par R. CORDIER). Av sviet de la Prophétie qvi se voit sovs le nom de S. Malachie, Archevesque d'Armach, Primat d'Irlande, et Légat apostolique en ce Royaume là. Par le P. F. MICHEL GORGEV, Parisien, de l'Ordre des PP. Minimes. Divisées en devx parties.—Abbeville, Laurens Maurry, 1659, in-4°.

Ouvrage rare, et dont M. Brunet ne fait pas mention.

4860. Conclave pour l'élection d'un nouveau pape, ou a esté élu Clément XI, le 23 Novembre 1700. —Les noms, qualitez, armes et blazons des cardinaux vivans au jour du décès du pape Innocent XII, auec les cérémonies qui s'observent depuis le jour de sa mort jusqu'à la prise de possession de l'église de St Jean de Latran par son successeur.

(Par Jacques Chevillard.)—Paris, (s. d.), gr. in-f° plano.*

4861. Généalogies historiques des Maisons souveraines d'Italie, avec les Familles papales depuis cent cinquante ans.—Paris, 1736, in-4°. [A. A.]

4862. Chronologie des papes, abrégé chronologique de tous les papes et anti-papes, depuis la naissance de l'Eglise jusqu'à présent, contenant leurs noms de papes, leurs noms de famille, leurs pays, la date de leur élévation, le temps de leur pontificat, leur mort et les armes de ceux qui en ont porté jusqu'à Clément XIII, de Rezzonico,... mis au jour par P. P. Dubuisson,...—Paris, (1758), gr. in-f° plano.*

4863. Rois des deux Siciles. (Par P. P. Dubuisson.)—Paris, (s. d.), gr. in-f° plano.*

> Carte représentant la chronologie et la généalogie des rois de Sicile, avec blasons gravés.

4864. La Carte figurative de la noblesse de Venise, par Stephano Scolari.—Venise, (s. d.), in-f°. [Be.]

4865. Copie des lettres qui accordent et font revivre l'ancien titre de comte de Cinarca à M. Ottavio Colonna d'Istria.—Paris, 1826, in-4°. Pièce.*

> Ordonnance du roi du mois d'août 1777.

4866. Histoire de la Famille de Cinci, ouvrage traduit sur l'original italien trouvé dans la Bibliothèque du Vatican par l'abbé Angelo Maio, son conservateur.—Paris, 1825, in-12.* Avec une planche.

4867. Explication du Tableau généalogique de la Maison royale des Guelfes, comprenant les têtes couronnées et non couronnées, princes et princesses ; par C. Aug. J. Belme (du Hanovre)....—Paris, 1853, in-8°. Pièce.*

4868. Notice sur la Famille de Pic de la Mirandole... [Par H. Pic (1854.)]

> Voyez ci-dessus, n° 4108.

4869. Caroli de Venasque,... genealogica et historica Grimaldæ gentis arbor. (1657.)

> Voyez ci-dessus, n° 4049.

4870. Maison de Médicis.

> Voyez ci-dessus, n°s 4251-4256.

4871. Généalogie de la Maison de la Schale à Rome.—(S. l. n. d.) In-f°. [Be.]

4872. Les Armes de Guasto Vilani, entourées de trois génies gravés par Laurent Loli, d'après J. A. Sirani.—(S. l. n. d.) [Brul.]

> Pour complément des ouvrages concernant l'Hist. héraldique et nobiliaire de l'Italie, voyez ci-dessus les n°s 3255-3256 et 3260-3261.

Russie.

4873. Atlas des Enfans. De l'Empire Russe, avec le blason et la généalogie de la Maison régnante. Le tout tiré de différens auteurs et manuscripts par Philippe-Henry Dilthey, docteur et professeur public en droit et en histoire, traduit sous la direction du même professeur du François en Russe et du Russe en François, par Mrs Michel Andreitch Kazakow et Jean Basiliewitch Rikatchew, sergens de l'artillerie.—Imprimé à l'Université impériale de Moscou, 1771, 4 vol: in-8°.* Avec les armes des provinces et des principales ville de l'empire russe.

> Bernd cite une autre édition de cet ouvrage portant au titre : « Essai géographique sur la Russie...traduit...par MM. Pierre Petrowitch Bibikow et Nicolas Michailitsch Matsnew...»

4874. Tableau généalogique et historique des princes et czars de Russie. (Par Viton de Saint-Allais.) — Paris, 1838, in-f° plano.*

4875. De l'Origine de la Maison russe, unique commentaire de Nestor qui puisse conduire à la solution de ce grand problème historique ; par Nicolas Ferrand, avocat.—Paris, 1842, in-8°.*

4876. Mémoires sur l'origine et la généalogie de la Maison des princes Galitzin. — Francfort, 1767, in-4° vélin. [B. B.]

4877. Généalogie de la Maison de Brzoslowski.—*Rome*, 1797, in-8°. [Be.]

4878. Notice sur les principales Familles de la Russie, par le comte D'ALMAGRO (le prince PIERRE DOLGOROUKY). — *Paris*, 1843, in-8°.*—Nouvelle édition. Par le prince PIERRE DOLGOROUKY. *Berlin, F. Schneider*, 1860, in-8°.

4879. Quelques mots au sujet d'un ouvrage intitulé: « Notice sur les principales Familles de la Russie. » — *Paris*, 1843, in-8°. Pièce.*

Suède.

4880. Généalogie historique de la Maison de Wasa, qui est la Famille royale de Pologne et de Suède.—*Paris*, 1640, in-f° plano.*

Suisse.

4881. Nobiliaire militaire suisse, contenant la généalogie, l'histoire et la chronologie des Familles nobles de la Suisse, avec des preuves ou pièces justificatives à la fin de chaque volume et des notices des Maisons éteintes dès les temps les plus reculés, par le P. J. Fr. GIRARD. — *Basle*, 1776-1787, 2 vol. in-8°. [B. B.]

N'a pas été continué.

Turquie.

4882. La Généalogie du Grand turq et la dignité des offices, et ordre de sa court ; avec l'origine des princes et la manière de viure, et cérémonie des turqs. Plus vne brefue narration de la grande et inhumaine cruauté du sultan Solyman, grand empereur des Turqs, contre sultan Mustapha, son fils aisné, traduite du latin. —*Lyon, Benoist Rigaud*, 1557, in-16. [D. V.]

Valachie.

4883. Notice sur les princes de la Famille Ghika; par J. A. VAILLANT.—*Paris*, 1855, in-8°. Pièce.*

§ 2.
Ordres de chevalerie.

Ordres en général.

4884. Les Ordres de chevalerie, croix de mérite et médailles de la Russie, publiés par C. H. DE GELBKE. — *Leipsick*, 1839, gr. in-4°. [Be.]

4885. Histoire de l'abbaye de Morimond.... quatrième fille de Citeaux... avec les principaux Ordres militaires d'Espagne et de Portugal.... Par l'abbé DUBOIS. — *Paris*, 1851, gr. in-8°.* Avec figures.

Ordres de Chevalerie en particulier.

Ordre de Saint-Antoine en Éthiopie.

Institué en 370.

4886. La Fondation, vie, reigle de l'Ordre militaire et monastique des Chevaliers de Saint-Antoine en Ethiopie.—*Paris*, 1632, in-12.*

Ordre du Cygne.

Institué en 500.

4887. Histoire de l'Ordre héréditaire du Cygne, dit l'Ordre souverain de Clèves, ou du Cordon d'or ; par M. le comte DE BAR (ANTOINE-FRANÇOIS LE PAIGE). —*Bâle*, 1780-1782, in-8°.*

« Un des pseudonymes belges les plus drôles et d'autant plus plaisant qu'il n'entendait pas se déguiser est l'auteur de l'*Histoire de l'ordre du Cygne*, et qui se qualifiait de *Comte de Bar*. Le comte de Bar n'etait rien autre que l'honnête ecclésiastique qui, aux pages 139-226, dresse sa généalogie et prend sans façon les titres suivants : *Antoine François le Paige de Bar, comte titulaire de Bar-sur-Seine et du Saint-Empire, pair de Champagne, vicomte de Brogne, avoué de Saint-Gérard*, etc., etc., né à Hérenthals, le 9 novembre 1751. Ce grand prince etait en réalité A. F. LE PAIGE, curé de Laerne en Flandre. » [*Bull. du Bibliophile Belge*, t. III, p. 389.]

Ordre de la Table-Ronde.

Institué en 516.

4888. La Devise des armes des

cheualiers du temps du tres renome et vertueux Artus roy de la Grant Bretaigne. Avec la descriptiõ de leurs armoiries.—*On les vend a Paris en la rue saïct Jaques a lenseigne de Lelephant deuat les mathurins, (s. d.), in-16* gothique, avec les blasons gravés en bois. [L. V.] — *Lyon, par Benoist Rigaud*, 1590, in-16.* Caractères ronds.

Dans la première édition cidessus se trouve le blason d'Artus.

4889. Les Chevaliers de la Tableronde, poëme, par CREUZÉ DE LESSER. IIIe édition. — *Paris*, 1814, in-18.*

Les deux premières éditions parurent en 1812.

Ordre Teutonique.

Institué en 1190.

4890. Histoire des trois Ordres réguliers et militaires, des Templiers, Teutons, et hospitaliers ou chevaliers de Malthe. [Par l'abbé ROUX. (1725.)]

Voyez ci-dessus, n° 557.

4891. Essai sur l'histoire de l'Ordre teutonique, par un chevalier de l'Ordre (GUIL.-EUG.-JOS., baron DE WAL).—*Paris*, 1784-1790, 8 vol. in-12.* Avec cartes.

4892. Recherches sur l'ancienne constitution de l'Ordre Teutonique et sur ses usages comparés avec ceux des templiers; suivies de quelques éclaircissements sur l'histoire de l'Ordre, et de réflexions sur l'abolition de celui du Temple, par l'auteur de l'histoire de l'Ordre Teutonique (G.-E.-J. DE WAL). Avec une table de sceaux. — *Mergentheim*, 1807, in-8°.*

4893. Historia Ordinis equitum Teutonicorum. — *Viennæ Austriæ.* 1827, in-f°. [B. A. L.]

4894. Notice historique sur l'ancienne grande commanderie des chevaliers de l'Ordre Teutonique, dite des Vieux-Joncs, dans la province actuelle de Limbourg. (Par WOLTERS.) — *Gand*, 1849, in-8°. [B. Bru.]

Ordre de Danebrog.

Institué en 1219.

4895. Histoire des Ordres de Danebrog, de l'Eléphant et de l'Union parfaite ; par VITON DE SAINT-ALLAIS. — *Paris*, (s. d.), in-4°. [D.] Avec planches.

4896. Ordres de Danebrog, de l'Eléphant et de l'Union parfaite. Histoire générale des Ordres de chevaliers existant en Europe; par J. PAQUES. *Royaume de Danemarck.* — *Paris*, 1814, in-4°. [A. A.]

Ordre de la Mercy.

Institué en 1228.

4897. Histoire de l'Ordre sacré, royal et militaire de N. D. de la Mercy, rédemption des captifs; composée par les RR. PP. de la Mercy de la congrégation de Paris.—*Amiens*, 1686, in-f°.*

Ordre de la Jarretière.

Institué en 1331.

4898. Armoiries et blazons de tous les chevaliers de l'Ordre du roi du S^t. Esprit, de la Jarretière et de la Toison-d'or depuis le commencement d'iceux jusqu'à présent ; par CHARLES SOYER, . . (1613).

Voyez ci-dessus, n° 701.

4899. Les Noms, Surnoms, Qualitez, Armes et Blasons de tous les princes, seigneurs, commandeurs, chevaliers et officiers de l'Ordre et milice de la Jarretière, depuis l'institution jusqu'à présent, créés par le roy Edoward III, roy d'Angleterre, premier fondateur et chef souverain d'iceluy, le dernier décembre 1347. —*Paris*, 1647, in-f°. [D.]

Rare.

4900. Les Noms et armes des chevaliers du S^t. Esprit... et ceux de l'Ordre de la Jarretière, gravés par PIERRE DARET. (1652).

Voyez ci-dessus, n° 702.

4901. Les Noms, Armes et Blasons des Chevaliers de la Jarretière... Par JEAN BOISSEAU...

Voyez ci-dessus, n° 49.

Ordre de l'Annonciade.

Institué en 1362.

4902. Catalogve des chevaliers de l'Ordre dv Collier de Savoye dict de l'Annonciade, avecleurs noms, surnoms, qualitez, armes etblasons; depuis son institution par Ame VI. comte de Savoye, dvc de Chablais, et d'Aouste, etc., surnommé le comte Verd, fondateur et premier chef souverain d'iceluy, en l'an mil trois cens soixante deux, iusques à son altesse royale Charles Emmanvel II. à présent régnant,... chef et souverain de l'Ordre. Iustifié par les anciens et nouveaux statuts et régistres de l'Ordre ; par l'Obituaire des Cheualiers qui est en la Chartreuse de Pierre Chastel en Bugey, autrefois chapelle de l'Ordre,...par FRANÇOIS CAPRE,... —Tvrin, 1654, in-f°.*

4903. Les Noms, qualitez, armes et blasons des illustres chevaliers de l'Ordre de Savoye, dit de l'Annonciade, avec le nombre et le temps de chaque création, depuis l'an 1355 jusques à présent. — Paris, 1657, in-f°. [G. H.]

Ordre du Bain.

Institué en 1399.

4904 La Procession et les cérémonies qui s'observoientle jeudi 17 jour de juin 1725, à l'installation des chevaliers de l'illustre Ordre militaire du Bain, avec les armes, les noms des chevaliers, tels qu'il sont placés dans la chapelle de Henry VII, dans l'abbaye de Westminster, par JEAN PINE, graveur, en anglois et en françois.—Londres, 1730, in-f°.[L. V.]

Avec un autre titre en anglais portant : « The procession and ceremonies observed at the time of installation of the Knights,... of the military Ordre of the Bath...»

Ordre de la Toison d'Or.

Institué en 1429.

4905. Le premier (et le second)

volume de la Thoison dor, Compose par reuerend pere en Dieu, GUILLAUME (FILLASTRE) par la permission diuine iadis euesque de Tournay, abbe de Sainct Bertin et chancelier de lordre de la Thoison dor du bon duc Philippe de Bourgongne. Auquel soubz les vertus de magnanimite et iustice appartenant a lestat de noblesse, sont contenus les haulx vertueux et magnanimes faictz tant des très chrestiënes maisons de France, Bourgōgne et Flandres que dautres roys et princes de lancien et nouueau testament. Nouuellemēt imprime. lls se vendent a Paris en la rue sainct Jaques a lenseigne sainct Claude. — (Au recto du dernier f. du second vol.): *Cy fine le second volume de la Thoison dor Imprime a Paris lan mil cinq ces et xvi. Le xxviie iour de mars Pour Francoys regnault...* 2 tomes en 1 vol. in-f° goth. à 2 col. de 50 lig., avec fig. en bois.* — (Seconde édition)... *Imprime a Paris lan mil cinq cens et dix sept par Anthoine bonne mere le dixiesme iour de Decembre pour Francoys regnault marchant libraire demourant en ladicte ville en la rue Sainct Jacques a lenseigne Sainct Claude aupres de Sainct Yues.* 2 tomes en 1 vol. in-f° goth. à 2 col., avec fig. en bois.* — (Troisiesme édition). *Cy fine le secōd volume de la thoison dor Imprime a Troyes par Nicolas le rouge Imprimeur et libraire Lan mil cinq centz et trente le vingt et vngiesme iour Dapuril.* 2 tomes en 1 vol. in f° goth. à 2 col., avec fig. en bois.*

Ouvrage rare et curieux.—L'édition annoncée dans le catal. de la Vallière, no 5062, sous la date de Paris, Jean Petit, 1530, est la même que celle de Troyes; seulement le titre du premier vol. porte : « On les rend à Paris en la rue Saint-Jacques à l'enseigne du Loup peintles Mathurins,» tandis que la souscription impr. au recto du dernier f. du second volume est comme ci-dessus.

L'exemplaire de la 3e édition que possède la Bibliothèque impériale contient à la fin : L'ordre de chevalerie porté ci-dessus, n° 318.

4906. ALVARI GOMEZ (DE MENDOÇA)

de militia principis Burgūdi quā
uelleris aurei uocant, ad Charolū
Cœsarē eiusdē militiæ pricipē
libri quiq ; Ad magnum item Phi-
lippū iuuētutis principē in eiusdē
uelleris locos obscuriores ALEXII
VANEGAS breuis enucleatio. Mise
noūe 1510.— *Toleti*, 1510, in-8°.*

> Petit poëme très-rare et qui est,
> dit Brunet, consideré comme le
> chef-d'œuvre d'un auteur que l'on
> a nommé le Virgile espagnol.

4907. Priviléges de l'Ordre de la
Toison d'Or.—(*S. l. n. d.*) In-4°*.

> Depuis Maximilien jusqu'à Phi-
> lippe IV, 1556-1631.—Très-rare.

4908. Insignia gentilitia Eqvitvm
Ordinis Velleris Avrei, fecialivm
verbis envntiata : a JOANNE JA-
COBO CHIFFLETIO,... Latine et
Gallice producta. Le Blason des
Armoiries de tous les cheualiers
de l'Ordre de la Toison-d'Or,
depuis la première institution
jusqu'à présent. — *Antuerpiæ*,
1632, in-4°.*

4909. Histoire du bon chevalier
Jacques de Lalain, de Hainault,
frère et compagnon de l'Ordre
de la Toison-d'or, et de tout ce
qui s'est passé de son temps
jusqu'en 1400, sous Philippe de
Bourgogne. et Charles, comte
d'Anjou ; par GEORGES CHASTE-
LAIN, chevalier et lʰistoriographe
de ces deux comtes, mise en
lumière par JULES CHIFFLET.—
Anvers, 1634, in-4°.*

4910. Les Mystères de la Toison
d'Or.—Velleris Aurei Mysteria.
—*Bruxelles*, 1638, in-4° vélin.
[B. B.]

> Français-latin. Sermon prêché
> par le P. CH.-FRANÇOIS AMOUNET
> DE HAILLY, religieux des Minimes,
> devant Don Juan d'Autriche, dans
> lequel ce béat homme prouve par
> a+b que la conquète de la Toison
> d'or symbolise la Vierge Marie
> quand l'ange lui dit : « Ave
> Maria. »

4911. Armoiries et blazons de tous
les chevaliers de l'Ordre du Sᵗ.
Esprit, de la Jarretière et de la
Toison-d'or depuis le commencement d'iceux jusqu'à présent,
par CLAUDE SOYER, enlumineur
du roy. (1643).

> Voyez ci-dessus, n° 701.

4912. Les Noms, svrnoms, qvalitez,
armes et de blasons tous les
Princes, Seigneurs, Commandeurs, Cheualiers et Officiers,
de l'Ordre et Milice de la Toison-
d'Or ; depuis l'Institution iusques
à présent. Créez par Philippes-
le-Bon, par la grace de Dieu,
duc de Bourgongne, de Lathier,
de Brabant et de Limbourg :
Comte de Flandres, d'Artois, de
Bourgongne, Palatin de Namur;
Marquis du Saint Empire ; Seigneur de Salines et de Malines ;
fondateur, premier chef et souverain de l'Ordre de la Toison-
d'Or. 1429.—*Paris, Pierre Lamy*,
1637, in-f°.*

> Recueil fort rare imprimé sur
> le recto seulement.

4913. Breviarvm historicvm Inclyti
Ordinis Velleris Aurei, Auctore
IVLIO CHIFFLETIO,...—*Antverpiæ*,
*ex officina Plantiniana Balthasaris
Moreti*, 1652, in-4°.

4914. Les Noms et Qualités, Armes et Blasons de tous les chevaliers de la Toison-d'or... [Par
JEAN BOISSEAU. (1657.)]

> Voyez ci-dessus, n° 49.

4915. Le Blason des armoiries
de tous les chevaliers de l'Ordre
de la Toison d'or, depuis la première institution jusqu'à présent.
Avec leurs noms, surnoms, titres et cartiers, ensemble leurs
éloges, descrites en bref, le
tout recueilly par JEAN BAPTISTE
MAURICE, héraut et roy d'armes
de Sa Majesté catholique. —
La Haye, 1665, in-f°. [B. B.]—
La Haye, 1667, in-f°.*—*La Haye*,
1687, in-f°. [Bru.]

> De Bure donne comme rare
> l'édition de 1667.

4916. La Toison-d'or, ou recueil
des statuts et ordonnances du
noble Ordre de la Toison-d'or.
de ses cérémonies et immunités,
exemptions, prééminences, honneurs et bulles papales, depuis
l'institution en 1430 jusqu'à présent, avec des remarques et un
éloge préliminaire de Philippe-
le-Bon, duc de Bourgogne, insti-
tuteur de l'Ordre. — *Cologne*,
1689, in-8°. [B. H.]

4917. Le Mausolée de la Toison

d'or, ou les tombeaux des chefs et des chevaliers du noble Ordre de la Toison d'or contenant leurs éloges, inscriptions, épitaphes, alliances, simboles, emblèmes, médailles, devises, épithètes et crys de guerre. — *Amsterdam*, 1689, in-8°.*

4918. Statuts et ordonnances de l'Ordre de la Toison-d'or, institué par Philippe-le-Bon, duc de Bourgogne.— *Amsterdam*, 1689, in-12. [L. F.]

> Insérés aussi dans : *Christiana jurisprudentia heroica.*—*Bruxellis*, 1668, in-fol. Et dans : *Mantissa codicis juris gentium diplomatici* de G.-G. Leibnitz. — *Hanoverræ*, 1700, in-fol.

4919. Recueil des statuts ordonnances du noble Ordre de la Toison d'or —*Cologne*, 1689, in-8°. [B. Br.]

4920. Q. D. B. V. Strictvrae ad Ordines eqvestres sigillatim ad Bvrgvndicvm, qui Velleris Avrei appellatur praeside CONR. S. SCHVRZFLEISCHIO, respondente MELCHIORE AAN. LANGIO ,... D. XI febr. an. 1699... — *Lipsiae*, 1699, in-4°. Pièce.*

4921. L'Origine de la Toison-d'or. —*Paris*, 1701, in-12. [L. F.]

4922. Cérémonial observé par les chevaliers du très noble Ordre de la Toison d'or à la célébration de la fête de Saint-André. —*Vienne*, 1712, in-f°. [F. H.]

4923. Les Ordonnances de la Toison-d'or. — *Vienne*, 1757, gr. in-4°. Avec armoiries. [R.]

4924. Origine de la Toison-d'Or, représentée en 26 planches d'après le dessin de Rosso, gravées par RENATUS.—In-f°. [Hs.]

> Excessivement rare.

4925. Les Armes et blasons des chevaliers de l'Ordre de la Toison-d'or des sept Familles de Louvain, des comtes, barons,... en 7 feuilles gravées par HARREWYN. — (S. l. n. d.) In-f°. [Be.]

4926. Histoire de l'Ordre de la Toison d'or, depuis son origine jusqu'à la cessation des chapitres généraux : tirée des archives de cet Ordre, et des ouvrages qui en ont traité, par le baron de REIFFENBERG. Ornée de dix planches.—*Bruxelles*, 1830, in-4°.*

4927. Mémoires de JEAN LE FÈVRE, dit Toison-d'or, seigneur de Saint-Remy,... premier roi d'armes de la Toison-d'or et chancelier de Philippe duc de Bourgogne.—*Paris*, 1838, gr. in-8°.*

> Contenu dans la *Collection des chroniques et Mémoires sur l'histoire de France*, par J.-A.-C. BUCHON.
>
> Cet Ouvrage contient la relation historique la plus ancienne et en même temps la plus authentique de l'institution de l'Ordre de la Toison d'or.

4928. Prospectus de l'histoire de l'Ordre de la Toison-d'or, par Messire F. J. DE BORS, D'OVEREN.—(S. l. n. d.) In-f°. [B. Bru.]

4929. Renvoy de l'Ordre de France par la Majesté de l'empereur Charles cinquième. Relation d'Anthoine de Beaulaincourt, roi d'armes de la Toison d'or; publiée pour la première fois avec notes et pièces justificatives, et précédée d'une introduction par CH. DE LINAS,...—*Valenciennes*, 1855, in-8°.*

> Extrait des *Archives historiques et littéraires du nord de la France et du midi de la Belgique.* 3e série, tome V.

Ordre de la Militie de Saint-Lazare et de Saint-Maurice.

Institué en 1434.

4930. Lettres d'institution par EMMANUEL-PHILIBERT, duc de Savoye, d'un Ordre de la *Militie de S. Lazare et S. Maurice.*— *Paris*, 1573, in-8°. [B. R.]

4931. Précis historique des Ordres religieux et militaire de Saint-Lazare et de Saint-Maurice avant et après leur réunion, par le Chev. L. CIBRARIO, premier secrétaire du roi pour la Grande Maîtrise de l'Ordre de SS.-Maurice-et-Lazare,... Traduit de l'italien par HUMBERT FERRAND, officier de l'Ordre de SS.-Maurice-et-Lazare,... — *Lyon*, impr. de L.

Perrin, 1860, in-8°.* Avec trois planches.

> Travail intéressant et bien fait. Le traducteur ne s'est pas borné à reproduire en français l'original qu'il avait devant les yeux; il a accompagné le texte de notes savantes qui aident beaucoup à la compréhension de la pensée de l'auteur et à l'explication de certaines données historiques.

Ordre de l'Éléphant.

Institué en 1458.

4932. Histoire des Ordres de Danebrog, de l'Eléphant... par VITON DE SAINT-ALLAIS.

> Voyez ci-dessus, les n°s 4895-4896.

4933. Ordres de Danebrog, de l'Eléphant... par J. PAQUES... (1814).

> Voyez ci-dessus, les n°s 4895-4896.

Ordre de la Conception.

Institué en 1618.

4934. Constitution de l'Ordre et religion de la milice chrestienne, sous le titre de la Conception de la bienheureuse Vierge Marie immaculée; érigée par le pape Urbain VIII. Traduite par M. DE MAROLLES, abbé de Beaugerais. —Paris, 1626, in-8°.*

Ordre de la Vierge Marie.

Institué en 1618.

4935. Articles de la fondation de l'Ordre et Milice des Cheualiers nouuellement instituez, en l'honneur, et sous le nom et titre de la Très-heureuse Vierge Marie mère de Dieu et sous la règle de S. François d'Assize. Dressez par Messieurs PIERRE, JEAN-BAPTISTE, et BERNARDIN PÉTRIGNANS, gentilshommes de Spelle en Italie, inuenteurs de ladite fondation. Laquelle a esté approuuée en la congrégation des illustrissimes cardinaux, députez à cet effect par nostre sainct Père le Pape Paul V, qui en est le chef et le protecteur. — Paris, 1618, in-8° de 14 pages.*

> Opuscule des plus rares.

Ordre de Saint-Michel-Archange.

Institué en 1693.

4936. Explication de l'institution des règles et des usages de la confrérie électorale de St. Michel Archange, pour les agonisans, Erigée premièrement à Joseph-Bourg en Bavière et depuis à Freisinghen, Bonne, Cologne, Liége, etc. — Lille, 1706, in-4°. [Be.]

Ordre de l'Aigle-d'Or.

Institué en 1702.

4937. Histoire des Ordres de l'Aigle d'or ou du Mérite militaire et du Mérite civil; par VITON DE SAINT-ALLAIS. — Paris, 1810, in-4°. [D.] Avec planches.

> Voyez encore ci-dessus, n° 359.

Ordre des Défenseurs de la gloire de Dieu.

4938. Nouveau calendrier du très-illustre chapitral Ordre équestre et militaire de Bavière sous le titre de Défenseurs de la gloire de Dieu, par DE HAHN. —(S. l.), 1787, in-8°. [Be.]

Ordre de l'Union parfaite.

Institué en 1732.

4939. Histoire des Ordres de Danebrog,... et de l'Union parfaite, par VITON DE SAINT-ALLAIS.

> Voyez ci-dessus, les n°s 4895-4896.

4940. Ordres de Danebrog... et de l'Union parfaite... par J. PAQUES. (1814).

> Voyez ci-dessus, les n°s 4895-4896

Ordre Chapitral des Quatre Empereurs.

Institué en 1768.

4941. Statuts de l'Ordre Chapitral d'ancienne noblesse des Quatre Empereurs d'Allemagne. Langue germanique ou primitive. —Anvers, 1838, in-8°. Pièce. [B. Anv.]

4942. Ordre Chapitral d'ancienne Noblesse des Quatre Empereurs d'Allemagne. Liste générale des membres de la Langue étrangère, ou de France. —Bruxelles, *impr. de Mortier frères*, 1840, in-8°. Pièce.

4943. Notice sur l'origine et le rétablissement de l'Ordre chapitral d'ancienne noblesse des Quatre Empereurs. (Par FÉLIX BOGAERTS.)—*Anvers*, 1839, in-8°. Pièce. [B. Anv.]

Ordre de Cincinnatus.
Institué en 1783.

4944. Considérations sur l'Ordre de Cincinnatus, ou imitation d'un pamphlet anglo-américain. Par le Comte de MIRABEAU (et CHAMFORT). Suivies de plusieurs pièces relatives à cette institution ; d'une lettre signée du Général WASHINGTON, accompagnée de Remarques par l'Auteur François ; et d'une lettre de feu Monsieur TURGOT, ministre d'Etat en France, au Docteur Price, sur les législations Américaines. —*Londres*, 1784, in-8°.*—(Autre édit. avec la)... Traduction d'un Pamphlet du docteur PRICE, intitulé : *Observations on the importance of the American Revolution, and the means of making it a benefit to the world*, accompagnée de Réflexions et de Notes du traducteur (et de TARGET). — *Londres*, 1784, in-8°.*

Le même ouvrage avec le titre suivant :

4945. Opinion du comte de MIRABEAU sur la Noblesse ancienne et moderne; Considérations sur l'Ordre de Cincinnatus...—*Paris*, 1815, in-8°.*

Publication de la première des éditions ci-dessus, par M. F. DESCHAMPS.

4946. L'Ordre américain de Cincinnatus en France. Règlements et correspondance de Washington, par M. le Baron de GIRARDOT.—*Nantes*, (1858), in-8° *

Ordre de Saint-Joseph.
Institué en 1807.

4947. Histoire de l'Ordre de Saint-Joseph ; par VITON DE SAINT-ALLAIS.—*Paris*, 1811, in-4°. Avec planches. [D.]

Ordre du Mérite Militaire de Charles-Frédéric.
Institué en 1807.

4948. Histoire des Ordres de l'Aigle d'or, du Mérite militaire... par VITON DE SAINT-ALLAIS. (1810). Voyez ci-dessus, n° 4937.

Ordre du Mérite Civil.
Institué en 1808.

4949. Histoire des Ordres de l'Aigle d'or,... et du Mérite civil par VITON DE SAINT-ALLAIS.(1810). Voyez ci-dessus, n 4937.

Ordre de Saint-Charles.
Institué en 1858.

4950. Institution et statuts de l'Ordre de Saint-Charles. (Par CHARLES, prince de Monaco.)—*Paris*, (1858), in-4°. Pièce.*

SUPPLÉMENT

4951. Principes du Blason. (Par l'abbé J. J. BOUVIER, dit LYONNOIS.)

Voyez ci-dessus, n° 2687.

4952. L'Origine des armoiries interprétées par la numismatique, par M. BOILLEAU.

Dans les *Mém. de la Société archéolog. de Touraine*, ann. 1843-1844, tome II, p. 225.

4953. Le Blason à la portée des gens du monde. Par FERDINAND FAMIN.

Dans la *Revue de Marseille*, ann. 1858, p. 123, 201 et 415; ann. 1859, p. 81 et 411.

Etude curieuse et savante.

4954. Le Combat des Trente, Poëme du xiv° siècle, transcrit sur le manuscrit original conservé à la Bibliothèque du Roi, et accompagné de notes historiques; par M° le Chevalier de FRÉMINVILLE, Lieutenant de Vaisseau... — *Brest*, 1819, in-8°. Pièce.*

On y trouve les noms de tous les chevaliers, ecuyers et gens d'armes tant du côté des Bretons que de celui des Anglais.

4955. Manifesto dell' ill. signor Lodovico Birago, con altre scritture per le quali si conosce

quanto è seguito tra esso signor et Scipione detto dé Vimerca.t. —*In Turino*, 1561, in-4°.*

4956. Déclaration manifeste dv seignevr Lvdovic de Biragve, chevalier de l'Ordre du Roy, touchant le différend qui est entre luy et le capitaine Scipion, dict des Vimercats. — (S. l.), 1561, in-4°.*

4957. Information du différend qui est entre Scipion Vimercat et Ludovic Birague, auec la défense de... Francisque Bernardin Vimercat, contre les calumnies de Lud. Birague. Ioint à ce vn aduis du feu duc d'Vrbin Francisque Maria de l'égalité et inégalité du sang et dégré; Et neuf questions de Fauste da Longiano, tirée du premier liure de ses aduis. — *Lyon*, (1561), in-4°.*

4958. EMILE COLOMBEY. Histoire anecdotique du Duel dans tous les temps et dans tous les pays. —*Paris*, 1861, gr. in-18.*

L'auteur s'appelle ÉMILE LAURENT; Colombey est le lieu de sa naissance.

4959. Dictionnaire encyclopédique des Ordres de Chevalerie civils et militaires créés chez les différents peuples, depuis les temps les plus reculés jusqu'à nos jours, accompagné de la Nomenclature des Ordres étrangers reconnus par le gouvernement français, d'un résumé de la Législation spéciale qui les régit et d'un Tableau colorié de leurs rubans, par W. Maigne. — *Paris*, 1851, in-18.*

4960. Supplément aux Considérations, pour l'Ordre de Malthe, présentées par M. le Vte DE MIRABEAU. — *Versailles, impr. de P.-D. Pierres*, (1789), in-8°. Pièce.

4961. Réponse à la Motion de M. Camus ou Supplément aux Considérations politiques et commerciales, sur la nécessité de maintenir l'Ordre de Malthe tel qu'il est. Par Monsieur DE MAYER. —(S. l.), 1790, in-8°. Pièce.

4962. Suite aux Considérations politiques et Commerciales sur la nécessité de maintenir l'Ordre de Malte tel qu'il est. Second mémoire. Par Monsieur DE MAYER.— (S. l.), 1790, in-8°.

4963. Notice sur l'Ordre hospitalier et militaire de Saint-Jean de Jérusalem ; par A. KASSORGESKY. —*Moscou, impr. de l'Université*, 1830, in-8°. Avec une pl. — (Seconde édition). *Moscou, impr. de Semen*, 1830, in-8°. Avec une planche représentant les décorations de l'Ordre, dorées et coloriées.

4964. Ordres religieux et militaires. Chevaliers hospitaliers de Saint-Jean de Jérusalem, de Rhodes et de Malte. (Par E. RUBEN.)

Dans le *Bulletin de la Société archéolog. et histor. du Limousin*, tome IX, page 159.

4965. Histoire des Chevaliers de Malte d'après l'abbé VERTOT. 8e édition.—*Tours*, 1861, in-12.*

Le Journal de la Librairie accuse neuf éditions de cet ouvrage ; et cependant il n'y en a réellement que huit. Cette contradiction est due à une erreur de déclaration de la part de l'éditeur.

4966. Ordre souverain des hospitaliers réformés de Saint-Jean de Jérusalem, Rhodes et Malte. La nouvelle question romaine ; par GUSTAVE BARDY. — *Paris*, Challamel aîné, 1861, in-8°.*

4967. Manuel des Chevaliers de l'Ordre du Temple. — *Paris, chez les FF. J.-B. Paulet et Ch. Paulet, père et fils*, 699 (1817), in-8°.

4968. Réponse au libelle diffamatoire de M. J. Duchesne aîné ayant pour titre : « Histoire de la Condamnation d'un Templier... » — *Paris*, 1833, in-8°.*

4969. Recherches historiques sur les Templiers et sur leurs croyances religieuses ; par J.-P,... ancien élève de l'Ecole polytechnique (FABRÉ-PALAPRAT, D. M., Grand-Maître des Templiers.) — *Paris, Dentu*, 1835, in-8°.*

Les initiales J.-P. qu'on lit sur le titre, y ont été mises, dit M. Quérard, pour faire croire que M. Plivard, jeune adepte, était l'auteur de cette brochure.

4970. Notice sur un Mémoire relatif aux pratiques occultes des Templiers, présentée à la Commission d'Antiquités de la Côte-d'or, par M. Mignard. — *Dijon, impr. de E. Tricaut* (s. d.), in-8°. Pièce.

Examen critique de ce Mémoire par M. FRANTIN, membre résidant de la Commission.

4971. Documents historiques touchant les Templiers et les Hospitaliers en Normandie, tirés des archives du Calvados et des autres dépôts publics ; par M. LÉCHAUDÉ-D'ANISY.

Dans les *Mémoires de la Société des Antiquaires de Normandie*. 2e série, 4e vol., ann. 1844.

4972. Les Chevaliers du Temple, par ALFRED VILLENEUVE.—*Paris*, 1861, 3 vol. in-8°.*

4073. Statuts de l'Ordre du Benoist Saint-Esprit.—(S. l.), 1578, in-4°. [L. F.]

4974. Société des Médaillés de Sainte-Hélène d'Arras. Statuts.—*Arras*, 1860, in-8°. Pièce.*

4975. Relation historique de l'institution de la Médaille de Sainte-Hélène, par un vieux soldat du premier Empire. — *Marseille*, 1861, in-8°. Pièce.*

4976. Bonagarsi Pistoriensis. Legum doctoris consultissimi Oratorisq; per celebris Declamatio. Inter Publium Cornelium Scipionē et Cayum Flamineum de Nobilitate disceptantes. (A la fin :) *Impositus est declamationi periocundæ finis. In celebri Vniuersitate Louaniensi. Ioanne Lucenborchensi mendarum vindicatore. Et Magistro Theodorico alostensi Impressore sollertissimo Anno natalis Christiani millesimo quingentesimo primo ad calēdas decembris.* — 12 ff. in-4°, dont un blanc. Caract. ronds.*

> Opuscule des plus rares non-mentionné par M. Brunet.—Voyez ci-dessus, n° 895.

4977. Simonis Simonii liber de Vera Nobilitate in commodum studiosæ juventutis publicatus et eruditorum ventilatione subjectus moderante Severo Christophoro Olpio, Professore in Academia Salana publico. — *Jenæ,* 1662, in-4°.*

4978. Discursus Novus de natura ac statu veræ nobilitatis ac doctoratus juris. Cum accuratis præcipuarum hac de re quæstionum ventilationibus : Per Epistolas duas è diametro sibi (salvo jure amicitiæ) contrarias exhibitus Per G. V. H. Nob. Megapol.— *Hamburgi,* 1720, in-4°.*

4979. Opinion libre d'un François victime de la Révolution, sur le Décret Heureusement sanctionné par le Roi, du 19 juin, contre les Droits, les Titres, Noms et Armes de la Noblesse de France ; suivie de la Protestation sur ce Décret, et terminée par quelques réflexions adressées aux citoyens raisonnables de toutes les Classes.—*(S. l.,* 1790.) In-8°.

4980. Usurpation de nom. M. L. de Belfort. Particule nobiliaire. Application de la loi du 28 mai 1858. Notice extraite de la *Petite Gazette des tribunaux criminels et correctionnels de l'Alsace,* publiée par M. de Neyremand, avocat,... —*Colmar,* 1860, in-8°. Pièce.*

4981. De la Noblesse française en 1861. Par un Maire de Village (Antoine-Louis-Pierre-Joseph Godart, marquis de Belbeuf, sénateur).—*Paris, E. Dentu,* 1861, gr. in-8°.*

4982. La Particule Nobiliaire, réplique à quelques magistrats. (Par M. de Tardy.)—*Paris,* 1861, in-8°. Pièce.*

4983. De la Fausse Noblesse en France ; par P. Biston, avocat. —*Paris,* 1861, in-16.*

4984. Encore la Noblesse maternelle ! Réponse à M. de Barthélemy. (Jurisprudence rétrospective.) Par l'auteur du *Code de la Noblesse française* (le comte de Semainville). — *Paris, E. Dentu,* 1861, in-8°. Pièce.*

> Voyez ci-dessus, n° 1327.

4985. Traité des Droits des Communes et des Bourgeoisies, contenant l'origine des Titres et des Qualités de Noble, de Bourgeois, de Serf ou Mortaillable; la Conférence des Coutumes du Royaume touchant les droits des Communes et des Bourgeoisies ; les Edits, Déclarations du Roi et Arrêts intervenus sur la matière des Droits des Communes, avant et depuis l'Ordonnance des Eaux, Bois et Forêts de 1669. Par M*** (Varsavaux-Kerlin), Avocat en Parlement. —*Paris,* 1759, in-12.*

4986. Code des Terriers, ou Principes sur les matières féodales, avec le Recueil des Règlemens sur cette matière,... — *Paris,* 1761, in-12.*

4987. Traité des Fiefs sur la Coutume de Poitou, par feu M. Jean-Baptiste-Louis Harcher, lieutenant général au Siége de la Duché-Pairie de Thouars ; augmenté, depuis la mort de l'auteur, de Remarques.... et Instructions concernant les Fiefs, les Francs-Alleux, les Censives, etc., par M***.... — *Poitiers,* 1762, 2 vol. in-4°.*

> Harcher était l'un des plus savants feudistes de son époque. L'œuvre qu'il a laissée et qui ne fut publiée qu'après sa mort, a fait loi jusqu'en 89, pour la coutume de Poitou.

4988. Traité des Fiefs à l'usage de la province de Normandie,.... Par M° DE LA TOURNERIE, ancien avocat au Parlement de Normandie. — *Paris*, 1763, in-12.*—Nouvelle édition, corrigée, augmentée et enrichie d'un Traité des Droits honorifiques. *Rouen*, 1772, in-12.*

4989. Déclaration du Roy, portant réunion du Marquisat de Pompadour à la Vicomté de Limoges, aux exceptions et réserves portées; et cession, à titre d'apanage, de la Vicomté de Turenne en faveur de Monseigneur le comte d'Artois. Donné à Versailles, le 28 mars 1774.—*Limoges, imp. de Pierre Chapoulaud,* (*s. d.*), in-4°. Pièce.

4990. Compte des dépenses de la Chevalerie de Robert, comte d'Artois, à Compiègne, en juin 1237, par M. PEIGNÉ-DELACOURT. —*Amiens, imp. de Duval et Herment,* 1855, in-8°. Avec un fac-simile.

> Publication curieuse concernant les pompes chevaleresques du moyen-âge.

4991. Bibliothèque héraldique... Par VICTOR BOUTON...—*Paris*, *E. Dentu,* gr. in-18.*
> 1er vol. *De l'Ancienne Chevalerie Lorraine...* 1861.

4992. Armorial de la Noblesse de France, publié... sous la direction de M. ACQUIER. Registre VIII. — *Paris*, 1861, gr. in-4° *

4993. Tableau généalogique et historique des diverses branches issues de la Maison royale de France. (Par VITON DE SAINT-ALLAIS.)—*Paris, l'auteur,* (*s. d.*), in-f° plano. Avec les blasons gravés de ces diverses branches.

4994. La France chrétienne, ou Estat des Archevêchez et Evêchez de France; leur scituation, leur distance de Paris, le nom des Cathédralles et de leurs 1ers Evêques, le nombre de ceux qui les ont possédé et le blazon de ceux qui le possèdent à présent. Dédiée à Monseigneur l'Archevêque de Paris. (Par JACQUES CHEVILLARD.) — *Paris*, (1693), in-4°.*
> Même ouvrage que celui porté sous le n° 2072, mais réduit en volume et de beaucoup augmenté. Après le fol. 83 on trouve : « *Génereaux des Ordres religieux françois dont les Abbayes ou Monasteres chef-lieu des premiers fondateurs sont en France.* » Il se compose en tout de 148 blasons avec légendes, le tout gravé, sur le recto seulement, par CL. GOURNAY.

4995. Rectification d'une erreur du P. Ménestrier au sujet des armoiries de Bourgogne, dite Bourgogne moderne, par M. FEVRET DE SAINT-MÉMIN.
> Dans les *Mémoires de la commission des Antiquités de la Côte-d'Or,* 1834-35, pag. 317.

4996. Des armoiries de la ville de Caen; par M. CH. GERVAIS. Avec planches de blasons coloriés.
> Dans les *Mémoires de la Société des Antiquaires de la Normandie.* 2e série, 10e vol. ann. 1853.

4997. Notice historique sur les armoiries de la ville de Caen, rédigée d'après les documents municipaux, par A. BOISGUILLOT, conservateur des archives de ladite ville. — *Caen*, 1861, in-8°. Pièce.*

4998. Armes de Lille. Lettre de M. BRUN-LAVAINE...
> Dans le *Bulletin de la Commission histor. du Nord,* tome IV, pag. 78.

4999. Armes de la Collégiale de Saint-Pierre de Lille, par M. IMBERT DE LA PHALECQUE...
> IBIDEM, tome V, page 75.

5000. Mémoire sur les Armoiries de Marseille, par M. GUINDON.
> Dans le *Répert. des Trav. de la Soc. de Stat. de Marseille,* tom. IV, p. 451.

5001. Observations sur les armoiries données à Terrouane,...
> Dans les *Mém. de la Soc. des Antiq. de la Morinie,* tome I, p. 265.

5002. Note sur le manuscrit de Lehoreau. Blasons des évêques d'Angers: Hubert de Vendôme,

Guillaume de Beaumont, Radulphe de Machecoul et Guillaume Turpin. (Par V. GODARD-FAULTRIER.)—*Angers, imp. de Cosnier et Lachèse, (s. d.), in-8°. Pièce.** Avec une planche contenant les blasons.

> Extrait des *Mémoires de la Société d'Agriculture, Sciences et Arts d'Angers.* Très-rare.
> Le manuscrit de Lehoreau se trouve à la Bibliothèque d'Angers et porte ce titre : « *Cérémonial de l'église d'Angers.* »

5003. Essai sur les chartes confirmatives des institutions communales de la ville de Saint-Omer, accordées à cette cité par les comtes de Flandre... par L* DE GIVENCHY...

> Dans les *Mém. de la Soc. des Antiq. de la Morinie*, tome IV, page 417.

5004. Notice historique sur la terre et pairie d'Avesnes, par MICHAUX aîné...—*Avesnes, 1849, in-8°. Pièce.**

5005. Notice historique sur la terre seigneuriale et sur les seigneurs d'Etroeungt, par LEBEAU, (ISIDORE),... mise dans un nouvel ordre et considérablement augmentée par MICHAUX aîné,... —*Avesnes, 1859, in-8°.**

> Publiée d'abord dans les *Arch. hist. du Nord de la France* 2° série, tome VI, p. 5-34.—Contenue aussi dans le *Recueil de notices sur l'arrondissement d'Avesnes*, du même auteur.

5006. Notice historique sur la terre seigneuriale et sur les seigneurs de Solre-le-Château, par LEBEAU (ISIDORE),... mise dans un nouvel ordre et considérablement augmentée par MICHAUX aîné,... —*Avesnes, 1859, in-8°.**

> Publiée d'abord dans les *Arch. hist. et litt. du Nord de la France*, 2° série, tome V, pag. 426-430.— Contenue aussi dans le *Recueil de notices sur l'arrondissement d'Avesnes*, du même auteur.

5007. Nobiliaire de Gascogne. Par J. NOULENS, directeur de la *Revue d'Aquitaine.* — *Paris, Dumoulin, 1861, 3 vol. in-8°.* Avec blasons.

5008. Biographie du Parlement de Metz, par EMMANUEL MICHEL, Conseiller honoraire à la Cour impériale de Metz,.... — *Metz, 1853, in-8°.** Avec la description des armes.

> Travail considérable et des mieux faits. Indépendamment de la partie biographique, on y trouve une foule de renseignements héraldiques et généalogiques inconnus jusqu'alors et que l'auteur, avec une patience de bénédictin, a puisés dans les 255 registres secrets in-fol. qui constituent le journal de cette cour, les armoriaux manuscrits de la Bibliothèque impériale, les archives municipales et les registres de toutes les paroisses de Metz et de Toul.

5009. CH. BUVIGNIER. Jametz et ses seigneurs. Dessins de F. LABEVILLE. — *Verdun, 1861, gr. in-8°.** Avec pl., carte et blason.

5010. Touraine : Mélanges historiques; n° 9. Joutes et tournois; par H. LAMBRON DE LIGNIM,... —*Tours, 1861, in-8°ᵉ.*

> Tiré à 100 exemplaires.

5011. Recueil héraldique historique des Familles nobles de Belgique; par le baron de REIFFENBERG,.... lithographié par M. ROPOLL fils aîné.—*Bruxelles, (s. d.), in-4°. Pièce.**

> 1ʳᵉ et unique livraison.—Cette livraison contient : 1° la préface; 2° les armes du duché de Brabant et de ses principales villes; 3° la vue du château de Bouchou.

5012. La Maison de Coligny au moyen-âge, par M. EDMOND CHEURIER.—*Bourg, 1861, in-8°ᵉ.*

5013. Notice historique sur Jean, sire de Joinville, sénéchal de Champagne et généalogie de sa Famille, par C. LEMOINE.—*Joinville, 1861, in-8°. Pièce*.

5014. Généalogie de la Famille de Sauzéa, par M. DE LA TOUR-VARAN.—*Saint-Étienne, 1861, in-8°ᵉ.* Avec blason.

> Extrait des *Chroniques des châteaux et abbayes,* du même.

TABLE
ALPHABÉTIQUE ET RAISONNÉE

DES AUTEURS MENTIONNÉS DANS LA BIBLIOTHÈQUE HÉRALDIQUE
DE LA FRANCE.

A

ACCURSIUS (Bonus), *voy.* Bonus Accursius.

ACHAINTRE (N. L.).
Hist. généalog. de la Maison de Bourbon 1805.

ACHARD (Marie), *voy.* Castaing.

ACHMET D'HÉRICOURT, *voy.* Héricourt (d').

ACQUIER (Hippolyte).
Armorial de la Noblesse de France. 3353 et 4992. — Esménard. 3917.

ADAM, avocat.
Factum pour Fr. Raoul de la Giverlière. 4468.

ADAM. (A. B. L.)
Médaille de Sainte-Hélène. 889.

ADAM, sieur de Sychar, *voy.* Sychar.

ADAMÆUS (Theod.), *voy.* Fontanus.

AGNEAU DE LA TREILLE (L'), *voy.* Chevreuse (de).

AGUILAR, *voy.* Margarit.

AIGOUD, avocat.
Mémoire pour le duc de Luxembourg. 4176.

AIMARD.
Ordres civils et milit. 381.

AIMON PROUST DE CHAMBOURG.
Généalogie de la Maison d'Orléans-de-Rère. 4391.

ALBERT LE GRAND (Fr.).
Blasons des saints de Bretagne. 2317.

ALCIAT (André).
De singulari certamine liber. 230. — Emblèmes. 139-140. — Livre du duel. 231.

ALDÉGUIER (J.-B.-A. d').
Généalogie de la Maison de Thésan. 4653.

ALEMAND aîné.
Alémania. 3936. — Mémoire concernant la Famille des Fabers. 3936.

ALÈS DE CORBET (Pierre-Alex. d').
Dissert. critique sur un des art. de l'Armorial de d'Hozier. 3372.—Lettre à d'Hozier de Sérigny. 3375.—Mémoire critique sur un des art. de l'Armorial de d'Hozier. 3373. — Nouvelles observat. sur les deux systèmes de la Noblesse. 1123.—Origine de la Noblesse française. 1133. — Rech. histor.

BOREL D'HAUTERIVE (André-Fran-
çois-Joseph).
Album du Dauphiné. 2456.—
Annuaire de la pairie. 1577.
—Armorial de Flandre. 2482.
—Manuel du blason. 116.—
Notice histor. sur la Maison
d'Amboise, 3380;—de Can-
tillon, 3619;—de Chambly,
3648;—de Chanaleilles, 3655;
—de Charette, 3661;—de Couronnel, 3778;—de la Cropte,
3816;—de Droullin, 3893;—
de Formeville, 3975;—de
Gallifet, 3994;—de Godefroy
de Menilglaise, 3893;—de
Grossolles, 4054;—de Hauterive, 3544;—de Matharel,
4240;—de Menou, 4265-4266;
de Montluc, 4312;—du Puis,
4449;—Quarré, 4456;—de
Reiset, 4473;—des Rotours,
4549;—de Rousseau de La-
brosse, 4107;—de Serrière,
4620;—de Soultrait, 4637;—
de Taillepied, 4647;—de
Textor, 4651;—sur la Maison
royale de Saxe, 4818;—sur le
château de Brugny, 2401.—
Revue de la Noblesse, 1523.
BORGNE (Guy le).
Armorial breton. 2321-2322.
— Armorial de Bretagne.
2323.—Science du blason.
66.
BORJON.
Dignités (des) temporelles.
1929.—Ordres de Chevale-
rie. 338.
BORRECKENS (Math.), voy. Van
Hulle.
BORS D'OVÉREN. (F. J.)
Prospectus de l'hist. de la
Toison d'Or. 4928.
BOSC DE MONTANDRÉ (du).
Intrigue (l') de la trahison de
Lorraine. 2653.— Portrait
généalogique de la Maison
d'Autriche. 4801.— Suite
histor. des ducs de Lorraine.
2652.
BOSQUET.
Dictionnaire des droits doma-
niaux. 1388.
BOUBERS-ABBEVILLE-TUNCIT.
Détails généalogiques sur Ro-
bert de Boubers. 3547.—
Notice sur la Maison de
Boubers - Abbeville - Tunci.
3548.

BOUCHE (Ch.-Fr.)
Essai sur l'hist. de Provence.
2982.
BOUCHE (Honoré).
Chorographie de Provence.
2961.
BOUCHER, peintre, voy. Désor-
meaux.
BOUCHER (Pierre).
Conjonction des lettres et des
armes des deux princes lor-
rains. 2639.
BOUCHER D'ARGIS, avocat.
Mémoire pour le Sr Reneux.
4476.—Réponse pour le Sr
Reneux. 4478.—Voy. Bille-
coq : Traité des Fiefs.
BOUCHER DE COURSON.
Du sacre et de ses cérémonies. 2127.
BOUCHET (Jean), procureur.
Généalogie de la Maison de la
Trimouille. 4687.—Généa-
logies des rois de France.
1674-1675.—Parc de Noblesse.
910.—Réponse à la re-
quête du marquis de Pran-
zac. 3885.— Triomphes du
roi de France. 909.
BOUCHET (Jean du).
Blason des armoiries des 256
quartiers du duc de la Feuillade. 3956.—Hist. généalog.
de la Maison de Courtenay.
3815.—Origine de la 2e et
3e lignée de la Maison de
France. 1717.—Preuves de
l'hist. généalog. de la Maison de Coligny. 3736.—Table
généalog. de la Maison de
Coligny. 3735;—de la Maison
de Scorrailles, 4612;—des
comtes d'Auvergne, 2216;—
des comtes de la Marche,
2794.
BOUCHEVRET (de), voy. Usurier (l').
BOUCQ (Pierre le).
Hist. de la terre et vicomté de
Sebourcq. 3176.—Hist. des
choses les plus remarqua-
bles advenues en Flandre.
2483.
BOUCQ DE TERNAS (Amédée le).
Notice sur la Famille de le
Boucq. 2483.
BOUDIER DE VILLEMORT.
Abrégé histor. et généalog. de
la Maison de Seyssel. 4024.
BOUDIN (Amédée).
Généalogie de la Maison de

cée sur le tombeau de Claude le Roux. 4557.

BULTET.
Notice sur l'état anc. et mod. de l'Artois. 2197.

BURDEL.
Cri des Censitaires. 1444.

BURDIN (Gustave de).
Documents histor. sur le Gévaudan. 2614.

BUSSIÈRES (J. de).
Basilica Lugdunensis. 2714.— Mém. sur Villefranche. 2729.

BUTKENS (F.-Chr.).
Annales généalog. de la Maison de Lynden. 4192.—Généalogie des barons de Blondel. 3527. — Trophées sacrés et profanes du duché de Brabant. 3136.

BUVIGNER (Ch.)
Jametz et ses seigneurs. 5009.

BYE, voy. Bie.

C

CABOT DE LA FARE (le marquis de).
Mémoire pour MM. Cabot de la Fare. 3616.

CACHET DE GARNERANS (Claude).
Hist. de la Souveraineté de Dombes. 2280.

CADOT (Thibault).
Blason de France. 1054-1055. — Dictionnaire des termes du blason. 94.

CAFFIAUX (Phil.-Jos.).
Généalogie de la Maison de la Tour-de-Lauraguais. 4670. — Trésor généalogique. 3296.

CAHAGNESIUS (Jacobus).
Elogiorum civium Cadom. centuria prima. 2801.

CAIERON (Gilbert de Murat de).
Généalogie de la famille des Dorsannes. 3877.

CAILLE DU FOURNY (Honoré), voy. Fourny (Honoré Caille du).

CAILLIÈRE (de).
Hist. du maréchal de Matignon. 4241.

CAIMUS (Pompeius).
De Nobilitate. 954.

CAJETAN.
Lettre à la Noblesse de France. 923.

CALEFATI (P.).
Tractatus de dignitatibus. 920.

CALEMARD (Marc-Ant.).
Hist. de F.-J. Cordon d'Evieu. 412.

CALLIER (Jacques).
Généalogie de la Maison de Bourbon-Vendôme. 1697.

CALLOT (Jacques).
Combat à la Barrière. 200.

CALLOT (Jean).
Apothéose de la Maison de Lorraine. 2677.—Armes de la Noblesse de Lorraine. 2656.

CALMET (Dom Augustin).
Hist. de Lorraine. 2674. — Hist. de la Maison des Salles. 4593.—Hist. généalog. de la Maison du Châtelet. 3680.

CAMBARIEU (L.-C.).
Notice sur la Maison d'Andelot. 3382.

CAMBÉRI (Jean de).
Miroir blasonnant les armoiries de France. 1679.

CAMBIAXUS (Joseph).
Privilegia Ordinis S.-J. Hierosolymitani. 408.

CAMPADELLI (F).
Ode à la Famille Bienvenu. 3518.

CAMPS (l'abbé de).
Dissert. du sacre et couronnement. 2112.

CAMUS.
Développ. de la motion sur l'Ordre de Malte. 510. — Suite au n° précédent. 511.

CAMUTIUS (And.).
De Nobilitate. 961.

CANEL (A.).
Armorial de la Normandie. 2150.

CANTALAUZE DE LA GARDE.
Dissert. sur l'Origine du Parlement et de la Pairie. 1132.

CAOURSIN (Guill.).
Obsidionis Rhodie urbis Descriptio. 390-391. — Stabilimenta Ordinis S.-J. Hierosolymitani. 392-394.

CAPELLO DI SAN FRANCO (Luigi.).
Genealogia della Famiglia Bonaparte. 1841.

CAPITFFONTIUM (Christophorus de), voy. Cheffontaines.

CAPRE (François).
Catalogue des Chevaliers de l'Ordre du Collier de Savoye. 4902.

CAQUET (Pierre), voy. Alexis (le P.).

CELLYER (Cl. le).
La Haute Chevalerie françoise. 3258. — Méthode du blason. 67.—Voy. Ségoing : Armorial universel...

CÉRUTTI (le P. Jos.-Ant.-Joach.).
Correspondance sur la Noblesse. 1211.— Étrennes au public. 1165. — Lettre concernant les titres et les armoiries. 1213.

CÉSENA (A. de).
Maison de Noailles. 4377. — Notice histor. sur la Maison de Caylus. 3636.

CHAALONS D'ARGÉ (A.-P.).
Sacre des rois de France. 2125-2126.

CHABANNES (l'abbé de).
Mémoires sur la Maison de Chabannes. 3640-3643.

CHABANNES (Marc.-Ant.-Jacq. Rochon de).
La Noblesse oisive. 1110.

CHABANS (Louis de), sieur du Mayre.
Avis contre les duels. 259.

CHABBAUSSIÈRE (de la).
Généalogie de la Maison de Bissy. 3520. — Nobiliaire universel de France. 3318.

CHAIX-D'EST-ANGE, avocat.
Notes généalogiques pour M. le duc de Clermont-Tonnerre. 3715.

CHAMBERET (G. de).
Manuel du légionnaire. 867.

CHAMBGE DE LIESSART (E.-H.-P. du).
Officiers du Bureau des Finances de Lille. 2481.

CHAMBORANT DE DROUX (Barthélemy de).
Généalogie de la Maison de Pot. 4438. — Généalogie de la Maison de Tisseuil. 4661. —Inventaire des titres de la Maison de Chamborant. 3649. —Précis histor. et généalog. de la Maison de la Châtre. 3689.

CHAMBRAY (le marquis de).
Chronologie des seigneurs de Chambray. 2823.—Prérogatives des aînés en Normandie. 2823.—Sceaux des seign. de La Ferté-Fresnel et de Chambray. 2823.

CHAMBRUN (Jean de).
Rétabliss. de la principauté d'Orange. 2414.

CHAMBURE (de), voy. Maillard.

CHAMFORT, voy. Mirabeau.

CHAMP DE VAUX (de).
Honneur (l') considéré en lui-même. 291.

CHAMPAGNE (Jean).
Sacre des rois de France. 2106.

CHAMPIER (Symphorien).
De antiquitate Domus Turnonensis. 4679.—Dialogue de Noblesse. 905.—Genealogia Lotharing. ducum. 2632.— Ordre (l') de chevalerie. 318 et 4904.—Origine des titres de Noblesse. 905. — Voy. Balsat : La Nef des Princes.

CHAMPION (Jacques).
Salvations de Mme la duchesse de Ventadour. 4751.

CHAMPOLLION-FIGEAC.
Album du Dauphiné. 2456. — Tournois du roi René. 206.

CHANCEL (Ch. de).
L'Angoumois en 1789. 3017.

CHANLAIRE (Léon de).
Lettre à M. Delegorgue de Rony. 3656.

CHANTELAUZE (Régis).
Hist. des ducs de Bourbon. 3358.

CHANTEREAU LE FÈBVRE (Louis).
Considérations histor. sur la Maison de Lorraine. 2649.— Mariage d'Ansbert et de Blithilde. 1722. — Traité des fiefs. 1352.

CHAPPOT (Jean).
Defensio contra epistolam apologeticam Claudii du Vivier. 3984.

CHAPPRONATE (Jean Chesnel de la).
Règle des chevaliers de l'Ordre de la Magdeleine. 796.

CHAPPUYS (Gabriel).
La Toscane françoise. 4252.

CHAPPUZEAU (Samuel).
Europe (l') vivante. 1549. — Lyon dans son lustre. 2712.

CHAPUIS (Antoine), voy. Mutio (Girol.).

CHARLES, prince de Monaco.
Institution de l'Ordre de Saint-Charles. 4950.

CHARLET
Sommaire de l'instance au sujet de la succession de Nicole d'Escorchevel. 3915.

CHARLONYE (Gabr. de la), voy. Corlieu.

CHARRIER (Aymé).

DESPREZ, *voy.* Antoine de St-Gabriel.

DESROCHES.
Annales généalogiques du pays d'Avranches. 2857.

DESTRÉES, *voy.* Estrées (d').

DEVISIANO, *voy.* Visiano (de).

DETRON (Jacques).
Généalogie du baron d'Aubaïs. 3420.

DEZOS DE LAROQUETTE (J. B. M. A.), *voy.* Méry (C.).

DIEPENBEKE (Abr. de), *voy.* Van Hulle.

DILTHEY (Philippe-Henry).
Atlas des enfants. 4873. — Blasons de la Maison de Russie, 4873.

DINAUX (Arthur).
Blasons et cris d'armes. 2476.

DINET (le R. P. François).
Théâtre de la Noblesse française. 967. — Théâtre français des seigneurs illustres. 964.

DINGÉ, *voy.* Desormeaux.

DINTER (Edm.).
Genealogia ducum Burgundiæ. 3064.

DISARVOEZ PENGUERN.
Généalogie d'Anne de Bretagne. 2318.

DOLGOROUKY (le Prince Pierre).
Notes sur les principales Familles de Russie. 4878.

DOMINICY (Marc-Antoine).
Ansberti familia rediviva. 1721. —Assertor gallicus. 1719.— Prærogativa (de) allodiorum. 1349.

DOMINIQUE (Loys), *voy.* Jove (H. Paul).

DOMINIQUE (le R. P.).
Monarchie (la) sainte. 1741.

DONIOL (Henry).
Documents histor. concernant les villes de la H^{te}-Loire. 2230.

DORAT (A.).
Constitution de la Légion d'honneur. 864. —Traité des cérémonies publiques. 2094.

DORAT DE CHAMEULLES.
Liste des Chevaliers de l'Ordre du Mt-Carmel et de S. Lazare. 785.

DORÉ.
Traité des cérémonies. 2101.

DORMOY (Cl.).

Decora Franciæ. 1880.—Hist. de Soissons. 2377.

DOUAY (l'abbé).
Hist. généalogique des branches de la Maison de Béthune. 3505.

DOUBLET.
Liste des Chevaliers de l'Ordre du Mt-Carmel et de S.-Lazare. 782.

DOUBLET DE BOISTHIBAULT.
Les Pinaigrier. 4409.

DOUET D'ARCQ (L.).
Armorial de France. 3355.— Rech. histor. sur les comtes de Beaumont-sur-Oise. 2930. — Un traité de blason. 133.

DOYEN, avocat.
Rech. sur les lois féodales. 1408.

DREUX DU RADIER (J.-Fr.)
Généalogie de Corneille. 3766. — *Voy.* Baune (J. de la) : *Eloge histor. du Parlement.*

DRIGON (C.), dit le marquis de Magny.
Archives nobiliaires. 1648. — Livre d'or de la Noblesse. 3339.—Traité de la Science des Armoiries.

DRIGON (Achille-Ludovic), dit le vicomte de Magny.
Armorial des Familles nobles de l'Europe. 131.—Généalogie de la Maison de Régnon. 4472.—Nobiliaire universel. 1659. — Science du blason. 134.

DROUET, *voy.* Moréri.

DROUIN (Félix).
Armoiries de la Noblesse française. 2346.

DROZ fils aîné.
Essai sur les bourgeoisies. 1384.—Mémoires pour servir à l'hist. de Pontarlier. 2492.

DRUDES DE CAMPAGNOLLES (Alex.).
Unité d'origine des trois races. 1798-1799.

DRUY (le comte de).
Beauté de la valeur. 279. — Lâcheté du duel. 279.

DUARENUS (Franç.).
Tractatus de Feudis. 1329.

DUBOIS (l'abbé).
Hist. des principaux Ordres militaires d'Espagne. 4885.

DUBOIS (Charles).

Tableau généalogique de la Maison impériale. 1850.

GAULTIER (Nicolas).
Abrégé de l'hist. de l'Ordre du Saint-Esprit de Montpellier. 592. — Défense du chef de l'ancien Ordre du Saint-Esprit de Montpellier. 594. — Tableau de l'Ordre du Saint-Esprit de Montpellier. 588.

GAUTIER DE SIBERT (Pierre-Edme).
Hist. des Ordres de Notre-Dame du Mont-Carmel et de Saint-Lazare. 788.

GAY DE LA TOUR, voy. TOUR (J.-P.-S. Gay de la).

GAYA, Sieur de Tréville (Louis de).
Hist. généalog. des Daufins de Viennois. 2433. — Les huit Barons fieffés de l'Abbaye de Saint-Corneille. 1359.

GAYAND (Pertin), voy. Luillier.

GELBRE (C.-H. de).
Ordres de chevalerie de la Russie. 4884.

GÉLÈDE (Bernard).
Généalogie de la Maison de la Valette Nogaret. 4722.

GÉLIOT (Louvan).
Indice Armorial. 31-32. — Institutions des Ordres et de leurs Colliers. 321.

GENDRE (le), avocat.
Requête de la Noblesse. 1095.

GENDRE, marquis de Saint-Aubin (Gilb. Ch. le).
Antiquités de la Maison de France. 1770. — Réponse à l'abbé des Fontaines. 1771.

GENLIS (Madame la comtesse de).
Dictionnaire des étiquettes. 2092.

GENOUILLAC, voy. Gourdon.

GENSOLLEN (Joseph-Laurent).
Franc-alleu de Provence. 1369.

GENTIL.
Plaidé des docteurs et avocats de Dauphiné. 2428.

GENTIL (Pierre).
Deux discours concernant la guerre de Malte. 406.

GEORGEL (l'abbé).
Réponse au *Mémoire sur les rangs et les honneurs*. 2085.

GÉRARD (A.-F.).
Hist. de la législation nobiliaire en Belgique. 3127.

GÉRARD DE HAUTERIVE.

Généalogie de la noblesse de Bourgogne. 2276.

GERBIER, avocat.
Mémoire sur la Noblesse de J.-B. de Mac-Mahon. 4198.

GERDIL (le P.).
Traité des combats singuliers. 292.

GERMAIN (A.).
Charles de Grefeuille et sa Famille. 4044.

GERMAIN (Félix).
Rétablissement (du) légal de la Noblesse. 1299.

GERVAIS (Ch.).
Armoiries de la ville de Caen. 4996.

GESSIE (Jean de la).
Traité sur les généalogies et alliances de la Maison de Montmorency. 4314.

GIBELIN (A.-F.).
Origine du Bonnet de la Liberté. 1903.

GIBERT (Joseph-Balthazard).
Mém. sur les rangs et honneurs. 2081.

GIBLET.
Hist. des rois de Chypre de la Maison de Lusignan. 4161.

GIBONNAIS (de la).
Succession chronologique des ducs de Bretagne. 2337.

GILLET (Laurent).
Recueil des pièces concernan les avocats et les médecins de Lyon. 2739.

GILLET (Pierre).
Instruction pour les avocats de Lyon. 2735. — Remontrance des docteurs médecins de Lyon. 2738. — Requête des avocats de Lyon. 2736.

GINGINS-LASSARAZ (Fréd. de).
Essai sur la souveraineté du Lyonnais. 2767.

GIRARD (de).
Hist. des comtes et ducs d'Anjou. 2181.

GIRARD (J.).
Des titres de noblesse. 1294.

GIRARD (le P. J.-Fr.).
Nobiliaire militaire suisse. 4881.

GIRARDOT (le baron de).
L'Ordre américain de Cincinatus en France. 4946.

GIRAUD.

H

Saint-Esprit de Montpellier.
609.—Requête au roi contre
les conclusions de M. de
Gourgues.614.—Vérités(les)
établies par les Chevaliers
du Saint-Esprit de Mont-
pellier. 611.

Hues de Tabarie.
L'Ordène de Chevalerie. 348.

Huet (Daniel).
Généalogie de la Maison
d'Urfé. 4713.

Hugo (le P. Louis-Ch.).
Hist. de la Maison des Salles,
4593.— Origine de la Maison
de Lorraine. 2663. — Ré-
flexions sur l'Histoire de la
Maison de Lorraine. 2666.

Huguenin (A.).
Ordres de la ville de Metz. 379.

Hulsius (Es.).
Description d'un tournois. 198.

Humbert (Henry), voy. Callot.

Humblot (A.), dessinateur.
Généalogie de la Maison de
Laubrière. 4126.

Hungest (J.), voy. Valère Maxime.

Hurault de Chiverny (Philippe).
Généalogie de la Maison des
Hurault. 4092.

Hurault de Vibraye (Jacques).
Généalogie de la Maison des
Hurault. 4091.

Huré (l'abbé).
Carte généalogique de la Maison de France. 1774.

Hussenet.
Projet de décoration pour les
épouses des membres de la
Légion d'honneur. 827.

Husson (Mathieu), l'Ecossois.
Simple crayon (le) de la No-
blesse de Lorraine. 2685.—
Tables généalogiques des
Maisons de Lorraine. 2686.

Hutin (Pierre).
Généalogie de la Maison de la
Rochefoucault. 4511.

I

Ignace de Jesus Maria, voy. Sanson.

Imhoff (Jacobus Wilh.).
Excellentium Familiarum in
Gallia Genealogiæ. 3266. —
Genealogia Familiarum Bel-
lomaneriæ, Claramontanæ,
de Gallerande et Memmiæ.

3267.—Rech. histor. sur les
Grands d'Espagne. 4852.

Intrigliolus (Nic.).
De feudis. 1337.

Isac (Jaspar), voy. Gravette (de la).

Ising (Christ).
De Promotionibus honorum.
1025.

Issali (Jean).
Mémoires concernant la succession de Neuchâtel. 3209.

Ivel (D.).
Familles d'Orléans. 1812.

J

Jacob (le Chevalier).
Rech. sur les Croisades. 369.
Rech. sur les Templiers. 567.
—Tournois et duels. 209.

Jacob (Paul L.), voy. Lacroix (Paul).

Jacques, bâtard de Bourbon.
Grande (la) oppugnation de
Rhode. 396.

Jacquet, avocat.
Traité des fiefs. 1386.

Jacquinot (N.).
Sublimes Anagrammes de Hugues-Capet, etc. 1816.

Jaille (Hardouin de la), voy.
Marche (la).

Jal (A.).
Mém. sur les trois couleurs nationales. 1913.

Jalabert (Dom), voy. Bar (Dom).

Jallin (Gaspard), voy. Desponts.

James (A. F.).
Tableau généalogique de l'hist.
de France. 1814.

Jarry (l'abbé du), voy. Boutard.

Jassaud (Louis-Charles-Aug. de).
Invitation à la Noblesse. 1219.

Jaybert (Léon).
Origine du drapeau tricolore.
1916.

Jeandet (Abel).
Une page de l'hist. de Verdun
en Bourgogne. 2170.

Jeune (Adr. le).
Emblèmes. 144.

Jobard (S. A. M.), voy. Neufforge.

Jobert (Jean).
Rech. du privilége des Nobles.
976.

Jode (Pierre de), voy. Van Hulle.

Jolheau (Ch.-Fr.), voy. Hemricourt.

Jolibois (Emile).
La Roue de Fortune. 2277.

vises héroïques. 141 et 143.

PARADIN (Guill.).
Chronique de Savoie, 3019-3021.

PARENT (l'abbé).
Mém. sur l'affaire des fois et hommages. 1409.

PARIS (Louis).
Généalogies du sieur Guillard. 3356.

PARMENTIER (l'abbé).
Éloge de la Maison de Savoie. 3037.

PARROCEL (Étienne).
Monographie des Parrocel. 4397.

PAS (de), voy. Deschamps de Pas.

PASCALLET (M. E.)
Légion d'honneur (la). 383.—Précis histor. sur la Famille Desvergers. 3875.

PASQUIER (Nic.).
Gentilhomme (le). 256.

PASSERINI (Luigi).
Della origine della Famiglia Bonaparte. 1853.

PATIN (Charles).
In stirpem regiam epigrammata. 1883.

PATRICK (Fitz), voy. Alès de Corbet.

PAULET (le Chevalier).
Lettre sur la Légion d'honneur. 841.—Traitement (du) affecté aux membres de la Légion d'honneur. 836.

PAUTET DU PAROIS (J. F.).
Généalogie de la dynastie impériale. 1840. — Nouveau Manuel du blason. 119.

PAVILLET.
Hist. généalog. de la Maison de Villeneuve. 4773.

PAVILLON, voy. Poullain.

PAZ (Augastin du).
Extrait de la généalogie de la Maison de Kergournadech. 4106.—Généalogie de la Chapelle, 4274; — de Molac, 4274; —de Puy-de-Fou, 4151; —de Rosmadec. 4274.—Hist. généalog. de Bretagne. 2315.

PÉAN (Alonso).
Hist. généalog. de la Maison de la Saussaye. 4604.

PEIFFER.
Origine du drapeau tricolore. 1912.

PEIGNE (J. B.).
Histoire des chanceliers de France. 2057.

PEIGNÉ-DELACOURT.
Compte des dépenses de Chevalerie. 4990.

PEIGNOT (Gabriel).
Branche héréditaire des Bourbons-Orléans. 1810.—Maison royale de France. 1789.—Mœurs et usages au moyen âge. 1459.—Précis généalogique de la Maison d'Orléans. 1811.—Selle (la) chevalière. 1459.

PEISSONNEL (Jacques).
Hérédité de fiefs de Provence. 1360.

PELISSERI.
Origine de la royauté. 1037.

PELLETIER (Ambroise).
Nobiliaire de Lorraine. 2681.

PELLETIER (R. M, le).
Hist. des comtes de Champagne. 2389.

PELLISSON, maître des requêtes de Navarre.
Origine de la Famille de Bourbon. 1689.

PEMBERTON HODGSON (Christophe).
Pyrenaica. 2239.

PENFENTENYOU voy. Cheffontaines

PÉRACHON.
Défense des avocats du Parlement de Daufiné. 2488.

PÉRARD (Estienne).
Pièces servant à l'hist. de Bourgogne. 2279.

PÉRAU (l'abbé).
Hist. d'Amblart de Beaumont. 3473.

PERCHERON DE LA GALEZIÈRE.
Epitome sur l'Etat civil de la France. 3297.—Mémoire sur les Corvées. 1413.

PERCIN (J. J.).
De Nobilioribus Tolosæ familiis. 2596.

PÉRICAUD (Ant.), aîné.
Gouverneurs de Lyon. 2769. —voy. PERNETTI.

PÉRIGNON (madame Eugénie).
Les Bonaparte. 1849.

PERNETTI (l'abbé).
Lyonnais dignes de mémoire. 2752-2754.

PÉRON.
L'Anastase de Marcoussy. 2535.

PEROUSE (Annet de).
Hist. généalogique de la Maison de Beaumont. 3473.

PRANZAC, *voy.* Redon de Dreux.

PRAROND (E.).
Les Châteaux de l'arrondiss. d'Abbeville. 2937.

PRAT (Jean), *voy.* Desponts.

PRAT (le marquis du).
Généalogies du sieur Guillard. 3356. — Notice histor. sur la Maison de Grammont, 4039; — sur la Maison du Prat. 4445.

PRAT TAXIS (du).
Recueil de certificats de Noblesse. 1250.

PRÉ-LE-JAY DE KAERDANIEL (Gédéon du).
Hist. généalogique de Bretagne. 2319.

PREUDHOMME, avocat.
Droits des seign. sur les biens possédés en roture. 1410.

PRÉVOST (Auguste le).
Hist. de Saint-Martin-du-Tilleul. 2851.

PRÉVOST (B.-L.), graveur, *voy.* Desormeaux.

PRICE (le docteur).
Pamphlet sur la Révolution Américaine.

PRIOUX (Stanislas).
Histoire de Braine. 2572. — Monogr. de l'abbaye de S.-Yvod de Braine. 2576.

PRIVAT DE FONTENELLES.
Malte ou l'Isle-Adam. 479.

PTHOLOMEUS (Cl.), *voy.* Alesmius.

PTOLÉMÉE DE LUCQUES.
Geneologia Roberti Viscardi. 4065.

PUGET BARBENTANE (Marc-Ant. de).
Avis contre les usurpateurs de la Noblesse du Comtat Venaissin. 461.

PUIS-VAILLANT (Félix du).
Demande en rectification de nom. 4455.

PUTEANUS (Erice).
Pompe funèbre d'Albert d'Autriche. 4805.

PUY (Pierre du).
Hist. de la condamnation des Templiers. 554-555. — Hist. de l'Ordre des Templiers. 556.

PUYGUYON (Fr. Granges de Surgères, marquis de), *voy.* Vialart.

Q

QUATREBARBES (Théodore de).
Généalogie de la Famille de la Noé. 4378. — Œuvres du roi René. 215. — Précis généalog. de la Maison de Quatrebarbes. 4457.

QUÉRARD (J.-M.).
Bonaparte (les) et leurs œuvres. 1842. — Famille (la) Guizot. 4066.

QUESNEVILLE.
Clef (la) du Blason. 130.

QUESNOY (l'abbé de la).
Fastes de l'Ordre de Malthe. 498.

QUIEN DE LA NEUFVILLE (le).
Histoire des Dauphins. 1778.

R

RABANIS.
Notice sur le sire de l'Esparre. 3918.

RAEPSAET (J.-J.).
Rech. sur les droits des seigneurs. 1447. — Réponse au sujet des droits des seigneurs. 1259.

RAFFARD (François), *voy.* Ange (le P.).

RAGUENEAU, avocat.
Sommaire de la cause de M. le duc de Rouanez. 4551.

RAINSSANT (Pierre).
Origine de la figure des Fleurs de lis. 1887.

RAISSON (Horace).
Comtes (les) de Paris. 2569. — Hist. de la Famille Bonaparte. 1837.

RAM (P.-F.-X. de).
Notice sur les sceaux des comtes de Louvain. 3150. — Origine des Armoiries. 124. — Recherches sur l'hist. des comtes de Louvain. 3149.

RANDAN (le comte de).
Articles proposés à la noblesse d'Auvergne. 2212.

RANGOUSE DE LA BASTIDE (de).
Origine des fiefs d'Auvergne. 1412.

RANTZOVIUS (J.-H.).
Oratio de Nobilitate. 926.

RAOUSSET-BOULBON (le comte Gaston).

SALAZAR Y CASTRO (don Luis de). Historia genealogica de la Casa de Lara. 4122.

SALBRAY (de), voy. Hemricourt.

SALE (Ant. de la). Cérémonies du sacre. 2103.—Généalogie des comtes d'Anjou. 2180.

SALEL (le chevalier). Exposé des droits des membres de la Légion d'honneur. 849 et 853.—Réclamation des légionnaires. 857.— Vérité (la) dévoilée. 859.

SALES (Ch.-Aug. de). Les pourpris histor. de la Maison de Sales de Thorenc. 4588.

SALEUR (Jacques). Clef durable de la Maison de Lorraine. 2654.

SALLE (Ant. de la), voy. Sale (de la).

SALLO (Denys de). Mém. sur le nom de la reine d'Espagne. 1781.

SALVAING DE BOISSIEU (Denis de). Généalogie de la Maison de Salvaing. 4595. — Relation des principaux événements de la vie de Salvaing de Boissieu. 4596.—Traité des fiefs. 1352.—Traité du Plait seigneurial. 1351. — Usage des fiefs. 1353.

SALVE (Hugues de), voy. Valère.

SALVERTE (Eusèbe). Essai sur les noms d'hommes. 1271.

SAMAZEUILH (J.-F.). Notice sur la Maison de Morin. 4335.

SANADON (Dom). Essai sur la noblesse des Basques. 2238.

SANDERUS (Ant.). Flandria illustrata. 3158.

SANSON (Jacques). Hist. généalogique des comtes de Ponthieu. 2891.

SANSON (Jean). Noms et Ordre de la réception des Maires et Echevins de la ville d'Angoulême. 3006.

SANZAY (René de). Généalogie, armoiries et devises des rois, comtes et ducs de Poitou. 2941.—Mémoires et recherches de France. 2941.—Origine des Poitevins. 2941.

SARCUS (le comte de). Sarcus. 4599.—Notice histor. sur le château de Bussy-Rabutin. 4600.

SAUGEY (J.-G. de). Hist. des chevaliers de S.-J. de Jérusalem. 535.

SAULNIER (J.-A.). Faux nobles (les). 1309.

SAULNIER (Pierre-F.). De capite sacri Ordinis Spiritus Monspeliensis dissertatio. 591.

SAUTOUR (de). A MM. les Etats de Bourgogne. 2291.

SAUVAGE (G.-E.). Hist. des évêques d'Evreux. 2847.

SAUVAGE (H.). Sourdeval-la-Barre. 2860.

SAUVAGE DES MARCHES (A.). Armorial des Prévôts de Lyon. 2770. — Armorial du Lyonnois. 2724.—Hist. du parlement de Bourgogne. 2273.

SAUVIGNY (de). Noblesse (la) commerçante et militaire. 1117.

SAUZAY (Pierre de). Rôles des bans et arrière-bans du Poitou. 2944.

SAVALETTE DE FORTAIR. Chartrier de la Gloire. 365.

SAVARON (le président). Orig. de la ville de Clermont. 2215.

SAVARON (Jean), sieur de VILLARS. Discours contre les Duels. 255. — Traité contre les Duels. 254.

SAVIN DU MOUY. Mémoire pour le duc de Chaulnes. 3691.

SAVY. Généalogie d'Elisabeth de Fauières. 3946.

SAXI (Pierre). Pontificium Arelatense. 2957.

SAZERAC DE FORGE (Paul). Notice sur les seigneurs de la Roche-Chandry. 3015.

SCHAYES. Notice généalog. sur la branche aînée des ducs de Ponthieu. 2922.

SCHEFFER (George). Hist. de Hohenzollern. 4815.

SCHELER (Aug.). Hist. de la Maison de Saxe-

Hist. généalog. des Gr. Officiers de la Couronne. 1989.

SIRANI (J.-A.).
Armes (les) de Guasto Vilani. 4872.

SOBRY (J.-F.).
Discours sur le cérémonial. 2087.

SOHIER.
Arbre généalogique des rois et reines d'Espagne. 1598.

SOISY (Jean de).
Notice biograph. sur la Maison Sauvage de Saint-Marc. 4605.

SONYER DU LAC.
Fiefs (les) du Forez. 1481.—Tableau histor. et généalog. des comtes de Forez. 1481.

SORBIN (Arnaud).
Exhortation à la Noblesse. 235.

SOREL (Charles).
Généalogie d'Agnès Sorel. 4636.—Généalogie de la Maison de Bourbon. 1712.

SORIN.
Mémoire au sujet de l'hist. composée par Baluze. 3443.

SORRET.
Médailler généalog. des membres de la Famille Bonaparte. 1845.

SOUBDÈS (J.-M.).
Noblesse (la) française en 1858. 1307.

SOUHAIT (du).
Vraie (la) Noblesse. 929.

SOULTRAIT (le comte George de).
Armorial du Bourbonnais. 2263.—Armorial du Nivernais. 2798.—Liste des membres de l'Assemblée de l'Ordre de la Noblesse du Nivernais. 2797.—Notice généalogique sur la Famille de Bourgoing. 3574.—Numismatique nivernaise. 2799.

SOUQUET (G.).
Notice sur l'échevinage d'Etaples. 2932.

SOUVRÉ (le bailli de).
Pétition. 447.

SOYECOURT (de).
Lettre sur la Noblesse de France. 1292.—Notions sur l'Ancienne Noblesse de France. 1291.

SOYECOURT (J.-A. de Seiglière, marquis de).
Livre généalog. des seign. de Soyecourt. 4639.

SOYER (Charles).
Alliances de la Maison de la Trémouille. 4698.—Armoiries des Chevaliers du S.-Esprit; de la Jarretière; de la Toison-d'Or. 701.

SOZZI (de), voy. Sozzy.

SOZZY (de).
Dénomination patronymique de la Maison de France. 1781.—Mouvance des Pairies de France. 1376. — Réponse aux objections sur le même sujet. 1781.

SPENER (Philip.-Jacob).
Illustriores Galliæ stirpes. 3268.

STADLER (Eugène de).
Généalogie des seigneurs de Kergorlay. 4105.

STAPLETON (Th.).
Magni rotuli scaccarii Normanniæ. 2841.

STECHER (J.), voy. Vigne (de).

STEFANI (Federico).
Le Antichità dei Bonaparte. 1855.

STEIN D'ALTENSTEIN (le baron Isidore).
Annuaire de la Noblesse de Belgique. 1578. — Armorial du royaume de Belgique. 3125.

STEPHANUS (Matt.).
Tractatus de Nobilitate. 943.

STÉVENS (N.-J.).
Recueil généalog. de la Famille de Cock. 3727.

STEYERT (André).
Armorial du Lyonnais. 2775.

STIRLING (le comte de).
Généalogie de la Famille de Stirling. 4841.

STROOBANT (l'abbé Corneille).
Généalogie de la Maison de Harchies, 4073;— de Herzelles, 4082;—de Locquenghiem, 4147;—de la Viesville, 4767. — Hist. de la commune de Virginal. 3184.—Notice généalog. sur les comtes de Castres, 2617; sur les seign. de Chantilly, 2573;— sur les seign. de Faucuwez, 3146;—sur les vicomtes de Narbonne,

Théremin.
Noblesse féodale. 1258.

Thezan (Denis de).
Salles (les) des Croisades à Versailles. 3342.

Thezut de Verrey, voy. Brosses de Tournay (de).

Thiboutot (le marquis de).
Abolition des droits féodaux. 1436.

Thiville (Nicolas de), seigneur de Bapaulmes.
Généalogie de la Maison de Thiville. 4659.

Thoron d'Artignose (Victor).
Notice généalogique sur la Maison Argiot. 3402.

Thurel (Antoine).
Fastes généalogiques. 1749. — Généalogie des rois d'Espagne. 4849. — Recueil de tableaux héraldiques. 3269. — Table généalog. des rois de France. 1948.

Tierriat de Lochepierre (Florentin).
Trois Traités sur la Noblesse. 932.

Tigeou, voy. Boucher (Pierre).

Tillet, sieur de Goves (Hélie du).
Discours sur la généalogie de la Maison de Courtenay. 3784. — Instruction sur le point d'honneur. 253.

Tillet, sieur de la Bussière (Jean du).
Recueil des rois de France. 1702.

Tiraqueau (André).
De Nobilitate. 912.

Tisseron.
Notice sur la Maison de Béthune-Hesdigneul, 3514; — de Castellane, 3628; — de Caumont de la Force, 3634.

Tobiesen Duby (Pierre-Ancher).
Origine du titre de marquis. 1167. — Traité des Monnoies. 1412.

Tocqueville (Alexis de).
Ancien (l') Régime et la Révolution. 1475.

Toubeau (Jean).
Priviléges de la ville de Bourges. 2243-2244.

Toulgort (E. de).
Blason. 1320. — Noblesse. 1320. — Ordres de chevalerie. 1320.

Touloubre (Louis Ventre de la).
Généalogie de la Famille de

Bouquier. 3570. — Hist. héroïque de la Noblesse de Provence. 2981. — Jurisprudence observée en Provence sur les matières féodales. 1379.

Tour (de la), voy. Gastelier.

Tour (de la).
Maison Militaire du Roi. 1968.

Tour (J.-P.-S. Gay de la).
Généalogie de la Famille Gay de la Tour. 4667.

Tour-en-Voivre (Em.-Dieudonné, comte de la).
Notice sur la Maison de la Tour-en-Voivre. 4677.

Tour-Varan (de la).
Généalogie de la Famille Delaroa, 3870; — de Sauzéa, 5013.

Tournerie (de la).
Traité des fiefs. 4988.

Tourreau (Charles de).
Réflexions sur l'Ordre de St-Louis. 821.

Tourtoulon (Ch. de).
Noblesse (de la) dans ses rapports avec nos mœurs. 1296. — Notes pour un nobiliaire de Montpellier. 2619-2620.

Toussaint (G.).
Code des préséances. 2095.

Toussaint de Saint-Luc, voy. Saint-Luc.

Toussaints du Plessis (Dom).
Hist. de la ville et des seign. de Coucy. 2900.

Toussart (J.-A.).
Diplomata ordinis Spiritus Monspeliensis. 630.

Toustain de Richebourg (le vicomte Ch.-Gasp. de).
Eclaircissements et corrections. 1254. — Famille de Toustain-Frontebosc. 4685. — Livre nouveau. 1797. — Opuscule sans titre concernant les titres des enfants de l'auteur. 4683. — Précis sur la Noblesse française. 1137. — Toustains de Sang. 4684. — Unité des trois races. 1800. — Vues d'un Français sur les preuves de Noblesse. 1253.

Trabouillet (Louis).
Etat de la France. 1543.

Trau, sieur de la Terrade (Olivier de la).
Discours de l'Ordre du Saint-

Esprit de Montpellier. 586.

TRAVERSIER (H.).
Armorial national de France.
2144.

TREILHARD, avocat.
Consultation pour la marquise
de Créqui. 3833.—Consulta-
tion pour le marquis de
Créqui. 3840. — Mém. pour
Ch.-Marie de Créqui. 3835.
—Précis pour la Maison de
Montesquieu. 4292. — Ré-
plique pour le marquis de
Créqui. 3838. — Réponse
pour Pierre de Lur, mar-
quis de Saluces. 4158.

TRIBOLET.
Mémoire pour Mademoiselle
de Nemours. 3208.

TRIBOU (Auguste).
Rech. sur les monnoies du
Cambrésis. 2474.

TRICAUD (l'abbé).
Hist. des Dauphins françois.
1760.

TRIGANT-GAUTIER.
Vieille Noblesse (la). 1267.

TRINCANT (L.).
Hist. généalog. de la Maison
de Savonnières. 4068.

TRISTAN, voy. Hermite-Souliers (l').

TRISTAN, seigneur de Saint-Amand
(Jean).
Traité du Lis. 1881.

TRISTAN DE LESCAGNE.
Le Lis très-chrétien. 1861.

TRIVULCE DE BELGIOJOSO (la princesse Christine).
Hist. de la Maison de Savoie.
3045.

TRONCHET.
Rachat des Droits féodaux.
1434 et 1439.

TROUILLART (Pierre).
Mém. des comtes du Maine.
2781.

TROUVÉ (le baron).
Essai histor. sur les États du
Languedoc. 2611.

TRUDON (S.).
Traité du Blason. 85.

TURGOT, baron de l'Aulne (Anne-
Robert-Jacq.).
Lettre sur les législations
américaines. 4944.

TURPIN (Thom.).
Comitum Tervanensium an-
nales. 2196.

TURTURETUS (Vinc.).

Horæ subcesivæ de nobilitate.
948.

TYCHO HOFMANN.
Portraits histor. des hommes
illustres du Danemark. 4843.

U

USURIER DE BOUCHEVRET (Benoît l').
Factum pour Charles de Lu-
xembourg de Béarn. 4187.—
Généalogie de la Maison de
Luxembourg-Béon. 4186.

V

VADDERE (J.-B.).
Origine des ducs et duché de
Brabant. 3139.

VAILLANT (Clément).
Commodité de l'Apanage. 1497.
—Etat ancien de la France.
1340.— Opuscules touchant
les Fiefs. 1338.—Source du
Fief. 1339.

VAILLANT (J.-A.).
Notice sur les princes de la
Famille Ghika. 4883.

VAÏSSE (Léon), voy. Traversier.

VAISSETTE (dom Fr.-Joseph).
Hist. de Languedoc. 2599.

VAL (Pierre du).
Armorial des anciennes provinces. 2172.—Blasons des
anciennes provinces. 2134.
—Blason (le) en plusieurs
tables. 77.—France (la) seigneuriale. 1350. — Principales armes du monde. 77.
—Tables généalog. des Maisons Souveraines. 1604.

VALBONNAIS (de), voy. Moret de
Bourchenu (J.-P.).

VALENTIN-SMITH.
Considération sur la Dombes.
2308.

VALÈRE (Jacques de).
Trésor (le) de Noblesse. 896.

VALÈRE MAXIME.
Les fleurs de Valère le Grand.
896.

VALERIANI (Gaetano).
Genealogia della famiglia Bonaparte. 1839.

VALETTE (la), *voy.* Pianelli.

VALETTE.
Rapport sur le Duel. 317.

VALETTE (J. de la), *voy.* Curio.

VALLEIN (V.).
Moyen âge (le). 1474.

VALLES (Claude de).
Mém. sur les abus concernant les armoiries. 951.—Pétition pour la création d'un recueil général des Maisons nobles de France, 3276.

VALLES (de), *voy.* Chevreuse (de).

VALLET DE VIRIVILLE.
Armoiries de Picardie. 2152. —Notice histor. sur Charles du Lis avec Tableaux généalog. concernant la Pucelle d'Orléans. 3394. — Nouvelles recherches sur la Famille de Jeanne d'Arc. 3396. — Quelques mots sur le blason. 114.

VALORI (le vicomte Henri de).
Essai sur la Noblesse. 1289. — Mém. pour l'Ordre de Malte. 520. — Mém. pour l'Ordre du Saint-Sépulchre. 548.

VALTER (L.).
Notice sur la Maison de Bonneval-Bonneval, 3540; — de Chastellux, 3682.

VANDE PUTTE (F.).
Généalogie de Jean de Bourgogne. 4364. — Généalogie des comtes de Flandre. 3167. —Notice sur le mausolée de la Famille de Gros. 4053.

VAN DEN BRANDEN DE REETH (Félix).
Rech. sur la Famille de Berthout. 3501.

VAN DEN LEENE (Joseph).
Théâtre de la Noblesse de Brabant. 3141.

VAN DER HAER (Floris ou Florent).
Châtelains (les) de Lille. 2459. —Généalogie de la Maison de Bette. 3515.

VAN DER HEYDEN (N.-J.).
Nobiliaire de Belgique. 3131. —Notice sur la Maison de Kerckhove. 4104.— Notice histor. et généalog. sur les Maisons de Vander Heyden. 4727.

VAN DER MEERSCH (D.-J.).
Notice généalogique sur la vicomté d'Audenarde. 3168.

VAN DER STRATEN-PONTHOZ (F.).
Charles le Bon. 1658. — Les Heu. 4083.—La Maison de Heu. 4084.—Tableau généal. des Maisons intéressées à la succession de Charles le Bon. 1658.

VAN DYCKE (F.).
Recueil héraldique. 8170.

VANEGAS (Alex.), *voy.* Gomez de Mendoça.

VAN HOOREBEKE (Gustave).
Annuaire des Familles de Gand. 8172.—Nobiliaire de Gand. 3169.

VAN HULLE (Anselme).
Les Hommes illustres du xviiᵉ siècle. 1618.

VANTADOUR.
Raisons contre les Duels. 277.

VAN THIELLANDT WESTREENEN.
Essai histor. sur les Ordres de Chevalerie. 356.

VAN WELEVELD.
Armorial des Pays-Bas. 8114.

VANZELLE (Blaise), *voy.* Honoré de Sainte-Marie.

VARENNES (le R. P. Marc-Gilbert de).
Roy (le) d'Armes. 30.

VARIN, sieur d'ANDEUX (Thomas).
État de la confrérie de Saint-George. 636.

VAROQUIER, *voy.* Waroquier.

VARSAVAUX-KERLIN.
Traité des droits des Communes. 4985.

VASQUIN-PHILIEUL (S.), *voy.* Jove (H.-Paul).

VASSE (A.), *voy.* Hemricourt.

VASSEUR (Jacques le).
Devises des Rois de France. 1869.

VATOUT.
Versailles; salle des Croisades. 3347.

VAUCEL (Louis-François du).
Essai sur les Apanages. 1512.

VAUCHER (des).
Notice sur la Famille de Taillepied. 4648.

VAUGRIGNEUSE (de), *voy.* Héroard.

VAUGUYON (le duc de la).
Clôture du chapitre de l'Ordre de Saint-Michel. 667.

VAUQUELIN.
Protestation contre le décret du 19 juin 1790. 1224.

VAUTIER (Charles).

que.35.— Vrai théâtre d'Honneur. 201.

W

WAL (Guil.-Eug. Jos. de).
Essai sur l'hist. de l'Ordre teutonique. 4891.—Rech. sur la constitution de l'Ordre Teutonique. 4892.

WAHLEN (Auguste).
Ordre de Chevalerie. 376.

WAREN (F.-P.-E. de).
Notice histor. et généalog. sur la Famille de Waren. 4788.

WARENGHIEN DE FLORY.
Privil. des nobles de la Flandre Wallone. 2465.

WAROQUIER (Louis-Charles de).
Armorial des principales Maisons de France. 3299.—Armorial des principales Maisons de France et étrangères. 1563. — Dictionn. militaire de la France. 2063.—Devises héraldiques. 167.—État de la France. 3300-3301.—État général de la France. 1547.—État de la Noblesse. 1563. Généalogie de la Maison de Waroquier. 4791-4792.—Jeu d'armoiries. 110. — Miroir des nobles. 1521. — Rech. sur les armes des anciens Soliers. 4634.— Tableau de la Noblesse militaire. 2062.—Tableau hérald. et généalog. de la Noblesse. 3302.

WASHINGTON (George).
Lettre concernant l'Ordre de Cincinnatus. 4944.

WATERLOOS (Denis).
Généalogie des ducs de Brabant. 3138.

WATTEVILLE (Oscar de).
Principes de la Science héraldique. 131.

WAUMANS (Conr.), voy. Van Hulle.

WICQUET (Louis-Alexandre du).
Idées sur plusieurs Ordres militaires. 362.

WITGERUS.
Genealogia Francorum imperatorum et regum. 3165.

WLSON, voy. Vulson.

WOILLEZ (Eug.-J.).
Iconographie des plantes aroïdes considérées comme origine de la fleur de lis. 1915.

WOLCOMBE (Robert).
The State of the Godly both in this Life, and in the Life to come. 3790.

WOLTHERS.
Notice sur la commanderie dite des Vieux-Joncs. 4894.

WRÉE (Olivier de).
Généalogie des comtes de Flandre. 3155-3156. —Historia comitum Flandriæ. 3157.— Sceaux des comtes de Flandre. 3153-3154.

WYSE (Napoléon).
Hist. généalog. des Irland d'Ecosse. 4094.

X

XAUPI (Joseph).
Compliment au duc de la Vallière. 4784. — Mémoires des citoyens nobles de Perpignan. 2992 et 2995.—Observations sur la requête en faveur des avocats de Perpignan. 2993. — Recherches historiques sur la noblesse des citoyens honorés de Perpignan. 2994 et 2997.

Z

ZAGRI (Filippo).
Notizie istoriche della Lorena. 2675.

ZAMAN (P. de).
Exposition des trois Etats de Flandre. 3162.

ZAMPINI (Matth.).
De origine Hugonis Capeti. 1682.

ZELLER (le comte de).
Noblesse (la) ancienne. 1283.

ZEMGANNO, voy. Goezmann.

ZUR-LAUBEN (le baron de).
Tables généalog. des Maisons d'Autriche et de Lorraine. 4806.

www.ingramcontent.com/pod-product-compliance
Lightning Source LLC
Chambersburg PA
CBHW070622270326
41926CB00011B/1775